Colecție coordonată de
Silviu Dragomir

Analiza viselor

Notele seminarului susţinut între anii 1928 şi 1930

C.G. Jung

Volum editat de William McGuire

Traducere din engleză de

Sofia-Manuela Nicolae

MISTERELE INCONŞTIENTULUI COLECTIV

TREI

Editori
Silviu Dragomir
Vasile Dem. Zamfirescu

Director editorial:
Magdalena Mărculescu

Redactor
Raluca Hurduc

Design
Faber Studio

Copertă
FABER STUDIO (MAGDA RADU)
Foto copertă: Visul lui Nabucodonosor, *Speculum humanae salvationis*, Codex Palatinus Latinus (Vatican, sec. al V-lea)

Director producție
Cristian Claudiu Coban

DTP
Ofelia Coșman

Corectură
Rodica Petcu
Eugenia Ursu

Descrierea CIP a Bibliotecii Naționale a României
JUNG, CARL GUSTAV
Analiza viselor: Notele seminarului susținut între anii 1928 și 1930 / C. G. Jung; ed.: William McGuire; trad.: Sofia-Manuela Nicolae. - București: Editura Trei, 2018.
Conține bibliografie. -
Index
ISBN 978-606-40-0393-5

159.9

Titlul original: DREAM ANALYSIS,
Notes of the Seminar Given in 1928-1930
Autor: C.G. Jung

O.P. 16, ghișeul 1, C.P. 490, București
Tel.: +4 021 300 60 90 ; Fax: +4 0732 25 20 20
e-mail: comenzi@edituratrei.ro
www.edituratrei.ro

ISBN 978-606-40-0393-5

Cuprins

Introducere

Seminariile lui Jung, în care el și-a expus conceptele psihologice și metodele analitice, ca și punctele de vedere asupra societății, individului, religiei, istoriei, pentru a face doar o enumerare succintă, au fost cunoscute numai câtorva jungieni. Numărul de auditori ai unui curs era limitat, iar transcrierile dactilografiate, realizate de membrii devotați ai seminariilor, nu erau publicate, ele circulând numai într-un cerc restrâns de abonați. La volumele Notelor de seminar (așa cum sunt pe drept cuvânt numite) din bibliotecile jungiene specializate nu aveau acces decât cititorii care dețineau aprobarea unui analist.[1] Publicațiile jungiene conțin referințe ocazionale la Note, dar rareori citate. Deși politica de restricție avea consimțământul lui Jung, el a acceptat în cele din urmă publicarea Notelor de seminar alături de celelalte lucrări ale sale.

Cel mai vechi „seminar" înregistrat în Bibliografia generală a lucrărilor lui Jung (GW 19) a fost ținut în 1923, dar există dovezi că Jung a folosit metoda seminariilor încă din 1912. În acel an, el a acceptat în analiză o americancă, Fanny Bowditch, care-i fusese trimisă de James Jackson Putnam, doctor în medicină, profesor de neurologie la Harvard și primul președinte al Asociației Psihanalitice Americane (1911). Jung l-a cunoscut pe Putnam în 1909, când, împreună cu Freud și Ferenczi, a mers în Statele Unite pentru a conferenția la Universitatea Clark. Putnam i-a invitat pe cei trei în Adirondacks, pe un domeniu care aparținea familiilor Putnam și Bowditch[2], iar acolo e posibil ca Jung s-o fi cunoscut pe Fanny Bowditch (1874–1967).

În anul 1911, Fanny Bowditch suferea de o oarecare tulburare nervoasă, iar dr. Putnam, atât în calitate de prieten al familiei, cât și de medic, a sfătuit-o să se ducă la Jung, pe care încă îl considera un coleg psihanalist. Ajungând în Zürich la începutul anului 1912, Fanny Bowditch a început psihanaliza cu Jung, pare-se la locuința lui din Küsnacht. În luna mai, ea a început să-și facă însemnări într-un caiet[3], scriind despre participarea la prelegerile săptămânale susținute

---

1 Dată de obicei în urma realizării unui anumit număr de ore de analiză jungiană.

2 *Corespondența Freud–Jung*, p. 359. (Pentru referința completă, vezi lista de Abrevieri.)

3 Acest caiet, precum și alte documente la care se face referire, se află în Colecția familiei Bowditch Katz din Biblioteca de medicină Francis A. Countway, Boston. Materialul a fost consultat prin amabilitatea dr. Richard J. Wolfe, bibliotecar al manuscriselor și cărților rare la Countway. Îi mulțumesc, de asemenea, domnului Franz Jung, pentru unele informații despre cursurile susținute de tatăl său la Universitate.

de Jung la Universitate. Conținutul cursului, care purta titlul „Einführung in die Psychoanalyse" („Introducere în psihanaliză") în programul Universității, aborda principiile generale ale psihologiei, psihanaliza (cu citate din scrierile lui Freud), experimentul asociativ, cazuri din practica analitică a lui Jung, precum și material mitologic și religios. Însemnările, făcute în limba engleză, continuă pe parcursul verii anului 1912 și iau sfârșit în vara lui 1913, în limba germană (pe care Fanny o învățase de la mama ei, de origine germană). Titlul „Seminar" apare în caiet, în dreptul prelegerilor din 1913. Pe parcursul verii anului 1913, Fanny a scris, de asemenea, despre prelegerile de istoria religiei susținute de prof. Jakob Hausheer — după câte se pare, un curs concomitent cu acela al lui Jung. Nu este surprinzător faptul că Fanny Bowditch, o femeie educată, s-a putut înscrie la un curs de vară la Universitate; faptul că profesorul îi era și psihanalist poate părea o procedură psihanalitică neconvențională, dar Jung se îndepărtase deja de ortodoxismul freudian. În acea etapă a carierei sale, el utiliza formatul seminarului, primind un cursant care se afla în analiză (și nu era doctorand în medicină) și cooptând un profesor de religie.

În aprilie 1914, după nouă ani de activitate didactică, Jung a demisionat din postul de conferențiar liber[4] al Universității[5]; el nu va mai preda oficial până în 1933. Cu toate acestea, în octombrie 1916, Fanny (căsătorită acum cu Johann Rudolf Katz, un psihiatru olandez de orientare jungiană[6]) a dedicat un carnet de notițe unui alt seminar susținut de Jung. Sunt dovezi că, pe parcursul războiului, când Jung era medic militar al armatei elvețiene într-un lagăr de prizonieri pentru ofițerii britanici de la Canton Vaud, și-a continuat prelegerile private, în timpul permisiilor din Zürich.

După terminarea războiului, Jung a călătorit din nou — la Londra, pentru prelegeri în cadrul unor societăți particulare, în 1919 și la finele anului 1920; în Algeria și Tunis în primăvara anului 1920; și, în vara anului 1920, în Anglia, până la Cornwall, pentru primul său seminar în străinătate. Nu există nicio înregistrare, dar acest seminar de la Sennen Cove, din apropiere de Land's End, a rămas în amintirea câtorva dintre cei doisprezece participanți. A fost organizat de Constance Long, iar printre participanți s-au aflat M. Esther Harding și H. Godwin Baynes — toți trei medici britanici și unii dintre primii aderenți la psihologia analitică. Subiectul seminarului era o carte intitulată Authentic Dreams of Peter

---

4 *Privatdocent*, conferențiar plătit de studenți. (N.t.)

5 *Corespondența Freud–Jung*, p. 813, n. 2.

6 Vezi scrisorile adresate de Jung lui Fanny Bowditch (Katz), 22 oct. 1916 și 30 iulie 1918, în C.G. *Jung: Letters*, vol. 1.

Blobbs and of Certain of His Relatives (Visele autentice ale lui Peter Blobbs și ale anumitor rude ale sale). Primul seminar înregistrat a fost organizat tot în Cornwall, la Polzeath, în luna iulie 1923. A fost organizat de Baynes și Harding; au fost 29 de membri, printre care Emma Jung și Toni Wolff.[7] Notițele de mână, scrise de dr. Harding și de psihiatra americană Kristine Mann, erau intitulate „Human Relationships in Relation to the Process of Individuation" (Relații interumane asociate procesului individuării)[8]. Doi ani mai târziu, jungienii britanici au mai organizat un seminar, la Swanage, Dorset, unde au participat în jur de o sută de persoane — „cu mult mai multe decât și-ar fi dorit Jung", ne spune Barbara Hannah, și, cu siguranță, mult prea multe pentru un seminar. Din nou supraviețuiesc notițele de mână ale ale dr. Harding, intitulate „Dreams and Symbolism" („Vise și simbolism"), organizate în 12 prelegeri susținute între 25 iulie și 7 august; după acestea, Jung a vizitat British Empire Exposition de la Wembley și a hotărât să facă bine-cunoscuta sa călătorie în Africa de Est Britanică.[9]

Totuși, la începutul anului 1925, între 23 martie și 6 iulie, Jung a susținut prima serie a seminariilor de la Zürich în limba engleză, care aveau să se desfășoare de-a lungul a paisprezece ani. Intitulat simplu „Psihologie analitică", seminarul, alcătuit din 16 prelegeri, a fost consemnat de Cary F. de Angulo, care, curând după aceea, se va căsători cu H.G. Baynes. Jung a revizuit transcrierea, care a apărut ca un manuscris dactilografiat de 227 de pagini. Conținutul a reprezentat o relatare a evoluției psihologiei analitice începând cu anul 1896, când Jung era student, și oprindu-se suficient de mult timp asupra relației sale cu Freud. Câteva pasaje au fost încorporate de Aniela Jaffé în Amintiri, vise, reflecții.[10] Seminarul din 1925 conține o serie dintre cele mai tranșante observații ale lui Jung referitoare la metoda sa.

La începutul lui noiembrie 1928 Jung a susținut primul seminar despre Analiza Viselor, căruia îi este dedicat acest volum. S-a desfășurat pe parcursul unor ședințe săptămânale, întrerupte de vacanțe de o lună sau mai mult, și a durat până la finalul lunii iunie a anului 1930. Membrii se întâlneau în diminețile de miercuri în încăperile Clubului psihologic din Zürich, situat într-o vilă

---

7 Barbara Hannah, *Jung: His Life and Work* (New York, 1976), pp. 141, 149–53. Cartea despre familia *Blobb* (XVI + 42 p.) a fost scrisă de Arthur John Hubbard (1856–19??), doctor în medicină, „cu concursul doamnei Hubbard", și publicată de Longmans, Green, 1916. Jung deținea un exemplar.

8 Text dactilografiat nepublicat, 38 pagini, aflat în Biblioteca Kristine Mann, Clubul de Psihologie Analitică din New York.

9 Hannah, pp. 164–165. Notițele luate de Harding, text dactilografiat nepublicat, 101 pagini, aflat în Biblioteca Kristine Mann.

10 Introducere (de Aniela Jaffé), pp. vii/11.

cu turle, acoperită de iederă, de pe Gemeindestrasse, pe care Edith Rockefeller McCormick o cumpărase pentru club. S-au păstrat puține însemnări administrative referitoare la seminar sau la club. Conform amintirilor membrilor aflați încă în viață, nu se plătea nicio taxă; era doar o mică sumă pentru ceai. Pentru a participa, era obligatorie permisiunea lui Jung și toți membrii se aflau sau se aflaseră în analiză cu Jung sau cu altul dintre ceilalți puțini analiști din Zürich. Deși nu există o listă de prezență, în transcrierea seminarului apar numele a circa cincizeci de persoane care au contribuit la discuții. Desigur, mai erau și alți membri, care nu vorbeau, precum Mary Foote.

Lui Mary Foote i se datorează în principal înregistrarea seminariilor lui Jung între 1928 și 1939. Născută în Noua Anglie în 1872, Mary Foote a devenit o portretistă destul de cunoscută, care a locuit la New York, Paris și Beijing.[11] Printre prietenii ei se numărau Isadora Duncan, Henry James, Mabel Dodge (mai târziu Luhan), Gertrude Stein și scenograful Robert Edmond Jones, din New York, care, după ce a fost el însuși analizat de Jung și de Toni Wolff, a convins-o pe Mary să meargă la Zürich. Ea a ajuns în ianuarie 1928 și a rămas acolo pentru următorul sfert de secol. Analiza sa cu Jung trebuie să fi început curând după instalarea ei la Hotelul Sonne din Küsnacht și ea probabil că a participat la Seminarul de analiza viselor încă de la prima sa ședință, din noiembrie.

Mai multe persoane au contribuit la redactarea notițelor seminarului. După plecarea lui Cary de Angulo la Carmel, California, împreună cu soțul ei, H.G. Baynes, ședințele din toamna lui 1928 au fost consemnate de Anne Chapin, profesoară la Mount Holyoke College, Massachusetts, și au fost transcrise, dactilografiate și puse în circulație printre membri. Ședințele din prima jumătate a anului 1929 au fost înregistrare de o altă americancă, Charlotte H. Deady. Mary Foote a participat la consemnarea ședințelor începute în octombrie 1929, iar scrisorile pe care i le-a adresat Jung în decembrie[12] stau mărturie a faptului că ea redacta transcrierea (realizată pe baza notițelor mai multor membri) și că i-o trimitea lui Jung pe porțiuni, pentru revizie. Ea a îndeplinit acest rol până la finalizarea seminarului, în iunie, anul următor. Întreaga „primă ediție", multiplicată după materialul dactilografiat, a apărut în cinci volume format in-cvarto. În 1938 Mary Foote a scos o „nouă ediție", în care notițelor luate de Chapin li s-au adăugat „notițele mai complete stenografiate de domnișoara Ethel Taylor"; notițele luate de Deady au fost reeditate de Carol Baumann; notițele

---

11 Edward Foote, „Who Was Mary Foote", *Spring* 1974, p. 256ff.
12 Ibid., p. 262, și *C.G. Jung: Letters*, vol. 2, p. xxxiiii.

cursive din perioada octombrie–decembrie 1929 au fost scrise de Mary Foote și de alții, cu „mult ajutor“ din partea lui Cary Baynes și Mary Howells; notițele din ianuarie-martie 1930 sunt, de asemenea, cursive și au fost scrise de doamna Baynes, doamna Deady, Barbara Hannah, Joseph Henderson și domnișoara Foote; iar secțiunea mai–iunie 1930 a fost, după cum a scris Mary Foote, „redactată pe baza notițelor stenografiate de doamna Köppel și a notițelor mele luate cursiv“. Desenele de pe parcursul întregului volum au fost opera doamnei Deady. Emily Köppel, o englezoaică măritată cu un elvețian, a devenit secretara lui Mary Foote în 1930 și a continuat să primească transcrieri, să dactilografieze, să aranjeze multiplicarea materialelor și să se ocupe de toate detaliile administrative, până când războiul a pus capăt seriilor seminariilor.

La început, Mary Foote și-a finanțat munca din subscripții, suplimentate cu propriile sale resurse. Spre sfârșitul anilor 1930, fondurile au venit din partea lui Alice Lewisohn Crowley și a lui Mary și Paul Mellon. Contribuția lui Jung nu a fost solicitată, iar el a primit exemplare gratuite ale Notițelor de seminar.

Pe parcursul războiului, Mary Foote a rămas în Zürich, ea revenind în Noua Anglie de-abia în anii 1950. A murit în data de 28 ianuarie 1968, înconjurată de prieteni, undeva la țară, în Connecticut, la vârsta de 96 de ani.[13] Lucrările sale, printre care și schițe succesive ale Notițelor de seminar, se află acum în Biblioteca Universității Yale.

În octombrie 1930, la câteva luni după finalizarea seminarului dedicat analizei viselor, Jung a început un alt seminar în limba engleză, intitulat „Interpretarea viziunilor“, bazat pe picturile realizate de o pacientă americană, înfățișând imaginile pe care le văzuse în procesul de „imaginație activă“. Acest seminar, care este considerat o expunere utilă a tehnicilor jungiene de „imaginație activă“ și de amplificare, a continuat până în martie 1934. Transcrierea sa a fost redactată de Mary Foote în unsprezece volume, plus un volum cu 29 de ilustrații. O nouă ediție, realizată cu ajutorul unei donații din partea familiei Mellon, a apărut între 1939 și 1941. Într-o vacanță din octombrie 1932, Jung, împreună cu J.W. Hauer, profesor de indologie la Universitatea din Tübingen, a susținut un seminar pe tema „Kundalini yoga“, desfășurat pe parcursul a șase ședințe și publicat ulterior de Mary Foote într-o ediție ilustrată de 216 pagini, urmată un an mai târziu de o versiune germană.

---

[13] Edward Foote, loc. cit.

La două luni după încheierea seminarului despre viziuni, în data de 2 mai 1934, Jung a început un seminar în limba engleză cu titlul „Psychological Analysis of Nietzsche's Zarathustra" („Analiza psihologică a operei lui Nietzsche, Zarathustra"). L-a continuat până în data de 15 februarie 1939, cu câteva lungi întreruperi, când a predat în Statele Unite în 1936 și 1937, a călătorit în India în iarna 1937–1938 și s-a întors bolnav de dizenterie. Din nou, Mary Foote a redactat transcrierea, în zece volume.[14]

Prelegerile susținute de Jung în limba germană la Eidgenössische Technische Hochschule — ETH (Institutul Tehnic Federal) din Zürich sunt de obicei introduse în aceeași categorie cu seminariile, dar ele au fost adresate unui public general într-un mare amfiteatru universitar și respectă stilul de prelegere adecvat. Pentru Jung, aceasta a reprezentat o revenire la situația sa de lector universitar din urmă cu mai bine de douăzeci de ani. Prelegerile ETH, susținute în după-amiezile de vineri, au început în data de 20 octombrie 1934 cu tema generală „Psihologia modernă" și au continuat, cu obișnuitele vacanțe academice, până în iulie 1935. Au fost stenografiate de secretara lui Jung, Marie-Jeanne Schmid, și tipărite apoi în traducere engleză de Elizabeth Welsh și Barbara Hannah, în același format ca seminariile. Jung a continuat să conferențieze sporadic la ETH până în iulie 1941; a tratat subiecte precum: „Texte orientale", „Exercițiile spirituale ale Sf. Ignatius de Loyola", „Visele copiilor", „Literatura veche despre interpretarea viselor" și „Alchimie". Majoritatea prelegerilor au fost traduse și publicate de Barbara Hannah.[15]

Fiecare volum al seminariilor și al prelegerilor ETH era însoțit de un avertisment ce prevedea că „sunt doar pentru uz privat și nicio parte din ele nu poate fi copiată sau citată spre publicare fără permisiunea scrisă a Profesorului Jung". Când au fost publicate noi ediții ale seminarului „Analiza viselor" și ale prelegerilor „Psihologie modernă", sub auspiciile reunite ale Clubului Psihologic

---

[14] Cu permisiunea lui Jung, extrase din seminarul „Interpretarea viziunilor", aranjate de Jane A. Pratt, au fost publicate în zece episoade în *Spring* (revista anuală a Clubului de Psihologie Analitică din New York), în perioada 1960–1969. Acestea, împreună cu trei episoade concluzive pregătite de Patricia Berry şi cu un postscript de Henry A. Murray, au fost publicate în The Visions Seminars (Zürich: Spring Publications, 1976; 2 vol.). / Cele patru prelegeri cuprinzând „Psychological Commentary on the Kundalini Yoga" („Comentariul psihologic despre Kundalini yoga") al lui Jung, parte a seminarului din 1932, au fost publicate în *Spring*, 1975 şi 1976. (În perioada 1970–1977, *Spring*, fiind încă revista Clubului de psihologie analitică din New York, a fost publicată la Zürich; după aceea, sub altă conducere, a fost publicată de *Spring Publications*, Inc., în Dallas, Texas.) / Un extras din „The Psychological Analysis of Nietzsche's Zarathustra" a fost publicat în numărul din 1972 al revistei *Spring*.

[15] Extrase din prelegerile cu tema „Exercitia Spiritualia of St. Ignatius of Loyola" au fost publicate în *Spring*, numerele din 1977 şi 1978. / Toate seminariile şi prelegerile de la ETH sunt enumerate cronologic în GW 19: *Bibliografie generală*, pp. 209–15.

și Institutului C.G. Jung, același avertisment a fost tipărit în prefață, în numele Clubului și al Institutului. Volumele puteau fi cumpărate numai de persoanele care parcuseseră o analiză și aveau o aprobare de la un profesionist. Cu toate acestea, copiile și-au făcut drum în bibliotecile de uz general și în mâinile intermediarilor de carte.

Când stocul s-a epuizat și a fost planificată publicarea unor noi ediții în 1954, Institutul a propus ca textele să fie revizuite de un scriitor profesionist, pentru a fi atenuate ceea ce se considerau a fi erori de stil și expresie. La sfatul expres al lui R.F.C. Hull și al altora, Jung a scris Curatoriumului Institutului: „Doresc să vă aduc la cunoștință că, în urma unei analize mature și a solicitării unor opinii competente, am decis ca Seminariile mele să fie publicate neschimbate, la fel ca înainte. Am fost rugat în mod expres să nu permit aducerea niciunei modificări stilului lor". El a propus ca la fiecare publicare să apară în prefață aceste rânduri: „Sunt pe deplin conștient că textul acestor seminarii conține o serie de erori și alte inadvertențe care necesită corectură. Din nefericire, nu mi-am putut asuma eu însumi această lucrare. Prin urmare, rog cititorul să treacă aceste materiale prin filtrul propriului simț critic și să le utilizeze cu circumspecție. Ele oferă în general, datorită talentului descriptiv al lui Mary Foote, o imagine vie și fidelă a reuniunilor, așa cum s-au petrecut la vremea aceea". Până la urmă adnotarea nu a fost tipărită în noile ediții, dar era evidentă preocuparea lui Jung față de erorile apărute în transcrieri. Acum se vehicula ideea publicării seminariilor pentru publicul general. Michael Fordham, unul dintre editorii Operelor Complete, a recomandat cu tărie publicarea. În data de 24 mai 1956, Jung i-a scris lui Gerhard Adler, de asemenea unul dintre editorii Operelor Complete: „Aș dori să revin asupra discuției noastre din data de 14 mai. Sunt absolut de acord cu publicarea «Notelor de Seminar» ca anexă a Operelor Complete și aș dori ca dumneavoastră și dr. Fordham să eliminați sau să corectați erorile existente, după cum e necesar. Materialul stenografiat nu a fost întotdeauna foarte exact. În ceea ce privește stilul, acesta ar trebui, pe cât posibil, să nu fie modificat". Putem conchide că Jung a devenit conștient de inutilitatea restricționării accesului la textele seminariilor sale; și era evident conștient de valoarea lor pentru analiștii în formare și pentru masa mai mare de studenți dedicați. Într-o scrisoare din 19 august 1957, adresată Fundației Bollingen, el a declarat în mod oficial: „Confirm prin aceasta acordul meu pentru includerea scrierilor menționate în scrisoarea dumneavoastră (adică Notele de Seminar și corespondența) în Opere Complete".

Lucrurile au trenat până după moartea lui Jung, în iunie 1961. Între timp, planul original de a publica Notele de Seminar și Scrisorile în cadrul Operelor

Complete a fost modificat. Editarea corespondenței a fost delegată, cu aprobarea lui Jung (1957), dr. Adler în calitate de redactor-șef, Mariannei Niehus-Jung și Anielei Jaffé.[16] Întrucât Jung acceptase ca seminariile să fie editate de R.F.C. Hull, traducătorul Operelor Complete în limba engleză, proiectul a fost amânat până când Hull va avea timp disponibil — adică, până când era prevăzută finalizarea Operelor Complete. Pe la mijlocul anilor 1960, Fundația Bollingen i-a cerut lui Hull să schițeze un plan de lucru al publicării, în colaborare cu Herbert Read, familia Jung, Adler, Fordham, Cary Baynes, Jessie Fraser, Joseph Henderson, Aniela Jaffé, Henry A. Murray și Jane A. Pratt. Proiectul, în cinci sau șase volume, urma să includă Seminarul din 1925, „Analiza viselor", „Interpretarea viziunilor", „Kundalini Yoga", „Analiza lui Zarathustra de Nietzsche" și, provizoriu, o selecție din Prelegerile ETH. Moștenitorii lui Jung și-au dat acordul de principiu. Hull a putut începe redactarea abia în vara lui 1972, când s-a mutat în New York. Mai avea încă de lucru la traducerea părții lui Jung din *The Freud/Jung Letters*, scrisorile selectate scrise în limba germană (în jur de jumătate) și la O.C. 18: *Viața simbolică*. Totuși, în ciuda declinului treptat al sănătății și energiei sale, Hull a reușit să facă o primă redactare și adnotare a aproape jumătate din seminarul Analiza viselor, sprijinindu-se pe cercetările întreprinse de Lisa Ress și pe sfaturile lui Edward F. Edinger, M.D., în privința chestiunilor de substanță. În primăvara anului 1973, Hull s-a întors la reședința sa din Mallorca, starea sănătății fiindu-i potrivnică oricărui fel de activitate profesională; el a decedat în Anglia, în decembrie 1974. Materialele la care lucra au fost păstrate de văduva sa și trimise în cele din urmă la Princeton. Cu toate acestea, preluând în 1980 responsabilitatea editării seminarului Analiza viselor, am luat-o de la început.

Principiile mele redacționale au diferit oarecum de cele ale lui Hull. Am șters și am modificat textul cât mai rar cu putință, introducând note de subsol în cazul oricărei modificări semnificative. Am eliminat, de regulă, numai acele pasaje pe care Jung le-a repetat pentru informarea noilor membri ai seminarului. Am făcut modificări nesemnificative ale textului, în ceea ce privește punctuația, ortografia, gramatica și claritatea. Inserarea multor semne de punctuație precum punct și punct și virgulă în structura propozițională mai degrabă lipsită de formă a transcrierii nu alterează stilul lui Jung. Majoritatea adnotărilor realizate de Hull și de Lisa Ress au fost păstrate și considerabil îmbogățite. Notele interpretative

[16] Doamna Niehus-Jung a decedat în 1965. Jaffé a editat apoi ediția germană/elvețiană „in Zusammenarbeit mit Gerhard Adler"; a apărut în trei volume, în perioada 1972–1973. Adler a editat ediția americană/engleză „în colaborare cu Aniela Jaffé"; a apărut în două volume, în perioada 1973–1975.

ale lui Hull sunt marcate cu inițialele sale. O diferență considerabilă față de politica lui Hull este menținerea numelor acelor membri ai seminarului care au făcut comentarii. Mulți dintre ei sunt persoane cunoscute, chiar eminente în lumea jungiană și în afara ei, și majoritatea sunt decedați. Toți cei patru despre care știam că sunt în viață în anul 1982 — domnișoara Hannah, dr. Henderson, dr. Kirsch și domnișoara Gaskell — și-au dat permisiunea pentru folosirea numelor lor. Este posibil ca, din cele aproximativ zece persoane pe care nu le-am putut localiza sau măcar identifica, unele să se afle în viață; dacă este așa, fac apel la îngăduința lor. Desigur, nimic din ceea ce s-a spus nu este de natură să provoace regretul cuiva, cincizeci de ani mai târziu. De asemenea, niciunul dintre materialele de caz prezentate în seminar nu poate fi asociat vreunei persoane reale.

Nu am precupețit niciun efort pentru a păstra „o imagine vie și fidelă a reuniunilor, așa cum s-au petrecut la vremea aceea", întocmai cum spera Jung în 1954, și am reprodus diagramele și ilustrațiile direct din primele ediții ale seminariilor.

Notele de Seminar au o importanță considerabilă în ansamblul operelor lui Jung: pe lângă acest fapt evident, ele mai sunt caracterizate și prin alte câteva aspecte semnificative. Caracterul discursului lui Jung — stilul lui conversațional — este redat cu fidelitate: toți cei care îl cunoșteau bine sunt de acord în această privință și, mai ales, toți cei care au participat la oricare dintre întâlnirile seminarului. „Notele au realitatea unei transcrieri după înregistrare, într-o vreme în care înregistrarea electronică nu era nici măcar un vis", a remarcat unul dintre membrii seminarului. Aceasta o datorăm abilității celor care au luat notițele — abilitate care era cu atât mai remarcabilă în acele zile de început, când notițele erau scrise neprescurtat și însăilate. Efortul de redactare al lui Mary Foote s-a concentrat asupra fidelității înregistrării, atât în ceea ce privește stilul, cât și conținutul.

Nivelul la care Jung stăpânea limba engleză, demonstrat de aceste transcrieri, nu trebuie să ne surprindă. Studiase engleza la școală, iar la începutul anilor 1900 petrecuse o vară la Londra.[17] La Clinica Burghölzli, unde Jung fusese asistentul lui Bleuler, veneau medici americani și britanici pentru a învăța și a observa: Rickshet, Peterson, Macfie Campbell, Gibson, Burrow, printre alții.[18] Iar pacienții vorbitori de limbă engleză — ne atrag atenția Harold F. McCormick și soția sa, Edith Rockefeller McCormick, din Chicago — au devenit destul de curând responsabilitatea lui Jung. Începând cu anul 1909, a făcut vizite frecvente

---

17 Informație furnizată de domnul Franz Jung.
18 Vezi *The Freud/Jung Letter*, index, pentru detalii legate de acești psihiatri.

în Anglia și America, marcate de prelegeri, conferințe și întâlniri analitice cu discuții purtate în limba engleză. Până în 1920, cercul studenților și analizanților aflați în jurul lui Jung în Zürich era format din tot atâția vorbitori de limbă engleză, pe cât vorbitori de limbă germană. (Franceza era în minoritate.) Jung scria și vorbea în engleză aproape tot atât de frecvent ca în germană sau în germana elvețiană, limba lui maternă.[19]

În cele din urmă, dialogurile din seminariile lui Jung sunt bogate în material care nu poate fi găsit sau care este doar insinuat în lucrările publicate. Pentru Jung, au fost germinative: el adesea dezvolta idei pe măsură ce vorbea. Seminarul publicat în acest volum oferă cea mai completă descriere a metodei jungiene a amplificării în analiza viselor unui pacient și cea mai detaliată înregistrare a tratamentului unui pacient de sex masculin realizat de Jung însuși.[20] Considerând toate acestea, seminariile ne înfățișează un Jung încrezător în sine, relaxat, direct și nediplomat, lipsit de respect față de instituții și personaje exaltate, adesea amuzant, chiar licențios, deosebit de erudit în ceea ce privește referințele directe și indirecte, sensibil întotdeauna la cele mai subtile rezonanțe ale cazului discutat și permanent fidel sieși și vocației sale.

WILLIAM McGUIRE

---

19 Vezi *C.G. Jung: Word and Image*, pp. 142–4.

20 Cazul prezentat în *Psihologie și alchimie* (O.C. 12), conținând o serie de vise în care predomină simbolismul mandalei, era cazul unui pacient de sex masculin analizat de unul dintre colegii lui Jung.

Mulțumiri

Mi-am exprimat gratitudinea față de R.F.C. Hull, Lisa Ress și Edward F. Edinger, pentru munca depusă într-o primă etapă a redactării. Le sunt în mod special recunoscător celor trei membri ai seminarului care au participat la întruniri între 1928 și 1930 și care au răspuns călduros, împărtășindu-mi amintiri ale „ședințelor reale" și clarificându-mi anumite necunoscute, în special referitoare la identitatea altor membri ai seminarului: Barbara Hannah, Joseph Henderson și James Kirsch. De asemenea, le mulțumesc tuturor persoanelor enumerate în continuare, care au răspuns întrebărilor mele fie direct, fie îndrumându-mă spre sursele de consultat: Gerhard Adler; Doris Albrecht; John Alden; Nora Bangs; John T. Bonner; C. Marston Case; Margaret H. Case; Gerald Chapple; Margot Cutter; Ivan R. Dihoff; K.R. Eissler; Jay Fellows; Marie-Louise von Franz; Patrick Gardiner; Felix Gilbert; Rosamond Gilder; Beat Glaus; Leon Gordenker; Norbert Guterman; John Hannon; Martyn Hitchcock; Aniela Jaffé; James Jarrett; Lilly Jung; Violet de Laszlo; Phyllis W. Lehmann; Michael S. Mahoney; Mary Manheim; Bruce M. Metzger; Paul Meyvaert; Joseph P. O'Neill; Emmy Poggensee; Edith Porada; Frank H.T. Rhodes; Richard Rorty; Angela Richards; Merle Greene Robertson; Beata Sauerlander; Gershom Scholem; Marjorie Sherwood; Elisabeth Rüf; Richard Taylor; Pamela Teske; S.G. Thatcher; Elizabeth Thomas; Părintele Chrysogonus Waddell; Charles F. Westoff; Hellmut Wilhelm; John F. Wilson; James E.G. Zetzel și Herbert S. Zim.

Pentru permisiunea de a introduce citate din traducerea lui *Faust* (1951) de Goethe[1] în limba engleză, semnată de Louis MacNeice, le mulțumesc cu recunoștință editurilor Oxford University Press, New York, și Faber and Faber, Londra.

W. M.

Nota redacției (ediția din 1992)

Dintre seminariile lui Jung au fost publicate: *Analytical Psychology* (1925), editat de William McGuire, publicat în 1989 [trad. rom.: *Introducere în psihologia jungiană*, Trei, 2017]; *Nietzsche's Zarathustra* (1934–1939), editat de James L. Jarrett, publicat în 1988.

---

1 Citatele în limba română au fost extrase din traducerea lui Șt. A. Doinaș, Ed. Univers, 1983. (N.t.)

Membrii seminarului

În continuare sunt enumerate persoanele ale căror nume apar în transcriere; fără îndoială că au fost și alți participanți, ale căror nume nu au fost consemnate. Nu s-a găsit niciun registru care să cuprindă numele membrilor seminarului. În transcriere sunt date numai nume de familie, iar prenumele și țara de reședință au fost adăugate în măsura posibilului. Asteriscul indică un membru care, din ce se știe în prezent, a fost sau a devenit ulterior analist. În coloana din dreapta este trecută data seminarului la care apare pentru prima dată numele fiecărui membru. Vezi, de asemenea, și indexul acestui volum.

Bacon, domnul Leonard (S.U.A.)	4 decembrie 1929
Barrett, dr. William G. (S.U.A.)	6 noiembrie 1929
Baumann, domnul Hans H. (Elveția)	11 iunie 1930
*Baynes, dr. Helton Godwin (Marea Britanie)	29 ianuarie 1930
Baynes, doamna Cary F. (S.U.A.)	6 noiembrie 1929
*Bertine, dr. Eleanor (S.U.A.)	22 mai 1929
*Bianchi, domnișoara Ida (Elveția)	13 martie 1929
Binger, dr. Carl (S.U.A.)	6 februarie 1929
Binger, doamna Carl (S.U.A.)	28 februarie 1929
Chapin, domnișoara Anne (S.U.A.)	28 februarie 1929
Crowley, domnul Bertram (Marea Britanie)	21 mai 1930
Crowley, doamna Alice Lewisohn (S.U.A.)	22 mai 1929
Deady, dr. Henderson (S.U.A.)	5 decembrie 1928
Deady, doamna Charlotte H. (S.U.A)	6 martie 1929
Dell, domnul W. Stanley (S.U.A.)	22 mai 1929
Draper, dr. George (S.U.A.)	23 octombrie 1929
Eaton, prof. Ralph M. (S.U.A.)	18 iunie 1930
*Fierz, doamna Linda (Fierz-David) (Elveția)	5 martie 1928
Flenniken, domnișoara Margaret Ansley (S.U.A.)	19 martie 1930
Gibb, domnul Andrew (S.U.A., orig. din Marea Britanie)	30 ianuarie 1929
Gibb, doamna Helen Freeland (S.U.A.)	30 ianuarie 1929
Gilman, dr.	26 iunie 1929

*Hannah, domnișoara Barbara (Marea Britanie)	13 februarie 1929
*Harding, dr. M. Esther (S.U.A., orig. din Marea Britanie)	9 octombrie 1929
*Henderson, domnul Joseph L. (S.U.A.)	16 octombrie 1929
*Henley, doamna Eugene H. (Helen) (S.U.A.)	12 februarie 1930
Holdsworth, domnul	26 februarie 1930
Hooke, prof. Samuel Henry (Marea Britanie)	21 mai 1930
Howells, domnișoara Naomi (S.U.A.)	26 iunie 1929
*Howells, dr. Mary (S.U.A.)	9 octombrie 1929
*Jaeger, doamna Manuela (Germania)	25 iunie 1930
*Kirsch, dr. James (Guatemala, apoi Germania, Palestina, S.U.A.)	5 iunie 1929
Kirsch, doamna Eva (Germania, apoi doamna Gaskell, Marea Britanie)	5 iunie 1929
*König, domnișoara Olga, baroneasă von König Fachsenfeld (Germania)	20 noiembrie 1929
Leavitt, dr.	15 mai 1929
Muller, doamna	20 februarie 1929
*Nordfeldt, doamna Margaret D. (S.U.A.)	14 mai 1930
Ordway, domnișoara Katherine (S.U.A.)	12 februarie 1930
Pollitzer, domnișoara	26 februarie 1930
Richmond, domnul	11 iunie 1930
Rogers, domnul	13 februarie 1929
Roper, domnul	30 ianuarie 1929
Sawyer, doamna Carol Fisher (apoi doamna Hans Baumann) (S.U.A.)	6 noiembrie 1929
Schevill, doamna Margaret E. (Schevill-Link) (S.U.A.)	30 ianuarie 1929
Schlegel, dr. jur. Eugen (Elveția)	6 februarie 1929
Schlegel, doamna Erika (Elveția)	20 februarie 1929
*Schmaltz, prof. Gustav (Germania)	29 mai 1929
Schmitz, dr. Oskar A. H. (Germania)	15 mai 1929
Sergeant, domnișoara Elizabeth Shepley (S.U.A.)	21 mai 1930
*Shaw, dr. Helen (Marea Britanie/Australia)	21 noiembrie 1928
Sigg, doamna Martha Böddinghaus (Elveția)	6 februarie 1929
Taylor, domnișoara Ethel	8 decembrie 1928
*Wolff, domnișoara Toni (Elveția)	30 octombrie 1929
Zinno, doamna Henri Fink (S.U.A.)	6 martie 1929

Visele, în ordine cronologică

*Aceste vise nu fac parte din serie

* Aceste vise nu fac parte din serie

Nota editorului (pentru ediția din 1992)

Îi mulțumesc dr. Edward F. Edinger pentru că mi-a atras atenția asupra notei care atribuia nr. 18 visului din data de 28 iulie 1929. El remarcă, pe bună dreptate, că visul nr. 17, „Legănându-se de la un copac la altul", trebuie să fi fost urmat în experiența visătorului de visul nr. 19, „Călătorie în Polonia", întrucât, în prelegerea din 26 iunie 1929, Jung se referă la „următorul vis... o călătorie cu automobilul spre Polonia"; prin urmare, a apărut înainte de 26 iunie. Astfel, numerotarea viselor 18 și 19 a fost inversată, deși nu s-au putut corecta referințele la numere în index. — W. M.

Lista abrevierilor

B.S. = Bollingen Serries.

C.G. *Jung: Letters*. Coord. Gerhard Adler în colaborare cu Aniela Jaffé. Traduceri din limba germană de R.F.C. Hull. Princeton (B.S. XCV) și Londra, 1973, 1975. 2 vol.

C.G. *Jung: Word and Image*. Coord. Aniela Jaffé, trad. Krishna Winston. Princeton (B.S. XCVII:2), 1979.

C.G. *Jung Speaking: Interviews and Encounters*. Coord. William McGuire și R.F.C. Hull. New York și Princeton (B.S. XCVII) și Londra, 1977.

GW = *Gesammelte Werke*, Patmos Verlag. 20 vol.[1]

ETH = Eidgenössische Technische Hochschule (Institutul Tehnic Federal), Zürich.

Corespondența Freud–Jung, București, Trei, 2015.

Floarea de Aur = *The Secret of the Golden Flower*, tr. din lb. chineză în germană de Richard Wilhelm, cu un comentariu de C.G. Jung; tr. în lb. engl. de Cary F. Baynes. New York și Londra, 1931; revizuită și îmbunătățită, 1962.[2]

Yi King/I Ching = *The I Ching, or Book of Changes*. Traducerea lui Richard Wilhelm din chineză în germană a fost redată în lb. engleză de Cary F. Baynes, ediția a treia, Princeton (B.S. XIX) și Londra, 1967.[3]

LCL = Loeb Classical Library.

Letters = C.G. *Jung: Letters*, q.v.

AVR = *Amintiri, vise, reflecții*, de C.G. Jung. Înregistrată și coordonată de Aniela Jaffé; Editura Humanitas, București, 2004.

R.F.C.H. = R.F.C. Hull.

Sems. = edițiile anterioare ale prezentului seminar. Numărul indică ediția menționată.

Spring. An Annual of Archetypal Psychology and Jungian Thought. New York, 1941–1969; Zurich, 1970–1977; Dallas, 1978–

---

1 Pentru volumele traduse în limba română, referințele sunt citate: O.C. (*Opere Complete*), făcându-se referire la volumele publicate de Editura Trei. (N.t.)

2 În limba română, cartea a fost tradusă cu numele *Secretul Florii de Aur. Cartea Conştiinței şi Vieții* şi a fost publicată la Editura Herald, în anul 2005. (N.t.)

3 Publicată în limba română în anul 2012, la Editura Herald, cu titlul *Yi King. Cartea prefacerilor*, în traducerea lui W. Fotescu. (N.t.)

Wandlungen und Symbole der Libido. Leipzig și Viena, 1912.
The Zofingia Lectures. Ed. William McGuire; trad. Jan van Heurck. (supliment al CW, vol. A.) Princeton (B.S. XX:A) și Londra, 1983.

Semestrul de iarnă

Partea întâi: noiembrie–decembrie 1928

Prelegerea I.
7 noiembrie 1928

Dr. Jung:

Doamnelor și domnilor: analiza viselor este problema centrală a tratamentului analitic, ea reprezentând cea mai importantă tehnică de deschidere a unui drum către inconștient. După cum știți, principalul obiectiv al acestui tratament este accesul la mesajul inconștientului. De obicei, pacientul se adresează analistului atunci când se află într-un impas sau *cul-de-sac*, aparent fără ieșire, și presupune că doctorul[1] va găsi o soluție. Dacă doctorul e sincer, recunoaște că nici el nu știe ieșirea. Dar, uneori, doctorii nu sunt: cu numai 150 de ani în urmă, doctorii erau acei șarlatani care umblau prin bâlciuri și extrăgeau dinți, realizau cure miraculoase etc., iar această atitudine persistă încă într-o oarecare măsură și în zilele noastre în profesia medicală — există peste tot ființe umane rele! În analiză trebuie să fim foarte precauți, să nu presupunem că știm totul despre pacient sau că știm cum poate scăpa de dificultăți. Dacă doctorul îi spune care poate fi, după opinia lui, problema, pacientul urmează sugestiile doctorului și nu trăiește el însuși experiența. Sugestiile pot funcționa o vreme, dar, aflat departe de doctor, pacientul clachează, deoarece nu are contact cu sine însuși și nu-și urmează propriul drum, ci pe al doctorului. Atunci trebuie să revină la doctor pentru noi sugestii și, după un timp, situația devine deplorabilă pentru amândoi. Este important ca doctorul să-și recunoască neștiința; atunci ambii sunt gata să accepte faptele imparțiale ale naturii, realitățile științifice. Opiniile personale sunt mai mult sau mai puțin judecăți arbitrare și pot fi complet greșite; nu suntem niciodată siguri că avem dreptate. Prin urmare, trebuie să căutăm faptele furnizate de vise. Visele sunt fapte obiective. Ele nu răspund așteptărilor noastre și nu le-am inventat noi; dacă îți propui să visezi anumite lucruri, vei descoperi că este imposibil.

Visăm despre dilemele, despre dificultățile noastre. Se spune că mirele nu visează niciodată mireasa. Aceasta, deoarece o are în realitate; o visează doar mai târziu, când apar necazuri — iar atunci este de obicei soția lui. Suntem

---

1 În perioada de început a psihanalizei, majoritatea psihoterapeuților aveau formare medicală. (*N.red.*)

incapabili să ne influențăm visele, iar materialul visului nu este dat neapărat de ceea ce ne înconjoară. Chiar și atunci când se întâmplă ceva foarte important sau fascinant, adesea este de negăsit în visele noastre. Cât am stat în Africa[2] am fost foarte dezamăgit, întrucât în toate visele mele nu era nici urmă de Africa, în ciuda unor experiențe dintre cele mai impresionante; niciun singur vis în care să apară vreun peisaj african sau negri — cu excepția unuia, după trei luni, și în care negrul s-a dovedit a fi un frizer care, mi-am amintit mai târziu, mă tunsese în Chattanooga (în America)[3].

Într-un mod din cele mai bizare, visele noastre sunt independente de conștiință și deosebit de valoroase, deoarece nu pot trișa. Sunt dificil de descifrat, așa cum au fost întotdeauna faptele fiziologice. Așa cum e nevoie de o tehnică serioasă pentru a da un diagnostic în cazul inimii, ficatului, rinichilor etc., și noi a trebuit să punem la punct o tehnică serioasă pentru a descifra faptele imparțiale ale viselor. Imparțialitatea faptelor este de necontestat, dar cu atât mai contestabilă este descifrarea lor; prin urmare, există mai multe puncte de vedere — cel freudian, de exemplu. Nu pot discuta aici diversele metode, dar prefer să vă ofer material de lucru. Vom încerca să-l descifrăm împreună și de aici dumneavoastră puteți trage concluzii. Visele alese pentru discuție sunt visele obișnuite ale unuia dintre pacienții mei, deoarece sunt mai multe de învățat din visele obișnuite. Visele mai interesante sunt foarte incitante, dar sunt mai ușor de înțeles decât cele minore.

Primitivii cred în două tipuri de vise: *ota*, viziunea măreață, mare, semnificativă și având o importanță colectivă; și *vudota*[4], visul mărunt, obișnuit. Ei neagă de obicei că ar avea vise obișnuite sau, dacă după îndelungi insistențe recunosc faptul că ele apar, spun: „E o nimica toată, toată lumea le are!“ Visele mari și importante sunt foarte rare și numai o persoană cu adevărat importantă are vise mari — șefii, vracii, oamenii dotați cu mana. Spuneau că și eu aș avea o mare *viziune*, deoarece eram un mare domn, în vârstă de o sută de ani întrucât

---

2 Jung a condus o expediție în estul Africii, din toamna anului 1925 până în primăvara lui 1926, prin Kenya și Uganda și în josul Nilului până în Egipt. Vezi AVR, cap. IX, partea a treia.

3 Nu există vreun document care să ateste că Jung ar fi fost în Chattanooga, Tennessee, deși e posibil să se fi oprit acolo într-o excursie cu trenul de la New Orleans la Washington D.C., întreprinsă în ianuarie 1925. Vezi W. McGuire, „Jung in America“, 1924–1925, *Spring*, 1978, pp. 44–45.

4 Acuratețea acestor termeni în limba swahili este contestabilă, putând fi vorba de greșeli de transcriere (sau Jung a auzit un dialect). Conform punctului de vedere obținut de la Programul de limbă africană susținut la Universitatea Yale, *ota* este o formă verbală care înseamnă „a visa“; forma *vudota* nu este cunoscută și poate fi o eroare de transcriere a substantivului *ndoto*, pur și simplu „vis“.

aveam părul alb și puteam citi cartea cea mare, Coranul. Prejudecata noastră comună împotriva viselor — că nu au niciun înțeles — este, probabil, doar vechea tradiție primitivă conform căreia visele obișnuite nu merită băgate în seamă. Exploratorii relatează că, atunci când un șef sau oricine dotat cu mana avea un vis mare, convoca întotdeauna sătenii, iar aceștia se așezau și ascultau, așteptau și reflectau și adesea urmau sfatul primit.

Probabil ultimele urme ale unor vise de o asemenea însemnătate publică pot fi găsite în vremurile Imperiului Roman. Fiica unui senator a visat că i s-a arătat o zeiță care i-a reproșat că templul său este neglijat și se deteriorează și i-a cerut să fie reconstruit. Atunci, ea s-a dus în Senat și și-a povestit visul, iar senatorii au decis să reconstruiască templul[5].

Un alt caz a avut loc în Atena, când un faimos poet a visat că un anumit om furase un prețios vas de aur din templul lui Hermes și îl ascunsese într-un anumit loc. Nu credea în vise, iar prima dată când l-a visat, l-a respins. Dar când l-a visat a doua și a treia oară s-a gândit că ar putea fi adevărat, dacă zeii insistau. Așa că s-a dus la Areopag, echivalentul Senatului roman, și și-a anunțat visul. Atunci s-au făcut cercetări, hoțul a fost găsit și vasul returnat[6].

Primitivii africani nu mai ascultă acum de visul vraciului, ci de englezi. Conform opiniei generale, vraciul sau șeful de trib nu mai are astfel de vise de când englezii se află acolo. Spuneau că acum guvernatorul știe totul — până unde se întinde războiul sau hotarele pământurilor, cine a ucis oile etc. Aceasta arată că visul avea inițial o funcție socială și politică, liderul primindu-și gândurile direct din ceruri, conducându-și poporul direct din inconștient.

Rasmussen a auzit de la un eschimos (fiul unei femei de origine eschimosă și al unui danez, care locuise cu el în Groenlanda) o minunată poveste despre un vraci bătrân, care, ghidat de un vis, și-a condus tribul din Groenlanda, de-a lungul golfului Baffin, până în America de Nord. Tribul creștea rapid, hrana era pe sponci și el a visat despre o țară îndepărtată unde erau o mulțime de foci, balene, cai de mare etc., un ținut al abundenței. Întregul trib l-a crezut și au pornit dincolo de ghețuri. La jumătatea drumului, anumiți bărbați bătrâni au început să se îndoiască, așa cum se întâmplă întotdeauna: este viziunea bună sau greșită? Deci jumătate din trib s-a întors, spre propria pieire, în

---

5 Vezi „Despre bazele psihologiei analitice" (1935), O.C. 18/1, par. 250. Este vorba de zeița Minerva.

6 Vezi ibid. Poetul este Sofocle, templul este al lui Heracles, iar visul a fost relatat în „Life of Sophocles" (Viața lui Sofocle), sec. 12, în *Sophoclis Fabulae*, ed. A.C. Pearson (Oxford, 1924), p. xix.

timp ce el și-a continuat drumul cu cealaltă jumătate și a ajuns pe țărmul Americii de Nord[7].

Deși juste într-un caz particular, visele noastre mici nu au o asemenea importanță și nici soluții colective sau universale, dar în orice vis obișnuit, cum sunt și acelea pe care le-am ales, pot fi observate aceeași funcție călăuzitoare și aceeași încercare de a soluționa problema.

Visătorul este un om de afaceri de 45 de ani, inteligent, cultivat, prosper, foarte politicos și sociabil, căsătorit, cu trei sau patru copii; nu foarte nevrotic dar „sensibil"; principala sa problemă este iritabilitatea și tendința de a evita situațiile în care poate deveni ținta reproșurilor sau în care poate fi rănit. Odată, când poliția rutieră l-a oprit pentru depășirea vitezei, a simțit o durere în stomac și greață. Aceasta dovedește că lucrurile nu stau tocmai bine. Încearcă să fie cât se poate de corect și numai aceia care au capacitatea sau tendința de a fi foarte incorecți încearcă să fie atât de corecți, să atingă perfecțiunea; când oamenii încearcă să fie anormal de buni, ceva tinde să o ia într-o direcție complet greșită. La suprafață este foarte corect — maniere, discurs, ținută — este foarte atent în toate privințele posibile; nu fumează și nu bea mult și are păreri de bun-simț despre cum ar trebui oamenii să-și ducă viața. Dar în spatele acestei aparențe virtuoase, există o problemă în sfera sexualității sale; s-a îndepărtat mai mult sau mai puțin de soție, pentru care nu mai prezintă interes și care este, prin urmare, frigidă. Deci, el a început să fie atras de lucruri noi, în principal de ceea ce numim femei; frecventează ocazional prostituate de lux, apoi, pentru a compensa, încearcă să fie din ce în ce mai corect. Nu-și recunoaște problema, o numește „greșeală ocazională", se căiește și de fiecare dată spune „nu se va mai repeta", la fel ca masturbarea — până data viitoare.

Acesta este un mod imoral de a trata problema, deoarece nu e niciodată rezolvată, persoana persistând într-un sentiment cronic de inferioritate morală. O stare de inferioritate morală, care trebuie compensată printr-un exces de corectitudine, este nocivă pentru el însuși, pentru familia sa ori pentru alții. Are o influență foarte negativă asupra soției sale; corectitudinea lui teribilă o îngheață, ea neîndrăznind să fie în vreun fel necuviincioasă, deci nu poate deveni conștientă de sine și îl pedepsește prin frigiditate. O astfel de corectitudine are un extraordinar efect de respingere, stârnind în ceilalți un teribil sentiment de inferioritate. Dacă întâlnesc pe cineva atât de excesiv de virtuos mă simt damnat,

---

7 Knud Rasmussen, *Across Arctic America* (New York, 1927), cap. III: „A Wizard and His Household" (Un vrăjitor și oamenii săi). Vezi *Viața simbolică* (1939), O.C. 18, par. 674.

eu nu mă simt în apele mele cu oamenii foarte virtuoși! Această problemă îl depășește pe visător. A citit multă psihologie și cărți despre sex, dar această problemă nerezolvată, care trebuie confruntată, persistă; și atunci, a venit la mine. Deși nu era în mod deosebit nevrotic, lucrurile mergeau din rău în mai rău și se gândea că eu i-aș putea spune ce are de făcut. I-am spus că nu am habar. S-a supărat: „Credeam că știți." Răspunsul meu a fost: „Eu nu știu soluția problemei dumitale, dar visele, care sunt fapte imparțiale, ne-ar putea furniza informații; haideți să vedem ce spun ele." Așa am început analiza viselor sale. Primul vis conține întreaga sa problemă și un indiciu privitor la soluție.

Vis [1]

„Aflu că unul dintre copiii celei mai tinere dintre surorile mele este bolnav, iar cumnatul meu mă invită să merg cu el la teatru și apoi să cinăm împreună. Deși mâncasem deja, m-am gândit că l-aș putea însoți.

Ajungem într-o încăpere spațioasă, cu o masă lungă în centru, deja pregătită; pe cele patru laturi ale camerei celei mari sunt rânduri de bănci sau scaune, ca într-un amfiteatru, dar cu spatele la masă — așezate invers. Luăm loc și îl întreb pe cumnatul meu de ce nu a venit și soția lui. Mă gândesc apoi că motivul trebuie să fi fost boala copilului și mă interesez cum se simte. El îmi răspunde că e mult mai bine, mai are doar puțină febră.

Apoi sunt acasă la cumnatul meu și văd copilul, o fetiță de unu sau doi anișori. (El adaugă: în realitate nu există o astfel de fetiță, dar a fost un băiat de doi ani.) Copila pare destul de bolnavă și cineva îmi aduce la cunoștință că ea nu poate pronunța numele soției mele, Maria. Pronunț eu numele și rog copila să-l repete, să spună „mătușa Maria", dar eu spun de fapt „mătușa Mari-" și în loc de a omite pur și simplu litera „a", spun „Mari-ah-ah", ca și cum aș căsca, în ciuda protestelor celor care mă înconjurau, față de această pronunție a numelui soției mele."

Dr. Jung: Acest vis obișnuit ne introduce în atmosfera domestică a pacientului. Toate detaliile prezentate aici se referă la familia sa, iar de aici putem trage o importantă concluzie. Care este aceea?

Sugestie: Că interesul visătorului se canaliza în mod special asupra familiei sale și a persoanelor foarte apropiate?

Dr. Jung: Da, și ea corespunde arhicunoscutei idei despre vise. Noi ne exprimăm printr-un limbaj care ne este ușor accesibil; observăm că în visele țăranilor, soldaților etc., care visează lucruri familiare, limbajul diferă în funcție de ocupație. Trebuie să subliniez, de asemenea, că acest om a trăit foarte mult timp în străinătate; este un cetățean al planetei, un mare călător. Atunci, de ce nu visează despre această latură a existenței, a mediului său etc.? În visele sale ulterioare căminul nu mai apare deloc, deci avem motive deosebite să acordăm atenție faptului că visează mai întâi în termeni familiali.

Sugestie: Visează așa deoarece acolo se află problema sa?

Dr. Jung: Este captiv, în mod evident, terminologiei familiei sale, deci probabil inconștientul său tinde să sublinieze că problema sa se află acolo. Acum să trecem la detalii.

Copilul celei mai tinere dintre surori: În urmă cu doi ani murise primul ei copil, un băiețel frumos în vârstă de doi ani. El a spus: „Noi am împărtășit în mare măsură tristețea părinților pe parcursul bolii sale și la decesul datorat dizenteriei — era finul meu". Sora este legată de visător mai ales prin această pierdere, iar în vis apare o situație similară: boala fetiței amintește de perioada în care băiatul era bolnav și a murit. Este foarte important de știut că el este legat de sora sa printr-o amintire a pierderii, încărcată emoțional; iar aici este din nou tulburat emoțional, prin *imaginea* unui copil al surorii sale, care este din nou bolnav. Este amenințat acum cu o pierdere similară, dar aceasta este psihologică, un *façon de parler* simbolic, reprezentat de o fată-copil. Prin urmare, situația este oarecum similară, dar în realitate nu este nimic de acest gen, nimeni din familie nu este bolnav. Dacă unul dintre copiii surorii sale ar fi fost într-adevăr bolnav, am fi putut spune că visul coincide cu realitatea. Dar nu este, aceasta este doar o imagine mnezică, rechemată pentru a construi imaginea fetiței. Un astfel de *caz imaginar se referă întotdeauna la visător*; imaginea mnezică trebuie înțeleasă ca o metaforă.

Cea mai mică dintre surorile sale a fost întotdeauna preferata sa. Este cu 11 ani mai mică decât el și îi e tare dragă, deși o tachina adeseori când erau copii. Acea soră este importantă deoarece ea este legătura cu copilul bolnav, iar copilul aparține propriului său psihic și se află, prin urmare, între el și sora sa cea mai mică, aproape de inima sa. Deci, sora este simbolică; în realitate, ea locuiește în străinătate, într-o țară îndepărtată, iar între ei nu există de fapt nicio legătură.

Când avem de-a face într-un vis cu astfel de figuri trebuie să fim foarte atenți. Dacă persoana este foarte apropiată de visător și are relații strânse cu el, trebuie înțeleasă ca realitate palpabilă. Dacă o soție își visează soțul așa cum este el în realitate, nu trebuie să presupună că este doar simbolic. Dar visul în care apare o persoană necunoscută sau o persoană cunoscută în urmă cu mult timp devine în mare parte simbolic.

În realitate, el s-a distanțat destul de mult de sora sa cea mică, iar ea nu are niciun rol în viața actuală a visătorului. Teoria freudiană ar explica sora ca un substitut al soției, dar există ceva în vis care ne-ar îndemna să ne gândim la așa ceva?

Sugestie: Este sora un substitut al soției întrucât afecțiunea sa, în ambele cazuri, a slăbit?

Dr. Jung: Ar putea fi o idee. Dar ea este, din toate punctele de vedere, diferită de soție, iar visul nu oferă niciun indiciu despre identitatea sa. Principalul aspect al surorii nu permite presupunerea că ar fi un substitut pentru soție și nu este sora adevărată, deoarece în realitate ea nu joacă niciun rol. Prin urmare, ea reprezintă o femeie necunoscută sau un factor feminin a cărui natură este în sine necunoscută, care are un copil imaginar bolnav, o mitologie psihologică, personală, care nu ne spune nimic, ca și cum n-am avea nici cea mai vagă idee despre vis. Deci, putem presupune că acesta este simbolism subiectiv, o stare aparte în psihologia sa. Întotdeauna metoda mea a fost aceea de a nu face presupuneri, ci de a accepta fapte. În interpretările arbitrare, orice poate fi un substitut pentru orice altceva; feriți-vă de prejudecățile ce favorizează substituția. Nu există nicio dovadă că sora reprezintă soția, faptele chiar o contrazic.

Boala copilului: Primul copil al surorii sale a suferit de probleme intestinale, care i-au provocat și decesul. Este foarte important că, după moartea acestui copil, sora sa a fost foarte speriată că și al doilea băiat ar putea cădea la pat, dar n-a fost așa. Preocupată fiind de acest lucru, a intrat în Biserica Scientologică, iar băiatului chiar i-a fost mai bine; omul nu știe dacă aceasta a fost o coincidență sau o consecință a faptului că sora lui era mai liniștită și trata copilul cu o mai mare siguranță de sine. Dacă o mamă este torturată de temeri, copilului îi va merge probabil rău pentru a împlini așteptările mamei. Faptul că decesul primului copil a avut drept efect îndreptarea surorii sale către Biserica Scientologică o privește pe sora sa, dar el îl menționează aici. Semnificația Bisericii Scientologice are de asemenea de-a face cu acel personaj feminin din propriul său psihic; este cu siguranță un indiciu. Factorul feminin a suferit o anumită schimbare, iar acel bărbat, în ultimii doi sau trei ani, a început să fie interesat de filosofie, ocultism, teozofie și de tot felul de lucruri bizare; era prea echilibrat pentru a se lăsa afectat de ele, dar avea totuși o înclinație mistică.

Întrebare: A avut acest vis după ce a început să lucreze cu dumneavoastră?

Dr. Jung: Da, după ce a luat decizia să lucreze cu visele. Când sora sa a început să manifeste interes pentru Biserica Scientologică, el a fost atras de spiritualitate etc., astfel încât elementul feminin din el l-a condus spre această preocupare. În el a avut loc o schimbare. Era om de afaceri și toată „vlaga" sa era asociată cu problemele de afaceri, dar aceste alte preocupări s-au insinuat în interiorul său; treptat, el a fost pătruns de idei filosofice. Nu citea ca un student, nu urmărea în mod activ un scop; citea pe lângă subiect, una sau alta, ceva îi atrăgea atenția și el se lăsa influențat de acel ceva, îi permitea să se cufunde în interiorul său — calea feminină de a oferi unui obiect șansa de a-l influența. Pasiunile sale mistice și filosofice dezvăluie un caracter pe de-a-ntregul feminin. Astfel, știm că acel copil este copilul factorului feminin din el.

Cumnatul său este al doilea personaj din vis. Fuseseră mult timp amici, îl cunoștea dinaintea căsătoriei acestuia cu sora lui; lucraseră împreună și mergeau împreună la operă, cumnatul său fiind foarte meloman. Spunea: „Toată muzica pe care o știu — nu multă — mi s-a revelat prin intermediul cumnatului meu, de când l-am adus în firmă; acum este director; am fost cam dezamăgit că i-a trebuit atât de mult să ajungă *au fait*[8] cu noua afacere, totuși, în ceea ce privește comunicarea cu oamenii, este mai abil decât mine." L-am întrebat dacă mai ține legătura cu cumnatul său și mi-a răspuns că nu, el se retrăsese cu totul din afacere și părăsise țara. Deci, în realitate, și cumnatul locuiește departe, cei doi corespondează foarte rar și nu joacă niciun rol demn de menționat în viața sa. Este tot atât de dificil de observat vreo urmă de realitate în cumnatul său, pe cât este și în sora sa mezină. Mi-a lăsat impresia unei realități foarte firave, deși se înțelegea mai bine decât el cu propria soție. Pacientul nu este deloc înclinat către artă; prin urmare, suntem îndemnați să vedem în cumnat, prin aplecarea sa către muzică și preocuparea mai redusă pentru afaceri, o altă latură a visătorului; nu are aceeași eficiență ca a pacientului, dar are o latură artistică mai dezvoltată. Muzica simbolizează o perspectivă mai echilibrată pentru visător; este arta simțirii *par excellence*.

Socrate era un raționalist înfiorător, insuportabil, așa că daimonul său i-a spus: „Socrate, arta Muzelor să fie sârguința ta".[9] Iar dragul de Socrate și-a cumpărat un fluier și a scos din el niște sunete oribile! Desigur că daimonul a vrut să spună: „Încearcă să simți mai mult, nu mai fi atât de al naibii de rațional

---

[8] Să se familiarizeze. (N.t.)

[9] Vezi *Phaidon*, 60e [tr. în lb. rom. de Petru Creția]; M.-L. Von Franz, „The Dream of Socrates", *Spring*, 1954; Prefață la *I Ching* (1950), O.C. 11, par. 995.

tot timpul." Aceste cuvinte ar fi foarte potrivite pentru pacient. Este foarte intelectual și searbăd și încearcă să aplice o schemă raționalistă oricărui lucru, încearcă să ordoneze viața de-a lungul unor linii drepte și nu acceptă nimic din ce poate aduce a sentiment, cu excepția unui concert ocazional, deoarece oamenii respectabili și corecți merg uneori la concerte sau la operă. El le frecventa nu din pasiune, ci pentru că oamenii corecți le frecventează; nu iubirea îl mâna într-acolo. Prin urmare, cumnatul cred că simbolizează latura mai puțin eficientă a acestui om, personajul visător, sensibil, care se află în spate. Deoarece este o ființă umană, în el sunt prezente toate tendințele, așa cum sunt prezente în noi toți. El nutrește iluzia fermă că este un mecanism eficace și, deoarece poate merge pe șine în linie dreaptă, a avut un succes considerabil ca om de afaceri; are acest avantaj față de cumnatul său, pe care emoțiile îl descurajează. Pacientul nostru a crezut că poate scăpa de ele, dar este o iluzie. Nimeni nu poate renunța la sentimentele umane fără consecințe negative. În mod evident el își ascunde emoțiile, dar acestea se acumulează, fapt ce va provoca pagube; fie greutatea celor acumulate îl va copleși, fie vor exploda din beciul aflat dedesubt. De vreme ce suntem umani, avem toate funcțiile și fiecare funcție are propria energie care ar trebui utilizată, altfel se va pune singură în mișcare.

Cumnatul, fidel naturii sale, *îl invită la teatru, apoi la cină*: Pacientul spune: „Nu-mi amintesc să mai fi fost cu cumnatul meu la teatru de când s-a însurat; și dacă am fost, am fost împreună cu soțiile; sau dacă am luat vreodată cina cu el în altă parte decât la el acasă". Din nou, nu este vorba de o reminiscență a unei situații reale. Cum nu a avut niciodată loc în realitate, este un construct simbolic. Teatrul este un loc al vieții ireale, este viață sub formă de imagini, o instituție psihoterapeutică unde sunt puse în scenă complexele; acolo se poate vedea cum funcționează lucrurile. Filmele sunt de departe mai eficiente decât teatrul; sunt mai puțin îngrădite, sunt capabile să producă simboluri uimitoare ale inconștientului colectiv, de vreme ce metodele lor de prezentare sunt nelimitate. Visele exprimă anumite procese din inconștientul nostru și, în timp ce teatrul este relativ sărac și îngrădit, visele nu sunt deloc îngrădite. Invitându-l la teatru, cumnatul său îl invită la reprezentația complexelor sale — unde toate imaginile sunt reprezentările simbolice sau inconștiente ale propriilor sale complexe.

Și să cineze după aceea: să mănânce complexele. Comuniunea înseamnă a mânca un complex, la origine un animal sacrificial, animalul totemic, reprezentarea instinctelor primare ale acelui trib. Îți mănânci inconștientul sau strămoșii, întărindu-ți, astfel, puterea. A mânca animalul totemic, instinctele, a mânca imaginile, înseamnă a le asimila, a le integra. Ceea ce vezi mai întâi pe ecran îți captează interesul, îl privești și îți pătrunde în ființă, ești lucrul respectiv. Este un proces de asimilare psihologică. Urmărind scena, spectatorul îi spune actorului: „Hodie tibi, cras mihi!“[10] Acel proverb latin este esența jocului actoricesc. Privește imaginile inconștiente și după un timp le asimilezi, te prind și devin parte din tine — un fel de moment semnificativ.

În *Confesiunile* sale, Sf. Augustin povestește despre prietenul său Alypius, un creștin convertit, pentru care aspectul cel mai rău al păgânismului nu era cultul zeilor, ci cruzimea teribilă și vărsarea de sânge din arenă, unde a jurat să nu se mai ducă niciodată. Însă trecând într-o zi pe acolo a văzut cum un val de oameni pătrundea înăuntru, a simțit febra și a intrat și el. Și-a închis ochii și a jurat să nu-i deschidă, dar atunci când gladiatorul a căzut și a auzit oamenii strigând a deschis ochii și, din acel moment, a urlat după sânge împreună cu mulțimea — „în acea clipă sufletul său fusese vătămat de o rană mai îngrozitoare decât a gladiatorului.“[11]

Este important ce imagini îți atrag atenția; nu poți vedea chiar tot, urâtul de exemplu, fără a fi pedepsit; vederea urâțeniei construiește ceva urât în suflet, mai ales dacă germenele este deja prezent. La început nu-l recunoaștem ca fiind al nostru. Sf. Augustin scria: „Îți mulțumesc Ție, Doamne, că nu m-ai făcut responsabil de visele mele.“ Un sfânt ar trebui să aibă vise îngrozitoare! Suntem umani, totul ne poate atinge, deoarece ne întindem de la zei și până în iad. Atunci numai, când suntem îngroziți, supărați, tulburați, strigăm după un mântuitor; astfel, în timpurile lui Hristos, reprezentația zilnică din arenă arăta că era nevoie de apariția unui mântuitor. Este interesant că în mai multe sisteme gnostice mântuitorul e definit ca „făuritorul de limite“[12], cel care ne arată cu claritate unde începem și unde ne sfârșim. Majoritatea oamenilor nu știu, sunt fie prea mari, fie prea mici, mai ales atunci când încep să asimileze imaginile inconștientului. Este exact ca întâmplarea bătrânului Schopenhauer: aflat în grădina națională din Frankfurt, adâncit în gânduri, a călcat pe un răsad de flori, iar grădinarul a strigat la el: „Hei! Ce cauți în răsadul de flori? Cine ești?“ „Asta era! Dacă aș ști!“, a spus Schopenhauer. De aceea oamenii preferă o *persona* care le conferă

---

10 „Astăzi tu, mâine eu“. O inversare a Ecleziastului 38:22, citit fie ca „hodie mihi, cras tibi“, fie ca „Mihi heri, et tibi hodie“ (Ieri eu, astăzi tu).

11 *Confesiunile Sfântului Augustin*, VI, 7–8. (tr. Gh. I. Șerban, 1998, pp. 222–224). Pentru povestea mai detaliată a lui Alipius, vezi *Simboluri ale transformării*, O.C. 5, par. 102 (*Sems*: „Aloisius“ în loc de „Alipius“.)

12 În Gnozele valentine, puterea care o împiedică pe Sofia, aflată în căutarea Tatălui, să fie dizolvată în dulceața Abisului, o întărește și o întoarce înapoi către sine, se numește Limita (horos). [R.F.C.H.]. Vezi Hans Jonas, *The Gnostic Religion* (Boston, 1958), p. 182, și *Aion* (2014), O.C. 9/2, par. 118, n. 86.

siguranță[13]: „acesta sunt eu"; altfel, ei nu știu cine sunt cu adevărat. Principala teamă stârnită de inconștient este aceea că am putea uita cine suntem.

Teatrul și cina sunt o anticipare a procesului analizei. În primul vis, oamenilor li se arată adesea esența întregului proces care urmează; mult timp m-am întâlnit cu acest pacient într-o manieră intermitentă și a fost nevoie de 18 luni ca să înțeleagă ce însemna teatrul particular. Latura emoțională a personalității sale, acea parte a sa care nu se ocupa de afaceri, fusese ținută departe de viață, nu se afla nici măcar în căsnicia lui. Cumnatul este ca o personalitate secundă inconștientă, care îl invită în vis să cineze numai ei doi, fără femei. Aici ajungem la semnificația simbolică a soțiilor: ele sunt emoțiile, deoarece acesta-i modul în care se familiarizează de regulă bărbatul cu femeia. El trebuie să lase deoparte factorul emoțional, altfel nu există obiectivitate; nu poate privi un film sau nu se poate gândi la el însuși atunci când e copleșit de emoție. Este ceva destul de metaforic. Acest bărbat era atât de corect, dreptatea lui era atât de sinceră, încât dacă i s-ar fi arătat ce se petrece cu adevărat în el însuși ar fi fost îngrozit și lipsit de obiectivitate. El trebuie mai întâi să pună capăt emoțiilor și să privească imaginile într-un mod foarte calm, obiectiv. Întotdeauna l-am ferit de emoție pentru a-i permite să înțeleagă faptele.

Întrebare: Dar ce se întâmplă în cazul unei femei?

Dr. Jung: Este complet diferit în ceea ce privește femeile; femeile trebuie să aibă emoții, altfel nu pot vedea nimic. O femeie plânge când e plictisită, obosită, furioasă, bucuroasă, *oricum* — dar nu când e tristă. Emoțiile ei au întotdeauna un anumit scop; ea își poate folosi emoțiile; dacă recunoaște sau nu, aceasta e o altă poveste. Un bărbat nu are niciodată emoții cu un anumit scop; el nu poate fi analizat prin emoțiile sale; își folosește emoțiile și este prost; e o întreprindere distructivă. Pe de altă parte, o femeie nu poate fi analizată decât prin emoțiile sale; ea se lasă pradă emoțiilor într-un mod atât de rodnic; dacă nu poți ajunge la emoțiile unei femei nu ajungi nicăieri, poți vorbi așa-zisei ei minți ca unei biblioteci, e complet arid. Adevărata sa ființă este Eros.

O voce: Nu ne faceți să ne simțim inferioare, deoarece chiar ne simțim superioare!

Dr. Jung: Așa e, enervați-vă! Este dificil să faci față lacrimilor în analiză; pentru un bărbat este deosebit de dificil să înțeleagă cum trebuie folosite aceste

---

13 Lat. *persona*: în teatrul clasic, este masca purtată de un actor pentru a indica rolul jucat. În terminologia jungiană, este fața oficială, profesională sau socială pe care o prezentăm lumii. Vezi *Două scrieri despre psihologia analitică*, O.C. 7, par. 243ff.; *Tipuri Psihologice*, par. 867; și mai jos, p. 94.

arme; iar pentru o femeie e la fel de greu să-i înțeleagă intelectul. O femeie nu poate suporta Logosul pur al unui bărbat, sau un bărbat Erosul pur al unei femei.

Întrebare: Au vreo valoare emoțiile unui bărbat?

Dr. Jung: Da, ca material brut, la fel ca diamantele neșlefuite. Emoția bărbatului este un produs natural, nu are nimic intențional în ea; dar este autentică și valoroasă dacă o poți utiliza. La fel ca un vis, se întâmplă. Este utilă numai atunci când, printr-un autocontrol teribil, își poate juca emoția fără patos; atunci, cu acel element intențional, el poate juca și interpreta. Dar acelea nu sunt deloc emoții adevărate! O femeie își perlaborează emoțiile, cu fiecare dar pe care-l are, așa cum un bărbat lucrează cu mintea sa — există întotdeauna un scop. Pe de altă parte, mintea unei femei are inocența și lipsa de scop a unui produs natural. De aceea există atât de multe femei spirituale puternice, precum Madame de Maintenon sau Madame de Pompadour. Când o *femme inspiratrice* își folosește mintea, produce în bărbat „sămânța Logos". Bărbatul se teme la o femeie de „le formidable secret de ses hanches", forma sa de forță creatoare. Iar femeia se teme la un bărbat de „le formidable secret de son cerveau"; pântecele creator al bărbatului este în capul lui. O femeie reacționează față de ce vede în mintea unui bărbat cu aceeași teroare pe care un bărbat o are față de copilul produs. Pentru un bărbat, nașterea unui copil este misterioasă, periculoasă, înspăimântătoare: el ascultă de iubire și ceva crește. Aceasta capătă o formă comică în *Adam and Eve*[14] a lui Erskine, sub forma teribilei angoase trezite în Adam de o vacă ce fătase un vițel. De ce nu ceva complet diferit? Și el se întreabă de ce o femeie trebuie să dea întotdeauna naștere unui copil. De ce tocmai o ființă umană? — De ce nu poate fi un vițel? Poate ieși orice, nu ai cum să fii deloc sigur! Este teama specifică a bărbatului față de un anumit efect nedefinit.

În continuarea visului, *el se gândește că cinase deja* și, prin urmare, nu mai are rost să cineze încă o dată. Nu asociază cu nimic, așa că suntem liberi să facem presupuneri. Probabil se gândește că deja s-a asimilat pe el însuși, simte că este complet, un individ perfect normal, modern, care nu are nevoie să vină la mine sau să mai asimileze ceva — o anumită rezistență împotriva analizei. Cu toate acestea, acceptă și își însoțește cumnatul. „Nu am obiceiul să ies serile, prefer să rămân acasă. Numai o situație deosebită m-ar determina să ies, de exemplu, o piesă de teatru pe care soția mea dorește s-o vadă, iar dacă eu nu ies, ea se duce devreme la culcare." El acceptă că se poate cunoaște mai bine și se poate supune analizei: cu toate acestea, subliniază faptul că nu-i place să iasă în oraș

---

[14] Romanul lui John Erskine, *Adam and Eve: Though He Knew Better* (Indianapolis, 1927).

și ar merge numai la ceva deosebit de interesant sau la ceva care ar interesa-o pe soția sa. Așa se manifestă corectitudinea lui; un bărbat aflat în afara casei este suspect, un soț ar trebui să fie interesat numai de chestiuni publice sau de lucruri care îi plac soției sale și să nu meargă niciodată la piese de teatru sau în locuri deplasate. Ultima sa remarcă — ea se duce devreme la culcare — deschide un făgaș. Soția lui preferă să doarmă, decât să se plictisească de moarte cu el. Ce mai seară! De aici căscatul cu o rezistență interioară: Mari- și cască! În mod evident, aceasta este situația acasă: acea asociere dintre „ah“ și sfârșitul numelui „Mari“.

Prelegerea a II-a. 14 noiembrie 1928

Dr. Jung:

Avem aici o întrebare: „De ce creăm simboluri în vise? Cum putem fi siguri că interpretarea este corectă, mai ales când nu există asociații?" Aceasta este, desigur, o întrebare fundamentală și foarte practică. Nu am discutat-o aici deoarece am considerat că înțelegeți teoria analizei viselor. Nu suntem deloc siguri că visele au o semnificație simbolică și nu știm dacă interpretarea este corectă, dar emitem ipoteza că un vis înseamnă ceva. Să presupunem că are cineva un caz dificil, a ajuns la un impas în analiză, există simptome nevrotice, a încercat hipnoza și alte metode, dar nimic nu dă rezultate. Atunci, unde este cheia care descuie poarta? Pacientul nu știe. Analiza visului este deosebit de dificil de demonstrat; nu pot fi date toate amănuntele unui caz pentru a-l clarifica, deoarece ar trebui redată întreaga istorie de viață a pacientului. Dar iată un caz simplu.

Un locotenent elvețian,[1] ofițer de infanterie, un om foarte simplu, cu o inteligență mediocră, lipsit de orice complexitate mentală, a intrat șchiopătând în camera mea, pășind foarte precaut și plângându-se de dureri de picioare, în special de călcâie, și de dureri de inimă, „ca și cum ar fi fost înjunghiat". (Durerea se instalează întotdeauna acolo unde provoacă cel mai mare rău și creează cele mai mari neplăceri, la picioare, în cazul unui ofițer de infanterie; la un tenor, s-ar instala în gât.) Aceste simptome au debutat cu două luni înainte să vină la mine; a fost tratat de mai mulți medici și a încercat hipnoză, electricitate, băi etc., dar fără folos. L-am întrebat de unde a pornit necazul, însă chipul i-a rămas complet inexpresiv; era evident că habar nu are și îi părea imposibil să-mi ofere vreun material. Toate întrebările au fost în zadar. Mă simțeam aproape neajutorat — omul era elvețian și absolut ignorant în ceea ce privește rafinamentele psihologice — dar, ca ultimă soluție, m-am gândit că ar putea exista vise din care să pot înțelege ceva. Visele „se strecoară", nu se află sub

---

[1] Pentru o relatare mai cuprinzătoare a acestui caz și a legăturii sale cu legenda egipteană menționată în paragraful următor, vezi „Structura sufletului" (1927), O.C. 8, par. 303ff, și „Viața simbolică", O.C. 18/1, par. 230.

control; indiferent cât de inocentă și de naivă este o persoană, sunt vise din care poți obține ceva dacă reușești să prinzi orice firicel care s-ar putea arăta. Eram sigur că problema trebuia să se fi datorat vreunui conflict emoțional, altfel nu ar fi avut brusc aceste simptome. Prin urmare, i-am spus: „Nu știu cauza simptomelor dumitale, dar mi-ai putea povesti visele pe care le ai." Mi-am asumat astfel riscul de a fi luat drept vrăjitor: cu un om atât de naiv, să întrebi despre vise este aproape o enormitate, așa că a trebuit să explic cu multă atenție de ce am procedat așa. Îi era foarte greu să-și amintească visele, dar a reușit să redea câteva fragmente și în cele din urmă mi-a adus unul care i s-a părut foarte straniu și care îl impresionase în mod evident: „Mă plimbam undeva în aer liber și am călcat pe un șarpe care m-a mușcat de călcâi și am simțit că m-a otrăvit. M-am trezit înspăimântat." L-am întrebat dacă i-a venit ceva în minte legat de șarpe, iar el mi-a spus: „Era unul periculos — un șarpe care ar putea ucide un om — e foarte dureros să fii mușcat de un șarpe." În realitate, nu fusese niciodată mușcat de un șarpe, dar mușcăturile de șarpe pot provoca o durere ca a lui. Vă amintiți versetul din Geneză: „Dușmănie voi pune între tine și între femeie, între sămânța ta și sămânța ei; aceasta îți va zdrobi capul, iar tu îi vei înțepa călcâiul"[2]. Am sugerat că e vorba de un șarpe metaforic, iar răspunsul său a fost: „Vreți să spuneți, o femeie?" și a părut emoționat. „Să fie probabil ceva de genul acesta?" La început a negat, dar în cele din urmă a recunoscut că în urmă cu aproximativ trei luni era aproape logodit, dar când a venit în permisie, și-a găsit logodnica cu altul. „Ai fost trist?" „Dacă ea nu mă vrea, am să iau alta." Am subliniat că, uneori, bărbați foarte puternici ajung să fie extrem de nefericiți. El a menținut o atitudine de indiferență, a încercat să blufeze, dar acum jelea. Cazul era cât se poate de limpede. Își refulase sentimentul față de ea și emoția stârnită de faptul că a fost părăsit. A blestemat-o, a spus că toate femeile sunt la fel și și-a căutat norocul în altă parte, dar nu înțelegea de ce nu a reușit. Când și-a înțeles sentimentul real a fost profund mișcat, iar durerile din călcâie și picioare au dispărut, ele fiind doar suferință refulată. Durerile de inimă au continuat, dar ele aveau altă semnificație; nu voi discuta despre aceasta — am folosit durerile de călcâi ca pe un exemplu grăitor. Acest vis a dus direct spre miezul problemei.

Pentru un bărbat, un șarpe reprezintă întotdeauna o femeie. În vechile picturi, șarpele din Grădina Edenului era reprezentat printr-un cap de femeie. Probabil că acest om nu cunoștea versetul biblic despre șarpele care mușcă bărbatul de călcâi, dar avea imaginea în inconștient. Te poartă gândul la Ra, din

---

[2] Cf. Geneza, 3:15.

imnul egiptean, mușcat de șarpele făcut din pământ și pus în calea sa de Isis, iubita sa soție; ea l-a otrăvit pentru a-l putea vindeca. Aceasta este psihologia femeilor care otrăvesc. Pe vremea lui Ludovic al XIV-lea, a fost celebru cazul unei femei care și-a otrăvit servitorul credincios pentru a avea plăcerea să-l îngrijească și l-a îngrijit cu un extraordinar devotament timp de patru ani, până când, la moartea lui, toată lumea o considera sfântă. Apoi și-a otrăvit bătrânul unchi în același fel și l-a îngrijit, dar de data aceasta a fost descoperită și a fost sfâșiată în bucăți de patru cai, o pedeapsă adecvată, pe care o merita din plin.

Cazul ofițerului arată cum cheia problemei poate sta într-un vis. Ceva iese la suprafață chiar și la oamenii cu apărări puternice; în cele din urmă se poate găsi ajutorul necesar, fără de care analistul nu poate pătrunde în psihologia unui pacient. De aceea consultăm visele. Dar nu poți spune niciodată despre vreun vis că are o semnificație; este întotdeauna o ipoteză, niciodată nu ești sigur; experimentezi și afli dacă visul e corect interpretat, după efectul pe care îl are asupra pacientului. Majoritatea oamenilor, după ce au acumulat o anumită experiență în analiza viselor, știu când interpretarea „face un declic"; când simți că atinge cu siguranță problema, știi că te afli pe drumul cel bun. Explici visele conform unei anumite teorii, iar dacă interpretarea este complet greșită, îți vei da seama după efectul asupra pacientului, inconștientul va reacționa în următorul vis și, astfel, interpretarea poate fi corectată. Dacă îi dai arsenic unui pacient, în loc de clorură de sodiu, organismul va reacționa și va da afară otrava și la fel este și în psihologie, nu poți hrăni o persoană cu otravă psihică, așa cum nu o poți hrăni cu otravă fizică și să te aștepți să o asimileze.

Visul pe care îl discutăm acum este mult mai complicat decât cel pe care vi l-am prezentat adineauri. Visătorul nostru nu este cu adevărat nevrotic; este un om educat și foarte inteligent, iar visele sale o reflectă. Visele țăranilor, ale oamenilor tineri sau simpli sau ale primitivilor sunt, de regulă, uimitor de simple. Dar visele copiilor mici sunt uneori foarte clare și alteori foarte dificile; cu cât mai inconștienți sunt copiii, cu atât mai mult se află sub influența inconștientului colectiv sau pot absorbi problemele inconștiente ale părinților lor. Aveam mari dificultăți cu un pacient care nu visa niciodată, dar într-o zi a adus vorba despre visele băiatului său de nouă ani. I le-am solicitat imediat. Băiatul visa problemele tatălui său și am analizat tatăl după visele băiatului; băiatul era neobișnuit de intuitiv. După patru săptămâni, tatăl a început să viseze el însuși, iar visele băiatului au încetat să reflecte problemele tatălui său. Aceste legături dintre copii și părinți sunt cât se poate de uimitoare; visele copiilor fac parte dintre cele mai interesante fenomene ale psihologiei analitice.

Încăperea spațioasă în care pacientul nostru și cumnatul său urmau să mănânce era ca sala mare a unui han, ca acelea în care au loc întâlnirile asociațiilor elvețiene. Adesea poți găsi, mai ales în sate, o sală de concerte etc., unde sunt ținute numeroase întâlniri, cu sau fără femei, cu sau fără bere etc. Pacientul își amintește să fi participat la întâlniri susținute într-o astfel de încăpere, în două împrejurări oficiale.

Masa cea lungă din mijlocul încăperii fusese întinsă ca pentru un mare număr de oameni. Apoi el descoperă aranjarea bizară a scaunelor, ridicate pe cele patru laturi ca într-un amfiteatru, însă cu spatele la masă. Dar înainte de a discuta acest aspect, trebuie să ne facem o idee despre încăperea spațioasă. Cum putem stabili o relație între încăperea spațioasă și un teatru?

Sugestie: Era propriul lui teatru, unde-și putea vedea pusă în scenă propria-i piesă.

Dr. Jung: Da, și apoi vine cina — el se gândește că a mâncat deja, totuși mai cinează o dată. Ultima dată am presupus că mâncatul însemna asimilarea complexelor. De aproximativ 25 de ani analizez în jur de cel puțin două mii de vise pe an și, bazându-mă pe această experiență, aș spune că cel mai probabil mâncatul, asociat cu teatrul, semnifică asimilarea imaginilor văzute în teatrul personal, adică materialul fantasmatic sau alt material revelat prin introspecție. Aceasta este o activitate dintre cele mai importante și scopul tratamentului analitic. De asemenea, este exact ceea ce face natura în corpul fizic. Dacă ai un corp străin în tine, natura trimite o armată de celule speciale pentru a-l asimila; dacă ele nu reușesc să-l absoarbă, atunci are loc supurarea, pentru a provoca expulzia. Iar în mintea inconștientă sunt aceleași legi.

Probabil că în realitatea absolută nu există așa ceva, precum corpul și mintea, dar corpul și mintea sau sufletul sunt aceleași, aceeași viață, supusă acelorași legi, iar ceea ce face corpul se întâmplă în minte. Conținuturile inconștientului nevrotic sunt corpuri străine, neasimilate, separate în mod artificial și trebuie integrate pentru a deveni normale. Să presupunem că mi s-a întâmplat un lucru neplăcut și eu nu-l recunosc, probabil o îngrozitoare minciună. Trebuie să-l recunosc. Minciuna se află acolo obiectiv, fie în conștient, fie în inconștient. Dacă nu o recunosc, dacă nu am asimilat-o, devine un corp străin și va forma un abces în inconștient, iar psihologic începe același proces de supurație ca în corpul fizic. Voi avea vise sau, dacă sunt un introspectiv, o fantasmă în care mă văd ca pe un criminal. Ce voi face cu aceste vise sau fantasme? Le-aș putea respinge, ca un fariseu, spunând: „Mulțumesc Cerului, eu nu sunt așa". În fiecare dintre noi există un astfel de fariseu, care nu dorește să se vadă pe sine. Dar dacă îmi refulez fantasmele, ele vor forma un nou focar de infecție, așa cum o substanță străină poate provoca un abces în corpul meu. De fapt, rezonabil este să recunosc minciuna, să o înghit. Dacă o accept, asimilez faptul, îl adaug constituției mele mentale și psihice; îmi normalizez constituția inconștientă asimilând faptul. Visul este o încercare de a ne face să asimilăm lucruri nedigerate încă. Este o încercare de vindecare.

Primitivii spun că rareori visează. Când am fost în Africa, abia așteptam să obțin niște vise de la băștinași și le-am oferit prețuri mari, două pachete de țigări, sare etc. pentru fiecare vis pe care mi-l vor relata, dar erau atât de cinstiți, încât niciunul nu mi-a adus vreun vis, deși mulți dintre ei veneau zilnic să mă privească. Într-o zi a venit un șef bătrân, foarte mândru și entuziasmat, fluturându-și pălăria de la două sute de metri și făcându-mi semne din depărtare că mi-a adus un vis, o comoară: „Am visat că vaca neagră a fătat un vițel lângă râu, într-un loc pe care nu îl cunosc". Când un primitiv are un astfel de vis, crede că a fost binecuvântat. Aceasta era *Ota*, marea viziune, iar dacă ai fost într-o asemenea măsură apreciat de zei, înseamnă că ești un mare șef. Visătorul era un bătrân bogat și avea sclavi care îi îngrijeau turmele, așa că el nu știa ce se întâmplă. Sunt oameni iubitori de vaci, vacile sunt animalul lor totemic și, la fel ca elvețienii, se identifică cu vitele lor; în ochii lor strălucește aceeași lumină ca în ochii unui elvețian. El știa că are o frumoasă vacă neagră, dar nu știa că e gestantă, dar în dimineața următoare visului s-a dus la râu și a găsit vaca și vițelul. Să fi fost un dram de telepatie? Să fi văzut vaca gestantă o dată și să fi conștientizat acest lucru? A negat c-ar fi observat-o. În acest trib nu se recurgea la castrare, nu existau boi, taurii mergeau întotdeauna cu turma; tauri foarte frumoși, animale încântătoare, blânde, timide, aproape lașe, nu ca taurii noștri; deci nu exista sezon de împerechere, nu se exercita niciun control, o vacă putea rămâne gestantă oricând și era foarte credibil ca el să nu fi știut. Dar visul l-a informat. De ce ar asimila un astfel de lucru? Pentru văcari, nașterea unui vițel este mai importantă decât nașterea unui copil. Am trăit la țară și, atunci când un fermier avea un vițel, toată lumea îl felicita, dar nu și când avea un copil. Astfel, acest eveniment foarte important, aflându-se în inconștientul său, i-a fost revelat printr-un vis, el fiind repus în contact cu realitatea, întrucât ar fi trebuit să se intereseze mai mult de vitele sale. Vraciul visa de obicei unde se duseseră vitele, când erau amenințați de dușmani etc., iar dacă am fi trăit în condiții primitive, la fel ar fi fost și cu noi. De fapt, visele ne informează despre toate lucrurile care nu merg cum trebuie în psihicul nostru, în lumea noastră subiectivă, acele lucruri pe care ar trebui să le știm despre noi înșine.

Detaliez interpretarea visului pacientului nostru deoarece este extrem de important să evoluăm pas cu pas, să mergem de la un fapt la altul: fiindcă s-a dus la teatru, fiindcă a mâncat, lucrurile s-au întâmplat într-un anumit fel. Astfel, ordinea irațională trebuie înțeleasă ca o ordine *cauzală*. Am înțeles legătura dintre încăperea spațioasă și cină, și teatru: avem scaunele plasate în amfiteatru în încăperea spațioasă, la fel ca la teatru; ambele sunt locuri publice, masa este așezată; și ni s-a spus că s-a dus la teatru și într-un anumit loc pentru a mânca, astfel încât putem fi cât se poate de siguri că această parte a visului aparține aceleiași teme.

Acum, ajungem la acele *scaune* care sunt așezate cu spatele la masă. El a spus: „A trebuit să urcăm o scară ce începea exact de la ușă, ca și cum am fi intrat într-un fel de tribunal, iar scara ne-a dus la niște rânduri de bănci întoarse cu fața spre pereții camerei. Am văzut oamenii așezați pe acele scaune și nu am observat pe nimeni în apropierea mesei din centrul încăperii; se pare că mai dura până să înceapă cina." Își amintea să fi văzut o astfel de încăpere într-un oraș algerian, unde se juca *jeu de paume*, un fel de *pelota basque*, asemănător vechiului tenis englezesc. Și acea încăpere avea aspectul unui amfiteatru, însă scaunele erau așezate numai pe două laturi, aproape până în mijloc, lăsând un spațiu deschis pentru joc. În acest joc, o minge este lovită de un perete cu o forță atât de mare, încât brațele se umflă. Seamănă cumva cu jocul „fives" al englezilor, predecesorul tenisului englezesc. A asociat, de asemenea, cu o clinică, în care scaunele erau dispuse în amfitreatru în sala de conferințe. Văzuse o poză a unei astfel de săli și chiar fusese într-una, atunci când un profesor a demonstrat pe o tablă o intervenție chirurgicală căreia urma să-i fie supusă soția sa.

Să ne amintim că o sufragerie este un loc în care lucrurile ar trebui să fie asimilate; dar cina nu începuse și se părea că nici nu trebuia să înceapă încă. Aș sublinia că o sufragerie este un loc public. De ce pune visătorul accent asupra colectivității în care asimilarea imaginilor ar trebui să aibă loc? Visul spune: „Gândește-te că ești într-un loc public în care sunt și alți oameni, ca la un concert, teatru sau meci și trebuie să faci «precum atâția alții», o sarcină colectivă, în niciun caz una individuală; aici sunt fantomele viselor tale și este foarte dificil să înghiți faptul că ești un laș, un leneș de rând etc.". Pentru pacient, aceasta pare o sarcină aproape imposibilă. Manifestă atâta ezitare, un apetit atât de scăzut, deoarece crede că e singurul individ, de la începutul lumii încoace, nevoit să o facă. Este adevărat că analiza este o chestiune individuală; partea colectivă este spovedanie, așa cum în Biserica Romano-Catolică spovedania este colectivă; iar spovedania analitică este o specie deosebit de neplăcută. Catolicii mi-au spus în analiză că nu mărturisesc totul preotului. Odată i-am spus unui astfel de pacient: „Du-te la preot și spune-i lucrul acesta!"; „Nu se va supăra?"; „Sper că da; tu du-te și spune-i." Acești pacienți devin mai buni catolici după analiză; am învățat adesea pacienții catolici cum să se spovedească. Cândva, un preot, o persoană importantă în Biserica Catolică, l-a întrebat pe unul dintre pacienții mei: „Unde ai învățat să te spovedești așa?" — și răspunsul l-a șocat puțin.

Deci, visul îi spune omului: „Ceea ce faci tu este o treabă colectivă; crezi că o faci în intimitate, în cabinetul doctorului, dar mulți alții fac același lucru". Analiza este analogă spovedaniei, iar spovedania a fost întotdeauna colectivă și trebuie să fie colectivă; nu este realizată numai pentru sine, ci de dragul colectivității, are un scop social. Conștiința socială a individului este în pericol și îl obligă să se spovedească; prin păcat și ascunzișuri ești exclus, iar atunci când mărturisești, ești din nou inclus. Astfel, societatea umană va fi reconstruită de la zero după însingurarea erei protestante, pe ideea adevărului recunoscut universal. Ideea spovedaniei ca o obligație colectivă este o încercare a inconștientului de a crea baza unei noi colectivități. Nu există în prezent.

Ați putea spune că e o concluzie trasă de păr, dar pentru acest om ea este absolut corectă. El este foarte scrupulos și realizează cu durere cât de separați sunt oamenii din ziua de azi unul de altul; el este separat de soția lui, nu poate vorbi cu ea și, de asemenea, de prietenii lui, întrucât nu poate discuta cu ei lucrurile care îl preocupă cu adevărat. Asta-i o absurditate, o grămadă de prostii iraționale! În societățile primitive se poate discuta orice, orice poate fi spus oricui. Când un bărbat spune că soția lui s-a culcat cu un alt bărbat nu are nicio importanță — fiecare soție face asta. Sau dacă o femeie spune că bărbatul ei a fugit cu o fată din alt sat nu are nicio importanță — toată lumea știe că fiecare bărbat procedează așa. Acești oameni nu se exclud reciproc prin tăinuire, se cunosc unul pe altul și astfel se cunosc pe ei înșiși, trăiesc într-un curent colectiv. Ceea ce te uimește cel mai mult atunci când trăiești într-un trib primitiv este acel sentiment că te afli în curentul vieții colective; dacă un om este deștept, se disociază chiar și de el însuși, pentru a nu fi separat de trib; întregul trib este cu adevărat o unitate. Ai impresia că orașele noastre sunt simple conglomerate de grupuri, fiecare om are propriul anturaj și nu îndrăznește să se dezvăluie nici măcar acestuia, încearcă să se ascundă chiar și de el însuși. Și totul este o iluzie. Așa-zișii prieteni intimi nu cunosc cele mai importante lucruri unul despre celălalt. Un pacient homosexual îmi spunea cât de mulți prieteni are. „Ești foarte norocos că ai atât de mulți prieteni apropiați!" S-a corectat: „Am în jur de cinci prieteni apropiați". „Presupun că prietenii tăi cei mai apropiați știu că ești homosexual." A fost șocat de idee, nu le spusese asta. Aceste ascunzișuri față de prieteni distrug societatea; a avea un secret este antisocial, distructiv, un cancer pentru societatea noastră. Pacientul suferă mai ales pentru faptul că nu poate spune adevărul, iar visul spune că aceasta este o sarcină colectivă.

Acum, de ce jocul cu mingea? O masă ar trebui să fie locul unde se mănâncă, iar scaunele ar trebui să fie destinate celor care participă la masa luată în comun — cu adevărat o masă de comuniune psihică. Rădăcina psihică și preludiul necesar comuniunii este întotdeauna o spovedanie; trebuie să mărturisim înainte de a merita să primim comuniunea. Porunca apostolică: „Mărturisiți-vă deci unul altuia păcatele"[3] a fost dată la începuturile Bisericii, pentru a stabili fraternitatea. Deci, de ce sunt aceste scaune întoarse cu spatele la masă? Evident, faptul se referă la ceva foarte anormal, este o exprimare dură; orice fapt absurd care este exprimat exagerat într-un vis face aluzie la ceva aproape patologic. Pentru a-l interpreta, trebuie să ne plasăm în poziția dată de vis. Imaginați-vă că ați intrat în acea cameră unde ar trebui să aibă loc comuniunea și ați descoperit că scaunele se află cu spatele la elementul central din cameră, ce ar putea însemna? Că refuzați să participați la comuniune, bineînțeles. Dacă fiecare le întoarce spatele semenilor săi jocul nu poate fi jucat, nicio comuniune nu este posibilă, nu există un interes comun față de ceea ce se petrece, este un fel de excomunicare; fiecare se uită la zid, întorcându-și privirea de la ceilalți oameni, și, astfel, fiecare este excomunicat, fiecare este izolat. Acesta este un vis foarte personal, în care se infiltrează considerații sociale; nu are nimic mitologic în el, nu este un vis al inconștientului colectiv. Visul spune: „Ceea ce faci tu în taină toată lumea face, fiecare întoarce spatele semenilor săi".

Centrul unui grup social este întotdeauna un simbol religios. În cazul primitivilor, este totemul; mai târziu este un simbol sacrificial, precum uciderea mithraică a taurului; iar în formele religioase mai evoluate, este un sacrament. Centrul activității sociale în condiții foarte primitive este dansul sau ceremonia magică într-un cerc, în mijlocul colibelor. Probabil că acele stânci străvechi ce se mai găsesc încă în Cornwall erau astfel de locuri de comuniune. Și era de la sine înțeles că, atunci când oamenii se întrunesc, vin și sufletele strămoșilor și îi urmăresc; nu numai conștientul lor se afla în comuniune, ci și strămoșii, inconștientul colectiv. Ceremonialul era un joc simbolic. Luptele cu taurii în cultul mithraic nu erau așa cum sunt acum în Spania; taurii aveau un ham multicolor în jurul pieptului, iar toreadorul trebuia să sară pe spatele taurului

---

[3] Iacov, 5:16.

și să-l înjunghie de deasupra, în umăr — nu cu o sabie lungă. Se presupunea că Mithras era un astfel de toreador, ca un Iisus al ringului de box sau al terenului de fotbal. Aceste jocuri erau comuniuni, oamenii își întorceau fețele unii spre ceilalți. În Spania, coridele sunt încă simbolul unui comportament respectabil de-o violență pură împotriva propriei persoane; temperamentul spaniol nu ar permite un comportament respectabil dacă nu ar fi coridele, ei trebuie să aibă atitudinea toreadorului: pasiunile trebuie controlate trăindu-le, așa cum toreadorul controlează taurul.

Mithraismul era cultul legiunilor romane, datorită disciplinei sale. La Roma se întruneau în peșteri; era un loc unde te întâlneai și mâncai, un fel de tricliniu, cu două rânduri paralele de bănci, iar pe peretele din fund era o pictură simbolică a lui Mithras ucigând taurul; pictura se putea roti, pentru a înfățișa pe partea cealaltă viața proaspătă care înmugurea din taurul mort, vitele — din organele genitale, vinul — din sânge etc., întreaga fertilitate a pământului[4]. Oamenii stăteau întinși pe canapelele de unde putea fi văzut tabloul, iar spațiul din mijloc era deschis. Era un fel de teatru și de sală de mese, unde intrau în comuniune cu zeul prin masa sacră: „Așa cum zeul ucide taurul, eu îmi ucid propriile pasiuni." Se bea apă și se mâncau mici franzele însemnate cu o cruce. Clopotele folosite în liturghia romano-catolică provin din cultul mithraic; inclusiv data, 25 decembrie, a fost preluată de creștinism. Ucigașul taurului este un erou potrivit pentru un soldat, iezuiții sunt soldații Bisericii în acest sens, iar Armata Salvării folosește această formă; ca un soldat să fie disciplinat, trebuie să-și ucidă propriile pasiuni egoiste. Multe alte aspecte ale cultului mithraic au pătruns în Biserica Catolică. Originalele sărbători creștine ale iubirii erau uneori de o natură destul de îndoielnică, adesea se terminau cu petreceri. Sfântul Pavel nu era de acord și a preluat multe din cultul mithraic pentru a aduce disciplina, deoarece nu avea nimic altceva la îndemână. Astfel, prima formă ritualică a fost sacrificiul „mielului" — și nu lupta cu tauri — sărbătoarea sacră care a devenit liturghia catolică.

Ideea unui joc ritualic a supraviețuit până în jurul secolului al treisprezecelea. Chiar se jucau cu mingea în biserici, *jeu de paume*, ceea ce a dat naștere zvonului potrivit căruia creștinii au ucis un copil aruncându-l de la unul la altul ca pe o minge până a murit. Gnosticii îi acuzau pe creștini de acest lucru iar creștinii, la rândul lor, îi acuzau pe evrei. Cu numai 30 de ani în urmă circula un zvon în Boemia că evreii uciseseră un copil, o moarte ritualică. Acel *jeu de*

---

[4] Vezi *Simboluri ale transformării*, O.C. 5, par. 354.

paume avea o semnificație ritualică, aidoma unui carnaval. În mânăstiri, în timpul carnavalului primăverii, se obișnuia inversarea pozițiilor starețului și novicilor tineri, novicele cel mai tânăr devenind stareț și invers. Era și o sărbătoare la care își schimbau rolurile, starețul și călugării mai bătrâni servindu-i pe novicii tineri; și era celebrată o așa-zisă liturghie, oficiată de novicele cel mai tânăr, la care se cântau cântece și se spuneau glume obscene și la care beau cu toții vin, nu numai cel care oficia; apoi aveau loc orgii alcoolice și toți ieșeau pe stradă, creând debandadă. Aceste sărbători și *jeu de paume* au fost interzise de Papă în secolul al treisprezecelea, deoarece se ajungea la astfel de extreme[5]. Publicațiile istorice sunt extrem de importante, dar în scrierile bisericești sunt multe lucruri tăinuite; există multă înșelăciune în privința chestiunilor religioase, multe minciuni și multe omisiuni. Vechiul cult falic, de exemplu, preluat de la păgânism de Biserica Creștină timpurie, nu este niciodată menționat; o rămășiță a sa apare într-una dintre formele crucii, dar oamenii își întorc privirea.[6] Ar fi zadarnic să cauți așa ceva în scrierile bisericești.

Prin urmare, jocul simbolic central este un adevăr istoric. Acest vis abia dacă atinge inconștientul colectiv, cu excepția faptului că se face, poate, o ușoară aluzie la ceea ce a fost cândva o realitate istorică. Mead a scris un articol despre jocurile ecleziastice într-unul din primele numere ale *The Quest*. El a publicat, de asemenea, un articol intitulat „The Sacred Dance of Jesus" („Dansul sacru al lui Iisus")[7], o idee absolut imposibilă din punct de vedere creștin, dar ea aparține primelor secole; și o cărticică intitulată *The Hymn of Jesus* (Imnul lui Iisus), o piesă a dansului și a pasiunii, provenită dintr-un document gnostic din secolul al doilea.

A te întoarce cu spatele la masă relevă atitudinea antisocială a vremurilor și societății noastre, precum separarea lumii noastre protestante. Biserica, odinioară universală, este scindată acum în peste patru sute de secte, disocieri *ad infinitum*. Iar aceasta a avut un efect atât de amplu asupra societății, încât cu toții ne identificăm cu „oamenii care își întorc spatele unul altuia". Prin urmare,

---

5 Jung a descris unele dintre aceste petreceri în „Despre psihologia figurii Trickster-ului" (1954), în O.C. 1, par. 458ff.

6 De exemplu, vezi mai jos, 6 noiembrie 1929, fig. 12.

7 G.R.S. Mead, „Ceremonial Game-playing and Dancing in Mediaeval Churches" („Jocuri cu mingea şi dansuri ceremoniale în bisericile medievale"), *The Quest* (Londra), IV (1912–1913), 91–123; „The Sacred Dance of Jesus", ibid., II (1910–1911), 45–67; *The Hymn of Jesus* (Echoes from the Gnosis, London and Benares, IV; 1907). Vezi. şi „Round Dance" în the Acts of John (Revelația lui Ioan teologul) (secolul al doilea), în *The Apocryphal New Testament* (1924) pp. 253f [tradus în limba română în 2007, de M. Medeleanu, ca *Apocalipse Apocrife ale Noului Testament*]; şi Max Pulver, „Jesus' Round Dance and Crucifixion according to the Acts of John" (1942), *The Mysteries* (articole din Eranos Yearbooks, 2; 1955), pp. 179–180.

simbolismul din vis ne conduce îndărăt la problema care îl tulbură pe pacient. Nu-mi pasă nici cât negru sub unghie de societate în sens abstract, dar sunt conectat cu societatea prin reprezentanții societății, aceia care se află cel mai aproape de mine, începând cu soția mea, copiii, rudele și prietenii, punțile care mă leagă de societate. Și sunt deconectat de societate atunci când sunt deconectat de cei pe care îi iubesc. E un fapt care nu-mi poate fi indiferent. Așa stau lucrurile cu acest om: el este parțial separat de soția sa, nu există comuniune între ei, niciun *jeu de paume* nu are loc între ei.

Acum, visul ne duce înapoi spre acea problemă foarte personală. *„Ne așezăm și îl întreb pe cumnatul meu de ce nu a venit și soția lui.* În timp ce întreb, îmi amintesc și motivul pentru care nu se află acolo; nu am așteptat răspunsul, deoarece am dorit să-i arăt cumnatului meu că nu uitasem de boala copilului." Referitor la boală, spune: „Soția mea nu iese niciodată în societate, nu se distrează dacă vreunul dintre copii nu este absolut sănătos sau dacă are impresia că micuții nu vor fi bine supravegheați în lipsa ei". Întrucât o mare parte a vieții au petrecut-o în țări tropicale, unde este nevoie de o atenție sporită față de copiii mici, creșterea lor a fost mai dificilă decât dacă ar fi locuit în Elveția. În Africa am observat eu însumi cât de greu e să ferești copiii de căldura periculoasă a soarelui. *Copilul bolnav* este mult mai bine acum, nu mai are decât puțină febră. Asociind, el a adus vorba despre băiatul cumnatului său: „Înainte de a muri copilul, îl întrebam deseori pe cumnatul meu cum se mai simte". Toată această discuție despre soția cumnatului său se referă, desigur, la propria sa problemă, la faptul că soția sa nu îl însoțește, că între ei nu există comuniune. Spunea: „Când se îmbolnăvește un copil, soția mea este întotdeauna exagerat de îngrijorată". Boala copilului este cel mai însemnat motiv pentru care el și soția lui și-au întors spatele unul altuia; dar boala unui copil real nu ar crea un obstacol între un bărbat și soția lui. Știm deja că absența comuniunii este o problemă socială generală, care devine evidentă în aproape fiecare căsnicie. Așa cum, în realitate, soția este solicitată în altă parte de boala unui copil, din punct de vedere psihologic ea nu i se alătură, din cauza bolii copilului din vis. Acum, deoarece boala copilului este prezentă pe tot parcursul visului, trebuie să presupunem că înseamnă mai mult decât simpla ocazie ca soția să lipsească din joc. Iar copilul bolnav este o fetiță, alt fapt de luat în seamă.

Sugestie: Am văzut mai devreme că fetița era un aspect al lui însuși.

Dr. Jung: Copilul real care a murit era băiat și nu are nicio importanță aici. Prin urmare, dacă ar fi visat despre un băiat, ar fi exprimat ceva din el însuși. Am observat în vise și din experiența clinică o anumită tendință a bărbatului de a-și personifica vârstele. Odată, la începutul secolului al nouăsprezecelea, un medic de țară, care ducea o viață foarte epuizantă, se întorcea noaptea de la un caz grav, mergând foarte obosit, când și-a dat seama că în paralel cu el, în mijlocul străzii, se afla o umbră. În ea s-a recunoscut pe el însuși în urmă cu zece ani. Apoi, viziunea a dispărut, dar a reapărut sub forma lui însuși cu douăzeci de ani mai tânăr și așa mai departe, până a ajuns la vârsta unui băiat de opt sau zece ani. Era o personificare a lui însuși: „Văd încă neschimbat băiatul sau bărbatul care eram atunci". Deci, aluzia la băiatul mort este o aluzie la propria tinerețe moartă a pacientului. El a ajuns în a doua parte a vieții, când psihologia individului se schimbă: tinerețea este moartă, a doua parte începe. Dar aceasta este numai o aluzie; ce ne interesează acum este boala fetiței.

Prelegerea a III-a. 21 noiembrie 1928

Dr. Jung:

Astăzi sunt două întrebări. Iat-o pe prima: „Dacă imaginile din vis aduc puține asociații, ele trebuie interpretate la nivel subiectiv?“

Nu, nu putem decide după numărul de asociații dacă visul trebuie înțeles la nivel subiectiv. Criteriul este cu totul altul. Acesta face, de asemenea, și obiectul celei de-a doua întrebări: „Ați putea vorbi mai pe larg despre factorii care vă împing să alegeți între o interpretare subiectivă și una obiectivă?“

Există anumite principii clar definite după care mă ghidez atunci când aleg o interpretare obiectivă sau așa-numita interpretare subiectivă. Știți, probabil, că sunt diferențe subtile în modurile de utilizare a termenilor *subiectiv* și *obiectiv*. Trebuie să spun răspicat că interpretarea subiectivă nu înseamnă ceea ce este numit de obicei subiectiv — de exemplu, că o opinie subiectivă are prea puțină legătură cu realitatea, este personală, este numai ceea ce *tu* crezi despre realitate, dar în niciun caz nu este un adevăr obiectiv. Eu nu folosesc termenul *subiectiv* în acest sens. Când spun despre un vis că este corect interpretat la nivel subiectiv, înseamnă că imaginea din vis se referă în principal sau exclusiv la subiectul însuși; iar într-o interpretare la nivel obiectiv, imaginea se referă la un obiect, o altă persoană decât visătorul însuși. Este extrem de important să știi când trebuie aplicată interpretarea subiectivă și când cea obiectivă. Criteriul general este următorul: când o persoană dintr-un vis îți este un cunoscut apropiat, având un rol în viața ta prezentă, te poți gândi la o interpretare la nivel obiectiv, deoarece obiectul este atunci important. Dar fiți foarte atenți la greșelile pe care le puteți face aici. Conform punctului de vedere freudian, persoana visată este o deghizare a unei alte persoane — o persoană este substitutul alteia.

De exemplu, dacă o pacientă îl visează pe dr. Jones, care fusese medicul familiei sale, ar putea presupune că dr. Jones este un substitut al meu. Așa ar interpreta Freud pentru a fi fidel teoriei sale. Dar nu este în niciun caz sigur că inconștientul se referă la mine, chiar dacă pacienta face această legătură. Desigur că este de înțeles de ce pacienta preferă această interpretare — eu sunt aici, în timp ce dr. Jones este departe. Dar inconștientul este absolut liber să se folosească de imaginea mea dacă dorește, nu există niciun obstacol în calea apariției mele în vis, așa că trebuie să explicăm de ce inconștientul îl alege pe dr. Jones. În acest caz, Freud ar spune că la baza motivului pentru care pacienta l-a visat pe dr. Jones se află anumite fantasme legate de mine, despre care îi este dificil să vorbească; mai bine să-l viseze pe dr. Jones, care nu mai e de mult prezent. Aceasta este teoria freudiană, dar de vreme ce eu cred mai mult în faptele reale decât în teorie, spun că probabil așa este, dar nu sunt sigur. Trebuie să văd dacă acea teorie explică fiecare caz. Și observ că în multe cazuri o astfel de explicație este nefirească și nu are succes. Dacă suntem obligați să luăm în serios ideea — că eu aș fi reprezentat de dr. Jones — de ce ar face inconștientul acest efort? Inconștientul folosește figura dr. Jones deoarece se referă la dr. Jones, și nu la mine. Nu avem de ce să credem că inconștientul spune altceva decât intenționează; absolut contrar celor susținute de Freud. Eu spun că limbajul inconștientului este direct. Natura nu este niciodată diplomată. Dacă natura produce un copac, acela este un copac, și nu un câine eronat. La fel, inconștientul nu creează deghizări, noi facem asta. Nu este plăcut să ai albumină în urină, dar albumina nu trebuie luată drept o deghizare a zahărului. Teoria lui Freud a fost creată de pacienții săi. Analistul este într-o prea mare măsură influențat de pacientele sale, ele îi umplu mintea cu gândirea lor. Aceste dorințe dinamice ale femeilor reprezintă o sursă de eroare pentru doctor; trebuie să faci mereu eforturi împotriva unor astfel de sugestii. Adevărul adevărat este că inconștientul a vorbit de dr. Jones și nu a spus absolut nimic despre dr. Jung.

Acum, dacă visezi o rudă îndepărtată sau pe cineva pe care nu l-ai mai văzut de ani de zile sau o persoană cunoscută, probabil, familiei tale, dar care în prezent nu joacă vreun rol în propria ta viață și nu este în niciun fel importantă, în astfel de cazuri nu are rost să presupunem că persoana este, să spunem, un factor autonom în psihicul tău. De vreme ce nu pătrunde în intimitatea ta cu puterea unei persoane reale, de vreme ce nu stârnește un vârtej în atmosfera ta psihică, este, probabil, doar o imagine care are legătură numai cu tine. Cineva cu care ești direct conectat poate provoca o tulburare de amploare în atmosfera ta psihică și, prin urmare, te afli în perfectă siguranță dacă presupui că persoana îndepărtată este doar o imagine onirică referitoare în totalitate la tine însuți.

Chiar și acolo unde se recomandă o interpretare obiectivă, este bine să iei în considerare și o posibilitate subiectivă. Poate că anumite persoane se apropie în mod deosebit de tine tocmai pentru că sunt purtătoarele unui adevăr simbolic, deoarece oricine pătrunde în psihicul tău o poate face numai prin intermediul unei *participation mystique.*[1] Altfel, cealaltă persoană nu ți-ar putea înțelege sufletul. Prin urmare, din punct de vedere teoretic și, de asemenea, din motive practice, este deosebit de valoros și de înțelept să vezi în ce măsură obiectul ce trebuie interpretat obiectiv este, totodată, un factor subiectiv în tine însuți. Dar acesta reprezintă un postulat filosofic și este o greșeală mai mare să-l luăm drept realitate. Dacă ai interpreta întotdeauna obiectul ca fiind subiectiv, viața ta ar deveni relativă și iluzorie; ai fi complet izolat, deoarece ți-ai fi ars punțile ce te legau de realitate. Trebuie să insist asupra valorii obiective a unor astfel de imagini obiective.

Cu toate acestea, nu aș pune accentul pe obiect, ci pe *imagine*. Dacă visezi că o anumită persoană îndepărtată cu care nu ai nimic de-a face te minte, a spune că această persoană pe care nu ai mai văzut-o de ani de zile este o mincinoasă nu-ți dezvăluie nimic, e subiectiv. Dar dacă visezi că o persoană aflată actualmente în anturajul tău minte, atunci trebuie să iei în considerare acest aspect, deoarece s-ar putea să fie adevărat; este important să decizi unde se află minciuna: în tine, în celălalt sau dacă e o înșelătorie undeva la mijloc. Poate fi un anumit aspect al tău pe care nu îl recunoști. Mulți oameni se consideră foarte buni, de un alb aproape imaculat, totuși trebuie să existe și destul negru, doar sunt ființe umane! Dacă visează o oaie neagră, oaia neagră nu este foarte importantă, dar dacă se numesc pe ei înșiși oaie neagră este extrem de important — e mult mai bine să își atribuie totul. Deci, dacă visezi că cel mai bun prieten al tău este o oaie neagră, înseamnă fie că tu ești o oaie neagră, fie prietenul, fie există o mizerie între voi.

Aș dori acum să revin la *jeu de paume*, acea *pelota basque*. V-am spus că asociațiile pe care pacientul nostru le-a adus referindu-se la modul de aranjare a sălii trimit spre o ceremonie sau un ritual de comuniune; și, de asemenea, că pare să existe o aluzie la un fel de joc de pelotă deoarece își amintește de o sală unde era jucat și la sala unei asociații elvețiene, unde membrii vin să cânte și să mănânce — o comuniune. Din manuscrisele medievale aflăm că vechiul ritual *jeu de paume* fusese practicat până în secolul al doisprezecelea și, în anumite

---

[1] Jung a preluat termenul şi conceptul de *participation mystique* de la filosoful francez Lucien Lévi-Bruhl (1857–1939), care l-a introdus în *Les fonctions mentales dans les sociétés inférieures* (Paris, 1912), tr. [în engleză] de L.A. Clare, *How Natives Think* (Londra, 1926). Jung a folosit pentru prima dată termenul în 1921, în *Tipuri psihologice*: vezi cu precădere definiția dată la paragraful 866: „o formă particulară de legătură psihologică cu obiectul. Ea constă în faptul că subiectul nu se poate distinge clar de obiect, ci este legat de acesta printr-o relație directă, care poate fi numită identitate parțială". Vezi şi *Mysterium Coniunctionis* (1956), O.C. 14, par. 336, n. 662 şi par. 695, n. 106.

locuri îndepărtate, cum este Auxerre în Franța, de exemplu, până în secolul al șaisprezecelea. Am studiat în mod deosebit aceste jocuri. Am scos la lumină texte latine din manuscrisele medievale care descriu această pelotă și vreau să vă citesc traducerea. Din nefericire, de vreme ce jocul era foarte familiar în acele vremuri și toată lumea auzise de el, descrierea este superficială și textele sunt cam vagi, dar oricum veți înțelege ceva din ele. Vă amintiți că în sala din vis era o masă așezată pentru cină și trebuia să aibă loc cina, însă în loc de asta, asociațiile sale au dus spre un joc cu mingea, *pelota basque*.

Fragmente din Manuscrise Medievale[2]

„Când mingea, numită *pelota*, era primită de decan — al cărui cap era acoperit de o glugă — de la cel mai nou ales preot, ceilalți preoți începeau să intoneze pe mai multe voci: «Mărită fie Victima pascală». Apoi decanul dansa ținând mingea cu mâna stângă, iar ceilalți își dădeau mâinile și, cântând, executau un dans în jurul labirintului; între timp, decanul arunca *pelota* pe rând dansatorilor. După dans, corul se grăbea să meargă la masă (decanul, preoții și cei mai distinși cetățeni se așezau pe bănci cu spătar, la loc de cinste) și tuturor până la unul li se servea masa, cu vin alb și roșu cu moderație (cănile se umpleau de două sau trei ori), în timp ce un diacon intona o predică de la un amvon. Apoi bătea un clopot mare și ultimul preot ales se ridica ținând mingea în dreptul pieptului și, în jurul orei două, o înmâna decanului în naosul Sf. Ștefan, iar decanul își scotea gluga pentru a o putea manipula."

Iată un alt joc, care se juca la Narbonne, un ritual din a doua zi de Paști, găsit, de asemenea, într-un manuscris latin din secolul al treisprezecelea: „Când clopotele anunță vecernia, întregul sobor se adună în casa arhiepiscopului, iar slugile sale servesc tuturor anumite feluri de mâncare și băutură. Apoi, arhiepiscopul trebuie să arunce mingea. Și dacă lipsește arhiepiscopul, prefectul sau conducătorul politic al orașului trebuie să aducă mingea și să o arunce".

Iată și un frumos fragment din Napoli (Episcopului din Napoli, 508–536), într-un codice din secolul al nouălea: „În memoria acestui eveniment aveau loc

[2] Diversele exemple descrise de Jung sunt parafrazări din Mead, „Ceremonial Game-playing and Dancing in Medieval Churches", mai ales din pp. 97–111. (Vezi, mai sus, 14 noiembrie 1928, n. 7.)

în fiecare an anumite jocuri cu mingea, pentru mângâierea și împrospătarea sufletului". Acestea se țineau în Santa Maria Maggiore, în fața unei mari audiențe, la sărbătoarea Sf. Gennaro, în a treia duminică din luna mai. Este interesant că aceste jocuri aveau drept scop „consolarea și recreerea sufletului".

Apoi, din secolul al doisprezecelea, datează un manuscris în care Jean Beleth, teolog la Facultatea din Paris, scrie: „În anumite biserici, până și episcopii și arhiepiscopii joacă împreună cu subordonații lor, coborându-se până într-acolo încât să se joace cu mingea — deși ar fi mult mai de lăudat dacă nu ar face-o." Evident, aceasta fusese scrisă atunci când jocul devenise nepopular.

Mai sunt și alte fapte foarte interesante asociate acestui obicei deosebit de straniu. Probabil că există o legătură cu ceremonia „mingea miresei", care era aruncată între mireasă și mire. Iar în alte jocuri din biserici, mingea era lovită cu piciorul sau distrusă, ea reprezentând zeul anului ce trecuse. O dată a avut loc un proces, *cause célèbre*, pe seama jocului cu mingea în biserică, pe vremea când devenise nepopular; textul vorbește despre „mingea anului trecut", care trebuia păstrată de vechiul preot și înmânată preotului anului celui nou, un vechi obicei de Paști. Este precum dezmembrarea zeului anului trecut, făcută ca toată lumea să participe. Gândiți-vă și la împărtășirea creștină, în care zeul este dezmembrat și mâncat. Toate acestea au legătură cu ceremoniile sacrificiale din timpul primăverii, cum este obiceiul antropofag în care regele este dezmembrat și mâncat la festivalul de primăvară pentru întărirea tribului și pentru fertilitatea câmpurilor în anul ce urmează să vină. Astfel, este destul de probabil ca această minge să simbolizeze soarele.

Are legătură, de asemenea, cu un alt obicei ciudat, „înmormântarea lui Alleluia". În Evul Mediu, se credea că Alleluia era o femeie, deoarece „a" este o terminație feminină — o femeie necunoscută care era înmormântată de Paști ca și cum ar fi fost o regină a anului trecut. În arhivele unei biserici din Toul, Lorraine, figurează un manuscris redactat în 1497 de un anume Nicolas, preotul catedralei, în care, la al cincisprezecelea articol, scrie: „Alleluia este înmormântată." Textul latin la care se referă recomandă ce să se facă la înmormântare. „În sâmbăta care precede a treia duminică dinaintea postului Paștilor, la amiază, băieții din cor trebuie să se adune în ținută festivă și să pregătească îngropăciunea Alleluiei; iar după ultima binecuvântare trebuie să facă o procesiune cu torțe, apă sfințită, tămâie, purtând un bulgăre de pământ pe un catafalc, prin mânăstire, jelind, până la locul unde va fi îngropată Alleluia; apoi trebuie să picure apă sau să presare grăunțe pe bulgărele de pământ, să tămâieze și să se întoarcă pe același drum". Acest obicei este foarte vechi. Bulgărele de pământ este mingea, iar mingea este soarele, care se reînnoiește de Paști, ca și pământul. Semnificația originală este foarte simplă: soarele nu va răsări din nou dacă nu este ajutat — reînnoit prin sacrificiu de Paști. Alleluia era pur și simplu Mama Pământ, o forță feminină supusă morții, îngropării și reînvierii și presupusă a fi responsabilă pentru noul soare. Indienii Pueblo din America presupun că ajută soarele prin ritualul lor, iar acesta este același lucru, moarte, îngropare și înviere. Prietenul meu indian, Lac de Munte, îmi scria: „Dacă omul alb continuă să ne tulbure religia, în zece ani va avea ce vedea!“ — soarele nu va mai răsări.[3]

Când am discutat pentru prima dată despre *jeu de paume* nu am amintit toate aceste detalii, că de fapt se numea și *pelota* etc., și probabil că nu vă erau cunoscute; nici visătorul nu avea nici cea mai mică idee despre aceste legături; deci, visul său este bizar — sala de mese, scaunele, *pelota*, tot acest material se reunește în vis și în asociațiile sale.

Și mai este ceva. Vă amintiți că, în ultimul nostru seminar, am discutat despre ideea de comunitate, la care visul face aluzie prin aceea că „toată lumea este așezată cu spatele“. În timp ce ne ascultăm negocierile conștiente, uităm că inconștientul nostru reacționează simultan: când vorbim despre o tulburare a ideii de comunitate, constelăm imediat o tulburare a comunității în noi înșine; psihologia pacientului este și a noastră, iar raportul nu este atât de bun. Ne gândim că este numai un vis și uităm că inconștientul reacționează în modul său particular. Faptul că *noi* întoarcem spatele comunității este constelat în noi și are anumite efecte. Prin urmare, după ultimul seminar, anumite persoane s-au plâns de tulburarea atmosferei și unii au recurs la explicația rațională potrivit căreia pauza de ceai ar fi fost de vină, rupându-se astfel continuitatea întrunirii. Evident, ele nu au simțit comuniunea actului de a mânca împreună. Dacă ar fi fost conștiente de ideea perturbării comunității, a lua ceaiul împreună ar fi fost cel mai bun lucru de făcut; ar fi fost o exprimare a comuniunii. Am fost acuzat că nu am băut nicio ceașcă de ceai, în schimb am fumat pipa păcii! Când oamenii sunt tulburați de o reacție a inconștientului, există întotdeauna un vraci care are un vis referitor la acea problemă. O comunitate este un organism, o simbioză, și noi formăm un fel de organism aici în timp ce gândim împreună; iar dacă în acest organism are loc ceva care să-l dezechilibreze, într-una dintre minți apare dezechilibrul și spune: „Atenție!“ Într-o comunitate primitivă, aceasta

[3] Lac de Munte, Mountain Lake (Ochwiay Biano) sau Antonio Mirabal (c. 1890–1975), din Taos Pueblo, pe care Jung l-a cunoscut în ianuarie 1925 când a vizitat Taosul. Vezi *AVR*, cap. IX, partea a II-a, și scrisoarea lui Jung către Mirabal, 21 octombrie 1932, în *Letters*, ed. Adler, vol. 1. În *C.G. Jung: Word and Image*, p. 155, este o fotografie a lui Mirabal.

ar fi mintea șefului sau a vraciului. Deocamdată noi formăm ceva asemănător unui trib primitiv, iar vraciul va spune: „Noaptea, în timp ce dormeam, am avut o viziune și un spirit a vorbit". Dr. Shaw a avut rolul vraciului în acest caz și ne va spune visul ei.

Dr. Shaw: Am visat că m-am dus în Spania, iar acolo avea loc o luptă cu tauri într-o mare arenă; un om și un taur se luptau și o mulțime numeroasă striga că taurul trebuie ucis. Eu nu am dorit să fie ucis și m-am luptat toată noaptea pentru taur. Apoi, la prelegerea de a doua zi, dr. Jung a vorbit despre uciderea taurului mithraic.

Dr. Jung: Acum, asociați acest vis cu tema noastră. Vă amintiți că am discutat despre uciderea mithraică a taurului și s-a pus problema dacă uciderea taurului are încă aceeași semnificație simbolică; la o coridă, oamenii își întorc fețele unul spre celălalt, ceea ce simbolizează comunitatea; și am vorbit despre semnificația de autodisciplină a acelui simbol, pe vremea în care cultul mithraic era religia legiunilor romane. Numai bărbații erau admiși la ritualul mithraic, femeile mergeau cu toatele la Mama Pământ. Acum, în visul avut de dr. Shaw, taurul nu trebuie ucis, ea a luptat împotriva acestui lucru. Ce înseamnă acest vis pentru dumneavoastră? Ar fi putut fi visul oricăruia dintre noi.

Sugestie: Ar putea fi lupta împotriva sacrificiului. Cu toții ne opunem sacrificării.

Sugestie: Nu este ceva bun în acest taur, ceva ce nu ar trebui să ucidem?

Sugestie: Uciderea taurului ar putea reprezenta o modalitate învechită de a aduce un sacrificiu. Probabil că poate fi găsită o modalitate nouă.

Dr. Jung: Există o legătură între ultimele două sugestii. A ucide un taur este un simbol foarte învechit al comuniunii, pentru noi aceasta nu exprimă comuniunea. Nu cu mult timp în urmă am primit o scrisoare de la o pacientă [din Mexic] care tocmai fusese la o coridă și îmi scria că îi ura pe oamenii aceia însetați de sânge, că era atât de mânioasă, încât i-ar fi putut ucide pe toți cei de acolo cu un revolver! Deci, o luptă cu tauri nu mai promovează acum un sentiment al comuniunii. Întregul spectacol este dezgustător, simțirea noastră i se opune complet. Nu ar trebui să ne comportăm ca un taur într-un magazin de porțelanuri, nu ar trebui să ne pierdem controlul. Putem înțelege semnificația simbolică, autodisciplina, dar nu putem avea acces la ea urmărind o luptă cu tauri; o luptă cu tauri reală ar declanșa efectul opus. Am depășit ideea acelui simbolism, la fel cum am depășit ideea de mântuire prin mâncatul cărnii și băutul sângelui victimei; puțini oameni din ziua de astăzi mai simt emoția medievală atunci când mănâncă trupul și beau sângele în cadrul comuniunii.

Cu toate acestea, în Elveția există încă într-o mare măsură un misticism al pământului foarte adânc împământenit și arhaic. O elvețiancă venită la mine recent pentru tratament mi-a mărturisit după multe rezistențe că are o metodă secretă care o ajută să doarmă sau o scapă de indigestie etc.: „Un bătrân mi-a spus acel secret. Beau sângele lui Iisus. Noaptea, când nu pot dormi, îmi repet: «Beau sângele, beau sângele lui Iisus, sângele, sângele», apoi simt că îl beau și pot dormi. Dacă mă trezesc, o iau de la capăt. Uneori și de douăsprezece ori pe noapte." Într-o zi a coborât în pivniță — era o gospodină foarte bună — și, fiind cocoțată pe scaun pentru a lua niște mere de pe raftul de sus, a căzut. Mi-a spus: „Am băut repede sângele și nu am pățit nimic." Ea făcea o asociație mistică extraordinar de puternică când își spunea că bea sângele; astfel de lucruri se întâmplă aievea.

Prin urmare, lupta cu tauri ca simbol mistic este învechită, la fel ca majoritatea simbolismului nostru creștin; emoția noastră comună nu mai poate fi trezită de aceste simboluri. Dacă în zilele noastre cineva visează despre uciderea unui taur, ar trebui să interpretăm complet diferit. Astfel, avem nevoie de un interes comun care să ne permită să construim din nou un sentiment comunitar. Dacă dr. Shaw visează că se luptă împotriva uciderii taurului, înseamnă că taurul nu trebuie ucis. Taurul este forța *naturală*, animalul incontrolabil, care nu este neapărat distructiv. Avem prejudecata creștină împotriva animalului din om, dar un animal nu este rău, la fel cum nu este nici bun. Noi suntem răi, omul este cu necesitate rău, deoarece este atât de bun. Numai animalele domesticite se comportă urât; un animal sălbatic nu se comportă urât, el își urmează propria lege naturală; nu există tigru bun, care să mănânce numai mere și morcovi! Un animal sălbatic este o ființă pioasă, care respectă legea, împlinind în mod absolut voința Domnului. Taurul este un animal destul de sălbatic și dacă ucidem animalul din noi ucidem și lucrurile cu adevărat bune din noi, nu pe cele aparent bune. Prin urmare, pentru noi ar fi blasfemie, un păcat, să ucidem taurul, ar însemna uciderea lucrului natural din noi, a aceluia care îl servește în mod firesc pe Dumnezeu. Aceasta este singura noastră speranță — să ne întoarcem la o stare în care să fim în armonie cu natura. Trebuie să ne împlinim destinul în conformitate cu legile naturii sau nu putem deveni adevărați slujitori ai Domnului. Deci, înțelegem care ar fi mesajul vraciului. Dr. Shaw avea perfectă dreptate să se opună uciderii taurului: „Nu faceți greșeala uciderii taurului, întrucât acesta este singurul lucru care ne leagă unii de alții; trebuie să ne întoarcem la legile naturale și eterne; atunci ne vom afla în starea binecuvântată a animalelor și tot ce fusese separat înainte va fi din nou reunit". Sfatul vraciului este valoros.

Apar și eu în vis — dr. Shaw și cu mine ne cunoaștem destul de bine și, când ne întâlnim pe tărâmul visului, nu ne luăm unul pe altul prea în serios — din asociațiile sale, eu spun că toreadorul a ucis taurul; taurul care nu ar fi trebuit ucis, a fost ucis. De ce confirm acest lucru? Doar pentru că taurul nostru este ucis, Mithras a ucis taurul în locul nostru. Nu uitați că Mithras a fost complet absorbit de creștini; că vechea idee mithraică a fost dusă mai departe de creștinism de-a lungul Evului Mediu, până în zilele noastre; au fost uciși taurii și chiar mielușeii, tot ce a fost animal a fost ucis pe parcursul veacurilor. Iar eu confirm că taurul a fost ucis, toreadorul și-a făcut treaba. Desigur, a spune că taurul e mort este o metaforă; este viu din nou și din nou și trebuie ucis din nou și din nou. Acum, atâta timp cât este o problemă individuală, și nu una colectivă, ce avem de făcut pentru a aduce din nou taurul la viață? Ar trebui să încercăm să restabilim legătura cu el, altfel se poate trezi într-o parte a psihicului nostru unde conștiința nu are acces. Cum putem face asta? Taurul trebuie să fie în viață, altfel comuniunea ar fi imposibilă. Am subliniat acel vis pentru a arăta interacțiunea dintre conștient și inconștient, dar acum ne vom întoarce la pacientul nostru.

Discutam de ce soția cumnatului nu li s-a alăturat — probabil din cauza *bolii copilului*. Acesta este subiectul următoarei părți a visului. Visătorul se află acum *acasă la cumnatul său*, unde vede copilul, o fetiță de unu-doi anișori. Schimbarea scenei înseamnă o modificare a decorului psihic, adică o altfel de problemă, o schimbare de la o bază colectivă la una familială — de exemplu, dintr-un loc public într-o casă particulară. Ideea principală a părții centrale a visului era aceea că nu există comuniune, nu există unire, motivul fiind absența femeii; la fel ca în cultul naturii al lui Mithras, femeia nu era prezentă; iar *jeu de paume* era, de asemenea, un joc masculin. Dacă femeia nu se alătură, bărbatul se află acolo numai cu intelectul lui, nu și cu simțirea. De aceea sunt unii bărbați care nu agreează participarea femeilor în comisii etc. — sunt deconectați de partea feminină a propriuiui lor psihic. Această femeie lipsea deoarece era bolnav copilul; iar copilul nu se află într-un spațiu public, ci acasă. Scena a devenit una particulară, în interiorul individului.

Despre casa cumnatului, a spus: „Tata a locuit câțiva ani în acea casă, iar sora mea a moștenit-o; este numai la o sută de metri de casa mea, așa că ne întâlnim adesea. Casa și obloanele au toate o culoare anostă, gri, ceea ce le conferă un aspect uniform, posomorât. Mi-ar fi plăcut să vopsească cel puțin obloanele cu o culoare diferită, pentru a însufleți casa puțin."

Descrierea decorului este foarte importantă; locul unde este pus în scenă visul, fie că este hotel, gară, stradă, pădure sau se află sub apă poate avea o influență uriașă asupra interpretării. Am discutat deja despre cumnat, care trebuie considerat o imagine foarte subiectivă, el este cu adevărat o parte a visătorului însuși, o parte care nu este adecvat conectată și, prin urmare, o proiectează asupra cumnatului său. Dar din asocierea pe care o face obținem o informație importantă: casa lui nu este prea departe, ceea ce înseamnă că imaginea nu se află prea departe de conștiință. Ar putea conștientiza cu ușurință în ce măsură el este cumnatul său și în ce măsură copilul cumnatului este propriul său copil; casa cumnatului ar fi, desigur, aspectul inconștient al propriei sale case, locul în care se joacă piesa. Casa apare foarte des ca simbol în vise și de obicei înseamnă atitudinea obișnuită sau moștenită, modul obișnuit de a trăi sau ceva dobândit aidoma unei case, sau probabil felul în care individul trăiește cu familia sa. Atitudinea sa obișnuită este neinteresantă și cenușie, precum casa cumnatului, și tânjește să-i dea o culoare mai vie. Trebuie să înțelegem cum este conectată aceasta cu celelalte evenimente din vis; ar putea avea legătură cu boala fetiței de doi ani.

Copilul: În realitate a fost un băiat de doi ani, care fusese bolnav și a murit, iar celelalte două surori ale visătorului au fiecare câte o fetiță de șapte ani, pe care el le place. Îmi spune: „Îmi plac fetițele mai mult decât băiețeii, sunt mult mai drăguțe și mai expresive. Îmi prefer fetița, în comparație cu băieții." Nu mai sunt asociații, așa că îi atrag atenția asupra vârstei copilului. I-am spus că ar trebui să asocieze ceva cu doi ani — o anumită perioadă de timp: „Ce se întâmpla în urmă doi ani?" „Acum doi ani m-am întors din străinătate și m-am stabilit în Elveția. Atunci am început studiul literaturii oculte, al spiritismului, al teozofiei, tot felul de lucruri; abia mai târziu am renunțat mai mult sau mai puțin la ele deoarece nu eram prea satisfăcut, nu numai că îmi pierdusem interesul, dar căpătasem și o aversiune față de un astfel de studiu. Când nepoțelul meu a murit acum doi ani, tocmai citeam o carte de Dennis Bradley, *Towards the Stars (Spre stele)* (evident, o carte religioasă).[4] Mi-a plăcut foarte mult și i-am dat-o surorii mele după moartea băiatului".

Citise, de asemenea, și literatură germană ocultă: „Citesc o vestită carte germană: *The Visionary of Prevorst (Vizionarul din Prevorst)*, scrisă de dr. Justinus Kerner, în 1829[5], prima istorie a unui caz de somnambulism observat din punct

---

4 Herbert Dennis Bradley, *Towards the Stars* (Londra, 1924).

5 *Die Seherin von Prevorst* (1829), 2 vol.; tradusă în engleză de Catherine Crowe, *The Seeress of Prevorst* (New York, 1859). Jung însuşi cunoştea cartea cel puţin din 1897, când a citat-o într-o prelegere în cadrul frăţiei sale din facultate: vezi *The Zofingia Lectures*, par. 93–94. Vezi şi O.C. 1, index.

de vedere psihologic şi cea mai interesantă". Mi-a spus că ştia un anumit medic familiarizat cu psihologia analitică, dar nu expert în domeniu, şi s-a gândit să-i sugereze să scrie un studiu analitic al cărţii, cu condiţia să nu facă o interpretare a lui Kerner din punct de vedere raţional, transformându-l într-un impostor. „Am renunţat deoarece am observat că şi medicul era puţin nevrotic şi un astfel de studiu i-ar fi putut face rău." Îl cunosc pe acel medic şi nu străluceşte deloc; dacă ar fi încercat să scrie acest studiu analitic, ar fi fost slăbuţ — mai bine că a renunţat!

Avem acum enorm de multe materiale referitoare la acel copil. Voi repeta anumite cunoscute:

(1) Copilul nu există; este doar o creaţie a imaginaţiei sale inconştiente.
(2) Pacientul preferă fetele în detrimentul băieţilor.
(3) În urmă cu doi ani a început să studieze ocultismul, psihopatologia etc. şi este legat de sora lui în special printr-o astfel de carte ocultă, *Towards the Stars*.
(4) A manifestat un interes deosebit pentru *The Visionary of Prevorst* şi a dorit ca un anumit medic să scrie un studiu despre aceasta, dar apoi a renunţat, gândindu-se că nu ar fi benefic pentru medic.

Fetiţa este copilul animei sale[6] şi are de-a face cu energia sa creatoare şi, venind dinspre latura ocultă, este spirituală. El spune că sunt valori pozitive în acea carte, este un fel de creaţie spirituală, o intenţie poetică, dar se teme că medicul ar putea fi grav afectat de ea şi chiar el însuşi a renunţat la studiu, deoarece avea o influenţă proastă asupra lui. Era de părere că studiile oculte îi făceau pe oameni foarte ireali; conţinutul era într-o atât de mare măsură îndoielnic, atât de speculativ şi totuşi impresionant, încât împuia capetele oamenilor cu tot felul de idei bizare; adesea era o irealitate otrăvitoare în aceste lucruri, exact aşa cum anumite opere de ficţiune te fac să te simţi otrăvit. Deci, o parte din el este preocupat de un factor creator hotărât spiritual, în vârstă de doi ani, iar medicul reprezintă partea sa raţională pe care o foloseşte pentru a studia acest element poetic exprimat de copil. În ultimii doi ani se dezvoltase un lăstar în

---

6 *Anima*: termen jungian ce desemnează componenta feminină a psihicului unui bărbat, reprezentând funcţia sa de conexiune (Eros) cu sexul opus şi, de asemenea, cu inconştientul său. În vise, anima apare personificată în chip de femeie necunoscută sau „fata din vis" şi este în mod invariabil proiectată asupra unei femei reale sau a unei serii de femei. *Animusul* personifică aspectul masculin (Logos) al psihicului unei femei. Aceste două arhetipuri se exprimă adesea prin iraţionalitatea simţirii bărbatului (capriciile animei) şi prin gândirea femeii (opiniile animusului). Pentru descrieri complete ale amândurora, vezi *Două scrieri despre psihologia analitică*, O.C. 7, par. 296ff şi *Aion*, O.C. 9/2, cap. III.

acest bărbat, reprezentat nu doar de interesul său față de ocultism, care îi ținea mintea ocupată, ci și de un interes și de o intenție creatoare, care ar fi expresia nu a gândurilor, ci a simțirii și care i-ar colora casa.

Copila este palidă, iar trăsăturile sale sunt schimonosite exact ca acelea ale băiatului care murise. Iar el adaugă, fără vreo legătură aparentă: „Acum citesc foarte puțin despre ocultism". Problematica ocultă a depășit puterile sale de digerare, el suferea acum de indigestie psihică. Apoi, deoarece fata are legătură cu băiatul care a murit, trebuie să presupunem că și ea suferă de probleme intestinale; a fost hrănită cu literatură ocultă, iar aceasta nu este hrana adevată pentru micul suflet poetic ce prinde contur în el.

„Cineva mă informează că fetița nu pronunță numele soției mele", iar de aceea el pronunță numele soției sale în fața fetiței, încercând să o determine să îl repete. Spune: „Soția mea este foarte iubită de toți nepoții și de toate nepoatele sale: de obicei, al ei este primul nume pe care reușesc copiii să-l pronunțe." Și adaugă că, nu cu mult timp în urmă, a primit o scrisoare de la una din celelalte surori ale sale, care-i spunea că băiețelul ei a compus o melodie ale cărei versuri sunau astfel: „Mătușa Maria este un băiat drag". Spre deosebire de situația reală, acest copil din vis nu vrea sau nu poate să pronunțe numele soției sale, i se opune în mod evident. Știm că relația dintre visător și soția sa este mai degrabă monotonă, iar în ultimii doi ani a avut loc în el o evoluție care produce o ființă vie, diferită de soția sa. Acest copil al animei sale are legătură cu preocupările oculte și cu o posibilă activitate științifică sau artistică. El este uimit de aceasta și încearcă să învețe copilul să pronunțe numele corect, fiind oarecum tulburat că în el s-a dezvoltat ceva aflat în dezacord cu soția sa, ceva care nu își găsește locul în căsnicie. „Adesea mă străduiesc să-mi învăț copiii sau nepoții să pronunțe corect cuvintele pe care le stâlcesc." El este un avocat al formei corecte; prin urmare, nu ar trebui să fie nimic incorect în mintea sau în inima sa. Deci, nu ar trebui să existe ceva în el care să refuze să pronunțe numele soției sale; când apare tema soției sale, fiecare parte din el ar trebui să strige la unison. Un detaliu foarte demn de luat în seamă referitor la atitudinea sa.

Numele soției sale este Maria și el menționează: „Și unei mătuși bătrâne de-a soției mele i se spune mătușa Maria, dar este destul de îndepărtată, nu avem nimic de-a face cu ea". Apoi, adaugă: „În timp ce învățam copila să pronunțe corect numele Maria, mă amuza faptul că eu rosteam numai «Mari» — și în loc să pronunț litera «a» căscam, adăugând numelui un căscat în locul ultimei vocale; în vis mi se părea că sunt foarte amuzant, dar treaz fiind, nu văd ce ar fi de râs". *Întreaga familie protestează* împotriva acestei așa-zise glume, iar el spune: „Într-adevăr au dreptate, nu ar trebui să dai copiilor exemple de proastă creștere, deoarece ei nu pot să deosebească realitatea de glumă, așa cum fac adulții". Din nou, atitudinea corectă. Această parte a visului a fost anticipată de casa cu obloane gri. Casa este gri și el este plictisit, iar inconștientul său o exprimă prin acea aluzie amuzantă — căscatul atunci când pronunță numele soției. Dar conștient nu o va recunoaște, nu va observa că viața evoluează acum pe un alt făgaș.

Într-un vis ulterior călătorea cu soția sa pe un vas de croazieră, iar în timp ce se aflau în cabină acesta s-a oprit; s-a uitat prin hublou și a văzut că se aflau lângă mal, iar în apropierea lor era o ruină pe un deal. Apoi a urcat pe punte și a văzut că nu se afla pe un vas de croazieră, ci pe un vapor cu aburi, pe un râu; iar apoi nu mai era nici măcar pe un râu, ci pe un iaz într-un sat, unde vasul nu se putea mișca deloc, era complet blocat și sătenii s-au urcat la bord. A încetat să mai fie un vas, iar el se întreba: până la urmă, de ce naiba locuim pe un vas?

Prelegerea a IV-a.
28 noiembrie 1928

Dr. Jung:

Înainte de a ne continua visul, trebuie să vă vorbesc despre câteva lucruri care s-au întâmplat între timp. Aceia dintre dumneavoastră care sunt intuitivi și-au dat seama probabil că la a doua noastră întâlnire atmosfera a fost cumva tulburată. Am avut visul despre taur, cu aspectul său comunitar, readucând astfel la viață o scenă la care am fi putut fi martori în vechea Atenă — am menționat faptul că oamenii de vază obișnuiau să-și povestească visele și l-am ilustrat prin visul fiicei senatorului și prin visul poetului grec. Am fi putut prea bine asista la o astfel de scenă în piața vreunui sat din vechime, când un om se ridică și spune: „Azi-noapte am avut o viziune, un spirit mi-a vorbit", iar apoi toți se adună în jurul său și sunt cuprinși de groază. Toate acestea au adus la lumină coincidențe interesante.

Vă amintiți că în data de 21 noiembrie am vorbit despre taur și despre semnificația luptei cu taurul. Visătorul este un bărbat pe care îl mai văd din când în când — ceea ce înseamnă că analiza nu l-a ucis încă! Iar acum, timp de 4 zile, din data de 20 până în 24, el a lucrat la un tablou pe care nu l-a putut înțelege și care l-a uimit atât de mult, încât a venit la mine să-i dau o explicație. El a desenat capul unui taur și trebuie să fie un taur sacru, deoarece ține între coarne discul soarelui. Din nefericire nu vă pot arăta tabloul, deoarece deja visătorul ne consideră foarte indiscreți pentru că i-am discutat visele aici, în seminar. Exemplele mi le iau de la pacienții mei — și de la dumneavoastră! I-am spus că am vorbit despre taur pornind de la visul lui și că desenul său a apărut în chip sincronistic, apoi i-am explicat semnificația desenului.

Apoi, după ultima noastră întâlnire, după visul avut de dr. Shaw, când am comentat despre semnificația antică a luptei cu taurul, am primit o altă scrisoare din Mexic, de la prietena care chiar participase la o coridă. Această scrisoare a sosit la două zile după ultimul seminar, ceea ce înseamnă că fusese expediată cu vreo două săptămâni în urmă, adică e probabil să fi fost scrisă în ziua în care am vorbit pentru prima dată la seminar despre taur. Nu descrie lupta. Voi cita spusele ei: „Singurul moment de artă pură în întreaga poveste este atunci când taurul se oprește, derutat, și îl privește pe matador, iar matadorul, care stă în fața lui, îl întărâtă, pentru a-i dovedi autoritatea sa completă". „Matadorul este punctul de control conștient perfect în acel amalgam inconștient, pe acel fundal întunecat de barbarie." Și mi s-a părut că aceea era semnificația simbolului: trebuie să ai un control conștient perfect, o eleganță desăvârșită, o grație și o îndrăzneală absolute, pentru a trăi în sânul barbariei; dacă ai cea mai mică slăbiciune, ești terminat. De aceea lupta cu taurul era simbolul divinității. Iar toreadorul este eroul, deoarece el e singura lumină strălucitoare în masa întunecată de pasiune și furie, de lipsă de control și disciplină. El personifică discipolul perfect. Prietena mea este o observatoare destul de imparțială, dar a prins esența fenomenului și în acel moment a considerat de cuviință să mi-o împărtășească.

Aceasta este ceea ce numim o simplă coincidență. O menționez pentru a arăta că visul este ceva viu, în niciun caz un lucru mort, care foșnește aidoma hârtiei uscate. Este o situație vie, este precum un animal cu tentacule sau cu multe cordoane ombilicale. Nu ne dăm seama că, în timp ce noi vorbim despre el, el lucrează. De aceea primitivii își povestesc visele și eu vorbesc despre vise. Suntem mișcați de vise, ele ne exprimă pe noi și noi le exprimăm pe ele și există coincidențe legate de ele. Refuzăm să luăm coincidențele în serios, deoarece nu le putem considera cauzale. E adevărat, am face o greșeală dacă le-am considera cauzale; evenimentele nu apar *datorită* viselor, ar fi absurd, nu vom putea demonstra niciodată acest lucru; ele se întâmplă, pur și simplu. Dar este înțelept să luăm în considerare faptul că ele chiar se întâmplă. Nu le-am observa dacă nu ar avea o regularitate aparte, dar nu ca aceea a experimentelor de laborator, este numai un gen de regularitate irațională. Răsăritul își bazează mare parte a științei sale pe această iregularitate, iar pentru el coincidențele, și nu cauzalitatea reprezintă fundamentul solid al lumii. Sincronicitatea[1] este prejudecata Răsăritului; cauzalitatea este prejudecata modernă a Occidentului. Cu cât acordăm mai multă atenție viselor, cu atât mai multe astfel de coincidențe — întâmplări — vom observa. Nu uitați că cel mai vechi tratat științific chinezesc se referă la sorții posibili ai vieții.[2]

---

[1] După câte se pare, era prima dată când Jung folosea acest termen în sensul de „sincronicitate" sau coincidență semnificativă, ca un principiu explicativ al unor evenimente fizice și psihice paralele, egal ca importanță și complementar principiului cauzalității. Vezi și, mai jos, 27 noiembrie 1929, n. 6 și 4 decembrie 1929. Jung a menționat pentru prima dată termenul „sincronicitate" în 1930, în discursul său de comemorare a lui Richard Wilhelm (O.C. 15, par. 81). Conceptul este pe larg descris în monografia „Sincronicitatea ca principiu al relației acauzale" (1952; O.C. 8).

[2] Yi King. *Cartea prefacerilor*, tradusă [în limba engleză] de Cary F. Baynes (1950), după traducerea germană a lui Richard Wilhelm (1924). [A fost tradusă și publicată în limba română în anul 2012 la Editura Harald — N.t.] Jung a scris un cuvânt înainte special pentru traducerea

Acum vom reveni la visul nostru. Am terminat, practic, cu asociațiile, și acum trebuie să vedem ce putem face cu interpretarea. Vom însuma toate asociațiile, ceea ce este în acest caz o întreprindere destul de epuizantă, deoarece, dacă luăm în considerare toate conotațiile menționate, sunt foarte multe. *Jeu de paume* și lupta cu taurul nu se află în visul propriu-zis, însă trebuie să luăm în considerare întregul context, deoarece mintea visătorului a fost formată după acel model. Mințile noastre au fost create de istoria umanității; ceea ce oamenii au gândit a influențat structura propriilor noastre minți. Prin urmare, atunci când întreprindem o analiză atentă, meticuloasă, a proceselor noastre psihice, trebuie să ne întoarcem la ceea ce alții au gândit în trecut. Aspectul personal îl poți explica până la o anumită limită, de exemplu că acest bărbat dorește să cumpere o mașină nouă; dar gândul modern de a cumpăra o mașină nouă este numai cauza ce declanșează un anumit tip de gândire ce nu a fost produsă de el; pentru partea cea mai importantă a deducției sale logice, întregul trecut este responsabil. Abia în Evul Mediu am învățat să gândim logic — și atunci prin intermediul învățătorilor religioși. Primitivii nu aveau gândire logică, pur și simplu pentru că nu puteau să producă același tip de gândire abstractă pe care o putem produce noi. Trebuie să fi durat mult până ce mințile noastre au învățat să genereze o stare abstractă a minții, superioară și opusă tentațiilor simțurilor sau emoțiilor.

În problemele tehnice, anticii nu puteau să se oprească deloc asupra vreunui gând abstract, erau mereu întrerupți de instinctul jucăuș. Observăm acest lucru la vechile motoare sau mașini, chiar și în 1820; într-un compresor vechi, de exemplu, axele erau așezate deasupra a două coloane dorice; și anumite mașini erau construite în stilul rococo — absolut ridicol. Aceasta este joacă; și cu cât se jucau mai mult, desigur, cu atât mai puține șanse avea mașina să fie eficientă. Ei se opreau la curiozitatea care le mulțumea simțurile, astfel încât nu au ajuns niciodată la vreun tip serios de gândire. Navigatul împotriva vântului, schimbatul direcției nu erau cunoscute în Antichitate; au fost inventate de normanzi în secolul al doisprezecelea. Până atunci, marinarii trebuiau să aștepte vântul favorabil sau să recurgă la vâsle. Și nu aveau chile adânci și nici măcar grele, numai funduri plate. Aveau o greutate de până la 1 500 de tone, iar vasele egiptene care duceau grâul la Roma aveau în jur de 1 800 tone. Am început din

---

englezească; acesta figurează, de asemenea, în O.C. 11, par. 964ff. Vezi, mai jos, 6 februarie 1929, n. 8.

nou să construim vase de asemenea tonaj abia în secolul al nouăsprezecelea, pe la 1840.

Acestea sunt căile istorice pe care mintea noastră s-a dezvoltat și trebuie luate în considerare; trebuie să reflectăm asupra conotațiilor istorice pentru a încerca să explicăm visele; nu le putem înțelege numai la nivel personal. Cu toate acestea, în analiza practică nu e cazul să mergem atât de departe pe căile istorice. În măsura posibilului, încerc să fiu concis, practic și personal. În acest prim vis pe care l-am analizat cu pacientul nu i-am atras atenția asupra cultului lui Mithras, asupra *jeu de paume* etc., nu era niciun motiv pentru a face asta, m-am mulțumit să-i dau doar o idee superficială despre semnificația sa. Dar aici, în seminar, trebuie să intrăm în detalii pentru a vedea din ce este făcut visul, probabil mai mult decât în visele analizate cu dumneavoastră personal. Acest bărbat ar fi uimit dacă ne-ar auzi vorbind despre visul său, nu l-ar recunoaște.

Acum, haideți să ne întoarcem încă o dată la vis și să încercăm să oferim o interpretare generală. Foarte adesea, finalul unui vis ne poate învăța ceva; personajelor care au intrat în scenă li se întâmplă de obicei ceva până la final, astfel încât situația de la început și evenimentele de pe parcurs sunt foarte explicabile. În acest caz am putea foarte bine să începem cu sfârșitul, discutând despre faptul foarte important la care duce întregul vis, acela că visătorul este în mod evident plictisit de numele Maria și cască atunci când îl pronunță; iar protestele membrilor familiei arată că el însuși protestează împotriva acestui lucru, din perspectiva familiei. Este un bărbat familist, iar pentru el familia este un lucru aproape sacru, să caști când rostești numele soției este teribil. Astfel, suntem introduși imediat în conflictul lui personal; este plictisit împotriva voinței lui, nu este intenția lui și nu îi place. Într-un asemenea caz, putem trage o concluzie despre economia stării sale psihice. Ce ați conchide?

Sugestie: Este inconștient de plictiseala sa?

Dr. Jung: Da, corect: dacă ar fi fost conștient de ea, nu ar fi fost nevoie s-o viseze; o respinge cu atâta putere, încât trebuie s-o viseze. Visul trebuie să-i spună: „Dragul meu, ești pur și simplu plictisit!“ Noi presupunem întotdeauna că ne cunoaștem chiar și inconștientul, ceea ce, desigur, este o absurditate; inconștientul este ceea ce nu știm. Te gândești că ai observa când ești plictisit, dar sunt situații în care nu ai curaj să observi, preferi să crezi că ești bolnav. Sunt situații în care nu ne putem permite să recunoaștem adevărul, ne-ar contrazice prea mult propriile interese; nu putem recunoaște adevărata natură a emoțiilor noastre, sunt prea tulburătoare. El este un bărbat foarte drăguț, un bărbat familist, un tată și așa mai departe, interesat de soție în aceeași măsură, desigur, iar visul trebuie să-i spună: „Ești doar plictisit, ăsta-i adevărul!“ Acum, când un bărbat este obligat să-și recunoască plictiseala, ce se întâmplă cu forța sa vitală, cu libidoul său?

Sugestie: Eu cred că ar începe să preia conducerea în locul lui.

Dr. Jung: Care ar fi preocupările lui? Acesta este cuvântul corect, lucrurile care vin înaintea ocupațiilor. Femeile nu sunt plictisite de soți? Ele ce pot face?

Sugestie: E mai caracteristic bărbaților.

Dr. Jung: Nu sunt atât de sigur! Dar în acest caz visătorul este un bărbat, așa că haideți să rămânem la rolul lui. Ce va face el?

Sugestie: Va începe să privească în jurul său.[3]

Dr. Jung: În acest vis nu se vorbește despre așa ceva. Concluzia dumneavoastră nu se sprijină pe nimic.

Sugestie: Cred că s-a uitat în jurul său înainte de a avea visul.

Dr. Jung: Corect, a privit de multe ori în jurul său și a depășit situația în care acest lucru ar apărea într-un vis. Acum se află în situația în care caută mai mult; este încă plictisit de soția lui, privitul în jurul său nu l-a ajutat și a ajuns la concluzia că nu asta e soluția. Anumite indicii din vis l-ar putea ajuta, lucruri mărunte, dar el nu le-ar accepta; i se par ridicole, ele nu reprezintă un răspuns, el are nevoie de alt răspuns; așa că ajunge la un blocaj. Presupunem că visul conține un răspuns la problema sa foarte mare, deci trebuie să-l interpretăm ca pe un mesaj venind dinspre inconștient, trebuie să-l luăm foarte în serios, mai ales că situația acestui bărbat este similară situației multor altor bărbați și sunt nenumărate femei care sunt plictisite de moarte de soții lor. Mulți oameni între patruzeci și șaptezeci de ani au fost sau pot fi într-o situație similară. Prin urmare, visul are o importanță generală. Mergând pe firul asociațiilor, am putea căpăta o idee despre ce ar trebui să facem într-o astfel de situație.

Visul vorbește mai întâi despre copilul surorii sale mezine și despre invitația cumnatului său de a merge la teatru și apoi de a cina. Evident, visătorul este plasat în relație cu acea parte a familiei sale. Vă amintiți că sora sa mezină fusese preferata sa, cu unsprezece ani mai tânără, iar el o vede încă în postura de copilă și este foarte atașat de ea; când ea și-a pierdut copilul, el a fost aproape tot atât de îndurerat ca și cum ar fi fost al lui, deci între el și sora lui este o relație deosebit de apropiată; și, de asemenea, se înțelege bine cu soțul ei. Acești oameni, de care el nu este preocupat în prezent, ar fi considerați sub aspect obiectiv

3 *To look out of the window* în original, traducerea în engleză a termenului colocvial german, care înseamnă „a te uita după alte femei“.

dacă ar fi avut cât de cât vreo importanță în viața lui actuală. Dar, de vreme ce ei sunt departe, putem presupune liniștiți că reprezintă conținuturi subiective ale visului, părți ale visătorului însuși, personaje pe scena lui particulară. Deci nu putem ajunge la adevărata semnificație a acestei părți a visului până când nu vedem ce reprezintă acești oameni în interiorul lui. Copilul, după cum știți, este un copil ireal, imaginar; adevăratul copil este mort. Deocamdată vom lăsa deoparte acel copil imaginar.

Mai întâi, *cumnatul*: Visătorul avusese o poziție importantă, fusese director într-o companie, iar cumnatul său, fiind mai tânăr, l-a succedat; l-a urmat, deci; el este reprezentantul celei care ne urmărește, umbra. Umbra este întotdeauna ce ce se află în urmă.

Sugestie: Umbra o ia adesea înainte.

Dr. Jung: Da, când soarele este în urmă. Dar vechea idee de *synopados*[4] înseamnă aceea care ne urmează și vine cu noi; este ideea unui daimon personal:

scit Genius, natale comes qui temperat astrum,
naturae deus humanae, mortalis in unum
quodque caput, voltu mutabilis, albus et ater.[5]

un zeu cu față schimbătoare, alb și negru, care este în toată lumea, un daimon al aspectelor contradictorii. Acum, de ce să interpretăm așa o astfel de imagine? De ce să îl numim pe cumnat umbra sa?

Răspuns: Visătorul s-a ocupat atât de mult timp de afaceri, încât anumite părți din el, reprezentate de cumnatul său, au fost neglijate.

Dr. Jung: Cu cât te îndrepți mai mult spre lumină, cu atât mai mare e umbra din spatele tău. Sau, cu cât îți întorci mai mult ochii spre lumina conștiinței, cu atât mai mult simți răsuflarea umbrei în spatele tău. Acel termen este în perfectă armonie cu ideile străvechi. Există o carte excelentă, *The Man Without a Shadow (Omul fără umbră)*[6], după care s-a făcut un film foarte bun, *Studentul din*

---

4 „Cel care urmează“ (greacă). Vezi „Probleme fundamentale ale psihologiei analitice“ (1931), O.C. 8, par. 665.

5 „O ştie Geniul, tovarăş şi călăuza stelei noastre,/Zeu al făpturii pământene ce se arată muritor/Ca fiecare om şi are chip schimbător, când alb, când negru.“ (Horațiu, Epistola a II-a, Cartea a II-a, în *Ode. Epode. Cântecul Secular. Satire. Epistole. Arta poetică*, Editura Mondero, Bucureşti, 2007, pp. 298–299).

6 Adelbert von Chamisso, *Peter Schlemihls wundersame Geschichte* (1814); în engleză, titlul este tradus de obicei *The Wonderful Story of Peter Schlemihl* (traducerile din 1844 şi 1923). Filmul *Der Student von Prag* (1926), regizat de Henrik Galeen şi având-u-l în rolul principal pe Conrad Veidt, nu a fost considerat ecranizarea poveştii lui Chamisso, deşi scenariul era asemănător. „Părea

Praga, un fel de al doilea Faust. Este povestea unui student care, având nevoie de bani, a făcut un contract cu diavolul. Diavolul îi oferă 900 000 de monede de aur așezate pe masă dinaintea lui, iar el nu poate rezista. El spune: „Desigur că nu mă pot aștepta să-mi dai tot aurul acela fără să-mi ceri nimic în schimb." „O, nimic important", spune diavolul, „doar ceva ce se află în această cameră." Studentul râde — nu e prea mare lucru în cameră — o sabie veche, un pat, cărți etc., foarte sărăcăcios. „Poți să iei orice dorești, vezi că nu e niciun lucru de valoare aici!" Atunci, diavolul îi spune: „Vino aici și uită-te în oglindă." Marea valoare a filmelor o reprezintă efectele uimitoare pe care le produc. Vezi bărbatul și reflecția sa în oglindă, iar diavolul stă în spate și face un semn reflecției din oglindă a studentului și aceasta se desprinde într-un mod extraordinar și-l urmează pe diavol. Studentul se uită în oglindă și nu se mai poate vedea pe sine însuși, este un om fără umbră. Și diavolul pleacă. Apoi, filmul înfățișează toate situațiile neplăcute în care este pus studentul din cauza pierderii umbrei. De exemplu, după ce l-a ras, bărbierul îi dă o oglindă să se vadă, dar el se privește și spune „Da, e bine", însă nu vede nimic, nicio reflecție, trebuie să se prefacă. Altă dată merge la un bal cu o femeie și în oglinda din capătul scărilor o vede pe femeie ca și cum ar fi agățată de brațul lui, dar el nu se află acolo. Este situația unui om care și-a desprins întreaga conștiință de umbră, care a pierdut-o.

Situația pacientului nostru este mai mult sau mai puțin asemănătoare, iar aici umbra sa este reprezentată de cel care îl urmează, de cumnatul său. Nu există nicio dovadă științifică în acest sens, o presupunem doar ca ipoteză de lucru. Și dacă cumnatul reprezintă umbra, rezultă că soția umbrei este o imagine foarte clară; și trebuie să aibă caracteristicile acelei imagini, soția este anima. Pentru a elucida concepte atât de obscure și de complicate precum umbra, anima etc., este utilă o diagramă, care să arate ceea ce este sau nu este logic.[7] Trebuie să pornim de la ideile arhetipale, trebuie să începem cu ideea de totalitate; și exprimăm totalitatea personalității, masculin și feminin, printr-un cerc. În mod necesar acesta ar avea un centru, dar nu putem atribui conștiinței locul central, întrucât conștiința noastră este întotdeauna unilaterală. Dacă privești ceea ce se află în fața ochilor tăi, nu vezi ceea ce este în spatele tău; nu poți fi conștient

---

să-i facă pe germani să-şi realizeze propria dualitate." — S. Kracauer, *From Caligari to Hitler* (1947), p. 153.

7 Diagrama este reprodusă din *Sems*[2] (1938), unde, într-o notă de subsol, este specificat faptul că diagrama originală a lui Jung a fost pierdută şi a fost reprodusă din memorie de Ethel Taylor. În Joan Corrie, *ABC of Jung's Psychology* (1927), p. 21, s-a făcut referire la o diagramă similară; în *Sems*[3,4] apare aceeaşi versiune a diagramei; nu se află în *Sem.*[1]

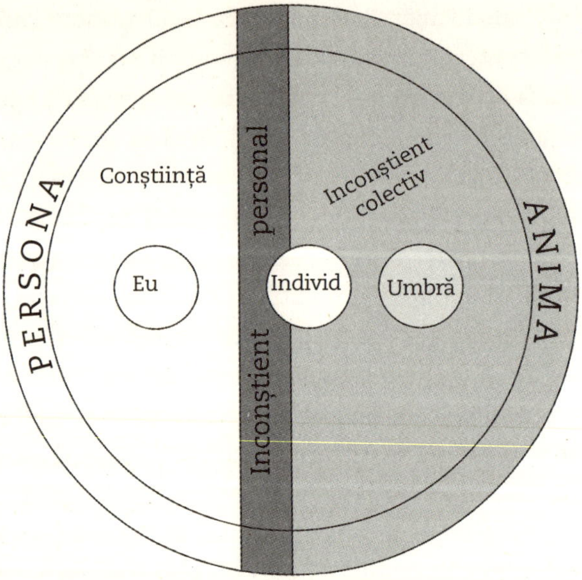

de tot ce te înconjoară la un anumit moment dat. Pentru a fi conștient, trebuie să fii concentrat; întotdeauna ești conștient de un anumit lucru. Personalitatea totală ar putea fi descrisă drept conștiință plus inconștient. Există zona de obicei inconștientă și zona relativ inconștientă. Și tot așa, există o zonă care e numai relativ conștientă; sunt perioade când ești conștient de un lucru și perioade când ești conștient de alt lucru. Conștiința este ca o lanternă care cercetează terenul; numai acele puncte care sunt luminate sunt conștiente.

Inconștientul sau partea întunecată, partea care este de obicei inconștientă, este sfera umbrei, iar aceasta nu are un centru deoarece nu știm unde s-ar putea afla. Umbra este, desigur, un fel de centru, o anumită personalitate diferită de aceea conștientă, reprezentată în acest vis de cumnat.

Conștiința noastră este întoarsă spre ceea ce numim lume. Pentru a ne mișca în lume avem nevoie de o anumită atitudine sau persona, masca pe care o arătăm lumii. Chipul oamenilor cu o persona foarte puternică este foarte asemănător unei măști. Îmi amintesc de o pacientă care avea un astfel de chip. Pentru bărbați era o imagine a animei, misterioasă și fascinantă numai datorită măștii sale — în spate mister, o femeie misterioasă. Mie mi se face greață când aud de așa ceva, dar altora nu. „Femeia misterioasă“ din filme este o imagine a animei. Se spunea că această femeie avea o fire armonioasă, foarte liniștită, dar în interior era tocmai opusul, teribil de sfâșiată și plină de uimitoare trăsături contradictorii. Fără mască ar fi fost numai carne, lipsită de chip. Persona este un fel de lut cu care cineva își acoperă fața.

Ceea ce vedem din lume este departe de a fi întregul, este doar suprafața; noi nu vedem în interiorul substanței lumii, în ceea ce Kant numea „lucrul în sine". Acela ar fi inconștientul lucrurilor și, atâta vreme cât sunt inconștiente, ne sunt necunoscute. Deci, avem nevoie de cealaltă jumătate a lumii, de lumea umbrei, de interiorul lucrurilor. Clivajul dintre conștient și inconștient se aplică lumii întregi. Acum, dacă am o piele pentru adaptarea la lumea conștientă, trebuie să am una și pentru lumea inconștientă. Anima este încununarea întregii adaptări a bărbatului la lucrurile necunoscute sau parțial cunoscute. Numai foarte târziu am ajuns la concluzia că anima este contraponderea personei și apare mereu ca o femeie de o anumită calitate, deoarece este conectată cu umbra specifică a bărbatului.

În cazul visătorului nostru, avem o demonstrație foarte tipică a animei. Ea este conectată cu cumnatul, umbra, ca soție a sa; cu sora cea mică, preferata lui, femeia aflată în profunzimile sale, pe care o iubește cel mai mult; și cu copilul față de care el are sentimente foarte tandre, ca față de ceva apropiat de sufletul lui. Prin urmare, este o figură ce poate fi desemnată drept simbol al sufletului. Am ales să folosesc cuvântul *anima* pentru a evita orice neplăcere pe care o poate crea semnificația cuvântului „suflet". Acea soră a sa din vis este cea măritată cu umbra, iar următoarea afirmație a visului este că acea femeie are un copil imaginar. Dacă un fapt este imaginar nu înseamnă că nu există, ci că aparține altei categorii. O fantasmă, de exemplu, este un fapt foarte dinamic. Amintiți-vă că un om poate fi ucis de o fantasmă și a fi ucis de un glonte în război sau de un nebun în cazul acesta este același lucru — ești mort! Când visul vorbește despre un copil, acela este o entitate precisă, la fel ca sora și cumnatul său, mama din vis și tatăl din vis — sunt entități precise. Au o existență psihologică, sunt fapte care funcționează și constituie o lume care funcționează.

Nu există un singur lucru în civilizația noastră care să nu se fi aflat mai întâi în imaginație, în fantasmă; chiar și casele și scaunele au existat mai întâi în imaginația arhitectului sau proiectantului. Războiul Mondial[8] s-a născut pe baza unor simple opinii că ar trebui declarat război Serbiei, opinii bazate pe fantasmă, pe imaginație. Fantasmele sunt foarte periculoase; ar fi înțelept din partea noastră să înțelegem că un copil sau o femeie imaginară reprezintă o realitate periculoasă, cu atât mai mult cu cât este invizibilă. Aș prefera să am

[8] Primul Război Mondial. (N.t.)

de-a face cu o femeie reală, decât cu una imaginară. O anima poate avea cele mai uimitoare rezultate; practic, ea poate trimite un bărbat oriunde în lume; ceea ce o femeie reală nu poate face, anima reușește. Dacă anima spune, trebuie să i te supui. Dacă o soție vorbește lucruri fără rost, o blestemi, dar când anima vorbește lucruri fără rost...

Întrebare: De ce are anima o asemenea putere?

Dr. Jung: Deoarece subevaluăm importanța imaginației. Anima și animusul au o influență extraordinară, deoarece lăsăm umbra în seama lor. Nefiind conștienți de faptul că avem o umbră, declarăm că o parte a personalității noastre este inexistentă. Atunci intră în regatul inexistenței, care se umflă și capătă proporții enorme. Când nu conștientizezi că ai astfel de atribute hrănești, pur și simplu, diavolii. În limbaj medical, fiecare atribut al psihicului reprezintă o anumită valoare energetică și dacă declari că o valoare energetică este inexistentă, în locul ei apare un diavol. Dacă declari că râul care curge pe lângă casa ta nu există, s-ar putea ca el să se umfle, umplându-ți grădina cu pietriș și nisip și punându-ți în pericol casa. Dacă oferi naturii o asemenea posibilitate fără de margini de a lucra singură, natura poate face orice dorește. Dacă vezi o turmă de vite sau de porci și spui că nu există, se răspândesc imediat peste tot, vacile vor mânca grădina de trandafiri iar porcii se vor sui în patul tău și vor dormi acolo! În felul acesta, inexistentul se îngrașă. *Die Fledermäuse*[9] al lui Meyrink (altfel o carte foarte proastă) descrie deosebit de plastic o lume în care trăiesc unele specimene de oameni extrem de slabi, palizi, triști, nesănătoși și a căror stare se înrăutățește pe zi ce trece; se observă apoi că, pe măsură ce ei se împuținează, anumite cadavre din cimitir încep să se îngrașe. Lucrul pe care l-ai îngropat se îngrașă, în timp ce tu te subțiezi. Dacă scapi de atribute care nu îți plac negându-le, devii din ce în ce mai inconștient de ceea ce ești, te declari tot mai inexistent, iar diavolii tăi vor deveni din ce în ce mai voluminoși.

Așa cum umbra este o entitate bine conturată, la fel sunt și anima și copila, și cu atât mai periculoasă, deoarece este un copil imaginar. Ea este periculoasă deoarece s-ar putea reflecta la rândul ei asupra pacientului. Vorbim din nou de ceva empiric, simple ipoteze de lucru, dar suntem obligați să le emitem. Esențial este că are în jur de doi ani, este palidă și bolnavă și este produsul unirii umbrei cu anima — ele se întâlnesc cumva. Este foarte misterios, foarte greu de explicat totul. Știm că produsul are doi ani și că pacientul și-a început studiile oculte care l-au dus către analiză cu doi ani în urmă; acesta este faptul semnificativ.

---

9 Gustav Meyrink, *Fledermäuse. Sieben Geschichten* (1916).

Dacă într-un vis apare o astfel de perioadă exactă, este un indiciu că e nevoie să acorzi atenție elementului timp din istoria cazului. Dacă visezi un copil de șapte ani înseamnă că în urmă cu șapte ani a început ceva.

O altă pacientă de-a mea a visat că avea un copil de exact cinci ani, care îi făcea mari probleme și putea să aibă un efect negativ asupra minții sale. Am întrebat: „Ce s-a întâmplat în aceeași lună, exact acum cinci ani?" La început femeia nu și-a dat seama, apoi a fost cuprinsă de jenă: se îndrăgostise de un bărbat, dar își declarase sentimentul inexistent. Avusese o căsnicie de iad cu un alt bărbat, iar acum era bântuită de teama că ar putea înnebuni. Femeile care au ținut secret acest lucru chiar au luat-o razna! Deoarece ea provenea dintr-o familie simplă, iar el din una mai aristocrată, ea a simțit că dragostea ei era fără speranță, negândindu-se niciodată că el ar putea-o iubi; prin urmare, ea s-a măritat cu un alt bărbat și a avut cu el doi copii. Apoi, cu trei ani în urmă, s-a întâlnit cu un prieten al primului bărbat, care i-a spus că acela o iubise și din cauza aceasta nu se căsătorise niciodată. „Măritișul tău a fost pentru el ca un pumnal în inimă!" Curând după aceasta, în timp ce își îmbăia primul copil, o fetiță de trei-patru ani, având ochii primului ei iubit — îi plăcea să se gândească la ea ca și cum ar fi fost copilul iubitului ei — ea a observat cum fetița bea apă din cadă, o apă foarte murdară, nefiltrată. Ea știa, dar nu a împiedicat-o și și-a lăsat chiar și băiatul să bea aceeași apă. Ambii copii s-au îmbolnăvit de febră tifoidă, iar copilul mai mare a murit. Femeia a intrat într-o depresie profundă, asemănătoare cu dementia praecox[10], și a fost trimisă la un azil de nebuni, unde eu am tratat-o. Curând am aflat întreaga poveste și am simțit că singura ei speranță era să-i spun adevărul dureros: „Ți-ai ucis copilul pentru a-ți ucide căsnicia". Desigur că nu știa ce face; întrucât își negase iubirea anterioară, o declarase inexistentă, ea și-a hrănit diavolii, iar aceștia i-au sugerat s-o omoare pe fiica soțului său. În acest caz, lucrul îngrozitor din visul ei a luat naștere din diavolul apărut în urmă cu trei ani, în momentul în care ea a auzit că primul ei iubit a fost profund îndurerat când a aflat că s-a măritat cu un alt bărbat. Ea „și-a hrănit demonii", animusul, iar ei i-au omorât copilul. Femeia s-a însănătoșit.[11]

Întrebare: Credeți că este într-adevăr o legătură între mariajul umbrei și al animei și orientarea pacientului către studiile oculte?

Dr. Jung: Presupun că știința ocultă pe care a încercat să o studieze ar reprezenta din punct de vedere simbolic partea întunecată și inconștientă a lucrurilor;

---

10 Schizofrenie. (*N.t.*)

11 Pentru o prezentare mai detaliată a cazului, vezi „Viața simbolică", O.C. 18/1, par. 107f.

întrucât acest interes s-a născut din unirea umbrei cu anima, ar fi exprimat în mod firesc prin ceva ocult. Unirea dintre umbră și anima are caracterul a ceva deosebit de misterios. Faptul că în cele din urmă l-a îndreptat pe pacientul nostru spre studii oculte este un indiciu important referitor la tipul de experiență. Dă o senzație de bizar și de uimitor, precum un eveniment care ar putea avea loc numai într-o lume inexistentă, imaginară; nu poate fi exprimat cum se cuvine, este prea ciudat, prea necunoscut, îi simți numai repercusiunile. L-am întrebat pe acest om ce l-a împins spre astfel de studii și nu mi-a putut spune; pur și simplu a simțit că lumea are și o altă latură. A extras din ea tot ceea ce i-a putut da succesul exterior, dar simțea că asta nu era totul; așa că s-a îndreptat spre ocultism, a început să citească despre Atlantida etc., pentru a afla unde era ascuns „acel lucru". Oricare ar putea fi acea uniune dintre umbră și anima, acesta a fost efectul ei.

Acum, inconștientul spune că e o ocupație nesănătoasă și, prin urmare, copilul este bolnav. Pentru el și pentru mine aceasta este o informație importantă. Altfel nu aș avea dreptul să fiu critic. Nici eu și nici nimeni altcineva nu am fi putut presupune că aceste studii oculte au fost neapărat morbide; visul ne-a dat indiciul că aveam de-a face cu ceva patologic, că aceste studii erau greșite. Apoi este invitat la teatru și la cină, dar doamna Anima nu este acolo, se află în altă parte, preocupată de copilul bolnav. Umbra îl invită pe visător la teatru ca el să poată vedea tot ce vede umbra, scenariul inconștientului. Care este scopul secret al cumnatului? Ce urmărește el? Încearcă să ajungă la o oarecare comuniune; însoțind umbra, visătorul însoțește acea parte din el însuși pe care a declarat-o inexistentă. Când spun că merg la cină cu cineva, confer realitate acelei persoane. Faptul că el cinează cu umbra înseamnă că acceptă existența umbrei, așa cum își acceptă cumnatul; recunoaște realitatea părții sale de umbră — faptul că este atât de plictisit, că are fantasme etc. Va merge să vadă acele imagini și, prin asimilarea lor, se va apropia de scopul final al visului, adică vindecarea copilului. Copilul este bolnav deoarece el și-a început studiile într-un mod greșit, el trebuia să înceapă cu umbra. Chiar recent, un teozof de seamă mi-a spus că s-a gândit la introducerea analizei în teozofie. Încep să realizeze că, dacă drumul pe care o iau nu este început corect, cu umbra adică, căutările lor oculte sunt morbide. Începutul corect este în interior. Cunoaște-ți partea întunecată, apoi te poți măsura cu teozofia. Teozofia înseamnă „înțelepciunea lui Dumnezeu". O putem avea? Desigur că nu! Fii înțelept în ceea ce te privește, atunci vei ști ceva.

Săptămâna viitoare aș dori să-mi împărtășiți propriile dumneavoastră interpretări ale visului, fie individuale, fie să formați grupuri de discuții desemnând un membru ca purtător de cuvânt. Profesorul nu trebuie să facă singur toată treaba!

Prelegerea a V-a.
5 decembrie 1928

Dr. Jung:

Astăzi aș vrea să aud interpretările date de dumneavoastră visului.

Dr. Deady (*prima interpretare*): Problema visului este una care ține de anima. El s-a apucat de ocultism sub influența surorii sale, nu așa cum ar trebui s-o facă un bărbat, ci dintr-un capriciu care întotdeauna înseamnă anima. Sora sa era anima lui, deci nu era o întreprindere intelectuală, conștientă.

Dr. Jung: Nu prea se poate spune asta despre acest bărbat. Este un om foarte citit, are o minte ascuțită; a pornit la drum într-un mod cât se poate de conștient. Trebuie să fii atent atunci când afirmi că o preocupare pornește de la anima. Capriciile sunt numai un simptom al animei — mai sunt și alte simptome, mai vizibile. Anima poate da cuiva idei foarte ciudate: ea poate, de exemplu, să confere acea trăsătură particulară în virtutea căreia un bărbat își duce viața ca pe un fel de aventură sau căutare, făcând din această sarcină scopul întregii sale vieți. Un exemplu este Napoleon, care visa să fie ca Alexandru cel Mare; viața sa a devenit o căutare, o aventură romantică; aceasta demonstrează influența animei.

Visătorul nostru elvețian este un romantic absolut, s-a apucat de studii oculte ca și cum ar fi întreprins o căutare, ca un cavaler dornic de aventuri, iar aceasta este lucrarea animei. Anima nu se ocupă numai de prostioare, ea este și *femme inspiratrice*[1]: ea dă idei mărețe și impulsuri generoase unui bărbat, îi poate face viața grandioasă și nobilă, nu doar un maldăr de capricii. E adevărat că întotdeauna există o oarecare capcană atunci când anima se află în spatele unui barbat, ca și cum motivul ar fi cumva greșit sau gândit doar cu jumătate de creier, ca și cum nu ar acționa bărbatul întreg, personalitatea sa întreagă. Acest om este negustor și atunci când se ocupă de ocultism trăiește numai cu jumătate din el, nu cu întreaga sa personalitate. Este ca o persoană care are un hobby. Ultimele sale vise au constelat faptul că el este un negustor și că are o minte pragmatică; a visat situații puternic mitologice, apoi a intrat în scenă negustorul pragmatic. O dată a visat că se afla în prezența unei ciudate zeități rele, o sferă galbenă, cu care el făcea un truc magic, astfel încât te așteptai la

---

[1] Muză. (N.t.)

lucruri înfricoșătoare; dar, fotografiind-o, ceea ce ar fi trebuit să fie o zeitate galbenă s-a dovedit a fi un ban, o monedă de aur. El dorea să distrugă aceea minge galbenă, dar cineva tăiase cablurile. Apoi s-a enervat, voia să omoare oameni, iar singura armă pe care a putut-o găsi a fost o potcoavă — cu care nu-și putea ucide dușmanii, așa că a intrat în panică și, ca un băiețel, s-a lăsat să alunece pe balustradă pentru a scăpa, gândindu-se că nu este în stare să rezolve acea problemă. Era ca și cum el însuși ar fi tăiat cablurile, astfel încât zeul galben să nu poată fi distrus. Visul arăta cât de mult s-au apropiat perechile de opuse unele de altele, era o luptă strânsă. Dar se afla încă departe de problema dezlegării semnificației zeității galbene și a studiilor de ocultism. El a fost mai întâi om de afaceri și apoi s-a întors către studiile oculte. Iată ce poate face anima singură, atunci când nu este ajutată de bărbat; îl poate îndrepta spre o sferă întru totul diferită, în care el își uită viața obișnuită. Dar ea continuă să rămână separată, la fel ca în *She*.

Dr. Deady: Prin urmare, acele studii, nașterea unei noi preocupări, reprezintă nașterea unui copil; deci, copilul este preocuparea sa față de ocultism. Dar preocuparea sa față de ocultism este una a animei, nu o preocupare masculină, a logosului; prin urmare, copilul este bolnav. Preocuparea aceasta aparține umbrei și animei lui, iar ele se află amândouă în inconștientul său, așa că este împins spre ceva asupra căruia nu are control. Trebuie să-și cunoască inconștientul, să se afle în legătură cu umbra lui, dacă este să se ocupe de teozofie etc., în mod conștient. Visul descrie situația și este dinamic: el se duce la teatru și cinează, adică se îndreaptă spre o nouă atitudine, spre conștiință.

Dr. Jung: Ar fi trebuit să menționați că el a fost invitat la teatru de cumnat, de umbra sa, nu este ideea lui. Mesajul a venit de la inconștientul său, ca și cum o voce joasă i-ar fi spus: „Du-te la teatru." Așa cum vocea i-a spus lui Socrate: „Socrate, arta Muzelor să fie sârguința ta." Iar altă dată i-a spus: „Ia-o la stânga" și, ascultând vocea daimonului său, Socrate a evitat o mare turmă de porci care fugea pe strada pe care se aflase înainte. Am fost consultat recent de o femeie care aude o astfel de voce; este nebună într-un fel plăcut, confortabil. Are o voce care vorbește de jos, din pântece, și îi dă sfaturi excelente; a venit la mine să o vindec de vocea ei, totuși dorește s-o păstreze. Este vocea umbrei, desigur. De exemplu, era obișnuită să trimită mesaje individualizate de Crăciun tuturor cunoștințelor ei, dar apoi vocea i-a sugerat să trimită același mesaj tuturor. Întrucât omul nostru nu este nebun, el aude vocea în somn, nu în stare de veghe. Vocea este extraordinar de banală și totuși grandioasă. Poți greși, așa cum a făcut Socrate când a luat vocea în sens literal și s-a dus să cumpere un flaut. Și acea femeie este nedumerită, nu știe dacă este vocea lui Dumnezeu sau a diavolului. Trebuie să te temi și totuși să nu o iei complet în serios. O negresă care era puțin nebună mi-a spus odată: „Da, Domnul lucrează în mine ca un ceas, amuzant și serios." Exact așa sunt visele — amuzante și serioase. Deci, este important ca pacientul nostru să observe de unde vine mesajul, că vine din inconștient. Conștientul său crede că a cinat deja, a făcut deja ceva studii de ocultism. Dar nu ați ajuns la esența visului.

Dra Taylor (*a doua interpretare*): Visul vorbește despre transformare, despre o schimbare de atitudine. Când vechiul mod de viață începe să nu mai prezinte interes, cândva între patruzeci și șaptezeci de ani, vine momentul pentru o schimbare, nu a condițiilor din exterior, ci interioară: pentru o unire a Eului cu umbra, privind și asimilând imaginile inconștientului, ca să obții mana pe care o conțin și să creezi din nou: „cumnatul său l-a invitat la teatru și apoi la cină."

Problema visătorului este: (1) corectitudinea sa exagerată — a renunțat la studiul ocultismului nu din lipsă de interes, ci pentru că studiul era înconjurat de un „oarecare oprobriu"; (2) plictiseala ce decurgea de acolo — obloane gri etc.; și (3) sentimentul său primitiv inconștient — roagă un copil bolnav să pronunțe corect numele soției lui, iar el cască rostindu-l. Este plictisit de soția lui, dar corectitudinea lui îl împiedică să vadă acest lucru până când i-l dezvăluie visul, sugerând că vina este a lui — „oamenii protestează".

„Fetița de doi ani": cu doi ani înainte, la decesul băiatului surorii sale, simțirea sa a fost constelată și s-a născut o fetiță, principiul Erosului din el. A început să se îndoiască: avusese o viață activă, de succes, totuși era plictisit și un nou interes se trezise în el, un interes față de cealaltă lume. Tot în urmă cu doi ani, sora sa, asupra căreia își proiectase anima, a plecat. Cum nu avea nicio relație adevărată cu vreo femeie reală, libidoul i s-a atașat de anima, care l-a îndreptat spre studii oculte — el „nu știa exact de ce" studia ocultismul. Astfel, copilul era expresia creativă a propriului său inconștient și „era bolnav", întrucât fusese hrănit cu studii oculte; libidoul se desprinsese de copil, pentru a-i hrăni anima. Hrana pentru copil ar fi expansiunea liberă și studiul imaginilor sale inconștiente, nu al ocultismului, întrucât este copilul animei sale și prin urmare interior, nu exterior.

„Cumnatul meu m-a invitat la teatru și la cină": partea sa irațională i-a sugerat să acorde atenție viselor, imaginilor inconștientului său, apoi să asimileze aceste părți inconștiente ale sale. „Singur": fără femei, adică fără emoție. „Cred că mâncasem deja, totuși îl puteam însoți": crede că știe totul despre el însuși, totuși va asculta ce are de spus analistul; aceasta este o oarecare rezistență față de analiză. „Încăpere mare, masă așezată pentru cină, scaunele cu fața la perete etc.“: o concepție intuitivă asupra analizei, ca precursor al unui nou tip de colectivitate; prima comuniune, despovărarea de secretele care fac imposibilă o adevărată comuniune pentru fiecare; este separat de soție, de prieteni etc. Jucătorul, mingea și peretele înseamnă Eul, Sinele și analistul. Apoi cina, adevărata comuniune. „Întreb de ce nu a venit și soția lui și cred că nu a venit din cauza bolii copilului“: ca și cum ar fi înțeles că nu poate exista simțire sau o comuniune reală atunci când interesul său a fost hrănit cu studii de ocultism. „Copilul este bine, nu mai are decât puțină febră“: el a renunțat la studiile oculte, analiza este drumul corect. „Acasă la cumnatul său“: scena se schimbă, devine aceea a problemei sale personale, care se află în propriul său psihic.

Dr. Jung: În asta este un element de legendă, de fantasmă. De fapt sora este anima acestui bărbat numai în visul lui, nu și în realitate. El nu avea nicio proiecție pozitivă a animei asupra vreunei femei vii, ci doar capricii. Până atunci, anima sa fusese aproape în totalitate negativă. Dar avem nevoie de sfârșitul visului.

Dra Fierz (*a treia interpretare*): Par a fi importante versurile și cântecul nepoțelului: „Mătușa Maria este un băiat drag“ și bătrâna mătușă Maria, pe care el le-a adus ca asociații. Pentru el, soția lui este precum o mătușă îndepărtată, iar mătușa bătrână pare plicticoasă, la fel ca soția sa. Cântecul i-ar putea arăta că într-adevăr îi stă în putere *să facă ceva* cu propria soție; la asta se referă de obicei copiii când numesc o persoană „dragă“. Nu e atât sentimentul, cât exprimarea unei dorințe de a se juca, de a face un lucru împreună cu persoana care este „dragă“. Probabil că acest om ar putea, împreună cu soția lui, să facă ceva pentru copiii lor, să contribuie la educația lor etc. El recunoaște că nu-i pasă prea mult de băieți, preferă fetele; aici este ceva de lucrat. După spusele lui, el doar corectează limbajul copiilor, o parte stupidă a educației lor. Deci, poate că visul vrea să spună că și-ar putea schimba atitudinea față de soția și de copiii săi; deoarece atitudinea sa față de copii este, în mod evident, similară cu atitudinea sa față de soție.

Dr. Jung: În acea familie, mătușa Maria înseamnă mătușa bătrână. Este plictisitoare și face referire la soția lui, deși se spune că soția lui este „un băiat drag“.

Dra Fierz: Copilul care a scris acel cântec este un băiat și o transformă pe mătușă în tovarășa lui. Camaraderiile copiilor sunt active.

Dr. Jung: O consideră de nivelul lui? — Corect. Unul din simptomele copilului bolnav este acela că nu vrea să pronunțe numele Maria, asociat celuilalt fapt, și anume acela că toți copiii din familie fac tocmai lucrul acesta.[2] Soției lui îi plac copiii, este copilăroasă, este tovarășul de joacă al tuturor copiilor din familie, un fapt deosebit de important pentru propria sa problemă, deoarece înseamnă că soția sa nu este un bun tovarăș de joacă pentru un bărbat. Femeia de tip anima poate întotdeauna să se joace cu un bărbat și, prin urmare, este importantă pentru dezvoltarea lui psihică și spirituală. Din asocierea lui înțelegem că soția sa este un bun tovarăș de joacă pentru copii, dar *nu* este un tovarăș de joacă pentru el. Copilul nu va pronunța acel nume deoarece nu-i place soția; acea fetiță din el, studiile de ocultism, îl îndepărtează de soția lui, iar el începe să aibă secrete față de ea. Pe de altă parte, el nu dorește să tăinuiască nimic și nici ca vreo parte din el să se eschiveze de la rostirea numelui soției sale, astfel încât încearcă să învețe copilul să pronunțe numele și nu o poate face fără ca el însuși să caște. Asta îl dă de gol, nu mai poate nega că este plictisit. Bărbații pot merge la cocote și totuși să insiste că sunt corecți; iar femeile își pot face de cap susținând totodată că sunt soții fidele. Trebuie să recunoaștem că lumea este foarte serioasă și foarte amuzantă. Visul i-o dezvăluie visătorului într-o manieră foarte directă. El mi-a spus cinstit că nu suportă ideea de a nu fi un soț fidel, este dezgustător pentru el să trebuiască să recunoască acest lucru. Un bărbat își tratează de obicei copiii așa cum tratează femeile și cum își tratează propria simțire.

Visul uimește mai degrabă prin aceea că nu are un fir de gândire principal. Conține două aspecte complet diferite — pe de o parte material personal în exces și pe de altă parte material foarte impersonal. Începutul și finalul visului sunt foarte personale; și ați auzit cum a apărut acel material din mijloc și ce legătură are cu visul.

[Aici a început o discuție despre relația dintre soț și soție, dacă este individuală sau colectivă.]

Întrebare: Orice relație a bărbatului cu soția sa este colectivă?

Dr. Jung: Dacă relația unui bărbat cu soția sa este numai colectivă, atunci e un eșec. El trebuie să aibă o relație individuală; dacă aceasta lipsește, nu există potrivire individuală. El este numai soțul banal, pe deplin respectabil, iar soția sa este femeia alături de care participă la instituția căsătoriei, iar el încearcă să-și îndeplinească datoria de soț, așa cum încearcă să fie un bun director într-o companie. Dar soția lui este o anumită femeie, cu care trebuie să aibă o anumită relație.

---

2 Vezi, mai sus, 21 noiembrie 1928, p. 65.

Pentru a înțelege căsătoria trebuie să ne gândim la ea ca la o instituție și să ne întoarcem în timp pentru a afla ce înseamnă. Din vremuri imemoriale, căsătoria a fost aranjată ca un sistem de parteneriat și erau foarte puține parteneriate din dragoste; era în principal un barter, femei cumpărate și vândute; și în familiile regale este încă aproape ca un fel de târg de vite și are cumva un caracter similar în familiile foarte bogate. Din motive economice solide, acesta este un lucru destul de valabil și în cazul țăranilor. Deci, adesea primează „șunca și cârnatul", cum spunem noi, două lucruri grase împreună. Căsătoria este o instituție colectivă și relația din căsnicie este o relație colectivă. Apoi, când vremurile devin mai sofisticate și există o anumită cultură, individul este răsfățat; ai mai multe dorințe și pretenții, îți pui probleme psihologice și dorești să înțelegi, iar apoi descoperi că nu ești prea bine adaptat și nu ai cu adevărat o relație. După o mare catastrofă, cauți o încăpere etanșă unde să fii în siguranță, orice încăpere e bună, cu condiția ca acoperișul să nu fie găurit; dar nu ai nicio relație cu această încăpere, poate fi orice gaură acoperită și relativ sigură. Deci, în timpuri străvechi și în condiții mai barbare și printre triburile primitive, orice femeie era mai mult sau mai puțin bună. Aceasta explică incestul în rândul țăranilor. Sunt cazuri extraordinare în Elveția. Iată un caz pe care tocmai l-am aflat: un băiat de la țară dorea să se însoare; el și mama lui aveau o situație bună, așa că mama i-a spus: „De ce să te însori?, ar însemna doar mai multe guri de hrănit; eu ar trebui să plec, iar tu ar trebui să mă întreții; dacă vrei o femeie, ia-mă pe mine". Acela era țăran, iar motivele erau pecuniare. Tribunalele din anumite districte au declarat că incestul din motive pecuniare este atât de frecvent, încât cazurile nici nu mai sunt luate în seamă. Peste tot descoperi astfel de lucruri. În unele insule britanice, de exemplu în Hebride, oamenii se află într-o stare în mare măsură colectivă, doar instinctuală, deloc psihologică. Deci, situația generală a căsătoriei a fost dintotdeauna în mare măsură colectivă; elementul personal este obținerea unei vârste culturale; și numai foarte recent oamenii au început să poată discuta problema mariajului fără să fie acuzați de imoralitate. Spunem că moralitatea este singurul lucru care nu poate fi îmbunătățit. Singurul!

Avem o mare problemă astăzi deoarece oamenii se așteaptă la altceva decât la acea relație maritală colectivă — la o relație individuală, care este extrem de dificil de creat în căsnicie. Mariajul în sine reprezintă o rezistență. Acesta este pur și simplu un adevăr. Întrucât, într-un om, cel mai puternic lucru este *participation mistique*, „tu și câinele tău în întuneric"; este mai puternic decât nevoia de individualitate. Trăiești împreună cu un obiect și după un timp vă asimilați unul pe altul și deveniți la fel. Tot ce trăiește împreună cu un altul capătă influența sa și îl influențează, este o *participation mistique;* mana unuia asimilează mana celuilalt. Această identitate, această alipire unul de celălalt reprezintă un obstacol important pentru relația individuală. Unde există identitate, nu poate fi relație; relația este posibilă numai dacă există separare. De vreme ce *participation mistique* este starea obișnuită în căsnicie, mai ales când oamenii se căsătoresc de tineri, o relație individuală este imposibilă. Probabil că cei doi au secrete unul față de celălalt; dacă le-ar recunoaște, ar putea fi capabili să stabilească o relație. Sau poate că nu au secrete de împărtășit; atunci, nimic nu-i protejează de acea *participation mistique,* te cufunzi în acel puț fără sfârșit al identității și, după o vreme, descoperi că nu se mai întâmplă nimic.

Acum, în această stare de lucruri, pacientul nostru realizează în mod evident că un lucru nu merge, că este nesatisfăcut. Relația sa sexuală cu soția este absolut nefuncțională: ea îl ține la distanță cât mai mult cu putință, iar la 47 de ani nu are farmec să încerci mereu să învingi rezistențe și, mai mult sau mai puțin, el a renunțat la întreaga poveste. Deci, este o situație neplăcută. Tentativa sa de studii oculte trimite mai degrabă la ideea lui Freud de sublimare — act sexual cu îngerii. Teozofia este o sursă generoasă din acest punct de vedere! Dacă aș putea auzi vibrațiile Atlantidei, asculta vechiul Egipt și așa mai departe, aș uita complet de soția mea și de dragii mei pacienți! Teozofia este o amăgire uriașă pentru un astfel de om, iar sublimarea este un cuvânt bun, pare să-ți dea o cheie; dar, oarecum ciudat, sexualitatea nu poate fi de fapt sublimată întru totul. Brusc, într-o zi, poate în Paris, omul face o greșeală, sublimarea n-a funcționat în ziua aceea. Poate că o dată la două săptămâni nu funcționează, dar teoria este foarte bună! Din acel sentiment de insatisfacție provine acest vis. Umbra apare și spune: „Vino, hai să ne uităm la adevăratele imagini ale inconștientului, imaginile reale, imparțiale, ale lucrurilor nude; și hai să le mâncăm și să le asimilăm după aceea, fără femei — fără emoție, în mod obiectiv, impersonal, doar privind lucrurile nude."

De vreme ce teatrul este un loc public, acesta înseamnă: ești la fel ca toți ceilalți, ești în aceeași barcă, faci exact ceea ce toată lumea ar trebui să facă sau a făcut. El asociază scaunele dispuse în amfiteatru cu o încăpere în care se juca pelota, deși felul în care arată camera nu are nimic de-a face cu pelota, seamănă mai curând cu sala de mese a unui hotel; însă băncile sunt cu fața la perete, astfel încât ei nu se pot așeza la masă. Aici, după cum vă amintiți, am pătruns într-un amalgam de asociații istorice. Este evident că intrăm pe un teritoriu colectiv; visul, subliniind faptul că este un loc public, scoate intenționat în evidență importanța caracterului său colectiv. În acest moment, trebuie să intre în joc colectivul. Contrastând cu sentimentul său intens personal față de propria problemă, inconștientul spune că e o problemă colectivă — probabil nu chiar în acea formă, dar care se întâmplă peste tot în lume. Numai oamenii care nu au trăit își pot face iluzii în privința aceasta; așa este pretutindeni în lume.

Atâta vreme cât o problemă este colectivă, are legătură cu istoria acelei societăți anume și trebuie să existe un simbolism colectiv. Nicio problemă colectivă nu a apărut astăzi, stările în care ne aflăm sunt în întregime istorice. Gândiți-vă la problema căsătoriei în general: are colosale legături istorice, legile căsătoriei au o vârstă considerabilă și toate obiceiurile noastre de căsătorie și întregul nostru sistem moral referitor la sexualitate sunt foarte vechi. Oamenii spun: „Acestea sunt idei de modă veche — la naiba cu ele!" Dar dacă o problemă este colectivă, atunci este istorică și nu o putem explica fără a explica istoria; fără să vrem, intrăm în discuții istorice. Nu numai tu ești prost să te căsătorești în felul acesta, cu toții suntem căsătoriți așa, după legi străvechi, idei sacre, tabuuri etc. Mariajul este un sacrament cu legi indestructibile; trebuie să critici obiceiurile, nu omul individual.

În spatele oricărui lucru pe care îl facem se află o filosofie generală; dacă e vie, e religie. Creștinismul este filosofia noastră. Acesta înmugurea deja pe vremea lui Augustus și stă la baza nenumăratelor tabuuri, legi etc. Prin urmare, vedeți că nu putem evita întoarcerea în istorie — aceasta nu este superfluă. Trebuie să recunoaștem că visătorul nu a făcut astfel de asociații; doar mai târziu a devenit conștient de necesitatea istoriei. În mod obișnuit, nu vedem nimic istoric în ceea ce facem atunci când suntem inconștienți. Limbajul nostru abundă de cele mai extraordinare lucruri de care nu suntem conștienți, le folosim fără a ne opri să ne gândim. De exemplu, când spui „sunt în tratament la dr. Cutare", folosești verbul latin *trahere*, a trage; medicul te trage prin orificiul renașterii, iar când te face bine sănătos, spui „medicul m-a scos la liman." În Cornwall era o clinică preistorică, Menanthole[3], o uriașă dală de piatră găurită, prin care tații își trăgeau copiii, iar bolnavii ar fi trebuit să se vindece astfel. Eu însumi am trecut prin gaura aceea. Iar în Germania, în secolul al nouăsprezecelea, era obiceiul de a face o gaură în peretele din spatele patului bolnavului, trăgându-l prin ea afară în grădină, pentru a renaște.

---

3 Lângă Penzance și nu departe de Polzeath, unde Jung a ținut un seminar în iulie 1923. Piatra mai este numită și Menetol; vezi Jaquetta Hawkes, *A Guide to the Prehistoric and Roman Monuments în England and Wales* (1951), p. 169, citată în S. Giedion, *The Beginnings of Art* (1962), pp. 159–61, cu ilustrații ale pietrei.

Acum, visătorul vorbește despre o încăpere în care se adună mulți oameni, nu fiecare de unul singur, ci împreună, ca pentru a juca un joc sau a lua masa, unde toți stau la aceeași masă uitându-se unul la altul și făcând același lucru. Deci, suntem uniți cu el ca într-un teatru sau într-un restaurant, ne uităm cu toții la imagini împreună. Umbra îl sfătuiește să vină și să participe la ceva împreună cu mulți alți oameni, pentru a simți că nu este singur în problema lui. Veți înțelege ce înseamnă aceasta pentru un om ce crede că este singurul care suferă de un anumit lucru și care se simte responsabil de suferința sa. Când aude că este o problemă generală, este ușurat și este reașezat în leagănul umanității; știe că mulți oameni au aceeași experiență și poate vorbi cu ei și nu este izolat. Înainte nu îndrăznea să vorbească despre aceasta; acum știe că toată lumea înțelege. Acele legi nescrise din Noul Testament — „Mărturisiți-vă deci unul altuia păcatele" și „Purtați-vă sarcinile unii altora"[4] — dovedesc aceeași psihologie din visul nostru. Ar trebui să ne însoțim cu ceilalți și să ne împărtășim necazul, povara noastră personală, aceasta este povața visului.

Mai întâi, a fost asocierea cu *jeu de paume* și *pelota basque*. Ele nu erau chiar același lucru. *Jeu de paume* era jucat în Evul Mediu nu cu racheta, ci cu palma; la fel era și *pelota basque*, numai că mingea se lovea de perete; o a treia versiune era *jeu de paume* așa cum era jucat în biserică, în care clericii aruncau mingea de la unul la altul. Nu știu ce fel de mișcări făceau, dar toți jucau același joc. Și noi îl jucăm, jocul cu *mingea* a devenit aproape o figură de stil pentru noi; folosim adesea metafore ca „a arunca mingea", „a juca", „a prinde" etc. Înseamnă, pur și simplu, a juca împreună; cu toții jucăm împreună și, atâta vreme cât reacționăm, suntem cu toții în același joc, responsabili și vii — aceasta e ideea.

Aici este o versiune particulară, o simplă asociație, astfel încât nu trebuie să insistăm prea mult: în cazul pelotei jucate la perete, când mingea nu este prinsă de alți oameni, ci de jucătorul însuși, poate fi vorba de un element de autoizolare sau autoerotism. A juca mingea astfel, nu cu un partener, ci la perete, are o conotație aparte. Dar nu trebuie să insistăm; visul trebuie tratat nuanțat, ca o operă de artă, nu logic sau rațional, cum ai face o declarație, ci oarecum cu o ușoară reținere. Visele sunt produsul artei creatoare a naturii, astfel încât trebuie să ne ridicăm la nivelul ei când încercăm să le interpretăm. Din faptul că bărbatul joacă singur mai întâi putem deduce existența unei nuanțe ce trimite spre un joc autoerotic, jucat individual, nu împreună. Unii oameni vorbesc „la

---

4 Epistola Sobornicească a Sfântului Apostol Iacov, 5:16. Epistola către Galateni a Sfântului Apostol Pavel, 6:2.

perete", și nu cu semenii lor: astfel de oameni sunt mai mult sau mai puțin autoerotici, ei vorbesc cu ei înșiși, chiar dacă vorbesc în comunitate.

Dacă visătorul urmează sugestia umbrei, el își va vedea problema ca pe una colectivă, care trebuie pusă într-o legătură generală cu spiritul vremurilor sale, și nu ascunsă, în ideea că ar fi greșeala unui singur individ și familiile fericite normale nu sunt așa. Problema sa nu ar trebui discutată numai în termenii amabili ai prejudecății generale, care presupune că lumea este formată numai din familii drăguțe, în căsuțe drăguțe, cu ceaiuri servite la ora cinci și landouri cu bebeluși drăgălași! Dedesubtul tuturor acestora se află cele mai înspăimântătoare lucruri, iar eu trebuie să-mi bat capul cu ele. Oamenii încearcă să fie pe placul audienței, ca și cum nimic nu s-ar fi întâmplat! Toată acea parte a visului îl pregătește pentru pătrunderea într-o problemă colectivă, iar soluția va fi ceva deopotrivă de impersonal: ceva ca o comuniune, o inițiere, un mister jucat în biserică, un fel de joc ritualic, precum simbolismul central al cultului mithraic. Vă amintiți că atunci când am vorbit despre acel cult, inconștientul a început să reacționeze din toate părțile și am avut o abundență de vise despre tauri, ceea ce dovedește că până și aici este activ și reprezintă în continuare o problemă generală pentru oameni.

Acum, după această expunere generală, care îl pregătește pentru o atitudine complet diferită față de problema sa, visul revine la aspectul personal al lucrurilor, starea patologică a copilului. Starea sa este morbidă, deoarece studiile oculte nu duc nicăieri; ele sunt doar o tentativă de sublimare, o sublimare care nu răspunde niciodată problemei actuale reale, urgente. Ce trebuie făcut acum cu copilul? Este foarte corect să spunem că este o problemă colectivă, *mais il faut cultiver son jardin*[5], trebuie să te întorci la propria problemă, la propriul copil, să recunoști că te-ai plictisit de scumpa ta soție de acasă. Din punct de vedere psihologic, aceasta înseamnă că trebuie *să-și conștientizeze umbra*, omul inferior care nu trăiește după principii raționale, un fel de primitiv mai conștient de trebuințele naturii, care îl obligă să-și recunoască plictiseala. Ar începe atunci să-și cunoască umbra, și-ar recunoaște ființa naturală, ar da mâna cu ea și nu ar mai nega adevărul despre propriul psihic. De vreme ce nu poate scăpa de umbra sa, își va conștientiza latura mai puțin elegantă. Atunci umbra se va desprinde de anima, întrucât, pe măsură ce o conștientizează, aceasta va ieși din inconștient. Atunci poate avea loc o relație adevărată între umbră și anima, iar copilul se va însănătoși.

---

5 Voltaire, *Candide* (1759), finalul.

Iar când umbra și anima au o relație adevărată, există șansa ca relația lui cu soția să se îmbunătățească, să devină personală. Numai când își conștientizează umbra, el poate stabili o relație reală. Ne dedăm celor mai uimitoare iluzii despre noi înșine și credem că ceilalți oameni ne iau în serios. Este ca și cum aș trăi cu iluzia că aș fi înalt numai de 1,25 metri — curată nebunie! La fel de absurdă este și dorința oamenilor de a ne face să credem în moralitatea și respectabilitatea lor excepționale. Este o minciună și cum poți stabili o relație adevărată dacă oamenii nu sunt reali, nu sunt autentici? Știm că oamenii, în loc de a fi respectabili și morali, sunt doar iremediabil orbi. Cum poți stabili o relație individuală cu o astfel de creatură? Capeți rău de mare, ți se face greață. Aș prefera de mii de ori să am o relație personală cu un câine, care nu susține că este un câine respectabil, un câine sacru, un câine tabu sau orice alt fel de câine — ci nimic altceva decât un câine! Sunt oameni care trăiesc cu iluzia că sunt mai buni decât alții, se consideră diferiți, ca și cum ar avea altfel de sânge. Toate acestea sunt o iluzie; prin urmare, nicio relație personală nu este posibilă cu astfel de oameni.

Înainte de toate, omul nostru trebuie să renunțe la toate iluziile sale, să recunoască faptul că nu este respectabil și că este plictisit; și trebuie *să-i spună soției sale* că este plictisit de moarte și, totodată, că „uneori sublimarea mea nu funcționează". Dacă și-ar cunoaște soția, ar fi mai simplu. Va fi jignită de infidelitatea lui, dar ea însăși, noaptea, își face de cap cu animusul — numai că el nu știe asta. Dacă-i cere să se arate interesată de lecturile lui, e foarte probabil ca ea să răspundă: „Eu nu pot citi cărți atât de grele", iar el o crede prea bună și drăguță! Dacă numai ar cunoaște-o așa cum e cu adevărat, i-ar fi mai ușor să-i spună că sublimarea lui dă greș uneori.

Dar a pune în practică toate acestea este altceva!

Prelegerea a VI-a.
12 decembrie 1928

Dr. Jung:

Am ajuns acum la o parte importantă a interpretării acestui vis, și anume la critica dumneavoastră și la problema caracterului istoric al asociațiilor. Mi-am expus destul de liber opiniile despre acest vis și v-am oferit o șansă de a vedea cum poate fi înțeles. V-am împărtășit mare parte din materialul personal al pacientului și întreaga atmosferă a visului, prin care înțeleg dispoziția istorică subiacentă minții noastre contemporane. Aceasta din urmă este adesea neînțeleasă. Oamenii spun: „De ce să iau în calcul perspectiva istorică? Este irelevantă, e o simplă fantasmă". Însă paralela istorică nu este irelevantă, este deosebit de importantă, mai ales întrucât noi, oamenii albi, nu realizăm în ce măsură suntem descendenții, copiii unei lungi serii de strămoși. Ne place să ne comportăm ca și cum tocmai am fi fost creați direct de mâna lui Dumnezeu, fără nicio predispoziție dată de istorie, cu mintea la naștere ca o *tabula rasa*. Această dorință de a fi liberi, netributari vreunui trecut, este o proiecție ciudată a minților noastre: este un fel de iluzie a conștiinței noastre pentru a avea sentimentul libertății depline, ca și cum trecutul istoric ne-ar înlănțui și nu ar permite mișcarea liberă — o prejudecată care și ea are cauze psihologice.

Mintea noastră de acum este rezultatul muncii de mii sau poate milioane de ani. Este o lungă istorie în fiecare propoziție, fiecare cuvânt pe care îl rostim are o istorie impresionantă, fiecare metaforă este încărcată de simbolism istoric; dacă nu ar fi adevărate, nu le-ar mai purta cu ele. Cuvintele noastre poartă cu ele totalitatea acelei istorii care era cândva atât de vie și există încă în fiecare ființă umană. Cu fiecare cuvânt atingem, cum se spune, o fibră istorică în semenii noștri; și, prin urmare, fiecare cuvânt pe care îl rostim face să vibreze acea coardă în celelalte ființe ori de câte ori vorbim aceeași limbă. Anumite sunete sunt importante pe toată suprafața pământului: sunetele de frică și groază, de exemplu, sunt internaționale. Animalele înțeleg strigătele de frică la specii complet diferite, deoarece au la bază aceeași structură.

Deci un vis este imposibil de înțeles dacă nu-i înțelegi atmosfera, istoria imaginilor sale subiacente. În vise sunt probleme personale care ai crede că sunt importante numai pentru acel caz anume, dar dacă pătrunzi mai adânc în structură, în simbolismul limbajului, ajungi în straturi istorice și descoperi că aceea care părea o simplă problemă personală merge mult mai în profunzime, îl atinge pe analistul însuși și pe oricine o aude. Nu te poți abține să nu aduci în discuție felul în care strămoșii noștri încercau să rezolve aceeași problemă și iată-te ajuns la perspectiva istorică.

Când dormi în dormitorul tău liniștit, visându-ți propriul vis, ce legătură există între visul tău personal și piramide? — cele două par incomparabile. Totuși, poți găsi o paralelă apropiată la visul tău într-un text egiptean care conține aceleași simboluri. Sau poți vedea o traducere a anumitor hieroglife într-o carte foarte savantă scrisă de E.A. Budge și să gândești: acela este Egiptul și acesta este visul meu și este o prostie să le compar, nu au nimic în comun. Dar scribul care a caligrafiat acel text era o ființă umană, în cele mai multe privințe exact ca tine — păr, doi ochi, un nas, două urechi și două mâini, cu aceleași funcții naturale, era fericit, trist, iubit, s-a născut și a murit, iar acestea sunt principalele caracteristici. Chiar și bolile noastre sunt, practic, la fel; câteva boli au fost eradicate și alte câteva sunt noi dar, în ansamblu, nu sunt diferențe. Principalele caracteristici ale vieții umane au rămas neschimbate de 5–6000 de ani sau mai bine, un timp nelimitat. Triburile primitive sunt mișcate de aceleași emoții ca și noi. Orizontul unui țăran este diferit, dar principalele caracteristici sunt aceleași, concepțiile fundamentale despre viață și lume sunt aceleași; și inconștientul nostru vorbește o limbă în cea mai mare parte internațională. Am analizat vise ale negrilor din Somalia ca și cum ar fi fost ale cetățenilor din Zürich, cu excepția câtorva diferențe de limbaj și imagini. Când primitivii visează crocodili, pitoni, bivoli și rinoceri, noi visăm că suntem călcați de trenuri și automobile. Ambele au, de fapt, aceeași voce; sunetul orașelor noastre moderne este asemănător celui al pădurii tropicale. Ceea ce noi exprimăm prin imaginea bancherului, somalezii exprimă prin aceea a pitonului. Limbajul de suprafață este diferit, dar realitățile subiacente sunt aceleași. Din acest motiv putem face paralele istorice; nu este exagerat, aceste lucruri sunt mult mai vii decât gândiți sau presupuneți.

Există un pergament antic scris în germana veche, care conține o invocare a lui Wotan (Odin) și Baldur; este extrem de rar și de prețios, îngălbenit de vreme, și este păstrat într-o vitrină într-un muzeu din Zürich. Când îl citești, poți spune: „O, cât e de îndepărtat; ar putea proveni la fel de bine de pe lună!" Ai impresia că toate acestea au dispărut. Dar există un sat în cantonul Zürich unde țăranii trăiesc încă după aceeași carte, numai că acum, în loc de Wotan și

Baldur, sunt Iisus Hristos și apostolii săi.[1] Are în ea puțină psihologie medievală, dar *au fond* este încă același lucru de demult. Acum, dacă un băiat sau o fată din vreuna dintre acele familii vine la analist și visează vreun lucru vechi din acea carte, iar analistul face legătura între cele două, oamenii vor spune că e forțată. Dar ei nu știu și nu vor să știe; nu suportă gândul că vechile superstiții încă mai funcționează.

Adunați cincizeci de oameni normali și întrebați-i dacă sunt superstițioși și vor jura că nu sunt, dar nu și-ar dori să locuiască la numărul 13! Sunt siguri că nu cred în demoni, fantome, spirite rele, dar dacă ciocăni în peretele camerei lor de studiu sar imediat în sus, cred în fantome. Și sunt bântuiți de idei și fantasme pe care le găsim numai în vechea literatură. Sau poate în Babilon, Mesopotamia, China, India, găsești un material asemănător. Totul provine din aceeași minte inconștientă, turma irațională și eternă, inconștientul colectiv prefuncțional, care se repetă de-a lungul secolelor, un fel de limbaj etern, nepieritor. În visele negrilor nebuni, ale negrilor foarte negri pe care i-am analizat în Statele Unite, apăreau mituri grecești — Ixion pe roată, de exemplu.[2] Așa-zisa prăpastie dintre ele este doar o iluzie; negrul are același fel de inconștient ca acela care a produs simbolurile în Grecia sau oriunde altundeva. Oamenilor de știință le place să creadă că simbolurile au migrat. Nu este adevărat; sunt cât se poate de autohtone. Un vechi simbol babilonian poate fi amintit de o tânără servitoare din Zürich. Acei oameni din vechime erau exact la fel ca noi, nici măcar din punct de vedere anatomic nu erau diferiți; poți vedea un neanderthalian într-un tramvai din Zürichul de azi. Trebuie să ne uităm înapoi cincizeci–șaizeci de mii de ani pentru a vedea diferențe anatomice reale la ființele umane. Am ținut să subliniez aceste lucruri, deoarece am simțit că unii dintre dumneavoastră nu au înțeles de ce am insistat atât de mult asupra jocului *jeu de paume* și luptelor cu tauri. Acesta este motivul paralelelor istorice.

Întrebare: Mi se pare că ați spus — în seminarul din Zürich, 1925 — că anima, atunci când are un copil, moare.

---

1 Pentru o dezbatere a subiectului supraviețuirii magiei medievale în Elveția, vezi „Un mit modern despre lucruri văzute pe cer", O.C. 10, par. 700f.

2 În toamna anului 1912, când se afla în Statele Unite pentru a conferenția la Universitatea Fordham, Jung „a analizat" câțiva pacienți de culoare la spitalul guvernamental de boli mintale St. Elizabeth, Washington, D.C.; vezi *Corespondența Freud–Jung*, 11 Nov. 1912. Nu a redactat niciodată materialul, dar a făcut referire la el în *Tipuri psihologice* (1921), *Tipuri psihologice*, par. 828; „Despre bazele psihologiei analitice" (1935), O.C. 18/1, par. 81ff; și *Simboluri ale transformării*, O.C. 5, par. 154. *Sem.*: „Sisif", termen eronat, în loc de „Ixion", figura mitologică pomenită de Jung în ultimele două citate.

Dr. Jung: Aceea este doar o metaforă. Este ca și cum o personificare a inconștientului a primit viață prin anumite conținuturi, iar când personificarea este privată de acele conținuturi, acea personificare anume piere. Este ca atunci când numești o fantomă cu numele ei corect — piere.

Întrebare: La Sonne[3] am discutat despre boala copilului. Era cronică sau acută?

Dr. Jung: Răspunsul îl dă visul. Vă amintiți că asociația adusă bolii copilului a fost faptul că sora visătorului pierduse un copil, care a murit bolnav de dizenterie. Conform acestei asociații, putem presupune că, așa cum copilul real al surorii fusese bolnav, și copilul din vis este bolnav. Există întotdeauna o paralelă; visătorul își exprimă de obicei ideile inconștiente în termenii vieții sau experienței reale, așa cum câinele visează oase și peștele visează pești. Prin urmare, atunci când analizați un om a cărui ocupație nu o cunoașteți, dacă visează carne și articulații, puteți presupune că este măcelar sau chirurg sau profesor de anatomie. De vreme ce acel copil este asociat cu cineva apropiat, trebuie să presupunem că a fost infectat și nu neapărat că s-a născut bolnav. Copilul este o expresie simbolică a noii sale preocupări față de studiile oculte, care nu este neapărat greșită. Totul depinde de atitudine. Dacă studiezi ocultismul cu o atitudine greșită, există șansa să te infectezi, deoarece acest întreg domeniu este plin de capcane metafizice în care poți cădea, poți dispărea ca într-o carceră, devenind astrologul, teozoful sau magicianul negru. Acest bărbat fusese în pericolul de a deveni teozof. Visul nu spune nimic despre durata bolii în mod direct, dar putem conchide din paralela făcută că trebuie să fi trecut rapid, că studiile oculte nu tulburaseră prea mult copilul. Probabil că este o boală acută, cauzată de indigestie. El mi-a spus că s-a simțit „deosebit de gol“ după un timp și a aruncat cărțile: „M-a cuprins greața“.

Întrebare: Nu am înțeles prea bine ceva despre animus și anima. Nu este animusul mediatorul dintre lumea individuală și aceea a umbrei? Eul nu își primește materia primă prin intermediul animusului? Faust nu este un animus?

Dr. Jung: Dacă ne gândim la Goethe ca la o ființă umană, atunci o parte este Faust și cealaltă parte este diavolul, umbra tipică. Faust ar fi personificarea măreață, eroică, idealizată, a aspirației conștiente a lui Goethe, iar Mefistofel, personificarea tuturor defectelor și slăbiciunilor sale, partea negativă, întunecată, a intelectului său, umbra. Totuși, aceasta nu are nimic de-a face cu animus sau anima. Dar dacă îl visezi pe Goethe, atunci el funcționează ca o figură a

[3] Mic hotel în Küsnacht, lângă casa lui Jung, frecventat de pacienții și de elevii lui.

animusului, personificarea doctorului Goethe inconștient din tine. Poți exprima situația prin imaginea unei femei aflate pe un munte între două mări, într-o parte lumină și în cealaltă întuneric, iar din întuneric apare o figură măreață, Goethe. Așa apare imaginației tale. Dar haideți să ne întoarcem la diagrama noastră (pagina 74). Individul ar fi centrul personalității. Și l-am reprezenta pe Goethe prin cerculețul din partea întunecată inconștientă. Ce face bărbatul acela acolo, în lumea umbrei? Este o funcție psihologică aducând un mesaj din partea inconștientului sau ducând o intenție în inconștient. Îl poți întreba și el te poate informa sau îi poți spune tu ceva. Este un fel de figură umană investită cu calitatea de mediator sau mesager al tău, o funcție a personalității.

În cealaltă jumătate a cercului apare altă figură. Aceasta este persona sau masca ta, felul în care îți place să apari în lume sau felul în care te face lumea să pari. Persona îți furnizează și ea informații. În această dimineață, înainte de a veni aici, mi-am îmbrăcat mantia personală, dr. Jung, pentru seminar. Cu ea apar în fața dumneavoastră, iar dumneavoastră sunteți mai mult sau mai puțin satisfăcuți de ea, după placul meu: eu fac în parte ce vă doriți sau ce vă așteptați de la mine și în parte ceea ce nu doriți sau nu vă place — aceasta este alegerea mea.

Inconștientul personal este un strat de conținuturi care ar putea fi la fel de bine și conștiente; este complet inutil să ai un inconștient personal, un fel de neglijență. Oamenii nu ar trebui să ignore faptele naturale: n-are niciun rost să nu-ți conștientizezi foamea, problemele sexuale, anumite relații cu anumiți oameni etc. Toate aceste lucruri ar trebui să fie conștiente. Nimeni nu ar trebui să-și imagineze că e diferit de ceilalți sau că are o moralitate sau un bun-gust desăvârșit sau indiferent ce altă iluzie. Astfel de oameni sunt incapabili să realizeze inconștientul impersonal, ceea ce e normal, doarece sunt mereu în întuneric și, prin urmare, nu sunt conștienți de el până în momentul în care nu dispare inconștientul personal, adică atâta timp cât au teorii, așteptări, iluzii greșite despre ei înșiși și despre lume. Nimeni nu se apropie de Regatul Cerului fără să fi trecut prin pară și foc, pentru a fi ars din nou și din nou. Inconștientul colectiv este partea neștiută a obiectelor.

Oamenii care nu au niciun criteriu psihologic cred că sunt întotdeauna la fel, însă acesta este un rol prea mare. Ceea ce vedem din individ este persona. Suntem cu toții carapace, numai suprafețe, și cunoaștem foarte puțin din ceea ce este în interior. Implicându-se în toate sarcinile lor mărunte, majoritatea oamenilor se confundă cu măștile lor și astfel devin nevrotici. Ar fi o greșeală teribilă să cred că sunt exact ceea ce fac, nu m-aș potrivi cu omul acela. Imediat ce spun că joc doar un rol de moment, pentru a vă face pe plac, sunt bine. Trebuie să știu că, pentru moment, joc rolul lui Cezar; apoi, mai târziu, sunt destul de mărunt, doar un nimic, lipsit de importanță. Prin urmare, această crustă personală este o funcție artificială din care te poți retrage sau în care poți intra după voie. Dimineața pot spune: „Sunt rege", iar seara: „La naiba cu totul, sunt numai prostii!" Dacă oamenii sunt identici cu crusta nu pot face nimic altceva decât să-și trăiască biografia și nimic din ei nu este nemuritor; devin nevrotici și sunt acaparați de diavol. Wagner a fost marele artist, marele creator; el a fost țintuit pe acea cruce. Când își invita prietenii, ei trebuiau să aducă băutura; iar el trebuia să scrie unei doamne din Viena despre capoate de mătase roz! Această persona poate fi ceva foarte atractiv; oricine are norocul de a deține o persona atractivă, cu siguranță se va identifica cu ea și va crede că este ea, apoi devine victima ei. Visele personifică adesea persona ca pe un obiect dintre cele mai neatrăgătoare. Dacă îmi imaginez că sunt ceea ce par a fi, aș visa o biată sperietoare de ciori care simbolizează persona mea. Explicația este aceea că nu trăim numai în această imagine și în relațiile noastre, ci și în tot felul de modalități obișnuite, mâncând, dormind, îmbrăcându-ne, îmbăindu-ne etc. Wagner nu era marele compozitor zi și noapte: când era ocupat cu funcțiile sale fiziologice, le îndeplinea ca un om obișnuit, nicidecum extraordinar; în caz contrar, ar fi fost o perversiune, deci ceva complet greșit. Prin urmare, oamenii identificați cu persona lor sunt obligați să facă lucruri surprinzătoare în spatele paravanului, drept compensație, pentru a-și aduce tributul zeilor inferiori.

Opusul personei sunt anima și animus. Este extrem de dificil să vedem că avem o parte întunecată. Desigur, aceasta este doar o diagramă, pe de-a-ntregul metaforică și figurativă; este menită să exprime faptul că, atunci când te întorci spre lumea conștientă pentru a te implica în indiferent ce activitate, o vei face prin mască sau persona, prin acel sistem de adaptare pe care l-ai construit cu greu timp de o viață. Și apoi, când ieși din lumea aceasta, te retragi și te gândești că ești singur cu tine însuți, însă Orientul spune: „Ai uitat de bătrânul care sălășluiește în inima ta și vede totul". Apoi, singur, ajungi la punctul critic, la inconștientul tău personal. Extraverții și toți oamenii care sunt identificați cu persona lor nu suportă să fie singuri deoarece încep să se vadă pe ei înșiși. Propria noastră companie este întotdeauna cea mai neplăcută: când suntem singuri cu noi înșine, lucrurile devin foarte dezagreabile. Când este mult inconștient personal, colectivul este copleșit; lucrurile pe care ar trebui să le cunoaștem par să apese asupra inconștientului colectiv și să-i accentueze calitățile neobișnuite. Este un fel de teamă, o panică tipică inconștientului colectiv; precum teama de sălbăticie, o teamă aparte care te cuprinde atunci când te afli singur în sălbăticie. Este acel sentiment ciudat că te rătăcești într-o zonă sălbatică — cel mai îngrozitor lucru pe care ți-l poți imagina, oamenii înnebunesc pe loc — sau poate ai un alt simptom, acela că te simți privit din toate părțile de ochi îndreptați spre tine, ochi pe care tu nu îi vezi. Odată, într-o pădure din Africa, m-am învârtit într-un mic cerc timp de o jumătate de oră, astfel încât să nu stau niciodată cu spatele la ochii care simțeam că mă privesc — și se aflau acolo, fără îndoială, probabil ochii unui leopard. Când ajungi la acea singurătate cu tine însuți — când ești pe vecie singur — ești forțat să te îndrepți spre interior și nevoit să-ți conștientizezi fundamentul. Și cu cât inconștientul personal este mai voluminos, cu atât ești mai asaltat de inconștientul colectiv. Dacă inconștientul personal este clarificat, nu există o presiune deosebită și nu vei fi terorizat; stai singur, citești, te plimbi, fumezi și nu se întâmplă nimic, totul este „pur și simplu“, ești în armonie cu lumea.

Însă în inconștientul colectiv poate avea loc și o activitate independentă, provocată de o atitudine greșită în conștient. Ești conștient de defectele tale personale, estetice și morale, dar atitudinea ta conștientă poate fi oarecum greșită. De exemplu, poți ști că nu ești chiar de încredere și gândești: „Nu ar trebui să fiu nedemn de încredere, trebuie să renunț la asta, trebuie să mă reabilitez: de azi înainte trebuie să fiu de încredere, nu voi mai proceda așa, acum sunt reabilitat.“ Dar nu funcționează și a doua zi revii la vechile obiceiuri. Este formula creștină tipică: de azi înainte nu voi mai face acest lucru.

Un bătrân părinte al Bisericii era teribil de amărât că anumiți oameni sfinți păcătuiseră chiar și după ce fuseseră botezați și mântuiți. A ajuns la concluzia că botezul nu a fost înfăptuit cum trebuie, că ritualul fusese greșit realizat, iar oamenii care păcătuiau din nou trebuia să mai fie botezați o dată, sterilizați moral o a doua oară. Dar iarăși anumiți inși păcătuiau. Așa că a renunțat la ei, considerându-i irecuperabili, suflete pierdute, destinate iadului! Aceasta este ideea creștină despre accesul în Rai cu un singur mare avânt. Și *nu* este adevărată; ideea unei reforme bruște este eronată. Nu te poți desprinde dintr-odată de păcatul tău, îndepărtând toate poverile. Este o greșeală să gândești așa.

Întreaga semnificație a păcatului este aceea că îl porți cu tine. Care este sensul unui păcat, dacă te poți debarasa de el? Dacă ești cât se poate de conștient de păcatul tău, trebuie să-l porți cu tine, să trăiești cu el, el este tu însuți. Altfel, îți negi fratele, umbra, ființa imperfectă din tine care te urmează și face tot ceea ce tu te codești să faci, lucrurile pe care tu ești prea laș sau prea corect să le realizezi. El comite păcatul și, dacă tovarășul acela este negat, este împins spre inconștientul colectiv, unde provoacă tulburări. Și aceasta deoarece este împotriva naturii, ești dator să fii în contact cu umbra ta, trebuie să spui: „Da, tu ești fratele meu, trebuie să te accept". Trebuie să fii blând cu tine însuți, și nu să-i spui fratelui tău: „Netrebnicule, nu am nimic de-a face cu tine!"[4] Negarea umbrei este o greșeală. Dacă o faci, o reacție a inconștientului colectiv va apărea din negură sub forma unei personificări. Omul pios își spune: „Nu, nu asta!" și respinge umbra și este foarte satisfăcut. Apoi îi apar brusc în minte, din abis, imagini ciudate, fantasme sexuale; cu cât este mai pios, cu atât mai rele sunt lucrurile ce i se arată. Este un fel de Sf. Anton, iar un astfel de om pios ar trebui să aibă viziuni teribile. Probabil că îi vine în minte o femeie; aceea este anima, care vine de obicei sub forma unei femei goale, teribil de naturale. Aceasta este natura care doboară un tabu, răzbunarea inconștientului colectiv. Inconștientul colectiv este real, așa că atunci când apare o anima sau un animus, acesta este real. Și oricine poate reprezenta inconștientul colectiv pentru oricine altcineva; oamenii se vor comporta ca niște demoni dacă ies din abis — „homo homini lupus"[5], omul este un lup pentru om, ideea de vârcolac.

Chiar și atunci când crezi că ești singur și poți face orice dorești, dacă îți negi umbra atunci mintea ta va reacționa, reacție ce aparține omului în vârstă de un milion de ani din tine.[6] Nu ești niciodată singur, deoarece ochii veacurilor te privesc; simți dintr-odată că te afli în prezența Bătrânului și te simți istoric responsabil față de secole. De îndată ce faci ceva care contravine planului de veacuri, păcătuiești împotriva legilor eterne, împotriva adevărului general valabil, iar lucrurile se vor așeza greșit. Este ca și cum ai mânca ceva incompatibil cu organele tale digestive. Deci, nu poți acționa și gândi după bunul plac, deoarece ți-ar putea răni acea sensibilitate veche de un milion de ani; ea va reacționa fără veste. Are multe feluri de a reacționa și probabil că nu simți impactul imediat, dar cu cât ești mai conștient de inconștient, cu cât îți vei dezvolta mai mult respectul intuitiv pentru lege, cu atât mai atent vei fi când vei atinge limita peste care nu ai voie să treci. Dacă treci dincolo, vei primi o reacție fie imediat, fie indirect; dacă ai făcut ce nu trebuie, vei primi o reacție foarte puternică din tine însuți sau te poți pur și simplu împiedica sau lovi la cap. Crezi că este doar un accident, fără să-ți amintești ce greșeală ai făcut sau când ai avut un gând nepotrivit.

---

4 Vezi Matei, 5:22.
5 Vezi Plautus, *Asinaria*, 495.
6 Vezi „The 2,000,000-Year-Old Man" (1936), un interviu în C.G. *Jung Speaking*, p. 88ff.

Așa e simplu, dar există și o cale mult mai complicată; o reacție poate ajunge la tine prin semenii tăi, prin unde create în jurul tău. Reacția nu are loc numai în tine, ci în întregul tău grup. Poate că tu nu reacționezi, dar cineva de lângă tine sau din imediata ta apropiere, cineva apropiat și drag ție, copiii tăi poate, va reacționa; dar ei vor fi făcut dreptate, pentru că ai trecut dincolo. Or, situații de neînțeles vor veni să se răzbune. Deoarece inconștientul colectiv nu este o funcție psihologică din mintea ta, este partea de umbră a obiectului în sine. Așa cum personalitatea noastră conștientă este o parte a lumii vizibile, așa și partea noastră de umbră este un corp în inconștientul colectiv, este necunoscutul din lucruri. Deci, orice poate să te atingă te atinge prin intermediul umbrei. Nu orice reacție ajunge la tine sub forma efectelor psihologice, ci sub forma acțiunilor vizibile ale altor oameni sau circumstanțe.

Plauzibilitatea acestor circumstanțe este o ipoteză, dar superstițiile din toate timpurile au susținut-o — cineva a greșit, altfel nu s-ar întâmpla un astfel de lucru. Dacă ți se întâmplă ceva rău, poți foarte bine să presupui că undeva este o greșeală. Într-o furtună pe mare, de exemplu, presupui că la bord este om rău — mintea generală învinuiește un oarecare om rău. Este ca și cum aș spune: „Acest medicament nu va avea efect, dar bea poțiunea asta și te vei face bine“ și funcționează. Când barca se scufundă, a căuta păcătosul pare a fi superstiția cea mai anacronică, dar este înțelept să presupunem că, dacă lucrurile merg rău, cineva a făcut un lucru nepermis; pentru că aceasta este în acord cu inconștientul, iar el ajută la bunul mers al psihicului și al digestiei noastre. Nu putem spune de ce, pur și simplu este înțelept să gândești într-un fel care îi este pe plac Bătrânului; o altfel de atitudine îți poate conveni ție sau raționalismului tău, însă lumea rămâne mai săracă.

Există o legendă iudaică, frumoasă și rușinoasă, a Demonului cel Malefic al Patimii.[7] Un bătrân foarte pios și înțelept, pe care Dumnezeu îl iubea pentru că era atât de bun și care meditase mult asupra vieții, înțelese că toate păcatele omenirii veneau de la demonul patimii. Așa că s-a prosternat în fața Domnului și l-a implorat să îndepărteze spiritul păcătos al patimii din lume și, întrucât era un om atât de pios, Dumnezeu l-a ascultat. Și, la fel ca întotdeauna când realiza o faptă nemaipomenită, omul pios era foarte fericit, iar în acea seară a intrat în

---

7 Conform lui Gershom Scholem, ideea de la care pleacă această legendă se găsește în tratatul talmudic *Yoma* 69 b, unde se spune că, odată, Israel a reușit să învingă „dorința păcătoasă“ (pulsiunea sexuală), dar după trei zile nu se mai găsea niciun ou proaspăt în tot ținutul Israelului. Scholem presupune că sursa amplificării date de Jung ideii ar putea fi un basm iudeo-arab dintr-o colecție necunoscută lui (comunicare personală).

grădina sa, ca de obicei, să se bucure de parfumul trandafirilor. Grădina arăta la fel ca întotdeauna, dar ceva nu era cum ar fi trebuit, parfumul nu mai era același, lipsea ceva, o substanță, era ca o pâine fără sare. S-a gîndit că e obosit, așa că și-a luat cupa de aur și a umplut-o cu un minunat vin vechi pe care îl avea în pivniță și care nu-l dezamăgise niciodată. Dar de data aceasta avea un gust banal. Acest om înțelept avea în haremul său o tânără soție foarte frumoasă, iar ultimul său test a fost să constate, sărutând-o, că era la fel ca vinul și ca parfumul, banală! Deci, s-a urcat din nou pe acoperiș și i-a spus lui Dumnezeu cât de trist era și că se temea că a greșit rugându-l să îndepărteze spiritul patimii și l-a implorat: „Nu poți trimite înapoi spiritul păcătos al patimii?“ Și, deoarece era un om foarte pios, Dumnezeu i-a ascultat rugămintea. Apoi, a încercat totul din nou și, uimitor, nimic nu era banal — trandafirii aveau un parfum minunat, vinul era delicios, iar sărutarea soției sale era mai dulce decât fusese vreodată!

Acea poveste ar trebui să vă spună că luați ceva din lume atunci când încălcați eternele legi ale Bătrânului, fie ele rezonabile sau nu. Lumea și existența noastră sunt absolut iraționale și nu veți putea dovedi niciodată că ar trebui să fie raționale. Aveți perfectă dreptate când presupuneți că există anumite aspecte raționale de care trebuie să ținem seama; Alpii sunt în centrul Europei și trebuie să ținem seama de acest fapt — de vreme ce împiedică traficul, trebuie să facem un tunel prin ei. Și așa, psihicul nostru este supus anumitor legi care sunt *iraționale*, Alpii aflați în centrul continentului nostru psihic, și trebuie să ne împăcăm cu acel fapt. Altfel, lumea cea cu spirit păcătos dispare. Este înțelept, este vital să fim convinși de existența anumitor fapte iraționale. Criteriul adevărului psihic, în general, este acela de a ne împărtăși gândurile Bătrânului foarte bătrân; dacă este de acord, probabil că ne aflăm pe drumul cel bun și nu prea departe de adevăr. Dar dacă Bătrânul nu este de acord, știm că suntem pe cont propriu și ne supunem unor riscuri mari. Putem experimenta, nu avem de ce să nu încercăm; cine preferă să meargă în mâini, n-are decât!

Întrebare: Ce se întâmplă când anima se întoarce în inconștient?

Dr. Jung: Anima se comportă ca un filtru: provoacă anumite efecte, așa cum poate suporta anumite efecte. Prin intermediul personei primim anumite efecte și producem, de asemenea, anumite efecte asupra altor oameni și trebuie să presupunem că la fel este și cu anima. La baza acestei afirmații stau simple motive empirice. Anima știe multe lucruri pe care majoritatea oamenilor le ignoră. În *She*[8],

---

[8] Jung a citat adesea figura eponimă a romanului lui Rider Haggard, *She* (1887), ca un exemplu al animei. Se pare că prima dată a fost menționată în versiunea originală a lucrării „Suflet și

al lui Rider Haggard, vezi cum anima din inconștientul colectiv știe toate secretele pe care She le transmite lui Leo și Holly, bărbatul și umbra sa. În prima parte a cărții, vedem cum She poate lucra asupra lumii sale secrete; în a doua parte, Isis apare mereu în spatele ei. Confesându-se lui Isis ca unei preotese, She o poate influența pe Isis, fiind, la rândul ei, influențată de ea. Este un fapt psihologic: anima ne poate influența psihicul — așa cum ne rugăm Sfintei Maria sau cerem intervenția sfinților pe lângă zeitate. Sfinții sunt imagini utile ale animei pe drumul către zeitate, ajutoare la nevoie împotriva anumitor tulburări sau rele ale omenirii. Și au domenii specifice. În She, anima este un fel de intermediar între Isis și bărbat.

Vezi ceva similar în propriu-ți psihic atunci când înțelegi anima ca pe o bizară reacție emoțională interioară. Să spunem că ești dezgustat de partea lumească și te fixezi în această idee, te apropii de partea cealaltă și o abordezi: atunci ai o reacție emoțională ciudată în interior și aceasta este anima. Potrivit unui vechi text chinezesc, dacă un bărbat se trezește dimineața preocupat și cu o proastă dispoziție, atunci este sufletul său feminin, anima sa — o dispoziție aparte care are influență atât asupra lui, cât și asupra părții sale întunecate, inconștientul său. Rezultatele acestei dispoziții o dovedesc. Să spunem că în dimineața aceasta am coborât în inconștientul colectiv, apoi am urcat 365 de trepte, am ajuns la prag și am intrat în casă, în conștient, unde mi-am găsit masca, dr. Jung, gata pregătită, la fel ca la Mme Tussaud.[9] Dacă dau peste ceva extrem de dezagreabil în inconștientul colectiv, blestem și manifest o dispoziție foarte proastă. Apoi vă afectez pe dumneavoastră cu dispoziția proastă, iar dumneavoastră mă afectați pe mine și eu mă simt scârbit și la rândul meu influențez inconștientul colectiv cu dispoziția mea. Iar el va reacționa cu o serie de imagini bizare, pe care le veți primi cu siguranță dacă vă veți lăsa liberă imaginația creatoare. Poate naște o scenă nocturnă, o mare învolburată, întinsă, furtunoasă, așa cum ar crea un poet. Aceste imagini pot deveni foarte specifice și pot merge mult mai departe dacă vă plasați și pe dumneavoastră în scenariu: acum, unde sunt eu, în ce stare? Vă puteți vedea într-o barcă, aruncați de valuri în mijlocul acelei mări, apoi primiți impulsul inconștientului și realizați toate celelalte imagini.

Prin intermediul acestor fantasme poți vedea ce a produs dispoziția ta în inconștientul colectiv; ele îți spun multe despre natura inconștientului colectiv și despre cum funcționează toate aceste lucruri. Studiezi influența propriei

---

pământ" (1927), O.C. 10, par. 75.

9 Renumitul muzeu al figurilor de ceară din Londra.

dispoziții asupra a ceea ce se află în spatele minții tale conștiente prin efectele care se întorc la tine, așa cum poți studia influența personei tale asupra lumii exterioare prin reacția mulțimii. Sunt mulți care învață despre ei înșiși numai din reacțiile celorlalți, atunci când cineva îi pocnește între ochi. Un om vine la mine și se plânge cu amărăciune: „Cutare a spus asta și asta“ — când, de fapt, el însuși a spus ceva care a stârnit acest răspuns, așa cum afli dacă-l întrebi ce a făcut ca să producă un astfel de efect. Oamenii trebuie să vadă efectele pentru a ști ce este cu adevărat persona lor. Și dacă dorești să știi ce este anima, iată care-i calea: du-te la conținuturile unei stări de spirit, observă imaginile care se întorc din inconștient. Unele dispoziții sunt autentice și necesare. Dar dacă sunt nenumărate, prea puternice și iraționale (scoțienii spun: „A căzut o umbră peste mine din senin“), înseamnă că anumite conținuturi inconștiente au fost constelate; și dacă intri cu imaginația în acea dispoziție, inconștientul colectiv va produce o serie de imagini bizare care explică starea în care te afli. Unele religii orientale încearcă să organizeze prin ritualul religios un substitut al ființei vii — al acelui proces din inconștientul colectiv.

Semestrul de iarnă

Partea a doua:
ianuarie–martie 1929

Prelegerea I.
23 ianuarie 1929

Dr. Jung:

Vom continua seria de vise pe care am început-o în ultimul nostru seminar, întrucât vă veți face o idee mai corectă despre cum se analizează visele dacă urmăm o serie de vise ale aceluiași pacient.

Am observat că există anumite prejudecăți în legătură cu analiza, despre care aș dori să discutăm înainte de a merge mai departe. Unul dintre cele mai importante lucruri care trebuie luate în seamă este vârsta individului; de aceasta ar trebui să depindă extraordinar de mult atitudinea noastră atunci când analizăm. Tot ce este important în a doua parte a vieții poate fi absolut lipsit de importanță în prima parte a vieții. Apoi, trebuie să observăm dacă individul s-a adaptat sau nu la viață, dacă se află deasupra sau sub nivelul general de trai și dacă a îndeplinit așteptările normale. La patruzeci de ani ar trebui să ai rădăcini, o poziție, familie etc. și să nu fii în derivă din punct de vedere psihic. Oamenii care la patruzeci de ani nu au niciun obiectiv, care nu s-au căsătorit, care nu sunt ancorați în viață, au psihologia nomadului, în teritoriul nimănui. Astfel de oameni au un scop diferit de al acelora statornic stabiliți în case și familii, deoarece sarcina lor este încă nerealizată. Întrebarea care trebuie pusă este aceea dacă individul e sau nu normal adaptat. Tinerii sunt neadaptați pentru că sunt prea tineri, ceilalți, din diverse motive; pentru că au întâmpinat obstacole, rezistențe sau din lipsă de șansă. Lucrurile care trebuie schimbate într-un caz nu trebuie schimbate în celălalt. Anumite forme de fantasmă pot fi cea mai rea otravă pentru persoana care nu este normal adaptată. Dar când descoperi muguri de imaginație într-un om care este bine înrădăcinat, probabil încarcerat în mediul său, acestea trebuie tratate ca materialul cel mai valoros, ca pietre prețioase sau germeni ai eliberării, deoarece din acest material își poate câștiga libertatea. Toți tinerii au fantasme, dar ele trebuie interpretate diferit. Sunt adesea frumoase, dar majoritatea sunt nesemnificative și, dacă tinerii nu sunt tratați cu foarte multă grijă, rămân blocați în fantasmele lor. Dacă le deschizi ușa simbolismului, ei pot părăsi viața reală în favoarea acestuia.

O tânără care a venit să mă vadă în urmă cu câteva zile este logodită și îndrăgostită de logodnicul său, așa cum și el este de ea. Este în analiză de patru ani, cinci zile pe săptămână, cu numai trei săptămâni de vacanță pe an. Am întrebat-o de ce naiba nu s-a măritat. Mi-a răspuns că trebuie să-și termine analiza, că aceea e o obligație de care trebuie să se achite mai întâi. I-am răspuns: „Cine ți-a spus că ai o obligație față de analiză? Obligația ta este față de viață!“ Acea fată este o victimă a analizei. Medicul său este de asemenea captiv. Acesta este cazul în care fata trăiește în fantasmele sale, în timp ce viața o așteaptă. Fata se află sub stăpânirea animusului său. Chiar dacă ar face un lucru nesocotit, tot ar împinge-o spre viață. Dar așa, rezultatul este confuzia, vidul, nimicul. Analistul său respectă o teorie, iar fata își face o slujbă din analiză, în loc să-și facă una din viață. Dacă ar fi fost o femeie aflată în a doua jumătate a vieții, tratamentul ar fi fost cu totul altul, acela al construirii individualității. Nu pun la îndoială motivele acelui medic, dar, spre deosebire de el, eu sunt o brută judecând după felul în care îmi tratez pacienții. Îi văd numai de două sau trei ori pe săptămână și am cinci luni de vacanță pe an!

Voi rezuma rapid cazul de care ne ocupăm. Visătorul are 47 de ani, nu este nevrotic, este un mare negustor, foarte convențional și corect, un intelectual rafinat și un om cult. Este căsătorit și are copii. Problema lui este că e mult prea adaptat, este complet înlănțuit de mediul său, de obligația față de lumea lui. Și-a pierdut libertatea. Deci, în cazul lui, orice urmă de imaginație trebuie prețuită. El și-a sacrificat întreaga imaginație creatoare pentru a fi „real“, așa fantasmele lui sunt extrem de valoroase. Acum, problema lui este foarte subtilă. Conștient, nu o putea vedea. A avut câteva aventuri erotice cu femei, nesatisfăcătoare; apoi a descoperit treptat sentimentul că viața nu poate fi numai atât. A început să citească teozofie, citise și ceva psihanaliză, apoi a venit la mine să-mi ceară să-l ajut, iar eu lucrez cu el de doi ani, cu oarecare intermitențe. Din analiza primului său vis a descoperit că este teribil de plictisit de viață în general și de soția lui în particular. Al doilea vis l-a avut patru zile mai târziu, iar materialul său era bazat pe cunoștințele aduse de primul său vis.

Iată visul [2]: „Soția mea mă roagă să o însoțesc într-o vizită la o tânără femeie săracă, o croitoreasă. Ea locuiește și lucrează într-o văgăună insalubră și suferă de tuberculoză. Merg acolo și îi spun fetei că nu ar trebui să lucreze înăuntru, ci în aer liber. Îi propun să lucreze în grădina mea, dar ea îmi răspunde că nu are mașină de cusut. Îi spun că o poate lua pe cea a soției mele.“

Visătorul are impresia că a uitat părți importante ale visului. Spune, în asociațiile sale: „În ciuda faptului că nu este nimic erotic în vis, simțeam că are acea atmosferă. Când soția mea m-a rugat să o însoțesc în vizită, am simțit că s-ar putea întâmpla ceva“. Poți vedea aceeași privire încărcată de așteptare pe chipurile bărbaților care stau în holul unui hotel, privirea unui câine căruia i-ar putea cădea un cârnat pe nas. Deci, visătorul se aștepta să se întâmple ceva. „Soția mea juca un rol complet pasiv, iar eu se pare că m-am comportat ca și cum aș fi fost singur. Ea [croitoreasa] era îmbrăcată în culori întunecate și mi-am amintit că am auzit de la cineva că oamenii bolnavi de tuberculoză erau adesea plini de erotism. Când oamenii au libido nefolosit, eroticul iese la suprafață. Mașina de cusut este a soției mele și aveam sentimentul că propunerea ar fi trebuit să vină de la ea."

El asociază propria sa viață captivă cu viața fetei. El nu-și poate lăsa sentimentele să se desfășoare în libertate — singurul lucru pe care-l poate face este să aducă fata să lucreze la el în grădină, cu mașina de cusut a soției sale. Sentimentele unui bărbat respectabil nu se pot manifesta liber, astfel încât „în propria grădină" înseamnă împingerea sentimentelor înapoi în cadrul căsniciei. Unul dintre motivele respectabilității sale este teama că sănătatea i-ar putea fi afectată de o boală venerică. Rezultatul analizării primului său vis este acela că poate recunoaște plictiseala din căsnicia sa. Este foarte dificil pentru un bărbat rațional să recunoască ce este cu adevărat Erosul lui. Pentru o femeie nu este greu să-și înțeleagă Erosul sub forma principiului conexiunii, dar pentru un bărbat, al cărui principiu este Logosul, este deosebit de anevoios. Femeii îi este greu să-și dea seama ce este mintea ei. Erosul bărbatului este inferior, la fel cum este și Logosul femeii. Un bărbat trebuie să aibă suficientă feminitate pentru a-și înțelege conectarea. Erosul este treaba femeii. Te poți lupta cu un bărbat o jumătate de an până să-și recunoască sentimentele și același lucru este valabil pentru o femeie și mintea sa. Este atât de contradictoriu! Mintea mamei mele era clivată și de la ea am învățat despre mintea naivă a femeii. Eram un băiat îngrozitor și îi uram pe toți băieții cuminți pe care îi plăcea mama, cu hainele lor curate, mâinile curate etc. De câte ori aveam ocazia îi băteam pe băieții aceia și le jucam farse; pentru mine, ei erau dezgustători. „Ce copii drăguți", spunea mama, „și ce bine crescuți". O familie din vecini avea astfel de copii, iar mama mi-i dădea mereu de exemplu. Într-o zi, când am făcut ceva extrem de scandalos acestor copii drăguți, mama m-a certat și mi-a spus că îi voi distruge viața dacă voi continua așa. Eram foarte trist și m-am dus să mă așez singur în colțul camerei. Mama a uitat că eram acolo și a început să-și vorbească sieși; am auzit-o spunând: „Astfel de corcituri nici n-ar fi trebuit păstrate, bineînțeles!", și m-am împăcat imediat cu mama.[1]

---

[1] Jung descrie episodul în *AVR*, pp. 71–72. Mama sa se referea la „copiii drăguți".

Femeia are două minți, mintea tradițională, convențională, și mintea nemiloasă și sensibilă a Naturii, care spune adevărul. Ea poate gândi cu ambele. Acest lucru e foarte frumos ilustrat în *Insula pinguinilor*, de Anatole France. Când pinguinii au fost botezați, unii au considerat-o o blasfemie, deoarece pinguinii nu au suflet, și s-a stârnit o dispută. Sunt simple păsări, iar păsările nu pot avea suflete nemuritoare, deoarece numai ființele umane au suflete. Disputa s-a încins atât de tare, încât, în cele din urmă, a fost convocat în Ceruri un consiliu al Părinților Bisericii și al Înțelepților. Incapabili să rezove problema, au chemat-o pe Sf. Ecaterina. Ea a felicitat ambele tabere și a spus: e adevărat că pinguinii, fiind animale, nu pot avea suflete nemuritoare; dar este tot atât de adevărat că, prin botez, obții nemurirea, așa că — i-a spus ea lui Dumnezeu — „Donnez leur une âme mais une petite."[2]

Femeia, într-o anumită măsură, este Natură și Natura este teribilă, inconsecventă și totodată logică. Bineînțeles, unui bărbat îi este dificil să-și împace latura ce ține de Eros cu ceea ce a fost el învățat. Erosul său are idei opuse, tendințe conflictuale. Mai este și relația sa cu Natura, iar aceasta îl dezorientează. El *simte* acel lucru îngrozitor pe care femeia îl *gândește*.

A fost o mare realizare faptul că visătorul și-a putut recunoaște plictiseala. El este singur cu problema sa. Toată lumea simte acel tabu al minții naive. Desigur că visătorul nu i-a împărtășit nimic din toate acestea soției. Am putea conchide că visul îl alină, dar nu este adevărat. Consolarea nu este o dovadă de benevolență, deoarece bunătatea nu e naturală. Bunătatea și cruzimea sunt categorii umane, dar natura nu funcționează așa. Când visul spune: „Soția mea m-a rugat să merg să vizitez fata", încurcătura în care se află bărbatul se diminuează. Dacă bărbatul poate simți că soția sa nu îi este împotrivă, începe să se simtă mai puțin singur. Trebuie să presupunem că acest vis a constelat o atitudine, deoarece nu există o cale satisfăcătoare prin care să se ajungă la adevărul adevărat în privința sa.

Ce este soția în vis? Fata reprezintă sentimentele sale fugare, soția, sentimentul de acasă, sentimentul respectabil. Interpretarea e: „Sentimentele mele, care sunt cu soția mea, au interes să încerce să trateze cu celelalte sentimente". De fapt, soția lui nu era deloc interesată de sentimentele sale față de alte femei, dar visul spune că, dacă tratează cu acestea, sentimentul său față de soție devine mai personal, mai real. Probabil că se gândea la soția sa într-un mod rigid și

---

[2] Să le acorzi un suflet, dar unul mic. (N.t.). *Insula pinguinilor*, tr. A. Tiță (1955), pp. 46–48. Vezi *Mysterium Coniunctionis*, O.C. 14, par. 227.

inflexibil, deoarece făcea o nedreptate similară sentimentelor sale. Dacă poate învăța să trateze cu sentimentele sale fugare, care sunt sentimente creatoare, relația sa cu soția devine vie, fiind echivocă. Echivocul este cununa vieții, întrucât unește adevărul și greșeala. Echivoc înseamnă viu, adevărul înseamnă uneori moarte și stagnare. Când lucrurile nu-ți sunt clare, ai cea mai mare șansă să unești aspectul întunecat și cel luminos al vieții. Imediat ce începe să trateze cu sentimentele sale fugare, relația cu soția sa devine echivocă, experimentală și vie. Visul nu intenționează să-l ajute, dar îi atrage atenția asupra faptului că relația sa cu soția va beneficia de pe urma unei noi relații emoționale ce-l are ca protagonist.

Când o femeie este crescută în așa fel încât să gândească numai anumite lucruri, ea nu poate gândi deloc. Nu poți crește pe nimeni pentru a funcționa numai în anumite feluri. Dacă blochezi simțirea sau gândirea cuiva, acela nu va mai funcționa adecvat. Dacă ești obligat să crezi o anumită dogmă, nu poți gândi despre ea. Simțirea, la fel ca oricare altă funcție, trebuie să aibă spațiu. Relația visătorului cu soția sa va suferi de pe urma faptului că el nu este lăsat să simtă. Dacă poate trata cu sentimentele sale orientate spre în afară, poate avea o relație cu soția lui. „Nu te îndoi“ este o mare greșeală. Am ajuns acum la înțelegerea faptului că gestionarea sentimentelor sale neconvenționale îl va ajuta în relația cu soția.

Când acordă atenție sentimentelor sale, descoperă că sunt asociate cu o fată care suferă de o boală gravă. Sentimentele și gândurile se pot îmbolnăvi și muri.

Acum câteva zile, o femeie a venit la mine pentru o consultație. Fusese pacienta mea cu cincisprezece ani în urmă. Era un caz dificil, pentru că nu vedea anumite lucruri, nu respecta regulile jocului, dorea să rămână copil. Anumiți oameni nu pot lua viața în serios, ca și cum s-ar fi născut pentru a fi de-a pururi copii. Dacă vine la mine un bolnav de diabet, iar pacientul nu acordă atenție simptomelor sale sau nu îmi urmează sfatul, nu pot face nimic. Acum câteva zile mi-am revăzut vechea pacientă. Arăta îngrozitor și am fost șocat. Ea a observat și a spus: „Da, e foarte grav, dar nu mai am nicio problemă“. Dorea să-i spun soțului ei că nu mai e isterică și e adevărat că nu avea probleme, nu avea tulburări; le absorbise în interior, le transformase în corpul ei. În astfel de cazuri inima își accelerează bătăile din motive psihice, iar rezultatul este o nevroză comparabilă cu reacția la stres a soldaților. Tresari la orice și nu ai niciun control asupra acțiunii. Când problemele sunt transferate în corp, problemele exterioare dispar, dar corpul se descompune. Dacă nevroza a pătruns adânc în procesele psihice[3], o catastrofă uriașă este necesară, probabil o amenințare la adresa vieții înseși. În general, o trapă se închide pentru totdeauna. Heraclit, Cel întunecat, cel mai inteligent dintre toți filosofii, spunea: „Transformarea sufletului în apă reprezintă moartea sa."[4] Pentru suflet, a deveni inconștient reprezintă moartea. Oamenii mor înainte de a le muri trupul, deoarece în suflet există moarte. Sunt lipitoare cu chip uman, mergând ca niște spectre, moarte, totuși sugând. Este un fel de moarte. Am văzut un bărbat care și-a transformat mintea într-o pastă. Poți reuși să fugi de problemele tale, nu e nevoie decât să întorci capul în partea cealaltă suficient de mult timp. Poți scăpa, dar asta reprezintă moartea sufletului. Dacă visătorul nostru nu acordă atenție problemei sale legate de simțire, își pierde sufletul. Duceți-vă în holul unui hotel — acolo veți vedea chipuri cu măști. Acești oameni morți călătoresc des pentru a scăpa de probleme; par bântuiți și poartă o mască de frică absolută. Mai demult am cunoscut o femeie care se afla la a treia sa călătorie în jurul lumii. Când am întrebat-o de ce făcea lucrul acesta, a părut surprinsă de întrebarea mea și a răspuns: „Cum de ce, îmi voi termina călătoria. Ce altceva să fac?" Pe o altă femeie am văzut-o în Africa, într-o mașină Ford. Fugea de ea însăși, iar privirea îi era plină de teamă. A dorit să mi se confeseze, să-mi spună cum a renunțat la viața ei. Nu avea decât amintirea ei, așa cum era înainte. Urmărea ceea ce pierduse. Când vezi că ochii nu mai au acel licăr al vieții înseamnă că, pe undeva, corpul nu mai funcționează cum trebuie.

Fata din vis este croitoreasă, confecționează haine; confecționează noi atitudini. Nașterea unei noi atitudini are un fundament istoric îndepărtat. Într-un mit al negrilor se vorbește despre o vreme în care toți erau nemuritori și oricine își putea da pielea jos. Într-o zi se îmbăiau cu toții și o femeie bătrână și-a pierdut pielea; a murit și așa a apărut moartea pe lume. Prin analogie, oamenii trebuie să se comporte ca șerpii, aruncându-și vechile veșminte. În timpul confirmării catolice, tinerele fete sunt îmbrăcate în alb. În Africa am văzut băieți circumciși în ceremonii inițiatice, îmbrăcați într-o mantie de bambus, care le acoperea în întregime corpul. Aceasta este noua piele spirituală, un veșmânt spiritual. Polinezienii își pun o mască pentru a reprezenta renașterea primăverii. În timpul carnavalului, te îmbraci în veșmintele noului an. Renaști în noul an. — E cel mai măgulitor pentru analist să fie numit croitor. Când este visat în chip de croitor, el este creatorul noului corp, al noii piei; este inițiatorul unei noi

---

3 Eroare de transcriere, fiind de fapt „fiziologice"?

4 Frag. 68 din John Burnet, *Early Greek Philosophy* (a IV-a ed., 1930), p. 138: „Pentru suflete, a deveni apă înseamnă moarte, pentru apă a deveni pământ înseamnă moarte. Pământul se face apă, apa — suflet." (Citat în *Tipuri psihologice*, O.C. 6, par. 782., def. „Enantiodromiei".)

nemuriri. — Sentimentele inconștiente ale pacientului, care se îndepărtaseră de casă și care fuseseră repudiate, conțin potențialul unei noi nașteri. Acel sentiment neconvențional, tânăra croitoreasă, este creatorul unei noi piei, creatorul nemuririi. Dacă merge pe calea acelui nou sentiment, îi va fi dată o nouă viață.

Orice faci și repeți suficient de des devine mort, uzat. Femeile care trec de patruzeci de ani încep să-și observe masculinitatea, iar bărbații, feminitatea, deoarece este nouă și neprobată. Este un mit indian despre un șef de trib căruia i s-a arătat Manitou și i-a propus să mănânce cu femeile, să șadă laolaltă cu femeile și să se îmbrace ca femeile — o curioasă intuiție psihologică. În unele locuri, în Spania, de pildă, femeile bătrâne au lungi bărbi negre, de care sunt foarte mândre. Vocile femeilor devin uneori mai grave. Vedem adesea în rândul țăranilor noștri cum, pe măsură ce îmbătrânesc, bărbatul își pierde controlul, iar femeia devine mai implicată. Ea își va deschide o prăvălie și își va câștiga traiul. Bărbatul devine femeie și femeia devine bărbat. Ceea ce nu a fost luat în considerare, ceea ce a fost disprețuit — acela va fi locul nașterii Mântuitorului. Prin urmare, simțirea, care îi este cea mai străină, conține crearea unei noi atitudini.

Sunt două mașini, două metode. Una a fetei, cealaltă a soției. Mașina este un factor psihic, o mașină mentală pe care poți învăța să o folosești și prin care poți produce rezultate. Mașina este metoda. Având o metodă urmezi un anumit drum, un drum bine trasat. Acum putem vedea visul mai în profunzime. Fata spune: „Am propriul meu drum". El îi oferă metoda soției sale. Cum este produsă noua metodă? A coase înseamnă a uni un lucru de altul. Metoda trebuie să aibă drept scop unirea, alăturarea a ceea ce a fost separat. Ceea ce trebuie unit într-un om din punct de vedere psihic sunt conștientul și inconștientul. Analiza le unește — iar aceasta înseamnă integrare.

Prelegerea a II-a. 30 ianuarie 1929

Dr. Jung:

Vă amintiți că data trecută ne-am oprit la mașina de cusut.

Întrebarea domnului Gibb: Săptămâna trecută ați interpretat simbolul „mașină de cusut“ drept „metodă“. Am putea să mai zăbovim aici și să particularizăm metoda pornind de la acest simbol? Cenușăreasa a primit o rochie de bal și pantofi, iar metoda a constat într-o mișcare a baghetei zânei. Pentru scopul unui vis, o vrajă, un carnet de cecuri, o ață, un ac și o foarfecă sau o zână cu o baghetă, toate ar fi putut simboliza o metodă de a produce un nou costum, la fel de bună ca și o mașină de cusut, dar nu este o diferență semnificativă între principiile implicate în fiecare caz?

Vreau să spun, nu este corect să presupunem că materialul visului are un fel de logică proprie, dacă acceptăm pe de-a-ntregul premisele sugerate de simbolurile sale și ne abținem să proiectăm asupra sa obsesia noastră pentru o anumită premisă sau pentru un anumit principiu? În visul la care ne referim, simbolul *mașinii de cusut* îmi sugerează că ar trebui să acceptăm mai degrabă o atmosferă mecanică, de tipul cauză–efect, atâta timp cât acest factor este prezent.

Dr. Jung: Însăși natura mașinii sugerează o metodă de un tip foarte aparte. Aici mă deosebesc de Freud. Nu poți spune că simbolul dintr-un vis este doar o fațadă în spatele căreia te poți ascunde, ca apoi să interpretezi visul. Simbolul este un fapt, așa cum în acest vis este o mașină de cusut, și putem continua analiza visului numai dacă înțelegem ce înseamnă mașina de cusut. Nu putem afirma doar că mașina de cusut înseamnă o metodă de a obține haine noi, deoarece poți obține haine noi în mai multe feluri: mistic, magic etc. Metoda mașinii de cusut se referă la modul mecanic, exclusiv cauză–efect, un mod lipsit de suflet. Înțelegeți ce poate fi această modalitate mecanică studiind asociațiile pacientului. Un simbol din vis este menit să fie ceea ce este. Când un doctor face o analiză a urinei și găsește zahăr, nu poate spune că este numai o fațadă, așa că trebuie să urmăm calea arătată de domnul Gibb.

Nu am epuizat semnificația mașinii de cusut. Aș sublinia în special faptul că mașina de cusut este un obiect mecanic. În asociațiile sale, visătorul spune: „E posibil ca fata aceea, care este bolnavă de tuberculoză, să reprezinte sentimentele mele, bolnave, obligate să supraviețuiască într-o fundătură întunecată? Am simțit că mașina de cusut era de fapt a soției mele și că propunerea trebuia să vină din partea ei." Luând în considerare această asociație, ce înseamnă mașina de cusut?

Răspuns: O relație anatomică, exclusiv sexuală.

Dr. Jung: El înțelege metoda ca una pur mecanică și așa privește el sexualitatea. Aceasta este sursa eternei neînțelegeri dintre bărbat și femeie. Pentru majoritatea bărbaților, ideea de sexualitate este exclusiv mecanică, fără legătură cu psihicul, în timp ce pentru femei este asociată cu sentimentul.

Dl Gibb: Am pus acea întrebare deoarece dumneavoastră numiți adesea „irațional" materialul visului, în timp ce acum spuneți că este rațional.

Dr. Jung: Sunt anumite lucruri iraționale care trebuie acceptate ca niște fapte, de exemplu acela că apa atinge cea mai mare densitate la 4°C. Este irațional, dar este un fapt.

Visătorul m-a întrebat cum ar trebui să înțeleagă acest material, iar eu i-am spus să accepte aceste lucruri ca pe niște fapte; să accepte că așa stau lucrurile. Am adăugat: „Nu știu dacă demonul sau îngerul tău păzitor ți le-a sugerat; nu avem decât să așteptăm și să vedem care e deznodământul. Recunosc faptul că ar fi împovărător să te îndrăgostești de această fată amenințându-ți căsnicia, dar ești foarte atras de ideea de a-ți dezvălui sentimentele. Trebuie să ai răbdare să vezi ce se întâmplă". Rolul de salvator al acestei biete făpturi închise într-o fundătură întunecată îl atrage extraordinar de mult. Puțini bărbați ar putea rezista unui astfel de rol.

Freud este de părere că visul e rațional. Eu spun că visul este irațional, că pur și simplu se întâmplă. Un vis își face apariția ca un animal. În timp ce stau în pădure, poate apărea un cerb. Freud este de părere că visele sunt prestabilite, dar eu nu sunt de acord.

Semnificația generală a acestui vis se înscrie în seria celor lucrate până acum. Sentimentele pacientului nu îi permit să fie sincer. Așa cum mașina de cusut aparține soției sale, și mecanismul sexual aparține soției sale. Acest vis îi aduce o imensă plăcere, deși i se amintește că ar fi împovărător să se îndrăgostească de fată.

Dna Schevill: Suntem trei doamne care ar dori să știe mai mult despre mintea naivă a femeilor.

Dr. Jung: V-am dat un exemplu data trecută, despre mama mea — fără să mă menajez. Vă puteți pune singure această întrebare. Sunt sigur că în spatele acestei întrebări se află ceva în sufletele dumneavoastră întunecate. Mintea naivă nu o vezi niciodată la suprafață, deoarece fiecare femeie se teme de acel tip de minte, așa cum un bărbat se teme să-și recunoască sentimentele.

Dna Gibb: Ce se poate face în privința ei, poate fi educată?

Dr. Jung: Nu, trebuie doar să accepți că este acolo și să nu-ți faci iluzii în privința ei. Dacă încerci s-o educi, ești prins de ea. Nu poate fi atinsă, este un laț viu.

Un bărbat va recunoaște orice gând păcătos, dar nu sentimentul, iar o femeie nu poate accepta gândurile. Un foarte bun exemplu găsiți în *Christina Alberta's Father*[1] (*Tatăl Christinei Alberta*), al lui Wells. În timpul zilei fata face tot felul de lucruri lipsite de rost, iar seara își ține un proces de conștiință referitor la cele făcute pe parcursul zilei. Aceasta este o gândire inexorabilă, nu poate scăpa de ea. Trebuie să acceptați faptul că mintea dumneavoastră este capabilă de o asemenea disociere. Singurul lucru pe care îl puteți face în privința minții naive este să o acceptați. Cu toții dorim să avem un singur Dumnezeu, cu toții dorim să avem un singur suflet etc., cu toții dorim să scăpăm de dualitatea vieții, de contrastele, de disocierea naturii noastre, dar nu putem. Pe de o parte, sunteți ceea ce păreți a fi, absolut inocente, pe de altă parte este gândirea naivă. Tinerii au dreptate să se ferească de ea; dar pentru persoanele mai în vârstă este foarte important să știe că ele însele, lumea etc. sunt ambigue. Îndoiala este începutul înțelepciunii. Este important să înceapă să pună la îndoială valoarea existenței, astfel încât să se poată desprinde de ce este mundan. Tinerii nu pot trăi în îndoială. Dacă ai îndoieli profunde în privința vieții, nu poți lua parte la ceea ce este lumesc, dar o persoană matură trebuie să fie mai detașată de lume. Este perfect normal când treci de mijlocul vieții. Dacă un om își pierde frâiele mai devreme, se dezintegrează și dacă nu capătă o nouă atitudine mai târziu, devine o pacoste.

Dr. Shaw: Gândirea de tip minte naivă este gândirea animusului?

Dr. Jung: O femeie capătă acel tip de gândire prin intermediul animusului, dar dacă îl acceptă este ea însăși, depotențând astfel animusul. Un animus putenic este întotdeauna echivalent cu o minte limitată. Pe măsură ce mintea femeii își lărgește conturul, animusul devine mai puțin puternic, astfel încât, atunci când o femeie devine conștientă, nu ar mai trebui să privească acel mod de gândire cu îndoială, deoarece gândește absolut normal. Îndată ce depotențează aceste lucruri, ele își pierd puterea, ele aparțin vălului Mayei.

---

[1] Conform lui E.A. Bennet (*What Jung Really Said*, 1966, p. 93), acest roman al lui H.G. Wells (1925) se bazează pe o conversație dintre Jung și Wells. Jung a descris-o pe larg în *Două scrieri*, O.C. 7, par. 270ff. („Relațiile dintre Eu și inconștient").

Dacă v-ați putea întoarce în timp în lumea primitivă, ar fi atât de mult în afara dumneavoastră și atât de puțin înăuntru, încât orice s-ar putea întâmpla, întreaga lume ar începe să se comporte ciudat, copacii ar începe să vorbească, animalele să facă lucruri bizare, ar apărea fantome. Acum, extindeți-vă conștiința și toate aceste fenomene vor dispărea, ele exprimau numai gândurile dumneavoastră. Copacii nu vor mai vorbi și nu vor mai fi fantome.

Acesta este progresul omului, depotențarea lumii exterioare; ultima rămășiță este ideea unui Dumnezeu absolut sau figuri precum anima și animusul. Cu cât îți extinzi mai mult conștiința, cu atât aceste lucruri vor dispărea. Asta spune Orientul. Ei au ajuns la această concluzie dintr-un continuum al experienței de viață, pe mine m-a adus psihologia. Oamenii mă acuză adesea de materialism. Nu este deloc materialism, este doar recunoașterea importanței a ceea ce numim psihic. Nu avem nici cea mai mică idee ce este psihicul, nu avem nici cea mai mică idee ce suntem noi. Nu știm, și este o copilărie să afirmăm contrariul.

Dna Schevill: Dar nu ne-ați dat și alte exemple de minte naivă. Recunoaștem toate că am putea da exemple, dar sunt prea personale pentru a vorbi despre ele.

Dr. Jung: Chiar asta e. Nu poți convinge niciodată o femeie să-și exprime adevăratele sale gânduri, așa cum niciodată nu poți convinge un bărbat să-și exprime adevăratele sale sentimente. A da astfel de exemple te conduce întotdeauna la miez. Am foarte multe, dar sunt foarte personale. Se referă la dumneavoastră sau la persoane pe care le cunoașteți și nu vi le-aș putea da. Mintea naivă este spontană și atinge direct miezul. Adesea, mama este aceea care îi insuflă fiului prima idee despre mintea naivă. V-aș mai putea spune ceva despre mintea naivă; dacă băiatul este puternic și plin de cutezanță, îi poate rezista, dar dacă nu, poate fi zdrobit de ea — otrăvit.

Mamele își pot vătăma fiii dacă se lasă purtate de mintea lor naivă. Când eram mic, tata era pastor într-un oraș recunoscut pentru îngustimea minții locuitorilor săi. Dacă aș fi continuat să trăiesc acolo, aș fi fost complet sufocat. Oamenii locuiau în aceleași camere în care trăiseră strămoșii lor timp de sute de ani, cu portretele lor, realizate de Dürer și Holbein, agățate pe pereți. Unul dintre prietenii mei cei mai buni are o bibliotecă în care sunt cărți apărute între 1680 și 1790, o bibliotecă rămasă pur și simplu așa cum a fost, în care nu a fost niciodată adus ceva nou. Întreaga atmosferă a acestei vieți era extraordinar de captivantă. Mintea naivă spune că un băiat nu poate renunța niciodată la ea. Desigur că eu a trebuit să-mi recreez viața din temelii, am fost nevoit s-o scot la capăt.

Într-un moment foarte dificil al vieții mele, când munceam foarte mult, mama a venit în vizită. Mama mă iubea enorm și încerca să mă ajute, dar mă putea sabota cu mintea sa naivă. Lucrasem din greu la testele asociative și pereții mei erau plini de grafice, când mama a sosit într-o vizită neașteptată. S-a uitat de jur împrejur și mi-a spus: „Chiar au vreun înțeles lucrurile acestea?" Remarca sa a fost ușoară ca aerul, dar a căzut asupra mea ca tonele de plumb. Timp de trei zile nu m-am atins de stilou. Dacă aș fi fost un băiat slab de înger, m-ar fi zdrobit și aș fi replicat: „Desigur, nu au niciun înțeles" și aș fi renunțat. Mama ar fi spus că mă iubește și că nu a vrut să insinueze nimic, dar omul este o ființă civilizată și cel mai mare pericol al său este natura. Mulți bărbați au rămas spectre frumoase pictate pe perete, demonii din ei sunt uciși; mama i-a mâncat cu mintea ei naivă. O mamă bună nu își va folosi mintea naivă asupra fiului său, așa cum un tată bun nu-și va folosi simțirea naivă cu fiica sa. Eu am avut atunci un teribil acces de furie, după care am putut lucra din nou.

Iată următorul vis [3]. Pacientul spune: „Se făcea că văd un fel de compresor de undeva, de sus. Mașina mergea și se părea că trasează un drum, formând un anumit model, asemănător unui labirint". Iar în timp ce visează, gândește: „Aceasta este analiza mea"; iar apoi se află în imaginea pe care o văzuse de sus. Este în pădure, la o bifurcație, și nu știe pe ce drum să apuce. La început nu acordă prea mare atenție arabescului făcut de mașină.

Asociația pacientului la *poziția sa superioară* este aceea că oferă o imagine mai apropiată de realitate, mai puțin personală, în timp ce, când este mai aproape, domină mașina.

Despre *compresor* spune: „Am citit într-un articol de specialitate că un drum de macadam se poate face destul de repede folosind astfel de mașini."

Asociația la *arabesc* este: „Nu are rost să construiești drumuri care nu duc nicăieri." (Eu îi răspund că modelul acestor drumuri poate duce undeva.) El spune: „Acest model arată ca un puzzle. Bănuiesc că dacă ai răbdarea necesară, poți găsi ținta, înseamnă probabil că trebuie să am răbdare dacă vreau să ajung undeva cu analiza mea. Bifurcația poate să fie rodul conversației despre visul anterior. Doctorul mi-a spus că nu este obligatoriu să mă supun analizei dacă problema pare prea dificilă". Îi spusesem de fapt că ar trebui să se gândească dacă a simțit o rezistență și dacă dorea să mai continue.

Faptul de a se afla *într-o pădure* îl asociază cu *Divina Comedie* a lui Dante.[2] Acesta este un simbol bine-cunoscut al Evului Mediu și înseamnă coborârea în

---

[2] *Divina Comedie* începe astfel: „Nel mezzo del cammin di nostra vita / mi ritrovai per un selva oscura, / che la diritta via era smarrita." („Pe când e omu-n miezul vieții lui/m-aflam într-o pădure-ntunecată,/căci dreapta mea cărare mi-o pierdui" — tr. G. Coşbuc, Editura Polirom, Iaşi, 2000).

inconștient. Dante se rătăcește, apoi găsește drumul spre inconștient. Pacientului îi vine în minte și o altă poveste veche, de pe la 1450, despre călugărul care s-a rătăcit în Pădurea Neagră, iar un lup l-a călăuzit spre Lumea de Jos.

Un lucru este evident, îl preocupă motivul „mașinii". Când un vis preia problema unui vis anterior, înseamnă că analiza visului anterior nu a fost completă. Problema sa este una sexuală. Când un bărbat ajunge la ceva presant, acel ceva se exprimă întotdeauna prin sexualitate. Inconștientul spune: „Dar sexualitatea?", așa că problema nu este finalizată. Un bărbat trebuie să se confrunte cu tipul său de sexualitate activ, presant. La o femeie, lucrurile stau altfel; devin așa numai în a doua parte a vieții; la început nu este așa. La un bărbat, sexualitatea devine simbolul impulsului a ceea ce trebuie înfăptuit.

A fi plasat la înălțime, deasupra mașinii, înseamnă că ar putea fi mai puțin personal, mai puțin dificil. S-ar putea privi pe sine și problema sa mai puțin personal, ca și cum ar vedea pe domnul și pe doamna Furnică discutând în contradictoriu despre sexualitatea furnicilor și despre interesul domnului Furnică față de o altă furnică, și atunci ar putea privi cu inima ușoară. Chiar și un compresor pare mai mic atunci când îl privești dintr-un avion; totul este liliputan. Când te afli la înălțime, nu mai ești la cheremul compresorului, vezi drumul, intrarea; când ești aproape, observi puterea mașinii, praful, zgomotul și agitația, dar nu poți vedea ce face compresorul. Însă de deasupra vezi un tipar simetric. Într-un vis, un tipar are întotdeauna un anumit sens. Iată ce spune el: „Este foarte interesant să observi că tiparul aparent lipsit de sens este un labirint." Asta trebuie să înțeleagă — odată intrat acolo, nu există scăpare. De aceea îl evită. Desigur, nimeni nu își dorește să intre într-un loc fără ieșire, dar chiar asta trebuie să vadă. Dacă va merge pe drumul analizei, trebuie să vadă că aceea e singura cale. Nu există scăpare de el însuși. Pătrunde într-un loc de unde nu are cum să fugă. El se gândește: „Aceasta e analiza." În următoarea parte a visului, se află la răscruce. Să meargă mai departe? Observă că se află într-o pădure, ca în *Divina Comedie*. Aceasta este divina comedie a Omului.

Desenând tiparul, poți începe de oriunde, iar la final el a remarcat că nu se mai află pe drumul făcut de compresor, ci pe o potecă în spirală. Întregul plan este simetric: la exterior sunt drumuri foarte deconcertante, dar cu un tipar de netăgăduit, iar în interior este o spirală făcută de propriile sale picioare. Tiparul este aproape pătrat și e format din simboluri, simboluri yonice și falice, semnificând puterea generatoare, creatoare, a naturii, puterea lui Yang și Yin, masculin și feminin. Modelul are, de asemenea, un ritm aparte, înăuntru și în afară, se apropie de centru și din nou se îndepărtează, așa cum ar fi un dans, dacă ai trasa mișcarea pașilor pe podea. Vă amintiți ritmul după care era aruncată mingea înainte și înapoi, asociat cu un vis anterior? Obținem contribuții valoroase în ceea ce privește tiparele, sursa lor inconștientă și scopul mașinii. Una dintre legile fundamentale ale dezvoltării naturale este aceea că are loc în spirală, iar la adevărata lege a naturii se ajunge întotdeauna după ce a fost străbătut labirintul. Omul care a descoperit legile matematice ale spiralei locuia în orașul meu. Pe piatra sa de mormânt este gravat: „În schimbare îmi păstrez direcția și totuși mă înalț."[3]

Din punct de vedere psihologic, dezvoltarea noastră este o spirală, întotdeauna ajungem în același punct în care am mai fost, dar nu este niciodată exact același, este fie mai sus, fie mai jos. Un pacient va spune: „Sunt în același loc în care eram cu trei ani în urmă", dar răspunsul meu este: „Cel puțin, ai călătorit trei ani". Ce ne interesează este tiparul. Ideea pe care o sugerează este aceea că drumul construit de compresor are un scop în sine — duce la spirală. Într-o zi, spirala se va ramifica și își va atinge propriul scop. „Drumul" construit de compresor este înăuntru și în afară, sugerând funcțiile masculină și feminină,

---

[3] Jung a crescut într-o suburbie a orașului Basel și a studiat la Universitatea din Basel. Cel care a descoperit legile spiralei a fost Jacob Bernoulli (1654–1705), provenit dintr-o cunoscută familie din Basel, care a cerut ca pe piatra sa mortuară să îi fie gravată spirala, cu următoarele cuvinte: „Eadem mutata resurgo" (traduse mai sus). Dorințele lui Bernoulli au fost respectate, iar piatra sa mortuară gravată se află în catedrala din Basel. (*Die Kunstdenkmäler des Kantos Basel-Stadt*, III [1941], p. 261f.) Cf. *Psihologie și alchimie*, O.C. 12, par. 325.

dar cred că putem foarte bine să lăsăm sexualitatea la o parte, gândindu-ne la el ca la drumul vieții, etape active și pasive, suișuri și coborâșuri.

În mitul lui Ghilgameș[4], ideea Omului Perfect, a Omului Complet, este aceea că două treimi din om sunt divine, iar o treime este umană. El este omul suferinței și al bucuriei, cel care realizează cele două mișcări, sus pe culmi și jos în adâncuri. Ghilgameș este prezentat într-o bucurie absolută și într-o disperare fără margini, urcând până pe cele mai mari înălțimi și coborând până în cele mai profunde tenebre. Ideea vieții complete este enormul balans între sus și jos, între jos și sus; de la extraversie la introversie și invers. Dacă viața nu conține perechile de opuse, este doar o linie dreaptă. Este ca și cum nu ai respira, ca și cum nu ai trăi. Când viața este trăită ca ritm, diastolă și sistolă, atunci este un întreg, se apropie de final. Prin urmare, atunci când visătorul se privește într-o modalitate tridimensională (temporală), este înăuntru și în afară, dar dacă se vede *sub specie aeternitatis*, atunci este suspendat în lichidul vieții, inspirând și expirând aidoma unei celule.

Atunci când compresorul, aspectul ritmic a vieții, și-a îndeplinit datoria, această mișcare deosebită de înăuntru și în afară se poate ramifica, devenind o spirală. În acea sferă interioară omul poate renunța la mișcările de înainte și înapoi, iar ritmul este atunci precum viața unei plante. Acest tipar sugerează ceva având o semnificație aparte, iar ceea ce spune visul este de o importanță capitală: „Iată-te în situația mitologică a eroului, la fel ca Hercule. Te afli în pădurea *Divinei Comedii*." Amintiți-vă cum Dante trecea din rai în iad, din iad în rai.

Visele sunt minunate. Se opresc exact acolo unde un mare artist ar întrerupe povestea. Acestui om i-a fost pusă marea întrebare a sorții — ești un erou? Ce drum vei apuca? Trebuie să așteptăm răspunsul omului.

Dl Gibb: Nu s-a rătăcit deja în pădure?

Dr. Jung: Ar putea fugi. Credeți că va fugi?

Dl. Roper: Drumurile exterioare se strecoară încontinuu unele printre celelalte — dar niciodată nu se intersectează.

Dr. Jung: Ei bine, nu am epuizat toate posibilitățile. Sunt cel puțin două melodii. Se intercalează o a doua linie, care oscilează semnificativ mai puțin; una este mai amplă, cealaltă mai restrânsă. Nu știu exact la ce se referă. Dacă este corectă presupunerea mea potrivit căreia semnifică ritmul vieții, atunci este o

4 Epopeea babiloniană a eroului Ghilgameş a fost găsită pe tăblițele de la Ninive, în Iraqul zilelor noastre, şi a fost datată în al doilea mileniu î.H. În versiunea din 1912 a lucrării *Simboluri ale transformării*, Jung a făcut frecvente referiri la epopeea lui Ghilgameş; vezi O.C. 5, index şi cuprinsul cărții *Viața simbolică*, O.C. 18/1, par. 235ff.

lungime de undă de amplitudini diferite. Avem două amplitudini. — Omul poate trăi într-un mod activ sau într-unul pasiv, într-un mod masculin sau într-unul feminin. Un bărbat poate fi doborât de soartă într-un fel, schimbându-se complet și devenind de parte feminină, deoarece are și o lungime de undă feminină. Amplitudinea masculină este mai exagerată. Într-o femeie, lucrurile sunt mai moderate. — O femeie își pierde mai rar cumpătul, mai rar se lasă purtată de val. Când o face, se pierde de tot, dar rareori o face. Un bărbat trebuie să iasă în lume, cu riscurile ei mai mari, pentru a se adapta. Femeile au adesea un șoc atunci când află cum se comportă soții lor în viața profesională.

Prelegerea a III-a. 6 februarie 1929

Dr. Jung:

Doresc să vă atrag din nou atenția asupra desenului pacientului, deoarece este foarte important în analiza sa. Reprezintă primul indiciu al întregului curs și scop al analizei. Deși nu pot să prezint fiecare detaliu al modelului, vă pot da anumite idei generale despre el. Sunt două cursuri întrețesute. În locul în care acestea se întâlnesc începe o nouă linie, formând o spirală, care se sfârșește în centrul modelului. Pacientul îl numește labirint și asemuiește parcursul irațional al compresorului cu mersul analizei. Are un sentiment de ușurare, deoarece se simte mai puțin bulversat de tot materialul care apare în vise. Primele vise au întotdeauna acest efect. El avusese o idee despre analiză [una greșită] — că încearcă să ajungă la un complex rădăcină, pe care îl poți aduce apoi la suprafață. Ideea sa nu era reflectată de analiză, așa că se simțea bulversat, iar confuzia lui din vis era exprimată în desen. Acest tipar de linii care formează un labirint nu are nicio finalitate. Este doar o intersectare de linii iraționale întrețesute la nesfârșit. I-am atras atenția asupra simetriei modelului, dar nu știa ce poate să însemne. Dacă aș fi arătat acest model unui filosof oriental, el ar fi spus: „Da, știm perfect despre ce e vorba, e o mandala". Noi, în Occident, nu avem nicio noțiune despre astfel de figuri. Am putea-o numi un cerc magic. Sunt câteva exemple în Europa Occidentală. Există un exemplar la British Museum, provenit dintr-o colecție englezească, iar prof. Wilhelm mi-a arătat recent una dintr-o mânăstire taoistă.[1] Când analizezi această figură observi că este formată din patru elemente; adesea centrul este un pătrat cu un cerc în interior și cele

---

[1] Cuvântul „mandala", termenul sanscrit pentru „cerc magic", a fost masiv aplicat în terminologia jungiană figurilor circulare, indiferent de proveniența lor. Vezi 13 februarie 1929, n. 8/Richard Wilhelm (1873–1930), teolog german, fost misionar în China, a tradus mai multe lucrări chinezești clasice, printre care cea mai importantă este *I Ching* (vezi, mai jos, n. 8). În această perioadă, Wilhelm era director al Institutului Chinez din Frankfurt. La finele anului 1929 a publicat *Das Geheimnis der goldenen Blüte* (tradus în engleză de Cary F. Baynes: *The Secret of the Golden Flower*, 1931; ed. rev. 1962), cu un comentariu de Jung și ilustrații reprezentând mandale (comentariul și ilustrațiile apar în O.C. 13). „Mandala de la o mânăstire taoistă" la care se referă Jung este probabil cea reprodusă ca fig. 2 în „Despre simbolismul mandalei" (1950), O.C. 1. Este formată din patru părți și are legătură cu *I Ching*; vezi ibid., par. 640ff. Vezi și, în continuare, prelegerile din 12 și 19 februarie 1930.

patru elemente pot fi la rândul lor divizate, formându-se opt sau mai multe. O mandala orientală este folosită pentru meditație. Ceea ce înțelegem noi prin meditație este un lucru foarte diferit. De exemplu, sunt exercițiile lui Loyola în Biserica Catolică.[2] Oamenii meditează asupra anumitor subiecte recomandate și o imagine dogmatică ajută mintea să se concentreze asupra unui anumit scop.

Mandalele nu sunt necunoscute în Occident. O formă frecventă este mandala care îl are pe Hristos în centru și evangheliștii în cele patru colțuri — îngerul, vulturul, taurul și leul, aranjați precum cei patru fii ai lui Horus.[3] Mitul lui Horus a jucat un rol extraordinar și nu a fost încă explicat în întregime. În mit, Horus și-a dat ochiul tatălui său, care orbise pentru că îl văzuse pe cel necurat. Horus îi dă ochiul pentru a readuce lumina zilei, pentru a-i reda vederea tatălui său; prin urmare, joacă rolul unui salvator.[4] Ochiul este, de asemenea, o mandala.

În arta normandă sunt manuscrise care conțin mandale; unul din ele se află în visteria catedralei din Cologne și este datat în jurul anului 1150. Este o mandala mexicană, faimosul Calendar din Piatră[5], care are un chip în centru și patru elemente în formă de turn grupate în jurul său. Toate sunt înconjurate de un cerc, iar calendarul este calculat în punctele de intersecție ale cercului.

Modelul visătorului indică drumul pe care îl va urma analiza sa și în același timp reprezintă un mijloc de a-i focaliza atenția. Când un preot taoist meditează asupra unei mandale și își concentrează treptat libidoul în centru, care este semnificația centrului? Centrul conștiinței este Eul, dar centrul reprezentat de mandala nu este identic cu Eul. Este în afara conștiinței, este un alt centru. Omul primitiv îl proiectează în spațiu, el ar spune că se află undeva, în lumea exterioară. Scopul exercițiului este acela de a transfera factorul călăuzitor de la centrul Eului la un centru non-Eu din inconștient, acesta fiind și scopul general al procedeului analitic. Nu l-am inventat eu, ci am descoperit că așa este. Dacă aș fi văzut această imagine în urmă cu zece ani, nu aș fi știut ce înseamnă. Până la un anumit punct, Eul conștient ar trebui să fie centrul, factorul călăuzitor, dar dacă ne aflăm în a doua jumătate a vieții, se impune necesitatea unui alt centru. Eul este numai acel domeniu care se află în conștiința mea, dar sistemul psihic

---

2 Vezi prelegerile lui Jung, *Exercitia Spiritualia of St. Ignatius of Loyola*, de la Eidgenössische Technische Hochschule, Zürich, 1939–1940, ale căror texte au apărut în cerc restrâns, în format de seminar, în vol. 4 din *Modern Psychology*. Retipărit în *Spring*, 1977 şi 1978.

3 Pentru exemple de mandale care-i înfăţişează pe cei patru evanghelişti vezi *Psihologie şi alchimie*, O.C. 12, fig. 62, 101. Pe întreg parcursul operelor complete se fac numeroase referinţe la zeitatea egipteană Horus şi la cei patru fii ai săi; vezi *Gesamtregister*, GW 20, s.v., dar mai ales O.C. 12, fig. 102 şi par. 314.

4 Vezi mai jos, prelegerea din 26 iunie 1929.

5 Vezi O.C. 12, fig. 41.

este mult mai vast, este, de asemenea, întregul inconștient, și nu știm până unde se întinde. A crede că pământul se află în centrul sistemului solar este similar cu a crede că Eul nostru se află în centrul psihicului. Dacă realizăm un centru în afara Eului-conștiință, acesta poate fi un centru și mai real decât Eul nostru. Dar o asemenea întreprindere e riscantă.

Indienii pueblo construiesc mandale, tablouri din nisip[6], la fel cum sunt create mandalele orientale. Poate că sunt reminiscențe ale originii orientale ale indienilor pueblo.

Visul următor [4] din *noaptea următoare*. Pacientul spune: „Am un fel de cușcă într-o dubă, o cușcă pentru lei sau tigri. Cușca are diverse compartimente. Într-unul dintre ele am patru pui mici de găină. Trebuie să-i supraveghez cu atenție, pentru că întotdeauna încearcă să fugă, dar, în ciuda eforturilor mele disperate, ei ajung în apropierea roții din spate. Îi prind cu mâna și îi pun într-un alt compartiment al cuștii, acela pe care îl consider cel mai sigur. Are fereastră, dar e asigurată de o plasă pentru muște. Partea de jos a plasei nu este bine prinsă, așa că mă hotărăsc să iau niște pietre și să le așez în partea de jos a plasei, pentru a împiedica păsările să fugă. Apoi așez puii de găină într-un bazin cu margini netede, înalte, gândindu-mă că le va fi greu să iasă. Se află pe fundul bazinului și văd că unul dintre ei nu se mișcă și mă gândesc că l-am strâns prea tare. Mă gândesc că, dacă puiul e mort, nu poate fi mâncat.

În timp ce privesc începe să se miște și simt o aromă de pui fript."

Are foarte puține *asociații*. *Cușcă*: „Animalele sălbatice de la circ sunt ținute în astfel de cuști. Noi, oamenii, suntem paznicii gândurilor noastre și trebuie să avem grijă să nu ne fugă gândurile deoarece, dacă ar face-o, ar fi foarte greu să le prindem din nou". Se întreabă dacă nu cumva păsările sunt gânduri sau sentimente, factori psihici care încearcă să se elibereze, iar el încearcă să le împiedice, chiar cu riscul de a le strânge prea tare, până când ele mor și nu mai pot fi mâncate. Dar apartenența lor la lumea animală pare să semnaleze ceva instinctual.

Roata din spate: La un automobil, aceasta este foarte importantă, deoarece acolo se află tracțiunea, indispensabilă mașinii.

Dr. Jung: Dumneavoastră ce vă sare în ochi ca fiind cel mai important?

Dr. Binger: Numărul patru. Ați discutat despre mandala cu el?

---

6 Jung nu reproduce niciun tablou din nisip al populației pueblo, dar discută astfel de reprezentări în „Viața simbolică", par. 271. Pentru un tablou navaho din nisip sau polen, vezi O.C. 12, fig. 110, și *C.G. Jung: Word and Image*, fig. 74.

Dr. Jung: Nu, nu în mod particular. Numărul patru joacă un rol foarte important în filosofia lui Pitagora.[7] Este cuaternitatea mistică, esența a tot ceea ce există, numărul fundamental. Cele mai multe mandale au la origine numărul patru.

Care este următorul lucru? De ce încearcă mereu aceste animăluțe să fugă, îngreunându-i sarcina de a le ține la un loc? Dacă ar reprezenta mandala, acest lucru ar fi cu atât mai ciudat.

Dr. Schlegel: Reprezintă, în mod evident, disocierea personalității sale.

Dr. Jung: Individualității, nu personalității. Ceva din el se opune concentrării. Este evident că s-a săturat de constrângeri, are parte de prea multe în viața sa actuală. Acesta e motivul disocierii sale, consideră că s-a concentrat destul și îi repugnă ideea de-a o mai face. Inconștientul său îl înfățișează în timp ce încearcă să țină la un loc aceste animale, adică inconștientul său dorește ca el să-și păstreze individualitatea intactă. Rezistența sa ia forma unei false analogii. Am putea conchide că această ținere la un loc este similară vieții sale, dar nimic din vis nu o arată. Este necesar pentru el să se concentreze asupra centrului individualității. Nu m-aș hazarda să trasez o paralelă la constrângerile din viața sa de zi cu zi, în cazul acesta ar fi centrul Eului. Ar trebui mai degrabă să asociem personalitatea cu persona, dar avem nevoie de alt cuvânt pentru individualitate. Individualitatea este calitatea întregii ființe pe care o numim om, prin urmare centrul individual este centrul sinelui și este clar că acești patru pui aparțin acelui centru; este nevoie de implicarea pacientului și de grija sa cea mai atentă, altfel centrul se dezintegrează și se separă în permanență. Sunt înclinat să separ problema constrângerii și rezistenței sale conștiente de problema constrângerii sinelui; adică integrarea centrului în afara câmpului conștiinței. S-ar putea ca pacientul să aibă o rezistență chiar împotriva cuvântului *constrângere* sau *autocontrol*, pentru că s-a săturat de problema constrângerii sale conștiente. Semnificația visului nu are nicio legătură cu problema conștiinței sale. Are legătură cu centrul din afara conștiinței. Are legătură cu adunarea a patru pui de găină într-un bazin și, de asemenea, cu ideea de pui fripți. Este un mod amuzant de a reprezenta acest centru.

În *I Ching* există o hexagramă, nr. 50, care este numită „Cazanul".[8] Potrivit prof. Wilhelm, o oală așezată pe trei picioare reprezintă în yoga tehnica de

---

7 Referitor la tetraktys, vezi „Psihologie şi religie" (1937), O.C. 11, par. 61.

8 În perioada desfăşurării acestui seminar, traducerea [în germană — *n.t.*] a lui Richard Wilhelm din *I Ching* (*I Ging: Das Buch der Wandlungen*, Jena, 1924) se afla în posesia lui Jung, care traducea verbal citate din ea. Singura versiune în limba engleză disponibilă era aceea a lui James Legge: *The Yi King* (Cărțile sacre ale Orientului, 16, Oxford, 1882; a doua ediție, 1899),

producere a omului nou. În oală este ceva foarte bun, masa regelui, grăsimea fazanului. Aici își găsesc locul puii de găină. Această parte a visului sugerează faptul că centrul non-Eu nu are de fapt o existență proprie, el trebuie să fie produs de pacientul însuși, cu mare atenție.

Iată o parte din „Cazanul“: „Deasupra lemnului este focul: imaginea cazanului./Astfel omul nobil întărește destinul, ajustându-și poziția“... „Un *ting* cu picioarele răsturnate“. (Totul este aruncat, deci poate fi folosit.) „În *ting* sunt alimente/Tovarășii mei sunt invidioși dar nu pot face nimic împotriva mea“.... „Toarta *ting*-ului a fost scoasă./ Ești împiedicat în comportamentul tău./ Grăsimea fazanului nu este mâncată,/ Imediat ce începe ploaia, remușcările dispar.“... „Picioarele *ting*-ului se rup./ Mâncarea prințului este risipită.“... „*Ting*-ul are o toartă galbenă și belciuge de aur.“... „*Ting*-ul are belciuge de jad.“ (Aceasta înseamnă un mare noroc.) „Nimic care să nu fie avantajos.“ Această idee a oalei provine de la un fel de vas sacrificial folosit în cultul taoist al strămoșilor. Este un simbol al pântecelui spiritual în care se formează noua ființă. Este similar *krater*-ului primilor creștini sau retortei alchimiștilor, în care este făurită noua ființă. Sunt aruncate împreună fragmente de lucruri care de obicei nu se amestecă, dar se unesc în foc și produc aurul, omul nou. Prin urmare, oala capătă toarte de aur și chiar de jad, cea mai valoroasă, *lapis lapidum*, piatra pietrelor. Aici avem aceeași idee ca în alchimia medievală, *lapis lapidum* este piatra filosofală. Se recurge la ideea coacerii fazanilor în ceaun ca masă pentru prinț, deoarece întreaga procedură a coacerii face aluzie la a cincea linie a hexagramei, locul Conducătorului. Cea de-a cincea linie este aurul, prințul ce va fi făurit, omul nou. Dar mai întâi trebuie prins fazanul, trebuie împușcat. În *I Ching* este mult simbolism legat de vânătoare. Toate acestea înseamnă că maldărul de instincte ale omului, ansamblul său haotic de instincte, nu este deloc integrat. Instinctele sunt foarte contradictorii, iar omul este sfâșiat de ele. Sunt ca animalele într-o grădină zoologică, nu se iubesc deloc, se mușcă unul pe altul și încearcă să fugă. Prin urmare, dacă vrei să faci ceva pentru acel maldăr de instincte care ești, trebuie să-ți vânezi instinctele, să le pui la un loc și să le transformi. Aceasta implică să colecționezi lucruri rare de pe tot cuprinsul lumii, să le gătești pe toate în

---

pe care Jung o folosise înainte de 1924. Rugată fiind de Jung, una dintre participantele la seminar, Cary F. Baynes, s-a apucat de traducerea versiunii lui Wilhelm, traducere care a fost finalizată douăzeci de ani mai târziu și publicată în 1950: *The I Ching or Book of Changes*, cu un cuvânt-înainte de Jung; a treia ediție, 1967, are și o prefață semnată de Helmut Wilhelm.

Pentru prezenta traducere în limba română, citatele sunt extrase din volumul *Yi King Cartea prefacerilor*, tr. în lb. rom. de W. Fotescu, Editura Herald, București, 2012 — N.t.

aceeași oală și de acolo poate apărea ceva; probabil aurul. Asta transmite visul. Sunt patru animale care încearcă să fugă și care trebuie vânate și puse în oală. Pacientului i se pare că unul dintre ele este deja gata de a fi mâncat. Masa este gata pentru omul perfect. Instinctele reprezintă mâncarea care trebuie ținută deasupra focului și transformată. Aceasta este pregătirea mesei prințului. După un astfel de proces nu mai ești sfâșiat de perechile de contrarii, ci ești una cu tine însuți — vechiul deziderat. În visul anterior nu apare nimic din toate acestea. Desenul arată că visătorul trebuie să meargă peste tot, conform tiparului, în toate cele patru colțuri ale lumii, nu o dată, ci de două ori. Trebuie să facă marea călătorie a erorii în lumea iluziei pentru a experimenta totul. Tot ceea ce i se întâmplă este el însuși. Această călătorie este vânătoarea și când se va fi terminat, va avea loc procesul de coacere și făurirea ființei ca un întreg. În lume ne așteaptă părți importante din noi înșine și trebuie să ne asumăm o anumită soartă pentru a avea experiența unei calități anume. Dacă o trăim, este închisă în cușcă, gustăm din acel pui. Soarta trebuie trăită în acest sens pentru ca noi să putem experimenta alte aspecte ale noastre și apoi să le integrăm.

Pacientul nu a adus aproape nicio asociație la „pui de găină“, în afara mâncatului. Puii de găină sunt animale pentru care nu avem prea mare respect. De obicei sunt creaturi înspăimântate, oarbe, în stare de a ieși în drum atunci când vine vreo mașină. Reprezintă o analogie excelentă pentru tendințele fragmentare refulate sau cu care noi, cei care ducem o viață autonomă, necunoscută nouă, nu ne-am întâlnit niciodată. La fel ca puii de găină, aceste bucăți fragmentare de suflet acționează teribil de prostesc, fac toate acele lucruri fără sens pe care le fac persoanele înțelepte, precum risipitorul care economisește chibriturile. Cunoașteți nenumărați oameni care au un caracter de-a dreptul inconsecvent. Tot ceea ce scapă controlului și observației noastre este un „pui de găină“.

Dl Roper: De ce are sentimentul că puiul pe care l-a strâns este cel fript?

Dr. Jung: Nu a asociat nimic cu asta. Uneori, oamenii nu aduc asociații din cauza rezistențelor, dar alteori pentru că rămân deconcertați. Dacă atitudinea pacientului față de vis ar fi fost diferită, ar fi avut asociații. Uneori eu nu am asociații deoarece mi se pare că sunt asemenea prostii, încât mă înfurii, așa că emoțiile împiedică apariția asociațiilor. Deci îl enervează apariția acestui vis prostesc cu pui de găină, după visul anterior atât de frumos, și nu are asociații. De ce strânge puiul de găină cu atâta violență, încât acesta pare mort? Evident, puiul este una dintre funcțiile sale, care a încercat să scape, așa că putem presupune că e funcția inferioară, aceea scăpată în cea mai mare măsură de sub control. El este un tip intelectual, iar funcția sa inferioară este simțirea. El și-a constrâns prea mult simțirea; a constrâns-o pentru a-i face pe plac soției sale, dar câștigul este nesemnificativ. Ne aflăm destul de aproape de adevăr dacă presupunem că el și-a luat captivă simțirea, a ținut-o strâns, aproape a ucis-o și apoi a privit-o. Acum intră în joc un element al vechii magii. Privind un lucru, concentrându-te sau meditând asupra lui, îl poți face să crească sau să eclozeze. El se află într-un plin act de clocire a lui însuși. Când zeii doresc să scoată ceva la suprafață, ei clocesc acel ceva, fac *tapas*[9], îl contemplă. Prin urmare, în acest caz, atunci când pacientul începe să privească puiul de găină pe care îl crede mort, acesta prinde din nou viață. Simțirea renaște oricât de strâns ar fi fost ținută, dacă meditezi asupra ei.

Dr. Schlegel: Să înțelegem că era o problemă de principiu, că era bine să adune puii de găină și să-i frigă?

Dr. Jung: Trebuie să repet că inconștientul nu are vreo intenție morală. Este doar Natură, el redă ceea ce se întâmplă, ca pe un fenomen obiectiv. Visul nu spune niciodată ce ar trebui sau ce nu ar trebui să fie. E nevoie să tragem propriile noastre concluzii. Nu putem spune că inconștientul vrea sau nu să facem anumite lucruri; spunem: „Unele lucruri se întâmplă în felul acesta — am face bine să ne ferim“ sau „Este bine că se întâmplă așa“. Visul este doar o relatare a stării de fapt. Putem presupune că este bine sau rău că acest pui de găină fuge sau că celălalt este fript. Totul este posibil. Vorbim despre „pui de găină“ ca despre suflete sau tendințe parțiale lipsite de creier care se află în lumea din afara noastră, în alți oameni. Toate elementele parțiale din noi, în măsura în care sunt inconștiente, vor fi întâlnite în alți oameni din afară. Acest om nu a ajuns la sfârșitul greșelilor sale. Are patruzeci și șapte de ani, dar mai are destul timp pentru greșeli. Nu se știe niciodată, poate că acest pui de găină este un suflet fragmentar care trebuie să scape; nu pot spune. Unele pot fugi, altele nu; deoarece nu sunt suficient de puternice. Sunt anumiți oameni prea slabi pentru a fi răi, nu au nicio înclinație în acest sens; deoarece este un dar să fii rău. Unii oameni au acest dar, iar ținta lor este închisoarea, așa cum ținta altora este Academia de Artă. Cu ceva timp în urmă am auzit despre un om, un stâlp al Bisericii, un cetățean dintre cei mai respectabili. Devenise tot mai nesatisfăcut de viața sa până când, odată, s-a trezit în mijlocul nopții și a spus: „Acum știu ce fel de om sunt. Aparțin diavolului“, apoi a trecut de partea Răului.

Deci puiul de găină poate fi doar un suflet fragmentar, capabil să fugă și să scape. N-ar mai fi altceva de spus decât: „Ei bine, a reușit să fugă, ce poți face în

---

9 *Tapas*, în limba sanscrită, înseamnă autoincubare prin meditație. Vezi *Simboluri ale transformării*, O.C. 5, par. 588f.

această privință?“ M-am întâlnit odată cu o cunoștință întâmplătoare care visase că lucra la poliție și că i se dăduse în grijă o casă aflată într-un fel de închisoare. În această casă nu se aflau cine știe ce criminali, doar vagabonzi și escroci etc. El a crezut că a încuiat ușa, dar cât timp a fost plecat, toate „păsările“ își luaseră zborul. Mi-a povestit visul și i se părea foarte amuzant că fugiseră cu toții. „E ciudat, ceva este în neregulă cu acel om“ și am avut dreptate. Aproape un an mai târziu a dat de necaz. A dat faliment și s-a prăbușit complet. Nu era vorba de niciun pui de găină. Treaba era serioasă, inconștientul său l-a avertizat: „Ai grijă, inconștientul tău este plin de vagabonzi, care vor ieși de acolo.“ Acest om avea o afinitate pentru vagabonzi și oameni ciudați. Discuta cu ei și îi plăcea compania lor. Nu-i înțelegeam înclinația, deoarece nu părea să se potrivească cu viața lui, dar inconștientul său abunda de vagabondaj și de iresponsabilitate. Poate fi comparat cu preotul care a căpătat un interes similar față de prostituate. S-a dus chiar la Paris și a intrat în tot felul de bordeluri pentru a le salva. Lucrurile nu păreau a fi în regulă, iar rezultatul a fost acela că omul a făcut o formă gravă de sifilis. Deci asta e cu puii, se pune problema dacă ar trebui lăsați să fugă sau salvați. Aici intervine întreaga artă a doctorului. Să presupunem că am niște lebede sau chiar vulturi într-o cușcă. Aș putea spune: „Desigur că trebuie lăsați să scape, vulturii sunt meniți să zboare“, dar este absurd să spui același lucru despre puii de găină. Pentru un vultur este bine să fie liber, dar este ridicol ca puii de găină să scape și să fugă de colo-colo. Aceasta este o șansă minunată pentru un analist care nu este sigur de el. Dacă analistul simte că pacientul este un om plin de griji, ar fi mai bine ca puii să fugă. S-ar putea spune că devine ridicol în vis, încercând să-i împiedice să fugă. Mai bine ar ucide o banală găinușă și ar mânca-o, este vorba doar de un pui de găină. Dar nu sunt încă sigur în privința acestui om. Are o natură foarte complexă și nu știu dacă nu e el însuși un pui de găină. Nu are vreo nevroză, ci un mare interes intelectual. Dacă ar fi avut lei sau tigri în spatele gratiilor, poate răgeau. Nu am auzit niciun răget și eu îl cunosc de doi ani. Este un om foarte calm și nu știu cum s-a ales cu puricii ăștia nesuferiți. E posibil ca acești pui de găină să fie ca niște purici și atunci trebuie „să iasă“. Senzația sa din vis a fost că nu ar trebui să-i lase să scape, de unde îndoiala mea. Sunt mai degrabă înclinat să presupun că omul acela nu vrea să-i elibereze. În cazul unora dintre dumneavoastră, uneori nu știu dacă este vorba de un leu sau de un pui de găină. Acestea sunt scrupulele analistului. Bărbatul acesta este cât se poate de respectabil. La moartea sa, preotul va spune că a trăit o viață fără pată și că a fost un soț model, deși a agățat niște purici pe drum, cocota de lux (100 de franci, numai ca să nu se îmbolnăvească). Încetul cu încetul, își dă seama că nu funcționează. Are anumite sentimente pentru o astfel de fată. Poate că o vede trecută, la cincizeci de ani, arătând ca acele oribile cocote bătrâne pe care le vezi prin Paris. Asemenea lucruri pot ieși la iveală în el, provocând sentimente foarte neplăcute. Fusese orb ca un băiețandru, iar fuga puilor de găină poate semnifica escapadele oarbe ale vieții sale.

Dr. Binger: Vedeți ceva de natură compensatorie aici?

Dr. Jung: Depinde cum privește el lucrurile. Dacă, de exemplu, acest om ar fi fost un băiețaș nevinovat trăind în paradis cu micuța și scumpa lui soție, ar fi fost necesar ca puii săi de găină să fugă, ca el să poată vedea lumea așa cum este ea cu adevărat. Dar acest om nu e naiv, este un om de afaceri dur, și cu toate acestea, idealist. Are o trăsătură umană, așa că își continuă analiza.

Dna Sigg: Cine este „Eul" în acest vis? Este cumva omul domesticit?

Dr. Jung: Cel care prinde puiul de găină nu este omul convențional. Cel care fuge după prostituate este omul convențional. Exteriorul său convențional s-a dus cu prostituatele, aceasta este convenția. Puii de găină sunt suflete inconștiente fragmentare care pun la cale escapade. Acest om are o filosofie și este cult; nu încurajează escapadele, dar — în cazul unei sticle de vin etc., filosofia dispare. Așa e convenția și pe mulți oameni nu îi deranjează, atâta timp cât nu se află. Multe femei spun chiar că nu le deranjează dacă soții lor frecventează femei ușoare sau dacă sunt homosexuali și ispitesc băieți și fac tot felul de lucruri urâte. Se supără numai dacă soții lor se îndrăgostesc de o femeie decentă. Acest bărbat accepta prostituatele; doar că uneori apărea o ceață, o întrebare. Cândva, un om foarte convențional mi-a spus: „Credeți că pot divorța de soția mea? Suntem căsătoriți de douăzeci și doi de ani și o plac destul de mult, dar mă întâlnesc cu o femeie mai tânără și mi-ar plăcea să mă căsătoresc cu ea. Am fost căsătorit legal cu soția mea și nu văd niciun motiv pentru care să nu fiu divorțat legal." Ce spunea acest om era foarte logic, dar îi lipsea complet simțirea.

În concluzie, opinia mea este că acest vis oferă ingredientele pentru făurirea omului nou. Prin urmare, avem paralela la *I Ching*. Dacă lasă puii de găină să fugă sau dacă îi ucide și îi frige este, practic, același lucru. Dacă puii fug, el va avea pe față o serie de aventuri timide, apoi se va întoarce de la joacă și va trebui să le integreze. Sau, dacă nu merită să aibă astfel de aventuri, atunci trebuie să integreze aceste tendințe. De exemplu, să presupunem că mă plimb pe Bahnhofstrasse și văd în vitrină un baston deosebit de frumos și mă gândesc că mi-l doresc, apoi mă gândesc de ce mi-l doresc. Nu este genul meu, am deja prea multe obiecte și n-aș face decât să-l arunc într-un colț. Mi se pare o prostie, dar îl cumpăr și dau pe el 100 de franci, apoi îl arunc într-un colț. Mă gândesc apoi că l-am cumpărat, după care l-am aruncat într-un colț, este o experiență. O pot considera un plus pentru mine sau îmi pot spune cât de prost am fost și cât de frivol a fost din partea mea să-mi doresc acel baston; dar și observația aceasta o pot considera un plus pentru mine. Așa și cu acest om, dacă are ceva experiență cu prostituatele, lucrurile i s-ar putea părea mai clare; sau poate spune: „Totul nu este decât o iluzie“, închizând puii și frigându-i; rezultatul este același. Principalul este să se vadă pe el însuși și să învețe să se mențină unitar, deoarece este destul de dispersat. Nu sunt sigur, în familie, cu rudele și cu prietenii săi poate fi fermecător, dar în afaceri poate că e capabil de anumite jocuri murdare. Nu știu, dar am impresia că poate fi un personaj destul de dispersat. Trebuie să învețe să se vadă pe el însuși, indiferent prin ce tehnică, și să se mențină unitar. Unii oameni se cunosc pe ei înșiși dispersându-se în cele patru zări, alții, izolându-se. Totul depinde de temperament. Sunt mulți factori responsabili, extraversia, introversia, tradiția familiei etc.

Prelegerea a IV-a. 13 februarie 1929

Dr Jung:

Avem de răspuns la o serie de întrebări, majoritatea despre *I Ching*. Acesta pare să fi stârnit interesul general. Întrebarea domnului Gibb merge direct la rădăcina problemei: „Această întrebare se referă la modelul din visul precedent și la tema unor asemenea modele și tipare în general. Este justificat să presupunem că astfel de vise și fantasme susțin adevărul unei anumite forme de filosofie, de exemplu aceea bazată pe ideea celor patru funcții? Sau ar trebui să le luăm ca pe o expresie a unei dorințe sau trebuințe inconștiente pentru un tip de filosofie oarecare; adică, pentru o modalitate de a realiza o integrare sau o sinteză completă a experienței? Simt că ele indică în principal faptul că e nevoie de o filosofie bazată pe experiența psihică, și nu pe abstracțiuni colective ale științei fizice. Dar avem vreun temei să afirmăm mai mult decât atât?

Un exemplu este sala de audiențe private (Divan-i-Khas) de la Fatehpur Sikri[I], a împăratului mogul Akbar. Această clădire este construită astfel încât să formeze modelul despre care discutăm acum, iar Akbar obișnuia să șadă într-un fel de farfurioară din centrul său, în timp ce bărbați învățați din toate colțurile lumii îi vorbeau despre tot felul de religii și filosofii și le discutau cu el. Acolo, el încerca să le integreze pentru el însuși.

Farfurioara din gresie roșie stă pe un stâlp al cărui picior este de culoarea abanosului, în centrul sălii pătrate. Patru culoare duc la farfurioară, din cele patru colțuri, unde dau într-o galerie ce înconjoară toate cele patru laturi ale sălii. Când privești în sus spre farfurioara, piciorul negru al stâlpului este, practic, invizibil, astfel încât întregul ansamblu pare a fi suspendat în aer".

Dr. Jung: Recunosc că felul în care am prezentat mandala și posibila ei semnificație o face să semene cu o filosofie, dar nu este filosofie. Este din aceeași

I Akbar (1542–1605) şi-a construit prima capitală la Fatehpur Sikri (lângă Agra, în nordul Indiei centrale); oraşul regal, deşi abandonat de Akbar, este bine conservat. Desigur că Gibb, care locuise câţiva ani în India, îl vizitase. (La fel şi Jung, zece ani mai târziu. Vezi „Lumea visătoare a Indiei" [1929], O.C. 10, par. 983.) Akbar îmbrăţişa o credinţă eclectică, compusă din elemente islamice, hinduse, zoroastriene şi creştine.

familie cu Pitagora și cu al său număr patru. Are de-a face cu principiile și totuși, în sine, nu este filosofie. Este doar o expresie a faptelor *inconștiente*.

Nu aș spune nici măcar că exprimă o nevoie inconștientă pentru o filosofie, întrucât mulți oameni ar prefera o religie unei filosofii. Aceste figuri sunt în mod naiv produse de inconștient și, astfel, se găsesc pe tot cuprinsul lumii. Cea mai veche, despre care am cunoștință, a fost descoperită de curând la Chichén Itzá, în Templul Mayaș al Războinicului. Un explorator american[2] a străpuns zidul exterior al piramidei și a descoperit că acela nu era templul original; în interiorul său se afla unul mult mai vechi, mai mic. Spațiul dintre cele două era plin cu gunoi și, după ce l-a curățat, a ajuns la zidurile templului mai vechi. Deoarece cunoștea obiceiul îngropării comorii rituale sub podea, ca pe un fel de talisman, a săpat sub podeaua terasei și a găsit un cilindru din calcar, lung cam de 30 de centimetri. Când i-a deschis capacul, a aflat înăuntru o farfurie din lemn, pe care era montat un model mozaical. Era o mandala, bazată pe principiul cifrei opt, un cerc în centrul unor fonduri verzi și albastru-turcoaz. Aceste fonduri erau pline de capete de reptile, gheare de șopârlă etc. Unul dintre pacienții mei a realizat o mandala similară, cu același tip de diviziuni, dar pe care le-a umplut cu modele de plante, nu de animale. Se pare că acestea sunt expresii atât de naturale, încât se găsesc pe tot cuprinsul lumii. Domnul Gibb ne dă un exemplu minunat. Este o expresie naivă a aceleiași idei: împăratul mogul, Akbar cel Mare, în sala sa de audiențe private. Tiparul clădirii formează în mod clar o mandala; mogulul șade într-un fel de farfurioară din gresie roșie susținută de un stâlp înalt și subțire, astfel încât farfurioara pare să fie aproape suspendată de cer. Este interesantă ideea bătrânului așezat astfel în mijlocul mandalei sale, pentru ca înțelepciunea să-i parvină din toate cele patru colțuri ale lumii.

În filosofia chineză, mandala este „câmpul de-un stânjen al casei de un cot".[3] — După câte se spune, casa reprezintă Corpul Nepieritor, iar construirea acelei mandale reprezintă construirea Corpului Nepieritor. Mead a scris un studiu foarte interesant despre teoria potrivit căreia omul posedă, pe lângă corpul său fizic, material, și un corp subtil.[4] Geley are o teorie completă despre el,

---

2 Se pare că Jung citise despre această descoperire mayașă de la Chichén Itzá, Yucatán, în publicația *Illustrated London News* din 26 ianuarie 1929 (p. 127), întrucât descrierea sa urmează îndeaproape relatarea de acolo, cu ilustrațiile templului, ale cilindrului și ale mandalei mozaicale. Descoperirea a fost făcută de Earl Morris, șeful unei expediții organizate de Institutul Carnegie din Washington D.C.

3 Vezi „Comentariu la Secretul Florii de Aur", O.C. 13, par. 33, 76.

4 G.R.S. Mead, *The Doctrine of the Subtle Body in Western Tradition* (1919).

o nouă fiziologie, numită „système psychodynamique" (sistem psihodinamic)[5], o expresie nouă pentru un lucru vechi — așa cum sunt majoritatea termenilor noștri științifici. Corpul subtil este cu certitudine locuința a ceea ce vechea filosofie ar fi numit *entelechia*, aceea care încearcă să se realizeze pe sine în existență. Acum, filosofia chineză spune că mandala este simbolul corpului subtil. Conform teoriei orientale, prin meditația asupra mandalei, toate componentele corpului subtil sunt retrase din exterior și concentrate în omul interior, unde construiesc corpul nepieritor. Omul nou din învățăturile creștine timpurii ale Sf. Pavel este totuna cu corpul subtil. Este o idee arhetipală, deosebit de profundă, care aparține sferei arhetipurilor nemuritoare. Poate fi un sâmbure de adevăr în ea, nu știu; eu nu sunt Dumnezeu, care le știe pe toate; eu trebuie să mă limitez la lumea mea psihică.

În orice caz, teoria orientală și simbolurile sale concordă, în modul cel mai uimitor, cu opera noastră. Un text chinezesc explică arta prelungirii vieții prin construirea corpului subtil.[6] Conține multă simbolistică, pe care am întâlnit-o și la pacienții mei, și chiar dacă tot acest simbolism îmi este bine cunoscut, nu mă hazardez să fac interpretări îndrăznețe, așa cum face Orientul. Orientul se aventurează să folosească termeni precum „transmigrația sufletelor".

Pentru primii creștini era un lucru obișnuit să numești pe cineva „Fiul lui Dumnezeu", se întâmpla zi de zi. Timp de mii de ani regele Egiptului era Fiul lui Ra, așa că atunci când Hristos a fost numit Fiul lui Dumnezeu, nu era nimic incredibil. Dar nouă nu ni se mai pare atât de ușor de crezut, deoarece credința noastră în Dumnezeu este o abstracțiune, am devenit filosofici. Așa este cu arhetipurile nemuririi, cu cât vorbim mai mult despre nemurire, cu atât

---

5 În al său „Comentariu la Secretul Florii de Aur", par. 76, n. 37., Jung a citat „teoria parafiziologică" a medicului Gustave Geley (1868–1924), directorul Institutului Internațional de Metafizică din Paris. Vezi și comentariul lui Jung din *Letters*, vol. 1, 30 septembrie 1933. Biblioteca sa conținea trei lucrări ale lui Geley: *From the Unconscious to Conscious* (*De la inconștient la conștient*), în traducerea lui S. de Brath (Londra, 1920), *L'être subconscient* (*Ființa subconștientă*) (Paris, 1926) și *Clarvoyance and Materialization: A Record of Experiments*, în traducerea lui S. de Brath (*Clarviziune și materializare: o consemnare a experimentelor*) (Londra, 1927). Prima dintre aceste lucrări discută (în Cartea a II-a, părțile 1 și 2) conceptul de „système psychodynamique" al lui Geley, sub denumirea englezească de „dynamopsychism". (James Kirsch își amintește, dintr-un interviu din data de 30 iunie 1929, că Jung scria în acea vară comentariul la „Floarea de Aur".)

6 Jung și Wilhelm au publicat „Tschang Scheng Schu: Die Kunst des menschliche Leben zu verlängern" (= „Ch'ang Sheng Shu: The Art of Prolonging Human Life"), *Europäische Revue*, V:8 (noiembrie, 1929), pp. 530–556, din care jumătate era introducerea lui Jung. Potrivit lui Hellmut Wilhelm (comunicare personală), subiectul a fost dezvoltat în *Das Geheimnis der goldenen Blüte*, publicată spre finalul aceluiași an. Cele două sunt în esență aceeași lucrare, doar titlul fiind diferit.

mai imposibil pare acest lucru, chiar şi pentru spiritualiştii încrâncenaţi. Ce se întâmplă cu populaţia numeroasă a tuturor epocilor, ce se întâmplă cu animalele şi insectele, câinii şi puricii etc.? Curând devine absurd şi nu ne putem imagina raiuri şi iaduri suficiente pentru toţi. În probleme metafizice nu te poţi decide niciodată asupra adevărului, singurul criteriu este „declicul". Dacă există „declic", pot simţi că gândesc adecvat şi gândind în felul acesta funcţionez adecvat. Nu avem altă dovadă. Toate aşa-zisele experienţe spirituale pot fi cu uşurinţă criticate. Existenţa unei fantome e imposibil de demonstrat. Există o mie de moduri în care te poţi minţi pe tine.

Întrebarea dr. Shaw: Cum explicaţi că astfel de lucruri găsite în filosofia chineză sunt aplicabile într-o atât de mare măsură psihologiei noastre actuale? Înţeleg că ne atrageţi în mod special atenţia asupra hexagramei din *I Ching* cu numărul 50, deoarece simbolizează atât calea analizei, cât şi pe aceea yoga.

Dr. Jung: Dr. Shaw subliniază analogia dintre analiză şi yoga. Capitolul despre oală din *I Ching* este unul dintre acele capitole care conţine practica yoga, iar practica noastră analitică produce forme occidentale similare formelor yoga orientale. Terminologia diferă, dar simbolismul este acelaşi, scopul este acelaşi. Forma chineză de yoga este exact ca simbolismul din vise şi ca simbolismul inconştientului în general.

A vorbi de yoga înseamnă a vorbi despre o anumită formă a metodei analitice. Aceste lucruri sunt puţin cunoscute şi stârnesc rezistenţe. Rezistenţele se clădesc de obicei pe ignoranţă. Foarte puţin oameni din Europa ştiu ceva despre yoga. Suntem cuprinşi de cea mai uimitoare megalomanie, presupunem că orientalii sunt ignoranţi şi că noi, occidentalii, am descoperit un mare adevăr. Mulţi oameni consideră, de exemplu, că astrologia este o prostie. Este adevărat că astrologia nu are nicio legătură cu stelele. Horoscopul poate spune că te-ai născut în Taur, dar constelaţiile de azi s-au mutat, iar horoscoapele nu mai corespund cu poziţia reală a stelelor. De la anul 100 î.H., sistemul nostru de măsurare a timpului a fost păstrat neschimbat într-un mod arbitrar. Pentru noi, echinocţiul de primăvară se află acum la 29° în Peşti, nu mai e în Berbec, deşi horoscoapele sunt realizate pe această bază. Echinocţiul de primăvară este pe cale să intre în Vărsător. Dar oamenii critică astrologia, ca şi cum ar avea vreo legătură cu stelele.

Dacă vorbeşti despre yoga, oamenii se gândesc imediat la fachiri, la indivizi care stau în cap timp de şapte ani şi la tot felul de astfel de baliverne. O cunoaştere adevărată a practicilor yoga este foarte rară în Occident. Eu m-am simţit atât de mărunt când am aflat aceste lucruri! Iată o reproducere a unei picturi dintr-un templu al „Norilor Albi" din Beijing.[7] Aparține sistemului taoist chinez. Este ca și cum aș scrie eu un tratat despre practica psihologiei analitice.

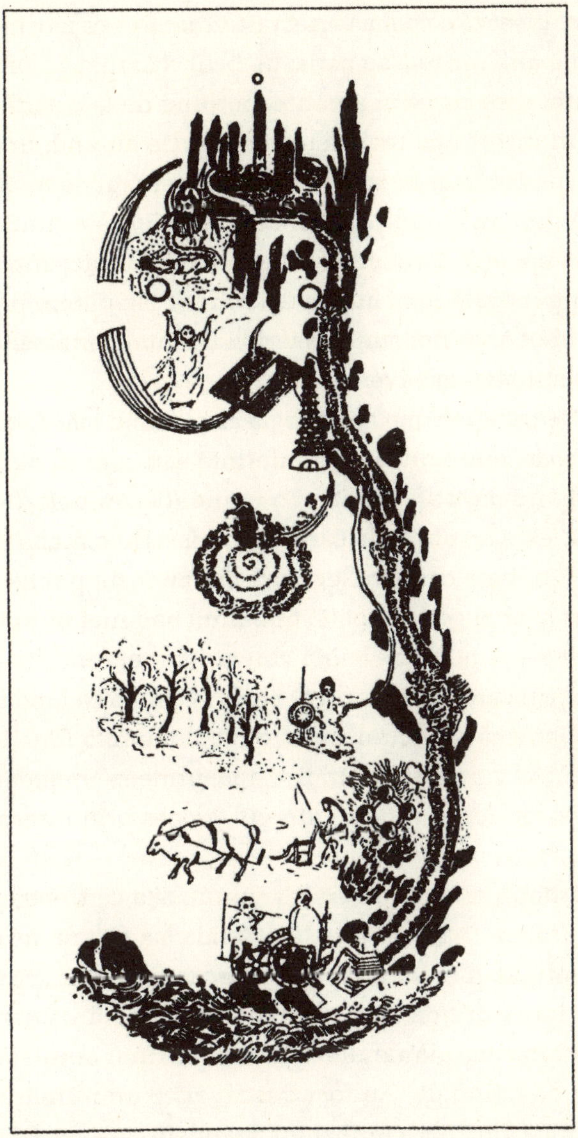

[7] Pictura este descrisă pe larg în „Spiritual Guidance in Contemporary Taoism" („Ghidaj spiritual în taoismul contemporan") de Erwin Rousselle, publicată în *Spiritual Disciplines* (lucrări din Eranos Yearbooks, 4; 1960), pp. 75–84; inițial o prelegere la prima conferință Eranos, susținută în 1933. Rousselle a reprodus pictura de pe copia prin imprimare a unei tăblițe de piatră de la Mânăstirea Norilor Albi (aflată înainte în colecția lui Richard Wilhelm).

Această pictură nu a fost publicată, dar chiar dacă ar fi fost, nimeni nu ar fi știut ce înseamnă. Conține și mandala și ideea oalei. Pentru a înțelege toate aceste detalii ar fi necesară o experiență uriașă a simbolismului inconștientului. Forma acestei picturi înfățișează coloana vertebrală umană — cap, ochi, regiunea inimii, iar mai jos se află alte centre sau zone. În locul coloanei vertebrale sunt pietre pe malul unui râu care curge în amonte, pornind de la o zonă acvatică. Există multe asemănări între yoga taoistă și analiză. De curând, un chinez a descoperit un text vechi de o mie de ani, care a fost descifrat de Institutul Chinezesc din Frankfurt.[8] Wilhelm îmi spune că materialul său este similar cu rezultatele la care am ajuns noi aici. Este un fel de punte psihologică între Est și Vest. Nu avem de ce să fim megalomani în fața Orientului. Nu putem presupune că acel chinez este un idiot și că noi suntem teribil de inteligenți. Este întotdeauna o greșeală să subestimezi un adversar.

Dr. Binger: Ne puteți spune etimologia cuvântului *mandala*?

Dr. Jung: *Mandala* înseamnă circumferință sau cerc cu o conotație magică. Poți desena o mandala, poți construi o mandala sau poți dansa o mandala. „Mandala Nirtya“ este un dans ale cărui figuri descriu o mandala.

Iată o altă întrebare care are legătură cu faimosul pui de găină care fuge, este ținut strâns și apoi găsit în oală, mai mult sau mai puțin bun de mâncat. Doamna Sigg crede că puiul de găină care a fugit era intuiția. Dar eu nu văd niciun motiv pentru care am interpreta puiul de găină ca fiind intuiția. Nu cred că putem presupune că pacientul a dezvoltat o anumită funcție.

Dna Sigg: Primul vis a fost naturalist, apoi urmează mandala, care exprimă întreaga situație, iar acum vedem întregul proces prin intermediul intuiției; este sintetic.

Dr. Jung: Bărbatul era deconcertat și uimit, așa că trebuia să se întâmple ceva pentru a-i limpezi întreaga situație. Mandala a fost un fel de scrisoare din partea inconștientului, menită să-i limpezească mintea. În acest caz, funcția sa este aceea de a aduce ordine într-o situație deconcertantă, iar această ordine pare a fi stabilită în tiparul mandalei. Este precum o amuletă. Amuletele au adesea o formă de mandala. Au fost descoperite un număr semnificativ de mandale preistorice din Epoca Bronzului, mandale care se află acum la Muzeul

---

8 Hellmut Wilhelm e de părere că Jung face referire aici la textul chinezesc al *Secretului Florii de Aur*, care ar putea fi datat în secolul al șaptesprezecelea și în tradiția orală din secolul al optulea. Traducerea (mai degrabă decât „descifrarea“) a fost realizată de Richard Wilhelm, la Institutul Chinezesc, după o ediție din 1920, din Beijing. Vezi *Secretul Florii de Aur*, comentariul lui R. Wilhelm despre text din „Cuvântul-înainte“.

Național al Elveției. Sunt numite roți solare și au patru raze, precum vechile cruci creștine. Acesta este, de asemenea, modelul prescurei în Biserica Catolică și al pâinii folosite în cultul mithraic, un fel de „pâine mandalică", așa cum apare pe un monument. A mânca pâinea înseamnă a mânca zeul, a mânca salvatorul. Acesta este simbolul reconciliator. Mâncarea animalului totemic simbolizează întărirea unității sociale a întregului clan. Aceasta este ideea originală, repetată etern de-a lungul secolelor.

Dna Sigg: Eu nu văd diferența între o viziune interioară și intuiție.

Dr. Jung: Când visezi, nu poți spune că folosești o funcție sau alta, totuși ceva poate pătrunde în mintea ta. Nu ai nevoie de ochi pentru a obține acel ceva. Intuiția poate reprezenta un efort conștient. Dacă am nevoie de ea într-o situație, trebuie să o caut pentru a o obține. Este foarte probabil ca acest om să fi depus efortul înainte, dar ce apare în vis este doar o viziune a unui fapt. Nu este o funcție a minții.

Dna Sigg: Este dificil să excluzi în vis efortul întreprins conștient.

Dr. Jung: Nu este nevoie să fim drăguți cu noi și cu pacientul, spunând că a făcut un efort și că acum, drept recompensă, are un vis bun. Cu siguranță, este rezultatul gândirii sale, dar nu e vorba de intuiție. Am spus deja atât de multe despre acest vis, încât am putea presupune că a fost suficient de mult analizat. Sunt aspecte neclare? Înțelegeți întreaga semnificație a visului în context?

Dl Rogers: Cum știți când să includeți conștiința și când să o lăsați de o parte? În unele explicații unde erau trei figuri, precum în *Macbeth* și în *Faust*, ați adăugat conștiința pentru a obține patru. Dar dacă ați adăuga-o în altele ați obține cinci. În *Macbeth*, cele trei ființe umane, cu conștiința, ar fi patru; aici, în situația celor patru pui de găină, nu ar fi. Cum știți când să o excludeți?

Dr. Jung: Diferența este aceea că în visul nostru sunt patru animale, patru pui de găină. Aceasta indică faptul că Sinele, reprezentat de mandala, este inconștient (animal!). Nu ai ce conștiință să adaugi.

Dl Rogers: Cum este în cazul celor cei patru fii ai lui Horus?

Dr. Jung: Horus se află în centru, iar fiii săi sunt cele patru atribute ale sale. La Horus, ca și la cei patru evangheliști, figura centrală este umană, iar cei patru sunt simple atribute. Grupul lui Horus, ca și grupul lui Hristos (*Rex gloriae*), simbolizează Sinele, cu trei funcții inconștiente și una care a devenit conștientă. Astfel, trei dintre fiii lui Horus sunt adesea înfățișați cu capete de animal și unul cu cap uman. Același lucru este valabil și pentru mandala creștină. Ar fi dificil dacă am întâlni un astfel de grup de patru separat, dar nu-i vedem niciodată fără Horus. La fel și cu evangheliștii, nu-i vezi niciodată singuri, ci adesea adunați în jurul Mântuitorului.

Trebuie să aveți grijă atunci când faceți speculații despre numere și modele geometrice. Eu vă ofer numai ipoteze pentru explicarea motivului mandalei prin paralele mitologice și pentru interpretarea figurilor mitologice prin propriile noastre observații psihologice. Este ca și cum patru animale lipsite de un centru ar reprezenta inconștiența tuturor celor patru funcții, în timp ce trei animale și o figură cu cap uman ar reprezenta faptul că trei funcții sunt inconștiente și numai una este conștientă. O a cincea figură în centru ar reprezenta omul în întregul său: cele patru funcții ale sale [conștiente și inconștiente] sub controlul unui Dumnezeu sau al unui „centru non-Eu".

Mai e ceva de adăugat referitor la visul nostru?

Dra Hannah: Ce este cu roata din spate? Nu ne-ați spus încă nimic despre ea.

Dr. Jung: Ce reprezintă roata din spate?

Dr. Binger: Visătorul însuși a interpretat-o ca pe forța directoare.

Dr. Jung: Din punct de vedere psihic, ce înseamnă asta?

Dr. Binger: Libidoul. Puiul de găină fuge cu libidoul bărbatului.

Dr. Jung: Una dintre acele funcții fuge acolo unde este libidoul motivațional. De ce?

Dl Roper: Se alătură acelei femei?

Dr. Jung: Acea femeie ținea de domeniul fantasmei. Nu există nicio indicație în vis că ar merge la vreo femeie. Visul spune că una dintre funcții fuge acolo unde se află libidoul motivațional sau creator. Dacă presupuneți că este motivat de fantasma unei femei, e posibil ca acolo să fugă puiul de găină.

Dl Roper: Poate fi vorba despre studiile de ocultism?

Dr. Jung: Cum sunt asociate acestea cu libidoul?

Dl Roper: Reprezintă una dintre mișcările sale importante.

Dr. Jung: Da, în cazul acestui om nu se știe dacă motivația mai puternică se află în fantasma sa referitoare la femei sau în studiile sale oculte. Dacă și-a dedicat mai mult timp studiilor de ocultism decât experiențelor cu femei puteți fi siguri că este mai interesat de acestea. Întotdeauna încerc să aflu cât timp și câți bani a cheltuit un pacient pentru un anumit lucru și așa știu cât de important este acel lucru pentru el. Pentru o femeie nu este importantă intensitatea sentimentului, ci timpul petrecut cu ea. Sunt mai bune patru ore în care să nu insiști asupra frumuseții sentimentului decât cincisprezece minute pline de cuvinte minunate. Femeile sunt lipsite de milă, dar aceasta este o metodă foarte eficientă. Am învățat-o de la femei. Trei pătrimi dintre analizanți sunt femei, iar eu învăț de la ele.

În acest caz, nu avem cum să știm dacă libidoul motivațional, „roata din spate", este mai preocupat de studiile oculte decât de fantasma sexuală, dar cel puțin putem presupune că are legătură cu fuga pe la roata din spate. În analiză, fuga este foarte importantă. Sunt mulți oameni care, atunci când sunt analizați, încearcă să creeze un fel de fortăreață, o insulă, un loc unde nimic nu se mișcă, nimic nu se întâmplă, nimic nu este mutat de la locul său. Este construirea unui pol opus pe care nu l-aș distruge, iar ideea unei astfel de insule este un simbol fericit și important, numai că mulți oameni o utilizează greșit, reținându-și judecățile sau păstrând o rezervă. Din politețe, aceste rezerve sunt întotdeauna raționalizate sau se găsesc pretexte. Prin astfel de subterfugii, ei își creează un refugiu unde se pot strecura. O anumită doamnă vine la mine în analiză și imediat se îndrăgostește de un alt bărbat. Te întrebi de ce. Nu este neapărat genul de care te gândești că s-ar simți atrasă. Pentru ea este pur și simplu o supapă de siguranță, se protejează împotriva transferului. Celălalt bărbat devine locul în care fuge. Pacienta nu va recunoaște că s-a îndrăgostit, spune: „E doar o fantasmă lipsită de importanță"; dar libidoul ei fuge acolo. Atunci analistul trebuie să lucreze pe un fel de fundal de pânză udă. Nu obții nicio reacție, totul este amânat prin fuga în acest refugiu. Când trebuie să ai de-a face cu astfel de oameni, nu poți face nimic. Ori de câte ori încerci să prinzi ceva, îți scapă printre degete. Faci un fel de analiză temporară. Se poate întâmpla la fel în viață, când fiul rămâne în tată ca într-un seif. Poți descoperi că acești oameni au o contrapondere sau un seif unde se refugiază. Influența analistului este contracarată de un ceva constant și autonom, până când descoperă contraponderea.

Deci, în acel stadiu al analizei, acest bărbat era înclinat să recurgă la o *restriction mentale*, să joace un renghi ciudat. De exemplu, există o poveste despre o mânăstire din secolul al optsprezecelea, care dorea să-și însușească proprietatea unui țăran. Clericii nu aveau niciun drept asupra ei, dar făceau tot posibilul pentru a o obține. Apoi, starețul a aflat de la un înțelept că poate aplica *restriction mentale* pentru anumite lucruri care sunt decise prin jurământ. Așa că starețul a luat o mână de pământ din propria grădină, și l-a pus în pantofi, apoi s-a dus pe pământul țăranului și a jurat: „Stau pe propriul meu pământ".

Passe-partout par l'Eglise Romaine[9] este o carte despre astfel de restricții. Sunt lucruri îngrozitoare, dar au loc. În acest caz, *restriction mentale* ar fi spusele pacientului: „Da, sunt în analiză. Da, e foarte interesant, dar poate fi explicat și altfel, de exemplu poate că dr. Jung este un fel de medium. Lucrurile bune pe care le

---

9 Un tratat antipapal scris de Antonio Gavin (fl. 1726), preot catolic din Saragosa, iar apoi preot anglican în Irlanda. Publicat iniţial la Dublin în 1724, cu titlul *A Master-key to Popery (O cheie universală a papismului)*, a fost uneori intitulat *The Great Red Dragon (Marele dragon roşu)*. De-a lungul secolului al XIX-lea a fost deseori retipărit în traduceri germane şi franceze.

spune sunt inspirate de înțelepții dintr-o mânăstire tibetană, iar celelalte sunt nimicuri". Cu o astfel de idee nu aș putea face nimic. În realitate nu avea astfel de rezerve, ci o anumită înclinație spre ele. Mereu se întâmplă așa în analiză, animus și anima se ocupă de astfel de lucruri. O dată am avut un caz care efectiv m-a înnebunit. Încercam să explic ceva unei paciente și depuneam mari eforturi să mă fac înțeles dar ea era tot mai posomorâtă și curând mi-am dat seama că nu mă asculta. Am aflat că se gândea că sunt îndrăgostit de ea și era excitată pentru că eram atât de implicat și de energic, și nu acorda nicio importanță celor pe care le spuneam. Aceea era o *restriction mentale*, unde fugea ceva, iar eu nu puteam face nimic. În cazul acestui bărbat, eu sunt de părere că studiile de ocultism reprezintă locul în care fuge libidoul său motivațional.

Prelegerea a V-a. 20 februarie 1929

Dr. Jung:
Astăzi vom merge mai departe cu visele noastre, gata cu puii de găină! Următorul vis l-a avut două zile mai târziu.

Vis [5]

„Ajung într-un loc unde este venerat un sfânt; un sfânt care se spune că vindecă boli atunci când îi este rostit numele. Mă aflu acolo pentru că sufăr de sciatică. Cred că sunt însoțit de mulți alții și cineva îmi spune că un pacient a fost deja vindecat. Mă gândesc că nu este suficient să îl invoc pe sfânt, că ar trebui să fac o baie în mare. Ajung la mal și observ câțiva galeți impunători pe mal, spre uscat. Între galeți și dealurile stâncoase este o vale, un fel de golf. Oceanul ajunge acolo cu valuri liniștite și puternice și se pierde încet spre un fiord care pătrunde destul de departe în uscat. Un timp privesc impresionantele valuri care se sparg de țărm și hula înaltă. Mă cațăr pe dealul înalt, stâncos. Apoi, sunt împreună cu fiul meu cel mic. Suntem pe cale să ne continuăm ascensiunea, când văd stropi de apă care împroașcă mai sus decât dealul pe care ne cățărăm, din partea cealaltă, apoi mă tem că valurile sunt atât de puternice pe partea cealaltă, încât ar putea distruge dealul, care nu era din stâncă, ci din pietriș și galeți așezați unii peste alții. Dealul poate fi dezintegrat și purtat de hulă. De aceea, îmi iau băiatul de acolo."

Imaginea visului este foarte clară, bine zugrăvită. Malul este plat și totuși, spre uscat, sunt galeți stivuiți. Ajunge la un deal format din pietriș și pietre mai mari, care ar putea fi distrus.

Asociații: *Sfânt*: „Nu-mi amintesc numele sfântului, dar cred că era ceva de genul Papatheanon sau Papastheanon. Nu pot explica acest nume grecesc sau românesc". În limba română sunt multe cuvinte grecești, datorită imixtiunii lor în lingua rustica, limba vorbită de țăranii de pe tot cuprinsul Imperiului Roman. În Elveția se păstrează încă limba romanșă. *Vindecarea magică*: „Aceasta seamănă cu vindecarea de la Lourdes sau de la mormintele sfinților de pe tot cuprinsul lumii islamice, în Africa de Nord, Egipt etc. Pot explica aceste vindecări, a căror realitate evident că nu o pot nega, prin credința în efect, prin autosugestie, care este întotdeauna întărită de vindecări. Atmosfera de la Lourdes, unde oamenii asistă la vindecări magice, are un uriaș efect sugestiv, sugestie în masă". El vorbește despre cum cazi pradă sugestiei credinței mulțimii, efectul acesteia asupra întregii mulțimi.

Se referă apoi la faptul că până și în vis consideră puțin probabilă o astfel de vindecare: „Mă îndoiesc că aș putea fi vindecat de un miracol sau de o credință oarbă, în ciuda faptului că alții se vindecă așa și consider că ar ajuta o baie în mare și contemplarea mișcării puternice a valurilor ce se sparg de țărm pe parcursul zilei."

Asociații: *Marea*: Aici, el folosește un termen german care semnifică mediul primordial al vieții. Evoluția a început în ocean și primul germene de viață a apărut aici. Marea poate fi numită pântecele naturii. *Valurile maiestuoase care vin din mare*: „Se poate spune că așa este inconștientul nostru. Inconștientul trimite valuri puternice în conștientul nostru cu aproape o anumită regularitate, acesta fiind precum valea ce conține golful". El folosește o comparație pe care am sesizat-o adesea la pacienții mei, și anume aceea dintre conștient și golf sau lagună în inconștient, conectat cu marea, dar separat printr-un dig sau o peninsulă. El continuă: „Este liniștitor și totodată cât se poate de interesant să privești aceste valuri. Continuând comparația, conștientul nostru este mișcat de suișurile și coborâșurile inconștientului". El dorește să spună că mișcarea inconștientă este un fel de respirație ritmică a naturii, precum ideea lui Goethe despre „diastolă și sistolă". Acesta este primul tip de mișcare, ca al protozoarelor. El se gândește la mișcarea extraversiei și a introversiei.

Visătorul continuă: „Dar poate fi, de asemenea, destul de periculos să intri în ocean pe o vreme furtunoasă. Violența mării poate distruge propriile sale ziduri, malurile și dunele construite chiar de ea; și e posibil ca mulți să nu se poată salva de valurile puternice".

Despre *băiat* spune: „Probabil că este preferatul meu. Este cel mai mic dintre băieții mei, se identifică cu mine și dorește să-mi calce pe urme. Este foarte gelos pe ceilalți copii și întotdeauna are grijă să nu primească mai puțin decât frații săi". După ce visătorul a contemplat pentru un timp maiestuosul joc al oceanului, dorește să se cațere mai sus pe deal. Vede valurile împroșcând de cealaltă parte și se teme că dealul ar putea fi distrus. Iată cu ce asociază el: „Pe partea cealaltă se pare că este o tensiune atât de puternică, încât ar putea provoca o catastrofă, așa că trebuie să ai grijă să nu ajungi în vârful dealului, iar acesta să se prăbușească și să cazi în apă". Aici se exprimă ambiguu. Vorbește parțial prin metafora visului și parțial psihologic, vrând să spună: „Tensiunea de pe partea cealaltă este periculoasă".

Când traduci din germană în engleză nu poți reda semnificația completă. Se pierde ceva, deoarece ea se află încă în starea primitivă ambivalentă, potrivită îndeosebi pentru a exprima semnificații psihologice cu umbre și nuanțe. Când e vorba de formulări exacte ale unor fapte științifice artificiale [nenaturale], limba germană nu este foarte bună, are prea multe conotații, prea multe înțelesuri secundare. (Nu la fel stă stituația cu engleza sau franceza. Ca limbă juridică sau filosofică, franceza este ideală.) Așa cum a spus Mark Twain, cuvântul *Zug* are douăzeci și șapte de semnificații diferite. Un german folosește *Zug* pentru a exprima semnificația pe care dorește să o transmită și nu se gândește niciodată la celelalte posibile înțelesuri ale sale. Este la fel ca un limbaj primitiv, când uneori același cuvânt este folosit și pentru negru, și pentru alb. Primitivul îl folosește și înseamnă alb, dar pentru altul ar putea la fel de bine să însemne negru. În limba germană, un curent de aer este un *Zug*, un tren este un *Zug*, tendința este un *Zug* și banda elastică pe care o folosești la haine este tot un *Zug*. Este ceva primitiv. În limba engleză ai cuvintele *good, better, best* (*bun, mai bun, cel mai bun*) și *best* vine de la *bad (rău)*.[1] În anglo-saxonă, „bad" era *bat*. Cuvântul franțuzesc *sacré* are și el o dublă semnificație: *Sacré coeur*, *Sacré nom de chien*.

Vreau să aud părerile dumneavoastră despre vis. Mai întâi sfântul; vă amintiți visul anterior? În interpretarea viselor, prima noastră datorie este întotdeauna aceea de a lega visul actual de cel anterior. Vedeți vreo posibilă legătură între puii de găină (din ultimul vis) și sfânt? Este foarte puțin probabilă. Nici eu nu aș ști, dacă nu aș fi analizat atât de multe astfel de vise; și dacă nu aș fi cunoscut motivul visului anterior și pe al acestuia. Motivul visului anterior era motivul arhetipal al adunării hranei sacrificiale într-o oală, procedeul alchimic de reconstrucție a omului nou. Aceasta este vechea idee a transformării individului, a omului care are nevoie de mântuire, de răscumpărare, de vindecare. El este precum o veche mașină stricată, este format din cârpe și oase. Este împovărat de păcatele „Bătrânului Adam" și, de asemenea, de păcatele străbunilor săi. Este o adunătură de suferințe contradictorii. Este aruncat în oală sau în crater, fiert sau topit în acea oală și este scos de acolo nou! În visul cu puii de găină se face numai o ușoară aluzie la aceasta. Coacerea ingredientelor este un fel de cură.

---

[1] În Dicționarul Oxford al Limbii Engleze nu este consemnată această etimologie.

În limba germană, *heiling* are aceeași etimologie cu *heil*, sau „a fi întreg"; *geheilt* înseamnă vindecat. A vindeca înseamnă a întregi, iar starea obținută este o stare întreagă sau completă, când înainte fuseseră numai fragmente ținute laolaltă. Prin urmare, a aduna și a frige puii de găină înseamnă a vindeca sau a înnoi.

Aici își face apariția ideea de medicament. Salvatorul este întotdeauna vraciul, care administrează *pharmakon athanasias*, medicamentul nemuririi, care făurește omul nou. Când iei *tinctura magna* a alchimistului ești vindecat pentru totdeauna, nu te mai poți îmbolnăvi niciodată. Acestea sunt conotațiile mitologice ale metodei alchimice, sau creuzetul transformării, deci nu este de mirare că următorul vis începe cu un sfânt. De ce tocmai un sfânt? Ar fi putut fi un vraci sau un magician. De ce a ales un sfânt? Este un aspect interesant al psihologiei pacientului. Sfântul este medicul. Îmi dă telefon: „Sunteți dr. Jung? Mă puteți vindeca? Cât timp va dura?" El îl invocă pe dr. Jung ca pe un sfânt. Desigur că pacientul nu mă consideră un sfânt. Dar inconștientul lui spune: „Invoci numele unui sfânt". Pentru inconștient este același adevăr reiterat, un om care și-a conjurat Mântuitorul, un indian care a apelat la vraciul său, un arab la al său marabu. Catolicul atinge mormântul Sf. Anton pentru ca puterea sa vindecătoare să se reverse asupra lui. De ce vorbește inconștientul în felul acesta, care ar fi scopul acestui limbaj?

Dna Schlegel: Ar susține credința.

Dr. Jung: Da, credința nu înseamnă nimic altceva decât o dorință de a crede, un fel de așteptare: „Credința și speranța mea sunt în Dumnezeu". Visul spune că pacientul se află în aceeași veche situație arhetipală. Unul dintre efectele situației arhetipale este acela că, atunci când o întâlnești, apar sentimente puternice și cu cât inconștientul este mai tulburat, cu atât mai mult este de așteptat ca lucrurile să se așeze așa cum trebuie. Ce se întâmplă în psihologia noastră când atingem un arhetip?

Dr. Binger: Se produce o ascensiune a imaginii rasiale sau tribale din inconștientul colectiv.

Dr. Jung: Un arhetip aparține structurii inconștientului colectiv, dar de vreme ce inconștientul colectiv este în noi înșine, este și o structură a noastră. Face parte din structura fundamentală a naturii noastre instinctuale. Se presupune că tot ce este readus în acel tipar instinctual este vindecat. Această structură a omului se presupune a fi un animal complet adaptat, un lucru remarcabil, capabil de o viață perfectă. Majoritatea bolilor noastre psihogene provin din faptul că ne-am abătut de la tiparul instinctual al omului. Ne găsim dintr-odată în aer, copacul nostru nu mai primește substanța nutritivă de la pământ. Vedeți, așadar, că atunci când vă întoarceți într-o situație arhetipală vă aflați în atitudinea instinctuală corectă în care trebuie să fiți când doriți să trăiți pe suprafața pământului; în atmosfera potrivită, cu hrana potrivită etc. Arhetipul este omul natural instinctual, așa cum a fost dintotdeauna. Preoții și vracii din vechime înțelegeau acest lucru, nu prin cunoaștere, ci prin intuiție. Ei încercau să aducă omul bolnav înapoi în situația arhetipală. Dacă un om ar fi mușcat de șarpe, noi i-am face un vaccin, dar preotul egiptean din Antichitate s-ar duce la bibliotecă și ar lua cartea cu legenda lui Isis[2], ar merge cu ea la pacient și i-ar citi despre Ra, zeul soarelui, cum în timp ce el se plimba deasupra Egiptului, soția sa, Isis, a făurit un vierme înfiorător, o viperă de nisip, care își arăta numai capul din nisip. L-a pus în calea lui, ca să-l muște. El a călcat pe impresionantul vierme, care l-a mușcat și l-a otrăvit, făcând să-i tremure fălcile și membrele. Zeii l-au ridicat, gândindu-se că e pe moarte. Au chemat-o pe mama Isis, care îl putea vindeca; apoi i-a fost citit imnul, dar magia sa nu l-a putut vindeca pe de-a-ntregul și el a trebuit să se retragă în spatele Vacii Cerești, făcând loc zeului mai tânăr. Cum a fost posibil ca simpla citire a acestui imn să-l vindece pe Ra de mușcătura șarpelui? La ce bun prostia aceasta? Presupun că oamenii aceștia nu erau idioți. Ei știau foarte bine ce fac, erau la fel de inteligenți ca noi, aceste metode dădeau rezultate bune așa că le foloseau, erau „medicamentul bun".

Dacă studiezi farmacopeea bătrânului Galen, te îmbolnăvești, e cea mai uimitoare adunătură de excremente și totuși el era un medic excelent. Farmacologia lor era absolut ridicolă dacă judeci după standardele noastre, dar noi o aplicăm din afară către înăuntru, într-un mod rațional, în timp ce ei o aplicau dinspre interior către exterior. Noi nu acordăm niciodată atenție aspectelor binefăcătoare din interior; știința creștină le recunoaște, dar medicina clinică, chiar și în zilele noastre, viețuiește și lucrează ghidându-se după repere exterioare. Acel bătrân preot egiptean a încercat să-i transmită bărbatului că suferința sa nu era numai soarta omului, ci și a zeului. Așa era dat să fie și mama Isis, care a făcut otrava, poate să-i și trateze efectul (nu în întregime, ci aproape). Aducând pacientul în adevărul etern al imaginii arhetipale a mușcăturii de șarpe provocate de Mamă, îi sunt stârnite puterile instinctuale, ceea ce este extrem de util.

În ceea ce-l privește pe pacientul nostru, dacă puterile arhetipale ar putea fi scoase la suprafață, ar fi ajutat. Dar în cazul nostru nu este atât de simplu, suntem mult prea departe de o astfel de imagine.

Cineva este disperat sau foarte trist, iar preotul vine și îi spune: „Gândește-te cum a suferit Domnul nostru pe cruce, cum a purtat el poverile noastre, ale

---

[2] Pentru povestea completă şi analiza acesteia, vezi *Simboluri ale transformării*, O.C. 5, par. 451–455.

tuturor". Putem să înțelegem această tehnică, iar asupra oamenilor pentru care imaginea arhetipală a lui Hristos are încă semnificație, are un efect indiscutabil, dar pentru aceia care s-au îndepărtat de arhetip sunt vorbe în vânt. Bineînțeles, toate aceste tehnici au plecat din inconștient. Acei doctori din vechime, precum Galen, îi întrebau pe pacienți de vise. Visele jucau un rol important în tratamentele medicale. Unul dintre medicii din generația veche povestește despre un om care a visat că piciorul i se transformase în piatră, iar două zile mai târziu un picior îi paralizase din cauza apoplexiei. Anumite vise sunt foarte importante pentru diagnosticarea unei boli. Tehnica obișnuită a unui vis este aceea de a plasa pacientul în situația arhetipală pentru a-l vindeca, situația zeului-om suferind sau situația tragediei umane. Acesta era efectul tragediei grecești.

Acest vis pune dintr-odată pacientul în rolul de pelerin care se îndreaptă spre un loc sfânt, precum mormântul Sf. Anton din Padova sau Lourdes. Este pus în situația omului obișnuit din toate timpurile, iar prin aceasta este adus în proximitatea naturii fundamentale a omului. Cu cât este mai aproape de aceasta, cu atât este mai aproape de vindecare și putem crede că în cazul unora dă roade. Puterile instinctuale sunt eliberate, în parte la nivel psihologic, în parte fiziologic, iar prin această eliberare poate fi schimbată întreaga dispoziție a corpului. Unul dintre studenții mei a făcut câteva experimente asupra vâscozității sângelui, urmărind vâscozitatea în diferite etape ale analizei. Vâscozitatea era mult mai redusă atunci când pacientul era tulburat, rezistent sau într-o dispoziție proastă. Oamenii cu o astfel de stare psihică sunt predispuși la infecții și la afecțiuni fizice. Știți cât de strânsă este legătura între stomac și stările psihice. Dacă ai în general o stare psihică proastă, îți strici stomacul și problema poate fi foarte gravă.

Dl Rogers: Pot să pun o întrebare care nu are întru totul legătură cu discuția? În cazul unui cuvânt care are două conotații opuse, ce face ca mintea primitivă să aducă opusele atât de aproape unul de altul?

Dr. Jung: Uimitorul simbolism al lucrurilor care se află încă în inconștient, unde au și nu au existență. Adesea întâlnești așa ceva în vise și în inconștient. Este ca și cum ai avea în buzunar o bancnotă de o sută de dolari, știi că o ai, ai o factură de plătit, dar nu o poți găsi. Așa e și cu conținuturile inconștiente, lucrurile sunt da și nu, bine și rău, negru și alb. Probabil că există o posibilitate în inconștientul tău la care nu poți ajunge. Sunt calități superioare și calități inferioare. Nu pot fi amândouă, ci ori una, ori alta. Astfel, oamenii buni seamănă într-o oarecare măsură cu oamenii răi, deoarece ambii au o problemă morală. Primitivismul și realizările, ca într-un artist, merg mână-n mână. Toți negrii ar putea produce minunate obiecte de artă. Toți artiștii au o latură foarte primitivă în ceea ce privește caracterul și modul lor de viață. În inconștientul lor este o situație ambiguă. Descoperirea aceasta nu este tocmai nouă. La gnostici ideea a fost exprimată ca pleroma, o totalitate în care perechile de opuse sunt împreună, da și nu, zi și noapte, iar apoi, când „devin", este fie zi, fie noapte. În starea de „promisiune", înainte de a deveni, ele nu există, nu este nici alb, nici negru, nici bine, nici rău. Adesea, în vise apar ca două animale care nu se deosebesc unul de altul sau ca un animal care îl mănâncă pe altul. Este un simptom al conținuturilor inconștiente. În nordul Lombardiei poți vedea fresce ale unor animale care se mănâncă unul pe altul, iar în manuscrisele timpurii ale secolelor al doisprezecelea și al treisprezecelea sunt intercalate multe desene cu animale care se mănâncă reciproc. Atâta vreme cât la început mintea umană era inconștientă, iar originea limbilor stă mărturie pentru ceea ce a fost, lucrurile pot fi oarecum simțite încă. În mintea abia luminată vezi ceva negru care aproape că îți dă senzația de alb. Unii primitivi folosesc același cuvânt. Poți vedea în fiecare zi reacții ambigue, când ceva te supără și îți produce emoții contradictorii. Dacă servitorul tău sparge o statuie de valoare, te înfurii foarte tare și înjuri: „La naiba!" sau „La dracu'!" sau poți spune „O, Doamne!" Ce înseamnă „Dumnezeu" atunci când este folosit într-o asemenea manieră? Îl folosești atunci când te minunezi, când ești uimit, furios sau disperat, la fel cum primitivul spune „Mulungu"[3] în tot felul de stări. Când aude un gramofon, spune „Mulungu". Conceptul ambiguu de „mana" este folosit în swahili pentru a desemna importanța sau semnificația, așa că pentru noi „Dumnezeu" conține nu numai perechi de opuse, dar este utilizat și într-un mod absolut nediferențiat; este ambiguu, este ca „Mulungu", conceptul care desemnează ceva extraordinar de eficient sau de puternic. Când ne gândim la inconștient trebuie să gândim paradoxal, adesea în termeni de da și nu. Trebuie să învățăm să ne gândim la ceva bun care poate fi rău sau la ceva rău care poate fi bun. Când te gândești la bine trebuie să judeci în termeni relativi. Acesta e un principiu foarte important în interpretarea viselor. Depinde numai de punctul de vedere al conștiinței tale dacă este bun sau rău. Din punct de vedere psihologic, binele trebuie să aibă legătură cu răul. La origine, acel sentiment de bine și de rău semnifica favorabil sau nefavorabil. De exemplu, un șef de trib a fost întrebat odată care este diferența dintre bine și rău. Răspunsul său a fost: „Dacă iau femeia dușmanului meu, e bine. Dar dacă un alt șef de trib ia femeia mea,

---

3 Jung citează această expresie ca fiind de proveniență central-africană în „Despre energetica sufletului" (1928), O.C. 8, par. 117, polineziană, în *Două scrieri*, O.C. 7, par. 108; și melaneziană, în „Dinamica inconştientului", O.C. 8, par. 52, n. 44.

e rău". Diferența nu este între moral și imoral, ci între favorabil și nefavorabil. Atitudinea superstițioasă întreabă întotdeauna: „Este favorabil?" Mintea este teribil de vigilentă față de astfel de lucruri. Conceptul de moralitate intervine foarte târziu. Sunt multe lucruri pe care noi le numim bune și frumoase la omul primitiv, dar el nu le vede în felul acesta, ci numai ca favorabile sau nefavorabile. „M-am comportat astfel încât să nu-mi provoc necazuri?"

În Hubert și Mauss, *Mélanges d'histoire des religions*[4], conceptele fundamentale ale minții mitologice sunt categorii recunoscute ale imaginației creatoare, ceea ce Kant numește „categoriile rațiunii pure". Categoriile rațiunii sunt numai aplicații intelectuale ale arhetipurilor. Arhetipurile sunt vehiculele primordiale prin care se exprimă orice este mental sau psihologic. Nu ai cum să eviți acest lucru.

Ei bine, pe parcursul ideii de vindecare, visătorul ajunge la ghidul spiritual sau la salvator. Un astfel de proces nu se petrece niciodată fără un profesor, un vraci, un ghid sau un guru, un om care supraveghează procesul de inițiere, ca în vechile rituri ale pubertății. Este interesant că numele sfântului din vis, Papatheanon, sugerează tatăl, de vreme ce bătrânul „Tată" este un simbol al ghidului, dar de ce nu doar Papa? De ce acest bizar Papatheanon? Domnișoara Bianchi sugerează că pacientul ar fi putut fi influențat de opera *Flautul fermecat*, care este povestea unei inițieri. În operă apare cuvântul Papagei, cu sensul de papagal.[5] Papagei este italian. Este un cuvânt polinezian de origine exotică. Este posibil ca asociațiile pacientului să trimită spre această operă, sau nu. El subliniază originea greacă și română a termenului.

Dna Sigg: Poate că semnificația este mai largă decât aceea de tată. Se poate referi și la părinții antichității?

Dr. Jung: Da, tatăl nu este suficient, el dorește să adauge o formă particulară, simbolică. Pacientul vorbește limba italiană și cunoaște, de asemenea, greaca și latina, prin urmare cuvintele *papa* sau *papas* îi sugerează Papa, Tatăl absolut. Cultul lui Attis avea un templu pe locul catedralei Sf. Petru din Roma, iar preotul cu rangul cel mai înalt era numit „Papas", deci exista deja un „Papas" cu câteva sute de ani înainte de a exista un Papă la Vatican. Pacientul mai are câteva asociații, pe care nu le pot da aici, care ar avea legătură cu forma grecească. Prin urmare, este mai mult sau mai puțin sigur că forma grecească include ideea de patriarh sau de papă. Conotația românească nu o pot descoperi, dar

---

4 Lucrarea (1909) este citată în mod divers de către Jung. Vezi O.C. 8, par. 52, n. 44.

5 În *Flautul fermecat* al lui Mozart, Papageno este îmbrăcat ca o pasăre. Se pare că cel care a transcris notele seminarului (*Sems*) a auzit greşit numele. Termenul italian pentru „papagal" este „pappagallo", cu rădăcini greceşti şi italieneşti.

sunt sigur că aș putea dacă nu m-ar presa timpul. Pacientul vorbește româna, așa că trebuie să însemne ceva pentru el, dar avem suficient material legat de sfânt, pentru a susține cu certitudine că sfântul înseamnă guru, conducătorul, ghidul și sfetnicul spiritual; așa că pacientul este pus într-o situație arhetipală.

Următoarea sa asociație este aceea că se află într-un loc sacru, precum Lourdes. Prin invocarea numelui sfântului este sugerată un fel cură arhaică. Când călătoream în susul Nilului cu un vapor cu aburi care nu avea nevoie de o adâncime prea mare a apei, aveam șlepuri de o parte și de alta pentru a-l stabiliza. Un arab care zăcea pe unul dintre șlepuri suferea de malarie și toată noaptea l-am auzit strigând periodic „Allah!". Era o invocare a numelui Dumnezeului său pentru a-l vindeca. Într-un vechi papirus grecesc atribuit cultului lui Mithras este o rețetă a inițierii, un îndemn pentru elev, în care inițiatul este învățat să râdă din toată inima și să strige cât de tare poate numele lui Mithras. Aceasta este o parte foarte importantă a ritualului.

Pacientul a călătorit în Orient și fără îndoială că inconștientul său a asimilat aceste lucruri. Menționează faptul că suferă de sciatică și că ar avea nevoie de mai mult decât de o simplă invocație pentru a se vindeca. El este un om obișnuit, nu un doctor și crede că durerea pe care o simte în picior nu are nimic de-a face cu o boală nervoasă, deoarece nu are nicio legătură cu capul sau cu creierul său. Pentru omul de rând sciatica este o boală fizică, prin urmare, pentru a o vindeca, el crede că trebuie făcut ceva fizic, de exemplu o baie în mare.

Dna Muller: Sciatica poate întârzia mișcarea, nu-i așa?

Dr. Jung: Da, pacientul crede că sciatica este o boală fizică; sugerează faptul că mașina nu funcționează, el nu poate merge mai departe, o anumită evoluție nu poate avea loc. Orice boală sau rană a picioarelor sugerează acest lucru și un asemenea simbolism este adesea folosit în vise. În privința pacientului, sugestia este că lucrurile au ajuns într-un punct mort și, de asemenea, că problema nu este numai mentală, ci și fizică. Ce problemă fizică este acolo?

Dna Muller: Problema fizică ar putea fi relația sa cu lumea exterioară.

Dr. Jung: Și anume?

Dna Sigg: Nu se află în contact cu soția lui.

Dr. Jung: Lipsa sexualității, o tulburare fiziologică. El nu are o relație fizică cu soția sa. O puteți numi tulburare endocrină dacă doriți, o stare complicată, ceva fizic care-l conduce la ideea scăldării în mare. Pe drum spre casă, cineva îi spune că unul dintre pelerini a fost vindecat deja.

El asociază cu aceasta atmosfera sugestivă a mulțimii. Este încurajator când unul dintre ei este vindecat, așa că visul îi spune că deja s-a întâmplat ceva în analiza sa. Visul afirmă că magia acționează deja asupra lui. De ce ar indica inconștientul acest lucru?

Dl Gibb: Ceva este deja vindecat în el.

Dr. Jung: Da, magia acționează deja asupra lui, sugestia și-a făcut deja efectul. Inconștientul îi dă acest indiciu pentru a se orienta. Este deosebit de valoros pentru el să știe că o persoană sau o situație acționează în mod magic asupra lui. Dacă nu îți dai seama, poți fi manipulat pe ascuns de acea persoană. În analiză, dacă un pacient nu știe acest lucru, se îndepărtează de sine însuși. Primitivii se tem de ochiul malefic. Dacă te uiți la ei puțin încruntat, nu au încredere în tine. Mintea primitivă are întotdeauna grijă să nu cadă pradă magiei sau farmecelor. În Grecia, dacă arăți cu un deget spre un om, el arată cu două spre tine, în total sunt trei și farmecul se rupe. Adesea ni se întâmplă să cădem pradă unor farmece și să nu știm acest lucru. Am văzut atâția oameni aflați sub influența altora! O tânără fată care mi-a solicitat ajutorul se afla într-o stare cât se poate de bizară, în care punea în practică fantasmele altcuiva. Poți chiar și să trăiești fantasmele altor oameni, împotriva propriilor interese. Ești întrebat: „Ai vrut să faci lucrul acesta?“ — „Ei bine, am crezut că n-am de ales.“

Primitivii știu acest lucru, dar noi nu. Când cineva se află sub influența unei astfel de vrăji, nu se poate abține sau nu-și poate da seama, dar când ieși din acea atmosferă nu poți înțelege cum ai ajuns așa, cum ai gândit sau ai simțit vreodată așa. Văd foarte des situații de transfer cât se poate de clare pentru toată lumea, dar de care pacientul însuși nu are habar. Poate să ia foc și să sară-n aer fără ca măcar să fie conștient de acest lucru. Poți ajunge să te afli sub influența unor oameni foarte răi. De aceea atât de multe vise atrag atenția asupra acestui lucru, ca să știm unde ne aflăm. Pot părea ridicole, dar sunt foarte importante. Este important pentru acest pacient să știe că se află sub influența unei vrăji sau va descoperi după aceea, apoi va crede că este ceva rău acolo și va încerca să scape. Dacă nu a înțeles acest lucru, poate dezvolta rezistențe uriașe.

Când ne analizăm visele și fantasmele trebuie să analizăm nu numai propriul nostru material, dar uneori și pe acela al vecinilor noștri. Mi se pare că v-am povestit despre un pacient care nu visa și pe care l-am analizat prin visele fiului său. A durat mai multe săptămâni până când tatăl a început să viseze. Dormi într-o cameră și ceva se strecoară acolo din camera vecină. Suntem animale atât de gregare, încât simțim cea mai ușoară schimbare psihică din atmosferă, ca peștii care înoată într-un banc, unul schimbă puțin direcția și toți îl urmează. Aceasta este atmosfera sugestivă în care pătrunde pacientul. El intră în acest grup de oameni aflați în analiză și este fermecat și dacă nu o știe mai târziu va dezvolta rezistențe. Uneori, această situație ia o formă grotescă. O tânără foarte educată, foarte respectabilă, cu picioarele pe pământ, a venit la mine pentru analiză. Nu și-a putut continua analiza și a plecat acasă. Mai târziu, i-a spus unei vechi paciente de-ale mele: „Nu mi-am putut continua analiza cu dr. Jung deoarece a început să fie atras sexual față de mine". Pacienta mea i-a cerut amănunte, iar ea a răspuns: „Am avut niște vise de-a dreptul erotice despre el". Ea nu putea accepta că *ea* poate avea fantasme sexuale, așa că trebuia să le fi avut eu.

Prelegerea a VI-a.
28 februarie 1929

Dr. Jung:
Întrebarea domnului Gibb este importantă și simplă. Revine la fugă și la puii de găină; ei trebuie să fie fermecați.

Întrebarea domnului Gibb: Referitor la ce ați spus despre „fugă" acum două săptămâni, contradicția inerentă duplicității atitudinii nu s-ar manifesta mereu în vise? Gândiți-vă, de exemplu, la un om care a venit pentru analiză, dar care păstrează o afinitate secretă față de scientologie, comportamentalism sau teozofie. Cu o parte a minții sale el își tratează experiențele conștient din perspectivă analitică, și, totodată, le mai dă o explicație, prin prisma teoriei sale preferate, cu o altă parte a minții sale. Dacă nu ne confruntăm conștient cu această contradicție, nu va produce inevitabil conflicte inconștiente și, prin urmare, vise? — caz în care problema va fi tratată pe parcursul analizei în modul obișnuit.

Tipul psihologic al omului ar determina vreo diferență sub acest aspect? De exemplu, genul de conflict sugerat mai sus ar putea fi mai deranjant în cazul unui tip gândire, decât la o persoană mai intuitivă.

Sau problema apare de fapt din reticența unei astfel de persoane de a aduce la materialul său oniric asociații care ar putea provoca descoperirea contradicției?

Dr. Jung: Un astfel de conflict tulbură un tip gândire mai mult decât un tip intuiție sau simțire; un tip gândire este nevoit să joace jocul până la capăt și forțându-și la maxim capacitățile. La începutul analizei sale poți renunța la simțire; va veni mai târziu. Un tip simțire trebuie să-și clarifice mai întâi sentimentele; nu poate suporta să aibă sentimente duale. Un tip intelectual poate avea un depozit întreg de sentimente contradictorii față de tine și nu ar conta. Trebuie să abordezi fiecare tip diferențiat.

Un punct de vedere contradictoriu, o *restriction mentale*, este păstrat adesea ca un fel de contrapondere, un mijloc de apărare împotriva unui posibil transfer. Apoi, există o reticență de a oferi asociații care ar putea duce la conflict, un exemplu fiind acele femei care, temându-se că ar putea fi descoperit un transfer iminent, dezvoltă o dragoste puternică față de un alt bărbat, creând astfel o contrapondere împotriva unei posibile capitulări. Și prin Logos se construiește o fortăreață împotriva unei posibile capitulări. În Biserica Catolică, de exemplu, nu se întâmplă așa ceva. Ei s-au supus complet autorității, dar protestantul a pierdut toate acestea. El o ia razna, deși dorința lui secretă este aceea de a găsi un loc unde să poată capitula, dar nu îndrăznește să recunoască.

Haideți să continuăm visul de data trecută. Ne opriserăm la baia în mare și la contemplarea valurilor înspumate.

Imaginea este aceea a unui golf, un fel de estuar prin care intră apele oceanului cu valuri puternice și maiestuoase, spărgându-se de țărmul îndepărtat. Visătorul stă pe mal și privește acest spectacol. Asociația lui este aceea că inconștientul își trimite valurile spre conștient, așa cum oceanul își trimite valurile în micul golf. Din punct de vedere teoretic, aceasta este o descriere interesantă. Încercați să v-o zugrăviți în minte, ce ar sugera?

Dl Gibb: Întreaga activitate vine dinspre ocean.

Dr. Schlegel: Uimitoarea diferență de mărime între conștient și inconștient.

Dr. Jung: Da, uimitoarea diferență de mărime. Ne place să ne gândim la inconștient ca la ceva aflat dedesubtul conștiinței, o mizerie lăsată într-un colț. Visul aduce o imagine complet diferită. Băiețelul conștientului e nesemnificativ pe lângă imensitatea oceanului. Așa se descrie pe sine inconștientul. În asociațiile sale, urcarea pe deal reprezintă o apropiere de inconștient. Ce sunt valurile uriașe care vin dinspre inconștient?

Dr. Binger: Valuri pline de forță care pătrund în conștient.

Dr. Jung: Cum le simte el?

Dr. Binger: Ca pe un vis.

Dna Sigg: Ca pe niște emoții.

Dr. Jung: Ce emoții? Poate fi observată vreo emoție?

Dr. Binger: Frica.

Dr. Jung: Da, e posibil să fie frică. Altceva?

Dna Sigg: E posibil să fi făcut un enorm transfer asupra doctorului său. Nu are o relație bună cu soția lui, e multă simțire în fundal, iar bărbaților li se întâmplă uneori acest lucru în analiză.

Dr. Jung: Ar fi fatal să încerci să verifici această ipoteză; pacientul s-ar înspăimânta. Ar fi prea delicat să încerci să afli dacă acele valuri reprezintă un sentiment de iubire asociat transferului. Pacientul preferă să nege sentimentul, nu îl poate recunoaște. Avem nevoie de mai multe dovezi. Deocamdată este cu siguranță frică. Aceasta ar însemna că oceanul transmite valuri de frică, dar dacă este așa, cum de-i poate stârni admirația?

Dna Sigg: Ar putea fi un anumit sentiment religios. În religie, admirația este uneori combinată cu frica.

Dna Schevill: Ritmul este o regularitate impresionantă.

Dr. Jung: Da, este impresionant, dar de ce vă amintește?

Dr. Shaw: De sexualitatea lui.

Dr. Jung: Da, de sexualitatea sa se teme. Dar cu ce a comparat el marea? Cu toții trebuie că aveți complexe materne!

Dna Schevill: Cu mama eternă.

Dr. Jung: Da. E foarte important să ne amintim că a asociat marea cu „mama eternă, cauza primordială a vieții, pântecele naturii".

Dr. Binger: Îl puteți numi un simbol regresiv, dorul de mamă.

Dna Sigg: Este ca oceanul contra căruia Faust a fost nevoit să ridice un dig.

Dr. Jung: Da, dar digul nu este menționat aici. Este o dună de nisip, un dig natural. Ce puteți spune despre asociațiile cu marea?

Dna Muller: O asociază cu sursa energiei creatoare.

Dr. Jung: Cum este această asociație? Estetică, științifică, religioasă, sentimentală, regresivă?

Dna Muller: Biologică.

Dr. Jung: Nu, în niciun caz *nu* biologică.

Dra Chapin: Este filosofică.

Dr. Jung: Desigur. În vechea filosofie puteți citi chiar acele expresii; „pântecele naturii", „evoluția primului germen". Aceasta nu e biologie, ci filosofie de modă veche, mai degrabă romantică, arhetipală. Prin urmare, atunci când contemplă mișcarea mării, este ca și cum ar tempera-o. Este evident că îi stârnește idei filosofice. Privește marea cu un fel de emoție filosofică.

Dna Sigg: A fost obligat să se răzgândească în privința sexualității și, prin urmare, este obligat să își schimbe ideile în această privință.

Dr. Jung: Da, în prima parte a analizei sale s-a gândit la sexualitate ca la un obiect inutil aflat într-un colț, o dificultate personală de rezolvarea căreia nu se simțea deloc în stare. Inconștientul încearcă încet să-i deschidă ochii spre o viziune sau o concepție mai cuprinzătoare asupra sexului. Măruntul simbol al mașinii de cusut este acum ridicat la o dimensiune aproape cosmică. Ritmul mașinii de cusut este acum sistola și diastola vieții, care apare și în sexualitate, așa că el ar trebui să privească sexualitatea ca și cum ar fi ritmul mării; ritmul mamei primordiale, contracția ritmică a pântecelui naturii. I se dezvăluie astfel un alt aspect al sexualității. Aceasta nu mai este mărunta sa afacere personală, ceva ce trebuie aruncat într-un colț, ci o mare problemă de viață. Nu este o intrigă murdară, ci devine un lucru serios, o situație universală general umană. Va mobiliza acum alte forțe pentru a se ocupa de sexualitatea lui, decât atunci când o trata ca pe un fapt criminal.

Acum vede în problema sa marele ritm al vieții, o problemă a naturii, pe care o privește în mod filosofic și căreia îi poate permite să se manifeste creativ în el. Mai întâi a fost mașina de cusut care nu funcționa, apoi compresorul care a construit misteriosul drum creând mandala, iar acum este însuși oceanul, devenit simbol universal. Aceasta îi conferă o atitudine filosofică, întrucât are o șansă mai mare de a se confrunta cu problema lui. O atitudine personală față de ea nu ar fi de folos. Un om tânăr ar trebui să se confrunte personal cu o astfel de problemă, dar un bărbat de vârsta sa nu se poate confrunta personal cu ea; trebuie să o trateze ca pe un câștig pentru dezvoltarea sa spirituală, și nu pentru perpetuarea binecuvântatei sale familii.

În următoarea parte a visului, el încearcă să escaladeze acel deal de pietriș cu băiatul său cel mic, apoi observă că stropii izbesc stâncile. I se pare periculos, dealul ar putea fi distrus și se retrage. Aceasta este o încercare de abordare a inconștientului aflat în mișcare, expunându-se valurilor puternice. Din punct de vedere psihic, înseamnă că se va confrunta cu problema sa, că va acționa în această privință. Ce puteți spune despre băiatul mezin care-l însoțește?

Dna Sigg: Reprezintă progresul. La început copilul era bolnav, mort, acum trăiește, este sănătos.

Dr. Jung: Este un substitut al tatălui (pacientul). El spune că acest copil se identifică într-un mod deosebit cu el. Conform ideii primitive, copilul este cu adevărat prelungirea tatălui, replica tatălui; atât corporal, cât și spiritual, el este tatăl. Există o poveste despre un negru care a țipat la fiul său adult, și cum el nu-i dădea nicio atenție, tatăl i-a spus: „Îmi ia corpul și nici măcar nu mă ascultă!" Deci pacientul spune că acum, cu noua sa încercare, (băiatul) este plin de speranță, reformator, pornește de la început. El își propune să se apropie de mare, apoi se teme. Ce reprezintă frica în vis?

Dr. Binger: Frica de inconștient și de forțele care ar putea fi eliberate de el.

Dr. Jung: Da, el a subevaluat în mod evident puterea uriașă a naturii, dar acum vede că-i poate lua de sub picioare pământul, situația sa fermă. Înseamnă că această forță i-ar putea distruge poziția naturală, socială, fizică, filosofată. El stă, destul de interesant, între conștient și inconștient. Aceste forțe pot distruge dealul pe care se află, deoarece este format numai dintr-o adunătură de pietre și pietriș, nu are coeziune. A fost construit de mare, format de puterea naturii. Așa suntem noi, numai pietriș lipsit de coeziune, aruncat pe țărm de puterea naturii. Nu este meritul *nostru*. Nu am găsit încă un ciment care să unească tot acest material. Aceasta este sarcina visului.

Când am explicat mandala am vorbit despre acest material mărunt, grăunțe de diverse proveniențe care trebuie unite printr-un fel de procedură alchimică, pentru ca această acțiune a mării să nu-l mai poată distruge din nou. Pacientul nostru este în continuare fragmentat, împrăștiat, așa că are dreptate să nu se încreadă în deal, întrucât ar putea fi distrus cu ușurință. Aceasta înseamnă că nu are încă o individualitate, nimic nu este cimentat în el, astfel încât poate fi dizolvat de puterea inconștientului. A făcut bine întorcându-se.

Dr. Shaw: Copilul îi arată cum să-și abordeze problema cu o atitudine încrezătoare?

Dr. Jung: Da, pacientul încerca să-și privească sexualitatea cu atitudinea unei fete bătrâne. Încerca să se comporte ca una dintre cele 11 000 de fecioare abia inițiate, ignorând natura. El este mai mult sau mai puțin identificat cu copilul, și copilul cu el. Își abordează problema cu un fel de entuziasm copilăresc și se aruncă asupra ei ca atare. Pacienții se aruncă adesea și-și rup vreun picior.

Dna Sigg: Pacienții de sex feminin construiesc adesea o filosofie din care lipsește sexualitatea. De ce trebuie să fie curățat de apa mării și de foc?

Dr. Jung: Focul este doar în treacăt amintit. Baia înseamnă purificare. Ori de câte ori intrăm în contact cu natura, ne curățăm. Sălbaticii nu sunt murdari — numai noi suntem murdari. Animalele domesticite sunt murdare, dar niciodată animalele sălbatice. Materia așezată în locul nepotrivit este murdară. Oamenii care s-au murdărit de prea multă civilizație fac o plimbare în pădure sau o baie în mare. Ei pot raționaliza asta într-un fel sau altul, dar își scutură lanțurile și se lasă atinși de natură. Se poate face interior sau exterior. A te plimba prin pădure, a sta întins pe iarbă, a face o baie în mare, sunt exterioare; a pătrunde în inconștient, prin vise, înseamnă a atinge natura din interior, și este la fel; lucrurile sunt din nou puse la locul lor. Toate acestea au fost folosite în inițieri în epocile trecute. Toate sunt prezente în vechile mistere, singurătatea naturii, contemplarea stelelor, somnul incubator în templu. În Malta a fost descoperit un templu subteran din neolitic, cu dormitoare pentru inițiați și cu mici statuete care înfățișează femei preistorice dormind somnul incubației. Ele trimit cu gândul la Venus din Brassempouy, o sculptură din fildeș găsită în Franța, o statuetă paleolitică în care toate caracteristicile sexuale secundare, fesele, sânii etc., sunt foarte exagerate.[1] În dormitoarele

---

[1] Pentru statuetele malteze, vezi Erich Neumann, *The Great Mother* (*Marea Mamă*) (1955), pl. 3. Pentru Venus din Brassempouy, vezi S. Giedion, *The Beginnings of Art* (*Începuturile artei*) (1926), p. 438 şi fig. 287.

de incubație de la Malta inițiații erau scufundați în inconștient în vederea renașterii. Destul de bizar, exista un coridor care ducea de la nișele de incubație la o groapă pătrată, de doi metri adâncime, săpată în podea și umplută cu apă. Templul însuși fiind destul de întunecat, când inițiatul pășea pe coridor cădea probabil în apa rece, așa că avea parte și de baia rece, și de somnul incubației, în același timp.

După acest ultim vis a urmat o reacție foarte ciudată. Pacientul mi-a scris câteva bilete despre familia lui. Are trei copii și scrie câte ceva despre ei. „De câteva zile am observat că se întâmplă ceva cu soția mea. Când am întrebat-o ce era în neregulă, mi-a răspuns, ezitând, că se gândea la copii, că se temea că nu erau prea fericiți cu părinții lor. A spus că fata s-a comportat bizar, că a ieșit brusc din cameră plângând și nu știa să spună de ce".

Dr. Jung: Nu înseamnă că exista un motiv, poate că plângea pentru că i se părea că e interesant să plângă. Dacă ar fi fost băiat, situația ar fi fost diferită! „Apoi se teme că băiatul ar putea avea tuberculoză, pentru că a tușit. Băiatul cel mai mic nu este tocmai în regulă din punct de vedere psihic, egoist și puțin nevrotic; și el a plâns, dar mama sa a crezut că el încerca să obțină ceva în felul acesta." Visătorul scrie aceste observații în ziua următoare ultimei ședințe de analiză. Iată un bun exemplu de psihologie practică. Cum explicați toată această reacție? Pacientul era evident destul de înspăimântat de toată acea stare proastă, soția sa era posomorâtă etc.

Dra Chapin: Scrie observațiile deoarece simte că există o oarecare legătură între familia sa și starea sa psihică.

Dr. Jung: Da, dar ce fel de legătură? De ce are acest sentiment tocmai după ultimul vis?

Dr. Binger: Pietrișul este luat de apă.

Dr. Jung: Atenție, de la *soția* sa pornesc aceste lucruri.

Dr. Shaw: Inconștientul ei este contaminat de problema lui.

Dr. Jung: Aveți dreptate. El lucrează de ceva timp asupra acestei probleme. Mașina de cusut, compresorul, mandala, marea. De câteva zile, el a observat că soția lui nu se simte bine. După ultimul vis, când a întrebat-o ce are, ea a scos la iveală toate temerile în privința copiilor. E contaminată de problemele lui. Nu le-au discutat niciodată împreună, ea se află într-o etapă în care tot ce e psihologic este tabu.

Dl Gibb: Nu este numai proiecția lui?

Dr. Jung: Nu, este real, el este o persoană foarte obiectivă. El aduce temerile și plângerile soției sale, repetând, în mod evident, ce spune ea.

Dna Binger: Imediat ce problema sa se prezintă în termeni mai puțin personali, el o poate aborda, dar pentru soție devine periculoasă.

Dr. Jung: Da, atâta timp cât ea poate controla lucrurile astfel încât să nu poată fi abordate într-o manieră personală, le poate suporta, dar imediat ce este vorba de un aspect important, miroase pericolul. El nu a spus, dar chiar în clipa în care abordarea lui devine filosofică, în clipa în care simte aerul proaspăt al zorilor și nu mai este blocat, nu mai este clivat, ea începe să fie afectată. Cumva, atmosfera o contaminează. În multe căsnicii se întâmplă acest lucru. Poate că el a părut ceva mai întreprinzător în acea zi, el a urcat câteva grade, iar ea a coborât. Nu i s-a părut ca el să aibă ceva, așa că a pus-o pe seama copiilor. Așa fac mamele, se preocupă fie de soț, fie de copii. De data aceasta evident nu este soțul, deci trebuie să fie copiii. De ce copiii?

Dna Sigg: Copiii sunt simbolurile noului. Copiii lui sunt un astfel de simbol.

Dr. Jung: În acest caz, copiii sunt simbolurile mamei. Aceasta este psihologia mamei. Copiii sunt simbolurile aspectelor ei nedezvoltate. Ea apucă un drum greșit, dezvoltă rezistențe împotriva analizei, analiză care pentru el ar putea fi benefică; și își proiectează teama asupra copiilor, otrăvindu-i astfel. Întotdeauna se întâmplă așa cu mamele. Mama adevărată nu greșește niciodată. De ce ar greși? Este mamă, are trei copii și este măritată. Dacă este ceva în neregulă, înseamnă că îi privește pe soțul sau pe copii ei. Copiii nu sunt răi, prin urmare trebuie să fie bolnavi. Mamele își pot îmbolnăvi copiii cât ai clipi, pot proiecta boala asupra lor. Ștrengarul sigur va face tuberculoză! Proiectezi tuberculoza asupra unui copil și ea apare. Adesea trebuie să scoți copiii din anumite familii, pentru a-i scăpa de înfiorătoarea presiune a supozițiilor greșite. Ideea e că lucrurile sunt în neregulă cu soția. Prin urmare, pacientul este îngrijorat. El este un familist foarte atent. Soția sa înțelege cum să miște lucrurile, face un fel de zgomot psihic pentru a-l tulbura. Ea îi distrage atenția de la analiză, vorbind despre bolile copiilor. În felul acesta soția joacă rolul diavolului, el pierzând cel puțin o jumătate de oră din timpul petrecut cu mine, pentru aceste boli imaginare. I-am spus să consulte un medic și să nu-și mai facă griji. Își pierdea vremea și nu era treaba lui. Astfel, progresul poate fi blocat de o soție care refuză să acorde interes preocupărilor soțului ei. Ea are o forță uriașă, poate să aducă iadul, poate chiar să ucidă copiii. Ea are întotdeauna perfectă dreptate, dar își ucide copiii. Am tratat o femeie care și-a omorât efectiv copilul preferat. Se întâmplă.

Nu degeaba se tem copiii mici de propriile lor mame noaptea. Mamele primitive își pot ucide copiii. Din contră, în timpul zilei sunt complet diferite, atunci fiind cele mai devotate mame. Dar noaptea își scot masca și devin vrăjitoare;

își tulbură psihic copiii, îi ucid chiar. Cu cât mai mult le sunt devotate într-un sens greșit, cu atât este mai rău.

I-am spus pacientului că ar trebui să discute cu soția lui, să încerce să o facă să înțeleagă ce este de fapt analiza, altfel copiii se vor îmbolnăvi cu adevărat, iar soția, dându-și seama mai târziu că a fost vina ei, va ajunge o epavă. Poți opri această situație, când știi de la început cum stau lucrurile. Eram cât se poate de sigur că ea ar putea opri totul, ar putea îmbolnăvi copiii și l-ar putea îndepărta de analiză, înainte ca el să-și rezolve problema. Pare o superstiție, dar știu că astfel de lucruri se pot întâmpla, cum a fost cazul mamei care și-a lăsat copilul să bea apă contaminată și pe copilul mai mic chiar l-a încurajat să bea, nutrind speranța secretă că aceștia vor muri. Am avut un pacient care a reușit, după trei încercări, să-și ucidă soția printr-o elegantă metodă indirectă. Apoi a dezvoltat o nevroză urâtă. Am descoperit toată povestea și i-am spus că el și-a ucis soția, apoi întreaga psihoză a dispărut și el a fost vindecat. De atunci cred cu tărie că o femeie care începe în felul acesta trebuie oprită.

Patru zile mai târziu, pacientul a avut următorul vis [6]: „Cumnatul meu îmi spune că este o problemă la firmă. [Cumnatul luase locul pacientului în firmă.] O marfă care fusese vândută nu a fost trimisă atunci când ar fi trebuit, cu mult timp în urmă. Acum este iunie și ar fi trebuit trimisă în luna mai. S-a uitat atunci și apoi a doua oară, în iunie. M-am înfuriat destul de tare și i-am spus cumnatului meu că va trebui să plătim daune cumpărătorului, dacă acesta le va cere".

Asociații: „Cumnatul meu, care a intrat în firma noastră ca partener, mi-a scris ieri că a fost plecat într-o călătorie de afaceri și voia să mă întrebe anumite lucruri de ordin profesional. Dar nu mi-a spus despre ce-i vorba, iar în vis mă întrebam ce dorea să discute cu mine. Este o problemă, altfel mi-ar fi scris."

Despre *a vinde* și *a uita*: „Am fost întotdeauna foarte atent să-mi respect toate obligațiile. Eu am luat afacerea foarte în serios și, când am plecat, mi-a fost puțin teamă că el nu-i va acorda aceeași atenție. Dacă acum, așa cum spune visul, lucrurile sunt uitate atât de curând după ce mi-am părăsit postul, înseamnă că afacerea nu merge bine și problemele se vor ține lanț. Cumnatul meu este ca un fel de umbră a mea, este mai tânăr decât mine, s-a angajat în firmă după mine și are poziția pe care eu o dețineam anterior." Este ca și cum cumnatul său, în calitate de umbră, îl informează că afacerea este în dezordine, adică viața sa (inconștientul său) este în dezordine, adică el nu-și îndeplinește obligațiile care sunt pe deplin asumate. O astfel de omisiune ar putea fi reparată numai permițând plata daunelor. Acesta este un vis clar, cum îl explicați?

Dna Sigg: Probabil se simte vinovat de supărarea soției.

Dr. Jung: Da, el simte că e greșeala lui, dar cum explicați visul?

Dra Chapin: A vorbit cu soția lui?

Dr. Jung: Da, puțin, dar nu a fost suficient. Nu are nicio legătură cu asta.

Dna Sigg: Este o obligație față de acea parte a ființei sale, care nu a fost continuată, ceva ce are de-a face cu sufletul lui.

Dr. Jung: Da, lucrurile au evoluat într-un fel de entuziasm copilăresc. În visul anterior încerca să se arunce în tumultul vieții. Încearcă să se arunce în tumultul naturii, în valurile oceanului iubirii. Apoi observă că situația sa este oarecum periculoasă și se retrage, lăsând dealul pe care stă, alcătuit din pietriș și pietre, să fie măturat de ape.

Chiar așa trebuie să se întâmple. Apoi soția sa simte pericolul și amenință să-i ucidă copiii. Aceasta e răzbunarea ei. Este ca și cum ar spune: „Dacă îndrăznești să te schimbi, voi ucide copiii". Evident, asta îl pune în mișcare și îl îndepărtează de sarcina lui. Este îngrijorat în privința copiilor, așa că renunță. Ar fi putut duce mai departe această sarcină de cimentare a solului. El voia, dar soția lui amenință și el se oprește. Apoi vine visul și spune: „Afacerea ta este în dezordine. Ai lăsat-o în seama umbrei tale, iar ea și-a uitat obligațiile. Afacerea ta are legătură cu marea, trebuie să te confrunți cu ea. Fortifică-ți insula, așază-te. Treaba ta nu sunt bolile mărunte, nu ești soră medicală". El ar trebui să știe că soția lui e invidioasă, asta-i tot. Visul îl întoarce la îndatorirea sa.

Dr. Binger: Mi se pare a fi doar visul unei conștiințe vinovate. Poate simte că și-a neglijat soția.

Dr. Jung: Dar, de fapt, a făcut tot ce a putut. El încearcă mereu să facă așa cum e bine. A încercat să discute cu soția lui. Merge la analiză, încercând să-și rezolve problema. Asta s-ar răsfrânge pozitiv și asupra copiilor săi. Este mai bine pentru copii să aibă un tată sănătos. Greșeala lui este aceea că a acționat probabil cu o prea mare grabă, cu un entuziasm de băiețandru. Valurile erau destul de înalte. Reacția soției sale a început odată cu retragerea sa. Conștient el este corect, de încredere și sincer, așa că mă gândesc, pe bună dreptate, că a fost abătut prea mult. Adesea se întâmplă astfel în analiză, circumstanțele externe fac imposibilă continuarea, el nu este gata să facă pasul următor sau are încă rezistențe.

Visul următor [7], *o zi mai târziu*: Observă o mașină ciudată, un nou mecanism de smulgere a buruienilor. Era atât de ciudată, încât nu ar putea-o descrie. În vis nu știa decât că trebuie să o folosească.

Asociații: „Am citit recent în ziar un fel de articol emoționant despre un bătrân constructor de drumuri, care privește o mașină nouă de curățat strada.

Eficiența acestei mașini era de o sută de ori mai mare decât a lui. Prin urmare, semnificația visului este destul de clară pentru mine. Ar trebui să folosesc mașina în cazul meu."

Dna Sigg: Eu sunt de părere că nu s-a ocupat suficient de întregul material din primul vis, astfel încât a trebuit să reapară mașina.

Dr. Jung: Da, trebuie să se întoarcă la mașină. Visul anterior spunea: „În cazul în care cumpărătorul face reclamație, trebuie plătite daune". Deci, mult timp trebuie să se fi pierdut, iar mașina servește acum la smulgerea buruienilor și este de o sută de ori mai eficientă decât un om singur. Acest vis arată unde este problema. Regresia pe care a făcut-o avea legătură cu soția sa; a fost contaminat de psihicul soției sale și a ajuns la concluzia că își poate smulge singur buruienile, astfel încât să nu aibă nicio problemă în familie. Visul arată că în loc să renunțe la analiză, el poate folosi această mașină pentru smulgerea buruienilor care au răsărit.

Amintiți-vă întotdeauna Cântarea lui Ra: viermele a fost produsul lui Isis, frumoasa sa soție.

Visul următor [8], *o zi mai târziu*: „Fac un circuit cu mașina mea pe lângă Riviera. Cineva îmi spune că *route d'en haut et route d'en bas* pot fi utilizate de acum încolo numai de aceia care stau timp de două luni în țară, că toate mașinile trebuie să circule într-un sens pe drumul de jos și în celălalt pe drumul de sus. Aceste reguli se schimbă zilnic. Luni este așa, iar marți este invers, astfel încât să te poți bucura de frumoasa priveliște din orice direcție vii. Cineva îmi arată o hartă cu un plan al celor două șosele; zilele săptămânii și direcția pe care trebuie s-o urmeze vizitatorii, est-vest și vest-est, sunt indicate prin cercuri verzi și albe.

Vizitatorii care se aflau acolo doar pentru puțin timp nu trebuiau să respecte regulile și mi s-a părut mai degrabă ilogic faptul că puteau merge pe unde doreau. Auzisem, de asemenea, că și alți vizitatori protestaseră împotriva acestei reguli, pentru că trebuia să plătești dreptul de a circula pe aceste drumuri pe o perioadă de nici mai mult nici mai puțin decât șase ani. Tuturor ni se părea cât se poate de exagerat."

Asociații: „Nu am fost niciodată pe Riviera, dar am o fantasmă în legătură cu acest ținut, că acolo este o primăvară eternă, ca pe Insula celor Binecuvântați. Mă gândeam să mă duc cu mașina acolo, pentru că ar fi o excursie minunată. Nu sunt sigur dacă sunt cu adevărat două șosele. Presupun că parcurgerea lor simbolizează viața, dacă o trăiești fără să faci schimbări prea dese. Faptul că aceia care stau acolo două luni trebuie să se supună unor reguli, dar cei care se află acolo doar pentru câteva zile sunt liberi să facă așa cum le place, nu se potrivește cu viața mea, dar s-ar putea potrivi cu drumul meu în inconștient. Probabil că e tot la fel de interesant și de frumos ca excursia pe Riviera. Dacă vrei să stai cel puțin două luni, trebuie să te supui regulilor, chiar dacă nu par a fi foarte logice și chiar dacă oamenii care stau puțin timp acolo nu trebuie să le respecte. Respectând regulile, poți urca pe munte sau poți coborî în vale; acolo poți vedea lucrurile aflate la dreapta și la stânga. *Alb* și *verde* arată curs liber — numai *roșu* înseamnă stop."

Permisiunea de a călători timp de șase ani: Pacientul credea că-i spusesem că pentru o completă schimbare de atitudine ar fi nevoie de șase ani. Dar eu nu-mi amintesc să-i fi spus așa ceva. E posibil să-i fi povestit de un caz care a durat șase ani. Lungimea unei analize nu se stabilește arbitrar. Oricum, ce înseamnă o schimbare completă? Cu siguranță nu am spus ce credea el. Dumneavoastră ce părere aveți? Nu uitați că o luăm din nou de la capăt și din nou e vorba de o mașină.

Dr. Binger: Mie mi se pare că este un comentariu referitor la analiza lui. Dacă stă doar puțin timp nu poate face mari progrese, dar dacă stă cel puțin două luni trebuie să respecte regulile. Manifestă rezistență față de reguli și față de elementul timp, de asemenea față de cele două șosele, șoseaua de sus și cea de jos.

Dr. Jung: Aproape sigur are legătură cu analiza și aveți de-a face cu același tip de rezistență ca în visul mandalic cu drumurile. Aici este vorba de parcurgerea drumurilor, mașina este un automobil. Este din nou în derivă. Mașina de smuls buruienile este un mecanism sedentar, lent precum compresorul, și nu poți călători cu ea. Dar cu un automobil poți merge repede și departe. Când folosești drumul, vrei să ajungi undeva. Ținta este „Insula celor Binecuvântați", „Atlantida", locul unde trăiesc nemuritorii. Dar este puțin neobișnuit, pentru că în acea țară au anumite reguli. Este ca și cum aceste reguli i-ar fi fost impuse de țară. El vrea să meargă în inconștient și obligativitatea de a călători în acest mod ciudat aparține acelei țări. În mandala, drumul era prestabilit. Aici merge mai întâi într-un sens, apoi în celălalt, mai întâi este un impuls, apoi cel contrar! Aceasta este o descriere fină și exactă a inconștientului. Adesea este un fel de impuls sinusoidal sau o sistolă și o diastolă. Este tipic pentru inconștient; nu numai că sunt perechi de opuse, ci și impulsuri contrare care merg spre dreapta și spre stânga. Când o ia mai întâi pe un drum și apoi pe celălalt, are suficient timp să vadă ținutul din toate perspectivele. Este exprimat într-un mod optimist.

Trebuie să vă puneți în situația pacientului. Este un om de lume, un bun om de afaceri, este obișnuit să facă lucrurile exact, să-și conducă afacerile fără să piardă timpul. Dintr-odată se găsește în inconștient, unde totul este sus și jos, du-te-vino, cu cele mai contrare impulsuri și opinii. Vorbim despre una și alta și el nu poate înțelege ce naiba înseamnă totul. Este pierdut, dezgustat și nu poate înțelege că această experiență ciudată este esența. Nu se poate maturiza până când nu se expune unui astfel de proces de obstacole. Ele sunt testele inițiatului în vechile rituri de inițiere, precum cele douăsprezece munci ale lui Hercule. Uneori par lucruri inutile, precum curățarea grajdurilor lui Augias sau strangularea șarpelui cu cap de hidră. Omul de afaceri ar spune că nu e treaba lui să curețe grajdurile sau să ucidă un anumit leu. Dar în inconștient trebuie să se supună evoluției lente ce merge înainte și înapoi; unui fel de deliberări în echilibru, unui fel de torturi. Într-o zi crezi că ai ajuns la o decizie categorică, a doua zi nu mai e. Te simți ca un prost și blestemi până când înveți că ai de-a face cu perechi de opuse și nu ești tu opusul. Dacă realizezi acest lucru, ți-ai învățat lecția. Acest om nu o învățase.

Prelegerea a VII-a.
6 martie 1929

Dr. Jung:

În ultimul vis era vorba despre cele două drumuri, unul de sus și unul de jos, pe Riviera. Acum, care este situația de fapt în problema pacientului nostru? O serie de vise este precum dezvoltarea acțiunii într-o operă dramatică. Nu știm care este scopul real; nu putem decât să privim desfășurarea piesei. Vreau ca de fiecare dată, înainte de seminar, să vă gândiți la ce situație s-a ajuns în analiză.

A fost visul despre mașina de cusut și despre croitoreasă, o fată bolnavă care lucra într-o grotă umedă; după aceea compresorul a făcut un tipar, apoi visul despre o nouă mașină pentru smulgerea buruienilor, iar acum visul cu Riviera. Cum vedeți situația problemei visătorului? Ce demonstrează ultimul vis?

Dna. Deady: El a regresat din cauza reacției soției sale și tevaturii făcute de ea în jurul copiilor. Simbolismul șoselelor de sus și de jos îi arată unde se află în analiză.

Dr. Jung: Ce subliniază visul?

Dl Gibb: Nu se identifica el inițial mai mult sau mai puțin cu partea sa respectabilă? Visul arată că se află într-o stare de confuzie. Nu trebuie să se confrunte și cu impulsurile sale contrarii?

Dr. Jung: Da, el a mai abordat o dată această problemă, apoi s-a lovit de reacția soției sale, care i-a arătat posibilele efecte, iar el s-a înspăimântat și a dat înapoi; apoi a venit visul care înfățișa starea lui de confuzie, care necesită o mașină pentru smulgerea buruienilor.

Dna Sigg: Nu îl obligă inconștientul să apuce pe drumul irațional?

Dr. Jung: Da, într-o situație în care ar trebui să accepte.

Dr. Binger: Trebuie să apuce calea înspăimântătoare, deși este dificilă și lungă.

Dr. Jung: Da, greșeala lui a fost că a luat lucrurile prea simplu. A crezut că poate răsuci un buton și totul să se rezolve, așa că a purces la drum destul de entuziast. Analiza este aidoma unui laborator chimic în care oamenii acționează experimental, dar observă toate consecințele ce ar putea apărea dacă ar acționa în realitate. La fel ca în exercițiile de artilerie, se folosesc două sute de grame de praf de pușcă, în loc de două kilograme. Arată felul în care funcționează lucrurile, dar în absența riscului. Așa că el a acționat și a dat de dificultăți, indicii a ceea ce s-ar putea întâmpla dacă ar acționa în realitate. I s-au deschis ochii și s-a retras. Acum înaintează din nou și se duce spre Insula Binecuvântată, Riviera, unde află că întreaga întreprindere nu este atât de simplă pe cât își închipuia. Descoperă o situație ciudată, toate acele reglementări bizare de trafic pe care trebuie să le respecți dacă stai două luni acolo, dar dacă rămâi doar câteva zile, nu ești obligat să le respecți, iar în final i se spune că trebuie să-și dedice șase ani acestei activități. În limbajul inconștientului, șase ani înseamnă timp *îndelungat*.

În Nigeria circula odată o poveste potrivit căreia o mie de germani mărșăluiau pe teritoriul britanic, așa că o companie de soldați a fost trimisă în recunoaștere, iar la întoarcere au raportat că numai șase soldați dintr-o patrulă care se rătăcise trecuseră pe acolo. Explicația era că șase, în limba băștinașilor, însemna mulți. Ei nu număra decât până la cinci, așa că șase însemna oricât mai mult de cinci, adică 1 000 sau 10 000. Am lucrat cu un vraci bătrân care spunea că știe să numere până la 100. Folosea bețișoare, iar când a ajuns la 70 a spus: „70, adică 100"; nu putea să numere mai departe de 70. Pe parcursul civilizării, toate numerele între 1 și 9 au devenit sacre: în limbaj religios, de exemplu, treiul Trinității și candelabrul cu șapte brațe, de șapte ori șapte etc. Dar și doi și unu sunt sacre, iar în religia indiană este patru, în Egipt, opt și nouă. De trei ori patru = doisprezece, de asemenea număr sacru. Faptul că toate numerele fundamentale sunt sacre înseamnă pur și simplu că au păstrat un anumit tabu, o valoare mistică. Inițial nu erau simple numere, ci proprietăți, și nu cantități abstracte. Când inconștientul nostru spune trei, este mai puțin o cantitate, și mai mult o calitate. [Dr. Jung a demonstrat cele spuse așezând trei bețe de chibrit într-un loc și două în altul.] Dacă întrebați un om primitiv câte chibrituri sunt aici, el spune „trei chibrituri", iar acolo, „două chibrituri". Dacă iei un băț din grupul de trei și îl pui în grupul de două, el va spune „aici sunt cele două trei chibrituri, iar acolo sunt cele două două chibrituri și o dată trei chibrituri." Este vorba de *calitatea* doiului și a treiului. Primitivul numără pornind de la figurile create de lucruri. El face o deosebire estetică, deoarece numără fără să numere. De exemplu, un bătrân șef de trib știa dacă toate cele șase sute de capete de bovine ale sale se aflau în sat, deși nu știa să numere decât până la șase. Le cunoștea pe fiecare după nume, fiind în stare să spună dacă „micul Fritz" nu se întorsese. Numărătoarea este făcută după întinderea de pământ acoperită de vite și după felul în care se așază într-un anumit spațiu; este o viziune a întregului. Numărul are o valoare calitativă, o formă valorică vizuală, estetică. Poți spune că un om este trei, nu trei oameni, ci tabu sau trei sfânt. Totul depinde de valoarea dată de oameni numărului.

Figurile geometrice au valori psihologice ridicate și, prin urmare, calități magice. Numerele preiau calitățile rangurilor, de exemplu 3 x 3 = Sfânt — Cel Mai Sfânt dintre Cei Sfinți. Cifra șapte este unul dintre cele mai sfinte numere, adică o cifră care are șapte puncte, șapte unghiuri sau șapte elemente este deosebit de puternică.

Prin urmare, atunci când visul spune „șase“, sunt prezente toate aceste conotații. Visătorului i se pare că un număr destul de impresionant de șoferi protestează împotriva plătirii unei licențe pentru șase ani, când ei nu doresc să stea decât puțin timp. El se gândește la o călătorie de plăcere pe Riviera și o asociază cu o călătorie în inconștient. Va avea câteva vise plăcute și apoi se va întoarce, dar descoperă că lucrurile nu stau așa.

Inconștientul lui spune „Așteaptă! Trebuie să plătești pentru șase ani, să te dedici pentru mult timp și din tot sufletul“. Este tulburat când inconștientul îi impune o astfel de viziune asupra lucrurilor, nu-i prea place. El dorește să mențină situația simplă și rezonabilă, astfel încât toată această tărășenie legată de vise îi stârnește îndoieli.

În următorul vis [9], se află într-o situație oarecum intimă cu soția lui. El dorește să-i arate puțină tandrețe, dar ea e destul de reticentă. El începe o discuție foarte serioasă cu ea și o roagă să fie rezonabilă. Îi spune că e de părere că ar trebui să-i permită să aibă cel puțin un act sexual pe lună cu ea. În timp ce-i vorbește, intră toți copiii în cameră, sau poate nu toți, ci numai băiatul cel mare, care are paisprezece sau cincisprezece ani, așa că trebuie să întrerupă discuția cu soția sa.

Asociații: „Ocazional încerc să discut cu soția mea, dar când simt cea mai mică rezistență din partea ei, renunț, deoarece știu din remarcile ei ce rezistență are împotriva sexualității. Este de înțeles acest lucru, de vreme ce a fost sterilizată în urma unui tratament cu raze X pentru o tumoare. De atunci, a dezvoltat o rezistență destul de puternică față de sexualitate. Când au intrat copiii, continuarea discuției părea a fi imposibilă.“

Băiatul cel mare: „El a fost întotdeauna preferatul mamei sale și i-a provocat multă mâhnire. La vârsta de opt luni era să moară de enterită. De la vârsta de trei ani suferă de astm. E ceva ciudat în legătură cu acest băiat. Micile lui obrăznicii mă irită destul de tare și știu că exagerez. Sunt convins că aceleași lucruri făcute de ceilalți copii nu m-ar irita atât de mult; soția mea mi-a atras atenția în această privință.“

Dr. Jung: Ce idee v-ați făcut despre acest vis? Ce legătură are el cu visul anterior?

Dr. Binger: Impasul din visul anterior este precum impasul cu soția sa.

Dr. Jung: Ce concluzie ați trage în privința visului anterior? L-a acceptat? Sigur vă puteți da seama. El înțelege că analiza e o treabă foarte serioasă. A acceptat-o?

Dr. Binger: A înțeles care-i situația cu soția sa și de aici ajunge să realizeze ce ar putea însemna analiza.

Dr. Jung: Mai întâi este visul care-l ajută să înțeleagă că analiza e o treabă foarte serioasă. El încearcă din nou să ajungă la o soluție rezonabilă a problemei cu soția sa, așa că ne putem gândi că a acceptat visul cu Riviera, dar este rezonabilă încercarea aceasta de a-și rezolva problema cu soția?

Dr. Binger: Este compensatorie, dar este nerezonabilă, fiind ineficientă.

Dr. Shaw: Este rezonabilă, dar până la urmă el se confruntă cu o femeie și ea are ceva de spus.

Dr. Binger: Se lovește de un zid de piatră.

Dr. Shaw: Dar soția sa nu este un zid de piatră!

Dr. Binger: Tehnica sa nu e rezonabilă, cearta nu-și are rostul. El ar trebui să-i câștige dragostea mai întâi.

Dr. Jung: Da, ar trebui să-i câștige dragostea mai întâi. Este o prostie fără seamăn din partea lui să trateze problema astfel. Rațiunea nu a ajuns niciodată la inima unei femei. Poți vorbi cu un motor și să-l convingi că trebuie să funcționeze, ai putea convinge o mașină de cusut, dar niciodată o femeie în felul acesta! Visul îi arată cât de prost este, dar, desigur, nu a procedat așa în realitate. Nu știm ce s-ar întâmpla dacă ar încerca într-un mod adecvat. Nu i-am cunoscut soția, dar cred că e încăpățânată, pentru că se teme de mine. După un timp va da de naiba. Ea este necunoscuta din întreaga situație. Este ceva greșit acolo și habar nu am cum se va sfârși acest caz. Visul îi arată că drumul pe care a apucat este greșit. De ce ar interveni copiii, de ce ar intra în încăpere?

Dr. Binger: Copiii reprezintă latura sa simțitoare.

Dr. Jung: Avem vreo dovadă că așa este?

Dr. Binger: Da, modul în care a reacționat la ideea bolii copiilor.

Dr. Jung: Da, corect. Ce e cu băiatul cel mare?

Dr. Binger: Este un simbol al dragostei de început a părinților.

Dr. Jung: Da, și e suferind. Este simbolul conflictului dintre părinți. Este evident că băiatul are o nevroză și se trudește sub greutatea relațiilor strâmbe dintre părinții săi. De la vârsta de trei ani băiatul are astm. Ce dovedește acest lucru?

Dr. Binger: Că lucrurile scârțâie între părinți de când avea copilul trei ani.

Dr. Jung: Da, când o femeie se refuză astfel unui bărbat, problema lor trebuie să fie serioasă. Puteți fi absolut convinși că lucrurile nu merg de când avea copilul trei ani. Opresiunea constantă a acelui giulgiu negru al reprimării, norul de teamă suspendat deasupra lui noaptea îi provoacă dificultatea de a respira. Astmul este fobie de sufocare și cu cât mai mult crește teama, cu atât mai reale sunt sufocarea, întunericul și inconștientul. Ziua totul pare rezonabil și în regulă, dar noaptea toată acea sexualitate acumulată provoacă o teamă arhaică! Când intri în anumite locuințe unde există o astfel de situație, o simți în aer. O percepi din atmosferă, inhibiții, frici, tabuuri, fantome, deci un copil mic o percepe. La vârsta aceea, astmul este fie organic, fie vine de la părinți. Copiii de trei ani nu au astfel de probleme psihice proprii. Nu sunt disociați. Pot fi extraordinar de drăguți și de prietenoși acum, iar peste câteva momente dezagreabili, fără a fi clivați. La vârsta aceea nu au valori morale, deoarece nu sunt suficient de conștienți. În vreme ce un astfel de copil nu are niciun conflict psihic, el nu este imun la problemele parentale. Atât tatăl, cât și mama sunt plini de vibrații, iar copilul primește din plin impactul atmosferei. Dacă ați fi nevoiți să trăiți acolo, ați sări pe fereastră și ați fugi, dar copilul nu poate fugi. El trebuie să respire aerul otrăvit. Copilul este *memento mori*, însuși simbolul acelor lucruri care nu merg cum trebuie. Acel copil este atenuatorul. Când intră în cameră, atenuatorul se declanșează. „Taci, acest lucru este mai profund decât argumentele tale raționale."

Următorul vis [10], *noaptea următoare*: Problema continuă și vom vedea noi înșine în ce măsură are legătură cu dragostea. Pacientul spune: „Cineva îmi aduce un fel de mecanism. Observ că este ceva în neregulă cu el. Nu funcționează așa cum ar trebui. Îl desfac și încerc să văd unde este problema. Mecanismul are forma unei inimi duble, partea din spate și partea din față fiind unite printr-un arc de oțel. În vis sunt de părere că arcul e de vină, nu funcționează din cauza unei tensiuni inegale, de parcă ar fi doisprezece de o parte și patru de partea cealaltă."

Asociații: „De regulă, pentru un mecanism arcul este un fel de suflet. Faptul că acest obiect are forma unei inimi este, probabil, semnul că avem de-a face cu un mecanism uman. Aș putea identifica, de exemplu, gândirea cu capul, intuiția cu sistemul nervos simpatic, simțirea cu inima, senzația cu membrele. În visul acesta mă gândesc, evident, la căsătoria mea. Probabil că greșeala constă în tensiunea diferită a simțirii. Probabil că ar trebui să încep de acolo pentru a aduce simțirea la un nivel conștient; pentru a încerca s-o determin pe soția mea să se gândească la subiectele delicate fără să se lase copleșită de emoții."

Dr. Jung: Ce puteți spune despre acest vis?

Dra Chapin: Este mai puțin mecanic decât visul anterior. Visătorul se îndreaptă spre ceva uman.

Dr. Jung: Da, el spune în visul dinainte că abordarea rațională nu a funcționat. Acum observă că nu are de-a face cu un mecanism rațional, ci cu o inimă umană. Ce puteți spune despre această inimă dublă care are un arc pe post de suflet al mecanismului, aidoma arcului dintr-un ceas? Inima ca arc al mecanismului este o comparație excelentă. Vorbim despre inimă ca despre locașul vieții și ea întotdeauna a fost simbolul emoțiilor. Indienii pueblo spun că gândesc cu inimile, ceea ce desigur înseamnă o identificare a gândirii cu simțirea. Ei consideră că omul alb e nebun, deoarece gândește cu capul său. Adesea negrii spun că gândesc în stomac, senzația și intuiția sunt amestecate, toate funcțiile sunt unite. Pentru ei, visele sunt realitate; nu-ți poți da seama în ce lume trăiesc de fapt. Deci, gândurile sunt localizate în stomac. La omul mai civilizat, gândirea este în cap. Ce spuneți despre simbolul inimii duble, ale cărei părți sunt unite prin același arc?

Dr. Binger: Inima lui și inima soției sale, între care există o diferență de tensiune de la doisprezece la patru.

Dr. Jung: Da, el bănuiește că este un simbol al sentimentului dintre el și soția lui, tensiunea lui fiind doisprezece, a ei patru.

Dr. Binger: Din punct de vedere mecanic, este un arc bun.

Dr. Jung: Da, dar el trebuie să scape de acea menghină a gândirii. A avut o viață profesională grea, în care a fost nevoit să se lupte pentru el însuși și pentru succes. A redus totul la gândirea rațională și știe ce poate face cu intelectul său. Se identifică cu el, așa încât acum se află într-un fel de criză intelectualistă care nu-i permite nicio mișcare liberă. Este unilateral și îi va lua mult timp până când va putea scăpa de asta, întorcându-se la inima umană. El se consideră plin de sentiment, dar este numai sentimentalism; nu are niciun sentiment, pentru că este în exclusivitate minte.

Numai bărbații sunt sentimentali; de regulă, o femeie nu este sentimentală dacă este în armonie cu animusul său. Sentimentalismul este o slăbiciune, o indulgență, întotdeauna un semn al simțirii inferioare. Unii oameni cred că au sentimente minunate dacă le șiroiesc lacrimile. Mergem la film și plângem! Nu-i așa că suntem plini de sentimente? Minunat! Nu prea mă satisface ideea potrivit căreia cealaltă parte a inimii duble este inima soției lui. Nu prea se potrivește cu realitatea. Un singur pat, o singură farfurie, o singură cană, o singură lingură etc., este sentimentalismul lui. Ideea sa despre căsătoria perfectă este o singură inimă, o singură minte, un singur suflet etc. Aș fi mai înclinat să cred că tensiunea inegală este în el însuși.

Dr. Binger: Acest bărbat are o inimă dublă.

Dna Zinno: Numărul doisprezece reprezintă afacerea sa și numărul patru simțirea sa, iar arcul este confecționat din oțel.

Dr. Jung: Da, inima lui este încă un mecanism făcut din oțel! O substanță destul de bună, oțelul! El crede că vibrațiile oțelului sunt sentimentele sale. În realitate este tensiunea sa, rece ca gheața și dură. Așa că are două inimi, dar în realitate este una singură, cu o tensiune inegală între cele două valve. Tensiunea mai mare reprezintă afacerile, banii, puterea, iar cea mai mică mariajul. Aceasta e ideea la care aderă orice bărbat respectabil: soția nu are nevoie de atenție, căsnicia merge de la sine. Numai afacerile nu merg de la sine. Pentru soție singurul lucru care nu merge de la sine este căsnicia, deoarece aceasta-i ocupația ei. Puncte de vedere complet diferite!

Sunt întrebări în legătură cu visul? Cred că explicația este cât se poate de clară și, după mine, satisfăcătoare. Simt un fel de satisfacție atunci când interpretarea pare să fie în acord cu visul. Mecanicismul este o prejudecată a minții noastre raționale. Natura urăște această pietrificare. Visul pare să spună că inconștientul va scoate din rădăcini această concepție mecanicistă, aceasta este semnificația mașinii care îndepărtează buruienile. Viața unui om încetează atunci când se ghidează numai după idei raționale.

Visul [11], *o noapte mai târziu:* „Sunt în mare, aproape de o plajă, plonjând prin valurile înalte care vin până la țărm. Văd acolo fiul unui anumit prinț." (El are relații de afaceri cu acest prinț; să-i spunem Prințul Omar. Îl cunoaște personal pe prinț, dar nu și pe fiul lui.) „Apăru apoi tatăl meu, dar ca un individ îngrozitor de gras, ca o masă fără formă. Spuse că era să cadă pe scări și trebuie să fie dus pe brațe în apă. Vorbi cu directorul general al proprietății prințului, un bărbat cu o barbă stufoasă neagră." (În realitate, omul respectiv nu are o astfel de barbă.) „Apoi sosi însuși prințul Omar, care ne invită să luăm prânzul împreună după ce ne vom fi scăldat. Ședem la o masă cu multe persoane, iar tatăl meu i se adresă directorului general în limba elvețiană." (Desigur că el nu înțelege limba elvețiană. Trebuie să vă dau amănunte despre afacere. Pe această proprietate se cultiva o cantitate mare de bumbac, iar visătorul făcea afaceri cu directorul general.) „Tatăl meu spuse că firma noastră poate concura cu oricare altă firmă pentru achiziția recoltei de bumbac, dar prețul este atât de ridicat, încât firma noastră preferă să cedeze locul concurenței. El sugeră că moșia oferă condiții contractuale mai bune altor firme. Adesea ni s-a întâmplat să ni se ceară prețuri mai mari decât altora, dar niciodată atât de exagerate. Apoi îl acuză în față pe directorul general că a fost plătit pentru a crește prețul pentru firma noastră și că are el însuși propriul interes, deoarece astfel de lucruri se întâmplă adesea în acea ramură comercială. Prințul nu știa de târg. Tata îmi spuse că trebuie să-i explic întreaga situație prințului. Și eu am fost de aceeași părere, dar mi-era clar că voi pierde orice contract viitor, chiar și comerțul cu sămânță de bumbac cu această firmă dacă vorbesc direct, așa cum ar vrea tata. Ezitam și mă temeam că nu voi putea explica fără a-l jigni pe director. Dar am încercat, vorbind în limba franceză." (În realitate, acest director cumpăra sămânță de bumbac de la firma visătorului, deoarece ei foloseau cele mai bune semințe, dar, de regulă, nu le vindea bumac.) „Am spus că am putea cumpăra bumbacul la un preț mai ridicat decât acela oferit altor firme, dacă am putea primi o reducere la transport, făcut de proprii lor oameni." (Când cumperi de la o plantație, vânzarea este făcută de un grup de oameni, iar transportul de un alt grup, la fel cum, atunci când cumperi vin de la o podgorie, trebuie să plătești în plus pentru cules, butoaie, transport, depozitare etc.) „Eram convins că se acordă mai mare atenție la transport clienților vechi. Era de înțeles, în timp ce alte firme sunt cunoscute aici, a noastră nu e, deoarece nu am mai cumpărat până acum de aici. Condițiile de transport ale altor proprietăți sunt mereu mult mai convenabile decât ale proprietății prințului. Prințul a înțeles ce i-am spus și a fost de acord să caute soluții pentru a remedia situația."

Asociații: Baie în mare: „Adesea am asemuit marea cu inconștientul meu și valurile care se lovesc de țărm cu acea parte a inconștientului care pătrunde în conștient." *A plonja în valuri:* „Când înoți pe o mare cu valuri poți fi purtat cu ușurință de valurile care se sparg, dar e destul de simplu să plutești dacă plonjezi, atunci nu ești purtat de val. Dacă învăț să plonjez pe sub valurile care vin dinspre inconștient, e ca și cum m-aș putea confrunta cu ele." *Tatăl:* (Tatăl nu a avut vreo legătură cu afacerea, ci a fost preot și e de mult decedat.) „Tatăl meu e deformat în vis. Oamenii grași și lipsiți de formă sunt, de regulă, înceți din punct de vedere fizic și mental — și sunt inferiori. Este evident că visul îl desfigurează pe tatăl meu din toate punctele de vedere. În realitate, nu era deloc așa. Visul îl descrie ca pe un om inferior, iar apoi îl arată în continuare lipsit de tact când discută acea problemă cu directorul general. Aceasta poate aduce necazuri nesfârșite firmei noastre. Arată, în mod evident, că mă plasez mult deasupra tatălui meu în inconștient, deoarece eu nu aș vrea să am de-a face cu o situație în care se manifestă atâta corupție de joasă speță. Conștient, nu aș putea niciodată să am astfel de sentimente de superioritate față de tatăl meu."

Barbă neagră: „Directorul general nu are o astfel de barbă, dar tatăl meu avea când eram tânăr, mai târziu a încărunțit." *Prințul Omar*: „Este genul de aristocrat extrem de distins, un bărbat frumos, înalt, cu o ținută cu adevărat princiară. Are și un rol important în politică, deși nu are nicio poziție oficială; se cunoaște că este o figură puternică."

Lunga discuție de afaceri: Lucrurile sunt destul de alunecoase iar pacientul este derutat, deoarece își dă seama că l-a confundat pe tatăl său cu directorul general și pe el însuși, cu prințul. El întreabă: „Să fie întregul vis un conflict interior al tatălui meu? Tatăl meu și directorul general nu cad la învoială, putându-se ajunge chiar la o ceartă, prin urmare tatăl meu este în conflict cu el însuși în chip de director general al proprietății, iar eu trebuie să intervin pentru a rezolva conflictul explicându-i situația prințului, luând astfel întreaga problemă din mâinile tatălui meu?“

Dr. Jung: Este evident că tatăl și directorul general nu se înțeleg, iar prințul trebuie să intervină. Deși nimic nu ne spune că pacientul și prințul sunt una și aceeași persoană, deoarece tatăl său poartă barba neagră a directorului general, pacientul simte că ei sunt cumva identici și trage, de asemenea, concluzia că prințul este identic cu el însuși. Dar nu este convins că are dreptate. Spune că, de când avea opt ani și până a împlinit zece ani, părinții săi au locuit într-o casă situată peste drum de palatul prințului Omar, astfel încât el se poate identifica cu prințul.

Detaliul de negocierea afacerii: Aceasta este o realitate. Directorul general a cerut întotdeauna prețuri mai ridicate firmei pacientului meu decât altora, așa că s-a gândit că directorul general ar putea fi corupt. Dar directorul general a cumpărat întotdeauna sămânță de bumbac de la firma lui, deoarece avea cea mai bună sămânță de pe piață. Cum interpretați?

Dr. Binger: Deformarea tatălui în vis este o compensare pentru admirația și supraevaluarea infantilă a tatălui.

Dr. Jung: Da, așa este. Tatăl era un preot cu o educație aleasă. Visătorul, ca fiul cel mai mare, îl admira foarte mult. Tatăl era învățat, fiul a intrat afaceri, așa că tatăl a rămas pe un piedestal, înțeleptul cel de neatins! Și a rămas întreaga viață acolo. În vis iese la suprafață o imagine negativă a tatălui său. Visătorul îl disprețuiește pe directorul general din toată inima, dar îl identifică cu tatăl său, așa că își include tatăl în categoria unor astfel de sentimente și, de asemenea, îl deformează, în realitate tatăl său fiind foarte frumos. Prin urmare, figura tatălui din el este considerabil redusă. Ce părere aveți despre tatăl din vis?

Dr. Binger: Imaginea tatălui este desfigurată.

Dr. Jung: Da, dar aceasta este o metaforă. Ce înseamnă din punct de vedere psihic? Tatăl este mort de mult timp. Dacă ar fi locuit încă aproape de el sau i-ar fi fost asociat în afaceri, am putea spune că inconștientul îi arată lipsa sa de apreciere față de tată și că el ar putea fi la fel de coruptibil ca directorul general. Dar tatăl este mort și nu putem spune că apreciem morții într-un fel sau altul, așa că trebuie să fie ceva rămas de la tatăl său, poate o amintire frumoasă despre el. Ce înseamnă când se gândește la tatăl său așa cum îl înfățișează visul?

Dr. Binger: Dacă tatăl său este un om de calitate, el poate deplasa răspunderea pe umerii tatălui său, permițându-și sieși să fie infantil.

Dr. Jung: Aceasta ar fi atitudinea unui fiu al cărui tată s-ar afla încă în viață. Atunci fiul ar putea trăi o viață provizorie. Simte că tatăl său ar apărea întotdeauna cumva cu portofelul deschis.

Dr. Binger: Această atitudine nu se poate prelungi și după moartea tatălui?

Dr. Jung: Într-un fel da, dar nu într-o formă atât de bine definită. Cunosc două cazuri în care fiii au clacat după moartea taților lor. Duceau o viață provizorie pe care o luau drept realitate, așa că, atunci când tatăl nu a mai fost, au clacat. Aceasta îmi amintește de o povestire a lui Alphonse Daudet, *Tartarin din Tarascon.*[1] Tartarin era cel mai mare pungaș și șarlatan din întreaga Provence. Era înscris în clubul alpin, dar nu făcuse nicio ascensiune în Elveția, așa că hotărî să meargă acolo și să urce pe muntele Rigi. Ajunse acolo echipat cu o apărătoare de soare și cu tot arsenalul unui alpinist cu experiență. Găsi o cale ferată care mergea spre vârf și unde se aflau o mulțime de turiști englezi insipizi. Se îmbătă și își exprimă furia stârnită de o asemenea prostie, apoi auzi că Rigi nu este cel mai înalt munte și că ar trebui să urce pe Jungfrau. Așa că începu ascensiunea, însoțit de doi ghizi. Nu se expuse nici celui mai mic pericol, întrucât totul era pregătit pentru turiști de compania anglo-elvețiană. Râse, totul era atât de ușor, apoi se duse acasă și minți în modul cel mai nerușinat despre isprăvile sale. Unul dintre prietenii săi se îndoi de adevărul acestor povestiri și îl provocă să se cațere pe Mont Blanc fără ghizi. Așa că porniră la drum și în curând Tartarin își dădu seama că aceea era realitatea, că era un duel între viață și moarte. Se rătăciră în *mer de glace*, se adunară nori de ceață, totul era întunecat și înspăimântător! Dacă vom cădea, vom muri. Dumnezeule, era real! Se legară unul de altul și încercară să pășească pe ghețar. Dintr-odată funia se mișcă, iar lui Tartarin îi zbură cuțitul din buzunar și tăie frânghia din spatele lui și iată-l cu frânghia atârnând ca o coadă. După ce scăpă de câteva ori ca prin urechile acului, reuși să se târască înapoi la Chamonix. Acasă, în Tarascon, le povesti prietenilor lui despre îndrăzneala și curajul său și cum colegul său i-a murit în brațe. După câteva zile apăru și celălalt, care exclamă: „Deci, nu ești mort!“ Misterul a fost rezolvat atunci când ghizii au găsit frânghia tăiată la ambele capete. Acesta este un exemplu de viață trăită provizoriu. Tartarin crezuse în Compania Anglo-Elvețiană, tatăl său, dar nimic nu fusese real. Deci, când tatăl cuiva este în viață, este destul de simplu ca persoana respectivă să-și mențină atitudinea neschimbată și să trăiască provizoriu. Cu toții am făcut acest lucru. Întrebați-vă dacă voi înșivă nu ați procedat la fel. Este deosebit de tentant să presupui că „lucrurile se vor aranja“ și să trăiești astfel. Acesta este un complex patern, unul pozitiv. Dacă un bărbat are un complex patern negativ, el are impresia că trebuie să înfrunte totul cu propriile forțe.

---

1 Roman, 1872, prima parte a unei trilogii din care face parte şi *Tartarin sur les Alpes* (1885), vezi, mai jos, 12 februarie 1930, n. 10.

Prelegerea a VIII-a.
13 martie 1929

Dr. Jung:
Haideți să vedem ce putem scoate din acest vis lung și destul de complicat. Primul simbol este acela al valurilor uriașe pe care le taie înotând visătorul. El își identifică inconștientul cu valurile care ies din ocean, îndreptându-se spre conștient. Sunteți de acord? Această asociație este interpretarea pe care o fac tipurile gândire. La tipurile senzație sau intuiție[1], asociațiile nu au caracter explicativ, ci sunt coincidențe sau coexistențe, aspecte ce apar în aceeași imagine. De exemplu, dacă este vorba de perete, tipul senzație sau intuiție poate asocia cu el acel scaun, care este numai coexistent. Acesta este un tip irațional de asociație. Tipul rațional oferă asociații explicative. Dacă tipul rațional încearcă să dea asociații iraționale, ele sunt întotdeauna false, nu-și găsesc locul, așa că le cer doar să-mi spună ce gândesc despre vis. Vă satisface interpretarea visătorului? Unde a mai făcut până acum aluzie la același simbolism?

Dna Deady: În visul anterior, când a asociat băiețelul cu conștientul său și valurile marelui ocean al inconștientului venind înspre el.[2]

Dr. Jung: Da, și se temea că valurile îi vor spulbera pământul de sub picioare. De ce se temea el, de fapt?

Dl Gibb: De emoțiile sale inconștiente.

Dr Jung: Da, valurile semnifică emoționalul, dinamicul. Tipului rațional nu îi place aspectul irațional al lucrurilor. Acesta nu conferă siguranță, așa că el lasă la o parte elementul irațional sau emoțional. Nici măcar în asociațiile sale el nu acordă atenție faptului că aceste valuri care vin dinspre inconștient sunt emoționale. El este prezentat făcând față situației într-o modalitate cât se poate de competentă. El plonjează pe sub valuri și asociază spunând că, procedând așa, nu ești luat de ape. Acest vis îl bucură. Visul anterior spunea că valurile ar

---

1 În teoria sa asupra tipurilor psihologice, Jung deosebește patru funcții ale conștiinței, dintre care două sunt numite raționale, *gândirea* și *simțirea*, și două iraționale, *senzația* și *intuiția*. Termenul „tip gândire“ desemnează o persoană pentru care gândirea este funcția superioară. Vezi *Tipuri psihologice*, cap. X.

2 Vezi începutul Prelegerii a V-a, 20 februarie 1929.

putea distruge locul în care se află, dar acest vis spune: „Poți face față situației, nu este chiar atât de periculoasă."

Totul este pozitiv și depinde de el, apoi intervine un *dar*. Îl vede pe fiul prințului (pe care nu îl cunoaște personal). Prințul însuși este un om foarte important, un aristocrat, care joacă un rol foarte important în țara lui. Când o astfel de figură apare într-un vis, puteți fi siguri că se referă la o figură foarte importantă, aproape ideală. Fiul acelui om apare aici, dar visătorul nu are nicio asociație referitoare la el. Când un pacient nu are nicio asociație, este dificil. Uitați-vă ce urmează în vis, probabil că este un *contre-coup*. Următorul chip care apare în vis este acela al tatălui său, deci fiul prințului trebuie să aibă o oarecare legătură cu tatăl visătorului. Care este aceasta?

Dna Zinno: Fiul nu este cumnatul visătorului, acela care lucrează împreună cu el? Dacă tatăl său este asociat cu directorul, cumnatul său ar putea fi asociat cu el.

Dr. Jung: Dar mă îndoiesc că aceste figuri din vis sunt, din punct de vedere psihic, persoane reale din viața visătorului. În prezent, el nu mai are nicio relație de afaceri cu directorul general, așa că el (directorul afacerii) este un simbol. Prin urmare, fiul prințului nu poate fi o persoană reală din punct de vedere psihic.

Dr. Binger: Nu este visătorul însuși?

Dr. Jung: Da, de vreme ce tatăl său apare în vis imediat după fiul prințului, probabil că este vorba de fiul tatălui său. De unde înțelegem că tatăl este prințul, contrar celor afirmate de visător în asociațiile sale, potrivit cărora el ar fi prințul. Este posibil ca el să-și înfățișeze tatăl printr-o astfel de figură ideală?

Dr. Binger: Da, prin complexul său patern.

Dr. Jung: Da, el își exprimă tatăl prin figura prințului. El are un complex patern pozitiv, dar în vis tatăl este prezentat ca un bărbat gras și deformat, care era să cadă pe scări și trebuia purtat pe brațe până la apă. Tabloul pare a fi cât se poate de negativ. În asociațiile sale spune că astfel de oameni grași și lipsiți de formă sunt adesea inferiori, iar apoi, în următoarea parte a visului, tatăl său este neîndemânatic și lipsit de tact cu directorul general, atitudinea lui putând aduce mari deservicii firmei. Așa că visul îl înfățișează pe tată drept o persoană inferioară din toate punctele de vedere. El chiar își insultă tatăl. De ce?

Dl Gibb: Arată o viziune negativă asupra tatălui său.

Dr. Jung: Dar de ce?

Dr. Shaw: O compensație inconștientă pentru complexul său patern pozitiv.

Dr. Jung: Da, complexul său patern este prea pozitiv. Un complex patern sau matern pozitiv poate fi tot atât de vătămător ca și unul negativ. Te ține strâns. Inconștientului prea puțin îi pasă de iubire sau ură. Amândouă te țin strâns.

Iubirea sau ura sunt importante numai pentru conștient, pentru Eu. Ura poate fi o forță la fel de pasională ca și iubirea. Pe unii oameni îi unește numai ura, deci visul lovește în complexul patern pozitiv. De ce?

Dna Sigg: Dacă aceste calități pozitive sunt investite în tată, atunci el nu le posedă.

Dr. Jung: Un complex patern sau matern proiectează o cantitate de energie într-o formă impersonală sau ultrapersonală. Este ca și cum aș atribui altcuiva anumite calități ale mele, ca și cum ar aparține acelei persoane și nu mie. De ce facem acest lucru? Avem ceva de câștigat? — de pierdut?

Dna Sigg: Atunci când calitățile pozitive sunt proiectate, nu suntem obligați să le trăim.

Dr. Jung: Da, atunci ai avantajul de a putea trăi viața provizorie. Dacă aș fi moștenit o avere, ceea ce din fericire nu s-a întâmplat, și aș fi putut să renunț la ea, aș fi pierdut averea, dar în același timp nu aș mai fi avut responsabilitatea ei. Prin urmare, dacă îți poți proiecta calitățile asupra tatălui, nu mai ești responsabil pentru ele și poți duce o viață provizorie. Poți trăi nestingherit pentru că ai cedat tatălui toate calitățile pentru care, de fapt, numai tu ești responsabil. Tatăl visătorului era preot. Ce ne putem aștepta să proiecteze asupra lui? Obiectul proiecțiilor tale trebuie să-ți ofere un cârlig de care să te agăți. Nu poți proiecta geniul asupra unui cretin. Să presupunem că vrei să proiectezi minciuni asupra cuiva, atunci când tu ești de fapt mincinosul. Poți face o astfel de proiecție numai asupra cuiva care are un cârlig potrivit. [Râsete.] Cunosc bine lucrurile acestea și sunt pregătit pentru astfel de situații. Oricăruia dintre voi i se poate întâmpla să fie suportul unei proiecții, astfel încât vă aflați în aceeași poziție ca și mine. Cu toții avem astfel de cârlige, trebuie să vă căutați cârligul vostru, așa cum fac și eu. Proiecția este o forță teribilă. Ești mișcat de ea și nu știi de ce. Forța de impact a proiecției vine spre tine ca o bilă de biliard. Proiecția poate scoate la suprafață lucruri îngrozitoare. Dacă nu-ți cunoști propriul cârlig sau nu știi că există o ușă deschisă, diavolul (proiecția) se strecoară înăuntru și are un efect copleșitor. Nu poți fi indiferent față de o proiecție. Este la fel de important dacă eu proiectez asupra cuiva sau altcineva proiectează asupra mea. În ambele cazuri, efectul este aproape mecanic. Din proiecții se pot naște cele mai uimitoare și inexplicabile lucruri. În povestea *The Evil Vineyard*[3], un bărbat este împins să comită o crimă prin proiecția inconștientă a unei femei. Este povestea unei proiecții a animusului.

---

3 Roman de Marie Hay (Londra şi New York, 1923), discutat de Jung în „Suflet şi pământ" (orig. 1927), O.C. 10, par. 89ff.

Cazul Arnstein din Germania poate fi unul similar.[4] Într-o noapte, un bărbat a ucis opt oameni și nu s-a descoperit niciun motiv pentru care ar fi putut face asta. De ce ar comite astfel de crime un om care nu este nebun? Înainte de a comite crimele nu putea dormi, se simțea împovărat, dar nu știa de ce. După crime, în închisoare, dormea buștean. Mânca bine, a luat patru kilograme în greutate și părea perfect satisfăcut. Ucisese opt oameni nevinovați, soția sa, soacra sa, întreaga familie, grădinarii și chiar și câinele, ceea ce era mult mai rău. Când am cercetat cazul, am aflat că soția sa făcea parte dintr-un fel de casă de rugăciuni. Întotdeauna există un motiv pentru care oamenii fac astfel de lucruri, pun un semn de întrebare după *ea*. Eu sunt de părere că această femeie era un fel de diavol și a proiectat totul, iar el a preluat proiecția din atmosferă, la fel ca un medium. El era slab și neajutorat. Propriul lui frate nu putea înțelege ce s-a întâmplat. Este posibil să fi comis acele crime aflat sub puterea unei proiecții, la fel cum este cazul în *The Evil Vineyard*. Și acesta era un bărbat slab, în timp ce soția sa era puternică și este posibil ca inconștientul soției (soția care face parte dintr-o casă de rugăciuni poate avea un astfel de inconștient) să-i sugereze ce are de făcut. Poate că el s-a străduit ani de zile să construiască o ipoteză în inconștientul său. Întotdeauna a avut sentimentul că se mai află o persoană în el, de care trebuie să se ocupe. A ținut un jurnal, iar un jurnal este un semn al inconștientului care este viu și are nevoie să comunice cu cineva, așa că el a simțit că ar trebui să scrie povestea celeilalte vieți ale sale. Cu câteva săptămâni înainte de crimă au apărut câteva însemnări în jurnal despre un cuțit lung, o sugestie din partea inconștientului. Ar putea însemna: „Pregătește-te, iată ce urmează să faci." Deci, este posibil ca inconștientul soției sale să fi fost proiectat asupra sa, iar el era pregătit, la fel ca soțul din *The Evil Vineyard*. Dar desigur că exista un cârlig.

În cazul visătorului nostru, nu putem vorbi de efectul asupra tatălui, dar părinții care primesc proiecții pot fi împinși într-un rol de Dumnezeu atotputernic. Mulți analiști sunt transformați în Salvatori, ceea ce îi îndepărtează într-o asemenea măsură de realitate, încât ajung să greșească. Aceasta este boala tipică a analistului, întrucât el oferă un cârlig pentru astfel de proiecții, preocupându-se de sufletele oamenilor. Medicul trebuie să se expună el însuși la infecție, iar analistul trebuie să se supună proiecțiilor, având totodată grijă să nu fie distrus de val. Ce valoare au proiecțiile pe care pacientul le face asupra tatălui său?

Dl Gibb: Morală și intelectuală.

---

4 Cazul este discutat și în „Viața simbolică", O.C. 18/1, par. 817f.

Dr. Jung: Totul a început când s-a apucat de ocultism, acesta înlocuindu-i valorile morale și intelectuale. Iar acum impresia e că inconștientul îi critică tatăl, bastionul valorilor morale și intelectuale, pentru a distruge aceste proiecții. Ce s-ar putea întâmpla apoi?

Dl Gibb: Toate aceste responsabilități i-ar reveni din nou lui.

Dr. Jung: Da, el nu mai poate aprecia viața provizorie, de acum înainte trebuie să depindă de propriile sale decizii asupra binelui și răului, nu mai poate depinde în continuare de tatăl său. Oricine duce o viață provizorie poate depinde de valorile și deciziile care i se impun. Acesta este avantajul Bisericii Catolice. Legile veșnice au fost decise dinainte, așa că ești scutit să mai hotărăști singur în privința lor. Acum, pacientul devine propriul său tată. Dar suntem încă în procesul de subminare a imaginii paterne. Când îmi proiectez valorile morale asupra altcuiva, responsabilitatea mea este proiectată asupra aceluia. Nu sunt împovărat de responsabilitate sau de autocritică, așa că pot face în continuare greșeli fără să-mi asum vina sau fără să mă gândesc la consecințe. Spun: „Îmi pare foarte rău, dar nu știam. Scuză-mă, ce pot face în privința aceasta? Voi plăti pagubele pe care le-am provocat.", dar am în continuare același comportament. Există oameni, îi cunoașteți cu toții, care tot timpul gafează în felul acesta. Cad într-o groapă și trebuie să fie scoși de acolo. Apoi cad din nou în aceeași groapă, ca și cum ar fi fost pentru prima dată. Este aproape sistematic din partea lor, fac mereu și mereu aceeași prostie și nu observă niciodată. Aceștia sunt oamenii care trăiesc viața provizorie, care nu sunt conștienți de responsabilitatea pe care o poartă. Atunci când complexul patern este subminat, visătorul moștenește responsabilitatea și autocritica. Acum, tatăl vorbește cu directorul general al marii proprietăți, care poartă barba neagră pe care o avusese în realitate tatăl. În mod evident, acest om este identificat cu tatăl său. Grăsimea era doar pentru a-l face dezagreabil, el nu era așa. Acum este confundat cu un om cu siguranță corupt. Ce ar însemna acest lucru din punct de vedere psihic?

Dr. Binger: Un clivaj al visătorului, reprezentat aici de cele două aspecte ale tatălui său, tatăl ca prinț și ca un imbecil gras.

Dr. Jung: Da, dar să nu uităm că nu e vorba de tatăl real, ci de proiecții ale diverselor elemente ale visătorului asupra tatălui. În imaginea tatălui apar lucruri care aparțin de fapt visătorului; atât calități, cât și vicii. Astfel, pe de o parte este prințul, iar pe de alta managerul corupt. Pe de o parte își idealizează tatăl ca pe un om superior, *Prințul*, pe de altă parte, îl disprețuiește ca director general, personaj corupt. Ambele sunt aspecte ale visătorului însuși, proiectate asupra tatălui. Pe el însuși se înfățișează ca pe un om mai realizat și mai inteligent decât tatăl său, dar este și mai corupt. Asta nu observă. Dacă își proiectează valorile morale nu mai este nevoie să-și recunoască viciile corespunzătoare. Nu există nimic înalt, a cărui construcție să nu înceapă de jos. Nietzsche spunea: „Copacul ale cărui ramuri ajung la cer are rădăcinile în iad."

Prințul i-a invitat acum pe visător, pe directorul general și pe tată să rămână la prânz pentru a discuta afaceri. Ce este cu acel rol de prinț? Spunem că prințul este o supraevaluare a tatălui. Iar această persoană superioară îi invită să discute despre afaceri, evident afaceri de un nivel foarte elevat psihologic.

Dna Sigg: Cuvântul *afaceri* are în el ceva foarte tranșant, foarte hotărât. Din punct de vedere psihic, este bine să fii ca în afaceri, să fii hotărât.

Dr. Jung: Desigur, afacerile pot reprezenta un aspect pozitiv, datorită siguranței și justeței lor. Dacă vă înțeleg corect, doriți să spuneți că prințul, în calitate de tată pozitiv, sugerează corectitudine, o procedură aidoma celei din afaceri.

Dna Sigg: Ruskin[5] a spus: „Mai întâi dreptate, apoi iubire."

Dr. Binger. Nu este aceasta un fel de Curte de arbitraj?

Dr. Jung: Da, este atâta nedreptate, atâta confuzie în aceste proiecții, încât e ca și cum inconștientul ar spune: „Haideți să ne așezăm și să discutăm întreaga situație." Continuarea visului reprezintă o clarificare importantă a lucrurilor care au nevoie de o explicație. În primul rând, tatăl nu se comportă deloc ca un om de afaceri. Chiar îi spune directorului general că îl bănuiește de afaceri necinstite. Aceasta ar fi o deschidere imposibilă a unei discuții și dovedește cât de nepotrivit este tatăl său ca om de afaceri. Visătorul remarcă: „Tata este nul ca om de afaceri, așa că responsabilitatea îmi revine mie". Totuși, în ultimă instanță, directorul general este visătorul, acela care face lucruri pe sub mână. Ocazional mâna lui stângă nu știe ce face dreapta, deci este destul de ușor să aibă o conștiință curată. Ideea este că nu pot fi făcute afaceri cinstite și profitabile, deoarece directorul general este coruptibil și nu oferă condiții acceptabile. Iată ce trebuie să i explice visătorul prințului, că nu se poate trata cu directorul general, care este cumpărat de celelalte firme. Ce părere aveți?

Dr. Shaw: Prințul este cea mai bună latură a individualității sale.

Dr. Jung: Da, prințul, imaginea paternă pozitivă, este un fel de om superior cu valori morale înalte, care sunt acum retrase de la tată și duse înapoi la visător, la omul superior din el, la sinele său superior. Pare foarte complicat, dar

---

[5] John Ruskin (1819–1900), critic englez de artă şi societate. În *The Crown and Wild Olive (Coroana şi măslinul sălbatic)*, el a spus: „Fii drept cu fratele tău (poţi fi drept fie că-l iubeşti, fie că nu) şi vei ajunge să-l iubeşti" (*Works*, ed. E.T. Cook şi A. Wedderburn [1903–12], XVIII, p. 420f.).

în realitate este foarte simplu. De exemplu, când doi bărbați care se înțeleg de regulă bine se ceartă și se ajunge la o luptă, iar unul dintre ei spune: „Nu suntem proști, de ce să ne batem ca chiorii? Hai să fim rezonabili și să privim lucrurile cu calm", este o dovadă a faptului că partea superioară a preluat conducerea. În cazul acesta ar fi prințul și visătorul, unindu-se pentru a exclude metodele corupte ale directorului general, ce împiedică activitatea psihologică eficientă. Vedeți, directorul general ar fi omul mărunt, inferior, din visător, propriul său sine inferior care recurge la mijloace ieftine sau necinstite pentru avantaje sau profituri de moment, fără viitor. Pe termen lung, o afacere de amploare reușește numai dacă este cinstită, nu poate reuși bazându-se pe corupție, deoarece corupția se autodistruge. Visul încearcă să corecteze atitudinea acelui om, deoarece problema, asaltul realizat de aceste valuri inconștiente, pe care le-a întâlnit din nou, poate fi tratată numai cu onestitate, nu prin mijloace viclene, corupte. Problema sa poate fi tratată numai făcând un apel la sinele său superior, dar acel apel este complet lipsit de valoare atâta timp cât omul nu este propriul său sine superior, atâta timp cât valorile sale superioare sunt proiectate asupra tatălui și el își trăiește viața provizoriu. Cei care duc vieți provizorii sunt închiși în casete metalice, nu ai acces la ei. Prin urmare, inconștientul trebuie să cheme înapoi toate viciile și virtuțile proiectate, iar apoi, când omul este pe deplin conștient de el însuși, i se poate solicita o atitudine corectă. Aceasta se referă la analiză! Unii oameni se gândesc la ea ca la o tehnică pe care o poți cumpăra pentru a face lucrurile line și simple. „Doctore, mă poți analiza? Sufăr de un complex patern. Poți să mă scapi de chestia asta?" Aceasta înseamnă să folosești mijloace corupte și ieftine. Este ca și cum ai îndepărta un organ din corp, ca și cum ai putea îndepărta un braț într-o clipă sau să scoți inima și s-o arunci. Este imposibil. Nu poți să îndepărtezi pur și simplu un complex și să vindeci cazul. Sunt numeroase publicații care prezintă astfel tehnica analizei. Este simplă corupție, deși articolele au fost publicate de oameni bine intenționați, e ca și cum totul s-ar face bătând din palme. Sunt întrebări legate de acest vis? Este destul de simplu atunci când se înțelege ideea principală.

Dr. Binger: În ce măsură se datorează proiecția sa clivajului din propria lui viață intimă?

Dr. Jung: Este dificil de spus. Presupun că întotdeauna a existat complexul său patern. Ori de câte ori ceva este proiectat, este întotdeauna clivat. El își subevaluează și își supraevaluează tatăl în același timp. Este un da și un nu; plus și minus; pozitiv și negativ. Dacă dorim să înțelegem realitățile psihologice trebuie să învățăm acel tip de gândire paradoxală. Este valabil pentru toate perechile de opuse — sentimentele de inferioritate înseamnă megalomanie, sadismul înseamnă masochism etc. Deci, presupun că bărbatul acesta a fost întotdeauna clivat și numai în ultima vreme, când dezvoltarea sa a devenit urgentă, a distrus viața provizorie. El trebuie să vadă că e constructorul propriei sale vieți. Nu există șine, nu e drum bătut. Nu aș pune acest complex pe seama dificultăților din căsnicia sa, ci mai degrabă invers. Datorită complexului patern, nu și-a asumat suficient responsabilitatea în relația sa cu soția. Asta e treaba tatălui. Astfel, oamenii resping problema Erosului. Oamenii cu un complex patern sunt exact la fel ca aceia din Biserica Catolică. Un bun catolic ar putea spune: „De ce să vă puneți întrebări psihologice și filosofice? Toate acestea au fost stabilite de înțelepți, în urmă cu două mii de ani, la un conclav din Roma". Astfel de oameni pot face lucruri uimitoare, fără niciun fel de scrupule.

Dl Gibb: Nu ar trebui să acordăm atenție discuției însuflețite despre afacere, ca unei afaceri cu bumbac care ar putea avea o mare valoare? Nu se gândește oare să dea o nouă valoare vieții sale?

Dr. Jung: Evident, viața sa este afacerea sa. Negocierile nefinalizate sunt obstacole importante. Afacerea nu se poate dezvolta deoarece firma sa nu poate cădea la învoială cu acele mari proprietăți. Inconștientul încearcă să-i transmită ideea că ar trebui să-și stabilească o regulă diferită în viață, că nu-și poate trata afacerea cu o atitudine ieftină, meschină, ci prin prisma celor mai înalte valori ale sale.

Dl Gibb: Nu credeți că este ceva mai specific?

Dr. Jung: Nu conștient. Sunt convins de lucrul acesta, el trebuie să negocieze cu prințul în persoană, cu propriile sale valori superioare. Oamenii vor ca medicul să le alunge dificultățile, dar nu se poate.

Următorul vis [12], *în aceeași noapte:* Este o deosebire extraordinară între următorul vis și ultimul, cu o compensație dintre cele mai remarcabile. „Mă aflu într-un dormitor cu soția mea și văd o ușă care dă într-o altă cameră și care se deschide încetișor. Mă duc imediat la ușă, o deschid complet, iar în cealaltă cameră văd un băiețel complet dezbrăcat. Îl duc în dormitor, iar în vis sunt convins că nu este un băiat obișnuit. Pentru a-l împiedica să fugă (se luptă în brațele mele) îl țin strâns la piept și am un sentiment extraordinar (în niciun caz senzație sexuală) de satisfacție, ca și cum acest gest adevărat ar satisface năzuințele inimii mele. Apoi soția mea aduce diverse mâncăruri pentru copil. Văd pâine neagră și pâine albă. Copilul nu vrea să mănânce pâinea neagră, dar o mănâncă pe cea albă. Apoi zboară dintr-odată pe fereastră și ne face cu mâna din aer."

Asociații: Ușă care se deschide încetișor: Aluzie la un pasaj din a doua parte a lui *Faust*, când Faust îmbătrânește și încearcă să ducă o viață rațională. Este un monolog în care spune că îi place să-și împartă timpul în mod rațional și să abordeze lucrurile științic; apoi sosește noaptea și totul se schimbă, ușa se deschide și nu intră nimeni! Avem nevoie de magie. În visul bărbatului, ușa se deschide și nu intră nimeni.[6] Înseamnă că e ceva supranatural. El a studiat ocultismul și folosește termenul de exteriorizare, un concept ce semnifică manifestările atribuite înainte spiritelor, mișcatul mesei, ciocănitul, zgomotele din perete. El consideră că aceasta nu este determinată de o fantomă, ci de ceva din noi înșine, exteriorizarea conținuturilor psihice, iar visătorul este convins de realitatea unor astfel de evenimente. În vis, el are sentimentul că ușa se deschide într-un mod bizar. Așa că se duce să verifice și găsește băiețelul dezbrăcat în camera cealaltă.

Băiatul: Singura asociație pe care a avut-o a fost reprezentarea tradițională a Erosului, băiețelul dezbrăcat. Se simte deosebit de gratificat sentimental când îl strânge la piept.

Pâine: Pâinea neagră este mai hrănitoare decât cea albă, întrucât conține o proteină din învelișul cerealei. „Micuțul Amor nu a fost hrănit în mod corespunzător de soția mea, așa că fuge și ne face cu mâna de departe." Aici aveți o nestemată a atitudinii masculine. Renunț complet la sex! Acest vis are nevoie de o ușoară restaurare. Este un vis bun, un vis intim, personal. Cum vi-l explicați, după visul anterior, atât de obiectiv?

Dr. Binger: Conținuturile sunt în mare parte aceleași. Se vede pe el însuși ca pe un copil, Eros, Eul său infantil. În celălalt vis s-a proiectat pe el în tatăl său, deci el însuși era un copil.

Dr. Jung: Ei bine, aici e nevoie să discutăm. Cred că mai bine ne-am întoarce la text, pentru a fi siguri că suntem pe drumul cel bun. Visătorul este în dormitor cu soția lui, adică într-o situație intimă cu soția lui. Acea declarație a visului anterior, potrivit căreia el trebuie să se confrunte cu cele mai înalte valori ale sale, și nu cu cele mai de jos, îl conduce spre problema intimă cu soția sa. Atât în afacere, cât și în relația sa cu soția, ceva nu funcționează. Omul care duce

---

6 *Faust*, Partea a II-a, Actul V, în tr. lui Şt. A. Doinaş (Editura Univers, 1983), p. 233 (N.t.):
„Acum, văzduhul, de năluci e plin,
Și nu-i scăpare câtuși de puțin.
Chiar dacă-o dreaptă zi senin surâde,
În mreji de vise noaptea ne închide!
Venim voioși din câmpul plin de zvon.
Cobește-un corb. A ce? A ghinion!
În zori și-amurg, tentați de superstiții,
Ne-apar vedenii, semne, premoniții!
Ne temem, ne ferim de ipochimeni;
O poartă scârțâie, nu intră nimeni."

o viață provizorie evită Erosul. Tatăl său se pricepe la asta, el nu trebuie să-și facă probleme. Își poate închide ochii față de întreaga sa latură erotică și nu este deloc adaptat la soția sa. Nu poți folosi numai obiectivitatea în relația cu o femeie, deci este normal ca în acest vis să apară obstacolul. Visul îl duce direct în dormitor, întrucât există și o tulburare sexuală, sexualitatea fiind cea mai evidentă și cea mai clară expresie a relaționării. În această situație par a fi exteriorizate anumite conținuturi ale inconștientului. Din câte știu eu, acele conținuturi ale inconștientului care sunt atât de aproape, încât mai că sunt conștiente, au tendința de a fi exteriorizate. Sunt aproape gata să pătrundă în conștiință, dar se lovesc de anumite obstacole și sunt exteriorizate. Aici avem un mic miracol. Eu nu am prejudecăți împotriva acestor mici miracole. Astfel de lucruri bizare apar ocazional, dar numai Dumnezeu știe cum sunt legate de psihicul nostru, eu nu știu. Numai proștii au impresia că totul poate fi explicat. Adevărata substanță a lumii este inexplicabilă. În acest caz, visătorul ar trebui să priceapă că în relația cu soția sa îi lipsește Erosul. Este aproape un miracol că nu a observat. Erosul este acela care trebuie să intre. El deschide ușa, dar nu intră nimeni, apoi îl găsește pe băiețel în cealaltă cameră și îl ține o clipă în brațe, simțind o satisfacție bizară atunci când îl strânge la piept, părându-i-se ciudat că nu este o senzație sexuală. Aceasta e una dintre ideile neghioabe ale bărbaților. Ei au impresia că Erosul este sexualitate, dar nu, Erosul este conexiune. Femeia are ceva de spus în privința aceasta! El preferă să creadă că este o problemă sexuală, dar nu, este o problemă de Eros.

Pâine: Deși pâinea neagră este mai hrănitoare, copilul o refuză și mănâncă pâine albă.

Dr. Shaw: Pâinea neagră reprezintă gândirea lui, funcția lui superioară?

Dr. Jung: Nimic nu indică asta.

Dra Bianchi: El subliniază diferența dintre alb și negru, contrastul. Se poate oare presupune că se referă la natura celor doi oameni?

Dr. Jung: Nu sunt sigur de lucrul acesta. Aș spune că pâinea sugerează hrana. Mintea, inima, corpul nostru, fiecare funcție trebuie să aibă hrana sa specifică pentru a continua să trăiască, deci Erosul nu poate trăi fără hrană. Hrana dată Erosului se numește aici pâine. Negru și alb sunt simbolurile obișnuite ale valorilor morale. Albul este inocență, puritate; negrul este praful pământului, noaptea, iadul. Pâinea cu adevărat neagră (*pumpernickel*) este foarte grea și nu prea ușor de digerat. Grăunța este măcinată printr-o tehnologie foarte primitivă, astfel încât toate cojile rămân înăuntru. Pâinea este umedă și grea, dar e foarte hrănitoare. Băiatul refuză pâinea neagră și o acceptă pe cea albă. Ce înseamnă asta?

Dl Gibb: Acceptă ceea ce este mai idealist.

Dr. Jung: Visătorul însuși este foarte preocupat de mâncarea pe care o mănâncă. Are un complex în legătură cu mâncarea și dacă studiați astfel de complexe întotdeauna găsiți ceva interesant în spatele lor. Pâinea albă este făcută chiar din miezul cerealei și cojile sunt îndepărtate sau date la porci, astfel încât pâinea albă conferă ideea de lux, noblețe sau suflet. Este făcută din „sufletul“ cerealei. Oamenii care mănâncă numai pâine albă sunt oameni nobili, fini, iar cei care mănâncă pâine neagră sunt brutali, vulgari, necivilizați, inferiori. Acum, se pune problema dacă băiatul este hrănit cu hrana grea, substanțială, a pământului. Pentru conștiința noastră creștină, aceasta înseamnă hrana diavolilor și a iadului. Ce aparține pământului, ce este pământesc? Sexualitatea! Dar presupunerea generală potrivit căreia Erosul este hrănit cu sexualitate este greșită. Destul de bizar, el este hrănit numai cu pâine albă, din chiar inima cerealei, ceva ascuns în interiorul sexualității, acel ceva fiind *simțirea*, *conexiunea*. Dacă i-aș spune pacientului: „Actul sexual cu soția ta nu dovedește că te afli în relație cu ea“ nu ar înțelege, pentru că el e de altă părere. Relația se creează prin sentiment, prin raport, acestea hrănesc Erosul. Te aștepți ca după actul sexual sufletul să nu se simtă trist, dar adesea cele mai amarnice neînțelegeri și certuri în căsătorie apar după consumarea actului sexual, deoarece sexualitatea nu hrănește Erosul. Aceasta este adesea cauza directă a certurilor și separărilor.

Până acum, visul este o realizare foarte importantă. Erosul apare într-un mod miraculos și dispare într-un mod la fel de miraculos. El zboară pe fereastră. Ce înseamnă acest lucru?

Dr. Binger: Bărbatul nu este pregătit pentru o relație sentimentală.

Dr. Jung: Nu știm ce ar fi făcut Erosul dacă ar fi rămas suficient de mult timp. Poate că după un timp ar fi mâncat și din pâinea neagră, dar el nu stă suficient. El spune numai: „Nimic nu ajută; la revedere!“ Este o glumă bună și un adevăr teribil. Este pământul făgăduit, dar zăbovește numai pentru o clipă; apoi dispare, înainte de a se putea hrăni cu pâinea neagră. În analiză se întâmplă adesea așa. Pentru o clipă vezi foarte clar drumul pe care îl ai de parcurs, apoi viziunea dispare, se adună ceața și din nou ești derutat. Este o viziune spontană a adevărului care apare și dispare din nou fără a se fi concretizat. A mânca pâine în casa cuiva este un simbol arhaic al ospitalității. Dar Erosul nu mănâncă toată pâinea, numai pe cea albă, apoi dispare, făcând cu mâna de afară: „*Au revoir*, mi-a părut bine să vă văd, poate ne vom mai revedea, nu se știe“.

Dna Sigg: Mă îndoiesc că băiatul reprezintă numai Erosul. În *Faust*, băiatul era asociat cu poezia și imaginația. Era altceva.

Dr. Jung: E adevărat, e posibil să nu fie numai Erosul. Și eu mă îndoiesc. Dar am rămas la Eros deoarece visătorul nu era conștient de calitatea generală a visului său. Am putea spune că asocierea lui inițială cu Faust indică spre Căruțaș, Homunculus și Euphorion[7], cele trei forme ale acelui element pe care eu îl numesc tehnic, în vise, simbolul Puer Aeternus. Pentru mine, se referă la acest simbolism. După complexul patern, apare cu necesitate complexul infantil, în care el este fiul. Mai întâi și-a întors ochii spre tată, acum el este fiul, având încă psihologia unui băiat de opt sau zece ani, astfel încât figura Erosului ar fi aspectul infantil al visătorului. Dar în cazul acesta aspectul infantil trebuie să intre în relație cu soția sa și el nu este încă pregătit pentru asta. Putem spune că simțirea sa naivă, nesofisticată, ar trebui să intre în relație cu soția sa. Copilul este aspectul infantil al visătorului, de acord, dar este, de asemenea, și potențialul lui. Aspectele pe care o persoană le-a dezvoltat au ajuns la capăt, dar cele nedezvoltate reprezintă încă o promisiune pentru viitor. Prin urmare, băiatul reprezintă ceea ce poate fi dezvoltat, elementul care se reînnoiește pe sine în om, și un nume bun pentru acest personaj este Puer Aeternus. În trecut se spunea că Puer Aeternus era un Copil Divin care apărea și dispărea veșnic într-un mod miraculos. Băiatul etrusc Tages[8], un băiețel dezbrăcat, apare pe brazda unde ară țăranul și învață oamenii legile, artele și cultura. Adonis era un astfel de băiat. Tammuz le apare femeilor în fiecare primăvară. Zeul-pește babilonian Oannes iese din apă ca un pește, apare la răsăritul soarelui și îi învață pe oameni agricultura, legile etc., iar noaptea dispare din nou în mare. Meister Eckhart a avut viziunea unui băiețel dezbrăcat care l-a vizitat.[9] Mai sunt și niște basme englezești, în care apariția băiatului aduce întotdeauna ghinion, iar uneori este complet fatală. Trebuie să existe un motiv pentru asta, nu știu care. Puer Aeternus[10] este pur și simplu personificarea aspectului infantil al caracterului nostru, refulat, deoarece e infantil. Dacă visătorul îi permite acestui element să apară, este ca și cum el însuși ar fi dispărut și s-ar fi întors în chip de băiețel dezbrăcat. Apoi, dacă soția sa l-ar putea accepta astfel, totul ar fi bine. Băiețelul ar trebui crescut, educat, poate plesnit. Dacă elementul inferior poate intra în viață, atunci

---

7 *Faust*, Partea a II-a, Actul II. Un rezumat al destinelor acestor trei figuri este prezentat la începutul prelegerii din data de 27 martie 1929, vezi mai jos.

8 Pentru Tages, întemeietorul legendar al oracolului etrusc de la Iore, și pentru Oannes, menționat câteva rânduri mai jos, vezi O.C. 5, par. 291–292. Adonis era un zeu fenician al vegetației, iar Tammuz, echivalentul său babilonian.

9 Pentru mai multe detalii, vezi, mai jos, p. 191.

10 Jung va dezvolta această temă mai târziu, în „Despre psihologia arhetipului infans“ (1941), O.C. 9/1.

există promisiunea vieții viitoare, lucrurile se pot dezvolta, poate exista progres. În mitologie, figura acestui băiețel dezbrăcat are un caracter creator aproape divin. Ca Puer Aeternus, el apare în chip miraculos și dispare apoi în același mod. În *Faust*, are trei forme: Căruțașul Băiat, Homunculus, Euphorion. Cu toții au fost distruși de foc, adică, în cazul lui Goethe, toți Pueri Aeterni au dispărut într-o izbucnire pasională. Focul aduce sfârșitul oricărui lucru, chiar și al lumii. Focul, care este seva culturii, poate izbucni și distruge totul. Aceasta se întâmplă din când în când, cum a fost, de pildă, în revoluția bolșevică, atunci când forma culturală nu a mai putut susține tensiunea energiei, iar focul a izbucnit și a distrus civilizația rusă.

Prelegerea a IX-a. 20 martie 1929

Dr. Jung:

Nu am finalizat simbolismul colectiv al ultimului vis. Dar, mai întâi, sunt întrebări din ultimul seminar?

Dl Gibb: Ce ne spune faptul că soția visătorului aduce pâinea, și nu el însuși?

Dr. Jung: Da, e important, ține de partea personală a visului.

Dl Gibb: În realitate, soția sa e mai degrabă apatică, de ce aduce ea hrana în vis?

Dr. Jung: În asociațiile sale, pacientul dă o explicație, spunând că Erosul a plecat pentru că soția lui a adus hrana nepotrivită.

Dl Gibb: Se pare că soția a adus multe feluri de mâncare.

Dr. Jung: Da, explicația sa nu ține seama de aceasta. Vă amintiți că am evidențiat acest lucru în seminarul trecut. Soția a adus și pâinea albă, pe care copilul a mâncat-o, așa că afirmația soțului nu este întru totul justă. Mai bine am relua visul. Este un vis dificil, deoarece conține două elemente foarte diferite, mai întâi situația personală concretă a visătorului, lipsa sexualității, a Erosului, în căsnicia sa. Dar, în al doilea rând, mai apare ceva: intervenția supranaturală, care complică aspectul personal concret al situației. La nivel personal, problema este aparent insolubilă. Adesea, oamenii care suferă de anumite simptome care par a fi personale nu sunt capabili să-și rezolve problemele la acel nivel deoarece importanța lor se datorează unui eveniment colectiv. O situație personală poate fi afectată de convingerea generală că lucrurile care provoacă problema respectivă trebuie să fie într-un anumit fel. Atâtat timp cât oamenii suferă de pe urma ideii că anumite situații se datorează greșelilor personale, acestea nu pot fi corectate.

Este ca și cum ar construi repede o casă, apoi ar veni o iarnă foarte friguroasă, iar casa nu ar putea fi încălzită cum trebuie; ei cred că e vina lor, că nu au construit bine casa, când de fapt adevărata dificultate constă în caracterul neobișnuit de friguros al iernii. Nu este vina lor. Același lucru este valabil și pentru opinii. Convingerile generale pot provoca probleme individuale. Oamenii din India au idei religioase ciudate, care nu sunt deloc igienice, prin urmare problemele lor individuale se datorează greșelii generale. Dacă întrebi oamenii de ce nutresc astfel de convingeri, îi întrebi de ce sunt morali și religioși, deoarece aceste idei sunt religia lor. Ei se vatămă singuri printr-un fel de atitudine idealistă. Binele care trebuie considerat o virtute poate avea cele mai rele consecințe. Chiar același lucru care îl face să fie o virtute determină consecințele nefericite. În interpretarea visului său, dacă nu luăm în considerare caracterul colectiv al simbolismului Erosului, nu îl putem înțelege. Vom încerca să mergem cât de departe putem cu interpretarea personală. Vă amintiți că visătorul se află într-o situație intimă, în dormitor, cu soția sa. Atunci intervine supranaturalul. Ușa se deschide și nu intră nimeni. Dar când bărbatul se duce în camera alăturată, găsește băiețelul dezbrăcat. El aduce băiețelul în dormitor și până acum s-ar putea afirma că, în mod evident, lipsește iubirea; dar nu este adevărat, deoarece într-un fel el își iubește soția și soția lui îl iubește. Sexualitatea nu funcționează. În general, oamenii deosebesc prea puțin sexualitatea de iubire, iar cele două cuvinte sunt interșanjabile. În Franța, „faire l'amour" înseamnă a avea contact sexual. Prin urmare, se poate spune că Erosul din vis este sexualitatea, deoarece este evident că aceasta lipsește în căsnicie. Cu toate acestea, când îl îmbrățișează pe băiat, visătorul observă că sentimentele sale nu sunt sexuale, el simte satisfacția unei altfel de iubiri. Visul subliniază acest lucru, așa că băiatul nu poate reprezenta sexualitatea. Apoi se spune în vis că soția îi aduce băiatului ceva de mâncare, în special pâine albă și neagră, iar el refuză pâinea neagră și o mănâncă pe cea albă. Apoi, visătorul presupune că băiatul pleacă pentru că soția lui nu l-a hrănit cu ce trebuia. Mergând pe ideea sa, că băiatul înseamnă sexualitate, el poate afirma că soția sa are o atitudine mai degrabă negativă din acest punct de vedere, nu hrănește Erosul așa cum trebuie și acesta pleacă. Este evident că interpretarea sa personală nu îl duce nicăieri, așa că trebuie să pătrundem mai profund în vis. Vă amintiți mai întâi că v-am spus despre acest pacient că este un tip gândire și, prin urmare, face asociații interpretative. Este singurul mod în care poate asocia acest tip. Unii analiști refuză astfel de interpretări și spun pacienților lor: „Trebuie să oferi simple fapte, nu explicații". Dacă un tip gândire încearcă să ofere acest tip de asociații, se va îndepărta și nu va lega între ele faptele corecte, ceea ce îi va falsifica asociațiile. Prin urmare, trebuie să-i acceptați stilul explicativ, asociațiile sale poate că sunt nepotrivite, dar același lucru este valabil și pentru tipul irațional; poate veni cu fapte și sentimente care să deruteze analistul, iar el trebuie să țină seama de toate acestea. Totuși, visătorul asociază băiețelul dezbrăcat cu o figură antică, pe care o putem numi Eros; dar acela este un concept grecesc apt de multe interpretări, nu poate fi luat numai drept sexualitate. În vis, sentimentul bărbatului este unul de iubire. El spune în asociațiile sale: „Nu era deloc vorba de sexualitate", deci până și în vis se aștepta la ceva sexual. Aceasta este așteptarea în relația nenaturală cu soția lui, relația sa nesexuală. Bărbatul își iubește cu adevărat soția, așa cum înțelege el iubirea, iar soția sa îl iubește pe el; nu te poți aștepta de la oameni la ceva care să le depășească înțelegerea. Bărbatul face tot ce poate, cu excepția sexului. Visul spune că soția face tot ce poate pentru a hrăni copilul, așa că explicația lui, potrivit căreia soția nu îi dă copilului hrana potrivită, nu este adecvată. Din vis putem mai degrabă să tragem concluzia că soția lui se descurcă la fel de bine ca el. Ei se află împreună noaptea în dormitor când se întâmplă un lucru incredibil, ușa se deschide și nu intră nimeni. Într-o astfel de situație ar tremura și cel mai înverșunat raționalist, dar bărbatul se duce sigur pe el în camera cealaltă, găsește băiatul și îl aduce în dormitor, apoi soția își îndeplinește partea sa și îi aduce băiatului mâncare. Este ospitalitate în adevărata sa formă primitivă, dar tot nu dă roade și copilul dispare pe fereastră. Este ca și cum le-ar spune: „Amândoi faceți ce puteți, dar sexualitatea nu merge". Deci, băiatul acesta este altceva. Ce este el? Nu este sexualitate, deoarece faptele visului o contrazic. Poate fi iubire, cu siguranță nu este numai sexualitate. În vis avem un alt indiciu util: băiatul este dezbrăcat, de ce? Visătorul spune că acesta este modul tradițional în care e reprezentat Erosul, asociația sa indicând spre ideea de zeitate. Nu vă alarmați când vorbesc despre o zeitate. Oamenii au impresia că eu dau ceva jos de pe Olimp cu un cârlig metafizic. A gândi ceva nu înseamnă că acel lucru este adevărat sau că există. Putem gândi o ipoteză. Aici ne ocupăm de o idee, de un element psihic moștenit. Tendința minții este aceea de a funcționa așa cum funcționează dintotdeauna și este mult mai probabil că va continua să funcționeze așa cum o făcea cu cinci sau zece mii de ani înainte, mai degrabă decât într-un mod în care nu a funcționat niciodată. Este cel mai probabil ca acele idei care au fost vii de-alungul secolelor să revină și să fie implementate. Ele sunt arhetipuri, modul istoric și, deci, general de funcționare.

Meteorologii prognozează vremea pe baza datelor ultimelor câteva zile; când sunt câteva zile urâte la rând, cel mai probabil este să prevezi și pentru ziua următoare vreme urâtă. Continuitatea se naște în mod firesc din inerție și la fel se întâmplă și cu mentalitatea noastră. Când mintea omului a funcționat în același fel secole de-a rândul, este cel mai probabil că va continua să funcționeze în același fel. Când visul introduce o zeitate în conștiința visătorului, aceasta nu înseamnă altceva pentru el decât o metaforă. Pot spune despre un vin: „Nu-i așa că-i divin?" recurgând la o metaforă, un mod exagerat de a lăuda vinul; nu înseamnă că zeul își are lăcașul acolo. Așa este introdus și Erosul aici, într-un mod metaforic, ca o personificare poetică a acelui lucru numit iubire. Totuși, pentru inconștient, apariția unei zeități este un fapt divin, cu toate accesoriile zeității. Atunci când ideea de zeitate apare în funcționarea minții, este prezentă ceea ce grecii numeau *deisidaimonia* (teama de demonic). Ușa se deschide și nu intră nimeni. Deci, atenție la fantome, diavoli etc.! Zeitatea este întotdeauna precedată de teroare, de frică sau de sentimentul unei prezențe divine, de o atmosferă specială, ca un fel de trenă emoțională. Visul este destul de clar în această privință, așa că suntem îndreptățiți să presupunem că se subsumează vechii idei a apariției zeului. Romanii și grecii antici înțelegeau zeitatea. Ei nu spuneau că un bărbat s-a îndrăgostit, ci că „a fost lovit de săgeata lui Eros". Era personificarea emoției iubirii, un principiu autonom activ care lucrează în om. Îl proiectau, desigur, asupra copacilor sacri, a crângurilor, peșterilor, râurilor, munților, asupra Olimpului. Acum nu înțelegem acel tip de psihologie, dar omul primitiv (și grecul era om primitiv) era atât de conectat într-o *participation mystique* cu obiectul, încât acești zei făceau parte din viața lui. Așa că, dacă spunea „Zeul acestei mese mi-a vorbit azi-noapte", era ca și cum unul dintre noi ar spune: „Am visat că un anumit complex a apărut sub forma acelei mese". De exemplu, o femeie care și-a pierdut tatăl a visat că l-a întâlnit, iar el i-a spus că după moarte s-a reîncarnat în funcționar și acum era un tânăr foarte sărac (fusese bogat). Ea l-a întrebat: „Cum ai ieșit afară?", deoarece îl știa în ceainicul său. Răspunsul lui a fost: „Jung a ridicat capacul și am fugit." Aceasta este o idee cât se poate de trăsnită, dar dacă știi ceva psihologie primitivă, o poți înțelege. Acolo, strămoșii trăiau în oale și urcioare. De aceea indienii din America Centrală își sculptează cănile ca pe niște chipuri umane, pictează picioare și brațe, ochi și urechi pe vasele lor de gătit, deoarece acestea sunt spiritele, divinitățile domestice, zeii căminului șezând lângă foc. Când i-am povestit acest lucru pacientei mele, totul i-a fost mult mai clar și a făcut un transfer patern asupra mea, ceea ce însemna că mintea ei a fost eliberată și se putea pune pe treabă. Asocia reîncarnarea tatălui său cu propria sa renaștere și reînnoire. Aceea este ideea arhetipală în vise.

În visul de acum al pacientului nostru avem un caz similar. O zeitate este o personificare a unui factor autonom. Ce se întâmplă când îl reduci la un factor psihic?

Dr. Binger: Eu cred că este sufletul bărbatului, un fel de anima. El îl ia în brațe. Este o parte din totalitatea lui.

Dr. Jung: Dar nu este o femeie.

Dr. Binger: Poate fi sinele său renăscut.

Dr. Jung: Este cu siguranță un element din psihicul său, dar prezentat ca un zeu, un băiat.

Dr. Schlegel: Ceva ce aparține viitorului său. Este mai tânăr decât visătorul, un sine mai tânăr.

Dr. Jung: Da, un aspect viitor al său ca băiat, dar asta nu explică ideea de zeitate. Este ceva care nu face parte din sfera sa personală. V-am mai spus că există astfel de paralele istorice. Tages, zeul-băiat etrusc care iese din brazdă în timp ce țăranul ară, îi învață pe oameni legile și meșteșugurile și dispare din nou. Apoi, mai este și viziunea lui Meister Eckhart din secolul al paisprezecelea. Odată, Meister Eckhart a fost vizitat de un chipeș băiat dezbrăcat. El l-a întrebat de unde venea.

—Vin de la Dumnezeu.

—Unde l-ai lăsat?

—În inimile virtuoase.

—Încotro te îndrepți?

—Spre Dumnezeu.

—Unde-l vei afla?

—Acolo unde voi fi părăsit toate lucrurile create. (aparențele, vălul Mayei).

—Cine ești tu?

—Un rege.

—Și unde este regatul tău?

—Chiar în inima mea.

—Ai grijă să nu-l împarți cu nimeni.

—Așa fac.

L-a luat în chilia sa și a spus:

—Ia orice veșmânt îți place.

—Atunci, nu voi mai fi rege, a spus el și a dispărut.

L-a avut pentru o clipă alături pe Dumnezeu însuși. Apoi, Meister Eckhart relatează un vis al Fratelui Eustachio din Paris. A văzut mulți călugări care stăteau în cerc în refectoriu, dar nu vedea ce se petrece, era ceva nou, plăcut și atractiv. Întrebându-se ce poate fi, s-a apropiat și în mijlocul călugărilor a văzut cel mai frumos copilaș, Domnul nostru Iisus Hristos, Fiul Fecioarei, Doamna noastră dragă, și era atât de frumos, încât niciun om, oricât de serios sau de trist ar fi fost, nu putea să nu râdă văzându-i frumusețea extraordinară. Copilașul a cerut pâine, iar Fratele Eustachio s-a dus la cămară; dar nu a putut găsi nicio pâine suficient de bună; numai o bucățică de pâine albă. A căutat până a găsit o franzelă întreagă, dar nu era complet albă, așa că nu i-o putea da copilului. Își făcea deja griji, când Fratele Ruopreht, care era însărcinat cu coacerea pâinii, a venit și l-a întrebat ce căuta cu atâta stăruință. „Caut o pâine albă deosebit de frumoasă, pentru a o da Domnului nostru." Fratele Ruopreht i-a răspuns: „Stai liniștit, îți voi găsi eu o astfel de pâine". A găsit-o, iar Fratele Eustachio i-a dus-o copilului. Copilul a spus: „Sunt mulți preoți mari, dar ei nu vor să-mi ofere ceva atât de pur, perfect și simplu. Au lucruri care sunt pure și lucruri care sunt perfecte, dar nimic pur și perfect și simplu. Dar sunt câțiva, adesea oameni neînvățați, care îmi oferă ceva pur, perfect și simplu." Atunci, Eustachio și-a dat seama că umilul frate care a găsit pâinea era un astfel de om și de atunci încolo l-a ținut pe Fratele Ruopreht în mare cinste și l-a iubit cu toată puterea inimii sale, deoarece era omul care putea aduce acel ceva pur, perfect și simplu.[1]

Observați ce fel de zeitate este, un gând nou, un spirit nou. Toți zeii din vechime au fost realități psihice, devenind apoi idei. Zeii din vechime, reprezentați de planetele Saturn, Jupiter, Marte, sunt vechii zei personali care locuiau în Olimp. Mai târziu au devenit elemente constitutive ale caracterului uman. Vorbim despre o expresie saturniană, un temperament mercurian, o ținută marțială, un comportament jovial etc. și uităm că în felul acesta asociem omul cu marii conducători ai Olimpului. Un zeu îți poate apărea după bunul său plac și dacă îl integrezi sau îl cinstești, cum se spune, înseamnă că ai căpătat un nou spirit, o nouă atitudine. Hristos este un ideal personal, apoi moare și este un spirit. De Rusalii, el coboară din Rai sub forma unor limbi înfricoșătoare. Apostolilor li s-a insuflat un anumit spirit, o nouă forță a început să lucreze în ei, o nouă idee. Să presupunem că o nouă idee mă înflăcărează. Înainte de a o avea, atunci când se afla încă în inconștientul meu, era o zeitate, un daimon, ceva divin; apoi devine noua mea atitudine, noul meu spirit. De aici, toate denumirile diferite ale cuvântului *spirit*.[2] „În spiritul tatălui meu decedat" poate însemna „Nu vreau să-i displac duhului său", mai poate însemna „în acord cu convingerile sale", adică doar o atitudine. Acum ajungem la întrebarea ce este cu adevărat zeitatea. Meister Eckhart vede în copilașul dezbrăcat pe Dumnezeu sau pe Iisus. Copilul însuși afirmă că vine de la Dumnezeu, că este un Rege, iar Regatul său se află în inima virtuoasă. S-ar putea spune deci că aspectul echivoc al copilului în această viziune nu este doar acela de Zeu, ci de Rege al Regatului Cerurilor, care se află înăuntru, în interiorul nostru, nu este acel Dumnezeu din afară. „Dumnezeu dinăuntru" este aproape un termen tehnic, demonstrat prin figura unui copil. Ar însemna astfel că Dumnezeu are calitățile unui copil. Din acest fapt psihic puteți înțelege cuvintele lui Iisus: „De nu vă veți întoarce și nu

---

1 *Texte aus der deutschen Mystik des 14. und 15. Jahrhunderts*, ed. Adolf Spamer (Jena, 1912), p. 143, 150. (Notă în *Sems*)

2 Pentru diferitele conotații ale cuvântului „spirit", vezi „Contribuții la fenomenologia spiritului în basm" (1945), O.C. 9/1.

veți fi precum pruncii".[3] Acest Dumnezeu, această divinitate, are chipul unui copil. Dacă nu veți fi precum un copilaș, nu puteți intra în Împărăția Cerurilor, nu puteți realiza Dumnezeul interior.

Dificil este că atunci când Dumnezeul interior devine vizibil îl poți descoperi numai prin lucrurile pe care le numim infantile, copilărești, prea tinerești în noi înșine, dar tocmai acestea promit dezvoltarea ulterioară. Tot ce este deja dezvoltat în noi nu are viitor, și-a atins punctul culminant. Viața continuă întotdeauna prin aspectele care sunt nedezvoltate. Acela este fundamentul mereu creator din care se nasc muguri noi, iar când lucrurile sunt conținute într-o formă autonomă, lucrurile care nu fac subiectul alegerii noastre sunt zei și daimoni. Tot ceea ce rezistă psihologiei noastre este un zeu sau un daimon deoarece nu se conformează dorințelor noastre. Este ca și cum am fi posedați de temeri, emoții, voci șoptite în afara noastră. Toate conținuturile noi sunt mai întâi conținuturi autonome; și unde există un astfel de conținut putem fi siguri că în dezvoltarea sa va pune stăpânire pe individ, cu sau fără voia lui, și va aduce o mare schimbare în viața lui. Mai târziu va fi spiritul în care lucrurile sunt făcute sau spuse. Deci, în acest vis, și-a făcut apariția un nou spirit. În timp ce bărbatul este concentrat încă asupra problemei sexuale, inconștientul lui spune: „Nu este nicidecum asta, este Dumnezeu", un lucru care este și nu este acolo, pe care nu îl poți controla. Dacă dispoziția sau atitudinea ta este binevoitoare față de o zeitate, atunci aceasta ar putea apărea, te-ar putea binecuvânta. Visătorul nu înțelege deloc acest lucru. Așa cum am văzut din asociațiile sale, el își privește problema ca pe una mecanică, sexuală, dar inconștientul său spune că soluția problemei depinde de zeul care intră în scenă. Zeul este încă un complex autonom, nu a devenit încă atitudine sau principiu director. Paralele colective îl arată pe acest copil mereu conectat la ideile vremii. În Evul Mediu, el este creștin, Bambino, Iisus. Nici nu se gândesc să-l numească Tammuz sau Dionysos. Probabil că nici măcar nu știau că anticii îl venerau pe Dionysos sub chipul unui băiețel. Îl numeau Pruncul Hristos. Îl reprezentau într-o formă care însemna ceva pentru ei, ceva impresionant și atunci îl numeau Fiul lui Dumnezeu. Dumnezeu era atunci un fapt exterior. Noi nu mai putem numi acea mică zeitate Tammuz sau Dionysos, pentru că nu mai trăim în epoca aceea. În mintea noastră modernă actuală nu îl mai putem explica așa; îl înțelegem mai psihologic decât oricând. Explicăm băiețelul dezbrăcat ca pe un fapt psihologic. Peste o mie de ani poate că vor avea un nume complet nou, dar va fi numai o nouă formă de expresie a aceluiași fapt vechi. Planetele nu vor protesta niciodată

---

3 Evanghelia după Matei, 18:3.

față de numele pe care li le veți da. Pentru Jupiter este indiferent dacă îi spuneți Jupiter sau altfel. Trebuie să interpretați aceste fapte din punct de vedere psihologic, dar conform celor mai bune teorii pe care le aveți la dispoziție. Învățătura creștină originală era cea mai bună în vremurile ei. Un bătrân părinte grec care trăia în A.D. 190 se referea la creștinism ca la „filosofia noastră care a înflorit în vremea lui Augustus." Creștinismul din zilele acelea era interpretat ca o filosofie, era unul dintre sistemele gnostice, un fel de teorie despre cum să trăiești cel mai bine. Observăm o astfel de posibilitate într-o adaptare psihică la viață. Noi nu mai credem într-o revelație investită cu autoritate. Gândirea noastră nu se mai conformează acestor precepte absolute. Pentru oamenii de acum două mii de ani însemna ceva să spună: „Fiul Domnului a apărut". În vechime, toată lumea avea revelații. Principiul care a funcționat timp de două mii de ani a fost acela conform căruia cineva deținea adevărul și îl putea revela. Coloana vertebrală a Bisericii Catolice este pretenția deținerii adevărului etern. Acesta este investit în Papă și tu nu trebuie decât să-l accepți. Dar pentru noi nu este suficient. Nimeni nu ar spune acum că adevărul i-a fost revelat, noi nu putem construi pe fundamentul revelației. Noi credem în demersul sincer de a înțelege faptele psihice. Dacă privești cu suficientă curiozitate aceste lucruri, în spiritul devoțiunii științifice, vor avea același efect pe care îl avea înainte revelația investită cu autoritate. V-a lămurit această interpretare a simbolismului colectiv?

Dr. Binger: În termenii simbolismului modern, ce nume i-ați da Băiatului?

Dr. Jung: Eu folosesc întotdeauna metafore pentru a desemna aceste lucruri. Dacă i-aș da un nume, l-aș prinde și l-aș ucide. Oamenii s-ar agăța de *cuvânt*, dar dacă spun Puer Aeternus, folosind o metaforă, înțelegem cu toții la ce se referă.

Dr. Binger: Există vreun simbolism modern?

Dr. Jung: Nu, nu există. Și în mod cert nu doresc să inventez o cușcă în care să insinuez că l-am prins pe Puer Aeternus.

Dr. Binger: Mă refeream la faptul că înainte a fost folosit „Hristos". Există ceva care să-l simbolizeze?

Dr. Jung: Acele lucruri apărute în vremurile de demult au ajuns la noi prin utilizare. Puer Aeternus este un băiat păstor. În filosofia creștină sunt multe forme ale imaginii păstorului. „Păstorul oamenilor" este și un nume pentru Hristos, „Zeul Misterului", „Învățătorul Misterelor". În *The Shepherd of Hermas (Păstorul din Hermas)*[4], păstorul este Hristos, dar numele de Hristos nu este deloc

---

[4] Hermas înflorise în jurul anului 140 d.H. *Păstorul* (*The Shepherd*) face parte din *The Apostolic Fathers*, tradusă în limba engleză în 1917 de Kirsopp Lake, vol. 2, pp. 6–305. Jung dă citate lungi,

menționat în carte. Se spune că Hermas era fratele celui de-al doilea papă[5], un creștin, dar pe vremea în care creștinismul era un cult misterios, și cum zeii nu puteau fi numiți, era numit simplu Păstorul. Într-o vreme, Hristos era înfățișat ca Orfeu, sau ca păstorul zeu, cu un miel pe umăr. Atunci se obișnuia ca acest principiu diriguitor să fie numit „Păstorul care mână turmele", „Conducătorul oamenilor", „Pescarul de oameni", prin urmare Hristos era identificat cu Orfeu și, de asemenea, cu Bachus. Simbolismul peștelui, prezent în Biserica creștină timpurie, era adesea reprezentat în cultele păgâne ezoterice. Într-un templu al cultului lui Bachus este o veche podea mozaicată, pe care simbolismul peștelui este folosit la fel ca în cultul creștin. Etruscii îl numeau Tages, „băiatul dezgropat", „băiatul ieșit din brazdă". Nu știu unde a apărut numele de Tages, dar exista evident obiceiul de a-i da acelui băiat un nume. Acei pacienți ai mei care au avut o experiență cu Puer Aeternus îl numesc doar „Băiatul". Când îi aud vorbind despre „Băiatul", „Steaua", „Lupul de Mare" sau „Scânteia de Foc" am senzația că aud un text antic, mă poartă gândul la Egipt, unde se vorbea despre „Ochiul lui Horus". Nu poți înțelege de ce „Ochiul lui Horus". Este doar o abreviere pentru o experiență foarte subtilă care crează valori evidente, un fel de atmosferă misterioasă. Nimeni nu știe ce poate însemna „Băiatul". Acei oameni care vorbesc despre „Băiat" sunt într-un fel tabu, sunt considerați de regulă puțin nebuni. Sunt convins că în antichitate, când oamenii vorbeau despre „Poimen", „Pescarul de oameni", „Dumnezeul Spânzurat", ceilalți îi considerau nebuni. În Palatinatul din Roma a fost descoperit de curând, pe zidul unei încăperi care se presupune că fusese un fel de academie militară pentru cadeți, un crucifix caricatural, un bărbat cu cap de măgar[6] realizat într-o manieră copilărească, purtând inscripția în limba greacă: „Astfel își venerează Alexandros Dumnezeul." Face referire la vechea poveste evreiască în care Yehova era venerat cu chip de măgar. Sunt reprezentări ale lui Set, diavolul egiptean, cu un cap ca de măgar (probabil nu măgar, ci okapi[7], un fel de antilopă cu urechi lungi care trăia în nordul Egiptului), crucificat cu trei cuțite înfipte în el. Efectul unui astfel de cult asupra oamenilor acelor vremuri, care nu știau despre ce e vorba, era deosebit. Marii scriitori din zilele acelea nu știau de unde provenea și nu cunoșteau limba noului cult. Era

---

însoțite de comentarii, în *Tipuri psihologice*, *Tipuri psihologice*, par. 430ff.

5 Pius I, decedat, cu aproximație, în 154.

6 Vezi *Simboluri ale transformării*, O.C. 5, par. 421, 622 și fig. 83.

7 Seminarii: „ogapi". Probabil că se referea la okapi, dar acel animal asemănător cu girafa își are habitatul în Congo (Zairul modern). A Gardiner (*Egyptian Grammar*, a treia ed., 1957, p. 460) e de părere că animalul asociat cu zeul Set este „probabil un fel de porc". Vezi, mai jos, 26 iunie 1929, p. 285.

un fel de cult ezoteric iudaic, dar tot ce știau oamenii era că membrii săi nu aduceau sacrificii cezarilor.

Întrebare: Care este semnificația Dumnezeului crucificat?

Dr. Jung: Ne-am îndepărta astfel prea mult de subiectul visului. Păstorul este un simbol al „Călăuzei de turme", o figură care le unește. În vis este vorba de păstor, acela care ține turma unită. El este cel care aduce împreună bărbatul și femeia. Acești doi oameni sunt amândoi preocupați de băiat. Bărbatul aduce băiatul, iar soția aduce mâncarea. Băiatul este *tertium comparationis*. Când sunt două lucruri opuse, ele trebuie să fie unite printr-un al treilea, adică o nouă unitate, nu doar printr-un compromis între cele două. Procesul trebuie să fie triangular. Dacă nu intervine ceva nou în relație, ea nu poate funcționa. În acest caz sexualitatea nu funcționează, deoarece lipsește elementul superior. Dacă lipsește elementul superior sau elementul inferior, nu funcționează. Amândoi ar putea realiza importanța elementului de jos, dar nu și a celui de sus. Căutăm lumea tangibilă și concretă și ezităm să ne gândim la faptul că absența unei religii vii este importantă. În Biserica Romano-Catolică, doi oameni nu sunt căsătoriți așa cum suntem noi. Ei sunt căsătoriți *in Christo*, Hristos îi unește. Doi oameni care nu sunt căsătoriți *in Christo* nu sunt căsătoriți deloc, căsătoria lor nu este reală. Autoritatea Bisericii este supremă, atât pentru căsătorie, cât și pentru separare. Ideea este aceea că ființele umane nu pot fi unite altfel decât prin Dumnezeu. Am văzut un vas roman din secolul al doilea, realizat probabil de un creștin, de vreme ce înfățișează o căsătorie creștină. Are câteva scene, arătând diferite aspecte ale relației dintre bărbați femei. Este un cuplu unit printr-un trident — prin *Neptun*! Un bărbat folosește o rădăcină de mătrăgună pentru a fermeca o femeie — *seducție, vrăjitorie*. Apoi, un cuplu cu mâinile unite printr-un pește. Peștele îl reprezintă pe Hristos. Aceasta este ideea Bisericii Catolice, cei doi sunt uniți în și prin acel fapt spiritual. Pentru noi, peștele reprezintă un conținut al inconștientului. Deci, acest „Băiat", în calitatea sa de nouă personificare, reprezintă o revelație a inconștientului, nașterea din inconștient. Ideea din vis este aceea că băiatul ar trebui să intervină pentru a restabili legătura. Apare, apoi spune adio! Nu poate rămâne, pentru că acești oameni nu-i înțeleg semnificația.

Prelegerea a X-a.
27 martie 1929

Dr. Jung:

Vă veți mira, probabil, că acord o prea mare atenție simbolului „Băiatului", dar cu greu poți supraestima importanța acestui simbol. M-a preocupat în mare măsură, așa că am pătruns cât de mult am putut în istoria sa. V-am oferit deja câteva frânturi din istoria acestui „Băiat", iar astăzi doresc să vă dau exemple mai recente, în același spirit. În a doua parte din *Faust* apare „Băiatul". Foarte puțini oameni sunt familiarizați cu a doua parte a lui *Faust*. Când eram tânăr nu o înțelegeam deloc, abia mai târziu mi s-a dezvăluit. Sunt anumite lucruri frumoase și minunate în ea, dar fără cunoașterea inconștientului colectiv e dificil să înțelegi ce vrea Goethe să spună. Criticii habar nu au la ce se referă. Prima parte din *Faust* a fost scrisă de Goethe în tinerețe, iar a doua parte când era destul de bătrân, așa că între cele două este experiența unei lungi vieți. A fost ultima sa operă și conține din abundență material inconștient. Acela a fost modul lui Goethe de a exprima experiențele sale cu inconștientul colectiv. Fiind un geniu, era conectat la el. Când trăiești cu adevărat inconștientul colectiv ai parte de experiența crucială a vieții tale, o experiență remarcabilă. Nu o poți compara cu nimic altceva decât cu experiența reală a acestei lumi vizibile, cu toate frumusețile și riscurile sale. În *Faust*, Goethe îi spune lui Wagner[I]: „Tu ești conștient numai de una din laturile vieții, bucură-te că nu știi nimic despre cealaltă". Aceasta înseamnă că viața umană este suficientă pentru oamenii obișnuiți, celeilalte nici măcar nu-i pot face față. Cu toate acestea, anumiți oameni trebuie să trăiască experiența celeilalte părți a lumii, inconștientul colectiv, lumea interioară. Deci nu putem fi uimiți când găsim în Faust un Puer Aeternus. Simbolul ia acolo trei forme. Faust trece prin multe situații diferite ale vieții exterioare. Goethe a fost foarte impresionat de uriașa revoluție socială din Franța și, de asemenea, de inventarea bancnotelor. Deci, Faust apare mai întâi ca un mare reformator economic și social al curții, un consilier al regelui. Era, de asemenea, și un fel de vrăjitor, un jongleur inteligent, un geniu financiar, un Mussolini. Acesta ar fi tabloul caracterului lui Faust. Și în

---

I *Faust*, Partea I, „La poartă." „Tu numai un îndemn cunoști, e drept;/Ascuns rămână-ți celălalt, mai bine!", p. 25, ed. cit.

cele din urmă descoperise ingineria, care tocmai își lua avânt atunci când scria Goethe și era o realitate în Elveția acelor vremuri.

Konrad Escher, un inginer elvețian, a fost cel care s-a ocupat de asanarea unei întinse zone mlăștinoase, focar de malarie, situate la poalele munților.[2] În munca sa, acesta a depus un mare devotament personal, iar Goethe a folosit acest devotament drept simbol, în a doua parte a lui *Faust*. În Olanda secolului al șaptesprezecelea, furtunile puternice de pe mare au spart digurile și se plănuia construirea unui dig uriaș, pentru a lua înapoi teritoriul cucerit de mare. Așa că în *Faust* se construiesc diguri și se recuceresc pământurile fertile pentru cultivații. „Băiatul" apare pentru prima dată cu numele de „Knabe-Lenker", Băiatul Ghid sau Căruțașul, atunci când Faust este la curtea regelui. Citind textul, nu putem înțelege de ce apare acest băiat și însuși Goethe se jena oarecum de apariția lui și nu știa cum s-o explice. Băiatul vorbește: „Eu sunt risipa, eu sunt poezia./ Poetul care se autodesăvârșește când/ Își risipește însuși bogăția./ Căci și eu sunt bogat peste măsură;/ La focul generos, ca Plutus ard;/ În dans și-n chef i-aduc găteli și-alură,/ Și ce-i lipsește lui, aceea-mpart."[3] (depășindu-l pe Plutus, ale cărui bogății întreceau orice imaginație). El crește intensitatea, ca și cum s-ar inflama din ce în ce mai mult. Vorbește mulțimii la un mare festival: „Priviți, aici, cu mâna mea, ca daruri,/ Am împărțit neprețuite haruri:/ Pe-un câmp sau altul joacă dinadins/ Mici flăcărui, pe care le-am aprins;/ Dar când pe unul, când pe altul sar;/ Pe-acesta stau, pe celălalt dispar,/ Și numai rareori se-aprind și cresc,/ Cu licăr scurt și repede lucesc;/ Dar vai! cele mai multe se preling,/ Se mistuie cu jale și se sting." Apoi, sfârșitul Băiatului Căruțaș. Festivalul se încheie cu focuri de artificii și, dintr-odată, totul este cuprins de flăcări, iar el dispare în foc, rămânând în urma lui numai cenușa. Acel personaj a ieșit din scenă. În următoarea sa apariție, Faust se plimbă încă prin lume, realizând lucruri minunate. Se întoarce și îl găsește pe Wagner, raționalistul, instalat în fostul său laborator, unde întreprinde ceva uimitor, realizând un omuleț într-o retortă, un Homunculus. Crearea unui astfel de omuleț era visul Evului Mediu și Faust se minunează. Apoi, noaptea, Homunculus zboară în retorta sa de sticlă și ajunge la Câmpiile Elizee. În Evul Mediu, Mefistofel a jucat un rol uriaș, dar aici el apare într-o situație aparte, fiind mai degrabă ca un măgar printre figurile mitologiei grecești, în lumea antică unde nu există nici rău și nici bine. Homunculus apare în această lume de zei și zeițe

---

2 Johann Konrad Escher von der Linth (1767–1823), constructor al Canalului Linth, destinat să prevină inundațiile provocate de Lacul Zürich.

3 *Faust*, Partea a II-a, Actul I, ed. cit.

și îi întreabă cum să facă să iasă din retorta sa de sticlă și să pătrundă în lumea reală. Numai bătrânul zeu Proteus, care ia întotdeauna forme noi, îl poate sfătui: „Întâi la măruntișuri să te-apleci,/ Zorindu-te să-nghiți pe cei mai mici", foarte înțelept. Homunculus se bucură de un sfat atât de bun și începe să sară în sticla lui și apoi se întâmplă ceva minunat. Galatea vine de peste mări pe tronul ei. Vă amintiți de Pygmalion, care a sculptat frumoasa statuie a Galateei, apoi s-a rugat de zei să-i dea viață. Dorința lui a fost îndeplinită, iar ea s-a transformat într-o femeie reală. Acum, Homunculus o vede venind, este încântat și se grăbește spre ea; se aruncă spre tron, retorta sa ia foc și el dispare în flăcări. Urmează a treia formă a „Băiatului". Faust, mai dezamăgit decât oricând, coboară la Mame. Acolo găsește tripodul magic și din flăcările tripodului produce cuplul perfect, Paris și Elena. Faust se îndrăgostește de Elena, care este de fapt ascunsă în spatele Margaretei, femeia cea mai frumoasă, perfectă. Trăiește cu ea și fructul unirii lor este Euphorion (cel fericit), o fire pătimașă, aer și foc, care curând începe să umble după fete, sărind ca o pală de foc pe urmele lor. Are o existență scurtă, până este cuprins de flăcările iubirii și dispare. Tipică în acest simbolism este existența scurtă, ca viața unei flăcări, care se sfârșește de fiecare dată în foc. În primul caz, puterea pune capăt vieții „Băiatului" (arde în aerul rarefiat al puterii sale). În celelalte două cazuri, este ars de emoția iubirii.

Puer Aeternus apare și într-o altă carte, a unui autor destul de necunoscut.[4] Probabil că el este un excentric, iar cartea o ciudățenie, dar ideea este extraordinară. Povestea este aceea a unui orășel foarte respectabil din Germania, construit în jurul unei catedrale. Există un pastor luteran și societatea obișnuită, medicul, primarul și oficialitățile orașului; toți sunt modești și respectabili. Se zvonea că apăruseră câțiva băieți ciudați, care purtau bonete din piele maro. (Aceasta este o viziune obișnuită în dementia praecox. Probabil că autorului îi lipsea o doagă.) Zvonurile urâte referitoare la acești băieți păreau să aibă ceva ciudat, inexplicabil, deoarece nimeni nu se putea proteja împotriva lor. Într-o seară se ținu o petrecere unde apăru un individ bizar. Era foarte interesant, umblat, și cunoștea o mulțime de povești. El scoase o fiolă mică neobișnuită, în interiorul căreia se afla o flăcăruie. Le spuse celor din jur că era o raritate și cine privea în interiorul său va vedea adevărul. Doamnele și domnii își uniră capetele și se uitară în sticluță, unde apărură două ființe umane minuscule, gazda și un bărbat care nu era soțul ei. Erau dezbrăcați și înlănțuiți într-o îmbrățișare pasională.

---

4 Bruno Goetz, *Das Reich ohne Raum* (1919), pe care Jung o citează adesea. În „Wotan" (1936), O.C. 10, par. 384, Jung a interpretat romanul ca o anticipare a Germaniei naziste.

Toți fură scandalizați, dar continuară să privească. Apoi petrecerea se sparse, iar oaspeții plecară rușinați și scandalizați. Străinul dispăru și nu mai fu văzut niciodată. Câteva luni mai târziu, toți cetățenii de vază erau adunați la marele eveniment al sezonului, balul oficial. Fetițele erau îmbrăcate în alb, iar doamnele mai în vârstă în negru, toată lumea stătea țeapănă pe lângă pereți, vorbea puțin, dansa puțin, totul era teribil de respectabil și de plicticos. Nimeni nu îl observă pe băiatul cu bonetă din piele maro care intrase pe ușa din spate, urcase la balcon și se ascunsese. Atmosfera se schimbă fără veste, orchestra cânta mai cu foc, fetele râdeau tare, iar primarul îi spunea soției sale glume fără perdea. Lucrurile luară amploare, deveniră tot mai sălbatice, până când se ajunse la o adevărată orgie, la ceva extraordinar de primitiv și nimeni nu era conștient de ce se întâmpla. Apoi băiatul dispăru, râzându-și în barbă. Pe loc își veniră cu toții în fire, trezindu-se în cele mai neobișnuite atitudini, cu alți parteneri decât ai lor. Erau copleșiți de rușine, de nedumerire și scandalizați. Săptămâni întregi stătură închiși în case și nimeni nu îndrăznea să-și privească vecinul în ochi. Aflară apoi că acești băieți făcuseră lucruri îngrozitoare prin alte părți, așa că oamenii începură să-și explice tot ce se întâmplase la bal; unul dintre băieți trebuie să se fi aflat acolo și el era de vină, așa că au fost împăcați. Dar pastorul, care nu participase la bal, nu era împăcat deloc. Înainte oamenii nu mai îndrăzneau să meargă la biserică, dar acum simțiră că pot merge din nou. Pastorul îi aștepta și a început să-i blesteme pentru orgia lor diavolească, căci el nu credea deloc în „Băieți". Mânia lui îi făcu pe oameni să se dezumfle. Dar pastorul nu observă cum un băiețel cu o bonetă din piele maro se furișă în biserică și se cățără pe o coloană de lângă amvon. Îl privi pe pastor, care zâmbi și se lumină pe loc, continuându-și predica, dar folosind cuvinte pe care nu intenționa deloc să le rostească. Deveni din ce în ce mai înflăcărat, continuând să blesteme, dar cu termeni diferiți, folosind un limbaj obscen și făcând glume imorale și, în cele din urmă, împingându-și enoriașii într-o orgie fioroasă. Era mai rău decât cele petrecute la bal, tocmai în biserică! Apoi băiatul dispăru și cu toții își veniră din nou în simțiri. Pastorul era cu soția primarului etc. Asta era prea mult, mai mult decât puteau suporta. — Este exact atitudinea personajului copilului din a doua parte a lui *Faust*, cel ce a sfârșit în flăcări, arzând până s-a transformat în cenușă.

Al treilea exemplu îmbracă o formă filosofică și teologică. În cartea lui Wells, *God the Invisible King*[5], Dumnezeu este un fel de tânăr ignorant care încearcă să îmbunătățească lumea și care are nevoie de sprijinul nostru. Wells îl descrie pe

---

5 H.G. Wells, *God, the Invisible King* (1917).

Dumnezeu ca pe un adolescent care încearcă să-și dea toată silința, cu un mare entuziasm. Wells a fost sever criticat pentru acea carte, dar eu am cunoscut un tânăr din această țară, un tânăr talentat, de șaisprezece ani, care a avut o revelație religioasă și care mi-a vorbit despre ideea sa de Dumnezeu, care semăna perfect cu aceea a lui Wells; era revelația lui cea mai dragă. Simbolul „Băiatului" pare a fi o imagine arhetipală, încă foarte vie în timpurile noastre. Îl puteți considera pe Goethe modern, deoarece *Faust* nu este nicidecum perimat, este încă foarte real.

De exemplu, dacă aș avea o astfel de fantasmă și analistul meu ar interpreta-o, el ar spune: „Nu mai ești tânăr, dar porți în tine ideea băiatului. Simțind probabil inevitabilitatea bătrâneții, băiatul este compensația ta. De ce e așa? În atitudinile, comportamentul și credințele tale ești prea bătrân. Ești mai bătrân decât e necesar, așa că inconștientul compensează bătrânețea ta prin figura „Băiatului". Goethe este, desigur, megafonul timpurilor moderne. Fiecare mare poet exprimă ideile și sentimentele ce sunt comune tuturor, altfel nu ar avea cititori. Nu ar fi nici înțeles, nici apreciat. Eu am experimentat efectul ideilor lui Nietzche atunci când nimeni nu era în stare să-l înțeleagă. Locuiam în același oraș. Avea un stil și o gândire aparte. Nimeni nu îndrăznea să recunoască că a văzut ceva în Nietzsche, pentru că în felul acesta ar fi ieșit din turmă. S-ar fi simțit în afara propriei sale lumi. Dar Nietzsche prevestește timpul nostru, așa cum face Goethe în a doua parte a lui *Faust*. Putem vorbi despre simboluri generale, comune multor oameni și exprimate în multe feluri diferite, și putem aplica interpretarea individuală fenomenelor sociale ale timpului nostru. Cum ați aplica-o dumneavoastră?

Dr. Binger: La fel cum ați aplica-o dumneavoastră într-un caz individual. Suntem bătrâni.

Dr. Jung: Da, suntem trecuți, iar inconștientul colectiv general simte nevoia să genereze simbolul tinereții, ca o compensație. În ce fel suntem prea bătrâni?

Dr. Binger: Suntem la fel ca burghezii din orașele medievale.

Dr. Jung: Atitudinile, idealurile noastre sunt prea demodate. De ce ? Întrebați-i pe preoții noștri, ei nu vor recunoaște.

Dr. Binger: Cred că ne e teamă de puștani.

Dr. Jung: Ideea e că nu există puștani cu bonete de piele. Oamenii nu își dau seama că ideile noastre generale, teoriile noastre generale, sunt bazate pe principii care nu mai au viață; nu sunt idei moderne. Mulți oameni încep să se împotrivească instituțiilor noastre, deoarece ele nu mai cred în principiile pe care le susțin, așa că peste tot este o stare de neliniște. Moralitatea noastră se bazează încă pe teorii medievale. Nu ne-am mai recunoaște credința în focul Iadului, dar, de fapt, nu avem alt fundament pentru moralitatea noastră în afară de ideea focului Iadului.

Această idee funcționează în anumite minți, dând naștere unor rezultate oribile. Lamprecht, un filosof german, care nu mai este în viață, a scris o cărțulie intitulată *The History of Civilization (Istoria civilizației)*[6], în care spunea: „Este evident că umanitatea a fost foarte imorală, pentru că a trebuit să traverseze o epocă de incest. Primele ființe umane erau frați și surori". Aceasta se bazează pe presupunerea că primii părinți au fost Adam și Eva. Omul acela nici nu a gândit. Așa funcționează ideile arhetipale. Autorul a acceptat povestea lui Adam și a Evei, așa că lui i se părea normal ca omenirea să fi trecut printr-o epocă a incestului. Dacă omului îi era sortit să se răspândească, nu o putea face altfel decât prin intermediul surorii. Iar aceasta a fost publicată cu titlul de operă științifică!

Purtat de entuziasm, un profesor din Berna spunea: „Umanitatea se îndreaptă dinspre regiunile înghețate ale Polului Nord spre flăcările eterne și pătimașe ale Polului Sud". A ținut-o un timp așa, până când nu s-a mai putut și a trebuit să demisioneze, dar escrocheria lui Lamprecht a trecut neobservată, nimeni nu i-a demascat povestea. Acceptarea acestor idei arhetipale ne influențează felul în care gândim și acționăm, dar aceste lucruri nu sunt niciodată discutate. Recent însă un american a scris un articol minunat, „The Death of an Ideal" („Moartea unui ideal"), idealul iubirii. Credința generală este aceea că iubirea ar fi idealul cel mai înalt. Acest lucru nu a fost niciodată discutat, dar ar trebui. Epoca noastră va demonstra că iubirea nu este cel mai înalt ideal — viața este! Acest autor nu a fost influențat de mine, căci eu nu am afirmat public faptul că iubirea nu e cel mai înalt ideal.

După tot ce v-am spus despre Puer Aeternus, ne putem întoarce încă o dată la vis și la pâinea albă pe care el o preferă; pâinea albă, așa cum ați văzut deja, semnifică puritate. „Băiatul" vrea pâine albă pură, ca în povestea fratelui Eustachio. Există o legătură specială între acest vis și complicatul vis despre afaceri. Cum le-ați asocia dumneavoastră?

Dr. Binger: Este un contrast între directorul corupt și prinț.

Dr. Jung: Bineînțeles, directorul nu poate oferi pâine albă. Aceasta e un fel de pată morală. E periculos să folosești cuvântul *moral*. Nu este un cuvânt bun, deoarece nu are o semnificație clară. În anumite societăți este moral să sacrifici copii, să torturezi, să cumperi și să vinzi sclavi. Cuvântul *moral* vine de la latinescul *mores* — obiceiuri, cutume. Noi îl asociem cu ideea de bine și rău, dar trebuie să ne amintim mereu că semnificația cuvântului este relativă.

---

[6] Karl Lamprecht (1856–1915), istoric german; se pare că niciuna dintre lucrările sale nu corespunde acestui titlu. Jung îl citează mai târziu pe Lamprecht în *Răspuns lui Iov* (1952), O.C. 11, par. 576, într-un mod similar.

Ideea de bine și rău nu este aceeași în epoci diferite sau în țări diferite. Aici, o persoană care spune o minciună e imorală, dar în Italia acesta ar putea fi un obicei elegant, poate fi o dovadă de amabilitate. Numai germanii se simt jigniți de acest lucru atunci când vin în Italia și, posibil, englezii. O dată, plimbându-mă cu bicicleta prin Italia, am nimerit pe un drum destul de prost, mi-a intrat un cui în roată și un țăran italian m-a ajutat cu multă amabilitate. A fost foarte încântat când l-am invitat la un pahar de vin într-o tavernă și se vedea că e mândru să fie văzut bând cu mine acolo și nu a acceptat niciun ban. M-am gândit că omul acesta nu mă va minți, așa că l-am întrebat cum e drumul în continuare. El a ezitat o clipă și apoi a spus: „Bellissimo, minunat! Este cel mai bun drum din lume, toată lumea merge pe drumul acela". Am luat-o pe acolo și primele zece minute nu au fost probleme, apoi se dovedi a fi un drum dat naibii. Făgașele erau atât de adânci, încât era imposibil să mergi cu bicicleta și timp de două ore am mers prin întuneric, pe lângă bicicletă. La început am fost foarte nervos, apoi am realizat că italianul mă făcuse fericit măcar pentru zece minute. Un elvețian mi-ar fi spus adevărul de la început și ar fi blestemat drumul, așa că nefericirea mea ar fi început cu zece minute mai devreme! În Italia, așa ceva era moral. Ar fi fost necivilizat să spui un lucru atât de urât precum era adevărul. Luther spunea: „Dacă soția ta te refuză, du-te la slujnică" și era un reformator religios. Acum, acest lucru ar fi considerat foarte imoral. Dacă veți citi pe îndelete discursurile sale, veți găsi multe pasaje savuroase, desigur necitate. Prin urmare, morala acestui vis trebuie înțeleasă ca obicei, cel mai bun lucru din câte știi, diferit în secole diferite, dar întotdeauna cel mai bun pentru acea situație și acel moment. Visul spune că trebuie să-ți dai toată silința. Trebuie să-i oferi acelui copil cea mai bună mâncare din ce poți tu oferi. În visul anterior, el trebuie să repare situația creată de directorul corupt. Aici, el trebuie să-și dea toată silința pentru a-i oferi copilului cea mai bună mâncare. Care este prognosticul dumneavoastră? Care credeți că va fi următorul vis? Nu cu mult timp în urmă, el putea găsi o legătură între viața sa conștientă și lumea sa onirică. Viața sa este pe drum sigur, iar inconștientul său este trăit pe deplin în cabinetul meu.

Dr. Binger: Ar putea foarte bine să aibă un vis în care trăiește o experiență erotică cu soția sa.

Dr. Jung: E o presupunere. Alta?

Dna Sigg: Un vis l-ar putea sfătui ce are de făcut în continuare.

Dr. Jung: Care ar fi acel sfat?

Dna Sigg: Nu știu.

Dr. Jung: Dar este important de știut. Vă referiți la un sfat legat de clarificarea relației lui cu soția?

Dr. Shaw: Că ar trebui să-și clarifice relația cu soția într-un mod mai înțelept, nu prin sexualitate.

Dl Gibb: Ați spus că nu a fost încă în stare să pună în practică povețele viselor, așa că de ce nu ar avea acest vis o natură opusă, contrastantă?

Dr. Jung: Avem două puncte de vedere categorice. Pentru care votați?

Dr. Binger: Îmi dau seama că greșesc. Sunt gata să mă retrag.

Dr. Shaw: Eu cred că ar trebui să rămână la părerea lui.

Dr. Jung: Aceasta ar fi calea conștientă, dar noi am spus că pacientul nu poate uni în mod conștient tot acest material. Întrebarea se referă la visul său următor, nu la reacția sa conștientă.

Dr. Shaw: La ce fel de contrast se referă domnul Gibb? Ne-ar putea spune mai multe.

Dl Gibb: Nu ceva care să aducă speranță, ceva apropiat mai degrabă de o regresie.

Dr. Shaw: Către ce?

Dr. Schlegel: Adevărata problemă a visătorului nu este atât relația sa prezentă cu soția, cât relația sa cu propriul lui suflet. Așa că ar fi mai degrabă de așteptat ca visătorul să coboare în profunzimile inconștiente aflate în spatele realității.

Dl Gibb: Cred că-i dau dreptate.

Dr. Jung: Altă idee?

Dna Sigg: Cred că venirea „Băiatului" are legătură cu analistul.

Dr. Jung: Refuz categoric să fiu identificat cu Puer Aeternus! Se poate spune că, într-un fel, sunt responsabil pentru acel vis. Dacă nu ar fi existat relația sa cu mine nu ar fi avut un astfel de vis, dar aceea-i baza de la care pornim în interpretarea viselor.

Următorul vis [13]: „Soția mea și cu mine mergem împreună cu câțiva oameni pe care se pare că îi cunoaștem (nu sunt deloc sigur cine sunt) la o petrecere sau o aniversare. Acolo sunt mai multe săli decorate, reprezentând fundul oceanului. Este ca și cum ai fi martorul unei scene marine, luminate electric, unde poți vedea tot felul de animale marine care înoată și se târăsc, aidoma unui scafandru care stă pe fundul mării. Erau multe mese și am început să ne așezăm. Mesele nu erau atât de elegante pe cât ar fi trebuit să fie într-un astfel de loc, ci mai degrabă nefinisate, ca mesele de la popularele noastre competiții de tir din Elveția. (Abia după vis am început să-mi amintesc aceste mese. În vis nu mi-am amintit.) Acum sunt singur și urc o scară lungă. Sunt întâmpinat de o femeie cam trecută și condus într-o încăpere mare, un fel de salon frumos decorat. În centrul camerei se află un fel de fântână, de-a lungul zidului sunt mai multe uși, care, normal, dau către alte camere; aceste uși sunt întredeschise și în camere văd prostituate. Doamna făcu onorurile și, după ce străbătui toată camera fără a-mi exprima dorința să mă apropii de vreuna din aceste fete, gazda îmi spuse că nu veniseră încă toate fetele, printre care și surorile X (crede că se numeau Kaiser). Apoi am impresia că citesc o carte franțuzească. Întorc pagina și ajung la începutul unui capitol nou.

Acolo e o vinietă, în care se pot citi cuvintele: „Noaptea a fost foarte satisfăcătoare." Imaginea reprezenta o scenă de orgie ieșită din comun. În partea superioară a paginii, într-un semicerc, sunt domni îmbrăcați în haine de seară și doamne în toalete foarte sumare, șezând pe covorașe și pe perne. Printre ei, atârnați de sfori ca marionetele, sunt polițiști și soldați călare. Sforile formează un fel de graniță între grupuri. În primul grup, în partea stângă, m-am recunoscut pe mine și pe alt bărbat pe care îl știu (nu pot spune cine este). După aceea am coborât împreună cu soția mea, dar nu mi-am găsit pălăria. Am căutat peste tot, în zadar. În cele din urmă, am decis să iau altă pălărie, care nu era a mea. Soția mea era de părere că ar trebui să așteptăm prietenii cu care am venit (nu-mi pot aminti cine sunt), dar ne continuarăm drumul și, la ieșire, m-am uitat în oglindă să văd cum îmi stă pălăria și am descoperit că port o bonetă maro-închis."

Vedeți, prognoza noastră a fost corectă. În analiză îmi dau de obicei seama care va fi următorul vis. Nu pot garanta, desigur, dar într-un vis ca acela de dinainte, unde avem o extraordinară intuiție ce ne conduce cu mult deasupra nivelului mental al individului și apare o figură (Eros) care face cu mâna de afară, putem fi siguri că visătorul s-a autodepășit și a întrezărit ceva pentru care nu este deloc pregătit. Nimic nu dezamăgește mai tare decât o viziune atât de îndrăzneață; te lasă complet neajutorat, pe deplin convins că te depășește cu mult. Niciodată nu cobori atât de jos ca atunci când nu o poți atinge. În interpretarea acelui vis (care nu a fost atât de completă ca aceea dată aici) a fost nevoie să-l port într-o atmosferă spirituală, cu care nu era deloc obișnuit. Aerul era prea rarefiat, prea spiritual, așa că i-a trezit pur și simplu toți diavolii. Când oamenii merg prea departe cu spiritualizarea sexului sunt conduși spre o orgie sexuală, șarpele etern al abisului va reacționa și va mușca, astfel încât acest bărbat a ajuns într-o regresie. De aceea este purtat pe fundul mării în acest vis, dar nu este o regresie reală, el nu este înecat cu adevărat. De fapt, în realitate este un bordel, visul înfățișează doar adevărul cosmetizat.

Asociații: Fundul mării: „Fundul mării îmi amintește de o reclamă pe care am văzut-o la Lido. Erau destul de multe imagini ale unei săli de bal, situată aparent pe fundul mării. Scena marină cu peștii etc., îmi amintește de un acvariu. Am comparat de nenumărate ori inconștientul cu fundul mării. Îmi amintesc că, atunci când am urcat singur la etaj, am admirat frumosul scenariu marin." *Mesele nefinisate*: „Le asociez cu mesele noastre pentru competițiile de tir, unde sunt astfel de mese și de bănci și unde totul e veselie forțată, cu prea multă băutură. Spune că nu le poate suferi pentru că sunt prea artificiale și subliniază artificialul. *Încăperea de deasupra*: „Îmi amintește de o anumită sală mare dintr-o stațiune balneară germană, unde există și un iaz artificial, cu o fântână. Oamenilor le place să compare acea sală mare cu Termele Caracalla din Roma." (O comparație ambițioasă.) *Surorile care nu veniseră* și numele *Kaiser* nu înseamnă nimic pentru el, deși cuvântul *Kaiser* semnifică un personaj foarte important. Urmează o asociație explicativă, care rezumă visul: „După ce ai privit imaginile inconștientului (scena marină), cărora le sunt asociate câteva situații inconfortabile (băncile dure din aceste camere), poți participa la aceste aventuri orgiastice fără tragere de inimă; orgia prezentată în vinieta din carte și prostituatele." *Imaginile din carte* îi amintesc de imaginile orgiilor romane, de băile de la Caracalla.

Apoi, el filosofează: „Un om care se înțelege pe sine ar trebui să fie capabil să participe la o astfel de orgie și să se vadă pe sine ca într-o carte" (el se vede pe sine în aceste scene în vis). Cu *ofițerii și soldații*, el asociază autoritatea publică și controlul. El spune: „În vis, acești ofițeri de poliție sunt reprezentați ca niște marionete și este adevărat că autoritatea publică este o astfel de marionetă. Aceasta are legătură cu teama mea de opinia publică, de controlul public". *Pălărie*: În ciuda faptului că pălăria străină mi se potrivește, descopăr, atunci când mă văd în oglindă, că am o figură caraghioasă. Nu numai că este doar boneta unui măscărici, dar este o bonetă ciudată."

Aveți acum o imagine a visului, căderea de după visul anterior, și din nou acest comentariu critic. Cu aceste asociații, puteți vedea că ideea visului este coborârea într-o situație colectivă, o scenă de sărbătoare unde vin mii și mii de oameni, o situație colectivă populară. „Fundul mării" este o metaforă a inconștientului colectiv, marea colectivitate de la fundul mării. Nu are nimic uman în ea, acolo sunt numai pești și alte fiare târâtoare și înotătoare. Apoi, urcând de la acel nivel, el ajunge în cele din urmă la un nivel al relației, participând metaforic la o orgie într-o casă a prostituției și plecând cu o altă pălărie, caraghioasa bonetă maro.

Semestrul de vară

Mai–iunie 1929

Prelegerea I.
15 mai 1929

[Dr. Jung a repetat visul de la ultimul seminar, împreună cu asociațiile pacientului, pentru aceia care nu participaseră la seminariile precedente. De asemenea, a mai adăugat câteva sugestii la asociațiile pacientului și a comparat ornamentele camerelor de pe fundul mării cu acelea de aici, de la Tonhalle — din timpul carnavalului. Visătorul spune că aceste scene îi amintesc de acvariul de la Napoli, dar aici erau mult mai multe compartimente decât în acel acvariu. Acele mese ciudate nefinisate și băncile dure îi amintesc de festivalurile și competițiile publice, care lui nu îi plac. Este incomod să stai pe bănci tari, iar veselia i se pare forțată. Următoarea parte a visului pare să semnifice pentru el doar un bordel, iar ambianța e descrisă de scene din propriile sale amintiri. Cele două prostituate care se numeau Kaiser nu îi spun nimic, dar are sentimentul că acele două surori sunt niște persoane deosebit de importante, deși sunt evident prostituate. Cuvântul Kaiser semnifică importanță și poate, de asemenea, să reprezinte un joc de cuvinte. El spune că, după ce ai avut experiența imaginilor inconștiente, trebuie să fii capabil să faci față scenelor orgiastice fără să te lași impresionat de acestea. Dr. Jung l-a întrebat de ce era de această părere, iar răspunsul lui a fost: „Când te uiți la imaginile inconștientului vezi atât de multe lucruri dificile și dezagreabile, încât aceste scene din vis nu te impresionează prea mult. Un bărbat care se cunoaște pe sine ar fi capabil chiar să ia parte la astfel de orgii, să le privească de parcă ar citi despre ele într-o carte". El spune că polițiștii și ofițerii atârnați de sfori sunt simple marionete și îi asociază cu teama sa de autoritate.][1]

Dr. Jung: Imediat ce un lucru îi depășește experiența i se face extraordinar de frică și dorește o autoritate pe care să se sprijine, deci nu e improbabil ca marionetele să aibă într-adevăr legătură cu autoritățile, dar nu mi-e clar ce înseamnă de fapt asociația lui.

Referitor la scena cu pălăria, visătorul spune: „Este ca și cum m-aș fi prefăcut, împodobindu-mă cu pălăria sau cu penele altcuiva. Pare să mi se potrivească, dar când mă uit în oglindă descopăr că sunt ridicol. Este boneta unui măscărici, deși nu chiar, dar e caraghioasă, o bonetă în două culori."

---

[1] Nota aparține unuia dintre redactorii primei ediții a Seminariilor.

Începutul visului este destul de clar, aș putea spune, dar aș dori să stabilesc legătura cu visul anterior. Aș vrea să transmit importanța acelui vis utilizând simbolul Puer Aeternus. Simbolismul său este aproape prea îndepărtat pentru a descrie în întregime valoarea sa aparte. Ori de câte ori un vis țintește atât de departe, ne putem aștepta la o regresie. A merge prea sus înseamnă a merge prea jos. În ultimul seminar, voi înșivă ați ajuns la concluzia că următorul vis al pacientului va fi de natură regresivă și, drept dovadă, acest vis începe cu fundul mării, cel mai jos loc de pe pământ. Următoarele scene din vis nu sunt deloc spirituale, ci cât se poate de carnale, ele reprezintă de fapt un bordel. Visul merge de la inconștient la bordel, evident din rău în mai rău. Visul începe cu el, care își duce soția la un astfel de spectacol, un fel de festival de la Lido, un loc mai degrabă dubios. Ce părere aveți despre asta? Aveți vreo idee în această privință?

Dra Chapin: În celelalte vise, problema sa era relația cu soția, iar acum o ia cu el în această situație.

Dr. Jung: Dar ea era cu el și în visul anterior. Nu e ciudat că a dus-o într-un astfel de loc?

Dr. Binger: O ia cu el de dragul respectabilității.

Dr. Jung: Foarte bine. Aceasta ar putea fi o explicație. Acestui om îi place să fie protejat și își ia cu sine soția, prietenii respectabili, pe post de gardă personală. E adevărat, dar nu este deloc bine. Trebuie să ai grijă cu un introvert, așa cum este omul acesta. Dacă i-aș sugera că este un laș care se teme să meargă singur și, prin urmare, își ia soția și prietenii cu el, ar accepta sugestia mea ca pe un adevăr, deoarece pentru el sunt o autoritate, și s-ar lăsa copleșit de ea. Ar trebui apoi să-l ridic de la pământ, așa că nu e cazul să fim prea pesimiști și să scoatem în evidență calitatea acestor însoțitori de scut protector împotriva răului. Trebuie să privim această parte a visului într-un mod mai optimist.

Așa cum tocmai a afirmat domnișoara Chapin, soția sa este o problemă — dar și rudele și prietenii lui sunt probleme. Propria sa atitudine este aceea care-i afectează relația cu soția. El îi arată soției sale numai o latură a sa foarte respectabilă, așa că această atitudine stă între ei; pentru soția lui, el nu este un bărbat adevărat, el este întotdeauna o companie respectabilă chiar și atunci când este singur cu ea. Deci, putem observa că în vis el face un lucru destul de neobișnuit. El a avut o serie de experiențe cu prostituate, unde nu și-a luat soția. Nu avea nevoie de gardă de corp acolo, deși, desigur, la nivel moral avea, dar ar fi de-a dreptul șocat numai la gândul de a-i duce pe acești oameni respectabili într-un astfel de loc. Însă aici, în vis, trage după sine în iad toată această atmosferă socială respectabilă. În realitate, nu ar putea face așa ceva. Deci, această întreprindere din vis este dovada unui extraordinar curaj sau, probabil, o greșeală fatală. Te duci într-un bordel unde asiști la o scenă orgiastică împreună cu toate rudele tale, ceea ce înseamnă că le-ai împărtășit cealaltă față a ta. Acesta este, desigur, tocmai lucrul pe care el nu îl face, niciodată nu ar îndrăzni să-i dezvăluie soției experiențele sau fantasmele sale. Deci, visul pune degetul pe rană ca întotdeauna. Care este puntea de legătură în relația sa cu soția? În visul anterior, puntea de legătură este adevărul. A apărut Puer Aeternus, iar el a încercat să-l înțeleagă ca relație, numai că tot ce-i trebuie este să mărturisească adevărul! Din spusele lui presupun că nu poate face acest lucru, deoarece ea ar exploda, ea este un copil. Nu se știe încă.

Nu de mult, am avut un pacient care mi-a povestit aventura lui cu o altă femeie. Din cauza aceasta se simțea inconfortabil față de soția lui. I-am sugerat să fie sincer cu ea, dar mi-a spus că ar fi imposibil. După un timp am primit-o pe soția sa, care mi-a povestit o serie întreagă de aventuri, șase bărbați la rând. Se îmbolnăvise de gonoree, apoi a dat vina pe soțul ei. El avusese gonoree înainte de a se însura, iar medicul ei i-a spus că e posibil ca el să nu se fi vindecat complet, iar infecția să se fi reactivat suficient încât s-o contracteze și ea. Bărbatul se simțea atât de prost, încât nici nu mi-a mărturisit acest lucru. Situația e similară cu aceea a părinților care evită să le dea vreo informație copiilor lor despre sexualitate. Copiii spun: „Cât de proastă e mama, nu știe nimic despre lucrurile acestea." Prin urmare, visul prezintă un adevăr imparțial. Înfățișează situația așa cum *este*, dată de legile naturii. Nu spune ar trebui să faci așa sau altfel, nu spune nici ce este bine sau rău. Pur și simplu, îl arată pe visător într-o situație. Bărbatul *este* așa în adâncurile sale. Acesta e adevărul. El se duce într-un astfel de loc cu tot grupul lui. Ce concluzie trageți de aici? Probabil că e sarcina medicului să-l sfătuiască. Eu pot să spun doar: „Soția ta nu mai are vârsta la care să fie șocată, nu are cum să fie atât de copilă încât să nu-și dea seama că e ceva suspect." Probabil că are și ea o grămadă de fantasme, probabil că este atât de lașă, încât nu poate vedea adevărul. El ar trebui s-o ducă la analiză și să lase lucrurile să iasă la suprafață. Ar putea fi șocată sau ar putea doar să se prefacă. Totul este cât se poate de ridicol. Orice femeie de bun-simț trebuie să știe să nu acorde prea multă încredere în ceea ce privește latura sexuală unui bărbat aflat în situația lui. Mulți oameni, atât bărbați, cât și femei, nu sunt de încredere în această privință. Este un fapt universal și a fost întotdeauna așa. De ce ar cutremura-o pe ea așa ceva? Dar, în realitate, probabil că ar cutremura-o. Nu pot face nimic cu acel bărbat; se teme atât de mult de soția sa, încât nu îndrăznește să-i spună. Pe de altă parte, visul înfățișează adevărul nud. Normal ar fi să-i spun: „Du-te, vorbește sincer cu ea, spune-o cu glas tare, ăsta-i adevărul". Dar, în realitate, i-am spus pacientului că, din anumite motive, sunt de părere că nu ar trebui să aibă o discuție serioasă cu soția sa. Înainte să aibă acest vis îl consideram cam laș și mă gândeam să-l impulsionez să spună totul, dar ceva din visul acesta, plus alte aspecte din visele care au urmat, m-au determinat să ezit și de atunci am tot ezitat. Acum, scenele acestui vis se petrec pe fundul mării; este destul de periculos și, dacă nu ai costum de scafandru, te poți transforma într-un cadavru. Cu siguranță, pătrunde în adevăratul inconștient. De ce credeți că visul înfățișează inconștientul ca pe un acvariu? Un acvariu este o bună reprezentare a inconștientului, dar într-un acvariu poate intra oricine. Nu uitați ce am spus despre acest bărbat, că este oarecum laș la nivel moral.

Dna Schlegel: Este un fund de mare artificial.

Dr. Schlegel: Este compartimentat.

Dr. Jung: Artificialitatea și compartimentele sunt necesare pentru el. Același lucru apare mai târziu, factorul irealității. El nu trăiește experiența cu adevărat. Este numai un joc, ca și cum ar citi dintr-o carte. Asta spune visul. Noi tindem să-l îndemnăm: „Du-te, discută cu soția ta, ia taurul de coarne", dar în vis inconștientul vorbește o limbă diferită. El ne previne că situația e artificială, un joc, un acvariu, o carte. Ce înseamnă când avem un astfel de vis? Ce ar putea compensa? Situația creată de vis putea fi cutremurătoare, atât de reală, încât ar fi asudat și ar fi țipat ca într-un coșmar. Ar fi o compensație pentru atitudinea frivolă și superficială a conștientului.

Dl Gibb: Conștiința ia lucrurile prea în serios.

Dr. Jung: Da, acum visul înfățișează o scenă frivolă, pentru a compensa atitudinea lui conștientă prea serioasă în această privință. Nu uitați că bărbatul acesta e un introvert și băgați de seamă, căci visul spune: „E numai o fantasmă, un acvariu, despre care citești în cărți". E ca vocea mamei, care spune: „E numai un urs la grădina zoologică".

Dr. Binger: Nu este neobișnuit din partea inconștientului să se prezinte în felul acesta? De obicei, el înfățișează lucrurile într-o lumină mai sumbră.

Dr. Jung: Este adevărat că inconștientul ne transmite de obicei o atmosferă sumbră, dar în zilele noastre oamenii acordă lucrurilor o prea mică importanță. Prin urmare, trebuie să le întuneci. Dar omul acesta este mai degrabă serios și cam speriat de inconștient. La început nu mi-am dat seama, apoi am descoperit că îi era prea teamă de inconștient. Când ai de-a face cu inconștientul, nu trebuie să te temi. Dacă atitudinea ta conștientă este prea frivolă, visul îți va exagera situația, astfel încât vei asuda și vei avea un coșmar. Dacă apreciezi corect inconștientul, nu te vei teme. Dacă ți-e frică ești terminat, partida este deja pierdută. Deoarece, atunci, inconștientul dispare. Atâta timp cât e vizibil, îl poți prinde și integra în conștiință, dar când dispare, va lucra în întuneric și atunci e periculos. Este cel mai rău să ai un oponent invizibil. Când inconștientul este invizibil, te poate asalta din toate părțile. Omul acesta se teme de inconștientul său, prin urmare trebuie să fie atent, altfel va intra în panică și dacă discută cu soția sa în acea stare, el însuși o va distruge. Oamenii aflați într-o stare de panică sunt cei mai periculoși, explozia este iminentă. Când am cazuri de graniță, trebuie ca eu însumi să fiu foarte liniștit pentru a preveni o explozie. Dacă pacientul meu este cu mintea limpede, poate gestiona situația. Soția sa se află în mod normal într-o stare de tensiune, probabil că a acumulat multe, iar acum e ca o mină pe punctul de a exploda. Deci, dacă soțul său manifestă cea mai mică umbră de teamă, va gestiona situația într-un mod defectuos, îi va transmite panica lui și va provoca detonarea prafului de pușcă. Uneori, astfel de femei folosesc un revolver sau se sinucid. Impresia mea este că e o problemă vitală. Astfel de lucruri nu ar trebui niciodată forțate. Deci, el trebuie să fie prevăzător, nu moralist. E mai bine să fii înțelept decât bun. În partea următoare a visului, după scena cu acvariul, el descoperă că scaunele sunt bănci dure din lemn, așa cum vezi pe la bâlciuri; nu par deloc potrivite situației. Te-ai aștepta la niște scaune mai atent lucrate, dar băncile din vis sunt foarte inconfortabile. Cum interpretați? Nu uitați că se află în acvariu.

Dna Deady: Spune că-i amintește de festivalurile care se țin aici și care i se par mereu foarte artificiale.

Dr. Jung: Dar pentru localnici nu sunt artificiale. Lui nu-i plac astfel de lucruri, oricum el nu este prea sociabil, deci lui i se par foarte artificiale. Se referă, de fapt, la orele petrecute cu mine în analiză. Este vorba de cum se „așază“ în analiză. Nu se simte prea confortabil, iar aceste ore au și o veselie forțată pentru el. Bineînțeles că se bucură de toate perspectivele minunate pe care i le deschide analiza, dar le plătește cu ore întregi în care are o poziție inconfortabilă pe niște bănci dure. Nu m-aș mira dacă ar socoti că de vină e stilul meu elvețian necizelat. I-am spus anumite lucruri care l-au făcut să se zvârcolească. În vis, urcă la etaj și ajunge într-un bordel! Nu este uimitor? Te-ai fi așteptat să coboare, să deschidă o trapă și să meargă și mai jos, tot atât de jos pe cât se află când merge într-un bordel. Dar el urcă. De ce?

Dr. Binger: El urcă la mintea sa conștientă, unde există aceste lucruri.

Dr. Jung: Da, dar nu e vorba despre asta.

Dr. Leavitt: Înseamnă că fusese destul de jos.

Dr. Jung: Fusese destul de jos în cabinetul meu. Se află mai sus într-un bordel?

Dr. Leavitt: S-ar simți mai bine acolo.

Dr. Jung: Presupuneți că s-ar simți mai bine acolo! Visul spune: „Da, analiză, dar la un nivel superior ajungi la un bordel." Ce poate însemna asta?

Dna Deady: Este o relație mai umană.

Dr. Jung: Probabil că nu îi plac relațiile inumane din analiză. Ne-ar prinde mai bine niște scene orgiastice împreună! Dar până acum nu i-am descoperit vreo latură homosexuală.

Dr. Leavitt: Dar aceasta ar însemna să renunțe la refulare, nu-i așa?

Dr. Jung: Dar el nu-și refulează sexualitatea, își refulează sentimentele față de soția sa.

Dr. Deady: Visul spune că se află la un nivel superior analizei, mai sincer.

Dr. Jung: Poți invita orice doamnă la un acvariu, e un comportament foarte la locul lui și decent, vizita la un acvariu nu ridică nicio suspiciune. Dar ar fi mult mai periculos să îți duci soția la un bordel. Așa că visul îl plasează pe un nivel superior. Implică un efort moral mai mare decât analiza. În inconștient el își confruntă acum soția cu realitatea, cu ceea ce a aflat despre el însuși în analiză.

Dna Sigg: Femeile moderne par să aibă o problemă foarte importantă. Ele nu se mai prefac că n-au habar de bordel, ci discută subiectul foarte deschis.

Dr. Jung: Prostituția este o funcție a căsătoriei. Conform statisticilor, adevărații susținători ai bordelurilor sunt bărbații căsătoriți, nu burlacii.

Dna Sigg: Bărbatul își refulează sufletul procedând astfel.

Dr. Jung: Nu mergeți prea departe. Visul spune că își ia prietenii cu el pentru a se confrunta cu realitatea bordelului. Apoi totul devine ireal, ca și cum ar fi o scenă despre care citește într-o carte. Inconștientul a fost transformat în muzeu, ireal deoarece subiectul este prea real în conștiință.

Dl Gibb: A devenit o obsesie.

Dr. Jung: Da, prea real înseamnă obsedat de el. Când un lucru devine prea real, pătrund direct în el, așa cum o pasăre intră în gura unui șarpe. Sexualitatea sa lamentabilă a devenit atât de reală, atât de supraevaluată, încât nu i-ar putea trece prin minte să vorbească despre ea. Este prea reală, este absolută. Prin urmare, inconștientul spune: „Este doar un lucru despre care citești în cărți, o poveste, nici măcar un raport oficial, probabil ceva destul de incredibil. Este atât de departe, încât nu este nevoie să te atingă. Chiar și în realitate poți să te confrunți cu ea. N-ai de ce să-ți face probleme". Deci visul îl liniștește, deoarece gândul de a-i spune soției sale îi provoacă o atât de mare panică, încât intră în panică.

Dr. Leavitt: Este aceasta o satisfacere a dorinței?

Dr. Jung: În vis nu este nicio satisfacere a dorinței. Este prea înspăimântat pentru a-și dori să-și ia soția acolo; și-ar putea dori să nu se fi întâmplat niciodată.

Dr. Leavitt: Atunci, visul spune doar ce ar trebui să facă el?

Dr. Jung: Un vis nu-i spune nimănui ce ar trebui să facă. Natura nu sugerează niciodată. Trebuie să știi detaliile situației conștiente pentru a interpreta un vis, deoarece visul este construit din tot ceea ce nu trăim sau de care nu suntem conștienți. În conștiința mea, pot să mă abat prea mult spre dreapta. Când te înclini prea mult într-o parte, inconștientul compensează. Inconștientul este precum o busolă, nu îți spune ce să faci. Dacă nu știi să citeşti busola, aceasta nu te poate ajuta.

Dr. Leavitt: Atunci, după interpretare, visul este un ghid?

Dr. Jung: Da, așa cum busola este un ghid — dacă știi să o citești, îți arată, dar e inutilă dacă nu o înțelegi. Este aidoma Oracolului din Delphi, nu îți spune niciodată ce să faci. Este o situație mistică, căreia trebuie să-i dai singur de cap. Acum, imediat ce visul este explicat și situația este simțită ca ireală, omul este liber să înfățișeze tot ce poate fi mai rău, o scenă orgiastică; și aceea i-ar putea-o arăta soției sale. Ar putea spune: „Uite ce am găsit în cartea asta veche". *El* nu poartă nicio responsabilitate, scena a fost pictată de un artist cu mult timp în urmă. Observați ce este bizar în imaginea scenei marine?

Dr. Binger: Acvariul este compartimentat.

Dr. Jung: Da, așa este, e compartimentat. Dar mai întâi trebuie să subliniez că mișcările ondulatorii ale creaturilor primitive dintr-un acvariu sunt foarte sugestive. Prin contorsionările și unduirile lor îți arată fără echivoc mișcări pe care nu le vezi la suprafață. Seamănă cu mișcările corpului, ale intestinelor și ale sistemului nervos simpatic. Am observat adesea în visele și fantasmele pacienților o analogie ciudată: aceea dintre mișcările intestinale și sexualitate. Deci, imaginile din acvariu, care se transformă în scene orgiastice la etaj, în bordel, sunt practic aceleași. Ele se sfârșesc în sexualitate. Acum suntem aproape obligați să vorbim despre aceste compartimente. De ce ar trebui despărțite în compartimente?

Dr. Binger: Așa a procedat visătorul în viața sa reală.

Dl Gibb: Lucrurile pot fi mai bine controlate în compartimente.

Dr. Jung: Însăși ideea de compartiment înseamnă control. Separi diferitele compartimente prin pereți etanși și poți spune că asta este de aici și cealaltă de acolo. Lucrurile sunt mai ușor de controlat atunci când le poți separa și nu există pericolul de a le amesteca. Ele stau acolo unde le e locul și avalanșa poate fi evitată. Aceasta a făcut omul cu partea întunecată a lumii, a separat-o de cealaltă parte prin compartimente etanșe. Dar de ce ar trebui separați peștii din bazine de celelalte scene marine? În mare parte, sunt același lucru; ne scapă de ce trebuie împărțite în compartimente. În mod cert, este ordonat, mai ușor de controlat și îți dă un sentiment de siguranță, dar nu mă satisface explicația. Mai este ceva.

Dna Sigg: Este foarte ciudat cum vechile stiluri literare sunt foarte detaliate și pedante. Trebuie să fie o analogie cu acestea.

Dr. Jung: Aveți perfectă dreptate în legătură cu acea formă de pedanterie din scrierile timpurii. Totul este descris în cele mai mici detalii, astfel încât în aceste descrieri totul pare la fel de important.

Dr. Schmitz: În picturile italiene și indiene există o aranjare la fel de pedantă, aceeași analogie.

Dr. Jung: Ajungem astfel la ceea ce voiam să subliniez. Acea pedanterie bizară se poate datora numai unei extraordinare concentrări a libidoului asupra fiecărui eveniment în parte, de aici detaliile superflue. Fiecărui eveniment i se dă o valoare subiectivă crescută, prin urmare fiecare trebuie să fie prezentat separat, descris în cele mai mici detalii, înconjurat de o ramă, decorat cu statui etc. Aceasta arată că fiecărui eveniment i se acordă o importanță deosebită. Fiecare element este de sine stătător, nu există nicio încercare de sintetizare în tablou. Sunt convins că dacă aceste scene orgiastice nu ar fi fost atât de estompate în vis, pacientul meu ar fi fost capabil să-mi relateze fiecare situație prin care a trecut și care este încă separată, deloc sintetizată, iar aici revenim la ideea de siguranță. Să presupunem că o dată ai comis o crimă, altă dată ai furat ceva și ai la activ o întreagă serie de fapte reprobabile, fiecare în propriul său compartiment. Dar acum te afli numai în compartimentul actual, preocupat doar de o găinărie. Infractorul așa trăiește, iar asta explică sentimentul lui de „bine". Întreaga sa viață este compartimentată, până când vine poliția cu dosarele.

Odată a venit un bărbat la mine și mi-a spus: „Problema mea este că nu am avut niciodată nicio experiență cu vreo femeie". I-am răspuns: „Cum așa? Ești însurat." „Da, dar n-a mai fost niciuna." „Mi-ai spus că ai mai fost logodit înainte." „Da, dar asta a fost demult." După ce l-am convins să-mi vorbească despre viața lui, mi-a relatat povești de dragoste, una după alta, până când am numărat treizeci și două. Dar bărbatul spunea că nu avusese nicio experiență cu vreo femeie și spunea adevărul. După analiză a mai alunecat o dată, dar atunci era conștient și a spus: „Nu se va mai repeta". Compartimentele dispăruseră.

Am mai avut un caz, un bărbat foarte fermecător, care întreținea relații cu cinci femei, printre care și soția sa, în același timp. Nu am comentat nimic, dar odată, explicând un vis, am spus ceva despre natura poligamă a bărbatului.

—Dar, a spus el, eu nu sunt poligam, nu am habar de treaba asta.

L-am întrebat:

—Dar doamna X?

—Vedeți, ea cântă și uneori cântăm împreună și, desigur, după muzică...

—Dar doamna G.?

—Jucăm împreună golf și după aceea...

—Dar domnișoara...?

—Este secretara mea, o scot uneori în oraș, dar asta nu e poligamie.

Vedeți, bărbatul acela își împărțise fetele în diferite compartimente, muzică, golf, birou, soție, astfel încât se simțea respectabil, întreaga sa viață era compartimentată. I-am spus:

—Eu numesc asta poligamie — întrețineți relații sexuale cu cinci femei în același timp.

—Cred că aveți dreptate, doctore! Este îngrozitor!

—Nu este îngrozitor, dar nici înțelept, ar fi mai bine să schimbați câte ceva.

Știți ce s-a întâmplat cu bărbatul acela? A devenit complet impotent. Nu-mi vine să cred, dar este adevărat.

Am avut o mătușă[2] care era o femeie rea, nu își putea ține gura, iar unchiul meu era inventator, avea un fonograf și făcea înregistrări. Într-o zi, ea i-a ținut o predică oribilă și el, fără știrea ei, a înregistrat-o. A doua zi, când ea își venise în fire, i-a spus că vrea să-i dea ceva să asculte și a pornit înregistrarea. Răspunsul ei a fost: „Eu nu am spus niciodată așa ceva, nu este adevărat!“ Eu sfătuiesc adesea oamenii să țină un jurnal și să citească însemnările mai vechi, ori să asculte ce au de spus ceilalți despre ei, atunci pot străpunge compartimentele. A auzi pe altcineva vorbind despre propria-ți viață este foarte revelator. Lucrurile pe care le facem se află în compartimente care ne mențin într-o stare straniu de inconștientă. Visătorul nu mi-a rezumat niciodată până acum viața sa și sunt convins că, dacă inconștientul ar fi vorbit mai clar în vis, ar fi fost de-a dreptul șocat. Un introvert păstrează adesea evenimentele vieții sale în diferite compartimente, el pune un fel de zid între ele, pentru a nu se putea amesteca. Când se întâlnesc, apare conflagrația. Acest bărbat este protejat împotriva unei conflagrații.

---

2 După câte se pare, din familia Preiswerk.

Prelegerea a II-a.
22 mai 1929

Dr. Jung:
Astăzi vom merge mai departe cu visul nostru. Ne-am blocat undeva, aproape de sfârșit. Doresc să vă atrag atenția asupra unei singure părți. Vă amintiți că visătorul își ține amintirile în compartimente, iar în vis sunt despărțite prin sfori de care atârnă marionetele unor polițiști și soldați, care marchează diviziunile dintre compartimente. Visătorul are o idee care e un fel de interpretare, dar nu are asociații. Care credeți că este semnificația acelui simbol? Faptul că această psihologie compartimentată este divizată de polițiști și soldați care păzesc, în mod evident, pereții compartimentelor?

Dr. Schlegel: Gardienii moralității. Polițiștii sunt simbolurile moralității convenționale.

Dr. Jung: Da, și cu această ocazie voi face o „glumă", precum bătrânul profesor neamț. Este povestea unui tată din Zürich, care, atunci când fiul său a împlinit vârsta potrivită, i-a spus: „Acum intri în viață și trebuie să știi ceva. Oamenii proști cred că Biblia le spune ce e bine și ce e rău, dar pentru oamenii mai inteligenți există Codul penal, și asta-i tot". Acel băiat și-a început viața convins că polițiștii și soldații erau pilonii moralității. Înainte, poliția era suficientă, dar acum oamenii nu mai cred în autoritate, așa că avem mai mulți soldați și mai multe puști mitraliere. Cu siguranță, imaginea din vis face trimitere la codul penal; acest bărbat are o viziune convențională asupra moralității. Dar de ce marchează polițiștii și soldații aceste compartimente? Este un aspect psihologic interesant în sine, deoarece, conform visului, aceste compartimente își datorează existența prezenței polițiștilor și soldaților. Cum vă explicați?

Dr. Schmitz: Aș spune că acum a ajuns atât de departe, încât înțelege că nu e nevoie numai de poliție și de soldați. Acum își creează propriile compartimente, iar soldații și polițiștii sunt simple marionete care atârnă acolo. Este de nedorit să ai propriul compartiment, dar este mai bine decât să crezi în autoritatea poliției. A făcut progrese.

Dr. Jung: Da, în afara timpului în care sunt manipulate de o mână vie, marionetele sunt lucruri moarte. Soldații și polițiștii nu mai sunt importanți, iar inconștientul observă acest lucru. Dar întrebarea mea este de ce produce moralitatea convențională compartimente, fiindcă, în mod evident, asta face.

Dr. Schmitz: Dar aceasta e ideea moralității burgheze. Ea spune: „Poți avea bordeluri, dar ține-le în compartimente separate, departe de soție, surori și fiice"; și, în plus, poliția protejează bordelul.

Dr. Jung: Da, este un fapt bine cunoscut că poliția este în cârdășie cu bordelurile și cu astfel de locuri. Psihologia compartimentată se datorează, într-adevăr, moralității convenționale, care spune că anumite lucruri sunt oferite de stat. Ca un cetățean supus legii, ți se permite să folosești acel instrument. Îmi amintesc că, demult, am cunoscut un american la bordul unui vapor transatlantic cu aburi. Era un bărbat însurat convențional, care se îndrăgostise de o fată tânără și voia să-și lase soția și să se însoare cu fata. Mi-a cerut părerea, iar eu l-am întrebat: „Ai ce să-i reproșezi soției tale?" „Nu." „Aveți copii?" „Da, cinci." „Și o dai, pur și simplu, afară?" „Dar, spuse el, legea în virtutea căreia m-am căsătorit cu ea acceptă și divorțul. E legal să divorțez de ea." Acesta este un exemplu clasic de psihologie compartimentată. Atâta timp cât te afli sub protecția poliției, o astfel de moralitate produce o situație complet lipsită de suflet. Unde nu este suflet, nu este sinteză. Un om perfect sănătos mi-a spus cândva: „Poți face orice dorești, atâta timp cât nu află poliția". Pe de altă parte, avea coșmaruri îngrozitoare și simptome nevrotice deoarece făcea orice dorea și nu asocia cele două lucruri. În noi există o lege care permite anumite lucruri, altele nu. Pentru individul inconștient, moralitatea convențională este echivalentă cu promptitudinea atitudinii persoanei la individul conștient. Nu am ce face cu un om care crede în moralitatea convențională. Poate fi la fel de bine un criminal, dar adoptând moralitatea convențională se consideră respectabil. Omul care face rău și este conștient de asta se poate schimba. El nu-și păcălește propriul suflet. E o crimă față de sufletul uman să-i ajuți pe oameni să-și facă astfel de compartimente. O asemenea moralitate este un păcat împotriva Sfântului Duh. Sub legea moralității convenționale nu este posibilă dezvoltarea. Duce la o psihologie compartimentată și cum se poate dezvolta un om, când uită ce conțin compartimentele sale? Un astfel de om poate face totul sub acoperământul legii și e în stare să spună: „Da, dar asta s-a întâmplat cu ani în urmă".

Dr. Bertine: O scenă orgiastică nu sugerează moralitatea convențională? Animalele nu fac orgii.

Dr. Jung: Da, poliția și scenele orgiastice sunt unul și același lucru, dar scenele orgiastice se află în compartimente, separate neîndoios de celelalte compartimente, în care se întâmplă alte lucruri. După aceste scene din vis, el coboară cu soția sa și își caută pălăria, pe care nu o poate găsi, așa că ia una de o formă ciudată; pe drumul spre ieșire, el se privește într-o oglindă și vede că în loc de pălărie poartă o ciudată bonetă maro. Acea scenă indică o schimbare. În ultimul vis trebuie să se fi întâmplat ceva care să-i schimbe aspectul exterior și acest lucru este simbolizat de bizara bonetă. Pacientul nu o asociază cu nimic, așa că nu putem ști de unde vine. Într-un astfel de caz, trebuie să ne folosim propria intuiție. Simbolismul pălăriei trebuie să fie ceva impersonal; dacă ar fi fost ceva personal, ar fi avut o grămadă de asociații. Într-un astfel de caz, lipsa asociațiilor poate dovedi că se pune problema unui simbolism impersonal, un fel de metaforă general acceptată. Dumneavoastră știți ceva despre aceste bonete?

Dr. Schmitz: Boneta lui Siegfried.

Dr. Jung: Da, ciudata bonetă a lui Siegfried, pe care a luat-o de la balaur ca să devină invizibil. Vă amintiți și alt material?

Dna Schevill: Ne-ați spus despre niște băieței misterioși cu bonete din piele maro care și-au făcut apariția într-un orășel din Germania și despre efectul pe care l-au avut asupra moralității convenționale.

Dr. Jung: Era dintr-o carte nemțească, al cărei nume l-am uitat.[1] Eu, personal, nu am avut niciodată de-a face cu acest fel de simbolism, dar este foarte sugestiv. Numai după ce m-am întâlnit de mai multe ori cu acel simbol am început să-i simt importanța. Pacientul meu nu citise niciodată această carte. Era povestea unui oraș german foarte respectabil, în care apăreau acești băieți misterioși cu bonete maro și apoi începeau să se întâmple lucruri ciudate. În orașele acelea existau mai multe asociații. Oriunde sunt trei nemți, există o asociație. Douăzeci de asociații organizaseră împreună un bal anual. Totul era foarte respectabil, toate fetele tinere erau aliniate, pe piața căsătoriilor. Toată lumea se afla acolo, mai puțin preotul, ceea ce mai târziu s-a dovedit a-i fi fatal. Lucrurile decurgeau în mod obișnuit, când, din spatele unei coloane din hol, apăru un tânăr cu o bonetă maro. Atunci, situația începu să degenereze. Orchestra porni să cânte mai cu foc, o scânteie jucăușă trecu prin mulțime, toți o luară razna și, în cele din urmă, balul se transformă într-o orgie primitivă dintre cele mai sălbatice, sfârșind într-o absolută promiscuitate. Apoi, băiatul dispăru și ei înlemniră! Redeveniră toți conștienți. Primarul era cu chelnărița etc. Acum, visătorul nostru produce același simbolism, boneta din piele maro. Nu a citit cartea, dar a construit, fară doar și poate, o conductă secretă pentru

---

1 Vezi, mai sus, 27 martie 1929, n. 4.

materialul simbolic, așa cum a făcut și autorul acestei cărți. Descoperim băiatul cu bonetă din piele maro, care este probabil responsabil de noaptea sălbatică din poveste. O asfel de sală de bal dintr-un oraş respectabil reprezintă fundalul conștiinței acestui bărbat. Dintr-odată se cască o gaură în perete și iată-i pe el și pe soția lui într-un loc dintre cele mai neașteptate. E opera acestor băieți, care deschid brusc porțile către posibilități oribile, precum sticla fermecată cu imaginea îndrăgostiților, care i-a șocat atât pe toți cei de la petrecere; sticla nu făcea altceva decât să dezvăluie fantasma secretă a acelor oameni. Asta s-a întâmplat în vis, o străpungere a vălului, a peretelui despărțitor, de care sunt responsabili băieții cu bonete din piele maro. Mai știți ceva despre acești băieți?

Dna Crowley: Pitici.

Dr. Jung: Da, și spiriduși. În istoria acestui simbol, boneta este bizarul acoperământ pentru cap al oamenilor de tot felul, pileusul lui Mithras sau Apolo, boneta frigiană a lui Attis sau Adonis;[2] și apoi cabirii grecești[3] erau decorați cu bonete țuguiate. Cred că Pausanias a spus că statuile a doi cabiri erau așezate pe stânci, într-un anumit loc periculos, pentru a-i proteja pe navigatori. De obicei, cabirii erau obiecte mici și erau ținuți ascunși în casete și întotdeauna înfășurați cu grijă. O astfel de statuie era *spiritus familiaris* al lui Esculap și putea fi întotdeauna găsită pe monumentele lui Esculap, în chip de gardian. El era un zeu special al medicilor — Telesphoros, cel care aduce perfecțiunea sau reușita. Cu toții purtau bonete țuguiate, de obicei cafenii. Probabil că l-ați văzut pe „Münchner Kindl"[4] pe blazonul orașului München, înveșmântat într-o robă lungă călugărească acoperindu-i picioarele, pentru că picioarele unui pitic nu le poți vedea. Este o poveste despre soția unui morar, căreia piticii îi făceau mai multe favoruri decât altora. Ei îi făceau toată treaba. Ea lăsa totul în bucătărie, iar noaptea auzea zgomote și știa că dimineața va găsi totul curat. Știa că sunt piticii, dar era curioasă și voia să-i vadă, așa că într-o seară presără făină pe podea. Dimineața găsi peste tot urme ca acelea făcute de picioarele de rață, dar piticii nu s-au mai întors, iar ea a trebuit să-și facă singură treburile. Ea nu avea voie să afle cum arată picioarele piticilor! Aici este o idee profundă. Acest material ar trebui să ne ajute să înțelegem ce este cu adevărat boneta. Visătorul schimbă

---

2 Vezi *Simboluri ale transformării*, index „pileus".

3 Cabiri sau Kabeiroi erau zei miniaturali cu capetele acoperite, al căror principal templu în epocile clasice era pe Insula Samothraki. Mai erau numiți, de asemenea, „măreții zei". Referitor la apariția lor în *Faust*, Partea a II-a, vezi *Psihologie și alchimie*, O.C. 12, par. 203. Și, mai jos, n. 10.

4 Miniatura unui călugăr de pe blazonul orașului München (întemeiat de călugări în secolul al doisprezecelea).

o pălărie obișnuită cu ceea ce pare a fi una asemănătoare, dar care se dovedește a fi această bizară bonetă maro. Ce este atunci *pălăria*, pălăria lui obișnuită?

Dr. Bertine: Este acoperământul pentru cap al unui gentleman convențional.

Dr. Jung: De ce tocmai pălăria?

Dna Schevill: Foarte adesea, o pălărie poate reprezenta o atitudine.

Dr. Jung: Da, dar de ce să fie folosită pentru convenționalism?

Dna Sigg: Bărbatul iese cu ea pe stradă.

Dr. Schmitz: Este acoperișul, acoperământul lui.

Dr. Jung: Un om poartă pălăria pe stradă, unde îl văd ceilalți oameni, unde este respectabil, adică unde poate fi văzut. Prin urmare, este prezentabil. Dacă ar purta cineva pe stradă acum o bonetă de cabiri, ne-am gândi că e fie beat, fie vreun nebun, fie un muzician! Un gentleman nu-și poate permite nicio fantezie în privința pălăriilor. În San Francisco, dacă porți pălărie de paie după o anumită dată, ești dus direct la azilul de nebuni. Când am fost în America purtam pălăria mea obișnuită europeană, însă un prieten mi-a spus imediat: „Pălăria ta nu e potrivită. Trebuie să porți melon, pentru că toată lumea poartă".

Dl. Gibb: Și dr. Baynes[5] a pățit la fel.

Dr. Jung: Exact. Pălăria este un simbol. Când apare în visul unui bărbat, înseamnă că acesta este preocupat în mod deosebit de felul în care arată pe stradă sau dornic să-și facă publicitate. Reprezintă o anume prejudecată sau un anume motiv de nemulțumire al său. Acum, când visătorul pleacă de acolo, nu-și poate găsi pălăria, aparența sa exterioară, o pierdere serioasă pentru el, întrucât realizează că nu poate ieși în public la fel ca înainte, ceva probabil că și-a lăsat amprenta asupra lui! El găsește o altă pălărie, una pe care o crede la fel cu a lui. Aici intervine iarăși elementul liniștitor al visului. Visul spune: „Nu te-ngrijora, nu este chiar pălăria ta, dar este o pălărie cum poartă toată lumea". Spre amuzamentul lui, descoperă că, în loc de pălărie, poartă o bizară bonetă maro. Deci am putea spune că nu mai pleacă de acolo ca gentlemanul convențional care intrase, ci precum unul dintre acei băieți abstracți neastâmpărați sau ca unul dintre cabiri. Impactul a fost atât de puternic, încât s-a trezit.

Dr. Schmitz: Boneta este specifică țăranului, deci nu mai e gentlemanul care credea că este.

---

5 Psihiatrul și analistul britanic Helton Godwin Baynes (1882–1943) era unul dintre prietenii apropiați ai lui Jung și traducător al câtorva dintre operele sale, printre care și *Tipuri psihologice* (1923). Între 1928 și 1929, el și soția sa, Cary, au locuit în Carmel și în Berkley, California. Gibb era, de asemenea, prieten cu Baynes.

Dr. Jung: Desigur, dar concepția noastră despre bonetă s-a schimbat. Un gentleman îmbrăcat într-un costum de golf poate purta bonetă, dar în cazul gentlemanului nostru nu se potrivește, el este extrem de meticulos în ceea ce privește felul în care arată, se îmbracă foarte atent, cravata, batista și șosetele trebuie să aibă întotdeauna aceeași nuanță de albastru. Purtarea acestei bonete obișnuite îi reduce imaginea de sine, el devine imediat la fel ca oricare om obișnuit de pe stradă, ca măcelarul, de exemplu. Un bărbat atât de convențional trebuie să aibă o anumită distincție, o înfățișare pretențioasă, altfel nu s-ar deosebi de măcelarul său. Deci, purtarea bonetei îl face să coboare pe propria-i scară socială, acesta e primul lucru care îl deranjează. De ce coboară?

Dna Sigg: Mai întâi se identifică cu tatăl și cu fiul, apoi cu Puer Aeternus. Este prea sus, așa că trebuie să coboare.

Dr. Jung: Absolut adevărat. Atunci când nu suntem conștienți de un lucru care este constelat, ne identificăm cu el și ne mișcă sau ne manipulează ca pe niște marionete. Nu putem scăpa de acest efect decât dacă îl aducem în conștiință și îl obiectivăm, îl așezăm în afara noastră, îl scoatem din inconștient. Pentru el, acest lucru este deosebit de dificil. Necunoscându-l pe Puer Aeternus, nu-l poate îndepărta, concretiza sau obiectiva. Adesea observ cât de greu le e pacienților mei să facă asta. Nu este ușor să văd un aspect care face parte din psihologia mea cea mai intimă la fel de obiectiv ca pe acest suport de chibrituri.

Dar pacientul se identificase cu Puer Aeternus, iar această identificare l-a îndepărtat de sfera umană. Cum pot dovedi o astfel de identificare? Nu pot spune decât un lucru: un om care se identifică cu moralitatea convențională nu este el însuși, este poliția, este bordelul, este codul penal, este orice altceva. Comportamentul îi este întotdeauna reglementat de legi, prin urmare el se lasă ghidat de acea vestită afirmație: „Dacă tu crezi așa ceva, atunci orice bărbat sau orice fată poate face cutare și cutare lucru! Ce s-ar alege de civilizație?" Răspunsul meu este întotdeauna acesta: „Soarta celor unsprezece mii de fecioare nu este treaba ta[6], propriile-ți probleme sunt treaba ta", dar desigur că e mai ușor să fii preocupat de cazul celor unsprezece mii de fecioare decât de propriul tău caz; atunci ești un fel de Mântuitor, preocupat de binele omenirii. Dar cu adevărat valoros este să-ți privești propriul Sine! Henric al IV-lea al Franței spunea: „Idealul meu este ca fiecare țăran francez să aibă duminica un pui în oală". Eu spun: „Fiecare om ar trebui să fie preocupat de propria sa moralitate, și nu de binele altor oameni". El nu poate rezolva problema celor unsprezece mii și

---

[6] Vezi, mai jos, 26 februarie 1930, p. 481.

deoarece poate merge întreaga sa viață pe acea linie fără să se întâmple ceva, întotdeauna va fi în siguranță.

Identificându-se cu codul penal, subiectul nostru este, de asemenea, și moralitatea convențională; și din moment ce este pe ascuns influențat de Puer Aeternus, el este Puer Aeternus și, totodată, spiridușul întru totul maro, venind din pământ, de culoarea pământului. El nu se mai află în lumea ideilor generale frumoase, ci sub pământ, acoperit de boneta maro de pământ, de țărână. Așa cum fusese deasupra lui însuși, acum este dedesubtul lui însuși, prins fără speranță de puterea magică a pământului. În mod firesc, constituția sa psihică se împuținează. El coboară până la omul primitiv, omul cavernelor, care locuiește la propriu sub pământ. Ajungem acum la întrebarea importantă: care este semnificația întregului vis? Doresc să-mi spuneți ce credeți că dezvăluie el, cum credeți că funcționează. Ce concluzie ar trebui să tragă visătorul din acest vis?

Dl Gibb: Nu înseamnă că începe să știe mai mult despre el însuși? Să vadă toate compartimentele în același timp? El își ia cu sine în vis toți cunoscuții.

Dr. Jung: Asta e foarte important. Cum ați interpreta? Ce înseamnă că ia pe toată lumea acolo, familie, prieteni și cunoștințe?

Dl Gibb: Sunt părți din el însuși.

Dr. Jung: Da, un om nu este niciodată reprezentat numai de el însuși. Un om este ceva numai în relație cu alți indivizi. Obții o imagine completă a lui numai atunci când îl vezi în relație cu grupul său, așa cum nu poți cunoaște o plantă sau un animal decât dacă îi cunoști habitatul. Deci, dacă visul spune că merge cu întregul său grup, înseamnă că sunt împreună și îi include în viața lui. În limbajul nostru conștient, am spune că îi adună pe toți acești oameni la un loc și, timp de 24 de ore, domnește adevărul. Este un fel de declarație emoțională a întregii sale psihologii, a ceea ce ar trebui să facă. Deci, la începutul visului avem această critică nenuanțată a psihologiei sale compartimentate. Este ca și cum visul ar spune: „Ia-i acum pe toți și intrați în acel spectacol bine-cunoscut și lasă-i să vadă tot."

Dl Dell: Compartimentele sunt ca într-o panoramă, unul lângă altul?

Dr. Jung: Da și aceasta înseamnă că el trebuie să-și privească obiectiv întreaga viață, să pună compartimentele laolaltă și să tragă linia. Este exact ceea ce astfel de oameni nu fac, ei păstrează lucrurile bine separate, astfel încât să nu existe scurtcircuite. Visul îi oferă apoi o priveliște panoramică, o relatare a întregii sale vieți, ca fiecare aspect al lui să-i cunoască viața în ansamblul său. Aceasta înseamnă să torni toate conținuturile diferite în creuzet și să vezi ce iese de acolo, apoi el poate să realizeze sinteza.

Dl Dell: Scurtcircuitul îi dă aparența de coșmar?

Dr. Jung: Cu siguranță, iar ceea ce șochează în cazul acesta este că visătorul iese purtând o bonetă maro! El este degradat, coboară de pe poziția sa respectabilă, unde nimeni nu știa ce viață ducea, nici măcar poliția. Poartă boneta maro și acum începe să înțeleagă ce este el cu adevărat. Mulți oameni nu-și dau niciodată seama ce sunt cu adevărat, din cauza psihologiei lor compartimentate. Ei au întotdeauna uimitoarea conștiință curată a criminalului; ei nu trag linie, nu își contemplă viața ca pe un întreg. Am auzit adesea oameni care ascultă întâmplări despre ei povestite de prieteni sau care își recitesc jurnalele, spunând: „Am rămas perplex când am auzit toate acestea!" Dar, de obicei, oamenii nu permit să se ajungă până acolo — le este prea frică. De exemplu, m-a solicitat odată un bărbat foarte extravert. Își ocupa mereu timpul de dimineața până seara și i-am spus: „Trebuie să stai liniștit cel puțin o oră pe zi și să te gândești la ce faci". Răspunsul lui a fost: „Aș putea cânta la pian cu soția mea, i-aș putea citi sau am putea juca cărți". Nu reușea să scape de ideea că trebuie să-și împartă timpul cu cineva. În cele din urmă, când a înțeles că eu mă refeream la a fi singur, el a spus: „Atunci devin de-a dreptul melancolic". I-am răspuns: „Acum vezi ce fel de companie ești pentru tine însuți. Eu vreau să te cufunzi în depresie și să-ți dai seama ce viață duci". N-a făcut-o. Omul acela ducea o uimitoare viață compartimentată. Când se afla singur cu sine se simțea cel mai rău, îi veneau în minte, unul după altul, aspectele vieții sale, și pur și simplu nu putea suporta. Sunt oameni care pur și simplu se tem de propria lor viață.

Dl Gibb: Nu credeți că visătorul începe să renunțe la a-și mai trăi viața în compartimente?

Dr. Jung: Da, aș spune că s-a întâmplat ceva. Evident că a rămas cu ceva de la boneta maro. Sunt cazuri în care nici medicul, nici pacientul nu pot face prea multe, analiza trebuie să depindă de bunăvoința inconștientului și tușa finală trebuie să fie dată de bizara lume a inconștientului. Atunci când lucrurile ies din măruntaiele pământului, precum această bonetă maro, puteți fi siguri că s-a întâmplat ceva, deși nimeni nu înțelege ce. De ani și ani omenirea generează idei mărețe și niciun om nu înțelege. Vă pot da un exemplu simplu: când am întrebat populația elgoni din Africa despre religia lor, ei au negat că ar crede în vreun zeu sau în fantome sau spirite sau în altceva de felul acesta. Nu-mi puteau spune nimic și mi-a luat trei săptămâni ca să descopăr de ce ieșeau ei din colibe în fiecare dimineață la răsăritul soarelui, iar fiecare om își punea mâinile la gură și sufla în ele, le întindea spre soare și apoi pleca la treburile sale. I-am întrebat: „De ce faceți asta?" Ei au răspuns: „Nu știu, tatăl meu făcea așa, bunicul meu făcea așa, iar eu fac la fel." I-am întrebat pe mulți dintre ei și toți mi-au dat același răspuns. Eu am insistat cu interogatoriul. În cele din urmă am întrebat un bătrân, iar el mi-a spus: „Strămoșii noștri făceau la fel; suntem bucuroși că a trecut noaptea." Această respirație forțată se numește *roho*, corespunzătoare arabului *ruh*, ceea ce înseamnă „în grabă", de unde „vânt" sau „spirit". În Noul Testament, vântul și spiritul sunt amândouă exprimate prin același cuvânt, *pneuma*. „Vântul suflă unde dorește" (Ioan, 3:8). De Rusalii, *pneuma* a coborât asupra apostolilor ca un vânt puternic, care a umplut întreaga casă. În limba swahili există un cuvânt onomatopeic pentru horcăitul muribundului — *roho* (înrudit atât cu arabul *ruh*, cât și cu ebraicul *ruah*).[7] Ultima răsuflare a muribundului este spiritul său, iar fiul cel mare trebuie să-și pună buzele peste cele ale tatălui său aflat pe moarte, pentru a-i prinde ultima răsuflare. Deci, semnificația obiceiului populației elgonyi este aceea de a oferi răsăritului de soare răsuflarea vieții sau spiritul. Este un gest de mulțumire, își oferă sufletele lui Dumnezeu.[8]

Așa o exprimăm noi în cuvinte, dar ei nu știu de ce fac așa. Ideea aceea acționează în ei într-o stare prepsihică. Știu că ei au multe ceremonii, circumcizii, însemnări ale trupurilor etc., dar ei nu știu de ce le au. Iar noi spunem: „Nu-i așa că sunt primitivi și inconștienți? Oamenii aceștia nu știu ce fac".

Dr. Leavitt: În simbolismul religios modern, oamenii știu mai multe?

Dr. Jung: Eu v-aș putea întreba: „De ce aveți pom de Crăciun? Sau ce înseamnă ouăle care sunt aduse de iepuraș de Paști?" Nimeni nu știe ce înseamnă aceste lucruri, trebuie să ne întoarcem la folclor pentru a afla. Acum știți cum funcționează inconștientul. Este spiritul sau cel născut în Ceruri! Spiritul se afla acolo înainte de apariția conștiinței umane. El îi determină pe oameni să facă anumite lucruri, în anumite moduri, pe care nu le poți explica. Animalele nu-și ridică labele spre soarele care răsare, dar oamenii o fac. Populația elgoni îl numește spiritul care îi mișcă; pentru ei nu există conceptul de spirit; ei o fac pur și simplu, sunt mișcați de o forță spirituală. Numai noi, la nivelul nostru, ne încredințăm sufletele lui Dumnezeu.

Dl Gibb: În nordul Indiei, indigenii trebuie să moară întotdeauna acolo unde aerul și apa sunt „potrivite". Ei numesc acel loc „Ab o hawa", adică „acasă". Noi

---

7 Pentru o discuție despre aceste cuvinte, vezi „Spirit şi viaţă" (1926), O.C. 8, par. 601 şi „Problemele fundamentale ale psihologiei analitice" (1931), O.C. 8, par. 664. Conform *Swahili-English Dictionary* (1903), întocmit de A.C. Madan şi care a fost folosit de Jung, *roho* mai poate însemna „suflet", „spirit", „viaţă".

8 Pentru alte versiuni ale aceluiaşi material, vezi A.V.R., p. 312, şi „Omul arhaic" (1931), O.C. 10, par. 144ff. Vezi, de asemenea, mai jos, 30 octombrie 1929, n. 1.

îl traducem cu „ambient", dar pentru ei este mai important decât atât. Ei trebuie să meargă acolo unde aerul este potrivit, este *al lor*. Nici chiar în perioadele de epidemii nu-i puteam împiedica să călătorească, răspândind astfel holera și ciuma, atât de puternică era ideea aceasta în ei.

Dl Dell: Scuipă în mâini sau doar suflă?

Dr. Jung: Suflă cu putere; este ca și cum ar scuipa. Saliva este semnificantul lichid al spiritului. Hristos a folosit saliva la prepararea unsorii, amestecând-o cu argilă pentru a-l vindeca pe orb. Scuipatul sau suflatul are o semnificație magică pe tot cuprinsul lumii. În exemplul domnului Gibb apar vântul și apa, ambele simboluri ale spiritului vieții, cel care pătrunde peste tot. Pământul nu este mișcare, nu este spirit, dar vântul și apa sunt. În astrologie, de exemplu, semnul Peștilor (un semn spiritual) provine din semnul egiptean pentru apă. Inițial a avut o parte mai densă și o parte mai eterică, partea superioară fiind mai spirituală. Sunt întrebări legate de acest vis?

Dna Sigg: Acesta este al treilea vis care spune că Eul visătorului este în dezacord cu acela al soției sale. La început a fost mașina de cusut pe care nu i-o putea da fetei sărace, deoarece aparținea soției sale; apoi visul cu Puer Aeternus, unde spunea că soția sa nu a adus hrana potrivită; iar acum, în acest vis, soția sa îl roagă să-i aștepte pe ceilalți și el nu o ascultă. De trei ori ea este un obstacol. Singurul lucru la care mă pot gândi este obiecția ei față de sexualitate. Pare să aibă ceva împotriva soției sale, nu are atitudinea potrivită, nu aduce anima în realitate.

Dr. Jung: Sigur, există multe probleme reale între el și soția sa, dar aici ne rezumăm la principalele aspecte ale visului. El nu este încă pregătit să se ocupe de problema animei.

Dna Sigg: Nu este periculos pentru el să se identifice cu spiridușii?

Dr. Jung: Nu el este în măsură să decidă. A trebuit să-l fac să înțeleagă că acum se identifică cu pământul, așa cum înainte se identifica cu ideea colectivă. Este mult mai bine să te lași condus de pământ decât de codul oficial.

Dr. Binger: Nu are nicio idee despre anima?

Dr. Jung: Nu, nu încă. Este foarte dificil să avem o idee despre obiectivitatea psihicului nostru. Obiectivarea animei ar părea ceva mistic. Cei mai mulți oameni nu au nici cea mai mică putință de a înțelege ce înseamnă un non-Eu psihologic sau ce grad de autonomie sau de realitate au anumiți factori. Ei nu s-au gândit niciodată la așa ceva. Înainte, așa-numita autonomie a fenomenelor psihologice era negată complet. Aceasta permite proiectarea imaginilor, ceea ce duce la spiritism și teozofie. Obții imagini precum „paznicul comorii" și tot felul de astfel de drăcușori. Nici așa nu e bine. Există o cale de mijloc a autonomiei psihice, o concepție care nu a pătruns în mintea filosofică a timpului nostru. Intenția mea este să ajut oamenii să înțeleagă această „cale de mijloc".

Dr. Leavitt: Toate acestea sunt vise, nu-i așa? Nu fantasme?

Dr. Jung: Toate sunt vise. Dacă pacientul ar fi fost capabil să ridice tot acel material la nivelul fantasmei active, nu l-ar fi visat. El nu poate face acest lucru, deoarece ar fi mult prea stânjenit de ideea că el este autorul acestuia. Ideea „Eu sunt autorul minții mele" este identificarea cu Dumnezeu! Aceasta e prejudecata lui.

Dr. Schmitz: Nu ar putea pacientul să învețe ceva din acest vis? Visătorul spune: „Dacă mergi la acest bordel, înseamnă că ești un bărbat care frecventează astfel de locuri și trebuie s-o știi."

Dr. Jung: Da, el trebuie să înțeleagă că se supraevaluează. După un timp, toate aceste lucruri au început să-l dezguste, simțea că nu și-o mai putea permite. De atunci a încercat de câteva ori să se revolte, dar își dă seama cumva că mereu eșuează. Tipul senzație trebuie să învețe prin experiență directă. Se gândea uneori că analiza nu-i arată nimic, dar apoi se întâmplau anumite lucruri și trebuia să recunoască ajutorul oferit de vise. A fost nevoit să realizeze că s-a schimbat atunci când a descoperit că nu mai poate merge la bordel.

Dl Dell: Spiritul lucrează în noi fără intervenția conștiinței?

Dr. Jung: Chiar dacă nu înțelegem visul, el lucrează și provoacă schimbări. Pe de altă parte, dacă îl înțelegem avem privilegiul de a lucra cu spiritul atemporal din noi.

Dl Dell: Folosirea bonetei ca semn de inferioritate este indirectă; fără analiză, nu ar fi înțeles deloc aluzia. Este ceva în psihologia visului care ar împiedica o aluzie directă? Ar fi putut visa că a căzut în șanț sau ceva asemănător.

Dr. Jung: Dar el a visat așa.

Dl Dell: Freud ar vorbi despre cenzură la alegerea simbolului, nu-i așa?

Dr. Jung: Da și înțeleg acum ce vreți să spuneți. Visul ar putea spune: „Acum ești inferior", dar ce spune el de fapt în acest caz este: „Acum porți o bonetă maro". Fie că îl analizăm sau nu, spiritul acționează în noi în lipsa conștiinței. Ceva s-a întâmplat cu bărbatul acela. Eu însumi am avut vise pe care nu le-am putut înțelege până când nu au apărut noi evenimente. Visul pregătește uneori pentru un eveniment concret. Deci nu contează dacă nu înțelegem simbolismul bonetei, dar contează că, dacă îl înțelegem, obținem o șansă pentru lărgirea semnificativă a conștiinței noastre. De aceea analizăm vise. Dacă suntem inconștienți, suntem mereu supuși riscului de a fi manipulați de factori inconștienți, într-un mod enantiodromic,[9] așa cum iarna vine după vară etc. Inconștientul nu este interesat de scopurile umane, de construirea civilizației noastre. El are o mișcare ciudată, ca și cum nu ar exista lucruri precum timpul.

Dl Dell: Schimbarea de personalitate este întotdeauna însoțită de conștiință, nu-i așa?

Dr. Jung: Poți fi determinat să te schimbi de factori inconștienți. Te poți trezi dimineața un om diferit, dar astfel de schimbări nu au niciun merit, din ele nu poți câștiga nimic pentru civilizația noastră. Scopul nostru ar trebui să fie dezvoltarea propriei conștiințe. Fie că suntem sau nu conștienți, ni se întâmplă lucruri, dar când suntem inconștienți viața nu are semnificație; deci, mulți oameni mi se adresează fără a avea habar ce înseamnă asta. Oamenii au nevoie să înțeleagă, să știe de ce trăiesc.

Dr. Binger: Rezerva vieții inconștiente este nelimitată, nu-i așa?

Dr. Jung: Da, nu are sfârșit. Puteți spune — lăsând la o parte teoria lui Einstein — că pentru noi spațiul este ca și infinit.

Dl Gibb: Ai spune că multe lucruri se întâmplă fără a visa, sau visul în sine este întâmplarea?

Dr. Jung: Cred că e înțelept să iei visul ca pe o întâmplare. Poți afirma atunci: „Sunt atât de bucuros că am avut acest vis, acum lucrurile s-au întâmplat".

Dl Gibb: Dar nu trebuie să lăsăm lucrurile să se întâmple, chiar dacă nu le visăm?

Dr. Jung: Desigur, dar trebuie să admitem că toate lucrurile de o importanță fundamentală sunt probabil visate. Visele sunt mesaje transmise de inconștient și arată ce se întâmplă cu adevărat acolo.

Dr. Binger: Credeți că o putem compara cu o schimbare de caracter? Credeți că este direcțională, că se îndreaptă spre un scop?

Dr. Jung: Tind să cred că numai acolo unde avem conștiință, conștientizare, acest lucru se poate dovedi adevărat. În visele nebunilor incurabili găsești aceleași atribute ca în acelea ale persoanelor normale sau nevrotice. Visele nebunului sunt pline de culoare, de speranță și conțin simboluri ale creșterii, simți așadar că, dacă ai putea vorbi despre ele, nu ar exista niciun motiv pentru care pacientul să nu poată fi ajutat. Dar nu poți vorbi, ei nu vor asculta. Aceste vise ating un anumit apogeu și apoi încep să se degradeze, toate simbolurile devin distructive și observi că totul merge pe o cale complet greșită. Dacă o persoană

---

9 *Enantiodromia*, termen folosit de Heraclit pentru a exprima ideea că totul se schimbă în opusul său pe parcursul vieții. Vezi *Tipuri psihologice*, cap. XI, def. 18.

normală ar avea astfel de vise, ai spune: „Este foarte rău". Dar în cazul nebunului, după un timp o ia de la capăt. Este doar un proces al naturii, fără nicio intervenție din partea conștiinței. Deci, conchid că pentru un astfel de proces cum este construirea individului, conștiința este indispensabilă.

Dr. Binger: Este ca și cum ai transforma o junglă într-o grădină.

Dr. Jung: Da, ca și cum ai transforma o junglă într-o grădină. Numai omul face o grădină, natura niciodată. Deci, vedeți cum depinde dezvoltarea noastră de intervenția conștiinței. În natură există factorul dezvoltării, al evoluției, dar este încet, durează milioane de ani. Vedeți cum primitivul a rămas de secole în aceeași condiție, în timp ce națiunile civilizate au făcut pași imenși într-un timp scurt prin intervenția conștiinței.

Dr. Binger: Poți visa și extrage beneficiul conștiinței fără a înțelege visul? Are vreo valoare constructivă?

Dr. Jung: Într-o anumită măsură. Este fluxul care te ridică, dar ești în pericol de a fi măturat din nou de reflux. Dacă te poți agăța de o stâncă pentru a rămâne la suprafață, este în ordine.

Dl Dell: Dacă visul este o imagine a unei situații psihice, a ceva ce s-a întâmplat, cum poate fi și o compensație? Ce compensează?

Dr. Jung: Ideea de respectabilitate a visătorului.

Dl Dell: Visul vorbește despre o schimbare de atitudine, dar eu nu prea văd unde e compensația.

Dr. Jung: E simplu. El este o persoană convențională, iar această viziune panoramică a schimbat ceva în el. Înainte de a avea acest vis era prea sus, iar naturii nu-i place așa ceva și l-a tras în jos. Acum, este mai jos. Aceea este compensația. Este un simbolism ciudat, de ce nu spune visul că se află mai jos?

Dl Dell: Freud ar spune că a fost deghizat de cenzor, ca o protecție pentru persoana adormită, dar de fapt el se trezește.

Dr. Jung: Freud ar spune că a fost deghizat de cenzor, eu aș spune că nu am ajuns încă la explicația completă a caracterului liniștitor al visului și nici nu știm încă de ce este exprimat printr-o aluzie atât de criptică. Dacă visul spunea: „Acum ești jos, înainte erai sus", nu ar fi fost întru totul adevărat, deoarece, dintr-un punct de vedere spiritual, el este sus, este un om mult mai bun decât era atunci când se afla prea sus. Când natura folosește acest termen bizar, un cap acoperit, ca un spiriduș, ceva pământesc ce trebuie ascuns, ceva situat jos, dezonorant, se poate referi la fel de bine la o figură respectabilă, la un călugăr cu glugă de cabiri. Călugării au preluat gluga maro de la cabiri. Este un simbolism cu dublu sens; când este coborât, el este de fapt ridicat. *Cabiri* vine de la arăbescul *el kabir*,[10] „cel *mare*", iar cabirii sunt de fapt destul de mici, „cei mici, totuși atât de puternici". Dactilul,[11] de mărimea degetului mare, este mic, dar foarte puternic. În filosofia hindusă este Purusha, omulețul mistic care își are sălașul în inima fiecăruia, dar care acoperă pământul, „mai mic decât mic, totuși mai mare decât mare."[12] Când te apropii mai mult de simbolism, observi că inconștientul omului încearcă să scoată la suprafață relativitatea lucrurilor. Când înțelegeți aceasta, veți vedea că inconștientul îl va așeza în centrul lucrurilor, ăsta-i scopul său!

---

10 *Sems*: „Cabura". Termenul arăbesc pentru „mare" este *kabir* (vezi. *gabir* în *Psychologie und Alchemie*, par. 203), dar cuvântul din greaca veche, kabeiroi, e imposibil să fi provenit din arabă. Unii savanți au susținut că este o formă elenizată a semitului *kabirim*, „cel mare", printr-o sursă feniciană, dar acum această opinie este pusă la îndoială. Vezi Kerény, „The Mysteries of Kabeiroi" (1944), în *The Mysteries* (Lucrări publicate în Eranos Yearbooks, 5, 1955), p. 48; L.R. Farnell, articolul „Kabeiroi", *Encyclopedia of Religion and Ethics*, ed J. Hastings, VII (1920), p. 628; şi Liddell şi Scott, *A Greek-English Lexicon*, rev. H.S. Jones (1940), Kabeiroi.

11 În mitologia greacă, rasă mitică arhaică de bărbați falici, asociați adesea Marii Mame. Numărul lor variază, însă deseori erau zece. (N.t.)

12 Vezi *Simboluri ale transformării*, O.C. 5, par. 179–184, când Jung citează din Upanişade pasajul despre Puruşa cel cât policarul şi discută în detaliu legătura cu zeii-pitici cabiri.

Prelegerea a III-a. 29 mai 1929

Întrebarea domnișoarei Hannah: Are boneta maro legătură cu necesitatea de a nu se simți absurd în inconștientul colectiv? Mă refer la o atitudine asemănătoare celei pe care o are un copil față de lumea obiectivă.

Dr. Jung: Vă rog să explicați. Nu înțeleg prea bine la ce vă referiți.

Dra Hannah: Mă gândesc la ce ați spus despre Faust, că se simțea ca un prost când vorbea cu grifonii și cu sfincșii. Cu bonetă, bărbatul se simțea ca un prost, dar nu în acvariu, ci atunci când a ieșit în lumea vizibilă. Cum ați explica asta? Ieșind din inconștient, individul se simte ca un prost.

Dr. Jung: Dar de ce s-ar simți ca un prost? Ați văzut vreodată oameni ieșind de la cinema, cu lacrimile șiroindu-le pe față, gândindu-se încă la ce au văzut înăuntru? Așa și omul nostru, este obsedat de o anumită idee, ceva l-a mișcat. Veți vedea în visele următoare cum s-a simțit. Bonetele și acoperămintele pentru cap semnifică un fel de idee generală care acoperă pământul — pentru a folosi un limbaj filosofic, un concept care unește altele mai mici. Limba germană are un proverb în acest sens: „Alles unter einen Hut bringen".[1] Deci, acest om poartă boneta spiridușilor, a fost în lumea de jos, privește lucrurile de dedesubt și are opinia unui spiriduș, deci nu-și are „locul" în lumea exterioară. Acum este acoperit de acea idee generală, ceea ce, desigur, îl face să se simtă ridicol.

Dr. Schmitz: Nu este încă adaptat la lumea reală.

Dr. Jung: Punctul de vedere al inconștientului colectiv nu are nicio legătură cu lumea sa. Acea unire a celor două puncte de vedere va fi rezultatul unei lungi analize. În vis, va da peste ceva care nu se potrivește în lumea sa, ceva ce nu poate fi înțeles acolo, ceva ce l-a înstrăinat într-o anumită măsură. Veți vedea din următorul său vis ce creează de fapt ideea de bonetă în el.

Visul următor [14]: Visă despre un anumit negustor grec (pe jumătate negustor și pe jumătate fermier) care avea o plantație de bumbac pe care cultiva o nouă specie de bumbac. Veni la visător pentru a-i aduce o serie de capsule necoapte

---

[1] Lit., „a cuprinde totul sub o singură pălărie". Vezi *Psihologie și alchimie*, O.C. 12, par. 53: „La fel ca în cazul subsumării, când «toate noțiunile se pun sub o *singură* pălărie», și pălăria... acoperă întreaga personalitate și împarte cu aceasta semnificația ei".

(fructe de bumbac în care bumbacul poate fi văzut în interior, dar care nu s-au deschis încă) și îi spuse că, în țara unde se află plantația sa, a apărut un vierme nou, un fel de ciumă a bumbacului, care provoacă mari stricăciuni. Visătorul îi ceru să-i arate viermele. El desfăcu una dintre capsule și visătorul observă într-o parte un vierme ca o omidă, precum și o substanță ca un jeleu, asemănătoare celei pe care o vezi pe prunele mâncate de viermi. Visătorul știe câte ceva despre bolile care distrug culturile de bumbac, dar acest vierme nu semăna cu nimic din ce mai văzuse până acum. Se răsuci și produse un excrement negru. El fu mai degrabă speriat, deoarece era clar că viermii apăruseră în număr mare și distruseseră mare parte din recoltă. Se gândi să le telegrafieze agenților săi, deoarece acest dezastru va influența prețul recoltelor, așa că își căută cartea de coduri (ce-i va permite să-și informeze firma fără știrea celorlalți agenți), dar descoperi că ține în mână o altă carte. În timp ce el se uita în carte, intră fratele său, pe care îl întrebă de cartea de coduri, spunând că are nevoie de ea pentru a transmite informația despre starea recoltelor. Fratele său râse și spuse că a trimis deja un raport despre recolte. Visătorul se înfurie, gândindu-se că ar fi trebuit să i se arate telegrama, pentru a ști ce mesaj a fost trimis.

Asociații: Referitor la plantarea unui nou tip de bumbac și la viermi: În afacerea cu bumbac, este foarte important să deschizi un mare număr de capsule înainte de cules, pentru a vedea câți viermi sunt și pentru a calcula amploarea stricăciunilor, astfel încât să se poată estima valoarea probabilă a recoltei. *Plantație*: Există în realitate, dar de ea nu se ocupă un grec. Țara în care se află plantația se presupune că nu are astfel de dăunători, deci visătorul este șocat să audă că au apărut atât de mulți într-o regiune care se presupune că e ferită de ei și că stricăciunile aduse recoltei pot fi oricât de mari. Știe că acest excrement negru colorează bumbacul, care devine inutilizabil, deci stricăciunea este, probabil, considerabilă. *Telegramă*: El spune că nu este prea mulțumit de felul în care a gestionat informația. Logic ar fi fost să nu transmită nimic până nu cunoștea întinderea pagubei. În loc de aceasta, el nu dorește decât să-și informeze agenții, fără să le spună dacă să vândă sau să cumpere. Când se află că recolta de bumbac este deteriorată într-o asemenea măsură, prețul bumbacului este influențat, iar la bursă se poate crea un fel de panică. Deci, se gândește că s-a cam pripit. De asemenea, îl uimește faptul că a putut lua o altă carte în locul codului. „În realitate nu aș fi făcut o astfel de greșeală — spune el — dar în vise facem lucruri pe care în realitate nu le-am face. Este adevărat că fratele meu, care văzuse deja greșeala, are un simț practic mai pronunțat decât al meu, dar atunci când e vorba de chestiuni complicate de afaceri, în care trebuie să ai o atitudine mai degrabă calmă și superioară, l-am văzut aflându-se în încurcătură."

Deci, visătorul se simte superior fratelui datorită experienței sale mai mari în afaceri. Continuă: „Telegramele referitoare la starea recoltelor sunt o sarcină foarte dificilă, pe care mi-o asumam întotdeauna atunci când eram încă la firmă. De fapt, în realitate e absolut imposibil ca o astfel de telegramă să fie trimisă înainte de a-mi fi arătată mie. Sunt impresionat de faptul că în acest vis se întâmplă o grămadă de lucruri ilogice, a căror semnificație nu o înțeleg".

Și visul acesta se referă la afaceri. Cred că vom începe prin a încerca să stabilim o legătură între acesta și visul anterior. Visul despre bumbac îi prezintă un fapt foarte tulburător unui om interesat de speculațiile cu bumbac. Într-o firmă mare, condusă de el, simte o imensă responsabilitate, pentru că învârte multe milioane. O perioadă destul de îndelungată s-a ocupat de rapoartele despre recolte trimise de agenți, prin urmare, atunci când ceva se întâmplă în această sferă a vieții sale, înseamnă că are o extraordinară importanță. Știrea că viermii au apărut în număr mare într-o regiune în care recoltele erau considerate extrem de sigure, stricându-i astfel toate calculele, ar fi fără îndoială interesantă pentru mintea unui om de afaceri. Gândiți-vă la cazul unui chirurg care face o operație și apoi este anunțat că pacientul e pe moarte. Șocul ar fi teribil pentru el. Informația este simbolică și înseamnă că a ieșit la iveală ceva ce-l rodea în interior! Acest fapt trebuie legat de visul anterior. Boneta maro a reapărut. Am spus că pacientului trebuie să i se fi întâmplat ceva atunci când a plecat de la spectacol cu pălăria ciudată; nu mai era același om. Trebuie să vă puneți în locul lui. Este un tip senzație, cu un convenționalism foarte strict, în lumea sa nu este niciun mister, totul este explicat perfect, atâta bumbac la cutare preț. Așadar, când se întâmplă ceva care să schimbe aparența lumii lui, este cât se poate de supărător.

Femeile permit de obicei întâmplărilor neelucidate să pătrundă în lumea lor. În lumea femeilor se pot întâmpla anumite lucruri care nu-și au locul în lumea unui bărbat. Un bărbat crede cu strictețe în imaginea pe care și-o face despre această lume. El trebuie să aibă o imagine corectă asupra lumii, deoarece el va acționa asupra lumii, dar femeia este obiectul acțiunii lumii. Dacă femeia intenționează să acționeze asupra lumii, ea trebuie să-și facă o idee clară despre lume. Este normal ca imaginea femeii despre lume să nu fie prea riguroasă. Se poate întâmpla ca, din când în când, apa să se ridice mai sus decât izvorul, iar acul barometrului să se ridice atunci când bate un ciclon. Unui bărbat îi vine greu să se adapteze la așa ceva, el o crede un pic trăsnită pentru că lasă lucrurile să i se întâmple. Bărbatul s-a confruntat dintotdeauna cu realitatea nemiloasă și a dat piept cu faptele de netăgăduit ale vieții. El nu poate avea o fantasmă legată de prețul bumbacului; dacă ar face o greșeală, și-ar periclita întreaga existență. O femeie ar putea spune că este un trifoi, nu s-ar întâmpla nimic. El nu poate înțelege. Unei femei i se pare posibil ca un chibrit să se ridice singur dintr-o cutie de chibrituri. Dacă i s-ar întâmpla unui bărbat, s-ar interna singur într-un azil de nebuni, spunând: „Am văzut un chibrit care s-a ridicat singur dintr-o cutie de chibrituri!“ Am cunoscut un bărbat care s-a dus la azil pentru că a citit într-un ziar că fusese dat dispărut.

Visul anterior trebuie să fi lăsat o anumită urmă în pacient. Când eram concentrat asupra visului aceluia nu puteam spune ce este, dar acum, intrând în simbolismul viermelui care mănâncă bumbac, putem forma o ipoteză. În lumea lui s-a întâmplat ceva care l-a supărat, ceva ce nu se mai întâmplase până atunci. Îl face să se simtă tot atât de prost, ca și cum ar fi născocit un preț la bursa de la New York. Insist că aceasta este psihologia lui, întrucât nu toate ființele umane au o astfel de psihologie. A lui este aceea a unei minți antrenate într-un anumit scop și nu putem înțelege ce înseamnă pentru un astfel de om să viseze un eveniment neprevăzut, decât dacă îi înțelegem psihologia. El a plecat purtând boneta maro, iar acum viermele din capsula de bumbac arată că i s-a întâmplat ceva foarte serios, tot atât de supărător ca și cum ar fi descoperit în realitate că acel vierme a distrus bumbacul într-o zonă până atunci sigură a țării. Numai înțelegând aceasta putem cuprinde întreaga semnificație a emoției și uimirii sale. El ia o carte și o confundă cu glosarul de coduri. Lucrurile se întâmplă într-un mod incredibil. Lumea lui este tulburată undeva. Mai întâi trebuie să înțelegeți pacientul ca om înainte de a cuprinde semnificația visului. Este extrem de important, deoarece aceste lucruri vă oferă o privire mai profundă decât poate avea visătorul asupra procesului evoluției sale. El nu știe ce se întâmplă. Eu îl întreb: „Nu simți nimic?“ „Nu.“ „Nu te-a iritat nimic?“ „Nu.“ Pe de altă parte, pacienții pot spune: „A fost un vis minunat, s-au rezolvat atâtea!“ Iar din următorul vis îți dai seama că efectul nu a fost decât acela al unei ușoare brize, apele adânci au rămas nemișcate. Pot să viseze timp de șase luni vulcani submarini, dar la suprafață să nu vezi nicio schimbare. Totuși, vulcanii submarini există. Pacientul meu a continuat șase luni după visul acela, fără să se miște nimic în adâncul lui. I se părea obositor să-și scrie visele etc. Era un mod interesant de a-și petrece timpul, dar nu vedea nicio schimbare. Nu dorea să fie medic sau psiholog, așa că s-a hotărât să întrerupă analiza. Nu a mai venit, apoi a avut o perioadă foarte proastă, s-a simțit deprimat, nefericit.

De-abia atunci și-a dat seama că s-a întâmplat ceva în momentul în care a avut acele vise.

În ceea ce privește simbolismul actual, majoritatea negoțului din Orient se află în mâinile grecilor. În Levant se spune că armeanul e cel mai deștept, iar pe locul doi vine grecul. Pentru omul de afaceri din Est, grecul este samsarul; pe de o parte este simplu, primitiv, iar pe de alta, destul de sofisticat. Găsești greci peste tot în Orient. Chiar și pe Nil în sus, în țara cea mai uitată de Dumnezeu, vei găsi puncte comerciale conduse de un grec. Se înțelege relativ bine atât cu indigenii, cât și cu albii. Este alunecos și displăcut în aceeași măsură de ambele părți, deci, pentru visător, grecul este un samsar. Nu este plăcut, dar ai nevoie de un astfel de om. Aici, el nu reprezintă un om real, ci o figură colectivă care aduce știrea. Dumneavoastră cum interpretați?

Prof. Schmaltz: Eu cred că recolta de bumbac reprezintă Sinele visătorului. El descoperă că această recoltă, pe care o considera valoroasă, are un dăunător, iar el, care se vedea superior celorlalți, nu este atât de onorabil și de respectabil, deoarece și el este ros în interior. Dar visul spune că nu toată recolta a fost distrusă, ci numai o parte din ea. Nu toate capsulele ajunseseră la maturitate, deci este posibil ca o parte din recoltă să nu fie infestată. Aceea este speranța, dar din nefericire o găsește în partea sa inconștientă, iar el simte că nu poate acționa la fel ca în viața sa conștientă, deci îi lipsește claritatea și face o greșeală după alta. Telegrama trebuie codată deoarece este secretă, este un lucru dezagreabil, pe care nu vrea să-l mai afle nimeni altcineva. Pe de altă parte, nu își asumă consecințele, responsabilitatea, pentru a le da agenților săi ordine clare de a cumpăra sau a vinde. El le spune doar că există un dăunător și îi lasă pe ei să decidă ce au de făcut. Eu m-aș gândi că aceea este semnificația.

Dr. Jung: Practic, aceea este semnificația, dar acum trebuie să intrăm în detaliile tehnice. Evident, el face o serie de greșeli; din partea unui om de afaceri, este cea mai flagrantă neatenție. Faptul că fratele trimite o telegramă pe care numai el, ca șef, ar fi trebuit să o trimită arată că deja s-a întâmplat ceva. Fratele lucra, în timp ce el era supărat; aceasta arată că adesea, când atenția ne este distrasă, se întâmplă un lucru pe care ar fi trebuit să-l controlăm.

Ne interesează mai întâi grecul. De ce informația aceasta îi este dată visătorului de un grec?

Dr. Binger: Este latura sa orientală, partea inferioară a caracterului său, samsarul.

Dr. Jung: Da, caracterul său are o parte inferioară, o parte din el este aproape de pământ, primitivă, iar această figură cumva dubioasă urcă, devine un samsar, pentru a-l informa ce se petrece în straturile inferioare. De ce are o latură atât de joasă precum a samsarului, atât de dubioasă din punct de vedere moral?

Dr. Binger: Deoarece multe lucruri care se petrec în straturile inferioare sunt dubioase.

Dr. Jung: Da, deci inconștientul folosește un personaj dubios pentru a o reprezenta. El se gândește la sine ca la un om absolut respectabil, incapabil de a face rău, dar printr-o ușiță din spate intră acest personaj dubios, în chip de samsar, și spune că există astfel de locuri secrete. Este amuzant să vezi aceste personaje din Orient. Când am fost în Tunis[2] îmi beam de obicei cafeaua la o cafenea mică, populată aproape în întregime de oameni de afaceri. În fiecare zi venea la mine un bărbat și îmi șoptea la ureche: „Se vinde grâu la cutare preț și ați putea tranzacționa". Răspunsul meu era mereu același: „Îmi pare rău, dar nu sunt om de afaceri". Dar, de vreme ce mă aflam acolo, nu mă credea — ce alt motiv plauzibil aș fi putut avea să mă aflu acolo? Și în fiecare zi continua să mă informeze despre prețul grâului și al uleiului. Deci, e nevoie să fii puțin grec pentru a mirosi aceste lucruri. Grecul este un fel de funcție, un fel de intuiție, care miroase aceste lucruri aflate în locuri secrete.

Viermele din bumbac, simbol a ceva mai degrabă distrugător care și-a făcut apariția în lume, poate fi explicat destul de rațional. Este lucrul cel mai temut de un fermier, deoarece i-ar putea distruge valoarea recoltei. Pe lângă faptul că poartă boneta maro, care este în sine foarte ciudat și enervant, s-a mai întâmplat ceva dezagreabil. Vă amintiți de băieții cu bonete maro din orășelul german care au supărat preotul și întreaga societate respectabilă. Exact la fel se petrece cu acest bărbat. Este brusc informat de anumite lucruri imorale din inconștientul său și se amărăște. De ce vierme? Este un dăunător. Toți oamenii sunt puțin putrezi în interior. De ce este explicat lucrul acela nociv printr-un vierme?

Dna Schlegel: Lucruri invizibile, o problemă secretă, aflată sub pământ — poate fi un vierme sau un șarpe.

Dr. Jung: Da, dar ar putea fi și șoareci.

Dr. Schlegel: Șarpele este numit adesea vierme.

Dr. Jung: Da, păcatul este numit în Biblie „viermele etern"[3]. Este otrava care te roade din interior. De ce?

Dna Sigg: Este ceva care iese din pământ.

---

2 În primăvara anului 1920. Vezi A.V.R., cap. IX, i, și Apendice III.

3 Vezi Evanghelia după Marcu, 9:44, 46, 48: „Unde viermele lor nu moare și focul nu se stinge", referindu-se la focul iadului.

Dr. Jung: Da, viermele sau șarpele se presupune a avea un caracter htonic, provine din interior sau de dedesubt. Are legătură cu pământul. A fost invizibil și apoi apare în fruct. Ce înseamnă asta din punct de vedere psihologic?

Dr. Schmitz: Vine dinspre partea instinctuală a vieții.

Dr. Jung: Vine dinspre corp, pământul nostru psihologic. Corpul nostru este ceea ce avem cel mai mult în comun cu pământul. Dar de ce neapărat un *vierme*? Ce este un vierme?

Dna Sigg: Un stadiu inferior.

Dl Dell: O nevertebrată.

Dr. Jung: Da, un vierme nu are creier, ci doar un sistem nervos simpatic, care este cea mai primitivă formă de viață nervoasă. Deci, dacă suntem foarte îndrăzneți, putem spune că viermele are legătură cu sistemul nervos simpatic. Aceasta înseamnă cele mai profunde straturi, cea mai simplă formă de viață, absolut preconștientă, o viață care nu are nici măcar un centru undeva. Este format dintr-o serie de ganglioni ce se succed, prin urmare ce formă de viață reprezintă?

Dr. Binger: O viață discontinuă.

Dr. Jung: Da, discontinuă, în compartimente, în segmente. Vedeți lucrul acesta la tenie. Evident pentru simbolismul viermelui este că fiecare segment al unui vierme este un animal de sine stătător. Deci, această formă de viață nervoasă, cea mai simplă din câte există, forma originară, este o viață compartimentată, segmentată. Dacă viața este complet segmentată, este absolut inconștientă, nu există sinteză, deci dacă viața nu este nimic altceva decât un sistem nervos simpatic, nu există deloc conștiință. Prin urmare, atunci când iese la suprafață un vierme, apare cea mai inconștientă formă de viață și poate fi teribil de distructivă pentru conștiința noastră. Viermele ne va domina psihologia, iar viața va fi trăită în compartimente, așa cum se întâmplă în schizofrenie. Pericolul constă întotdeauna în dezintegrarea și disocierea conștiinței în compartimente. Este un studiu fascinant. Pacienții aud voci dintr-un compartiment vorbindu-le într-un fel și apoi din alt compartiment, diferit. Există o faimoasă autobiografie a lui Schreber[4], care a înnebunit după ce fusese un avocat strălucit. El își deosebește vocile, care își dau singure nume, ca de exemplu „acelea care atârnă sub Cassiopeia“, un grup social sau o societate care are un limbaj comun. Un alt grup era acela

---

4 Paul Daniel Schreber, *Denkwürdigkeiten eines Nervenkranken* (Leipzig, 1903), tradusă în engleză de Ida Macalpine şi R.A. Hunter, *Memoirs of My Nervous Illness* (Londra, 1955). Cu siguranță, Jung a citit memoriile lui Schreber în jurul anului 1905 şi le-a adus în atenția lui Freud. Ele sunt frecvent menționate în *Corespondența Freud–Jung* dintre aprilie 1910 şi decembrie 1912; vezi index, Schreber.

al librarului, iar ele vorbeau ca și cum ar fi citit dintr-o carte în care Cerul consemnează toate noutățile. Acest om era un muzician talentat, iar când se așeza la pian, o voce obișnuia să-i spună: „Pe asta o avem deja“. Dar dacă era din nou cuprins de pasiune, vocile din Ceruri îi strigau: „Am notat“. Apoi, mai era un grup, format din omuleți care pluteau în aer. De câte ori se ciocnea de unul din aceștia, omulețul dădea peste el și spunea: „Fir-ar să fie!“ și dispărea. Erau mici compartimente care explodau și se topeau în el, dar mai târziu, când boala a avansat, aceste compartimente au devenit etanșe. Omuleții îi stăteau pe sprâncene, dar compartimentele nu mai explodau pentru a-i lăsa să intre. Acesta e pericolul, de asta se tem oamenii când se întâlnesc pentru prima oară cu inconștientul colectiv. Se tem că un vierme le-ar putea intra în creier. Este straniu, nu că un vierme ar fi ceva nemaintâlnit, dar o boală a creierului este ceva rău. Mulți oameni visează că trebuie să mănânce un lucru foarte murdar. O pacientă de-a mea a avut un vis în care eu o conduceam la un copac acoperit cu un fel de glucoză, pe care urcaseră melci. Ea era dezgustată, dar eu i-am dat o farfurie, un cuțit și o furculiță și i-am spus: „Servește-te“. Ea trebuia să culeagă și să mănânce acei melci. Asta înseamnă că trebuia să asimileze animalul fără creier — ceva asemănător viermelui.

Acum, știți ce este cu viermele și de ce se tem oamenii de el și care este efectul ciudat al unei apariții neașteptate din inconștient, în lumea noastră. Visul ne dă mai multe detalii despre modul bizar de funcționare al acestui vierme. Produce un excrement negru care distruge bumbacul chiar și în acea parte a capsulei care nu este devorată de vierme. Asta trebuie să aibă o semnificație specială. Aveți vreo idee?

Dr. Schmitz: Dacă este un element nevrotic în inconștient, va avea o influență nefavorabilă asupra conștientului.

Dr. Jung: Ideea este că se deschid câteva dintre aceste capsule imature pentru a evalua pagubele aduse recoltei. Chiar dacă sunt destul de multe infectate, o anumită parte care nu este mâncată de vierme ar trebui să fie în stare bună, dar totul este distrus de excrementul produs de vierme. Inconștientul atrage cu precădere atenția asupra acestui lucru. Sunt două cauze ale distrugerii recoltei. De ce nu este viermele suficient?

Dr. Binger: Poate fi acela un produs al fantasmei?

Dr. Jung: Pentru a interpreta această parte a visului, trebuie să știm mai întâi ce înseamnă capsulele, deoarece sunt fructele plantei care crește din pământ. Am interpretat viermele, așa că acum trebuie să interpretăm și capsulele. Planta nu are nici măcar sistem nervos simpatic, nu există nicio relație între acea formă de viață și o altă viață ce are un sistem nervos. Este o stare prenervoasă, absolut de neimaginat pentru noi; în conștiința noastră nu există nicio legătură posibilă, însă funcționarea acelei stări vegetative produce un fruct ce servește drept hrană pentru vierme, pentru sistemul nostru nervos simpatic. Este un simbolism foarte important. Capsula este un fel de floare (e preferabil floare, decât fruct) care crește de nicăieri, dintr-o inconștiență și o întunecime absolute, iar viermele trăiește pe acea floare. Este ca și cum sistemul nostru nervos simpatic ar fi bazat pe un proces vegetativ din care își extrage existența. Acel proces vegetativ complet inconștient este parțial distrus de vierme.

Dr. Bertine: Albul ca de zăpadă al bilei de bumbac, întinat pentru prima dată de vierme, nu corespunde infantilului din noi, inocenței copilărești?

Dr. Jung: Da, bila de bumbac este de un alb imaculat, iar viermele acela este primul lucru care o pătează. Acum, vă amintiți mitul lui Adam și al Evei, istoria tuturor necazurilor lumii începe acolo. Viermele apare în Grădina Paradisului și o distruge, nenorocitul acela de vierme! Astfel, începem să întrezărim natura viermelui. Putem merge și mai departe, putem compara viața preconștientă cu viața vegetativă a animalelor inferioare, întrucât toată aceasta se realizează în individ în perioada intrauterină. Ce este doar vegetativ la început se transformă în sistem nervos simpatic, apoi în coloană vertebrală, creier, deci aproape că repetăm acea dezvoltare de la viața vegetală la viața umană. Planta corespunde acelui stadiu primitiv al existenței umane, apoi urmează un stadiu de viață mentală vagă, incapabil de conștiință, și în acel stadiu își are originea problema, viermele începe să trăiască în interiorul capsulei și distruge starea de inocență. Începutul vieții mentale, al vieții psihice, este, conform simbolului, începutul răului. Ce părere aveți?

Dr. Bertine: Înseamnă conflict și începutul distrugerii „Epocii de Aur."

Dr. Jung: Dar de ce ar fi conflict? De ce nu o evoluție din altceva? De ce nu poate viermele să mănânce altceva?

Dr. Binger: Mitul lui Adam și al Evei pare să se refere la cunoaștere. Șarpele avea legătură cu arborele cunoașterii binelui și răului. Viața ganglionară nu este cunoaștere.

Dr. Schmitz: Viermele nu este încă un șarpe.

Dr. Jung: Știți că sistemul nervos simpatic este conectat cu ceva paranormal, „care vede cu ochiul profunzimilor".[5] Plexul solar joacă aproape rolul creierului,

---

5 James Kirsch, amintindu-și discuțiile cu Jung, comentează despre acest pasaj: „Jung considera că sistemul nervos simpatic, adică sistemul anatomic real, este de fapt un organ de percepție,

e un fel de contra-creier, deci interpretarea ar merge dincolo decât întâmplările fatale din paradis.

Dr. Schmitz: Începutul a ceva individual, o încercare de a lega doi centri și, astfel, o încercare de integrare.

Dr. Jung: Sistemul nervos încearcă întotdeauna să lege centri, nu contează dacă e unul singur sau sunt mai mulți. Nu mai este o supă primordială. Este primul început al disocierii continuumului perfect al vieții nediferențiate și, astfel, primul început al diferențierii este începutul distrugerii. În aparență, este sursa răului. Se poate spune că acest vis este o cornișă prea îngustă pentru a păși pe ea, dar simbolismul lui se repetă întotdeauna; nu vorbesc aici numai despre acest vis, ci mă gândesc la multe vise. Este un simbolism foarte vechi, este problema începutului răului sau suferinței și, într-un fel, a începutului cunoașterii. Este ca și cum un astfel de vis ar răspunde eternei întrebări a omului: „De ce sufăr, din ce cauză?" Geneza spune că e din cauza acelui blestemat de șarpe care te-a mușcat. Nu mai ești copil, te-ai înfruptat din rău și ești conștient de cunoaștere, dar pentru inconștient nu este suficient. El merge mult mai în profunzime, înapoi în Paradis, la originea ființelor diferențiate. Chiar și acolo există: „Eu sunt eu și tu ești tu!" Când apar probleme în căsnicie, se întâmplă același lucru. Se datorează faptului că „Eu sunt eu și ea e ea!" Dacă nu ar fi fost așa, nu ar fi existat probleme; în zorii vieții psihice sunt probleme, este suferință. Acest vis are o notă foarte pesimistă. Desigur că nu poți convinge visătorul că viermii sunt o binecuvântare, el va spune: „O adevărată pacoste!" Nu poate accepta faptul că un lucru neprevăzut a pătruns în lumea sa. Prin raționalismul său a încercat să scape de toată această încărcătură, de toate aceste probleme; numai femeile au asemenea probleme. Dar acum se confruntă cu ele, nu mai poate nega că are un conflict de acest gen, el are o astfel de problemă și nu poate înțelege la ce folosesc toate acestea. Recunosc că nu am avut curajul să-i spun nimic pozitiv despre vierme atunci când i-am analizat visul. Dacă visele nu sunt reconfortante, cu siguranță nu voi fi nici eu, deci nu i-am spus despre viermii metafizici. Dar aici, la seminar, este diferit, putem privi lucrurile obiectiv și ne putem întreba: de ce viermele?

Este acel vierme cu adevărat distructiv? A creat Dumnezeu astfel de dăunători doar ca să se amuze, la fel ca muștele, puricii, malaria, boala somnului și altele asemenea? Este simplă distructivitate, cruzime, prostie, sau are

---

comparabil cu ochiul sau cu urechea. Este conectat la inconştient, aşa cum ochiul este conectat la creier pentru a putea vedea" (comunicare personală).

o semnificație mai profundă? Cu alte cuvinte, are acel început al vieții sale psihice, cu toată distructivitatea sa, un anumit scop? Nimeni nu devine conștient dacă nu suferă! Dacă te afli mereu în lichidul amniotic, la 35° C, nu ai nevoie de nimic, dar nu ești conștient. Se pare că natura face eforturi uriașe pentru a aduce conștiința în noi. Deci, dacă îmbrățișezi ideea potrivit căreia conștiința este un lucru minunat, divin și dezirabil, trebuie să-i fii extrem de recunoscător viermelui că mănâncă acele flori. El mănâncă pentru a produce, în timp, conștiință. Deci, dacă pentru tine conștiința este bună, trebuie să spui că prezența viermelui este benefică. Dar marea întrebare este: e bine să fii conștient? Mulți oameni spun: nu credeți că este periculos? Unii bărbați remarcă: „Nu credeți că este foarte periculos ca femeile să devină conștiente de ele însele?" Eu răspund: „Da, periculos pentru bărbați!" În realitate, bărbații care vorbesc astfel sunt virgini ai sufletului, care încearcă să-și păstreze neștiința, care se tem pentru propria lor inocență, care nu au trecut niciodată printr-o deflorare a sufletului. Atunci când vezi în conștiință o mare realizare, viermele este foarte important. Primii filosofi gnostici considerau că viermele a fost creat de Dumnezeu pentru a crea o lume spirituală — Iahve[6] a creat lumea materială, apoi lui Dumnezeu i s-a făcut milă de ea și și-a trimis pe pământ solul, fiul său, șarpele, pentru a se milostivi de creaturile sale și a le da cunoașterea. Șarpele, o binecuvântare deghizată, i-a îndemnat să mănânce din arborele cunoașterii pentru a vedea cât de imperfectă e lumea demiurgului divin. Acesta a fost primul pas spre eliberarea lor. Când recunoști că un lucru este imperfect, poți întreprinde ceva în această privință.

Gnosticii au presupus că șarpele este Mesia, fiul Dumnezeului spiritual, care învață oamenii cum să scape de blestemul inconștienței.[7] Acea învățătură a jucat un rol important. Biserica Catolică aproape că intrase pe acest făgaș, dar primii părinți i-au recunoscut pericolul. În secolele al doilea și al treilea, creștinismul era precum o tenie uriașă, fără niciun fel de sinteză, iar ei trebuiau să scape cu orice preț de acea stare — deci nu puteau accepta o teorie în care înțelegerea superioară, conștiința superioară, erau un ideal. Pentru a uni toate elementele discordante, formând astfel unitatea măreței Biserici Catolice, ei puteau admite ca principal ideal numai obediența față de autoritate. Era singurul lucru care putea fi făcut în momentul acela. Prin

---

6 În anumite secte gnostice, Iahve era identificat cu demiurgul, un zeu creator inferior, pe care gnosticii îl deosebeau de Zeitatea Supremă. Vezi *Aion*, O.C. 9/2, par. 118. [R.F.C.H.]

7 *Ibid.*, par. 289–9.

urmare, Gnoza a rămas un mugure care nu a înflorit niciodată, dar în zilele noastre începem să înțelegem că din rău se naște binele și din bine se naște răul, relativitatea lucrurilor.

Nu mai putem suporta întunericul. Nu mai putem suporta inconștiența. De exemplu, avem simptome psihologice și trebuie să știm de unde vin aceste lucruri bulversante. Nu putem vedea cine ține frâiele în interiorul nostru. Sunt aranjamente din cele mai viclene, pe care nu le putem vedea; este ca și cum cineva le-ar fi inventat pentru noi, pentru a ne împinge spre anumite activități. Înăuntru trebuie să se afle un individ foarte deștept, care inventează o stratagemă; ne prinde cu diverse tertipuri și, în cele din urmă, își promovează propriile scopuri. Când facem o astfel de descoperire, simțim că trebuie să înțelegem ce se petrece în propria noastră casă. Este ca și cum am trăi la primul etaj, iar la subsol s-ar petrece lucruri misterioase. Simțim arome ciudate și auzim zgomote bizare. Nu putem trăi în felul acela, trebuie să știm ce se petrece. Exact de asta erau preocupați oamenii în urmă cu două mii de ani, dar omenirea s-a blocat. Felul nostru de a afla ne poate bloca și pe noi. Putem să ne lovim de o necesitate superioară. Din cauza imaturității lor, marea majoritate a oamenilor pot intra în panică, apoi apare viermele uriaș. Orice tip de evoluție a minții umane poate merge numai până acolo unde este susținută de o anumită masă de indivizi. Dacă este depășită o anumită limită, mișcarea se va opri din motive sociale, din cauza pericolului dezintegrării societății. La începutul creștinismului, aproape că ajunsese prea departe. Oamenii se clivează în facțiuni individuale, contestatare, dar înainte de a se ajunge la haosul absolut, instinctul creează o limită dincolo de care nu putem trece și lucrurile pot fi organizate.

Deocamdată ne preocupă înțelegerea inconștientului, deoarece nu mai putem trăi rezonabil în lipsa conștiinței. Acea înțelegere este gnoza, însă, în traducerea modernă, viermele nu este Mesia, ci simbolul începerii vieții psihice, o nouă etapă a minții. Indiferent cât de distructiv pare a fi acel vierme la început, va fi cel mai mare binefăcător al tău, deoarece îți va aduce germenele vieții, gnoza vieții. Pentru unul dintre ultimele grupuri gnostice, așa-numiții mandeeni, Mântuitorul înseamnă „a înțelege viața“, *manda d'hayye*; *manda* = „gnoză“ sau „înțelegere“ și *hayye* = „viață“. Acești oameni, secta Suppas sau Subbas (baptiști), trăiesc acum lângă Kul-el-Amara, în Mesopotamia.[8] Sunt în jur de trei mii, vestiți ca argintari. Cărțile lor sunt cunoscute, dar dificil de tradus. Un savant german,

---

8 Actualul Iraq.

Lidzbarski, a făcut cunoscută varianta lor a *Evangheliei după Ioan.*[9] Este foarte interesantă pe alocuri. Liturghiile mandeenilor sunt, de asemenea, cunoscute. În această sectă se mănâncă numai animale înecate, ei nu le ucid altfel. Sunt discipolii lui Ioan Botezătorul care, conform *Evangheliei după Ioan*, s-a opus cu obstinență lui Hristos în ceea ce privește răspândirea cunoașterii. Hristos era de părere că învățătura trebuie revelată lumii, dar Ioan Botezătorul se opunea, spunând că lumea va distruge adevărul. Mead a tradus în engleză părți ale *Evangheliei după Ioan* în *John the Baptizer* (*Ioan Botezătorul*).[10]Atmosfera de acolo ne explică o mentalitate cum era aceea a lui Hristos. În *Evanghelia după Ioan* este numit „Trădătorul", deoarece a dezvăluit misterele. Hristos și Ioan au purtat o lungă discuție, care nu a fost finalizată niciodată. Argumentele lor sunt acelea ale atitudinilor introvertă și extravertă. Ioan, introvertul, spunea: „Nu li-l da, îl vor distruge". Hristos, ca extravert, spunea: „Dar eu pot face minuni cu el".

Dr. Bertine: În *The Friend of Jesus (Prietenul lui Iisus)*, de Ernest S. Bates[11], este prezentată perspectiva gnostică modernă. Prietenul lui Iisus este Iuda.

Întrebare: Ce sunt bisericile gnostice moderne?

Dr. Jung: Toate noile biserici gnostice sunt reinventări ale celor vechi, ca supa reîncălzită, nu au o relație directă. Ultima urmă a învățăturii gnostice a pierit probabil odată cu catharii și cu albigenzii.[12] Erau maniheeni, gnostici, numiți Bougre în Franța. „Bougre" provine din termenul pentru „bulgar" și a ajuns în sudul Franței. Rosacrucienii reprezentau probabil o tentativă doar pe jumătate coaptă care compensa aridul protestantism din acele zile, cu lipsa lui de imaginație.

În cartea lui King, *Gnostics and Their Remains (Gnosticii și ce a mai rămas din ei)*[13], și în cartea lui Mead, *Fragments of a Faith Forgotten (Fragmente dintr-o credință uitată)*[14], găsiți referințe la vechii gnostici.

---

9 Mark Lidzbarski, *Das Johannesbuch der Mandäer* (2 vol., Giessen, 1905–1915).

10 G.R.S. Mead, *The Gnostic John the Baptizer: Selections from the Mandaean John-Book* (Londra, 1924), p. 35–93, traducere parțială a textului lui Lidzbarski.

11 New York, 1928.

12 Referitor la cathari și la alte secte eretice care au apărut în secolul al unsprezecelea, vezi *Aion*, par. 139, 225–235.

13 Charles William King, *The Gnostics and Their Remains, Ancient and Medieval* (Londra, 1864).

14 Londra, 1906; ed. a 3-a, 1931.

Prelegerea a IV-a.
5 iunie 1929

Dr. Jung:
Cum nu mai sunt întrebări, vom merge mai departe cu visul. Ajunsesem la semnificația mai profundă a viermelui, aceea de distrugător al fructului. În ultima parte a visului se pune problema cum va face visătorul față situației. Descoperirea viermelui are o mare importanță deși, desigur, este o percepție complet inconștientă. Conștiința pacientului este destul de îndepărtată. În ciuda explicației cuprinzătoare pe care i-am dat-o, el este încă departe de a înțelege importanța și orizontul visului. El nu ar fi ajuns niciodată la explicația pe care v-o dau dumneavoastră. Aici încercăm să mergem mai departe, pentru a înțelege întreaga teorie și întregul principiu al expresiei onirice. Fiecare vis este precum o scurtă piesă de teatru. La început este o expunere concisă care prezintă starea de fapt, așa cum o ilustrează foarte frumos dramele grecești. Se demonstrează mai întâi situația de la care se pornește; apoi urmează intriga sau dezvoltarea, iar la final catastrofa sau soluția. A doua parte a visului tratează de obicei felul în care visătorul va gestiona situația. Pare oarecum arbitrar, dar inconștientul așa lucrează. Mai întâi, afirmarea perspectivei inconștiente; în al doilea rând, posibila cale a visătorului de a o gestiona. Suntem înclinați să spunem „ce are visătorul de făcut în situația dată", dar în afara câtorva cazuri foarte rare, inconștientul nu îți spune ce să faci, cu excepția cazului în care este foarte evident. De obicei sunt posibile câteva soluții, iar visul prezintă, prin urmare, o selecție de soluții posibile.

Este la fel ca în *I Ching*, unde prima hexagramă îți arată situația prezentă, o imagine a lucrurilor așa cum sunt. Poate fi statică, semnificând o durată îndelungată, iar în acest caz nu există o a doua hexagramă. Dar, dacă te afli în mișcare, numerele vor indica o a doua hexagramă, care derivă din prima prin transpunerea liniilor. Astfel, a doua hexagramă dă prognosticul, o idee despre posibilitățile viitoarei transformări. Nu există siguranță în această privință, deoarece pot apărea schimbări neprevăzute și depinde mult, de asemenea, de concluziile pe care le tragi din prima hexagramă. De exemplu, prima hexagramă îți poate arăta ce comportament ar trebui să ai. Dacă acorzi atenție sugestiilor sale și le urmezi în sensul cel mai bun, nu este nevoie ca prognosticul de pe ultima linie, atunci când este nefavorabil, să se împlinească. Sunt tot felul de posibilități, în funcție de ce faci cu prima. Acest vis este construit aproape ca o hexagramă *I Ching*.

În a doua parte a visului, visătorul spune: „Vreau să-mi informez agenții printr-o telegramă și voi folosi codul pentru ca informația să rămână secretă". Vedeți aici începutul activității visătorului. Dorește să acționeze cumva în ceea ce privește știrea despre viermi. Are buna idee de a-și informa agenții, iar a păstra secretul este absolut normal în afaceri de genul acesta. Tradus în limbaj psihologic, visul spune că s-a întâmplat ceva, un nou vierme a apărut pe neașteptate, viermele care părea a fi un înfiorător pericol; vedem totuși că are și o semnificație cât se poate de pozitivă, nașterea unei conștiințe superioare. De aceea atât de mulți oameni se tem de o conștiință superioară. Deoarece apare ca o responsabilitate mai mare și ca un pericol. Îmi puteți da câteva exemple?

Dr. Bertine: Prometeus, care a furat focul de la zei și a fost apoi pedepsit ca un vultur să-i smulgă ani de zile organele interne.

Dr. Jung: Da, descoperirea focului, acesta este un bun exemplu mitologic. Este ca în cazul medicilor care au plătit cu viețile lor efectuarea experimentelor cu raze X. Dar aveți exemple istorice.

Dr. Kirsch: Galileo.

Dr. Jung: Era el în pericol? Da, a avut probleme cu Inchiziția.

Dna Sigg: Luther?

Dr. Jung: Reforma, da, sau exemplul mult mai impresionant al sosirii lui Hristos, care a tulburat civilizația și a provocat mari măceluri. Gândiți-vă la sutele și miile de oameni care s-au retras în pustietate pentru a duce o viață ascetică; orașe întregi au fost depopulate, iar mânăstirile erau pline până la refuz, până și mormintele erau folosite drept adăposturi. A fost devastator! Familiile au fost, de asemenea, zdruncinate. Acesta era adevăratul motiv pentru care romanii urau atât de mult creștinismul, deoarece dezbina familii, amenințând astfel să distrugă temeliile statului roman. Romanii tolerau tot felul de religii, dar creștinismul crea prea mult haos. Iată un bun exemplu al felului în care acționează o nouă gândire.

Dna Sigg: Freud.

Dr. Jung: Da, sunt mulți cei care blestemă psihanaliza.

Dr. Schmitz: Dar nu Jung.

Dr. Jung: Da, aș putea spune o poveste lungă pe această temă, la care ați putea contribui cu toții. Ceva sângeros a fost explozia islamului în Orient. Gândiți-vă la Cruciade, la Reforma din Germania și la tumultul adus de războaiele țăranilor. O nouă gândire umple drumurile de sânge.

Dr. Deady: Dar situația din Rusia? Este și acolo o lărgire a conștiinței?

Dr. Jung: Desigur.

Dr. Deady: Este greu să-ți imaginezi comuniștii ca exemplu de lărgire a conștiinței.

Dr. Jung: Dar comuniștii sunt numai un strat subțire. Este vorba de mujici. Este o carte foarte bună, a lui Maurice Hindus, *Broken Earth*,[1] care arată de ce bolșevismul este o lărgire a conștiinței. Mujicul începe să bombăne soarta, guvernul, să înjure și să se plângă, ceea ce înseamnă că începe să gândească. Acesta este miracolul în Rusia. Rusia a rămas mii de ani inconștientă în comparație cu Europa și nimic nu a pătruns în interiorul ei. Mujicul a rămas primitv, dar acum ceva începe să se miște în creierul său. Pentru noi, comunistul nu înseamnă nimic, dar pentru mujic înseamnă că are voie să gândească. Sunt foarte convins că, în timp, mujicul va fi implicat activ și determinat să gândească social și politic, iar acesta va fi rezultatul pozitiv al bolșevismului în Rusia. Până acum țăranul a acceptat orice deasupra sa, dar, dacă începe să gândească, lucrurile se pot schimba spre bine.

Acum, pericolul unei conștiințe sporite îl pune în mișcare pe visătorul nostru. Visul spune în mod simbolic că își va informa agenții în secret. Cum ați traduce această afirmație în limbaj psihologic?

Dna Sigg: În ultimul vis, el purta boneta pământului, iar acum se vorbește despre fructul pământului. Din punct de vedere analitic, agentul ar putea reprezenta analistul.

Dr. Jung: Refuz să fiu agentul pacientului. El își va informa agenții. Cu siguranță agenții nu sunt analistul, ci subordonații individului.

Dr. Schmitz: Funcțiile sale.

Dr. Deady: Funcția sa superioară, care îl menține în contact cu lumea, uneltele sale.

Dr. Jung: Da, desigur, el își informează conștiința, agenții săi sunt conștiința sa, ei toți sunt firele care pleacă dinspre creierul său spre lume. El dorește să informeze conștiința; să o pună în aplicare. Ce înseamnă codul?

Dna Sigg: Limbaj prescurtat.

Dr. Jung: Nu, nu prescurtat, ci ascuns. Ar putea trimite o telegramă în care să spună: „Recolta de bumbac din zona cutare este contaminată de un nou dăunător", dar ce ar fi greșit aici?

Dr. Schmitz: Ar afla toată lumea.

---

[1] Londra, 1926.

Dr. Jung: Da, într-o problemă atât de importantă, când sunt în joc milioane, nu ar putea risca să trimită o telegramă deschisă agenților săi, veștile ar putea fi prea ușor trădate. Este ciudat că nu-și poate informa conștiința direct. De ce nu poate?

Dr. Kirsch: Ar fi un șoc prea mare pentru el.

Dr. Jung: Da, este un motiv bun, dar mai e unul. Își poate informa conștiința în secret astfel încât numai *el* să știe, deci codul trebuie să protejeze mesajul împotriva trădării. Acest lucru se poate datora, după cum spuneți, dorinței sale de a nu se expune, prin urmare nu o spune direct. Mai poate avea o consecință, el s-ar putea trăda pe sine. Să presupunem că ai sentimentul că un anumit lucru nu este în regulă și intuiești că ar fi mai bine să-l ții pentru tine, apoi o altă voce spune: „La naiba, lucrurile *sunt* așa și ai face mai bine s-o spui". Deci, te duci la soție și la prieteni și le spui că lucrurile sunt într-un anumit fel, ca și cum ai fi foarte sigur. Acela este pericolul, poți da de necaz pe negândite. Astfel, codul îl protejează împotriva cunoașterii libere, împotriva oricărei manifestări imediate a convingerii sale. Dar când el are numai un indiciu sau o „senzație vagă", o poate ține într-un compartiment. Aceasta este semnificația cifrării. El trebuie să folosească codul, dar acum descoperă că are în mână o altă carte.

Fratele său îi vede greșeala și zâmbește atunci când îi cere codul. Și acum se dovedește că fratele său a trimis deja mesajul, deci agenții sunt informați, dar visătorul nu știe textul telegramei. Pare aproape o pedanterie toată această analiză, dar e foarte importantă, deoarece arată modul extraordinar de subtil în care tratăm cu noi înșine. Suntem cât se poate de diplomați. Avem toate nuanțele conștiinței, vagă, clară, semiconștientă, întunecată, și la fiecare nivel avem un anumit mod de a o gestiona. Ne spunem nouă înșine lucruri cu un fel de voce șoptită, nederanjând astfel sistemul compartimentat. Dacă vorbim cu voce tare vor auzi cei din camera alăturată și se vor tulbura. Este practic să păstrezi tăcerea în legătură cu anumite lucruri și de aceea vorbesc despre aceste căi subtile. Oamenii pot fi prinși când recurg la astfel de trucuri. Ideea e că el dorește să-și informeze conștiința într-un mod inteligent, complet nedureros pentru el, dar face o greșeală. Care este aceea?

Dr. Schmitz: El intenționa să trimită telegrama folosind codul obișnuit, dar acum a descoperit un nou cod, probabil o carte de-a dumneavoastră. Psihanaliza. Fratele este umbra.

Dr. Jung: Este foarte probabil ca, dacă fratele a trimis telegrama, să o fi trimis cifrată, deoarece, ca director, este tot atât de conștient, ca și pacientul, de seriozitatea situației. Prin urmare, conștientul pacientului a fost informat aproape automat de către umbră.

Dr. Schmitz: De când cu experiența sa în analiză, el încearcă să recurgă la o nouă cale. Cartea înseamnă un cod mai bun, cum se spune.

Dr. Jung: Însuși faptul că acțiunea a fost întreprinsă de umbră înseamnă că a fost întreprinsă prin vechile mijloace. Umbra înseamnă mijloace întunecate. Dacă lăsăm lucrurile în întuneric, ele urmează vechile căi, sau se comportă chiar puțin mai rău, ca o conductă care picură sau ca un motor când nu se intervine asupra lui. Când visul spune că umbra a întreprins ceva, puteți fi siguri că a urmat calea cea veche.

Visătorul greșește luând o altă carte drept lista de coduri, dar, de fapt, este prima lui încercare de a acționa în modul cel nou, deși habar n-are cum să-și informeze conștiința într-un mod nou. Desigur că visul nu spune nimic despre analiză. Visul spune „altă carte". Bărbatul nu are asociații, nu are nicio idee despre felul în care aceste cunoștințe analitice destul de reduse ar putea fi folosite pentru a-i informa conștiința pe o nouă cale.

Există o cale analitică a informației. Când descoperi un adevăr șocant în inconștient, îl realizezi uneori prin acea modalitate oarbă a cifrului. Dar alteori ți se arată atât de clar, încât poți spune numai: „Ei bine, așa este." Te poate izbi ca o lovitură în moalele capului, care te amețește și pe care nu o poți înțelege. Aici intervine analiza. Calea analitică este aceea care îți aduce înțelegerea odată cu conștientizarea. Multe vise sunt chiar înspăimântătoare. De exemplu, să presupunem că visezi că vrei să ucizi pe cineva, pe tatăl sau pe soțul tău; dacă nu poți înțelege, este oribil. Findcă nu deții un cod analitic și nu înțelegi în context, se prăbușește asupra ta ca un bloc de plumb și aproape că te zdrobește. Analiza încearcă să ofere contextul necesar, să prezinte relativitatea unor astfel de situații. Dacă iei visul literal, dorința de a-ți ucide tatăl, este îngrozitor, dar nu mai este deloc îngrozitor când e tradus în limbaj analitic. Este o regulă să fie luat simbolic, astfel încât a ucide tatăl poate însemna a îndepărta tatăl, sau poate însemna a-i îndepărta influența, astfel încât să devină inactiv. Limbajul radical, primitiv, al inconștientului spune numai: „Omoară-l", dar este similar cu a spune: „Omoară timpul". Este foarte inocent, înseamnă doar „oprește-i activitatea". Dacă poți formula astfel, conștientul îl acceptă fără să fie pulverizat. Poți spune că în spatele său se află un impuls ucigaș instinctiv. Cu toții avem criminali printre strămoșii noștri și mulți dintre noi ar putea comite o crimă, în anumite circumstanțe, fără a șovăi. În el se află setea originară de sânge, dar semnificația sa este diferită, așa că îl puteți accepta.

Acesta este codul analitic care face lucrurile posibile și înlocuiește vechiul cod care, luat literal și scos din context, ar fi distructiv. Vechiul cod nu făcea decât să ascundă un lucru, în loc de a-l aduce în miezul conștiinței. Visătorul dorește să-și informeze agenții, dar în conformitate cu vechiul cod. Este șocat la auzul veștii pericolului în care se află recoltele și nu știe ce să facă în această privință. Mulți dintre pacienții mei spun: „Cum aș putea comite o crimă?"; „Ce aș putea face în privința aceasta?" Vechea cale este refularea, dar calea nouă, analitică, ar însemna digerarea sa într-o anumită măsură, transformarea sa în ceva controlabil. Eu spun: „Nu înseamnă că îți vei ucide tatăl în sensul propriu al cuvântului. Îi poți contracara influența fără a recurge la asta." Spusele mele îi arată deja pacientului ce are de făcut; el primește informația într-o formă digerabilă, controlabilă, care se potrivește în tabloul lumii sale, nu este nimic șocant, o poate asimila. Dar visătorul nostru nu este încă pregătit, nu poate încă să înțeleagă lucrurile astfel. Visul nu spune ce carte ține în mână și nici nu dă vreo informație despre cum o poate folosi altfel. El nu se alege decât cu furia îndreptată împotriva fratelui său, pentru că acesta nu i-a arătat telegrama. Pacientul realizează că umbra sa, fratele său, a acționat; ce ar fi putut face el însuși rămâne în întuneric. Acela este finalul pesimist al visului său. Noile fapte sunt prezentate într-o formă dezagreabilă, amenințătoare, dar cele la care trimite simbolismul viermelui nu sunt negative. Visătorul începe să renunțe la vechile căi și să le preia pe cele noi, deci aș spune că visul nu este nicidecum negativ, el prezintă conținuturi pozitive într-o formă negativă.

Visul următor [15]: „Stăteam sub un cireș tânăr privind cireșele coapte, roșii, foarte mari. Mi-am spus: «Ba merită». Apoi am observat cum copiii mei culeg într-un coșuleț fructele necoapte care căzuseră din pom. Eu le-am spus: «Aceste cireșe nu sunt ale noastre și nu sunt coapte». Le-am aruncat înapoi sub pom, pe pământ. Printre copii, am observat o fetiță care avea în jur de doi ani. Ea a spus: «Și eu am un cireș, de care sunt foarte mândră». A vrut să mi-l arate și m-a condus printre arbuști la un copac foarte tânăr și a vorbit cu aceeași intonație pe care o are soția mea atunci când se adresează copiilor mici. A spus: «Nu are cireșe». Eu i-am vorbit pe un ton liniștitor, explicându-i că pomișorul trebuie să crească înainte de a face fructe."

Asociații: *Cireșul cu fructe*: „Merită să plantezi astfel de copaci, deoarece, în timp, vei obține fructe atât de mari și frumoase." *Copiii care culeg fructele necoapte*: „Mă gândesc la visul meu de mai de mult, cu pălăria aceea ciudată care mă făcea ridicol. La fel, fructul acestui copac nu este proprietatea mea. Prin urmare nu ar trebui să-l ating, ci ar trebui să-mi plantez propriul copac. Această fetiță îmi amintește de copilul dintr-un vis anterior."

„Copilul de doi ani" îi amintește de fetița din primul său vis, copilașul bolnav al animei, care refuza să-l pronunțe pe „a" de la finalul numelui „Maria", numele soției visătorului, deci observați că aici reapare anima. Este în mod deosebit impresionat de faptul că fetița are aceeași intonație pe care o folosește soția sa atunci când vorbește copiilor mici. El spune: „Se pare că fetița este legată acum de soția mea, deoarece îmi vorbește cu vocea ei".

Analiza visului: Începe cu frumosul cireș plin de fructe coapte. Visătorul spune: „*Ba* merită", ca și cum ar răspunde cuiva care ar fi spus: „*Nu* merită". El nu are asociații deoarece se află încă sub vraja visului anterior, în care era preocupat de fructele necoapte ale bumbacului. Am uitat să vă spun ceea ce domnul Gibb tocmai mi-a amintit, și anume că, atunci când fructul este afectat de acest vierme, el cade de pe tulpină înainte de a se coace. Îmi amintesc că pacientul mi-a descris pe larg acest lucru atunci. Aici avem din nou fructul imatur. Ce spuneți despre pomul acesta frumos și despre cireșe?

Dl Gibb: Pomul cunoașterii.

Dr. Deady: Ceva care crește din sol și produce fructe.

Dna Crowley: Cireșele ar putea face referire la sexualitate?

Dr. Jung: Da, vom ajunge la asta mai târziu. În visul anterior era ceva în neregulă cu recolta, fructele nu erau sănătoase, dar aici avem un frumos pom cu fructe. Prima impresie este aceea de sănătate, de împlinire; boala a fost învinsă. Ce s-a întâmplat între timp?

Dr. Schmitz: Este o compensare a stilului mecanic al omului de afaceri. El nu s-ar gândi niciodată să planteze un pom sau o floare. El ar spune: „Nu merită, nu are rost". Analiza este ca un fruct al pământului, are o creștere naturală. Trebuie să ai răbdarea țăranului care cultivă pământul și să te mulțumești cu rezultate mărunte, foarte diferite de acelea ale omului de afaceri. Acest pom frumos este natura, iar el vede că „*merită*".

Dr. Jung: Dumneavoastră descrieți atmosfera acestui vis. Vedeți că inconștientul a schimbat scenariul și insistă asupra unui aspect complet nou. În visul anterior, creșterea bumbacului nu-l interesează deloc pe visător, este numai o problemă de vânzare și cumpărare. În acest vis, el se confruntă cu o nouă problemă, creșterea unui pom, de care nu a fost niciodată până acum interesat, deoarece poate cumpăra fructele de la piață. Dar este ca și cum nu ar putea cumpăra frumusețea unui copac plin de fructe. El spune: „*Ba* merită". Trebuie să recunoască faptul că plantarea unor astfel de pomi, care pentru el, ca om de afaceri, nu merită, fiind o treabă prea măruntă, reprezintă un merit și o calitate reale. Prin urmare, întreaga problemă psihologică este exprimată într-un nou limbaj, limbajul solului. Problema cu care se confruntă el nu mai poate fi exprimată în termeni comerciali. Limbajul cumpărării și vânzării este prea rațional, așa că, acum, limbajul inconștientului propune un simbolism diferit. Iată un frumos pom cu fructe, iar el trebuie să recunoască meritele acestuia. Este ceva opus industrialismului, atitudinea sa anterioară. În fiecare zi aud: „La ce bun?", „La ce-mi folosește?", „Care-i rezultatul?", „Cheltui o grămadă de timp și de bani și nu poți face nimic." Cu numai câteva zile în urmă îi spuneam unui pacient: „Tu nu vrei să știi decât faptele și ce poți face cu aceste fapte. Totul este la suprafață. Nu întrebi niciodată unde duc aceste fapte, cum ești afectat de ele sau cum te fac să te simți, sau ce poți face *tu* în privința *ta*". Noi credem că nu se poate face nimic dacă nu punem dinamită. Nu înțelegem că multe se pot întâmpla prin dezvoltare, prin creștere.

Adesea suntem conduși spre un zid care e prea înalt, nu îl putem trece și rămânem acolo uitându-ne la el. Raționalismul spune: „Nu ai cum să treci peste el, pleacă". Totuși, dezvoltarea naturală l-a pus pe pacient în fața unei situații aproape imposibile, pentru a-i arăta că acesta este finalul soluțiilor sale raționale. Înseamnă că ar trebui să ajungă acolo și probabil să rămână acolo, să facă rădăcini și să crească precum un copac; în timp să depășească obstacolul, să crească mai înalt decât zidul. În psihologia noastră sunt lucruri la care nu se poate răspunde azi. Te poți afla în fața unui zid de piatră, dar poți sta acolo să crești, iar în șase luni sau un an reușești să crești deasupra lui. În *I Ching* este exprimat foarte frumos.[2] O situație similară, care pare lipsită de speranță, este descrisă astfel: „Un țap se izbește de un gard și-și agață coarnele". Dar în versul următor: „Gardul se deschide; nu sunt complicații. Puterea se bazează pe osia unui car mare". Deci, dacă te poți opri din împunsul gardului, nu-ți agăți coarnele și curând capeți puterea unui car cu patru roți. Mai există o cale în natură, calea copacului. Aceasta se opune raționalismului și nerăbdării omului animal. Patima vrea să sară ca un tigru peste obiecte. Copacul stă nemișcat, crește și face rădăcini și, în cele din urmă, depășește obstacolul. Prin urmare, acest vis îi atrage atenția spre celălalt tip de simbolism. Este o cale utilă mai ales atunci când ai de-a face cu dificultăți psihologice. Este evident că deocamdată nu este în stare să se confrunte cu problema sa, nu știe cum să construiască o relație cumsecade cu soția sa, nu are cuvinte, nu are o metodă, așa că nu ar face altceva decât o mare harababură. Inconștientul lui spune: „Mai bine taci". Apoi, rațiunea lui spune: „Mai bine fugi", compartimentează. Dar calea naturii este să fii ca o plantă, o ființă stabilă, iar în timp pomul va rodi. El nu poate fi ajutat decât prin evoluție." Această idee este firul roșu al visului. Fetița îl conduce la

---

2 Hexagrama 34, „Puterea celui Mare". Versiunea *I Ching* tradusă de Wilhelm/Baynes.

pomul său, mândră de el în ciuda faptului că este prea tânăr pentru a rodi și chiar el îi spune că, în timp, va crește și va rodi. Ce este cu cireșele care cad și sunt culese în coșuri? Evident, acestea sunt fructele necoapte de bumbac care cad, atacate de vierme. Fiecare cireș face fructe care nu ajung la maturitate. Ce înseamnă asta din punct de vedere psihologic?

Dr. Leavitt: Anumite procese psihologice nu sunt făcute să se maturizeze, ele mor înainte de a ajunge la maturitate.

Dr. Jung: Da, în psihologia fiecăruia sunt unele lucruri menite să moară, învelișuri inutile care trebuie aruncate. În metabolismul corpului anumite celule mor zilnic — astăzi trăiesc, mor, iar mâine sunt gata să fie aruncate. Deci, în psihologie trebuie să construim anumite lucruri care nu vor ajunge niciodată la maturitate. Sunt utile un timp apoi dispar, ca, de exemplu, unele talente care sunt promițătoare în tinerețe; după un timp, adesea se împuținează și dispar. De ce credeți că visul insistă asupra unei asemenea banalități?

Dr. Leavitt: S-ar putea referi la experiențele neprofitabile?

Dr. Jung: Viața este un laborator, un experiment al naturii, și multe lucruri eșuează. Oamenii spun: „Acesta a eșuat și acela a eșuat" și sunt inconștienți de ce *pot* face ei, sunt pesimiști și conștienți numai de ce *nu pot* face. Visul spune: „Fiecare își asumă riscuri, natura își asumă riscuri, cu toții suntem experimente care pot eșua." Cireșele necoapte cad. Dar visătorul nostru nu poate înțelege. Dacă ar fi fost puțin mai puțin rațional, s-ar fi putut juca mai mult cu viața, dar fiind atât de rațional, nu se poate juca cu viața, deoarece jocul este irațional. Trebuie să fim capabili să spunem despre anumite lucruri: „Voi încerca, în ciuda convingerii mele că ar putea fi o eroare." Numai când trăiești în felul acesta poți scoate ceva din viață, probabil astăzi într-un fel, mâine în altul. Fiecare rădăcină din pământ trebuie să-și croiască drumul pe lângă o piatră. O poate lua în direcția greșită. Imediat ce ajungi la ideea de creștere și dezvoltare te confrunți cu iraționalitatea naturii. Fiecare raționalist urăște lucrul acesta, deoarece el are nevoie de siguranță, „fără riscuri, vă rog."

Copiii culeg fructele lipsite complet de valoare! Ce înseamnă asta? De unde apar brusc copiii? Copiii sunt fructele necoapte, ei reprezintă propriile sale tendințe copilărești, dar ce înseamnă să culegi fructele necoapte?

Dl Gibb: A te agăța de valorile copilărești.

Dr. Jung: Aceasta este exact imaginea pe care o prezintă visul. El spune: „Uită-te la joaca copiilor, ei iau viața așa cum vine, ei culeg chiar fructele stricate, nu întreabă: „Cireașa asta este valoroasă?" Aceasta este ideea pe care i-o prezintă visul. În viață trebuie să trăiești anumite lucruri ca și cum le-ar fi dat să ajungă la maturitate și, dacă nu ajung la maturitate, să renunți la ele; trebuie tratate jucăuș, copilăros, fără prejudecăți. Odată ce ai prejudecăți, excluzi anumite posibilități, iar viața nu mai este plină.

Dr. Schlegel: Ai putea-o interpreta ca pe infantilitatea omului ce culege acele fructe necoapte ca și cum ar avea valoare, iar inconștientul său îl critică, spunându-i că e o copliărie să se poarte așa.

Dr. Jung: Aceasta este o interpretare care ar fi excelentă pentru un tip irațional, dar nu trebuie să uităm că acest om este un tip rațional. Ar fi tocmai interpretarea pe care ar da-o el propriul său vis. Eu îl interpretez în felul meu, deoarece unul dintre acei copii este copilul animei sale. Interpretarea visătorului ar duce la excluderea animei sale, prin urmare a sufletului său, așa că ar fi din nou acolo de unde a pornit. Aceasta este o bună interpretare teoretică, dar nu ia în considerare psihologia visătorului.

Adesea, oameni pe care nu îi cunosc îmi trimit visele lor, dar fără să cunosc visătorul le pot interpreta numai teoretic. Nu ai un *point de départ* pentru interpretare. Prin urmare, spre deosebire de Freud, deși recunoaștem că visele folosesc aceleași imagini, trebuie să ne amintim că ele simbolizează situații psihologice diferite. Într-un caz un șarpe poate însemna ceva favorabil, „înțelepciunea adâncurilor", în altul, ceva nefavorabil, de exemplu o boală fizică. Odată, o femeie a visat un șarpe lung de un metru, mare cât un elefant, care avea semnificația de febră tifoidă. Femeia a spus: „Întotdeauna înainte să mă îmbolnăvesc visez un șarpe, dar niciodată nu am visat unul atât de mare". Un șarpe poate avea șapte mii de semnificații.

Dr. Bertine: I-ați putut interpreta visul înainte de declanșarea bolii?

Dr. Jung: Nu, nu am analizat-o. Am cunoscut-o doar și mi l-a povestit, dar m-am gândit că însemna o boală lungă. Ori de câte ori inconștientul este deasupra, ori de câte ori prevalează asupra prezentului, devine greu și important și poartă în pântece germenele trecutului sau al viitorului. Când inconștientul este plin de viitor, sau este o formă activată a trecutului care nu a fost realizat, atunci prevalează asupra omului. Prin urmare, șarpele poate însemna trecutul sau viitorul.

Dr. Schmitz: Cum este în cazul tipurilor incerte, de pildă tipul intuitiv, care nu poate trăi cu intuiția și pentru care gândirea sau simțirea reprezintă funcția secundară exacerbată? Noul său limbaj este bun, pare foarte rațional. Când dezvoltăm un nou limbaj, suntem mai nerăbdători să-l folosim pe acela decât pe al nostru. Deci, un tip irațional poate deveni astfel un tip extraordinar de rațional. Prin urmare, cum ați interpreta un vis?

Dr. Jung: Acesta este un caz complicat. Dacă persoana este exagerat de rațională, atunci visul ar trebui interpretat așa cum l-am interpretat eu. În cazul acesta nu sunt sigur, de fapt înclin să cred că visătorul era inițial un tip irațional. El și-a dezvoltat gândirea și a început să raționalizeze în legătură cu el însuși, așa că exagerează. Este foarte probabil să fie un tip senzație care a compensat printr-un raționalism exagerat, așa că visul trebuie să distrugă această construcție.

Dna Crowley: Nu devine astfel foarte dificil să-ți interpretezi visele?

Dr. Jung: Da, cu propriile mele vise sunt la fel de neajutorat ca oricine altcineva. Visul pică în propria mea umbră, unde nu ajunge lumina. Este ca și cum nu aș avea habar de analiza viselor. Desigur, te înnebunește să nu ajungi niciodată la nivelul viselor tale. Trebuie să încep cu primii pași și să ajung la cea mai anevoioasă analiză. Asta dovedește că visele noastre se află întotdeauna înaintea noastră. Nu creștem niciodată până la înălțimea noastră divină, nu ajungem niciodată la zeii noștri. Esențial uman este că omul se află întotdeauna puțin mai jos, este puțin incomplet. El *trebuie* să fie așa! Prin urmare, trebuie să-ți asumi atitudinea unui nou-născut. Trebuie să fii întotdeauna umil atunci când e vorba de propriile tale vise. După douăzeci sau treizeci de ani am învățat această atitudine, am învățat că lucrurile care merită mă depășesc. Sunt anumite lucruri în noi care ne sunt superioare, prin urmare avem în minte un nou centru ipotetic, superior celui conștient.

Tipurile iraționale pășesc întotdeauna cu stângul. Sunt aproape întotdeauna pe drumul greșit, la vânătoare de fantome. Dacă adună roade pe drum le aruncă, deoarece faptul este terminat.

Ajungem acum la un fapt important, acela că unul dintre copiii din vis este anima sa imatură și la motivul pentru care ea are numai doi ani. Vârsta ei se referă la începutul studiilor sale psihologice. În visele anterioare observăm că interesul său față de filosofie și teozofie era mai degrabă morbid. Tindea să ia teozofia într-un mod prea concret și, astfel, copilul animei sale era bolnav. În visul la care se referă, fetița nu putea rosti numele soției sale, iar acum vorbește cu intonația vocii soției sale și are o relație bună cu ea, o schimbare importantă. Deci, după o lună de analiză, copila nu mai este bolnavă și îi arată visătorului frumosul și tânărul ei cireș. În mod evident, el simte că pomul mare nu-i aparține, astfel încât nu lasă copiii să culeagă fructele. Când anima sa îl duce la copacul ei, el simte că este pe de-a-ntregul al ei. Unde este atunci locul pomului celui mare?

Dr. Bertine: În urma dicuțiilor cu dumneavoastră, a intuit posibilitatea existenței vreunui astfel de pom?

Dr. Jung: Da, este pomul animei mele. El îl percepe doar intuitiv, simte că lucrurile despre care am vorbit par a fi valoroase. Vine apoi tentația de a pune chezășie pentru vorbele maestrului,[3] ca pitagoricienii, și de a lua fiecare cuvânt pe care-l spun ca pe adevărul etern. Eu rostesc o grămadă de baliverne în fiecare zi și sunt anumiți oameni care culeg toate fructele necoapte și boabele putrezite și le mănâncă și cred că au mâncat trufandale. Pomul acela dădea multe fructe necoapte, iar omul acesta putea fi tentat să le ridice și să le prețuiască fără discernământ, dar visul îl avertizează și îi spune: „Lasă fructele acelea în pace, nu este pomul tău, tu trebuie să-ți vezi de treaba ta". Apoi, micuța sa anima îl duce la pomul ei, iar el este foarte patern și spune: „Ai răbdare, iar cu timpul el va crește și va da roade." Este prea patern când vorbește animei sale! De ce este ea atât de mică? El are 47 de ani, ea numai doi.

Dr. Schmitz: Este nou-născută.

Dr. Jung: Pe măsură ce preocuparea sa spirituală se dezvoltă, ea începe să trăiască. Este nemuritoare, își poate schimba forma, uneori este foarte bătrână, o bătrână vrăjitoare; de ce este atât de tânără aici?

Dr. Deady: Este tânără deoarece relația sa cu acest copil, care este relația sa cu femeia, este atât de tânără.

Dr. Jung: Da, relația sa cu soția, și, de asemenea, atitudinea sa conștientă este prea bătrână, așa că inconștientul său compensează și face anima prea tânără. Orice raționalist încearcă să trăiască de parcă ar avea două mii de ani, ca un străbunic cu experiență. Dacă i-am fi dat dreptate bătrânului Pitagora, până acum întreaga lume ar fi fost rațională. Când trăim din punct de vedere rațional, anima este un bebeluș. La doi ani este destul de mică, așa că puteți vedea care este vârsta acestui om, în jur de nouă sute de ani, aș spune. Pentru a deveni uman, are nevoie de o doză enormă de tinerețe. Diferența dintre doi și nouă sute reprezintă prăpastia din propria lui natură. Evident, pomul la care îl conduce fetița este propriul lui pom.

Potrivit unei vechi idei germanice, fiecare om are propriul său copac, propriul său totem, plantat la nașterea copilului; dacă se întâmplă ceva acestui copac, i se întâmplă și lui ceva, dar dacă el crește și înflorește, omul e bine și fericit. Poți răni un om înfigând un cui în pomul lui sau îl poți ucide tăindu-i copacul. Copacul este folosit drept temă în *The People of the Mist*, de Rider Haggard,[4] în

---

3 Vezi Horațiu, *Epistulae*, I.I.If.: „jurat în verbi magistri" (a depune chezășie pentru vorbele maestrului). În Horațiu se face referire la gladiatorii care depun jurământul.

4 Londra, 1894.

care fiecare membru al tribului are propriul său copac. Între fiecare om și copacul său există o relație ciudată, iar când copacul său cade, viața omului se sfârșește. Conform lui Cezar, druizii obișnuiau să taie un copac în formă de om, cu brațele întinse în formă de cruce.[5] Hristos pe cruce este un alt exemplu, deoarece crucea este, de asemenea, arborele vieții. Mai este o legendă evreiască în care lui Adam, chiar înainte să moară, îi este îngăduit să privească pentru ultima oară în Paradis. Copacul este mort, dar pe ramurile sale se află un bebeluș.

5 Vezi *Simboluri ale transformării*, O.C. 5, par. 402, unde Jung atribuie povestea lui Thomas Maurice, *Indian Antiquities* (1796).

Prelegerea a V-a.
12 iunie 1929

Dr. Jung:

Am terminat visul nostru cu cireșul. Sunt întrebări?

Dr. Deady: De ce spuneți că umbra acționează întotdeauna în „vechiul stil"? Nu înțeleg semnificația termenului „vechi".

Dr. Jung: Este o afirmație generală. În general, umbra reprezintă căile vechi. Desigur, există împrejurări excepționale, când inconștientul are un ascendent asupra conștientului. De ce spun că umbra reprezintă căile vechi? Umbra este personalitatea inferioară, personalitatea veche, aspectul comod. Este reacția ta cea mai personală, felul în care ai reacționat întotdeauna. De exemplu, umbra o găsești în resentimentele tale, în impulsurile tale intime. Acestea sunt aproximativ aceleași pe parcursul întregii tale vieți. În copilărie, când cu greu se putea vorbi de conștiință, reacționai într-un mod absolut natural, ca rezultat al impulsurilor tale directe. Mai târziu, aceste reacții au fost acoperite de educație, de întregul proces al devenirii conștiinței. Majoritatea oamenilor își ascunde reacțiile personale, care cad din ce în ce mai mult în umbră. Este clar că la suprafață nu sunt agreabile, deoarece relațiile interumane solicită și necesită anumite forme. Prin urmare. vechile căi, vechile reacții, sunt conservate fiind trimise în umbră, în inconștient. Dacă un lucru cade pe de-a-ntregul în inconștient, nu are ocazia să fie corectat. El iese din inconștient la fel de proaspăt ca în ziua în care a fost pus acolo. Elementele nu s-au frecat unul de altul, nu au stat în creuzet, sunt precum exponatele de muzeu în casete de sticlă, nimic nu le uzează, forma lor rămânând aceeași. De aceea spun că umbra de la granița inconștientului reprezintă „căile vechi". Există anumite excepții, unde se pare că umbra nu este „calea cea veche", de exemplu atunci când conștientul este surprins de ceva nou care vine din inconștient. Astfel de oameni încep să fie conștienți de tulburări. Lucruri care fuseseră de mult puse la punct, dintr-odată nu mai pot fi controlate. În pragul izbucnirii unei psihoze, oamenii sunt deranjați de lucruri pe care nu le mai luaseră în seamă până atunci, însă acum devin un obstacol și o obsesie. Desigur, ar fi o gravă eroare din partea analistului dacă le-ar judeca după valoarea lor aparentă. El ar trebui să se gândească atent dacă aceste reacții particulare au fost întotdeauna de necontrolat, dacă sunt relativ obișnuite sau dacă numai acum au devenit de necontrolat. De exemplu, să presupunem că un bărbat a avut un resentiment. A fost înșelat cu treizeci de ani în urmă, apoi, dintr-odată, totul iese din nou la iveală și este cuprins de furie ca și cum s-ar fi întâmplat foarte recent. Aceasta se întâmplă la începutul unei nevroze sau al unei psihoze. Se observă aceeași reacție în bolile venerice care au fost tratate satisfăcător cu mult timp înainte, dar se dezvoltă o slăbiciune, iar ani de zile mai târziu omul începe să se îngrijoreze teribil din pricina aceasta și totul cade asupra lui ca o greutate de o sută de tone. Dacă analizezi greutatea recrudescenței acelui resentiment, îți dai seama că nu a apărut datorită vreunui aspect nou al resentimentului, ci datorită unui lucru din urmă, care nu a fost niciodată conștientizat. Vine din profunzimile ascunse sub mantia reacțiilor personale.

Dl Dell: Vreți să spuneți că simptomele fizice de fapt reapar?

Dr. Jung: Este posibil, sau simptomele pot fi pur psihologice. Inconștientul se exprimă prin aceste „forme ale umbrei", deoarece nu există forme conștiente în care să se poată revărsa. Aceste reacții sunt adevărate șosele ce pătrund în inconștient. Poți prinde anima sau animusul după exagerarea acestor reacții.

Dr. Bertine: Atunci, anima sau animusul este arhetipul din spatele acestor reacții personale?

Dr. Jung: Animusul este o funcție, nu ar trebui să fie atât de personal; dacă este, este așa prin conținutul său, deoarece poartă o greutate. Un pește mare a apărut în inconștientul colectiv și animusul l-a înghițit. Animusul se îngrașă, burta i se umflă și începe să folosească vorbe mari. Tu nu auzi acele cuvinte, nu auzi nimic, ci obții cumva o prejudecată și acționezi pornind de la premise inconștiente. Dintr-odată afli că greșești, datorită unei anumite slăbiciuni ciudate. Este ca și cum opiniile exprimate de animus cu o voce inaudibilă s-au infiltrat în gândurile tale și fac să pară că acela este propriul tău punct de vedere. Este la fel ca povestea porumbiței care s-a gândit că „trebuie să meargă", dar de fapt ea nu avusese niciodată acel gând. Este cea mai bună poveste despre animus pe care o cunosc, naivă, dar profundă, așa cum sunt uneori lucrurile naive.

Odată, drumurile unui cal, ale unui automobil și ale unei porumbițe se întâlniră din întâmplare. Era o zi frumoasă și se gândiră să meargă la un anumit han. Pentru ca plăcerea să fie cât mai mare, ei hotărâră să se întreacă până la han. Automobilul porni la drum și desigur că ajunse primul la han; comandă cafea neagră și așteptă. Curând ajunse și calul, gâfâind și asudând; era o zi caniculară și comandă un pahar de bere. Așteptară, așteptară și așteptară, dar nici urmă de porumbiță și se gândiră: „Draga porumbiță, trebuie să fi pățit ceva", așa că se întoarseră s-o caute și, foarte aproape de locul în care începuseră cursa, văzură o pată albă pe drum. Era porumbița mergând prin praf, murdară din cap până în picioare, șchiopătând. Ei o întrebară: „Ce faci aici?" „Vai, a spus porumbița, m-am gândit că trebuie să mergem." De ce s-a gândit porumbița că trebuie să meargă? Automobilul avea roți, calul copite, așa că porumbița trebuia să meargă pe picioare, fără a-și folosi deloc aripile! Adorabil pe lângă subiect, acesta e animusul.

Dl Dell: De ce porumbelul este femelă?

Dr. Jung: În limba germană, „porumbel" este de genul feminin. De asemenea, porumbelul este simbolul iubirii, al lui Venus, al lui Astarte, și un semn al Duhului Sfânt în locul mamei etc., deci vedeți că am alte motive pentru care l-am făcut porumbiță. Chiar dacă porumbelul era de sex masculin, logica ar fi fost tot a animusului, care găsește premise la care nimeni altcineva nu s-ar fi gândit.

Dr. Schmitz: Nu este posibil ca umbra să fie educată chiar de viață?

Dr. Jung: Da, prin analiză ar fi posibil.

Dr. Schmitz: Nu în mod firesc.

Dr. Jung: Nu, deoarece se află în întuneric, e inferioară, bine ascunsă, un schelet în dulap. Atitudinea normală este de a-l ține acolo, iar aceasta e garanția că va rămâne neschimbat. Nu îl prezinți oaspeților tăi, așa cum nu îți speli lenjeria murdară în public. Deci umbra nu poate fi educată „în mod firesc". Chiar și în căsnicie este păstrată o anumită distanță, oamenii își pot ține umbrele departe una de alta. Ei o numesc „integritatea personalității", „Integer vitae scelerisque purus."[1]

Dr. Schmitz: În anii maturității, când ne obișnuim mai mult cu viața și devenim mai toleranți, nu se dezvoltă și umbra?

Dr. Jung: Pe termen lung este dificil să eviți aducerea umbrei la suprafață. Oamenii o dezvăluie în anumite circumstanțe. De exemplu, dacă vrei să testezi un prieten, îmbată-te cu el și poți descoperi o fiară.

Dr. Schmitz: Uneori îl vei găsi mai înțelegător și mult mai drăguț atunci.

Dr. Jung: Așa e, iar pe de altă parte umbra poate fi foarte fermecătoare. Unii oameni își ascund cele mai bune calități sub o opinie a animusului sau un capriciu al animei sau sub o prejudecată moștenită, sub influența familiei etc. Acești oameni trăiesc calitățile umbrei lor. Unii oameni, în mod special introverții, pășesc întotdeauna cu piciorul greșit. Au un talent aparte de a pune degetul pe rană.

Dr. Bertine: Ori de câte ori umbra apare cu o forță copleșitoare este întotdeauna întărită de anima sau animus, nu-i așa?

---

[1] „Cel care este nepătat în viață și lipsit de vină." — Horațiu, *Carmina*, I.22.I (în traducerea lui E.C. Wickham, LCL).

Dr. Jung: Anima sau animusul se află întotdeauna în spatele scenei, dar este imposibil să spui că amplifică volumul umbrei. Umbra amplifică mai degrabă anima. Uneori este incorect să folosești termenul de animus sau anima. Poate fi vorba de un nou conținut care iese din inconștientul colectiv. Uneori apare ca un indiciu sau ca o inspirație. A vorbi atunci de anima sau de animus ar fi prea pretențios.

Dr. Schmitz: Dacă introvertul își arată partea sa cea mai urâtă, aceasta se datorează faptului că umbra sa este extravertă?

Dr. Jung: Da, el așteaptă atât de mult, încât umbra a făcut deja pasul greșit atunci când el deschide gura să vorbească. Aveam un prieten introvert care întotdeauna ezita și aștepta, așa că gura lui începea să vorbească înainte ca el să fie gata și întotdeauna spunea ce nu trebuie. Student fiind, trebuia să-i facă o vizită vestitului și bătrânului Virchow.[2] Era foarte emoționat și se gândea la el ca la un rinocer cu două coarne. Intră tremurând în birou, făcu o plecăciune și murmură: „Mă numesc Virchow". „O, dar ai același nume ca și mine", îi spuse bătrânul. Apoi, prietenul meu observă că umbra lui vorbise mai întâi și stricase lucrurile, așa că intră în pământ. Cel mai bun film pe care l-am văzut vreodată a fost *Studentul din Praga*.[3] Arată separarea dintre omul conștient și umbra lui, umbra mișcându-se singură. În cazul acesta, omul și-a dat cuvântul de onoare că nu-și va ucide adversarul în duel. Apropiindu-se de locul duelului își întâlni dublul venind din sens opus și ștergându-și sabia de sânge pe iarbă. Începură să i se trezească anumite bănuieli și, ajungând la locul duelului, își găsi adversarul mort deja. Umbra, neluând în seamă intenția omului conștient, îi ucisese adversarul.

Dr. Schmitz: Ca Dr. Jekyll și Mr. Hyde.[4]

Dr. Jung: Da, un bun exemplu. Sunt multe în literatură. Mă întreb de ce ați pus un accent atât de mare asupra umbrei.

Dr. Deady: Credeam că dumneavoastră ați pus.

Dr. Jung: Mi-ați pus întrebări. Vedeți, omul inferior are un potențial mult mai mare decât omul superior și de aceea suntem cu toții atât de interesați de analiză. Într-un om, adevărata creativitate vine întotdeauna din locul din care te aștepți mai puțin, din lucrul mărunt, nesemnificativ. Astfel, umbra este un aspect foarte important al omului.

Următorul vis [16]: „Văd o mașină și, văzând-o, știu că îi spun dr. Jung despre ea, ca și cum aș povesti un vis. Spun că anumite părți ale mașinii nu funcționează

---

2 Rudolf Virchow (1821–1902), patolog german şi lider politic liberal în Berlin.
3 Vezi, mai sus, 28 noiembrie 1928, n. 6.
4 În romanul lui R.L. Stevenson (1886).

cum trebuie, iar acestea sunt însemnate cu etichete galbene. Dr. Jung mă sfătuiește să fiu atent în visul următor la acele părți ale mașinii care nu funcționează. Eu vreau să mă uit mai îndeaproape la mașină, pentru a vedea ce părți nu funcționează sau sunt avariate, dar în această clipă mașina dispare și îmi văd fetița îmbrăcată cu o fustă care avea găuri mari în față. Mă gândesc: „Aceasta este soluția acelei neclarități asupra căreia mi-a atras atenția dr. Jung."

Se pare că visătorul se întoarce la începutul analizei sale și este din nou preocupat de ideea mașinilor. Aceia dintre dumneavoastră care au auzit visele anterioare își vor aminti că mașina joacă un rol important în ele, dar se pare că în asociațiile sale visătorul nu este conștient de visele sale anterioare. El vorbește despre o aluzie ciudată. El spune că mașina te ajută să te miști mai repede decât atunci când mergi pe jos. Poate produce cele necesare vieții, mai puțin laborios decât se produc ele manual. „Pentru mine semnificația mașinii este creșterea forței umane — spune el; creșterea forței umane în sferă psihologică este dinamica funcțiilor noastre, sursa, unealta, instrumentul prin care ne dezvoltăm forța voinței". Deci, ajunge la concluzia că mașina din vis este forța voinței umane. El spune: „Dacă dr. Jung îmi atrage atenția că este ceva în neregulă cu mașina mea, atunci este ceva în neregulă cu forța voinței mele și voi afla despre ce este vorba."

Etichetele galbene: „În marile fabrici, părțile avariate sunt însemnate, astfel încât mecanicul să observe ce părți trebuie reparate sau înlocuite." *Dispariția mașinii* arată că mașina nu trebuie luată drept ceva foarte real, ci mai degrabă ca un simbol. Ea dispare deoarece nu mai există cele exprimate de ea și avem nevoie de un nou simbol. Mașina este înlocuită de fiica lui cea mică. *Fetița lui*: Visătorul spune: „Spre deosebire de soția mea, fetița mea este deschisă în fața vieții, îi place să se bucure, simbolizând astfel ceva din propria mea plăcere în fața vieții". *Găurile din fusta ei* îmi arată că sexualitatea mea nu este întru totul așa cum ar trebui. Poziția găurilor din fusta ei sugerează acest lucru. Deci, trebuie că este ceva greșit cu forța voinței mele în chestiunile sexuale.

Înainte de a vedea acest vis, am analizat viermele din capsula de bumbac. Din motive practice i-am atras atenția asupra unui lucru despre care dumneavoastră nu v-am spus, și anume asupra substanței gelatinoase amestecate cu excrementul viermelui în interiorul capsulei de bumbac. Când i-am cerut asociații la substanța gelatinoasă de pe fruct și la excrement, a spus ceva care nu se afla printre asociațiile sale inițiale și nici în relatarea visului. Adesea un pacient omite anumite lucruri atunci când povestește un vis. Uneori se gândește că nu sunt importante, alteori are un ușor sentiment de disconfort și nu regretă dacă acea asociație este uitată. La fel e și cu acest aspect legat de excrement și de fruct: el asociază gelatina de pe fruct cu organele genitale feminine, iar excrementul viermelui i-a amintit de bobul de cafea. Bobul de cafea este un simbol sexual feminin arhaic. O astfel de analogie îndepărtată găsiți acolo unde sexualitatea este acumulată și asociată apoi cu tot felul de lucruri cu care nu are nicio legătură. Întreaga dezvoltare umană a visătorului este asociată cu problema sa sexuală, astfel încât el vede analogii sexuale peste tot, chiar și în boabele de cafea! Numai când am analizat acest vis a asociat cu visul anterior și a găsit cauza visului actual într-un element din visul anterior. S-a discutat despre fruct ca organ genital feminin, ca și despre analogia sexuală cu bobul de cafea. Visul vorbind despre perturbare, despre distrugere, semnifica fie o perturbare a sexualității, fie o perturbare care a provocat o perturbare a sexualității. Adevărata esență a perturbării este viermele, deci viermele produce simboluri sexuale și viermele se află, de asemenea, în sexualitatea sa. Organele genitale feminine (*yoni*) reprezintă sexualitatea pentru un bărbat, iar pentru o femeie aceasta e reprezentată de falus. Aceste simboluri sexuale reprezintă, pur și simplu, sexualitatea și orice se întâmplă în interiorul sau în jurul lor semnifică o tulburare a sexualității. Tabloul este foarte complex și nu este clar dacă sexualitatea sa este perturbată, și de aici necazurile, sau dacă este o perturbare care a provocat tulburarea sexualității. Potrivit visului, ambele variante sunt posibile și, probabil, ambele sunt adevărate, deoarece problema sexuală este problema inițială. Sexualitatea acestui bărbat este disfuncțională. Pe de altă parte, are probleme care-i tulbură sexualitatea. Problema sexului nevrotic este asemenea lui Ianus, are două fețe. Mai poate fi o problemă, una spirituală, încă nedezvoltată, aflată însă într-un stadiu embrionar, exprimată printr-un simbolism sexual. Când evoluția omului a ajuns la final, sexualitatea este o funcție. Aici aveți o aluzie paradoxală și bulversantă a inconștientului, dar numai atâta timp cât nu puteți gândi în termeni paradoxali. În filosofia antică, filosofia mistică, așa cum ar trebui numită, această problemă a fost exprimată într-un proverb grecesc a cărui traducere este: „Taurul [este] tatăl Șarpelui și Șarpele [este] tatăl Taurului".[5] Pe scurt, asta e. Nu vă puteți întrece cu el în ceea ce privește claritatea, trebuie doar să înțelegeți ce este Taurul și ce este Șarpele. Taurul este luna mai, minunata fertilitate a primăverii. Zodia Taurului este casa lui Venus, în completa sa manifestare masculină, puterea incontrolabilă. Șarpele este animalul cu sânge rece, zeitatea pământului, semnifică întunericul, noaptea, umiditatea. Este ascuns în pământ, simbolizează moartea, frica. Este otrăvitor.

---

5 Cf. „Taurul este tatăl dragonului şi dragonul este tatăl taurului", de la scriitorul latin Firmicus Maternus (secolul IV A.D.), citat în *Simboluri ale transformării*, O.C. 5, par. 596.

Este opusul absolut al Taurului, prin urmare acest proverb plasează opusul evident în postura de tată al Taurului și face astfel încât pozitivul să fie tatăl negativului. Potrivit chinezilor, când Yang atinge apogeul, Yin își face apariția în el. Când Yin atinge punctul său cel mai de jos, este creat Yang. Prin urmare, ei pot spune: „La miezul nopții se naște amiaza și la amiază se naște miezul nopții." Este același lucru. Această cale extraordinar de paradoxală este una dintre calitățile intrinseci ale minții inconștiente, iar astfel limbajul inconștientului este foarte dificil și confuz, noi încercând să-l traducem cu neîndemânare în limbajul nostru, unde credem într-un adevăr absolut, lipsit de nuanțe. Dintr-un punct de vedere superior, această idee este o barbarie. „Nimic nu este complet adevărat și nici aceasta nu este complet adevărată", cum spunea Multatuli.[6] Mereu ne dorim ca un lucru să fie pe deplin adevărat, dar dacă un lucru este pe deplin adevărat, acela e o greșeală îngrozitoare. Atenție, urmează dezastrul, iar întregul tău sentimentalism nocturn nu este decât pălăvrăgeală!

Trebuie să ne întoarcem la visele anterioare despre mașini ale pacientului. Prima formă sub care a apărut ideea de mașină a fost mașina de cusut pe care voia să o dea cusătoresei, un fel de anima, care locuia într-o cameră întunecoasă nesănătoasă și suferea de tuberculoză. A doua oară a apărut sub forma unui compresor care construia un drum ce forma un tipar, un fel de mandala primitivă. Am ajuns astfel să vorbim despre semnificația mandalei ca simbol al individuării. Am văzut că mașina, care era în mod evident sexualitatea lui, datorită caracterului său automat, îl conducea spre tiparul său original pe care, dacă îl evită, va evita și calea care-l poartă spre individuație. Aceasta e semnificația visului. Acum înțelegeți cum revine la această problemă și cum încearcă să scape de ea. Vă amintiți visul cu acvariul, etajul superior și cu câtă atenție a prezentat visul tema discutării problemei cu soția sa. Îndrăzneț gând! Apoi ultimul vis, acela cu cireșul, în care admiră atât de mult frumosul copac matur, plin de fructe (nu al său, acela e minuscul). Acest om are tendința de a admira ceva din afara sa, de a avea un pretext să nu se întoarcă la sine. Dar visul îl aduce înapoi la problema sa, sexualitatea sa, ca visul cu viermele. Viermele a apărut dintr-odată în capsula de bumbac, amenințând cu distrugerea recoltei. El simțea că trebuia să se îngrijească de noua situație, că seriozitatea sa nu mai putea fi negată. Apoi a apărut acest vis, spunând: „Dar nu este deloc un dezastru, propriul tău cireș micuț va crește și va da fructe sănătoase." Este prezentat

6 Pseudonim al scriitorului olandez Eduard Douwes Dekker (1820–1887). Citatul, unul dintre preferatele lui Jung, apare de câteva ori în *Letters*.

astfel aspectul pozitiv al aceleiași probleme. Avem apoi noul vis despre mașină, care trimite la problema sexuală. Reapare tema visului în care era vorba despre capsula de bumbac, unele părți ale mașinii nu funcționează și eu atrag atenția visătorului în această privință. O fac într-un mod neobișnuit. Aproape că analizez visul în vis. Cum vă explicați? Nu este ușor, dar știți din propria dumneavoastră experiență că puteți avea un vis în interiorul unui vis; sau în timp ce dormiți, să știți că este un vis. Este aidoma unei truse de prestidigitație. Ce înseamnă asta?

Dna Sigg: Se pare că o parte a personalității sale se identifică cu dumneavoastră.

Dr. Jung: Este foarte posibil. Care parte ar fi aceea?

Dna Sigg: Partea pe care a refulat-o cel mai mult, imaginația. Dumneavoastră o apreciați pe aceasta în detrimentul gândirii sale logice.

Dr. Jung: Dar a asociat cireșul cel mare cu mine.[7] A preferat ca munca să fie făcută de un erou. Este mai ușor să mănânci fructul cultivat de altcineva și noi suntem educați astfel. În creștinism suntem educați să ne aruncăm toate poverile asupra lui Iisus, iar el le va purta în locul nostru și noi păstrăm astfel o psihologie a suptului. Acest pacient crede că eu îi pot analiza visul, în timp ce el îl poate privi din punct de vedere teoretic. Majoritatea oamenilor cred că un lucru analizat nu-i mai poate atinge, că îl pot evita. Analiza le va da cuvinte încărcate cu putere, ei spun: „O, este un complex patern!“ I s-a dat numele corect și complexul a dispărut. Gândiți-vă la basmul Rumpelstiltskin, un mic drăcușor al pădurii care face multe drăcovenii noaptea, fură copiii etc. nimeni nu știe cine este, dar dacă îi ghicește cineva numele adevărat, puterile sale dispar și el explodează pe loc. Este o idee veche și, într-o anumită măsură, adevărată. Numele au un fel de influență, cuvintele sunt apotropaice. Când poți numi un lucru, pacientul este deja pe jumătate eliberat. Astfel, folosim efectul sănătos al numirii pentru a determina dispariția unui lucru. Însă esența aceluia nu este atinsă de numele pe care i-l dăm. Prin urmare, nu este distrusă. Numele, de asemenea, atrag; dacă spui anumite nume, acel lucru apare. Spui: „Nu vorbi despre asta“ sau bați în lemn sau alegi un eufemism, lucrul întunecat fiind astfel acoperit. Anumite nume sunt cât se poate de nefavorabile, de exemplu Marea Neagră este numită „marea ospitalieră.“[8]

---

7 Vezi, mai sus, p. 256, replica dată de Jung dr. Bertine.

8 Un exemplu de apotropaism, care este o încercare de a preveni efectul a ceva negativ dându-i un nume bun. Inițial, Marea Neagră era numită Axeinos, „inospitalieră“, din cauza caracterului său furtunos. Mai târziu a fost cunoscută sub numele de Marea Euxină (euxeinos = ospitalier). (*Sems*: „marea cea mai favorabilă“.)

Dl Dell: În *The Psychology of Suggestion* (*Psihologia sugestiei*), Baudouin[9] recomandă să nu spunem „Nu dorm", ci „Nu am dormit bine."

Dr. Jung: Da, este aceeași idee. Pacientul meu este contaminat de puterea cuvintelor, pe care o presupune a fi puterea mea, dar inconștientul său nu este orb. Când visul vorbește despre mine, chiar la mine se referă. În acest vis sunt chiar eu însumi, nu o parte a lui. Nu trebuie luat literal faptul că-l analizez în visul său, dar se referă la analiză. Visul decurge astfel: „Eu văd o mașină și brusc știu că este un vis". El știe că mașina este o imagine pe care în visele anterioare a interpretat-o drept sexualitate, iar visul continuă: „Eu văd că e vorba de sexualitate, dar știu că este un vis (nu-i tocmai adevărat). Îi povestesc acest vis dr. Jung, pentru a fi analizat." Deci, visul ar spune: „Această sexualitate care mă preocupă este numai parțial reală, așa că îl chem de îndată pe dr. Jung, deoarece eu nu-i pot da de capăt". Dr. Jung spune că e ceva în neregulă cu sexualitatea sa. Nu este numai un *mixtum compositum*, ci și cumva pervertită. Nu vedem întreaga mașină și numai câteva părți sunt marcate cu etichete galbene. Apoi, când se apropie pentru a inspecta mașina cu mai multă atenție, aceasta dispare, este numai un simbol. Înseamnă că aceea care-i apare ca simplă sexualitate va dispărea imediat ce este privită îndeaproape. Oamenii descoperă adesea aceasta, când privesc un lucru de aproape el dispare într-o anumită măsură. Ajungem acum la acea parte importantă a visului. Nu mai este o mașină, ci fetița lui. Ea exprimă plăcerea lui de a trăi, privește spre viitor și așteaptă să se bucure de viață la fel ca el. El se identifică cu ea. Ce este fetița?

Dr. Schmitz: Anima sa.

Dr. Jung: Dar puteți afirma acest lucru imediat? Aceasta ar fi o interpretare subiectivă, dar fetița este reală.

Dna Sigg: El a privit inițial sexualitatea ca pe ceva mecanic, o mașină.

Dr. Jung: Da, un fel de mecanism endocrin automat, fără nicio implicare psihică. Acum, visul spune: „Ce ai privit drept sexualitate și ai luat drept o mașinărie este o ființă umană, propria ta fetiță". De ce nu spune visul „soția ta" sau oricare altă femeie? El spune doar „fiica ta". Fiica sa e foarte reală pentru el, îl este zilnic alături, deci atunci când o visează trebuie să fiți convinși că visul se referă chiar la fetița lui. Acel copil este tot atât de real ca și mine, când mă visează pe mine, chiar mai real. Ce exprimă fiica? De ce pauza aceasta atât de lungă?

---

9 Psihologul elvețian Charles Baudouin (1893–1963); se face referire la cartea sa *Psychologie de la suggestion et de l'autosuggestion* (Neuchâtel, 1924). La început eclectic, el a aderat în cele din urmă la şcoala lui Jung. Vezi C.G. *Jung Speaking*, p. 76.

Dna Deady: Ideea de incest.

Dr. Jung: Da, nu dorim să ne facem vinovați de incest.

Dr. Schmitz: Complexul nostru de aici, din seminar, este unul antifreudian. Mă gândeam la complexul incestului, dar acela e freudian și n-am dorit să-l amintesc.

Dr. Jung: Da, așa e. Aici avem de-a face cu un complex freudian al incestului. De aceea visul spune „fetița *ta*" — deoarece se întâmplă invariabil ca, atunci când un bărbat ține la respectabilitatea sa, toate acele obiecte întunecoase pe care le îngrămădește în pivniță să se strecoare afară pe altă parte. Se strecoară nu numai în incest, ci și în fiii săi, în câinii săi, în mobila sa. Nu există vreun nume pentru perversiunea cu pianul, dar ajunge până acolo. Poate ajunge chiar în sistemul central de încălzire. Este o rămășiță a libidoului nostru care curge atât de încet, încât poate pătrunde în orice. Dacă nu există nicio fetiță și, deci, nicio șansă de incest, atunci există un cățeluș pentru o relație de sodomie inconștientă, sau o pisicuță, sau un ursuleț de pluș. Cunosc oameni care au câte un ursuleț de pluș în dormitor. Dacă nu aceasta, trebuie să fie vreo moștenire de familie, un cufăr vechi sau scaunul bunicului, care este supravegheat cu gelozie și căruia i se acordă o atenție incredibilă. Când i se întâmplă acestuia ceva, omul moare, pur și simplu! Am cunoscut un om al cărui libido era într-o atât de mare măsură înmagazinat într-un pom, încât, atunci când pomul a murit, a murit și el. Acel om avea o relație de incest cu copacul. Genul de libido care se exprimă prin sexualitate nu poate trăi fără corp. Dacă nu pătrunde într-un corp, pătrunde în altul. Umple împrejurimile și acestea devin de o importanță aproape demonică.

Sunt mulți oameni pentru care obiectele sunt adevărați diavoli și, cu toate acestea, luăm în râs cartea pe care un profesor german a scris-o despre viclenia obiectului neînsuflețit.[10] La triburile africane, unele obiecte sunt diavoli și demoni. Între obiect și oameni există o relație bizară. În anumite limbi avem încă genuri: masculin, feminin și neutru. Limbajul primitiv are altfel de clase; copacii, pământurile, râurile, aparțin aceleiași clase, dar o anumită clasă nu poate fi exprimată fără a folosi un anumit prefix sau sufix care se referă la „calitatea unui loc". Este ca și cum ai spune „NewYork *pa*" pentru a te referi la o calitate a locului și nu la alta, deoarece New York singur poate însemna orice altceva. Prefixul conferă și calitatea de viu. În limba germană spunem „der Mann", primitivul trebuie să spună „der Mann în viață". În unele limbi primitive se merge mai departe, spunându-se:

---

10 Trimitere la romanul lui F.T. Vischer, *Auch Einer* (1884), unde sunt date exemple referitoare la „neastâmpărarea obiectului". Vezi „Generalități privind teoria complexelor" (1934), O.C. 8, par. 202.

„der Mann, în viață, în picioare, afară." Acum știți totul: omul este în viață, în picioare, în afara colibei sale. Vorbind despre un obiect, ei trebuie să spună: „der Tisch (masa), în picioare, moartă, înăuntru", totul exprimat prin prefixe și sufixe. Când vorbesc despre canoea *mea*, spun „canoe, afară, trăiește" — când vorbesc despre canoea ta, spun: „canoe, afară, moartă." A ta este moartă, a mea trăiește, nimeni altcineva nu o poate avea, are în ea altă forță vitală. Mana mea este acolo, deci, dacă o ia cineva, se pune în pericol. Primitivii sunt atât de conștienți de relația lor de sânge cu obiectele, încât aceste lucruri sunt vii sau moarte.

Acum ajungem la aspectul pe care doresc cu adevărat să-l elucidez, și anume la faptul că avem de-a face cu un adevăr psihologic. Astfel de lucruri se comportă ca și cum ar fi pline de viața omului, așa că sabia îi vorbește. Omul are un act sexual cu arma sa. Din mitologie știm că armele eroului sunt animate în mod magic, aproape vii. Poți vorbi de sufletul unui obiect și, la nivel primitiv, înseamnă că obiectele au o viață a lor, proprie. Există o poveste despre o casă în care mobila dădea petrecere ori de câte ori nu era nimeni acasă. Scaunele și mesele se învârteau în jurul lor înseși. — Dacă pui mâinile pe un lucru, el începe să se miște, încălzit de mana ta, tu îi amplifici, pur și simplu, forța vitală. Pentru primitivi nu este nimic straniu, deoarece ei cred că obiectul trăiește.

Deci, observați că viața netrăită, libidoul blocat al visătorului nostru curge pur și simplu liber în toate direcțiile, fără deosebire, în fiica sa. Dacă libidoul său se infiltrează în scaune și mese și câini, răul făcut este insignifiant, dar dacă se îndreaptă spre copii veți vedea că este foarte periculos. În acest vis, găurile din fustă ne semnalizează pericolul. Ruperea hainelor este un fapt obișnuit în acele îngrozitoare crime sexuale. Instinctele animalice ale unui criminal permit manifestarea violenței extreme, a emoțiilor complet lipsite de sens ale unei asemenea bestii. Încercați să-l vedeți pe visătorul nostru într-o astfel de situație! Nu puteți crede! Totuși, incestul și crima sexuală nu sunt atât de îndepărtate una de alta. Observați că, ori de câte ori se apropie de complex, un semnal de alarmă îl avertizează. Acum apare. Este un impuls periculos care ar putea sparge zăgazurile. Îndepărtați-i puțin conștiința, îmbătați-l puțin și nu știți ce s-ar putea întâmpla. Lucrurile ajung uneori în situații foarte similare în familii deosebit de respectabile, iar în cazul acestui om nu aș spune că o izbucnire este imposibilă. Crimele sexuale nu sunt niciodată premeditate. Criminalul este ca și cuprins de o criză epileptică. De aceea Lombroso[11] i-a luat pe acești criminali drept epileptici,

---

11 Cesare Lombroso (1836–1909), criminolog și medic italian ale cărui teorii despre criminalitate și epilepsie sunt prezentate în *Genio e Follia* (*Geniu și nebunie*) (Torino, 1882), citat în *Simboluri*

deoarece astfel de oameni aparțin tipurilor epileptice; sunt cuprinși de o criză și se întâmplă astfel de lucruri. Când există o asemenea acumulare de libido, pe fondul unei inconștiențe ieșite din comun, atunci dintr-odată poate să izbească un val sau să vină o avalanșă, sau să cadă o piatră de pe munte. Greutatea care atârnă deasupra poate produce o astfel de catastrofă, visătorul fiind avertizat în felul acesta de incest, posibil însoțit de o crimă sexuală și din nou eu sunt acela care îi atrage atenția asupra avertismentului.

Acum vă voi încredința un aspect tehnic al interpretării viselor. Când un pacient visează: „Îi spun cutare lucru dr.-lui Jung" sau „El îmi atrage atenția că" etc., aceasta este o informație care mi se adresează mie personal, medicului. Inconștientul pacientului mi se adresează și spune: „Fii atent, doctore Jung". Atunci, eu trebuie să-i spun ceva omului aceluia. Trebuie să joc un rol activ. Inconștientul forțează interpretarea visului, iar eu a trebuit s-o fac — i-am spus: „Privește, acest vis indică posibilitatea incestului, a crimei sexuale". Anumite ziduri sunt atât de groase, încât nu le poți penetra. Din punct de vedere uman, nu te poți aștepta ca un bărbat să-și violeze fetița mult iubită, așa că analistul trebuie să intervină și să-i spună că așa ceva face parte din repertoriul uman, că avem în sânge aceste crime sexuale. Printre strămoșii tăi se poate afla un astfel de criminal. Acela e lucrul oribil dintr-un om. Într-o populație există un anumit procent de criminali și cu toții trebuie să contribuim ca acest număr să fie acoperit, deci, din punct de vedere statistic, facem parte dintre ei. Poate contribuim prin decența noastră sau, indirect, prin asiduitatea cu care ne strângem avuția, ceea ce-i face pe alții hoți. Pe de o parte, Natura te face foarte virtuos pentru a da altora o șansă de a fi vicioși, dar dacă toți ar fi virtuoși, Natura și-ar pierde echilibrul.

Dr. Schmitz: Ce s-ar întâmpla dacă pacientului i-ar fi dezvăluite aceste lucruri?

Dr. Jung: Vă voi spune. Ar primi șocul vieții sale! Dar am fost foarte precaut când i-am vorbit și am atenuat totul cât de mult am putut. Inconștientul său chiar a vrut să-i zdruncine încrederea în corectitudinea sa. Îi arată că aparține banalei turme a omenirii, îl aduce înapoi la umanitate, îl dă jos de pe rămurica din vârf, de unde croncănea. El trebuie să spună: „Dacă sunt asemenea celor mai răi dintre ei, de ce am reticențe în analiză?" Cu astfel de șocuri, inconștientul încearcă să umanizeze oamenii.

---

ale transformării, O.C. 5, par. 277 și n. 27. Traducerea germană (în biblioteca lui Jung): *Genie und Irrsinn in ihren Beziehungen zum Gesetz, zur Kritik und zur Geschichte* (Leipzig, 1887). Nu a fost găsită nicio traducere în limba engleză.

Prof. Schmaltz: Mi se pare foarte interesant că etichetele sunt galbene. Galben înseamnă carantină, varicelă, otravă etc.

Dr. Jung: Da, și semnifică prostituția. De asemenea, fricosul se face „galben ca ceara". Pacientul nu a avut nicio asociație la galben, semnifică inconștientul pentru el, dar inconștientul este propriul său limbaj. Este inimaginabil ca etichetele să fie albastre!

Prof. Schmaltz: Atâta timp cât este etichetat, știi că este periculos.

Dr. Jung: Da, este vorba din nou de tendința omului de a ține lucrurile în ordine și în siguranță. Galben înseamnă pericol, deci nu le va atinge.

Dr. Deady: Se spune că bărbaților nu le place galbenul.

Dr. Jung: Galbenul este culoarea invidiei, a geloziei, a furiei, pentru noi înseamnă tot ce este negativ, dar în Orient înseamnă exact opusul.

Dna Crowley: Este culoarea pielii lor.

Dr. Jung: În Orient lucrurile sunt invers decât în Occident. La noi culoarea doliului este negrul, la ei este albul.

Întrebare: Nu este galbenul culoarea intelectului?

Dr. Jung: Eu aș spune că era steagul animei!

Prelegerea a VI-a. 19 iunie 1929

Dr. Jung:

După opinia mea, am ajuns la o interpretare satisfăcătoare a visului cu incestul. Aveți vreo întrebare?

Dr. Gilman: Cât de șocat a fost visătorul după interpretarea pe care i-ați dat-o?

Dr. Jung: Nu a fost deloc șocat, pentru că nu a înțeles. În anumite cazuri, înțelegerea apare abia după un timp îndelungat. Este uimitor cât de orbi pot fi unii oameni. Aceasta este prima dată când inconștientul său i-a dat o lovitură de grație — iar eu am încercat să-i ofer o pastilă învelită în zahăr. În fiecare există un sistem anafilactic[1], care să îl protejeze de o înțelegere prea acidă. Departe de mine ideea protestantă că ar trebui să bat fierul cât e cald. Numai când consider că e momentul ca un pacient să înceapă să perceapă anumite lucruri, insist asupra înțelegerii. Acest pacient a înțeles la un nivel teoretic, prudent. Astfel de oameni sunt deosebit de mândri de capacitatea lor de a înțelege. Dacă i-aș fi spus: „Ai un instinct criminal“, el ar fi răspuns: „Desigur, cu toții avem“, dar i-ar fi imposibil să creadă că poate sparge o sticlă în capul soției sale! Un gânditor nu este niciodată uimit de gândire, numai de simțire. Într-o discuție, nimeni nu este mai impermeabil la simțire decât tipul simțire. Tipul simțire blochează accesul spre simțirea sa, pentru că o controlează. Este abilitatea lui, pe care o folosește pentru a intra în legătură cu alți oameni. La un tip gândire ajungi prin simțirea sa, pentru că acela e punctul lui vulnerabil. Nu suntem vulnerabili în zona funcției noastre superioare. Este ca și cum aceasta ar tinde să fie lipsită de viață, ieftină, prea puțin irigată de sânge; este tălâmbă și cu obrazul gros, dar foarte abilă când vine vorba să atace alți oameni și să producă anumite rezultate. Este o unealtă valoroasă, dar nu foarte sensibilă în sine. Facem o mare greșeală dacă presupunem că gândirea unui tip gândire este foarte profundă. Este mai degrabă opusul și devine profundă numai atunci când este amestecată

---

1 *Sems*: „anaplerotic“, termen medical al unui agent care înlesneşte vindecarea unei răni sau a unei supurații. Probabil că e o eroare de transcriere, „anafilactic“ însemnând o reacție imunologică a corpului la introducerea unor proteine sau a anumitor medicamente străine, care produce o stare de „şoc anafilactic“, comparabilă cu „lovitura de grație“ pe care inconştientul i-a aplicat-o pacientului [R.F.C.H.].

cu funcția inferioară; principiul este valabil și pentru tipul simțire. Pacientul nostru realizează că este ceva în această chestiune a incestului, dar de acolo și până la a i se stârni vreo reacție din partea simțirii, este drum lung. El nu este un caz nevrotic și nu îl văd regulat. I-a luat aproape doi ani până să înceapă să înțeleagă ce este simțirea. V-am spus cum era cât pe ce să întrerupă analiza când a intrat pentru prima dată în contact cu simțirea[2], deci este departe de a simți ceva în visul său despre incest. Ar putea spune: „Da, este corect", dar ar vorbi exact ca despre un pasaj dintr-o carte.

Dr. Deady: Cum ar arăta înțelegerea visului prin intermediul simțirii?

Dr. Jung: Înțelegerea prin intermediul simțirii ar fi o groază profundă, ce ar genera o nevoie uriașă de a schimba situația imediat. Ar spune: asta *nu* se va întâmpla. I-ar povesti visul soției sale și i-ar spune: „Pe toți sfinții! Situația este îngrozitoare și nu putem sta cu mâinile în sân." Dar nici atunci nu i-a spus vreun cuvânt soției sale. Eu nu-l presez; i-am spus că vom merge foarte încet, chiar dacă va dura șase sau șapte ani.

Dr. Schmitz: Ce s-ar întâmpla dacă l-ați presa puțin?

Dr. Jung: Mi-ar răspunde: „Nu sunt atât de prost încât să-mi bag mâinile în apă fiartă." Ar întrerupe analiza. După cum știți, nu duc lipsă de pacienți, dar mă interesează acest caz, luându-l ca pe un experiment lent de laborator.

Dr. Schmitz: Se mișcă cât de puțin? Ce s-ar întâmpla dacă l-ați presa din nou după două săptămâni sau nu trebuie să-l presați?

Dr. Jung: Da, se mișcă. Nu este nevrotic; dacă era, ar fi fost presat de starea lui. De ce aș face-o?

Dr. Schmitz: De ce vine în analiză?

Dr. Jung: Are o curiozitate intelectuală, este un tip gândire inteligent. Nu este datoria mea să-l presez, nu e treaba mea. Nu sunt medicul lui, deoarece el nu este un caz terapeutic. Dacă era un pacient nevrotic, l-aș fi presat și i-aș fi spus: „Nu fi prost, du-te la soția ta și rezolvă problema". Ne-am înțeles de la început că aceasta este o partidă amicală.

Dr. Schmitz: Spuneți că pacientul nu este sensibil la gândire, așa că trebuie să fie atins de simțire și că un tip simțire nu poate fi atins de simțire. Eu credeam că un tip simțire este atins de situații care lasă rece un tip gândire, precum faptul de a vedea un cal împovărat peste măsură.

Dr. Jung: Nu, ei doar vorbesc astfel. Ei lucrează prin intermediul funcției superioare și folosesc limbajul simțirii. Dacă ești obligat să lucrezi cu un tip

---

[2] *Sems*: „Cum aproape că se opreşte atunci când se aventurează către simțire."

simțire, trebuie să folosești același limbaj. De exemplu, tratam o femeie care era un tip simțire. Fiul său tocmai se logodise, dedesubt se juca un joc ușor incestuos, dar mama nu putea înțelege problema. Eu nu i-am prezentat situația, în schimb i-am spus, cu o intonație subtilă: „Trebuie să fie foarte dificil pentru o mamă să piardă un fiu“. A luat spusele mele la propriu, le-a devorat și a răspuns: „Nu, nu este atât de rău. Cred că este mai rău să pierzi o fiică“. Dacă aș fi vorbit cu ea intelectual, am fi început să discutăm despre toată mizeria referitoare la incest și la astfel de lucruri urâte, iar apoi ar fi spus *ea*: „Este atât de greu pentru o mamă să piardă un fiu“. Amândoi știm că nu este real. Este o fățărnicie necesară. Femeia aceasta este un tip simțire sclipitor, nu este proastă. Doi bărbați tip gândire, care nu sunt proști, știu că atunci când vorbesc despre problemele lor intelectuale, spunând a + b = c etc., nu fac decât să ambaleze altceva într-un pachet. Ei pun lucrurile într-o formă intelectuală civilizată pentru a le prezenta. Este un *façon de parler*. Fiecare gândește: „el știe că eu știu“ și la fel este cu tipul simțire. Pacienta mea ambalează lucrurile foarte frumos, ca și cum câteva lacrimi ar fi reprimate într-un colț, dar știm amândoi că jocul este inventat pentru această ocazie. Știm că lucrurile nu sunt atât de fierbinți, nu atât de fierbinți ca și cum ar fi tocmai scoase din cuptor. Aceasta este superioritatea funcției superioare, situația nu este nici atât de fierbinte, nici atât de dificilă. Funcția superioară se află de fapt departe, greul este dedesubt, e inaccesibil, dar avem iluzia că punem mâna pe el, altfel lovești locul dureros și declanșezi o conflagrație. Cu un tip gândire nu poți folosi limbajul simțirii, așa cum cu un tip simțire nu poți folosi limbajul gândirii. Dacă i-aș fi expus acestui bărbat problema în termenii simțirii și aș fi spus: „Nu este înfiorător de trist că două ființe umane care se iubesc una pe alta, care trăiesc împreună de ani de zile, împărțind bucuriile și durerile vieții, nu au încredere una în alta? Du-te la soția ta, ia-o în brațe etc.“, m-ar fi considerat demn de azilul de nebuni sau ar fi luat de bune cele spuse de mine și, cu lacrimi în ochi, mi s-ar fi aruncat de gât și ar fi spus că o va face. Apoi ar fi plecat și ar fi spus: „La naiba! Ce-mi face omul acela, mă transformă într-un pămpălău?“ A trata în felul acesta un tip gândire și a-l face să suspine i-ar trezi niște rezistențe enorme, pentru jumătate de an. Dacă are o fărâmă de curaj nu va vorbi cu soția sa, deoarece a fost amăgit și înșelat. Când iei un tip simțire și începi să-i vorbești despre probleme intelectuale, pregătești terenul pentru o explozie și ceva oribil poate ieși la suprafață, deoarece funcția inferioară nu este încă adaptată. Dați-i o armă unui urangutan și vedeți ce se întâmplă. Prin urmare, într-o analiză trebuie să ne adaptăm la funcția superioară și să fim cu ochii-n patru. Las pacientul să vorbească. Atunci când am un tip simțire, nu vorbesc prea mult, pentru că nu am încredere în simțirea mea. Când i-am vorbit acelei femei despre fiul ei, m-am gândit că ar putea înțelege unde băteam, dar ea a luat spusele mele ca atare, socotesc, prin urmare, că funcția mea simțire este adecvată. Este o dovadă că funcția mea simțire funcționează destul de bine. Este introducerea potrivită, binețea dată complexului incestului. Aceea e o formulare bună pentru funcția simțire.

Dr. Deady: O formulare bună pentru simțirea ei superioară?

Dr. Jung: Da, pentru a stabili o relație. Ea consideră că am folosit o formulare bună; este de fapt o escrocherie crasă, dar intenția e meritorie, e suficient de bună. Înainte mi-ar fi fost rușine să folosesc astfel de mijloace, dar este cu adevărat o formulare bună, nu mai puțin necinstită decât a ei. Să presupunem că aveți un vecin despre care credeți că este încarnarea diavolului, nu este mai bine să-l salutați decât să-l împușcați?

Dr. Deady: Presupunând că ea și-ar aduce la suprafață simțirea primitivă, inferioară?

Dr. Jung: Ar fi foarte rău. Este ultimul lucru de făcut. Astfel, complexul incestului la ea ar primi un impuls și ar deveni evident. La finalul orei am ajuns la concluzia că o mamă poate avea anumite sentimente pentru fiul ei. Dacă nu ar fi fost avansată în analiză, nu ar fi suportat nici măcar acest gând. Dar încă nu stăpânește simțirea primitivă inferioară care se află în spatele acestui incest. Aducerea la suprafață a simțirii sale primitive inferioare ar veni mai târziu și atunci pacienta ar fi cu adevărat conștientă. Chiar dacă acest bărbat și-ar putea înțelege sentimentele trezite de complexul incestului pe care îl are, chiar și atunci, tușa finală ar lipsi. Acea tușă finală ar fi înțelegerea prin intermediul gândirii sale inferioare. Observ în mod invaraiabil cum materialul primordial din care este alcătuită funcția superioară este ultimul lucru atins de analiză. Un gânditor, de exemplu, are o moralitate a gândirii. Gânditorul va spune: „Gândirea nu poate fi greșită, este un păcat să gândești ilogic, o astfel de gândire este impură, a gândi ilogic este un păcat împotriva Duhului Sfânt. Gândirea trebuie să fie corectă în mod instinctiv". Prin urmare, pentru un tip simțire, simțirea trebuie să fie corectă; dacă nu este, atunci e pierdut. Înțelegem astfel ce efort uriaș trebuie să depună un om pentru a se detașa de părțile inferioare ale funcției sale superioare pentru a deveni uman, pentru a se pune împotriva naturii, cum se spune. Dar aceasta este o problemă de analiză foarte avansată.

Dr. Schmitz: E posibil ca partea inferioară a gândirii să fie orice altceva decât gândire?

Dr. Jung: Este gândire, dar complet impură; adică o gândire așa cum ar gândi natura, cel mai rău tip de gândire feminină, precum gândirea unui bucătar începător.

Dr. Schmitz: Mintea naivă a femeii?

Dr. Jung: Nu, mai degrabă gândirea femelei de vierme. Arată-i gândirea sa inferioară unuia precum Kant și se va spânzura imediat. Pentru mine, a-mi recunoaște gândirea inferioară este cel mai rău lucru pe care mi-l pot imagina. Aș accepta mai întâi orice altceva: lipsă de moralitate, incest, orice viciu. Acea gândire inferioară este cel mai mare rău. Dar mergem prea departe.

Înainte de a trece la visul următor, doresc să vă rezum situația. Înainte de visul incestului, am avut visul cu cireșul. Visătorul a fost lăsat să vadă că în el are loc o creștere irațională și că ar trebui să acorde atenție propriei sale dezvoltări individuale, în loc de a admira ce este dezvoltat în mine. Apoi, are visul cu incestul. Totul începe de jos, așa că el trebuie să ajungă la o anumită stare primordială din el. Sf. Augustin spunea: „Suntem născuți între fecale și urină".[3] Înainte de a merge mai departe, el trebuie să înțeleagă incestul. Trebuie să știe că simțirea sa e inferioară. Este aidoma unui vechi mister al inițierii. „Renunță la tot ce posezi și de-abia atunci vei primi." El trebuie să se umilească, să se căiască, apoi apare un vis de incubație pentru înțelegerea misterului. La fel se întâmplă și în psihologia noastră. Visătorul nostru trebuie să înțeleagă ideea de incest și sentimentul acestei situații, cât de mult este capabil, adică foarte puțin. Presupunem acum că înțelege, cel puțin la nivel intelectual. Probabil că se întâmplă ceva.

Visul următor [17]: „Merg pe un drum care urcă." (Visul despre incest a semnificat o umilire, o coborâre, iar acum el urcă din nou. În vechile inițieri mistice, după căință, prostrație, coborâre, apare adesea o scară, semnificând, în limbaj astrologic, cele șapte părți componente ale omului sau urcușul prin cele șapte sfere[4] ale propriei constituții, completa realizare de sine.) „Mersul este foarte dureros, așa că sar; mă deplasez foarte repede, pe jumătate zburând și pe jumătate sărind, atingând pământul numai din când în când. Ajung din urmă un bătrân cerșetor cu un baston, care hălăduia pe același drum. Pe ambele părți ale drumului sunt copaci și dintr-odată mă văd făcând un salt spre ei și apoi sărind din creangă în creangă ca un acrobat de la circ. Văd mergând pe drum o femeie și un băiețel. Cumva, se pare că sunt ai mei. În timp ce sunt agățat de crengile

---

[3] A fost imposibil de găsit acest aforism tranșant la Augustin. Freud l-a citat, de asemenea, de câteva ori, atribuindu-l unui părinte anonim al Bisericii.

[4] Cf. ideii antice a celor șapte sfere planetare care înconjoară pământul, menționată în *Psihologie și alchimie*, O.C. 12, par. 66 (orig. 1935) și finalul par. 410 (orig. 1936).

de jos ale unui copac, băiatul se apropie și încearcă să mă bată cu o vergea. Eu o prind și încerc să i-o iau; apoi, observ că o ține în gură. Trag de ea și văd apoi că gura îi sângerează. Îi spun: «Așa îți trebuie, dacă vrei să bați alți oameni». În cele din urmă, drumul ajunge la o clădire din piatră galbenă, nefinisată, cu două aripi laterale și un fel de curte în față. În deschizătura aripilor este un drug, un fel de poartă. Mai întâi, am impresia că este o închisoare. Soarele este foarte fierbinte și bate pe acea clădire din piatră galbenă. Lângă poartă este un fel de portic care ar trebui să ducă în curte, apoi văd că este numai un zid jos, înalt cât să ajungă până la pieptul unui bărbat. Pot privi peste el și văd un bătrân întins pe pământ. Este îmbrăcat în zdrențe, iar brațele îi sunt întinse rigid. Este complet nemișcat și nu știu dacă este viu sau mort. În grădină este un copil arab de șase sau opt ani care se amuză pe seama noastră. Apoi sar și țâșnesc spre drugul porții, ghemuindu-mă pe el, cu picioarele înspre grădină. Copilul arab începe atunci să urle și spune că nu avem voie să intrăm în curte. Dar eu nu-l iau în seamă, sar în partea cealaltă și mă apropii de ușa casei. Este foarte cald și de-a lungul zidului, lângă casă, găsim o serie de piese de mobilier noi, ca și cum tocmai ar fi fost descărcate dintr-un camion. Printre ele se află un fel de lavoar, cu un cadru pentru oglindă, dar fără oglindă. Eu spun că nu-i face prea bine mobilei să stea acolo în soare (ironic). Apoi încerc să prind copilul arab cu o frânghie și să-i leg brațele de corp, dar copilul urlă ca din gură de șarpe și mă gândesc că e mai bine să-l las în pace. Mă apropii de ușa casei și văd o plăcuță cu numele «Dr. Bauer», apoi merg la altă ușă și sun la sonerie."

Asociații: Drumul: Pacientul spune: „Compar acel drum care urcă cu evoluția omenirii, de asemenea cu evoluția individului, ce poate fi exprimată prin urcarea unei pante. O astfel de ascensiune poate[5] fi făcută fără durere". Pentru a înainta mai repede, este necesar să te detașezi de pământ, să folosești pământul drept *point de départ*. Făcând salturi, el folosește pământul ca pe o trambulină. *Bătrânul cerșetor de pe drum*: „Mă poartă cu gândul la fachirii hinduși, un fel de sfânt." *A sări din cracă în cracă* „îmi amintește de maimuțe și de felul în care se deplasează ele prin copaci, din creangă în creangă". *Femeia și băiatul de pe drum*: „Era o femeie necunoscută, dar mă gândesc la anima mea, iar băiatul poate fi Eros, din visul despre Puer Aeternus. Simt că femeia

---

5 Aici, „poate" e posibil să fie o eroare de transcriere, fiind de fapt „nu poate". Totuşi, este semnificativ faptul că există o ambiguitate legată de acest aspect, întrucât durerea este motivul central al visului. Pentru a scăpa de durere, visătorul a luat-o prin copaci şi a încercat să se cațere pe drumul care urca „fără durere" [R.F.C.H.].

și copilul îmi aparțin, dar în ce fel, nu știu." *Băiatul care îl bate cu o vergea*: „La început nu mi-am dat seama prea bine ce voia băiatul să facă, apoi a început să mă lovească." *Sângele din gura băiatului*: „Sângele poate fi un simbol al castrării." *Clădirea din piatră galbenă* îmi amintește de anumite clădiri din Africa, din apropierea Deșertului Libiei, clădiri ce pot aparține administrației egiptene, dar în realitate nu au grădină."

În vis, prima sa impresie despre clădire este aceea că ar putea fi o închisoare și spune în asociațiile sale: „Corpul este închisoarea sufletului". *Porticul de lângă poarta intrării principale*: Visătorul spune: „În Africa, intrarea pe o proprietate este păzită de un portar, care locuiește de obicei sub portic sau într-o clădire primitivă aflată lângă intrarea principală. La noi s-ar numi cușca portarului. „*Bătrânul întins în dreptul porticului*: Nu este sigur dacă bărbatul este mort sau viu și îl poartă cu gândul la un fachir sau un yogin hindus. Spune: „M-a preocupat foarte mult yoga, cu toate acestea trebuie să mărturisesc că nu mă simt prea atras de introversia absolută, cu pierderea completă a realității propriului corp". Vă amintiți că a spus în prima parte a analizei sale că interesul său față de studiile oculte i se părea morbid și lipsit de țintă. Apoi, vorbește din nou despre femeia și despre băiatul care îl însoțeau. Spune: „E curios că, atunci când eu sar și stau ghemuit pe drugul porții, femeia și copilul se află de fapt în grădină, ca și cum pentru ei ar fi fost foarte simplu să intre. Cum am făcut primul pas, ei erau deja în grădină, așa că trag concluzia că ei sunt o parte din mine".

Destul de bizar, copilul arab nu trezește nicio asociație. El spune: „Este doar un copil obișnuit, așa cum vezi cu miile în Africa, absolut real. Eu nu am acces la acel copil". Despre *noile piese de mobilier* aflate lângă casă, în plin soare, el spune: „Era marfă ieftină, așa cum vezi adesea în magazinele ieftine. Nu aveau nimic individual sau personal, nimic dezirabil".

Din remarca făcută de pacient în vis, și anume că mobilei nu-i face bine să stea în soare, trag concluzia că obiectele de mobilier nu aparțin de fapt acelei clădiri. *Încercarea de a lega copilul arab cu o frânghie:* Visătorul spune: „Nu mi-e clar dacă e băiat sau fată". Este ca și cum încercam să-i arăt copilului că nu mi-e teamă de el. Copilul poate aparține acelei case, probabil portarului." Dacă ar fi o proprietate privată din Africa, iar familia ar fi plecată în vacanță pe timpul verii, ar fi, normal, păzită de un supraveghetor, iar acești oameni au întotdeauna servitori, așa că se pot afla acolo o grămadă de obrăznicături murdare. Dintr-odată, își amintește că de opt ani nu a mai petrecut vara în străinătate. Deci, în ultimii opt ani a stat în Elveția. *Inscripția de pe ușă, Dr. Bauer*: „Îmi amintește de dr. Faustus și, de asemenea, de ultimele două cuvinte ale inscripției de pe pieptul lui Pernath, în povestea lui Meyrink, *Der Golem*.[6] Cred că această inscripție înseamnă intrarea în magie sau vrăjitorie." Ultimele două cuvinte la care se referă visătorul sunt cuvintele ebraice „Aur Bocher", însemnând „lumină" și „discipol", referindu-se la cel pe cale de a fi inițiat, așa că interpretarea sa intuitivă ar fi nimerită: „Tânărul ce urmează să fie inițiat în lumină."

Acum, despre întregul vis, el spune: „Pentru a putea urca pe acel drum ascendent al evoluției este necesar să te desprinzi de pământ și să folosești pământul doar ca *point de départ*. Nu ar trebui să fii deranjat de Eros, cu toate acestea compania sa este inevitabilă sau, probabil, necesară. În primul rând, este necesar să dispui de introspecție și de introversie, dar asta nu e totul. Când te apropii de poarta sufletului, lucruri ieftine precum acea mobilă nu ar trebui să se afle în grădina sufletului. Eu ar trebui să le îndepărtez. Cred că aceste lucruri ieftine sunt anumite prejudecăți. Ușa pe care este trecut numele Dr. Bauer nu pare să fie intrarea potrivită. Simt că aceea este calea magică. Deci, plec de la ușă și mă duc la altă sonerie." Despre copilul arab spune: „Nu am nici cea mai mică idee ce legătură are cu mine."

Trebuie să vă spun că acest vis este cumva influențat de faptul că a citit *Der Golem* al lui Meyrink. În ultima parte a acelei cărți eroul, Pernath, este condus la poarta viziunii, care se deschide în grădina necunoscută a unei case ciudate. Pe poartă se află simbolurile de cult ale lui Osiris, înfățișând inițierea și renașterea. Inițierea are mereu loc în lumea de dedesubt, iar Osiris este zeul lumii de jos, așa că situația din *Golem* este într-un fel scena visului deși, desigur, este tradusă în termeni complet diferiți. Este un vis destul de dificil și trebuie să mergem pas cu pas. La început este drumul care îl duce spre un anumit scop. Mersul prin soarele arzător fiind atât de dureros, el sare din creangă în creangă prin copaci ca un acrobat sau ca o maimuță.

Prof. Schmaltz: Explicația sa îmi trezește suspiciuni. Săritul din copac în copac este modul corect de a atinge scopul? Probabil că drumul cel dificil, cu soarele arzător, este cel corect, iar el îl evită luând-o prin copaci, adoptând calea ușoară, intuitivă. Eu aș spune că explicația dată de el nu dezvăluie adevărata semnificație.

Dr. Jung: Nici el nu este satisfăcut de ea.

Prof. Schmaltz: Nu cred nici că băiatul este Eros, ci o figură care dorește să-i spună adevărul și să i-l impună. Nu cred că este vorba de vreun simbol al castrării. Vergeaua din gura băiatului este adevărul și încă un adevăr foarte dezagreabil, adevărul trebuie să sângereze.

---

[6] Leipzig, 1915; apărută în limba română cu titlul *Golem* (Editura Nemira, 2002).

Dr. Jung: Da, poți lovi sau biciui un om cu vorba. Mai întâi băiatul îl lovește pe bărbat cu vergeaua, apoi, când bărbatul apucă vergeaua, ea se află deja în gura băiatului și el o trage afară plină de sânge.

Visul începe corect. Plecăm de la o situație pe care presupunem că bărbatul a înțeles-o. El s-a umilit pe sine, iar acum se ridică de la pământ pentru a apuca drumul ascendent, dar pe acest drum mersul e foarte anevoios, e un fel de tortură. Soarele arde ca o uriașă masă de plumb, iar visul folosește cu foarte mare abilitate limbajul pe care omul îl cunoaște bine. El vorbește despre „la chaleur accablante"[7] a unei veri africane, chiar și atunci când poți merge la adăpostul umbrei copacilor. Dar dacă ești un „trișor", un om care joacă feste sau o maimuță, poți evita praful drumului dacă sari din copac în copac. Acesta ar fi un mod foarte intuitiv de a te deplasa, intuitivul merge în salturi, atinge doar realitatea, pentru a pleca din nou. El vede scopul de pe vârful muntelui și presupune că se află acolo, atingând doar pământul din când în când. Presupunerea sa că își poate atinge scopul sărind din copac în copac nu este corectă. El poate ajunge acolo numai punând cu trudă un picior înaintea altuia, cățărându-se cu luare-aminte și cu efort și, prin urmare, trebuie să ne arătăm suspicioși față de modul său de a călători prin salturi și sărituri, în timp ce lasă femeia și băiatul să se târască prin praful drumului. Ei sunt obligați să meargă, dar el trișează și se deplasează ca o maimuță — se maimuțărește! Trebuie să conchidem, astfel, că în visul anterior el nu a coborât până la adevărata simțire. În ciuda confesiunii și a umilinței sale, el realizează adevărul numai parțial și, astfel, încearcă să continue la fel ca mai înainte. El are intuiția căii fierbinți, dureroase, a ascensiunii, așa că recurge din nou la trucuri ieftine. Se teme să atingă realitatea dureroasă. Visul arată chiar de la început acest lucru.

Dna Sigg: După ultimul vis mi s-a părut că ar exista o paralelă între visul cu băiețelul, Puer Aeternus, care a trebuit să fie hrănit cu pâine albă, și acela cu fetița, despre incest. În ambele vise înțelegerea este incompletă, astfel încât el e nevoit să repete situația iar și iar, până îi va fi clară.

Dr. Jung: Da, e adevărat, așa cum am subliniat mai devreme. Până acum, visul este o critică a modalităților sale ieftine de a fugi de realitate. Visătorul simte că băiatul Eros din visul anterior este din nou același băiat. Cu alte cuvinte, avem aceeași problemă, problema relației sale cu soția, care, desigur, nu este deloc limpede. Dacă ar discuta o dată cu soția sa ar fi destul de dureros, dar aceasta e adevărata cale, să mergi prin căldură și prin praf. El cochetează încă cu ideea că

---

7 „Căldura înăbuşitoare".

băiatul ar trebui să fie un fel de Eros. Dar Puer Aeternus înseamnă cu adevărat cea mai serioasă încercare a ta de a ajunge la propriul adevăr, cea mai serioasă acțiune a ta de a-ți crea viitorul; cel mai mare efort moral de care dai dovadă. Numai că omul e obligat să meargă pe drum, el nu poate sări din copac în copac. Astfel, când visătorul coboară din copac, băiatul încearcă să-l biciuiască. Aceasta este din nou o critică, el merită să fie biciuit ca un băiat neastâmpărat, deoarece își evită problema. Dar el trage vergeaua din gura băiatului, ceea ce înseamnă, cu siguranță, că trage cuvântul adevărului, pe care-l rostește Puer Aeternus. Esența sa reală sau sufletul și spiritul cele mai profunde ale adevărului spun: „Privește, tu te maimuțărești, te păcălești pe tine însuși, te înșeli. Știi prea bine ce ai de făcut". El nu vrea să se audă, nu vrea să vadă acel simbol. Ideea sa cum că este un simbol al castrării poate fi adevărată într-un fel metaforic. El și-a „castrat" Dumnezeul, vocea sa divină, a îndepărtat puterea, la fel cum Kronos l-a castrat pe tatăl său, Uranus[8], în vechiul mit grecesc. Prin urmare, castrarea ar putea, pur și simplu, însemna schilodirea adevărului său esențial, distrugerea principiului său călăuzitor. Este păcatul împotriva Duhului Sfânt, acțiunea îndreptată împotriva convingerii sale reale. *Au fond* el știe prea bine ce are de făcut, dar preferă să nu o facă. Aceasta este o demonstrație valoroasă a modului în care lucrează visele. Este dificil, în fața unui astfel de vis, să spui că inconștientul nu are nicio funcție morală. Acest vis este moralitatea cea mai înaltă pe care v-o puteți imagina și totuși multe vise nu sunt deloc morale, așa că am ajuns în cele din urmă la concluzia că nu putem vorbi de moralitate, ci numai de faptul că visele arată că un anumit comportament este inadmisibil, deoarece natura nu acceptă anumite lucruri. Acest om este mai cinstit în interior decât este la suprafață. Sunt destul de sigur că, dacă acest om ar fi fost un nelegiuit, sortit să comită o crimă, inconștientul său ar fi spus: „Trebuie să comiți acea crimă, altfel fugi de propria ta problemă." Orientul știe acest lucru, astfel încât Orientul poate spune: „Cel perfect va juca rolul regelui, al cerșetorului, al nelegiuitului sau al criminalului, fiind conștient de zei." Orientul știe că un criminal trebuie să comită o crimă, altfel este imoral. Aceasta înseamnă că omul sortit să fie un nelegiuit sau un criminal trebuie să o facă, altfel nu-și îndeplinește rolul care i-a fost dat în viață. Pentru orientali e mai ușor să aibă această filosofie, ei crezând că posibilitățile unui om nu sunt epuizate într-o singură viață. Noi, în Occident,

---

8 *Sems*: „Și-a mâncat propriii copii". Mitul (făcând parte din *Teogonia* lui Hesiod) este rezumat de Kerényi în „The Primordial Child in Primordial Times" („Copilul primordial în vremuri primordiale"), în Jung şi Kerényi, *Essays on a Science of Mythology* (*Eseuri despre o ştiinţă a mitologiei*), ed. a II-a (1969), p. 56. Vezi, mai jos, 11 decembrie 1929, n. 4.

suntem atât de grăbiți din cauza a tot ceea ce trebuie să îndeplinim în unica noastră viață. Orientalii pot recupera în viața următoare ce au ratat în aceasta. Astfel, ei au suficient timp pentru a realiza adevărul profund ce spune că trebuie să joci rolul care ți-a fost atribuit. După scena cu băiatul, ajungem la clădire. Ce părere aveți? Aici este ceva din povestea Golemului. Clădirea simbolizează scopul pe care trebuie să-l atingă, se ridică în fața lui cu aripile întinse. Aici se întâmplă din nou ceva care nu este în regulă. Ce anume?

Dl Gibb: Accesul îi este interzis.

Dr. Jung: Da, dar el se cațără pe zid ca un hoț. Din nou recurge la un truc ieftin, ca atunci când sărea prin copaci. La sfârșitul Golemului există o astfel de clădire într-o viziune. Voi traduce descrierea[9]: „Merg la fel cum am mers în vis și din nou apuc drumeagul care duce la castel. Mi-e frică, îmi bate inima, acum va apărea copacul cel dezgolit, ale cărui ramuri se înalță deasupra zidului. Îl văd acum, dar copacul e încărcat de flori albe și aerul mustește de parfumul dulce al liliacului. La picioarele mele se întinde orașul în lumina zorilor, ca o viziune a Pământului Făgăduinței. Nu se aude niciun sunet; numai parfum și strălucire. Mă aflu pe ulicioara cea veche și pitorească a alchimiștilor care duce sus, la castel, dar noaptea văzusem în fața castelului o poartă mică din împletitură de lemn. Acum văd blocându-mi drumul cea mai impunătoare poartă aurită. De fiecare parte a intrării se înalță două tise întunecate. Mă ridic pe vârfuri pentru a privi peste zid și sunt din nou uimit de splendoarea fără cusur. Zidul grădinii este acoperit de mozaicuri, cu un fundal de un frumos albastru-verzui și ciudate fresce aurii, care reprezintă cultul lui Osiris. Poarta este zeul însuși, un hermafrodit, cele două jumătăți alcătuind o poartă dublă, partea din dreapta — femeie, cea din stânga — bărbat. El însuși se află pe un tron din sidef, lucrat în basorelief. Capul său aurit are chipul unui iepure de câmp. Urechile sunt ridicate și se ating una de alta precum paginile unei cărți pe jumătate deschise. Simt cum roua și zambilele își trimit parfumul de dincolo de zid. Stau complet nemișcat, minunându-mă, când dintr-odată apare din stânga un grădinar bătrân sau un servitor, purtând o haină de modă veche, cu o bordură din datelă încrețită și pantofi cu catarame din argint și mă întreabă printre zăbrele ce doresc. Fără un cuvânt, îi întind pălăria lui Athanasius Pernath. (Eroul și-a însușit pălăria lui din greșeală și, deoarece o purta, credea că este Athanasius.) Servitorul ia pălăria și

9 Varianta lui Jung, deşi fidelă, diferă de traducerea în limba engleză a lui Pembertom, p. 286ff. El citează acelaşi pasaj în comentariul său la primul vis din seria de vise din *Psihologie și alchimie*, O.C. 12, Partea a II-a (orig. 1935), par. 53. Vezi şi 26 februarie 1930, n. 9.

pătrunde prin poarta mare a castelului. În clipa în care deschide ușa văd o casă din marmură, aidoma unui templu. Acolo este Athanasius Pernath și, sprijinită de el, Miriam (eroina, anima). Observ că amândoi privesc în jos spre oraș. Ea mă zărește pentru o clipă, apoi se întoarce spre Athanasius și îi șoptește la ureche. Sunt fermecat de frumusețea ei, e atât de tânără, exact cum am văzut-o în vis. Athanasius își întoarce și el încet fața spre mine, iar inima mi se oprește, căci așa cum te vezi într-o oglindă, chipul lui este aidoma cu al meu! Apoi poarta se trântește și văd numai luciul mat al hermafroditului. Bătrânul servitor îmi înapoiază pălăria și spune: „Domnul Athanasius vă este recunoscător și vă roagă să nu-i luați în nume de rău că nu v-a poftit în grădină, dar acestea au fost dintotdeauna regulile casei. Domnul Athanasius mă roagă, de asemenea, să vă spun că nu a purtat pălăria dumneavoastră, deoarece a observat imediat că pălăriile au fost schimbate. Speră doar ca pălăria lui să nu vă fi provocat vreo durere de cap".

Aceasta este povestea unui om care a intrat în propriul rol fără să vrea. A văzut-o ca pe o greșeală. Aceasta spun oamenii care cad într-o groapă. „Pe toți dracii, am căzut într-o capcană, iar capcana sunt eu însumi." Ei se tratează întotdeauna pe ei înșiși ca pe cea mai mare greșeală comisă vreodată.

Prelegerea a VII-a.
26 iunie 1929

Dr. Jung:
Iată-ne ajunși la ultimul nostru seminar din vara aceasta — sper că următorul vis este unul bun.

Dr. Schmitz: Pot să pun din nou o întrebare despre Puer Aeternus? Euphorion, fiul lui Faust și al Elenei, copilul înțeleptului și al animei, nu este un astfel de Puer Aeternus?

Dr. Jung: Aceasta ne poartă puțin mai departe printre figurile inconștientului colectiv. Faust este identic cu bătrânul înțelept, magicianul. S-a spus adesea că era Paracelsus[1] (sau fiul lui Paracelsus). Dacă îl considerați pe Faust un individ real, Paracelsus, de exemplu, atunci ar fi omul Paracelsus identificat cu figura colectivă a bătrânului magician; multe genii sunt astfel identificate cu funcția lor diferențiată și acești oameni au aproape întotdeauna figura marelui înțelept. În poemul *Faust*, Puer Aeternus, Euphorion, ar fi copilul lui Faust și al Elenei. Elena este în mod evident anima, astfel încât copilul ar fi produsul înțeleptului și al animei sale. Desigur că aceasta e o expunere singulară, un caz individual. Rămâne de văzut dacă este valabil în toate condițiile. E un impediment aici, deoarece Puer Aeternus ar trebui să fie produsul a două figuri ale inconștientului colectiv. Unde apare bărbatul real?

Dr. Schmitz: Da, Euphorion dispare după nașterea sa și eu aș întreba care-i relația sa cu bărbatul. Atunci când a fost realizată individuarea[2] și după nașterea lui Puer Aeternus, nu ia Puer Aternus locul umbrei, așa cum individuarea ia locul bărbatului? Probabil că există o analogie aici în relația lui Puer Aternus cu bărbatul, cu anima și cu umbra sa. Este el oare un substitut a ceea ce fusese umbra înainte?

Dr. Jung: Este o încurcătură îngrozitoare. În *Faust*, imediat după ce s-a născut, Euphorion începe să manifeste simptome ale unei dorințe exacerbate, aleargă

---

1 Pseudonim al lui Theophrastus Bombastus von Hohenheim (1493–1541), alchimist şi medic elveţian, subiectul a două eseuri (1929, 1941) în O.C. 15 şi a unuia (1941) în O.C. 13. Vezi şi *Paracelsus, Selected Writings*, ed. J. Jacobi (a II-a ed., 1958).

2 Individuaţie: „proces care produce un «individ» psihologic, adică o unitate separată, indivizibilă, un întreg" — Jung, „Conştient, inconştient şi individuaţie" (1939), O.C. 9/1, par. 490.

mereu după fete, și în cele din urmă dispare în flăcări. Același lucru este valabil și pentru Căruțaș și pentru Homunculus, care, zburând în retorta sa, se lovește de tronul Galateei cea frumoasă, unde explodează și dispare. Așa cum ne spun aceste trei întâmplări fatale identice, creația Puer Aeternus nu a avut o durată prea îndelungată. Ele indică prezența unei greșeli în generarea figurii. Probabil că aceasta se datorează creării prin intermediul a două figuri ale inconștientului colectiv, fără vreo contribuție umană. Este descrierea a ceea ce vedem atât de des. Înțeleptul, când umblă prin lume, se lovește din când în când de tronul vreunei frumoase Galatee și dispare complet! Câți dintre dumneavoastră nu ați cunoscut un astfel de om! Întâlnirea cu un asemenea obstacol, cum e tronul Galateei sau al altei fete frumoase, îl conduce spre un sfârșit prematur. A fi un astfel de înțelept perfect e prea mult pentru o ființă umană. Prin urmare, trebuie să renunțăm complet la ideea de Puer Aeternus sau să spunem că ar fi trebuit să fie creat altfel. Omul nu ar fi trebuit să se identifice cu „Marele Înțelept", ci să-și asimileze umbra. Trăsătura obișnuită a omului mare, a geniului, este ignorarea existenței propriei umbre, dar are și el una, și încă una foarte ridicolă. De exemplu, Wagner nu a realizat niciodată că, în timp ce scria despre Siegfried, își arăta umbra oricui avea ochi s-o vadă. În timp ce discuta aprins despre sabia lui Siegfried, purta o crinolină! A scris *Inelul Nibelungilor* îmbrăcat într-o rochie legată cu panglici roz, făcându-se complet de râs. Dar un astfel de om nu poate recunoaște că are o umbră. El nu îi mulțumește niciodată lui Dumnezeu pentru mintea pe care i-a dat-o, ci are impresia că el *este* mintea creativă, că a făcut el singur totul. Imediat ce îți vezi propria umbră și recunoști că nu ești perfect, nu te poți identifica cu „Marele Înțelept", creând un Puer Aeternus cu anima ta.

Apare apoi întrebarea dacă este posibil ca bărbatul, în anumite condiții, întregit prin conștientizarea propriei sale umbre și individuat, să creeze ceva cu anima sa, un adevărat Puer Aeternus, etern așa cum spune și numele său? Prin individuare creezi ceva atemporal și etern, care poartă calitatea nemuririi. Este ceea ce caută Răsăritul și textele lor o confirmă pe deplin. Puteți crede sau nu, e la latitudinea dumneavoastră. Deci, Puer Aeternus creat astfel are calitatea eternității. Băgați de seamă, eu fac doar o afirmație psihologică, nu una metafizică, deoarece suntem condiționați de timp și spațiu. Numim fierul solid, dar ce este soliditatea? Fierul este de fapt curgător. Se pune întrebarea numai din ce punct de vedere judeci. Credem că ceara de sigilat este solidă, dar suspendați-o un timp și curge, este semifluidă. Soliditatea este numai o atitudine psihologică relativă la om și la timpul său. Deci, atunci când numiți ceva etern, aceasta înseamnă doar atemporal. Individuarea completă aduce un element de o asemenea calitate.

Dr. Schmitz: Acel element nu ține de opera omului, ci de viața sa?

Dr. Jung: Nu, nu de opera nici de viața sa, ci de el însuși. Este pur și simplu un fapt mistic al experienței interioare. Nu poți decât să-l atești. Este unul dintre faptele inexplicabile ale vieții. Întrebați un om pios despre religia sa, despre experiența sa referitoare la Dumnezeu, el nu poate decât să o mărturisească. El nu are nimic altceva de spus. Nu-i puteți lua sau adăuga nimic. Așa e și cu acea calitate eternă.

Ne interesează acum visul despre clădire și grădină și drumul care duce la acest loc. Am terminat interpretarea scenei în care visătorul trage vergeaua plină de sânge din gura băiatului. Clădirea reprezintă scopul drumului. Drumul a fost construit numai pentru acea clădire și când mergi pe drum ajungi la poarta închisă cu un drug. Aveți vreo idee despre clădirea aceea? Este un fel de structură pătrată, din piatră galbenă, cu două aripi. Visătorul subliniază faptul că este construită din piatră galbenă și spune că-i amintește de o clădire a administrației din apropiere de deșert, în Egipt, numai că acolo nu exista grădină. Pacientul meu citise *Golem*, iar eu v-am spus că acest vis este strâns legat de finalul acelei povești, pe care vi l-am tradus și în care există o astfel de clădire, care reprezintă scopul final al drumului. Poarta alcătuiește figura lui Osiris, cu capul unui iepure de câmp. De fapt, Osiris nu este niciodată reprezentat cu capul unui iepure de câmp. Aceasta este invenția lui Meyrink, conștientă sau inconștientă, nu putem ști. Această imagine are ceva bizar, de care Meyrink e posibil să nu fi fost conștient. În timp ce Osiris nu este niciodată reprezentat cu capul unui iepure de câmp, adversarul său, Set, diavolul egiptean, este reprezentat purtând pe umeri capul unui animal cu urechi lungi. Unii spun că este capul unui iepure de câmp, alții, al unui măgar, alții că ar fi capul unui okapi (un fel de antilopă descoperită recent în Congo, acum destul de rară, dar poate mult mai răspândită în timpurile străvechi). În Antichitate era asociat cu măgarul. Potrivit unei legende romane, evreii venerau în Ierusalim capul unui măgar. Aceasta, deoarece evreii se opuneau venerării lui Osiris și se presupunea că îl venerau pe dușmanul său, Set. Mai este și imaginea unui Hristos luat în batjocură la academia militară din Roma[3], desenul stângaci al unui crucifix pe un perete, realizat într-o manieră foarte ciudată. Figura de pe cruce a fost înfățișată cu un cap de măgar iar inscripția, într-o greacă stricată, spune: „Astfel tânărul ofițer Alexandros își venerează Dumnezeul". Este o luare în derâdere a lui Hristos, ca Dumnezeu al evreilor, înfățișat cu cap de măgar.

---

[3] Vezi *Simboluri ale transformării*, O.C. 5, fig. 83: graffiti pe peretele Școlii imperiale de Cadeți din Palatinat, Roma.

Set este diavolul egiptean, oponentul malefic al zeului soarelui, Ra. Osiris este de fapt un zeu foarte bătrân, înlocuit mai târziu de Ra. S-a întâmplat ca odată, când Osiris era foarte bătrân și se plimba deasupra pământului, să se plângă brusc de o durere la ochi. Când fiul său, Horus, l-a întrebat ce a văzut, a spus: „Am văzut un porc negru". „Atunci — a spus Horus — l-ai văzut pe Set." Horus și-a scos propriul ochi și i l-a dat lui Osiris pentru ca el să-și recapete vederea, însă rezultatul inevitabil a fost acela că Osiris a devenit judecătorul morților în lumea subpământeană, iar Horus a devenit noul zeu. Acest simbolism aparține celei de-a doua părți a existenței umane. Deși nu există texte care s-o ateste, este evident că ochiul lui Horus duce direct la Hristos. Învățăturile catolice timpurii îi menționau pe Isis și pe Horus ca pe anticipări ale Mariei și ale lui Hristos. Horus este „vindecătorul", el îl vindecă pe bătrânul zeu cedându-i propriu-i ochi (care întotdeauna înseamnă viziune, vedere, învățătură). Horus este, de asemenea, și zeul Misterelor; în general este reprezentat în centrul imaginii, cu cei patru fii ai săi în cele patru colțuri, unul cu un cap de om, ceilalți trei cu capete de animale. Această imagine coincide perfect cu reprezentartea creștină a celor patru evangheliști, trei cu chipuri de animale și unul de om — leul, boul, vulturul și îngerul. Cei patru evangheliști care-l înconjoară pe Hristos formează mandala creștină; Horus și fiii săi formează mandala egipteană.[4] Aceste mandale sunt simboluri ale individuării. Vechea semnificație mistică a lui Hristos era omul perfect, materializarea figurii gnostice Adam Kadmon[5], Omul Primordial, ridicat și perfecționat până a ajuns însuși simbolul perfecțiunii umane.

Aceasta este o prezentare lungă a porții alcătuite din statuia lui Osiris cu capul lui Set, apropierea dintre Osiris și Set, realizând astfel o unire a opuselor; dar toate acestea țin de interpretarea visului, deci cum vedeți acum clădirea? Aveți vreo idee? Interesant este aspectul său foarte banal, care duce cu gândul la o clădire administrativă. Nu poți asocia nicio individualitate cu o astfel de clădire, impersonală ca un hotel sau ca niște barăci. Are o valoare socială, este un centru pentru mulți oameni. Servește o multitudine și mulți oameni trăiesc în ea, intrând și ieșind într-un flux continuu.

Dl Gibb: Este un simbol al propriei sale persoane.

Dr. Jung: Se presupune că simbolul propriei sale persoane ar trebui să fie individual. De ce este într-o atât de mare măsură impersonal?

---

4 Se referă la simbolismul celor patru evanghelişti şi al celor patru fii ai lui Horus, vezi, mai sus, 6 februarie 1929, n. 3.

5 Se referă la aspectele multiple ale lui Adam Kadmon aşa cum le-a interpretat Jung mai târziu, vezi *Mysterium Coniunctionis*, O.C. 14, par. 44.

Dr. Bertine: Probabil că el se consideră pe sine deosebit și atunci trebuie să ajungă acolo prin ceva care conține toate elementele umane comune, ca o compensare a ideii greșite.

Dr. Jung: Adevărat, este o compensație pentru ideea eronată referitoare la individuare. Oamenii presupun că Sinele conține numai personalitatea Eului, „Eu însumi!" și, prin urmare, visul spune: „Greșești, nu ești tu însuți, este o clădire publică, o instituție colectivă".

Dr. Schmitz: Trebuie subliniată universalitatea Sinelui, Sinele conține întreaga colectivitate.

Dr. Jung: Da, cu toții facem instinctiv acea greșeală; când vorbim despre „Sine", ne referim la „Eu însumi". Mulți oameni cred că individuarea este egoistă, dar nu e nici pe departe așa. Dacă tu nu exiști, nu există nici mulțimea. Fără picătura de apă, nu există ocean. Sahara nu există fără fiecare grăunte de nisip. Dacă ești un bun grăunte de nisip, alcătuiești Sahara. Individul, pe lângă aceea că deține calitatea eternității, este „mai mic decât mic, totuși mai mare decât mare". Acest vis compensează eroarea lui individuală de a confunda Sinele cu Eul.

În filosofia lui Swedenborg (pe care mulți dintre dumneavoastră nu l-ați considera un filosof) se află învățătura celui mai mare om, *Homo maximus*, în corpul căruia noi suntem ca niște celule. Unii dintre noi îi locuiesc sufletul, unii ochii, unii creierul, astfel încât toți contribuim pentru a face din el un întreg. Cei care au creierul bun ar locui în creierul său, cei cu ochi buni ar fi probabil vânători, alcătuind ochii săi. Nici organele genitale nu ar fi lăsate deoparte, el explicând astfel anumite temperamente bizare. Aceasta e doctrina lui Swedenborg a *correpondentiei*[6], dar ideile sale au rămas într-o formă metafizică. Nu au evoluat niciodată complet din punct de vedere psihologic. S-au blocat pe drumul spre conștiință.

Visătorul spune că această clădire l-a trimis imediat cu gândul la o închisoare, iar asociața sa este „corpul e închisoarea sufletului".

Dr. Bertine: Nu se explică astfel de ce te simți „prins" când ești tu însuți? Aceasta este plasa gnosticilor.

Dr. Jung: Aș spune că este un exemplu foarte tipic. Când oamenii ajung la ei înșiși, se așteaptă la o ciudată eliberare, să scape de responsabilități, de vicii și

---

6 Emanuel Swedenborg (1688–1772), filosof şi scriitor religios suedez. Doctrina *correspondentiei*, apreciată de filosofii medievali, trimite la clasica „simpatie a tuturor lucrurilor". Jung a considerat-o premergătoare conceptului său de sincronicitate; vezi „Sincronicitatea ca principiu al relației acauzale" (1952), O.C. 8, par. 924. Pentru *homo maximus*, vezi „Paracelsus" (1929), O.C. 15, par. 12.

de virtuți, dar în realitate este complet diferit. Este ca o capcană, cazi brusc într-o groapă. „Fir-ar să fie!", spui, și iată-te acolo unde ți-e locul. Suntem cu toții asemănători unei mici celule hepatice care s-a îndepărtat de locul său. Micuța celulă hepatică fuge și rătăcește prin toate țesuturile. Când găsește creierul, spune: „Iată un loc drăguț pe înălțimi, cu aer bun", dar vecinii săi îi spun: „Pleacă, nu ai ce căuta aici", iar micuța celulă este dată afară și ajunge la plămâni, dar același lucru se întâmplă și acolo. Atunci spune: „Lumea este foarte dură, nimeni nu mă înțelege". Dacă s-ar fi înțeles pe sine, ar fi știut că nu e locul său acolo! În cele din urmă, o ia prin canalele întortocheate ale celulelor sangvine și ajunge la ficat unde cade într-o groapă, e o catastrofă fatală. Micuța celulă spune: „Fir-ar să fie, este locul cel mai neprimitor, cum am ajuns aici?" Dar Dumnezeu spune: „Ține-te bine" și se dovedește a fi o celulă hepatică! Aceasta este ceea ce s-ar putea numi individuare! Deci, capcana cea mai periculoasă este corpul. Cu toții am fost învățați că mințile noastre și alte virtuți sunt aripi pe care ni le putem pune pentru a zbura peste noi înșine și a trăi ca și cum corpul nu ar exista. Aceasta se întâmplă adesea cu intuitivii, cu toată lumea de fapt. Corpul ni se pare cel mai serios obstacol. Este greu și avem un sentiment de nesiguranță în ceea ce-l privește, ca și cum ar fi o uriașă piedică. Prin educația noastră creștină medievală corpul s-a ales cu un prost renume. Prin intermediul corpului și al limitelor sale cazi în prăpastie; atunci acuzi corpul, iar corpul spune: „dar acesta ești *tu*". Toate acestea sunt reprezentate prin închisoare și iată de ce visătorul spune în asociația sa: „corpul e închisoarea sufletului". Sufletul, spre deosebire de corp, este acel lucru înaripat liber să zboare pe deasupra pământului. Și aici el menționează că soarele e fierbinte, că peste tot este arșiță. Acea căldură este caracteristică întregii situații. El a trăit mulți ani la tropice și cunoaște pericolul soarelui african.

Dr. Deady: Mintea sa este în pericol de insolație. Ar trebui să renunțe într-o oarecare măsură la atitudinea sa intelectuală. Necunoscutul în care pătrunde el este periculos, e materialul inconștientului colectiv.

Dr. Jung: Eu m-aș gândi mai degrabă la *intensitatea* extraordinară a soarelui african. Cu asta asociază el problema, simte că trudește sub o presiune de o intensitate extraordinară. Astfel, când ajungem într-o situație dificilă, spunem că „ne-am fript." Soarele este dureros, așa că încearcă să scape de el prin trucuri ieftine. El caută umbra, în timp ce femeia și băiatul merg pe drum, în plină bătaie a soarelui. Când visul vorbește despre soarele intens, se referă la o situație intensă, adică este mult libido la mijloc. Se întâmplă ca acest om să cunoască bine mitologia egipteană, așa că putem face o interpretare poetică, spunând că acea clădire este încălzită de ochiul zeului nemilos. Cu siguranță nu este conștient de faptul că se află în prezența divinității. Aceasta este tot o calitate a individuării, care nu ar trebui să treacă neobservată. Puterea individuală stăpânitoare, pe care o credea a oceanului, pe care o credea a Saharei, este redusă prin individuare la un strop de apă, la un grăunte de nisip. În acel moment de nimicnicie lipsită de speranță și de futilitate a existenței, el constelează ideea universalității. Lucrul absolut, ideea grandioasă au fost întotdeauna numite Dumnezeu. Puterea cea mai măruntă este întotdeauna confruntată cu puterea cea mai mare, spațiul minuscul cu infinitul, așa că întotdeauna experiența interioară a individuării a fost numită de mistici „experiența divinității". Este un fapt psihologic și de aceea procesul individuării a fost întotdeauna considerat lucrul cel mai de preț și mai important în viață. Numai prin el obții o satisfacție de durată. Putere, glorie, avuție, nu înseamnă nimic în comparație cu acesta. Ele sunt exterioare și, prin urmare, futile. Lucrurile cu adevărat importante se află în interior. Este mai important pentru mine că sunt fericit, decât că am motivele exterioare pentru fericire. Oamenii bogați ar trebui să fie fericiți, dar adesea nu sunt, se plictisesc de moarte; de aceea este cu atât mai bine pentru un om să trudească pentru a produce o stare interioară capabilă de a-i oferi o fericire interioară. Experiența arată că există anumite stări psihologice în care omul obține rezultate nepieritoare. Ele au ceva din calitatea eternității, a atemporalului, au calitatea de a ținti dincolo de om. Au o calitate divină și procură toată acea satisfacție pe care lucrurile realizate de mâna omului nu o pot oferi.

Acum ajungem la partea a doua a visului. Vă amintiți că poarta e încuiată și, se pare, nu poți intra altfel decât sărind gardul, trișând. A fi încuiat semnifică accesul dificil; nu trebuie să intri imediat. În spatele porții este un fel de portic sau gheretă. Visătorul vede în cadrul porții un bătrân cu hainele zdrențuite. Brațele îi sunt întinse, iar el este imobil, așa că nu se știe dacă este mort sau viu. În asociațiile sale, visătorul spune că se obișnuiește ca portarul unei astfel de case să locuiască într-o asemenea gheretă. Cu *bătrânul*, în postura sa rigidă, el asociază un yogin în stare de contemplație, ceea ce el numește introspecție absolută, până la punctul de a nu mai da atenție propriului corp. Visătorul spune că nu se simte atras de o astfel de stare. Care ar fi concluzia dumneavoastră referitoare la figura bătrânului?

Dl Gibb: Interesul său față de studiile sale teozofice anterioare nu este mort de-a binelea.

Dr. Jung: Da, bătrânul trimite cu siguranță la studiile sale filosofice anterioare, reprezentând acrobațiile fachirului și ideile care tind să îndepărteze oamenii de corpurile lor. Acesta a fost unul din motivele pentru care visătorul a venit la analiză, el era afectat într-o oarecare măsură. Tabloul nu este deloc atrăgător și, de fapt, bătrânul dispare din vis în acest punct, el încetează să mai joace vreun rol. E un fel de intermezzo în evoluția gândirii inconștiente. Bătrânul ar putea evoca în inconștient imagini ale unui filosof yogin care ar simboliza un proces de individuare, deoarece yoginii au elaborat o filosofie a „căii". Normal, deci, pe măsură ce se apropie de poartă, se gândește că aceasta ar putea fi cheia porții. Dar când găsești portarul într-o stare comatoasă, el nu poate deschide poarta. Degeaba îl chemi, el și-a părăsit corpul într-o stare de transă, nu este un bun ușier. Evident, dorința visătorului de a intra în grădină este foarte mare, se pare că este hotărât să intre acolo prin *orice* mijloace. El vede în grădină un copil de aproximativ opt ani — copilul arab care râde pe seama visătorului, femeia și băiețelul. Ce e cu copilul acela? În asociațiile sale, bărbatul îl compară cu un puști obișnuit, un copil pe care-l vezi de obicei pe lângă cuștile portarilor, unul dintre mulții copii ai cunoștințelor unui portar și care trăiesc toți la un loc, în timp ce stăpânul e plecat. Trebuie să vă imaginați că acel copil nu este prea atrăgător, este murdar și zdrențăros, cu ochii roșii de la trahom.[7] Probabil că are eczeme, doarme pe grămezi de gunoi și este plin de păduchi și de purici.

Dr. Schmitz: Poate fi un Puer Aeternus într-o formă negativă?

Dr. Jung: Nu este sigur dacă e băiat sau fată. În ultimul vis este un copil similar, o fată, dar în privința acestui copil el nu este sigur, deși avem un alt indiciu, care este mult mai valoros.

Dra Chapin: Copilul arab este o paralelă la portar, dar într-o formă tânără.

Dr. Jung: Da, cu siguranță. Bătrânul nu poate deschide poarta, în timp ce copilul poate, dar el este doar un puști nespălat. Vezi astfel de copii cu zecile în acea țară[8], este o adevărată invazie, sunt ca muștele. De ce este tânărul paznic al porții prezentat într-un mod atât de neatrăgător?

Dl Dell: El este începutul începutului, umil, lipsit de orice atractivitate, un fel de ființă hermafrodită.

Dr. Jung: Da, visătorul dorește să deschidă poarta și să intre pur și simplu, dar când ajunge la ținta sa, dă peste acest băiețel murdar. Poarta este deschisă nu de un înger cu frumoase aripi aurii, ci de un băiețaș murdar! La ce te-ai aștepta când ajungi în Paradis?

Prof. Schmaltz: Aceasta este umilința prin care trebuie să treacă. El nu este un bărbat simpatic, ci un băiețel murdar.

---

7 Conjunctivită granuloasă provocată de un virus şi care este o cauză majoră a orbirii în Africa şi Asia. (*N.t.*)

8 Jung a vizitat nordul Africii în 1920. Vezi AVR cap. IX, Partea I şi Anexa III.

Dr. Jung: Da, știți ce înseamnă în Orient copiii mici obraznici, murdari? Hristos ne spune „și dacă nu vă veți face ca niște copilași".[9] El nu se referea la copiii curați din școli, ci la aceiași copii murdari de pe stradă, așa cum îi vedea Hristos.

Dra Howells: Departe de ferestrele cu vitralii.

Dr. Jung: Când trebuie să treci pe podul ascuțit ca lama unui cuțit, subțire ca firul de păr, îți întâlnești toate păcatele, toate virtuțile. Întrucât acest om este foarte virtuos, el își va întâlni toate păcatele, așa că poarta îi e deschisă de un puști obraznic. Dacă nu-și acceptă condiția inferioară, cu siguranță el nu va intra în Paradis, nu va face pasul acesta spre individuare. Dar el sare peste poartă și se cațără în Paradis, „dând năvală în Împărăția Cerurilor"[10] pe calea gândirii intuitive. Ce părere aveți?

Dr. Gilman: Trucuri ieftine.

Dr. Schmitz: Calea intuitivă.

Dr. Jung: Imediat ce el se află înăuntru, acolo sunt și femeia, și băiatul. Femeia și băiatul sunt o parte din el însuși, familia sa psihologică. Îndată ce visătorul sare în grădină, băiatul începe să strige că nu are voie să intre. Apropiindu-se de clădire, vede niște piese noi de mobilier expuse în soarele fierbinte, iar printre ele se află un lavoar căruia îi lipsește oglinda; cadrul este acolo, dar nu are oglindă. Asociind, visătorul spune că aceste obiecte de mobilier sunt de foarte prost gust, ieftine și comune, fără nimic individual. Evident, tocmai fuseseră despachetate și așteptau să fie băgate în casă. Aceasta trebuie să se refere la o întâmplare recentă.

Dr. Bertine: Eu m-aș gândi că se referă la problemele sale domestice. Mobilei îi lipsește o oglindă, deci el nu se poate vedea deloc pe sine însuși.

Dr. Jung: Da, nu există oglindă. Intelectul este numit adesea oglindă. Așa cum oglinda lipsește din ramă, nici insightul nu se află acolo.

Prof. Schmaltz: Acest om este foarte întreprinzător, așa că și-a trimis mobila înainte, fiind foarte convins că va fi primit.

Dr. Jung: A fost deosebit de preocupat de faptul că mobila cea nouă este lăsată afară, în soare, iar lemnul se va strica. Din moment ce el nu este primit, nici mobila nu este primită. Este o paralelă, este lăsată afară și se află în aceeași poziție în care ar fi fost el dacă nu ar fi sărit gardul. Mobila nu poate sări gardul, așa că stă în soarele fierbinte. Cu siguranță este a lui și el nu se îndoiește că locul îi aparține și, prin urmare, dacă poarta nu e deschisă, el sare peste ea. Poate fi numit întreprinzător! El se consideră un om foarte respectabil și corect, așa că,

---

9 Matei, 18:3.

10 Vezi Matei, 11:12: „... Împărăția cerurilor se ia cu năvală și cei ce dau năvală pun mâna pe ea."

odată ajuns la poarta Raiului, va fi primit imediat în salon și se va aștepta să fie întâmpinat de însuși Dumnezeu, dar acolo nu se află decât copilașul murdar. Mobila trimisă de el în Paradis a fost lăsată afară în soare și este foarte ieftină. Lavoarul nu are încă oglindă (din nou, avem de-a face cu fructe necoapte). „Luând cu năvală Împărăția Cerurilor" el face niște descoperiri foarte dezagreabile în ceea ce-l privește. În ultima parte a visului, înainte de a ajunge la mobilă, el nu a acordat nicio atenție copilului arab, a călcat practic peste el, iar acum pare să aibă ceva resentimente în vis, își dă evident seama că lucrurile nu merg cum trebuie. Spune: „Iată-l din nou pe puștiul ăla blestemat. Trebuie să-l prind." El îl leagă cu o frânghie. Copilul țipă și, pentru că nu vrea scandal, el îi dă drumul. Ce semnifică legarea copilului cu o frânghie?

Dr. Schmitz: Își tortureză propriul suflet.

Dr. Jung: Dar trebuie să lucrați numai cu asociațiile sale. El spune: „Este ca și cum i-aș arăta acelui copil că nu mi-e frică de el și că îl pot suprima, chiar dacă aparține casei". Evident, el dorește să-l depotențeze pe copilul care spune: „Nu poți intra".

Dna Crowley: Dorește să suprime acea parte a lui însuși, partea lui inferioară.

Dr. Jung: Da, cu orice preț el trebuie să suprime acea parte a lui însuși, aceasta este latura sa neprezentabilă. Nimeni nu poate trăi într-o țară din Africa fără să preia ceva din ea. Caracterul său necivilizat pătrunde în inconștient și îl influențează, deci poate fi foarte dificil după aceea să scapi de elementul relativ primitiv și să te adaptezi din nou la civilizație. Europenii care au trăit mult timp în Orient descoperă acest lucru. Acum, că visătorul nostru locuiește din nou în Europa, elementul său necivilizat îi va provoca o serie nesfârșită de necazuri. Încearcă să-l imobilizeze, dar îi este atât de dificil să facă față situației, încât e nevoit să renunțe. Veți vedea în visele ulterioare cum iese la suprafață această latură a lui.

Dna Sigg: El nu trebuie să se identifice nici cu copilul din Rai, nici cu copilul murdar de pe pământ.

Dr. Jung: În acest vis nu se pune problema identificării. Poate apărea mai târziu, dar acum este în mod evident dezidentificat.

Dl Gibb: Cum mai înainte era oarecum mândru de copilul animei, acest copil poate fi o compensație?

Dr. Jung: El are mândria omului alb, care îl dezidentifică.

Dr. Deady: El se luptă cu ceea ce reprezintă băiatul. Încearcă să-și imobilizeze conflictul.

Dr. Jung: Da, dar el pur și simplu nu vrea ca acel copil să fie liber: „Îi voi arăta eu". Aceasta demonstrează puterea omului alb în Africa. Dacă în poarta unei case stă un negru care spune „Nu e voie", albul va spune: „Du-te naibii, eu intru." După intermezzoul cu copilul, el ajunge la adevărata ușă a casei și descoperă plăcuța cu numele „Dr. Bauer". El asociază cu dr. Faust sau cu ultimele două cuvinte ale inscripției din *Golemul* lui Meyrink: „Aur Bocher". Dr. Kirsch a căutat-o, așa că avem acum acces la întreaga inscripție. Sunt o serie de cuvinte cabalistice parțial neinteligibile. Semnificația ar fi comunitate sau putere, apoi un cuvânt intraductibil, apoi „lumina discipolului". Acestea sunt, desigur, cuvinte și concepte care joacă un rol important în carte. „Discipolul" este inițiatul condus pe drumul individuării, „lumina" este iluminarea. Este foarte posibil să fie un citat din vreo carte magică, într-un fel de ebraică. Gnosticii au tipărit un număr nelimitat de astfel de cărți, traducându-le stricat în siriană, aramaică, ebraică și greacă și chiar inventând cuvinte artificiale. Aceste inscripții erau foarte puternice, întrucât nimeni nu înțelegea cuvintele.

„Putere" și „comunitate" joacă un rol important în acest vis și arată cât de intim a fost asociat cu lectura *Golemului*. Haideți să ne uităm la contextul acestui citat. Apare la sfârșitul unei serii de viziuni captivante, pe parcursul cărora eroul și-a pierdut cunoștința. El cade în hăul fără fund și, în cele din urmă, simte că picioarele sale au atins fundul. Acolo, el vede un grup de figuri albăstrui care formează un cerc în jurul său. Cu toții poartă hieroglife aurii pe piept și fiecare dintrei ei ține în mână o păstaie roșie. (El refuzase să primească o grămăjoară de păstăi și chiar a lovit mâna stafiei care i le-a oferit, împrăștiind astfel boabele.) Acum, aceste figuri țin din nou boabele. Este o furtună cu fulgere strălucitoare. El se simte slab și îngrozit și aude o voce care îi spune: „Este Noaptea Protecției" (noaptea Exodului, în care israeliții au fost protejați împotriva egiptenilor). Apoi, cineva din cerc spune: „Cel pe care îl cauți nu se află aici". (Așa s-a spus despre Hristos când femeile au venit la mormânt și l-au găsit gol.) Apoi, figura spune ceva ce el nu poate înțelege, el neputând pricepe decât cuvântul „Henoch". Dintr-odată, una dintre figurile din cerc se îndreaptă spre el și arată spre hieroglifele de pe pieptul său și când el citește inscripția simte că acesta este sfârșitul și cade într-un somn adânc.[11]

Evident, aceste viziuni sunt serii de mandale, nu așa cum ați desena dumneavoastră, ci din acelea care pot fi dansate sau interpretate. A forma un cerc magic înseamnă individuare. Oferirea boabelor este asemenea poveștii despre crocodilul care va mânca oricum copilul, indiferent de răspunsul mamei.[12] Boabele

---

11 Vezi *Golem*, p. 161.

12 Această „quaestio crocodilina" este prezentată în „Despre psihologia figurii tricksterului" (1954), O.C. 9/1, par. 486, n. 19: „Crocodilul i-a furat unei mame copilul. La rugămintea ei de a-l da înapoi, crocodilul spune că îi va îndeplini dorința dacă îi dă un răspuns adevărat întrebării

sunt același lucru, un fel de întrebare fatală. Deci, fie că spui „accept" sau „nu accept", nu știi în niciunul dintre cazuri ce se va întâmpla, deoarece nu știi ce înseamnă. Eroul din *Golem* a refuzat boabele, așa că ele apar din nou, într-o formă amenințătoare. Semnificația este aceea că boabele reprezintă diversele sale părți. Noi suntem alcătuiți dintr-o mulțime de particule care trebuie să se unească la fel ca în cazanul sau în creuzetul magic, unde sunt sudate împreună toate părțile disociate ale personalității noastre. Prin urmare, eroul este întrebat: „Accepți toate semințele ca pe niște părți din tine însuți?" El răspunde: „Nu, nu le accept", dar nu poate refuza, deoarece aceste semințe *sunt* el însuși. Drept urmare, ele se întorc împotriva lui, formează un cerc magic în jurul lui și o voce spune: „Cel pe care-l cauți nu se află aici". Meyrink știe ce însemna „Mesia" pentru cabaliști: „Cel care unește, care aduce perfecțiunea, nu este aici". Deoarece a refuzat părțile personalității sale, părțile se ridică acum împotriva sa. Apoi, unul dintre spectre vine și îi arată calea iluminării. Fără îndoială, partea a doua semnifică faptul că el este un discipol care primește iluminarea.

Visătorul nostru se află în aceeași situație. El este, de asemenea, unul dintre cei care au refuzat semințele, el nu dorește să-și unească toate compartimentele, el dorește să intre cu forța în Paradis. Deci, este în situația discipolului care mai are încă de învățat. El nu e un maestru și nu poate intra în locul în care locuiește dr. Faustus deoarece, într-un fel, dr. Faustus ar fi omul complet, inițiatul. El trebuie să meargă la a doua ușă și să sune umil la sonerie (contrar trucurilor sale ieftine, escaladării gardului și legării oamenilor). În limbaj comun, aceasta ar însemna: „A fost un pic cam repede, ar trebui să mă duc să sun la ușa dr. Jung". Ar fi mai bine să mărturisească faptul că e numai un discipol și mai are ceva de învățat. Aceasta este ultima încercare a pacientului de a-și rezolva problema într-un mod magic, prin yoga sau prin oricare alte mijloace filosofice. De acum încolo, el apucă pe un drum complet diferit. În următorul vis face o excursie cu mașina în Polonia, călătorește cu un om care este un fel de cunoștință de-a lui, vestit ca mare *coureur de femmes*, un bulevardier. Și asociațiile sale referitoare la Polonia sunt interesante. În visul de după acesta el ajunge într-o colibă sărăcăcioasă din Africa, unde se află un crocodil. Este întocmai ca Parsifal care, ajungând să vadă din întâmplare Sfântul Graal și fiind atunci destul de imatur, este întors din drum; el pleacă în lume și după un timp îndelungat și multe aventuri se întoarce la Graal. Prin urmare, acest om revine,

---

lui: «Vöi da înapoi copilul?» Dacă da, atunci nu e adevărat, iar copilul nu va fi înapoiat; dacă nu, atunci iarăşi nu e adevărat, adică mama a pierdut oricum copilul".

într-un fel, la micul puşti, drăcuşorul arab, ca şi cum ar fi trebuit să asimileze lucrul cel mai dezagreabil pentru el, slăbiciunea şi umilinţa simţirii sale mai mult sau mai puţin primitive. Astfel, el se îndreaptă mai întâi spre o ţară mai puţin civilizată, Polonia, cu dezordinea şi corupţia sa, apoi merge şi mai mult înapoi, ajungând într-o colibă locuită de un crocodil, în gura iadului, în pericol, deoarece crocodilii mănâncă din când în când oameni! De acum încolo visele se ocupă de partea inferioară şi cea mai respinsă a personalităţii sale, omul său inferior. Numai atunci când va putea face faţă părţii sale inferioare, unind cele două laturi ale sale, va fi capabil să ajungă la omul complet, ocupând locul pe care îl indică acest vis.

Notă editorială: Pentru a urma ordinea cronologică, numărul 19 a fost atribuit unui vis din data de 28 iulie 1929, care a fost visat în intervalul dintre trimestrul de primăvară şi cel de toamnă. Vezi, mai sus, p. 24 şi mai jos, p. 423.

Semestrul de iarnă

Prima parte:
octombrie–decembrie 1929

Prelegerea I.
9 octombrie 1929

Dr. Jung:
Doamnelor și domnilor, voi continua seria de vise cu care am lucrat anul trecut, cu scopul de a le demonstra continuitatea și evoluția manifestată în desfășurarea simbolismului din inconștientul pacientului. Fiecare dintre ele pare a fi o entitate psihologică, a cărei semnificație poate să nu apară imediat. Sunt mici opere dramatice, fiecare cu preambulul său, expozițiunea, catastrofa și soluția și totuși oarecum statice. Dar dacă ne uităm la o serie de vise, observăm mișcarea, o mișcare circulară sau mai degrabă în spirală. Mai mult, obții un sentiment mult mai puternic de certitudine sau de siguranță când știi că o intuiție greșită poate fi corectată sau verificată în visele care urmează; și îți poți face o impresie mult mai corectă despre analiza visului atunci când poți urmări o serie de vise ale aceleiași persoane.

Trebuie să vă spun câte ceva despre visător, de vreme ce unii dintre dumneavoastră nu erau aici trimestrul trecut. Este european, dar a trăit o mare parte a vieții în țări exotice.[1] Este un om foarte inteligent, cu o carieră de succes în afaceri, iar acum s-a retras și a cedat afacerea cumnatului său, el rămânând șef numai cu numele. Are 47 de ani, este căsătorit și are o familie frumușică, niște copii frumușei și o avere frumușică. Problema sa este problema tipică a acestei vârste. Dacă ar fi fost francez, s-ar fi pensionat și s-ar fi dus la pescuit, aceasta ar fi fost atitudinea normală și înțeleaptă. După 45 de ani, lucrurile devin destul de dificile. La vârsta aceasta apar depresiile, de obicei pentru că acești oameni nu au ajuns acolo unde își propuseseră să ajungă, compară realitatea cu ambiția lor și atunci sunt dezamăgiți. Ei cred că sunt incapabili să realizeze mai mult decât au realizat deja și se lasă cuprinși de o vagă melancolie; încep să dea înapoi. Același lucru îl observi la oamenii simpli; bărbatul se poate apuca de băut, moderat sau altfel, și adesea devine ușor efeminat, în timp ce femeia devine mai masculină și își asumă responsabilități; adesea ea deschide o afacere de mare succes, probabil un magazin, iar el devine un fel de angajat al ei. Această

[1] Vezi, mai jos, p. 323, când se menționează pentru prima dată că visătorul „nu s-a născut în Europa, ci în Africa".

schimbare ciudată începe de fapt să aibă loc după patruzeci de ani, ca și cum vântul din pânzele bărbatului ar fi dispărut; el nu știe cum sau de ce, dar este un fapt de neînțeles. Astfel, în mod normal, începutul unei noi etape a vieții se caracterizează printr-un fel de revoluție, care poate fi lentă sau bruscă. Adesea apare un resentiment împotriva vieții deoarece persoana fie nu și-a realizat potențialul, fie nu a avut experiențele pe care le-ar fi putut avea. Atunci, oamenii sunt în stare să facă o prostie în afaceri sau, și mai probabil, se îndrăgostesc, deoarece aceasta este latura pe care au neglijat-o. Anatole France vorbește despre „Demonul de la amiazi", un fel de posesie demonică prin intermediul dragostei.[2]

Când a venit momentul, acest bărbat a descoperit lacune adânci în viața sa intelectuală și sentimentală. El încercase să fie bărbatul însurat respectabil, dar nu putea trăi la nesfârșit în acea ghețărie — soția sa mereu frigidă, neinteresată de sex, iar el nu prea asiduu în această privință. Ei trăiau împreună dar izolați unul de altul. Această lipsă l-a împins spre aventuri cu demimondene, dar toate acelea au devenit din ce în ce mai neinteresante, iar el și-a spus: asta e ceva artificial. El este genul rafinat, care dorește o experiență mai completă, nu numai sex și bani, ci dragoste, un tip superior de iubire și de devoțiune adevărată pe care astfel de femei nu le au — o înclinație chiar din cele mai respectabile. Dar chiar dacă își dorea ceva respectabil, el se lovea de instituțiile noastre; în cazul iubirii adevărate este mai periculos, cu acest stil de viață ajungi la situații imposibile. Prin urmare a renunțat și s-a îndreptat spre teozofie, s-a închipuit într-o lume artificială de imagini, un loc stupid în care te poți pierde în tot felul de ceruri și, cum era un substitut, era ca și cum ar fi flirtat cu un fel de cocotă spirituală și s-a săturat de așa ceva.

Apoi a devenit moderat nevrotic și a venit să mă consulte, nu neapărat să se trateze. În studiile sale dăduse peste psihanaliză și s-a gândit că ar putea fi un „narcotic" mai bun decât teozofia, deoarece auzise de ideea freudiană a sublimării, prin care natura este transformată peste noapte în cântat la pian sau într-o viață sfântă; gândești într-un chip minunat și atunci sexualitatea dispare. I-am distrus câteva iluzii, singurul lucru pe care l-am putut face pentru el, dar i-am spus că nu-i pot rezolva problema în locul lui. Dacă i-aș fi spus să se vadă cu oricâte femei dorește, nu numai că nu ar fi putut s-o facă, ci curând s-ar fi dovedit că nu a dat rezultate. A încercat calea spirituală a teozofiei, cu

[2] Expresia „le demon de midi" nu a putut fi găsită în scrierile lui Anatole France, dar Paul Bourget a publicat un roman cu acest titlu (1914), a cărui temă este ravagiul adus de iubire asupra psihicului unui bărbat de vârstă mijlocie. Expresia provine din *demonium meridianum* din Vulgate, Ps. 90:6 = A.V. Ps. 91:6, unde apare ca „dezastrul care lovește la amiazi".

cele șapte raiuri propovăduite de aceasta, și a fost dezgustat, așa că i-am spus: „Vom vedea ce va produce natura ta fizică și spirituală. Trebuie să ai răbdare, așa cum trebuie să am și eu. Nu există rețetă".

Visele sale au arătat că inconștientul a început să țeasă un fel de tipar, un drum deosebit de întortocheat, făcând zigzaguri printre aspectele superioare și inferioare ale psihicului uman, introducând fără grabă anumite simboluri ale cultelor străvechi, prin care atitudinile mentale ale oamenilor au fost schimbate în trecut — așa spun însemnările.

Un vis, de exemplu, conținea un simbolism foarte important al individuării sau al renașterii. Dar ori de câte ori un vis promitea un pas înainte, el regresa; când ar fi trebuit să se întindă și să apuce, el se retrăgea. S-a urcat pe un dâmb în apropierea mării, care a fost ras de valuri și nu a mai putut sta acolo. De câte ori încerca să facă un lucru categoric, să iasă în lume fiind el însuși — în cazul său, aceasta ar fi însemnat o încercare de a se înțelege cu soția sa — de fiecare dată când încerca să-i vorbească, dădea înapoi. Și de fiecare dată trebuia să recunosc că părea să aibă motive foarte bune, nu era o simplă lașitate. Eu nu i-am cunoscut soția și e posibil ca în ea să se afle cauza; poate fi o incompatibilitate fundamentală acolo. În psihologia sexului există o breșă abisală. Ne aflăm încă într-un stadiu primitiv de *participation mystique* în relația dintre sexe; încă nu am descoperit că numai lucrurile diferite se pot afla într-o relație. A trebuit să-i spun să nu ia nicio decizie și să aștepte să vadă ce va veni, oricât de mult ar dura.

Dr. Deady: Încă mai lucrați cu el?

Dr. Jung: Nu l-am mai văzut din iulie, dar atunci părea să se apropie de o soluție. Se îndreaptă spre ea în spirale. Dar are nevoie de mai mult insight psihologic și de mai multă încredere, pentru a se baza pe ea. Progresul său transpare dintr-o relație pozitivă cu travaliul psihic. Nu este prea clar dacă psihologia reprezintă pentru el un adevăr, dacă poate admite realitatea psihică, așa cum ar recunoaște realitatea cărților de pe această masă. Când va fi ajuns la acel nivel de certitudine, va fi capabil să-l folosească drept punct de plecare. Drumul lui este foarte lung. Este un tip senzație, lumesc, un om de bursă și pentru un astfel de om este greu să considere real ce nu poate fi văzut cu ochii sau atins cu mâinile. Calea este plină de riscuri și de pericole, pentru că ar putea intra în panică și este posibil ca acolo să se afle ceva îndepărtat, o tulburare latentă în inconștientul său, precum spaima ce nu mai poate fi controlată; și aceasta ar putea duce la o schizofrenie locală, un element ancestral ce nu-și găsește locul în psihologia sa. Se întâmplă frecvent, iar travaliul devine dificil și periculos.

Visul de astăzi urmează visului în care ajunge la acea clădire.[3] La ea duce un fel de alee, iar clădirea are o valoare simbolică, la fel ca vila Omului Superior (dr. Faustus). A fost un vis mai mult sau mai puțin pozitiv, în urma căruia te poți aștepta la un hotărât pas înainte.

Vis [18]

Călătorea într-un automobil prin Polonia împreună cu o cunoștință, nu îi era prieten, un domn B., și cu un alt bărbat, pe care nu îl cunoștea. Dintr-odată descoperiră că au mers prea mult spre sud și trebuie să ajungă la drumul cel bun pe o cale indirectă, dar nu se pot întoarce direct acolo, ci trebuie să facă un ocol pe un drumeag de țară, atât de îngust și de prost, încât nici nu apare pe hărțile speciale. Dar în cele din urmă ajunseră acolo și conduseră cu viteză pe un drum drept, lat, frumos. Făcură un popas și atunci când voiră să plece mai departe motorul refuză să pornească. Găsiră un mecanic, un om scund, corpolent, care vorbea cu un accent din sudul Germaniei și care descoperi că problema era la alternator — partea rotitoare explodase. El reuși totuși să-l repare și motorul funcționă din nou.

Asociații: Domnul B. este un *bon viveur*, un om de afaceri german, cu un interes deosebit pentru arte și cu un cerc mare de prieteni din domeniul artistic. Visătorul nu îl place, nu-i stârnește simpatie.

Despre cel de-al treilea bărbat, *străinul*, nu știe absolut nimic.

Referitor la *călătoria în Polonia*, își amintește că, imediat după război, una dintre cunoștințele sale de afaceri s-a întors din Polonia și i-a spus că țigările bune erau atât de rare acolo, încât pentru câteva puteai avea o cocotă.

Nu poate spune nimic despre *prea mult spre Sud*, dar odată cu această descoperire îi vine în minte că, în calitate de *bon viveur*, nu se află pe drumul cel bun și, prin urmare, este necesar să o ia pe alt drum, care nu este nici măcar indicat pe hartă, un nou drum individual, neprevăzut. Acest drum indirect se dovedește a fi excelent și drept. Dar pare periculos să te oprești și el conchide că din această cauză s-a oprit alternatorul.

Pe *mecanicul* care se află din întâmplare acolo îl numește doctor de motoare și îl identifică cu mine. Spune că asistase la o prelegere ținută de mine și a fost surprins că vorbeam germana fără accent, întrucât sunt din Basel, unde

---

3 Visul este prezentat și discutat mai sus, p. 275–280, 289–295.

dialectul este foarte pronunțat. El spune că mecanicul cel scund este din toate punctele de vedere opusul meu și totuși, eu fiind doctor, trebuie să aibă legătură cu mine. *Alternatorul*, spune el, este inima mecanismului. Poate fi comparat cu inima organismului uman, deoarece efectuează aprinderea ritmică fără de care motorul nu funcționează. Cum interpretați acest vis?

Dr. Schmaltz: Este la fel ca visul anterior, în care el a încercat să intre direct, atât de sigur de el însuși, încât și-a trimis mobila înainte, într-un loc unde a fost lăsată în arșiță; nu i s-a permis să intre, așa că a încercat să păcălească. Acum apucă pe celălalt drum, în ciuda faptului că visul îi spune că trebuie să o ia pe drumul de țară cel mai noroios, unde dialectul este cel mai pronunțat.

Dr. Jung: V-ați plasat cu mare ușurință în atmosfera visului, așa cum trebuie mereu făcut. Acum, de ce trebuie să o ia pe drumeagul de țară prăfuit? În visul anterior se târa prin arșiță. În visul acesta se pare că nu este primit când se duce în sud, așa că o ia spre nord, merge spre Polonia. Aceasta este o mișcare ciudată printre cele patru puncte cardinale. Unde am mai întâlnit același simbolism al punctelor cardinale?

Dr. Howells: În visul în care apărea compresorul.

Dr. Jung: Așa e. Și vă amintiți desenul care îl ilustra, mandala, cercul magic. Mandala joacă un rol important în culturile estice, folosită ca ajutor psihologic pentru individuare. V-am spus că poate fi la fel de bine dansată, ca și desenată; în India nu există numai mandala statică, ca în Tibet, ci și un dans mandalic. O pacientă mi-a adus odată un desen al unei mandale, spunându-mi că este schița anumitor mișcări realizate de-a lungul unor linii în spațiu. Ea mi le-a dansat, dar cei mai mulți dintre noi suntem prea timorați și nu suficient de curajoși pentru a o face. Era o magie sau o incantație închinată iazului sacru sau flăcării din centru, scopul final, la care se ajunge nu direct, ci făcând halte în punctele cardinale, simbolizând felul în care omul încearcă să-și atingă în cele din urmă scopul. Deci acest vis corespunde mișcărilor mandalei pe care pacientul nostru a desenat-o cu câteva luni în urmă. El realizează acum mișcarea de la sud la nord; s-a dus spre Sud, apoi se întoarce și o ia spre Nord. De obicei, dansul se realizează în perechi de opuse: Nord, Sud, Vest, Est și la punctele de intersecție ale orizontului.

Sunt trei forme de mandale:

(1) Un model static, cercul magic. Aceasta stă la baza riturilor fondării orașului roman, de exemplu. Primul cerc era trasat cu un plug în jurul locurilor sacre. În centru se afla *fundus*, un fel de magazie pentru roadele câmpului. În China, acesta este numit spațiul raiurilor anterioare, casa

strămoșilor. Din punct de vedere psihic, punctul central al personalității umane este locul în care se reîncarnează străbunii.

(2) Dansul mandalic, *Mandala nritya*. Sau *circumambulatio*[4], prin intermediul mișcării.

(3) Mandala în timp, execuția ei de-a lungul vieții.

Indienii pueblo au rituri în care urmăresc timp de cinci ore deplasarea soarelui, începând cu răsăritul și terminând cu contemplarea nordului la amiază. Ei se purifică astfel și devin adevărați copii ai tatălui lor, soarele. Acesta nu este un dans, este mai degrabă o mandala în timp, simbolizând faptul că dacă o trăiești pe măsură ce o dansezi, te purifici și revii la starea inițială, ceea ce în limbajul creștin se numește a fi copilul Domnului. Devii copilul Domnului numai purtând crucea; dacă viața este trăită fără lipsa de sens nevrotică, va fi văzută ca realizarea mandalei în timp. Visătorul își prefigurează viața în visul în care apare mandala compresorului. Adesea primești indicații în vise, să o iei spre Nord, spre Sud etc., dar nu întotdeauna într-un mod atât de evident. Este un principiu în viață, nu numai în structura inconștientului. Întregul parcurs al vieții creștine este simbolizat de purtarea crucii. În cultul lui Attis, un copac viu era purtat până la peștera care reprezenta pântecele matern, exact aceeași idee ca în cultul lui Mithras, unde era purtat Taurul Sacru, povara vieții sale.[5]

Se poate spune că, după visul său cu Africa, el a venit din sud înspre nord, în Polonia, dar cu o anumită mișcare regresivă către Sud. Acum trebuie să se întoarcă și să aleagă un drum nou, care nici măcar nu apare pe hartă.

În visul său, Polonia este caracterizată prin asociația cu cocotele, care sunt atât de ieftine acolo, încât poți obține una în schimbul a câtorva țigări. În Africa el încerca să ajungă la omul superior, lucrul cel mai de preț. Eșuând, el se întoarce spre nord și apucă drumul opus, opus din toate punctele de vedere; acum ia calea carnalului, călătorește cu un *bon viveur* într-o țară în care demimondenele sunt foarte ieftine. Într-o anumită măsură, aceasta este o compensație. Dar noua tendință este subminată de la început de faptul că acel *bon viveur* nu-i stârnește simpatia, el nu îl place. Iată dezgustul pe care i l-au provocat experiențele sale lumești. Este interesant că, deși în visul în care a mers prea mult spre sud părea să caute ceva superior și legitim, acela era locul de unde trebuia să se întoarcă.

---

4 Un termen latin pe care Jung îl folosea pentru a desemna mersul în jurul unui centru, apropierea treptată de el, sub forma unei spirale.

5 Attis era fiul-amant al mamei-zeițe frigiene Cybele, iar pinul juca un rol important în cultul său; vezi O.C. 5, par. 659ff. Mithras, în cultul persan care îi era dedicat, purta Taurul către peșteră; ibid., par. 460.

El a mers prea mult spre sud, nu prea mult spre Nord — *bon viveur*-ul nu este idealul lui.

Dr. Deady: Trebuie să facă un compromis. Trebuie să descopere calea de mijloc. Care ar fi aceea, în cazul lui?

Dr. Jung: Nu este complet dezvăluită. Idealul ar fi drumul regal, drept, din centru. Acest om este un *tricheur*, el joacă un joc. Dacă se află în sud, se poate murdări puțin. Dacă se află în nord, se lasă influențat de idealism. Dacă ești în compania unui *bon viveur*, nu are rost să te pretinzi scandalizat și să faci pe idealistul.

Dr. Schmaltz: Este la fel ca visul anterior, când se cațără în copaci pentru a scăpa de drumul prăfuit, fierbinte. Trucuri ieftine! El încearcă să înlăture noroiul din sexualitate, în loc să se poarte la fel ca ceilalți oameni care merg în Polonia. El nu merge până la capăt. Visul a recurs la un mijloc ingenios de a i-o arăta.

Dr. Jung: Nu e nevoie să-i spunem individului că este un laș. El pur și simplu nu-și dă seama de faptul că pe tot parcursul drumului se păcălește pe sine. El nu este un laș, este foarte respectabil, dar își ia cu sine idealismul pentru a scăpa de dureroasa senzație că ar fi o oaie neagră. Este prea dureros să fii o oaie rătăcită. Fiecare are tendința de a căuta motive bune pentru comportamentul său, în loc de a spune: am fost un porc. Raționalizezi latura pozitivă, în loc să spui lucrurilor pe nume. Oamenii pot afirma că sunt niște mari păcătoși — am fost educați să credem că Cerul se bucură de păcătosul care se pocăiește[6], să credem că ești un tip admirabil dacă te poți căi. Este emoționant. Dar ideea e să vezi exact unde este păcăleala, deoarece este în mare măsură inconștientă și subtilă și scapă privirii.

Există păcate spirituale foarte subtile. E nevoie de o analiză minuțioasă pentru a arăta unde are loc adevăratul păcat. Un astfel de om poate fi educat în spiritul adevărului și al cinstei dacă te chinui să-i arăți toate micile portițe de scăpare. Se află într-o companie proastă, dar păstrează un aer de respectabilitate — un fel de înger care se aventurează în iad pentru a picta diavolii în alb. Este ca un bărbat care încearcă să convertească o prostituată; el ajunge în cele din urmă în mocirlă, mai rău decât acela care se duce la o prostituată cu un scop clar. Visul îi arată că trebuie să corecteze acest lucru. El trebuie să adopte o cale indirectă, care nici măcar nu se află pe hartă. Până acum, individul s-a păstrat în limitele respectabilității, protestând moderat, strecurându-se afară din situație. Dar visul prezintă *acea* atitudine drept imorală — bizară imoralitate! Drumeagul nu se află pe hartă. Este calea indirectă. Acum, care ar fi soluția?

---

6 Vezi Luca, 15:7.

Dr. Harding: O hartă este un simbol colectiv.

Dr. Jung: Da, harta este calea oficială. Nu scapi de o astfel de situație într-un mod colectiv, salvând aparențele. Calea de ieșire este cea individuală. El ar trebui să judece situația individual. El ar trebui să-și spună: ai pornit în acea călătorie, este cinstit să o abandonezi de dragul idealismului? Fie recunoști că ai greșit și faci cale întoarsă, fie mergi înainte și faci la fel ca ceilalți. Atunci, Raiul a câștigat măcar un păcătos bun. „Va fi mai multă bucurie în Ceruri pentru un singur păcătos" etc. Dar vedeți că pentru el drumul individual este marcat de teamă — o mlaștină îngrozitoare, care nu se află pe hartă. Dar, spre uimirea sa, se dovedește a fi un drum frumos, drept, pe care se poate deplasa cu repeziciune. El nu este primul om care a mers pe drumul acela. Probabil că este puțin ocolit. Un drum drept ar însemna să meargă și mai departe în nord, să aprofundeze acel tip de experiență. Ce înseamnă când inconștientul folosește drept simbol un drum atât de atrăgător? De ce este atât de frumos? De fiecare dată când visul arată ceva îmbietor, este pentru a ademeni instinctul individului, pentru a-i atrage libidoul. Frumusețea sa compensează din plin orice îndoială stârnită de faptul că e un drum individual. Ce înseamnă drumul individual?

Dna Crowley: Drumul său.

Dr. Jung: În acea situație ar însemna calea sa, singura cale pe care ar putea-o adopta. Deține însă ceva de obicei trecut cu vederea. Când privești înainte și vezi un drum care duce spre stânga, în timp ce tu te aștepți să ducă spre dreapta, fie te duci spre stânga cu inima îndoită, fie nu te duci deloc, deoarece pare să se îndrepte într-o direcție în care nu dorești să ajungi. Acum, drumul spre stânga pare să fie interminabil deoarece nu poți vedea mai departe, acolo unde drumul face la dreapta și se îndreaptă spre scop. E foarte probabil ca acest om să creadă că drumul spre nord este greșit, chiar dacă drumul poate să treacă prin Polonia, să facă o curbă și să ajungă în cele din urmă la țelul așteptat. Drumul individual merge spre direcții ce par absolut greșite. Nu-ți dai seama, când o iei spre stânga, că drumul va coti din nou spre dreapta. Șoselele noastre se țin încă după potecile inițiale. Poteca elvețiană este o curbă lungă, asemănătoare unei unde. Când am fost în Africa în safari, am descoperit că era deosebit de enervant să urmezi cărăușii cu pasul lor rapid, deoarece ideea omului alb este să meargă drept în față. Dar descoperi că drumul curbat al safariului este de fapt mult mai puțin obositor; ei fac în jur de șase kilometri pe oră, legănându-se cu foarte mare ușurință de-a lungul curbelor.

Calea individuală este un ciudat drum șerpuit și aceasta este calea visului. Dacă ai putea pur și simplu să lași lucrurile să meargă de la sine, ai observa că eroarea s-ar sfârși, iar ce e drept ar triumfa. Omul acesta nu are încredere în omul primitiv din el însuși, este dificil să te încrezi în legea inconștientă. El încearcă întotdeauna să intervină cu raționalismul său. Ar trebui să parcurgă întreaga curbă și atunci nu-și va pierde coeziunea, deoarece se află în mâinile naturii și atunci când mult timp a spus „da", va spune de la sine „nu". Raționalismul său îl păcălește foarte urât. De fapt, calea șerpuită individuală este cel mai drept drum pe care poate merge.

Aceasta e simbolizată de drumul șerpuit al soarelui prin Zodiac, iar șarpele zodiacal este Hristos, care a spus: „Eu sunt calea".[7] El este șarpele, așa că în biserica creștină timpurie el este soarele, iar semnele Zodiacului, apostolii, sunt cele douăsprezece luni ale anului.

7 Ioan, 14:6.

Prelegerea a II-a.
16 octombrie 1929

Dr. Jung:

Vom continua visul nostru de săptămâna trecută. Sunt întrebări? Dacă prea mulți oameni se tem să pună întrebări, atmosfera devine statică. Dacă vă implicați cu toții, cooperarea dumneavoastră creează o comunitate de simțire, iar acest *esprit de corps* este deosebit de important. O atmosferă inhibată este nefavorabilă.

Am discutat ultima dată, vă amintiți, despre șoseaua dreaptă pe care mișcarea era lesnicioasă. Când inconștientul produce un astfel de simbol favorabil, precum această șosea frumoasă, visătorul este impresionat de ea într-un mod plăcut, libidoul său este atras, inconștientul îi ușurează calea. Dar într-un astfel de caz trebuie să fii prudent; dacă te uiți la contraponderea conștientă a acestui simbol, poți descoperi că nu e nimic agreabil. Poate fi ceva de care se teme, ceva ce nu îi place. El este un tip convențional, se teme de lipsa convențiilor, iar această șosea superbă poate semnifica exact ce nu îi place în realitate. Când apare un astfel de simbol, când ceva este înfățișat într-un mod atât de plăcut, pictat în culori atât de frumoase, înseamnă că inconștientul încearcă să-l facă acceptabil. Dar, atenție! — aici trebuie să fim cu băgare de seamă. Nu te poți încrede absolut în inconștient, poți spune doar că asta este ceea ce ar alege inconștientul în mod natural. Când prezintă o situație, nu înseamnă că este neapărat bună sau recomandabilă, arată doar că lucrurile sunt așa cum sunt — informații importante în ceea ce privește înclinațiile propriei naturi.

De exemplu, vă voi spune visul unui om al cărui comportament în afaceri avea o calitate îndoielnică. Făcea niște tranzacții ilegale, chiar evident frauduloase. Din următorul vis am înțeles care era natura sa reală. Mergea pe stradă, o stradă obișnuită din orașul său natal, când observă pe trotuarul de vizavi o bătrână foarte demnă și rafinată care-i făcea cu mâna. El nu o cunoștea, dar trecu strada iar ea, într-o manieră prietenoasă și apropiată, îl invită s-o însoțească și îl conduse la poarta a ceea ce se pare că era o grădină mare. Doamna se opri acolo și, spre marea lui uimire, văzu că era o grădină tropicală, plină de copaci și foarte frumoasă. Ea îl invită să intre, dar nu se știe din ce motiv, el fu cuprins de frică și încercă să se retragă; avea un sentiment ciudat. În cele din urmă nu mai putu rezista, se lăsă convins și intră. A fost un coșmar, deși nu era clar de ce.

El o asocia pe bătrână cu bunica sa, pe care o iubea foarte mult, așa că de ce un coșmar? Desigur, grădina este o grădină de vis (el locuiește în nord), o grădină a Paradisului, grădina dorinței, iluzoriului, ce-l trimite spre o lume fantastică unde este invitat de inconștientul său. Dar de ce bunica (mama-*mare*), de ce nu mama? Acest vis este modelat pe ideea primitivă că, atunci când un tată moare și ajunge pe tărâmul fantomelor, el este o fantomă obișnuită; dar când fiul său are un fiu și el devine bunicul, el nu mai este o fantomă obișnuită, ci un fel de duce în țara fantomelor, el este bunicul fantomă, iar fiul sacrifică un taur pentru el. Deci, mama-mare se referă la „marele" inconștient, în timp ce mama se referă la „micul" inconștient. Este ca un ocean față de un golfuleț sau ca un vast continent față de o peninsulă. Individul fusese atras în inconștientul colectiv, tărâmul viselor. La scurt timp după acest vis, el comise o greșeală teribilă care îl trimise la închisoare. Deci, dacă i s-ar fi spus că visul era pozitiv datorită aparenței sale plăcute, ar fi însemnat să fie încurajat să meargă spre propriul dezastru. Un astfel de vis poate fi teribil de înșelător. Mai curând ar trebui să spui: deoarece acesta este un loc imposibil, o grădină tropicală într-un loc non-tropical, nu ar trebui să existe în realitate; nu ar trebui să trăiești într-o lume de vis care nu poate fi realizată; este o lume psihică, o insulă fericită, dar este lumea *interioară*. Abia atunci el va primi semnificația corectă.

Deci, în acest caz, șoseaua este ușoară și agreabilă, dar trebuie să ne uităm la prima parte a visului pentru a decide dacă semnificația este pozitivă sau negativă. Probabil că este discutabil. Haideți să vedem ce se petrece pe șosea. Ei se opresc și, când doresc să plece mai departe, motorul nu funcționează, așa că va chema un mecanic, iar acesta descoperă că magnetul a explodat. Te gândești că ar fi fost mai bine să nu se oprească. Este foarte ciudat când nu funcționează magnetul — să ajungi într-un punct mort după ce ai călătorit pe acel drum. Se pare că spune, deci: de ce nu ții drumul drept, deoarece dacă te oprești nu vei mai putea porni din nou? Vă amintiți că a asociat alternatorul cu inima unui motor. Ce înseamnă asta?

Răspuns: Inima este simțirea, simțirea explodează.

Dr. Jung: Dar este corect să traducem inima prin simțire? Înțelegeți, termenul este mai mult sau mai puțin figurat, inima este lucrul central și esențial. El nu menționează simțirea. Se vorbește de inima unui lucru, chiar de inima unui oraș, locul central, dar nu este vorba de emoție.

Dna Fierz: Poate fi Eul.

Dr. Jung: Imaginați-vă situația. Vedeți, el merge cu adevărat pe drumul cel bun. Pentru o clipă nu mai continuă să meargă pe drumul cel bun, drumul individual, iar în acel moment inima explodează. Este o metaforă. Inima poate ceda, în germană spunem că se face fărâme ceea ce, în mod natural, este un fapt emoțional. Dar dacă luați inima ca pe lucrul central, acela nu este Eul.

Dr. Deady: Inima înseamnă și curaj. El asociază magnetul cu un principiu ritmic, care integrează toate părțile motorului.

Dna Fierz: Este individualitatea sa.

Dr. Jung: Exact. În termeni psihologici este individualitatea sa, monada sa individuală, din care își trag originea toate funcțiile reglatoare ale vieții. Monada individuală este întotdeauna conținută în funcțiile individuale, prin urmare, „inimă" înseamnă și simțire. Și aici explodează individualitatea, ducând la disociere. Vedeți, părțile componente ale personalității se pot disocia una de alta; cutare persoană din mine se poate separa de mine. Cineva cu o personalitate artistică, de pildă, care nu își găsește locul în viața de zi cu zi, trebuie să se adapteze cât mai bine cu putință, temperamentul artistic este doar o povară; se separă o parte componentă care este în sine o persoană, iar aceasta își formează propriul drum și formează o a doua personalitate, care este mai mult sau mai puțin independentă de guvernarea centrală. Deci alternatorul, principiul guvernor central, poate fi divizat într-un număr oarecare de factori, care corespund mai mult sau mai puțin unităților mendeliene.[1] Diversele caracteristici fizice ale individului sunt moștenite de la mai mulți strămoși diferiți, probabil de la strămoși care au trăit cu două sau trei sute de ani în urmă; anumite trăsături pot dispărea și apoi reapărea în familii. Faimoasa buză a familiei Habsburg este o astfel de trăsătură. Și la fel este și cu structura psihică. În ramura spaniolă a habsburgilor au existat multe cazuri de nebunie care au dispărut complet, apoi au reapărut două sute de ani mai târziu. Deci un individ este o combinație ciudată de unități psihice, trăsături ancestrale mai mult sau mai puțin potrivite unele cu altele. De regulă, îți începi viața împrăștiat astfel și, treptat, de-a lungul vieții, pui cap la cap aceste părți. Oamenii vin la mine cu cele mai mari iluzii în ceea ce-i privește și numai cu timpul devin conștienți de multiplele lor fațete, care sunt tot atât de importante, dar care sunt proiectate. Este ca și cum aceste componente ale personalității lor ar fi explodat și ar putea fi recunoscute numai prin proiecții: ce văd ei în acea persoană este o parte din ei înșiși. Este relativ intangibilă, dar pe parcursul analizei aceste diferite părți se reasamblează, obiectul analizei fiind unirea lor într-un centru funcțional.

---

[1] Se referă la sistemul eredității propus de călugărul augustin Gregor Johann Mendel (1822–1884) în 1865, dar recunoscut abia în 1900 (anul în care Jung şi-a finalizat studiile universitare).

Aici am putea spune că inima, punctul central, este imediat disociată atunci când omul încetează să-și mai urmeze calea individuală. Atâta timp cât mergi pe calea individuală, funcționezi ca un individ, dar dacă te oprești, te disociezi din nou, deoarece funcționezi numai ca o parte din tine însuți — cazi imediat înapoi pe drumul colectiv. Aceasta este o regresie. Se explică astfel de ce explodează alternatorul atunci când motorul se oprește; pare complet irațional, dar din punct de vedere psihic este real. Perechile de opuse se despart. Imediat ce oamenii ajung la un punct mort, ceea ce i-a dus până acolo se dezintegrează. Datorită opririi, se poate vedea limpede că sunt alcătuiți din părți incompatibile. Adesea, oprirea apare deoarece părțile nu mai pot sta împreună dar, în acest vis, e posibil ca alternatorul să fi explodat deoarece nu mai funcționa. Așa se întâmplă în schizofrenie, care apare astfel: o persoană a învățat un anumit mod de funcționare și apoi dă peste ceva pentru care nu este pregătită, deși pentru o altă persoană poate fi foarte ușor. De exemplu, poate fi nevoită să efectueze serviciul militar sau să cumpere o casă. Nimeni nu ar înnebuni în mod obișnuit din cauza aceasta, dar ea da, deoarece situația solicită ceva care-i depășește nivelul de funcționare. Persoana se fragmentează, se disociază imediat în părți componente care devin oameni separați și încep să vorbească, apoi aude voci și are halucinații.

Această situație din vis necesită ajutor, așa că este chemat un expert, un mecanic, un om scund, corpolent, care vorbește în dialectul germanilor din sud. Visătorul mă asigură că expertul sunt chiar eu, cel care trebuie să repare alternatorul, dar trăsăturile sale nu mi se potrivesc, iar el a fost uimit că inconștientul mi-a dat o astfel de formă. Și aici avem ceva important pentru interpretarea viselor. Freud nu ar ezita să spună că acesta este cu siguranță doctorul, deghizat de cenzor. Dar el *nu* este deghizat. De ce s-ar obosi inconștientul să inventeze o deghizare care nu funcționează? Freud ar înțelege că a fost o încercare, o cale indirectă, cu scopul de a mă ascunde pe mine. Dar de ce ar dori inconștientul să ascundă? Nu avem absolut nicio dovadă că visul încearcă să l deghizeze pe doctor. Mai degrabă inconștientul insistă să creeze un mecanic care nu are nicio legătură cu doctorul. Este un tip obișnuit din sudul Germaniei, un om pe care-l poți găsi într-un service auto și care ar spune: „Nemții știu mult mai multe decât elvețienii!“ Concluzia evidentă este că inconștientul încearcă să arate că nu există nicio legătură între omul care repară alternatorul și dr. Jung, chiar dacă pacientul este convins în conștientul său că eu sunt acela care-l poate vindeca.

Dr. Deady: Ar trebui s-o facă chiar el însuși.

Dr. Jung: Desigur. Omul acela din vis nu are niciun corespondent în lumea exterioară, este un factor din el însuși. Una din facultățile sale, mintea sa, de exemplu, l-ar putea ajuta să repare această mașină, dar el nu vrea să înțeleagă lucrurile așa. El se ascunde întotdeauna în spatele ignoranței sale, spune că e om de afaceri, nu un om învățat, ca dr. Jung. De mult timp se adăpostește în spatele meu. Bineînțeles, s-ar întâmpla multe lucruri care nu i s-ar întâmpla unui om ca dr. Jung: se complace în atitudinea aceasta, lasă să se întâmple lucruri pentru care nu își asumă nicio responsabilitate. Își poate permite atât de multe mici plăceri în această penumbră de ignoranță! Dacă ar recunoaște că știe, ar trebui să-și asume responsabilitatea, să facă eforturi personale pentru a ieși dintr-o situație incomodă. Această parte a visului îi întărește încrederea în sine, siguranța că are în el însuși pe omul care-l poate repara.

Dr. Harding: Este un aspect neglijat, al treilea bărbat.

Dr. Jung: Da, un al treilea pe care nu și-l amintește, deci trebuie să conchidem că și acela este o figură întunecată.

Dr. Deady: Ar fi umbra lui, cealaltă latură a visătorului.

Dr. Jung: Nu putem fi prea siguri de asta.

Dr. Harding: Pe drum se află omul însuși, Eul; *bon viveur*-ul (probabil o imagine a umbrei); nr. 3; și cu mecanicul patru, individul complet.

Dr. Jung: Cum ați traduce aceasta?

Dr. Deady: Cele patru funcții.

Dr. Jung: Da, să presupunem că sunt cele patru funcții. Am avea un indiciu în felul acesta. Unii dintre dumneavoastră își amintesc de vise în care numerele 3 și 4 joacă un rol. Este o situație aproape arhetipală. Este un exemplu în a doua parte a lui *Faust*, un pasaj foarte ciudat în care apar cabirii, aducând din adâncurile mării un simbol aparte, „o figură primară“.[2] Goethe nu spune ce este. Pasajul sună astfel: „Sunt trei, unde a rămas al patrulea?“ Cabirii sunt identici cu noțiunea hindusă de forțe creatoare ale inconștientului, *samsara*. Iar aceștia ar fi al treilea și al patrulea.

În psihologia conștientă, știm că putem vorbi despre cele patru funcții, modalități în care ne adaptăm unei anumite situații, și știm din experiență că oamenii, de regulă, au o funcție care este cu adevărat diferențiată și că au anumite predispoziții către o funcție auxiliară. De exemplu, luați un tip gândire-senzație. Un astfel de om știe ce aude și ce vede. (Nu oricine știe asta!) Apoi, pe lângă aceste funcții, există întotdeauna conștiința unei a treia, care ar putea servi funcției superioare; în acest caz, ar fi intuiția. Dar ce nu apare printre funcțiile conștiente, sau apare

---

[2] Vezi *Psihologie și alchimie*, O.C. 12, par. 203, unde traducerea literală ar fi fost „o formă severă“.

numai ocazional ca fenomene incontrolabile, este în acest caz *simțirea*. Este ultima, lucrul pe care nu te poți baza, punctul dureros, punctul sensibil al unui astfel de om, în care își primește loviturile și unde este rănit. Aceasta, deoarece gândirea și simțirea se exclud reciproc datorită naturii lor contrare. Când gândești este mai bine să nu simți și invers, pentru ca cele două să nu se încurce una pe cealaltă.

Aici îi avem pe cei trei și pe al patrulea, care lipsește. Este foarte posibil ca cele patru funcții să fie reprezentate de patru oameni, precum cei patru fii ai lui Horus, numai unul dintre ei având un cap uman, ceilalți trei fiind în întregime animale, indicând faptul că în vremurile vechilor egipteni numai o singură funcție era conștientă și trei lipseau. Conform filosofiei noastre, intelectul este acela cu cap de om. În scrierile noastre filosofice, numai gândirea a fost permisă. Bergson[3] acceptă totuși intuiția și există, de asemenea, o filosofie construită pe baza faptelor observate, care permite senzația. Pe parcursul evoluției civilizației, periferia conștiinței s-a lărgit și a cuprins treptat mai multe funcții. Goethe, fiind un om modern, era deja conștient de trei și întreba unde este cea de-a patra. În creștinism există Trinitatea, cei trei în paradis, iar cel care lipsește este diavolul din iad. Apariția acestuia este deosebit de supărătoare. Toate aceste fapte psihologice se exprimă prin dogmă. Biserica spune: sunt trei și unde este al patrulea? Dar vă rog, nu vă apropiați de el!

Prin urmare, în vise este o problemă să știi ce să faci cu nr. 4. Dar aici nr. 4 este foarte util. Când ajungi la un punct mort cu cei trei și este important să știi ce urmează să se întâmple, intuiția este foarte necesară. Gândirea îți spune ce înseamnă lucrurile, simțirea îți spune care e valoarea lor, senzația îți spune ce sunt ele cu adevărat, iar intuiția îți spune posibilitățile unei situații. Deci poți merge mai departe pe pământ ferm. Aici omul său inferior, pe care în mod normal l-ar privi de sus, intră în scenă ca un personaj deosebit de util. Desigur, nu putem spune pur și simplu că acest mecanic este diavolul și nu știu cum s-ar simți visătorul dacă eu aș spune că pentru a l accepta pe acest omuleț trebuie să renunțe la anumite prejudecăți. S-ar putea să i se pară destul de imoral. Dacă ar coborî la un asemenea nivel, i-ar fi rănită mândria, așa că este împiedicat să-și asimileze funcția inferioară. El navighează prin ceruri cu cei trei, iar nr. 4. se află în pântecele încins al pământului.

Acum avem materialul necesar pentru a interpreta acest vis ca pe un întreg și pentru a-l plasa în seria de vise. Povestea sa, așa cum aceia dintre dumneavoastră

---

3 Henri Bergson (1859–1941), filosof francez, laureat al Premiului Nobel în 1927. Jung îl cita frecvent, referindu-se mai ales la conceptele sale de „durée créatrice"și „élan vital".

care au participat la seminarul anterior știu, este procesul individuării. Acesta face întotdeauna, desigur, obiectul analizei. Scopul este același, dar calea este mult diferită. Este unul din visele *de pe calea sa* care-i arată aspectul lipsă sau eronat. Visul anterior i-a arătat că nu era pregătit pentru scopul său. El îl vedea și dorea să ajungă la el, dar nu a reușit; a folosit căi și mijloace prea ieftine. Așa că a trebuit să se întoarcă. A fost în Africa, în soarele fierbinte al Sudului; acum merge spre Nord. Așa cum am spus, aceste direcții au legătură cu mandala. Cele patru funcții sunt adesea asociate cu cele patru puncte cardinale ale orizontului sau pot fi indicate prin culori speciale. Senzația este adesea identificată cu Sudul, iar intuiția cu Nordul. Sau funcțiile pot fi personificate de oameni, ca într-o piesă de teatru. În cazul visătorului nostru, avem indicații că asociază Sudul cu ceva spiritual — în orice caz, este plin de simboluri spirituale pentru el — iar Nordul cu senzualitatea, cu *bon viveur*-ul, cu cocotele ieftine. Nu este un lucru obișnuit, este mai degrabă opusul, dar individul nu este născut în Europa, ci în Africa, fapt ce ar putea explica situația.

Acest vis începe în nord, cu figura *bon viveur*-ului, care indică senzualitatea. Visătorul a făcut greșeala de a înainta prea mult spre Sud. El are doi tovarăși de drum — în total sunt trei — personificări ale elementelor individualității, care pot fi reprezentate în chip de oameni sau de patru puncte cardinale sau patru demoni sau patru zei etc. Funcțiile sunt luate adesea drept tipuri caracteriale mai degrabă decât drept funcții ale conștiinței, întrucât sunt mai mult sau mai puțin identice cu factorii caracteriologici. Dacă ești un tip gândire, tot ce este respectabil în tine este legat de aceasta; folosindu-ți gândirea, ești un tip respectabil. Prin simțirea ta, arăți un alt caracter. Întrucât problema actuală a visătorului este una morală, e subliniat acest caracter, iar cele patru funcții sunt prezentate drept persoane. Deci aici personajul îndoielnic, *bon viveur*-ul, este el însuși, deoarece el nu îl deosebește de el însuși decât printr-un slab protest că individul nu ar fi chiar atât de rău. În măsura în care *bon viveur*-ul ar fi opusul omului său superior, atunci ar fi omul simțitor, dar nu știm dacă el este așa în funcția sa simțire.

A treia figură este necunoscută, dar este, cu necesitate, fie intuiția, fie senzația. Ar putea fi senzația, dar nu aș merge prea departe cu o asemenea interpretare. Din punct de vedere teoretic, visătorul este un tip gândire, cu senzația ca funcție secundară, un om al realității. Într-o anumită măsură, are și intuiție. Evident, punctul său orb este simțirea; acolo este el paralizat, stângaci, lipsit de încredere în sine, invidiază pe oricine are o anumită siguranță în simțirea sa, deci conchidem în mod evident că aceea este funcția sa inferioară, nr. 4, în cazul de față mecanicul. Este doar o presupunere, o ipoteză de lucru. Nimeni nu s-ar aștepta la simțire sub înfățișarea unui mecanic, dar el ar putea aduce în final laolaltă toate componentele, deoarece întotdeauna funcția inferioară este aceea care pune punctul pe i, care aduce întregirea, deoarece niciun om nu este complet fără umbra lui. Dacă nu-i cunoști funcția inferioară, nu știi nimic despre un om. Deci este foarte posibil ca nr. 4, reprezentată ca un mecanic care asamblează totul, să fie simțirea, care i-ar da valorile corecte. Visătorul are întotdeauna probleme din cauza faptului că nu înțelege valorile corecte. Sentimentele sale îl înșală. Crede mereu că oamenii sunt foarte drăguți și apoi descoperă că sunt înfiorător de agasanți. Cât despre traiul pe picior mare în Polonia, în mintea sa el știe că sunt numai vorbe goale, dar simțirea sa îi dă niște valori eronate cu privire la aceasta. Dacă s-ar fi putut baza pe ele, dacă nu i-ar fi jucat astfel de feste, nu ar fi fost nimic în neregulă cu acel om. Ar fi fost elementul care l-ar fi făcut complet, sigur, adaptat și acolo el eșuează. Dar adesea cea mai mare slăbiciune a noastră este ultima noastră șansă de mântuire. Dacă nr. 4. repară inima, esența sa cea mai intimă, poate porni mai departe. Haideți să vedem cum pleacă mai departe. Cum vedeți visul următor? Ar trebui să vă fi obișnuit cu această curgere continuă, așa că ați putea aproape să ghiciți următorul pas.

Dl Henderson: Se duce spre sud.

Dr. Harding: S-ar putea întoarce la puii de găină, pentru a-i pune în cazan.

Vis [20]

Se afla într-o colibă în Africa, undeva în partea de sus a Egiptului. Într-un colț dădu peste un crocodil și încercă să-l gonească, uimit să găsească un asemenea animal, și cumva el dispăru. Apoi, fiul său mezin îi aduse un ceainic în care se aflau tot felul de vechituri ciudate. Luă o mână întreagă de coase miniaturale, făcute nu din oțel, ci din foiță de fier — imitații, neadevărate. Sub ele, în ceainic, găsi mânere ale unor săbii vechi, făurite din metal și din alt material, unele chiar din sticlă, dar lamele erau toate rupte. Sub ele era o statuie a lui Hristos, făcută din foiță de fier, cu o sabie la fel de lungă ca și personajul, iar el observă că poate fi luată cu ușurință de pe statuie. El dori să-și însușească ceainicul cu tot conținutul lui, dar apăru dintr-odată un indigen care îi spuse că toate acele coase se folosesc într-un fel de ceremonial, fiind stivuite pe peretele colibei între lămpi miniaturale. Apoi, își dădu seama că nu este nicidecum o colibă obișnuită, ci un fel de moschee, iar coasele sunt semiluni și realiză, de asemenea, că mânerele săbiilor sunt simboluri copte ale crucii.

Deci, domnul Henderson a avut dreptate când a spus că se va duce spre sud. Este corectă și sugestia dr. Harding referitoare la visul cu puii de găină, îndeaproape legat de vasul alchimic, deoarece puii au fost fierți în el pentru a uni elementele. Procesul nu a reușit, puii fugind pe la roata din spate. În acest caz ne întâlnim din nou cu vasul și cred că presupoziția dumneavoastră este corectă, deoarece toate aceste rămășițe antice bizare aruncate împreună într-un ceainic sugerează materii prime ce urmează să fie gătite, topite împreună.

Asociații: Partea de sus a Egiptului (care, desigur, înseamnă partea mai sudică) este pentru el un simbol al propriei sale regiuni superioare, partea sa cea mai spirituală, omul superior.

Despre *crocodil*, el spune că e o rămășiță din vremurile preistorice. Visul însuși subliniază faptul că este o creatură preistorică, un saurian. Trebuie să aibă legătură cu instinctele profund animalice și nu ar trebui să se afle într-o colibă din regiunile superioare, ar trebui alungat.

Despre *fiul său mezin* spune că adesea l-a visat și l-a luat drept un simbol al reîntineririi, speranța sa pentru viitor. El este cel care a găsit ceainicul.

În ceea ce privește *conținutul ceainicului*, coasele reprezintă pentru el recoltele, producția; iar săbiile simbolizează distrugerea. Semiluna ar fi productivă, în timp ce crucea, sabia, ar fi distructivă. În ultimii ani s-a gândit adesea la intoleranța extremă a Bisericii Catolice care a înlăturat, chiar a distrus, pe oricine avea opinii diferite. Dar conștient nu a considerat niciodată Islamul ca fiind foarte productiv. Din contră, datorită dogmei Kismetului, supremația fatalității, credea că Islamul era fier vechi, ceva demn de aruncat. În vis avea sentimentul că atribuie o valoare arheologică acestor conținuturi. *Lămpile din colibă* le asociază cu acelea pe care le vedeți în moscheile din țările islamice la sărbătoarea Ramadanului și în timpul altor ceremonii nocturne. Este uimit că *această casă este o moschee*, o casă a Domnului, cu diverse simboluri religioase care par a avea mai mult o valoare arheologică decât aceea a unor simple obiecte de cult. Arătau ca și cum nu ar mai fi folosite, aruncate împreună într-un recipient, indiferent de originea lor; în mod normal nu găsești împreună crucea și semiluna, ele se exclud reciproc, dar aici ele nu constituie un pericol una pentru alta, prin incongruența lor.

Prelegerea a III-a. 23 octombrie 1929

Dr. Jung:
Avem de răspuns la două întrebări. Prima este aceea dacă mecanicul reprezintă funcția intuiției sau a simțirii. Uneori are importanță să știi ce funcție reprezintă o anumită figură, dar în visul acesta nu este cazul, deoarece visul nu este interesat de specificarea funcțiilor. Este preocupat mai mult de problema morală. Conține importanta problemă a alegerii între calea cărnii și calea spiritului; îi este mai mult sau mai puțin indiferent ce funcție intră în joc. În cazul acesta, mecanicul este nr. 4 și, în ciuda faptului că numerele nu sunt evidențiate, poți argumenta astfel, deși pare puțin arbitrar și forțat: Acest om este un tip gândire, simțirea fiind funcția sa cea mai puțin diferențiată, iar senzația și intuiția, funcții auxiliare. Când nr. 4 se dovedește a fi un fel de *deus ex machina*, putem fi siguri că această funcție a apărut din inconștient. Apare brusc, spontan, aparent de nicăieri. Este autonomă, vine și pleacă după bunul plac. Aceasta este una dintre caracteristicile funcției inferioare. Conștientul nu poate face nimic aici. Deci, mecanicul ar fi funcția simțire. Considerați că mai avem vreun indiciu care să ne explice de ce ar trebui să fie așa?

Dr. Harding: El repară inima.

Dr. Jung: Da, el este medicul inimii, deoarece repară alternatorul. Simțirea este în mod tipic reprezentată de inimă. Este cel mai probabil, de asemenea, ca funcția inferioară să fie prima care cedează. Nu poate menține concentrația necesară, devoțiunea și curajul pe drumul său individual. Este ca și cum inima sa l-ar abandona.

A doua întrebare este: de ce anumiți oameni nu se confruntă niciodată cu necesitatea de a-și cultiva funcția simțire? Mă gândesc la un bărbat trecut de șaizeci de ani, un tip de gândire extravertă, a cărui formulă a rămas neschimbată.

Trebuie să fie un om rău, foarte rău! Putem doar afirma că este așa; unii oameni pot bâjbâi prin viață într-un mod cât se poate de uimitor și nimic nu se întâmplă. Dar ceva se întâmplă undeva, în familia lor probabil; copiii lor sunt aceia care suferă și sunt nevoiți să suporte pagubele, fără îndoială. În aceeași idee, o viață umană nu este nimic în sine; este o parte a unui arbore familial. Noi trăim continuu viața ancestrală, întorcându-ne înapoi secole întregi, satisfacem apetiturile unor strămoși necunoscuți, hrănind instincte pe care le considerăm ale noastre, dar care sunt de-a dreptul incompatibile cu caracterul nostru; noi nu ne trăim propriile vieți, ci plătim datoriile strămoșilor noștri. Aceasta este dogma păcatului moștenit. Așa că omului îi poate fi permis să meargă bâjbâind până împlinește o sută de ani. Dar dacă-i studiezi istoria familiei, vei înțelege. Cunoaștem prea puține despre strămoșii noștri. Uneori viața noastră înclină puternic într-o parte, iar aceasta este o compensație pentru strămoșii care au trăit cu o sută de ani sau mai bine înainte, deși avem impresia că ei nu au nimic de-a face cu viața noastră.

Aceasta corespunde credinței primitive în fantome; orice s-ar întâmpla, primitivii spun că se datorează unui spirit ancestral. Am văzut un astfel de caz când am fost în Africa. O tânără femeie care mergea spre un puț de lângă tabăra noastră s-a prăbușit din cauza unui avort septic și a fost dusă acasă cu febră mare. Nu mi-au spus nici mie, nici vraciului lor, nici vreunui localnic, ci au chemat un străin, un vraci dintr-un alt sat. Specialistul se află întotdeauna peste graniță. El a încercat să adulmece fantoma, comportându-se ca un câine când simte mirosul a ceva. A făcut spirale în jurul colibei — apropiindu-se din ce în ce mai mult — până când s-a oprit brusc și a spus: Aici! Era spiritul bunicului ei, cu care locuise de mică, pentru că părinții ei muriseră de timpuriu. El a spus în limba fantomelor că era plictisit și singur în țara fantomelor și că o voia cu el, așa că noaptea a venit pe potecă să ia femeia și i-a indus boala. Doctorul a prescris construirea unei case a fantomelor, așa că au construit una foarte frumoasă din piatră, față în față cu colibele lor din ramuri de copaci, unde au pus un pat, mâncare și apă. Uneori, ei pun acolo și o miniatură din lut a persoanei bolnave, dar de data aceasta nu au pus. Și în noaptea următoare fantoma s-a uitat înăuntru, i-a plăcut și a dormit acolo până târziu. „A răsărit soarele! — trebuie să plec“, a spus ea, și s-a grăbit spre țara fantomelor, lăsând femeia în pace. Febra femeii scăzuse, iar în trei zile și-a revenit complet. Ciudate lucruri se petrec în Africa!

Nu intenționez să vă spun povești de adormit copiii despre Africa, dar este interesant din punct de vedere psihologic faptul că ei pun totul pe seama acțiunii fantomelor, recunoscând într-un mod cât se poate de logic că suntem extrem de influențați de faptele ancestrale. Pentru acei primitivi, toți copiii sunt reîncarnări ale strămoșilor și primesc nume străvechi. Și nu trebuie împiedicați prin ceva sau disciplinați; nu trebuie să fii dur cu copiii, de teamă că îți poți jigni strămoșii, așa că până la pubertate, când sunt renăscuți și devin umani, sunt o adevărată pacoste. Pe parcursul inițierii, dau de naiba — primesc toată educația dintr-o singură înghițitură! Poate fi atât de dură, încât sunt complet zdrobiți de ea. Dar înainte de aceasta sunt lăsați în pace, deoarece fantomele s-ar simți jignite și copiii s-ar îmbolnăvi și atunci satul ar fi bântuit. Deci bărbatul acela compensează probabil pentru viețile părinților săi. Oamenii fac lucruri îngrozitoare, dar dacă mergi înapoi pe firul istoriei familiei, înțelegi.

Acum, înainte de a merge mai departe cu visul, vreau să vă dau ceva de lucru. Aș vrea să studiați puțin simbologia. Este o ocazie excelentă, deoarece în acest ultim vis apar simboluri foarte tipice: cruci și semiluni, reprezentând rămășițe creștinești islamice. Acestea indică în mod evident spre cele două atitudini ale minții. Faptul că pacientul are un astfel de vis este foarte important pentru el personal, dar simbolurile în sine au o mare importanță colectivă. Prin urmare, este o bună ocazie de a încerca să întreprindem o comparație a simbolurilor. Aș vrea să formați două grupuri, unul care să analizeze crucea și altul semiluna, și apoi să faceți un raport. Simbolismul crucii a fost descris de un călugăr benidictin în trei volume[1], așa că aveți o grămadă de material! Puteți, de asemenea, să vă referiți la crucile precreștine, primitive și preistorice și la istoria formelor de cruci timpurii și târzii, până la ornamentele primitive. De asemenea, crucea ca parte a mandalei. Trebuie să fie cineva care înțelege latina și greaca și altcineva cu o gândire științifică, pentru a pune laolaltă rezultatele cercetărilor dumneavoastră. Vă amintiți că vechiul steag turcesc înfățișa o semilună și o stea. Și pe câteva morminte punice[2], descoperite sub rămășițele romane, și datând din secolele al șaptelea și al optulea dinainte de Hristos, au fost găsite aceleași simboluri. Aceasta ne amintește de orașul elvețian Berna, pe al cărui blazon cantonal este înfățișat un urs și unde există încă o groapă unde sunt ținuți urșii — animalul lor totemic; faptul era explicat naiv, pe bază etimologică, urs (bear) pentru Berna, dar când a fost excavată vechea așezare romană din apropiere s-a găsit un templu cu o figură perfect conservată a unei zeițe celtice înconjurate de urși. Deci semiluna și steaua au de-a face, de asemenea, cu Iștar, Astarte, Magna Mater, mama zeiță din Asia Minor și egipteanca Isis, dar și cu Islamul. Apoi, are legătură cu un cult astrologic preislamic sabaean[3], care duce la istoria babiloniană. Dacă vrei să ai siguranță în tehnica interpretării viselor, ai nevoie de acest tip de cunoștințe. De asemenea, îți oferă o imagine dintre cele

[1] Poate fi vorba de lucrarea unui învățat iezuit german, Jacobus Gretser (1560–1625), *De cruce Christi* (Ingolstadt, 1605, 3 vol.), sau de aceea a unui învățat flamand, Justus Lipsius (1547–1606), *De cruce Libri tres* (Antwerp, 1594). Lipsius a oscilat între catolicism și calvinism și a făcut pentru scurt timp parte dintre iezuiți.

[2] Pe locul Cartaginei, lângă Tunisul modern.

[3] *Sems*: „Sabinian". Jung s-a referit la legăturile alchimice și astrologice ale Sabaenilor în – printre altele – *Aion* (1951), O.C. 9/2, par. 128, 129n, 190, 307n. Saba, sau Sheba, era în sudul Arabiei.

mai prețioase despre universalitatea minții umane, măruntele noastre minți fiind reproduceri ale tiparelor arhetipale.

Revenind, visătorul nostru spune că se află din nou în sud, în Egipt. În visul anterior, era în nord. Funcția sa simțire a cedat, mecanicul a refăcut-o, iar el și-a continuat liniștit călătoria spre sud.

Dna Sigg: Pare a fi obligat să meargă în Sud, în locul unde s-a născut.

Dr. Jung: Da, a merge în Africa are pentru el o conotație spirituală, în timp ce nordul este senzual și este interesant de observat cum stau lucrurile pentru o persoană născută acolo; locul său de origine este spiritual. În China, sudul este de asemenea spiritual, uscat, fierbinte și radios, Yang; în timp ce nordul, Yin, este feminin, material și întunecat. Ideea mistică chineză s-a născut cu adevărat în sudul Chinei. Convingerea subiacentă că omul este, de fapt, o creatură spirituală, este mai degrabă reprezentativă pentru anumite învățături dogmatice, așa cum e ideea creștină „Casa noastră este în Ceruri" și tot restul. De ce locul în care s-a născut are o conotație spirituală pentru acest om?

Dna Fierz: Deoarece, în cazul lui, nu este vorba de nașterea reală, din carne și oase, ci de renaștere, un simbol al omului nou.

Dr. Harding: Este o creatură spirituală și materială în același timp.

Dr. Jung: Da. Și acum de ce se află într-o colibă? El nu are asociații. Este unul dintre acele aspecte banale din vis, dar care sunt foarte importante.

Dna Fierz: Hristos s-a născut într-o colibă.

Sugestie: Interiorul casei mamei.

Dr. Jung: Da, interiorul pântecelui, un loc al renașterii. Coliba este simbolul unui loc extrem de simplu. În acea țară, astfel de colibe sunt pătrate, cele mai modeste vizuine pe care vi le puteți închipui, un grajd este confortabil în comparație cu ele. Adesea nu au nici măcar acoperiș, pentru că nu plouă niciodată. Aceasta duce cu gândul la cutie, la burta balenei, la câmpul de un stânjen și la casa de un cot din simbolismul chinez, locul cel mai simplu, precum chilia unui preot, complet goală. De fapt, aceasta este o țară în care stâncile sunt ca niște faguri, în care se aflau chiliile primilor pustnici creștini, așa că atmosfera este deosebit de sugestivă.

În acea casă se află un crocodil. În asociațiile sale, îl vede drept o rămășiță a timpurilor preumane, preistorice, un saurian care aparține unei perioade geologice anterioare, simbolizând ceva din el care este de o instinctualitate primitivă. Aceasta este ceea ce Janet[4] ar numi „parties inférieures des fonctions", în

---

[4] Pierre Janet (1859–1947), psihiatru şi neurolog francez, care a întreprins cercetări importante în domeniul isteriei; a scris *Les Nevroses* (Paris, 1909). Jung a studiat cu el timp de un trimestru,

contradicție cu „parties supérieures". Crocodilul este „partie inférieure" a naturii sale instinctuale. (Citiți *Les Nevroses* de Janet. Este bună, e o carte pe care merită să dați banii.) Partea bine organizată, partea diferențiată, este „partie supérieure", ceea ce ar însemna funcția aplicată unui anume scop. Dacă funcționarea este tulburată în „partie inférieure", este o disfuncție organică, este ceva în neregulă cu celulele creierului, de exemplu. Dacă este o leziune în „partie supérieure", aceasta este psihogenă și nevrotică. Un exemplu este paralizia isterică, afazia localizată, în care persoana poate vorbi, dar nu în limba sa maternă; sau o tulburare a mersului, în care persoana are un mers ciudat, ca și cum ar sări. Poate fi observată la cai și la câini, deoarece animalele pot deveni isterice și au aceleași simptome ca ființele umane. Am văzut odată o iapă care mergea foarte nefiresc, pe laturile copitelor. Toate animalele domesticite pot face isterie.

Acest crocodil, atunci, înseamnă „partie inférieure" a întregii naturi instinctuale a pacientului nostru. Cum explicați faptul că un astfel de animal apare într-un astfel de loc? Arareori se întâlnesc crocodili în zona aceea acum, deși înainte Nilul era plin de ei.

Dna Sawyer: Când se află în sud, este năpădit de instincte.

Dr. Jung: Aveți dreptate. Caracterul locului este asociat unei calități spirituale antice și tocmai acolo apar instinctele cele mai primitive. Unde este o biserică, diavolul nu se află prea departe. O persoană care venerează calitățile unui sfânt are o relație deosebit de apropiată cu diavolul. Nimeni nu are vise ce par atât de rupte din iad cum are un sfânt; luați viziunile Sf. Anton, de exemplu. Trebuie să fii un sfânt pentru a avea relații în infern. Este perechea opuselor, legea enantiodromiei. Într-un astfel de loc poți deveni conștient de o uriașă opoziție dacă îți menții cu statornicie poziția unilaterală. Devii conștient de instincte animalice străvechi, de pildă, o experiență destul de înspăimântătoare.

Dra Wolff: El era conștient de semnificația spirituală a colibei?

Dr. Jung: Evident, fiind alb, în realitate nu ar intra într-o astfel de colibă, dar el știa că era vorba și de aspectul ei spiritual; el este divizat, așa cum sunt toți albii care trăiesc în colonii. Ești conștient de mizeria ieșită din comun și, de asemenea, nu poți nega că acel loc are o calitate deosebită. Găsești acolo

între 1902 şi 1903, la Salpétrière, Paris, şi au rămas prieteni. „Les parties inférieures et supérieures" sunt definite de Jung în *Două scrieri*, O.C. 7, par. 235: „psihicul colectiv cuprinde «les parties inférieures» ale funcţiilor psihice, câtimea ereditară, existentă pretutindeni, solid întemeiată, desfăşurându-se, ca să zic aşa, automat, a psihicului individual.... [fiind astfel impersonale sau suprapersonale]. Conştiinţa şi inconştientul personal cuprind «les parties supérieures» ale funcţiilor psihice, deci câtimea dobândită şi dezvoltată ontogenetic."

rămășițe simbolice foarte interesante ale creștinismului coptic. Semnificația este aproape conștientă pentru el: „Les extrêmes se touchent". Dar cum ați mai putea explica acest crocodil?

Dna Sigg: Nu era crocodilul un animal foarte sfânt pentru egipteni?

Dr. Jung: Da, în Egiptul superior. Acolo era un cult al crocodilului. Deci, este un saurian sacru.

Dna Fierz: Înainte de a ajunge la ceainic nu trebuie el să-și găsească animalul totemic, încarnarea spiritelor străvechi?

Dr. Jung: Animalul totemic este întotdeauna primul, originalul, strămoșul. Următoarea generație ar fi animalele eroice sau semizeii, cum sunt eroii homerici în Grecia. Și în mitologia australiană, epoca eroică o urmează pe aceea animală. Apoi vine omul. Deci, în locul său de baștină el întâlnește animalul ancestral, crocodilul divin. Acum puteți începe să speculați.

Dna Sigg: Ar fi o conexiune cu simțirea? Cumva, el trebuie să ajungă în legătură cu natura.

Dr. Jung: A te afla într-o astfel de colibă înseamnă a fi izolat asemenea unui pustnic sau ca orice sfânt care încearcă să ducă o viață spirituală; sau ca primitivii când se retrag în sălbăticie pentru a intra în comunitatea fantomelor. Este o situație arhetipală, în care omul este izolat pentru a conștientiza fantomele ancestrale. Printre indienii nord-americani sunt exemple uluitoare. După inițierea în rândul bărbaților, ei trebuie să meargă singuri într-o peșteră sau într-un cort mic, unde stau întreaga zi fără să mănânce. Nu le vorbește nimeni; se presupune că au vise și se împreunează cu spirite, apărute de obicei ca animale. În nordul Californiei[5] are loc un fel de maraton; un bărbat pleacă de dimineață și urcă muntele în fugă până la Fire Lakes (numite așa, deoarece ajungi la ele când soarele este la apus). Este un loc singuratic, iar el trebuie să doarmă acolo, iar primul animal pe care îl vede dimineața în zori este animalul său totemic. Dacă animalul îi vorbește, înseamnă că el trebuie să fie vraci. Când se întoarce, bătrânii îl iau în cercul lor și îi cântă cântece de animale, iar atunci când ajung la cântecul animalului cu care el a vorbit, el se trădează fără să vrea. Poate că preferă să ascundă acest lucru deoarece nu dorește să devină vraci, este periculos, dar dacă i-a vorbit broasca țestoasă, de exemplu, când se

---

5 Pare-se că este vorba de tribul Achumawi, de care Jung este probabil să fi aflat prin intermediul antropologului american Jaime de Angulo, nouă dintre lucrările sale aflându-se în C.G. Jung Archive, ETH, printre care „La Psychologie religieuse des Achumawi", *Revue internationale d'ethnologie et de linguistique*, 23 (1928), 141–589. Jung şi Angulo se întâlniseră în 1923 (Zürich) şi în 1925 (Taos); Cary F. Baynes era fosta soție a lui Angulo.

cântă acel cântec el nu se poate abține să nu suspine fără să atragă atenția, și atunci este în pericol.

Observăm acum că prezența crocodilului are o origine spirituală, ceea ce ne confirmă concluzia că acea colibă este de natură spirituală. Și mai observăm că este o situație arhetipală, este sălașul spiritului, așa cum se poate vedea în inițierile omului primitiv. Aceea ar fi în general o casă a fantomelor din păduri sau din munți, unde se află adesea un stâlp de care atârnă craniile pătate de sânge ale prizonierilor de război care au fost uciși într-un mod ritualic, un ritual conform căruia fiecare își înfige pumnalul în corpul prizonierului și apoi îi linge lama, acțiunea aceasta având proprietăți magice vindecătoare. Este un întăritor puternic. Este comparabil cu comuniunea noastră, cu gustatul sângelui și cu înfigerea cuielor în Hristos aflat pe stâlp. Cuvântul grecesc pentru cruce este stâlp; în vechime, victima era atârnată pe cruce. Și într-un vechi ritual germanic, Odin era reprezentat atârnând de un copac, străpuns cu o lance.[6]

În acest sălaș al spiritelor, vedem animalul totemic simbolizând începuturile omului. La primitivi, nu orice animal are calități spirituale, numai animalele doctor. Sunt vulpi obișnuite, dar dacă vreuna dintre ele se comportă în mod ciudat sau dacă un coiot, de obicei foarte sperios, apare în vreun sat, indigenii spun: „Acela este un animal doctor“ — un animal cu calități spirituale, un animal excepțional precum, să spunem, un elefant alb.

Prin urmare, în locul spiritual se află inctincte ancestrale, originea vieții fiziologice, și aici avem instinctualitatea unui animal cu sânge rece aproape lipsit de suflet. Hagenbeck[7], de la Grădina Zoologică din Hamburg, spune că poți stabili un raport emoțional cu orice animal, cu excepția reptilelor. Acolo, orice raport psihic se sfârșește. În ceea ce privește animalele cu sânge cald, există o anumită calitate similară a psihicului, care permite realizarea conexiunii. Diferența dintre maimuțe și ființele umane nu este mare. Căutând antropoizi, Köhler[8] le-a văzut realizând dansuri rituale, la fel ca triburile primitive. Maimuțele din pădurea virgină sunt foarte umane. La fel și câinii. Dar la crocodil, omul nu are acces. Pentru noi ar fi șerpii, de vreme ce la noi crocodilii reprezintă preistoria. Miturile cu balauri se referă probabil la dinozauri. Ori de câte ori apare un șarpe, el simbolizează o fărâmă de psihologie instinctuală din noi înșine, care este

---

6 Vezi *Simboluri ale transformării*, O.C. 5, par. 399, citat din Hovamol Edda, unde Odin spune: „Eu știu că am atârnat nouă nopți/spânzurat de copacul ce se mișca în vânt,/rănit de lancea închinată lui Odin, eu însumi, cu mine însumi...“

7 Karl Hagenbeck (1844–1913), dresor, fondator al Grădinii Zoologice din Hamburg.

8 Wolfgang Köhler, *The Mentality of Apes* (1925).

pur și simplu inaccesibilă, ceva de o forță uriașă, un lucru inexorabil cu care nu putem negocia. Un mit nordic spune că poți recunoaște eroul după ochii săi de șarpe, reci, în care nu te poți încrede. Nu poți influența calitatea șerpească din om, ceea ce îl transformă în erou sau în vraci. În psihologia orientală, șarpele este foarte spiritual, simbolizează comoara înțelepciunii. Yoginii înțeleg instinctiv oamenii cu ochi de șarpe, deoarece ei se află în contact cu acea parte a propriului lor psihic. Dar ochii de șarpe au și un aspect negativ, ceva foarte inuman, ceva pe care îl poți găsi și la vracii primitivi. În cartea lui Spencer și Gillen[9] este o fotografie a unui astfel de bărbat; el are o privire fixă ciudată, este ochiul rău, cel care poate fermeca șerpii. Deci, eroul are o natură asemănătoare. El reproduce tinerețea aruncându-și pielea veche și luând una nouă, o reîntinerire continuă prin învingerea marelui dragon, Moartea. Calitatea inumană pe care o reprezintă șarpele este legată de centrii inferiori ai creierului și de sistemul spinal, în care fachirii pătrund din când în când, ca atunci când sunt capabili să oprească propria sângerare sau să producă lacrimi după propria voință, așa cum fac unele actrițe; acestea sunt puteri șerpești.

Când un astfel de animal monstruos apare într-un vis, știm că vine ceva din inconștient care nu poate fi influențat de puterea voinței. Este aidoma sorții, care nu poate fi schimbată. Primitivul este trist, ca un copil pierdut, până când are un vis în care se află alături de animalul său totemic. Atunci este un copil al Domnului, o ființă umană, are o soartă proprie. În vise este întotdeauna un semn că s-a atins un nivel unde urmează să se întâmple ceva. Am tratat odată un artist care era complet distrus, aflându-se într-o stare de agitație teribilă. Mi-era teamă că va face o psihoză. Apoi, după o serie de vise nesatisfăcătoare și confuze, a avut un vis remarcabil, cu o o câmpie întinsă, pe care apăreau mușuroaie de mărimea unor munți. S-au deschis dintr-odată și din ele au ieșit saurieni, dinozauri și așa mai departe. Eu am luat-o ca pe un semn al începerii unei noi epoci în viața acelui bărbat. Și chiar așa a fost, stilul său artistic s-a schimbat complet. În viața și în arta sa a avut loc o răsturnare dintre cele mai uimitoare. Era un om needucat, un pictor obișnuit, dar atunci a început să citească și întreaga lume a cunoașterii a început să se reverse asupra lui.

Am mai văzut un astfel de simbol în alte cazuri, când un om nu-și mai poate aranja viața după bunul plac. Poate fi un simbol amenințător. Pentru un om care

---

9 Etnologii W.B. Spencer şi F.J. Gillen, a căror carte, *The Northen Tribes of Central Australia* (*Triburile nordice ale Australiei Centrale*, 1904), a fost în posesia lui Jung şi pe care acesta a citat-o. Imaginea menționată aici nu a putut fi găsită.

s-a jucat cu viața, de acum înainte este lucru serios. Animalele de felul acesta pot fi influențate numai de un om demonic superior, din clasa îmblânzitorilor de șerpi, a vrăjitorilor și a vracilor. Dar un astfel de om trebuie să plătească un preț pentru puterile sale. El suferă cel mai mult de pe urma propriei sale magii; un vraci trebuie să treacă prin chinurile iadului. Eschimoșii îi spânzură de degetele de la picioare sau îi introduc în apă înghețată până aproape că înnebunesc. O astfel de serie de șocuri lasă găuri prin care inconștientul colectiv pătrunde din toate părțile. Acum, dacă un om poate ține piept atacului aspectelor inferioare, el poate influența alți oameni, poate avea un efect aproape hipnotizator asupra celorlalți membri ai tribului. Deci, în acest caz, apariția crocodilului înseamnă că se va întâmpla ceva important. Visătorul atinge ceva excesiv de primitiv și de primordial.

Apoi, fiul cel mic aduce ceainicul care conține obiecte vechi. Cu fiul cel mic el asociază sinele reîntinerit, speranța de viitor. Deci, soția care a adus pe lume un fiu, a dat naștere soțului. În calendarul creștin este o zi renumită, ziua nou-născutului, a acelora care sunt proaspăt botezați, „Quasi modo geniti."[10] Fiul cel mic este visătorul însuși, într-o formă viitoare. El este fiul crocodilului, copilul Domnului; premoniția sa intuitivă îi aduce visătorului cazanul, în care se află multe lucruri vechi.

Cazanul este un simbol celtic;[11] este creuzetul sau alambicul în aparatul alchimic, este pântecele sau vasul păcatului. Printre gemele gnostice de la British Museum se află o amforă care reprezintă „vasul păcatului", pântecele cu ligamente pe ambele părți.[12] Este vasul transformării, pântecele în care Nicodim nu poate intra: „Oare poate [un om] să intre a doua oară în pântecele mamei sale și să se nască?"[13] Era *krater*-ul în care se amestecau vinul și apa. Trebuie să fi existat o societate mistică numită Krater, deoarece s-a găsit o scrisoare adresată de alchimistul Zosimos unei doamne, în care aceasta era sfătuită să meargă la Krater pentru a renaște.[14] În limbaj modern: „Te sfătuiesc să te supui unei analize, pentru a căpăta o atitudine mai adecvată". Pe locul actualei catedrale Sf. Petru

---

10 În Duminica de Quasimodo sau Duminica Albă, prima duminică după Paşti (în rit catolic — *n.t.*), liturghia începe astfel: „Quasi modo geniti infantes", „precum nou-născuții" (I Petru, 2:2). Dar vezi referința dată de Jung la ritualul de botez din Duminica Sfântă (dinaintea Paştilor), în „Structura sufletului" (1927), O.C. 8, par. 336.

11 Despre cazanul magic din mitologia celtică şi relaţia sa cu motivul non-creştin al Graalului, vezi *Tipuri psihologice*, par. 446, n. 136.

12 Ibid., par. 444.

13 Evanghelia după Ioan, 3:4.

14 Doamna era Theosebeia, a sa *soror mystica* în opera alchimică. Vezi „Viziunile lui Zosimos" (1937), O.C. 13, par. 96.

din Roma, cultul lui Attis celebra *taurobolium.*[15] Inițiatul era așezat într-un cazan, o gaură făcută în pământ; deasupra lui era pus un grătar și acolo se ucidea taurul, astfel încât sângele animalului sacrificat să curgă asupra lui. Apoi era scos afară, spălat, îmbrăcat în alb și hrănit cu lapte timp de opt zile, deoarece era un nou-născut, propriul său fiu mezin. Preotul cu rang cel mai înalt, acum Papa, era numit *Papas*.

Dr. Draper: Reprezintă uneori cazanul ceva indezirabil, ca în *Macbeth*, unde implică răul?

Dr. Jung: Simbolurile pozitive pot întotdeauna să fie traduse în sens contrar. Pântecele care creează viața poate crea și moartea. Într-un caz este magie albă, în celălalt, neagră. Sfânta Evanghelie poate fi folosită pentru deținerea puterii lumești sau pentru hrănirea spirituală a omului. Calea magiei negre aduce un rău teribil; calea magiei albe aduce mântuirea. Pentru a vindeca un om bolnav, primitivii pun în templu o miniatură a sa în lut sau o fotografie de-a sa, dar acest mijloc poate fi folosit și pentru a-l îmbolnăvi. Așa se explică de ce nu-i place primitivului să fie fotografiat; el crede că e magie neagră, că o parte din suflet îi este luată de acea cutie neagră. Deci, depinde de ce coci în cazan și de atitudinea pe care o ai. În ceremoniile de magie neagră găsești nume sfinte scrise pe el, chiar dacă este folosit în scopuri negative. Cazanul este pântecele magic, în care în acest caz sunt adunate contrarii teribile. *Coincidentia oppositorum*.

Este uimitor în viața umană că acel lucru care generează cea mai mare teamă este sursa celei mai mari înțelepciuni. Cea mai mare prostie a unuia este cea mai înaltă treaptă a altuia. Nimeni nu poate deveni înțelept fără să fie un prost fără pereche. Prin Eros învățăm adevărul, prin păcate învățăm virtutea. Meister Eckhart spune că nu trebuie să te căiești prea mult, deoarece valoarea păcatului este foarte mare. În *Thaïs*[16], Anatole France spune că numai un mare păcătos poate deveni un mare sfânt, nu se poate unul fără celălalt. Cum poate face față omul acestui teribil paradox? El nu poate spune: „Voi comite un păcat și apoi voi fi sfânt“ sau „Voi fi prost pentru a deveni înțelept“. Întrebarea e ce trebuie făcut atunci când ești pus într-un impas absolut. Apoi visul spune: în cazan, ingredientele sunt gătite împreună și din lucruri străine unul altuia, ireconciliabile, apare ceva nou. Acesta este evident răspunsul paradoxului, al impasului imposibil.

---

15 = măcelărirea taurului.

16 Roman (1890) a cărui acțiune se petrece în Egiptul secolului al patrulea, bazat pe un basm din *Golden Legend* (*Legenda de Aur*), despre o curtezană care a devenit sfântă.

Prelegerea a IV-a. 30 octombrie 1929

Dr. Jung:

Vom merge mai departe cu visul nostru. Cele două comisii sunt acum la lucru, căutând material pentru următorul seminar, așa încât, întrucât îl vom studia mai târziu, mă voi abține acum să discut simbolismul crucii și al semilunii.

Am vorbit deja despre cazan, dar ne-am rezumat la aspectul său mitologic, ca simbol arhetipal — foarte concret și prea obiectiv. Ce semnifică el ca fapt psihic? De exemplu, când visăm despre misticul număr patru al lui Pitagora și al filosofilor greci ne întrebăm ce este de fapt cifra patru. În zilele noastre, cea mai apropiată explicație este aceea că se referă la cele patru funcții, dar peste o mie de ani de acum încolo oamenii vor ști mult mai multe despre ea. Poate însemna ceva ce noi nu putem concepe acum. Inițial îi reprezenta pe cei patru fii ai lui Horus, mai târziu pe cei patru evangheliști, iar în secolul douăzeci reprezintă cele patru funcții. „Acela era concretismul lor", vor spune ei. Aceste simboluri vechi sunt inepuizabile. Nu sunt obiecte ale minții, ci categorii ale imaginației, pe care le putem formula în zece mii de moduri diferite. Sunt inepuizabile deoarece sunt *înaintea* minții, sunt baza a tot ceea ce este mental. Dacă mă întrebați de unde știu, nu am o dovadă certă. Un alt exemplu este acela al celor patru puncte cardinale ale orizontului din mitologia indienilor Pueblo, dar ei erau deja foarte civilizați, noi nu i-am prins într-un stadiu suficient de primitiv, unde să fie vizibilă forma inconștientă originală în care existau.

Am menționat un foarte bun și uimitor exemplu al unor astfel de începuturi, pe care l-am observat eu însumi, începutul ideii de rugăciune la populația elgonyi din Africa.[1] … Ei țin în palme esența vie din interiorul corpului lor și o arată soarelui care răsare. În limbajul nostru ar însemna: „Sufletul meu ți-l ofer ție, Doamne". Am tras concluzia că momentul răsăritului era Dumnezeul lor și că

---

1 Pasajul care urma aici a fost omis, deoarece repetă în esență povestirea tradiției elgonyi (suflatul sau scuipatul în palme etc.), prezentată mai sus, p. 226. În *Sems* există aici o notă de subsol care face trimitere la *Contributions to Analytical Psychology* (1928), p. 113, un pasaj din eseul „Suflet și pământ" (1927), care fusese prima însemnare a lui Jung despre observațiile sale asupra populației elgonyi. Acea secțiune a eseului este acum „Structura sufletului", O.C. 8, par. 329.

în acel moment își ofereau sufletele. Dar ei erau absolut inconștienți de semnificația gestului. Aceste lucruri apar din senin, de nicăieri. Cu cât mergi mai mult înapoi, la triburile australiene sau la omul paleolitic, găsești ritualurile cele mai uimitor de complicate, lipsite, practic, de vreo explicație. Natura inconștientă a omului îl obligă să facă aceste lucruri, ele exprimă structura naturală a omului, ca și cum Natura însăși ar aduce un omagiu soarelui ce răsare. Fiecare animal, fiecare plantă, fiecare floare ia o anumită poziție față de soarele care răsare, iar omul face la fel, fără să știe de ce.

Prin urmare, simbolurile există dinaintea conștiinței. De aceea suntem atât de profund inconștienți de riturile noastre. Multe dintre ele sunt inexplicabile. Este cineva aici care să-mi poată da o explicație satisfăcătoare a pomului de Crăciun? Să presupunem că vine un chinez și vă întreabă ce înseamnă. Dumneavoastră ați spune: „Sărbătorim astfel ziua în care s-a născut mântuitorul nostru". „Dar așa scrie în cărțile voastre sfinte? Se știe faptul că într-un grajd din Bethleem exista un astfel de copac?" Suntem la fel de încuiați și de proști ca primitivul care salută soarele la răsărit.

În Basel, orașul meu natal, în fiecare an, în data de 13 ianuarie, trei dansatori mascați într-un grifon, un leu și un om sălbatic coboară pe Rhin cu pluta; se dau jos și dansează în jurul orașului și nimeni nu știe de ce. Este un fapt uimitor într-un oraș modern. Aceste lucruri își au originea înaintea minții și a conștiinței. La început a fost acțiunea și numai după aceea oamenii au emis opinii în legătură cu ea sau o dogmă, o explicație a ceea ce făceau.

La fel și cu cazanul. Mai întâi a fost o gaură în pământ și apoi un ceainic în care aruncau apă, carne și pietre fierbinți. Un gânditor dintre ei a întrebat: „Ce faceți? Folosiți chestia asta în locul găurii pe care o făceau strămoșii noștri în pământ pentru a coace?" El a făcut legătura între cele două. De ce visăm cazanul? Bătrânele vrăjitoare aveau un ceainic și alchimiștii aveau creuzetul lor, deci urmăm firul înapoi până la groapa săpată în pământ. Atunci a apărut prima dată cazanul magic. În *Psihologia inconștientului* este explicată ceremonia populației wachandi, unde o gaură în pământ reprezintă în mod evident organele genitale feminine.[2] Acolo este locul primar, groapa originală pentru gătit în care sunt produse lucrurile. Inconștientul preia metoda gătirii ca un simbol al creației, al transformării. Lucrurile intră acolo crude și ies noi, transformate — și sunt mai gustoase gătite. Cazanul magic este o expresie potrivită pentru ceva care

---

2 *Simboluri ale transformării*, O.C. 5, par. 213. Wachandi sunt sau au fost un trib de aborigeni australieni.

transformă lucruri. Pentru a aduce ploaia, primitivii stropesc pământul cu apă, imitând ploaia. Într-un trib de indieni din nordul Californiei[3] preoții și vracii se adună și cântă cântecul broaștelor, o imitație a corului broaștelor din anotimpul ploios; pentru a aduce ploaia, ei cântă ca niște broaște în anotimpul ploios. Prin astfel de analogii ei încercau să declanșeze o schimbare.

Din visele acestui om se observă că lucrurile au început să se lege, dar de fiecare dată când face un pas înainte, urmează un regres. Nu îl poți împinge. Treptat, este cuprins de o convingere profundă că trebuie să se schimbe și, în acest scop, inconștientul face o propunere. Conștientul spune: „De ce naiba nu te miști?" El ridică brațele, dar urmează o mișcare în sens opus. Atunci, inconștientul îi dă un sfat: „Iată ceainicul", la fel cum, atunci când nimic nu are efect, omul primitiv recurge fără rușine la magie. Avem o explicație modernă pentru simbolismul numărului patru, avem și pentru oală? Pot să vă spun că, atunci când au inventat oalele de gătit, oamenii le-au făcut fețe, ochi, urechi, forme umane. În Muzeul de Istorie Naturală din New York este o colecție minunată de oale peruviene, iar printre ele sunt oale personificate și, imediat ce capătă formă umană, le este recunoscută analogia cu trupul uman. Apoi, cazanul este pus în omul însuși, el devine cazanul.

Dna Crowley: Oare sanctuarul este același lucru?

Dr. Jung: Da, dar mii de ani mai târziu, când bucătăria a devenit locul sacru, locul în care focul ardea în permanență. Comuniunea, masa iubirii, a avut loc pentru prima dată, de fapt, în bucătărie. Erau societăți în care se gătea în comun, care au luat ființă cu precădere în Roma, un oraș de două milioane de locuitori la vremea aceea. Condițiile sociale erau dificile atunci. Străzile erau înguste, casele erau inadecvate, nu aveau unde să gătească, așa că, pentru a nu muri de foame, făceau aceste aranjamente de gătit în comun, care le garantau membrilor lor o masă pe zi.[4] Era o singură bucătărie și un singur om desemnat să pregătească masa, iar aceste societăți erau patronate de un sfânt sau de un erou. Heracle era unul dintre eroi și probabil Hermes, Hermes Trismegistrul și Hristos, un alt zeu mistic. Iar omul care pregătea masa le citea ceva membrilor atunci când se adunau. Epistolele Sf. Pavel au fost pentru prima dată citite în astfel de condiții...[5]

Transformarea rapidă a cazanului într-un simbol viu a fost o recunoaștere a prezenței cazanului în om, a faptului că omul este cazanul. Dar care parte a omului?

---

3 Vezi 23 octombrie 1929, n. 5.

4 *Sems:* Notă adăugată se pare de unul dintre editorii originali: „Erau, de asemenea, societăți cooperative de înmormântare", care garantau o înmormântare decentă.

5 Au fost omise câteva rânduri, care repetă în esență afirmația despre Zosimos făcută mai sus, p. 325.

În cazul unei femei se poate spune că renașterea are loc în pântece, dar în cazul unui bărbat? El oricum pare a fi un simplu mecanism, ce poate face? Ne furișăm de-a lungul istoriei simbolului. Mai întâi avem gaura în pământ (negrii ung și acum gaura cu lut), apoi cazanul a fost scos afară și apoi un artist cu imaginație i-a făcut o față, așa că de ce să nu-i dea și picioare? Deci, unde este cazanul în noi înșine?

Sugestie: Este creierul?

Dr. Jung: Nu, în niciun caz creierul. Mi-l amintesc pe șeful de trib pueblo spunând: „Pentru noi, toți americanii sunt nebuni, deoarece ei cred că gândesc cu capul, în timp ce noi știm că gândim cu inima". Un negru gândește în stomacul său.

Dr. Harding: În Biblie scrie: „... râuri de apă vie vor curge din pântecele lui".[6]

Dr. Jung: Da, se află în cavitatea abdominală a omului. Aceea este următoarea analogie. Așa cum umpli cazanul, umpli și burta; așa cum hrana este transformată în cazan, la fel este și în burtă. Deci, următorul pas era concentrarea asupra corpului. Așa că oamenii aceia înțelepți din India se concentrau asupra buricului. Iar procesele mentale ale burții joacă un rol uriaș în vise. Ce părere aveți despre abdomen ca organ mental? Există o șansă ca lucrurile să se schimbe atunci când una dintre cele mai importante funcții se află în burtă.

Sugestie: Ar fi plexul solar?

Dr. Jung: Da, *plexus solaris*, creierul sistemului simpatic; este mai puțin concentrat decât creierul, dar este centrul întregii funcționări vegetative. Este principala acumulare de ganglioni și este de origine preistorică, deoarece a trăit mult mai mult decât sistemul cerebrospinal, care este un fel de parazit al *plexus solaris*. Dacă vă concentrați cu adevărat asupra buricului, reușiți să suprimați conștiința și împingeți totul în sistemul vegetativ, puteți opri funcționarea sistemului cerebrospinal, la fel ca fachirii. Ei intră în transă, nu mai simt și nu mai aud, ca și cum ar fi morți. Dar viața merge mai departe și digestia merge mai departe, poate continua chiar și atunci când un om este practic decapitat; inima nu se oprește, deși un șoc exterior ar putea s-o facă. Deci sistemul simpatic are o mare autonomie și este încă în viață atunci când sistemul cerebrospinal este îndepărtat. În ceea ce privește partea mentală, nu putem presupune că are viață psihică, însă eu cred că întreaga viață nervoasă este psihică, deși nu e toată conștientă. Un om care nu poate vorbi sau nu se poate mișca poate totuși să aibă conținuturi psihice. La fel este și în cazul sistemului simpatic, există conținuturi psihice, dar nu sunt conștiente încă și se exprimă numai prin acțiuni simbolice. Conținuturile tuturor manifestărilor timpurii ale religiei au venit nu

---

6 Ioan, 7:38.

din minte, ci din sistemul simpatic. Iar conținuturile inconștientului sunt aduse la suprafață de saurian, de viermele inconștient.

Când omul se concentrează pe ceainicul din burta lui, descoperă că se întâmplă ceva. Își împinge libidoul în jos, spre centrele instinctuale primordiale originale. Este ca și cum toate aspectele incompatibile din inconștientul său, toate materiile prime, ar fi fost adunate și aruncate în abisul întunecat al sistemului său simpatic, în căldura corpului său, la adăpost, iar acolo încep să se coacă, să fie transformate. Apar minunate miresme, care sunt intuiții ale noilor conținuturi, ale noii nașteri. Vin atunci toate analogiile renașterii; reînnoirea omului este reprezentată ca aducerea pe lume a unui copil; iar oala de gătit figurează întotdeauna în simbolismul nașterii.

Alchimiștii nu încercau să formeze un om nou, o ființă umană, ci o nouă filosofie în termenii alchimiei. Trebuiau să fie prudenți, pentru că era eretică, iar consecințele sociale ar fi putut fi dezastruoase. Papa ar fi fost bucuros să aibă aurul pe care ei l-ar fi putut produce, așa că i-a lăsat să continue. Era mai puțin periculos să încerci să produci un *homunculus* decât să schimbi omul însuși, deoarece ar fi intrat în competiție cu misterele creștine. Crearea unui *homunculus* în cazanul alchimistului era simbolul transformării omului în propria sa burtă.

Sistemul nervos simpatic este un centru cu precădere emoțional și guvernează într-o mare măsură partea emoțională a psihologiei noastre, nu partea mentală. Sistemul cerebrospinal controlează mintea. Emoțiile sunt adesea amestecate sau obscure, creează confuzie și pot chiar determina oamenii să-și piardă mințile. Cuvântul „simpatic" arată legătura cu emoțiile; provine din termenul grecesc care înseamnă *a suferi, a simți compasiune, a te simți împreună cu*, așa că are conotația de conexiune sau relaționare. O emoție mentală este o emoție izolată, te înfurii singur, dar emoția simpatică are un caracter aproape cosmic, ca și cum ai suferi alături de mulți, ca și cum ai fi conectat cu întreaga lume, cu întreaga ta națiune. Acel cuvânt, „simpatic", este o veche intuiție provenită din percepția foarte clară a acelui tip de emoție, trebuie să aibă acea calitate. Nu are nimic de-a face cu individuarea, dar are de-a face cu întreaga istorie a omului, inclusiv a animalelor; este colectiv, aflat în afara propriei persoane, ca și cum ai fi posedat de un lucru ciudat.

Acum trebuie să revenim la fiul mezin, omul viitor, cel care trebuie să devină. El arată spre ceainic, spre obiectul creator, ceea ce înseamnă că instinctul creator al pacientului nostru scoate în evidență acel obiect magic al analogiei. Deci, nu este vorba de soluția conștientă a visătorului sau de ceva ce i-a fost spus, înseamnă: privește în tine însuți, adu-ți în burtă conștiința și tot ce se află în ea. El descoperă deja că există acolo lucruri pe care le ignorase. Principalele conținuturi sunt crucea și semiluna, simboluri pe care le asociază cu religiile creștină și islamică. El s-a născut printre musulmani. Aceasta este o religie foarte demonstrativă, iar în Cairo și în orașele de coastă pot fi văzute încă spectacole foarte impresionante, rugăciunea de după-amiază, de exemplu, când traficul se oprește și rânduri lungi de oameni îngenuncheați se prosternează spre Mecca.[7] Ocupă străzi întregi. Deci trebuie să aibă o rădăcină adâncă în el, mai ales fiindcă educația sa creștină era deosebit de subțire și de protestantă în comparație cu aceasta. Moscheile sunt mult mai impresionante decât bisericile creștine, sunt minunate, putând fi asemuite cu cele mai frumoase catedrale gotice din Occident. Această religie a fost greșit reprezentată de învățători plini de prejudecăți; ne-am format o idee bizară despre islamism, printr-o educație deficitară. Este prezentată de teologii noștri ca fiind uscată și goală, dar ea este plină de viață, în special în ceea ce privește misticismul islamic, care este coloana vertebrală secretă a Islamului. În Africa, mai ales, cunoaște un progres rapid, deoarece este mult mai potrivită pentru acei oameni decât creștinismul, este mult mai rezonabilă. Nu trebuie amestecată cu aspectele negative care apar în creștinism. Atâta vreme cât creștinismul a produs războiul mondial și gazul otrăvitor, trebuie să privim situația într-o lumină diferită. Deci, pentru acest om, islamismul este mult mai pozitiv și mai important decât pentru noi. Dar el găsește în ceainic simbolurile tipice ale ambelor culte. De ce?

Dna Sigg: Ele se află deja în sufletul lui.

Dr. Jung: Ne-am putea gândi că ele se află în conștiința sa, dar au fost date deoparte — coase rupte, prostii care nu se mai folosesc, care nu servesc la nimic. Au fost aruncate în ceainic, sub nivelul conștiinței. El se află acum în situația a milioane de creștini. Simbolurile vii au căzut deja în inconștient, iar ei nu știu. Oamenii spun: „Eu nu sunt creștin, nu cred în chestiile alea perimate" și totuși întreaga lor psihologie este creștină. Ei nu știu că suferă de o deficiență a funcției religioase. Aceste simboluri sunt deja în ceainic, gata să fie transformate, imediat ce aprinde cineva un foc sub ele.

Atunci, aici sunt doi factori determinanți, dar contradictorii. La un moment dat pe parcursul vieții sale, el a luat în considerare temeiurile ambelor religii. Apoi nu le-a putut înțelege, de ce să-și bată capul? Le-a aruncat și ele au căzut în ceainic. Dar acum se pare că aceste lucruri trebuie să fie recunoscute. Sunt lucruri incompatibile: săbii, coase, figura lui Hristos etc., toate aruncate în dezordine, și, evident, nu se pot amesteca până când nu sunt supuse unui proces de reconciliere.

---

7 Jung a fost în Egipt în primăvara anului 1926, pe drumul de întoarcere din călătoria în estul Africii.

Aceste două amprente puternice, islamismul și creștinismul, trebuie să se amestece, dezvoltarea personalității este blocată deoarece ele *nu* se amestecă — aceste perspective atât de diferite încât sunt imposibil de amestecat. El se află într-un punct mort, nu poate merge mai departe, este ca și cum picioarele sale ar lua-o în direcții diferite, așa că rămâne pe loc. Natura ireconciliabilă a creștinismului și a islamismului trebuie reconciliată. El nu poate face acest lucru conștient și nici eu. Fiecare perspectivă are temeiul său. Dacă ați ști condițiile sociale care au dus la dezvoltarea lor, ați spune că fiecare dintre ele este corectă. V-ați afla în poziția renumitului judecător: un om a ținut un discurs și judecătorul a spus: „Da, ai dreptate", apoi alt om a spus exact opusul, iar el a replicat: „Da, și tu ai dreptate". Dar vedeți, intuiția acestui om prevede necesitatea de a aduce aceste două obiecte împreună. Este evident că sunt disfuncționale. Ce spuneți despre figura lui Hristos cu sabia cea lungă din foiță de fier, ca și despre figură în sine?

Dna Sigg: Este un simbol al crucii.

Dr. Jung: Da, sabia a simbolizat întotdeauna crucea. Desigur, gândul că sabia ar avea un suflet este o prejudecată foarte păgână: deoarece sabia mea este animată, a dușmanului nu este. Deci, înainte de o bătălie se rugau în fața sabiei, își făceau jurămintele, își dădeau cuvântul prin intermediul sabiei, profitând de vechea idee germanică potrivit căreia ea avea suflet.

Dna Wolff: Într-un vechi poem german, Hristos este reprezentat ca un erou cu sabie, care face fapte de vitejie.

Dr. Jung: Da, este reprezentat acolo ca vindecător și, de asemenea, ca un erou și un războinic. Este în mod deosebit valabil pentru națiile noastre creștine, abia ieșite din Marele Război. Cei mai mulți dintre noi suntem foarte inconștienți în această privință. Pentru cineva născut în Orient este convingător și impresionant faptul că un popor creștin poate folosi sabia într-o asemenea măsură. Este trăsătura belicoasă germanică, furia primitivă a berseker-ilor, specifică în general occidentalului. Deci, Hristosul acestui om este echipat cu o sabie lungă, cel mai pașnic Mântuitor conducând o oștire. Iar sabia este detașabilă, imagine care nu ar apărea într-o minte creștină occidentală, ci numai în una născută afară, pentru care europeanul nu este un model de virtute.

Imediat ce m-am aflat în afara civilizației noastre albe, am observat că europenii sunt la fel. Arătăm îngrozitor. Chinezii ne numesc diavoli și este adevărat, buzele noastre subțiri și ridurile noastre sunt neobișnuite. Și punem mereu la cale lucruri pe care nimeni nu le înțelege. Ce căutăm? De ce naiba căutăm ceva? Pentru un indian Pueblo, Dumnezeu se plimbă zilnic prin Ceruri în toată măreția sa.

Pe măsură ce te apropii de coasta Europei dinspre marile întinderi ale Africii și vezi vârfurile munților acoperiți de zăpadă, golfulețele etc., știi că aceasta este țara unde trăiesc pirații, de unde își pornesc raidurile asupra oamenilor liniștiți, aidoma vitelor, pe câmpiile lor verzi. Din Europa, acea jumătate de insulă, omul alb a venit pe mare, aducând boli înfiorătoare și apă de foc și chiar vânzând intenționat haine infectate pentru a distruge populația, așa cum s-a făcut în Mările Sudului. Oriunde a ajuns omul alb, a fost iadul celorlalte națiuni; trebuie să privești din afară ca să înțelegi. Omul alb este bestia care devorează pământul, întreaga lume tremură în fața lui. Astfel, creștinismul este o compensare, o minciună teribilă. Misionarii îmi povesteau cum împușcau antilopele de la fereastra dormitorului și cum înșelau guvernul britanic pentru a obține permis de vânătoare. Se plâng de soarta lor, când în realitate nu este nimic mai interesant decât viața în triburile primitive. Rockefeller a finanțat misiunile cu sume uriașe, dar oamenii de la țară obișnuiesc să spună: „Nu angaja un băiat educat de misiune — toți mint și fură". Cum pot fi impresionați acești primitivi de religia noastră? O acceptă așa cum au acceptat-o vechii britani, care au preluat creștinismul tremurând, din vârfurile de lance ale legiunilor romane.

Pentru a înțelege sensibilitatea simțului critic al acelui om, trebuie să vă amintiți că este pe jumătate în afara Europei. Așa că are de-a face numai parțial cu omul alb, este extrem de prudent, ni se alătură doar pe jumătate în azilul nostru privat de nebuni. El simte teama și totodată inferioritatea omului pe jumătate primitiv, acea trăsătură ciudată pe care o au oamenii născuți în colonii. Ia un englez, un aristocrat născut în Australia sau în Africa de Sud, trimite-l la Eton și la Oxford și supune-l chinului educației englezești și tot va nutri un resentiment. Este ceva în neregulă cu el, are un picior afară și, în loc să se folosească de acest lucru ca de o armă, el se simte inferior.

Cândva am avut aici o mare conferință teologică și am întrebat un reprezentant creștin ce crede despre budism. El a răspuns: „De vreme ce Biblia este ultimul cuvânt al Domnului, nu ne interesează budismul". Aceasta este afirmația unui prost și este punctul de vedere al omului alb. Este ca și cum locuitorii Zürich-ului ar spune că nu-i interesează Parisul. Am avut o pacientă, o femeie născută în India, care nu se putea adapta la viața europeană decât la nivelul cel mai sofisticat. Nu se putea imagina măritându-se și având un copil, deoarece atunci ar fi simțit că se comportă ca indigenii, urmând o lege a naturii. Conflictul o sufoca și se afla într-un punct mort. Deci, acești oameni născuți în afara Europei au un simț critic și o anumită detașare; se produce o situație diferită.

Acest om nu avea handicapul nașterii printre primitivi. El se născuse printre islamici și era o vreme în care mintea islamică se afla în fruntea gândirii, fiind singura lumină a conștiinței în profunda beznă medievală. Obișnuiam să mergem la școli acolo (universitățile din Saragossa și Cordoba). Și acum intervine indigenul, explicând că simbolismul său este încă viu: coasele, semilunile, care trebuie să fie agățate printre lămpile din moschee de Ramadan, sărbătoarea cea mai mare a cultului islamic. Islamul trăiește în latura lui indigenă. Religia creștină nu mai este vie în interiorul lui. Deci, în acest om sunt doi, un indigen din acea țară și, pe de altă parte, un european, dar cu un accent puternic asupra indigenului.

Prelegerea a V-a.
6 noiembrie 1929

Dr. Jung:
Astăzi, așa cum v-am promis, vom asculta prezentările despre cruce și semilună. Vom începe cu cea mai familiară, crucea, pregătită de dr. Barrett.

Simbolismul crucii

Este indiscutabilă semnificația simbolică a crucii de-a lungul istoriei omenirii. O vedem astăzi peste tot în jurul nostru, fără a ne gândi să ne întrebăm care sunt originile și semnificația acestui simbol familiar și este foarte posibil ca omul de rând, care a trăit cu zece mii de ani în urmă, să o fi văzut în toate etapele vieții sale și să o fi acceptat tot atât de tacit ca și noi. În această lucrare, vom încerca să cercetăm pe scurt utilizarea și semnificația crucii în diverse teritorii și de-a lungul mai multor secole și să aducem laolaltă, conferindu-le o anumită unitate, opiniile câtorva comentatori de ieri și de azi.

Sunt multe obiecte materiale a căror formă o sugerează imediat pe aceea a crucii, de exemplu păsările în zbor, omul cu brațele întinse, copacii cu ramuri la dreapta și la stânga etc. Dar aceste imagini familiare par a fi inadecvate pentru a explica singure vasta semnificație a simbolului, dacă nu putem găsi un puternic motiv subiacent, care să unească obiectul simbolic sau reprezentarea simplificată a obiectului, devenită un simbol în sine, într-o relație profundă cu omenirea. Haideți să-l căutăm într-o scurtă trecere în revistă a datelor istorice referitoare la cruce.

Asirienii (1)[1] își reprezentau zeul cerului, pe Anu, prin crucea echilaterală (Fig. 1). Ei reprezentau, de asemenea, soarele și cele opt regiuni ale sale printr-un cerc cu opt raze. Prin unirea acestor raze în perechi a fost realizată crucea radiantă (2), pe care regele Asiriei o purta la gât, la fel cum bărbații din ziua de

[1] Numerele dintre paranteze fac referire la bibliografia pregătită de dr. Barrett, aflată la finalul prezentării. Notele de subsol aparțin editorului.

astăzi poartă însemnele cavalerești (Fig. 2). Aceeași figură apare pe ceramica vremii, semnificația sa solară fiind susținută în plus de alternanța cu discul cu raze. Uneori, cele două simboluri apar în juxtapunere (Fig. 3).

Fig. 1

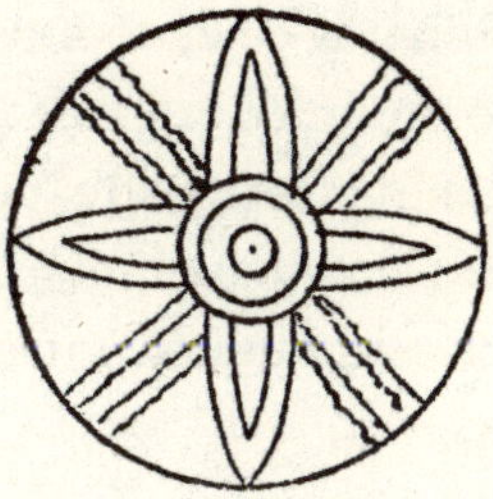

Fig. 2

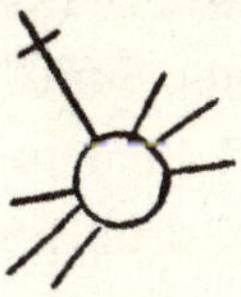

Fig. 3

Fig. 4

În Egiptul preistoric găsim litera Tau, T, sau crucea în formă de spânzurătoare. Crucea aceasta era folosită în forma sa simplă și se considera a fi o reprezentare a falusului. Când crucea în forma literei Tau are deasupra un cerc sau un oval, avem *crux ansata*, cheia magică a vieții (Fig. 4). Se crede (3) că ovalul reprezintă un sistrum (instrumentul muzical folosit la venerarea lui Isis, zeița pământului) sau poate fi o modificare a deltei (acele pământuri pe care se jucau zeii și produceau tot ce însemna viață, fiind astfel din nou legată de Isis sau de Femeie). În felul acesta, *crux ansata* devine simbolul creației. Regăsim această cruce pe cele mai vechi morminte egiptene, adesea în mâinile unui zeu, preot sau rege; Amon-Ra, Kneph, Isis, Hathor și Osiris sunt o parte dintre aceștia. Era plasată, de asemenea, pe morminte, având, se pare, aceeași semnificație ca și falusul, care însemna renașterea. În picturile din morminte, era evident folosită de divinități pentru a trezi mortul la o nouă viață. O vedem, astfel, într-un basorelief din secolul al doisprezecelea, unde o zeiță ține o *crux ansata* în dreptul nărilor unui rege mort, iar pe inscripție putem citi: „Îți dau ție viață, stabilitate, puritate, precum Ra, pentru veșnicie". Era, de asemenea, îndreptată spre cei vii ca un semn al puterii vitale. Atât litera Tau, T, cât și crucea astronomică a Egiptului, ⊕, sunt ușor de observat în ruinele de la Palenque.[2] Litera Tau era

[2] Ruinele unui oraş mayaş din Yucatán, în sudul Mexicului. Vezi O.C. 5, par. 400; pentru „Crucea din Palenque", fig. 78. Potrivit lui Merle Greene Robertson, autoarea cărții *The Sculpture of Palenque* (5 vol., Princeton University Press), litera Tau apare cu precădere în arta şi iconografia din Palenque. Apare pe pieptarele purtate de conducători începând cu secolul al şaselea A.D., pe tăbliţe de piatră şi pe sculpturi în stuc şi ca un fel de fereastră în zidurile clădirilor (comunicare personală).

semnul pe care Moise și-a instruit oamenii să-l scrie cu sânge pe tocurile ușilor și pe pragurile de sus ale acestora, pentru ca poporul ales să nu fie lovit de Domnul. După Blavatsky (15), crucea era folosită în vechile mistere egiptene ale inițierii. Candidatul la inițiere era legat, nu bătut în cuie pe cruce, și lăsat timp de trei zile în Piramida lui Keops. În dimineața celei de-a treia zile, era purtat până la „intrarea într-o galerie, unde la o anumită oră fața candidatului era lovită din plin de razele soarelui ce răsărea, fiind trezit astfel pentru a fi inițiat de Osiris și de Thoth, zeul înțelepciunii". Această autoare remarcă, de asemenea, că într-un manuscris străvechi aceste cruci erau numite „culcușurile dure ale celor care se aflau în travaliul propriei nașteri".

Fig. 5

O altă formă familiară de cruce în Egipt se găsește în conjuncție cu roata solară, dând roții cele patru spițe (Fig. 5). Soarele este adesea comparat cu un vizitiu, iar în Grecia, roata solară a devenit simbolul lui Apolo. A fost descoperită, de asemenea, în Asiria și în Babilon și este posibil să fi stat la originea svasticii. Crucea solară era larg răspândită și, conform lui Inman (8), este încă populară în Irlanda. Crucea a fost găsită și în rândul popoarelor primitive americane.

Ideograma formată de *crux ansata* în scrierea hieroglifică, ☥ (pronunțată *ankh*), semnifică viață, trai. Sensul său abstract este neîndoielnic, este un simbol al vieții și nu numai al vieții, ci al renașterii, și astfel al nemuririi — nu fără motiv a fost numită „Cheia vieții". În ciuda acestui simbolism destul de evident, diverși arheologi s-au mulțumit să o descrie ca pe cheia unei ecluze, ca o formă degenerată de glob înaripat, ca pe un falus etc.

Din Egipt, „Cheia vieții", acum un simbol magic și expiator, a ajuns la feniceni și apoi s-a răspândit în întreaga lume semită. Era prezentă peste tot, din Sardinia până în Susiana (acel district persan ocupat de o veche civilizație, probabil anterioară culturii babiloniene), de-a lungul malurilor Africii, Frigiei, Palestinei și Mesopotamiei. Este văzută pe idoli în India. Regii o țin în mâini pe monumentele de origine feniciană sau hitită, la fel ca la egipteni, și este asociată cu copacul vieții și cu floarea de lotus. Unele variațiuni interesante ale simbolului *ankh*, așa cum au fost menționate de Baldwin (13), sunt următoarele (Fig. 6).

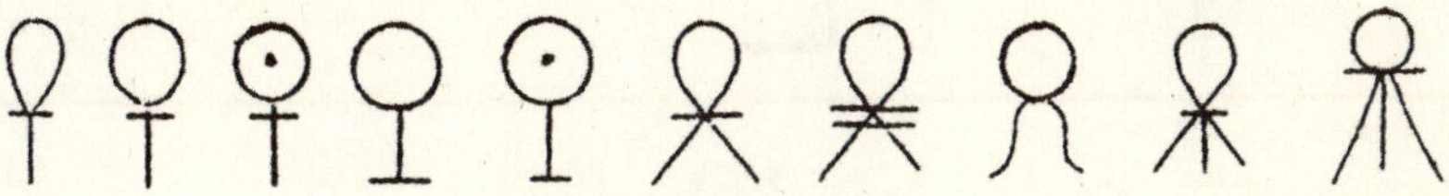

Fig. 6

Mai mult, era combinat cu blazoanele oamenilor care îl adoptau. În Fenicia îl vedem combinat cu trunchiul de con al lui Astarte (Fig. 7). Grecii au modificat și au amplificat acest simbol, astfel încât a ajuns (2) să o reprezinte pe zeița lor a vieții (Fig. 8). Pe vechile monede feniciene este văzut atașat unui șirag de mătănii. *Crux ansata* a continuat să fie folosită (4) drept cruce creștină a Egiptului înainte de a fi adoptată crucea romană. După Carpenter (5), chiar și astăzi se vinde în Cairo ca amuletă cu puteri magice, indicând, după câte se pare, conjuncția ambelor sexe într-un model unic.

Fig. 7

Fig. 8

Fig. 9

Fig. 10

Crucea destul de complicată în formă de svastică a apărut destul de timpuriu în zonele mediteraneene. A fost descoperită în stratul cel mai de jos al Troici, ceea ce ar situa-o în jurul anului 3000 î.H., adică în Epoca Bronzului. Aceasta era o svastică simplă (Fig. 9). Mai târziu devine mai complicată, terminându-se cu spirale scurte (Fig. 10) și cu alte variațiuni. În religia cretană sau minoană găsim toporul dublu, un semn puternic, aranjat cvadruplu într-o structură de tipul svasticii. Apare frecvent în Grecia, fiind găsit atât pe vasele de lut, cât și pe monedele din Epoca Fierului. Înainte de nașterea lui Hristos a călătorit, practic, prin toată Europa. Mai târziu, svastica a fost împrumutată de creștini și spre sfârșitul secolului al treilea o găsim în catacombe, alături de monograma lui Hristos (Fig. 11).

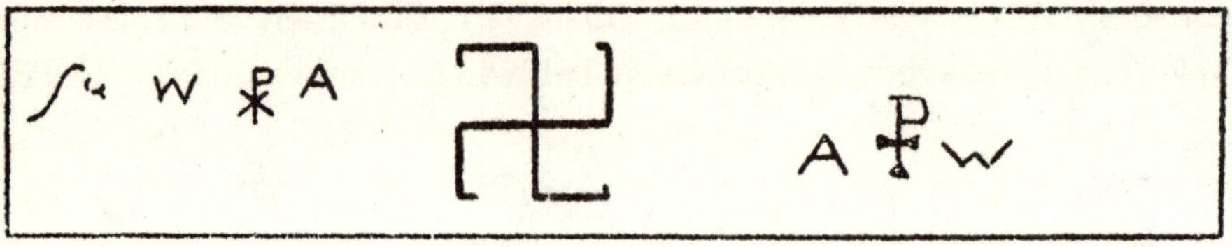

Fig. 11

Nu avem dovezi ale existenței svasticii în India și China înainte de secolul al cincilea î.H. și se pare că aici a fost adusă din zona mediteraneeană. O vedem asociată cu diverse simboluri, unele dintre ele solare, pe așa-numitele amprente ale tălpilor lui Buddha din stupa Amaravati. Se crede că a fost dusă în China și Japonia de budiști și este remarcabil că svastica înscrisă într-un cerc a fost un nou caracter introdus în scrierea chineză de împărăteasa Wu (cca 704–684 î.H.), ca semn pentru „soare".

Svastica a fost frecvent asociată cu venerarea soarelui, iar datorită acestei asocieri a fost utilizată pentru a semnifica mișcarea astronomică în general. Poate că prin aceasta a ajuns să fie recunoscută ca semn de bun augur, al vieții și al norocului. Exista în America înainte de sosirea lui Columb.

Cel mai adesea, svastica este privită ca un semn solar, forma sa fiind interpretată ca semnificând mișcarea de rotație a soarelui. În lumina interpretării psihologice, apare astfel ca un simbol al libidoului. Este interesant de observat că, atunci când brațele svasticii sunt orientate în sensul acelor de ceasornic, ea desemnează principiul masculin și simbolizează soarele, lumina, viața. În India, totuși, brațele sunt uneori orientate contrar sensului acelor de ceasornic; atunci este denumită sauvastika, desemnează principiul feminin și simbolizează noaptea, distrugerea. Vorbind despre această variantă complicată de cruce, ar fi bine să menționăm faptul că, în epocile precreștine, un simplu băț înfipt în pământ era uneori considerat o cruce.

Cercetările arheologice ale lui Mortillet (6) ne confirmă încă o dată existența crucii în Antichitate. În stratul cel mai profund de la Terramares, el găsește rămășițele unei civilizații mult mai vechi decât aceea a etruscilor. În acest strat, care aparține Epocii de Bronz, el găsește rămășițe ale unor ustensile casnice, precum și ale altor unelte pe care crucea apare în forme dintre cele mai variate. În cimitirul de la Villanova, care este datat ceva mai târziu (în jurul Epocii de Fier), el găsește multe dovezi potrivit cărora crucea era folosită ca simbol religios legat de venerarea morților. Mormintele de la Lacul Maggiore reprezintă o probă și mai convingătoare în acest sens. Fiecare mormânt conține cel puțin o cruce, cele mai multe sub forma simplă ✕. Este interesant, de asemenea, că aici se găsește ceea ce mai târziu a devenit monograma sacră a lui Hristos, ☧. În urma observațiilor sale, Mortillet conchide că venerarea crucii era practicată cu mult timp înainte de apariția creștinismului și, prin prisma evoluției sale, din care lipsesc obiectele și idolii vii, el vede crucea ca pe cel mai sacru simbol al unei secte religioase care a respins idolatria cu mult timp înainte de nașterea lui Hristos.

Fig. 12

Fig. 13

Fig. 14

În mormintele din Etruria au fost găsite cruci formate din patru falusuri. O cruce similară apărea sub forma unui vechi simbol fenician și a fost văzută sculptată pe o stâncă din Malta. Aceasta era originara cruce malteză care, totuși, a fost modificată de atunci, în ciuda faptului că semnificația falică rămâne evidentă. Un astfel de tip de cruce (8) a fost găsit lângă Napoli și se crede că ar fi fost purtată de un preot al lui Priapus. Este compusă din patru falusuri și un cerc format din organe feminine în centru (Fig. 12). Inman (8) face o comparație interesantă cu două cruci creștine care par a fi modificări ale acesteia (Fig. 13 și 14).

În Grecia, Platon (9) ne spune că Dumnezeu a tăiat sufletul lumii pe lungime în două părți, pe care le-a unit sub forma literei X (Chi) și le-a întins între cer și pământ. Aceasta era prima literă a numelui zeului lor preferat, fiind ea însăși unul din numele crucii. Observăm, de asemenea, că sceptrul lui Apolo are uneori forma crucii (†). În arta antică, Hercule era reprezentat uneori cărând cele două coloane sub braț astfel încât formau o cruce. Aici, probabil (Robertson, 9), avem originea mitului lui Iisus cărându-și propria cruce la locul de execuție. Un simbol adesea văzut în bisericile grecești și aparent de origine precreștină înfățișează o cruce așezată deasupra unei semiluni (Fig. 15), prima fiind elementul masculin, a doua, elementul feminin.

Fig. 15

Crucea este găsită, de asemenea, în Mexic, Peru și America Centrală. Datorită prezenței sale pe monumentele religioase, primii exploratori au explicat această aparentă răspândire a învățăturii creștine avansând ipoteza că Sf. Toma a vizitat cândva acest teritoriu. Acum se crede, totuși, că simbolul crucii a apărut independent în aceste regiuni. În Mexic, zeitatea Inetzolcoatl era adorată sub semnul crucii (4), care era numită „Copacul Hranei" și „Copacul Vieții". Această zeitate purta, de asemenea, o mantie acoperită de cruci. Părul lui Toze, Marea Mamă, era aranjat cu grijă pe fruntea ei, în bucle ce formau cruci. Conform lui Westropp și Wake (7), și *crux ansata* se găsește în Mexic și este numită „Copacul Vieții". Potrivit lui Robertson (10), zeul mexican era reprezentat de un arbore fără crengi, acoperit cu hârtie vopsită. El menționează și sacrificii prin spânzurarea de un copac, și nu de o cruce. Mexicanii asociau ritualurile religioase cu simbolul crucii. În ritualul de sacrificare a unei fecioare pentru zeița porumbului, preoții purtau pielea victimei care fusese ucisă și țineau brațele întinse în formă de cruce. Copacul sacru era transformat în cruce, pe care era așezată figura zeului salvator, creată din aluat și coaptă.[3] După aceea, aceasta era mâncată. Este indiscutabilă apartenența simbolului crucii la Antichitatea precreștină din Mexic.

---

3 Vezi „Simbolul transsubstanțierii în liturghie" (1941), O.C. 11, par. 340, figura din aluat care era mâncată îl reprezenta pe zeul Huitzilopochtli.

Conform lui d'Alviella (1), în America, crucea este amestecul a două idei înrudite: 1) simbol al celor patru vânturi provenite din punctele cardinale și 2) simbol al copacului lumii, copacului vieții, copacului cărnii, analog scandinavului Yggdrasill, copacul cosmic ale cărui rădăcini înconjurau universul. În Yucatán, Cortez a găsit cruci de zece metri înălțime, iar acestea se crede că erau destinate sacrificiilor aduse soarelui și vânturilor, un vânt ritualic aparținând fiecărui sector al cerului. Zeița aztecă a ploilor purta în mâini o cruce, iar primăvara victimele erau crucificate și deveneau ținta săgeților.

În America de Nord, diverși indieni care aduceau ploaia trasau cruci pe pământ, cu extremitățile spre cele patru puncte cardinale. Picioarele Negre (1) aranjau bolovani voluminoși sub forma unei cruci care îl reprezenta pe „Bătrânul din Soare, cel care domnește peste Vânturi." O cruce găsită pe movilele de scoici din New Mexico are evident un caracter solar sau stelar (Fig. 16, sus). Alte cruci de acest tip apar printre pictogramele indienilor Dakota (Fig. 16, jos).

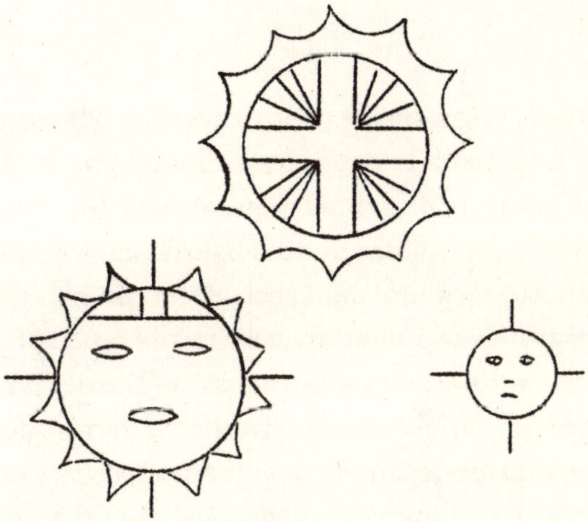

Fig. 16

În calitate de copac al lumii, mexicanii și mayașii o plasau în centrul universului, cu rădăcinile în nemărginirea apelor și cu ramurile în nori, ca și cum ar căuta ploaia. Mexicanii o venerează numind-o „Tatăl Nostru". Parul sacru al populației Omaha exemplifică arborele cosmic, „centrul celor patru vânturi și locuința păsării tunetului". Așezarea morților în copaci, întâlnită la triburile vestice de indieni din America de Nord, are probabil o relație mitică (2) cu plasarea mortului pe arborele vieții, un simbolism pe care îl găsim atât de des în alte teritorii. Ofrandele erau, de asemenea, (10) plasate în copaci. Misionarii (4) din regiunea Golfului Hudson au descoperit că arborele era privit ca un talisman magic și ca un simbol al fertilității. Populația Huron (4) își făcea tatuaje în formă de cruce. Crucea cu mâner a fost, de asemenea, găsită în America (Fig. 17). O separare interesantă a simbolului crucii de un obiect concret este găsită la indienii muyscas[4] și bogotá, care întindeau două sfori în formă de cruce deasupra suprafeței unui râu sau a unui heleșteu și în punctul în care se intersectau aruncau în apă fructe, ulei și pietre prețioase în chip de sacrificiu.

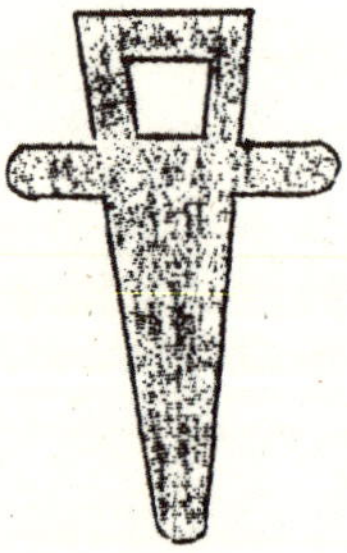

Fig. 17

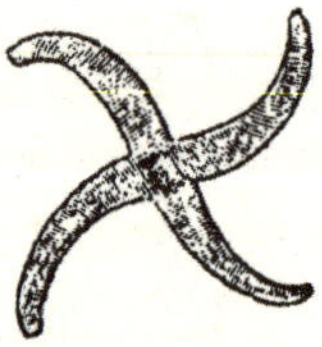

Fig. 18

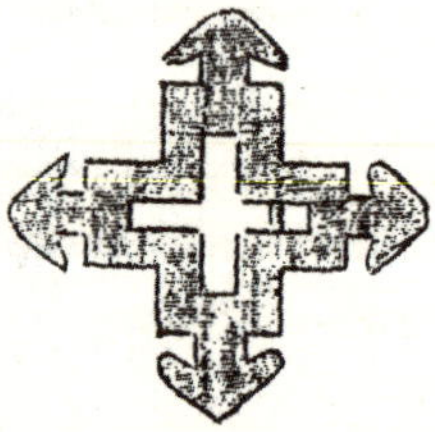

Fig. 19

În Africa Centrală, lingourile de cupru au fost întotdeauna topite sub formă de cruce. Crucea a fost găsită la negrii Bantu înainte de introducerea creștinismului. Negrii Niloti din ziua de azi rad adesea o svastică pe capetele bărbaților (Fig 18.). Printre (10) indigenii din sudul Nigeriei care au practicat sacrificiul uman până la începutul secolului douăzeci, găsim din nou imaginea crucii de-a curmezișul unor eșafoade rudimentare, sub forma crucii Sf. Andrei.

În India, crucea echilaterală alternează cu discul cu raze. Pe o monedă veche găsim o cruce ale cărei brațe se termină cu vârfuri de săgeți (Fig. 19). În legătură cu aceasta, este interesant de menționat că, după Carpenter (5), Krishna se spune uneori că ar fi fost lovit de o săgeată și alteori crucificat de un arbore. Se spune, de asemenea, că locul în care s-a născut Krishna era construit sub formă de cruce și că el a fost înmormântat la confluența a trei râuri care, desigur, formează o cruce.

Inman ne relatează despre un vechi simbol budist foarte interesant, sub formă de svastică (și copiat din *The Journal of the Royal Asiatic Society*), Fig. 20, întruchipând ideea creatoare într-o imagine care amintește de *crux ansata*, dar

---

4 *Sems*: „Muskhogean", așa cum apare în *Psihologia inconștientului* (New York, ediția din 1916), p. 300. (Familia de indieni Muskhogean locuia în sud-estul Statelor Unite). Vezi și O.C. 5, par. 407.

într-o formă mult mai complicată. Fiecare braț reprezintă un falus în unghiuri drepte față de un corp și îndreptat spre sămânța de orz, un simbol al organului feminin, yoni. Fiecare braț este marcat cu același simbol feminin și se termină cu un triunghi, sub care este o conjuncție a soarelui cu luna, ca simbol masculin și, respectiv, feminin. Întregul reprezintă misticul arba[5], „Cuaternitatea creatoare". Alte cruci similare s-au găsit în ceea ce s-au crezut a fi rămășițele Troiei antice.

Fig. 20

Folosirea crucii în India (10) în sacrificiul uman a fost practicată până în 1855 de tribul primitiv Khond. Victima era dusă la un crâng sacru, apoi era fie legată de cruce, fie așezată într-o crăcană formată de o creangă lungă, cu brațele întinse, corpul reprezentând partea verticală a crucii.

Budiștii din Tibet așezau crucea la colțurile străzilor, într-o manieră similară hermelor din Grecia și Roma.

Conform lui Robertson (10), chinezii plasau crucea echilaterală într-un pătrat, acest model reprezentând pământul (Fig. 21). În China se spune că „Dumnezeu a creat pământul în formă de cruce". Un părinte creștin scrie, de asemenea: „Ce altceva este crucea, dacă nu forma lumii în cele patru direcții ale sale? Estul sus, Nordul, brațul din dreapta (privind dinspre cruce), Sudul, brațul din stânga și Vestul, partea de jos." Forma crucii este găsită, de asemenea, în mandala chineză asociată cu reprezentarea universului, zeii fiind așezați deasupra crucii, iar demonii din regiunile inferioare, jos.

---

5 Patru, în lb. ebraică. (N.t.)

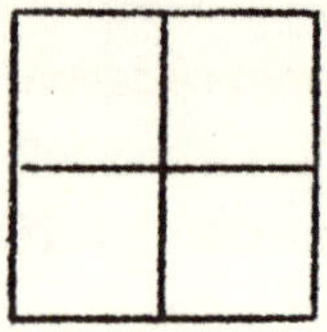

Fig. 21

Crucea apare frecvent în nordul precreștin al Europei. O găsim la gali. Druizii (11), când murea un stejar, îl decojeau și ciopleau trunchiul sub forma unui par, a unei piramide sau a unei cruci și continuau să-l venereze. Totodată, ei căutau stejari care aveau formă de cruce și, atunci când configurația nu era suficient de convingătoare, legau de copac o grindă transversală sau îi modificau crengile astfel încât să formeze o cruce. Churchward (4) relatează despre o cruce druidă *ankh* găsită în Cornwall, afirmând că este similară cu acelea găsite printre dolmenele din Britania. O cruce romană mică a fost mai târziu sculptată pe porțiunea sa superioară (Fig. 22).

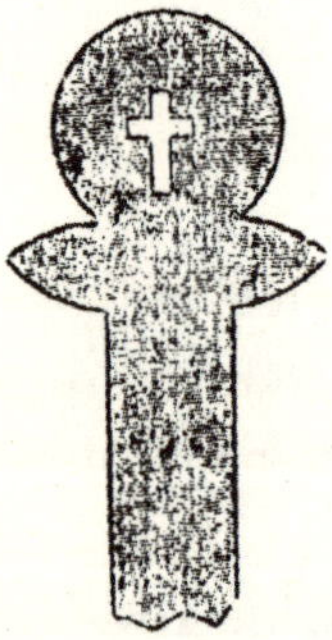

Fig. 22

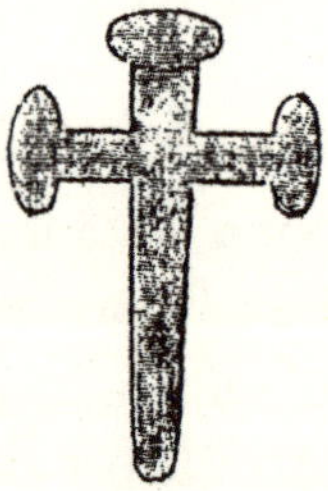

Fig. 23

Fig. 24

Mai la nord găsim populația Laplander (16), care-și însemnează idolii cu o *crux ansata*, trasată cu sângele celui sacrificat. *Crux ansata* se găsește, de asemenea, pe monumentele runice din Suedia și Danemarca.

Pe o statuetă a unei zeități galice găsite în Franța, tunica este acoperită complet de cruci, amintind de mantia lui Inetzolcoatl din Mexic. Acest zeu ține într-o mână un ciocan și în cealaltă, un recipient. Referitor la acest ciocan, se spune (2) că la gali crucea în forma literei Tau simboliza ciocanul lui Thor — nu numai un agent al distrugerii, ci și un instrument al vieții și al fecundității. Același simbol, ciocanul cu două capete, asociat (9) cu Osiris în Egipt și găsit, de asemenea, printre hinduși (7), nu este decât o altă formă a crucii (Fig. 23).

Semnificația crucii în creștinism este de obicei atribuită crucificării lui Hristos. Romanii au preluat acest procedeu de la greci și de la popoarele orientale, care băteau în cuie condamnații pe cruce, lăsându-i acolo până când mureau. Zöckler afirmă că inițial crucificarea era o insultă adresată celor condamnați la moarte, trupurile lor fiind lăsate pradă animalelor și păsărilor. Crucea în forma literei Tau era, de asemenea, folosită drept instrument de tortură și reprezenta ticăloșia condamnatului. Nu putea fi folosită în cazul unui cetățean roman. Probabil că ideea anatemei pe care o găsim uneori asociată crucii provine din acest obicei.

Lăsând deoparte problema ridicată de Robertson (9), dacă întregul episod despre Hristos este sau nu un mit, este evident că lumea era plină de cruci în epocile precreștine și nu pare imposibil să fi devenit rapid cel mai puternic simbol al noii religii; crucea a fost întodeauna așa, iar puterea sa a fost întotdeauna doar puterea spiritului al cărui simbol era. Probabil nu este necesar să subliniez că folosirea sa ca simbol al învierii, interpretarea modernă creștină, nu este deloc nouă. Am mai vorbit deja despre aceasta, dar poate că e bine să menționez aici că Hristos a fost precedat de o întreagă serie de zei spânzurați care, de asemenea, au fost înviați. Ne amintim de spânzurarea lui Attis, Marsyas și Odin, care au renăscut după suferință. Faptul că aceste spânzurări aveau semnificația crucificării este dovedită de folosirea alternativă a celor două cuvinte în perioada creștină antică și timpurie. Robertson (10) vorbește despre o efigie din insula Philae, care-l reprezintă pe Osiris sub forma unui zeu crucificat, jelit de Isis și Nephthys. Dacă ne amintim că arborele este în general un simbol matern (12), semnificația acestui procedeu ne devine clară: eroul este trimis înapoi la mamă pentru a renaște, devenind astfel nemuritor. Copacul este categoric aici Arborele Vieții. Bayley (11), discutând mitul lui Odin, ne arată o reproducere interesantă a unei cruci vechi, unde asemănarea cu arborele este foarte clară (Fig. 24). Jung (12) spune că „nu este de mirare că legenda creștină a transformat arborele morții, crucea, în arborele vieții, astfel încât Hristos era adesea reprezentat pe un pom viu și roditor". Mithras[6] este reprezentat ca fiind renăscut dintr-un copac sau așezat într-unul, aidoma lui Osiris, Dionysos și Adonis.

Zöckler (14) ne spune că, în zorii creștinismului, mersul pe urmele crucii reprezenta încă o realitate foarte dureroasă pentru primii creștini și nu se practica încă venerarea sau adorarea ei. Era un lucru pe care să-l porți, nu la care să te închini. Semnul crucii, totuși, se folosea în popor ca o metodă de alungare a spiritelor malefice și a acelora posedați de diavol. Semne ascunse ale crucii

---

6 Vezi *Psihologia inconştientului* (ediția din 1916), p. 278; O.C. 5, par. 368.

erau plasate pe ornamente, epitafuri etc., iar crucea era răspândită sub formă de obiecte care-i amintesc imaginea în chip de trident; o ancoră sau un vas cu greement; precum și în forme folosite deja de alte culturi, de exemplu *crux ansata* și svastica. Dar crucea nu putea fi înfățișată deschis ca simbol religios, deoarece lumea era încă prea ostilă față de creștinism. După d'Alviella, la sfârșitul secolului al treilea, creștinii l-au reprezentat pe Hristos prin monograma primelor două litere ale cuvântului grecesc ΧΡΙΣΤΟΣ, devenit astfel ☧. Așa a apărut în viziunea lui Constantin și a adus schimbări în semnificația exterioară a crucii. Constantin a avut viziunea unei cruci asociate cu monograma de mai sus, iar pe ultima a adoptat-o ca pe un semn personal. A devenit astfel un stindard al războiului, un semn al suveranității asupra lumii.

Adăugarea unei bare transversale monogramei de mai sus se presupune că îl reprezintă pe Hristos pe cruce, astfel ☧ sau ✳ sau, printr-un proces de simplificare, ⳨ sau + (Se aude, de asemenea, că această monogramă provine din *crux ansata* din Egipt și reprezintă numele unuia dintre zeii lor.)

Pe parcursul domniei sale, Constantin a pus să fie gravată crucea pe monede (2) și, alături de ea, reprezentări ale zeilor Marte, Apolo etc. Mai târziu, crucea a devenit omniprezentă. În secolul al cincilea, *crux ansata* nu se mai întâlnea decât în țările celtice. De asemenea, svastica apare mai puțin frecvent în Europa în această perioadă. Crucea latină și crucea cu brațe egale au fost inițial folosite fără discriminare. Numai treptat prima a început să fie asociată cu Vestul și a doua, cu Estul. Crucificarea, trupul de pe cruce, apare pentru prima oară în secolul al șaptelea. Este un fapt cumva remarcabil (12) că, în reprezentările creștine timpurii, Hristos nu apărea bătut în cuie pe cruce, ci stând în fața ei, cu brațele întinse. S-a sugerat că postura crucificării ar proveni din obiceiul perso-scițian de a ucide un „mesager" pentru zeu, de a-l jupui și de a-l împăia apoi cu brațele întinse. Acesta este analog cu „ambasadorul" evreilor și în ambele cazuri ideea posturii crucii poate proveni din faptul că în limbajul gesturilor și în scrierea pictogramă a sălbaticilor, aceea este atitudinea recunoscută a ambasadorului sau a intermediarului. În măsura în care această postură este cea mai puțin adaptată autoapărării, ea devine semnul completei supuneri și acceptări, în care individul se lasă singur la mila unei puteri mai mari.

În Evul Mediul, crucificarea a devenit una dintre cele mai populare teme ale reprezentării artistice. Totodată, crucea a devenit simbolul riturilor populare, exemplu fiind crucile din piețele germane etc.

Constantin a pus bazele concepției medievale a crucii ca semn al puterii misionare a creștinismului, apogeul căreia a fost atins în vremea cruciadelor. Ridicarea crucii într-un ținut oarecare însemna proclamarea lucrării misionare sau faptul că acel ținut fusese anexat Bisericii. În cele din urmă, crucea a fost sanctificată și venerată și s-a impus în cultul Bisericii. Era un semn al grației protectoare.

În final, crucea a ajuns să facă miracole singură și în jurul ei s-a creat legenda, de parcă ar fi fost o ființă vie. Una dintre cele mai interesante dintre aceste povești apare în secolul al treisprezecelea, în poemul mistic al lui Giacomo da Varaggio.[7] Arta religioasă a acelor timpuri era intens simbolică și formalizată.

Reforma a adus o mare schimbare în interpretarea crucii. A ajuns să semnifice suferința și durerea trimise de Dumnezeu pentru a îndemna omul la căință, astfel încât să poată recunoaște ajutorul Domnului și să-i sporească credința. Nu Crucea lui Hristos trebuie omul să o poarte, ci pe a lui însuși (Luther). Biserica Reformată se opunea tuturor reprezentărilor figurative ale crucii. Prin influența acesteia, arta creștină a suferit o schimbare majoră în reprezentările Patimilor lui Hristos: a devenit mai realistă, mai puțin simbolică.

Din scurta trecere în revistă de mai sus, observăm multitudinea de semnificații ale crucii. Imaginea omului cu brațele întinse și tot ceea ce sugerează această postură sunt reproduse de cruce. O vedem ca pe un semn al ploii și al fecundității. Joacă un rol în cultul soarelui. Este un semn important pentru îndepărtarea maleficului. Este cea care aduce în chip magic fertilitatea. O regăsim din nou ca pe Arbore al Vieții — nu numai semnul vieții, dar, de asemenea, simbolul nemuririi. Aceste multiple semnificații ale crucii pot fi aduse la un numitor comun numai înțelegând crucea ca pe un simbol al libidoului. Arborele Vieții și Crucea au fost întotdeauna în mod misterios identificate drept simboluri falice, dar nu trebuie considerate neapărat astfel, deoarece o reprezentare al libidoului poate căpăta un înțeles falic specific, adică poate fi aplicată într-un sens restrâns, sexual. Majoritatea specialiștilor s-au întrebat dacă există vreo legătură între cruce și cele două bucăți de lemn folosite în vechime la producerea religioasă a focului. Acceptând teoria libidoului, această relație nu pare deloc neverosimilă, deși este o relație prea complexă pentru a fi discutată aici. Crucea exprimă cu siguranță ideea de uniune (evidentă mai ales sub forma de crux ansata), deoarece această idee aparține în mod special conceptului de renaștere eternă care, așa cum am văzut, este intim legat de cruce.

Pare clar că, prin semnificația sa fundamentală și prin funcțiile sale conexe, crucea este fără îndoială un simbol al libidoului. Am presupus o oarecare

---

[7] Cunoscut şi sub numele de Jacobus de Voragine. Probabil că este vorba de poemul său, *Golden Legend*.

înțelegere a teoriei libidoului din partea cititorului, deoarece aprofundarea aspectelor psihologice ale acestei chestiuni ar depăși subiectul acestei lucrări.

Bibliografie[8]

1. Goblet d'Alviella, (conte) Eugène. *The Migration of Symbols*, 1894.
2. *The Encyclopedia of Religion and Ethics*. Ed. James Hastings, 1910.
3. Westropp, Hodder M. *Primitive Symbolism as Illustrated in Phallic Worship or the Reproductive Process*. 1885.
4. Churchward, Albert. *Signs and Symbols of Primordial Man*. 1913.
5. Carpenter, Edward. *Pagan and Christian Creeds; Thier Origin and Meaning*. *n.d.*
6. Mortillet, Gabriel de. *Le Signe de la Croix avant le Christianisme*. 1866.
7. Westropp, Hodder M. și C.S. Wake. *Ancient Symbol Worship. Influence of the Phallic Idea in the Religion of Antiquity*. 1875.
8. Inman, Thomas. *Ancient Pagan and Modern Christian Symbolism*. 1874.
9. Robertson, John Mackinnon. *Christianity and Mythology*. 1900.
10. Robertson, John Mackinnon. *Pagan Christs. Studies in Comparative Hierology*, ediția a 2-a, 1911.
11. Bayley, Harold. *The Long Language of Symbolism*. 1912.
12. Jung, Carl Gustav, *Psihologia inconștientului*. 1916.
13. Baldwin, Agnes (dra Brett). *Symbolism on Greek Coins*. 1916.
14. Zöckler, Otto. *The Cross of Christ*. Tr., 1877.
15. Blavatsky, Helena Petrovna. *The Secret Doctrine*. 1888.
16. Knight, Richard Payne. *The Symbolical Language of Ancient Art and Mythology*. 1876.

Dr. Jung: Vă mulțumesc pentru raportul dumneavoastră excelent și foarte cuprinzător din domeniul istoric și etnologic; este, într-adevăr, un potop copleșitor de informații. Aș fi dorit numai să fi pătruns mai mult în teoria libidinală a simbolului. Este un simbol atât de universal, încât acoperă o arie enormă de gândire și este extrem de dificil să înțelegi ce înseamnă. Așa cum spuneți, putem merge înapoi pe firul simbolului până în timpuri preistorice. Printre vestigiile preistorice din Landesmuseum de aici, din Zürich, se numără roțile solare descoperite în vecinătatea sa și care datează din Epoca Bronzului. Ele sunt niște

---

[8] Referințele au fost verificate şi, unde a fost cazul, corectate.

simple roți mici, cu un diametru de aproximativ zece centimetri, cercuri cu patru raze, cea mai veche formă a crucii. Erau probabil purtate ca un fel de amulete.

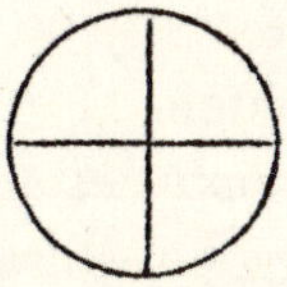

De mult mai devreme, din Paleolitic, datează acele remarcabile picturi de pe pereții stâncilor (în peșterile din Altamira, din Spania, de exemplu), reprezentări naturaliste ale unor animale — calul, renul, mamutul etc. Și un minunat desen rupestru care înfățișează un rinocer cu păsări-căpușă a fost descoperit în Rhodesia;[9] mai este unul care înfățișează un rinocer în timp ce atacă, ai cărui mușchi sunt tensionați, și care este extraordinar de natural. Observi la unele dintre aceste desene de animale că nu au picioare și singura explicație este că ei nu le vedeau pentru că erau ascunse în iarbă; deci aceștia au fost primii impresioniști, un artist modern nu ar fi putut-o face mai bine. Au o vârstă respectabilă, fiind datate probabil cu cincizeci sau șaizeci de mii de ani în urmă.

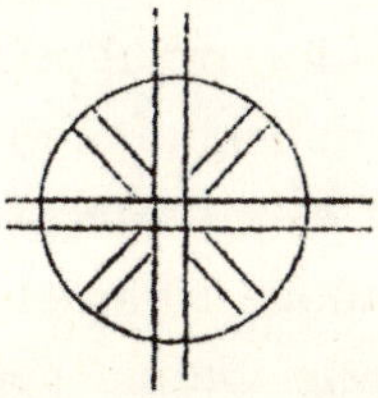

Pe lângă reprezentările din natură, în Rhodesia a fost descoperit recent și un cerc cu o cruce dublă în interior. Presupunând că acești oameni erau capabili să producă naiv astfel de imagini inspirate din natură, unde văzuseră ei această cruce, pentru a o desena? Aceeași rasă a produs acest simbol, o idee din cele mai abstracte. Cum vă explicați acest lucru? Putem spune că primul filosof s-a așezat și a început să se gândească la soare ca la o roată care se învârte prin cer. Dar pe vremea aceea nu existau roți, deoarece căruța a fost inventată mult mai

---

9 În mod evident, Jung a văzut fotografia de dimensiuni mari a desenului rupestru al rinocerului cu păsările-căpuşă, publicată în *Illustrated London News*, 14 iulie 1928, p. 72–73, la scurt timp după descoperirea sa în sud-vestul Transvaalului (Africa de Sud). Desenele rupestre sau petroglifele în formă de roată, despre care vorbeşte puţin mai sus, au fost de asemenea publicate în *Illustrated London News*, 20 aprilie 1929; şi ele au fost descoperite în Transvaal. Acestea includ forme ce ar putea fi numite stea, cruce şi soare. O petroglifă din aceeaşi zonă, realizată în cercuri concentrice, este înfăţişată în *C.G. Jung: Word and Image*, p. 80. Pentru comentarii referitoare la astfel de artefacte, vezi „Despre bazele psihologiei analitice“ (1935), O.C. 18/1, par. 81, nota 6.

târziu, în Epoca de Bronz, probabil. Sau poate că a mers mai departe și s-a gândit la cele patru puncte cardinale ale orizontului. Dar nu poți proiecta o mentalitate târzie în acești oameni primitivi, este exclus, așa că trebuie să presupunem că au văzut acel lucru, că a fost o viziune.

Primitivul are o percepție imediată nesofisticată, nu numai a lucrurilor exterioare, dar și a lucrurilor interioare, partea subiectivă a procesului apercepției. Capătul extern al procesului este numit obiect real, dar mai există și o parte subiectivă, care se află în interior. Ați fi uimiți dacă v-ați putea vedea așa cum vă văd eu, de exemplu, la fel cum aș fi și eu dacă mi-ați spune cum mă vedeți dumneavoastră. Acești oameni primitivi aveau o percepție atât de vie, încât puteau reproduce într-un mod uimitor ce vedeau. A fost nevoie să treacă mii de ani — abia foarte târziu în dezvoltarea artei au putut fi din nou produse desene atât de naturaliste. Cu o astfel de percepție a obiectului, trebuie să presupunem că aveau în general o capacitate vizuală foarte bună, inclusiv a celor aflate în interior. Există o teorie bine-cunoscută despre desenele din peșteri, și anume că reprezintă imagini magice, de fapt fantomele animalelor, care au fost reunite în peșteră în scopuri magice, probabil pentru a asigura abundența vânatului, care, evident, era o trebuință vitală pentru omul primitiv.

Observăm un comportament asemănător la primitivii din ziua de astăzi. Un misionar adăpostea un băiat negru care își pierduse recent mama și seara, când se așezau lângă foc să mănânce, băiatul întotdeauna punea mâncare deoparte pentru ea și vorbea cu ea. Misionarul îi spunea: „Mama ta nu este aici“, iar băiatul răspundea: „Ba este aici, fiindcă vorbește cu mine“. El îi auzea vocea și îi transmitea misionarului cuvintele ei. Băiatul acela avea o percepție subiectivă. Dacă i s-ar fi cerut să își deseneze mama, el ar fi desenat, normal, o femeie, și cum am fi putut ști că reprezenta de fapt o fantomă?

Deci, atunci când picturile sunt atât de vechi și nu scrie nimic sub ele pentru a indica ce reprezintă, nu știm dacă acele desene din Dordogne sunt animale reale sau animale fantomă. E posibil să se fi gândit că animalele se adună acolo unde sunt fantomele; ținând fantomele la un loc, presupuneau că animalele se vor afla și ele în aceeași zonă. Primitivii procedează la fel acum; nu îndrăznesc să-și părăsească locurile de baștină, unde se află propriile lor fantome ancestrale, și să meargă în țări străine, unde fantomele le-ar putea fi ostile. Deci poate că acei oameni au presupus că, supraveghind fantomele, vor obține toată mana, sănătatea, fertilitatea, asociate ideii de spirite ancestrale. Nu avem niciun mijloc de a discerne, de a ne face o opinie reală despre picturile acelei epoci, de a ști dacă reprezintă animale reale sau animale fantomă văzute din interior.

Sunt două feluri de imagini văzute din interior: imagini oglindă sau imagini amintiri ale lucrurilor care au fost văzute în realitatea obiectivă, care nu pot fi deosebite de desenele ce înfățișează imagini reale; și, pe lângă acestea, putem vedea imagini abstracte sau modele provenite direct din inconștient, așa cum sunt triunghiurile sau cercurile sau orice altă formă geometrică. Deci, ambele percepții pot fi găsite și la omul primitiv — imagini concrete și decoruri abstracte. Te întrebi adesea unde găseau astfel de figuri geometrice complicate, triunghiuri și pătrate și cercuri, care nu apar în natură, cu excepția, poate, a cristalelor. Ele sunt produse ale procesului de gândire. Prin urmare, eu presupun că această cruce este în realitate o fantomă — o realitate psihică în paleolitic. Nu putem spune că era pur și simplu o roată; este mai plauzibil ca roata să fi fost descoperită printr-o viziune abstractă. Aceasta este numai o presupunere, dar sunt anumite dovezi în sprijinul ideii că lucrurile au stat probabil așa. Deci, omul paleolitic a văzut un lucru complet abstract, o adevărată fantomă, care l-a impresionat foarte mult, la fel cum a fost impresionat și misticul creștin de viziunea sa în care Hristos îi apărea pe cruce cu brațele întinse; sau Sf. Hubert, care a văzut crucea între coarnele unui cerb.[10]

Întrebarea este ce reprezintă acel lucru? Este cu siguranță cel mai vechi simbol cunoscut nouă și atât de abstract, încât în lipsa unui context sau a unui material ajutător este imposibil de explicat. Dar, dacă îl urmăm de-a lungul secolelor până în vremurile moderne, obținem nu numai o istorie completă a acestei entități psihice, ci și o înțelegere aproape exhaustivă a uriașei sale importanțe.

Dna Sawyer: Poate că le-a venit ideea de la razele soarelui.

Dr. Jung: Putea fi soarele sau o stea. În Babilon, astfel de forme erau utilizate ca podoabe ale regilor. Dar dacă omul primitiv din acele vremuri timpurii și-ar fi reprezentat numai soarele, ar fi realizat o imagine naturalistă a lui, precum un glob sau un cerc cu un număr infinit de raze. Nu ar fi văzut în el crucea. Aceasta ar fi apărut mii de ani mai târziu, probabil de la roată. Interesant este că, în vremurile acelea atât de tributare naturii, a putut fi produs un simbol atât de abstract, cu acele diviziuni anume.

Există alte simboluri abstracte care pot fi explicate, la fel cum se poate explica faptul că scrierea pictografică egipteană a devenit scrierea hieroglifă și, în cele din urmă, araba modernă, în care hieroglifele s-au transformat în scris obișnuit. Astfel de simboluri sunt un fel de abrevieri tocite; putem vedea chiar

---

[10] Sf. Hubert (d. 727) din Liège, patronul vânătorilor. Conform legendei, întâlnirea sa cu cerbul în timp ce vâna în Vinerea Mare l-a determinat să se convertească.

noi cum anumite lucruri degenerează în formele lor obișnuite sau abreviate. Atunci apare o anumită depotențare a simbolului, își pierde valoarea originală. În trecut, în China, numai oamenii sfinți și preoții știau să scrie și astfel toate bucățile de hârtie erau păstrate, deoarece scrisul era sacru. Iar acesta avea un caracter frumos și venerabil, așa cum putem încă observa. Dar scrisul nostru actual nu mai are nimic venerabil, și-a pierdut importanța simbolică.

Însă acest simbol, crucea, nu și-a pierdut valoarea; importanța sa a crescut de-a lungul secolelor. Nu este tocit, nu poate fi explicat printr-un proces degenerativ. Din contră, este un simbol etern viu. Aceia dintre dumneavoastră care își desenează materialul inconștient[11] știu cât de des joacă acesta un rol copleșitor în analiza noastră, chiar și pentru acei oameni care se consideră cu mult înaintea creștinismului tradițional; este cât se poate uimitor să-i vezi începând să-i deseneze simbolul, crucea. A apărut, așa cum am văzut, în trecutul îndepărtat și importanța sa uriașă nu i-a fost niciodată știrbită. Poate fi găsit în toate cele patru colțuri ale pământului, chiar și în Mexic, înainte de sosirea creștinismului. Când au sosit, conchistadorii și preoții spanioli s-au gândit că diavolul le-a luat-o înainte, învățând oamenii să venereze crucea, așa cum se presupune că ar fi făcut cu șapte sute de ani înainte de Hristos. Părinții creștini spun că, în Grecia, diavolul a anticipat venirea lui Hristos prin mitul lui Dionysos, astfel încât, atunci când a sosit adevăratul Mântuitor, ei au putut spune: „Diavolul ne-a învățat deja asta". Preoții au crezut că era același vechi șiretlic, că Satana s-a arătat din nou și i-a învățat să facă cruci. Acesta este unul dintre motivele pentru care au distrus minunata și vechea civilizație mayașă; de exemplu, în prezent nu se mai cunosc decât decât două litere din alfabetul lor.

Simbolul crucii are o extraordinară universalitate, o putere mistică de neînfrânt, paranormală am putea-o numi, exprimând din nou și din nou un fapt psihic primordial în om. Pentru a ști ce poate fi acel fapt, am făcut efortul de a-l însoți de-a lungul istoriei, urmărind răspândirea sa etnologică. Informația oferită de dr. Barrett astăzi provine din toate aceste zone. Din acest material știți că ea simbolizează soarele atunci când este înconjurată de un cerc; este un simbol al vieții; de asemenea, al sexualității; este o schematizare a formei umane; este un arbore; este pământul și, mai abstract, fecunditatea; de asemenea, roata,

---

11 Adică, aceia care recurg la ceea ce Jung a numit „imaginație activă", o tehnică psihoterapeutică ce implică o „submersie conştientă în inconştient, ale cărui conținuturi sunt apoi observate, descrise, ... pictate, modelate, uneori dansate ... şi contemplate în meditație" (Aniela Jaffé, în C.G. Jung, *Word and Image*, p. 115).

ciocanul, toporul și multe altele. Aceasta este o colecție de obiecte disparate. Cum pot avea ele vreo legătură unul cu altul?

Seamănă cu acele faimoase relatări realizate de Lumholtz în cartea sa *Unknown Mexico* (*Mexicul necunoscut*)[12], unde anumite triburi indiene au o idee bizară despre identitatea a trei lucruri complet diferite — *hikuli*, porumbul și cerbul sunt identice, de exemplu.[13] La fel este și cu indienii din Brazilia, care se autointitulează papagali roșii. Nu sunt păsări și nu stau în copaci, dar nu contează. Ei spun: „Da, avem formă umană, dar suntem papagali roșii".[14] Probabil că simt o identitate interioară, ceva aflat dincolo de formă. Desigur că noi nu putem concepe cum lucruri complet diferite pot fi identice.

M-am lovit de aceeași enigmă în privința negrilor primitivi întâlniți pe Muntele Elgon. Presupusesem că erau adoratori ai soarelui, dar ei au râs de mine de parcă spusesem o prostie fără seamăn. Nu știam ce să cred. Dumnezeu este numit soarele, *adhista*, și nu *mungu*, ceea ce credeam că înseamnă Dumnezeu în swahilli. Pentru a arăta ca *adhista* era Dumnezeu, ei spuneau *adhista mungu*. Dar, de vreme ce la răsărit i se spunea *mungu*, de ce nu și la apus? În cele din urmă, am descoperit că era vorba de răsăritul soarelui, nu de soare, era acel moment aparte, iar ei se aflau *înăuntru*, era starea lor emoțională subiectivă conectată cu răsăritul soarelui.[15] Deci, ideea este că cele mai deosebite obiecte pot fi aduse împreună dacă sunt comparate dintr-un anumit punct de vedere subiectiv, precum este valoarea lor, de exemplu. Putem spune că lucrurile care au același preț sunt la fel, sunt interșanjabile. Dar gândiți-vă la un primitiv care știe doar de monede, spuneți-i că o sută de franci de aur și o bancnotă de o sută de franci sunt același lucru și va râde de dumneavoastră. Oamenii au fost nevoiți să se obișnuiască cu ideea. Monedele și hârtia sunt lucruri complet diferite, dar avem același sentiment subiectiv, fie că este vorba de o monedă de aur sau de o bancnotă. Și așa, în viziunea primitivului, pentru care aspectul subiectiv este de importanță imediată și supremă, nu contează că lucrurile sunt diferite din punct de vedere concret, contează doar că obține aceeași emoție de la ele — lucrurile cele mai diferite se încadrează toate în același domeniu, ca să spunem așa.

---

12 Carl S. Lumholtz (Londra, 1903).

13 Pentru o detaliere a acestei afirmații, vezi „Despre energetica sufletului" (1928), O.C. 8, par. 121, și n. 79. *Hikuli* înseamnă „mescalină" în limba mexicanilor Huichol.

14 Jung a citat din nou acest exemplu în ultima sa operă, *Omul și simbolurile sale* (Trei, 2017), dar și în O.C. 18/1.

15 Ibid., par. 551.

Mana poate fi vocea șefului sau respirația sa este mana, soția șefului este mana, scaunul lui, coliba lui, toate sunt mana. O lance, o canoe, fulgerul, un anumit copac — toate sunt mana. Dacă aud gramofonul, ei spun *mulungu*.[16] Aceste lucruri diferite sunt identice în ceea ce privește mana, ei au aceeași atitudine față de toate. Se prosternează în fața lor, au grijă să nu le atingă sau respectă alte ceremonii, deoarece sunt mana. Când se pune problema de mana, nu contează ce obiecte sunt, ci numai emoția subiectivă. Uneori este mana astăzi, iar mâine nu mai este. Obiectul devine din nou doar un obiect concret. De exemplu, să presupunem că un indigen găsește o canistră veche de ulei, îi dă cu piciorul și două săptămâni mai târziu se îmbolnăvește. Apoi începe să se gândească la faptul că acea canistră era mana și nu ar fi trebuit să o jignească. Așa că își trimite băiatul la obiectul acela din pădure cu o ofrandă de fructe și ulei pentru a o îmbuna, iar acum este foarte respectuos când trece pe lângă ea.

Mai este și povestea vechii ancore aruncate pe mal. Un negru rupsese unul din capetele ascuțite ale acesteia, pentru a-l folosi la un plug, și curând după aceea se îmbolnăvi. Atunci știu că ancora avea mana, așa că duse înapoi vârful rupt, plin de respect, iar după aceea o saluta întotdeauna, făcând o plecăciune adâncă ori de câte ori trecea pe lângă ea. Imediat ce sunt mana, lucrurile cele mai diferite devin identice, făcând toate parte dintr-un proces divin. Putem observa aceeași atitudine în propriul nostru psihic. De exemplu, un bărbat cu un complex matern își vede mama în aproape orice femeie în vârstă sau într-un anumit tip de femeie, chiar și în propria-i fiică. Toate sunt identice, toate sunt la fel, similare. Deși nu le conștientizăm, astfel de lucruri se întâmplă zilnic.

Șeful de trib Pueblo a încercat mult timp să găsească o comparație convingătoare pentru a-și exprima sentimentele față de soare. În cele din urmă, a spus: „În munți, un om nu ar putea nici măcar să-și aprindă focul dacă nu ar fi soarele." Lemnul nu ar arde, nici copacii nu ar crește fără soare, așa că soarele și viața sunt identice. Și sexualitatea înseamnă viață, produce copii, așa că soarelui i se atașează uneori un falus ca simbol al puterii generative.[17] Viața, forma umană, omul, viul, produsul fertilității, chiar și zeii au formă umană. De asemenea, copacul simbolizează viața. Este viu, aidoma unei ființe umane, cu un cap,

---

16 Ibid., unde Jung afirmă că termenul *mungu* din limba swahilli provine din polinezianul *mulungu*. Vezi, de asemenea, mai sus, 20 februarie 1929, n. 3.

17 Pentru prima relatare făcută de Jung referitoare la falusul soarelui, apărut în halucinația unui psihotic în jurul anului 1906, vezi O.C. 5, par. 151. Acesta a devenit un caz clasic pentru Jung în 1910, când a găsit o referință la un tub solar în vechea liturghie mithraică. Vezi și „Structura sufletului" (1927), O.C. 8, par. 317–319 și „Conceptul de inconștient colectiv" (1936), O.C. 9/1, par. 105.

picioare etc. și trăiește mai mult decât omul, așa că este impresionant, copacul are mana. Arborii de bumbac din pădurea africană ating o înălțime fabuloasă și, de regulă, sunt priviți cu venerație. Copacii vorbesc, în multe triburi oamenii se duc și vorbesc cu arborii, se identifică cu ei. Înainte, când un copil se năștea, se planta un copac și, dacă trăia copacul, trăia și copilul — un alt caz de identitate. Prin fructele lor, copacii sunt hrănitori, așa că dobândesc o calitate maternă. Există o legendă de sorginte germană potrivit căreia frasinul și alunul au fost primele două ființe umane și aceeași poveste despre un copac de sex masculin și unul de sex feminin apare în mitologia persană — acestea au fost ființele umane originare. Apoi mai este copacul lumii, Yggdrasill, cu rădăcinile în pământ și crengile în Ceruri; viața a apărut din acest copac și, la sfârșitul lumii, ultimul cuplu va fi îngropat în Yggdrasill; viața umană începe și se sfârșește în copac.[18]

Același lucru e valabil și pentru pământ. Este productiv, fertil, evident un dătător de viață matern, așa cum soarele este viață și sexualitate. Prin funcție, ele sunt identice. Toate aceste lucruri au aceeași funcție, aceeași valoare, așa că sunt identice. Instrumentele care au căpătat o valoare simbolică au devenit uneltele primitivilor. Roata, ciocanul, toporul — acestea au fost primele unelte și ele sunt, de asemenea, purtătoare ale vieții, conțin spirit. Halebarda mea îmi salvează viața. În anumite limbi primitive, este adăugat un prefix sau un sufix la numele uneltei sau armei mele, vrând să spună că este vie; sabia mea este vie, a ta este moartă. Deci, toate uneltele trăiesc cu adevărat pentru că sunt de ajutor traiului nostru. Roata este o astfel de invenție importantă — încercați să trăiți fără ea și veți vedea! Trăiți într-un cadru primitiv și vedeți ce se întâmplă când pierdeți o unealtă de femeie atât de simplă precum este acul. Ați plăti bucuroși o sumă exorbitantă pentru el. Armele sunt apărători ai vieții împotriva atacului animalelor sălbatice. În civilizație minoică, halebarda era venerată ca unul dintre cele mai sacre obiecte. Minoienii se pricepeau la sculptat lemnul; la etajele superioare, marele palat al lui Minos era construit din lemn.

Observăm deci că soarele, viața, sexualitatea, ființa umană, roata, ciocanul, toporul, toate acestea și încă multe altele sunt identice deoarece funcționează în același fel. Și crucea le simbolizează pe toate, le conține pe toate, toate sunt reproduse sub forma crucii. Ea reprezintă în mod direct parcursul vieții unei persoane și, deoarece este viață, este de o importanță majoră. Primitivii, temându-se că aceasta va lua sfârșit, aduceau sacrificii izvorului vieții, iar acesta era centrul

18 Referitor la Yggdrasill, frasinul din mitologia nordică, vezi *Simboluri ale transformării*, O.C. 5, par. 349, 367, și „Arborele filosofic“ (1945), O.C. 13, par. 461.

crucii. Indienii fac o cruce din două frânghii așezate deasupra unui heleșteu și realizează sacrificiul chiar în mijloc, acesta ajungând direct la izvorul dătător de viață. Ei îl hrănesc pentru ca sursa vieții să curgă din nou. Iar crucea este un simbol apotropaic. Este folosit pentru protecție, pentru îndepărtarea răului aducător de moarte; dacă te afli în posesia dătătorului de viață însuși, răul nu are putere asupra ta. Oamenii se mai închină încă atunci când sunt în pericol sau pe vreme de furtună. În timpul recentelor tulburări din Ierusalim[19], creștinii au pus cruci pe ușile lor pentru a-i proteja împotriva arabilor.

Acum vom trage concluzia. De ce este sursa vieții reprezentată de cruce?

Dr. Barett: În tendința omului de a antropomorfiza toate concepțiile sale despre viață, el își reprezintă propria imagine sub formă de cruce.

Dr. Jung: Crucea ar fi, așadar, omul ca sursă de mana? Așa ceva ați vrut să spuneți? În sexualitate, cu siguranță omul are experiența creatorului. Sexul este unirea a două principii diferite, actul sexual este întâlnirea a două direcții opuse. Asocierea crucii cu sexualitatea este dovedită de crucile falice pe care le-a menționat dr. Barrett, deci, atâta timp cât viața izvorăște din sex, omul se simte un dătător de viață prin sexualitate.

O altă sursă a fertilității vieții este pământul. Pentru omul primitiv timpuriu, pământul era plat, iar orizontul său era văzut ca un cerc. În civilizația mai avansată a indienilor nord-americani, pământul este reprezentat ca un cerc, pe care ei notează cele patru puncte cardinale. Firesc, observatorul se află întotdeauna în centrul acelui cerc sau al acelei cruci. Deci, se ajunge din nou la simbolul crucii înscrise în cerc. Dacă imaginea omului reprezintă o cruce, cercul din jurul său reprezintă cel mai probabil orizontul. Se poate, de asemenea, să fie un cerc magic trasat în jurul omului ca imagine a manei. Imaginile manei sunt într-un fel întotdeauna tabu. Îmi imaginez că astfel a luat naștere cumva așa-numita roată solară. Mana omului, a pământului, a copacului și așa mai departe — viața în orice formă — era reprezentată de cruce și de cerc, aparent datorită asemănării dintre forma omului și a copacului cu o cruce și, în ceea ce privește pământul, datorită împărțirii orizontului. (În astologie, semnul pământului este ♁ și pentru Venus ♀.)

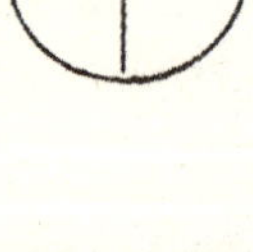

19 Un conflict iudeo-arab din anul 1928, pentru revendicarea Zidului Plângerii.

Dar aceasta ar explica simbolul prin obiectivarea sa și eu mă întreb de ce este dătătorul de viață simbolizat prin cruce. Simbolizează nu numai soarele, ci și sexualitatea, punctele cardinale ale orizontului sau forma umană, dar nu toate acestea sugerează cu necesitate crucea. Nu este foarte clar de ce ar trebui să reprezinte toate aceste obiecte mana. Gândiți-vă la fenomenele electrice neobișnuite, precum fulgerele, luminile polare și așa mai departe, toate au legătură cu electricitatea, dar ce este electricitatea? Crucea desemnează esența tuturor acestor obiecte, așa cum electricitatea desemnează esența, forța sau puterea în toate manifestările ei diferite.

Dr. Barrett: A existat o idee intuitivă că simbolul adecvat pentru acestea e crucea?

Dna Baynes: Nu trebuie să vă întoarceți la viziunea originală a primitivului, la intuiție?

Dr. Jung: Da, se pare că exprimarea sursei de mana prin intermediul crucii a fost una dintre cele mai originale intuiții ale omului. În *Timaios*, Platon spune că, atunci când Demiurgul a creat lumea, a divizat-o în patru părți și apoi le-a cusut din nou împreună în formă de cruce.[20] Aici, originea lumii este asociată cu semnul

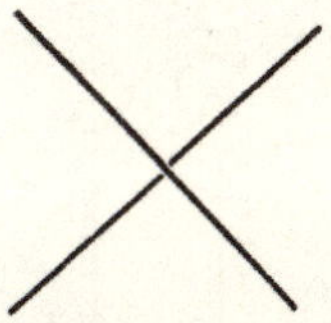

crucii, gestul originar de a da viață. Pitagora, care a trăit înaintea lui Platon, spune că numărul fundamental este patru, *tetraktys*, care era considerat de pitagoricieni o entitate mistică. În Egipt, opt era cel mai sacru grup de zei, Ogdoada. Acolo, la nașterea lumii, asistă *patru* maimuțe și *patru* broaște țestoase. Horus, soarele care răsare, are patru fii. Patru poate fi găsit în legenda paradisului, unde patru râuri curgeau din Eden[21] — sursa vieții. Prin urmare, de vreme ce patru este unul dintre numerele primitive care au fost pentru prima dată vizualizate geometric în epoca preistorică, când numărătoarea abstractă nu fusese inventată, probabil că oamenii vedeau crucea sub formă de patru: •⁚• sau: ⁚ ⁚. Această figură sugerează crucea tipică: + și ×. Deci, numărul patru și crucea sunt probabil identice.

---

20 *Timaios*, 36B. Vezi „Încercare de interpretare psihologică a dogmei Trinității" (1940), O.C. 11, par. 190, și diagrama aferentă în *Simboluri ale transformării*, O.C. 5, par. 404, 406.

21 În *Aion*, O.C. 9/2, par. 353, cele patru râuri sunt Gihon, Pison, Hiddekel și Eufrat.

Ideea mea este că simbolul crucii nu provine din vreo formă *exterioară*, ci dintr-o *viziune endopsihică* a omului primitiv. Natura neobișnuită a viziunii exprimă, pe cât de bine o poate omul înțelege, calitatea esențială a energiei vieții așa cum apărea nu numai în el, ci în toate obiectele sale. Mie mi se pare complet irațional faptul ca energia vitală să fie asociată în vreun fel cu crucea sau cu numărul patru. Nu știu de ce este percepută astfel; știu numai că dintotdeauna crucea a însemnat mana sau forța vitală.

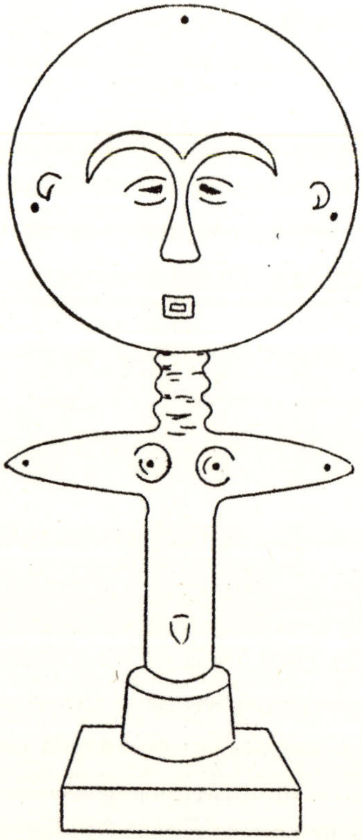

Figură din lemn reprezentând un zeu.
Din Accra, Gold Coast [în prezent, Ghana]

Sabie ceremonială din lemn.
Din Batak, Sumatra [Indonezia]

Mască (lemn).
Indienii Opaina, nord-vestul Braziliei

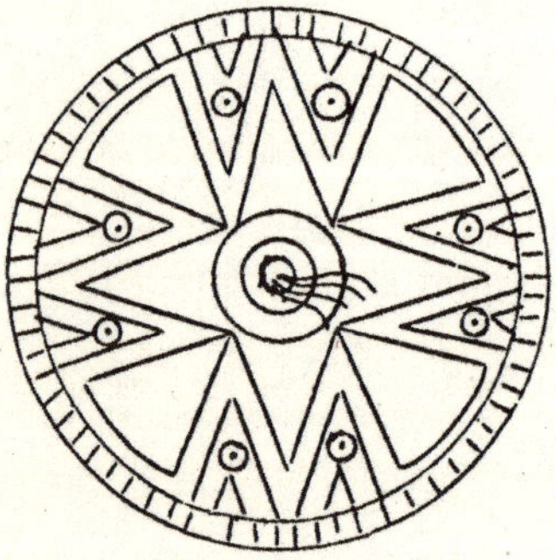

Boneță folosită pentru a influența spiritele orezului.
Celebes [Indonezia]

Model pe un vas de lut.
Egipt, 1580–1350 î.H.

Prelegerea a VI-a. 13 noiembrie 1929

Dr. Jung:
Vom dedica seminarul de astăzi raportului dr. Harding despre lună.

Simbolismul semilunii și semnificațiile sale psihologice[1]

Înainte de a citi această lucrare despre semilună aș dori să fac o serie de remarci referitoare la natura problemei cu care s-a confruntat grupul. În cazul crucii, așa cum am înțeles cu toții când am ascultat lucrarea dr. Barrett, problema era aceea de a corela un volum enorm de materiale. Simbolul crucii este relativ ușor de urmărit. Apare peste tot, în aproape orice epocă și cultură, în artă și literatură și pe monumente. Material era din plin, iar sarcina grupului era să-l descopere și să-i dea o formă. Crucea se pretează la un astfel de tratament, deoarece simbolizează energia și este asociată cu ideea de arme — sabia, ciocanul, toporul. Aceasta este o cale cu adevărat masculină de a trata un simbol masculin.

Dar problema semilunii este foarte diferită. Materialele despre ea sunt puține. Nu apare nicăieri în artă și literatură în modul prolific și evident ce caracterizează materialul despre cruce. Am găsit legende a căror semnificație era subtilă, ascunsă, la fel de subtilă și de evanescentă ca însăși lumina lunii. Nu o putem aborda cu dalta și ciocanul, în modul nostru masculin, teoretic. Prin urmare, apelez la indulgența dumneavoastră dacă acest subiect extrem de feminin este tratat într-un mod exclusiv feminin.

Haideți să începem cu motivul pentru care ne interesăm de simbolismul semilunii. Visătorul a ajuns într-un loc unde își surprinde pe deplin natura duală. Pe de o parte, studiile sale intelectuale și spirituale l-au lăsat în aer — s-au

[1] Majoritatea materialului din această prezentare a fost mai târziu încorporată în cartea lui Harding: *Woman's Mysteries, Ancient and Modern* (*Misterele feminine, antic și modern*) (Londra și New York, 1935; ed. reviz. 1955, cu introducere de Jung, inclusă în O.C. 18, par. 1288–1233).

dovedit a fi destul de sterile. Pe de altă parte, urmărirea aspectului senzual i-a lăsat un gust amar. Când o ia într-o direcție, apare imediat impulsul de a merge spre direcția opusă și el se află într-un impas. Apoi, visează despre cazan. Și în el se află simbolurile celor două tendințe religioase. Spun tendințe deoarece, deși astăzi aceste simboluri reprezintă două dintre cele mai importante religii ale lumii, și anume creștinismul și islamismul, ele precedă aceste manifestări cu multe secole și au reprezentat pentru omenire de-a lungul timpului, din ce în ce mai mult, secretul unui *drum* prin care omul ar putea avea șansa să-și rezolve problema naturii sale duale. Iar problema visătorului nostru este marea problemă umană și din acest motiv este de o importanță vitală pentru fiecare din noi să descopere, dacă se poate, calea către o soluție.

Omul, prin însuși faptul de a deveni om, încetând să mai fie complet animal, a fost forțat să pătrundă în această situație dificilă; el este încă animal, dar devenind uman a devenit și conștient, adică o ființă spirituală. Problema cu care se confruntă visătorul nostru este exact aceasta. Ea l-a preocupat pe om din vremuri imemoriale; animalic — spiritual — și undeva omul trebuie să se găsească pe *sine*. Aceasta a fost problema omului în toate vremurile. Văzând în alte sfere ale naturii forțe incompatibile desfășurându-și acțiunea, probabil că a găsit acolo o soluție care să stingă pentru un timp acest conflict perpetuu. Iar din aceste întâmplări exterioare, el a alcătuit un simbol a cărui validitate era atestată de capacitatea omului de a se elibera cu adevărat de conflictul său interior, printr-un fel de identificare cu întâmplarea exterioară, pe care o vedea ca pe o imagine a conflictului psihic intern, sau prin magie mimetică, și de capacitatea de a-și reorganiza energiile pe un plan diferit, prin intermediul simbolului, rezolvând problema, ipotetic cum se spune, până când, puțin câte puțin, energia eliberată de soluționarea conflictului servea la crearea unui nou sine pentru om, care conținea elemente provenite din ambele aspecte ale naturii sale.

Prin urmare, atunci când visătorul nostru găsește în cazan aceste două simboluri care au format în mod repetat nucleele unei întregi serii de religii din Antichitate și până în prezent, este ca și cum visul ar spune: „Iată cum cei mai buni și mai mari dintre oamenii din vechime s-au eliberat de acest conflict, un grup a urmat *crucea* și celălalt, *semiluna*“. Dar aceste simboluri merg în direcții opuse. Acest om s-a aflat sub influența amândurora, dar niciunul nu are pentru el acea putere covârșitoare care, pentru alți oameni și în alte timpuri, a putut rezolva conflictul permițându-le să-și trăiască viața pe un nou plan. Pentru el, problema trebuie dusă un pas mai departe. Dar mai întâi trebuie să descopere singur și în propriii lui termeni, psihologici, nu magici, nu religioși, ce înseamnă aceste simboluri.

Aceasta a fost problema pe care membrii grupului și-au pus-o atunci când au început să studieze semiluna și simbolismul său. Unul dintre membrii grupului și-a asumat sarcina de a cerceta materialul epocilor primitive; un altul, materialul hindus; altul, religiile mediteraneene orientale, respectiv culturile Marei Mame și ale zeițelor lunii; și așa mai departe. Apoi grupul s-a adunat încercând să coreleze și pe cât posibil să înțeleagă volumul uriaș de material care fusese acumulat. Următoarele note reprezintă numai un scurt rezumat al descoperirilor lor. Pentru detaliile materialului pe care se bazează această lucrare vă voi trimite la membrii grupului care au studiat literatura specifică domeniului pe care și l-a ales fiecare. Dar nouă ni s-a părut a fi cel mai bine, datorită însăși naturii simbolului semilunii, să nu încercăm să descriem în detaliu materialul etnologic, ci mai degrabă să abordăm subiectul din interior, astfel încât să putem obține o înțelegere subiectivă cât mai apropiată de adevăr a caracterului său deosebit.

I. *Luna ca bărbat*. În cele mai vechi culturi, iraniană, persană etc., luna apare ca bărbat. În forma sa cea mai veche, este strămoșul mitic al regelui. De exemplu, Gingis Han[2] și-a trasat descendența până la un rege care fusese conceput de o rază lunară. Într-o formă ulterioară a mitului, luna este un zeu. Povestea tipică este aceea că bărbatul-lună își începe peripețiile luptându-se cu diavolul care îi mâncase tatăl, luna veche. El înfrânge diavolul și domnește asupra pământului, unde stabilește ordinea și înființează agricultura și este judecătorul oamenilor. În cele din urmă totuși, el este din nou urmărit de dușmanul său, diavolul, și moare prin îmbucătățire. El se duce apoi în lumea subpământeană, unde devine judecătorul sufletelor de acolo.

Povestea zeilor lunari urmează același tipar. În faza lor din lumea de sus, sunt benefici, cu atribute precum Adevăr, Dreptate, Hărnicie și Fertilitate. În faza lor din lumea subterană, sunt distructivi, sunt de asemenea judecători ai morților și mediatori între om și zei.

II. *Luna ca femeie*. O zeiță a lunii apare ca ființă centrală în multe religii antice, în Babilon, Egipt și Grecia. Ea apare, de asemenea, în Roma, sub chipul Dianei, și în Europa medievală, ca Fecioara Maria. Am luat drept exemplu tipic zeița Iștar din Babylon.

La fel ca zeii lunari, Iștar avea un dublu caracter. Ea este atât luna care răsare pe cer și ajunge la deplinătate, cât și luna întunecată, care acoperă treptat

---

[2] Cuceritor mongol (1167–1227).

luna plină și o învinge complet. Are mulți amanți, dar este întotdeauna virgină. Fiul său, Tammuz, este un erou solar. El este, de asemenea, vegetația întregului pământ. El este amantul lui Iștar și este condamnat de ea să moară în fiecare an. La celebrarea anuală a morții lui Tammuz oamenii îl plângeau și posteau. Ultimul ei iubit, Ghilgameș[3], i-a reproșat lui Iștar frivolitatea sa, deoarece ea îl iubise pe Tammuz, o pasăre, un leu, un cal, un păstor, un grădinar și acum pe el. Ea a fost de timpuriu asociată cu izvoarele, care sunt sursa vieții în deșertul arab.

În faza sa strălucitoare sau din lumea de sus, Iștar este venerată ca Marea Mamă ce face pământul să rodească. Ea era cunoscută drept „Regina prafului și Amanta câmpului". Ea înlesnea fertilitatea omului și a animalelor și era zeița căsniciei și a maternității, și guvernatoarea morală a oamenilor. În faza sa din lumea subpământeană, distrugea tot ce crease prin activitatea sa supraterană. Ea este Zeița terorilor nopții. Este Mama teribilă, zeița furtunilor și a războiului. Ea joacă toate rolurile feminine posibile. Este invocată ca „Mama fecioară, Fiica fiului."[4]

Riturile sale erau orgiastice. Era servită de preotese care erau totodată și prostituate sacre. Era cunoscută drept „Nava Vieții", care poartă semințele tuturor viețuitoarelor. Este asociată cu forma semilunii care se odihnește pe apă. Era o zeiță caldeeană, Nuah, care purta semințele tuturor viețuitoarelor într-o arcă. (Comparați cu termenul hindus *arka*, însemnând semilună.) Aceasta o asociază cu Noe și arca sa în care erau păstrate animalele, câte o pereche din fiecare specie, atunci când lumea a fost distrusă de potop. Aceste animale purtau sămânța vieții, din ele repopulându-se lumea, ca și cum ar fi fost părinții întregii vieți de pe pământul regenerat.

III. *Luna în cele trei faze ale sale.* Luna apare în artă și simboluri sub trei forme: (a) Semiluna sau luna nouă, unde este în general asociată cu o stea. Aceasta este cea mai întâlnită formă în artă. Este simbolul zeiței lunii, forma folosită în religiile islamice, și, de asemenea, o găsim pe drapelele naționale ale Turciei și Egiptului (Fig. 1 și 2).[5] A fost descoperită, de asemenea, în catacombele creștine timpurii, ca simbol al Ținutului Paradisiac (Fig. 3). (b) Luna plină apare ocazional. În anumite picturi indiene, se află în mâna stângă a lui Buddha, în timp ce soarele este în dreapta. În biblioteca dr. Jung există o astfel de imagine. Avem aici imaginea unui înțelept chinez din secolul cinci î.H. Este prezentat ca un medic învățat, cu desaga sa

---

3 Vezi, mai sus, 30 ianuarie 1929, n. 4.
4 Dante, *Divina comedie: Paradisul*, XXXIII, i.
5 Pe steagurile turcesc și egiptean semiluna este dispusă vertical, în partea stângă.

Fig. 1

Fig. 2

de remedii științifice, minerale și ierburi pe care le-a adunat din toată lumea. Dar oamenii mor încă și înțelepciunea sa nu este suficientă pentru a-i salva. Imaginea îl înfățișează lovit brusc de ideea că ar putea vindeca toate bolile și ar putea aduce omenirii nemurirea, dacă ar putea obține înțelepciunea lunii. (c) Luna în descreștere. În faza de descreștere, luna simbolizează frica și iminența morții. Ea apare în imagini ale Timpului și Morții, care sunt reprezentate ca o semilună orientată invers.

Fig. 3

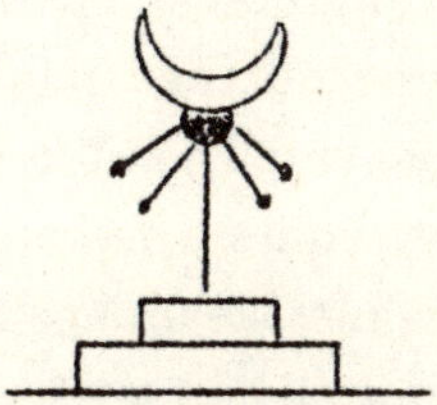

Fig. 4

IV. Luna ca o sursă de extaz. În Upanișadele vedice, luna reprezintă puterea magică, mana care aduce extazul. Aceeași idee este înfățișată de arborele lunii, din al cărui fruct zeii au extras băutura soma, care le-a adus nemurirea. Iată o imagine (Fig. 4) a arborelui lunar caldeean. Contraponderea pământeană a legendei este un copac sau un arbust numit arborele lunii. Din fructele acestui copac este extrasă o băutură numită „soma". Această băutură conține un drog care produce o stare de extaz, fapt pentru care este utilizată în anumite rituri religioase. Aceeași metodă de a produce extazul o găsim în multe alte religii, de exemplu vinul în misterele dionisiace și peyota, un drog folosit în același scop într-un anumit cult din America de Nord. Se spune și acum că luna ar avea acest efect. Este recunoscut astăzi, chiar dacă probabil numai inconștient, prin utilizarea unor cuvinte precum „lunatic" și prin superstiția care spune că, dacă dormi sub razele lunii pline, îți poți pierde mințile. Poți auzi și îndrăgostiți care își pun imprudențele pe seama unei nopți luminate de lună.

V. *Luna ca locuință a spiritelor.* În literatură persană, hindusă și egipteană, luna este reprezentată ca fiind locul în care ajunge sufletul după moartea omului. Pe lună sufletul este judecat și merge fie în lumea de sus fie înapoi pe pământ. Morții călătoresc în lumea de jos pe șlepul lunar și își așteaptă acolo regenerarea. Luna este astfel un loc al nașterii, al morții și al renașterii.

VI. *Luna ca sursă de fertilitate.* În multe religii primitive, se crede că luna aduce copiii. În acest scop i se aduc ofrande de către femeile fără copii. La naștere i se cere ajutorul. Și, pe de altă parte, se consideră că e periculos ca o tânără fată să doarmă sub razele lunii, căci poate rămâne însărcinată. Primitivii nigerieni cred că Marea Mamă Lunară trimite Pasărea-Lună pentru a aduce copiii. Probabil că există o legătură cu propriul nostru mit al berzei. În această categorie sunt incluse relațiile lunii cu izvoarele și cu vremea. Luna aduce umiditatea, iar vrăjile pentru aducerea ploii depind de obicei de fazele lunii. Avem aceeași idee atunci când asociem schimbările fazelor lunare cu schimbările vremii.

VII. *Luna ca agent ordonator al timpului și instanță morală a oamenilor.* Timpul lunar a precedat timpul solar cu multe secole. Calendarul religios al evreilor și al creștinătății este socotit încă în funcție de lună. De exemplu, Paștile se serbează în prima duminică după o anumită lună plină.

Destul de devreme s-a descoperit că mareele sunt legate de lună. Deci, zicala „timpul și mareea nu așteaptă pe nimeni“ este de fapt o afirmare a caracterului predominant al ordinii lunare. Este interesant că luna a fost considerată instanță morală și concordă perfect cu locul ocupat de ordinea Erosului în reglementarea treburilor umane.

În toate aceste mituri și legende, anumite aspecte ies în evidență. Mai întâi, caracterul schimbător al lunii a atras atenția omului prin deosebirea sa de soare. Soarele fie strălucește, fie nu strălucește; fie este aici, fie nu este aici. Dar luna nu este așa. Luna poate fi aici parțial, ea se schimbă continuu. De aici vin idei precum aceea că luna este schimbătoare, frivolă. Aceștia sunt termeni care se aplică, de asemenea, și femeii. Și despre ea se spune că este schimbătoare și frivolă, iar din punctul de vedere al bărbatului este așa. În felul acesta vede el caracterul ei lunar, deoarece este greu pentru el să-i înțeleagă natura. Dar pentru o femeie este cel mai normal lucru din lume ca viața ei să se desfășoare în etape ciclice. Pentru ea forța vitală se retrage și înaintează nu numai ca mareele, venind și plecând într-un ritm nocturn și diurn, ca în cazul bărbatului, ci și în cicluri lunare — pătrar, semilună, lună plină, declin și tot așa până la luna invizibilă.

Pe parcursul acestui ciclu energia sa crește, strălucește în deplinătatea ei și apoi descrește din nou. Schimbarea îi afectează nu numai viața fizică și sexuală, ci și viața psihică. Pentru un bărbat, pare foarte ciudat. Dar el se supune aceleiași legi în propria sa viață interioară a inconștientului, prin anima sa, și dacă nu o înțelege devine iritat și capricios. Un astfel de sentiment poate deveni atât de obsedant, încât bărbatul se poate desprinde complet de realitatea exterioară arătând lumii numai capriciile sale, care reprezintă reacția sa față de propria sa realitate interioară subiectivă. Dar aceea este extrema. În mod obișnuit, atunci când un bărbat observă că în el se petrece un lucru ciudat, inexplicabil, nu își dă seama că trebuie să aștepte până luna ajunge într-o fază favorabilă. Cei din vechime înțelegeau asta atunci când spuneau că anumite lucruri trebuie făcute în anumite faze ale lunii. Dacă un bărbat dorea o vrajă de dragoste sau o vrajă pentru ploaie sau inspirație artistică și, conform ritualului, vraja trebuia realizată când era lună nouă sau lună plină sau poate chiar când luna era invizibilă, omul trebuia sa-și stăpânească nerăbdarea până sosea momentul potrivit. Aceasta este o lecție pe care o femeie este obligată să o învețe. Ea trebuie să se supună acestei legi a naturii sale, fie că dorește sau nu. Dar pentru un bărbat este mult mai greu să se supună. Este în natura lui să lupte pentru un lucru pe care îl dorește și să se străduiască să depășească toate obstacolele prin forță. Dar atunci când are de-a face cu luna, fie în interiorul său ca propriul său principiu al animei, fie în femeia de care este îndeaproape legat, să spunem soția lui, el este obligat să se supună unei ordini diferite. Natura sa este precum soarele. Ziua strălucește și omul muncește și are spor. Apoi, noaptea, soarele este absent, iar omul se duce la culcare și este și el absent. Dar luna — uneori când se află noaptea pe cer este plină, în câteva zile pălește și mai dă numai o lumină slabă sau se poate întuneca pe deplin. Un bărbat cunoaște o femeie. Ea se află în faza de lună plină, iar el spune: „În sfârșit, o femeie care strălucește!" Peste câteva zile se întâlnesc din nou și, spre dezamăgirea sa, el descoperă că luna a pălit și dă numai o lumină slabă și nesigură sau e posibil să fi devenit complet întunecată. Este uimitor. El încearcă să iasă din situația incomprehensibilă dând vina pe femeie, spunând că ea este de neînțeles, frivolă, înșelătoare. Dar apoi vine următoarea etapă a problemei și descoperă că exact același lucru se întâmplă simțirii sale. Un bărbat guvernat de soare, într-o lume a realității, se așteaptă ca simțirea lui să fie stabilă, explicabilă, de încredere. Fie îi place un lucru, fie îi displace; fie iubește o femeie, fie nu o iubește, așa cum fie strălucește soarele, fie e noapte. Dar el descoperă că simțirea sa este tot atât de inconstantă și de nesigură ca o femeie. El descoperă că într-o zi iubește și în următoarea este indiferent. Acest lucru este foarte deconcertant, așa că decide să lase simțirea deoparte, să n-o ia în seamă, să-și fundamenteze comportamentul pe acele lucruri pe care te poți baza — *fapte*, lipsite de orice înflorituri. Această trecere cu vederea a simțirii ca principiu conector al lunii a generat multe conflicte și nefericire între bărbați și femei. Bărbatul îl trece cu vederea, dar pentru femeie este principiul fundamental. Datorită acestei nesocotiri a simțirii, un bărbat poate trăi într-un cadru dintre cele mai neatrăgătoare. Atâta timp cât mobila sa este solidă și utilă, lui nu-i pasă dacă supără ochiul. Dar pentru o femeie acesta este cel mai important lucru. Ea va păstra un scaun sau o masă cu o valoare sentimentală chiar dacă este nepractic, dacă stă mereu în drum sau este prea fragil pentru a fi folosit. Dar pentru ea faptele au prea puțină importanță atunci când este vorba despre atmosfera unei camere! Această nesocotire a lunii sau, putem spune, a Erosului ca principiu al conexiunii prin intermediul simțirii, a provocat un și mai mare dezastru în relațiile dintre bărbați și femei. Este un aspect nesocotit în civilizația noastră occidentală. În alte civilizații totuși, această diferență dintre bărbați și femei a fost recunoscută. Există o veche carte persană despre Arta Iubirii, are multe sute de ani. Conține o multitudine de sfaturi despre cum se face dragoste și o mare atenție este acordată modalităților corecte de abordare a femeii. Sunt date reguli pentru fiecare zi lunară. Numai urmând cu strictețe aceste instrucțiuni poate amantul spera să câștige favorurile iubitei sale. Într-o zi, era recomandată o mângâiere cu vârfurile degetelor pe obrazul ei drept. În altă zi, trebuia să fie sărutată într-un anumit fel, în a treia zi altceva și așa mai departe. Această carte veche conține un strop de înțelepciune profundă. În vechiul ritual persan, era proiectată asupra lumii exterioare, astfel încât aceste reguli se aplicau lunii de pe cer. Dar noi trebuie să le înțelegem psihologic. Un bărbat trebuie să-și curteze propria simțire cu tot atâta atenție față de fiecare fază a lunii sale interioare, pe cât recomandă această carte persană. Mai departe, el trebuie să le respecte ca pe niște reguli stricte în ceea ce privește apropierea sa de femeie. Aceasta, deoarece ea nu poate controla acea fază a lunii sub a cărei stăpânire se află, oricât de mult și-ar dori, iar situația este dominată de lună.

Strâns legată de acest aspect al simbolismului lunar este diferența calitativă între lumina solară și lumina lunară. Lumina soarelui este strălucitoare, caldă, sclipitoare și uscată, în timp ce lumina lunii este blândă și rece, ea nu încălzește pe nimeni; în plus, luna este umedă, deorece în nopțile cu lună cade roua. Soarele strălucește datorită propriei sale lumini, luna, doar prin intermediul luminii reflectate, după cum auzim adesea acuzația că femeia nu are nicio idee proprie, ea doar reflectă gândurile bărbatului. Dar luna *este* și trebuie s-o luăm în seamă. Aceste caracteristici: strălucire, căldură și uscăciune pe de o parte, și răceală, întuneric și umezeală pe de altă parte, au fost strânse laolaltă de chinezi în marile lor concepte Yang și Yin, masculin și feminin.

Unul dintre membrii de sex masculin ai grupului scrie: „Luna mi se pare o ființă cu precădere feminină. Această impresie este produsă de lumina sa mătăsoasă și de faptul că poate fi văzută noaptea, adică în circumstanțe mistice". Găsesc că este o remarcă bizară, deoarece femeile pot fi văzute în timpul zilei la fel de mult ca bărbații. Totuși, cu toții știm ce înseamnă. Ceea ce este specific feminin strălucește numai noaptea, adică atunci când lumina soarelui este îndepărtată, iar bărbatul își lasă deoparte munca și activitatea. De aceea este atât de dificil de vorbit despre simbolismul lunii. Deoarece, așa cum înțeleptul chinez Lao-tse spunea despre Tao, „acel Tao despre care se vorbește nu este adevăratul Tao"[6], putem spune la fel de bine: „Esența feminină, atunci când se vorbește despre ea, nu mai este adevărata esență feminină". Dr. Jung a spus cândva: „Yin este precum imaginea sidefului ascuns în cel mai tainic loc din casă".

Lumina lunii este rece. Dar nu suntem obișnuiți să ne gândim că o femeie este rece și un bărbat fierbinte. În general ne gândim că un bărbat este relativ lipsit de sentiment, adică rece, și o femeie, caldă. Dar trebuie să ne amintim că, în timp ce un bărbat poate fi rece și calculat dacă este vorba de gândire sau de afaceri, există, de asemenea, un tip de femeie care poate fi teribil de rece și de calculată în timp ce, aparent, trăiește de partea simțirii. Destul de rar găsești un bărbat care să nu se lase mișcat de latura erotică, dar sunt categorii întregi de femei tot atât de reci ca niște bucăți de gheață și tot atât de calculate ca niște agenți de bursă, chiar și atunci când trăiesc latura erotică a vieții. Luna simbolizează acest aspect al femeii care, în ciuda lipsei sale de căldură, este atât de atrăgătoare pentru bărbați. Cu cât femeia se ține mai departe de jocul dragostei, tratându-l cu indiferență, cu atât mai eficient își joacă rolul de sirenă și cu atât mai probabil este ca bărbatul să fie prins în plasă fără speranță.

Se știe, desigur, din cele mai îndepărtate timpuri, că femeia, prin constituția sa fizică, este într-un fel legată de lună, având ciclurile ei lunare ale menstruației. Astfel, descoperim tabuuri menstruale care au fost puse asupra femeii de-a lungul secolelor. Omul primitiv simțea că, în astfel de momente, femeia se afla mai mult decât altădată sub influența lunii și, prin urmare, era extrem

---

[6] Posibil o parafrază sau o altă versiune a începutului Cap. I al *Tao Tê Ching*, pe care Arthur Waley (*The Way and Its Power*, 1934) îl traduce: „Calea despre care se poate vorbi nu este o cale constantă; numele cu care poate fi numită nu sunt nume constante".

de periculoasă. În acele momente chiar și umbra ei dacă intersecta calea unui bărbat, îl putea abate de la treburile sale. Deci, printre indienii nord-americani se spunea că umbra unei femei aflate la menstruație poate distruge eficiența amuletei de război, poate strica mâncarea sau poate zădărnici scopul unei călătorii.

Tabuul pus asupra femeilor este dus la extrem în islamism, unde semiluna reprezintă simbolul întregii culturi religioase. Aici nu numai că femeile sunt izolate în timpul menstruației, ci trebuie să-și petreacă întreaga viață ascunse sub văl. Este ca și cum în sistemul islamic femeia este cunoscută numai sub aspectul ei lunar și, prin urmare, este mereu periculoasă. În conformitate cu aceasta, aflăm că islamul își învață adepții că femeia nu are suflet propriu. Profetul spune: „Femeia este veșmântul unui bărbat". Adică este recunoscută numai ca personificare a animei unui bărbat și i se acordă un loc în cer numai ca soție a soțului său. Este interesant de menționat că, indiferent dacă aceasta este cauza sau efectul, femeile închise în haremuri și seraiuri trăiesc de fapt numai pentru latura erotică a vieții.

Un alt aspect al lunii pe care îl observăm în continuare este capacitatea sa de a provoca oamenilor idei bizare. Ea insinuează idei, intuiții și fantasme care nu sunt deloc în acord cu standardele intelectuale, ci sunt ciudate, bizare, încărcate de o emoție aparte și de o plăcere narcotică. Aceasta este calitatea băuturii soma, provenite din arborele lunii și care provoacă beții, extaz și fantasme de un farmec irezistibil. Am vorbit despre formele indiană și iraniană ale legendei, dar luna este prezentă și în propria noastră limbă, prin expresii precum: lunatic, picat din lună sau a dori luna de pe cer atunci când am vrea lucruri greu sau imposibil de obținut. În argou apare chiar termenul de „moonshine liquor", ceea ce înseamnă o băutură alcoolică ce conține în general alcool din lemn, a cărui principală caracteristică este aceea că produce o beție teribilă, care poate duce chiar la nebunie curată.

Deci, luna nu numai că reprezintă aspectul promiscuu al femeii, ci și un tip ciudat de gândire, care nu poate fi controlat de legile raționale ale bărbatului. Aceasta deoarece luna, la fel ca soarele, se află sus pe cer și nu ascultă de comenzile noastre. Acest tip de gândire independentă, care nu se supune logicii, nu-și are originea în mintea unui bărbat. Mai degrabă provine din straturile inferioare ale ființei sale și îi invadează mintea, la fel ca băutura euforică, soma. O astfel de gândire vine din acei centri din abdomen la care dr. Jung se referea atunci când vorbea despre cazan. Un bărbat ar spune că o astfel de gândire este o gândire de tip feminin și că acela este modul confuz în care o femeie gândește în majoritatea timpului. Dar o femeie ar spune că e probabil să aibă dreptate atunci când gândește astfel, pe când, atunci când gândește în mintea ei, așa cum gândește un bărbat, este posibil să se înșele sau, în orice caz, să fie neproductivă. Un bărbat simte, în schimb, că o astfel de gândire are ceva inferior, neobișnuit și cumva necurat. Dar aceste idei, formate sub influența lunii, au o putere și o calitate fascinantă pe care ideile care provin din minte arareori o au. Ele sunt la fel ca luna, cresc din ele însele, cer o cale de ieșire și, dacă nu le oferi una adecvată, pot prea bine să ducă la sminteală. Aceasta, deoarece copiii lunii trebuie să se nască în aceeași măsură în care trebuie să se nască și copiii fizici.

Următorul aspect al lunii pe care trebuie să-l luăm în considerare este dualitatea sa, care a fost deja evidențiată în miturile despre luna întunecată care înlocuiește luna luminoasă și, mai clar, în poveștile despre zeițele lunii care, pe de o parte, sunt mamele vegetației și ale tuturor viețuitoarelor și, pe de altă parte, își distrug regulat și cu sânge rece propriile producții. Acest aspect este cel mai clar înfățișat în numeroasele povești despre mame virgine ai căror fii le sunt amanți și sunt condamnați să moară în fiecare an, adesea chiar la porunca mamelor lor. Această dualitate apare în anumite picturi vechi, în care luna nouă sau o zeiță lunară este flancată de două animale, o pereche de opuse, care fie o venerează, fie se luptă pentru ea. Voi trece din mână în mână o schiță a unui arbore-lunar sacru fenician, cu animalele care i se închină și cu legenda sa: „Aici este casa puternicei mame care străbate cerul". Și, pentru comparație, o reproducere a unei tapițerii din Cluny. Acolo o vedem pe Fecioară sau pe Diana înconjurată de animalele sale și flancată de două dintre ele, ce poartă câte un steag cu semiluni. Tapițeriile reprezintă simțurile, auzul, văzul, gustul, pipăitul și mirosul și acesta, a cărui fotografie v-o voi arăta. Se numește „Mon seul désir" [„Singura mea dorință"] și se referă în mod evident la al șaselea simț, sexualitatea.

Ne întâlnim cu aceeași idee despre dualitatea lunii într-o formă mai metafizică, în diversele legende care spun că morții se duc pe lună atunci când mor. De acolo, într-una din formele legendei, cei mântuiți sunt duși pe soare, de unde ajung în cel mai de sus cer sub formă de flacără eternă, în timp ce aceia care nu sunt socotiți vrednici se întorc pe pământ pentru o nouă încarnare. Această legendă spune că judecătorul omului nu va fi o ființă dotată cu logică și rațiune, în care un om poate avea încredere. Din contră, omul va fi judecat tocmai de acest factor irațional, inexplicabil, pe care face atâtea eforturi să îl ignore. Aceasta, deoarece omul nu este complet fără cealaltă latură a sa, reprezentată de lună. Este o idee care a fost deja ilustrată în imaginea chinezească a înțeleptului, pe care v-am arătat-o la începutul prezentării.

Dar să ne întoarcem la dualitatea lunii. Este întunecată și luminoasă; este bună și rea; este matricea întregului pământ și distrugerea a tot ce există; aduce sănătate și provoacă boală. Așa cum s-a spus despre Iștar, „ea este divina Astarte, puterea, viața, sănătatea oamenilor și a zeilor; și în același timp este Răul, Moartea și Distrugerea“.

Atunci când căutăm o interpretare modernă a acestui material recunoaștem că lumea de sus, guvernată de luna albă, aparține vieții noastre conștiente, în timp ce lumea de jos, a cărei regină este luna neagră, este inconștientul. Zeii și zeițele lunare care călătoresc între cele două lumi joacă rolul de mediatori. Caracteristicile lor cu două fețe: rodnicie și distrugere, dreptate și adevăr, contrabalansate de frivolitate și înșelăciune, reapar astăzi în personificările animei și animusului descrise de dr. Jung ca funcții de relație între lumea conștientă și lumea inconștientă a omului. Dar acesta este numai un aspect al problemei. În timp ce, pentru bărbat, luna poate fi considerată un simbol al animei sale, care atât de des este purtătoarea valorilor sale erotice, pentru femeie luna reprezintă ființa ei cea mai intimă. Prin urmare, trebuie să facem un pas mai departe în încercarea noastră de a interpreta semnificația simbolului. Dacă am considera că femeia este numai o personificare a animei bărbatului, am cădea în aceeași eroare ca mahomedanii. Cei mai mulți dintre dumneavoastră sunt sigur că sunteți de acord cu mine, atunci când susțin că femeia are dreptul la o viață a ei și, cel puțin pentru ea însăși, nu este nicidecum doar reflecția atributelor inconștiente ale bărbatului.

S-a considerat că toate marele zeițe materne lunare împărțeau iubirea sexuală. Ele erau servite în temple de prostituate sacre. Despre riturile lor întunecate nu se vorbea; ele erau în general celebrate la miezul nopții cu orgii bahice și sexuale și uneori cu sacrificii ale unor nou-născuți. Nouă nu ni se pare absolut deloc religios. Ce urmăreau străbunii? Ce însemnau toate acestea? Uitându-ne spre misticii Islamului, reușim să le surprindem semnificația intrinsecă. Ei abordau dragostea în diversele ei stadii: Rida, Satisfacție; Shavq, Dorință; și Uns, Camaraderie sau Intimitate, ca reprezentări teatrale în lumea exterioară ale unirii cu Dumnezeu — la fel cum noi, în ritualul nostru creștin, avem sacramente precum botezul, comuniunea și da, chiar căsătoria, care sunt reprezentări teatrale în lumea exterioară ale etapelor inițierii, având drept scop unirea cu Dumnezeu. În Islam era o mare inițiată, Rabi'a, care a trăit cu aproximație în secolul al optulea d.H. Referitor la cel de-al treilea stadiu al dragostei, și anume Intimitatea, ea spunea:

„Te-am făcut pe Tine (Doamne) Companionul inimii mele,
Dar trupul meu este disponibil pentru cei ce-i doresc compania,

Și trupul meu este prietenos cu oaspeții săi,
Dar Iubitul inimii mele este oaspetele sufletului meu."[7]

Aceasta este încercarea de a obține transformarea din concret, material, în nevăzut, în spiritual. Așa cum spune cartea sacră a chinezilor în omilia Cazanului: „Tot ce este vizibil trebuie să-și urmeze evoluția și să treacă în invizibil. Astfel, el își primește consacrarea și claritatea legitime și se înrădăcinează solid în ordinea universului. Tabloul civilizației culminează în religie".[8] Dar această încercare de a obține transformarea se face adoptând calea descendentă, în timp ce crucea ne duce pe calea ascendentă. Așa cum spune Iisus: „Și după ce voi fi înălțat de pe pământ, voi atrage la Mine toți oamenii."[9] Dar această cale a semilunii duce în jos. Cu toate acestea, și ea conduce spre transformare. După cum spuneau gnosticii: „A urca sau a coborî, este totuna".[10] Sau, așa cum a scris William Blake: „Contează prea puțin dacă un om apucă drumul corect sau drumul greșit, cu condiția să-l urmeze cu sinceritate și devotament până la sfârșit, deoarece orice drum îl poartă către scopul său".[11]

Deci, vedem că luna reprezintă marele *principiu al transformării prin lucrurile cele mai de jos*. Lucrurile întunecate, reci și umede, lucrurile care se ascund de lumina zilei și de gândirea iluminată a omului dețin totodată secretul vieții, care se reînnoiește din nou și din nou, până când, în cele din urmă, când omul înțelege, poate percepe semnificația interioară care fusese până atunci ascunsă în chiar textura evenimentului concret.

În trecut, atunci când era căutată o astfel de transformare, religiile ezoterice prescriau un ritual de inițiere. În Egipt, inițiatul era ucis ritualic și apoi renăscut prin puterea lui Osiris și proclamat „Fiu al Soarelui". O transformare similară poate avea loc sub influența lunii, numai că aici renașterea se face din perspectiva Erosului, nu a Logosului, iar inițiatul va fi numit „Fiica Lunii."

Vă pot oferi două exemple moderne ale acestui tip de inițiere, ambele cazuri de bărbați tineri. În primul se povestește despre un tânăr care a visat o bucată de pământ în formă de semilună ce aparținea tatălui său și care, neîngrijită, își

---

7 Margaret Smith, *Rabi'a the Mystic and Her Fellow Saints in Islam* (Cambridge, 1928), p. 98.
8 *Yi King*, hexagrama 50. Pasajul citat de Harding face parte din comentariul despre Raționament.
9 Vezi Ioan,12:32.
10 Vezi Heraclit: „The way up and the way down is one and the same" — John Burnet, *Early Greek Philosophy* (ed. a IV-a, 1930), p. 138, frag. 69.
11 *The Concordance to the Writings of William Blake*, ed. David V. Erdman (Ithaca, 1967; 2 vol.), nu furnizează sursa acestui citat.

recăpătase aspectul sălbatic. În vis, sarcina sa era să salveze această proprietate. Știa că trebuie să fie o sarcină extrem de dificilă, pământul era mlăștinos și înțesat de șerpi periculoși. El s-a trezit cu sentimentul că are de înfăptuit o sarcină dificilă. În scurt timp a fost lovit brusc de o boală gravă. Pe parcursul delirului său nu încetase să fie preocupat de salvarea acelei bucăți de pământ. De asemenea, în timpul celor trei sau patru săptămâni cât a fost pe moarte, insista să i se spună în ce fază se afla luna. În noaptea în care se îmbolnăvise fusese lună nouă. Când, în cele din urmă, s-a însănătoșit, atitudinea sa despre viață era complet schimbată, atât sub aspect erotic, cât și creativ. Aceasta fusese inițierea sa sub influența lunii.

Al doilea exemplu este ilustrat de un desen. (Reproducerea acestui desen fiind dificilă, dr. Harding îl descrie.) Sus este un templu. În centru se află Piatra Sfântă a Celui Mai Înalt, reprezentată printr-un pătrat verzui. În jurul său se află inscripții ale preoților antici, care aduceau înainte sacrificii în templu. Acolo tocmai avusese loc un sacrificiu și carnea însângerată a animalului sacrificat este întinsă pe pământ dinaintea altarului. Jos se află o cavernă întunecată. „Acela este locul unde nu merge nimeni". Pe podea se află pumnalul pătat de sânge cu care fusese înfăptuit sacrificiul. Sub acesta este un râu care curge spre o lume subterană adâncă, necunoscută. Desenul fusese realizat de un tânăr de 17 ani care stătea la pat după o intervenție chirurgicală dureroasă, efectuată fără anestezie, și care îi provocase un mare șoc fizic și emoțional. În zilele care au urmat operației, relația pe care o avea cu mama sa a devenit destul de ciudată. Era aproape ca și cum devenise din nou un băiețel. Nu rezista fără ea și se agăța de sprijinul ei în această teribilă experiență. Apoi, într-o zi, a cerut creioane și hârtie și a făcut desenul pe care l-am descris mai sus. Habar nu avea ce înseamnă. Nu știa că are vreo semnificație psihică. La început nu a vorbit despre el, dar mai târziu a dat următoarea explicație. El a spus: „Toate sunt în interiorul unui munte. Deasupra este un templu. Acolo a avut loc un sacrificiu și carnea animalului sacrificat este întinsă pe pământ dinaintea altarului. Dedesubt este o cavernă întunecoasă, locul unde nu pătrunde nimeni". După ce a făcut acest desen, relația sa cu mama s-a schimbat complet. El a ieșit din regresie și a redevenit el însuși. Este tot ce a spus în legătuă cu asta. Dar este clar că intervenția chirurgicală a fost luată de inconștient drept un sacrificiu. El însuși era victima. Fusese măcelărit ca un miel și pielea lui este întinsă pe jos. Din punct de vedere psihic, aceasta înseamnă că el, ca mielușel al mamei, a fost ucis. Aceasta este inițierea sa la stadiul de bărbat. De acum încolo nu se mai poate ascunde după fustele ei, este bărbat, ea nu-i mai poate găsi justificări. În perioada în care era ca și mort, el revenise în pântecele matern pentru a se naște. În conștiință, aceasta e înfățișată ca regresia la starea de dependență infantilă față de ea. Dar ce se va naște din această moarte ritualică? O vedem în profunzimile muntelui — locul unde nu pătrunde nimeni — nivelurile cele mai adânci ale inconștientului. Aici vedem răsărind luna nouă, cu steaua între coarnele sale. Înseamnă că din această experiență inițiatică el va câștiga o nouă lumină pe cerul său, lumina Erosului. Mama sa nu va mai fi purtătoarea tuturor valorilor sale erotice și a animei sale — acestea el trebuie să le caute singur, individual, în relațiile sale cu femeile din afara familiei. Este ca și cum, pentru el, femeia a fost născută din această experiență. Și spre el vine atunci o singură stea, unitatea, steaua care se află între soare și lună. Este promisiunea rezolvării, în cazul lui, a problemei dualității omului, cea cu care am început această lucrare.

În psihologia feminină, luna joacă un rol oarecum diferit. Aici problema nu este una de înțelegere prin efort conștient și de conflict cu valorile Erosului proiectate în lumea exterioară, ci mai degrabă de acceptare a principiului lunii în sine însăși și de a fi acceptată ca Fiică a Lunii. Propriul său principiu al Erosului trebuie așezat pe locul său de drept, ca diriguitor al vieții. Aceasta, deoarece în civilizația noastră occidentală femeile sunt crescute după legi și moduri de funcționare masculine, în timp ce luna și tot ce simbolizează ea au căzut în dizgrație. Prin urmare, pentru femei, a fi aduse sub influența lunii prin inițiere (sau analiză) seamănă cu un fel de recristalizare a întregii lor ființe. Observați în acest desen realizat de o femeie că întreaga sa structură se schimbă în direcția razelor lunare, care trec prin ea aproape ca niște linii de forță, astfel încât în viitor ea se va comporta ca o femeie-lună. Ea nu va încerca să-și rezolve problemele așa cum o face un bărbat, după modelul soarelui, cu orele sale de efort conștient urmate de ore de somn și de uitare, ci va accepta că luna, chiar prezentă pe cer fiind, poate fi doar parțial acolo sau complet întunecată. Prin urmare, soluția ei va avea întotdeauna ceva echivoc. Va fi în același timp întuneric și lumină. Ea va rezolva problema dualității într-o manieră care diferă de soluția bărbatului, deoarece ea trebuie să exprime în propria-i ființă caracterul dual al lunii întunecat-luminoase.

Dr. Jung: Acum, că ați audiat prezentarea foarte interesantă a dr. Harding, puteți înțelege ce capitol extraordinar de dificil reprezintă luna în psihologia noastră. Ultima dată am discutat despre soare și l-am redus la un principiu pozitiv. În exterior, acest simbol este reprezentat de soarele vizibil și în interior de cruce, cea mai veche viziune a omului. Astăzi, dezbătând problema lunii, ne-am apropiat cu adevărat de o sferă infinit de întunecată, nu numai în sens figurat. Luna este lumina mereu schimbătoare a nopții, sfera nocturnă a experienței umane.

Vă amintiți că săptămâna trecută v-am povestit despre negrii africani care salutau răsăritul soarelui. În același fel ei salută luna care crește, acel prim semicerc argintiu pe cerul de seară. Ei își oferă sufletele lunii în creștere, deoarece și acela este un semn al speranței, în timp ce luna în descreștere este reversul. Omul primitiv are o psihologie a zilei și o psihologie a nopții distincte, la fel cum are și o religie a zilei și o religie a nopții. Ziua este inofensivă, în timp ce noaptea este domeniul răului. În majoritatea religiilor primitive există o zeitate benefică ștearsă, probabil chiar o trinitate, dar aceasta este puțin cam departe și de obicei există zei minori, mai umanizați și mai apropiați de oameni. În plus, există întotdeauna un cult nocturn căruia îi aparține magia. Elementul nocturn a fost uneori preluat într-o formă ritualică foarte strictă, ca de exemplu în Biserica Catolică, unde magia „neagră" este transformată în magie „albă". Noaptea este simțită ca ceva periculos și plină de temeri. Nu vezi nimic și nu te poți apăra. Noaptea este într-un mod ciudat însuflețită de lucruri pe care le simți numai vag și care sunt absente ziua. Sunt fantome și vrăjitoare și magi — influențe nocturne neobișnuite. Acea teamă de lucrurile dubioase aflate în întuneric este într-o anumită măsură alungată de luna în creștere, care răsare atunci când soarele apune. Noaptea este luminată de luna binevoitoare, cu o lumină mai blândă și mai puțin impresionantă decât a soarelui, dar binefăcătoare.

Pe de altă parte, luna în descreștere este simțită ca nefavorabilă. Prezice răul și distrugerea. Este vremea fantomelor, când totul este întunecat, fantomele și frica sunt la ele acasă. Ea răsare din ce în ce mai târziu, iar noaptea se instalează fără lumină, astfel încât tot ce este întreprins atunci când luna descrește este sortit pieirii, este steril de la început. Acest sentiment se găsește pretutindeni în obiceiurile oamenilor. Țăranii elvețieni nu însămânțează pământul când luna este în descreștere deoarece semințele nu vor crește; semințele trebuie plantate atunci când luna este în creștere. Nici măcar mama mea nu spăla niciodată „mama oțetului"[12] când luna era în descreștere, pentru că s-ar fi stricat: trebuie ca luna să fie în creștere pentru a-i merge bine. Privind rațional, toate acestea merg mână-n mână cu ideea, veche de milioane de ani, a omului

[12] O membrană subțire, cleioasă, compusă din celule de drojdie şi bacterii, care se formează la suprafața lichidelor alcoolice şi produce fermentația acetică. Este adăugată vinului sau cidrului, pentru a produce oțetul.

primitiv că frica este alungată de răsăritul lunii. Pe de altă parte, descreșterea ei semnifică dispariție și moarte, ora la care fantomele au putere și omul este complet fără apărare. Deci, chiar de la începutul timpului, luna a avut o dublă semnificație, are un caracter extrem de ambiguu, în timp ce soarele are doar o singură semnificație.

Luna are, prin urmare, atât un aspect binefăcător, cât și unul răuvoitor, așa cum a menționat dr. Harding. Produce boala, dar și vindecarea, nebunia și însănătoșirea minții. Și are nu numai o influență bună și rea asupra sănătății, ci și un dublu caracter sexual. Observați această dualitate în limbaje, ar fi nevoie de un adevărat studiu în filologie pentru a clasifica luna din punctul de vedere al genului. În majoritatea cazurilor este simțită ca fiind de genul feminin, dar sunt numeroase excepții. Zeul lunar masculin are o distribuție geografică aparte, este găsit cu precădere în Asia Mică, de la Marea Neagră până în Egipt și, de asemenea, pe insulele grecești. Se cunoaște unul în Grecia, din al treilea secol î.H., dar avea și atribute feminine, semnifica apa, roua, ploaia și umiditatea; era zeul oracolelor, al fructelor coapte și era util totodată în război, un zeu vindecător, patronul sănătății și al bolii. În Karon[13] era un templu unde era venerat zeul lunar și, asociat acestuia, o academie medicală aflată sub patronajul lui. Una din funcțiile sale era să adune sufletele după moarte. Era numit „poarta sufletului după moarte." Aceste calități nu sunt caracteristice numai zeului lunar masculin, ci tuturor conceptelor lunare și este interesant că, până și în etimologia cuvântului „lună", unele dintre aceste particularități apar în limbi diferite.

Cuvântul provine din trei rădăcini diferite:

1. *leuk*, un cuvânt care apare în cuvântul grecesc *luka*; *leuchten* în germană; *luna* în latină, *lou*, *luan* în iraniană.

2. *men*, ca nume al lunii — în iraniană, *mi*; în bretona nordică, *miz*; *mas* în sanskrită, *mēnē* în greacă.

3. *men*, o rădăcină diferită, cu sensul de „măsură" — gothicul *mena*; asirianul *mano*; anglo-saxonul *mono*. Cuvântul german pentru „lună calendaristică", *Monat*, vine din această rădăcină, ca și franțuzescul *le mois*.

Aici se poate observa ceva foarte caracteristic pentru lună și anume, suntem nevoiți să presupunem că astfel de cuvinte-rădăcină datează din timpuri imemoriale, de la omul primordial, care a asociat schimbările lunii cu ideea de măsură. Omul primitiv asocia luna și cu activitatea mentală și, astfel, considera

---

13 Loc neidentificabil. Dintre multele lucrări consultate, *Creanga de aur* a lui Frazer nu conține nicio referință.

că mintea vine de la lună. Prima idee de măsurare a timpului vine de la fazele lunii. Măsurătoarea solară a apărut mai târziu. Trebuie să ne gândim la această primă legătură dintre lună și minte, pe care a subliniat-o dr. Harding. Aș dori să vă dau și alte exemple. O oarecare lumină pot aduce literaturile hinduse și sanscrite, în care este evident că vechii filosofi aflaseră de această legătură aparte. Iată un text sanscrit: „Apoi în centru, cu «aceasta, deasupra, mintea»; deasupra, fără îndoială, este luna; și motivul pentru care el spune că este «deasupra», luna este cu adevărat deasupra și referitor la motivul pentru care el spune: «mintea», mintea fără îndoială este limbaj, deoarece aici totul gândește prin intermediul limbajului. Luna, devenită limbaj, a rămas deasupra."

Acesta este un exemplu al ciudățeniei vechii minții hinduse, care niciodată nu știa dacă lucrurile existau sau doar își închipuia ea că există. Ei spuneau: dacă gândești un lucru, el *este*. Cu alte cuvinte, mintea lunară creează; sau, așa cum s-a exprimat foarte poetic dr. Harding, copiii lunari sunt tot atât de reali ca și copiii reali. Mintea omului de acum nu este deloc așa. Putem spune că mintea noastră formulează, dar nu putem spune că produsele minții sunt factuale și nici că a fost creat ceva pentru că cineva gândește ceva. Pentru un primitiv, când se gândește la un lucru, atunci acela este sau devine. Mintea lui nu este abstractă, nu este încă diferențiată.

Iată un alt text sanscrit: „Acum, când focul acela se stinge, este purtat de vânt, iar oamenii spun despre el «a expirat», deoarece este purtat de vânt. Și atunci când soarele apune el intră în vânt, la fel și luna, și cele patru epoci se află în vânt și din vânt ies din nou. Și când acela care știe aceasta părăsește lumea noastră, el trece în foc prin vorbirea sa, în soare prin ochii săi, în lună prin mintea sa, în cele patru epoci prin urechea sa și în vânt prin respirația sa și fiind compus așa, el devine oricare dintre aceste zeități dorește și este împăcat."

Din aceste exemple observați că nu facem numai o analogie conștientă, chiar și acești filosofi din timpurile de demult își dădeau seama.

Dna Fierz: Cum este „minte" în limba germană?

Dr. Jung: Este foarte dificil. În limba germană nu există un echivalent al cuvântului englezesc „mind" (minte). Când vorbesc germana, eu folosesc adesea „mind". Cuvântul *Verstand* nu redă înțelesul și nu este de fapt germanic, este pe jumătate un cuvânt latin, înseamnă „intelect". În limba germană nu există un astfel de cuvânt; pentru a traduce acest cuvânt, „minte", trebuie să dai o întreagă definiție. Singurul nostru ajutor este latinescul *mens*, din care derivă franțuzescul *mentalité*.

Dra Wolff: Dar termenul *Vernunft*, din *Critica rațiunii pure* a lui Kant?

Dr. Jung: Acela înseamnă rațiune, nu minte.

Dr. Harding: Am putea spune minte sau conștiință din punct de vedere ideativ.

Dr. Baynes: „Minte" are o conotație de activitate cu scop.

Dr. Jung: Da, aceasta este probabil cea mai bună sugestie — procesul intelectual, conștiința cu conținuturi intenționale. Nu este emoțional, nu este simplă imagerie. Dacă iei cuvântul german „Sinn" în forma sa poetică, „Du bist im Herzen, du bist im Sinn"[14], ne dă conceptul de minte. Când avem de-a face cu subiecte psihologice, semnificația cuvintelor ne crează probleme. Deci, atunci când ne referim la legătura dintre lună și minte, nu trebuie să ne gândim la minte în sensul obișnuit filosofiei moderne. Este vorba de minte exclusiv în sensul său original. Putem folosi indiciul oferit de dr. Baynes, acela de conținut intențional, pe care Omul primordial l-a proiectat asupra lunii.

Această idee de o importanță capitală se datorează faptului că noaptea, atunci când urmele realității exterioare dispăreau și când propriile sale funcții subiective se puteau manifesta neafectate de stimuli obiectivi, era ocazia cea mai bună a omului de a descoperi mintea. Prin urmare, luna este în mod natural asociată fantasmelor, nebuniei. De aici vechea superstiție potrivit căreia razele otrăvitoare ale lunii străpung creierul și ești trezit de un vis nebunesc sau devii nebun. În Evul Mediu, vrăjitoarele foloseau o oglindă magică. O lăsau în lumina lunii un anumit număr de nopți, pentru a fi impregnată de razele lunii. Apoi o dădeau cuiva căruia voiau să-i facă rău și razele răuvoitoare reflectate îl înnebuneau.

Această legătură dintre lună și minte este foarte enigmatică și de o importanță covârșitoare pentru psihicul nostru. Nu vreau să discut despre ea acum, este destul de complicată, dar putem vorbi despre alte aspecte, și anume de schimbările ciudate ale lunii, care erau foarte impresionante pentru omul primitiv. El încerca să dea o explicație schimbărilor luminii cerești și, uneori, aceste povești sunt destul de interesante din punct de vedere psihologic, deși de obicei nu au nicio valoare pentru noi. El era atât de impresionat de schimbările lunii, încât proiecta asupra ei ceva analog din el însuși, anima. Dar, desigur, conceptul de anima este unul apărut foarte târziu și deosebit de abstract, așa că trebuie să încercăm să ne apropiem mai mult de rădăcinile primitive ale acestor lucruri.

Am aici un desen care reprezintă o femeie ce este scăldată de razele lunii. Un fir roșu merge de la organele genitale până la cap. Arată foarte bine legătura

---

14 „Tu eşti în inima mea, tu eşti în mintea mea." În limbajul obişnuit, *Sinn* = „sens, semnificație".

dintre razele solare și sânge, conectând organele genitale de regiunea mentală. Iar această imagine mai are o particularitate. Care este aceea?

Dr. Draper: Razele curbate ale luminii.

Dr. Jung: Da, de asemenea un fenomen irațional. Razele soarelui sunt întotdeauna drepte. Care este explicația?

Dr. Harding: Din punct de vedere artistic, este o prelungire a curburii lunii.

Dr. Deady: Exprimă forță.

Dna Fierz: Sugerează o undă.

Dr. Jung: Corect. Luna se infiltrează în ființă printr-o undă. Care dintre efectele lunii are acel caracter de undă?

Dna Baynes: Mareea.

Dr. Jung: Da, o fluctuație precum mareea, care este o expresie a schimbărilor lunii, un fel de undă mareică. Femeia care a desenat această imagine nu a asociat experiența sa mistică cu valurile mării, dar a produs totuși o undă, precum efectul razelor lunare. Omul are o percepție aparte a undelor din interiorul său. În engleză avem metaforele „brain-wave“ sau „brainstorm“. Acestea sunt modificări ale dispoziției care au caracterul unei unde. În franceză li se spune *les lunes*, în germană *Launen*. „Mood“ (dispoziție) este echivalentul germanicului

Mut, care înseamnă curaj, dar *Gemüt*[15] este exact opusul a ceea ce înțelegem astăzi prin minte. Este un mecanism de reacție emoțională și astfel, dacă nu etimologic, cu siguranță psihologic, este asociat cu undele sau cu mareele lunii, provocând tulburări mentale sau emoționale, dispoziții bizare. Acestea sunt unele dintre cele mai originale percepții ale omului, pe care le-ar putea compara cu modificările lunii. Pentru omul primitiv era mult mai evident decât pentru noi și totodată el era mai influențabil.

În ceea ce privește relația lunii cu menstrele femeii, noi știm că nu se mai sincronizează cu fazele lunii, deși intervalul dintre două menstre este de o lună. Cum de s-a întâmplat așa nu știm, numai dacă nu credem în astrologie, care spune că structura noastră este conectată cu soarele și cu luna și cu planetele. Dar aceea este o ipoteză pe care nu o putem dovedi. De ce ar avea femeile un ciclu raportat la lună? Un bătrân profesor de-al meu, un distins profesor de fiziologie[16], a făcut încercări disperate de a conecta periodicitatea menstruației cu mareele și cu perioada în care toată viața se desfășura în mare. El a mers până la amfibieni, care trăiau pe malul mării și găseau mâncare din abundență la reflux și mâncare foarte puțină când fluxul era la apogeu. Asocierea nu era prea clară și el întotdeauna devenea prost dispus când se făceau prea multe presiuni. Luna se afla deasupra lui, nu el deasupra lunii.

Știința nu poate explica acest lucru, dar asta nu ar trebui să ne împiedice să urmărim bizara legătură. Dacă ducem ideea puțin mai departe, descoperim că astrologia este psihologia anticilor proiectată pe cer, în corpurile cele mai îndepărtate. Într-un horoscop sunt două principii de bază, soarele și luna. Soarele are calitatea psihică a naturii umane active, luna, a naturii umane reactive. În natura sa activă, caracterul individului ar putea fi numit intenționat, voluntar. În natura sa reactivă, este pasiv, abia răspunde la stimuli. De fapt, atunci când întâlnești un om în orele sale de lenevea, așa cum este la el acasă, de exemplu, când nu face decât să reacționeze la circumstanțe, descoperi că este destul de diferit de el însuși în orele de serviciu. Sunt doi oameni diferiți; astrologia ar spune că unul este caracterul lui solar și celălalt caracterul lui lunar. Iar acțiunea soarelui și a lunii este determinată de poziția lor în așa-numitele „case."[17] Dacă soarele se află într-un semn cald, de foc, omul este caracterizat prin căldură,

---

[15] *Gemüt* poate fi tradus în mai multe feluri, ca „sentiment", „emoție", „simțire", „inimă". [R.F.C.H.]

[16] Posibil Friedrich von Müller (1858–1941), internist german, profesorul lui Jung la Universitatea din Basel. Vezi *AVR*, p. 140.

[17] În teoria astrologică, una dintre cele douăsprezece părți în care este împărțit cerul.

impetuozitate, furie bruscă și mai ales de o natură activă, viguroasă. Când luna se află într-o poziție puternică, indică spre aspectul mai personal, mai intim și mai vulnerabil al persoanei, spre un individ care se află într-o stare mai pasivă. Deci, caracterul sau soarta oamenilor se citeau într-un sens foarte literal prin poziția soarelui și a lunii. Desigur, cu cât este mai vechi horoscopul, cu atât mai proeminentă este proiecția. În timp ce astrologia modernă ar spune: „Acest om este violent, impetuos, ignoră pericolul, va face tot felul de gafe și apoi va regreta", cei din vechime ar fi spus: „Acest om va comite o crimă și capul îi va fi tăiat — sau va face călătorii și se va îneca sau poate fi victima unor răufăcători". Ceea ce astăzi este considerat un simplu factor psihic, în zilele acelea era văzut drept soartă.

Am o colecție de horoscoape vechi din secolul al cincisprezecelea, scrise de ultimul profesor de astrologie dintr-o universitate germană[18], care astăzi ar fi interpretate dintr-un punct de vedere foarte psihologic. El a urmărit ce s-a întâmplat cu oamenii cărora li s-a trasat horoscopul. Unul s-a înecat în timp ce încerca să ajungă în Anglia, altul a fost ucis de pirați, alții uciși în timp ce străbăteau o pădure etc. În zilele acelea, o insultă ducea la omor, dar acum ne adunăm impulsurile până când strângem un maldăr și apoi facem ceva grandios cu ele — de exemplu, un mare război! În zilele de demult, ele erau puse în joc în luptele de stradă dintre bețivi. De fapt, astăzi suntem mult mai rău. Deci, pe baza anumitor faze ale lunii au fost trasate anumite destine, iar acestea corespund atitudinilor reactive ale omului modern.

Oamenii cu astfel de atitudini reactive sunt pasivi, prin mintea sau dispoziția lor fac parte din natură. Ei joacă roluri în care cu siguranță nu sunt conducători activi, ci mai mult sau mai puțin victime, conduși de circumstanțe sau de alți oameni, de stimuli externi și interni. Nu prea sunt liberi. Sunt supuși unei legi întunecate. În general așa se simte omul noaptea, deci luna a devenit exponentul acelei laturi a psihologiei umane, foarte diferită de psihologia solară. Și deoarece este atât de dificil să-i faci față, luna este un simbol adecvat; contradicțiile și paradoxurile psihologiei nocturne se potrivesc bine cu luna. Așa cum a subliniar dr. Harding, este extrem de dificil de tratat cu o astfel de psihologie în limbaj rațional, pare să fie profanată de această abordare. Este la fel de înșelătoare ca lumina lunii, are forme ce deghizează. O astfel de psihologie reprezintă o stare nedefinită, aparte a minții, în care un lucru poate fi în într-un fel și în felul opus în același timp. Toate încercările noastre de a o defini se referă la o stare

---

18 Această colecție nu a putut fi identificată în biblioteca lui Jung.

semiconștientă, nocturnă. Noaptea, când soarele apune, intră în funcțiune un alt principiu și întregul psihic al individului este influențat de factori care nu sunt activi pe parcursul zilei. Deci, atunci când vorbim despre inconștient în termeni lunari, vorbim de fapt despre psihic într-o stare semiconștientă, când lucrurile sunt neclare și contradictorii, la fel de neclare ca obiectele văzute în lumina lunii, când un câine poate fi confundat cu o pisică. În inconștient, opusele se apropie. Maree ciudate înaintează și apoi se retrag. Poate fi simțită apropierea unei stări inconștiente; am cunoscut pacienți care aveau rău de mare atunci când se activa inconștientul sau vertij datorat unei ciudate mișcări ondulatorii, o mișcare lunară.

Prelegerea a VII-a.
20 noiembrie 1929

Dr. Jung:
Astăzi vom continua discuția noastră despre lună. Întrucât problema este infinit de complicată, îl rog pe fiecare membru al grupului care a întocmit raportul să ne spună impresia făcută de acest subiect asupra lui.

Dl Henderson: Eu am studiat materialul grecesc și am descoperit că Selene fusese inițial zeița greacă a lunii, dar ea nu a atins niciodată nivelul de zeitate principală. Se pare că grecii o considerau prea ștearsă și erau nemulțumiți de ea, așa că puterea ei a fost în cea mai mare parte uzurpată de Hecate, care era mai utilă, era mai bine conturată. Era o zeiță mai binevoitoare și se afla într-o relație strânsă cu umanitatea în ceea ce privește problemele practice.

Dr. Jung: Este adevărat că Hecate era mai respectată, dar cine era ea de fapt?

Dl Henderson: Ea avea două funcții. Era zeița nașterii și a fertilității, însă era în principal o vrăjitoare, o zeiță a magiei negre. Culturile sale erau subpământene și asociate cu Iștar și Afrodita, cu sacrificiile infanticide și cu prostituția sacră.

Dr. Jung: Asociați cultul ei cu Iștar și Afrodita, dar ea nu este niciuna dintre acestea. Ce aspect ar reprezenta Hecate? În ce fel este ea diferită?

Dl Henderson: Ea reprezintă puterea distructivă a lunii.

Dr. Jung: Categoric distructivă. Și numele în sine ne spune ceva. Înseamnă cea care ajunge departe, țintește departe, mai departe decât o săgeată. Primitivii cred că poți provoca o boală în mod magic aruncând ceva consistent, cum ar fi pietrișul; anumite triburi amero-indiene cred că este un țurțure de gheață. În concluzie, ați spune că era preponderent distructivă, trebuind, astfel, să fie în mod special îmbunată. Dar distructivitatea nu era singurul ei aspect, trebuie să o caracterizăm cu mai multă atenție. Gândiți-vă la toate calitățile ei: era o zeitate a magiei negre, a nașterilor și a răscrucilor. Principala sa proprietate era caracterul subteran, acesta vă dă imaginea ei. Reprezintă o putere paranormală, un factor ce se leagă de toate aceste atribute — deosebit de misterioasă, subpământeană, de ajutor dar totodată distructivă, neobișnuită și acționând din inconștient într-un mod pe care bărbatul nu îl înțelege. Aceasta este o trăsătură vrăjitorească aflată precădere în inconștientul femeii. La un bărbat se poate observa că raza lui ajunge departe, este continuă, dar în cazul femeii, pur și simplu nu ai nicio explicație.

Vreau să vă ofer un exemplu foarte interesant. Una dintre colegele dumneavoastră mi-a permis să vă destăinui următoarele. După discuția noastră despre simbolismul crucii și al semilunii, s-a dus acasă gândindu-se la lună și la soare. Băiatul ei de 17 ani stătea în pat fiind bolnav și ea i-a dat periuța de dinți pentru a o însemna, să nu o încurce cu a fratelui său. Ea l-a lăsat să lucreze și a coborât pentru a discuta cu soțul său treburi de zi cu zi. Apoi a devenit conștientă de faptul că trăgea cu urechea și a avut sentimentul că băiatul ar putea păți ceva, așa că a urcat la el și a observat că în loc să se fi semnat, el a marcat periuța de dinți cu următoarea imagine. Priviți-o în lumina celor discutate aici. Mama nu-i spusese băiatului niciun cuvânt despre asta. Citite de jos în sus, avem mai întâi crucea, apoi semiluna, apoi „Tau", iar el a remarcat că putea fi la fel de bine o cruce de forma × sau un corp uman. Despre steaua de sus nu am vorbit. Provine din inconștientul colectiv, dar, totodată, și din propriul lui inconștient. Nu este numai un transfer de gândire, ci un efect magic, un vis al lui Hecate, limbajul inconștientului colectiv. Este răspunsul dat visului care ne preocupă de fapt. Mă folosesc de acest exemplu pentru a ilustra efectul. Vă înfățișează, de asemenea, un simbolism dintre cele mai prețioase și felul în care lucrurile se sincronizează pe o rază de câțiva kilometri. Poate că vecinii noștri au vise ciudate, nu știm. Suntem într-un centru al puterii, iar ei se află pe rază.

Această scriere hieroglifică explică succesiunea gândurilor noastre. Noi vom ajunge la aceleași rezultate la care a ajuns acest băiat de 17 ani, dar deocamdată ne preocupăm de semilună. Acesta este un caz dintre cele mai interesante. Desigur, nu putem presupune că a fost sugerat de inconștientul mamei; a fost pur și simplu deschis de atitudinea mamei. Este aceeași concluzie la care omul a ajuns și va ajunge întotdeauna, iar acest proces a fost deschis în el, ca și în visătorul nostru. Dacă este atins, iese la iveală. Comparați materialul fantasmatic al celor mai diferiți pacienți și observați cum ajung la simboluri și concluzii similare, desigur, cu variații individuale importante. Nu am mai văzut până acum un rezultat atât de frumos, este uimitor. Deci, acest aspect al lunii care ţine de Hecate v-a impresionat cel mai mult?

Dl Henderson: Nu, cultul lui Artemis — zeiţa în principal productivă, zeiţa câmpurilor şi a naşterilor, luna în creştere — ea echilibra cultul lui Hecate.

Dr. Jung: Atunci, aţi considera-o pe Hecate în principal distructivă, luna în descreştere. Şi găsim o oarecare justificare pentru aceasta, când luna este în descreştere, nimic nu prosperă.

Dr. Barrett: Unul din prietenii mei, care fabrică traverse pentru calea ferată, spune că nu cumpără niciodată lemn tăiat când luna este în descreştere. Explicaţia ştiinţifică pe care mi-a dat-o a fost aceea că lemnul expus recent la lumină polarizată nu este atât de rezistent.

Dra von König: În Suedia, lemnul tăiat când luna descreşte poate avea viermi, în timp ce acela tăiat când luna este în creştere nu are.

Dna Sawyer: În Franţa, înainte de Revoluţie, tăiatul pădurii era interzis prin lege în afara perioadelor în care luna era în descreştere. În caz contrar era atât de plin de sevă, încât nu se usca.

Dr. Jung: Acestea sunt dovezi concrete practice ale influenţei lunii în descreştere, care se potrivesc cu ceea ce am auzit despre plantarea în perioadele în care luna se află în creştere. Cunosc o persoană care are o proprietate întinsă în Africa de Sud şi care plantează totul când luna este în creştere, pentru că a observat că numai aşa se dezvoltă. Mie nu-mi stârnea prea multă încredere ideea, dar toate aceste credinţe primitive par a fi într-un fel adevărate, deşi noi nu le înţelegem. Un meteorolog vă va dovedi că luna nu influenţează starea vremii şi totuşi ideea apare, deci nu sunt deloc convins că nu există nicio legătură între vreme şi lună. O explicaţie raţională nu este o explicaţie. Trebuie să aşteptăm până când aceste lucruri vor fi dovedite experimental. Astrologia, de exemplu, prezintă sugestii uimitoare, care ar fi importante dacă ar fi verificate, dar nu a făcut-o nimeni. Ei ar trebui să realizeze cercetări statistice.

Un francez, Paul Flambart, a avut o tentativă de a verifica anumite afirmaţii iraţionale.[1] El a întreprins o cercetare ştiinţifică asupra aşa-numitului trigon al semnelor de aer: dacă întreg zodiacul este aşezat pe circumferinţa unui cerc, atunci cele trei puncte corespunzătoare lunilor reprezentate de Gemeni, Balanţă şi Vărsător formează trigonul semnelor de aer. Acestea sunt semne de aer, iar aerul înseamnă minte sau spirit. În vechime se spunea că o persoană născută

---

1 Cercetările lui Flambart au fost publicate în a sa *Preuves et bases de l'astrologie scientifique* (Paris, 1921), p. 79ff. Vezi „Sincronicitatea ca principiu al relaţiei acauzale", O.C. 8, par. 869, n. 64.

sub aceste semne putea fi spirituală sau intelectuală; acea calitate îi era dată la naștere. Așa că Flambart a luat o sută de nativi cu o inteligență remarcabilă și a descoperit că, deși zilele lor de naștere erau oriunde pe circumferința cercului, se observa o extraordinară aglomerare în fiecare punct al trigonului, putându-se afirma că majoritatea acestor nativi era asociată cu colțurile trigonului semnelor de aer, cu inteligența. Rezultatul are caracterul unui adevăr științific, dar astrologii ezită de obicei să facă astfel de cercetări. Ei preferă să înoate în intuiție. Munca științifică dă prea multă bătaie de cap; întocmirea fiecărui horoscop ar dura trei ore și ai avea nevoie de mii de horoscoape. Astrologia este o știință întunecată, o știință a lui Hecate. Acum subliniem aspectul descrescător al lunii. Mai aveți ceva de adăugat despre Artemis?

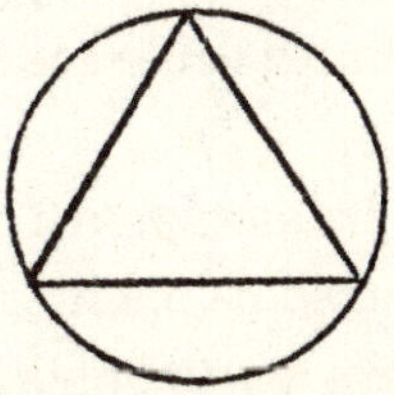

Dl Henderson: Cele două, Hecate și Artemis, erau, practic, interșanjabile, dar Artemis reprezenta într-o mai mare măsură luna în creștere, cu ideea de fertilitate. Ele au înlocuit-o pe Selene, care nu era suficient de bine conturată, prin urmare cultul ei a fost divizat în culturile acestor două zeițe, Artemis și Hecate, care erau mai practice și mai aproape de oameni.

Dr. Jung: Da, Selene este puțin cam ștearsă. Luna este extrem de paradoxală și, astfel, individul trebuie să-și divizeze concepția despre personalitatea ei. Este prea dificil de gândit în termeni paradoxali. Acesta este semnul unei minți diferențiate, numai filosofii foarte evoluați gândesc paradoxal. Puțini pot suporta. Deci, atunci când zeița lunii, sub chipul ei de Artemis, era strălucitoare și benefică, latura ei întunecată tăcea; sau era exprimată întunecata, neobișnuita Hecate, iar partea bună era redusă la tăcere. Era ca și cum otrava ar putea produce un efect foarte bun; sau, dacă Dumnezeu nu este disponibil, diavolul e gata să întindă o mână de ajutor. Cred că aveți aici o imagine valoroasă a caracterului dual al lunii. Dumneavoastră ce material ați avut, doamnă Sawyer?

Dna Sawyer: Cel mai mult m-a impresionat semnificația dublă a lunii — pe de o parte viață, pe de alta, moarte.

Dr. Jung: Da, și asta coincide cu ce știu eu despre primitivi. Această lipsă de claritate se observă cu precădere în concepția centrală despre mana, despre care am discutat. Exploratorii moderni sunt uimiți de felul lor de a aplica termenii *mana* și *taboo*. Pentru ei nu există nicio distincție, deoarece visele lor sunt ca realitatea și realitatea lor este ca visele. Orice concept este la fel ca oricare altul. În Egipt descoperi mituri contradictorii în sate vecine, sau chiar în același templu, despre unul și același zeu. Modul lor de gândire ne este incomprehensibil. Conștiința primitivă este atât de slabă, încât ei pur și simplu nu observă diferențele, sunt naivi, nu pot decât să simtă cu acuitate modul în care sunt afectați. Prin urmare, lucruri foarte diferite sunt percepute de ei ca fiind unul și același, deoarece produc același efect. De exemplu, sunt uimiți fără să spună ce îi uimește, cuvântul „uimit“ căpătând o accepțiune dinamică, iar ei afirmă despre un lucru că este uimitor, *mulungu*. V-am dat astfel de exemple. Deci, în credințele primitivilor, nu găsim imagini diferențiate ale lunii. Mai târziu, când apar în mitologia greacă, ele reprezintă progresul minții umane de-a lungul multor mii de ani.

Dna Crowley: În religiile semite venerarea lunii nu a precedat venerarea soarelui?

Dr. Jung: Ați citit literatura babiloniană? Este adevărat că venerarea zeiței lunii este extrem de veche, dar cred că Shem[2] poate fi la fel de vechi.

Dna Crowley: Oare luna nu era foarte importantă pentru ei datorită vieții lor nomade? Luna poate fi tot atât de importantă pentru triburile nomade, cum e soarele pentru popoarele agricole.

Dr. Jung: Da, deși este greu de confirmat, deoarece triburile nomade nu lasă în urma lor nici cultură și nici temple. Cultul preislamic venera stelele și luna. E adevărat, cerul nocturn este foarte impresionant pentru cineva care călătorește noaptea, dar în cele mai vechi temple babiloniene pot fi găsite vestigii atât ale cultelor solare, cât și ale celor lunare. Zeul solar poate fi observat la un capăt al templului, iar în capătul opus statuia unui rege de aceeași mărime. Omul și zeul poziționați față în față, de valoare egală, este foarte interesant. Și în Egipt faraonul este egalul zeilor, este înfățișat sub forma lui Osiris și a lui Ra și identificat cu soarele. Evident, nu poate fi identificat cu luna.

Dna Fierz: Mi s-a părut ciudată evoluția lor — mai întâi a fost un dragon precum Mummu-Piamut sau o vacă celestă, mama zeițelor lunii, care creează lumea și apoi o mănâncă. După care au venit diversele zeițe lunare iar apoi, de-a lungul timpului, apare din nou un principiu unificator, ca de exemplu în *Măgarul de aur*, capitolul 11. Ele sunt din nou una și aceeași, unificate. Chiar dacă numele sunt diferite, semnificația acestor zeițe în toate țările este aceeași. Deci, în perioada de sfârșit a Imperiului Roman, oamenii puteau venera orice

---

2 Fiul cel mare al lui Noe şi strămoşul cu acelaşi nume al semiţilor.

zeiță străină, semnificația subiacentă fiind identică. Cred că este o paralelă la psihologia individuală.

Dr. Jung: Opinia dumneavoastră este mai apropiată de psihologia simbolismului lunii în general. Reduceți zeițele lunare specifice la concepția unui animal mondial original, o vacă celestă care produce și mănâncă apoi întreaga lume. Este perfect adevărat, o concepție extraordinară a ceva aflat înaintea zeilor, ceva care face și desface. Dar nu are legătură cu discuția noastră actuală; trebuie să rămânem la un concept diferențiat al zeității lunare. Dacă mergem dincolo de lună, trebuie să mergem și dincolo de soare; povestea vacii celeste nu are de-a face nici cu luna, nici cu soarele, este anterioară ambelor. Este o intuiție profundă, similară ideii că Osiris, Isis și Nephtys s-ar fi aflat în același pântece. Osiris este soarele, Isis și Nephtys sunt luna. Există și ideea egipteană a mamei primordiale Nu sau Nut, numită, de asemenea, ape primordiale, în al cărei pântece s-au aflat soarele și luna înainte de apariția oricărei creaturi. Aceea este o idee și mai primitivă și totodată mai progresistă. Mai târziu, probabil, umanitatea va înțelege că aceste superstiții dintre cele mai primitive reprezentau percepția intuitivă a unui adevăr riguros. Ideile științifice sunt întotdeauna tranzitorii, deoarece sunt bazate pe teorie. Fizica modernă este fragmentară. Când eram student, „emanația", de exemplu, era ridiculizată, considerată complet absurdă, dar acum ne întoarcem la ea. Este cazul teoriei lui Einstein, care este înțeleasă ca o emanație cosmică. Acum, dr. Draper, ne puteți spune la ce concluzie v-au dus cercetările asupra lunii?

Dr. Draper: Gândurile provocate de cercetări au suferit influența puzzle-ului mecanicist în care mă aflu, luând, astfel, o turnură biologică. Mi s-a părut că ar exista o analogie interesantă între caracterul bisexual al lunii și caracterul bisexual al animalelor. Găinile, păsările de curte în general și porumbeii suferă inversări sexuale, ca și cum ar fi fost adaptate autofertilizării pentru a asigura continuitatea, sugerând un mijloc de a învinge moartea. Mi s-a părut interesantă și băutura soma. Zeii beau din ea și reînviau.

Dr. Jung: Ați studiat materialul hindus pentru aceasta, dr. Harding?

Dr. Harding: Sunt două seturi de mituri. Pe lună creștea un copac soma din care zeii extrăgeau o băutură care-i făcea nemuritori. Mai este și mitul lui Varuna, luna care a agitat oceanul cosmic și a produs soma.

Dr. Jung: Da, soma este o băutură mitologică din religia vedică, magică la fel ca vinul în sacramentul creștin sau în misterele dionisiace. Este o băutură care provoacă renașterea, dar și beția. Dacă aș fi un bun creștin, aș fi împotriva substituirii vinului cu o băutură nonalcoolică, deoarece o ușoară beție este absolut indispensabilă. Dacă Hristos, fondatorul, ar fi dorit ca vinul să nu provoace beția, ar fi spus să se bea apă. În misterele maniheene, hrana sfântă era pepenele. La masa comuniunii erau aduse fructele cele mai îmbietoare, dar mai ales pepenele, care era fructul sacrificial, întrucât avea nevoie de soare pentru a se coace și, prin urmare, conținea cele mai multe particule de lumină. Deci, atunci când omul mânca pepenele însemna că asimila o uriașă cantitate de lumină și atunci substanța neagră, diavolul, era biruită. Hristos a ales vinul și Biserica Catolică nu ar permite niciodată ca vinul să fie nealcoolic. Așa cum nu ar permite ca pâinea comuniunii să se facă din orice altă făină decât făina de grâu. Iar uleiul sfânt trebuie să fie ulei de măsline și candelele trebuie produse într-un anumit fel. Războiul a adus însă o schimbare; din cauza penuriei de ulei de măsline, printr-o dispensă specială a Papei s-a permis înlocuirea sa cu mici becuri electrice, dar numai din cauza sărăciei acelor timpuri. Într-un astfel de caz Biserica Catolică este foarte rezonabilă, dar în chestiunile majore respectă cu rigurozitate tradiția. Ideea este că modificarea acestor lucruri, protestul, devine o erezie; fără să știe, protestanții au subminat tradiția în punctele sale esențiale. Și anume proprietatea vinului de a fi sângele Domnului. Când renunță la aceste credințe, înseamnă că sunt pe punctul de a se dezintegra; protestanții sunt, de fapt, divizați în peste patru sute de confesiuni. Catolicismul, pe de altă parte, este asociat cu inviolabilitatea unor astfel de principii; trebuie să fie vin, trebuie să aibă izul beției.

Una dintre cele mai vechi descrieri ale unei băuturi ce provoacă beția este aceea a băuturii vedice, soma. Rig-Veda are o vârstă uimitoare, se presupune că a fost scrisă cu 5 000 de ani înainte de Hristos și acolo apare deja ideea de soma. Iar acum, descoperim că are legătură cu luna; arborele-lună oferea o băutură pentru zei și pentru om. Este un simbolism foarte important.

Dr. Draper: Probabil că euforia produsă de băutura soma era aceea care urmează respirației rapide profunde. Efectul subiectiv al supraoxigenării rapide a sângelui este aproape identic cu acela care apare după ingerarea de alcool. Este vreo analogie aici?

Dr. Jung: Da, toate aceste lucruri au și o bază fizică. Primitivii știu uneori lucrurile înaintea oamenilor de știință. Teoria modernă a malariei era cunoscută indigenilor din estul Africii înainte ca omul alb să afle că era provocată de țânțarul *anopheles*. Deci probabil că ei au descoperit legătura dintre respirația profundă, acumularea de oxigen și efectele alcoolului. Hatha yoga are în mod deosebit legătură cu exercițiile de respirație, ei încearcă să acceadă la spirit prin respirația profundă. În yoga chinezească sunt exerciții în care respirația este suspendată; respirația se oprește și este înlocuită de respirația interioară.

Dr. Draper: Negrul din America de Nord nu este fericit dacă nu are o lamă într-un buzunar și în celălalt, piciorul stâng din spate al unui iepure prins în cimitir, în lumina lunii. Este încercarea omului de a rezolva problema morții?

Dr. Jung: Ei doresc instinctul animalului, iar piciorul este o parte a animalului. Faptul că trebuie să vină din cimitir înseamnă că trebuie să fie impregnat cu calitățile sau cu mana morților, deci este o amuletă legată de întreaga probematică ridicată de simbolismul lunii. Este o amuletă apotropaică, deoarece vine de la morți; dacă ei moștenesc o amuletă de la strămoșii lor, de exemplu, aceea este utilă împotriva spiritelor și împotriva propriei lor morți. La fel cum ploaia este produsă de apa care curge sau vântul de fluieratul marinarilor sau de bătăile ritmice în catargul principal, zgomotul imitând sunetul vântului în pânze. Ei spun: „Nu mai fluiera, altfel vântul va bate prea tare!“ Vaccinarea urmează același principiu, este pur și simplu un element al simbolismului lunii aplicat practic. Băutura soma este o băutură apotropaică împotriva morții — când o bei nu poți muri; acel medicament vine de pe tărâmul morților, din țara lunii, din arborele lunii, este medicamentul nemuririi. Ghilgameș călătorește spre Vest, tărâmul soarelui-apune. Apoi mai este și mitul babilonianului Utnapiștim[3], care este mai vechi cu o mie de ani decât legenda lui Noe. Amândoi supraviețuiesc unui mare potop și ajung pe pământurile din Apus, unde trăiesc viața veșnică. Ei caută nemurirea pe tărâmul morții. Deci, vinul nostru sfințit al comuniunii vine de la morți; noi mâncăm trupul mort al lui Hristos și îi bem sângele și el ne dă viață. Este la fel ca ideea primitivă de soma.

Apoi mai este și partea cealaltă a lunii, aspectul lunatic menționat de dr. Harding, nebunia lunară, care are de-a face cu luna în calitate de minte. Beția este nebunie artificială. O doză mică este extrem de importantă pentru a aduce la suprafață partea irațională a omului; puțină nebunie este bună — pentru a fi puțin tulburat — dar mai multă este periculoasă. În ceremoniile cu soma, dacă te îmbeți foarte tare, pierzi grația. Sf. Pavel le scrie corintenilor, plângându-se că mănâncă și că beau prea mult; era o teribilă irosire a ceva sacru.[4] Există tentația de a bea cu înghițituri mari. În aziluri, nebunilor li se permite să primească cuminecătura, dar ei cer o sticlă întreagă și potirul trebuie păzit.

---

3 Utnapiştim figurează în epopeea lui Ghilgameş. Aşa cum povesteşte Jung în *Simboluri ale transformării*, O.C. 5, par. 293 şi 513, căutarea ierbii nemuririi „îl duce — pe Ghilgameş — peste mare, la înțeleptul Utnapiştim (Noe), cel care știe cum se pot traversa apele morții“. Vezi, mai sus, 30 ianuarie 1929, n. 4.

4 I Corinteni 11:23–29.

Această moderație sugerată de culturile bazate pe mistere este crucială și extrem de delicată. Bea prea mult și te trezești cu un cucui; bea prea puțin și nu ești suficient de irațional. Scopul este acela de a îndepărta conștiința noastră fragmentată obișnuită. Chiar și primitivul este absorbit de programul său zilnic, de rutina sa, la fel ca noi. Adevăratul scop al ceremonialului religios este renașterea. A fost creat pentru a ridica omul din starea sa obișnuită, pentru a-i tulbura rutinele, pentru ca el să conștientizeze lucrurile din afară. Mulți oameni au băut pentru a scăpa din cercul lor blestemat și au descoperit extraordinara frumusețe a lumii, au îmbrățișat lumea, când în mod obișnuit sunt sălbăticiuni teribile. Au descoperit frumusețea beției și au îmbrățișat vinul pentru calitatea lui divină, deschizându-și inimile, deschizând căi largi pentru omenire. Un moment autentic de genul acela poate fi un moment de revelație. Primitivii aveau nevoie de el la fel de mult ca și noi. Ideea originală de *Agapē*[5] era o orgie moderată, care însemna să mănânci împreună, să petreci, să bei vin sacru, sângele pământului. Se sărutau ca frații și ca surorile, iar acesta a fost încă un motiv pentru care s-a plâns Sf. Pavel. O luaseră prea literal — ritualul își pierduse o parte din aroma spirituală. Dar era o încercare de comuniune adevărată.

Comparați acum comuniunea noastră cu ce era inițial. Înlocuirea cu vin fără alcool distruge întreaga semnificație. Ar trebui să existe un permis al cultului care, sub rezerva tabuului, să-i permită individului să facă anumite lucruri altfel imposibile. La *Agapē* poți săruta nevasta vecinului și te poți simți minunat. Îți poți alege locul, presupun. Altfel ar fi îngrozitor, e nevoie să permitem desfășurarea naturii umane. Fără îndoială, oamenii erau la fel ca azi — preferi mai degrabă dreapta decât stânga. Cu siguranță, nu este nicio blasfemie dacă intrăm în psihologia tuturor acestor ceremoniale ale lunii și ale somei. Acele lucuri erau înfăptuite la lumina lunii, trebuie să fi fost impresionante. Nopțile în care se dansa erau relativ sigure și apoi, la adăpostul tabuului, omul era liber să se comporte așa cum de obicei nu putea s-o facă. De exemplu, când primitivii participă la o ceremonie nu mai sunt ei înșiși, ci strămoșii lor. Se identifică cu acei strămoși — eroii — și participă la ceremonii care erau, probabil, foarte obscene. Apoi, devin din nou cetățeni normali — absolut sănătoși.

În zilele noastre, o anumită sectă creștină, am uitat cum își spun, numesc o comisie de administratori cărora li se spune evangheliști și apostoli, chiar îngeri și arhangheli.[6] Ei simbolizează ierarhia celestă pe pământ și se află într-o

---

5 O „sărbătoare a iubirii" care precede de obicei Euharistia, celebrată de primii creștini.

6 Se face aluzie la Biserica lui Iisus Hristos a Sfinților din Ziua a Șaptea (biserica mormonă).

minunată stare nouă — domnul Jones și domnul Smith ziua și arhangheli noaptea. Presupun că se și identifică cu eroii, o etapă pe drumul către carnavalul foarte original în care sunt transformați în animale, strămoșii lor totemici.

În cultul lui Dionysos era un grup de dansatori sălbatici, orgiastici, numiți coribanți. Ei purtau piei de animale și coarne de berbec pentru a semăna cât mai mult cu satirii, iar fetele erau nimfe în goliciunea lor încântătoare, menade, și apoi lucrurile se întâmplau în mod real. În Atena era destul de obscen; la paradă era purtat un falus uriaș, indecent. Chiar și la Roma, a observat Goethe, în perioada carnavalului din statul ecleziast, vechiul zeu Priapus, sub forma lui Pulcinello, mergea de colo-colo necăjind femeile. Se întâmpla în secolul al optsprezecelea, în chiar inima creștinității, iar acel simbol sugera înmulțirea animală, sexualitatea animală. Era o supraviețuire a vechilor festivaluri religioase deși, desigur, nu mai erau conectate cu biserica...[7]

Dar acum a rămas numai vinul care provoacă beția. În ritualurile noastre, chiar și în Biserica Catolică, orgiile nu mai sunt permise. Acum, mai mult decât în oricare alte timpuri, omul nu are nicio șansă din acest punct de vedere. Avem nevoie de acea libertate ceremonială. Când ne îmbătăm, noi ne transformăm în porci și ne pierdem respectabilitatea, nu avem un cadru stabilit de tabu, în care s-o facem. Noi nu îl servim pe Dumnezeu, noi doar ne îmbătăm. În acele zile, un om putea rămâne respectabil și totodată să-l servească pe Dumnezeu puțin cam mult și atunci era un lucru grandios; îi compătimesc pe cei care nu cunosc ce înseamnă vinul din acest punct de vedere. Nu există tabuuri religioase la adăpostul cărora să ne putem îmbăta în siguranță și religios, nemaivorbind de a săruta soția vecinului.

Ei bine, am dorit să vă prezint câteva aspecte al grotescului neobișnuit asociat lunii, o deformare a tuturor elementelor sacre. Este mai dificil să faci o dare de seamă a simbolismului lunii, decât al aceluia al soarelui. Luna are o notă aparte.

---

7 Sunt omise șase rânduri, în care se repetă ceea ce Jung a spus despre *jeu de paume* etc. în prelegerea susținută în data de 14 noiembrie 1928.

Prelegerea a VIII-a. 27 noiembrie 1929

Dr. Jung:
Înainte de a merge mai departe cu discuția despre relația dintre cruce și semilună, doresc să vă demonstrez cum se infiltrează în familii faptele simbolice. O fetiță de patru sau cinci ani a făcut un desen în care apăreau lucrurile despre care am vorbit. Mama sa participă la seminar. Evident, nu a discutat simbolurile cu ea, și totuși acest desen demonstrează că fetița le-a prins într-un mod extraordinar.

Reprezintă sânul unei mame și totodată o casă, iar în stânga, sus, este o semilună. Înăuntru este o femeie și ferestre cu o înfățișare ciudată, deși mama îmi spune că fetița știe să deseneze ferestre normale. Evident, este o combinație a simbolurilor crucii și semilunii cu figura maternă umană încovoiată aici, în centru. Nu este un desen ordonat, are încă dezordinea haotică a începuturilor funcționării psihice. Elementele sunt acolo, dar nu se află într-un cosmos sau într-o ordine, ci într-un haos primordial sau cosmic. Expresia este contradictorie, totuși; folosim cuvântul „cosmos" pentru univers, dar te poți gândi la univers nu ca la un cosmos, ci ca la un haos, deoarece acesta este haosul din inconștientul colectiv al unui copil, starea haotică primordială, în care lucrurile de abia încep să capete o formă ordonată.

În mintea copilului, acest haos original este proiectat asupra figurilor umane. În mintea adultă, mai ales în a doua parte a vieții, figurile cosmice, soarele, luna, stelele etc., precum și alte arhetipuri, încep să se detașeze de ființa umană. Ființa umană devine mai puțin importantă, depotențată. Dar copilul, la început în întregime ne-personal, se trezește din haosul primitiv în starea de relație, iar acest proces are loc până târziu în viață, pe măsură ce ființa umană devine din ce în ce mai importantă. Până la pubertate, tatăl, mama și cercul familiei înseamnă totul pentru copil. Mama deține primul loc; este ca și cum toți sorii, toate lunile și toate stelele au intrat în mamă. Apoi, la pubertate, începe detașarea, mai întâi socială, apoi separarea spirituală — ultima va coincide cu apogeul vieții.

Mi s-a părut important să prezint acest caz, deoarece arată cum se pot infiltra astfel de lucruri — mai mult decât secretele personale, de exemplu, care sunt unice și nu sunt întărite de figurile colective. Simbolurile colective se află în copil, prin urmare el are baza necesară pentru a primi acel stimul. Secretele personale au mai puțină putere — astăzi sunt de o importanță covârșitoare, dar mâine pot păli, deoarece nu sunt susținute de acea forță teribilă a inconștientului colectiv. Un secret personal inconștient are tendința de a se exterioriza; are o calitate penetrantă, fiind contaminat de inconștientul colectiv; și imediat ce devine conștient este probabil să iasă afară, deoarece majoritatea oamenilor care au un secret conștient nu-și pot ține gura, flecăresc. Naturii nu îi plac secretele și ne forțează să vorbim, totul iese la lumină mai devreme sau mai târziu.

Seminarul nostru de astăzi va fi dedicat relației dintre simbolurile crucii și semilunii; le-am discutat separat, așa că avem o anumită idee despre semnificația lor. Soarele este principala reprezentare a simbolului crucii. Se presupune în general că soarele este acela reprezentat de cruce, dar eu voi spune invers, soarele exprimă crucea. Crucea este acea reprezentare originară inexprimabilă a unor forțe nerecognoscibile ale creației și deoarece natura acelei origini sau a acelei surse este nerecognoscibilă și exprimată numai prin reprezentări multiple, omul a folosit dintotdeauna acel simbol abstract.

Luna este la fel. Este un simbol, dincolo de existența ei reală. De exemplu, simbolul falic este un lucru bine conturat, un simbol al puterii generatoare, dar aceasta este reprezentată de multe alte elemente — un râu, un fruct, un copac, vântul etc. Simbolurile forțelor generatoare nu au sfârșit. Deci, precum crucea, luna este unul dintre simboluri, al unor factori psihologici diferiți. Prin toată varietatea sa de atribute trimite spre inconștientul colectiv, care poate fi exprimat în multe feluri diferite — ocean, lac, junglă, nor, ceață, pădure — toate acestea simbolizează unul și același lucru — inconștientul colectiv nerecognoscibil.

Și aici se manifestă diferența foarte interesantă dintre cele două simboluri, pe care o remarcasem mai devreme. Crucea este evident dinamică, în timp ce luna nu e; este mai mult o formă în care îți poți turna propriul conținut. De aici, caracterul evident feminin al lunii. Este asociat ideii de fecioară și de prostituată sau este un receptacul al sufletelor decedaților. Este un receptacul pasiv și cu toate acestea nu doar pasiv, deoarece, indiferent cât de mort și de tăcut este, întotdeauna are un anumit efect, acela de a forma și de a oferi limite vizibile unui lucru. Captează un element dinamic și îl solidifică, îl transformă și îl cristalizează, astfel încât obține, se pare, aproape un efect dinamic; numai turnând în ea anumite conținuturi ajungi la o calitate diferită. Este ca un pahar de vin: turnați un vin nobil într-un pahar de cristal al cărui picior este străbătut de un fir roșu și simțiți că se află în forma corectă, în timp ce a bea acel vin dintr-o cană de pământ nu pare corect — nu mai este același lucru, forma conținătoare are un aport asupra vinului. Deci, și luna pare să fie dinamică, deoarece are acel efect formativ asupra calității dinamice simbolizate de soare sau de cruce.

Cu cât vorbim mai mult despre cruce și despre semilună, adică despre activitatea și pasivitatea inconștientului colectiv, cu atât mai mult ne apropiem de anumite concepte ale filosofiei chineze exprimate de Yang, ♁, principiul masculin, și de Yin, ♀, principiul feminin. Relația dintre cele două simboluri corespunde conceptului chinezesc. Yang este masculin, uscat, activ, pasional, creator și este reprezentat de versantul sudic al muntelui și, de asemenea, de dragon. Yin este feminin, rece, nocturn, umed, și este reprezentat de versantul nordic al muntelui. Este latura pasivă a materiei. (Cuvintele materie și mamă sunt derivate din același cuvânt, *materia, mater*.) Ideea noastră de spiritual și material este absolut echivalentă, exceptând faptul că Yang nu este complet spiritual și Yin nu este complet material. Filosofii chinezi proiectează aceste idei în univers și presupun că universul este format din acești doi agenți, dinamicul și receptivul, iar ei formează cerul și pământul și tot ce se află între ele.

Ideea noastră occidentală nu este întru totul așa; nouă nu ne este înnăscută. Noi nu putem aborda Tao decât printr-o înțelegere psihologică, deci numai psihologia este aceea care deschide conceptele filosofiei chinezești. Dar în privința acestei cunoașteri putem recunoaște că există un aspect activ și unul pasiv, un principiu masculin generator și un principiu feminin receptor. Acestea sunt înțelese ca factori psihologici, dar când se ajunge la universul fizic, întâmpinăm obstacole serioase în construcția noastră mentală. Din punct de vedere psihologic putem înțelege și nu pare complet ciudat, deci pentru noi aceste simboluri au o anumită legătură cu structura minții noastre. Aceia dintre dumneavoastră care desenează și pictează știu că reproducem încă aceleași simboluri mereu și mereu, arătând că sunt încă expresive și vii. În analiză descoperim că funcționează la fel ca în religiile ezoterice și în filosofia chineză, numai că noi nu le considerăm principii universale. Noi le acordăm numai o importanță psihologică, spunem că semiluna se referă la natura feminină a cuiva iar crucea la creativitatea sa masculină, fără a presupune că sunt, în același timp, simboluri universale.

Dar, așa cum am spus, avem mărturia vechilor culte ezoterice și a filosofiei chineze, care susțin independent că au legătură și cu constituția lumii, nu numai cu prejudecata noastră subiectivă referitoare la structura lumii și că sunt responsabile de punerea în practică a „Legilor Cerești", după cum ar spune ele. Nu trebuie să luăm o astfel de afirmație ca pe o aserțiune metafizică sau ca pe un fapt al științei naturale, ci ca pe programul unui partid într-o democrație. Este o opinie și poate fi greșită totuși dacă dorim să întărim statul sau să instaurăm un guvern rezonabil, trebuie să ținem cont de faptul că mulți proști adoptă aceste opinii. Un număr considerabil de oameni gândesc într-un mod prostesc. Așa este omul și noi suntem tot ființe umane și trebuie să luăm în considerare faptul că mulți oameni și chiar strămoșii noștri sunt de părere că omul este doar un caz printre multe altele în care se manifestă aceste legi generale. Nu putem dovedi științific faptul că modul nostru de funcționare coincide cu modul de funcționare a soarelui și a lunii. Observăm similitudinea dintre periodicitatea femeii și a lunii, dar ele nu coincid, au doar același ritm. Deci, metaforic, putem asemăna și principiul activ al bărbatului cu soarele.

În astrologie există un alt punct de vedere, puțin neobișnuit, și de aceea urât în mod special de oamenii de știință. Vă amintiți ce v-am spus, că zilele de naștere ale oamenilor importanți tind să se aglomereze în jurul celor trei puncte ale trigonului semnelor de aer.[1] Dacă acest lucru s-ar confirma, am putea merge mai departe, făcând statistici despre sinucideri, nebunii, epilepsii etc. S-ar putea ajunge la rezultate tangibile, iar astrologia ar fi atunci privită foarte serios. Le-am sugerat astrologilor că ar trebui să avem mai multe afirmații științifice. Uneori, fără a cunoaște ziua de naștere a cuiva, oamenii pot intui într-un mod remarcabil în ce semn zodiacal se află persoana respectivă. Mie mi s-a întâmplat de două ori, o dată în Anglia și o dată în America. Mi se spusese că soarele meu se află în Leu și luna în Taur, iar Vărsătorul e în ascensiune. Am fost extraordinar de impresionat. Cum naiba știau? Mi-au citit-o pe față? Dar, odată ce știi câte ceva despre aceste lucruri, ele nu mai par la fel de misterioase și poți descoperi

[1] Gemeni, Balanță, Vărsător.

cu ușurință anumite caracteristici — anatomice, de exemplu. Alteori, lucrurile nu ies după cum te aștepți. De exemplu, sunt convins că un anumit individ nu este în Scorpion, apoi aflu că este tocmai în acea zodie. De asemenea, am auzit adesea persoane spunând: „În niciun caz nu mă voi căsători cu acela!“ — și apoi o face. Sau un pacient va spune: „Aveți dreptate, dar nu este adevărat“, apoi aflu că este cât se poate de adevărat.

În punctul acesta se află astrologia astăzi. Permite anumitor oameni să pună diagnostice verificabile; și unele presupuneri, intuiții de moment, sunt uimitor de adecvate. De exemplu, am cunoscut un astrolog care îmi știa data de naștere, dar nu știa nimic altceva despre viața mea personală și, din când în când, primeam rapoarte de la el — „în ziua cutare trebuie să vă fi simțit în cutare fel“ — dar mereu despre trecut, așa că le puteam verifica. Odată mi-a scris că, în ziua de 31 martie, să spunem, în urmă cu doi ani, trebuie să fi avut sentimentul de a fi fost renăscut, deoarece nu știu ce planetă a traversat în nu știu ce loc harta astrală a zilei mele de naștere. Pe vremea aceea, jurnalul meu psihologic conținea înregistrările exacte a tot ce se întâmpla. Deci, am căutat acea zi și scrisesem: „Azi am sentimentul inexplicabil de a fi fost renăscut“. Vă pot da alte date iraționale, anumite dovezi. Dar, crezând în aceste lucruri, te confrunți cu întrebarea deosebit de serioasă: ce avem *noi* de-a face cu stelele? Există vreo legătură între condiția noastră măruntă de zi cu zi și aceste stele, când marii Jupiter și Saturn călătoresc distanțe cosmice incredibile? Mai mult, momentul nașterii este atât de accidental, medicul întârzie, moașa este neîndemânatică, mama este puțin prea grăbită. Cum poate fi admisă o astfel de legătură? Pusă în felul acesta, întrebarea rămâne fără răspuns. Astrologii sunt influențați de teozofie și spun: „E foarte simplu, e vorba doar de vibrație!“ După ce a citit *Psihologia inconștientului*, un astrolog mi-a scris: „De ce vă bateți capul să dezvoltați un concept al libidoului? Este doar vibrație“. Dar ce este vibrația? Ei spun că este energie luminoasă, probabil electricitate, nu știu nici ei prea bine. În orice caz, vibrațiile care ne-ar putea influența nu au fost văzute niciodată, așa că rămâne un simplu cuvânt.

Acum, vă voi dezvălui o altă chichiță, care este de-a dreptul înspăimântătoare. Sper că veți putea să mă urmăriți. Vedeți, astrologul spune despre cineva că s-a născut atunci când soarele era în Balanță la atâtea grade și luna în Scorpion, la atâtea grade etc. și se bazează în citirea horoscopului unei persoane numai pe acea poziție a planetelor. De exemplu, spune: „Jupiter tranzitează astăzi locul său din harta zilei tale de naștere, prin urmare, este în aceeași poziție în care se afla în momentul nașterii tale. Te duci la telescop, te uiți, găsești constelația ta și Jupiter nu se află acolo! Apoi, din nou astrologul te va informa că echinocțiul de primăvară este la zero grade în Berbec și te aștepți, în mod firesc, ca soarele să răsară la ora șase dimineața, exact la zero grade în Berbec. Dar descoperi ceva complet diferit, se află, probabil, la 28 de grade în Pești. În perioada echinocțiului de primăvară, soarele nu răsare în Berbec. Cauți în istorie și descoperi că în anul 100 î.H. soarele a părăsit constelația Berbecului și a intrat în Pești. Atunci, astrologul regal al lui Ptolemeu a spus: „Nu putem permite să se întâmple așa ceva, vom fixa lucrurile așa cum au fost în anul 2000 î.H., când soarele a făcut același lucru — a părăsit Taurul și a intrat în Berbec". Vedeți, punctul în care începe primăvara dă înapoi, este o regresie. Aceasta este așa-numita precesiune a echinocțiilor, care se deplasează cu 55 de secunde în fiecare an, mergând înapoi dinspre semnele de primăvară spre semnele de iarnă. Astronomul respectiv a oprit acest lucru. A făcut, pur și simplu, ca lucrurile să fie constante. Altfel, ceasurile ar avea în fiecare an o eroare de 55 de secunde. Deci, începând cu anul 100 î.H. (Academia din Alexandria) numim primăvara — punctul zero grade Berbec. Noi ne-am păstrat credința în astre, dar cerurile s-au deplasat și noi suntem pur și simplu anacronici față de univers. Dacă un om din anul 2000 î.H. spunea despre cineva că este născut la 25 de grade în Săgetător era adevărat, dar o sută de ani mai târziu nu mai era chiar adevărat, deoarece se deplasase deja cu 100 x 55 de secunde și horoscopul nu mai este exact. E probabil ca un astrolog să spună: „Nu-i de mirare că ai un astfel de temperament sau o astfel de atitudine nobilă, deoarece soarele tău este la începutul Leului; când soarele te-a privit din propria lui casă în momentul nașterii tale ai devenit în mod natural un mic leu". „Dar el *nu* te-a privit din propria lui casă deoarece, în realitate, se afla în Gemeni. Cu toate acestea, se poate dovedi că omul al cărui soare se spune că este în Taur are gâtul de taur sau femeia din Balanță primește calitățile soarelui aflat pe culmile Balanței, iar unul al cărui soare este în Săgetător are intuiție și e absolut adevărat. Cu toate acestea, soarele nu s-a aflat în acele poziții. Se distruge astfel orice speranță legată de vibrații! V-am spus despre statistica asociată semnelor de aer și, totuși, acei oameni cu un intelect superior nu s-au născut când soarele se afla în acele semne. Este o enigmă extraordinară și sunt astrologi care nici nu o cunosc măcar; ei sunt teozofi și spun: „Este foarte simplu, se bazează pe vibrații". Dar, vedeți, când este vorba de mintea noastră occidentală, trebuie să gândim. Cum explicăm atunci faptul că trăsăturile noastre caracteristice sunt influențate de planetele noastre? Spunem: „Venus este cu certitudine semnul tău". Cum explicați acest *ca și cum*, când, de fapt, nu este așa?

Iată un alt paradox. Pentru a rezolva acea enigmă, ar trebui să spunem că nu poziția stelelelor contează, timpul este acela care contează. Puteți numi timp ce vă place. Nu contează dacă spuneți că echinocțiul de primăvară este la zero grade în Berbec sau la 28 de grade în Pești; este o convenție; este totuși echinocțiul de primăvară. Vedeți, deci, aceste vechi repere ale timpului nu au fost luate de la cer, ci date cerului. Primăvara și iarna, de exemplu, au fost proiectate asupra cerului. Omul a creat constelațiile. Deci, în mod clar, constelațiile nu au fost menite de creatorul lumii să reprezinte un manual de astrologie pentru noi. În diferite sisteme astrologice, constelațiile sunt diferit grupate. Pe calendarul de piatră din Mexic sau pe faimoasa piatră de la Denderah, din Egipt[2], constelațiile sunt așezate în mod diferit. Ne îndoim chiar și de „Ursa Mare" sau de „Car"; anticii îi spuneau „Umărul lui Heifer". Era o vreme când erau numai patru semne ale Zodiacului. Romanii aveau unsprezece. Balanța a apărut pe vremea cezarilor; deoarece a fost inventată atât de târziu, este singura care poartă numele unui instrument. Ei au făcut talerele tăind ghearele Scorpionului. Toate celelalte semne sunt creaturi mitologice sau ființe umane. Omul numește stelele. Leul nu arată ca un leu, dar omul l-a numit așa deoarece soarele era cu adevărat în punctul său maxim în acea devastatoare perioadă a anului în care căldura este insuportabilă și totul este uscat și ars. Este ca o putere distrugătoare, așa că spuneau că soarele răgea ca un leu nebun. Iată succesiunea semnelor:

Vărsător	Cu cinci mii de ani în urmă, în anul 3000 î.H., când soarele se afla în iarnă, ploaia curgea în torente. Vărsătorul își vărsa apa în toate părțile.
Pești	Atunci, peștii înotau în apele învolburate.
Berbec	Berbecuțul, timpul primelor mlădițe și ai primilor muguri.
Taur	Taurul, marele efort al naturii.
Gemeni	Fertilitatea omului. Gemenii sunt adesea cei mai favorizați.
Cancer	O retragere, solstițiul de vară. Racul care merge înapoi, atunci când soarele coboară din nou.
Leu	După primul semn al solstițiului, omul înțelege că soarele chiar va pleca, din 22 iulie până în 21 august, tocmai atunci când totul are o strălucire maximă.

---

[2] O piatră pe care este gravată în relief o hartă zodiacală din Templul lui Hathor (secolul I î.H.) la Denderah, lângă Luxor. În prezent se află la Luvru.

Fecioara	Atunci când omul rage ca un leu nimic nu îl poate îmblânzi mai bine decât o fecioară. Ea va scurta părul leului, la fel cum s-a întâmplat cu Samson și Dalila. Nu este frumos, întreg simbolismul este cumva obscen. Dar în acel moment al anului, 15 septembrie în calendarul egiptean, ochiul stâng al zeiței este pregătit să-l primească pe zeul Ra, care trebuie să intre în el.[3] Ochiul este un simbol al pântecelui. Elementul feminin preia conducerea. Zeul intră în pântecele întunericului, Yang este sub Yin. Femeia este deasupra.
Balanța	Echilibrul care apare după ce fecioara și-a făcut treaba.
Scorpionul	Autosacrificiul fatal al soarelui. Soarele este redus la tăcere de fecioară și, atunci când forțele sunt în echilibru (Balanță), soarele se sinucide, după care urmează o coborâre evidentă în interiorul mamei. Există o legendă conform căreia, atunci când scorpionul este înconjurat de foc, se sinucide.
Săgetător	Moartea soarelui. Moartea este un fel de râu sau de prăpastie. Dincolo este viață, dar te afli pe acest mal al râului și nu poți trece dincolo. Vine apoi legenda centaurului, un bun arcaș, care poate trimite cu arcul său o săgeată pe partea cealaltă. Este un mijloc de comunicare. Arcașul Săgetător, cu săgeata intuiției, prevede o nouă naștere din inconștient. Acesta este anotimpul aparițiilor, când fantomele încep din nou să meargă, când inconștientul începe să se manifeste.
Capricorn	Peștele-țap. (Acesta era semnul imperial de pe blazonul lui Cezar Augustus. După ce omul mort ducea o viață cumpătată în mare, următorul semn este acest pește-țap. Este pe jumătate pește și pe jumătate țap, ceea ce înseamnă că la început, pește fiind, se află pe fundul mării, neobservat în inconștient. Apoi se ridică la suprafață, cățărându-se pe cele mai înalte vârfuri și văi. Acesta este soarele, promisiunea unui nou an, așa că anumiți astrologi numesc perioada de după Crăciun „Promisiunea anului". Este timpul nașterii lui Mithras, a lui Hristos, nașterea noii lumini, întreaga speranță a anului ce va să vină. Oamenii născuți atunci au inimi puternice. Sunt ambițioși, dar trebuie să muncească din greu pentru a-și atinge scopurile.

3 „Aceasta [prima zi de toamnă] este ziua în care zeița Nehmit își îndeplinește lucrul, pentru a-l face pe zeul Osiris să intre în ochiul ei stâng." — Heinrich Brugsch, *Religion und Mythologie der alten Aegypter* (Leipzig, 1885), p. 281ff, citată în O.C. 5, par. 408.

Dar anul nou trebuie să fie născut. În Vărsător, soarele generează anul. Vărsătorul varsă apele fecundității. El este prezentat, de asemenea, ca un zeu falic, Priapus. După apa generatoare vin din nou Peștii, și așa mai departe.

Așa a luat ființă Zodiacul. Este de fapt un ciclu al anotimpurilor, cu anumite calități ale climei — iarna, primăvara, vara, toamna, cu însușiri date de fantasmele și imaginația metaforică a minții umane. Și astfel omul a numit stelele simultane cu anotimpurile prin atribute care exprimă însușirile fiecărui anotimp. Principiul activ este în mod evident timpul și nicidecum stelele, ele sunt doar accidentale. Dacă, în momentul în care astrologia și-a început existența conștientă, ar fi fost alte constelații pe cer, am fi avut grupuri diferite de stele dar ar fi fost numite tot leu sau omul cu ulciorul de apă. Ele nu seamănă deloc cu numele lor, nici măcar constelațiile cele mai frapante. Imaginația este pusă la grea încercare.

Deci, așa cum am spus, este evident că elementul activ este timpul. Oamenii născuți într-un anumit moment al anului pot avea numite însușiri. Poziția relativă a stelelor este numai un mijloc de a ține socoteala timpului. Avem atunci aici un alt paradox. Ce este timpul? Cum poate fi el un principiu activ? Timpul este o concepție abstractă a duratei și este absolut arbitrar din acest punct de vedere; împărțirea poate fi făcută complet diferit. O secundă poate avea jumătate de minut, de ce are un minut șaizeci de secunde? Nu este deloc convingător, este doar o concepție arbitrară convențională. Și dacă încerci să o scurtezi, ajungi la concluzia că timpul este mișcarea continuă a lucrurilor, la fel ca ceasul cu apă sau clepsidra, este curgerea care divide ziua în patru părți, fiecare parte reprezentând un sfert din acea zi, între răsăritul și apusul soarelui. Pentru a observa timpul, observi mișcarea lucrurilor care durează un anumit timp, cum sunt limbile unui ceas; este durata unei anumite mișcări continue. Este abstract, dar mișcarea continuă a lucrurilor nu este abstractă, este cât se poate de concretă și de tangibilă. Este ceea ce numim energie, deoarece nimic nu se mișcă fără energie. Trebuie să-ți potrivești ceasul sau să întorci clepsidra. Este nevoie de energie pentru a produce mișcarea continuă și ceea ce măsurăm noi este energie; și acesta este un alt concept abstract în măsura în care înseamnă o condiție schimbătoare a lucrurilor. Când spunem că timpul este doar un aspect al energiei, îl facem mai tangibil, deoarece oricine îl poate observa și măsura. Timpul și energia sunt concepte corelate. Dacă nu există energie, nu se mișcă nimic și nu mai există timp. Sunt identice, o anumită mișcare a timpului este o anumită mișcare a energiei. Când observăm energia observăm de fapt timpul, deoarece, prin intermediul energiei, măsurăm timpul. Deci, aș spune, fără timp nu există posibilitatea de măsurare.

Gândiți-vă la o piatră chiar înainte de a se rostogoli de pe deal. Se află într-o anumită stare de energie, va cădea dar nu cade. Este energie latentă, energia poziției, energie *potențială*. Poate porni oricând, cu o forță teribilă. Apoi cade cu un bubuit, manifestând energie *mecanică*. Ajunge în vale, se lovește, se sparge și unde este energia? Este în *căldura* pietrei și a pietrei de care s-a lovit. A fost transformată. Aceasta este o nouă mișcare a energiei. Acum, puteți descrie acea întreagă transformare prin intermediul timpului. Dacă nu se întâmplă nimic, nu există timp. Timpul începe atunci când acel lucru pornește la vale. Durează un anumit timp până când căldura este din nou disipată, apoi nu mai poate fi percepută. Căldura specifică a dispărut complet, deci timpul este numai între momentul plecării pietrei și ultima urmă de căldură a pietrei zdrobite.

Energia a avut trei forme: energie latentă, energie mecanică și căldură. Puteți traduce acest proces prin intermediul apei care curge într-o turbină și produce electricitate. Atâta timp cât procesul continuă, există timp, momente diferite exprimate prin forme diferite.

Gândiți-vă acum la energia universală a lumii, energia vieții. Este necunoscută pentru noi, dar trebuie s-o înțelegem în acei termeni. Nu este observabilă dacă nu se întâmplă nimic. De exemplu, un ou este latent, nimic nu se mișcă, dar dacă se dezvoltă, timpul se dezvoltă, vârsta începe. Luați acum energia universului și a sistemului solar. Iarna radiațiile sunt mai puține, vara mai multe. Deci o persoană născută într-un numit moment al anului are o anumită însușire, deoarece a fost născută în acele condiții. Nu poate fi făcut nimic în această privință, lucrurile sunt așa cum sunt. Ciudat este că ar trebui să putem trasa vârsta unui lucru până la momentul exact al nașterii sale.[4] Sunt anumiți arheologi, de exemplu, care au un simț atât de rafinat al vârstei unui obiect, pe care-l pot data cu o precizie de zece ani, la fel cum un anticar știe că o carte a fost scrisă între 1460 și 1470, de exemplu, după tipăritură, după calitatea hârtiei etc. Deci, o gravură poate fi datată. Expertul vă va spune că aparține Școlii Franceze, dar că a fost influențată de olandezi. El judecă în funcție de calitățile concrete ale materialelor folosite — hârtia, cerneala, obiectele pictate etc. Când vedeți un bătrân, cu părul alb și decrepit, spuneți că s-a născut pe la 1850. Adesea eu ghicesc vârsta cu o precizie de doi ani. E foarte simplu. E la fel ca atunci când spui că o persoană este născută în zodia Vărsătorului, dar ceva mai precis. Aceasta este doar o metodă tehnică, este la fel ca atunci când privești pe gaura cheii

---

4 „Datarea cu carbon“ în arheologie a devenit posibilă abia la mijlocul anilor 1950, vezi W.F. Libby, *Radioactive Dating* (1955).

unui anticar deștept care se lasă ajutat de anumite mici trucuri — de exemplu, știe când un numit lac a fost introdus în Europa sau că prima pipă nu este mai veche decât descoperirea Americii de Nord.

Astrologia constă din toate aceste mici trucuri care ajută la punerea unui diagnostic mai adecvat. Deci astrologul, deși nu îți cunoaște anul sau luna nașterii, le poate ghici după însușirile tale. Acum, ghinionul este că nu putem reprezenta starea de energie, energia universală, altfel decât prin timp. În loc să spunem timpul pietrei care cade, spunem că au trecut zece secunde de la căderea pietrei. Numim acest an 1929, deoarece am început cândva să numărăm, presupunând că știam când s-a născut Hristos — deși există o controversă în această privință, este posibil ca Hristos să se fi născut în anul 100 î.H. Mead a scris o carte foarte interesantă pe această temă.[5] În China, anii poartă nume. În Roma au fost numiți după consuli, socotiți de la începutul Romei, în anul 750 î.H. După Revoluția Franceză s-a reînceput numărătoarea anilor, de parcă ar fi fost o nouă epocă. Indicăm circumstanțele timpurilor printr-un număr. De exemplu, 1875 ar putea fi numit perioada crinolinelor, a primelor căi ferate, a ziarelor bisăptămânale cu pagini, a corsetelor pentru femei, a jobenurilor pentru bărbați, a prostului-gust în general. Ei nu știau nimic despre Nietzsche, abia se auzea de Schopenhauer. Chicago era pe atunci colțișorul cel mai ridicol și imaginați-vă New Yorkul în 1875! La patru ani după războiul franco-german, totul se mișca într-un mod diferit, într-un mod caracteristic acelui an, și nimic înainte sau după nu va fi ca atunci.

Deci, în 1929, totul poartă marca acestui an. Iar copiii născuți în acest an vor putea fi recunoscuți ca parte a unui mare proces și marcați de anumite circumstanțe.[6]

---

5 G.R.S. Mead, *Did Jesus Live 100 B.C.? An Inquiry into the Talmud Jesus Stories, the Toldoth Jeschu, and Some Curious Statements of Epiphanius* (Londra şi Benares: Theosophical Publication Society, 1903).

6 Unele dintre ideile pe care le tatonează Jung în această prelegere au reapărut în discursul său comemorativ pentru Richard Wilhelm (1930), O.C. 15, par. 81–82, când pentru prima oară s-a referit la „sincronicitate" într-un material publicat, teoria sa elaborată mai târziu în monografia „Despre sincronicitate" (1951–52), O.C. 8, par. 816ff, dar menționată pentru prima dată (ca „sincronism") în prelegerea din 28 noiembrie 1928 (vezi, mai sus, n. 1). Vezi, de asemenea, următoarea prelegere, n. 8.

Prelegerea a IX-a.
4 decembrie 1929

Dr. Jung:
Observ că nu este nicio întrebare astăzi, deci presupun că totul este clar şi înţeles. Vă amintiţi că am discutat despre energie şi timp şi presupun că vă întrebaţi de ce am vorbit despre probleme atât de absconse pornind de la simbolurile crucii şi semilunii. Aş fi înţeles pe deplin dacă vreunul dintre dumneavoastră m-ar fi întrebat astăzi de ce am dus această problemă atât de departe, până la elementele sale fundamentale — până la stele, am putea spune. Au existat anumite motive. Pregătind materialul pentru următorul seminar, am descoperit că gândurile mi se duceau spre stele şi spre problema identităţii timpului cu energia sau libidoul şi apoi m-am întrebat ce justificare aveam pentru a lărgi atât de mult orizontul temei noastre. Am început să fiu curios să aflu ce spuneau visele următoare ale pacientului despre subiect. Mi-am consultat notiţele şi am descoperit că nu ne-am fi putut ocupa de următorul vis fără această pregătire. Conţine această problematică anume, aşa cum veţi vedea în curând. Deci, mă puteţi crede când vă spun că discuţia despre timp şi energie nu a fost doar o rătăcire în speculaţii inutile. Nu este o problemă metafizică, este psihologică, chiar astrologică, deoarece astrologia a fost prima formă de psihologie, care este o ştiinţă extrem de tânără, datând numai de la finele secolului al nouăsprezecelea. Desigur, a existat un început al tehnicii psihologice, cam în perioada declinului creştinismului şi în anii iluminismului francez. Voltaire ar fi unul dintre primii psihologi şi, de asemenea, La Rochefoucauld şi Fénelon.[1] Dar nu era încă o ştiinţă. Consta mai mult din aforisme intelectuale. Era în mod esenţial o critică. S-ar putea spune că Nietzsche a avut o abordare psihologică în materialul său.

Dar în măsura în care sufletul uman a existat dintodeauna, trebuie să fi existat în toate timpurile un echivalent al psihologiei. Filosofia ar fi un astfel de echivalent, dar este numai intelectuală, sau o proiecţie metafizică. Şi religia ar fi un echivalent, am putea spune, dar e concretism metafizic. Apoi a mai fost

1 François de La Rochefoucauld (1613–1680), a cărui lucrare, *Réflexions et maximes morales*, a fost publicată pentru prima dată în 1665. François de Salignac de la Mothe Fénelon (1651–1715), preot şi teolog, a scris opere mistice şi chietiste.

astrologia, care a fost recunoscută până în secolul al șaptesprezecelea și era folosită de medici în universități, alături de vise, ca ajutor în diagnosticarea bolilor. Era folosită și chiromanția. Am un mic manual de medicină scris de un profesor renumit din Würzburg spre finele secolului al șaisprezecelea.[2] Tratează astrologia, frenologia, chiromanția și fizionomia și era destinat în mod special uzului medicilor. Autorul era, practic, ultimul dintre profesorii oficiali de astrologie, care era un fel de psihologie, având însă calitățile și caracterul aparte al proiecției. Era psihologia noastră în forma sa cea mai veche. Știința noastră modernă a început cu astronomia. În loc de a spune că un om era condus de motive psihologice, ei spuneau că era condus de stelele sale.

În *Wallenstein* al lui Schiller este o conversație între Wallenstein și astrolog, în care ultimul spune: „În inima ta se află stelele sorții tale".[3] Aceasta este o traducere a termenilor astrologici în termeni psihologici. Dar se întâmpla foarte târziu, la începutul secolului al nouăsprezecelea. Până atunci, oamenii își închipuiau că nu motivația psihică, ci mișcarea stelelor provoca reacțiile personale, ca și cum direcția vieții lor era determinată de vibrațiile planetelor. Într-un mod enigmatic, există o bizară coincidență între faptele astrologice și cele psihice, așa că poți descoperi intervalul de timp după trăsăturile unui individ, la fel cum poți deduce trăsăturile cunoscând un anumit interval de timp. Prin urmare, trebuie să conchidem că acelea pe care le numim motive psihice sunt identice, într-un fel, cu pozițiile stelelor. Întrucât nu putem demonstra acest lucru, trebuie să formulăm o ipoteză ciudată. Această ipoteză spune că dinamica psihicului nostru nu este tocmai identică cu poziția stelelor și nici nu are legătură cu vibrațiile — aceea este o ipoteză invalidă. Este mai bine să presupunem că e un fenomen al timpului. Cele două se unesc în conceptul de timp. Timpul, sau momentul înțeles ca o formă aparte de energie, coincide cu situația noastră psihică. Momentul este unic, așa că orice își are originea într-un anumit moment deține energia și însușirile acelui moment. Trebuie să fie așa, deoarece un lucru care-și are originea acum o sută de ani are caracterul acelei epoci. Această concepție asupra timpului ne furnizează un concept mediator, care ne ajută să evităm explicațiile iraționale ale astrologiei.

---

2 Rodolphus Goclenius, *Uranoscopiae, chiroscopiae, metoscopiae et ophthalmoscopiae contemplatio* (Frankfurt, 1608), citată în cuvântul-înainte al lui Jung la cartea lui Julius Spier, *The Hands of Children* (Londra, 1944; a doua ediție, 1955) (*Mâinile copiilor*); în GW 18/2, par. 1818.

3 Friedrich von Schiller (1759–1805), *Wallenstein* (1798–99), împărțită în trei piese separate; citatul este din a doua, *Die Piccolomini*, II, 6. Citat în O.C. 5, par. 102, n. 55.

Stelele sunt pur și simplu folosite de om pentru a servi drept indicatori ai timpului și psihologia noastră are prea puțin de-a face cu stelele în chip de ceas, care este doar un instrument folosit pentru a măsura un anumit moment — să spunem 10:45. Este la fel cum ai spune că soarele e în Vărsător, luna în Săgetător și Gemenii s-au ridicat cu 5 grade deasupra orizontului. Acesta este un moment particular. Patru minute sunt necesare pentru ca un semn să se ridice cu un grad deasupra orizontului. Poți găsi chiar momentul precis divizând acel grad în secunde. O astfel de configurație este unică pe parcursul unei foarte lungi perioade de timp. Într-un interval de 26 000 de ani avem o singură astfel de poziție, anul, ziua, luna, ora și secundele. Importantă este existența acestei situații particulare, și nu faptul că este indicată de stele. Am putea folosi alte configurații astrale pentru a stabili timpul. Contează doar că prezentul este ceea ce este — momentul particular și condiția actuală a lumii și energia sa și mișcarea sa în acel moment. Orice își are originea în acel moment va fi marcat de acel moment particular, deci factorii psihici sunt determinați de poziția reală și de toate însușirile acesteia.

Pentru a reveni la cruce și la semilună, am descoperit că cel mai bun mod de a imagina acele două simboluri era folosirea termenilor chinezești Yang și Yin, semnificând conceptul de opuse necesare pentru explicarea energiei. Energia poate exista numai acolo unde lucrează opusele. Când există o căldură egală peste tot, ca și cum toată lumea ar fi redusă la un plan, nu se mai întâmplă nimic. Dacă orice contrast este șters, dacă nu există nicio tensiune chimică, atunci nu este nici nivel superior, nici potențial. Energia este disipată și avem ceea ce germanii numesc „Wärmetod", sau moartea într-o temperatură egală — entropia.[4] Circulă o idee speculativă potrivit căreia sfârșitul lumii ar putea arăta în felul acesta. Lucrurile ar putea ajunge într-o stare în care toată energia este risipită, unde temperatura soarelui este aceeași cu temperatura lucrurilor care-l înconjoară, de exemplu. Prin urmare, două principii opuse precum Yang și Yin sunt premise inevitabile ale conceptului de energie. Lumea nu se poate mișca în lipsa conflictului. Aceasta aruncă lumină asupra teoriei complexelor. Binevoitorii presupun că analiza a fost inventată, trimisă de divinitate să scape oamenii de complexele lor. Dar eu susțin că în lipsa complexelor nu poate exista energie. Ele sunt centrul, sunt mama energiei. Deci e imposibil ca aceasta să fie sarcina analizei — să fi fost inventată de Dumnezeu pentru a aduce totul la nemișcare.

---

4 Entropia este pierderea progresivă a potențialului energetic din univers, ducând la o stare finală de uniformitate inertă.

...[5] Complexele se datorează pasiunii. Deci Yang și Yin sunt nu numai principii fizice și metafizice, ci și psihice. Sunt destul de diferite de conceptele noastre, deoarece gândirea chineză are o particularitate anume, care îi determină pe posesorii ei să vadă drept indisolubil legate lucrurile care se petrec în interior și în afară. Noi, pe de altă parte, nu putem presupune că poziția stelelor sau ceva ce se petrece pe planeta Marte are vreo legătură cu noi. Pare să nu fie nicio legătură. Suntem incapabili să amestecăm două lucruri, mintea noastră este astfel construită. Dar chinezii au convingerea fundamentală că totul este conectat cu totul, așa că lucrurile cele mai intime sunt pentru ei totodată și principii universale. Ei ar spune că Yang și Yin care acționează în noi acționează în același timp în ceruri, în marea mișcare a stelelor și a planetelor. Aceasta este o convingere chinezească esențială și ei înțeleg astfel psihologia umană ca pe un caz special de, am putea spune, principii spirituale. Cum este cel mare, așa este și cel mic; așa cum este cel mic, este și cel mare. Aceeași forță acționează înăuntru și în afară.

Aceasta este explicația teoretică a lui *Yi King* și explicația felului în care funcționează un oracol. Când sunt aruncate bețigașele[6], comportamentul lor reproduce psihologia persoanei și condițiile generale ale momentului, indiferent despre ce este vorba; nu contează dacă este implicat un individ sau un grup. Pentru chinezi, toate acestea sunt supuse uneia și aceleiași energii care mișcă totul. Este ca și cum deosebirile dintre noi ar fi valabile numai în măsura în care este vorba de conștiință, dar când intrăm în inconștient nu contează dacă un lucru mi se întâmplă mie sau ți se întâmplă ție. Suntem cu toții afectați de același lucru, deoarece toate acestea reprezintă una și aceeași energie când ne referim la rădăcinile inconștiente ale psihologiei noastre. În ce măsură este adevărat puteți decide după cele două desene ale acelor copii, pe care vi le-am dat[7] ca exemple ale modului de a stabili legături prin rădăcini comune. Ei au preluat simbolismul ca și cum ar fi fost aici cu noi. Întrucât am văzut multe alte exemple de același tip, în care erau afectate persoane neimplicate, am inventat cuvântul *sincronicitate*[8] pentru a acoperi aceste fenomene, adică lucruri care se întâmplă în același moment ca expresie a aceluiași conținut temporal. Deci, faptul că principiile psihologiei noastre sunt principii ale fenomenelor energetice generale nu este

---

5 Sunt omise câteva rânduri care repetă pe scurt legenda ebraică a Demonului Malefic al Pasiunii, pe care Jung a prezentat-o în prelegerea din 12 decembrie 1928, n. 7.

6 Pentru cele două metode de consultare a *Yi King*-ului, prin împărțirea unui mănunchi de tulpini de codița șoricelului și prin aruncarea a trei monede, vezi Wilhelm/Baynes ed. (1967), pp. 721–724.

7 Unul din desene este reprodus mai sus, în textul prelegerii din data de 27 noiembrie 1929.

8 Vezi prelegerea precedentă, n. 6.

dificil de acceptat pentru chinezi; este dificil numai pentru mintea noastră obișnuită să diferențieze. Dar și aceasta este valoroasă, cu simțul său fin al detaliului, capacitate pe care orientalii nu o au, întrucât ei nu pot gestiona lumea factuală și își permit tot felul de idei fantastice și superstiții. Pe de altă parte, ei au o înțelegere mult mai completă a rolului omului în cosmos sau a felului în care cosmosul este conectat cu omul. Noi trebuie să descoperim acestea și multe alte lucruri foarte interesante și minunate care lor le sunt cunoscute.

Sper că înțelegeți acum de ce am insistat atât de mult asupra acestui concept de identitate a energiei cu timpul. Pentru a înțelege acțiunile ciudate ale inconștientului trebuie să mergem mai departe cu speculațiile noastre teoretice și fără astfel de fapte am fi incapabili să înțelegem dezvoltarea acestor simboluri în inconștient. Nu fără rost, în vis crucile și semilunile sunt aruncate împreună în același cazan unde ar trebui în mod evident să se amestece, și aceasta într-un anumit scop. Scopul este important. Dacă Yang și Yin se alătură, rezultatul este o eliberare de energie care poate fi simbolizată în forme diferite. Poate fi energie emoțională în cazul visătorului sau poate fi o izbucnire de lumină revelatoare, o inspirație sau o mare viziune. Este interesant de observat cum inconștientul, care acționează în grup, a anticipat deja viziunea. Am aici un desen realizat de unul din membrii acestui grup înainte, neinfluențat, deci, de discuția noastră despre unirea simbolurilor. Conține o reprezentare a ceea ce se va întâmpla atunci când crucea și semiluna se vor întâlni. În desenul făcut de băiat pe periuța de dinți avem în mare măsură același lucru. Iată crucea, apoi semiluna, într-o uniune aparte, urmate imediat de o explozie uriașă, o eliberare de energie sub forma unei imense sfere de lumină. Așa este fenomenul energetic. Aici este întreaga teorie potrivit căreia, dacă opusele se întâlnesc, va fi o mare manifestare de energie de un anumit fel.

Acea lumină aparte generată de cruce și semilună este o nouă iluminare, un fel de revelație. Dacă adevărul semilunii ar putea fi unit cu adevărul crucii, ar produce acea iluminare, adevărul combinat al Islamului și al creștinătății. Dacă ar fi posibilă extragerea adevărului esențial al fiecăruia dintre ele și amestecarea lor, din acea încleștare ar apărea o enormă iluminare, care ar deveni o nouă convingere.

Atât creștinismul, cât și islamismul sunt metode psihologice de tratare a bolilor sufletului uman. Ele prescriu metode de viață, atitudini, coduri morale, ca și explicații dogmatice ale stării de fapt a lucrurilor — cum omul a avut un comportament nepotrivit și Dumnezeu s-a văzut forțat să ia atitudine, trimițându-și fiii sau profeții pentru a vindeca relele din om. Hristos a fost în mod

esențial Vindecătorul. Secta căreia îi aparținea, secta esenienilor, era cunoscută sub numele de Terapeuții. Acum nu putem înțelege cum ar fi în stare creștinismul nostru actual să vindece, de vreme ce nu putem stabili o legătură între creștinism și nevroză. Dacă i-aș spune unui pacient că ar trebui să-l vindece religia sa, m-ar crede complet nebun. Dar la începuturi era eficientă. Pe vremea lui Augustus, vechii zei erau pe moarte sau morți, vechile religii și vechile temple decădeau unul după altul. Era o mare confuzie, lumea era nevrotică și a devenit necesară apariția unui nou sistem terapeutic. Exista sistemul stoic, de pildă, cu teoria sa despre viața fericită, corectă și completă. Au fost introduse nenumărate culturi din Orient. Am menționat deja de câteva ori scrisoarea lui Zosimos adresată unei anumite doamne, în care o sfătuia să meargă la *krater*, vasul pentru amestecat, pentru a găsi renașterea. Era ca și cum un om din zilele noastre i-ar scrie unui prieten: „Te sfătuiesc călduros să te duci la krater, în Zürich, pentru a te supune analizei — la *Jungbrunnen*!"[9] În esență, este aceeași idee.

La început, aceste metode sunt destul de simple. Apoi se îndepărtează din ce în ce mai mult de sfera umană. Cu cât dau mai puține rezultate, cu atât este mai necesar să acumulezi miracole și tot felul de situații complicate. În momentul în care o nouă lumină încetează de a mai fi o lumină, oamenii fac din ea o dogmă; cu cât funcționează mai puțin, cu atât mai mult trebuie pusă în valoare. Pe de altă parte, o religie adevărată este extrem de simplă. Este o revelație, o nouă lumină. Dar nu poți vorbi despre ea fără să roșești, din cauza falselor idei care i-au fost

[9] „Fântâna tinereții", cu un joc de cuvinte legat de numele lui Jung.

inoculate, cuvinte mari aureolate de două mii de ani de sugestie. Este deja mult timp de când religia creștină nu mai funcționează, așa că a devenit o Biserică plină de splendoare și putere pentru a-și spori influența prin sugestie. Dar nici sugestia nu funcționează pe termen lung. Biserica a decăzut. Protestantismul a fost un simptom al faptului că lumina a devenit atât de slabă, încât oamenii au simțit că nu va mai rezista mult. Atunci căutau o nouă lumină și pentru un timp au găsit-o în Luther, până când acesta s-a aruncat împotriva politicii și a trebuit, la rândul său, să ajungă la un compromis cu lumea. Din nou lumina a început să pălească, iar rezultatul a fost o religie dogmatică obișnuită.

Acum, acest desen arată o nouă lumină. O astfel de explozie este anticiparea unei noi înțelegeri, a unei noi viziuni, o unitate care dă o nouă expresie lumii și omului. Totul apare într-o nouă lumină. Aceea este o reînnoire, o renaștere. Dar nu trebuie presupus că, dacă produci un astfel de desen, deții acea lumină, că o trăiești în mod conștient. O astfel de viziune este mai degrabă impersonală. Deocamdată se află în inconștient. Este ca și cum omul care a inventat praful de pușcă în secolul al paisprezecelea ar fi spus: „Așa cum poți împinge ghiuleaua afară din tun prin explozia produsă de tensiunea gazului, tot așa poți face astfel încât ghiuleaua să se întoarcă în tun și să recreeze explozia". Ar fi putut deduce toate acestea, dar nu a mers până acolo. Nici Heron din Alexandria[10] nu a visat că a descoperit un potențial motor cu aburi atunci când a inventat prima jucărie simplă cu aburi; nu avea nicio idee despre valoarea sa potențială. Vechii romani habar nu aveau că principiul motorului cu aburi se afla chiar sub nasul lor. E probabil ca vreun lunatic să fi avut această intuiție, deoarece adesea ei au primii intuiția lucrurilor pe care le descoperim mai târziu. Oamenilor le ia foarte mult timp pentru a realiza cea mai simplă deducție.

Ați văzut cum evoluează tiparul acestor vise. Următorul arată o extraordinară revelație. Dar înainte de a continua aș dori ca, dacă aveți vreo întrebare, să o puneți. Vreau ca totul să fie clar înainte de a trece la următorul vis.

Dr. Baynes: Mie îmi este dificil să înțeleg afirmația dumneavoastră potrivit căreia timpul și energia sunt identice. Este ca și cum timpul ar fi o expresie a energiei, fără însă a fi identice. Este ca relația dintre vorbire și gândire.

Dr. Jung: Timpul este identificarea esențială cu energia creatoare. Un aforism grecesc spune: „Oriunde există creație, există timp". Chronos era zeul luminii, al creației și al timpului. De asemenea, și conceptul stoic de căldură primordială este,

---

[10] Matematician şi inventator grec (date necunoscute; între secolul al doilea î.H. şi secolul al treilea d.H.).

practic, identic cu timpul. Grecescul *Heimarmenē*, semnificând compulsie astrologică, este identic cu căldura primordială, forța creatoare primordială. Recunosc că este ciudat și dacă nu sunteți suficient de familiarizați cu faptele nu este ușor. Mintea noastră occidentală refuză să funcționeze după canoanele chinezești. Este dificil să simți intuitiv valul creator al timpului care mișcă vânturile, norii, păsările și chiar tramvaiele. Ar trebui să realizăm importanța extraordinară a tot ceea ce este *acum*. Pentru chinez aceasta înseamnă totul, dar pentru noi nu este decât întâmplare — întâmplarea că ne aflăm aici, întâmplarea că pasărea cântă și câinele latră. Este caracteristica unică a acestui moment. Orice își are originea în acest moment poartă pentru totdeauna însemnul acestuia.

Am fost întrebat despre incidentul pe care l-am descris, în care un astrolog mi-a spus că în data de 31 martie a cutărui an am avut un sentiment de renaștere. A spus că se datora tranziției unei anumite planete prin punctul în care se afla la nașterea mea. Este un fapt, pe care l-a dedus din vechea regulă potrivit căreia când o planetă face acest lucru ceva se întâmplă într-o mai mare sau mai mică măsură — mereu într-o mai mare sau mai mică măsură.

Dna Baynes: Din câte am înțeles, ați spus că planeta nu se afla în poziția respectivă în momentul nașterii cuiva.

Dr. Jung: Nu, nu se afla, din cauza decalajului dintre timp și poziția astronomică.

Dr. Baynes: Dar trebuie menționat locul în care ați fost născut — se pune accentul pe aici și acum. Deci, probabil că s-a bazat pe intuiție pentru a vă cunoaște temperamentul, deoarece nu cunoștea locul.

Dr. Jung: Acela este conținut în horoscopul meu. Era necesar să-i dezvălui locul, deoarece trebuia să se afle pe un anumit meridian din horoscopul meu.

Dr. Deady: Este ca și cum s-ar fi întâmplat acum două mii de ani?

Dr. Jung: Era adevărat în urmă cu două mii de ani. Sunt foarte puține horoscoape verificabile. Materialele sunt rare și nu respectă spiritul științei moderne. V-am spus despre trigonul semnelor de aer. Francezul acela a făcut o astfel de încercare. Întreaga problemă a fost provocată de soare, care a refuzat să funcționeze rezonabil. Este deconcertant.

Dra Wolff: Poate că ne-ar fi mai clar dacă ne-ați arăta pe tablă.

Dr. Jung: Să presupunem că ne aflăm în anul 2200 î.H., în data de 21 martie, și Berbecul tocmai se ridică la orizont, la un grad. Acesta este echinocțiul de primăvară, adică intersecția dintre ecliptic și ecuatorul cerului. Fiecare dintre semnele zodiacale reprezintă 30 de grade. Treptat, prin precesiunea echinocțiilor, echinocțiul de primăvară se mută din semnul Berbecului spre acela al Peștilor până în anul 150 î.H. Hipparchus[11] a observat că Berbecul dispăruse și că soarele apărea într-un nou semn.

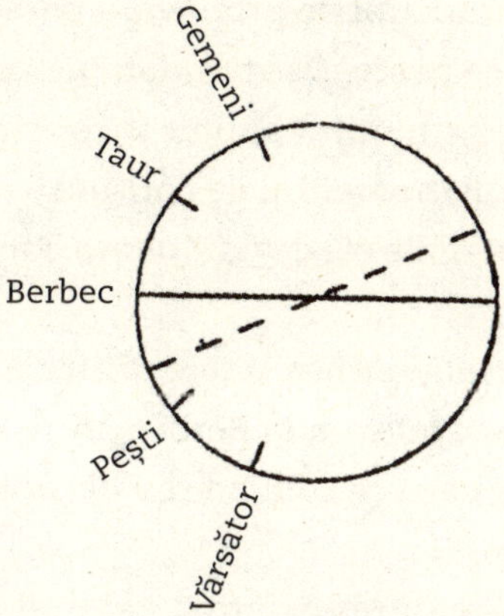

În acele zile se întâmplau lucruri nemaintâlnite. Zeii s-au schimbat când s-au schimbat stelele. Aici, Berbecul s-a schimbat în Pește, a murit ca berbec și s-a născut ca pește. Zeii aveau coarne de taur când soarele se afla în Taur și coarne de berbec în timpul Berbecului. Apoi, simbolul a devenit Peștele. Botezul creștin în apă are legătură cu acest simbolism. Papa poartă încă inelul pescarului, o piatră care reprezintă Pescuirea Minunată, simbolizând adunarea tuturor creștinilor în pântecele Bisericii. Deci, o nouă psihologie a început să se facă simțită. Erau zorii creștinismului și îi putem urmări parcursul în tabloul astrologic. Peștii sunt reprezentați într-un mod aparte în semnul zodiacal. Stau aproape coadă în coadă, uniți printr-o linie. Această dispunere dublă se presupune că-i pe indică Hristos și Anticristul. Originea acelei curioase legende poate fi găsită în secolul I — ideea potrivit căreia Hristos avea un frate, Anticristul. Când echinocțiul de primăvară străbătuse lungimea primului pește, ne aflam în anul 900 d.H. — era aproape apogeul influenței creștine. Apoi intră în declin, iar echinocțiul de primăvară ajunge în mijlocul liniei de unire în jurul anului 1500.[12]

Dl Bacon: Este curios că puterea în timp a Papei și puterea lui Dalai Lama au atins punctul culminant la un interval de 50 de ani diferență și au intrat în declin tot la 50 de ani diferență.

Dr. Jung: Da, este foarte interesant și mai sunt și alte paralelisme de acest tip. În jurul anului 1500 apare Luther, iar Biserica Catolică avea dreptate când afirma

---

[11] Astronom grec, care a descoperit precesiunea echinocțiilor (130 î.H.).

[12] Pentru o discuție despre constelația Peștilor în relație cu anumite evenimente temporale și cu legenda Crist-Anticrist, vezi *Aion* (1951), O.C. 9/2, par. 147–149.

că este Anticristul. Când se ajunge la coada celui de-al doilea pește suntem în anul 1750, perioada Iluminismului francez, când pentru prima oară creștinismul a fost detronat și înlocuit de Zeița Rațiunii. Echinocțiul de primăvară părăsește Peștii înainte de a atinge capul celui de-al doilea pește. Deocamdată ne îndreptăm spre distrugerea completă a acelui principiu. În jurul anului 1940 atingem meridianul primei stele din Vărsător. Acesta ar fi momentul de cotitură — între 1940 și 1950.[13] Deci în acea perioadă putem căuta noile căi de dezvoltare. Rămâne de văzut, nu voi face predicții.

Acum ne putem întoarce în trecut, pentru a verifica unele dintre aceste particularități astrologice. În perioada în care soarele era în Berbec, între 400 și 500 î.H., existau stele deosebit de strălucitoare, ceea ce coincide cu dezvoltarea cea mai amplă a filosofiei în Grecia și China.

În jurul anului 2000 î.H., Hammurabi[14] s-a autoproclamat cel mai mare legiuitor. El s-a autodeclarat Berbecul. Era momentul în care soarele abia intra în Berbec. Probabil că avem de-a face aici cu legi inconștiente ale energiei creatoare, ale felului în care se dezvoltă lucrurile, pe care abia acum începem să le zărim. Este încă o nălucă foarte greu perceptibilă, dar lucrurile încep să capete formă.

Fiecare semn de primăvară este, desigur, echilibrat de un semn autumnal. Pentru Taur, atunci când a fost întocmit Zodiacul, Scorpionul era acela care prevestea sinuciderea soarelui. În drumul său spre Apus, eroul Ghilgameș trece prin porțile toamnei, păzite de giganții Scorpioni. În vremea romanilor, Scorpionul a încetat de a mai fi semnul autumnal, acela a fost Balanța. Când soarele a ajuns în Pești, Fecioara a devenit semnul autumnal, iar astrologia a asociat acest fapt cu venerarea Fecioarei Maria. Când vom intra în Vărsător, opusul va fi Leul, așa că vom cunoaște o deificare a atributelor lionine — venerarea soarelui sau a personalităților solare. Sper ca până la seminarul următor toate acestea să vă fie clare, deoarece, în caz contrar, nu veți putea înțelege visul următor.

---

13 În *Aion*, par. 149, n. 84, Jung a corectat aceste date, calculând că începutul Erei Vărsătorului ar fi între 2000 şi 2200 d.H.

14 Regele Babilonului.

Prelegerea a X-a.
11 decembrie 1929

Dr. Jung:
Am aici o întrebare din partea doamnei Sawyer, la care mă așteptam cumva, și care arată că deocamdată nu am terminat cu această problemă extrem de complexă despre astrologie și relația dintre timp și energie. Așa cum v-am spus, nu m-aș fi aventurat niciodată într-un subiect atât de abscons dacă nu ar fi fost indispensabil pentru înțelegerea materialului visătorului. Acesta este universul său și, dacă am fi trecut problema cu vederea, ar fi fost ca și cum i-am fi spus că psihologia sa nu ne interesează îndeajuns de mult. Pentru el, ca pentru majoritatea bărbaților, acea parte a materialului său care ține de Logos este cea mai interesantă. În cazul unei femei, ar putea fi mai puțin importantă.

Întrebarea doamnei Sawyer se referă la relația dintre astrologia obișnuită și precesiunea echinocțiilor. Vă voi prezenta din nou problema. Vedeți, astrologia obișnuită sugerează că viața noastră este dependentă de așa-numitele vibrații ale planetelor care se află într-o anumită poziție la momentul nașterii noastre și, spun astrologii, influențează cu adevărat acel moment și întreaga noastră viață. Deci, dacă o planetă traversează același loc în care se afla în acel moment, probabil douăzeci de ani mai târziu, produce un efect special. Astrologii se raportează încă la locul exact al planetelor, dar aici ne confruntăm cu faptul că astăzi nu există o corespondență între pozițiile care le sunt atribuite planetelor și poziția lor reală pe cer. Începând cu anul 100 î.H., echinocțiul de primăvară a fost fixat artificial la zero grade Berbec, dar din punct de vedere astronomic nu mai este adevărat. În realitate, datorită precesiunii echinocțiilor, echinocțiul de primăvară s-a deplasat din Berbec în Pești și în curând va intra în Vărsător. Deci, calculele noastre sunt pur și simplu arbitrare, având legătură numai cu timpul, și nu cu poziția reală.

Ultima dată v-am spus ceva ce, în aparență, era oarecum contradictoriu. Afirmând că poziția stelelor nu ne influențează, am tras apoi câteva concluzii despre efectele soarelui asupra pământului, pe măsură ce a trecut dintr-un semn zodiacal în altul. V-am spus, de exemplu, că în anul 900 d.H., când după un calcul astronomic exact, echinocțiul de primăvară se afla în punctul de maximă amplitudine a Peștilor, întâmplător creștinismul cunoștea apogeul puterii sale. Apoi, în jurul anului 1500, echinocțiul de primăvară se afla pe linia de unire, panglica prin care sunt uniți cei doi pești, iar în acest punct a început o revoluție mentală și spirituală, odată cu declinul Bisericii. Cel de-al doilea pește reprezintă Anticristul și declinul creștinismului. Mișcarea gotică a fost verticală, după care a început epoca orizontală a materialismului, o perioadă a unor mari dezvoltări intelectuale, descoperiri geografice etc., dar sfârșită cu războiul mondial, înfrângerea morală a spiritului Europei. Am mai spus și că ar trebui să ne așteptăm la o schimbare neobișnuită a mentalității generale în următorii cincizeci până la o sută de ani, în perioada în care echinocțiul de primăvară intră în Vărsător. Deci, se părea că asociez pozițiile astronomice cu istoria omenirii și cu schimbările radicale de mentalitate. Problema este una extrem de dificilă și mie mi-au fost necesari ani de zile ca s-o înțeleg, așa că nu am pretenția ca dumneavoastră să o rezolvați într-o clipită. Un astrolog mi-a spus că efemeridele, adică poziția planetelor, sunt exacte în raport cu timpul, dar nu cu poziția reală a stelelor. Acum voi citi întrebarea doamnei Sawyer: „Înțeleg că astrologia a fost proiectată asupra stelelor și că nu contează dacă stelele se află de fapt la echinocțiul de primăvară, important este elementul temporal. Dar când spuneți că echinocțiul de primăvară se află acum de fapt în Pești și faceți profeții despre anul 1940, vă ghidați după mișcarea exactă a stelelor, nu-i așa? Întreaga proiecție a fost realizată de la început având intuiția mișcării retrograde, astfel încât proiecția funcționează în ambele sensuri — adică din punct de vedere static și, totodată, din punct de vedere dinamic?"

Important este faptul că horoscopul este adevărat numai în sens temporal, nu astronomic. Este independent de stele. Vedem că menstruația are un ritm lunar, totuși nu coincide cu fazele lunii; altfel, toate femeile ar fi avut menstruație în același timp și nu este așa. Înseamnă doar că în fiecare femeie există o lege lunară și, tot așa, legile stelelor se manifestă în fiecare ființă umană, dar nu în relația dintre cauză și efect. Faptul că echinocțiul de primăvară se modifică nu înseamnă că aceasta este cauza modificărilor care apar pe pământ. Viața s-a schimbat și se va schimba, așa cum se schimbă și echinocțiul de primăvară, dar legătura aparentă este o coincidență; adică, ele se petrec împreună în timp, dar nu într-o succesiune cauzală.

Într-un horoscop obișnuit, nu ne preocupă echinocțiul de primăvară. În viața individului, echinocțiul de primăvară nu contează, dar în viața arborelui umanității, este foarte important. Un an obișnuit este pentru noi ceea ce anul platonic, format din 26000 de ani de-ai noștri, este pentru specia umană. Precesiunea echinocțiilor este o mișcare retrogradă, pe circumferința unui cerc, de la Berbec spre Pești, spre Vărsător, Capricorn etc. Când ciclul este complet, au fost parcurși 26000 de ani. Aceasta este unitatea platonică în viața arborelui. Fixarea echinocțiului de primăvară este o măsură arbitrară pentru uzul nostru arbitrar, situație ce a prevalat în anul 2000 î.H., când condițiile astronomice coincideau de fapt cu cele arătate de horoscop. Se poate spune că precesiunea echinocțiilor este acea limbă a ceasului care indică intervalele mari de timp, acea limbă care măsoară timpul pentru arborele umanității. Pe ceasul nostru limba înaintează, dar limba ceasului speciei se mișcă în direcție opusă. Atunci, fiecare semn zodiacal devine o lună [platonică] și numim o anumită perioadă de 2 150 de ani luna [platonică] a Peștilor, de exemplu, ceea ce este, din nou, o proiecție. Deci, pentru noi, întreaga noastră viață istorică, lungimea conștiinței umane, are numai trei luni. Dar omul a trecut de multe ori prin acești 26000 de ani. Împărțiți 1000000 de ani (vârsta probabilă a omului) la 26000 și veți ști câți ani platonici au existat. E posibil ca omul paleolitic să fi trăit multe sute de mii de ani, iar înaintea sa *Pithecanthropus erectus*, iar înaintea sa gorilele și, mai demult, saurienii.

Deci, atunci când vorbim despre apariția saurianului în visele noastre, înseamnă că se fac simțite impresiile unui timp infinit de îndepărtat. Pe parcursul nenumăratelor revoluții ale anilor platonici, s-au întipărit în noi stări de care nu suntem conștienți, dar ele se află în inconștientul nostru. Trei luni de putere sunt puține, oferă o reprezentație slabă. Ne simțim stânjeniți din punct de vedere intelectual deoarece nu știm; conștiința umană este mult prea tânără. În visele și fantasmele noastre apar anumite dovezi simbolice, dar nu pot fi numite științifice. Tot ce ne rămâne, de exemplu, din „lunile“ Taurului și Berbecului sunt zeii tauri și zeii berbeci. Probabil, printr-o elaborare suplimentară a inconștientului, vom reuși cândva să mergem mai înapoi; putem avea sentimentul a ceea ce Gemenii și Racul au însemnat pentru omenire. În orice caz, avem Zodiacul, care este proiecția naivă a amprentelor inconștiente de-a lungul a nenumărați ani platonici. Omenirea a proiectat asupra stelelor amintirea intuitivă pe parcursul deplasării sale ciclice în epoci îndepărtate și nu știu dacă în acele zile simțea caracterul marcant istoric, dar proiecțiile acelea au fost făcute de omul relativ primitiv.

Apoi, timpul a trecut și echinocțiul de primăvară s-a despărțit de Berbec; oamenii au simțit nevoia de a-l fixa și de atunci numai legea care se află în noi explică validitatea astrologiei. Este tot atât de validă ca și legătura dintre ciclul lunar al femeii și lună. Deci, ne putem gândi la legile subiacente ale inconștientului nostru ca la niște legi stelare. Dar echinocțiul de primăvară stabilit artificial nu are nicio legătură cu viața arborelui omenirii. În perioada în care a fost inventat Zodiacul, omul se afla în primăvara conștiinței sale, prin urmare, faptul că echinocțiul de primăvară se afla în Berbec, un semn de primăvară, era natural; este ca și cum horoscopul umanității ar fi început cu zorii conștiinței. Este esențial să ne amintim că precesiunea echinocțiilor infirmă identitatea dintre faptele astronomice și perioadele psihologiei umane. Conștiința noastră s-a născut în primăvara omenirii, ceea ce se potrivește, întâmplător, cu semnul zodiacal al acelor timpuri.

Dar aici s-a strecurat o mică greșeală. Hipparchus ar fi trebuit să fixeze echinocțiul de primăvară în Taur, și nu în Berbec. În acea vreme Zodiacul avea numai unsprezece sau zece semne. În vremea romanilor erau unsprezece, iar Balanța, cel de-al doisprezecelea, a fost creat tăind o parte din Scorpion.[1] Aceasta s-a datorat faptului că echinocțiul de primăvară s-a mutat din Taur în Berbec. Este foarte complicat, dar trebuie să înțelegeți că mișcarea continuă de energie, libidoul din noi înșine, este mișcarea continuă de energie din natura vie și din univers, deși cele două lumi nu sunt legate cauzal prin fenomenele lor energetice. Energia ambelor este identică în esență, dar în fiecare plan respectă succesiuni cauzale diferite. Iar curgerea energiei în noi înșine și în univers are legătură cu timpul. Cum putem prinde mai bine timpul, care este în sine o astfel de abstracțiune? Ei bine, mișcarea continuă a energiei este ceva de care putem agăța timpul.

Ideea noastră modernă despre timp este deosebit de abstractă, avem noțiuni categorice despre diviziunile timpului în ore, minute, secunde etc. — cu alte cuvinte, separări foarte precise ale valorilor temporale. Totuși, pentru primitiv, timpul este o nebuloasă. Simți asta imediat ce te îndepărtezi de civilizație și, desigur, Orientul are o cu totul altă noțiune a timpului decât noi. Deci nu ne putem aștepta ca omul primitiv să producă simboluri care să aibă caracterul temporal atât de specific pe care-l cunoaștem noi. El este mai preocupat, pe de altă parte, de curgerea energiei, așa cum o dovedește conceptul său de mana. Avem din abundență material care ne înfățișează acel simbolism energetic. Dar problema simbolurilor temporale este absconsă și mai dificilă și doresc să mă limitez acum la acelea care apar în limbaj. Noi folosim în mod constant metafore, de exemplu, în care timpul apare ca un râu, un vânt, o furtună — „curentul orelor care trec“ — sau „Tempestas horarum“[2] — aspectul devorator al timpului. În mitologie, poate fi balaurul care mănâncă tot ceea ce omul iubește — tată și mamă, tot ce are un om. Prin urmare, eroul care învinge balaurul aduce din nou la viață toți strămoșii, recoltele, chiar nații întregi care au fost mâncate de timp. El salvează toate aceste comori ale trecutului.

---

1 Vezi, mai sus, pp. 401–402.

2 *Tempestas*, lat., = „spațiul timpului“, „şuvoiul trecător al timpului“, ca şi „vreme“ şi „furtună“.

Deci, aspectul eternității a fost atribuit eroului religios. Înainte de Hristos, eroul era dotat cu nemurire, nu cu eternitate. În mitul babilonian al lui Ghilgameș, eroul era două treimi divin și o treime uman și, pentru a deveni pe de-a-ntregul divin și a câștiga nemurirea, a trebuit să traverseze marea cea mare, îndreptându-se spre Apus. Aceste simboluri — balaurul, vântul, râul etc. — sunt simboluri ale energiei. Este curgerea vieții, râul vieții, vântul, energia spirituală. Deci, observăm cum conceptul de timp se amestecă aici cu concepte energetice. Așa cum râul este un fertilizator, și timpul a fost considerat productiv. Bergson are această idee în a sa *durée créatrice*[3], care este de fapt ideea neoplatoniciană de Chronos[4] ca zeu al energiei, luminii, focului, puterii falice și timpului. Nu prea avem materiale despre simbolurile temporale, așa cum apar ele în limbaj. Conceptul de timp este atât de abstract și se unește într-o atât de mare măsură cu acela de energie, încât este dificil de separat pentru a arăta că se face referire cu adevărat la timp. Curând devine energie. La început, mana pare să se refere numai la energie, dar mai târziu capătă calități temporale.

Acum haideți să ne uităm la Chronos, zeul care și-a mâncat propriii copii, cuvântul semnificând timpul. *Chronos* are rădăcina greacă *chre*, care devine mai târziu rădăcina indo-germanică *gher* (unde *r* și *e* sunt inversate), cu conotația neobișnuită a unui verb, activitate. Cuvântul *chre* semnifică a trece pe deasupra, aidoma vântului. În limba germană este *hinstreichen über*. *Gher* implică ideea de a prelua, a ține. Din cuvântul-rădăcină *chre* vine *chronos* și din cuvântul-rădăcină *gher* vine *geron*, cuvânt grecesc care înseamnă bătrân, în germană, *Greis*, om bătrân; deci, timpul ia înfățișarea unui om bătrân. La popoarele primitive, noțiunea de timp este exprimată de un bătrân sau de un semn vizibil al bătrâneții. Văzând un bătrân, devine clar că acolo este vorba de timp. Africanii pe care i-am întâlnit credeau că am o sută de ani deoarece aveam părul alb. O sută înseamnă o vârstă imemorabilă. Chronos este cel mai bătrân dintre zei.[5]

Apoi este un cuvânt iranian, *zrvan*, găsit de obicei în legătură cu un alt cuvânt, *akarana*, semnificând un zeu, și *Zrvan Akarana* înseamnă durată nelimitată care

---

3 Vezi, mai sus, 16 octombrie 1929, n. 3.

4 Aici şi în următorul paragraf se face o confuzie între două entități ale religiei greceşti. Kronos (sau Cronus) este unul dintre Titani, fiul mezin al lui Uranus, zeul cerului; el şi-a castrat tatăl, s-a însurat cu Rhea, cu care a avut copii pe care i-a devorat la naştere, cu excepția lui Zeus, care a supraviețuit pentru a-l învinge pe Kronos. Numele Kronos nu are legătură cu cuvântul chronos, „timp". Personificarea Chronos este, în tradiția orfică, numele unei zeități cosmogonice din care au emanat Eterul şi Haosul. (C. Kerényi, *The Gods of the Greeks*, Penguin, 1958, pp. 17–20, 100).

5 Conform lui Kerényi (*ibid.*), Kronos era cel mai tânăr din a doua generație. De asemenea, vezi, mai sus, 19 iunie 1929, n. 8.

conține tot ce se întâmplă.[6] Un bătrân savant francez a făcut cândva o supoziție îndrăzneață referindu-se la această expresie, dar, din nefericire, s-a dovedit a nu fi cea corectă. El a presupus că, de vreme ce semnifica o durată incomensurabilă de timp, conținea ideea de Ormuzd (lumină) și Ahriman (întuneric). Cu alte cuvinte, perechea opuselor. Dar nu poate fi așa, deoarece într-o versiune se spune că Zrvan, diavolul, a făcut timpul și în alta că Akarana, zeul duratei, l-a făcut, așa că opiniile sunt împărțite în ceea ce privește originea acelui lucru înfiorător, curgerea energiei. Nu poți afla nicicum cine este responsabil. Nicăieri nu este un astfel de dualism minunat. I se poate trasa diagrama astfel: observați că formează o cruce? Am o carte cu o imagine pe care mi-ar fi plăcut să v-o arăt. Este un zeu crucificat, atârnat pe cruce, iar la dreapta lui se află soarele și la stânga, luna. Sângele din toate rănile sale curge precum grația asupra lumii — energie divină. Confruntarea dintre soare și lună, uniți de omul care suferă pe cruce, aduce energia. Ceea ce curge este timpul.

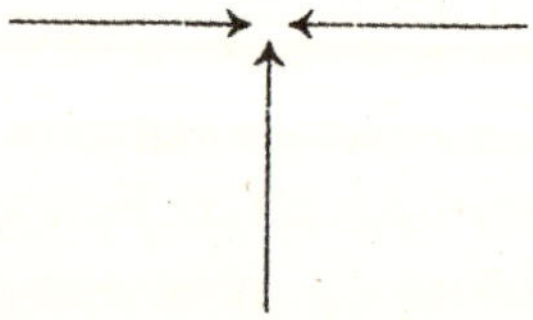

În vechea religie persană există un alt simbol foarte interesant, un adevărat concept mana. Este *Haôma*[7], care înseamnă grație. Înseamnă de fapt splendoare intensă, dar este ceea ce creștinii au numit grație, darul Duhului Sfânt, precum limbile de foc ce cad asupra discipolilor — limbile de foc ale grației divine, mana. Este foarte posibil ca pe undeva să existe o legătură între ideea persană și cea creștină. Vedeți, pe lângă timp, există și conceptul de energie.

Doresc să mai discut un cuvânt grecesc care se referă la timp, *Aiōn*, semnificând timpul vieții. *Aiōn* are conexiuni interesante. Echivalentul în latină este *Aevum*, care înseamnă eternitate și, totodată, durata vieții, sau o epocă în istorie. În Horațiu[8] este un vers minunat despre râul care tot curge și curge, fugind de trecut în întreaga eternitate (*aevum*). Găsim din nou aici uniunea ciudată dintre energie și timp. Vechiul cuvânt din Germania de Sus *ewa*, însemnând „întotdeauna“, este apropiat de anglo-saxonul și cuvântul modern englezesc *ever*. Apoi,

---

6 Citat în O.C. 5, par. 425.

7 Citat în „Despre psihologia inconştientului“, *Două scrieri*, O.C. 7, par. 108.

8 Epistole, 1.2.43: „... labitur et labetur in omne volubilis aevum“ („Dar ea [apa] curge şi va curge şi în veci nu s-o sfârşi.“ — tr. L. Teodosiu) — *Opera Omnia*, vol. 2, Editura Univers, 1980.

referitor la *Aiōn*, este interesant că persanul *Zrvan Akarana* a devenit mai târziu zeul *Aiōn* și a jucat un rol important în cultul mithraic. Este destul de dificil de înțeles. El este numit, de asemenea, Deus Leontocephalus, sau zeul cu cap de leu, și adesea au fost găsite în peșteri subpământene statui ale sale. Cultul lui Mithras avea un caracter htonic, așa că toate bisericile erau cel puțin pe jumătate îngropate în pământ și, inițial, fuseseră amenajate în peșteri. (Se spune că locul în care s-a născut Hristos fusese un templu-grotă al lui Attis.) În statui, zeul Aiōn este reprezentat ca un om cu cap de leu, pe al cărui corp este încolăcit un șarpe, capul șarpelui fiind proiectat deasupra capului omului.[9] Un alt simbol mithraic este amfora, cu leul și șarpele luptându-se pentru a intra în posesia sa, și adesea o flacără iese din amforă.[10] Leul este luna iulie, căldura intensă a verii, iar șarpele reprezintă întunericul și răceala pământului, deci din nou avem Yang și Yin. Aiōn este zeul unirii opuselor, timpul când lucrurile se adună. Deocamdată cred că am vorbit suficient despre relația aparte dintre timp, energie și psihologie, discuția a fost destul de profundă. Haideți să ne întoarcem la visător.

Unul dintre membrii seminarului m-a întrebat dacă aceste discuții ale noastre nu l-au afectat pe visător. Eu cred că da și trebuie să vă spun că în timpul verii a făcut un decisiv pas înainte. De unde până atunci nu se mișcaseră într-un mod vizibil, sentimentele sale au devenit foarte constructive. Cu patru săptămâni în urmă, a scris pentru prima dată un poem spontan despre nașterea unui nou soare, care este un festival al primăverii celebrat în nordul Africii. În data de 28 iulie a avut un vis pe care mi l-a adus în analiză în 21 noiembrie, acum trei săptămâni.

Vis [19][11]

A visat un călugăr budist, un bătrânel care l-a condus la o fisură într-un zid ciclopian, iar înăuntru el a văzut oamenii-perete, o societate secretă care întreprindea lucruri misterioase. Odată aflat înăuntru, într-un fel de templu, bătrânul s-a transformat într-un băiețel frumos, iar visătorul a căzut la pământ și i s-a

9 O astfel de statuie este reprodusă pe coperta cărții *Aion* (1951), O.C. 9/2, și în *Simboluri ale transformării*, O.C. 5, fig. 84.

10 Descrisă în *ibid.* pl. LXIIIb.

11 Vezi, mai sus, p. 295, explicația numerotării acestui vis.

închinat ca și cum ar fi fost o ființă divină. El purta trei mantii una peste alta și un fel de bonetă. Aducea cumva cu *Münchner Kindl.*[12]

Visătorul nu știa ce să creadă, dar i-am explicat că de obicei cabirii sunt reprezentați astfel, iar cel de pe blazonul orașului München este un mic călugăr. Este precum acel cabiri care-l însoțea pe Esculap, cunoscut spirit care îi inspiră pe medici, adesea reprezentat ținând un manuscris din care-i citește lucruri înțelepte lui Esculap și întotdeauna este învelit din cap până în picioare într-o mantie, cu fața acoperită de o glugă. Numele său este Telesphoros, care înseamnă acela care aduce întregirea, perfecțiunea sau inițierea. Aceasta i-am spus și cumva a lucrat în mintea sa, deoarece în timpul ultimului seminar a realizat imaginea unui băiat în poziția crucii. Într-una din mâinile sale întinse el ține soarele, în cealaltă un sistrum sau semiluna. Gândiți-vă că el nu știe nimic din ce se petrece aici și, cu toate acestea, a făcut exact ce am făcut și noi. Visul este interesant, dar simbolurile nu ar fi venit din ce i-am spus eu, probabil că nu ar fi apărut deloc dacă nu ar fi fost seminarul nostru. Eu cred că lucrurile au început să se miște din interior. Trebuie să vă atrag atenția asupra modelului mantiei. Este ca o floare de crin dar și ca un simbol budist al fulgerului sau al energiei colective, pe care visătorul nu îl cunoștea. Când i-am cerut să-mi explice imaginea, a spus că în timp ce o picta a avut neîncetat în minte următoarele cuvinte: „Eu sunt Reînvierea și Viața".

Acum vom discuta visul ce a urmat aceluia care vorbea despre unirea perechilor de opuse, simbolurile reprezentate de săbii și de coase.

Vis [21]

Vede o mare câmpie gri care se apropie de el și, cu cât se apropie mai mult, cu atât griul cel monoton se dizolvă în fâșii multicolore, unele largi și altele înguste, și ele se mișcă într-un mod ciudat una prin alta, unindu-se și separându-se. Și apoi vede că mulți oameni se ocupă de aceste fâșii, ca și cum le-ar modela sau le-ar canaliza sau le-ar schimba direcția sau le-ar amesteca. Munca este îngreunată de presiunea care vine de la celelalte fâșii. Deci, datorită acelei interferențe, activitatea oamenilor este stânjenită și rezultatele sunt adesea destul de diferite de intenția originală, iar el își spune sieși: „Cauză și efect".

---

12 Vezi, mai sus, 22 mai 1929, n. 4.

Apoi încearcă să-i ajute și lucrând își dă seama că fâșiile nu sunt altceva decât suprafața unei mari mase, ca un râu uriaș care curge într-o anumită direcție, iar mișcarea se datorează curgerii masive, precum a unui șuvoi de lavă, fâșiile ieșind la suprafață și dispărând din nou. Totodată, devine conștient de transparența și de luminozitatea sa, nu numai masa în sine, ci și atmosfera, și oamenii, și el însuși sunt pătrunși de ceva pe care el îl compară cu o lumină fluidă și știe că aceasta are o influență nemăsurată asupra a tot ceea ce pătrunde. El își spune: „Soarta Omului, Soarta Popoarelor, Soarta Lumilor", ocupându-se în același timp de modelarea fâșiei sale.

Asociații: Despre *câmpia gri*, el spune că griul conține toate culorile, deoarece este un amestec al tuturor.

Referitor la remarca sa „*Cauză și efect*" când vede oamenii care remodelează fâșiile, el spune: „Este de-a dreptul ilogic. Oamenii nu au nicio șansă să influențeze acea masă uriașă. Nu vor avea niciun efect asupra întregului".

Apoi spune că este incapabil să ajungă la semnificația visului. Se gândea că ar fi putut fi influențat de o carte de Künkel numită *The Great Year*[13], semnificând anul platonic. Eu am citit acea carte și nu este foarte importantă, dar reprezintă o descriere bunicică a perspectivei asupra erei Peștilor și erei Vărsătorului. Conține câteva idei interesante. S-a întâmplat ca visătorul să o fi citit. Cum putem dovedi acum că a fost un vis astrologic?

Dr. Baynes: După spusele sale: Soarta Omului, Soarta Popoarelor etc.

Dr. Jung: Da, aceasta arată cele trei stadii, omul individual, omenirea și lumea. Este exact ce am discutat noi — identitatea dintre mișcarea continuă a energiei și timp, care conține atât marii ani platonici cât și soarta sa individuală. Ce sugerează fâșiile?

Dna Sigg: Modelarea vieții sale individuale.

Dr. Jung: Da.

Dna Fierz: Este similar cu firul Ursitoarelor.[14]

Dr. Jung: Da, este o metaforă pentru desfășurarea timpului, este firul tors de zeițele destinului. Ce reprezintă culorile?

Dr. Baynes: Culorile sunt elementele individuale ale spectrului.

Dr. Jung: Da, și acel fluid ciudat care pătrunde lucrurile?

Dra Wolff: Este claritate, lumină, principiul spiritual al conștiinței care se infiltrează peste tot.

---

13 Hans Künkel, *Das grosse Jahr* (Jena, 1922).
14 Parcae — în religia romană, cele trei zeițe ale destinului.

Dr. Jung: Da, pătrunde toate ființele și toate lucrurile. Acea curgere de substanță compactă precum lava reprezintă materia fizică și este pătrunsă de lumină, principiul spiritual, care nu se află numai în interior, ci și deasupra. Sunt cele două lucruri acolo, substanța sau corpul material și principiul misterios nesubstanțial al conștiinței. Ele se întrepătrund. Noi credem că știm ceva despre materie, dar ce este conștiința? Nu avem nicio idee. Nu avem niciun punct de vedere în afara conștiinței, din care să-i putem judeca atributele. Fiecare individ este reprezentat de o fâșie și doamna Fierz a comparat fâșiile din vis cu firele toarse de o ursitoare, decorate cu trandafiri de o alta și tăiate cu foarfeca de a treia, care ar fi moartea. Acesta e un simbol cu o extensie de tip similar.

Ar putea fi interesant să-l studiem mai în profunzime. Putem spune că viața umană este o fâșie lungă, precum un râu lung. Dacă îl privești de pe vârful unui munte, poți vedea probabil 150 de kilometri, întreaga distanță pe care o parcurge râul de la izvor până la mare. Îl poți vedea pe tot într-o secundă sau două și, cu toate acestea, un vas aflat pe râu are nevoie de mult timp pentru a parcurge acea distanță și apa, de asemenea, are nevoie de un timp îndelungat pentru a ajunge atât de departe. Este timpul sau viața umană văzută de foarte departe, începutul și sfârșitul în același timp. Este ca și cum ai vedea timpul în spațiu. Acum, să presupunem că vă aflați pe vârful unui foarte înalt munte elvețian și vedeți două trăsuri trase de doi cai, care se apropie una de alta și știți că le va lua două zile să se întâlnească. De sus ne putem uita la viitorul acestora. Tot așa, într-un astfel de vis, vedem viața umană ca pe o fâșie, ca pe râul timpului, și o persoană care are un astfel de vis se află într-un punct de observație înalt, de unde vede trecutul, prezentul și viitorul odată. Dintr-un asemenea punct, viața umană ar arăta ca o prelungire a omului și atunci omul însuși nu ar mai fi o figură clară, ar fi extins în timp. Corpului său prezent i-ar fi adăugate toate celelalte corpuri pe care le-a mai avut vreodată. Corpul pe care l-am avut ieri și înainte de aceasta, când eram un barbă-cot sau un embrion, până la moarte, formează o fâșie, o lungă serie de corpuri. Aceasta transformă omul într-un șarpe și timpul este un șarpe. În a patra dimensiune, omul este un vierme și lungimea noastră nu se măsoară în metri, ci în numărul anilor noștri. Ați putea spune că este o noțiune lipsită de orice fundament, dar vă voi oferi un exemplu plin de demnitate religioasă. Hristos este reprezentat ca un mare șarpe care poartă pe spatele său douăsprezece semne, semnificând cele douăsprezece semne ale Zodiacului și, de asemenea, cei doisprezece apostoli.

El spune: „Eu sunt vița, voi sunteți mlădițele".[15] El este șarpele zodiacal iar acelea reprezintă manifestarea lunilor, deci ideea omului sub formă de șarpe nu este atât de unică.

Șarpele era forma inițială a zeului medicinii. În templul lui Esculap era un șarpe imens, iar în secolul al treilea fiara cea uriașă a fost adusă la Roma pentru a învinge spiritul ciumei. De secole, în sanctuar se afla un șarpe. Se venera șarpele. Un toiag pe care era încolăcit un șarpe era simbolul medicului, caduceul. Era, de asemenea, simbolul Magului Hermes. Avea la bază ideea potrivit căreia Esculap însuși era un șarpe, așa că exprima noțiunea de vindecare, după cum și Hristos era cel vindecător. Mântuitor și șarpe sunt folosite alternativ. Moise a ridicat șarpele, iar Hristos a spus că el trebuie să fie ridicat pentru a trage pe toți oamenii la el. Gnosticii spun că Hristos era un șarpe trimis de Dumnezeul cel cu adevărat spiritual care s-a milostivit de omenire atunci când a văzut ce creaturi demne de milă, semiconștiente, erau oamenii. El l-a trimis pe Hristos sub formă de șarpe în grădina Edenului pentru a-i învăța pe oameni să mănânce din fructul copacului, să deosebească binele de rău și să devină conștienți. Este o idee neobișnuită – aceea că trebuie să devenim înțelepți precum un șarpe.

[15] Evanghelia după Ioan, 15:5.

Semestrul de iarnă

Partea a doua:
ianuarie–martie 1930

Prelegerea I. 22 ianuarie 1930

Dr. Jung:

Vă amintiți că în ultimul seminar ne-am abătut atenția asupra a trei sau patru cazuri de exteriorizare a discuției noastre despre simbolismul crucii și al semilunii, cazurile copiilor ale căror desene au exprimat cu acuratețe acest subiect. Am acum un alt exemplu despre care doresc să vă povestesc. În Berlin am primit vizita unei paciente pe care o mai văzusem numai de opt sau nouă ori înainte, iar în acea vreme o încurajasem să deseneze, activitate față de care a fost foarte receptivă și la care s-a dovedit a fi productivă. Alaltăieri mi-a arătat un desen despre care spunea că soțul ei l-a criticat, considerându-l artificial. Ea a desenat aceeași imagine pe care ne-a arătat-o doamna Sawyer, crucea și semiluna și lumina puternică, realizate la aceeași dată. Este cu atât mai interesant cu cât am văzut-o de atât de puține ori. Am primit între timp două sau trei scrisori cu un caracter oficial de la soțul ei, dar nu exista nicio legătură directă.

Apoi, vizitând galeriile est-asiatice ale Muzeului din Berlin,[1] am obținut aceste exemple de cilindri pentru sigilat, care au o mare importanță în legătură cu același simbolism.

[Aici, dr. Jung ne-a arătat câteva fotografii și mulaje în ghips ale unor modele, sigilii gravate pe suprafața cilindrilor babilonieni din ametist și jad. Printre cele mai impresionante era o cruce malteză, cu semiluna într-un colț, soarele jos și crucea în mijloc. O alta conținea ideea perechilor de opuse — două figuri masculine de fiecare parte a copacului sacru al babilonienilor. Trunchiul copacului avea o segmentare aparte, iar în vârful său se afla lumina, sub forma unui disc solar înaripat. Discul era împărțit în patru părți de o cruce, iar aripile îl făceau să semene cu un simbol egiptean. Un alt exemplu era un copac segmentat cu o amforă în vârf, din care apărea discul înaripat. Mai era și o alta cu un tipar similar, cu capete umane în vârf, echivalentele soarelui înaripat.][2]

---

1 Staatliche Museum, Berlin: Vorderasiatische Abteilung. Nu se ştie nimic altceva despre vizita în Berlin la care se referă Jung.

2 Aceste gravuri sigilii sau altele foarte asemănătoare au fost publicate în cartea lui Anton Moortgat, *Vorderasiatische Rollsiegel, ein Beitrag zur Geschichte der Steinschneidekunst* (Berlin,

Arborele sacru a jucat un rol important în cultul babilonian și este foarte frecvent întâlnit pe sigilii. Uneori seamănă cu un smochin, de obicei însoțit de doi preoți în atitudine de adorare sau care udă copacul. Copacul nostru de Crăciun este de fapt ceva similar, lumina noului an. Apoi mai era ideea nașterii soarelui chiar din vârful arborelui; atât Mithras, cât și Ra au fost reprezentați astfel. Mithras este uneori reprezentat cu trei capete, o trinitate care apare dintr-un copac. Este, de asemenea, o idee medievală, așa cum este arborele genealogic al lui Adam, cu rădăcinile reprezentate de Adam adormit, cu regii Israelului în ramuri și Hristos încoronând vârful, ca ultim descendent — din nou arborele purtător de lumină. Am un desen al unui pacient, în care a înfățișat un arbore segmentat, cu un disc înaripat în vârf, iar în jurul rădăcinilor se află patru capete. Trunchiul segmentat reprezintă coloana vertebrală sau Ka, sau sufletul întrupat al egiptenilor, în timp ce discul solar dintre cele două aripi din vârf ar fi mintea sau spiritul.

La cererea mea, dr. Deady și domnul Henderson au făcut un rezumat al materialelor onirice din visele trecute, pentru a fi citit în beneficiul noilor membri. Vă va fi aproape imposibil să prindeți toate detaliile, dar este în avantajul dumneavoastră să vă opriți și, dacă este posibil, să observați ceea ce putem numi mișcarea muzicală a inconștientului în aceste vise, un fel de mișcare ritmică. Este o cale până acum necunoscută. Suntem departe de a înțelege dinamica, legile mișcărilor inconștientului; este probabil ca un fel de simfonie. Un prieten de-al meu a realizat o schiță interesantă dintr-o serie de vise ale sale desfășurate pe parcursul a trei ani; el a extras motivele și le-a aranjat într-un sistem inventat de el, notând, de asemenea, gradele de intensitate. Poate fi observat un fel de contrapunct. Anumite motive preiau conducerea și altele dispar. Am observat, de exemplu, că atunci când motivul animei se afla sus, motivul sexual se afla jos; și când sexualitatea preia conducerea, anima se retrage. Prin urmare, puteți obține din această prezentare imaginea caracterului muzical deosebit pe care îl are curgerea viselor. Am sentimentul că muzica are o legătură importantă cu inconștientul nostru. Poate că este muzica viitorului. Ideea lui Schopenhauer despre mișcarea ideilor eterne poate fi, în cazul nostru, mișcarea arhetipurilor. Rămâne de văzut, până acum nu avem decât semne de întrebare.

[Prezentarea a fost citită de domnul Henderson.][3]

1940); vezi nr. 630, 535 și 667. Potrivit prof. Edith Porada, detaliile oferite aici de unul dintre cei care au redactat seminarul sunt în mare parte inexacte (comunicare personală).

3 Această prezentare nu a supraviețuit.

Dr. Jung: Presupun că nu ați reușit să urmăriți în întregime volumul de material condensat care a fost citit, probabil că aveți o imagine mai degrabă încețoșată. Cu toate acestea, este foarte important că ați auzit curgerea imaginilor reprezentate. Acum, vă voi da o nouă sarcină. Aș dori să încercați, cu ajutorul acestei prezentări și al prezentărilor mai complete ale primelor seminarii, să reconstituiți, într-un mod abstract, această mișcare a inconștientului prin seriile de vise. Doresc să aflu ceva despre legile acestei melodii deosebite. Poate că există printre noi persoane cu talent muzical, care să ofere un indiciu; eu sunt prea lipsit de ureche muzicală pentru a reuși, dar vă pot da sugestii despre o astfel de activitate. Presupun că ați observat că anumite motive apar din timp în timp — o mașină sau principiul mandalei sau cazanul sau anima etc. Acestea sunt principii, motive întâlnite pe tot globul și a căror semnificație și interpretare au o mare stabilitate. Și aceste motive pot fi înțelese: este ceva mai degrabă concret, un fapt, ca un mâner pe care îl poți ține în mână. Desigur, contururile sunt vagi, nu știi sigur cum ar trebui luate. Uneori tema este foarte clară, alteori e subțire și fragilă; semnificația este multiplu nuanțată. Ar putea fi clasificate în îndoielnice sau clare. În orice știință există fapte îndoielnice. Dar per total găsești un anumit număr de teme foarte clare, precum direcțiile în spațiu, simboluri spirituale, sexualitate, care nu scapă complet observației. Cu astfel de teme tangibile, în care se poate spune că este vorba de un vis de renaștere sau de un vis regresiv etc., avem o bază de lucru; dacă avem detalii probabil că putem stabili anumite reguli pe baza cărora are loc mișcarea. Poate fi inventată o metodă numerică sau axată pe desene, să spunem, prin care aceste motive ar putea deveni vizibile. Vă voi arăta metoda pe care a folosit-o prietenul meu.

1, 2, 3 și 4 reprezintă vise.
A, B, C și D sunt motive.

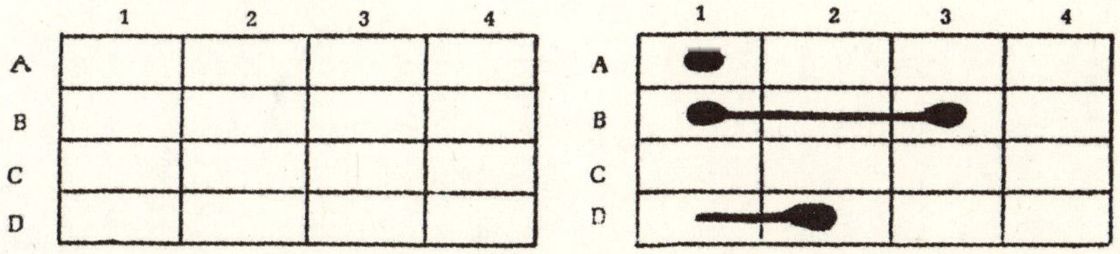

Pentru fiecare vis este notată prezența sau absența și intensitatea diferitelor motive. Lucrând cu un pacient, ai două metode prin care poți măsura valoarea pe care el o dă materialului său. Dacă vorbește mult despre o anumită temă, este clar unde se află libidoul lui; sau e posibil să nu vorbească deloc despre ea — libidoul său se află acolo, dar el nu e conștient de asta. Cealaltă metodă constă în numărul de asociații și în tonul emoțional.

Iată o altă posibilitate similară celei de mai sus, unde vom încerca să trasăm o hartă a intensității diverselor motive. Putem spune că în visul 1 C lipsește complet. A, care este însemnat în 1, descrește în visul următor, la fel și B, dar B ajunge în 3, în timp ce A nu. D crește de la ceva foarte ușor în 1 până la ceva foarte pronunțat în 2.

Pentru dumneavoastră aceasta este muncă de cercetare — teritoriu virgin. Oricine poate găsi aur. Puteți vedea ceva ce nimeni nu a mai văzut până acum. Probabil că veți folosi culori diferite pentru a arăta cum se mișcă firele, asemănător cu marea viziune despre râu a visătorului. Dacă urmați sugestiile inconștientului, e posibil să ajungeți undeva. Pare fezabil. Acele fâșii ciudate din visul său ar fi diferitele motive. În visul său, aveau semnificația unor vieți individuale, dar poate că noi nu suntem decât complexe într-o minte mai mare așa cum, în propriile noastre minți, complexele sunt încercări autonome individuale. Noi credem că suntem cumva superiori, că avem o anumită finalitate, dar este foarte posibil să fim doar astfel de complexe care se mișcă, discută, probabil că se ceartă unele cu altele, se pot lupta așa cum facem noi, producând un tărăboi teribil. Trebuie să permitem existența unei astfel de speculații, să ne permitem să ne deschidem mințile și să renunțăm la toate prejudecățile — să căutăm adevărul. Pentru a descoperi adevărul este întotdeauna necesar să arunci tot ce ai crezut până atunci. De ce nu? Eu însumi am încercat să fac un tipar și a ieșit destul de caraghios, ca un râu pe care plutește ulei. Dar pare destul de estetic și, atunci când forma unui lucru sugerează frumusețea sau armonia, întotdeauna este mai apropiat de adevăr decât atunci când e urât.

Prelegerea a II-a.
29 ianuarie 1930

Dr. Jung:
Ultimul vis de care ne-am ocupat a fost acea viziune filosofică grandioasă. Cel care urmează este complet diferit.

Vis [22]

Visul începe cu viziunea unei mașinării de un tip aparte, iar pacientul simte că el este acela care ar trebui să o controleze. Pare a servi la măcinarea a ceva, dar nu știe ce fel de substanță este aceea. Este un fel de vehicul care poate fi condus fie de cai, fie de un motor și are un acoperiș bizar. Interesul său este stârnit în principal de un cilindru mare, în jurul căruia se învârt un număr de cilindri mici cu suprafețe aparent neregulate, globulare. Principalul cilindru nu este pe de-a-ntregul globular, are zimți, și, pe măsură ce se rotesc cilindrii mici, ei se potrivesc întotdeauna în zimții celui mare și, de asemenea, în acelea ale celor mici aflați de o parte și de alta, funcționând ca un pinion sau probabil ca o articulație mobilă. (Noi le spunem „Kniegelenke". În limba franceză este „rotules".) Spune că își dă seama imediat că mașina nu funcționează bine; ceva nu funcționează așa cum ar trebui. Așa că încearcă să miște fiecare cilindru în parte, să-l întoarcă pe fiecare astfel încât principala suprafață globulară să fie vizibilă deasupra. Apoi cheamă un mecanic și îi explică, în limba franceză, că a modificat pozițiile acelor *rotules* ale cilindrilor și acum mașinăria va funcționa mai bine.

Asociații: Referitor la *mașinărie*, spune că pare a fi un aparat menit să macine ceva, ceea ce pentru el reprezintă un fel de metaforă. Este moara de măcinat a muncii rutiniere zilnice, iar el adaugă că este așa deoarece analiza îi fusese întreruptă în acel moment de o călătorie de afaceri într-o țară îndepărtată. Afacerea sa îi solicită încă un anumit grad de atenție și este de datoria lui să i-l acorde. El spune că, într-un fel, el are legătură cu afacerea sa anterioară și, de asemenea, cu această mașinărie. Afacerea este ca o mașină care funcționează, dar uneori nu funcționează, iar atunci el trebuie să preia controlul. Deci, destul de evident, principalul aspect al visului este un fel de metaforă care reprezintă afacerea sa, iar limbajul este mai mult sau mai puțin preluat din domeniul său de activitate.

Apoi spune că ciudatul *aranjament al cilindrilor* îl face să se gândească la un fel de diviziune a timpului și că timpul este la fel, format dintr-o serie de unități care sunt toate unite între ele, dar fiecare este diferită de celelalte, fiind zile, ore, ani etc. Partea principală ar reprezenta anul și toate micile neregularități ar fi zilele, care sunt lungi sau scurte ori au alte proprietăți diferite. Apoi spune că neregularitățile îi amintesc de comportamentul dinților. Când un dinte este scos, dinții care îl încadrau au tendința de a umple spațiul gol. Evident, se referă la potrivirea acestor zimți.

Acum, *mecanicul*. El spune că în ciuda faptului că există deja un mecanic care se ocupă de acea mașinărie, el însuși încearcă să o facă să funcționeze. El vorbește în franceză cu mecanicul, ceea ce nu este de mirare, deoarece, mai ales în domeniul profesional, el vorbește franceza în aceeași măsură ca și germana, sau chiar mai mult. Numește cilindrii *rotules*. În realitate nu contează dacă îl numești pinion sau *rotule*, dar pentru el a contat, în asemenea măsură încât a pomenit acest lucru în asociațiile sale.

Acesta este întregul vis, unul foarte dificil. Cei care au auzit visul anterior ar putea avea o idee. Unde este veriga de legătură?

Dna Fierz: Veriga de legătură se află la finalul ultimului vis. Cred că este o analogie între faptul că fiecare om lucrează la propria sa dungă și acela că visătorul însuși repară mașinăria.

Dr. Jung: Da, este o legătură. Iar pentru el afacerea este o activitate perfect conștientă, așa că putem presupune liniștiți că visul său a preluat limbajul profesional, conform vechii zicale potrivit căreia câinele visează un os și peștii visează apă.[1] Ce altă legătură mai este?

Dna Crowley: Elementul temporal se află în ambele vise.

Dr. Jung: Da, aici găsim din nou elementul temporal în asociațiile sale, potrivit cărora neregularitățile cilindrilor mici simbolizează lunile, zilele etc., învârtindu-se în jurul anului. Mai este vreo analogie?

Dna Sigg: Au fost până acum câteva vise cu mașini și știm că în viața sa este un gol. Problema sa sexuală nu este rezolvată. Nucleul în jurul căruia el se învârte în toate visele este disfuncționalitatea vieții sale sexuale.

---

1 În „Aplicare practică a analizei viselor" (1931), O.C. 16, par. 318, Jung citează „vechiul aforism, Canis panem somniat, piscator pisces" (Câinele visează pâine, pescarul, pește"). Nu a putut fi găsită sursa latină a niciuneia dintre versiunile proverbului, prezent în diverse culturi.

Dr. Jung: Da, ultimul vis în care apărea o mașină era acela în care motorul nu funcționa, în care a explodat alternatorul. Și acolo apare ideea învârtirii în jurul unui nucleu central. Înainte de acesta a fost visul cu compresorul, care de asemenea măcina. Măcina pietrișul pentru a face drumul și, de asemenea, avea un acoperiș deasupra motorului. Mai mult, construirea drumului s-a dovedit a avea un model mandalic, la fel cum ar fi și planul acesteia, dacă încerci să vezi imaginea completă. Ar fi motivul mandalei-floare, astfel:

Apare deci, din nou, identitatea dintre propria sa viață și timp. Nu i-am scos în evidență pacientului analogia. În analiza practică acorzi atenție aspectelor imediate, așa că doar am atins ușor subiectul. Părea mult mai important pentru el atunci să-și facă propria mașină să funcționeze cum trebuie. El este un om foarte practic, iar interesul său față de filosofie era colateral, un fel de activitate cu care să-și piardă timpul. De aceea inconștientul insistă asupra acestui subiect, deoarece este necesar ca el să înțeleagă ciudata identitate dintre viață, timp și energie. Când un vis subliniază un motiv, trebuie să te întorci și să îi dai atenție. Desigur, sunt anumite motive, anumite gânduri, care sunt atât de profunde și țintesc atât de departe, încât poți vorbi luni de zile despre ele, fără să ajungi la vreo concluzie. Identitatea psihică este una dintre acele idei și este mai bine să o aprofundăm.

Dna Sigg: Pare normal ca mașina să nu meargă atâta timp cât este privită doar ca un mecanism fizic. Visul spune că el este produsul timpurilor sale, visându-și viața ca pe o mașină, dar în realitate este mai mult ca o floare, care, prin alcătuirea sa, este organică.

Dr. Jung: Desigur, în ea apare ideea iraționalului, deși este o mașină, și este sigur că acest om își privește viața dintr-un punct de vedere prea rațional. Visul îi atrage atenția asupra faptului că viața nu este în niciun caz rațională și simetrică, este foarte complicată și neregulată. Cu siguranță acesta este un punct pe care l-ar trece cu vederea, deoarece el întotdeauna a încercat să-și aranjeze viața conform anumitor principii, și nu conform faptelor iraționale. Prin urmare, mașina sa este mereu stricată, iar el trebuie să revină la ea. Dar acesta este un aspect colateral și noi trebuie să ne întoarcem din nou la situația generală.

Vedeți, acest vis a venit în urma unei mari viziuni care i-a deschis brusc ochii asupra adevăratei amplori a problemei sale. Nu s-a gândit niciodată că visele sale îl vor duce atât de departe. Practic, nimeni nu realizează că trebuie să urci până într-un punct de observație foarte înalt pentru a vedea întreaga întindere a problemei psihice. Toți pornim de la ideea că psihicul este un aspect mărunt al vieții. Este chiar minimalizat, atunci când ne referim la ea ca la „nimic altceva decât", doar asta sau cealaltă, dar când urmezi calea regală a viselor, descoperi după un timp că problema psihicului uman nu este nicidecum mică. Ești impresionat de faptul că inconștientul omului este un fel de oglindă a lucrurilor mărețe. El oglindește totalitatea lumii — o lume a imaginilor reflexe. Privită din punctul de vedere al conștientului, această lume este realitatea și aceea reflexul. Dar reflexul este tot atât de viu și de real, tot atât de mare și de complicat. Există chiar ideea că lumea exterioară este un reflex al inconștientului. Numai minoritatea occidentală crede că aceasta este realitatea și cealaltă mirajul, lumea imaginilor. În timp ce întregul Orient, majoritatea, crede că singura realitate se află în acele imagini și ceea ce numim noi realitate este doar un fel de fantasmagorie degenerată, pe care ei o numesc vălul Mayei. Aceasta este ideea lui Platon — ceea ce este originar este ascuns, iar realitățile propriei noastre vieți conștiente sunt numai imitații ale adevărului.

Deci, judecata umanității referitoare la abordarea acestor chestiuni este divizată, iar conștientul occidental insistă să privească produsele inconștientului doar ca pe niște imagini în oglindă. Dar dacă studiem visele, observăm că inconștientul își exprimă propriul drept, el exprimă ideea că acel aspect al realității nu trebuie neglijat. Altfel totul merge anapoda și avem tot felul de nevroze pe care nu le putem explica. Aparent trăim într-o lume complet rațională și apoi este practic măturată de un capriciu care vine din inconștient. Este acolo și este imposibil de îndepărtat. Chiar și filosoful care îl reduce la tăcere printr-un „nimic altceva decât" poate avea o nevroză și fantasme suicidare, la fel ca oricine altcineva.

Așa cum am mai spus, în acel moment visătorul nostru se afla încă într-o foarte mare măsură sub influența raționalismului său. Acesta este un punct de vedere foarte egocentric — întrucât *eu* cred, *eu* gândesc, lucrurile trebuie să respecte această lege. Dacă o piatră ar sfida legile gravitației și dintr-odată ar începe să se ridice, ar fi chemată poliția deoarece o piatră a încălcat legea și toți cei care au văzut-o ar fi trimiși la azilul de nebuni. Uitați-vă cum au reacționat fizicienii atunci când s-a descoperit că atomii nu se comportau conform regulii. Întreaga adunătură învățată plângea faptul că a dispărut însăși ideea de materie.

Evident, atunci când se ajunge la o mărime infinitezimală, nu mai există legi. Experiența umană este veche de doar trei luni și poate că atunci când va avea șase luni se va întâmpla ca piatra să se ridice, în loc să cadă. Recunoașterea iraționalității esențiale a universului nu a pătruns încă în *Weltanschauung*-ul nostru occidental. Noi suntem convinși încă de faptul că lucrurile se petrec după niște reguli raționale. Prin urmare, acest vis insistă din nou asupra gândului conținut în acea viziune măreață asupra râului. Inconștientul îi spune că orice face este o iluzie, că totul este jocul acelui mare râu, iar viața lui nu este decât un val pe suprafața sa. El se poate gândi că schimbă acele fâșii, dar viața sa nu are nicio semnificație. Acela este punctul de vedere răsăritean, care dizolvă instantaneu magnitudinea omului. El s-ar putea simți ca și cum ar fi întregul ocean, dar este oceanul doar așa cum un grăunte de nisip este întreaga Sahară. O astfel de viziune este în stare să anihileze viața umană într-o asemenea măsură, încât pur și simplu renunți. Oricine ar considera că acesta este adevărul suprem s-ar întreba la ce bun să aibă vreo inițiativă. S-ar simți dintr-odată manipulat de forțe superioare și s-ar gândi că este pur și simplu inutil să lupte, că totul este futil. Aceasta este rațiunea chietismului răsăritean. Viața Celui Mare este tot ce contează, nu contează dacă *eu* sunt viu sau mort. Iar aceasta duce aproape la o stare de semiconștiință. Nirvana este ființă în neființă sau neființă în ființă, o stare paradoxală în care conștiința de sine este abolită, înglobată de Cel Mare.

Dar acum același inconștient, în mersul său natural neabătut, îl conduce pe visător înapoi la viața sa, alegând imagini care să vorbească pe limba vieții sale de zi cu zi, readucându-l la sarcina sa. Îi arată că mașina sa nu funcționează bine și că ar trebui să se ocupe de ea. Cele două vise sunt incongruente, totuși acesta este plin de aluzii referitoare la cel dintâi, pe care pare să-l contrazică. Ceea ce a fost tema principală se află acum într-un colț, ca un detaliu mai mult sau mai puțin irelevant; faptul că detaliile mașinii sunt legate de diviziunile timpului apare acum doar în asociațiile sale. Din aceasta conchidem că punctul de vedere răsăritean nu reprezintă mai mult decât acela apusean un adevăr absolut. Viața noastră individuală nu este o iluzie, și ea este reală. Iar acolo se află imensul conflict dintre cele două *Weltanschauungen*, cele două aspecte principale ale propriului nostru psihic.

Deci, în acest vis, el este abătut de la dispoziția în care are o viziune de ansamblu. Este ca și cum inconștientul său ar fi atins un punct culminant în acea imagine grandioasă și apoi l-ar fi coborât la nivelul problemei sale cele mai personale. Se întâmplă adesea în vise — un salt brusc de pe înălțimi în cea mai cruntă nefericire individuală, ca și cum ar spune, probabil, iată o viziune, o lege a vieții și, apropo, mașina ta e stricată. Acesta e contrapunctul în vise. După tema cea mai generală, auzi dintr-odată nota individuală ca pe un fel de contrast. Și de vreme ce până și inconștientul recunoaște necesitatea punctului de vedere individual, îl introduce cu aceeași insistență ca pe motivul general, îi acordă aceeași valoare și demnitate pe care, prin urmare, am putea să le acceptăm, aș spune că lucrul cel mai mărunt este tot atât de important ca și cel mai mare. Fără grăuntele de nisip nu ar exista Sahara, iar molecula de apă este absolut indispensabilă pentru ocean. Omul individual este indispensabil pentru existența cosmosului, iar când ne întoarcem la ridicolele neajunsuri ale vieții sale personale, problema este tot atât de interesantă ca atunci când suntem conduși spre înălțimile de unde putem zări întreaga întindere a vieții universale. Vă amintiți că mașina a jucat un rol în visele anterioare. La ce concluzii am ajuns atunci?

Dr. Baynes: Are legătură cu sexualitatea.

Dr. Jung: Da, un mecanism care apare în vise înseamnă un mecanism. Și vorbim despre un mecanism la om, atunci când funcționează automat, într-un mod mecanic, conform unei legi, când după asta vine cealaltă. Știm exact cum va avea loc. Este o înșiruire regulată și absolut fiabilă de fapte, ceea ce poate fi găsit, desigur, în lumea proceselor automate, a instinctelor. În domeniul voinței nu se poate găsi.

Și totuși, sexualitatea nu este numai o mașină. Este legată de multe procese ale minții conștiente, care sunt conduse de liberul-arbitru, cum i se spune. Lucrurile sunt mult mai complicate. Nu am putea niciodată să explicăm funcțiile minții umane doar ca pe niște mecanisme. Pe de altă parte, se pare că în acest caz partea mecanică, organică, este aceea care nu funcționează. Acel vis anterior care exprimă sexualitatea prin simbolul compresorului îi dă o anumită semnificație pe care nu ar trebui să o omitem. Construirea drumului a urmat tiparul mandalic, ceea ce însemna că drumul sexualității este drumul destinului, calea întregirii individului. Am putea spune astfel că, în lipsa acelui mecanism, nu ne-am afla în mâinile destinului. De fapt, dacă omul ar fi eliberat de compulsia sexualității, el nu ar mai fi legat de pământ, ar fi întotdeauna liber, ca o pasăre în zbor. Nu ar fi niciodată limitat la vreo soartă anume, pentru că nu ar mai avea niciun fel de obligație. Sexualitatea este puterea care îi leagă pe toți și, prin urmare, este lucrul cel mai important și cel mai temut. Nevroticul încearcă să scape de ea, deoarece încearcă să scape de o soartă pe care dorințele sale infantile sau egoismul său nu o acceptă. Visul, alegând simbolul compresorului, exprimă ideea unui Juggernaut, o greutate imensă, un lucru inexorabil, zdrobitor, care trece peste om și îl face una cu pământul.

În această mașină ceva nu funcționează. Acest om greșește în privința sexualității sale. Ceva îl supără și, de fapt, relația cu soția sa e deficitară. Cu toții i-ați da dreptate gândindu-vă că asemenea lucruri nu ar trebui să se întâmple, dar aveți grijă când trageți astfel de concluzii. Despre nimic nu se poate afirma că este corect sau greșit. Cum poți judeca? Viața și soarta umană sunt atât de paradoxale, încât cu greu poți stabili o lege obligatorie. În genere, adevărul este acela că, dacă o anumită femeie se căsătorește cu un anumit bărbat, între ei există o relație sexuală, dar poate fi ceva mai puternic decât sexualitatea care să-i aducă unul lângă altul, și în scopuri complet diferite. Trebuie să permitem astfel de lucruri, deoarece ele se întâmplă în realitate și când tratezi cazuri de acest gen capeți o extraordinară toleranță pentru multiplele căi ale sorții. Oamenii care sunt obligați la o anumită soartă devin nevrotici dacă îi împiedici să o trăiască, chiar dacă este o aberație îngrozitoare prin prisma adevărului statistic. Este un adevăr faptul că uneori apa curge la deal. Din punct de vedere rațional poate fi greșit, dar cu toate acestea un astfel de lucru se va întâmpla și trebuie să i ne supunem. Observăm că astfel de lucruri au un anumit scop, deoarece nu avem niciun temei să le înlăturăm. Datorită lor viața este întreagă și viața trebuie trăită. Nu trebuie să încerci să înveți un tigru să mănânce mere. Un tigru este un tigru numai atunci când se hrănește cu carne; un tigru vegetarian este o absurditate absolută. Pe de altă parte, în cazul acesta lipsa relației cu soția sa este evident deranjantă, întrucât încă de la început visele au subliniat că este ceva greșit. Problema este adusă mereu în față, și aceasta dintr-un singur motiv. Acest individ este pasionat de filosofie și este înclinat să facă din ea un refugiu în care se retrage pentru a se adăposti de problema sa cea mai dureroasă. La început a încercat ocultismul și teozofia, apoi a sperat ca eu să descopăr un palat de gheață unde să se poată ascunde de acest aspect incomod. După înălțimile ultimului său vis, unde evident că ar fi fost bucuros să rămână, visul îl coboară în propria sa realitate.

În visul cu alternatorul, mecanicul a trebuit să repare motorul, în timp ce el nu a avut nicio reacție. Dar de data aceasta, visul spune că el însuși trebuie să manipuleze mașinăria. Mecanicul este din nou doctorul din punct de vedere conștient, dar acest vis mă înfățișează ca pe o *quantité négligeable*. Când oamenilor nu numai că le este necesar, dar au și abilitatea de a se ajuta pe ei înșiși, sunt foarte capabili să pună analistul în roluri nesemnificative. Dar nu trebuie să înțelegem prin aceasta că pacientul este liber să treacă peste analist. Punctul de vedere conștient trebuie să fie studiat cu mare atenție. Să presupunem că vine cineva cu megalomanie, care mă consideră un tip amuzant, cu care se poate distra o vreme, apoi mă visează ca pe un frizer sau un croitor de rând. În acest caz, semnificația ar fi complet diferită. Lui i-aș spune: „Înălțimea Voastră, eu sunt cel mai umil servitor al dumneavoastră și aș fi bucuros numai și să vă leg șireturile", iar prin aceasta el va înțelege unde greșește. Sau o pacientă mă poate visa ca pe un portar, căruia îi dă un bacșiș când trece pe lângă el. În consecință, pentru mintea ei conștientă eu sunt ceva mai presus de Papă, Dumnezeu însuși. Portarul vine să compenseze o supraevaluare imensă. Deci nu există o regulă absolută pentru interpretarea unui vis, aceasta depinde întotdeauna de psihicul pacientului. Depinde de punctul de vedere conștient; trebuie să știi ce încearcă visul să compenseze. În ultimul vis, eu eram meșterul mecanic, în timp ce aici el este cu un pas mai departe; înainte chiar de a-l observa pe mecanic, el descoperă că poate repara singur mașina. Deci, eu sunt complet depotențiat.

Am putea numi aceasta o împlinire a dorinței, dacă vreți — în limba germană îi spunem „Zukunftsmusik"[2] — deoarece visul îi scoate în evidență rolul pe care l-ar putea juca dar pe care încă nu îl joacă. Este evident că inconștientul are tendința de a mă transforma pe mine în *quantité négligeable* și de a-i conferi lui importanța omului care înțelege mașinăria. Acesta este un mare pas înainte, deoarece îl ajută să-și realizeze propria activitate și să se bazeze pe propria sa judecată și pricepere. Demonstrează că dezvoltarea inconștientului său a ajuns atât de departe, încât îi permite să-și asume un rol responsabil și putem presupune că, dacă această dezvoltare continuă, el va fi capabil să ia în propriile-i mâini rezolvarea acestei probleme. Când a venit prima dată la mine, dorea să i se spună ce are de făcut, dorea o rețetă. Dacă s-ar fi dovedit a fi cea corectă, m-ar fi transformat în zeu, dar la următorul pas greșit pe care l-ar fi făcut, ar fi spus: „De ce mi-ai dat un sfat atât de prost?" Fie e un eșec, fie eu sunt un zeu. Prin urmare, îi arăt completa mea ignoranță și refuz să-i prescriu o rețetă. Îi evidențiez faptul că problema trebuie rezolvată. Din punct de vedere conștient nu are o soluție, spune că nu există niciuna. Dar nu există probleme ce nu pot fi soluționate. Propriul său inconștient este marele râu și numai dacă poate intra în acel râu, problema va fi cumva rezolvată. Uneori nu se rezolvă cu acordul conștientului, uneori individul este doborât de o problemă și râul curge peste el. Și aceea este o soluție, deși în mod natural individului nu îi place. Dacă are încredere doar în mintea sa rațională, râul cu siguranță va trece peste el. Într-un fel, este rezonabil să-ți asumi un rol modest și să încerci s-o rezolvi cu mine. Dar acum, pe măsură ce analiza sa evoluează, îi vine în minte că trebuie să ia întreaga problemă în propriile-i mâini și are o anumită încredere că o

---

[2] „Muzica viitorului"; figurativ, vise.

poate rezolva. Simte o dorință profundă de a o aborda în modul artistic în care ar face-o un specialist — nu impulsiv, ca un negru care lovește motorul pentru a-l pedepsi, ci înțelept, ca un expert. Deci, asta face el reparând acei cilindri.

Acest simbolism este foarte dificil de elucidat, mai ales legătura aparte cu timpul. Dar dacă faptele psihice pot fi exprimate în termeni de zile, luni, ani etc., se poate spune că aceste unități reprezintă componente psihice, părți ale marelui râu, și atunci individul înțelege aceast alcătuire bizară. O astfel de mandala ar fi un fel de hartă sau plan al structurii psihicului sau Sinelui, expresia a ceea ce omul este în calitate de entitate psihică. Orientul ar înțelege-o astfel. Corpul principal sau centrul virtual ar exprima Sinele și părțile care îl înconjoară ar fi componentele Sinelui, așa cum lunile sau zilele sunt componentele anului. Există o analogie în ideea creștină timpurie potrivit căreia trupul lui Hristos era anul bisericesc; fiecare an repetă evenimentele din viața lui Hristos. Așa cum trupul lui Hristos era reprezentat de cei 12 apostoli, anul cuprinde 12 luni și șarpele zodiacal cuprinde 12 semne zodiacale și despre acesta se spune din nou că este Hristos, deoarece el însuși a spus: „Eu sunt vița, voi sunteți mlădițele".[3] Vița și mlădițele își sunt indispensabile și, astfel, Biserica fără cei 12 apostoli este inexistentă, așa cum ar fi și anul fără cele 12 luni. Prin urmare, omul este la fel ca anul cu cele douăsprezece luni ale sale și cu mulțimea sa de săptămâni și zile și ore. Are, să spunem, patru anotimpuri, patru componente, precum cele patru porți ale conștiinței în Orient și cele patru funcții pe care le-am individualizat.

Mereu și mereu vedem cum apare acest sistem de patru. O mandala tipică din budism conține întotdeauna pătratul, așa-numita curte a mânăstirii, cu cele patru porți ale conștiinței, pictate în roșu, albastru, galben și verde. Și asta văd în fiecare zi când pacienții mei încep să deseneze. Numărul componentelor poate fi crescut oricât, de obicei este patru sau poate fi 12 sau 24, dar întotdeauna este un număr par. Când o mandala are numai trei colțuri, puteți fi siguri că este ceva în neregulă. Aceasta ar însemna lipsa unei funcții. Am văzut cândva desenul unei astfel de mandale, realizat de către un om căruia îi lipsea de fapt aproape complet funcția senzație. *Quadratura circuli* era problema Evului Mediu, problema întregirii psihologice. Iar această idee a mandalei care exprimă totalitatea ființei umane și poziția corectă în univers este ideea fundamentală subiacentă motivului mașinii. Este faptul central, modelul subiacent și nu poate fi nimic altceva. Prin urmare, compresorul, care face drumul, reproduce acest tipar.

---

[3] Evanghelia după Ioan, 15:5.

Aceste componente ale personalității — care pot fi numite funcții sau unități mendeliene sau, așa cum le-ar spune primitivii, rămășițe ale sufletelor ancestrale — aceste componente nu se potrivesc întotdeauna. Pot fi neregulate, probabil datorită vreunei fricțiuni interioare. Dar prin evoluția vieții, pe parcursul anilor, aceste componente ar trebui să funcționeze astfel încât, în final, să se ajungă la o sinteză completă, la integrarea personalității umane. Atât de multe stări nevrotice se datorează inițial anumitor incongruențe, tendințe temporare care, pur și simplu, nu se omogenizează; focul și apa nu se amestecă și pe acea scindare se bazează întreaga nevroză. Nevroza are scopul de a ascunde golul sau de a crea un pod peste el. Analiza are sarcina de a-l umple cu o anumită experiență, care poate fi cimentul pentru foc și apă, ținând laolaltă cele două aspecte opuse. Dificultățile vieții se bazează aproape întotdeauna pe astfel de fisuri sau incompatibilități și se pare că scopul vieții psihice ar fi acela de a le lăsa să funcționeze împreună, până când neregularitățile se tocesc, ca neregularitățile de pe fațetele unui pinion, astfel încât, în final, toate incongruențele să se adapteze la o funcționare lină. Visătorul nostru încearcă să facă acest lucru; evident, componentele sale nu cooperează una cu alta. Unde am mai întâlnit această idee?

Răspuns: Visul cu puii de găină.

Dr. Jung: Da, unul dintre pui fugea mereu. Una dintre componente are tendința de a disparea și încearcă să scape. În cazul său, sunt puternice motive să existe un astfel de element instabil, deoarece acesta este un exemplu tipic al funcției inferioare. Funcția inferioară nu este o apariție binevenită. Ești de acord cu funcția superioară și accepți funcția auxiliară pentru a o ajuta pe prima, dar dacă este ceva din tine care nu își găsește locul în mașina ta, care îți provoacă necazuri tot timpul, evident că încurajezi acel lucru să dispară. Atunci, mașina ta funcționează aparent cum trebuie, dar din timp în timp se mai aude câte un bubuit și te superi și aceasta este, desigur, starea nevrotică. Starea nevrotică este o stare în care ești împiedicat funcțional într-un mod cronic. În limba germană spunem că îi joacă o rotiță în cap sau probabil că doar i s-a slăbit un pinion. El folosește cuvântul „rotule", care, etimologic, este absolut corect. Provine dintr-un cuvât latin care înseamnă „rotiță", dar este termenul tehnic franțuzesc pentru acest tip de articulație. O componentă a personalității sale nu funcționează în tandem cu celelalte. Trebuie să apară undeva, așa că acum el așază fiecare pinion astfel încât să se vadă suprafața principală; aparent, el rezolvă problema. Ce înseamnă acest lucru?

Dr. Deady: O diferențiere în conștient a elementelor personalității.

Dr. Jung: Da, aparent, el a făcut ce trebuia. Eu însumi aș spune că problema sexuală nu era fundamentală, dar visul spune că aceasta va funcționa mult mai bine. Este, într-un fel, un vis decepționant, în mod normal ne-am fi așteptat la ceva mai uluitor. E o nimica toată și totuși începe să funcționeze.

Dna Sigg: El așază funcțiile în ordinea individualizării lor.

Dr. Jung: Da, încearcă să aranjeze aceste componente, astfel încât să-și arate suprafețele cele mai individualizate. Le judecă după valoarea lor principală.

Dr. Deady: Le aranjează simplu, astfel încât să se vadă fiecare cilindru.

Dr. Jung: Exact. Pune bazele unei conștiințe care știe principala valoare a componentelor personalității sale. Este o simplă schimbare a conștiinței. Pare a fi o nimica toată, dar este aspectul cel mai important. Este ca atunci când întocmești balanța contabilă a unei firme mari. Înainte era în mod constant înșelat de neregularități, nu-i venea niciodată ideea corectă. Acum el va ști că fiecare parte componentă are importanța sa și îi va acorda considerația pe care o merită. Ceea ce-l deranjează se va arăta acum sub propriul nume. Avem o garanție a unui mod de funcționare relativ lin. În viitor, el va funcționa mult mai bine.

Prelegerea a III-a. 5 februarie 1930

[Răspunsul la o întrebare a doamnei Sawyer despre interpretarea figurii mecanicului în visul cu alternatorul explodat și în ultimul vis, acela cu polizorul, au stârnit niște discuții atât de animate în prima parte a seminarului și notițele luate au fost atât de confuze, încât numai următoarele fragmente au putut fi redactate deslușit. Subiectul a fost preluat din nou și clarificat la începutul următorului seminar.

Referitor la afirmația potrivit căreia repararea motorului a fost delegată unei figuri inconștiente, exemplul a fost dat ca o ilustrare a naturii independente a unui complex autonom.]

Dr. Jung: Este deosebit de dificil pentru noi să realizăm că în interiorul nostru se află factori autonomi care întreprind diverse lucruri. Poate fi observat acest lucru obiectiv, în cazuri de somnambulism, unde oamenii, perfect inconștienți, se trezesc noaptea și fac anumit lucruri, iar dimineața sunt mirați de ceea ce pare să fi fost intervenția unor spiriduși. Eu am avut un unchi căruia i s-a întâmplat asta. Era un destul de cunoscut expert contabil judiciar și trebuia să rezolve un caz greu de manipulare frauduloasă. Nu putea să clarifice unul dintre cele mai importante elemente, până când odată, în jurul orei trei dimineața, soția sa l-a văzut ridicându-se și ducându-se în birou fără să-și îmbrace halatul. El s-a așezat la birou și a lucrat aproximativ o jumătate de oră, iar când s-a întors ea i-a observat privirea fixă, ochii larg deschiși și sticloși și a înțeles că se afla într-o stare de somnambulism. Dimineața s-a simțit lipsit de vitalitate și greoi și s-a plâns că nu putea găsi acea greșeală nenorocită și trebuia să o caute din nou. Desigur că s-a minunat când a descoperit că scrisese în somn o lungă declarație care clarifica întregul caz. Erau chiar și niște detalii uimitoare, precum o gaură în hârtie, care dezvăluia cifrele aflate dedesubt. Conștientul său nu a observat, dar inconștientul l-a corectat; funcția automată a fost aceea care a rezolvat cazul. Aceea ar fi aici mecanicul. În fiecare zi le spun pacienților în analiză: „Eu nu știu care este răspunsul, dar vom vedea ce are de spus inconștientul în legătură cu aceasta“ și apoi următorul vis aduce soluția cea mai neprevăzută, ca și cum aș fi supus întregul caz unei autorități superioare supreme.

Dr. Deady: În ce măsură este acea interpretare a mecanicului dependentă de atitudinea conștientă a bărbatului? Când ați vorbit prima dată de visul cu alternatorului cred că i-ați dat o interpretare caracteriologică.

Dr. Jung: În mod firesc, este necesar să cunoști caracterul visătorului. Visele nu au semnifiație generală, nu pot fi traduse așa cum ai traduce un text. Ele compensează o anumită situație conștientă și inconștientă a unui anumit individ. Dificultatea doamnei Sawyer este într-adevăr un mare obstacol teoretic. Vedeți, inițial Freud a spus că atunci când îți visezi tatăl, acela *este* tatăl tău, când o visezi pe doamna Cutare, aceea *este* doamna Cutare. Îmi amintesc foarte bine când am discutat aceasta cu el și i-am spus că ar fi mai bine să o numim *imagine* a tatălui. Când visezi o persoană, nu poți presupune că este cu adevărat acea persoană; acea imagine poate fi pe de-a-ntregul simbolică. De exemplu, când un pacient mă visează în chip de Papă sau Iisus Hristos sau ca pe chelnerul din restaurantul său, știu că eu nu sunt toate acelea. Acel simplu fapt m-a obligat să folosesc termenul „imagine". Freud a adoptat acum acea idee. Este evident că oamenii pe care îi visezi să referă mai mult sau mai puțin la oameni reali, așa că atunci când visezi pe cineva cu care te afli într-o relație apropiată, ai perfectă dreptate presupunând că este vorba chiar de acel obiect. Dar există limitări. De exemplu, dacă o soție își visează soțul aidoma ca în realitate, aș presupune că l-a visat într-adevăr pe soțul ei. Dar să presupunem că visul ei este ocolit, e o apropiere și totuși nu este chiar soțul ei, ce trebuie făcut în acest caz, ce se obișnuiește? Inconștientul are o tendință de a spune „Nu chiar." Apar anumite trăsături care nu aparțin soțului, caracteristici care aparțin probabil soției și atunci, imaginea soțului este ornamentată cu aceste proiecții. Sau e posibil ca aceste trăsături să-i aparțină fără discuție lui, dar ea le-a scos la suprafață prin comportamentul ei, fapt de care este complet inconștientă. Este important să înveți să faci astfel de distincții.

În acest caz al mecanicului, pacientul visează un personaj care nu este nici măcar simbolic legat de el și nici nu este vreun șofer sau vreun mecanic pe care e posibil să-l fi întâlnit cândva. Și este complet diferit de mine. Singura analogie este aceea că el este un expert în motoare, în timp ce eu sunt expert în motoare psihice; aceasta este unica punte, așa că visătorul se agață de ea, se gândește că ar trebui să fie dr. Jung, deoarece el repară motorul. Dar este extrem de important ca acest om să învețe cum să-l repare singur și, dacă i-aș fi spus că eu sunt personajul important din vis, i-aș fi sabotat scopurile. Comportamentul cel mai înțelept pe care îl poate avea un analist este să dispară, lăsându-și pacientul să creadă că nu are nicio contribuție.

Dr. Baynes: Era un anumit punct în vis care cred că e susceptibil să genereze confuzie, și anume semnificația diferită care poate fi atribuită expresiilor din limba engleză. Un lucru mecanic este ceva care se repetă, de exemplu un gramofon, în timp ce principiul unei mașini are conotația unei continuități a energiei. Totuși, în vis, această mașină are în mare măsură caracterul unui nou tip de invenție sau al unui nou tip de idee, așa că pare să fie insinuat un fel de proces transferențial.

Dr. Jung: Un alt detaliu uimitor — că ar putea da impresia unei noi invenții folosite pentru transferul energiei. Este și nu este adevărat. Dacă ne menținem exclusiv la ce spune visul, atunci nu este o nouă invenție, ci un fel de dispozitiv de măcinat. Mai mult, acest vis este asociat cu cele două vise anterioare despre mașini și nici ele nu aduc ceva nou, așa că suntem nevoiți să pornim de la presupunerea că inconștientul alege un motiv mai mult sau mai puțin bine cunoscut. Dar, pe de altă parte, această mașină servește unui scop care este foarte misterios. Scopul compresorului era clar nivelarea drumului. Scopul automobilului era de a-l duce pe visător undeva, de a-l pune într-o situație diferită. Această mașină nu are un astfel de scop. De ce ar trebui ca mașina să macine ceva? El spune că macină ceva și ar trebui să funcționeze corect, dar este imprecis. Deci, semnificația sa este misterioasă; ești lăsat să presupui. În primul vis, acela cu compresorul, ni se indică asocierea cu funcția sexuală, energia într-o formă sexuală. În visul al doilea are legătură cu inima, energia sub forma simțirii, și aveam suficientă dreptate să presupunem că se referea la partea pe deplin organizată a funcției sexuale. În franceză spunem *partie supérieure* și *partie inférieure des fonctions*. *Partie inférieure* este partea bine organizată a unei acțiuni. De exemplu, când înveți să mergi pe bicicletă, la început înveți conștient să-ți ții echilibrul și apoi devine un automatism, dar dacă te gândești la asta, cazi. Aceasta este *partie inférieure*, care funcționează perfect de una singură, atâta timp cât nimic nu o jenează. La fel ca înghițitul — dacă încerci să înghiți conștient, nu poți și aceasta este tipic pentru partea inferioară a oricărei funcții. Partea automată bine organizată merge perfect, dacă nu o tulburi cu o atenție nepotrivită. Dar Janet[1] are perfectă dreptate când spune că tulburările în *parties supérieures* sunt întotdeauna de origine psihogenă. Gândiți-vă la funcția mâncatului. Oricine poate mânca, animalele pot mânca, nu există nicio dificultate în privința ei, este un mecanism absolut. Dar faptul de a mânca în anumite circumstanțe, de a mânca cuviincios la o serată diplomatică,

---

[1] Vezi, mai sus, 23 oct. 1929, n. 4. Pentru ideea menționată, vezi *Les Névroses*, p. 386ff, citată în O.C. 5, par. 26, n. 27.

să spunem, când trebuie să asculți discursurile și pe doamnele din dreapta și din stânga, în timp ce mănânci aripa unui fazan, nu este ușor.

Nu putem presupune că acest pacient are o tulburare organică, din punct de vedere organic el este sănătos. Dar este posibil ca tulburările psihogene să aibă efecte organice; un aparat poate rugini. Cineva poate alege să nu bea apă și organismul lui se va deregla; o tulburare organică va fi provocată de legătura cu psihicul, adică de o tulburare în *parties supérieures*. Sunt multe astfel de deranjamente funcționale care duc la adevărate boli fizice. De exemplu, dacă o persoană menține prea mult timp o dispoziție îmbufnată, este foarte posibil ca efectele să fie atât de negative, încât persoana respectivă să dezvolte o angină sau stomacul său să nu mai funcționeze bine, poate dobândi Dumnezeu știe ce. Dacă se teme tot timpul, dacă datorită anumitor presupuneri nu respiră corect, își poate distruge propria mașină, se poate îmbolnăvi de tuberculoză. Odată cu scăderea imunității, anticorpii dispar, iar persoana devine complet lipsită de apărare.

Deci, în acest caz, ne putem cu ușurință imagina că pacientul nostru este cumva disfuncțional din motive psihice. Oamenii care au probleme psihice sunt adesea fanatici ai sănătății. Ei caută întotdeauna hrana potrivită și băuturile potrivite, nu fumează și nu beau vin, au nevoie de multe săruri și sunt prietenii farmaciei. Întotdeauna încearcă ceva nou și niciodată nu sunt foarte sănătoși. Este știut că păcătosul se simte în general mai bine decât virtuosul, deoarece buruienilor le merge întotdeauna mai bine decât grâului. Toți oamenii virtuoși se plâng de asta. Cei care se îngrijesc atât de mult de ei înșiși au întotdeauna tendința de a deveni morbizi. Acea uimitoare energie îndreptată spre ideea de a bea o anumită apă, de exemplu, vine dintr-o continuă teamă care se află în ei și aceasta este teama de moarte. Ceva în ei spune: „Doamne, nu mă lăsa să mor, pentru că nu am trăit“. Bărbatul acesta este oarecum obsedat în privința sănătății, ceea ce este un simptom al faptului că ceva nu este în regulă. Și se teme de moarte pentru că nu a trăit, sau este ca și cum ar fi spus: dacă nu îmi permiteți să trăiesc, trebuie să mor. Nu pare să fie bolnav, dar este ușor de imaginat că ar putea fi ceva în neregulă — dacă nu el, poate soția sau copiii lui vor suferi. Adesea, obsesia sănătății este transmisă copiilor, bieții viermișori devin uneori extrem de bolnavi din cauza temerilor părinților lor.

Ideea că este ceva în neregulă cu corpul său este mai degrabă confirmată de acest vis, deoarece mecanismul se referă la mecanismul fiziologic: sexualitatea sa, care nu funcționează și care, evident, poate provoca o anumită tulburare. Acest lucru este cu precădere valabil pentru un bărbat, la care sexul este mult mai impulsiv și mai puternic decât la o femeie, el trebuie să-și facă loc cu coatele, altfel există probleme. La o femeie sexualitatea poate rămâne tăcută mult timp, ea poate trece chiar prin tot felul de experiențe sexuale fără să aibă nici cea mai vagă idee despre aceasta. De exemplu, am fost consultat de o tânără rusoaică — o cocotă — într-un hotel din Paris și i-am numărat experiențele. Avusese peste cincizeci de iubiți, dar numai din curiozitate, era întotdeauna frigidă. Dar odată a venit un bărbat care i-a provocat o emoție sexuală. Ea a rămas uimită și a exclamat: „O, asta e!" Apoi s-a măritat cu el și a devenit o mică burgheză respectabilă. Vorbise și citise despre sex cele mai urâte lucruri pe care vi le puteți imagina, trăise o viață complet nebună și nu știa ce făcea. Era precum uleiul și apa. Sunt multe femei care perpetuează această inconștiență, care arată că, pentru o femeie, sexualitatea nu are calitatea penetrantă pe care o are pentru un bărbat.

Dacă acest bărbat nu ar fi simțit că este ceva în neregulă cu corpul său din punct de vedere organic, nu ar fi tulburat și nu ar avea niciun motiv să-și facă griji în privința propriei vieți. Ar fi putut fi un teozof minunat, de exemplu, dacă nu ar fi existat acel mic nesuferit diavol instinctual care îl tot sâcâie — acel lucru inexorabil. I-am putea spune: „Slavă Domnului că ai avut acea minunată viziune, dar aici se află adevărul imediat și este necesar ca tu să te confrunți cu acea problemă; căci cum poate acea lumină să strălucească dacă tu nu funcționezi cum trebuie?" El trebuie să-și bage nasul în acea tocilă. În timp ce în visele sale anterioare, pe parcursul evoluției sale psihice, mecanicul magnetului a trebuit să se ocupe de lucrul respectiv, acum el însuși trebuie să-și asume un rol activ și responsabil în modelarea destinului său. Acesta a fost cu adevărat primul său vis care mi-a aprins speranța că acest bărbat își va aborda propria problemă, că va căpăta probabil o asemenea iubire față de soartă[2], încât își va aduna curajul și va prelua volanul, deoarece despre asta este vorba. Până acum a gândit așa cum gândește fiecare bărbat și fiecare femeie: „M-am căsătorit și soția mea se află aici pentru a se ocupa de asta. Nu e treaba mea. Bărbatul așteaptă de la femeie și femeia așteaptă de la bărbat. Dacă nu merge, ei se plâng că a fost făcută o greșeală și dau vina pe altcineva, pe mama soției sau pe vreun alt membru al familiei; nimeni nu se gândește la necesitatea de a lua volanul în propriile-i mâini. Un bărbat atât de eficient știe să-și conducă viața profesională, dar viața sa personală ajunge la un colaps total. La fel, o femeie știe să conducă acea parte a vieții sale care are legătură cu eticheta și cu aspectele sociale, dar atunci când se ajunge la o situație importantă în lume, ea clachează și deleagă problema soțului ei sau altcuiva.

---

[2] Expresie latinească (*amor fati*) care descrie o atitudine pozitivă şi de acceptare faţă de toate evenimentele vieţii, fie ele bune sau rele (N.t.)

Acum, acestui bărbat îi devine evidentă marea necesitate a vieții sale și o abordează, ceea ce înseamnă că, într-un viitor mai mult sau mai puțin îndepărtat, el va alege acel drum al vieții care-i va regla problema sexuală. Poate să nu urmeze niciun principiu. El trebuie să-și urmeze alegerea individuală, destinul individual și acesta nu poate fi prevăzut. Dacă m-ar întreba: „Cum crezi că voi ieși vreodată din această dilemă?“, eu aș putea spune doar: „Dacă te vei împăca cu tine, poți fi sigur că totul se va rezolva; aceasta este convingerea mea“. Deocamdată, problema este ce va face cu sexualitatea sa. Foarte simplu și concis. Dar în visele anterioare am văzut cum compresorul a produs modelul mandalei și că atunci când facem un desen al mersului acestei mașini ajungem, practic, la același rezultat. Se ajunge astfel la o situație complet nouă. Mandala este un simbol circular pe care nu l-ar putea asocia nimeni cu sexualitatea.

Unii dintre noii membri au cerut aprofundarea subiectului mandalei, așa că voi repeta că este un simbol universal în Orient, mandalele fiind considerate acolo foarte importante. În Occident îl găsim numai atunci când este folosit de „eretici“. (Mandala este de fapt un substantiv neutru, *mandalam* însemnând „imagine“.) Este folosit pentru transformarea energiei, așa cum în anumite ritualuri este folosită *yantra*, tot pentru transformarea energiei. *Yantra* înseamnă pur și simplu o figură, o imagine a zeului sau a ceva care aparține zeului, precum o icoană. Hindușii din cultele lui Shiva sau Vishnu formează imagini ale zeului în fiecare zi — mici imagini în lut. Și gătesc o mâncare din rădăcini adventive sau din frunze de palmier pentru masa ritualică de dimineață a zeului, pe care o aruncă apoi deoarece a fost folosită de zeu. Scopul este acela de a-ți reaminti că în sinele tău interior tu ești acel zeu, el este în interior. Este doar o iluzie că ești singur. Când produci acea imagine, prin contemplare ești transformat pentru o clipă în zeu și astfel purificat, iar puterea sănătății tale crește. Te afli în marele râu. Anumite temple au forma unei mandale obișnuite, precum vestitul templu de la Borobudur din Java[3], care este un cerc într-un pătrat.

---

3 Stupă budistă monumentală din secolele 8–9 d.H. Vezi Heinrich Zimmer, *The Art of Indian Asia* (New York, 1955), vol. 1, pp. 298–312 (descriere) și vol. 2, pl. 476–494.

Prelegerea a IV-a.
12 februarie 1930

Dr. Jung:
Înainte de a continua, aș dori să ne întoarcem pentru o clipă la faimosul nostru mecanic. Așa cum probabil ați observat, sunt încă anumite nelămuriri. Evident, principala dificultate o reprezintă explicația paradoxală care trebuie dată într-un astfel de caz. Când avem de-a face cu un astfel de simbol, ne preocupă întotdeauna două aspecte, și anume punctul de vedere conștient al visătorului și punctul de vedere al inconștientului. Apoi mai este o dificultate, despre care am mai vorbit de câteva ori, iar aceasta este metoda de interpretare urmată de Freud, potrivit căreia simbolul oniric este o fațadă mai mult sau mai puțin concretă, un fel de păcăleală, ceva care încearcă să-ți abată atenția și care, prin urmare, trebuie distrusă pentru a afla adevărata semnificație a visului. Acel punct de vedere se regăsește în toți. Cu toții suntem familiarizați cu el și reprezintă o prejudecată împotriva căreia trebuie să lupt mereu. Mă obligă să spun că visul nu este o fațadă, este un fapt. Este precum un animal — cum se numește animalul acela bizar din Australia? Ornitorincul?

Dra Ordway: Ornitorincul.

Dr. Jung: Da, acela. Ei bine, animalul acela nu este o rață, nici o cârtiță și nici măcar un iepure; mai mult, are un marsupiu. Este amestecul de elemente cel mai monstruos cu putință, un lucru care nu ar trebui să existe. Dacă l-ar visa cineva, analistul ar spune: „«Nu există o astfel de pasăre», cu siguranță este un lucru din cele mai damnabile, o greșeală a naturii care trebuie distrusă, pur și simplu nu există asemenea animal, așa că e imposibil să-l fi visat". Dar există un astfel de animal. Nu se poate spune că este o greșeală. Printre primitivi, când o femeie dă naștere unui monstru, un copil cu trei picioare sau cu două capete, acesta este ucis imediat; este periculos și nu trebuie să i se permită să trăiască; ei se tem întotdeauna de ceva anormal. Deci, suprafața paradoxală anormală a visului l-a determinat pe Freud să formuleze ideea potrivit căreia aceea e doar o fațadă în spatele căreia se ascunde ceva rațional și inteligibil și, prin urmare, trebuie să o dea la o parte. Aceasta este prejudecata căreia trebuie să ne opunem. Dar eu sunt convins că natura, atunci când a făcut acel blestemat de ornitorinc, chiar a intenționat să producă acel lucru. Există în mod real și e o greșeală în măsura în care un om sau un elefant este o greșeală. S-a născut, iar visul, cu toate paradoxurile și aspectele sale neașteptate, este și el un fapt, așa că trebuie luat ca atare, și atunci când vorbește despre mecanic, omul acela nu este altceva decât mecanic. Nu m-am gândit niciodată că va deveni atât de faimos! Trebuie să petrecem mai mult timp asupra lui decât dacă ar fi fost un personaj istoric binecunoscut. Visul spune că este vorba despre mecanicul necunoscut, dar atâta vreme cât eu îi repar de fapt mașina, este evident că eu sunt și acela care o face. Visătorul, punctul conștient de vedere, spune că omul care repară alternatorul este dr. Jung, totuși visul spune că mecanicul necunoscut nu este dr. Jung. Este un paradox, vă asigur. Poți avea o anumită convingere în conștient în timp ce inconștientul are o convingere complet opusă care este, de asemenea, adevărată. Așa cum cineva își poate spune lui însuși: „Sunt în regulă, sunt un tip de valoare", în timp ce inconștientul spune „Sunt un porc".

Ei bine, principalul meu adversar din discuția de săptămnâna trecută, doamna Baynes, are marele merit de a fi elaborat o explicație concisă, cu care sunt de acord. Ea spune: „În visul anterior, acela în care explodează alternatorul, conștientul spune că mecanicul este doctorul, dar inconștientul spune că mecanicul este un bărbat necunoscut. În visul acesta, cu polizorul, punctul de vedere conștient rămâne același, dar atitudinea inconștientului s-a modificat. Inconștientul spune acum: «Deși este prezent un mecanic, tu (visătorul) ești acela care îi ia locul în calitate de expert; tu repari mașina». Astfel, visul îl prezintă pe doctor ca pe o cantitate neglijabilă, iar pentru visător, acesta semnifică un progres evident".

Desigur, visătorul este iritat de faptul că doctorul în care el are cea mai mare încredere poate să fie astfel devalorizat, că ar fi putut să-l transforme într-un portar sau într-un șofer sau într-un ospătar căruia îi dă bacșiș, de exemplu. Freud ar spune: „E o rezistență! Mă reprezinți în chip de ospătar". Dar este greșit. Este o greșeală să iei lucrurile în felul acesta, întrucât astfel ucizi încercarea cât se poate de legitimă a inconștientului pacientului de a se elibera de sub stăpânirea analistului care, fie că vrea fie că nu, ia locul lui Dumnezeu și se așteaptă de la el să facă miracole și să-l vindece. Pacientul ar trebui să învețe că în el se află un alt mecanic, care este în cele din urmă el însuși, chiar dacă mașina lui este încă reparată de doctor. Visătorul nu și-a însușit încă această convingere, dar se va identifica cu ea atunci când va fi dobândit acea capacitate. Cred că ar trebui să fie clar acum și vom merge mai departe.

Vă amintiți că săptămâna trecută am început să vă vorbesc despre semnificația mandalei orientale. Diferitele forme ale mandalei orientale sunt fixate dogmatic, variind în funcție de diversele puncte de vedere religioase. Mandala joacă un rol important în sistemele religioase tantrice și budiste din India, dar acolo sunt nenumărate secte și uneori este foarte dificil, chiar și pentru un cunoscător, să recunoască diferențele. Unul dintre grupurile cu o credință deosebit de dogmatică și de rigidă este așa-numitul budism tibetan sau lamaist, iar săptămâna viitoare vă voi aduce o mandala a acelei secte.[1] Cercul exterior este de obicei un fel de brâu de foc, simbolizând focul dorinței sau *concupiscentia*. Conceptul Sf. Augustin și al Bisericii, pentru care dorința umană este păcatul principal sau însușirea fundamentală pe baza căreia este construit păcatul, seamănă perfect cu ideea budistă potrivit căreia toate simțurile sunt în flăcări și întreaga lume este înconjurată de franjurii dorinței.

Apoi vine cercul negru, care adesea conține mici fulgere aurii, simboluri ale energiei continue; acesta este un cerc magic, care înseamnă: „Eu îmi restrâng energia, eu mă conțin, astfel încât să nu ard în flăcările dorinței". Apoi vine grădina gazelelor, încântătoarea grădină a curtezanelor, în care Buddha le vorbea discipolilor și unde se află plante frumoase, păsări și flori. Înainte de a intra în grădină există, de asemenea, un cerc de petale; sunt petalele lotusului pe care stătea Buddha atunci când s-a arătat și a anunțat legea. Iar în interiorul grădinii se află curtea templului mânăstirii sau „pagoda" și tot acolo sunt cele patru porți. Apoi trebuie să înțelegeți că nu este doar un obiect bidimensional, ci se crede, de asemenea, că are un corp, relief, așa că înfățișează un fel de terasă mai ridicată. În cartea pe care am publicat-o împreună, Wilhelm vorbește despre „Terasa Vieții".[2] Templul din Borobudur este construit după această schemă și, de asemenea, vechile temple mexicane sau mayașe, care se ridică de la pământ sub forma unei piramide construite din trepte la diferite niveluri. La Sakkara, în Egipt[3], este unul foarte vechi, așezat pe terase înălțate, și care exprimă probabil, mai mult sau mai puțin, aceeași idee. Nu avem niciun text care să dea o interpretare suficient de clară a semnificației lor simbolice. Unicul acces pe care îl avem la un astfel de simbolism este în China.

Deasupra acelei terase a mandalei noastre este un cerc central și el ridicat deasupra nivelului curții, care abundă de simboluri ale exalării sau contracției, fulgere duble sau diamante.[4] Iar în interior se află ultimul cerc, în centrul căruia

---

1 Vezi, mai jos, p. 465.

2 *The Secret of the Golden Flower*, ed. din 1962, p. 22 („terrace of living"), în traducerea lui Wilhelm; „terasa vitalității" în comentariul lui Jung (O.C. 13, par. 33).

3 Piramida lui Zoser, a III-a dinastie, circa 2900 î.H., prima structură mare din piatră cunoscută în istorie.

4 Simbol numit în tibetană Dorje şi în chineză Vajra şi folosit în ritualuri, simbolizând atât diamantul (indestructibilitate), cât şi fulgerul (forţă irezistibilă). (N.t.)

apare din nou diamantul. Acel simbol avea inițial o semnificație yonică și falică. De exemplu, în zilele noastre, există un gest foarte obscen pe care cocotele orientale îl fac pentru a atrage un bărbat; semnifică act sexual. Și în Babilon însemna venerarea zeului; preoții făceau acest gest în fața idolului sau a Arborelui Vieții. Degetul mare are o semnificație falică, așa că gestul ar însemna viață. Și aceia dintre voi care au auzit discuția noastră despre simbolismul crucii își vor aminti că discul solar, cu crucea în centru, avea, de asemenea, semnificația vieții. Ținerea crucii ankh în fața zeului semnifica: „Dau viață zeului"; sau zeii țineau semnul în fața regelui, însemnând că dădeau viață regelui. Deci acel semn reprezintă puterea generatoare, deoarece puterea generatoare sau creatoare se manifestă numai atunci când omul este victima. El se oferă pe sine zeilor, ca un instrument, și, indiferent ce creează, voința zeului este superioară propriei sale dorințe, în ciuda faptului că el se identifică cu zeul și se crede un tip extraordinar, dacă a fost capabil să creeze așa ceva.

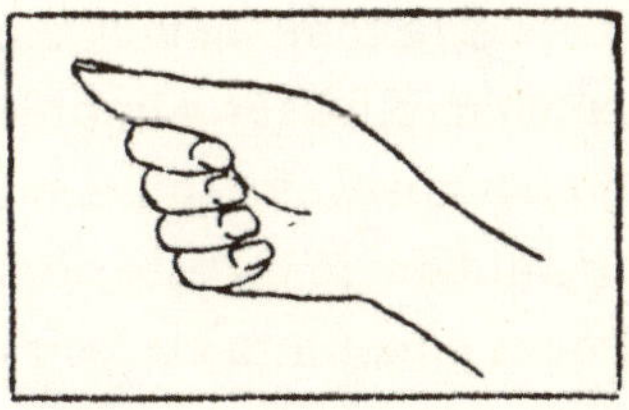

Vedeți, acest simbol care semnifică viața, dreapta și stânga, deasupra și dedesubt, se închide în el însuși. Îl găsești peste tot, semnificând viața care emană din centru și merge spre centru, sistola și diastola. Este aidoma mișcării respirației și sugerează riturile Hathei Yoga; respirația ritmică este parte din ritualul yogin și poate fi comparată cu vacuola amoebei. Prin urmare, locul central spre care converg cele patru direcții spațiale este numit cavitatea germinală; este locul unde sunt simbolizate extraversia și introversia.

Extraversia înseamnă să ieși pe porțile curții. Pătratul interior este divizat în felul acesta: ⊠ și fiecare triunghi este caracterizat printr-o culoare diferită și reprezintă concepții filosofice distincte. Roșu este nordul, așezat jos, poziția tuturor punctelor cardinale fiind inversată: o carte dintre cele mai interesante, *Bardo Thödol* sau *Cartea Tibetană a Morților* a fost tradusă recent de un american pe nume Evans-Wentz.[5]

---

[5] *Cartea Tibetană a Morților (Bardo Thödol)*. Textul face referire la traducerea în limba engleză a lui Lama Kazi Dawa-Sandup, coord. de W.Y. Evans-Wentz (Londra, 1927). Jung a scris un

S

E V

N

Acolo sunt explicate triunghiurile colorate și pot fi identificate cu cele patru funcții așa cum le cunoaștem în psihologia occidentală, baza conștiinței noastre, cele patru atribute ale orientării noastre în spațiu și, prin urmare, identice cu punctele cardinale ale orizontului. Se iese pe porți prin diferitele funcții sau atitudini obișnuite. Omul care iese pe poarta din Sud va trăi în lumea din Sud și omul care iese prin poarta gândirii va trăi în lumea gândirii. Dar atunci când se întorc, funcțiile nu contează. Numai atâta timp cât sunt afară funcțiile sunt importante. Când intră în curtea mânăstirii, el se apropie de punctul unde toate funcțiile se întâlnesc; chiar în centru intră în vidul unde nu există nimic. Nu putem spune că este inconștiență, este o conștiență care nu este.

Ajungem aici la faimosul paradox budist, existența inexistentă, ființa care este neființă sau conștiința care este complet vidă. Acea idee a vidului conștiinței este explicată în cartea pe care am publicat-o împreună cu Wilhelm. În realitate este, după cum încearcă mereu budiștii să explice, nu o conștiință goală, așa cum înțelegem noi golul, ci o conștiință care nu este dominată de conținuturile sale. Aceste conținuturi ne asaltează conștiința cu focul dorinței și ajungem să fim posedați de ele. Ideea de libertate a budiștilor este aceea că nu ar trebui să fim devorați de ele, ci să fim stăpânii lor. Prin urmare, trebuie să ne golim conștiința, cum se spune, de acele conținute atotputernice. Sau dacă se află ceva acolo, acel ceva ar trebui să fie precum peștii într-un heleșteu; ei nu sunt stăpânii heleșteului, sunt simple conținuturi și, prin urmare, nu-l pot conduce ei. Heleșteul este însuși motivul existenței lor, este vasul care îi conține, ei nu conțin heleșteul — deși există întotdeauna pești care suferă de megalomanie, care au impresia că ei conțin heleșteul, că sunt capabili să bea toată apa și s-o țină în propriile lor burți umflate. Deci acea conștiință a cercului interior, acel vid, este probabil mai bine descrisă ca un vast inconștient care ține în el atâtea conținuturi, încât nu este nimic acolo, deoarece nimic nu contează. Aceasta este cea mai fidelă descriere a ideii de Nirvana pe care v-o pot da: neființă pozitivă sau existență inexistentă.

Acum, acel paradoxal fulger din centrul mandalei pe care am descris-o simbolizează o supremă stare de revelație, o stare de energie potențială sau

---

comentariu psihologic la traducerea germană (Zürich, 1935), tr. în engl. de R.F.C. Hull pentru a treia ed. anglo-americană (1957); în O.C. 11, par. 831ff.

latentă. Totul este posibil, dar este nemișcat, ca înainte de zorii lumii; totul este în așteptare, totuși în momentul următor va exista o lume. Este exprimarea celui mai colosal sentiment al existenței vreunui zeu, un Demiurg care există înaintea a orice altceva; sau a unui zeu care suferă de o teribilă durere de cap și care speră că va scăpa în curând de ea. Aceasta, deoarece presupun că trebuie să fi suferit teribil când se afla în starea de graviditate. Nu este invenția mea, sunt vechi idei ezoterice potrivit cărora Dumnezeu era foarte singur, plictisit dincolo de cuvinte, iar dorința de a avea pe cineva care să nu fie el însuși era pur și simplu de nerostit. Și așa a luat naștere lumea: el avea o teribilă durere de cap și dorea să scape de ea. De fapt, cu toții ne-am aflat în această stare psihică, astfel încât putem simți în acele momente că suntem aidoma Creatorului, care suferea de o durere de cap creatoare.

Vă puteți face astfel o idee generală despre mandala orientală și, în timp ce am explicat acest simbolism, poate că v-ați gândit că există o oarecare asemănare cu ceea ce noi înșine simțim sau trăim. Este absolut adevărat. De fapt, producții cu o structură similară sunt desenate în mod natural de pacienți atunci când ajung la probleme care depășesc domeniul personal. În fiecare analiză vine un anumit moment sau punct culminant când, cel puțin pentru un timp, ce este personal se prăbușește pur și simplu, nu mai contează, și când își face loc ceva impersonal, care este simțit a fi mult mai important, chiar împotriva voinței și scopului individului. Și atunci apar aceste simboluri. Am aflat despre mandalele orientale după ce am devenit conștient de cele occidentale, ale noastre.[6] Când am văzut pentru prima oară una mi-a atras atenția, deoarece semăna perfect cu ce văzusem la pacienții mei. Apoi am început să le studiez mai îndeaproape și am găsit un paralelism cât se poate de uimitor.

Desigur, mandala occidentală nu are încă o formă dogmatică, deoarece este complet individuală; este încă asemenea unui joc. Forma estică este o mașină prefabricată, în care te așezi pentru a fi transformat, dar desenul european nu este prefabricat, trebuie încă să fie realizat, este o expresie din cele mai individuale și oricine face așa ceva are sentimentul că produce un lucru care este pe deplin el însuși. El crede că este o variațiune sau o fantasmă individuală, fără vreo importanță colectivă. Prin urmare, mandala vestică, fiind un mijloc al exprimării de sine, funcționează complet diferit de cea estică. Nu este un templu desăvârșit în care se efectuează un ritual bine pus la punct, este doar o încercare.

---

6 Jung a publicat pentru prima dată mandale europene (incluzând, fără a şi le atribui, câteva proprii) în ediția germană a *Secretului florii de aur*.

Nu există ritual și nu există preoțime. Este ca și cum mulți oameni ar încerca să construiască temple. Așa iau ființă aceste lucruri. Stupele orientale erau cândva încercări individuale, la fel și piramidele. Era fantasma vreunui rege sau preot de rang înalt sau a oricui avea putere și își putea permite să construiască un lucru atât de uriaș. Încercările individuale se manifestă și la nivel primitiv; ei își construiesc casele pentru fantome după propriile lor planuri. Nimeni până acum nu a mai simțit nevoia să producă o Terasă a Vieții în Occident, să cumpere o bucată de pământ și să construiască o mandala, în loc de a o desena și a mi-o aduce într-o ședință de analiză. Un tip căruia îi prisosesc timpul și banii ar putea spune: „Voi construi eu așa ceva!" și rezultatul va fi un monument ciudat, care ar putea deveni mai târziu un monument național, doar pentru că exprima ceva ce era de cea mai mare importanță. Dacă oamenii merg la el, se va păstra; acel adevăr va fi convingător deoarece face apel la imaginația generală. Marea sală de audiențe construită de Akbar[7] era de asemenea o mandala, o expresie dintre cele mai individuale ale acelui om, și a ajuns să fie prețuită ca monument istoric deoarece era construită pe baza unor principii general valabile. Așa capătă durabilitate astfel de lucruri. În cazul nostru, așa cum am spus, sunt în stare incipientă, dar nu m-aș mira dacă ar ieși ceva din ele, dacă este posibil. Din aceste mandale occidentale va fi creat ceva atunci când se va înțelege că exprimă un lucru în același timp artistic și fundamental.

Dr. Draper: Puteți să explicați ceea ce în clipa aceasta mi se pare a fi mai degrabă un paradox, și anume faptul că oamenii primitivi despre care ați vorbit sunt colectivi, judecând după reacțiile lor și, totodată, mai individuali decât suntem noi?

Dr. Jung: Da, este un paradox, vă garantez. Sunt individuali într-o mai mare măsură, dar și într-o mai mică măsură. Ei sunt ca animalele. Sunt compleți, neîngrădiți, ce vedeți e exact ceea ce este, sunt identici cu legile speciilor lor. Aceasta este ideea mea despre individul complet, care nu este perfect, ci individual. Desăvârșiți în virtuțile și în viciile lor. Îndeplinind semnificația speciei, din cale afară de colectivi și în același timp individuali. Eu spun că nu poți fi o ființă cu adevărat colectivă fără a fi complet individual, deoarece numai atunci când îți asumi cu umilință locul dat de natură, ducând în mod adecvat la îndeplinire experimentul pus la cale de natură, numai atunci ești un membru de încredere al societății. Nu mă refer la un membru de marcă al societății, poți foarte bine să fii o teroare absolută pentru acea societate. Acum vreau să vă arăt cum pătrunde mandala în visul nostru. Sunt întrebări?

---

[7] Vezi, mai sus, 13 februarie 1929, n. 1.

Dna Baynes: Aș vrea să știu dacă este posibil pentru mintea occidentală să pătrundă în acel cerc interior fără a pica în psihologia sfântului creștin — adică, fără a face o dorință din renunțarea la dorință.

Dr. Jung: Da, este destul de periculos să vorbești despre psihologia orientală, deoarece noi, occidentalii, avem o puternică tendință de a imita, mai ales acele lucruri pe care nu le înțelegem. Noi încercăm imediat să le maimuțărim, presupunând că ni le însușim astfel. Am dori să dăm o formă orientală psihologiei occidentale, dar aceasta ar fi o greșeală nemaipomenită. Ar fi aceeași greșeală făcută de misionari cu negrii. Creștinismul este religia unui popor foarte civilizat, nu este expresia unor oameni primitivi. Misionarii distrug complet religia indigenilor și, de asemenea, se autodistrug. Asta se întâmplă atunci când occidentalii se identifică cu Orientul. Este cu adevărat regretabil, un eșec total. Ei recurg la asta pentru a scăpa de propriile lor probleme, nu este decât o înșelăciune, o minciună. Acel lucru nu este minciună în Orient, este sacru, dar nu este pentru cineva care vine dintr-un oraș occidental, marcat de viața occidentală.

Orientul ajunge la Curtea Interioară printr-un ritual autentic din punct de vedere colectiv; acolo este viață adevărată, dar pentru occidental este doar o minciună. El nu a trăit viața pe care o presupune acel ritual oriental, și anume să fie un om inferior și totodată poate nobil, un om care-și cunoaște perfect viciile, dar și virtuțile. Vine un occidental palid, foarte respectabil, și pătrunde pe porți pentru a fi și mai respectabil. Dar el se folosește de aceasta numai pentru a-și amplifica minciuna, rezultatul fiind acela că astfel de oameni sunt complet găunoși. Ei trec prin viață cu ochi de sticlă, morți, rămași fără urmă de imaginație, complet sterilizați. Ei folosesc acel ritual pentru a se autoelimina din viață. În Orient este folosit pentru a amplifica viața, viața trăită luxuriant, la fel ca jungla; totul este rezervat și încuranjează ardoarea. Occidentalul folosește aceleași mijloace pentru a-și mutila viața și mai mult. Mâna lui stângă este deja tăiată, iar el își taie și mâna dreaptă, astfel încât, în loc să-și desăvârșească experiența, el își desăvârșește ignoranța. Tăcerea are o semnificație în Est, deoarece, dacă nu ești tăcut, te dezintegrezi; dacă te îngrijorezi, o iei razna. Noi trăim în timp. Ceasul lor este eternitatea. A ignora timpul este inutil și steril pentru noi; noi trăim în momentul actual și, ignorându-l, ne mutilăm și mai mult. Mare parte din ceea ce se petrece în ritualurile orientale este trecut sub tăcere. De exemplu, în anumite sisteme tantrice, în momentul încoronării, când inițiatul pătrunde în locul central, pe Terasa Vieții, realizează o coabitare ritualică cu o femeie. Acest fapt nu este cunoscut, sau este numai șoptit. Occidentalii cred că centrul este un mare vid. Numai când bărbatul este capabil să vadă în acel act o nuntă sacră poate înțelege

Orientul. Inițial, creștinismul se sfârșea în interiorul cercului, cu animale sălbatice în arenă și cu moarte. Ideea totalității este ingredientul necesar, și nu o ființă bidimensională artificială. Deci, încercarea occidentalilor de a pătrunde într-o astfel de formă este o absurditate fără seamăn. Pur și simplu, le este imposibil.

Dar ceea ce cu siguranță încearcă inconștientul să provoace este construirea acelui templu, ceea ce înseamnă că are tendința de a crea ideea de totalitate a omului. Acea idee va deveni tot mai puternică, pe măsură ce noi devenim tot mai adaptați, în valorile noastre morale — cu cât mai mult învățăm că nu există rău fără un pic de bine și nimic foarte bun fără un pic de rău. Vom fi înnobilați de acel adevăr, de acea relativitate și vom obține puțin din atitudinea orientalului, care a fost întotdeauna aproape de pământ și nu s-a visat niciodată superior legilor naturii. Ei venerau legile naturii. Puteți vedea asta la fiecare indian, în cultul falusului. Ei știu că este un falus și femeia sterilă îi aduce ofrande, adesea o mică piatră lustruită, ca o scrumieră, iar în ea, o piatră alungită. Este o presă de măsline pentru fabricarea uleiului, un simbol al fertilității. O poți vedea și cumpăra de pe stradă și reprezentări ale ei în forme enorme pot fi întâlnite în temple. În epoca romană, nicio femeie nu era câtuși de puțin *gênée* să poarte drept broșă un simbol falic. Chiar și în Evul Mediu timpuriu se foloseau amulete falice. Doar mai târziu a devenit indecent și complet trecut sub tăcere. Acum, aceste lucruri sunt discutate din nou destul de deschis, dar aceasta duce la un fel de dezorientare a moralității noastre. Dacă citiți despre condițiile prevalente în anumite țări în prezent, mai ales despre situația tinerilor și despre punctul lor de vedere, vă faceți o idee despre lucrurile cu care ne confruntăm în timpurile noastre. Devine clar de ce inconștientul încearcă să promoveze o nouă stabilitate, o nouă ordine.

Pentru a reveni la impactul tuturor acestora asupra visului, ajunsesem la situația deosebită în care mașinile erau conectate cu mandala. Prima mașină construia un drum care în mod evident arăta ca o mandala. Și în acest vis structura mașinii este din nou ceva ca o unitate — o parte centrală rotativă, sugerând un mecanism complicat — ale cărei elemente sau părți lucrează într-o ordine perfectă. Din ce înțeleg eu, fiecare parte se află în mișcare și în mandala există, de asemenea, rotație; ideea de rotație este de fapt necesară pentru a forma cercul magic în jurul locului sacru din interior. Când se punea fundația unui oraș roman, de exemplu, oamenii se mișcau într-un cerc, *sulcus primigenius*[8], în jurul unui *fundus* aflat în centru, împingeau plugul în direcția soarelui, înconjurând

---

8 „Brazdă magică"; *fundus* = „parcelă de pământ." Vezi comentariul lui Jung la *Floarea de Aur*, O.C. 13, par. 36.

centrul cu o brazdă. Nu departe de Zürich, la Irgenhausen, lângă Pfäffikon, se află ruinele unui vechi castel roman, al cărui *fundus* se află exact în centru; a fost excavat și reparat într-o oarecare măsură. Întotdeauna este bine să vezi aceste lucruri în realitate și acolo este ușor de ajuns — este un autobuz direct din Zürich.

Și mai interesant din punct de vedere psihologic, ca o ilustrare a mișcării de rotație, este templul de la Borobudur, de care am vorbit mai devreme. Aceasta este o structură piramidală formată din coridoare circulare ce se îngustează, precum o spirală, până se ajunge la punctul central din vârf. Mergi în spirală de jur împrejur, iar zidurile acestor coridoare sunt decorate cu basoreliefuri reprezentând încarnări anterioare ale lui Buddha. Este un pelerinaj al inițierii și de o parte și de alta ești înconjurat de imaginile nenumăratelor vieți trăite de acest om perfect. Pelerinului i se transmite că a trăit ca o plantă și ca o lăcustă și ca o maimuță. Este diferit de ideile noastre occidentale, la noi ai vedea o plăcuță pe care scrie *Verbot*.[9] Dar acolo vezi viața întregii naturi, inclusiv fiecare greșeală pe care o poți face — toate cele 576 de procese prin care Buddha a fost nevoit să treacă, mergând în spirală până când a atins centrul. Numai atunci a devenit omul perfect. Complet diferit de ideea noastră despre cum trebuie trăit! Mișcarea de rotație are semnificația aparte de desăvârșire a vieții; dacă acoperi întregul pământ, nu poți să nu devii desăvârșit. Dacă rămâi pe partea de est, te dezvolți numai pe acea latură, fiind complet atrofiat și inexistent în cealaltă. Aceasta este situația noastră psihică; suntem un produs unilateral, cu o parte umbroasă necunoscută, care poate aduce oricând un nor deasupra noastră. Credința budistă, mișcarea spiralată, îi dă individului șansa de a deveni omul atotcuprinzător. În viziunea platoniciană, primul om era o ființă complet globulară, hermafrodită, deoarece ideea era că trebuie să trăiești și viața femeilor, și pe cea a bărbaților, pentru a deveni un om perfect. Printr-o astfel de inițiere ar fi produsă o conștiință aproape completă, în care nu ar mai rămâne nimic care să poată lua în stăpânire individul. În occidental, acea parte formează complexe autonome care îl fac una cu pământul și atunci este întuneric, iar el nu se mai cunoaște pe sine. Este cealaltă latură necunoscută. Ideea de rotație înseamnă de fapt o mișcare de evoluție, o încununare, o conștiință a întregii întinderi a propriei vieți.

Deci, în mod evident, semnificația visului pacientului este să repare mașina pentru a-i permite să se rotească. Și vedem că simbolismul mandalei vine pentru a-i arăta că acel mecanism care ar trebui să funcționeze și să-l transforme — ca și cum ar merge în cerc la Borobudur — este cu adevărat *yantra* sa individuală.

---

9 „Interzis“.

Identificându-se cu mașina, și-ar atinge scopul. Ideea orientală este demonstrată de caracterul ei predominant circular, în care crucea nu este atât de evident reprezentată; ideea este că omul ar trebui să intre în centru și acolo să devină identic cu zeul care îl ocupă. Pe de altă parte, mandalele noastre occidentale manifestă tendința de a reprezenta crucea în centru, în felul următor: ⊕. Aceasta ar însemna o diferențiere a centrului centrului, ceea ce nu se întâlnește în Orient. Este probabil ceea ce ei critică la noi deoarece le lipsește lor și de aceea Estul vine spre Vest; așa cum noi mergem spre ei pentru a scăpa de acel instrument de tortură plin de țepi și a reveni la viață prin mișcarea circulară. O spun cu rezerve, dar până acum am văzut atât de multe mandale europene și am fost atât de impresionat de faptul că în centru se află de regulă crucea, încât cred că nu e întâmplător. Nu este nici coincidență, nici pură întâmplare. Este o caracteristică occidentală, așa cum travaliul în cerc este caracteristic Orientului, *circumambulatio*. Ei lucrează în cerc, având întotdeauna centrul în partea lor dreaptă. A merge în sensul celălalt ar fi absolut greșit sau ar însemna o regresie și ar apărea magia neagră.

Dr. Draper: Are dansul dervișului vreo legătură cu acest fapt?

Dr. Jung: Nu știu. E posibil să existe o legătură. Este un dans mandalic, frumos datorită mișcării de rotație și poziției în spațiu, centrul stabilind relații cu figurile de pe margine. Uneori în centru se află un vas de aur din care ies flăcări și care este înconjurat de patru stâlpi. Oricine e dotat cu o imaginație motorie poate transforma acel motiv într-un foarte frumos dans.

Acum, în visul pacientului nostru, mandala are legătură cu sexualitatea și aceasta este asociată funcției sale inferioare; este un blestem, un tabu, apărut probabil din inferioritatea lui colonială. Este ca și cum o parte a mandalei ar fi fost ascunsă. El trebuie să devină un întreg pentru ca toată drăcia aceea să funcționeze. El trebuie să conștientizeze inferioritatea funcției sale de relaționare, care până acum a reprezentat obstacolul său. Când a ajuns în locul în care toate componentele ar trebui să funcționeze împreună, el a clacat și a trebuit s-o ia de la început, deoarece sexul nu poate fi lăsat la o parte. Vă puteți imagina că, atunci când a fost maimuță, Buddha era o maimuță adevărată, era numai acel lucru; altfel nu ar fi fost răsplătit. De exemplu, în Orient, când cineva dorește să devină un om sfânt, i se permite să intre într-o mânăstire. Apoi, dacă viața unui *célibataire* nu i se potrivește, el poate ieși din mânăstire, se poate căsători și rămâne călugăr, numai că nu mai trăiește la mânăstire. Este cât se poate de logic. El nu își trăise suficient acea etapă, nu epuizase tot ce era de epuizat, iar un lucru poate fi depășit numai atunci când a fost epuizat. Altfel, ești legat de el pentru viața aceasta și încă multe altele. Trebuie să lucrezi în felul acesta și apoi ajungi la locul în care va fi dispărut. Ideea budistă este una perfect naturală, atât de naturală, încât a fost numită religia rațiunii pure.

Dr. Deady: Ce a ajuns la conștientul pacientului din felul în care ați gestionat dumneavoastră visul?

Dr. Jung: Lui nu i-am spus tot ce v-am spus dumneavoastră, i-am dat doar indicii. El știa că aceste mașini au legătură cu sexualitatea și sunt, de asemenea, o expresie a voinței umane. Mandala este într-adevăr un efect al unei idei fundamentale în om, pentru care nu găsesc nicio explicație. Este ca și cum ai întreba de ce un anumit lucru trebuie să fie frumos — oamenii îl numesc frumos și așa este. Deci, această mașină reprezintă un fapt subiacent al unei naturi ideale și este mijlocul prin care se poate autotransforma. I-am atras atenția asupra faptului că mașina care se rotește are legătură cu ceasul, cu timpul, o mașină a libidoului și că semnifică funcționarea completă a energiei sale vitale, și i-am spus că el trebuie să o repare. Visul spune: du-te și fă-o, dacă îndrăznești. Dar probabil că nu este momentul potrivit, așa cum ar spune chinezul. Prin urmare, nu putem anticipa ce ne va arăta următorul vis. Ne putem aștepta, dacă este momentul potrivit, ca el să înceapă ceva de pe poziția lăcustei sau a maimuței sau de pe anumite poziții umane, dar în orice caz, că va face un pas înainte și va ajunge la un nou capitol al psihologiei sale. Dar, dacă situația generală nu este favorabilă, ne putem aștepta la o catastrofă. Poate interveni ceva. Poate are cineva o intuiție.

Dna Deady: Acestea sunt toate visele sale?

Dr. Jung: Chiar toate. Nu este un visător prea prolific. Pe acesta l-a visat la șaptesprezece zile după cel de dinaintea sa. Care vă așteptați să fie următoarea mișcare?

Dna Henley: Să încerce mașina.

Dr. Jung: Bine! Sunteți o optimistă.

Dna Baynes: Eu cred că examinează terenul în mintea sa conștientă.

Dr. Jung: Sper că va face asta, deoarece i-am spus că ar fi momentul. Și apoi?

Dna Baynes: Ar putea încerca să evite din nou.

Dr. Deady: Acesta este cel mai constructiv vis pe care l-a avut. Ceva trebuie să se întâmple.

Dr. Jung: Exact la asta ne putem aștepta. Chiar trebuie să ne așteptăm. Când un lucru este pregătit, este foarte important ca așteptarea analistului să fie pozitivă — *acum* lucrurile sunt așa cum trebuie! Are nevoie de acea încredere în sine, trebuie să iasă în lume și să spună: acum motorul este perfect! Dar marea întrebare este, a mai fost el într-o astfel de situație? Dacă nu, chiar dacă o ia foarte în serios, e posibil să apară un rezultat de tip Tartarin[10] — când a presupus că ghețarii din Alpi au fost aduși acolo de Corporația Anglo-Elvețiană și aranjați astfel încât să nu fie niciun pericol când îi escaladează. Este foarte posibil ca, deoarece nu a mai fost niciodată atât de pregătit ca acum, să nu fi realizat niciodată natura pericolelor și îndoielilor de care se poate lovi atunci când ia ipoteza în serios. Acum este posibil ca, deși este gata, să se lovească de un obstacol pe care nu l-a mai întâlnit până în prezent — un viciu ascuns, de o natură mai degrabă neașteptată. Când am analizat acel vis îmi amintesc că am gândit: acum totul este gata, pornește motorul. Iar apoi a apărut gândul că s-ar putea să fie vreun viciu ascuns pe undeva!

Dl. Deady: Un viciu ascuns în afară? Motorul este gata să acționeze.

Dr. Jung: El își pornește motorul în garaj și e posibil să se blocheze în garaj, fără a-și lăsa deloc libidoul să iasă!

10 Vezi, mai sus, 6 martie 1929, n. 1.

Prelegerea a V-a. 19 februarie 1930

Dr. Jung:

V-am adus astăzi fotografia[1] despre care am vorbit săptămâna trecută, reproducerea mandalei tibetane. Este o *yantra*, folosită pentru concentrarea asupra gândului celui mai filosofic al lamaiștilor tibetani. În al doilea cerc interior se află diamantul sau fulgerul, acel simbol al energiei potențiale și al luminii albe, care simbolizează adevărul absolut. Și aici sunt cele patru funcții, cele patru câmpuri de culoare și apoi cele patru porți către lume. Urmează grădina gazelelor și, în cele din urmă, cercul de foc al dorințelor exterioare. Veți observa că jumătatea de jos se află în regiunea pământului, iar jumătatea de sus ajunge la lumea celestă. Figurile din partea de sus sunt trei mari învățați, cei trei Buddha sau Bodhisattva vii, doi galbeni și unul roșu. Acestea provin din doctrina lamaistă tibetană. Ei corespund munților de pe pământ, aflați jos. Ceea ce muntele este pe pământ, marele învățător este printre oameni. Mai am o mandala unde, în loc de un fulger în centru, se află zeul Mahasukha, o formă a zeului indian Shiva, în îmbrățișarea soției sale, Shakti. Astăzi, cred că vom continua cu visele pacientului nostru.

Vis [23]

Pacientul nostru spune că se află la un fel de sărbătoare festivă într-o biserică protestantă, unde băncile nu sunt toate aranjate în aceeași direcție, ci sub forma unui pătrat, astfel încât toate să fie cu fața spre amvon, care este în mijlocul unuia dintre zidurile lungi ale bisericii. Se cântă un imn, unul foarte cunoscut, tipic pentru festivalurile noastre de Crăciun: „O du fröhliche, O du selige

---

[1] Jung a publicat yantra pe coperta cărții *Secretul Florii de Aur* (în orig., 1929, tr. în engl., 1931) şi din nou în *Psihologie și alchimie* (O.C. 13), fig. 43 (descrisă acolo ca un drapel pictat tibetan, aflat înainte în Institutul Chinez din Frankfurt şi distrus în cel de-al Doilea Război Mondial). A publicat-o din nou în „Despre simbolismul mandalei" (1950), O.C. 9/1, Im. 1, analizată în pp. 364–368.

Weihnachtszeit".[2] (Se aude pretutindeni în acel moment al anului.) El se alătură corului și dintr-odată aude pe cineva în spatele lui cântând aceleași versuri cu o voce ciudată, de soprană, extrem de tare, pe o melodie destul de diferită, astfel încât toți cei care se află în jurul acelei persoane pierd ritmul. Visătorul nostru se oprește imediat și se întoarce să vadă cine poate fi cântărețul. Este un bărbat care șade pe o bancă așezată în unghi drept față de a sa și care poartă, într-un mod oarecum bizar, o haină femeiască, astfel încât el nu poate spune cu certitudine dacă este bărbat sau femeie. Apoi slujba se sfârșește și, în drum spre ieșire, el descoperă că și-a lăsat pălăria și paltonul în dulap. (Evident, el nu s-a gândit la cuvântul „dulap", ci la cuvântul „garderobă", care este de fapt un cuvânt franțuzesc, dar în franceză se spune „vestiaire". „Garderobă" este folosit în limba germană, preluat din vechiul cuvânt franțuzesc, care inițial însemna bărbatul care se îngrijește de veșminte.) Pe drumul înapoi, el se întreabă dacă termenul „garderobă" este un substantiv masculin sau feminin în limba franceză și ajunge la concluzia că ar trebui spus „le garde-robe", și nu ca în limba germană, la genul feminin, „die Garderobe". În timp ce se gândește la asta, îl aude brusc pe cântăreț vorbindu-i unui bărbat care-l însoțește, spunându-i că astăzi a demonstrat o dată pentru totdeauna că și el știe să cânte. Visătorul nostru se întoarce din nou pentru a-l privi și trebuie să se abțină de la a face o remarcă răutăcioasă. El observă că de data aceasta pare mai masculin și că are o figură evreiască și apoi pare să-și amintească cine este și că este prieten cu fiul său. Apoi apare dintr-odată fiul și îi reproșează violent tatălui său că a stricat imnul.

Asociații: Copil fiind, era *obligat să meargă la biserică* în fiecare duminică. Din cauza aceasta a dezvoltat o antipatie față de biserici și preoți, motiv pentru care nu merge aproape niciodată la biserică, exceptând sărbătorile mari. Biserica în care băncile sunt așezate așa cum le-a descris el, toate cu fața spre amvon, este biserica în care era obligat să meargă în copilărie.

Referitor la *imn*, el spune: „Când mă gândesc la acel imn, mă gândesc la final, la refren, «Freue dich O Christenheit», adică «Bucurați-vă, creștini»".

Participarea sa la cor o asociază cu faptul că el *nu știe să cânte*. Este complet afon și, dacă ar încerca, probabil că ar strica melodia, așa cum a făcut bărbatul care a cântat o melodie complet diferită, cu vocea înaltă a unei soprane.

---

[2] Versuri cântate pe melodia „Sanctissima", de obicei cu cuvintele englezești „O thou joyful day, O thou blessed day, Holy, peaceful Christmastide" („O, zi fericită,/O, zi binecuvântată,/Crăciun Sfânt,/Liniștit").

Cântărețul ciudat, *al cărui sex este nesigur*, îl asociază cu faptul că, băiat fiind, a citit o carte numită *Der Golem*, de Meyrink.[3] (Este o carte remarcabilă. Cred că a fost tradusă deja în limba engleză.) Vă amintiți că într-un seminar anterior visase o clădire de formă pătrată pe al cărei gard se cățărase. Ne-am oprit în mod special asupra asociațiilor sale legate de finalul acelei cărți, *Der Golem*, când eroul ajunge la porțile încuiate. Și aici el asociază numai acea ultimă scenă, când eroul ajunge la momentul suprem în care trebuie să găsească răspunsul tuturor enigmelor, soluția supremă a întregii probleme, dar apoi ajunge la poarta încuiată deasupra căreia se află simbolul hermafroditului. Visătorul spune că acest simbol al hermafroditului înseamnă, așa cum l-ar interpreta el, nunta alchimică, adică amestecul masculinului și femininului într-un întreg indivizibil. Are sentimentul presant că acel cântec este foarte diferit de imnul dintr-o biserică protestantă — cu alte cuvinte, că astfel de idei nu și-ar avea locul printre ideile unei biserici protestante și s-ar dovedi foarte deranjante. Evident!

Referitor la cuvântul „garderobă", nesiguranța sa legată de genul acestuia trimite, evident, la același lucru ca și sexul îndoielnic al omului și din nou asociază simbolul hermafroditului.

În ceea ce privește descoperirea *originii evreiești a cântărețului*, el crede că Meyrink trebuie să fie evreu; chiar dacă nu oficial, credința sa trebuie să fie iudaică; în camera secretă a sufletului său, el trebuie că adăpostește credința iudaică. Așa s-ar explica, spune el, de ce Meyrink, în cartea sa *Fața verde*[4], își trimite eroul în Brazilia pentru a-l salva atunci când continentul european este distrus. Vedeți, acea carte are un final oarecum nesatisfăcător. Se pare că Meyrink intrase într-o intrigă complicată și nu știa cum să iasă din încurcătură; apoi, providența divină a trimis o mare furtună care a devastat întregul Occident și l-a scutit de dificultatea găsirii unei soluții satisfăcătoare. Eroul său, Sephardi, savantul evreu, prevăzând acest lucru, și-a luat familia și prietenii și a emigrat în Brazilia nevătămat, furtuna făcând ravagii numai în Europa. Evident, visătorul se referă la faptul că Meyrink, fiind evreu, își salvează tribul în ultimul moment, doar pe ai lui, pe nimeni altcineva, un fel de exod din pământul blestemat.

Probabil că nu v-ați fi așteptat la un astfel de vis după cele de dinainte, eu cu siguranță nu. Acesta este iraționalul minunat al inconștientului, care ne învinge întotdeauna. Eu nu l-aș fi prevăzut — exceptând un singur aspect: zdruncinarea anumitor convingeri occidentale de către acel ultim vis mandalic și cum acest

---

3 Vezi, mai sus, 19 iunie 1929, n. 6, şi textul care urmează.

4 Gustav Meyrink, *Fața verde* (Nemira, 2014).

om a avut cu certitudine o educație religioasă îngustă, nu se poate abține să nu păstreze anumite prejudecăți care ar fi puternic vătămate de ideile psihologiei mandalei, deoarece aceasta aduce o nouă orientare etică. Este un punct de vedere care nu-și are locul în perspectiva creștină, care divide lumea în bine și rău și nu permite nicio reconciliere. Întreaga escatologie creștină urmează această linie de gândire atunci când propovăduiește lucrurile ultime — că la finalul lumii va avea loc o Ultimă Judecată, în care binele și răul vor fi separate categoric și pentru totdeauna de acele două remarcabile instituții, Raiul și Iadul. Toți păcătoșii vor fi aruncați în iad și vor fierbe acolo pe vecie, iar cei virtuoși vor atinge acea binecuvântată stare în care li se va permite să cânte întreaga eternitate. Aceasta este o afirmație dogmatică a caracterului ireconciliabil al binelui și al răului. Nu se poate face nimic, trebuie doar să renunți, nu există alegere. Dar psihologia mandalei este foarte diferită: un șir nesfârșit de vieți deplasându-se prin bine și rău, prin toate aspectele lucrurilor. Roata mereu în mișcare a existenței, când în umbră, când în lumină. Aceasta este o relativizare extraordinară a problemei etice — dacă ai fost sus, vei fi jos, dacă ai fost jos, vei fi sus. Din întuneric vine lumina și după lumină vine din nou întunericul, deci răul nu este atât de rău și binele nu este atât de bun, deoarece sunt înrudite și se află împreună, printr-o greșeală care rămâne inexplicabilă. De ce, până la urmă, nu este perfectă, dacă este opera unui Stăpân perfect? Răspunsul Occidentului este: deoarece diavolul a murdărit-o sau omul a fost un asemenea dobitoc, încât a stricat cumva această operă a unei Ființe omnipotente și omnisciente. Răul a fost scornit de diavol, care a dejucat bunele intenții ale Stăpânului perfect.

În psihologia orientală a mandalei, toate acestea capătă un aspect compet diferit. Relativitatea este mai degrabă șocantă pentru un occidental. Ea induce chiar o anumită indulgență, iar pentru o minte puritană aceasta este aproape de nesuportat. Așa se întâmplă cu acest bărbat. În teorie nu este chiar așa. El nu merge la biserică, nu respectă crezul tradițional; dar în practică este puțin mai ciudat, deoarece vederile bisericii noastre au toate legătură cu adevăratul nostru zeu, care este respectabilitatea, ochii comunității. Când ajunge la adevăratul zeu și la teama sa de acei ochi, el cade pradă unui teribil conflict.

Dacă el a înțeles semnificația ultimului său vis, și anume că mașina va funcționa, ar însemna că este pe cale să pătrundă în viață într-un fel nou, în care fiecare rotiță este la locul ei și în care mașina va produce viața cuprinzătoare pe care este menită să o producă, o viață completă, cu lumină și umbră. Dar nu ajunge bine acolo, că se lovește de convingerile tradiționale, iar acest vis conține, evident, problema valorilor occidentale încălcate. Prin urmare, el este adus pe loc înapoi în copilăria sa, când era obligat să meargă la biserică. Este ca și cum o voce din interior i-ar spune: „Amintește-ți zilele când te aflai încă în biserică și credeai în aceste lucruri. Cum poți să le dai la o parte? Te afli încă acolo, cântând același cântec, împreună cu întreaga comunitate creștină". Și apoi apare prima perturbare, acea voce de soprană. De unde vine vocea sopranei?

Dra Howells: Este latura lui feminină, anima sa.

Dr. Jung: Sigur! Este Madame Anima care începe dintr-odată să și cânte. El cânta cântecul comunității ca un membru absolut respectabil al acelei biserici și atunci intervine anima, cu un cântec complet nepotrivit. Și ce exprimă acea melodie? Nu cuvintele, ci melodia. Care este valoarea ei?

Răspuns: Simțirea.

Dr. Jung: Da, nimic nu este mai impresionant decât o orgă. Când te gândești la o biserică protestantă caști, e o plictiseală teribilă, dar când auzi muzica nu te poți abține să nu simți, te mișcă. Poate că nu dacă o frecventezi în mod regulat, dar un om ca mine, care nu a mai fost la biserică de o eternitate, va deveni în mod firesc sentimental — este o amintire frumoasă, care face apel la propria-ți simțire. Este o greșeală să nu o iei în seamă. O predică este obositoare, în timp ce muzica ajunge la inimă. Deci se întâmplă adesea ca visul să vorbească despre sentimente, care sunt într-adevăr periculoase în cazul unui bărbat. În gândirea sa, ideile acestea nu mai au influență asupra lui; el are convingeri ferme. Dar muzica îl atinge, iar el este copleșit de ea. Este absorbit și nu se poate abține să nu cânte, așa că ajunge într-o situație sau dispoziție total opusă intenției menționate în visul anterior. Apoi conflictul apare în sfera sa emoțională și de aceea anima sa începe să cânte. Anima este întotdeauna asociată funcției inferioare. El este un intelectual, sentimentele sale sunt cumva inferioare, iar ea este ca o personificare a funcției sale simțire inferioare. De ce nu cântă anima cântecul bisericii? De ce o melodie complet diferită?

Dna Baynes: Pentru a-i atrage atenția asupra ei.

Dr. Jung: Dar de ce?

Dna Baynes: Deoarece dorește să strice lucrurile.

Dr. Jung: Aceasta ar fi aproape o depreciere a animei.

Dna Baynes: El nu o apreciază, așa că ea dorește să-și facă simțită prezența.

Dr. Jung: Dar dacă ea ar dori numai să-și facă simțită prezența sau să strice lucrurile, ar putea la fel de bine să fie un câine care latră sau un automobil al cărui motor începe să tușească în afara bisericii.

Dna Sigg: Anima are un gust diferit. Nu este gustul Bisericii, se apropie mai mult de stilul indian.

Dr. Jung: Adică, ar fi mai aproape de psihologia mandalei? Este foarte probabil, deoarece anima trebuie să fie exclusă din cadrul creștin. Este de-a pururi o eretică și nu se potrivește deloc acolo, este o păgână desăvârșită, revoltându-se mai mult sau mai puțin deschis împotriva punctului de vedere creștin. Probabil că sunteți uimiți că vorbesc despre ea într-un mod atât de personal, dar acesta a fost dintotdeauna modul în care a fost abordată, acea figură a fost mereu exprimată de poeți într-o formă personală. De obicei este proiectată asupra unei femei adevărate, care capătă astfel un caracter mai imaginar, precum domnița trubadurilor și a cavalerilor din Cours d'Amour[5], oarecum divină. În plus, știți cum vorbește Rider Haggard despre „Ea, cea care trebuie ascultată"[6]; el o conturează foarte clar. Deci, pentru a fi corecți, trebuie să o descriem ca pe o personalitate, și nu ca pe o abstracțiune științifică. În zoologie se poate vorbi de specie, *balena*. Dar sunt multe tipuri diferite de balene, trebuie să spui *care* balenă și atunci are o valoare specifică. Anima reprezintă stratul primitiv al psihologiei bărbatului și psihologia primitivă se ferește de abstracțiuni. În limbile primitive nu există, practic, concepte. În limba arabă există șaizeci de cuvinte pentru tipurile de cămile și niciun cuvânt pentru conceptul de cămilă. Dacă întrebi un arab cum se spune la cămilă, nu știe. Te referi la o cămilă bătrână sau la una tânără, la o cămilă femelă etc., fiecare având un nume diferit. Într-o lume și mai primitivă există treizeci de cuvinte diferite pentru a tăia — a tăia cu cuțitul, cu sabia, cu o coardă etc. — și niciun cuvânt pentru acțiunea de a tăia.

Extraordinarul meu prieten Steiner[7] presupune că au existat pre-stadii ale pământului, unul un glob de foc, altul un glob gazos și într-unul dintre ele, spune el, au putut fi observate chiar anumite senzații de gust. Ale cui erau acele senzații de gust? Nu există senzație abstractă, o senzație suspendată în spațiu de Carul Mare sau de Sirius. Într-una din limbile negrilor sunt cincizeci de expresii pentru mers, dar niciuna pentru actul mersului; nu se poate spune „Eu merg". Nici pentru *om* nu există cuvânt. Noi avem toate aceste concepte abstracte, care sunt într-un fel înșelătoare, sau mai degrabă nu aduc informație. Noi putem spune că un bărbat sau o femeie, sau chiar și mai general, o persoană dorește să-ți vorbească, și cât de puțin știm — dacă el sau ea se află afară, înăuntru, în picioare, dacă este viu

---

5 Aceste concepte aparțin tradiției cavalereşti a Europei occidentale medievale.

6 Vezi, mai sus, 12 decembrie 1928, n. 8.

7 Rudolf Steiner (1861–1925), ocultist german, mai întâi teozof, apoi fondatorul antropozofiei, o ramură a teozofiei. Probabil că aici se face referire la cartea sa *Wie erlangt man Erkenntnisse der höheren Welten?* (1922) („Cum ajungi să cunoşti lumile superioare?"), din care Jung deținea un exemplar.

sau mort. Un primitiv care îți spune același lucru, prin însăși natura limbajului său, te va informa, de exemplu, că un bărbat viu, în picioare, se află de partea cealaltă a ușii. În limba lor nu există cuvinte care să desemneze un om fără a face o descriere aproape completă. Ei folosesc expresia cea mai curioasă pentru a merge, care descrie exact procesul, fiecare caz aparte de mers, cu genunchii îndoiți, pe călcâie etc., așa că dacă ți se spune despre el, îl poți vedea pe acel om mișcându-se. Este o descriere aproape grotescă a fiecărui subiect. Această absență a noțiunilor colective este absolut caracteristică minții primitive.

Acum, referitor la conceptul meu de anima, mi s-a reproșat ocazional de către oamenii de știință că folosesc un termen aproape mitologic pentru a exprima un fapt științific. Ei se așteaptă să o traduc într-o terminologie științifică, care ar priva personajul de viața sa specifică. Dacă spui, de exemplu, că anima este o funcție de legătură sau relație între conștient și inconștient, aceasta este o descriere foarte vagă. Este ca și cum ai arăta fotografia unui mare filosof și l-ai numi simplu, *Homo sapiens*; desigur că fotografia unui criminal sau a unui idiot ar fi tot *Homo sapiens*. Termenul științific nu dezvăluie nimic și nici noțiunea pur abstractă de anima nu dezvăluie nimic, dar când spui că anima este aproape personală, un complex care se comportă exact ca și cum ar fi o mică persoană, atunci o înțelegi cum trebuie. Prin urmare, în principal în scopuri practice, eu las anima în forma ei personificată, așa cum aș face dacă l-aș descrie pe președintele Wilson sau pe Bismarck, sau pe Mussolini. Nu aș spune că sunt specimene de *Homo sapiens*, ci îi tratez separat. La fel și anima, este personală și specifică. Altfel este doar o funcție, așa cum intuiția sau gândirea sunt funcții. Dar aceasta nu acoperă faptele precise și nici nu exprimă extraordinara personalitate a animei, personalitatea absolut recognoscibilă, pentru a putea fi identificată cu ușurință oriune. Prin urmare, țin intenționat la termenul foarte personal, ceea ce înseamnă că este un factor personal, aproape ca o persoană.

Firesc, pe de altă parte există pericolul ca oamenii să o creadă un fel de fantomă. Evident, pentru mintea primitivă ea este o fantomă. Ea este o entitate conturată și, dacă te afli într-o dispoziție foarte primitivă, o poți vedea sub forma unei fantome — o figură de fum sau răsuflare. Ea poate deveni o halucinație. Se observă acest lucru, de exemplu, la lunaticii posedați de anima. Nu cu mult timp în urmă am fost chemat în calitate de medic pentru a consulta un băiat bolnav psihic internat într-o clinică din Zürich. Când am intrat în cameră, m-a salutat foarte politicos și a spus: „Probabil că n-o să credeți, dar eu sunt sora mea și sunt budistă". Are în realitate o soră măritată, dar ea nu are niciun rol în viața lui. El credea că oamenii îl iau drept bărbat din greșeală și se gândea chiar că fusese obiectul unei născociri răuvoitoare a mamei sale. Pentru el, acea soră anima era absolut reală, mai reală decât el însuși, el era identic cu ea. Ea era budistă și, prin urmare, inițiată în misterele Orientului și avea un nume indian, ceea ce era o invenție extraordinar de inteligentă. Nu mi-l mai amintesc exact, dar era format din trei silabe, iar silaba din mijloc era *dava*, care este termenul hindus pentru divin. Era pe jumătate italienesc și pe jumătate hindus sau sanscrit și puțin grecesc. Era o denumire tipică, însemnând amantă–soră divină. Am cunoscut multe alte cazuri în care bărbații simțeau anima ca pe o extraordinară realitate. Sunt convins că Rider Haggard nu ar fi putut scrie o asemenea serie interminabilă de romane, dacă anima nu ar fi fost extrem de reală pentru el. Acesta este motivul pentru care insist atât de mult asupra caracterului personal. Trebuie să tratăm această figură într-o formă complet diferită de cea uzuală, deoarece desemnează un factor viu, în ciuda faptului că acest factor, supus anumitor condiții de dezvoltare, poate pierde acel întreg caracter personal, transformându-se într-o simplă funcție. Dar acest lucru se poate întâmpla numai atunci când atitudinea conștientă pierde calitatea și caracteristicile unei ființe umane — aceasta este psihologia mandalei.

Dra Howells: Este ceva tipic pentru ea, să preia calitatea Orientului sau pe aceea a unei populații mai vechi? Aici, ea este o evreică.

Dr. Jung: Așa s-ar părea. În *She*, anima este o ființă orientală, ca și în *Atlantide*[8] a lui Pierre Bênoit. La fel și animusul. Dar ar fi mai bine să nu vorbim despre animus acum. Acesta pur și simplu mă sperie, este mult mai dificil de lucrat cu el. Anima este conturată, în timp ce animusul este nedefinit.

Întrebare: Este anima în mod cert o parte a fiecărui bărbat și a fiecărei femei?

Dr. Jung: Nu, ea este partea feminină a psihologiei bărbatului, așa că ea nu e prezentă în mod natural la femeie. Când există, ea este absolut identică cu principiul conștient feminin și atunci aș numi-o Eros. Același lucru, în oglindă, este valabil pentru un bărbat. Într-un bărbat animusul nu este o persoană, este principiul său conștient și atunci îl numesc Logos.

În filosofia chineză se vorbește despre sufletele masculin și feminin ale bărbatului. Prin urmare, Wilhelm folosește animus și anima la fel ca mine. Termenii animus și anima au drept corespondente în limba chineză *hun* și *kwei*[9], dar întotdeauna ele se aplică unui bărbat. Chinezii nu erau interesați de psihologia

---

[8] Romanul *L'Atlantide* (1919), o altă lucrare citată adesea de Jung, chiar începând din martie 1920; vezi scrisoarea citată în *C.G. Jung: Word and image* (1979), p. 151.

[9] În prezentarea făcută de Wilhelm textului chinezesc (*Floarea de Aur*, 1962, p. 14f), precum și în comentariul lui Jung (*ibid.*, p. 115ff; O.C. 13, par. 57–60), termenul chinezesc pentru anima este *po*; *kwei* se spune că înseamnă „demon" sau „fantoma celui plecat". Nota de subsol a lui Baynes la lucrarea lui Wilhelm (op. cit.) dorește să clarifice utilizarea termenilor.

femeilor — așa cum, din nefericire, sunt eu! Chiar și în Evul Mediu se spunea că femeile nu au un suflet demn de menționat sau aveau numai „suflete mici", ca în povestea pinguinilor din *Insula pinguinilor* de Anatole France.[10] De când i-a botezat Sf. Maël, a început să se pună problema dacă au sau nu suflet și, în cele din urmă, au chemat-o pe Sf. Ecaterina din Alexandria pentru a decide. „Ei bine", a spus ea, având ultimul cuvânt în discuția spirituală, „Donnez-leur une âme immortelle, mais petit!"[11] Așa că, în Evul Mediu psihologia feminină era *chose inconnue*[12] și, la fel, vechii filosofi chinezi credeau că animusul masculin era sortit raiului, în timp ce sufletul femeii ar deveni doar un spectru, o fantomă, care după moarte s-ar cufunda în pământ. Unul intră în Eternitate, iar celălalt devine un fel de fantomă bântuitoare, un demon. Prin urmare, pentru chinezi, animusul bărbatului era similar cu principiul nostru al Logosului sau cu principiul conștient.

Dar, atâta timp cât eu am de-a face atât cu pshologia femeilor, cât și cu psihologia bărbaților, am considerat de cuviință să numesc principiul conștient al bărbatului Logos și principiul relaționării, prezent la femei, Eros. Erosul inferior al bărbatului îl numesc anima și Logosul inferior al femeii, animus. Aceste concepte, Logos și Eros, corespund în mare ideii creștine de suflet. Iar ceea ce nu se potrivește, acel lucru care cântă o altă melodie, la bărbat este anima, reprezentând principiul Erosului, iar la femeie, animusul care reprezintă principiul Logosului, dar într-un fel de formă inferioară, o poziție minoră. Motivul pentru care anima joacă aici acel rol de *diabolos in musica* este acela că principiul exclusiv al Logosului prezent în bărbat nu permite prezența principiului Erosului. El trebuie să discrimineze, să vadă lucrurile prin ceea ce le separă, altfel este incapabil să le recunoască. Dar aceasta este împotriva principiului relaționării. O femeie nu dorește să separe lucrurile, ea dorește să le vadă aproape sincronizate. Un bărbat care este posedat de anima lui intră în cele mai îngrozitoare dificultăți deoarece nu poate face diferențe, mai ales între femei. În timp ce o femeie supusă legii animusului nu poate relaționa, devine nimic altceva decât discriminare, înconjurată de un zid de legi cu țepi de cactus. Ea îi spune bărbatului că-i cunoaște scopurile, ceea ce-l îngheață până-n măduva oaselor și îl împiedică să ajungă la ea.

Acum, referitor la rolul jucat de anima în acest vis, vă este probabil clar că este feminină, dar de ce este în același timp și masculină? Acesta e un caz

---

10 Jung o povestește în *Mysterium Coniunctionis* (1955), O.C. 14, par. 227, și o redă pe scurt în comentariul său la *Cartea Tibetană a Morților* (1935), O.C. 11, par. 835. Referitor la romanul lui Anatole France *Insula pinguinilor*, vezi, mai sus, 23 ianuarie 1929, n. 2.

11 Să le acorzi un suflet, dar unul mic! (fr.). (N.t.)

12 Necunoscută (fr.). (N.t.)

foarte neobișnuit. Și, atenție, ea devine după aceea un bărbat, un evreu. În ce condiții anima unui bărbat este fie bărbat, fie hermafrodit?

Răspuns: Homosexualitate.

Dr. Jung: Este adevărat. Adesea se întâlnesc figuri ale animei de un sex foarte incert sau indubitabil masculine, când mintea conștientă este feminină. Dar în cazul visătorului nostru nu se pune problema de homosexualitate. Perversiuni probabil că există și în el, fiecare este tributar mediei statistice; cu toții avem acel procent de crimă în ființa noastră, întreaga populație. Dar în el nu există nici urmă de homosexualitate refulată. Deci, de ce are el o anima masculină?

Dna Fierz: Anima este atât de incapabilă de a se face acceptată de către bărbat, încât trebuie să joace acel rol, să recurgă la un fel de prefăcătorie. Este modalitatea inconștientului de a se apropia de conștient.

Dna Sawyer: Masculinitatea ei nu se datorează faptului că el se identifică cu ea?

Dr. Jung: Adică, de vreme ce nu o poate aborda, trebuie să se identifice cu ea? Doamna Fierz vede lucrurile din punctul de vedere al inconștientului, susținând că inconștientul încearcă să se facă auzit. Doamna Sawyer le vede ca pe încercarea conștientului de a intra în legătură cu inconștientul — conștientul său posedat de anima și, astfel, hermafrodit. Dar oricare ar fi perspectiva, trebuie să te detașezi de ea pentru a stabili o legătură.

Dna Henley: Este posibil ca acest caz să exprime pur și simplu o lipsă de dezvoltare, deoarece homosexualitatea este un atribut al tinereții?

Dr. Jung: Și asta e adevărat, întrucât latura sa religioasă este subdezvoltată; din acel punct de vedere, el poate apărea ca un băiat homosexual de zece sau doisprezece ani. Aceasta ar fi homosexualitatea simbolică. Se știe că anumite așa-zise perversiuni sexuale sunt doar simbolice; exprimă o stare nedezvoltată. În acest caz, nu există în mod evident nicio manifestare conștientă a homosexualității, deci putem presupune că aceasta este o homosexualitate simbolică, și nu o deviație de la normal. Au existat urme ale acestui sentiment în unele din visele sale anterioare, în visul cu Puer Aeternus, de exemplu, în care l-a numit pe băiat Eros și simțea o anumită tandrețe față de el.[13] Și a mai apărut într-un vis pe care l-a avut pe parcursul ultimului nostru seminar, acel caz de sincronicitate, în care venera băiatul Telesphoros[14] și se gândea că ar putea fi ceva homosexual acolo. Dar era doar simbolic, o anumită imaturitate, ca la vârsta de 12 ani. O astfel de imaturitate psihică poate fi foarte localizată, se poate referi la

---

[13] Vezi, mai sus, 13 martie 1929.
[14] Vezi, mai sus, 11 decembrie 1929.

o anumită expresie a sa sau poate merge până acolo încât un bărbat să creadă că este homosexual, în ciuda faptului că nu a avut niciodată această experiență. Mi s-au adresat bărbați plângându-se că sunt homosexuali, dar când întrebam pe vreunul dintre ei dacă a intrat în necazuri cu băieți, el exclama indignat că nu ar atinge niciodată un băiat. „Bărbați, atunci?"/ „Nu."/ „Atunci, de ce naiba afirmi că ești homosexual?" Și atunci spune că așa i-a zis un medic deoarece avusese niște vise în care se manifestase homosexualitatea. Aceasta înseamnă, pur și simplu, că în anumite privințe bărbatul este imatur și imaturitatea sa se poate exprima în feluri diferite — nu este pregătit pentru femei sau pentru viață sau pentru spiritualitate. Aceasta trebuie să fie situația aici: imaturitatea sa în anumite privințe este exprimată în vis prin întoarcerea sa la condiția de băiat. Acum, în ce privință este el imatur? Sub ce aspect este el inconștient?

Dna Deady: Nu-și poate controla sexualitatea.

Dr. Jung: Dar trebuie să rețineți că el este un bărbat care și-a permis tot felul de lucruri cu femei ușoare și care nu este deloc inocent din punct de vedere sexual. Sexualitatea sa este greșită, dar nu concret. Care este problema cu el?

Dr. Deady: El are sexualitatea unui băiat de 16 ani, lipsită de sentiment.

Dr. Jung: Așa e, e lipsită de sentiment. Sexualitatea sa este perfect normală, dar componenta relațională lipsește, este un fel de autoerotism, un fel de masturbare. Nu există relație cu obiectul și probabil că acesta este motivul frigidității soției sale, ca și motivul celorlalte aventuri ale sale. Erosul este nedezvoltat, nu sexualitatea sa. Aceasta nu este deloc nedezvoltată, ci relația sa cu sexualitatea este greșită. În ultimul vis, el era pe cale de a-și pune mașina în mișcare și se punea problema dacă părțile mașinii erau în armonie cu partea centrală. Toate aceste funcții, mai ales sexualitatea sa, trebuie să fie puse în mișcare în mecanismul total. Dacă acestea nu relaționează între ele, el normal că nu poate funcționa ca o personalitate întreagă. Sexualitatea sa trebuie pusă complet în discuție și el trebuie să aibă sentimente în legătură cu ea. Cu alte cuvinte, principiul Erosului trebuie recunoscut. Anima apare pentru că ea *este* Eros. Și când el recurge la vechea perspectivă, cântând vechiul cântec, Erosul este refulat pentru totdeauna și considerat diavolul însuși. Atunci, ea apare în biserică și perturbă cântarea bisericească. Imaturitatea este exprimată de întoarcerea sa în copilărie și, de asemenea, de homosexualitatea sa simbolică. Dacă anima unui bărbat este masculină, el este complet posedat — obsedat — de ea și el nu poate stabili o relație cu ea până când ea nu devine feminină. A spune că este efeminat înseamnă același lucru — că ea are putere asupra lui. Semnificația visului este: ești efeminat, ești posedat de anima ta.

Prelegerea a VI-a.
26 februarie 1930

Dr. Jung:

Astăzi vom continua discuția noastră despre vis. Nu sunt întrebări?

Dna Sigg: Nu am putut găsi nimic despre yantra la bibliotecă.

Dr. Jung: Sunt convins. Yantra este un termen din filosofia tantrică[1], desemnând orice fel de instrument sau de simbol care are drept scop transformarea sau centrarea libidoului aceluia care se concentrează asupra sa. A fost explicat de un savant german prin termenul de „mașină". Cuvântul este utilizat pentru mandale și pentru alte simboluri ritualice care contribuie la transformare. A vorbi despre transformarea energiei printr-un rit vi se poate părea ciudat, dar aceasta este o idee extrem de primitivă. Cea mai originală formă de yantra este *churinga*[2] folosită de indigenii central-australieni. Aceea este fie o dală de piatră, fie o scândură dreptunghiulară, care îi este dată unui bărbat după ce a fost inițiat. Fiecare bărbat are churinga sa individuală, pe care o ține ascunsă într-un loc anume. Apoi, din timp în timp, când libidoul îi scade sau merge într-un sens nedorit, când sănătatea îi este șubrezită, el o scoate, o așează pe pământ și o freacă mult timp cu mâinile. Prin acea procedură se presupune că problema de sănătate este absorbită de churinga, care își eliberează în același timp puterea sănătății sale benefice, mana sa bună, iar aceasta intră în trupul omului; apoi, ceremonia fiind finalizată, el își ascunde churinga și pleacă. După două săptămâni sau două luni, în funcție de nevoia sa, el revine pentru a se reînnoi din nou. Probabil că aceasta este cea mai primitivă formă de venerare și cea mai primitivă formă de yantra. În mod natural, în epocile și stadiile ulterioare ale civilizației, a devenit mult mai diferențiată și mai semnificativă, deși chiar și astăzi există un exemplu de natură similară la altarul din Italia al Sf. Anton.[3] Pelerinii de acolo se lipesc cu tot corpul de sarcofagul lui din marmură și îl freacă cu mâinile, pentru a obține puterea sănătății. Noi o numim grație, o eliberare de suferința sufletului și a corpului.

---

1 Pentru o explicație completă a yantrei, vezi Heinrich Zimmer, *Mituri și simboluri în arta și civilizația indiană* (1994), pp. 139–146.

2 Amuletă sacră a indigenilor australieni (italice introduse de traducător). (N.t.)

3 Sf. Anton (1195–1231), al cărui mormânt din biserica din Padova este renumit pentru miracolele înfăptuite acolo.

Mai târziu, această frecare a fost înlocuită printr-un fel de frecare mentală de un anumit lucru. În cartea mea *Psihologia inconștientului*, veți găsi elaborarea acestei idei a transformării simbolurilor și libidoului în etimologie și istorie. Vorbesc aici despre Prometeu, cel care aduce focul (din cuvântul-rădăcină sanscrit *manthâmi*, din care derivă cuvântul *matematică* și, de asemenea, cuvântul *gândire*.)[4] Aceea era frecarea originală, mutarea dintr-o parte în alta a minții, o mișcare constantă, ritmică; iar tradusă acum în forma spirituală necesară, meditația. Deci, atunci când credinciosul meditează asupra yantrei, este la fel ca atunci când freacă churinga. Trebuie să subliniez din nou că, atunci când numesc yantra o mandala, așa cum este în Orient, are o semnificație destul de diferită față de aceea pe care o are prentru noi. Pentru noi, mandala are semnificația unui produs, a unei expresii și chiar aceasta este valoarea ei specifică, și nu faptul că e folosită drept instrument finit, o formă dogmatică tradițională sancționată de timp, servind drept simbol ritualic sau yantra. Importanța sa pentru noi este tocmai contrariul. Există o uriașă diferență între simbolurile Estului și ale Vestului. Pentru noi este foarte important să le producem, este un mijloc de exprimare; și ar fi nociv să folosim produsele finite ale Orientului pentru a determina transformarea libidoului nostru. Dacă acest lucru are vreun efect, nu este benefic, ci sterilizant, deoarece mai întâi trebuie să ne aducă inconștientul la forma de exprimare simbolică. Probabil că în circa două mii de ani vom folosi aceste simboluri în stare finită drept yantre, dar în prezent așa ceva este imposibil.

Dl Holdsworth: Aș vrea să știu dacă această frecare a pielii este un obicei adânc înrădăcinat, deoarece animalele recurg adesea la el. Un suflet bolnav produce o iritare a pielii? Vacile se freacă până le apare uneori o iritație și am impresia că totul este legat și că o vacă practică acest simbol atunci când se freacă liniștită și fericită de un copac.

Dr. Jung: Este absolut adevărat. Atunci când se freacă de o piatră asistăm, cu siguranță, la o formă originală de venerare. Aceeași idee apare în simbolurile lingamului; pentru a le freca, se folosește unt. Își are originea în instinctele animale, care cu siguranță pot căpăta o semnificație spirituală. Nu știm ce sentimente extatice poate nutri o vacă!

Dr. Baynes: În Anglia, pietrele destinate frecării vacilor erau amplasate printr-un ceremonial. În Cornwall sunt foarte multe.

Dr. Jung: Exact. Este clar că acele structuri megalitice nu aveau alt scop.

Dna Crowley: Frecarea mărgelelor de către orientali are aceeași semnificație?

---

4 *Simboluri ale transformării*, O.C. 5, par. 208, 248.

Dr. Jung: Nu, este cu totul altceva, aceea vine dintr-un fel de nervozitate. Îi pierzi șirul dacă încerci s-o urmărești. De exemplu, folosirea rozariului este extrem de primitivă și aproape obișnuită, acea frecare a mătăniilor. Sau obiceiul ciudat al anumitor oameni de a ține mereu ceva între degete; sau, atunci când gândești din greu, îți vine să te scarpini după ureche. Înseamnă ceva care are legătură cu sexualitatea, frecatul acela dă curaj. Odată, pe când călătoream în Africa de Nord, am fost martorul unei scene ciudate. O mamă beduină a venit la tren cu un băiețel în jur de doi ani. Eu aveam o bucată de pâine în plus, pe care am încercat să i-o dau copilului, dar el se temea să o ia de la un om alb. Mama a zâmbit și a spus că băiețelul era prea înspăimântat. Apoi, ea a început să-i frece brusc penisul, iar el a prins curaj și a luat bucata de pâine zâmbind. Acela era un mijloc de a produce curaj, mecanismul este același. Desigur, putem vorbi mult timp despre aceste lucruri, multe pot fi tratate din acest punct de vedere.

Dl Holdworth: Alcoolul irită intestinele?

Dr. Jung: Eu n-aș spune că alcoolul freacă tractul intestinal. După ce cădem frecăm locul respectiv cu alifie, dar nu alifia este eficientă, ci frecatul. În limba germană vorbim despre „Behandlung", punerea mâinilor. Vechiul Testament abundă de așa ceva. Magnetismul, hipnoza, oricum ar fi explicate, nu putem nega că accelerează circulația. Mamele folosesc scurte descântece sau mantre foarte drăgălașe atunci când copiii se lovesc; ele iau mâna copilului, o freacă, și spun o scurtă poezioară.

Dr. Schlegel: Cred că, într-o anumită măsură, efectul se datorează faptului că îți centrezi atenția asupra altui lucru, îți deviezi atenția morbidă de la locul dureros. Așa cum, atunci când te ocupi de o afacere delicată, adesea zâmbești și simți cum tensiunea se risipește.

Dr. Jung: Este adevărat.

Dr. Deady: Occidentalul, atunci când face o mandala, folosește vreodată forma orientală?

Dr. Jung: El pare a se concentra destul de instinctiv asupra unei forme care este mai mult sau mai puțin o analogie a formei orientale, dar numai mai mult sau mai puțin. Numărul patru este un exemplu. Trebuie să spun că am văzut până acum multe mandale și numărul patru este, de departe, cel mai des întâlnit. Din câte îmi amintesc, am văzut unele cu cinci, altele cu șase și numai una cu trei dar, în acel caz, era evident că omului respectiv îi lipsea o funcție, și anume aceea a senzației. Crucea mandalică grecească, de exemplu, svastica, este soarele cvadruped, rostogolindu-se pe cele patru tălpi. Forma sa originală era chiar discul solar cu patru picioruşe, aşa cum îl întâlnim la pieile roşii. Dar pe monedele greceşti precreştine întâlnim un simbol cu trei picioare, numit *triskelos*.

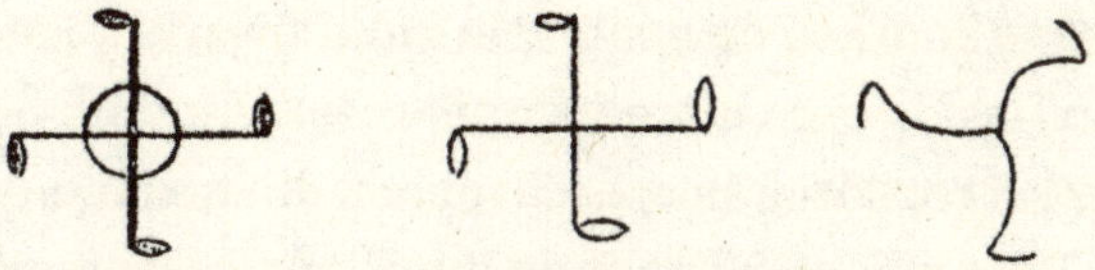

Dra Pollitzer: Care era funcţia nefolosită de greci?

Dr. Jung: Nu ştiu. Este dificil de spus, dacă ne gândim la Grecia din acest punct de vedere. Grecia întreagă este o enigmă psihologică. Ideile noastre despre Grecia au suferit mari schimbări. Ne gândeam de obicei la ea în termeni de frumuseţe pură, temple minunate strălucind sub cerul albastru, zei splendizi, olimpieni ducând o viaţă curajoasă. Vechea Grecie părea a se afla complet la suprafaţă, în lumina strălucitoare a soarelui. Dar este doar o impresie. Există o Grecie foarte întunecată, tragică, mistică, ascunsă în trecut, un aspect complet diferit, care a fost descoperit abia în vremea lui Nietzsche. Înainte de aceasta, oamenii se gândeau numai la frumuseţea Atticăi şi nu acordau atenţie părţii întunecate. Mai ales în ceea ce priveşte mentalitatea greacă, lucrurile sunt destul de neclare, cel puţin pentru mine. Era o mentalitate foarte ciudată şi poate că aţi observat că, atunci când citiţi autori greci în diferite perioade ale vieţii dumneavoastră, impresiile cu care rămâneţi sunt destul de diferite. De exemplu, eu am citit tragediile greceşti clasice când eram la şcoală, apoi le-am recitit douăzeci de ani mai târziu şi am fost foarte impresionat de primitivismul lor extraordinar — crimă, incest şi sânge peste tot, lucruri care nu m-au impresionat când eram la şcoală. Se datorează, probabil, faptului că Grecia este prea aproape de noi — este cu precădere occidentală.

Am început să discutăm acest vis şi nu l-am terminat. Este o situaţie destul de complicată. Vă amintiţi ce am spus, că după visul anterior ne-am putea aştepta la o schimbare şi am putea presupune că *acum* lucrurile sunt gata, maşina poate funcţiona. Dar în loc de aceasta, apare o situaţie complet diferită. Evident, visătorul a început să funcţioneze mai mult sau mai puţin şi apoi a apărut un obstacol — un obstacol în biserica pe care o frecventa băiat fiind. S-a întors din momentul prezent până la vârsta de 11 sau 12 ani, deci ne-am putem aştepta ca aici să existe un motiv pentru care nu poate merge mai departe, pentru care maşina, în ciuda faptului că este pregătită, nu va funcţiona încă; pare a fi ceva pe drumul său care o împiedică să meargă. Destul de sigur, este o anumită atitudine care îşi are probabil originea la vârsta sa de 11–12 ani.

Există un detaliu în acea biserică, asupra căruia vă voi atrage atenția, și anume faptul că băncile sunt astfel aranjate încât înconjoară altarul pe trei părți și astfel preotul, atunci când spune predica, are întreaga comunitate aranjată dreptunghiular în jurul său, el aflându-se cu spatele la zidul bisericii. Este un aranjament neobișnuit, dar nu i-aș da prea mare atenție, acesta fiind un detaliu provenit cu siguranță din biserica copilăriei sale, dacă nu ar fi din nou menționat atunci când apare cântărețul. El se află pe o bancă de după colț, așezată perpendicular pe a sa, deci, fiind un detaliu care străbate visul, trebuie să aibă o anumită importanță simbolică. Nu trebuie niciodată să uiți situația psihologică a visătorului, care este foarte complexă. Ați fi probabil înclinați să presupuneți că el este exclusiv preocupat de propria-i problemă — ce va face cu mașina sa. Dar nu este adevărat. Desigur că este preocupat de problema sa specifică, dar este preocupat de ea privind din punctul de vedere al situației analitice. Un pacient nu visează niciodată complet în afara acesteia. Se poate întâmpla probabil la început, când nu există relație iar pacientul se află în întregime în cochilia sa, privind în el într-un fel autoerotic, dar acest om a trecut printr-un travaliu analitic îndelungat și are o bună relație cu mine, așa că putem presupune că oricare ar fi soluția problemei, aceea va fi întotdeauna inclusă. Visele trebuie să fie întotdeauna într-un anumit raport cu analistul. Ce părere aveți despre bănci acum, dacă vă gândiți la acest lucru?

Dna Deady: În primul său vis, băncile erau aranjate astfel încât nu exista comuniune. Aici pare să fie.

Dr. Jung: Așa e. Vă referiți la acel vis anterior, dar acolo nu era o biserică, era de fapt *jeu de paume*, iar acolo băncile erau așezate astfel încât spectatorii s-ar fi aflat cu spatele la centru, unde ar fi fost preotul sau oricare altă figură centrală. Vedeți, în visul acela nu exista practic nicio relație. Era un vis foarte timpuriu, iar el se afla încă în el însuși. Dar aici avem o situație complet diferită. Audiența este întoarsă cu fața la vorbitor. Acum cine sau ce este audiența? În acea biserică se află o întreagă comunitate.

Dl Holdsworth: El face o demonstrație, arată restului lumii o anumită atitudine; iar audiența este formată pur și simplu din oamenii care sunt martorii acelei demonstrații.

Dr. Jung: El nu demonstrează propriu-zis, el este precum unul dintre mulți. Acesta este un motiv care apare adesea în analiză. Pacienții visează că vin la ședința de analiză și, când intră în cabinetul meu, cineva se află deja acolo sau oamenii trec încontinuu prin cabinet. Nu sunt niciodată singuri, așa că nu spun niciodată ceea ce doresc să spună, deoarece sunt tot timpul preocupați de ceilalți oameni. Sau li se spune că sunt cu un pacient și nu îi pot primi. Toate aceste vise înseamnă că pacientul nu vine singur. El vine sub forma multor oameni; punctul său de vedere nu este singular, este multiplu. În ce condiții credeți că s-ar întâmpla acest lucru?

Dr. Schlegel: Când o persoană se identifică cu alți oameni.

Dr. Jung: Desigur. Aceasta se întâmplă foarte des, mai ales în cazul femeilor. Când vorbim despre o anumită problemă, nu se pune problema ce face *ea*, ci ce *se* face și ce fac *ei*. Întotdeauna numesc aceasta problema celor unsprezece mii de fecioare, deoarece are de obicei de-a face cu o problemă specifică. Dar dacă apare vreo soluție specifică, ea începe să spună cum ar trebui să procedeze cele 10999 de fecioare, însă evită cu dibăcie să spună ce ar putea ea, pacienta, să facă sau să gândească. Ea apare precum o uriașă gazdă, ceea ce ucide orice posibilă soluție individuală.

Animusul are particularitatea de a gândi gregar. El gândește cum ar fi rezolvată acea problemă, dacă alți zece mii de oameni ar avea aceeași problemă. Dar problemele sociale sunt întotdeauna probleme individuale. Este posibil ca cinci mii de oameni să fie bolnavi de febră tifoidă, dar fiecare pacient are febra sa tifoidă specifică. Deci, acești oameni se identifică, purtați de modestie, cu mulțimi și, evident, nu există nicio soluție. Eu nu pot rezolva dintr-un foc problema a unsprezece mii de fecioare, pot probabil să fac ceva pentru una, dar nu pentru o cohortă întreagă, este imposibil. Deci, visul spune: nu-ți poți rezolva problema când ai de-a face cu atât de mulți oameni — tata, mama, bunicii, prietenii — cu toții intervin, unul spunând una, altul, cealaltă. Prin urmare, eu spun unei astfel de persoane: lasă totul deoparte, ieși pe scenă și spune *eu*, și nu *ei* cred.

Acesta este cazul visătorului. Are atitudinea aceluia care face parte dintr-un batalion, ca și cum ar fi identic cu întreaga comunitate din acea biserică respectabilă, unde problema tuturor este că sunt căsătoriți și nu știu ce să facă în această privință. Atenție, există și oameni încă necăsătoriți, oameni divorțați, oameni foarte bătrâni din fiecare pătură socială și el presupune că toți au aceeași problemă. Dar este imposibil, aceasta este *participation mystique*. El își proiectează propria problemă asupra mulțimii, iar aceasta devine de nerezolvat și el nu o poate soluționa. Mulți dintre acei oameni ar nega ferm că au o astfel de problemă, dar el presupune cu naivitate că toată lumea o are și consideră întreaga comunitate ca pe o expresie a lui însuși. El încearcă să o trateze din perspectiva celor mulți, ca și cum i s-ar putea răspunde prin intermediul legislației, ca și cum o lege din parlament ar spune ce trebuie să facă fiecare persoană. Acum, întreagă această gândire gregară este centrată în jurul preotului. Ce înseamnă aceasta?

Răspuns: Preotul înseamnă analistul.

Dr. Jung: Da, eu aş fi preotul. El este inexistent aici, dar este evident că eu aş fi el şi gândirea gregară a visătorului nostru este acum cât se poate de dornică să asculte cuvintele iluminate ale preotului. Şi aici este o greşeală. Care ar fi aceea?

Răspuns: Preotul nu spune nimic.

Dr. Jung: În primul rând, el nu spune nimic, nu este nicio predică, aşa că ar asculta degeaba. Şi altceva?

Sugestie: El îşi proiectează problema asupra preotului?

Dr. Jung: Presupune că el ar spune ceva adecvat şi, de vreme ce a auzit lucrul respectiv în biserică, el trebuie să fie corect; cu siguranţă ar urma acel sfat, fiind cuvintele preotului. Aceasta este o atitudine foarte caracteristică şi specifică — a asculta cu atenţie şi a prelua cuvintele preotului şi a respinge propria încercare individuală, prin urmare obstrucţionându-şi propriul progres. Vă amintiţi apoi că spunea cum în copilărie era obligat să meargă la biserică, fapt ce îi displăcea teribil, motiv pentru care mai târziu nu a mai mers deloc. Deci, visul pare să sugereze: dacă nu-i place să meargă la biserică, de ce se duce atunci? De ce are acea atitudine? Visul ia exemplul negativ ca pe un simbol al atitudinii sale. Apoi, cântatul. S-a subliniat că nu era predică, dar comunitatea cânta. Desigur, cântatul este o expresie a simţirii, deci acum el îşi foloseşte funcţia inferioară. Aici avem un indiciu. Vedeţi, ori de câte ori cineva nu poate gestiona o situaţie psihică dificilă, atunci foarte des, în virtutea lipsei unei funcţii, individul încearcă să gestioneze acea situaţie folosind funcţii care sunt pur şi simplu nepotrivite. În viaţă există anumite situaţii complicate cărora nu le poţi face faţă inteligent prin intermediul gândirii. Această situaţie erotică foarte delicată necesită simţire. El s-a gândit la ea — spre totala sa insatisfacţie — şi, evident, el trebuie să-şi exprime sentimentele. Acesta a fost cazul viselor anterioare. Acum, când sentimentele se exprimă într-un vis, ce concluzie trageţi? Ce a trecut visătorul cu vederea? Visul arată un cântăreţ.

Dna Sigg: El a trecut cu vederea să-şi exprime sentimentele faţă de soţia sa.

Dr. Jung: Cum îşi poate exprima sentimentul faţă de soţia sa în compania întregii comunităţi?

Sugestie: Sentimentul său faţă de analist?

Dr. Jung: Corect, dar îl exprimă într-un fel aparte — un protestant este ceva aparte. Ei cântă cu toţii un imn închinat lui Dumnezeu şi îşi întorc feţele către preot, gândind că aceea este calea Domnului. Relaţia sa cu mine a fost în principal tehnică, eu sunt mecanicul intelectual, iar sentimentul faţă de mine nu a jucat vreun rol în visul său. Simţirea sa este în întregime colectivă, deci cu siguranţă nu i se poate adresa soţiei sale. Cum poate un întreg batalion s-o iubească pe doamna Cutare? El o poate aborda aici pentru prima dată, poate cânta Osana. Aşezându-mă pe mine în biserică pe post de preot și pe el însuși în rândul mulțimii, el își poate exprima sentimentul într-un mod gregar și poate, de asemenea, cânta, pentru că toți ceilalți o fac. Iar acum, el cântă un cântec de Crăciun. De ce tocmai acela? Și, atenție, este unul dintre cele mai bine cunoscute cântece din această țară.

Dra Howells: El cântă imnul nașterii, nașterea simțirii sale.

Dr. Jung: Da, este un imn al nașterii, dar trebuie să ne mai gândim în ceea ce privește simțirea. El este bine informat în privința simbolismului, a citit mult, aspectul intelectual nu reprezintă o problemă pentru el. Dar aici, simțirea este infantilă. Acesta este un cântec pe care l-am cântat cu toții copii fiind; este, probabil, primul cântec care lasă vreo impresie asupra inimii vreunui copil. Poate că nu înțeleg cuvintele — ei răstălmăcesc uneori cuvintele în moduri dintre cele mai amuzante. „Iisus, speranța noastră“ devine „lăcusta noastră“! În rugăciunile copiilor sunt lucruri amuzante. Aici el recunoaște pentru prima dată în mod solemn simțirea, în timp ce întreaga comunitate cântă acest cântec de Crăciun. Aici iese în mare măsură la suprafață o simțire copilărească foarte originală, asociată unui fel de *sous-entendu*[5] din vis. Eu sunt acel *sous-entendu*. Deci, aici vedeți posibila valoare a corului acelei comunități. Care ar fi aceea?

Răspuns: Unitatea.

Dr. Jung: Nu numai, deși ar putea fi efectul ei.

Dna Sigg: Întărirea simțirii.

Dr. Jung: Corect. Întărirea. Simțirea acelui om trebuie văzută precum ceva frânt de la mijloc, incapabil să-și ridice capul, ceva slab și moale care are nevoie de întărire. El are nevoie de o întreagă audiență care să-l ajute să-și exprime simțirea. El nu se poate ridica să intoneze acest cântec singur și, pentru mine, el nu poate exprima niciun fel de sentiment individual. El ar putea cita cuvintele altcuiva despre mine — „cum spune el“. El ar putea spune că *Zürcher Zeitung*[6] a scris așa și așa despre mine, dar nu ar putea-o face el însuși, chiar dacă ar simți mult mai mult. Subliniez acest aspect deoarece mai târziu, pe parcursul visului, acest om se ridică brusc și cântă singur o melodie complet diferită, în pofida întregii comunități. Nu s-ar fi întâmplat dacă nu ar fi fost atât de important pentru visător să-și cânte propria melodie. Are o valoare pozitivă categorică, dar acolo este o capcană.

Dr. Schlegel: Nu este individual.

Dr. Jung: Exact. Este realizat colectiv, el poate experimenta simțirea fără niciun fel de responsabilitate și asta este ceea ce-și dorește în mod absolut un

---

5 Subînțeles. (*N.red.*)
6 Ziar principal al orașului, numit acum *Neue Zürcher Zeitung*.

astfel de bărbat. Cea mai slabă urmă de responsabilitate îi zdrobește imediat simțirea, așa că acea mulțime este aproape necesară pentru a-l ajuta să realizeze o simțire însoțită de responsabilități. Dar, în mod firesc, imediat ce se întâmplă acest lucru, intervine o nouă problemă și această nouă problemă este acum cântărețul. Ce vă sugerează faptul că el cântă o melodie complet diferită?

Dl Holdsworth: Cineva nu crede în melodia pe care o cântă ceilalți.

Dr. Jung: Evident. Aproape ca un protest.

Dr. Baynes: Raportul unei minorități în parlament!

Dr. Jung: Da, și avem din nou de-a face cu o exprimare a simțirii, nu este o opinie. Este de fapt același cântec, dar pe o melodie complet diferită. Ce ar putea însemna aceasta?

Dr. Schlegel: Că se arată atitudinea individuală.

Dr. Jung: Da, s-ar putea spune că acum este individuală, o voce individuală a visătorului care își susține părerea împotriva situației în cea mai mare măsură gregară, care prevala înainte. Cântărețul este acum o figură foarte interesantă. Vă amintiți ce spune el, că pare a fi evreu și că este hermafrodit — cel puțin sexul său generează o mare îndoială — și visătorul asociază cu hermafroditul din romanul *Golem*[7] al lui Meyrink. Trebuie acum să pătrundem în cel puțin o parte a acelei povestiri, care este de fapt o încercare foarte importantă de a trata cu figurile inconștientului colectiv. Desigur, Meyrink nu știe nimic despre teoriile mele. Le folosește într-un mod exclusiv literar s-ar putea spune, cu toate avantajele și dezavantajele metodei, deși figurile sunt perfect recognoscibile.

Mai întâi este o figură a animei, numită Miriam, o evreică. Apoi este tatăl ei, Hillel, un bătrân cabalist, care este un înțelept tipic, de asemenea o figură a inconștientului colectiv. Este o asociere de nezdruncinat, înțeleptul se află adesea într-o legătură paternă cu anima — fizică sau spirituală. În *Wisdom's Daughter*[8] a lui Haggard nu există un tată real, ci un bătrân preot egiptean, iar *She* este mediumul său. Este un fapt bine cunoscut că preoții foloseau adesea fete tinere drept clarvăzătoare sau preotese ale oracolelor. Aceste două figuri joacă rolurile principale în poveste. Apoi este acel lucru de temut, Golemul. Și, în plus, există și un personaj misterios pe nume Athanasius Pernath. El este o figură ciudată, care își face apariția la începutul romanului ca iubit al lui Miriam, de care eroul povestirii (care este redată la persoana I) este, de asemenea, interesat. Ei se întâlnesc undeva și

---

7 Vezi, mai sus, 19 iunie 1929, n. 6 și n. 9.

8 H. Rider Haggard, *Wisdom's Daughter: The Life and Love Story of the She-who-must-be-obeyed* (*Fiica înțelepciunii: viața și povestea de dragoste a lui She, aceea ce trebuie ascultată*) (New York, 1923).

fac schimb de pălării, așa că eroul umblă cu pălăria lui Athanasius, pe care nu îl cunoaște deloc, pălărie prin care îi pătrund în cap fantasme și idei care nu îi aparțin lui, ci lui Athanasius. Numele Athanasius este în sine un indiciu foarte valoros, semnificând cel nemuritor, deci el este partea nemuritoare a eroului. În termenii mandalei, acela ar fi „centrul", „corpul de diamant". În alte filosofii speculative a fost exprimat în multe feluri diferite, precum „scânteia focului etern", „lupul de mare": sau acel prețios trup nemuritor, *Nous*, care a coborât din cer în mare și prin care toate lucrurile au căpătat viață. Omul este așa — o mare haotică în care cade o scânteie divină. Botezul lui Iisus în Iordan, când Duhul Sfânt coboară deasupra capului lui sub formă de porumbel, exprimă aceeași idee. De asemenea, coborârea Duhului Sfânt asupra apostolilor de Rusalii, sub forma unor mici flăcărui — scânteia creatoare care vine de sus. Acesta este simbolism vechi de secole.

La finalul cărții ni se spune că întreaga poveste se datorează greșelii fatale a eroului, care a luat pălăria lui Athanasius. Dintr-odată el are viziunea unor lucruri pe care nu le înțelege, un fel de psihoză, iar povestea trece prin diferitele etape ale acesteia. Golemul este o figură pe de-a-ntregul negativă, umbra completă a celui nemuritor. La început a fost un boț de lut care a fost adus la viață prin magie neagră, scriindu-i-se numele sfânt pe frunte. Deci, el este o ființă vie care nu are suflet, un mecanism care poate fi ucis numai prin ștergerea numelui sfânt. Figura apare în multe legende evreiești vechi, iar Meyrink a folosit-o ca pe o personificare a teribilelor necazuri ce se abat asupra eroului prin intermediul acelor viziuni. Apoi, la finalul poveștii, el are un fel de viziune lămuritoare. După multe aventuri ajunge la casa unde se presupune că locuiesc Hillel și Miriam — o simplă casă albă într-o grădină, cu o poartă de lemn în față. Acesta fiind locul la care visătorul se referă în povestea sa, vă voi traduce în mare felul în care îl înfățișează autorul[9]:

„Cu o noapte înainte fusese același loc, dar acum, dimineața, văd că nu este deloc un simplu loc. Este o poartă aurită foarte frumoasă, o lucrătură foarte complexă, și acolo sunt două tise, care se ridică deasupra unor mici tufișuri sau arbuști înfloriți, flancând intrarea. Observ acum că zidul din jurul grădinii este acoperit de un frumos mozaic din lapis lazuli. Zeul însuși, un hermafrodit, formează cele două aripi ale porții, partea stângă masculină, partea dreaptă feminină. Zeul șade pe un tron prețios din sidef, iar capul său aurit este capul unui iepure de câmp; urechile-i sunt erecte și apropiate una de alta, semănând

9 Pentru traducerea diferită făcută de Jung aproximativ aceluiaşi pasaj, vezi, mai sus, 19 iunie 1929, p. 281.

cu două pagini ale unei cărți deschise. Aerul miroase a rouă și a zambile și eu rămân acolo în picioare mult timp, uimit. Este ca și cum o lume străină s-ar fi deschis în fața ochilor mei. Brusc, un grădinar sau un servitor bătrân îmbrăcat într-un costum din secolul al optsprezecelea deschide poarta și mă întreabă ce doresc. Eu îi dau pălăria lui Athanasius Pernath, pe care o împachetasem în hârtie. Servitorul dispare cu ea, dar în acel moment, înainte ca el să închidă poarta în spatele său, privesc înăuntru și văd nu o casă, ci un fel de templu de marmură, și, pe treptele care duc către acesta, îl văd pe Athanasius, cu Miriam sprijinindu-i-se de braț. Amândoi privesc în jos spre oraș. Miriam mă vede, zâmbește și îi șoptește ceva lui Athanasius. Sunt fascinat de frumusețea ei. Este atât de tânără, tot atât de tânără cum era în visul meu. Athanasius își întoarce atunci capul spre mine și inima aproape că încetează să îmi bată. Este ca și cum m-aș vedea într-o oglindă, așa de mult seamănă chipul său cu al meu. Apoi, poarta se închide și văd numai figura strălucitoare a zeului hermafrodit. După un timp, servitorul îmi aduce înapoi pălăria mea, care se aflase în posesia lui Athanasius, și îi aud vocea profundă, ca și cum ar veni din adâncurile pământului. El spune: «Domnul Pernath vă este foarte îndatorat și vă roagă să nu-l credeți inospitalier pentru că nu vă invită înăuntru, dar există o regulă a casei, potrivit căreia nu se primesc musafiri. El mai spune că nu v-a folosit pălăria, deoarece a observat imediat că nu este a lui și speră că pălăria sa nu v-a provocat dureri de cap.»"

Dar a provocat o înfiorătoare durere de cap! Aici intrăm în ape foarte adânci, deoarece această figură din vis este evident preluată din acel simbolism. În mod firesc, nu o vom putea vedea din forma visului, ci din asociațiile sale. Într-un astfel de caz este valoros să ai asociațiile, din care poți descoperi o grămadă de lucruri de care visătorul nu este conștient. Suntem obligați să luăm în considerare toate aceste date din pasajul din Meyrink. Elementul evreiesc vine cu siguranță din această carte; visătorul asociază faptul că i se amintește din nou de hermafroditul lui Meyrink și menționează că el îl crede pe jumătate evreu. Principalele personaje ale poveștii sunt și ele iudee, dar acestea nu apar în vis; singurul care apare în vis este bărbatul acela care pare a fi hermafrodit. Acum, luând în considerare tot acest material, care ați spune că este semnificația acelui personaj?

Dna Crowley: Poartă ideea monoteistă. În Cabala[10], Yehova era considerat masculin și feminin. Acolo este o analogie cu hermafroditul.

10 Cabala (sau kabbalah), misticismul evreiesc al Evului Mediu, îmbrățișează credința potrivit căreia fiecare cuvânt și literă reprezintă mistere înțelese numai de inițiat. Este o formă de gnoză bazată pe interpretarea scripturii.

Dr. Jung: Misticii în general au avut acest punct de vedere, care s-ar potrivi cu ideea că acest personaj ar putea fi însuși Dumnezeu. La asta vă gândeați? Ce presupuneți că ar fi hermafroditul, Athanasius, Hillel și Miriam? În vis, cel nemuritor, Athanasius, și Miriam sunt practic o singură figură, sunt schițați împreună, ceea ce ne-ar permite aproape să spunem că este Dumnezeu, deoarece o astfel de condensare ar fi numită Dumnezeu în termeni teologici. Care sunt exemplele istorice ale unei astfel de compuneri? — nu este niciun teolog aici care să ne spună? Trinitatea, desigur: Tatăl, Fiul și figura feminină, Duhul Sfânt. Porumbelul, pasărea simbolică a iubirii, era pasărea lui Astarte. Și inițial, în Biserica orientală, Duhul Sfânt era privit ca o figură feminină, Sofia, soția lui Dumnezeu. Această idee o găsim în „Pistis Sophia" și în alte manuscrise gnostice.

Dl Holdsworth: Bisericile copte au eliminat Fecioara? Cine va fi soțul Fecioarei?

Dr. Jung: Se ajunge astfel tot la ideea de hermafrodit, dar deocamdată luăm în considerare ideea că această figură condensată, formată din două figuri masculine și una feminină, se bazează pe noțiunea de Trinitate. Ajungem acum la concluzia interesantă, urmând sugestia doamnei Crowley și asociațiile visătorului, că această figură este Dumnezeu. Hermafroditul din Meyrink este categoric un zeu, trei persoane într-una. Dar nu vi se par uimitoare astfel de concluzii? Înseamnă că Dumnezeu cântă o melodie diferită de a propriilor săi credincioși. Duce cu gândul la cunoscuta poveste a țăranului înstărit la care oamenii s-au dus să ceară bani, pentru că vechea biserică fusese distrusă de trăsnet. El a spus: „Nu sunt atât de prost încât să-i dau unuia care și-a distrus propria casă!" Acum, ce concluzie trebuie să tragem despre acest Dumnezeu care cântă o nouă melodie?

Dl Holdsworth: Că Dumnezeu are un simț al umorului sardonic, ceea ce eu am bănuit întotdeauna.

Dr. Jung: Să nu devenim blasfemici. Când este vorba de psihologie, trebuie să ne rezumăm la fapte.

Dr. Schlegel: Biserica aparține vechiului Dumnezeu colectiv, dar acum apare un Dumnezeu nou.

Dr. Jung: Este posibil, deoarece lui Dumnezeu nu i se mai permite astăzi să aibă niciun cuvânt, Biserica i-a luat orice prerogativ. Este foarte posibil ca în două mii de ani el să-și fi schimbat opiniile; oricine și-ar schimba opiniile, chiar dacă este etern. Deci, este foarte posibil ca acum el să cânte o melodie diferită. Noi nu suntem informați. Dacă ne întoarcem pe firul istoriei, amintindu-ne ce le-a spus chinezilor și hindușilor, și evreilor, și egiptenilor, acestea sunt greu de împăcat. Sunt multe puncte de vedere foarte justificabile. A le pune de acord — aceasta este sarcina unei minți superioare.

Trebuie să tratăm cu seriozitate această chestiune, deoarece visătorul nostru nu este deloc nereligios, el are convingeri. Şi dacă aş spune că acel păcătos mizerabil care stătea pe banca din fața lui era Dumnezeu care cânta o melodie diferită ar fi mai degrabă surprinzător; când ajung la concluzia că vocea este a lui Dumnezeu, conform tuturor intuițiilor noastre, aceasta este o afirmație destul de grea. Dacă aş fi spus că era vocea domnului Smith, foarte bine. Dar dacă spun că în fiecare clipă ne aflăm în prezența lui Dumnezeu, că el trebuie să-și vină în fire și să realizeze acest lucru așa cum toți strămoșii noștri primitivi credeau că vocea viselor era vocea lui Dumnezeu, deci aici vocea lui Dumnezeu a vorbit — ei bine, dacă acel om realizează ceva te-ai aștepta ca măcar să-și ciulească urechile. Dar este ca și cum v-aș spune dumneavoastră: am o veste proastă — am primit un mesaj telefonic de la Observator că, la o distanță de probabil șaptezeci de milioane de kilometri, un meteorit de mărimea Africii se îndreaptă spre pământ și acele șaptezeci de milioane de kilometri vor fi parcurse imediat, probabil în câteva zile sau în câteva săptămâni. Ați spune că este o veste surprinzătoare, dar eu vă asigur că oamenii ar fi absolut incapabili să o înțeleagă. Trebuie să ne spălăm, să ne bărbierim, să avem pacienți, să luăm prânzul, la naiba cu pietroiul acela. Cu toate acestea, este sigur că în zece zile întregul nostru pământ va fi făcut bucățele. Am văzut de nenumărate ori că oamenii sunt incapabili să realizeze anumite adevăruri. Deci, atunci când îi spun acestui om că aceea este vocea lui Dumnezeu, el o ia drept o metaforă și gândește că este doar un mod poetic de a vorbi. În acest caz este de cea mai mare importanță ca simțirea să-i fie atinsă; e nevoie de prudență pentru a vedea cât de mult poate realiza prin intermediul simțirii. Ceva trebuie să i se întâmple simțirii sale; este atât de moale, atât de slabă, încât e nevoie de intervenția divină sub o formă sau alta. Dacă îi spun că acest cântăreț este un fenomen compensator, el va răspunde printr-un cuvânt de spirit. În timp ce, dacă eu fac afirmația searbădă: aceasta este vocea lui Dumnezeu, pur și simplu, înseamnă că într-o astfel de situație dominată de simțire el aproape că invită intervenția divină și că o voce superioară își va face apariția pentru a-l ajuta acolo unde el este slab. A fost întotdeauna extrem de util când oamenii au putut realiza că intervenția are loc tocmai acolo unde ei se simt mai slabi și inferiori.

Prelegerea a VII-a. 5 martie 1930[1]

Dr. Jung:

Ultima oară am ajuns la concluzia ciudată că figura hermafrodită a acelui cântăreț din biserică putea de fapt să fie un simbol al unui zeu, iar astăzi trebuie să mergem mai departe cu discutarea acestei concluzii. Este oarecum neașteptată, dar trebuie să recunoaștem că este suficient de justificată. V-am spus că, atunci când se ajunge la o concluzie extraordinară de acest gen, este dificil de realizat ce înseamnă și în acest caz ar fi deosebit de dificil să-l conving pe visător de justețea ei. De fapt, atunci când am analizat acest vis cu el, nu i-am indicat o astfel de posibilitate; eu am văzut-o, dar m-am abținut să o discut cu el. Știți de ce?

Dr. Deady: Visele anterioare nu arătau că ar fi fost pregătit pentru aceasta și i-ar fi putut genera rezistențe.

Dr. Jung: Da, acesta este motivul pentru care nu am discutat-o, întrucât se observă chiar din vis că el se află încă sub influența amintirilor sale, are încă o idee fixă despre toate aceste probleme așa că, implicit, dacă ar folosi cineva cuvântul zeu, el l-ar compara pe loc cu conceptul său anterior de zeu și ne-am lovi de o incredibilă rezistență. Nu pentru că s-ar simți ofensat din punct de vedere intelectual, desigur — din acest punct de vedere el a criticat de mult vechea sa idee de Dumnezeu și a renunțat la ea —, ci pentru că nu are alta. Prin urmare, el rămâne, pur și simplu, la ceea ce a fost învățat, la ideile tradiționale. Mai mult, pentru anumiți oameni din ziua de azi chiar și discuția despre religie reprezintă aproape o obscenitate. Ești foarte rău văzut dacă discuți probleme religioase cu oameni care au în vreun fel legătură cu știința; îi șochezi și riști să fii considerat întru totul neștiințific. Poți să spui orice dorești despre sexualitate și să fii considerat în mod cert științific, dar religia este discreditată. Referitor la aceasta îmi amintesc o poveste intitulată „Lucruri despre care nu se vorbește". Autorul lua cina cu un colonel. A fost o cină fără pereche, foarte bună, și au ajuns la trabucuri, moment în care, spune el, poți vorbi despre orice se află sub soare, orice obscenitate, cu o singură excepție. El și-a întrebat gazda: „Spune-mi,

---

[1] Deşi evenimentul nu este pomenit în transcrierea acestei prelegeri, prietenul lui Jung, Richard Wilhelm, decedase în data de 1 martie 1930.

colonele, care este relația dumitale cu Dumnezeu?", iar uimirea colonelului a fost fără margini. Asupra acestor probleme plutește un tabu ciudat și, când ai de-a face cu o persoană ca visătorul nostru, foarte la locul ei, inteligentă și bine educată, dar, cu toate acestea, dominată de prejudecățile vremurilor noastre, trebuie să fii extraordinar de prudent.

Dar aici, unde ținem ca discuția să fie imparțială, trebuie să-l analizăm cu atenție, deoarece nu este puțin lucru să folosești acel termen care de-a lungul timpului a căpătat o asemenea valoare extraordinară. Dacă m-aș fi adresat unui public grec de acum două-trei mii de ani și aș fi spus că este vocea unui demon, nu ar fi fost nicio problemă. Ar fi acceptat pe loc, deoarece conceptul de daimon individual le era cât se poate de familiar grecilor antici. Socrate avea daimonul său. Fiecare avea un *synopados*[2], acela care îl urmează încoace și încolo, umbra, înțeleasă ca daimon individual. Însuși cuvântul folosit de mine — demon — nu ar fi sugerat mai mult ceva misterios și rău decât ceva divin. Dar divin nu avea conotația pe care i-o dăm noi. Era daimonul, ceva teribil, intens, puternic, nici bun, nici rău cu necesitate; pur și simplu, nu intra în categoria binelui și răului, era o putere. La un nivel mai primitiv, ar fi folosit termenul *mana*, având mai mult conotația de animus sau anima — un suflet. Sau șarpele-suflet, care îți vorbește sau are putere asupra ta, uneori util și alteori probabil o pacoste. Aceea este concepția originală asupra divinului, daimonul, o putere care poate fi superioară sau poate interfera violent cu individul.

Chiar și zeii olimpieni, mai apropiați de sensul cuvântului divin, nu erau izolați într-un loc de inaccesibilitate sacră. Erau considerați puternici și sfinți, dar în afara tuturor categoriilor noastre de bine și rău. Ei se comportau adesea foarte scandalos, aveau aventuri amoroase din cele mai obscene, chiar sodomice, dar aceasta nu-i deranja pe oameni câtuși de puțin. În acele zile, umanitatea inteligentă nu era șocată de zeul care lua forma unui taur sau a unei lebede pentru a-și duce la îndeplinire planurile amoroase. Dar când civilizația s-a dezvoltat într-o anumită măsură și când categoriile binelui și răului au devenit mai distincte, oamenii au început să-și râdă de zei, al căror ridicol provenea în special din aventurile lor amoroase. Comportamentul lor era rușinos, iar pentru muritorii care și l-ar fi permis, ar fi fost jignitor. Aceasta fusese una dintre cele mai importante arme ale apologeților creștini, care a nimicit practic vechii zei și, din acel moment, conceptul de zeu s-a dezvoltat în principal pe latura unei inaccesibilități mai sacre, până când a fost descoperit Zeul absolut, care era absolut bun, absolut spiritual, toate părțile rele

---

2 Vezi, mai sus, 28 noiembrie 1928, nr. 4.

fiind aruncate într-un colț întunecos, sălașul diavolilor. Deci, termenul demon a început să fie aplicat ființelor malefice. Nu numai zeii greci au fost îndepărtați, ci și vechii zei din Geneză, zeii germanici, Wotan, Thor și tot restul. Acum, numele zeilor le folosim pentru câini. Deci, conceptul de Dumnezeu a devenit extrem de unilateral și aceasta este situația în care se găsește visătorul nostru.

Desigur, după cum am mai spus, el nu are ideea dogmatică de Dumnezeu, el nu crede în Dumnezeul Bisericii, dar aceasta nu schimbă conceptul, ci numai validitatea credinței sale. Conceptul în sine rămâne același și nimic nu ia locul acestei devalorizări. Ar fi trebuit să intru într-o lungă disertație despre istoria conceptului și, din motive practice, ar fi fost suficient să spun: iată o voce care se afirmă pe sine individual. Am subliniat faptul că el credea numai în valorile colective, iar vocea susținea valorile individuale. Este tot ce i-am spus, dar materialul adus de el în asociații arată în mod clar că inconștientul atribuia valori divine acelei voci, ceea ce înseamnă, teoretic, că figura cântărețului înlocuiește conceptul său devalorizat de Dumnezeu. Aici vedem cum ceva deosebit de interesant se petrece sub ochii noștri, și anume cum conceptul de Dumnezeu, devalorizat la nivel istoric, este înlocuit de anticul daimon individual. Putem spune că este un fel de regresie într-un moment de acum două până la șase mii de ani în urmă, când ideea unui zeu suprem absolut nu apăruse încă și când elementul divin era numai vocea din interior, vocea visului.

În acest om, atunci, procesul religios începe în urmă cu trei sau patru mii de ani, în acel stadiu în care daimonul individual, șarpele-suflet, îi vorbește și îi spune limpede: acesta este zeul tău. Este destul de neplăcut și, dacă aș insista prea mult, el ar fi evident speriat, deoarece ar presupune că un astfel de zeu — acel lucru, acel hermafrodit — i-ar putea spune ceva zguduitor, care ar interfera cu valorile sale colective. Dacă aș fi insistat asupra importanței și caracterului divin al acelei voci, el s-ar fi speriat, pur și simplu, și nu trebuie să fie speriat, deoarece nu va îndrăzni niciodată să-și facă auzită vocea — asta, dacă m-ar fi crezut. Dar sunt aproape sigur că nu m-ar fi crezut, deoarece credem cu tărie că în psihicul nostru nu ar putea acționa nimic de talia unei forțe superioare. Cu toții avem o predispoziție naturală de a crede că psihicul nostru nu este „nimic altceva decât", că nu este nimic în noi înșine la care nu am contribuit, pe care nu l-am dobândit. Această idee provine în mod firesc din faptul că în conștiința noastră se află anumite achiziții, experiențe individuale și, printre ele, nu este nimic care să dovedească existența unei puteri superioare. Este viață de zi cu zi; probabil că se întâmplă lucruri ciudate, experiențe grandioase, dar pentru ele individul are un fel de explicație și, dacă nu este supus unei critici prea minuțioase, poate spune că nu este nimic acolo decât propriul său psihic subiectiv. Poți spune, alături de nebunul pe care l-am tratat cândva: „Astăzi am dezinfectat întregul cer cu sublimat coroziv[3] și nu am găsit niciun zeu!" Vedeți că acesta este punctul nostru de vedere conștient, sau poți spune probabil: „Je n'ai pas besoin de cette hypothèse."[4]

Deci, dacă i-aș spune unui astfel de om că vocea din visul său este divină și trebuie luată în serios, ca porunca unei puteri superioare, nu m-ar crede și nu ar avea încredere în ea. Principala obiecție ridicată de oameni este: „Dar ce autoritate are acea voce? Oricine poate avea vise fantastice, dar unde s-ar ajunge dacă fiecare ar asculta acea voce pe care o aude? Dacă iei în considerare cele unsprezece mii de fecioare, iar toată lumea le-ar asculta vocile, lumea s-ar transforma într-un azil de nebuni, totul ar deveni imediat imposibil." Aceasta este prejudecata noastră. Nu uitați, omul acesta este fiul unui pastor, așa că are sânge de teolog. El poate fi destul de liberal și de iluminat, dar acolo se află creștinul protestant.

Dna Henley: Era interesat de teozofie, de ce ar fi atât de sceptic?

Dr. Jung: Când le citești în cărți, totul este în regulă, dar când te confrunți cu acea voce, altfel se pune problema; dacă aceasta i-ar spune pacientului nostru: „Dezbracă-te și dă tot ce ai săracilor, scoate-ți banii din bancă și dă-i săracilor din Zürich", ar tremura carnea pe el de frică și el este gata să creadă că vocea ar fi în stare de așa ceva. Sau vocea ar putea spune: „Du-te la soția ta și spune-i că ești îndrăgostit de fata aceeea". Cu siguranță, ar prefera să moară decât să o facă. Aici e problema — când devine realitate. Este perfect când citești în cărți despre încarnările lui Buddha și despre viața spirituală, deoarece nu-ți afectează contul din bancă, dar când este vorba de familie, nu este nimeni acolo, este un teren gol și la naiba cu toată filosofia. Am purtat multe discuții cu teologi, care m-au acuzat de psihologism, de relativizarea lui Dumnezeu la nivel de factor psihologic, presupunând că pentru mine Dumnezeu nu este decât un factor psihologic pe care oamenii și-l pot scoate din buzunar și pune la loc ori de câte ori le place. Ei toți cred că psihologia este un fel de joc rațional în care faptele metafizice sunt tratate drept simple combinații psihologice. Ei nu știu că pentru mine psihologia este un domeniu al faptelor. De exemplu, dacă ar fi fost o știință a stelelor, a mișcării lor conform anumitor legi, eu nu m-aș gândi că aș putea crea legi noi pentru stele, că le țin în buzunar sau că pot trage de Saturn pentru a-l apropia de Soare. Asta fac teologii și, prin urmare, își închipuie că și eu procedez la fel.

---

3 Sublimat coroziv = clorură de mercur.

4 Pierre Simon de Laplace (1749–1827), astronom francez care, atunci când Napoleon i-a amintit că în tratatul său, *Mécanique céleste* (1799–1825), nu l-a menționat pe Dumnezeu, el a replicat: „Sire, nu am avut nevoie de această ipoteză."

Pentru mine, psihologia este o știință empirică. Eu observ, dar nu inventez. Așa cum se străduiesc astronomii să observe corpurile celeste în mișcările lor conform legii — evenimente ce au loc pe cer — așa observ și eu mișcările psihologice, unde ai de-a face cu factori autonomi de o extraordinară putere și unde studiezi pur și simplu modurile de manifestare ale acelor puteri. Nu poți gândi că ești dator să le schimbi cursul, la fel cum nu schimbi cursul stelelor de pe cer. Psihicul este mai mare decât mine însumi; nu-l țin în căușul palmei. Dacă aș putea observa mișcările zeilor olimpieni, nu aș presupune, fiindcă am observat un mic detaliu despre comportamentul lor, că îi țin în buzunar și tot așa nu presupun că am vreo putere relativ la faptele psihologice.

În viața noastră umană, psihologia este un factor suprem. Dacă, din întâmplare, o majoritate a ființelor umane începe să fie dominată de o nouă idee, ea poate întoarce lumea cu fundul în sus. Uitați-vă la Revoluția Rusă. Uitați-vă la avântul islamului. Cine s-ar fi gândit că așa ceva poate porni din acele triburi de beduini din Arabia? Dar a pornit — a adus în primul rând oameni care nu jucaseră până atunci niciun rol în istorie și s-a răspândit asupra unei jumătăți din Europa, aproape până în Elveția. Și totuși nu era nimic altceva decât o idee, un fapt psi hologic. Uitați-vă ce i-a făcut lumii creștinismul. Și ce a adus Marele Război? Cu siguranță nu numai factori economici. Era o idee și ce putere avea înmagazinată în ea! — un lucru extraordinar, nebunie fără egal. Acestea sunt fapte psihologice. Uneori o poți observa, în viața unui individ, o persoană cât se poate de bună și de inteligentă; dar cade pradă unei idei nebunești, un minor factor moștenit care pune stăpânire pe întreaga mașinărie și distruge acea viață complet; și nu numai acea viață, ci viața întregii familii. Și apoi te plângi de psihologizare! Dar teologul este obișnuit să-i dea ordine lui Dumnezeu, el îi spune cum să se comporte. L-a transpus în scris și spune: nu mai ești Dumnezeu dacă nu te comporți la fel ca acum două mii de ani. El l-a privat pe Dumnezeu de libertate.

Acel punct de vedere joacă un rol considerabil și în pacientul nostru, așa că el are multe motive să nu creadă că o astfel de voce ar putea fi divină. Totuși, din punctul nostru de vedere teoretic, este indispensabilă înțelegerea acțiunilor inconștientului și acesta este un caz în care trebuie să recunoaștem că atribuim valori divine vocii interioare. Ce înseamnă aceasta? Vocea divină, așa cum am spus, este doar o valență a manei — o voce puternică, un fel de fapt superior care ia în stăpânire individul. Așa au lucrat dintotdeauna zeii sau orice alte fapte spirituale superioare; au luat în stăpânire omul. Și unde există o demonstrație de putere divină, aceasta nu se supune categoriei fenomenelor naturale, ci este un fapt psihologic. Când viața umană este inferioară, când intențiile conștiente sunt tulburate, acolo se poate observa intervenția divină, intervenție prin intermediul inconștientului, prin faptul puternic. În mod firesc, toate categoriile morale trebuie dizolvate. Ideea potrivit căreia Dumnezeu este obligatoriu bun și spiritual este doar o prejudecată creată de om. Ne dorim să fi fost așa, ne dorim ca binele și spiritualul să fi fost supreme, dar nu este așa. Pentru a ajunge din nou la un fenomen religios primordial, omul trebuie să revină la o stare în care această funcționare este complet lipsită de prejudecată, unde nu poți spune că este bine sau rău, unde trebuie să renunți la toate ideile preconcepute despre natura religiei; deoarece, atâta timp cât există o idee preconcepută, nu este supunere.

Prietenul meu somalez din Africa mi-a dat o lecție foarte bună în această privință. El aparținea unei secte mahomedane și eu l-am întrebat despre Khidr[5], zeul acelui cult, despre felurile în care apare. El a spus: „Poate părea ca un om obișnuit, ca mine sau ca omul acela de acolo, dar știi că este Khidr și atunci trebuie să te duci direct la el, să-i strângi mîinile și să-i spui «Pacea fie cu tine» și el va răspunde «Pacea fie cu tine» și toate dorințele tale vor fi împlinite. Sau poate părea sub forma unei lumini, nu lumina unei lumânări sau a unui foc, ci o lumină albă pură și atunci știi că acesta este Khidr". Apoi, aplecându-se, a luat un fir de iarbă și a spus: „Sau poate apărea sub această formă". Nu este nicio prejudecată, este supunere totală. Dumnezeu poate părea sub orice formă dorește. Dar a spune că Dumnezeu nu poate apărea decât sub chipul celui spiritual, celui suprem, conform regulilor Bisericii, este o prejudecată creată de om, o inflație; a-i dicta acelui fenomen ce trebuie să fie și a nu accepta ce este, nu e supunere.

Deci, sunt de părere că visătorul nu ar putea accepta interpretarea noastră decât în condițiile unei supuneri totale, renunțând la toate prejudecățile și acceptând că trebuie să se supună oricând și oriunde glăsuiește acea voce. Desigur, aceasta îi sperie îngrozitor pe oameni — ideea existenței unui fapt în afara lor sau înlăuntru dacă doriți, care se poate ridica brusc spunând: „Nu ce dorești *tu*, ce doresc *eu*!" Biserica este foarte atentă ca mai întâi să judece cazul și să vadă dacă o astfel de poruncă este convenabilă, dacă este conformă regulilor unui bun comportament sau respectabilității etc. Dacă este toate acestea, *atunci* te supui. Dar dacă vocea spune ceva împotriva tuturor prejudecăților pe care tu le prețuiești, împotriva iluziilor tale, împotriva dorințelor tale, atunci este

---

5 Khidr (sau Chidr), „cel verde", este menţionat în a 18-a Sura din Coran ca un înger, prietenul arhetipal veşnic tânăr. Vezi O.C. 5, par. 282–293. În prelegerea ţinută de Jung în 1939 în cadrul conferinţelor Eranos, „Despre renaştere", O.C. 9/1, bazată pe legenda lui Khidr, el relatează aceeaşi istorioară despre şeful de trib somalez (par. 250). Khidr este şi un simbol al sinelui.

tratată diferit. Deci, este mai bine să presupui că nu există o astfel de voce! Dar atunci nu este supunere și unde se află călăuzirea superioară? Ambiția noastră este să fim stăpânii sorții noastre. Și de ce nu am fi capabili să ne ducem viețile conform intenției noastre? Normal, ar fi extrem de dezirabil să ne putem aranja viața astfel încât să corespundă dorințelor și ambițiilor noastre, dar nu merge. De ce nu-și pot lua oamenii viața în mâini, să o ajusteze după propriile lor idei?

Dna Crowley: Deoarece vederea le e încețoșată. Nu pot privi afară.

Dr. Jung: Vreți să spuneți deoarece conștiința noastră este prea rigidă? Prea oarbă? Acesta este un punct de vedere foarte bun.

Dna Sigg: Ar fi imposibil, deoarece există întotdeauna interferențe din partea celorlalți.

Dr. Jung: În mod normal, cu atât de multe interferențe, trebuie să te gândești la resurse; trebuie să acționezi în interiorul propriilor limite. Nu putem presupune că oricine deține omnipotența divină. Nu am accepta și nu ne-am dori așa ceva; putem acționa numai pe baza resurselor noastre naturale. Așa cum subliniază doamna Crowley, conștiința noastră este limitată în mod natural, nu suntem conștienți decât de o mică porțiune a lumii. Vederea noastră bate numai până a o anumită distanță, memoria noastră este insuficientă, percepțiile noastre sunt insuficiente și se întâmplă multe lucruri pe care noi suntem prea orbi pentru a le vedea — cârtițe oarbe. Gândiți-vă la toți stimulii senzoriali pe care nu îi percepem și care ar fi importanți pentru orientarea noastră. Îmi amintesc o foarte bună ilustrare a acestui fapt: un bărbat care vâna tigri în India s-a cățărat într-un copac, într-un loc unde era vânat din belșug, și aștepta acolo în întuneric să-i sosească prada. La un moment dat a simțit o ușoară pală de aer, un ușor vânticel de seară și s-a speriat brusc și a început să tremure. Și-a spus că e o prostie, vântul a încetat și teama lui a dispărut. După un timp vântul s-a pornit din nou, de data aceasta mai puternic, și el a fost din nou cuprins de teroare. Aparent nu exista niciun pericol, dar el transpirase de frică și de data aceasta panica sa era atât de mare că, nemaigândindu-se la tigri, el a coborât din copac și a luat-o la fugă. Imediat ce a coborât, copacul a căzut la pământ. El a gândit că mâna Domnului, a Providenței, l-a salvat. Dar, de fapt, un localnic ar fi observat cu ușurință că pomul va cădea; se vedea clar că era ros complet de termite. Dacă s-ar fi uitat la baza copacului, ar fi observat. Probabil că ochii săi *au* văzut, dar informația nu a ajuns în conștiință. Atunci, inconștientul său a început încetișor să lucreze și i-a spus că pomul era ros de termite și ar putea surveni un accident atunci când se pornește vântul nopții. Unde există termite, întotdeauna e pericol; chiar și în case trebuie să ai grijă. Când campezi trebuie să cercetezi stâlpii corturilor la câteva zile, uitându-te după micile tuneluri săpate de aceste extraordinare insecte. Știu cazul unui om care și-a atârnat câteva gravuri pe pereți și apoi a plecat de acasă pentru două luni și, când s-a întors, gravurile dispăruseră. Sticla rămăsese pe pereți, cimentată, așa că nu puteau cădea, dar când a atins ramele a descoperit că erau numai coaja. Termitele le roseseră pe dinăuntru, totul se sfărâma. Iată ce ar trebui să știe un vânător și el cu siguranță nu știa; și totuși, în nerăbdarea lui, el nu a luat în considerare eventualul pericol.

Conștiința noastră neîndestulătoare ne face să trecem cu vederea necesitățile vitale ale naturii noastre, atunci când stau în calea dorințelor personale de moment, care a doua zi vor fi complet lipsite de importanță. Și așa uităm de lucrurile eterne, lucrurile care pe termen lung vor avea cea mai mare importanță. Pe de altă parte, este deosebit de necesar să ne putem concentra, altfel vom fi niște visători inadecvați. Acolo se află marea dilemă. Pentru a conduce o mașină, trebuie să fii conștient. Cel care acționează un motor nu-și poate permite să viseze, el trebuie să se concentreze foarte bine. În viața noastră zilnică, în civilizația noastră supraaglomerată, trebuie să fim conștienți și, astfel, devenim cârtițe oarbe de cealaltă parte.

Prin urmare, aceste idei despre un Dumnezeu minunat și spiritual devin extrem de sărace, deoarece nu ne ghidează în niciun fel. Este aproape un concept filosofic; nu are o viață proprie, este construit de om și psihologia noastră actuală își dă seama de asta. Avem nevoie să găsim un principiu de orientare, o funcție în afara conștiinței noastre, care să ne avertizeze așa cum a fost avertizat vânătorul; astfel încât, în cazul ieșirii de pe făgaș sau în caz de pericol, să beneficiem de o perspectivă la care nu ne-am fi gândit conștient.

Evident, visătorul nostru se află acum într-un asemenea punct; el este destul de convins că nu există cale de ieșire și că numai autoritatea mea îl poate ajuta. Eu i-am spus că nu-i pot rezolva problema, dar că știam că astfel de lucruri ar putea fi rezolvate într-un anumit mod; am spus că am văzut astfel de cazuri și, dacă i-am analiza inconștientul, am putea găsi o soluție. Prin urmare, era gata să încerce. Am spus aceasta deoarece eram cu adevărat convins că, după un timp, vom ajunge la acel factor din afara conștiințelor noastre. Nu mă așteptam la nimic altceva decât la intervenția divină. Nu știam ce să fac, speram doar că, atunci când inteligența noastră umană nu poate găsi o cale, ceva va începe să lucreze în el.

Acea voce a fost într-adevăr începutul unui fel de funcții autonome pentru el, scoțând la iveală un punct de vedere pe care de fapt nu îl avea deloc. Era o manifestare extraordinară a unei funcții inconștiente care înainte era numită daimon individual, ghid individual, oracol sau spirit ancestral. Sau, la nivel foarte primitiv, această voce era proiectată asupra obiectelor, animalele le vorbeau oamenilor, șarpele–suflet, sau animalul totemic, sau un copac dădea o comandă care trebuia ascultată. Dacă vocea aceasta este ascultată, vei avea șansa unei vieți mai complete, deoarece atunci trăiești ca și cum ai fi doi oameni, nu unul singur, și va exista o întreagă sferă de cunoștințe și experiență care va cuprinde toate funcțiile, toate ideile, pe lângă conștiința noastră obișnuită.

Continuându-ne discuția despre hermafrodit, ajungem acum la trăsăturile sale faciale iudaice. În principal, așa cum știți, asociațiile sale sunt personajele evreiești din *Golem* și, de asemenea, ideea sa că Meyrink ar fi evreu. Deci, sunt multe dovezi care atestă caracterul iudaic al acestei figuri divine. Dar atunci când folosesc cuvântul „divin" nu trebuie să vă gândiți niciodată la sensul obișnuit al acestui cuvânt, eu mă refer la sensul lui autentic, de figură *mana*. Aveți vreo idee de ce acea figură trebuie să fie iudaică?

Dna Howells: Eu cred că preia natura omului inferior. Reprezintă o figură a umbrei.

Dr. Jung: Și de ce ar fi iudaică?

Dna Howells: Deoarece reprezintă o civilizație mult mai veche sau poate o rasă față de care el nutrește antipatie. Înainte, era un grec.

Dr. Jung: Dar de ce să nu ia un personaj grec sau al oricărei alte civilizații mai vechi? De ce evreu?

Dna Sigg: Datorită propriilor sale învățături religioase.

Dr. Jung: Probabil nu știți că în inconștientul tuturor europenilor protestanți se află evreul, așa cum în inconștientul americanilor se află negrul și, încă și mai departe în timp, pieile roșii. Putem explica aceasta prin faptul că elementul evreiesc din populația noastră este o minoritate și că minoritatea reprezintă trăsăturile minore ale caracterului nostru. Apoi, mai mult, avem nu numai evreul din realitate ca minoritate care trăiește împreună cu noi, ci și evreul dinlăuntru, prin faptul că învățăturile noastre religioase provin din religia iudaică. Am fost crescuți cu Vechiul Testament și am crezut în Vechiul Testament, deci ne-am putea aștepta să fim evrei la nivel conștient. De ce se manifestă numai în inconștient?

Dna Sigg: Deoarece creștinii sunt confuzi, ei nu s-au gândit că elementul semit este atât de puternic în învățătura noastră religioasă.

Dr. Jung: Da, dar cum ar apărea acel element evreiesc la protestant?

Dr. Deady: În Tora, Legea, raționalismul?

Dr. Jung: Da, am putea spune că au fost exprimate de poziția legii.

Dr. Deady: Asta au făcut puritanii noștri cu Vechiul Testament.

Dr. Jung: Dar nu este numai problema puritanilor, ci și aceea a catolicilor. Unde există o urmă de antisemitism, puteți fi siguri că este un evreu în inconștient.

Dr. Deady: Este adevărat că evreul a fost vreodată creștinat?

Dr. Jung: Într-un fel este adevărat, evreul de azi este relativ creștinat, psihologia sa a căpătat un caracter absolut creștin. El nu a rămas în urma vremurilor, s-a dezvoltat tot atât de mult ca și noi. Evreii europeni sunt destul diferiți de evreii nord-africani pe care i-am văzut și i-am studiat. Am analizat un evreu din Bagdad, de exemplu. Faptul că în inconștientul europeanului modern se află un evreu este mult accentuat în anumite condiții ale conștiinței. Știți care sunt acele condiții?

Dna Sigg: În Germania, atunci când prea mult libido este pus în afaceri, acela este proiectat asupra evreilor.

Dr. Jung: Perfect adevărat. Această figură inconștientă a evreului se găsește mai ales la acei protestanți și catolici pentru care adevăratul zeu este zeul galben. Dar o găsiți și la oameni drăguți, absolut idealiști, cărora nu le-ai putea reproșa că sunt avizi după bani. Cine sunt aceștia?

Dr. Baynes: Oameni îndrăgostiți de lege.

Dr. Jung: Da, acei oameni care se raportează mereu la lege, deoarece legea nu este dată de Dumnezeu, ci făcută de om. Acel punct de vedere a fost cu precădere biruit de creștinismul timpuriu. În Epistolele lui Pavel ți se spune mereu că legea nu vine din afară, ei au fost scoși de sub acea lege, renăscuți; a fost o revoluție împotriva legii. Dar acum iată ce au făcut oamenii noștri, catolicismul este construit exclusiv pe autoritatea legii, la fel și protestantismul.

Dr. Deady: Mai evrei decât evreii!

Dr. Jung: Da, le dădeau nume evreiești copiilor lor. Bunicul meu matern[6], de exemplu, care era un mare puritan, a dat nume evreiești copiilor săi. El era convins că în rai se vorbește ebraica, așa că a devenit profesor de ebraică pentru a putea citi ziarul acolo.

Dr. Deady: Puritanii din Noua Anglie dădeau pedepse severe. Ei nu aveau niciun strop de bunătate naturală.

Dr. Jung: De aceea au un evreu în inconștient. Deoarece ei cred în Lege, în autoritate, ei alunecă pe tăcute la punctul de vedere al Vechiului Testament, numai că îl numesc altfel. Ei îl numesc Biserică — protestantă sau catolică. Dar adevăratul Dumnezeu este respectabilitate și lege și nu există deloc libertate.

---

6 Samuel Preiswerk (1799–1871), din Basel, cleric şi expert în ebraică, tată a treisprezece copii. Vezi C.G. Jung: *Word and Image*, p. 12. (Emillie, numele mamei lui Jung, nu este totuşi un nume evreiesc, ci de sorginte latină.)

Firesc, visătorul nostru este genul respectiv. Pentru a mă exprima prin cuvintele Sf. Pavel: „El este pruncul roabei din orașul de jos, și nu din orașul de sus".[7] El se află încă în condiția Vechiului Testament. Și cu toate acestea observăm acum că vocea din el, aceea care-i tulbură imnul, care cântă o melodie diferită, este semită. Aici este aparent o contradicție absolută. Te-ai gândi că, fiind evreu, crede în lege, totuși aici este genul de individ care deranjează comunitatea cântând o melodie diferită.

Dna Crowley: Eu cred că nu este atât de ciudat, dacă vă gândiți la profeți. Și ei erau împotriva legii.

Dr. Jung: Da, în acel element profetic iese la suprafață cealaltă latură a semitului. Înțelegeți, când un creștin vorbește despre evreu, el vede numai o singură latură. El vede cele zece triburi care au fost de fapt criticate de Dumnezeu, și nu pe cele două care erau sfinte, care conțineau elementul profetic. (Așa spun evreii, nu este invenția mea.) Pentru visător, acea voce este compromițătoare și nu ar trebui să fie, el nutrește resentimentul rasial împotriva ei și are impresia că elementul evreiesc ar trebui depreciat. Pe de altă parte, ar putea avea de fapt o semnificație diferită, poate fi o voce profetică și atunci ar însemna: „Tu vei cânta un cântec diferit! — vei deranja acea comunitate cântând!" Pentru moment îi este delegată umbrei, dar este profetică și înseamnă: „la asta vei ajunge *tu*!

Acum, mai este un detaliu pe care trebuie să-l discutăm. În ultima parte a visului, el dă din nou peste cântăreț și îl aude spunând că dorea doar să dovedească o dată pentru totdeauna că știe să cânte. El i se adresează cuiva care abia i se alăturase, fiul cântărețului și unul dintre prietenii visătorului, care intră și îi reproșează tatălui său că deranjează comunitatea. Ce părere aveți? Fiul, unul din prietenii visătorului, îi aduce reproșuri tatălui său, cântărețul.

Dna Sigg: Mie mi se pare că, în Germania, bătrânul Dumnezeu iudaic este predat în biserici și, astfel, copiii nu cântă: „O, du, fröhliche". Pentru copii, atitudinea nu este clară. Ucide orice credință într-un Dumnezeu bun.

Dr. Jung: Li se inoculează faptul că se nasc păcătoși. Dar spuneți-mi, de ce îi reproșează acel fiu tatălui său? Cine este acel prieten al visătorului?

Dr. Schlegel: Dacă acel cântăreț este Dumnezeu, fiul ar fi Hristos.

Dr. Jung: Da, și ar fi prietenul visătorului și i-ar reproșa tatălui său că a cântat o melodie greșită. Este clar? Întrebarea este: Hristos e fiul Dumnezeului legii sau fiul Dumnezeului profeților?

Dr. Deady: Fiul Dumnezeului profeților.

---

7 Vezi Epistola către Galateni a Sf. Apostol Pavel, 4:22–26 („orașul" este Ierusalim — *n.t.*).

Dr. Jung: Desigur. Adevăratul Hristos este Dumnezeul libertății. Dar cum vă explicați faptul că-i reproșează tatălui său că a deranjat corul comunității?

Dr. Schlegel: El mediază două puncte de vedere: acela al conștientului și acela al inconștientului. Deocamdată este prea dificil pentru visător să accepte această nouă melodie.

Dr. Jung: Credeți că Hristos îi spune tatălui său: „Taci, nu cânta așa ceva! Este prea deranjant!“ Sau ați putea face un alt *raisonnement*, că Hristos, așa cum se predică în biserici și cum este înțeles în mod obișnuit, este cu siguranță fiul Dumnezeului legii și nu fiul Dumnezeului libertății. Ascultați ce are de spus Biserica Catolică despre Hristos și ce auziți în fiecare duminică într-o biserică protestantă! Deci aici este fiul care se împotrivește tatălui și el apare ca prieten al visătorului, prieten al omului. Dar notându-și visul, visătorul nostru scrie între paranteze: „Totuși, în realitate nu-l cunosc pe acel om“. Ceva scris între paranteze la redactarea unui vis este precum un protest violent — un fel de exclamație de la galerie. Visătorul protestează împotriva ideii că acest om i-ar putea fi prieten, el spune că îi este absolut necunoscut. Deci, trebuie să punem la îndoială natura acelui bărbat. Probabil că avem dreptate să presupunem că este ceva nesigur și ambivalent în legătură cu acel personaj, ceea ce este adevărat în privința figurii lui Hristos, întrucât noi avem două concepții complet diferite despre el. Există concepția Bisericii despre Hristos și alta, care este mai aproape de adevăr, că Hristos a fost fiul nelegitim al unei femei pe nume Miriam, cu un soldat egiptean, Pandira. Și așa, Iisus era numit „Jesus ben Pandira“[8].

Aceea este numai una dintre legende, dar toate sunt de acord asupra faptului că era un fiu nelegitim, fiind astfel un fel de proscris și având, evident, un uriaș sentiment de inferioritate. „Ce bine poate veni din Galileea?“ Oricum, el nu se afla în locul potrivit, ceea ce ar putea duce la o ambiție enormă, mai ales în cazul unui băiat inteligent. Prima lui luptă cu Diavolul a fost cu propriul său diavol-putere, ambiția lumească, și a avut măreția să renunțe la ea. Astfel, a obținut măreția spirituală. Și așa, s-a dus la una din școlile sectei religioase Therapeutae[9], adepții căreia părăsiseră lumea pentru a duce o viață

---

8 Pentru Jesus ben Pandira sau Pandera, vezi Joseph Klausner, *Jesus of Nazareth: His Life, Times, and Teaching*, tr. H. Danby (Londra şi New York, 1925), pp. 23–24, şi Morris Goldstein, *Jesus in the Jewish Tradition* (New York, 1950), pp. 35–37. În O.C. 5, par. 594, Jung menționează un alt Isus ben Pandira, despre care se spune că ar fi fost întemeietorul sectei esenienilor, circa 100 î.H.

9 O sectă precreştină, a cărei învăţătură era bazată pe un sincretism de elemente păgâne şi iudaice, limitată la zona Alexandriei (sec. I d.H.). Secta Therapeutae este cunoscută numai de la Philo, *De vita contemplativa* (LCL Philo, IX), şi nu de la Josephus.

contemplativă în școli sau mănăstiri. Erau învățători și vindecători și aveau o influență spirituală și filosofică destul de largă și, de asemenea, erau renumiți pentru interpretarea viselor. Există un exemplu în *Istoria Evreilor* de Josephus. Un prefect al Palestinei a chemat unul dintre acei oameni pentru a-i interpreta un vis. Erau mai degrabă ca niște analiști. Unul dintre ei era Ioan Botezătorul, iar Hristos a fost la școala lui și a fost inițiat de el, așa cum știm din botezul său în apele Iordanului.[10] Apoi, cumva, nu a mai fost de acord cu el.

Acum, din fericire, scrierile lui Ioan au fost descoperite; întotdeauna s-a știut de existența lor, dar abia recent au fost traduse.[11] În cartea lui Johānnā se găsește întreaga discuție dintre Johānnā și Jesus ben Miriam, trădătorul. Cu numele acesta este prezentat, deoarece, după ei, el a trădat misterele. Ioan îi reproșează că a dăruit oamenilor marele mistere ale vieții și Iisus se apără spunând că este îndreptățit să facă astfel. Destul de curios, acea discuție se sfârșește fără să se ajungă la un acord final. Sunt două puncte de vedere diferite, niciunul dintre ei nu cedează, iar talerele balanței rămân într-un echilibru perfect — și Ioan are dreptate, și Iisus are dreptate. Unul spune: nu-l face cunoscut, oamenii îl vor distruge. Celălalt spune: îl dau de dragul oamenilor, din dragoste. Deci, Iisus a devenit un mare reformator și un mare vindecător și atunci a intrat în conflict cu Biserica oficială, ceea ce, în acele vremuri, însemna desigur conflict politic, așa că s-au văzut nevoiți să scape de el. La fel ca de Socrate. Viața umană banală, s-ar putea spune, și dacă priviți în felul acesta, observați că era un om cu o minte foarte liberă, care lucra pentru binele umanității. Era un om care dorea o creștere a conștiinței, o mai bună înțelegere între ființele umane, mai multă iubire și o cunoaștere realizată mai degrabă cu inima. Și vedeți ce a făcut Biserica din ele! Dacă Iisus s-ar întoarce astăzi și ar avea o întrevedere cu Papa la Vatican, acesta ar spune: „Este foarte drăguț, totul este nou, dar este cu adevărat dificil! — Oricât am fi de bine intenționați, nu am putea schimba lucrurile".

Dr. Deady: Ba nu! I-ar da trei luni de închisoare!

Dr. Jung: Ei bine, există două măsuri. Trebuie să fie ordine, trebuie să fie tradiție, trebuie să fie lege, deoarece omul este cu adevărat rău. Probabil că majoritatea celor din această cameră nu ar avea nevoie de poliție. Eu nu aș fura merele vecinului meu și nici nu i-aș da foc la casă, prin urmare, eu nu am nevoie de poliție. Dar poliția este necesară, întrucât cel puțin jumătate din omenire este putredă și are nevoie de Biserică deoarece, altfel, și-ar folosi libertatea într-un

---

10 Evanghelia după Matei, cap. 11. Totuși, Ioan nu făcea parte din secta Therapeutae.

11 Vezi, mai sus, 29 mai 1929, n. 9 și 10.

mod nepotrivit. Majoritatea oamenilor trebuie să trăiască în închisoare, altfel nu poate trăi deloc, și acesta este motivul existenței legilor și organizațiilor. S-ar putea spune deci că aducătorul libertății, Iisus, avea de fapt nevoie de lege și Ioan, care încerca să împiedice căderea luminii în obscurantismul maselor, abuza de ea. Dacă nu lași lumina să pătrundă întunericul, atunci care e rostul luminii? Ioan nu are mai mult de trei mii de adepți[12] și mă îndoiesc că scrierile sale sfinte mai sunt înțelese acum de cineva, chiar și preoți. Majoritatea sunt fierari și mănâncă numai animale ucise prin înecare; nu au voie să le înjunghie, ei trebuie să înece tot ce mănâncă, pui de găină, capre sau oi și le mănâncă fără să le privească. Este tot ce au păstrat. Și când citești textul original, rămâi uimit de extraordinara sa frumusețe. Pe de altă parte, dacă te uiți la ce au făcut din creștinism, este tot atât de ridicol. Vedeți deci, avem două concepții diferite, o figură ambivalentă. Pe de o parte, Mântuitorul tradițional și, pe de alta, un om care propovăduia ceva complet diferit de ce înseamnă Biserica azi. Realizezi acest lucru citindu-l pe Pavel, care se exprimă suficient de clar; vezi că ideea sa despre spirit era complet diferită de spiritul protestantismului nostru.

Deci, putem înțelege că figura prietenului care-și reduce la tăcere propriul tată este una foarte ambiguă. Pe de o parte, reproșul adus tatălui său pentru tulburarea cântecului comunității poate fi privit drept ceva benefic — acea voce chiar trebuia să fie înăbușită, deoarece este a naibii de jenantă. Pe de altă parte, încercarea de a-l priva pe visător de fenomenul religios primordial și de adevărata soluție la problema sa este aproape o trădare. Deci și aici apare acea dilemă teribilă. Să fie lege? Sau să fie libertate? Evident, trebuie să fie ambele. Trebuie să existe lege și poliție deoarece ființele umane sunt diabolice și trebuie să existe libertate deoarece sunt și ființe umane cumsecade. Prin urmare, întotdeauna va exista incertitudine. Să fie răspândită sau să fie ascunsă? Hristos spunea: nu vă țineți lumina sub obroc. Dar dacă o lași la vedere ce se va întâmpla?

Dl. Holdsworth: Va fi stinsă!

Dr. Jung: Da, sau pervertită — transformată în putere. Așa că visul atinge o problemă foarte delicată. Desigur că nu este foarte convingător și visătorului meu nu i-am suflat niciun cuvânt, dar când este vorba de o discuție teoretică trebuie să folosim tot materialul. Eu îi cunosc dezvoltarea ulterioară și a avut nevoie de doi ani pentru a înțelege astfel de gânduri. La început, nu avea cunoștințele necesare, deoarece multe dintre lucrurile pe care tocmai le-am menționat sunt relativ necunoscute. Vedeți, cele mai bune lucruri sunt întotdeauna păstrate

---

12 Mandeenii sau „Creştinii Sf. Ioan". Vezi, mai sus, 29 mai 1929, p. 244.

sub tăcere. De exemplu, teologii nu vorbesc despre acele cuvinte ale lui Ioan, deși sunt mai autentice decât Evangheliile și mai vechi. Pentru a nu da decât un singur exemplu, în Evanghelie scrie: „Că unde sunt doi sau trei adunați în numele Meu“[13] etc., pe când textul original este următorul: „Când sunt doi împreună nu sunt fără Dumnezeu, dar când este unul singur, Eu sunt cu el“.[14] Iată, vedeți ce a făcut Biserica.

---

13 Matei, 18:20: „Că unde sunt doi sau trei adunați în numele Meu, acolo sunt şi Eu în mijlocul lor.“

14 Din Oxyrhynchus Papyrus 1, descoperit în Egipt de B.P. Grenfell şi A.S. Hunt şi publicat de ei în *Logia Iesou* (Oxford, 1897). Conform traducerii lui M.R. James, *The Apocryphal New Testament* (Oxford, 1924), p. 27: „Oricând sunt (doi, nu sunt fără) Dumnezeu: şi când este unul, eu spun că sunt cu el.“ (Reconstituiri între paranteze.) Bruce M. Metzger, de la Seminarul teologic din Princeton, comentează: „Considerând următoarea descoperire a textului complet al pildei în cadrul Evangheliei copte a Sf. Toma, spusele diferă într-o mare măsură de cele din Matei: «...Unde sunt trei zei, sunt zei; unde sunt doi sau unul, eu sunt cu el» [sec. 30, Evanghelia după Toma: tr. de Metzger în Apendix la *Synopsis Quattuor Evangeliorum*, ed. K. Aland, Stuttgart, 1976]... Cu siguranță, acesta nu poate fi originalul din spatele textului lui Matei“ (comunicare personală).

Prelegerea a VIII-a.
12 martie 1930

Dr. Jung:
Astăzi vom audia raportul care prezintă diferitele încercări de a ajunge la compoziția viselor sau la melodia motivelor lor — temă pe care am propus-o la începutul acestui trimestru.[1]

Dr. Baynes: Sunt șapte încercări. Noi am simțit că principala dificultate se datorează faptului că seriile de vise sunt atât de restrânse, încât nu permit un ritm regulat al repetițiilor, făcând astfel aproape imposibilă orice încercare de a găsi un ritm în motivele viselor. De asemenea, am simțit că era nevoie de situația actuală a conștiinței visătorului pentru a oferi un efect de contrapunct. Acel efect de contrapunct s-ar face simțit între poziția evoluției atitudinii sale conștiente și creșterea și realizarea viselor sale. Întreaga evoluție a viselor implică cu necesitate problema realizării, iar graficul realizat de domnișoara Ordway reprezintă curba acelui proces de realizare; dar niciunul, din câte îmi dau eu seama, nu are o adevărată structură de contrapunct.

[În acest moment a fost arătat desenul artistic în culori, realizat de doamna Deady.][2]

Dr. Jung: Mișcarea esențială aici ar fi spirala, demonstrând încercarea inconștientului de a pătrunde în conștient. Se poate observa de-a lungul viselor această încercare de a impregna conștientul cu punctul de vedere inconștient. Ultima etapă ar reprezenta-o amestecul complet al încercării inconștiente cu starea actuală a conștiinței. În culoare, ar însemna amestecul tuturor culorilor, de unde ar rezulta albul pur. De asemenea, prin intuiție, aveți aici ceva care sugerează simbolul taoist. În partea neagră este punctul alb, și în partea albă este punctul negru, indicând faptul că atunci când Yang ajunge la apogeul său, se naște Yin.

---

[1] Vezi, mai sus, 22 ianuarie 1930.
[2] *Notă în Sems*: Din nefericire, nu s-a putut realiza reproducerea graficelor.

[Dr. Howells a prezentat un grafic care nu a fost reprodus în formă ilustrată.]

Dr. Jung: Metoda utilizată aici nu vorbește ochiului, i se adresează gândului, dar ajunge la un rezultat în mod categoric interesant, și anume acela că în vise apare o listă de arhetipuri atât de cuprinzătoare. Motivele arhetipale sau simbolurile vi se par, probabil, foarte dificil de observat, dar de fapt nu este atât de dificil, deoarece erorile pe care le comiteți deosebindu-le unele de altele nu sunt foarte importante. Nu contează prea mult dacă dați un nume greșit vreunui motiv, întrucât motivele arhetipale sunt atât de vagi, încât nu este nimic foarte strict în privința lor. De fapt, orice arhetip este absolut indescriptibil, ceva absolut gol, dar capabil de a asimila un anumit tip de material extrem de variat și totuși indicând întotdeauna spre o anumită calitate arhetipală. De exemplu, arhetipul unei case, al unei colibe, al unei peșteri sau al unui templu. Toate acestea sunt foarte diferite, dar nu contează ce nume le dai, întrucât toate aceste nume sau concepte sunt simple atribute ale lucrului subiacent, care este indescriptibil. Observați în acest grafic că, la începutul seriei de vise, un set de arhetipuri este reprezentat destul de diferit față de acelea care apar mai târziu. Cele care ies în evidență până la aproximativ mijlocul seriei, mai târziu aproape că dispar; se observă o schimbare hotărâtoare. De acolo putem trage o concluzie importantă, și anume că întregul proces de dezvoltare se deplasează încet spre o atmosferă diferită. Nu doresc să o descriu, dar cred că putem afirma fără să ne înșelăm că evoluția ulterioară a viselor alege un nou limbaj, ca și cum ar crea un fel de suprastructură superioară motivelor primordiale originale, ca și cum o nouă clădire s-ar ridica pe fundația arhetipurilor originale. Aceasta este o ipoteză de lucru, un punct de vedere, rămânând de văzut în următoarele vise dacă este viabilă, dacă se transformă în lege. În acel caz vom fi câștigat un important punct de vedere, dar va trebui să găsim metoda adecvată de a-l prezenta ochiului. Dacă v-ați putea combina abilitatea de abstractizare cu aceea de ilustrare, amestecul ar fi perfect. Eu recomand acea uniune.

[Graficul domnului Henderson]

Dr. Jung: Observăm aici ceva remarcabil. La început lucrurile sunt destul de fragmentare, nu prea bine reprezentate. Reprezentarea este mai bine definită de-abia după mijlocul seriei. Prin urmare, vedem aici marele avantaj al metodei grafice, care vorbește ochiului. Observăm, de exemplu, că motivul analizei, prin care s-a trecut de fapt, își sporește în mod evident volumul, iar în final asistăm la o creștere spectaculoasă a sentimentului religios. Aceasta arată iar un nou aspect.

[Graficul domnișoarei Ordway]

Dr. Jung: Avantajul acestei metode este acela că prezintă gradul de realizare conștientă și, de asemenea, sensul mișcării visătorului, înspre scopul său ori departe de acesta. Anumite vise îți dau impresia ascensiunii, în timp ce altele par să arate o regresie și, desigur, în lucrul cu visele este foarte important să iei în considerare nivelul de realizare conștientă atins — nu numai acțiunea arhetipurilor, dar și relația dintre ele și conștient. Am impresia că demonstrarea comportamentului lor este mai bine ilustrată de graficele realizate de dr. Howells și de domnul Henderson. În acesta, îmi este dificil să-mi imaginez frecvența statistică a apariției lor dar, pe de altă parte, ne putem face o mai bună idee despre importanța lor pentru conștiință, perspectivă ce trebuie cu siguranță luată în considerare.

[Diagrama domnișoarei Hannah, în care și-a reprezentat propriile concepții despre motivele viselor prin desene, provenite din inconștient.]

Dr. Jung: Dumneata le-ai inventat! — ai realizat o muncă de creație pe baza viselor lui! Aceasta, în loc de a gândi. Nu este nimic de râs, sunt multe lucruri pe care le am de făcut în loc de a gândi. Sunt anumite aspecte inconștiente la care poți ajunge numai în felul acesta, deoarece gândirea le distruge. De exemplu, mie sculptura mi-a adus ceva de o importanță fundamentală. Mâinile mele au făcut-o, nu capul meu. Ideea centrală aici este spirala, iar conștiința este centrul. În spirala sa, doamna Deady, prin temperamentul său, plasează conștiința în centru, acolo fiind mai degrabă ideea de intensificare, în timp ce reprezentarea domnișoarei Hannah este fundamental diferită, conștiința iese din acel punct central, formând spirale tot mai largi, până când se deschide în visul cosmic al râului. Această diferență se datorează tipurilor psihologice. Conștiința uneia vine din exterior, a celeilalte, din interior. Sunt foarte bucuros că au fost făcute aceste două încercări de a trasa o spirală, deoarece ele dovedesc o înclinație temperamentală de a produce o reprezentare grafică de acest gen. Eu nu m-am gândit niciodată la asta și mi se pare o idee care merită luată în considerare, deși cred că ar fi extrem de greu să ilustrezi curgerea continuă a viselor prin acea metodă. Imaginația mea nu îmi este de foarte mare ajutor aici. Conform temperamentului meu, aș fi mai înclinat să o văd așa cum au lucrat dr. Howells și domnul Henderson, adică, probabil, într-un mod mai intelectual și mai abstract, pe când celălalt este mai dinamic, o metodă aleasă de oamenii care sunt mai impresionați de dinamismul particular al viselor.

Dacă pot face o sugestie, mi s-ar părea interesant să încercați să combinați metodele dr. Howells și domnului Henderson. Motivele arhetipale ale dr. Howells sunt mai exacte, mai statistice, în timp ce schițele generale ale domnului Henderson sunt mai sugestive. Și apoi să o lăsați pe doamna Deady să-și încerce mâna cu dinamismul ansamblului și, în felul acesta, am putea obține ceva. Aceste încercări sunt valoroase. Pentru mine, personal, faptul că ultimele vise aleg noi motive este revelator. Prevăd că se va putea demonstra felul în care inconștientul se dezvoltă treptat și produce arhetipuri care, în cele din urmă, pot atinge conștientul. Desigur, nu am urmărit suficient material pentru a vedea dacă, în cele din urmă, inconștientul i se alătură conștientului, dacă cele două se amestecă și prin ce tip de arhetipuri se unesc în final. De dragul unei imagini complete, ar trebui să consemnăm toate stările conștiente ale visătorului pe parcursul analizei sale. Aceasta este o temă pentru viitor — să țină cineva un jurnal al faptelor conștientului, pentru a putea lucra astfel cu ambele seturi de materiale.

Dr. Howells: În prezentarea mea există o discrepanță. În visul cu compresorul, nu mă pot hotărî dacă acesta intră în categoria mecanismelor sau a sexualității, deoarece visătorul nu era conștient de sexualitatea sa în acel vis.

Dr. Jung: Nu, dar mie îmi apare destul de clar mecanismul sexual în asociațiile sale. Eu l-aș trece atât la *sexualitate* și *mecanism*, cât și la *cale*. Acolo este vizibil motivul *căii*, deși este o cale ciudată. Aceasta ar însemna că este o acumulare de motive, dar o singură imagine conține aproape întotdeauna mai multe atribute arhetipale.

Dr. Howells: Dar aceasta ar însemna că vorbiți din punctul de vedere al conștiinței dumneavoastră sau al conștiinței mele, nu din punctul de vedere al conștiinței visătorului.

Dr. Jung: Nu puteți vorbi din punctul de vedere al conștiinței visătorului. Lucrurile pot avea conotații neobișnuite dar el nu le menționează niciodată, le consideră fără importanță sau le uită; cu toate acestea, ar fi extrem de important pentru a ne verifica. În acest caz, el nu menționează că există o nuanță sexuală, dar aceasta va reieși cumva din asociațiile sale. Deci, eu aș acționa printr-o metodă mai mult sau mai puțin arbitrară. Motivul dezvoltării sau creșterii poate fi demonstrat în multe feluri; de exemplu, prin simbolul arborelui, a cărui semnificație este creșterea, plus multe altele. Acea ambiguitate a conceptului se găsește nu numai în mitologie, ci, într-o anumită măsură, și în filosofie. Schopenhauer a realizat o hartă interesantă[3], o întreagă rețea de concepte filosofice interesante, arătând cum se suprapun, astfel încât niciun concept nu este niciodată singur, toate sunt interconectate. Altfel, nu am fi capabili să gândim. Numai prin intermediul acelor punți care se intersectează putem gândi; dacă avem de-a face cu concepte ireconciliabile care nu se ating deloc, este imposibil. Deci, acea suprapunere și întrețesere este indispensabilă procesului de gândire și, probabil,

---

3 *Lumea ca voință și reprezentare*, tr. R.G. Pârvu, vol. 1, Cartea I, par. 9, pp. 81–82, Ed. Humanitas, București, 2012.

acea particularitate se află ea însăși în inconștient. Cu cât ne apropiem mai mult de inconștient, cu atât mai puțin clare devin lucrurile, până ajung ca, în cele din urmă, să fie de abia vizibile și orice să definească orice altceva. Observăm aceasta în psihologia primitivă — acolo sunt paradoxuri extraordinare, precum faimoasa poveste menționată de un explorator german, pe care v-am spus-o trimestrul trecut, a indienilor brazilieni care se autointitulează papagali roșii. Ei spun că singura diferență dintre ei și papagalii roșii este aceea că papagalii sunt păsări, pe când ei, nu; altfel, sunt exact la fel. Așa cum am spune noi că suntem cu toții ființe umane, dar unii dintre noi sunt englezi și alții germani, ceea ce arată că am ajuns destul de departe pentru a face deosebirea dintre un om și altul; dar ei nu observă nici diferența dintre un om și un animal. Aceasta coincide cu alte idei primitive; de exemplu, ei nu plasează oamenii pe ultima treaptă a evoluției, ci undeva pe la mijloc. Mai întâi sunt elefantul, leul, pitonul, rinocerul etc. și apoi omul, care nu se află în niciun caz în vârf.

Vom trece acum la următorul vis, dar înainte de a vi-l citi doresc să rezum situația prezentă în ultimul. Am observat că arată un blocaj al progresului. Mașina părea a fi în ordine și gata de funcționare și apoi este clar că nu a mai funcționat din cauza unui blocaj considerabil, și anume Biserica și ce implică ea, adică tradiționalul punct de vedere creștin. Îl subliniez din nou, deoarece într-un vis ulterior ne vom lovi încă o dată de acest motiv. Așa cum v-am spus, când am analizat acest vis cu pacientul, nu i-am dezvăluit nici jumătate din câte v-am dezvăluit dumneavoastră. Trebuie să existe o bază pe care să clădești anumite idei; pur și simplu, nu poți începe să le torni dintr-odată în capul bietei victime. Sunt atât de multe idei eronate, iluzii cultivate și sensibilități, încât e mai bine să te rezumi la ce e simplu și evident. Prin urmare, atunci când apare obstacolul Bisericii, înseamnă că soluția pe care inconștientul încearcă să o găsească îi amenință ideile creștin-tradiționale. El se află departe în timp, în copilăria lui, și se pare că punctul său de vedere religios nu a mai evoluat de atunci. Am subliniat că nu ați bănui așa ceva judecând după aparența sa conștientă; în intelect este cu mult înainte, dar în simțire și în mare parte a umbrei sale, el se află încă sub influența vechilor prejudecăți. Din punct de vedere temperamental, el este tot creștinul cultului în care a fost educat. Iudeul care deranjează corul comunității este vocea acelui întreg material care a fost depozitat în inconștient și care ar fi format o evoluție continuă a sentimentului său religios, dacă el ar fi făcut vreun progres în acea privință, din copilărie și până acum.

Vedeți, spiritul religios nu este întotdeauna unul și același lucru. Se schimbă în mare măsură și, prin urmare, supozițiile în ceea ce-l privește se schimbă și ele în mare măsură. Auzim de cele mai uimitoare diferențe între definițiile religiei sau ale spiritului religios. Există un punct de vedere al Bisericii și un punct de vedere foarte liberal — două puncte de vedere complet diferite, aproape ireconciliabile, iar aici este prezent contrastul dintre cele două. În timp ce el încă se mai agață, conservator, de Biserica tradițională în viața lui sufletească — nu vorbesc de cea intelectuală — progresul simțirii sale care ar corespunde progresului minții este pur și simplu blocat, iar acea acumulare inconștientă formează în cele din urmă ceva personificat, o persoană. Caracteristic psihicului nostru inconștient este că orice acumulare de energie are întotdeauna un caracter personal; este întotdeauna un lucru care poate primi un nume personal. Se observă acest lucru în nebunie, unde gândurile sau sentimentele inconștiente pot fi auzite sau văzute; ele devin oameni bine conturați. Un lunatic recunoaște diferitele voci, deși ele nu sunt nimic altceva decât gânduri. Ideea influenței divine și chiar anumite teorii despre fantome își au originile aici. În acest caz, simțirea progresistă, care corespunde dezvoltării intelectuale, apare sub forma unui iudeu. În realitate, visătorul nu este antisemit, dar nu se poate abține să nu aibă acea simțire antisemită, care dă expresie aspectului negativ al figurii. Dar, pe de altă parte, este elementul profetic din caracterul iudaic, indicat în asociațiile sale prin referința la Sephardi din cartea lui Meyrink, care-și conduce poporul spre un tărâm al siguranței. Acesta este aspectul profetic și călăuzitor.

Acum, intrusul este deocamdată o figură dubioasă. Nu prin scopul său — este în mod categoric noul, dar oricât de bun, de util sau de minunat ar fi noul, acesta ar putea avea un efect negativ dacă este introdus într-o situație de imaturitate. În psihologie se pune întotdeauna problema dacă spui cuvântul potrivit la momentul potrivit. Dacă spui lucrul potrivit la momentul nepotrivit nu este bine. Cele două trebuie să meargă mână-n mână mereu. Noi presupunem că vorba potrivită nu poate răni, că adevărul este util oricând, dar nu este așa, poate fi otrava perfectă și acest lucru nu este nicăieri mai clar decât într-o analiză. Un astfel de intrus, oricât de adevărat, oricât de valoros este dacă pacientul l-ar putea înțelege, este probabil inoportun și, prin urmare, lipsit de sens. Au existat oameni mari care indubitabil ne-au spus adevărul, dar nu era momentul potrivit, și a trebuit să fie dați la o parte. Momentul potrivit ar fi trebuit să aibă loc șapte sute de ani mai târziu, probabil. Marea întrebare este: ne aflăm sau nu la momentul potrivit?

Dl Holdsworth: Credeți că Hristos ar fi fost crucificat dacă ar fi trăit astăzi și ar fi predicat la fel?[4]

---

[4] Lui Jung i s-a pus aproximativ aceeași întrebare 28 de ani mai târziu, în legătură cu un simpozion organizat de *Cosmopolitan* (New York), decembrie 1958. El a răspuns: „Este absolut sigur

Dr. Jung: Nu, ar fi fost trimis la azilul de nebuni sau la închisoare. Dar acum nu ar fi cuvântul potrivit. El a fost crucificat, dar totuși a spus cuvântul potrivit la momentul potrivit; de aceea a avut un efect atât de colosal. Cumva a ajuns acolo unde trebuia, a fost *à propos*. În cazul visătorului nostru nu ar fi *à propos* să-i spun toate concluziile la care am ajuns noi aici despre natura acelei voci. Nu ar veni în situația potrivită.

Acum, după ce am explorat domeniul religiei, ne vom întoarce la realitatea umană actuală a cazului nostru. „Tout est bien dit, mais il faut cultiver notre jardin."[5]

Vis [24]

Făcea exerciții de gimnastică într-un fel de pat de copil cu margini înalte — un pat pentru copii mici — iar alături, pe o saltea întinsă pe podea, stătea soția sa, privindu-l cum își face acrobațiile. Lucra cu atâta forță, încât întregul pătuț s-a rupt, iar el a rămas cu una dintre laturile acestuia în mâini. În același moment, a văzut un șoarece sărind de sub pat. El a încercat să-l omoare, lovindu-l cu tăblia metalică din mâna sa, dar a fugit prin ușa deschisă în camera cealaltă, unde de obicei dorm băieții lor, deși el nu știa dacă atunci băieții se aflau acolo. El nu a dat împrejurării o importanță prea mare, gândindu-se că pot lăsa șoarecele să plece. Dar când i-a povestit soției sale, ea a devenit pe dată foarte agitată, temându-se că șoarecele ar putea face vreun rău băieților. A luat un băț și s-a dus în camera alăturată pentru a omorî șoricelul.

Asociații: Referitor la *exerciții*, el spune că de regulă face dimineața exerciții de gimnastică, în ideea că îi stimulează circulația și totodată îi crește buna-dispoziție. „Cel puțin din ce am observat până acum", adaugă el.

Referitor la *patul de copil*, el spune că toți copiii lui au dormit în astfel de paturi metalice albe cu pereți demontabili, ce pot fi îndepărtați la nevoie.

Referitor la faptul că *soția sa era lângă el, dar întinsă pe o saltea așezată pe podea*, el spune că înseamnă că își făcea exercițiile lângă patul ei și i-a comparat

---

că, dacă un Hristos ar reapărea în lume, el ar fi intervievat şi fotografiat de presă şi nu ar trăi mai mult de o lună de zile. Ar muri fiind hrănit cu el însuşi, văzându-se banalizat dincolo de orice limită a suportabilității. Ar fi ucis de propriul lui succes, atât moral, cât şi fizic." (GW 18/2, par. 1461.)

5 Vezi, mai sus, 5 decembrie 1928, n. 4.

patul cu patul unui copil. Este complet anapoda; el este în patul copilului, dar, neobservând asta, se confundă cu ea.

Despre *șoarece* spune că întotdeauna un șoarece le provoacă o stare de teamă femeilor. El crede că este o analogie sexuală, deoarece în apropierea unui șoarece o femeie sare întotdeauna pe scaun și își strânge fusta în jurul picioarelor pentru ca șoarecele să nu poată urca. Eram odată într-un hotel când am auzit un țipăt înfiorător și gândul m-a purtat imediat la o crimă. Apoi, am văzut o femeie care sărea și striga din toți rărunchii după ajutor și m-am gândit că trebuie să fie un caz grav de epilepsie; dar era un șoarece. Visătorul spune mai departe că acest șoarece ar putea simboliza teama pe care o are soția sa față de sexualitate sau rezistența ei față de aceasta.

Apoi, el revine la *exercițiile* sale *de gimnastică* și spune că ar putea reprezenta activitățile sale intelectuale pe care soția sa le urmărește „și cred", spune el, „că, dacă eu practic astfel de exerciții mentale, teama ei de sexualitate se spulberă". Un gând foarte complicat! Acum amestecă exercițiile de gimnastică cu vânatul șoarecelui. Mai departe, spune că fuga șoarecelui în cealaltă cameră indică transferarea fricii de sexualitate asupra băieților și aceasta i-ar putea afecta, deci consideră absolut necesară urmărirea lui cu un băț și uciderea lui.

Gândiți-vă acum la uimitoarea diferență dintre tot acel material discutat de noi și situația de fapt a visătorului. El nu se află nici măcar în biserică, ci în pătuțul unui copil și este blocat de pereți înalți; acele paturi au margini înalte care să împiedice copiii să cadă și să se rănească. Aceasta înseamnă că se află încă la vârsta la care trebuie să fie îngrădit și protejat. Cum s-ar prezenta o astfel de situație în conștient?

Dr. Baynes: El își transformă soția în custodele instinctelor sale.

Dr. Jung: Da, își înarmează soția cu un băț, dar este foarte metaforic; lucrurile nu sunt atât de extreme.

Dr. Schlegel: Din cauza complexului său matern, el poate avea o atitudine copilăroasă față de soția sa.

Dr. Jung: Cum s-ar reflecta aceasta în comportamentul lui mental?

Răspuns: Printr-un convenționalism extrem în totul.

Dr.Jung: Exact. Nu depune niciun fel de energie în rezolvarea problemelor morale, ele sunt ținute cu severitate în pătuț, ca și cum, căzând, el ar fi amenințat de un pericol mortal. Ideea că ar putea fi incorect sau că ar încălca convenientele încercând să iasă din acel loc sigur îi stârnește o teamă demnă de milă. Aceasta este, bineînțeles, o demonstrație foarte tristă și vă ajută să înțelegeți de ce nu am insistat cu discuția asupra visului anterior. Ar fi fost ca și cum i-aș fi vorbit unui bebeluș, deci cum vă închipuiți că ar fi înțeles el marile probleme religioase ale timpului prezent? Cu mintea da, dar apoi s-ar fi ridicat într-un balon la 3000 de kilometri deasupra mării, după care ar fi căzut la loc în pătuțul lui și lucrurile ar fi fost la fel ca înainte — cu o singură excepție, trebuie să recunoaștem un lucru. El face gimnastică în pătuț și o consideră ceva mental sau intelectual. Ce poate fi aceasta?

Dna Crowley: Analiza sa.

Dr. Jung: Da, dar nu este numai analiza. El era interesat de teozofie și de diverse căutări mentale de o natură mai mult sau mai puțin ocultă și mai are și acea înclinație igienică, a mânca manna[6] și a gândi corect, și cea mai igienică dintre toate, analiza. Deci face exerciții dimineața începând cu baia, probabil cântă sub duș — este extrem de sănătos — apoi bea o cafea fără alcool și mănâncă un anumit tip de pâine. Și la fel este cu mintea sa. Acestea sunt exerciții menite să fie extrem de sănătoase, dar sunt prea violente și patul se rupe, lucru foarte neplăcut. Desigur, ruperea patului de copil nu ar fi fost atât de rea dacă nu ar fi apărut altceva, șoarecele; și șoarecele nu îl deranjează pe el, o deranjează pe ea. Aceasta este problema. Acum, ce credeți că reprezintă aceste exerciții violente?

Dl Holdsworth: O foarte mare nerăbdare de a se împăca cu sufletul său.

Dr. Jung: Da, așa aș spune. A început analiza în obișnuitul mod ezitant, cu multe obiecții de natură intelectuală și morală, apoi s-a implicat din ce în ce mai serios. Odată ce a înțeles ideea, a aderat complet la ea. Este clar, prin urmare, că a depus mult suflet în exercițiile de dimineață și atunci când te dedici analizei pătuțul se sfărâmă după un timp și șoarecele nu mai poate fi împiedicat să fugă. Mâța a ieșit din sac — un fapt dintre cele mai lamentabile! Evident, el crede că șoarecele are legătură cu soția lui. Presupune că acesta îi provoacă teamă și sugerează că ar fi motivul rezistenței soției sale față de sexualitate. Dar ar trebui să ne oprim mai întâi asupra faptului că soția sa îl privește lungită pe o saltea aflată pe sol. Ce se află în spatele acelei poziții?

Dna Baynes: Îl așteaptă să se maturizeze.

Dr. Jung: Pare să adopte poziția unei mame, dar de ce se află pe o saltea pe sol?

Dna Sigg: Cel puțin, el nu riscă să cadă din pat direct pe podea.

Dr. Jung: Este un punct de vedere. Așa se procedează cu lunaticii.

Dna Baynes: Cred că i-a rezervat, pur și simplu, o poziție inferioară față de a sa — el era în pătuț, ea pe podea. Dorea să-i reducă puterea.

Dr. Deady: El nu putea persista în atitudinea sa, dacă ea se afla în același pat cu el — ar fi trebuit să fie adulți.

---

[6] *Sems*: „mana“.

Dr. Jung: Se spune că până și în cea mai umilă colibă este suficient spațiu pentru două suflete care se iubesc, dar nu în pătuțul unui copil! Ei bine, eu cred că aspectul cel mai important al poziției celor doi este faptul că el o privește pe ea de sus, așa cum subliniază doamna Baynes. Este evident că el își admiră cascadoriile intelectuale, deoarece majoritatea oamenilor care fac gimnastică sunt puțin narcisici, îndrăgostiți de propriul corp. Este un fel de activitate autoerotică și acea calitate îi este oarecum cunoscută și lui, el își admiră minunatul proces spiritual. Acel strop de vanitate nu este foarte deranjant. Nu-i afectează seriozitatea scopului; este doar o nuanță umană ca, de exemplu, vanitatea omului foarte modest. Trebuie să i se permită, este întru totul prea umană. Deci, superioritatea sa mentală este exprimată probabil prin faptul că-și privește de sus soția aflată pe saltea. Pentru ea nu este o poziție foarte confortabilă, salteaua de pe podea trebuie să fie dură, deci visul sugerează că ea nu prea se simte bine; în plus, se află în poziția mamei și totuși este privită de sus. Trebuie să observăm aceste posibilități, deoarece aici apare o bucată de psihologie complicată — următorul lucru este fuga șoarecelui. Datorită asociațiilor neclare aduse de el, e momentul să facem o scurtă digresiune. Evident, el încearcă să clarifice situația, dar se afundă fără speranță și confuzia începe deja atunci când compară patul soției sale cu patul unui copil. Patul lui este un pat de copil, nu al ei, iar el nu reușește să le deosebească. Trebuie să fie o bizară încurcătură acolo, *participation mystique*, și deocamdată el nu-și poate da seama care este rolul său. Chiar așa se întâmplă în *participation mystique*, nu știi dacă ești tu însuți sau partenerul tău. Este ca și cum mi-aș numi fratele cu numele meu, fiind incapabil să fac o diferență între el și mine însumi. Sau ca și cum un catolic obișnuit cu un părinte confesor mi-ar spune „părinte Jung", identificându-mă cu preotul. Pacienții îmi spun dr. Cutare, după ce îmi povestesc ce om îngrozitor este acel doctor! Pacientul nostru fiind în mod evident dezorientat, nu putem lua de bun materialul lui asociativ și suntem nevoiți să privim șoarecele dintr-un punct de vedere abstract și să ne întrebăm ce este șoarecele în general.

Dl. Holdsworth: Este sexualitatea femeii, presupun.

Dr. Jung: Când interpretăm nețînând seama de asociațiile pacientului, trebuie să avem grijă să fim cât mai naivi cu putință, să nu avem prejudecăți legate de asociații. Luați lucrurile literal, concret. Cum ați descrie un șoarece unei persoane care nu a mai văzut așa ceva? Este un animal micuț, gri, care nu prea apare ziua și care te deranjează noaptea cu zgomote ușoare dar dezagreabile; ei mănâncă tot felul de lucruri și trebuie să ai întotdeauna grijă să nu ajungă la bunătățile din bucătărie. Ei trăiesc în casele oamenilor, sunt paraziți și încerci să-i prinzi punând capcane sau cu ajutorul pisicilor, deoarece în genere sunt o belea în orice casă. Șoarecele mai apare adesea în folclor și în mod tipic în basme. Ce credeți că ar reprezenta din punct de vedere psihologic?

Dr. Baynes: Instinct refulat.

Dr. Jung: Da, dar ce instinct? — deoarece orice animal, din punct de vedere psihologic, reprezintă instinctul uman. În măsura în care acționăm automat și instinctual, nu suntem altceva decât animale, deoarece comportamentul nostru nu este atunci prin nimic diferit de acela al unui animal. Ori de câte ori un animal apare într-un vis putem spune că este un instinct, dar aveți grijă, este întotdeauna un instinct anume, în niciun caz *instinctul*. Un leu sau un șarpe uriaș au o semnificație complet diferită.

Dna Crowley: Teamă? Un șoarece este teribil de fricos.

Dr. Jung: Da, este, într-adevăr, un animal înspăimântat, dar și destul de imprudent.

Dr. Deady: Sunt întotdeauna tolerați. În gospodărie nu se face niciun efort pentru a-i elimina de-a binelea.

Dr. Jung: Iată un punct de vedere foarte sănătos.

Prelegerea a IX-a.
19 martie 1930

Dr. Jung:
Iată o întrebare referitoare la arhetipuri. Discutam posibilitatea de reprezentare a viselor prin metoda cristalizării arhetipurilor și întrebarea dr. Schlegel este dacă ele pot fi enumerate. El crede că ar fi imposibil. Aceasta este o întrebare. Mai este una la care vom ajunge azi.

Este aproape imposibil de răspuns la întrebarea despre caracterul limitat sau nelimitat al arhetipurilor, deoarece răspunsul depinde de o decizie mai mult sau mai puțin arbitrară. În încercarea de a extrage arhetipuri dintr-un vis, se observă că există un număr de arhetipuri incontestabile, care sunt mai mult sau mai puțin analoge unul altuia. Gândiți-vă, de exemplu, la cazan. Este analog ligheanului baptismal, lumii subpământene, vulcanului, adâncimilor mării și multor altor lucruri. Le putem numi independente sau ele descriu unul și același lucru? Dacă presupunem că toate arhetipurile descriu unul și același lucru, renunțăm la deosebirile dintre ele și totul devine imposibil de folosit; în acest caz ajungem la concluzia că este unul singur și acela e inconștientul colectiv. Dacă le deosebim unul de altul, descoperim că numărul lor este nelimitat. Imaginația unui om nu poate crea suficiente reprezentări și imagini pentru a le caracteriza sau pentru a numi toate posibilele lor variațiuni. Atunci, teoretic, ajungem la concluzia că fiecare arhetip este absolut nelimitat dacă încercăm să-l caracterizăm, dar numai teoretic, deoarece limbajul nostru este categoric limitat. Sunt cazuri în care putem face nenumărate variațiuni și totuși ele se referă practic la același lucru. Deci nu se poate răspunde la întrebare. Putem spune numai că sunt nelimitate din punct de vedere teoretic, așa cum numerele care pot fi numărate sunt interminabile, dar practic ele ajung curând la un sfârșit sau sunt imposibil de mânuit.

Putem spune, însă, că există un număr rezonabil de arhetipuri care pot fi clar deosebite și care nu sunt simple analogii reciproce. De exemplu, arhetipurile eroului și al cazanului nu au cum să fie identice, în ciuda faptului că eroul este foarte apropiat de ideea cazanului. În miturile primitive, eroul intră întotdeauna într-o peșteră sau în lumea subterană sau în burta unei balene, unde face un foc etc. Cu alte cuvinte, el intră în cazan, aducând astfel miracolul reînnoirii sau al renașterii, care este atributul cel mai caracteristic al motivului cazanului.

Deci, în ciuda relației apropiate dintre imaginea eroului și imaginea cazanului, le putem deosebi unul de altul — chiar dacă eroul și cazanul sunt identice din punct de vedere procesual. Intrarea în cazan sau într-o stare exprimată prin cazan reprezintă o involuție a energiei, iar ieșirea din cazan reprezintă o evoluție a energiei. Prin urmare, poate fi numită pur și simplu o anumită mișcare, o transformare a energiei, reprezentată de aceste figuri arhetipale; este întotdeauna aceeași energie — două stări diferite ale aceleiași energii. Dar observați că, imediat ce se transformă într-o reducție științifică sau filosofică, devine ceva absolut abstract și inimaginabil și, prin urmare, impracticabil. A numi un vis despre renaștere o transformare a energiei este ceva atât de abstract, încât nu înseamnă absolut nimic. Deci avem nevoie de arhetipuri, avem nevoie de acel limbaj pictorial pentru a exprima acest tip anume de transformare.

La fel este și cu ideea de anima. Când vorbim despre ea ca despre o funcție, nu exprimă nimic, dar personificarea o transformă într-o realitate personală. Dacă facem din ea o abstracțiune, este doar o figură în capul nostru, o abreviere artificială, și nu lucrul în sine. Chiar și în știință, atunci când abstractizăm faptele, nu mai avem cu ce să ne confruntăm; nu mai avem de-a face cu animalele reale, ci numai cu animale împăiate, sau poate cu un model ideal al unui animal, care dezvăluie din ce în ce mai puțin. Așa este și cu arhetipurile: cu cât mai mult le tratăm științific, cu atât mai mult se evaporă. Dacă le restrângem la ceea ce credem că este esența lor, ajungem la un principiu exprimat în termeni de transformare a energiei, care nu înseamnă nimic și care este complet lipsit de viață. Prin urmare, trebuie să vorbim despre arhetipuri și, când cineva începe să le distingă, se pare că nu există limită. Cât de multe ați dedus din vise, dr. Howells?

Dr. Howells: Am găsit 38 de arhetipuri în 20 de vise și acestea nu reprezintă nici măcar jumătate.

Dr. Jung: Mi se pare că dumneata le-ai numărat pe acelea din propriile vise, nu-i așa, domnișoară Flenniken?

Dra Flenniken: Am găsit 62 în 90 de vise.

Dr. Jung: Îmi amintesc că, în cazul dumitale, am spus că le poți reduce numărul, deoarece aveai câteva arhetipuri, profetul și magicianul, de exemplu, care erau evident unul și același. Totuși, în alt caz te poți vedea obligat să le separi. Profetul, magicianul, bătrânul rege și preotul sunt cu toții figuri independente și cu toate acestea sunt din aceeași familie. Într-o anumită problemă poate exista o diferență importantă între ele și atunci ar trebui în mod firesc separate, dar în cele mai multe cazuri este mai bine să fie aduse împreună, să fie lăsate să-și împrumute unul altuia calitățile. Sunt atât de multe aspecte, încât e nevoie să le reduci numărul, aplicând un fel de condensare, însumându-le într-o singură figură. Această reducere arbitrară nu poate fi analizată din punct de vedere teoretic, ci este dependentă de scopul individului: de exemplu, pentru a emite o afirmație statistică despre frecvența apariției arhetipurilor, poate fi ales doar un număr limitat de arhetipuri. Altfel, pur și simplu nu pot fi reprezentate, culorile nu sunt rezistente și întregul tablou ar deveni prea șters. Le-am putea separa de un număr infinit de ori, fiecare cuvânt devenind astfel un arhetip, deoarece fiecare cuvânt are istoria sa. Fiecare cuvânt provine din ceva repetat de milioane de ori înainte și, prin urmare, dobândește o valoare arhetipală. Deci, până unde trebuie limitate arhetipurile nelimitate depinde numai de scopul avut în vedere.

Cealaltă întrebare a dr. Schlegel se referă la posibilitatea creării arhetipurilor în zilele noastre. De exemplu, ceea ce înainte era exprimat de niște care de foc ridicându-se la cer ar fi acum aeroplane. La introducerea căii ferate în Franța, Victor Hugo a spus: De ce nu am construi locomotive și trenuri care să semene cu ceva? — și el a propus forma unui șarpe uriaș, iar locomotiva era un cap de balaur cu nări de foc și care scuipa fum. El asimila un nou fenomen colectiv unei idei arhetipale. În zilele noastre, balaurii sunt mașinile mari, automobilele, armele mari, acestea sunt arhetipuri acum, sunt doar termeni noi pentru niște lucruri vechi. Aceste lucruri noi au aceeași forță ca și cele vechi; așa cum noile lucruri sunt doar cuvinte pentru imagini, la fel și lucrurile vechi erau cuvinte pentru imagini. Ideea mitologică a balaurului provine, probabil, din ideea saurienilor uriași; este foarte posibil ca miturile cu balauri să fie ultimele vestigii ale unor amintiri ancestrale despre saurieni — acel lucru înspăimântător de care se temea omul din trecutul îndepărtat. Desigur, a te teme de balauri, chiar și în timpuri preistorice, era inutil, deoarece nu existau balauri. Au devenit o teamă psihică, întrucât acele fiare nu există în realitate; așa cum un complex patern sau matern poate continua să fie activ în psihic, chiar dacă tatăl sau mama a murit de mult. Ei pot să trăiască încă sub forma imaginilor simbolice, așa cum balaurul trăiește încă sub forma unei imagini, deși în realitate nu este nimic altceva decât un nume. Deci, atunci când exprimăm o idee arhetipală printr-o mașină, este ca și cum am vorbi despre un timp în care mașinile nu existau, de parcă ar mai fi încă saurieni. Ar putea veni un timp în care să nu mai vorbim despre mașini, dar în care ideile și fricile vor persista mult timp după ce mașinile actuale vor fi amintire, devenind astfel evident că aceste imagini sunt numai nume pentru lucrurile de care ne temem, nume pur și simplu ale *fricilor*. Chiar și în zilele în care existau saurieni, ei erau un nume pentru acea frică. Deci acțiunea arhetipurilor continuă în mod firesc, numai că astăzi nu mai vorbim despre balauri, ci despre automobile, și mașinării, și mari organizații. Este clar că toți micii negustori din America și din Europa care au fost zdrobiți de Standard Oil Trust îl privesc ca pe un uriaș monstru periculos.

Dl. Holdsworth: Existau oameni pe vremea marilor saurieni?

Dr. Jung: Mamutul era vânat de om și acele șopârle uriașe de pe insula Cocos[1] sunt saurieni, deci ei trăiesc încă la tropice. Iar Cezar scrie în *Bellum Gallicum* despre un unicorn din Pădurea Neagră, care nu se putea întinde pe pământ din cauza articulațiilor sale rigide, așa că dormea în picioare, sprijinit de copaci; iar oamenii tăiau copacii pentru ca el să cadă și să-l ucidă.[2] Fără îndoială, acel unicorn era un rinocer. De mult timp nu mai sunt rinoceri în Europa, dar recent s-au descoperit rămășițele unuia în șesurile petrolifere din Silesia, al cărui corp era în întregime conservat.[3]

Dr. Schlegel: Identificați ideea de arhetipuri cu aceea de simboluri, astfel încât tot ce are valoare simbolică să poată fi considerat un arhetip?

Dr. Jung: Nu, simbolul este o noțiune complet diferită. Eu aș numi un arhetip simbol atunci când funcționează ca simbol, dar el nu funcționează neapărat în felul acesta. S-a abuzat foarte mult de cuvântul *simbol*. Freud numește lucrurile simbolice atunci când ele sunt doar semiotice.[4] Dacă ar fi avut o educație filosofică, el nu ar fi putut încurca acești termeni. De exemplu, pe bonetele angajaților de la calea ferată este brodată o rotiță înaripată, iar Freud ar numi această broderie simbolul căii ferate, dar ea este un *semn* al căii ferate. Dacă ar fi fost un simbol, ar fi însemnat că oamenii care îl poartă ar fi fost inițiați într-un cult secret simbolizat de o roată înaripată și naiba știe ce înseamnă asta, probabil ceva divin. Termenul *simbol* se folosește pentru ceva care poate fi doar vag caracterizat. Un simbol exprimă ceva care nu poate fi desemnat altfel; te poți doar apropia întru câtva de semnificație folosind anumite reprezentări. De exemplu, credința creștină este simbolizată de cruce, prin urmare crucea exprimă ceva care nu poate fi exprimat altfel. Cuvântul grecesc *symbolon* înseamnă crez, iar

---

1 Evident, o eroare de transcriere a Insulei Komodo, de lângă Java, unde un varan, numit uneori „dragonul de Komodo", poate atinge o lungime de trei metri. Ei nu există pe Insulele Cocos, în Oceanul Indian.

2 *Războiul galic* 626–27. Interpretarea dată aici relatării lui Cezar este mai degrabă nefundamentată. Jung a aprofundat mai târziu subiectul unicornului: vezi „Motivul unicornului ca paradigmă", *Psihologie și alchimie*, O.C. 12, par. 518–544.

3 Potrivit lui C.O. Dunbar (*Historical Geology*, New York, 1949, p. 31), „În anul 1930, în Polonia, a fost excavată o carcasă remarcabil de întreagă a unui rinocer lânos din mâlul unei infiltrări de petrol. ... Rinocerul lânos era contemporan cu mamutul lânos." Descoperirea a fost publicată în *Science News-Letter* (Washington D.C.), 17 mai 1930.

4 Pentru o descriere mai completă a acestei distincții, vezi *Tipuri psihologice*, par. 886ff, def. Simbolului.

la origine termenul *simbol* a însemnat, de asemenea, crezul. La început, crezul nu însemna că l-am prins pe Dumnezeu și acum știm exact ce-i cu el. Crezul este în realitate abordarea cea mai apropiată de anumite intuiții și credințe prin mijloace umane — de exemplu, credința că Dumnezeu este Tatăl și, în aceeași persoană, Fiul și Sfântul Duh. Marile mistere ale vieții și ale eternității pot fi exprimate numai prin simboluri și, prin urmare, ele au fost întotdeauna sacre.

Când funcționează, arhetipul poate exprima o situație și poate fi numit simbolic în măsura în care situația este mai mult sau mai puțin necunoscută, dar arhetipul poate funcționa și într-o situație complet nouă pentru tine. De exemplu, spunem că o femeie nervoasă este ca un balaur care scuipă foc. Acesta este un arhetip, dar nu-l putem numi simbol; este, pur și simplu, o metaforă exagerată. Dar atunci când cineva creează un model ciudat pentru a exprima ceva ce nu poate exprima altfel și pentru aceasta se folosește de un arhetip, atunci acela poate fi numit simbol. Dacă o persoană desenează un șarpe și deasupra lui o cruce, și deasupra o lună și o întrebi ce reprezintă, probabil că o vei vedea începând să se bâlbâie, folosind un amalgam de cuvinte și concepții vagi; nu poți decât să ghicești și apoi persoana te va informa că aceea este singura cale prin care și-ar putea reda gândurile și viziunile. Acela este un simbol și persoana s-a folosit de arhetipurile crucii, șarpelui și lunii, dar în cazul acesta nu este semiotic, este simbolic. Această diferență a fost întotdeauna cunoscută în filosofie, dar Freud le amestecă, iar felul în care folosește el termenul *simbol* este lipsit de sens.

Dr. Baynes: Această întrebare despre crearea unor noi arhetipuri mi se pare problematică, deoarece nimeni în zilele noastre nu ar crede că poate avea vreo contribuție la crearea unui balaur, în timp ce omul modern știe că, în privința motoarelor, noi suntem superiori. Noi le putem construi.

Dr. Jung: Da, dar gândiți-vă la o epocă în care mașina ne depășește. Atunci va deveni un balaur, echivalentul vechilor saurieni, și, serios, dacă vă uitați la New York, este cu adevărat deasupra oamenilor; omul știe că el a construit totul și totuși creația sa îl descumpănește.

Dr. Baynes: Nu are, de fapt, legătură cu atitudinea omului față de el? Nu este la fel ca churinga, pe care el știe că o produce, totuși are un fel de putere asupra lui? Este în același timp deasupra lui și sub el.

Dr. Jung: Da, dar asta ar dovedi că poate crea arhetipuri — întrucât noi avem abilitatea de a transforma ceva într-un balaur. Eu aș spune că putem transforma acea putere materializată în imaginea balaurului în altceva, iar acel altceva este și el dotat cu puterea creației. Bătrânul rabin era capabil să creeze o ființă vie, Golemul, dintr-un boț de țărână, prin magie neagră, dar acel lucru avea tendința de a tot crește și în cele din urmă a căzut asupra sa și l-a ucis. Deci, deși churinga este creată de om, fiind un simbol este totodată sălașul puterii divine. Toți adulatorii de idoli știu că imaginea a fost creată de om și cu toate acestea este aleasă drept sălaș al zeului, întrucât este simbolul său și, atâta timp cât este locuită de zeu, este sacră, este tabu. Atunci când construim o mașină suntem atât de concentrați asupra scopului nostru, încât uităm că noi investim acea mașină cu putere creatoare. Arată ca un mecanism, dar ne poate depăși pe nesimțite, așa cum mereu în istoria lumii instituțiile și legile au copleșit omul. În ciuda faptului că au fost create de om, ele sunt sălașurile puterilor divine care ne pot distruge.

Dr. Baynes: Doream să subliniez că, fabricând mașini, transformăm iraționalul în putere rațională. Așadar, îmi face impresia că formarea arhetipului ar trebui să se realizeze în conformitate cu această funcție a raționalizării — precum amenajarea Nilului, ceea ce ar fi complet diferit de balaur.

Dr. Jung: Da, dar atunci când vorbim de transformarea balaurului într-o mașinărie, ne aflăm doar într-un anumit stadiu al acelei evoluții. Acum suntem în stadiul inventării mașinăriei, mai avem puțin până să transformăm acea energie primitivă în mașinărie. Ne gândim la asemănarea omului cu zeii și uităm de zei. După un timp, după ce ne vom fi investit toată energia în forme raționale, ele ne vor sufoca. Ele sunt balaurii acum, ele devin un fel de coșmar. Treptat și insidios devenim sclavii lor și suntem devorați. New York-ul a ajuns la proporții copleșitoare și aceasta datorită mașinii. Și este un monstru într-atât de devorator, încât dr. Draper[5] îmi spune că speranța medie de viață a cetățenilor New Yorkului este de patruzeci de ani. În Elveția este de șaizeci de ani.[6] De ce avem psihologie? Deoarece suntem deja sufocați de aparatele noastre raționale. Putem observa aceasta și în enormele mase de ființe umane asemănătoare unor mașinării, armate sau alte organizații, care toate duc la distrugere. Gândiți-vă la imensa putere a lui Napoleon I și la cum a fost împrăștiată armata lui. Și la Alexandru cel Mare, a cărui armată a fost zdrobită în India. Gândiți-vă la istoria Babilonului și a Asiriei. A fost nevoie de două mii de ani ca să ajungă la apogeul gloriei lor, iar în următorii treizeci de ani totul a fost distrus. Întotdeauna se întâmplă așa. Marile organizații se autodevorează.

---

5 George Draper, M.D., din New York, un pionier al cercetării în domeniul medicinei psihosomatice, fratele lui Ruth Draper, actriță de monologuri, cunoscută, de asemenea, de Jung.

6 Conform Biroului de Cercetare a Populației de la Universitatea Princeton, speranța de viață a unei ființe umane în New York, în 1930, era de 60 de ani şi aceeaşi era şi pentru Elveția. În 1980, atât în Statele Unite, cât şi în Elveția, aceasta era de 70 de ani.

Dl Holdsworth: Vreți să spuneți că, atunci când muncitorii au distrus mașinile în timpul revoltelor industriale[7], ei erau de fapt mânați de teama de balaur?

Dr. Jung: Este dificil de discutat această întrebare, deoarece întâmplările au avut loc într-un timp prea apropiat nouă, dar probabil că acele revolte din Anglia au izbucnit de teama balaurului din mașini.

Ei bine, acum trebuie să revenim la visul nostru. Am ajuns la șoarece, pe care suntem nevoiți să-l tratăm într-adevăr cu seriozitate. Ați auzit asociațiile visătorului și am decis că trebuie să fie ceva referitor la instinct. Cum ar fi caracterizat? În interpretarea visului, trebuie să fim cât mai specifici cu putință; trebuie să aducem teoria în realitate.

Dna Sigg: Șoarecele apare adesea pe neașteptate. Pare a fi o reprezentare simbolică a sexualității masculine și sexualitatea acestui bărbat nu este prea conectată cu totalitatea ființei sale.

Dr. Jung: Dar de ce să ne gândim la sexualitate?

Dl Hodsworth: El este un copil în pătuțul său. Când pătuțul se rupe, el este prea mare pentru a mai sta acolo. Atunci, în mod natural, apare sexualitatea.

Dr. Jung: Se întâmplă adesea ca, atunci când un bărbat atinge vârsta potrivită, sexualitatea sa să fie disfuncțională.

Dna Sigg: Uneori, femeile spun despre sexualitate că este numai partea animală a naturii lor.

Dr. Jung: Cuvântul „numai“ arată calea. Este foarte important, întrucât șoarecele a fost întotdeauna „numai“ un șoarece. Vă amintiți, probabil, despre muntele aflat în durerile facerii, când apare un șoricel ridicol de mic. Acela e „numai“. Este micuț și lipsit de importanță, deranjant, dar deloc periculos. Trebuie să ai grijă să nu mănânce brânza și pâinea, să nu murdărească hrana, să nu găurească lucrurile, dar nu e prea demn de luat în seamă. Trebuie să adoptăm acel punct de vedere. Unde vedem asta în vis?

Dna Sawyer: Fuga șoarecelui, care pentru el e nesemnificativă.

Dr. Jung: Da, asociațiile sale sunt dovada. Dar soția lui are o altă opinie. Ea este foarte tulburată și îl urmărește cu un băț, gândindu-se că ar putea fi periculos pentru băieți. Ce este acel șoarece? Se pare că bănuiala generală se îndreaptă spre sexualitate. De asemenea, șoarecele este instinctual; instinctul, ca și sexualitatea, este dominat de un tabu puternic. Haideți să discutăm acea posibilitate. După

---

7 Probabil că se referă la ludditi, muncitori din orașele manufacturiere ale Angliei, care au protestat între 1811 și 1816 distrugând mașinile, pe care le considerau vinovate de apariția șomajului.

cum spuneam, în acea căsnicie dificultatea constă în diferența fundamentală dintre concepțiile diferite ale soțului și soției, referitoare la importanța a ceea ce noi numim Eros — sexualitate sau relaționare. Punctul nevralgic este problema lui sexuală. S-a discutat despre aceasta, iar soția sa are păreri diametral opuse față de cele ale visătorului. El se gândește la sexualitate ca la ceva foarte important și indispensabil, iar ea o consideră futilă și dispensabilă, excepție făcând scopul reproducerii; ea îmbrățișează ideea puritană potrivit căreia sexualitatea servește numai acelui scop, altfel nefiind deloc justificată. Pentru noi, acesta este un indiciu. El spune: „Tolerează acel lucru mărunt, nu este atât de important!“, iar ea îi răspunde: „Ba nu, este îngrozitor. Nu ar trebui să existe“. Ei bine, noi presupunem că șoarecele este sexualitate, dar mai e ceva de luat în considerare. Este cu siguranță cazul unui instinct nocturn secret, deoarece șoarecii se arată noaptea. Ei trăiesc în găuri întunecate, sunt paraziți, renegați, nelegiuiți, iar noi îi prindem în capcană sau îi otrăvim ori de câte ori avem ocazia. Deci, trebuie să fie o formă instinctuală aflată sub un puternic tabu. Care este acel instinct? Sexualitatea este singura lui formă de manifestare? Mai este o concluzie.

Dr. Draper: Pentru a fi complet irațional, este posibil ca scopul ocult al primei părți a acestei prelegeri, referitoare la arhetipuri și balauri, să fi fost acela de a ne pregăti pentru interpretarea simbolului șoarecelui. Astfel, șoarecele poate fi un balaur miniatural care este de fapt semnificativ în viața visătorului, este cu adevărat un balaur. Putem privi șoarecele ca pe inversul unui balaur. Acesta se poate referi nu numai la aspectele fizice ale vieții, ci și la unele mult mai cuprinzătoare.

Dr. Jung: E adevărat. Sexualitatea nu este numai un șoricel, este un lucru foarte mare, o problemă dintre cele mai apăsătoare; dar visul vorbește despre un șoarece și noi presupunem că o face cu un scop. Ne-am aștepta la un simbolism mult mai puternic, dar în locul unui balaur dăm peste un șoricel. Nu este un argument împotriva ideii că șoarecele ar reprezenta sexualitatea, dar aș spune că în acest caz scopul inconștientului a fost categoric acela de a o minimaliza, de a o face atât de mică, încât să pară nesemnificativă. Este un fel de înșelătorie. Soția face tărăboi, ca și cum lucrul ar avea o importanță mult mai mare decât are în realitate, deoarece ea reprezintă acea figură din vis care știe mai multe decât visătorul însuși despre importanța șoarecelui sau a sexualității. S-ar putea spune că-i transferă soției sale realizarea, ca și cum ar zice: „Tu faci mare tărăboi în această privință, dar pentru mine nu înseamnă nimic“. Întrebarea e de ce să fie minimalizată. De ce nu este reprezentată la întreaga sa valoare? Deocamdată, aceasta este într-adevăr problema fundamentală a visului.

Dna Sigg: Pentru a-l încuraja.

Dr. Jung: Da, așa e. Adesea vedem cum anumite lucruri care în realitate par insignifiante sunt extrem de accentuate în vise; ceva capătă dimensiuni extraordinare pentru a impresiona visătorul atunci când el subevaluează aspectul respectiv. Și reversul se întâmplă atunci când un lucru deosebit de important este minimalizat. Este la fel ca exemplele despre care am discutat recent, în care analistul este devalorizat, depotențat, pentru a da visătorului șansa de a se afirma. Altfel, este obsedat de figura analistului. În acest caz, la nivel conștient, omul acordă importanța cuvenită sexualității, iar scopul figurii șoricelului poate fi acela de a-l încuraja. Să-l încurajeze ce să facă?

Dna Sigg: Să încerce să găsească o cale pentru a rezolva problema cu soția sa; el ar putea-o întreba de ce se teme, de exemplu.

Dr. Jung: Dar i-a pus adesea această întrebare și nu a ajuns nicăieri. Toate femeile se tem de șoareci, iar unui bărbat i se pare întotdeauna ridicol. Deci este chiar ridiculizată și este evident că inconștientul dorește ca el să o considere o chestiune măruntă, în privința căreia soția sa face tărăboi ca și cum ar putea vătăma copiii, ceea ce este o prostie. Atunci, tendința visului este de a reduce importanța problemei, pentru a-l încuraja. Dar pentru ce să-l încurajeze?

Dr. Baynes: Să-și urmeze libidoul, de care se teme atât de mult.

Dr. Jung: Când patul se rupe, libidoul lui fuge. El nu se teme să fugă după el, deoarece îi transferă soției sale frica, dar el ce face? Încearcă să ucidă șoarecele cu tăblia patului și nu reușește — ca și cum ai trage cu tunul în vrăbii. Acum, ce-l încurajează visul să facă?

Dl. Holdsworth: Să-și rezolve problema cu soția. El ar trebui să ia un băț și, așa cum spune vechiul proverb despre femeie: „Cu cât o bați mai mult, cu atât va fi mai bună."

Dr. Jung: Nu, el nu ar face niciodată asta. Nu se simte deloc împins să o bată, este prea rafinat. Evident, dacă ar fi fost profund îndrăgostit de ea și dacă ar fi trăit cu câteva grade mai spre est ar fi luat un băț, dar pentru un occidental educat nu are niciun farmec să bați o femeie și apoi să te culci cu ea.

Dna Sigg: Dar eu cred că ar fi important pentru ei amândoi și spre binele copiilor dacă s-ar împăca. Ar putea discuta problema și efectul ei asupra copiilor.

Dr. Jung: Evident, soția crede că șoarecele ar putea vătăma cumva copiii, dar acestea sunt baliverne. Acum ne concentrăm asupra faptului că visul îl încurajează. Dar îl încurajează la ce? Vreau să continuați.

Dr. Baynes: El se află într-un pătuț de copil, într-un colț în care se luptă cu baubaul din șoarece, dar trebuie să iasă la lumină.

Dl. Holdsworth: Nu-i așa că această copulare nu e mare lucru? — este doar un șoarece.

Dr. Jung: Vreau să conving o doamnă să spună ce are el de făcut. Este o drăgălașă întrebare sadică. Vreau să văd cum își continuă ele propozițiile. Trădați un secret, vă rog. Observați că trebuie să discutăm lucrurile *à fond*. Unde sunt doamnele care ne pot lumina în această privință? Noi, bărbații, suntem slabi judecători ai sentimentelor umane. Pentru doamne ar fi o splendidă oportunitate să aibă un cuvânt de spus în această discuție care le privește. Doamna Sigg are perfectă dreptate atunci când presupune că el trebuie încurajat. Nu vă temeți. Nu fiți atât de prețioase. Ce ar putea însemna?

Dna Baynes: Probabil că respingerea soției sale îl descurajează și de aceea libidoul său este atât de scăzut.

Dr. Jung: Da, în conștientul său. Într-un fel, situația dintre acest bărbat și soția sa a devenit teribil de neinteresantă. Soția sa se eschiva. El și-ar fi dorit ca ea să fie mai interesată dar, de vreme ce nu era, el călca ocazional pe alături și avea aventuri ridicole cu femei ordinare. Apoi a încercat studiile teozofice, dar nu-și putea rezolva problema într-un mod atât de futil, așa că a venit la analiză și se implică într-un mod serios. Acum el încearcă să fie consecvent și să nu se lase dominat de problemă; evită călătoriile în Polonia[8] și încearcă să facă apel la judecată. Dar există șoarecele, acea pacoste nocturnă și, evident, în conștientul său îl consideră teribil de important, o chestiune care trebuie rezolvată.

Dna Deady: Nu și-a ridicat în el însuși un uriaș munte de temeri?

Dr. Jung: Ea l-a ridicat, nu el.

Dna Sigg: Înțeleg destul de bine ce vrea să spună doamna Deady și cred că o separare atât de lungă poate să fi creat și în bărbat un zid invizibil.

Dr. Jung: Desigur, este un zid invizibil, dar noi nu-l putem face vizibil. În acest vis vedem numai tendința inconștientului de a reduce importanța problemei. Am putea chiar să spunem că el s-a plasat între patru pereți, ca și cum ar fi fost un bebeluș, comportându-se ca un bebeluș, îndeplinindu-și funcțiile ca un bebeluș, făcând ceea ce i se spunea și, în timp ce își face exercițiile, patul se rupe și șoarecele fuge. Atâta timp cât era cu totul în atitudinea infantilă, șoarecele nu a apărut. Dar acum problema apare. El este ineficient, nu reușește să-l ucidă, șoarecele fuge și soția sa se înfurie deoarece crede că sexualitatea lui scăpată din chingi va vătăma copiii, ceea ce, desigur, este întotdeauna argumentul soțiilor — susțin că le face rău copiilor.

---

8 Polonia: vezi visul 18 şi asociaţia sa la *călătoria în Polonia*, mai sus, 9 octombrie 1929, p. 302.

Dra Hannah: Ar fi trebuit, la fel ca Buddha, să încerce să trăiască precum o maimuță?

Dr. Jung: Să încerce să trăiască aidoma unui șoarece? Să imite comportamentul șoarecelui și să fugă? Apariția animalelor în vise înseamnă adesea să imiți felul lor de a fi. În basme sunt animale care sar în ajutor. Practic, ce înseamnă aceasta? Aș dori în mod special ca doamnele să-și folosească intuiția aici.

Dna Baynes: Cred că foarte important este faptul că el a reușit să iasă din pătuț înainte de a fi în stare să rezolve ceva.

Dr. Jung: El este afară din pat. Nu mai are ajutor, nu se mai adăpostește în spatele zidurilor infantile. Ceva este în curs, de-abia a pornit, dar trebuie să știm ce este.

Dna Deady: El nu ar trebui să se gândească prea mult la asta. Ar trebui să aibă spontaneitatea șoarecelui — doar un singur salt.

Dr. Jung: Doar un singur salt — ca fulgerul, tăcut? Da, aceasta ar însemna să imite șoarecele, dar suntem prea metaforici, ar trebui să fim mai concreți. Ne gândim aici că acest șoarece semnifică un factor autonom separat, ceva instinctual care și-a părăsit ascunzătoarea și apare pe scenă. Nu e cazul să încercăm să-l ucidem, șoarecele este mai rapid; nu are rost să încercăm să-l ucidem, chiar dacă soția lui susține că ar putea vătăma copiii. Mecanismul este dereglat acum. Cineva este dereglat când face lucruri pe care nu intenționa să le facă, spune lucruri pe care nu intenționa să le spună. Pe scenă a apărut un factor autonom care ia o formă foarte mică, dar care se evidențiază exact așa cum se evidențiază un șoarece. Va fi o pacoste atât noaptea cât și ziua și va face găuri, deoarece nimic nu e veșnic; se va strecura prin ziduri și prin uși, nu poate fi încuiat; indiferent de voința lui, va lucra.

Aceasta este semnificația evidentă a visului, dar normal că omul mă va întreba: „Ce este?“ și eu voi spune că e vorba despre problema lui sexuală, pe care nici el, nici soția sa, nu o pot controla și care va ieși la suprafață. „Dar de ce numai un șoarece pentru o problemă de proporții?“ — la care îi voi răspunde că, în mod evident, importanța este mult redusă și literal înseamnă că visătorul nu ar trebui să facă atâta caz de sexualitatea sa. O poate lăsa în pace, fiindcă șoarecele va avea grijă de el însuși. El își pune mereu problema ce ar trebui făcut, nu ce trebuie să facă el; caută o formulă sau ceva asemănător, care este general valabilă pentru situația dată. Dar ar trebui să o respingă complet, ar trebui pur și simplu să spună că nu o poate rezolva și nu știe care e soluția. Dacă acel lucru dorește să trăiască, va trăi, și el trebuie să-i dea drumul. Ceea ce este lăsat în pace își poartă singur de grijă, funcționează după propriile-i legi. Mâța a ieșit din sac și, dacă problema funcționează în felul acesta, va continua să funcționeze, să-și facă drum. Cu condiția să fie reală, va produce anumite efecte și, în mod normal, individul se află mai mult sau mai puțin la mâna sa; ea merge înainte chiar dacă nu se știe când sau unde. Este cât se poate de important să nu facem nicio presupunere. Sunt multe probleme pe care mintea noastră rațională este foarte capabilă să le trateze, situații aparent imposibile, și eu sunt foarte atent să nu mă amestec. De exemplu, sunt oameni care la treizeci și cinci de ani se retrag într-o mânăstire. Uneori oamenii aleg vieți ciudate, pe care opinia generală le-ar considera greșite, dar pot fi corecte pentru ei, cum aș putea să știu? Dacă inconștientul său ar spune că sexualitatea acestui bărbat a dispărut complet, că este absolut lipsită de importanță și inexistentă, ar fi ceva neașteptat, dar eu aș spune: „Probabil că e adevărat". Prin urmare, aici i-aș spune visătorului: șoarecele a scăpat și acum poate acționa dacă este viu cu adevărat, dacă are putere. Va avea grijă de el însuși și ceva se va întâmpla.

Înțelegeți? Eu cred cu adevărat în complexele autonome. Cred cu adevărat că factorii autonomi sunt productivi și pot contribui la rezolvarea unei probleme imposibile, într-un fel care nu e nici refulare, nici neglijare. Este ca și cum ți-ai trimite slujitorul să încaseze o poliță: tu nu poți merge, așa că îți delegi puterile, trimiți problema în deșert, în necunoscut, și ea își va găsi drumul. Eu nu-i pot găsi rezolvarea, dar dacă-i dai drumul, ea se va rezolva urmând legea generală. Vedeți, eu pot vorbi în termeni foarte categorici despre acest caz, deoarece știu prin ce *péripéties*[9] a trecut și cum a evoluat de atunci și mai știu că aici lucrurile încep să se miște. Vă amintiți visul anterior, care spunea că mașina e gata de funcționare și știți care era dificultatea — că s-a lovit de prejudecățile bisericii și de legile morale. Apoi s-a dat înapoi și s-a aflat în pătuțul de copil. Acum, pătuțul se dezmembrează. Mașina devine șoarecele. El recunoaște că este un mecanism viu, capabil să găsească singur soluția salvatoare. Este pentru prima dată când a descoperit că își poate purta singur de grijă. Nu știu cum. Rămâne la voia Domnului, dar vă pot spune că a fost foarte viu. S-a descurcat singur.

---

9 Din grecescul *peripetia* = „o schimbare bruscă de situație".

Prelegerea a X-a.
26 martie 1930

Dr. Jung:
Înainte de a intra în discuția noastră de astăzi, doresc să vă fac o propunere referitoare la următorul nostru seminar. Câțiva dintre dumneavoastră se vor afla aici în trimestrul de vară și probabil că va fi un număr de noi membri. Pentru ei vom face o scurtă dare de seamă a întâlnirilor din acest semestru. Nu e nevoie să menționăm visele, ci este important să facem o expunere generală a problemei, cum a evoluat și cu ce variațiuni — un rezumat psihologic al mișcării generale a acelui lung șarpe al problemei noastre onirice.

Apoi, aș dori să vă mai dau o sugestie. În ultima vreme am încercat să sistematizăm arhetipurile din materialul visului și ne-am lovit de dificultăți considerabile. Acum, de vreme ce arhetipurile au fost observate inițial nu în vise, ci în material mitologic precum basme, legende și forme religioase de gândire, cred că ar fi recomandat să încercăm mai întâi să clasificăm arhetipurile dintr-un astfel de material. Mi s-ar părea interesant dacă unii dintre dumneavoastră ar alege diverse mitologii — dacă unul ar lua mitologia germană și altul greco-romană sau folclorul primitiv și așa mai departe. Vă puteți face o idee despre clasificare cercetând indexul *Psihologiei inconștientului*, unde sunt cărți englezești ce urmează această direcție. Acea poveste mai degrabă neinteresantă, „Cenușăreasa", este totuși foarte valoroasă din punct de vedere psihologic; acolo vezi cum sunt concepute arhetipurile. În literatura germană, există o paralelă numită *Astralmythen*, de Stucken, și, de asemenea, *Das Zeitalter des Sonnengottes*, de Frobenius, unde găsiți o enumerare a motivelor arhetipale și a metodelor prin care acești savanți și au atins rezultatele.[1] Fac această propunere cu speranța că îi va interesa pe unii dintre dumneavoastră. Sunt întrebări?

Dr. Baynes: Referitor la prima dumneavoastră sugestie, darea de seamă asupra celor discutate în semestrul acesta, propuneți ca mai mulți membri să facă rezumate, să vi le înmâneze și cel mai bun sau cel mai cuprinzător să fie multiplicat?

---

1 Eduard Stucken, *Astralmythen: Religionsgeschichtliche Untersuchungen* (2 vol., Leipzig, 1896, 1907.) Leo Frobenius, *Das Zeitalter des Sonnengottes* (Berlin, 1904).

Dr. Jung: Prezentarea poate fi făcută de o singură persoană, să fie doar un rezumat general, asemănător raportului întocmit de domnul Deady, dar mai puțin specific.

Dr. Deady: În ce fel să difere?

Dr. Jung: Eu nu aș intra în detaliile viselor. Aș încerca pur și simplu să descriu evoluția generală a gândirii. Ar fi o trecere în revistă a gândirii, nu a materialului oniric.

Dr. Baynes: Cred că cel mai bun îndrumar pentru căutarea motivelelor arhetipale este cartea dumneavoastră.

Dr. Jung: Nu vreau să vă limitați la ea. Motivul Cenușăresei este un caz excepțional de clar. Apoi, un material extrem de interesant poate fi găsit în mitologia indiană. V-ar ajuta să vedeți că apar aceleași motive ca în vise.

Întrebare: Vreți ca rezumatul să fie făcut de toată lumea?

Dr. Jung: Nu de toată lumea. Numai de persoanele interesate.

Sugestie: *Orpheus, the Fisher* (*Orfeu, pescarul*) este o carte interesantă, aflată în biblioteca de aici. Mai este una de Bachhofer, dar aceea nu e tradusă.[2]

Dr. Baynes: *The Holy Grail* (*Sfântul Graal*) de Jane Weston[3] prezintă motivele într-un mod destul de erudit.

Dr. Deady: În Anglia tocmai a apărut o nouă carte, intitulată *The Lore of the Unicorn (Tradiția unicornului)*[4], de Shepard. Scriitorul pare să fi citit toate cărțile din lume pe care ceilalți oameni nu le-au citit. Bibliografia este extraordinară. Acoperă totul, de la legende la vise — o cercetare remarcabilă.

Dr. Jung: Da, dar mă tem că aceea este o monografie a unui singur motiv și nu este tocmai ce avem noi nevoie. Noi avem nevoie de o metodă care să distingă motivele arhetipale de restul materialului. Desigur, dintr-un anumit punct de vedere, Cenușăreasa este un singur motiv, dar metoda este excelentă și, desigur, cartea dumneavoastră despre unicorn ar putea avea și ea o metodă bună. Și cartea lui Silberer despre misticism este foarte bună.[5] Pe lângă o serie de alte motive, acolo veți găsi și motivul cazanului.

Am descoperit acest *document humain* pe biroul meu, dar nu cunosc autorul, pentru că nu este semnat. Vi-l voi citi.

---

2 Robert Eisler, *Orpheus — the Fisher* (Londra, 1921). Pentru un comentariu despre opera lui Eisler, vezi *Aion* (1951), O.C. 9/2, par. 147, n. 75. Probabil că Bachhofer este o eroare de transcriere, de la Bachofen: Johann Jakob Bachofen (1815–1887), jurist elvețian şi scriitor preocupat de simbolism şi mitologie. Vezi *Myth, Religion and Mother Right: Selected Writings (Bollingen Series*, 1967).

3 Jessie Weston, *The Quest of the Holy Grail* (Londra, 1913).

4 Odell Shepard, *The Lore of the Unicorn* (Londra şi Boston, 1930).

5 Herbert Silberer, *Problems of Mysticism and Its Symbolism*, tr. Smith Ely Jelliffe (New York, 1917).

Câteva sugestii despre visul cu șoarecele

Discuția purtată la ultimul seminar a declanșat o oarecare ostilitate în lumea șoarecilor. Pentru a o risipi, șoarecii și-au luat liberatea de a trimite următoarele propuneri de conciliere.

Dr. Jung a spus că, atunci când un animal apare într-un vis, trebuie să-l luăm exact ca în realitate și să încercăm să-i descoperim semnificația cu ajutorul propriilor sale caracteristici. Deci, am specificat că șoarecele este mic — timid — trăiește în găuri — iese din ele mai ales noaptea — se dă în vânt după untură și poate tulbura gospodăriile liniștite. Ceea ce nu s-a subliniat, pe lângă aceste caracteristici, este extraordinara fertilitate a șoarecelui, egalată probabil numai de porcușorul de guineea. Orice copil care are o pereche de șoareci albi știe lucrul acesta — știe că numai masacrele de tipul aceluia ordonat de Irod vor afecta mulțimea crescândă a puilor produși pe bandă rulantă. Ai impresia că nasc până și masculii.

Ar fi util să nu trecem cu vederea această extraordinară fertilitate a șoarecelui — poate că ne va duce undeva. Să spunem atunci că șoarecele este un animal al întunericului, al nopții și al fertilității. Aceasta arată din plin legătura sa cu viața lunară, cu întreg simbolismul lunii, pe care membrii seminarului și-l amintesc din discuțiile anterioare. Dar în interiorul acestui cerc al luminii lunare șoarecele are locul său special și putem descoperi cel mai bine semnificația lui dacă ne gândim la comportamentul femeii la vederea unui șoarece.

Potrivit unui vechi proverb, o fată care nu se teme de șoareci și-a pierdut virginitatea. Și tot atât de sigur este că, la vederea unui șoarece, femeile își arată teama într-un mod foarte ciudat — ca și cum virginitatea le-ar fi atacată. Este un lucru foarte curios, un șoarece nefiind deloc un pericol pentru castitatea femeii.

Acum, trebuie să ne luăm inima în dinți și să o spunem: când într-o cameră se află un bărbat, o femeie și un șoarece — când femeia țipă și bărbatul este neimpresionat, în ciuda tuturor aparențelor este foarte probabil ca bărbatul să fie înspăimântat și femeia nu.

Fiecare bărbat din sală se poate ridica acum să declare triumfător că aceasta nu este decât o altă dovadă de falsitate și ipocrizie din partea femeii — încă o lacrimă de crocodil în ochii ei înșelători. Și suntem nevoiți să îi dăm dreptate. Dar după ce bărbații și-au savurat triumful, am putea merge mai departe, spunând că ar fi bine să nu să ne oprim aici. Cum de pe vremea Evei femeile s-au purtat mereu în acest fel bizar, înșelător, la vederea unui șoarece, însuși acest comportament trebuie să aibă o semnificație. Probabil că și impostorul are un motiv întemeiat — probabil că până la urmă nici nu este o înșelătorie, ci un fel de comportament simbolic — la fel de simbolic precum șoarecele însuși.

Șoarecele, credem noi, este un simbol al dorinței femeii de fecunditate. Această dorință este adânc înrădăcinată în toate femeile, deoarece numai prin aducerea pe lume a copiilor femeia își îndeplinește sarcina sa naturală și trăiește conform destinului său. Iar această afirmație nu trebuie raportată numai la lumea materială și fizică a trupului feminin și la sexualitate. Este tot atât de adevărată și pentru mintea lunară a femeii, care tânjește mereu după sămânța fiilor luminii, pentru a da naștere copiilor spirituali ai lunii în creativitatea întunecată dar mereu efervescentă. La femei, dorința de concepție fizică este atât de întrețesută cu dorința de concepție spirituală, încât adesea ele le amestecă și numai capacitatea de discriminare a bărbaților poate decide ce vor ele cu adevărat. Se poate întâmpla ca o femeie să dea naștere unui copil după altul deoarece ea nu știe că mintea sa lunară suferă de neglijare, pe de altă parte multe soții își sâcâie soții cu dorințele lor imperioase de apartenență spirituală, în timp ce, în realitate, ar trebui să aibă copii.

Dar, oricum am lua-o, pare foarte probabil ca șoarecele, prin disponibilitatea sa de a concepe, să fie simbolul principiului Yin.

Așa cum, în lumea materială, numai pântecele este acela care creează în femeie, în lumea spirituală, nu viața intelectuală sau rațională este aceea care conține puterea creatoare a femeii. Sub aspectul său rațional, femeia este gardianul, mama. Dar pământul cald, cafeniu al Erosului irațional este acela care trebuie să primească sămânța spirituală a bărbatului. Acum, Erosul fiind prin natura sa atât de irațional, este lipsit complet de limbaj — nu poate vorbi nici engleza, nici franceza, nici germana. Și cum nu cunoaște deloc cuvântul logic, Erosul nu poate niciodată să spună limpede ce dorește și de ce dorește tocmai aceasta. Prin urmare, atunci când în femeie se manifestă Erosul, tot ce poate ea să facă este să acționeze sau să vorbească în moduri simbolice uneori foarte curioase, pentru a atrage atenția bărbatului. Ceea ce dorește Erosul este să-l determine pe bărbat să pună o întrebare, deoarece la întrebări Erosul poate răspunde. Răspunsul va fi întotdeauna un copil — în lumea materială va dura nouă luni, în sferele spirituale poate apărea mult mai repede.

Numai că bărbatul nu știe toate acestea. Ori de câte ori este vorba de Eros, bărbatul, care nu și-a dezvoltat în interiorul său întreaga sa latură feminină, este tot atât de ignorant ca Parsifal. El habar nu are — nu este deloc conștient că în străfunduri e înspăimântat. Așa cum stă Parsifal în fața Sfântului Graal, bărbatul stă în fața Erosului feminin. Și așa cum Parsifal a fost acceptat la Sfântul Graal numai când a pus întrebarea, numai la întrebarea bărbatului Erosul femeii poate fi revelat.

Diferența este aceea că Graalul — fiind sfânt — a rămas tăcut și a așteptat întrebarea, în timp ce femeia efemeră, legată de pământ, nu știe atât de bine să aștepte. Atât de mare este dorința sa de a concepe, încât se servește de cele mai uimitoare mijloace pentru a-l face pe bărbat să vorbească.

În cazul șoarecelui, este ca și cum femeia ar adopta toate semnele exterioare ale fricii interioare a bărbatului, pentru a-i trezi cavalerismul și curajul și pentru a-i arăta cât de inutilă este teama în acest caz. Când o femeie țipă la vederea unui șoarece, nu înseamnă: „Mi-e frică." Înseamnă: „Vezi șoarecele? Nu înțelegi? Te rog să întrebi acum! — pune o întrebare!"

Noi suntem de părere că șoarecele este un simbol excelent al dorințelor Erosului. Așa cum șoarecele trăiește aproape nevăzut în toate țările și climele, la fel și Erosul femeii, chiar dacă este ascuns în cea mai adâncă gaură de șoarece, este omniprezent. La fel ca șoarecele, preferă strălucirea prietenoasă a lunii, luminii din miezul zilei și se simte cel mai bine în cea mai liniștită cameră din casă. Și, la fel ca șoarecele, promite nenumărate progenituri. În cazul acestor progenituri, legea franceză pare a fi valabilă în toate cazurile, și anume: *La recherche de la paternité est interdite.*[6] Dar copiii Erosului seamănă atât de mult cu tații lor, încât uneori aceasta este aproape o glumă.

Probabil că vreți, de asemenea, să știți de ce bărbatul se teme atât de mult de șoarece în străfundurile sale. Într-un fel, el are foarte mare dreptate, spaima lui este o spaimă pioasă. Logosul trebuie să se teamă de Eros, deoarece în Eros își întâlnește opusul. Și când opusele nu se întâlnesc exact așa cum trebuie, un mare rău se produce. Prin urmare, spaima bărbatului funcționează ca un avertisment interior de a nu da o utilizare greșită dorinței oarbe, iraționale, a femeii.

Nu trebuie să uităm să spunem că și pentru șoarecele nostru simbolic — ca pentru toți șoarecii — există o pisică. Și această pisică a distrus mulți șoareci de-a lungul vremurilor. Când șoarecii devin prea zgomotoși și imprudenți, este corect ca pisica să-i mănânce. Dar nicio pisică nu ar trebui să fie lăsată să mănânce mai mulți șoareci decât poate să digere. Și totuși puteți vedea multe pisici care înghit șoareci până fac indigestie — sau, și mai rău, devin atât de grase, încât ajung neîndemânatice și prost-dispuse. Mâța care mănâncă șoarecele oniric se numește anima. Prin urmare, este într-adevăr un semn de bun

---

6 Cercetarea paternității este interzisă. (N.t.)

augur că în visul nostru soția visătorului urmărește șoarecele — și nu este nicio mâță *prin apropiere*.[7]

Dr. Jung: Excelent. Felicit autorul necunoscut. Faptul că anima este mâța care mănâncă șoarecele oniric este categoric un nou punct de vedere.

Dna Baynes: Îl considerați adevărat?

Dr. Jung: Sunt atât de surprins, încât am nevoie de timp de gândire.

Dna Baynes: De ce credeți că șoricelul care a scris articolul rămâne ascuns? Eu cred că merită niște cașcaval.

Dr. Jung: Nu sunt atât de sigur! Mai sunt întrebări referitoare la șoarece, care a fost atât de exhaustiv tratat? Nu te-ai fi gândit că un lucru atât de mic ar putea provoca astfel de comentarii — a pus munții în mișcare, s-ar putea spune.

Dna Sawyer: De ce a intrat șoarecele în camera băieților?

Dr. Jung: E adevărat, nu am vorbit despre asta. Vreo sugestie?

Dr. Howells: Reacția unei femei la problema sexuală poate fi transferarea ei asupra copiilor.

Dr. Jung: Aceasta este în mod evident ideea ei din vis — și anume că șoarecele poate vătăma băieții. Se pune accentul pe băieți. Putea fi o fată — Erosul visătorului intrând în camera fetelor, dar este camera băieților, fapt uimitor. La ce vă gândiți?

Dna Sawyer: Ce vârste au băieții?

Dr. Jung: Opt sau zece ani, probabil.

Dna Sigg: Se pare că, atunci când părinții investesc prea mult sau prea puțin libido într-o anumită parte a vieții lor, copiii sunt înclinați să adopte atitudinea opusă.

Dr. Jung: Dar ne interesează de ce acest Eros se îndreaptă spre băieți. Dacă merge în camera fetelor este evident că este un libido incestuos, dar dacă merge în camera băieților, ce ar putea fi?

Dr. Baynes: Homosexualitate.

Dr. Jung: Da, homosexualitate incestuoasă. Un astfel de libido refulat se îndreaptă, în mod natural, spre primul obiect întâlnit în cale — uneori o fiică, alteori un fiu. Desigur, este foarte posibil ca băieții să fie simbolici, dar aici ne aflăm într-o situație destul de delicată, deoarece băieții sunt tot atât de reali pentru el, ca și soția sa. Soția sa nu este simbolică, ea este concretă — ținem la

---

[7] Indexul seminarului, tipărit în anul 1939, scoate la iveală faptul că autoarea a fost Linda Fierz-David, fapt confirmat de Barbara Hannah (1980). Ea a scris *Der Liebestraum des Poliphilo* (Zürich, 1947), tr. de Mary Hottinger cu titlul *The Dream of Poliphilo* (Visul lui Poliphilo) (New York şi Londra), cu o prefață de Jung.

faptul că soția din vis este chiar soția lui. Apoi aici sunt băieții, fiii săi, nu avem scăpare; suntem nevoiți să recunoaștem că visul chiar asta vrea să spună, că Erosul fuge și se duce la băieți, putându-i vătăma. Dacă un astfel de Eros refulat ar lua forma unei relații incestuoase, desigur că spaima soției ar fi justificată. Întrebarea este: de ce băieții și nu fetele? — și, după mine, răspunsul este acela că într-un vis anterior, în circumstanțe similare, era fiica. Șoarecele — libidoul — a fugit la fiică și a creat o situație incestuoasă. Analiza acelui vis a reprezentat un șoc puternic pentru el; a înțeles imediat și probabil că asta a blocat calea. Dar calea către băieți este deschisă. Pentru el este exclus gândul că ar putea fi homosexual, prin urmare pe acolo se poate strecura diavolul. Când spunem că un lucru este imposibil, pe acolo poate intra diavolul. Visătorul nostru nu visează o eventualitate, este mult prea improbabil, și aceasta este calea șoarecelui — calea invizibilă. Deci, este trezit instincul sănătos al soției, care sesizează pericolul.

Dna Henley: De ce nu încearcă el să ucidă șoarecele, dacă are acel puternic sentiment de sexualitate, în privința lui?

Dr. Jung: El a încercat, dar cum putea ucide un șoarece când ținea în mâini jumătate de pat? Soția sa avea un băț, care este mult mai practic, dar arma sa era prea greoaie, nu era instrumentul potrivit. Desigur, și aceasta are o semnificație psihologică, asociată cu semnificația pătuțului de copil, în care el era copil și nu putea face vreun rău sieși sau altcuiva și se juca în siguranță. Obiectul se dezmembrează, dar el ține încă instrumentul cu care fusese îngrădit. El folosește același instrument pentru a ucide șoarecele, aceleași măsuri infantile, dar, evident, un astfel de lucru este mult prea greoi.

Dr. Deady: Nu ar putea însemna că plasează Erosul în băieți, deleagă responsabilitatea, și astfel rămâne la un nivel inferior?

Dr. Jung: Nu este nimic conștient, deci în acest caz ar fi cam dificil să vorbim despre responsabilitate. Apariția incestului homosexual, distrugerea vieților lor de către șoarece, s-ar putea întâmpla în viitor, nu acum. Acum ar însemna doar toleranță, iubire sentimentală față de băieții săi sau identificare, ceea ce este, pur și simplu, un incest homosexual. Apoi, mai târziu, fiul va moșteni păcatele tatălui și va trebui să compenseze pentru acel păcat moștenit.

Ajungem acum la următorul vis. După cum probabil ați observat pe parcursul acestui seminar, foarte des, neașteptatul se întâmplă, iar o anumită caracteristică pe care am trecut-o complet cu vederea ne atrage în curând atenția și mă refer aici la fertilitate, principiul generativ, trăsătură a șoarecelui. În mintea conștientă a visătorului, acea caracteristică era cea mai îndepărtată. Prin urmare, visul care urmează se ocupă de acea latură.

Vis [26][8]

Soția sa naște trei copii în același timp — tripleți (ceea ce pentru o ființă umană reprezintă, desigur, o fertilitate oarecum neobișnuită), dar primii doi copii mor la naștere, numai al treilea copil rămâne în viață. El spune că acest vis s-a repetat în aceeași noapte și totuși, în ciuda acestui fapt, nu-și poate aminti vreun alt detaliu. Își amintește numai că ar fi asistat la naștere, că era și moașa acolo și că a luat cu ea cei doi copii morți.

Asociații: El spune că tripleții sau chiar și gemenii îi dau impresia unei binecuvântări prea mari sosite dintr-odată. I se pare suficient dacă numai al treilea copil rămâne în viață. Acum se gândește la acești copii morți și spune că spiritualismul și yoga i se par a fi copii inutili, care sunt îndepărtați de moașă — asociindu-mă cu moașa, în ciuda sexului meu. Al treilea copil i se pare a fi o evoluție a relației dintre bărbat și anima sau sufletul lui (acea parte rămâne în întuneric).

În acest vis avem o fertilitate extraordinară. Pentru șoareci, obișnuiți să producă mult mai mulți, reprezintă foarte puțin, dar pentru ființele umane este remarcabil. Ce ați spune despre acest vis, pe lângă fertilitate?

Dr. Deady: Există vreo legătură psihologică între atitudinea lui igienică, semnificând sexualitate refulată, și atitudinea teozofică a minții sale?

Dr. Jung: Este o legătură strânsă între vegetarianismul lui, așa-zisele preocupări igienice și preocupările sale spirituale și legate de yoga.

Dr. Deady: Eu mi-am închipuit că exercițiile din pătuț făceau parte din preocuparea sa pentru igienă, în timp ce șoarecele, sexualitatea, refulată de igienă, este ceea ce-și dorește cu adevărat.

Dr. Jung: Evident, spiritualismul și yoga l-au ținut departe de realitățile vieții și, de asemenea, mania alimentelor — faptul că mănâncă salată verde sau flori de salcâm și miere sălbatică este un foarte bun mijloc de a refula sexualitatea.

Dr. Deady: Toate sunt metode de refulare?

Dr. Jung: Da, refulat sub pat, ascuns. El face cascadorii igienice în vârful patului și șoarecele este dedesubt. Cu cât se dedică mai mult acelor culturi apotropaice, cu atât patul se distruge mai tare și șoarecele scapă, așa că totul a fost în van. Între acel vis și acesta nou este clar că șoarecele a realizat ceva. Între ele s-au scurs cinci zile și în acele cinci zile s-a întâmplat ceva. Șoarecele a provocat o fertilitate ieșită din comun — datorită lui, nevasta sa a născut tripleți. Un fapt uimitor. Evident, nu

8 Vezi, mai jos, 7 mai 1930 și 14 mai 1930, unde acest vis este prezentat drept al 26-lea din succesiunea cronologică.

are nicio legătură cu realitatea, ea nu a avut niciodată tripleți, se supune normei din acest punct de vedere, dar este evident ea însăși în vis. Nu putem spune că este anima, de exemplu. Este chiar soția lui și e fertilă. El are tendința de a o considera complet sterilă, însușindu-și acea fertilitate, deoarece nu este vizibil nimic de acest gen în cazul soției sale și ultimul lucru care s-a schimbat în ultimii șase sau șapte ani, crede el, este faptul că a trecut de la cultul său pentru spiritualitate și yoga la analiză. În mod aparent, soția sa nu a trăit deloc și el este impresionat de stabilitatea sa absolută, de starea sa constant inactivă. Dar visul spunea că ea este capabilă să producă tripleți, ceea ce reprezintă o compensație uimitoare. Aceea a fost o lovitură năucitoare între ochi. A fost atât de neașteptată, încât nu am discutat acest aspect cu el. Ar fi trecut pe lângă el, deoarece era atât de convins că soția lui nu poate fi diferită de cum o considera el, încât era de-a dreptul inutil să o sugerez, așa că am lăsat practic acel lucru în starea reprezentată de el — doi copii morți în evoluția lui și unul care trăiește. Acela era singurul punct de vedere accesibil pentru el atunci, am simțit-o foarte clar. Visul a reprezentat și pentru mine o surpriză uriașă, întrucât am fost atât de impresionat de descrierea făcută de el soției sale, încât nu m-aș fi putut gândi la tripleți.

Dar, așa cum o arată evenimentele ulterioare, a avut loc o schimbare de proporții, din cele mai neașteptate, așa că nu știm care va fi rezultatul final. În orice caz, schimbarea care a avut loc în ea a fost atât de remarcabilă, încât s-ar putea vorbi cel puțin despre gemeni. Deci, eu cred că indică întâmplări extraordinare în viitor — un caz de anticipare psihologică. Este ca și cum aș profeți că soția sa va naște, ca bătrânul Abraham și soția sa, Sarah; pântecele îi era deja mort în interiorul său, cum ar fi posibil? — și el se îndoia de cuvântul Domnului.[9] Aceasta ar fi situația acelui bărbat și eu nu am avut curaj să susțin visul, deoarece eu însumi mă îndoiam că ar putea fi adevărat. Totuși, ținând seama de toate regulile jocului, ar fi trebuit să-i spun: „Nu putem fugi de faptul că soția dumitale e soția dumitale și, aproape cu certitudine, ceva se va întâmpla cu ea". De fapt, doi ani mai târziu s-a adeverit în modul cel mai surprinzător — trebuie să recunosc că m-a uimit. Întotdeauna facem greșeala să nu credem în miracole. Dar există miracole, numai că noi nu credem în ele. Faptul că el asociază copiii morți cu preocupările sale oculte și copilul viu cu interesele sale psihologice este și el valoros; este o paralelă. Ar însemna că, așa cum el a realizat o trecere oarecum uimitoare de la spiritualitate, prin yoga, la psihologie, în același fel se poate schimba și soția sa. M-ați putea critica aici că nu o consider pe soția sa ca pe o realitate, ci ca pe o

[9] Geneza, 17:15–17; 18: 10–15.

simplă proiecție, ca pe propriul său inconștient feminin, și într-o anumită măsură ați avea perfectă dreptate. Aici, aparent, încalc regulile jocului. Dar nu putem face aceste reguli atât de rigide, astfel încât atunci când un soț sau o soție apar într-un vis în forma lor reală, ei să nu fie *nimic altceva decât* acel soț sau acea soție. Mai este și *imaginea* acelui soț sau a acelei soții. Când o visează pe soția sa este soția sa, dar și ceea ce reprezintă soția sa pentru el — este și o expresie a lui însuși.

Am ajuns aici la o idee dintre cele mai importante: faptul că atunci când analizezi oameni căsătoriți sau oameni care se află într-o relație foarte apropiată, chiar dacă nu e un mariaj, nu poți trata psihicul lor ca pe un factor separat; este ca și cum ai avea de-a face cu doi oameni și este extrem de dificil să separi ce este al fiecăruia din acea relație. Descoperi invariabil că așa-numita psihologie individuală a unui astfel de caz este explicabilă numai presupunând că o altă ființă umană funcționează în acea minte în același timp; cu alte cuvinte, este psihologia relației și nu psihologia unui individ uman izolat. Este chiar foarte dificil să izolezi părțile individuale de părțile comune. Deci nu putem considera un astfel de vis ca fiind al său personal; ar fi tot atât de mult și al soției sale. Psihologia lui se află în ea, așa cum a ei se află în el și fiecare vis pe care îl au este mai mult sau mai puțin o expresie a acelei înrudiri. Este ca și cum o ființă umană aflată într-o relație psihologică apropiată și-ar fi pierdut cele două picioare, cele două brațe și capul și acum ar avea patru picioare și patru brațe, două capete și două vieți. Individul este impregnat de sfera psihică a partenerului și astfel întreaga problemă de viață, întreaga problemă spirituală, se întrepătrunde în mod direct. În materialul lor psihic, ponderea principală o are materialul relațional, el poartă amprenta celor două minți.

Prin urmare, dacă aș spune că soția din acest vis nu este *nimic altceva decât* soția lui, ar fi o eroare. Aș neglija faptul că ea este o individualitate cu propriile sale particularități și, totodată, un aspect al psihicului lui. De exemplu, atunci când el vorbește de preocupări spirituale, ar putea la fel de bine să spună că soția sa a fost aceea care i-a sugerat să se îndrepte către yoga sau către o altă știință ocultă și, apoi, ea l-a condus spre analiză. Aceasta înfățișează situația într-o lumină total diferită, dar este adevărul psihologic, deoarece orice acțiune a lui este o expresie a relației sale, într-o asemenea măsură suntem fuzionați și întrepătrunși. Dacă ar presupune că soția sa înseamnă, practic, inconștientul său și că studiile sale sunt anumite capricii sau etape ale năzuințelor inconștientului său, ar fi corect; dar el nu-și dă seama și, atâta timp cât inconștientul este pentru el fertil, este firesc ca el să creadă că inconștientul i-a adus tripleții sau preocupările, fără să observe că soția sa este fertilă. La nivel conștient, soția sa chiar respinge aceste preocupări, însă le are pe toate în inconștient și, prin urmare, ea dezvoltă o rezistență inconștientă; nu dorește să le conștientizeze. Pentru un anumit tip de femeie, este uneori apăsător ca bărbatul să aibă astfel de preocupări psihologice. De fapt interesul ei este extraordinar de mare, dar din anumite motive îl refulează. Dar în cazul căsniciei lucrurile sunt atât de întrețesute, încât am putea la fel de bine să spunem că soția lui l-a condus spre acele preocupări, și chiar asta spune visul.

Un astfel de vis poate fi înțeles numai atunci când îl iei ca pe expresia unei relații. Este ca și cum el și soția sa s-ar fi întâlnit noaptea și ar fi născocit un vis, comunicând ceva egal valabil pentru ambele părți. El este cât se poate de satisfăcut că a pus în practică atâtea preocupări, iar ea este la fel de satisfăcută pentru că a adus pe lume tripleți. Dar, deocamdată, rolul ei este eclipsat. Ea este complet inconștientă de faptul că este vie în aceste preocupări și fertilă în interior. Poate că le refulează datorită unui inconștient superior, responsabil de șiretlicuri ieșite din comun. Știm din experiență că, atunci când ne dorim un lucru conștient, îl ucidem, dar atunci când suntem absolut inconștienți, el apare. Este ca și cum l-am face să dispară fixându-l cu privirea sau dorindu-l dar, se pare, atunci când ne temem de el, se materializează în chip magic. Prin urmare, se spune că de ce te temi nu scapi. Celălalt o face, pot fi insinuate cele mai uimitoare lucruri — nu numai în sprijinul binelui, dar și al răului. Deci, răul de care suntem inconștienți în noi înșine va fi insinuat în jurul nostru, unde va funcționa. Putem produce tot atât de multe efecte negative ca și efecte pozitive. Așa că trebuie să scăpăm de el și totuși este atât de vast și conține atât de multe posibilități diabolice, încât cu greu putem spera că vom epuiza oceanul de inconștiență.

În acest caz, cum ar putea visătorul să știe că soția sa nu face decât să-și refuleze interesul pentru astfel de lucruri și că această refulare ar putea avea un scop superior? Este un joc uriaș, un complot uimitor, așa că, atunci când descoperim câteva fire, ele sunt doar fire; dar dacă am putea trage de ele, am putea scoate la iveală o rețea extraordinară, cu un model extraordinar. Și totuși nu o putem face, aceasta depășește cu mult nivelul uman de inteligență.

Eu mi-am încheiat expunerea despre acest vis. Sunt întrebări? Sunt conștient de faptul că este o gândire foarte dificilă, această întrepătrundere prin *participation mystique*. Înțeleg că probabil nu o puteți înghiți imediat, dar este o ipoteză fără de care e de-a dreptul imposibil să explici anumite lucruri și, conform experienței mele, marea majoritate a viselor oamenilor căsătoriți sunt de acest gen. De asemenea, visele celor care nu sunt căsătoriți, dar care se află într-o relație cu cineva. Sau, chiar dacă nu au nicio relație apropiată, tot sunt influențați de factori exteriori. De exemplu, este foarte posibil ca visele unei persoane care locuiește la hotel să fie influențate de atitudinea psihică a locatarului din camera alăturată. Cunosc un om care a avut un vis despre o crimă oribilă și o sinucidere când a dormit într-o anumită cameră și apoi s-a dovedit că s-a aflat chiar în camera în care aceste lucruri s-au întâmplat, prin urmare el era penetrat de atmosferă. Ne putem molipsi în același fel atunci când e vorba despre ființe vii. O contagiune mentală este uimitor de puternică; urâm ideea și o refulăm cu toată puterea noastră. Ne place gândul că suntem izolați în noi înșine, că nu interacționăm cu nimeni, că nimeni nu ne poate influența direcțiile și deciziile. Dar, de fapt, sunt anumite uși deschise și anumite lucruri pot intra și ne pot tulbura, chiar și atunci când o relație apropiată cu altcineva este exclusă.

În multe cazuri este un fel de particularitate a atmosferei și nu este specifică omului. Și animalele pot fi pătrunse, ele se comportă uneori conform psihologiei umane datorită acelei interpenetrări și dacă nu recunoaștem astfel de lucruri, atunci noi suntem victimele. De asemenea, sunt oameni care preiau mirosurile urâte ale animalelor; miros ca o grădină zoologică, așa că sunt nevoit să deschid ferestrele. Nu glumesc. Am avut odată o pacientă care avea un miros, nu unul real, însă eu am o sensibilitate aparte, la fel ca vraciul primitiv care miroase șerpi. Îmi mirosea a stârv și ajunsesem până acolo încât nu o mai puteam primi în cabinet. Din fericire era cald afară, așa că o duceam în foișor, unde adia vântul, căci aproape că mă îmbolnăvea. Într-o zi, am trimis-o acasă pe acea femeie și a venit un alt caz, o doamnă foarte intuitivă. Ea nu văzuse femeia plecând, nu o cunoștea și nu știa nimic despre ea. Intrând în cameră, ea și-a luat umbreluța de soare și a început să ventileze viguros aerul, spunând: „Ce aer închis este aici!“ I-am răspuns: „Dar toate geamurile sunt deschise, nu poate fi înăbușitor“, iar ea a zis: „Probabil că ați avut un caz înfiorător!“ — am știut atunci că simțise și ea mirosul. Pacienta nu știa, dar curând după aceea a avut un vis în care a apărut dificultatea, iar apoi am putut-o rezolva și mirosul a dispărut. Este foarte posibil ca animalele să simtă acest miros. Simțul meu a degenerat; este extrem de slab în comparație cu acela al unui câine, dar sunt destul de sigur că animalele pot mirosi acele lucruri. Pentru noi este un simț apropiat de intuiție și nu știm dacă este ceva fizic sau ceva psihic, dar cu siguranță sunt cazuri în care, sub influența complexelor, oamenii capătă mirosuri urâte. Sunt întrebări referitoare la această problemă?

Dr. Baynes: Aș dori să pun o întrebare teoretică, referitoare la reprezentarea soției în plan subiectiv sau în plan obiectiv. În practică nu ați interpreta soția din acest vis mai degrabă ca reprezentant al acelei probleme care l-a impulsionat și l-a adus în analiză, cu toate rezultatele fertile care au decurs de aici, decât drept soția reală, având în vedere că în momentul respectiv nu știați că soția însăși funcționa într-un mod fertil?

Dr. Jung: În acel moment am interpretat-o numai subiectiv, deoarece latura obiectivă a visului era încă ascunsă minții sale. Ar fi fost multe prea greu de suportat. Înțelegerea unei *participation mystique* vii necesită o pregătire și avusesem până atunci numai cincisprezece sau șaisprezece vise. Nu este prea mult, așa că era înțelept să aștept o ocazie viitoare. Într-un stadiu mai înaintat, aș spune că este momentul să fim mai riguroși și atunci i-aș arăta ce s-a întâmplat, că soția sa din vis însemna într-adevăr soția sa și că era fertilă și implicată în trecerea lui de la spiritualism la yoga și la analiză. În concluzie, el nu trebuie să o considere absolut sterilă.

Dr. Baynes: Atunci, i-ați oferit o interpretare provizorie subiectivă?

Dr. Jung: Da. În acest moment, practic la începutul analizei sale, a fost marcat de ea, în ciuda minții sale foarte prudente și atente și, așa cum veți vedea din ultimele sale vise, a tendinței de a transfera totul în sfera intelectuală, neacordându-și sieși încredere pe de-a-ntregul. El o consideră o filosofie foarte interesantă, dar problema este în ce măsură se aplică realității. Trebuie să fim extrem de atenți să ne asigurăm pe ce fel de pământ se află pacientul nostru, iar atunci stratul era foarte subțire. Simțirea sa nu era reală; nu-i pătrundea adânc sub piele. Deci, am subscris interpretării sale, potrivit căreia copiii născuți morți sunt preocupările sale trecute și al treilea trăiește și îi este de folos și, cu o ocazie viitoare, vor apărea toate celelalte considerente. Este suficient, este util. De fapt, i-a luat mult timp până să înțeleagă realitatea aparte a interpretării și sunt aproape sigur că, dacă i-aș da visul acela acum și l-aș întreba care e semnificația lui, el l-ar interpreta la fel ca în trecut.

Dna Crowley: Spuneți că, cu cât este mai apropiată relația, cu atât mai mare ar fi identificarea din inconștient? O reflectă pe ea aproape mai mult decât pe el.

Dr. Jung: Nu, este în aceeași măsură o reflectare a punctului lui de vedere. Aș spune că aceasta este o relație inconștientă deosebit de puternică. Într-un cuplu în care la nivel conștient relația este mai apropiată, ar fi mai slabă. Există o distanță mai mare între oamenii care se află într-o relație conștientă decât între oamenii care se află într-o relație inconștientă. În această căsnicie, unde atât de mult este inconștient, întrepătrunderea este foarte puternică. Într-un caz unde întrepătrunderea are proporții uriașe, oamenii au o nevoie uriașă de a sublinia diferența. Îmi amintesc o astfel de căsnicie și o prietenă de-a mea a remarcat că diferența dintre ei era de numai douăzeci de grade. Vara, când era înspăimântător de cald, el stătea lângă foc, iar ea stătea la fereastră, făcându-și vânt cu evantaiul. Ei îi plăcea zahărul, el nu-l putea suferi. Ei îi plăceau încăperile luminate intens, iar lui încăperile întunecoase — toate erau genul de diferențe ce serveau hărțuielii zilnice, datorită extraordinarei lor *participation mystique*. El era un intelectual rafinat, iar ea era menajera lui, o femeie proastă ca noaptea, naivă și urâtă și naiba știe de ce a luat-o de nevastă. Ea era șoarecele care-și făcuse veacul în bucătărie — intelectualul fin și bucătăreasa sa. Era o *participation mystique* neobișnuită, deși în conștient îi despărțea o distanță incomensurabilă. Nu se întâlneau deloc.

Dna Henley: În cazul întrepătrunderii inconștiente, dacă există un divorț, oamenii se angajează în relații noi?

Dr. Jung: Ar putea provoca situații extraordinare, tulburări majore. Dacă o astfel de *participation mystique* este distrusă, lasă o rană deschisă și, cel mai probabil, se va repeta același lucru.

Dna Henley: Întotdeauna?

Dr. Jung: Aproape, deoarece tu ești acolo. Orice situație creezi, o vei crea din nou. Nu te schimbi dacă ești o ființă lipsită de echilibru; nu contează unde te afli. Pe termen lung, când un lucru este inconștient, trebuie trăit mereu același tipar; elementele inconștiente își fac simțită prezența. Dar, în a doua căsnicie, marea diferență poate consta în conștientizarea acestei *participation mystique*. Când cineva este conștient, se poate realiza ceva cu fărâma sa de voință personală. Dar lucrurile inconștiente sunt purtate pe brațe de șapte draci.

Dna Crowley: Ce se întâmplă dacă acea *participation mystique* este asimilată în conștiință doar de unul dintre ei?

Dr. Jung: Aceasta este o problemă dificilă, care se întâlnește adesea în analiză. Un astfel de caz creează un potențial nou. Cel care devine conștient spune: „Nu mai suport. Trebuie să te schimbi, să conștientizezi și tu". Și atunci există posibilitatea de a se întâmpla ceva chiar dacă numai unul dintre ei este conștient, așa cum i se întâmplă soției visătorului. De fiecare dată se află și ea în analiză.

Semestrul de vară

Mai–iunie 1930

Prelegerea I.
7 mai 1930

Dr. Jung:
Astăzi vom asculta un raport despre problemele visătorului nostru, cum au evoluat de la început și până în momentul în care le-am lăsat, la finalul ultimului nostru seminar.

Raportul dr. Howells

Acesta nu este un rezumat al viselor analizate pe parcursul seminarului, ci o încercare de a arunca o privire asupra pacientului și a inconștientului său, astfel încât cei care abia au venit și nu au avut timp să citească notițele prelegerilor anterioare să-și facă o oarecare idee despre pacientul care a consimțit ca visele să-i fie analizate în cadrul seminarului.

Bărbatul este european. Nu este un pacient, deoarece nu este bolnav și nici măcar câtuși de puțin nevrotic. El vine la analiză în primul rând pentru că este nesatisfăcut — oarecum sătul de viață, sex și pseudo-filosofie — și, ca toți oamenii sătui, este înfometat. El este un om de afaceri bogat, retras din afaceri, și are în jur de 47 de ani. Este căsătorit și are patru copii.

Unora li s-ar părea interesant faptul că se încadrează în categoria introverților de tip gândire–senzație.[1] Până acum, viața i-a dat puține șanse de a fi irațional, deci ar putea fi numit un om de afaceri realist, pentru care aspectul material al vieții a fost predominant. Nu are o relație autentică cu soția sa și probabil cu nimeni, cu toate acestea este sociabil și foarte respectabil, în sensul convențional al cuvântului.

Aceia care citesc pentru prima dată notițele să țină minte că pacientului nu i se încredințează în timpul ședințelor sale de analiză nici jumătate din ce

---

[1] Pentru tipul introvert din clasificarea lui Jung, vezi *Tipuri psihologice* (1921), O.C. 6, par. 691–739, mai ales par. 737, unde este prezentată o situație în care *gândirea* este funcția principală sau superioară şi *senzația* este funcția secundară sau auxiliară. Vezi, mai sus, 13 martie 1929, n. 1.

discutăm noi aici. El nu este pregătit și a-i da tot ce ni se oferă nouă nu ar face decât să-i accentueze tendința de a încerca în continuare să-și realizeze ființa prin gândire. De asemenea, mai curând i-ar anticipa analiza și l-ar priva de acel atribut emoțional, fără de care procesul este gol.

Cu totul, au fost analizate 24 de vise.[2] Pentru a ne fi mai ușor, le-am împărțit în trei grupe: primul, de la al doilea până la al șaptesprezecelea și de la al șaptesprezecelea până la al douăzeci și patrulea. Această împărțire nu este întru totul arbitrară, ci se bazează pe felul în care le-ar putea vedea însuși pacientul uitându-se înapoi.

Într-un mod destul de caracteristic, primul vis dezvăluie întreaga problemă. Acesta nu este un accident, deoarece, într-un fel ciudat, inconștientul strigă după recunoaștere atunci când este de prea mult timp sufocat și abuzat de cerințele vieții colective. Din punct de vedere obiectiv, visul îl înfățișează pe bărbat neavând o relație funcțională cu soția lui și atașat de convenționalismul vieții. Din punct de vedere subiectiv, semnifică o lipsă de înțelegere a propriei persoane. El este atât de inconștient, încât se consideră gentlemanul corect și perfect. Omul din umbră sau latura întunecată a naturii sale nu au fost niciodată recunoscute. El este atât de identificat cu persona sa — acea mască pe care o prezintă vieții —, încât ai putea paria cu ușurință, mai ales că este un introvert, că nici măcar nu își dă seama că se însoțește cu prostituate și face alte lucruri de nebănuit. Alături de această lipsă de conștientizare a omului inferior este anima lui, o fetiță bolnavă, de doi ani. Voi încerca să o urmăresc de-a lungul acestui rezumat, deoarece creșterea și schimbarea ei sunt foarte interesante și relevă creșterea și schimbarea simultană a bărbatului însuși, la care nu putem fi martori și de care dr. Jung nu ne spune mai nimic.

Ne apropiem acum de al doilea grup de vise, de la al doilea până la al șaptesprezecelea, care reprezintă trei luni și jumătate de analiză. Ele sunt imagini vii ale analizei unei persoane medii, doar că, pacientul ducându-și viața în sânul unei vechi culturi și având o poziție privilegiată, visele sale sunt mai colorate și fac aluzii mai bogate decât visele celor născuți într-o civilizație mai nouă. Pe de altă parte, tocmai acești factori care i-au îmbogățit viața au dus la un conflict intens și, de aici, la calitatea dramatică a viselor sale. Acest lucru este cel mai bine ilustrat în visul al nouăsprezecelea[3], unde vedem în inconștientul său lupta dintre religiile creștină și islamică, în condițiile în care el fusese influențat de

---

[2] Dacă este inclus şi visul cu tripleții (acum, nr. 26), Jung a analizat 25 de vise.
[3] Folosind numărătoarea actuală, acesta este visul nr. 20.

amândouă. Deci, la fel ca pentru noi toți, resursele sale sunt totodată și blocajele sale.

Pe parcursul primelor șaptesprezece vise îl găsim făcând ceea ce cu toții tindem să facem — oscilează de sus, jos, de la hotărâre la nehotărâre, de la marile probleme universale la cele personale. În ele există un ritm — progresie și regresie. De fapt, chiar pot fi observate mișcări evidente de sus-jos.

Al doilea vis preia problema principală a visului introductiv, ca și cum inconștientul ar spune: „Domnule, poate că nu vă dați seama, dar anima dumneavoastră este mai mult decât un copil bolnav de doi ani, este o croitoreasă, bolnavă de tuberculoză, și locuiește într-o văgăună întunecată". Nu este un tablou prea plăcut al femeii care-i păzește inconștientul acestui prosper om de afaceri, acestui soț model și cetățean de nădejde.

Apoi inconștientul, după ce a insistat puțin, își adoptă latura milostivă și în al treilea vis îi arată o cale — viața lui nu trebuie să meargă asemenea unei mașini, ci să urmeze o cale individuală de-a lungul căreia nu sunt indicatoare luminoase și nici reguli tradiționale de conduită. Pentru el este o nouă viziune asupra vieții — fără metode, fără precepte, ci o tatonare înceată, mai degrabă oarbă. Și totuși inconștientul spune că există o cale, un tipar anume, și ca pentru a o scoate și mai mult în evidență, o nouă imagine apare din lumea onirică, în care toate tendințele lui risipite, care presupun că sunt în mare parte relațiile lui sufletești, sunt prezentate ca niște pui de găină care fug în toate direcțiile, exact cum fac mereu puii de găină. Dar visul mai sugerează și că pot fi puși într-o singură oală, pentru a contribui la realizarea individului unificat.

Următoarea mișcare (visele al cincilea, al șaselea și al șaptelea) este o regresie clară și totuși probabil că nu este tot atât de vizibilă pentru pacient ca pentru cineva care-i privește materialul inconștient în ansamblu. Inconștientul îl întârzie, îi pune în cale obstacole propunându-i cure magice, îi arată că atenția sa nu se concentrează în totalitate asupra analizei și, din nou, îl ademenește cu metoda cea mai seducătoare pentru un temperament rațional, și anume metoda mecanicistă. Mașinile de tot felul și atitudinea mecanicistă apar destul de des.

Deci, încă o dată inconștientul său îi propune metoda care deja a dat greș, metoda mecanicistă în viața amoroasă, ca și cum ar fi un bilanț bancar lunar sau un ceas care trebuie întors în fiecare seară de sâmbătă. El le contemplă pe toate și nu pare a exista nicio cale de ieșire. Apoi, inconștientul îl aruncă înapoi ani de zile, până în însuși miezul problemei — și anume faptul că el nu și-a trăit niciodată viața emoțională. Și de ce și-ar fi trăit-o? Tatăl lui era preot — toate lucrurile de genul acela erau responsabilitatea lui. Religia tradițională, din perspectivă protestantă, este în mare parte o chestiune de simțire. Pacientul era foarte mândru de tatăl său și probabil că l-a așezat undeva într-un colțișor retras, încredințând automat întreaga latură emoțională a propriei sale naturi acestui preot de altădată. Așa că, firesc, pacientul se achită de orice responsabilitate față de Erosul său. Este exact la fel ca atunci când un creștin pios spune: „Iisus a murit pentru mine."

Probabil că acesta este cel mai revelator vis din întreaga serie și, totodată, cel mai înfiorător, deoarece iată-l pe pacientul nostru, care are 47 de ani, fără o dezvoltare emoțională adecvată, întrucât tatăl său se ocupa de acest aspect în profesia sa; deci iată-l pe fiu la mijlocul vieții, sortit să poarte acea subtilă și gravă lipsă de responsabilitate față de întreaga sa viață. El și-a admirat tatăl extraordinar de mult, iar acesta era, fără îndoială, un tip exemplar, și totuși, chiar dacă ai un tată preot, aceasta nu te scutește să-ți asumi responsabilitatea pentru propria dezvoltare armonioasă.

În contrast cu această bruscă revelație a rădăcinilor adânci ale problemei sale, inconștientul, într-o dispoziție milostivă, dacă putem spune că are dispoziții, îi trimite în vizită un „Puer Aeternus", ceva nou, puternic și vital. Dar este mai mult decât poate omul să asimileze. Acest vis îl proiectează prea departe în viitor, deoarece el alunecă din nou imediat și este obligat să privească la posibilități și mai întunecate din sine însuși, mai rele decât atitudinea mecanicistă de reglare a vieții sale amoroase și mai rele decât a-și trăi emoționalitatea prin procură, prin tatăl său preot. Acum el trebuie să vadă cu propriii lui ochi anormalitatea sexualității sale, chiar până la posibilitatea unor relații incestuoase cu fiica sa. Aceasta dovedește că el își prețuiește încă vechea sa imagine de sine ca gentleman corect și respectabil. Altfel, inconștientul nu i-ar spune: „Ești un potențial criminal sexual, e posibil chiar să îți violezi fetița". El nu înțelege încă pe de-a-ntregul grozăvia potențialului său criminal. O va realiza probabil pe deplin doar atunci când o va putea vedea din poziția unei maturități mai profunde.

Imediat, visătorul mai face o încercare șarlatanească de a-și desăvârși evoluția. El merge la un altar, un „conac al omului superior", dar se deplasează asemenea unei maimuțe, legănându-se din creangă în creangă, evitând astfel praful, căldura și oboseala. Nu este întru totul original, întrucât cei mai mulți dintre noi recurgem la mici șarlatanii într-un anumit stadiu al analizei.

Dar de acum încolo, după cel de-al șaptesprezecelea vis, materialul său inconștient se schimbă. Nu mai sunt scurtături și, de când a renunțat la metoda șarlatanilor, putem presupune că pacientul se află pe drumul său către individuare. Totuși, el nu s-a confruntat direct cu problema relației cu soția sa. Ne-am putea aștepta la asta, dar nu o face. Este dificil să te gândești că acest pacient este în analiză de șapte luni și totuși, în exterior, el nu a făcut nimic. Dr. Jung se întreba dacă e în stare — poate că în psihicul lui se află o zonă detașată și izolată care nu poate fi integrată.

Acum începe noua serie de vise, care marchează progresul său constant. Pacientul descoperă că în el însuși se află persoana care poate să-i regleze viața. Acesta este primul indiciu din partea inconștientului că el însuși trebuie să acționeze — nu marele doctor — el trebuie să aibă grijă de propria-i viață. Deci, din nou așteptăm de la el să-și confrunte relația cu soția, dar nu o face. El se cufundă în acel vis despre care am vorbit mai devreme, care arată conflictul dintre cele două mari religii, creștinismul și mahomedanismul. Dar, până la urmă, acesta nu este decât conflictul obiectiv, deoarece simbolurile acestor două religii — crucea și semiluna — trebuie și ele să fie interpretate subiectiv. Adevăratul conflict al omului nu îl reprezintă religiile opuse, ci principiile opuse ale propriei sale naturi — principiile masculin și feminin — care sunt reprezentate de aceste simboluri. Logosul se opune Erosului din propria-i natură.

După acest vis vine unul dramatic și foarte frumos [21]. Îl voi reproduce întocmai, deoarece arată atât de bine ce a subliniat dr. Jung — că analiza, dacă este urmată suficient de mult timp, te poartă de la problemele mărunte și personale la unele universale, majore.

„Văd cum se apropie de mine o câmpie întinsă, gri. Pe măsură ce se apropie, griul monoton se dizolvă în fâșii multicolore de diferite lățimi. Ele se deplasează într-un mod ciudat una prin alta, unindu-se și separându-se. Și apoi văd că mulți oameni lucrează la aceste fâșii, modelându-le și împletindu-le. Munca este stânjenită de presiunea care vine din partea celorlalte fâșii. Deci, din cauza interferenței, activitatea oamenilor este împiedicată și rezultatele sunt destul de diferite de intenția inițială, iar eu îmi spun: «Cauză și efect». Apoi încerc să-i ajut și, muncind acolo, îmi dau seama că ele, fâșiile, nu sunt nimic altceva decât suprafața unei mase întinse, ca un râu uriaș care curge într-o anumită direcție, iar mișcarea se datorează râului care curge precum un șuvoi de lavă, fâșiile ieșind la suprafață și dispărând din nou. Totodată, îmi dau seama că este în întregime transparent și luminos, că nu numai masa, ci și atmosfera, și oamenii și eu însumi suntem cu toții pătrunși de ceva asemănător unei lumini fluide și știu că aceasta are o influență uriașă asupra oricărui lucru pe care îl pătrunde. Îmi spun: «Soarta omului, soarta poporului, soarta lumilor», dar mă ocup în continuare de modelarea propriei fâșii."

Acest vis vine să-l relaxeze, să-i dea ocazia să se odihnească. Aproape că-l simți pe bietul om cum trage aer în piept.

Judecând după fluxul și refluxul lucrurilor, simți că pacientul poate cădea într-un abis psihic după o asemenea viziune a principiilor universale ale vieții, dar următoarea mișcare a inconștientului său, chiar dacă nu-l menține pe înălțimile unei viziuni cosmice, ceea ce nu ar fi bine pentru el pentru a nu se identifica cu principiile cosmice, îl aduce cu o bubuitură pe tărâmul realității, unde el se găsește manipulând o articulație mobilă. Forma sa ne poartă înapoi la cel de-al treilea vis, unde un compresor a creat un model de o formă clară, sugerând o mandala sau un model centrat ritmic. Dar aici este o diferență uriașă, deoarece articulația mobilă sugerează nu numai ceva tridimensional, spre deosebire de tiparul mandalic, dar și posibilitatea rotației — cu alte cuvinte, posibilitatea ca individul să atingă, în evoluția sa, mai mult decât o singură latură a sa. Înainte își realizase viața prin gândire. Acum este pe cale să și-o realizeze și prin simțire și, astfel, articulația mobilă sugerează dezvoltarea tuturor laturilor naturii sale. Este un mod ingenios de a-i arăta unui materialist rigid că ființa cuiva nu se realizează pe o suprafață plană — adică numai prin intermediul gândirii.

Deci am ajuns cu visătorul de la o viziune infinit personală asupra vieții la una universală și la o atitudine completă față de sine, dar se pare că nu o integrează, deoarece la următoarea curbă, inconștientul său îl trage înapoi într-o scenă din biserica anilor copilăriei sale și acolo un ciudat individ hermafrodit cântă un imn creștin familiar, dar pe o altă melodie. Această creatură este anima lui — ea, care la început era un copil bolnav, apoi nefericita croitoreasă tuberculoasă, apoi o fetiță care aduna fructe mănate sub un cireș, iar aici este o ciudată figură amestecată, nu pe de-a-ntregul femeie și nici bărbat. Aceasta este o figură neobișnuită. Sugerează tot felul de lucruri, dar mai ales faptul că pacientul este încă într-o atât de mare măsură identificat cu persona sa sau cu sinele său colectiv corect — omul pe care îl vede lumea —, încât el încă nu-și recunoaște cealaltă jumătate — umbra —, așa că aici găsim umbra sub forma unui evreu, unită cu figura femeii sau a animei, sub chipul unei singure persoane. De asemenea, având în vedere faptul că pacientul este izolat, putem spune că este imatur și, la fel, și anima sa pare imatură — nu este o femeie reală. De aici putem presupune că pacientul nu este un bărbat real sau, mai blând, am putea spune că este efeminat, deoarece nu el își posedă simțirea, mai degrabă simțirea îl posedă pe el. Este precum coada care dă din câine, în loc să dea câinele din coadă.

Acest vis este strâns legat de cel de-al unsprezecelea, cel la care am făcut aluzie, în care întreaga problemă a visătorului pare să se datoreze tatălui său preot, care a trăit, cel puțin profesional, viața emoțională în locul fiului său. Aici pacientul este redat bisericii, care reprezintă o legătură emoțională cu al doisprezecelea an al vieții sale și i se amintește că trebuie să observe acel lucru din sine însuși care cântă o melodie diferită de a lui. Această ciudată creatură spune: „Ascultă-mă, eu nu cânt melodia pe care o cunoști tu. Eu îți arăt altceva, eu sunt o voce nouă".

După aceasta vine o aparentă regresie care ilustrează totuși faptul că nicio regresie nu este atât de categorică precum pare, așa cum niciun progres nu este întotdeauna atât de semnificativ precum pare.

Acum el revine la monotonia propriei sale probleme. I se amintește din nou, prin intermediul inconștientului său, că este de fapt necesar pentru el să-și confrunte problema sexuală. Aceasta îi este prezentată ca un șoarece care iese de sub un pătuț de copil în care el face gimnastică, în timp ce soția lui stă întinsă pe o saltea aflată pe podea, privindu-l. Pacientul, oferindu-și asociațiile, deși este un tip gândire autentic, amestecă totul și chiar și aici, după o lungă analiză, el contrazice chiar textul visului său și spune că soția sa se află în pătuțul de copil și că șoarecele, deși fuge de sub patul său, reprezintă sexualitatea *ei*. Aceasta arată pur și simplu cât de greu este, chiar și atunci când încerci să te concentrezi asupra propriei probleme, să nu o vezi ca pe a altcuiva. Arată cât de fragilă este integritatea psihologică a individului.

Oricum, chiar dacă ar putea să nu-și vadă greșeala și să continue să-și proiecteze propria dificultate asupra soției sale, următorul vis îi corectează eroarea, deoarece afirmă că soția sa a născut tripleți și chiar el a asistat moașa. Acest vis are un dublu aspect. Este nu doar o profeție a fertilității soției sale, la figurat vorbind, ci are și o semnificație subiectivă. Astfel, dacă luăm soția drept figură a animei, și nu drept soție reală, ci mai degrabă *soția din el*, înseamnă că în el funcționează ceva care are potențialul unei ființe vii. Visul prevestește nu numai fertilitatea și creativitatea relației sale cu soția ci, mai mult, spune că, prin raportul cu soția *din el*, poate avea un copil viu.

Este un paș uriaș de unde a început omul acesta, când relația sa cu inconștientul era reprezentată de un copil bolnav în vârstă de doi ani, apoi de o biată femeie tuberculoasă, apoi de o fetiță care aduna fructe necoapte, apoi de o creatură hermafrodită ce cânta o melodie nepotrivită, până la *soția sa*, care poate da naștere unor tripleți.

Dr. Jung: Vă mulțumesc pentru prezentarea dumneavoastră interesantă. Sper că noii membri au înțeles într-o oarecare măsură ce am făcut până acum. Vom merge mai departe. Dar trebuie să menționez mai întâi că visul despre soția pacientului nostru, care naște tripleți, pe care dr. Howells tocmai l-a amintit, nu a fost visat imediat după acela cu șoarecele. L-am adus atunci deoarece confirma faimoasa lucrare în care șoarecele era luat drept un simbol al fertilității: pentru un șoarece, tripleții ar fi o nimica toată, dar pentru o femeie reprezintă o mare sărbătoare. Succesiunea exactă este aceasta: primul este visul cu hermafroditul, apoi acela cu șoarecele, apoi visul pe care vi-l voi citi imediat și apoi vine visul cu tripleții.

Visul în care apare hermafroditul punea în legătură considerațiile și simbolismul religios cu problema sa imediată, care era aceea că nu avea niciun fel de relație personală cu soția lui. Apoi, pe parcursul analizei, au ieșit la suprafață probleme religioase și filosofice. Dr. Howells tocmai a citat acel vis extraordinar, aproape cosmic — visele cosmice au întotdeauna un caracter filosofic — și apoi a veni visul cu precădere creștin, care l-a adus înapoi în biserica tinereții sale. Hermafroditul este un simbol religios foarte interesant, pe care nu l-am elucidat foarte satisfăcător, deoarece este încă o figură crepusculară. Nu știu cât de mult cunoașteți rolul foarte important jucat de hermafrodit în trecut, începând cu figurile primordiale ale lui Platon. A apărut în misterele eleusine, de exemplu, și în misterele templierilor[4], așa cum știm de pe pietrele de mormânt care au fost descoperite, și în așa-numita filosofie hermetică a Evului Mediu, unde ideea de daimon a jucat, de asemenea, un rol considerabil.

După visul cu hermafroditul, care a fost categoric o încercare de a introduce un nou element în perspectiva sa religioasă, a venit visul cu șoarecele, în care s-a arătat că de această dată șoarecele a scăpat, adică instinctul ascuns a scăpat ceea ce, conform contextului, avea o conotație sexuală. Nu mai este sub control, nu mai este ascuns sub pat, care s-a făcut bucăți în urma exercițiilor violente ale visătorului — aluzie la gândirea sa violentă din analiză. Acest fapt ar dovedi că se va întâmpla ceva; ceva se află în afara controlului lui și putem presupune că acum se va dezvolta. Acesta este în mod evident efectul visului anterior, în care vechiul punct de vedere religios, care s-a dovedit a fi un obstacol, a fost abolit într-o anumită măsură prin introducerea unui element complet nou. Și datorită noului element, a fost eliberat instinctul sexual. Acum vine noul vis, pe care nu l-am menționat înainte.

---

4 Cavalerii templieri făceau parte dintr-un ordin religios înfloritor, cu aproximație în perioada 1113–1314, contemporan cruciadelor.

Vis [25]

Văzu un om căzând dintr-un fel de aeroplan. Nu era foarte clar, era ceva între un dirijabil și un aeroplan, arăta destul de ciudat; era o formă triunghiulară galbenă care părea a fi umplută cu gaz și nu era prea departe de pământ — numai puțin mai sus decât înălțimea unei case. Omul s-a aruncat din el cu o parașută și a căzut pe o pajiște, foarte aproape de casa visătorului. El se duse direct acolo și văzu că omul s-a ridicat destul de încet și de greu și că încerca să-și miște mâna dreaptă, care părea a fi rănită. Începuse să se umfle la încheietură și arăta de parcă era ruptă. Visătorul îl întrebă dacă are nevoie de ceva pentru a o bandaja, dar el deschise un pachet pe care-l avea asupra sa și scoase un material cu care o legă. Evident, el încerca să se ajute singur.

Asociații: Visătorul este atras imediat de aspectul ciudat al aeroplanului și spune că este un simbol al Trinității, simbolul Dumnezeului creștin. Eu am văzut adesea acel simbol în biserici — un triunghi auriu suspendat undeva sus, în așa-zisele ceruri; uneori, tavanul bisericilor vechi este pictat în albastru și decorat cu stele, în mijlocul cărora plutește triunghiul. El spune că a fost impresionat de faptul că omul a încercat să se arunce din aeroplan la o distanță atât de mică de pământ, întrucât parașuta nu ar fi avut timp să se deschidă cum trebuie și probabil că s-ar fi rănit, atingând pământul prea repede. În ciuda acestui fapt, el a căzut în picioare și visătorul remarcă în legătură cu aceasta că există o expresie proverbială ce se aplică anumitor oameni și care spune că ei „aterizează întotdeauna în picioare, ca o pisică." Dacă arunci o pisică pe geam, indiferent de la ce înălțime, întotdeauna cade în picioare și la fel se spune despre anumiți oameni că, indiferent cât de potrivnice le-ar fi vremurile, fie că sunt faliți sau răniți sufletește, ei cad întotdeauna în picioare, nu se află niciodată într-o situație fără ieșire. Cu toate acestea, căderea din aeroplan a fost destul de imprudentă și, evident, omul a fost rănit. Pacientul nostru spune că el a fost probabil cumva amețit de șoc și din cauza aceasta s-a ridicat încet, cu dificultate.

Referitor la *rana la mâna dreaptă*, afirmă că, în ceea ce-l privește, mâna dreaptă înseamnă mereu energie, activitatea omului, eficiența sa în viața materială și practică.

Apoi, visătorul însuși încearcă să dea o interpretare visului său, iar eu v-o servesc împreună cu asociațiile sale, întrucât cu cât mai multe progrese face un om în cunoașterea viselor, cu atât mai mult încearcă, instinctiv, să le interpreteze; devine imposibil să te gândești la anumite simboluri onirice fără a te gândi în același timp și ce ar putea să însemne. Această încercare nu trebuie respinsă, ar trebui privită ca făcând parte din materialul asociativ, dar totuși circumspect, deoarece este *numai* o parte; ar putea fi adevărată, dar trebuie să așteptăm până vom vedea tot materialul.

El spune, astfel, că pare a fi destul de periculos să te arunci din vârful Trinității — să sari chiar luându-ți anumite măsuri de precauție de pe înălțimile religiei creștine. Și apoi spune: „religia creștină — sau cel puțin conceptul de Trinitate, care nu este chiar același lucru — îți dă impresia că, sărind de la nivelul ei, poți deveni destul de inutil pentru viața practică" (ce concluzie uimitoare!). „În orice caz, trebuie să ai asupra ta câte ceva pentru ca, în cazul în care te rănești, să-ți poți trata rana, iar relațiile cu viața exterioară să fie reluate cât de curând posibil. În timp ce mă gândesc la semnificația visului, îmi pare dintr-odată că aud niște versuri în engleză." El a încercat să se gândească de unde veneau și și-a amintit că fuseseră compuse de poetul Lowell. Trebuie să recunosc că nu-l știu pe acel poet, care se pare că este american, și nu vă va veni să credeți când veți auzi că el a găsit acele versuri într-un ziar financiar american. Am rămas destul de impresionat și mi-am zis: „Ia te uită, ei promovează totodată și literatura bună!" Ascultați-le:

> Noi situații te învață noi îndatoriri: Timpul face ca vechiul bine să pară straniu;
> Dar trebuie să se înalțe și să continue, altfel cine ar ține pasul cu Adevărul;
> Priviți, sub ochii noștri strălucesc focurile-i de tabără! Noi înșine trebuie să fim pelerini,
> Lansându-ne la apă a noastră Mayflower[5], navigând cu îndrăzneală spre agitata mare iernatică,
> Și nu încercând poarta Viitorului cu cheia ruginită de sângele trecutului.[6]

Cum s-ar putea aplica aceasta vreunui plan financiar nu știu, dar cu un oarecare efort de imaginație poate fi considerată o observație general valabilă despre psihologia umană. În orice caz, aceste versuri par să-i fi rămas în minte ca o mostră de adevărată înțelepciune umană, conectată cumva cu semnificația visului și, dacă le priviți cu atenție, vă va fi destul de limpede că se aplică într-adevăr ultimelor vise. Referitor la vechiul creștinism, avem în fața ochilor un nou adevăr și trebuie să ținem pasul cu el. „Noi situații ne învață noi îndatoriri" — suntem

---

5 Nava în care preoții pelerini au călătorit de la Plymouth la Massachusetts în 1620. (N.t.)

6 Poetul american James Russell Lowell (1819–1891), „The Present Crisis (Criza actuală)" (1845), în *The Poems*, ed. Oxford (1917), p. 98.

un fel de pelerini lansându-ne la apă propria navă Mayflower și navigând cu îndrăzneală, făcând apel la curaj, și nu trebuie să încercăm prostește porțile viitorului cu cheia trecutului — nu trebuie să încercăm să înțelegem noile concepte sau noile viziuni cu cheia vechiului concept. Și „ruginită de sânge" — este curios că marile noastre idei filosofice sunt mai degrabă pătate de sânge. Orice pas pe care umanitatea l-a făcut în afara marii inconștiențe a costat-o întotdeauna mult sânge. Inchiziția[7] spaniolă a costat aproape o sută de mii de vieți, puse la frigare, și nu știm câți alții au pierit în timpul persecuțiilor romane de început, pentru a vorbi numai de acele momente.

Acest vis nu este foarte dificil. Este o continuare a temei religioase și este cu adevărat unul dintre primele vise în care asociațiile pacientului sunt foarte satisfăcătoare și încercarea sa de a oferi o interpretare este chiar bună. Este evident că acum funcționează introducerea noului element în vechiul vis. S-ar putea spune că efectul fugii șoarecelui este revenirea visătorului pe pământ, întrucât omul care cade din aeroplan este un simplu reflex al propriei sale experiențe interioare — el cade dintr-odată de pe culmile creștinismului, părăsește perspectiva aeroplanului aflat la înălțime și coboară pe pământ suferind mai degrabă un șoc. Ceea ce mi se pare interesant și probabil că ați observat și dumneavoastră este faptul că el insistă asupra Trinității și că are anumite dubii legate de identificarea Trinității cu religia creștină. Pare oarecum inerent, el se îndoiește. Vedeți, când așa ceva apare într-un vis, este ca un fel de nod. Să spunem că un pacient visează o ușă care nu este prea interesantă, nu pare a fi prea importantă sau complicată, dar când sâcâie pe cineva în legătură cu ea, bate la ușă, întreabă de ce trebuie să fie o ușă, dacă este chiar o ușă, îți dai seama că se află ceva dedesubt, un nod. Pot fi câteva elemente — o situație obscură și încâlcită — deci trebuie privită cu atenție, deoarece poate ascunde ceva. Aici, el face un astfel de nod din acel triunghi. Pentru noi nu contează dacă e legat sau nu de religie, noi suntem complet satisfăcuți dacă încearcă să se îndepărteze de punctul de vedere al bisericii. Și totuși, el creează un nod acolo; el încearcă să facă o anumită diferență între creștinism și Trinitate. Dar nu trebuie luat în sensul propriu, ci înseamnă doar că în Trinitate este ceva neclar. Desigur, noi știm că reprezintă formula creștină a valorii supreme, ideea supremă, motivul suprem, dar faptul că valoarea supremă ar trebui simbolizată ca o Trinitate, ca fiind trei în unul singur, este în sine misterios. Întotdeauna m-a umplut de uimire. De ce ar vorbi el despre acel lucru?

---

7 *Sems*: „Reformation".

Dna Crowley: Ar putea fi vorba de propriul său efort către integrare? S-ar putea aplica celor trei funcții ale sale, indicând faptul că cea de-a patra, simțirea sa, încă lipsește.

Dr. Jung: Sunteți pe drumul cel bun, dar acel concept al Trinității este extrem de complicat. Când vorbim despre el ne referim în mod normal la Dumnezeul triadic, aflat undeva în spațiu sau poate transcendent, nici măcar în spațiu, în mod sigur ceva categoric diferit de noi înșine, și te întrebi de ce acel Dumnezeu trebuie să fie alcătuit din trei. Desigur, aceasta nu este în niciun caz o invenție creștină, ideea Trinității este bine cunoscută în alte religii din Răsărit și chiar în religiile primitive. Zeul triadic poate fi găsit, practic, pe tot cuprinsul lumii; este un principiu vechi de secole. Și, de vreme ce suntem obișnuiți să ne gândim la Dumnezeu ca la ceva foarte diferit de noi înșine, când găsim un astfel de triunghi undeva în spațiu nu încercăm să ne identificăm cu el. Acum, ați auzit că în visul cu hermafroditul a fost introdusă o nouă idee. S-ar putea spune că, în locul perspectivei bisericii, visătorul a obținut măcar un indiciu despre o figură divină de natură hermafrodită, care apare într-o formă inacceptabilă, deranjantă, personajul cu cea mai proastă reputație și totuși construit evident din propriul lui material. Ne-am întrebat atunci dacă aveam dreptate să presupunem că această apariție urâtă, inadecvată, ar putea primi un nume divin, dar în final am ajuns la concluzia că această figură trebuie să fie un fel de demon sau de zeu, poate un demon personal, cel puțin ceva căruia i-am putea oferi atributul de divin. Desigur, așa cum ați înțeles, nu ar fi divin în sensul tradițional — aceasta ar însemna ceva foarte înalt sau valoros sau minunat — ci în vechiul sens al cuvântului, unde este înțeles ca *tremendum* sau *daimon;* sau, într-un sens și mai primitiv, ca figură mana, o figură dotată cu prestigiu sau influență și care poate fi orice, bun sau rău, alb sau negru, util sau distructiv, în orice caz neutră în ceea ce privește calitățile morale sau estetice — totuși eficientă.

Acel element a fost introdus în visul său anterior și din acest motiv el a căzut din Trinitate. Trinitatea, desigur, este de o natură complet diferită de aceea a ființei hermafrodite. Este abstractă, detașată de om, i-a fost dată o existență independentă și a fost proiectată până la capătul lumii. Dar până și un astfel de lucru este o proiecție umană și trebuie să se fi născut undeva în psihicul uman. Putem spune — încercând să recurgem la o formulare foarte atentă și prudentă — că a reprezentat o idee despre cea mai mare valoare, cea mai înaltă semnificație, cea mai puternică influență, cea mai mare energie, chiar cel mai bun lucru pe care îl cunoaștem. În propria noastră psihologie a fost un principiu călăuzitor absolut valabil, reprezentat într-un mod foarte abstract ca triunghi. Dar, firește, pe măsură ce aceste lucruri au fost tot mai mult simbolizate prin astfel de forme abstracte, ele au început să-și piardă din puteri, devenind independente. Ele au devenit prea dogmatice sau filosofice și, prin abstractizare, și-au pierdut infuența. Și aceasta este soarta triunghiului creștin; acum este prea îndepărtat de om. Fapt destul de bizar, aceasta i-a fost soarta și în religiile primitive. Sunt câteva religii în care se găsesc astfel de trinități, în unul sau două cazuri simbolizând chiar zei superiori și spirituali. Se găsește la poporul batak[8], de exemplu; ei recunosc existența unei astfel de trinități dar spun că este departe, nu știu dacă ea sau ei mai este interesată de poporul lor, așa că preferă să-și rezolve trebuințele imediate apelând la fantome sau la vrăjitori și vrăjitoare, deoarece este mai practic. Deci, acești zei abstracți joacă de obicei un rol foarte palid și insignifiant în religiile primitive, în timp ce rolul fantomelor și al diavolilor este extrem de important și un fenomen similar trăim și noi. Această formă abstractă de zeu spiritual sau de Trinitate a devenit intangibilă și ineficientă și, atâta timp cât ne mai agățăm de ea, pierdem pământul de sub picioare. Nu poate fi aplicată în realitate. Nimeni din cei care îmbrățișează o astfel de perspectivă nu poate trăi cu adevărat conținutul absolut spiritual al creștinismului. El face pur și simplu un compromis și se minte pe sine; nu renunță la viața sa mundană, ci, prin intermediul principiului spiritual, menține în el ceva străin de viață. Visătorul nostru s-a agățat de aeroplan, pentru ca acesta să-l poarte pe deasupra mlaștinilor, dorind să evite să-și murdărească mâinile sau picioarele. Dar acela-i numai compromisul infernal, iar ele oricum ajung să se murdărească.

Ideea de Trinitate este un simbol, nu un semn — subliniez acest lucru. Adică este o formă, un cifru, o analogie, o imagine, care se apropie mai mult sau mai puțin de lucrul necunoscut care este intuit sau simțit; și nu este formulată într-un mod mai adecvat doar pentru că nu suntem capabili să o exprimăm mai bine. Acest fapt provine dintr-o situație caracteristică tuturor simbolurilor, și anume aceea că miezul, adevăratul nucleu, substanța fundamentală a simbolurilor, constă din conținuturi inconștiente care se fac simțite deși conștientul este incapabil să le priceapă semnificația — incapabil să le analizeze, să le disece, să le înțeleagă substanța. Ele sunt simțite ca o prezență slabă, dar totodată foarte puternică. Oamenii simt că ar trebui să dea un nume acelei prezențe incomprehensibile și, prin urmare, se servesc de un simbol. Simbolul în sine, ca

---

8 Popor din Sumatra (Indonezia), a cărui religie Jung a discutat-o pentru prima dată în „Teoria psihanalizei“ (1912), O.C. 4, par. 512, și în câteva lucrări ulterioare. Sursa sa a fost J.G. Warneck, *Die Religion der Batak* (Leipzig, 1909).

nume, este absolut inutil, dar în măsura în care desemnează prezența invizibilă este extraordinar de puternic. Este, atunci, o denumire aproximativă dată unui fapt invizibil și puternic, care influențează omul din sfera inconștientă. Dacă ar fi venit din sfera conștientă, ar fi fost analizat și înțeles și și-ar fi pierdut pe dată fascinația. Dar în măsura în care este un fapt din inconștient care *nu poate* fi disecat de conștient, rămâne un factor explicit și eficient cu o funcție clară.

În acest caz, funcția este aceea foarte dubioasă indicată în vis; Trinitatea se spune aici că este un aeroplan, adică un dispozitiv foarte modern pentru transportul oamenilor și al bunurilor dintr-un loc în loc în altul într-un mod anume, fără a atinge pământul, ci deplasându-se prin aer. Este o mașină și vă amintiți că am subliniat adesea faptul că simbolul funcționează ca o mașină în psihicul nostru. Nu demult am dat peste o carte despre religiile orientale scrisă de un german[9] care vorbește, printre altele, despre influența yoga și despre formele imaginilor sacre din India și cred că v-am spus că numește *yantrele* mașini; el susține că funcționează exact ca niște mașini deoarece sunt simboluri, simbolurile fiind mijloace de transformare a energiei. Vedeți, visul are aceeași perspectivă, reprezintă Trinitatea ca pe o mașină zburătoare care ridică oamenii de la pământ și îi transportă. Aceasta este funcția simbolului și valoarea sa pentru om. Dacă el nu ar putea desemna acel lucru, lucrul ar putea funcționa fără el, de sine stătător. Adică ar putea înșfăca un om aterizând brusc deasupra lui, la fel ca Iahve în Vechiul Testament — a luat profetul de gât și l-a obligat să-i îndeplinească voința. În lipsa simbolului, factorul divin nu poate fi invocat și venerat. Îl folosim ca pe un fel de mijloc magic de a forța zeii; chemându-i pe numele corect, îi determinăm să vină, ajungem la urechea lor și îi influențăm. Deci, în Antichitate era foarte important să știi numele adevărat al zeului, numele secret, sacru, cu care trebuia chemat zeul pentru a-și apleca urechea. Simbolul real, expresia reală a faptului psihologic, are acel efect straniu asupra factorului inconștient, determinat cumva de adresarea pe numele corect.

Este ca și cum ai dori să obții o amintire foarte vie a unei persoane absente, fie pentru tine însuți, fie pentru o audiență: imiți acea persoană, felul în care

---

9 Heinrich Zimmer (1890–1943), indolog german, anterior la Heidelberg. Jung şi Zimmer s-au cunoscut în anul 1932 şi au devenit apoi prieteni apropiaţi, la baza prieteniei lor aflându-se participarea comună la conferinţele Eranos. Zimmer a murit la New York, la trei ani după ce s-a mutat în Statele Unite, refugiindu-se de regimul nazist. În prima lui carte, *Kunstform und Yoga im indischen Kultbild* (Berlin, 1926; a doua ediţie, Frankfurt a. M., 1976, p. 46), Zimmer a descris yantra ca pe un instrument (*Werkzeug*), aparat (*Apparat*) sau mecanism (*Mechanismus*) şi a explicat ideea de yantra ca maşină în lucrarea sa postumă *Mituri şi simboluri în arta şi civilizaţia indiană* (Editura Humanitas, Bucureşti, 1994), p. 139.

vorbește, felul în care râde, ce spune sau o chemi pe nume și astfel îi evoci imaginea. Acest factor inconștient poate fi invocat prin aceeași metodă, numai să-i dai numele corect. Prin urmare, avem nevoie de simboluri pentru a controla factorii inconștienți. Altfel, ei sunt absolut în afara controlului nostru, iar noi suntem victimele lor și ține de ei dacă influența lor este benefică sau dezastruoasă. Prin urmare, întotdeauna a fost de cea mai mare importanță pentru om să dețină un anumit control magic asupra zeilor. Mă aștept să fiți uimiți, întrucât creștinii au convingerea că nu-l poți forța pe Dumenezeu, că depindem complet de grația lui, dar sacramentele Bisericii Catolice sunt mecanisme magice, metode magice de a forța grația lui Dumnezeu — precum ceremonia nupțială sau botezul, de exemplu. Vă amintiți celebra poveste din *Insula pinguinilor*[10], cum au botezat pinguinii și Sf. Maël a spus că, dacă sacramentele au fost corecte, dacă ritul a fost realizat așa cum trebuia, păsările vor căpăta negreșit suflet; dacă nu producea efectul dorit, însemna că a fost făcută o greșeală de formă. Se credea cu tărie că oamenii nu mai puteau păcătui după ce fuseseră botezați. Cu toate acestea, erau cazuri în care oamenii încă păcătuiau, ceea ce însemna că grația Cerului nu a funcționat, că trebuie să fie undeva o greșeală — ritul probabil că nu fusese corect realizat și trebuia repetat. Erau chiar cazuri în care oamenii erau botezați de două ori și tot păcătuiau și atunci probabil că preoții se gândeau la altceva — că erau copii ai Satanei, meniți eternei arderi în iad și povestea era încheiată.

V-am descris această psihologie pentru a vă arăta cât de puternică era credința omenirii în eficiența invocării prin rostirea numelui corect. Poți spune că este o absurditate fără seamăn, dar însăși existența unei astfel de credințe extraordinare în rândul omenirii înseamnă că nu e absurditate, ci arată că reprezintă un fapt psihic. Și dacă nicio astfel de invocare nu ar fi fost posibilă, simbolurile, adică numirea faptelor inconștiente, ar fi fost inutile. Ce doresc să subliniez este că substanța reală a unui simbol e întotdeauna un fapt inconștient. Deci, substanța reală a simbolului Trinității este un fapt inconștient și, atâta timp cât este inconștient, funcționează, efectul fiind acela că ridică oamenii, le controlează viețile, le conduce existențele. Atâta timp cât un simbol este viu, el funcționează, și este viu atâta timp cât nu cunoaștem semnificația substanței inconștiente din spatele său. De exemplu, acest om nu mai crede în Trinitate, totuși faptul psihologic al Trinității lucrează încă în el, așa cum vedem în acest vis. Abia acum coboară din aeroplan, ceea ce înseamnă că Trinitatea a lucrat în el până acum — un fapt inconștient. Ne punem acum întrebarea care este

10 Vezi, mai sus, 23 ianuarie 1929, n. 2; și 19 februarie 1930, n. 10.

faptul inconștient și ce s-a întâmplat cu el pentru ca omul să poată sări acum din aeroplan? Răspunsul este dat parțial în visul cu hermafroditul și în visul cu șoarecele. În primul a fost introdusă ideea demonului, cuvântul „demon“ fiind utilizat în sensul antic de ceva diferit, puternic, mana. În al doilea, în visul cu șoarecele, am aflat că un element al lumii inferioare, întunecate, a scăpat de sub control. Cum ar putea acestea influența Trinitatea? Înțelegeți, de aici am putea conchide care este natura Trinității. Ați auzit remarca doamnei Crowley și aceasta ar trebui să vă dea o idee. Vreți să o repetați, doamnă Crowley?

Dna Crowley: După cum ați sugerat, m-am gândit că triunghiul sau Trinitatea era o proiecție a efortului depus de om către autointegrare sau conștientizare și că simbolul folosit de visător indica faptul că el a rămas fixat în trinitatea celor trei funcții ale sale, cea de-a patra nepătrunzând încă în conștiință.

Dr. Jung: Este corect. Este vorba de cele patru funcții. „Sunt trei, unde este cea de-a patra?“ În visul precedent a fost introdusă o nouă figură și șoarecele a fugit. Cum putem pune acum lucrurile cap la cap? Evident, eficiența Trinității este afectată. Zboară destul de jos, chiar deasupra caselor, încercând deja să aterizeze.

Dr. Draper: Poate fi introducerea elementului feminin prin figura hermafroditului, reprezentând prima apariție a componentei sale feminine, pe care el o refulase până atunci?

Dr. Jung: Figura hermafrodită este creată de o latură masculină inconștientă împreună cu femeia inconștientă. Acel hermafrodit este ceva dezgustător, o monstruozitate care nu ar trebui să existe, dar este inevitabil.

Dr. Draper: Dar mi s-a părut că ați subliniat faptul că acceptarea acestei componente feminine este esențială pentru bărbat.

Dr. Jung: Ei bine, integrarea laturii feminine este o necesitate sau un postulat etic. Dar mai poate fi și o îngrozitoare slăbiciune, în măsura în care te lași copleșit de ea. Noi evităm să fim posedați de anima, acel lucru întunecat care aparține inconștientului, și cu toții încercăm să scăpăm de ea. Este sinistră, miroase a înfrângere. Acel lucru apare în el și, prin urmare, șoarecele fuge. Faptul că șoarecele scapă este benefic pentru șoarece, dar probabil nu atât de benefic pentru visător. Acum, ce legătură are aceasta cu Trinitatea?

Dr. Baynes: Simbolul Trinității nu este depotențat de dezvoltarea factorului htonic autonom?

Dr. Jung: Da, acela depotențează imediat simbolul Trinității. Probabil că este de asemenea proiectat pe pământ. Oricum, întrucât în lumea subterană s-a întâmplat ceva, puterea simbolului Trinității este îndepărtată. În mod natural aterizarea este momentul critic și a cădea dintr-un aeroplan cu o parașută nu este cea mai ușoară metodă.

Dr. Schlegel: Dar avem vreun motiv să credem că Trinitatea a fost un simbol eficient pentru visător?

Dr. Jung: A fost eficient prin faptul că l-a ținut în viață. Dar plutea deasupra tuturor, așa că el nu s-a confruntat niciodată cu situația sa reală, așa cum este acum obligat să o facă. El a fugit întotdeauna cumva în minte, în tot felul de preocupări. Cu toate acestea, visele l-au condus tot timpul spre acela care i-a arătat că la baza problemei sale se afla credința bisericii în care a fost crescut, de care îl consideram complet detașat, țintuindu-l cumva la pământ, implementându-i anumite convingeri sau concepții care s-au dovedit a fi inhibitoare. Acel blocaj îl împiedica să vadă realitatea, ceea ce este absolut de înțeles. Dacă ai o credință sau o convingere religioasă care te ajută să eviți atracțiile întunecate ale propriei naturi, te vei agăța de ea.

Dl.Henderson: Prin prisma aspectului colectiv, ați putea spune că elementul htonic lipsea din Trinitate și că acum este pe cale să-i fie redat?

Dr. Jung: În orice caz, putem spune că acel lucru care apare în ultimele două vise vine cu siguranță din partea întunecată. De asemenea, factorul sexual, care este în cea mai mare măsură htonic, îi scapă de sub control; acesta reprezintă în sine un factor deja influent, care este deja mana și care trebuie să primească un nume. El trebuie să creeze acum un nou simbol. Într-un cuvânt, funcția inferioară este aceea care iese la suprafață acum; ea nu este conținută în formula Trinității, deoarece Trinitatea reprezintă cele trei funcții puternice încă nerealizate în mintea conștientă. Omul primitiv posedă doar o singură funcție, el este capabil doar de un singur lucru, deci trei sunt inconștiente. Nu o prezint drept dovadă, dar o folosesc întotdeauna, căci este un exemplu izbitor al prezenței celor trei funcții: forma cea mai timpurie de mandala occidentală, Horus în centru, cu cei patru fii ai săi aflați în colțuri; trei dintre fii au cap de animal și numai unul dintre ei are cap de om. Același simbolism îl întâlnim și în mandala creștină timpurie, Hristos în centru și cei patru evangheliști în colțuri; numai unul dintre ei este înger, în timp ce ceilalți trei sunt animale.[11] Animalele sunt funcțiile inconștiente, prin urmare Trinitatea este de fapt construită pe cele trei animale din inconștient, ceea ce o face atât de puternică; poți invoca cele trei animale prin intermediul mașinii, simbolul Trinității.

---

[11] Vezi, mai sus, 6 februarie 1929, n. 3.

Dacă a patra funcție intră în joc, înseamnă că Trinitatea și-a pierdut puterea într-o asemenea măsură, încât nu mai poate controla cealaltă funcție. Vă amintiți de acei pui de găină? — acela care a fugit? Vedeți, singura funcție conștientă trebuie că este foarte slabă (nu la omul modern, ci la omul de acum două-patru mii de ani) și, prin urmare, el se simte inferior și păcătos, inconștientul lui fiind mai eficient decât el. Dar în momentul în care dobândește mai multe funcții, în care conștientul îi este mai diferențiat, Trinitatea își pierde brusc eficiența. Conștiința sa este întotdeauna sporită de un act prometeic revoluționar, de autoafirmarea omului în fața zeilor. Este ca și cum el ar smulge un nou insight, o nouă lumină din mâinile zeilor și acest proces uluitor este înfățișat aici, în acest vis, el fiind și actuala problemă a visătorului. El a ajuns la un punct în care nu poate evita recunoașterea propriei umbre, un factor important care nu mai poate fi controlat, ceva divin; iar acea recunoaștere va tulbura simbolismul Trinității, de vreme ce visătorul se confruntă acum cu faptul că puterea, divinul, nu este format din trei, ci din patru. Înțelegeți? — lipsea ceva din Trinitate și acum el descoperă că acela era diavolul, Prometeus, al patrulea, Lucifer ridicându-se împotriva lui Dumnezeu. Desigur, eu mă exprim aici în limbaj creștin, deoarece el însuși simte în felul acesta. Acum trebuie să recunoască fuga șoarecelui și faptul că Trinitatea nu mai este atât de puternică, acel simbol a pălit.

Mulți oameni au avut experiențe negative de-a lungul vieții, așa că pentru ei nu există un Dumnezeu bun sau probabil că nu au deloc Dumnezeu. Prin urmare, Dumnezeu nu este deloc atotputernic, el pare a avea o putere foarte redusă. Probabil că el încearcă să facă bine, dar între timp diavolul sădește întotdeauna niște semințe de răutate. Găsim aceasta în dualismul persan[12], în lupta constantă dintre întuneric și lumină, și nu este sigur cine va câștiga. Proximitatea Dumnezeului rău reprezintă recunoașterea puterii restrânse a lui Dumnezeu. Potrivit învățăturii creștine, diavolului i se permite să-și joace rolul un timp, să testeze ființele umane, după care este închis din nou în iad și redus la tăcere. Biserica spune că există întotdeauna un diavol care îl înșeală pe Dumnezeu sau distruge bunele intenții ale lui Dumnezeu, explicație care, desigur, este complet inadecvată, întrucât puterea de a face rău este, probabil, tot atât de mare ca puterea de a face bine. Importanța laturii întunecate este înțeleasă acum de acest om — nu o mai poate refula — fapt suficient pentru a destabiliza simbolul Trinității, iar el trebuie să renunțe. Atunci simbolul Trinității, așa cum îl înțeleg eu, a apărut de fapt ca simbol al celor trei funcții inconștiente ale omului relativ

---

12 Zoroastrism.

primitiv, ale omului din Antichitate, și în măsura în care mai este valabil în zilele noastre, ne aflăm în același stadiu de relativ primitivism, un stadiu al copilăriei. Cu cât mai avansată este conștiința noastră, cu atât mai puțin putem proiecta o astfel de idee — ființa supremă alcătuită din trei persoane. În religiile care au avut șansa unei mai mari dezvoltări filosofice, așa cum sunt religiile răsăritene, omul nu este inferior, el se află cu adevărat în centrul creației; în orice caz, e o contrapondere a ființei supreme, o parte a procesului divin sau probabil el însuși e ființa supremă, sub forma unui Buddha — sau a unui grăunte de nisip. Pe de altă parte, conform concepției noastre occidentale, Dumnezeu o poate duce foarte bine fără viermii care suntem noi și numai datorită grației sale nu ne lasă să putrezim. Aceasta este credința primitivă, care nu recunoaște că zeii fac parte de fapt din psihicul nostru. Și oamenii sunt încă atât de primitivi încât, atunci când li se spune acest lucru, ei răspund „numai atât", de parcă ar ști ce este psihicul. Întotdeauna este un semn de progres atunci când un om realizează că ființa supremă se raportează la el, așa cum el se raportează la Dumnezeu.

Acum, coborârea acestui aeroplan înseamnă că cele trei funcții nu mai sunt deținute exclusiv de inconștient. Trinitatea devine parte din conștient și astfel își pierde caracterul de simbol și devine o simplă idee sau concept. Trinitatea este acum în situația de a deveni psihologică. Același proces a adus pe pământ vechii zei ai Greciei, ei devenind idei sau emoții — Eros, Phoebus, Afrodita, Marte etc.

Prin extinderea conștientului, prevalența inconștientului este depotențată. Unica funcție conștientă desprinde o funcție auxiliară din trinitatea funcțiilor până acum inconștiente și, cu ajutorul acestei funcții auxiliare, conștientului i se permite să dobândească o nouă poziție față de singura funcție conștientă. Din această poziție, omul este capabil acum să-și privească vechea conștiință; noua funcție este aidoma unei oglinzi, în care el poate reflecta imaginea conștiinței celei vechi. Înseamnă că acum suntem capabili să spunem: mă văd pe mine însumi ca pe această ființă inferioară, înlănțuită și naivă și mai sunt și acela care poate să o privească și să spună: eu sunt doi, sunt funcția conștientă și încă o funcție, care poate privi la această figură prosternată ca și cum aș fi un zeu. Am dobândit calitatea divină de a ne putea privi pe noi înșine, ceea ce omul primitiv nu poate face, am dobândit un al doilea observator. Omul primitiv are ochi numai pentru obiect, el nu are altceva în afara ochilor lui. Dar noi am dobândit o oglindă în noi înșine, care spune: acela ești tu și spunând asta avem un punct de vedere superior. Eu mă uit la mine cu venerație ca și cum aș fi un zeu, ca și cum aș fi superior și *sunt* superior, aceasta este superioritatea mea. Și dacă mai dobândesc o funcție, am două oglinzi și pot spune: văd figura aceea mizerabilă și văd omul care observă acea figură; aceea este funcția nr. 3. Și dacă dobândesc o a treia funcție, spun: văd acel om, care-l vede pe acel om, care vede acea mizerabilă ființă umană și aceea înseamnă unitate; aceea este nr. 4. Aceea ar reprezenta dobândirea divinității absolute a omului, și anume o analiză de sine completă, realizată de omul însuși. Prin urmare, Schopenhauer spune, pe drept cuvânt: singura calitate divină pe care o atribui omului este simțul umorului.[13]

[13] Vezi: „În absența rațiunii, deci a conceptelor generale, animalul e incapabil să vorbească, precum şi să râdă, fapt ce constituie, prin urmare, un privilegiu şi o caracteristică a omului." *Lumea ca voință şi reprezentare*, Editura Humanitas, Bucureşti, 2012, vol. II, p. 113.

Prelegerea a II-a.
14 mai 1930

Dr. Jung:

Avem întrebări din partea doamnei Sawyer și a doamnei Crowley. Aș dori să răspund mai întâi la întrebarea doamnei Sawyer, fiind mai generală. Ea spune: „Menționați două mandale, una creștină și una egipteană, în care trei funcții sunt reprezentate cu capete de animale, iar una cu cap uman. Funcția cu cap uman este funcția conștientă superiorară și celelalte trei sunt inconștiente. Ați spus și că, în psihologia creștină, cele trei funcții superioare sunt reprezentate de Trinitate și funcția inferioară de diavol? În acest caz, practic nu există deloc conștiință — toate cele patru funcții fiind reprezentate de simboluri?"

Am spus că cele trei funcții inconștiente sunt reprezentate de Trinitate și funcția conștientă de diavol. Am vorbit de trei animale și am spus că aceste trei funcții inconștiente joacă un rol superior. Dar superior în sensul de putere, nu în sensul de diferențiere. Aceasta, întrucât omul primitiv este întotdeauna călăuzit de ceva superior, ceva este deasupra lui, deoarece e nevoie de o conștiință extraordinară, de un autocontrol extraordinar, pentru a spune: „Eu vreau". Primitivul nu poate spune „eu vreau" — el este condus; primitivul se află aproape complet sub vraja stărilor sale de spirit. Nu există problemă de alegere, lucrurile se decid singure. Și acel fapt este portretizat de puterea superioară acordată zeilor lor care sunt, de exemplu, de o dimensiune impunătoare și gigantică și au o influență demonică, iar în comparație cu ei omul nu este nimic. Acesta este un tablou al situației psihice a omului relativ primitiv sau, cu alte cuvinte, a relației dintre conștientul și inconștientul său. Inconștientul său îi domină conștientul, iar el proiectează acest fapt în spațiul metafizic, sub forma unor zei înspăimântători. Pe de altă parte, atunci când un om își dezvoltă conștiința, zeii își reduc dimensiunea și puterea.

Dezvoltarea budismului înfățișează foarte frumos acest lucru, introducând o perspectivă absolut nouă. Acolo vedem că zeii apar chiar și la nașterea lui Buddha, așa cum apar și la moartea lui și că până și zeii trebuie să devină oameni pentru a fi mântuiți. Ei au încă dorințe și se luptă unii cu alții, la fel ca ființele umane. Iar ambiția lui Buddha a fost aceea de a-și elibera poporul de astfel de credințe și de a le înfățișa gradele mai înalte de conștiință, de a-i dezlega de puterea contradictorie a zeilor. Vedeți, atâta timp cât sunt trei zei împotriva unui singur om, înseamnă că omul este absolut inferior și de partea diavolului. Desigur, în dogma creștină este evident că omul este de la început rău și, dacă nu ar fi grația lui Dumnezeu care în cele din urmă l-ar putea salva, ar fi complet pierdut. Dar afacerea aceasta este îngrozitor de nesigură și dacă, din întâmplare, nu devii unul dintre membrii de vază ai Bisericii, te întorci înapoi în iad de unde ai venit — nu ai nicio șansă. Am menționat mai de mult acel faimos pasaj din Noul Testament: „Că unde sunt doi sau trei, adunați în numele Meu, acolo sunt și eu în mijlocul lor".[1] Formularea originală, care a fost găsită într-un papirus egiptean, era: „Când sunt doi împreună nu sunt fără Dumnezeu, dar când este unul singur, Eu spun că sunt cu el".[2] Biserica a intervenit și l-a separat pe omul singur de grația divină. Trebuie să fie mai mulți pentru a avea vreo șansă și dacă ești în afara Bisericii nu există mântuire. Așa cum am spus, Trinitatea înfățișează această conștiință a totalei inferiorități a omului, trei contra unu — pur și simplu mai puternică — și, în mod firesc, dogma noastră presupune că această Trinitate are o perfecțiune infinită deși, evident, nu este încă atât de bună încât diavolul să fie abolit. Diavolul dă încă târcoale, aidoma unui câine rău. Tatăl meu era pastor, iar eu obișnuiam să inițiez polemici cu el pe această temă. Când o persoană are un câine rău, spuneam eu, intervine poliția. Dar când Dumnezeu sau Trinitatea lasă un diavol atât de periculos să se plimbe nestingherit printre oamenii cumsecade, nimeni nu vine să-l pedepsească pe Dumnezeu pentru asta, ceea ce este revoltător; ce omului nu îi este permis, ar trebui să nu îi fie permis nici lui Dumnezeu.

Ei bine, deci trei funcții sunt reprezentate de Trinitate. Una dintre ele este evident umană, deoarece este desemnată de un cap uman; aceea este conștiința omului, singura funcție pe care a reușit să o separe de eterna mare a inconștienței. Evident, atunci când are una singură, nu are cum să fie pentru el o funcție superioară. Noi avem o abordare psihologică și acum o numim așa, dar având numai una singură nu există comparație, așa că de ce să o numești superioară? Ar trebui să spunem mai degrabă singura funcție separată de inconștientul general, iar acea singură funcție este o mizerabilă chestiune inferioară comparativ cu inconștientul. Mai mult, faptul că a fost furată de la zei îl face pe om să se simtă inferior și păcătos și, prin urmare, trebuie să ne purificăm de diabolicul ingredient

---

1 Vezi, mai sus, 5 martie 1930, n. 14.

2 Vezi M.R. James, *The Apocrifal New Testament* (1924), p. 27: Oxyrhynchus Papyrus I (descoperit în 1897), x.

al naturii. Despre aceasta puteți citi în liturghia catolică, unde este exorcizată și sarea care trebuie amestecată cu apa pentru botez, și tămâia, deoarece se presupune că totul este contaminat de diavol. Fumul de la altar este menit să-l dezinfecteze spiritual. „Ca să dispară orice înșelăciune diavolească“[3], spune textul în limba latină. Circumcizia este un rit de exorcizare, care să permită individului să scape de influențele elementare naturale impure. Dacă nu am fost supuși acestor ceremonii, suntem impuri și contaminați și nu putem fi primiți în grația Domnului. Acela e începutul omului. El își simte în toate cele absoluta neajutorare și suferință; el știe cât de mult depinde de propriile-i eforturi și că tot felul de diavoli îi sunt potrivnici. Prin urmare, primitivul a simbolizat transformarea sa în om prin ceremonii de inițiere. Când el reușește să separe o altă funcție, eu spun că este aproape egal zeilor. Atunci el începe să aibă o psihologie și realizează că, dacă ar putea să separe o a treia funcție, ar putea crea singur un fel de divinitate. De fapt așa se întâmplă în religiile orientale, unde vedem că zeii devin tot mai mult niște iluzii. Orientalul va recunoaște că zeii sunt reali, că Shiva, de exemplu, este o realitate pentru oamenii inferiori; dar odată cu creșterea conștiinței, ei sunt și iluzii. Acest lucru este foarte frumos ilustrat în *Cartea tibetană a morților, Bardo Thödol*[4], unde preoții le spun morților că zeii sunt iluzii care trebuie depășite. E unul dintre cele mai bune exemple de psihologie din câte am văzut.

Acum sper că înțelegeți ce am spus despre acea divinitate dobândită. Nu înseamnă că veți deveni zei. Cea mai derutantă pare a fi ideea că acele trei funcții trebuie să fie funcții distincte. Dar nu este deloc așa. Vedeți, întotdeauna există tipurile și pentru anumiți oameni una este diferențiată și celelalte trei sunt inconștiente; adică, *majoritatea* funcțiilor sunt inconștiente. Asta înseamnă Trinitatea; în niciun caz nu este vorba de trei funcții distincte. Este clar? Pentru aceia dintre dumneavoastră care nu știu de ce discutăm despre patru funcții, trebuie să precizez că ele sunt cele patru laturi ale orientării noastre în câmpul conștiinței. Din punctul meu de vedere nu mai e nimic de adăugat. Cele patru funcții se bazează pe aserțiunea conștiinței noastre că *se află* ceva în inconștient. Senzația este un fel de percepție, ea știe că obiectul este acolo; gândirea ne spune ce este; simțirea spune ce valoare are el pentru individ, dacă individul îl acceptă

[3] Ritul binecuvântării sării apare în moliftelnic la începutul Tainei Binecuvântării Apei Sfinte (*Ordo ad faciendam quam benedictam*), care nu este efectuat în timpul liturghiei, ci înaintea ei, în sacristie, şi nu în altar. Cuprinde cuvintele „et effugiat a loco ... versutia diabolicae fraudis“, aşa cum au fost traduse de Jung. Liturghia Sâmbetei Mari include (la intrarea în biserică) binecuvântarea focului şi a tămâiei.

[4] Vezi, mai sus, 12 februarie 1930, n. 5.

sau îl respinge; și intuiția ne spune ce poate deveni, care sunt posibilitățile sale. Trebuie să mărturisesc că nu știu ce să mai includ. Nu mai pot descoperi alta. Cu asta, totul este spus. Iar faptul că sunt tocmai patru coincide cu ceea ce am aflat mult mai târziu, că în Est oamenii au aceeași convingere. În mandalele lor, cele patru porți ale conștiinței exprimă cele patru funcții, iar cele patru culori exprimă calitățile funcțiilor. Puteți sesiza foarte clar acest lucru în textul pe care vi l-am menționat, *Cartea tibetană a morților*. Mai sunt întrebări referitoare la funcții?

Dna Henley: Cred că majoritatea celor de față înțelege ce înseamnă gândirea, simțirea și senzația, dar intuiția ne este mai puțin clară. Ați putea spune ceva mai multe despre ea?

Dr. Jung: Senzația îți spune pur și simplu ce este vizibil, tangibil, calitățile simțului, în timp ce intuiția este un fel întrezărire a posibilităților sale. Simțurile vă spun că aici se află ceva și gândirea vă spune ce este acela, dar este nevoie de multă intuiție pentru a vă spune ce se află în spatele zidurilor. Dacă permiteți un mod stângaci de a o exprima, intuiția este un fel de trompă de elefant așezată în coloana vertebrală a unui individ — pentru a pătrunde înăuntru și dincolo de ziduri și pentru a mirosi cum stau lucrurile. Prin urmare, o bună intuiție este adesea exprimată de nas. Un primitiv își folosește nasul, miroase hoți și fantome, și la fel se întâmplă cu mediumul din zilele noastre; el intră într-o casă, adulmecă și spune „fantome" dacă este bântuită. Așa cum v-am spus de curând, poți descoperi o atitudine psihică bizară după miros. Îți miroase a șobolan — asta este intuiție.

Dr. Deady: În ce măsură erau diferențiate cele trei funcții ale omului relativ primitiv, aflate încă în inconștient? S-ar putea spune că erau diferențiate?

Dr. Jung: Nu, ele nu sunt diferențiate. Tot ce este în inconștient este contaminat de tot restul. Numai funcția conștientă este diferențiată. Aceea este ruptura dintre om și pleroma sau Dumnezeu sau inconștiența universală, oricum doriți să o numiți. El a furat o funcție de la zei. Acest lucru este frumos ilustrat de mitul lui Prometeu furând focul de la zei. Omul a fost nevoit să fure de la ei întreaga conștiință pe care a dobândit-o. El a ieșit din norul gros al inconștienței generale și numai prin eliberarea uneia dintre funcții a reușit să se separe. Cum s-a întâmplat asta, nu știu; este o calitate bizară a structurii psihice a omului; animalele nu au acea abilitate de a se elibera de psihicul original. Este un fel de disociere. Este misterios, poți face speculații în această direcție; nu știm cum s-a întâmplat, dar așa a fost.

Dr. Baynes: Cred că o parte din nelămurirea mea se datorează problemei funcțiilor auxiliare, și anume situației în care una dintre funcții a apărut în mod real și acționează ca funcție auxiliară dar nu a atins caracterul *per se* al unei funcții principale. Din perspectiva dumneavoastră, ați folosi termenul „diferențiată“ numai pentru acea funcție sau acele funcții care au obținut o valoare *per se*, nu-i așa?

Dr. Jung: Da, așa este.

Dr. Baynes: De exemplu, când descoperiți că gândirea împinge intuiția de la spate, nu i-ați acorda calitatea unei funcții diferențiate?

Dr. Jung: Funcția care are caracterul *per se*, funcția superioară sau diferențiată, poate cu adevărat să fie mânuită, dar funcția auxiliară este doar relativ gestionabilă; aici, deja încep problemele.

Dr. Baynes: Ca acele personaje, pe jumătate animal, pe jumătate om.

Dr. Jung: Da, un personaj are cap de om, un altul are cap de gorilă și când începi să te bazezi pe funcția cu cap de gorilă, apar necazurile; intri în contact cu regatul animalelor și apare inconștientul. Fiecare a dat peste o problemă pe care să nu o poată rezolva cu funcția superioară — să spunem, un gânditor care descoperă că are nevoie de simțire. Atunci, senzația sau intuiția sa îl vor conduce spre o lume nouă. În celebrul vis cu șoarecele, acela ar putea fi prea bine numit funcția intuitivă, de vreme ce acest om nu mai este capabil să-și rezolve problema de viață prin intelectul său. Imediat ce descoperă acest lucru, șoarecele fuge; factorul autonom începe să conducă, deoarece individul nu mai este vioara întâi a spectacolului. Apoi, viața începe să se desfășoare. Acesta este motivul pentru care am înțeles șoarecele ca pe un fel de semn sau simptom a ceva nou ce este pe cale să apară.

Dna Baynes: Spuneați că vă imaginați omul primitiv ca pe trei împotriva unuia. Credeți că omul modern este doi la doi?

Dr. Jung: Este foarte dificil de răspuns, dar sunt înclinat să cred asta, judecând după anumite semne ale timpurilor. Un exemplu foarte simplu este bizarul fapt că de abia în decursul secolului al nouăsprezecelea au fost făcute încercări de reabilitare a bătrânului Iuda. Înseamnă că apare un sentiment de dreptate împotriva zeilor. Oameni foarte respectabili, bine intenționați, au făcut încercări disperate în acest sens și au adepții lor, o audiență semnificativă, care apreciază această încercare de reabilitare. Acesta este doar un simptom mărunt, dar mai sunt multe altele, critica Bibliei, de exemplu, o inițiativă științifică de verificare a tabuurilor, care se poate datora numai faptului că omul se simte competent să le gestioneze. Autoritatea care era înainte indubitabilă și atotputernică a scăzut acum în importanță și omul a avansat corespunzător, este capabil să o critice, o poate înfrunta fără teama de fulgere și tunete. Dar alte fulgere vin de dedesubt. Noi privim întotdeauna în sus, dar nu avem nevoie de umbrelă împotriva fulgerelor și tunetelor — diavolul vine dintr-o zonă complet diferită.

Ajungem acum la cealaltă întrebare. Doamna Crowley spune: „Ne veți împărtăși la un moment dat mai mult despre simbolismul și analiza figurii hermafrodite? Ați spus mai de mult că o vom aprofunda".

Hermafroditul este un simbol important, care apare adesea într-un anumit stadiu al dezvoltării psihologice. Este un arhetip. Un savant german a scris de curând o carte despre el; a adunat mult material despre această ființă cu două sexe care joacă un rol în tot felul de credințe mistice și, totodată, în vechea filosofie hermeneutică. Nu vreau să pătrund acum în istoria acelui simbol, vă voi atrage atenția numai asupra faptului că ființa platonică sferică este hermafrodită, o condiție bisexuală care înseamnă asexual, întrucât cele două condiții se anulează una pe alta. Este simbolul stării infantile, încă nediferențiate, întrucât imediat ce sexele se diferențiază, există conștiință. Prin urmare, în dezvoltarea analitică hermafroditul este un simbol al condiției preconștiente, când ceea ce trebuie să devină persoana nu este încă conștient. Dar de vreme ce este în inconștient, un astfel de simbol poate apărea în visele lor. În cazul pacientului nostru, este vorba de intuirea unui factor superior călăuzitor, a unui sine superior, dar aflat încă în condiția hermafrodită. Vedeți, conștiința înseamnă discriminare, separare; dar aici perechile de opuse nu sunt încă separate, așa că nu este nicio conștiință. Este ceea ce eu numesc condiție pleromatică, un termen foarte adecvat pe care îl iau dintr-o veche filosofie pentru a desemna o condiție potențială a lucrurilor, unde nimic nu a devenit, totuși totul este acolo. Aceasta este condiția inconștientului. Funcțiile nu sunt încă diferențiate, negrul este alb și albul este negru.

V-am spus acel fapt interesant despre separarea cuvintelor, că atât în engleză cât și în germană, adjectivele *better*, *best* (mai bun, cel mai bun) vin din aceeași rădăcină ca *bad* (rău). Acesta este un caz al stării originare de identitate a opuselor. Este starea paradisiacă în care lupul încă doarme împreună cu mielul și nimeni nu-și mănâncă vecinul, decât pentru a se distra, când lucrurile se află împreună în pacea primordială, starea pleromatică inconștientă originală, simbolizată de hermafrodit. Este o anticipare inconștientă a unei stări viitoare ideale, după cum arată istoria paradisului. Vedeți, minunata grădină originară a paradisului a fost pierdută pentru totdeauna și, potrivit vechii învățături cabalistice, când Adam și Eva au fost exilați, Dumnezeu a pus paradisul în viitor, ceea ce înseamnă că starea originară, un inconștient nediferențiat, devine un scop, iar lucrurile care au fost separate după primul păcat se vor reuni din nou. Aceea este o părticică din istoria dezvoltării conștiinței. Întrucât la început omul se simte exilat, este practic singur în conștiința sa, și numai prin sporirea conștiinței el își redescoperă adevărata identitate cu natura. Prin urmare, chiar punctul culminant al înțelepciunii răsăritene este *tat tvam asi*, care înseamnă „Tu ești Acela" — fiecare lucru eu însumi, eu însumi în totul, identitatea finală a tuturor lucrurilor din nou — și totuși conștient în acea stare paradisiacă. Dar în starea hermafrodită nimic nu este conștient. Deci, acea stare originală a pleromei, a paradisului, este de fapt mama din care ia naștere conștiința. Simbolul acelei stări originale apare mereu în diferite forme pe parcursul dezvoltării conștiinței, înfățișând întotdeauna un lucru care este în trecut și, cu toate acestea, este și un simbol al viitorului. Deoarece nu va fi nimic în viitor care nu a fost în trecut, fiindcă putem lucra doar cu materialul care ne-a fost dat. Starea originară este simbolul stării viitoare, ideea regatului cerurilor este o repetare a paradisului. Vedem aceste simboluri în desenele pacienților, în cerc sau în glob, de exemplu, reprezentând ființa sferică perfectă, conținând, după cum se spune, cealaltă jumătate, care este ideea ființei platonice primordiale.

Iată a doua întrebare a doamnei Crowley: „Ne puteți spune cum ar fi coborât visătorul din excursia sa aeriană dacă simțirea nu ar fi fost funcția sa inferioară — dacă ar fi fost funcția sa superioară, de exemplu?"

Ar fi fost exact la fel, deoarece nu contează care sunt cele trei funcții inconștiente.

Dna Crowley: Ar fi avut aceeași reacție? Mă întrebam cum am putea învăța să deosebim mai atent, iar în cazul unui individ a cărui funcție superioară este simțirea, care ar fi reacția într-un astfel de vis.

Dr. Jung: În principiu, reacția ar fi aceeași, dar cu toate acestea, visul ar fi fost puțin diferit.

Dna Crowley: Mă gândeam mai mult la perspectiva abordării realității din punctul de vedere al simțirii.

Dr. Jung: Pe termen lung, e același lucru dacă raționalizezi lumea prin gândire sau prin simțire. Rezultatul final va fi exact același.

Dna Crowley: Da, mi-ați răspuns de fapt la întrebare mai devreme.

Dr. Jung: Ei bine, nu am terminat încă visul. Nu am discutat încă despre ieșirea din aeroplan. Individul cade la pământ și se ridică cu dificultate. Și mâna lui dreaptă este rănită, începe să se umfle și pare a fi ruptă. Vă amintiți că visătorul nostru asociază cu mâna dreaptă energia, activitatea omului, eficiența sa în viața materială sau practică. Cum înțelegeți acest lucru?

Dna Baynes: El trebuie să renunțe la atitudinea sa rațională. Trebuie să se întoarcă spre stânga și să găsească o altă cale în inconștient.

Dr. Jung: Da, dar în viața de zi cu zi ce înseamnă aceasta?

Dl Henderson: Îi afectează afacerea.

Dr. Jung: Asta e. Cam în perioada în care a avut acest vis, dădea semne de neliniște pe care le-am pus pe seama finanțelor sale, dar acum devine treptat evident că de fapt el nu este interesat de afacerea lui, aceasta nu mai prezintă importanță pentru el. El spune că singurul lucru de care e interesat este ființa umană și viața în general. Își poate permite, problema nu a fost atât de gravă. Oamenii care trebuie să se intereseze întreaga viață de afacerea lor nu sunt atât de interesați de problema laturii celeilalte. Deoarece totul este echilibrat, totul este reglat. Desigur, toată lumea crede că problema sa este cea mai gravă, dar în realitate nu se așteaptă imposibilul de la ființa umană. Dar un om de calibrul său este foarte marcat de fărâmarea propriei puteri. Vedeți, brațul drept este întotdeauna simbolul puterii. Aceia dintre dumneavoastră care au citit cartea mea *Psihologia inconștientului* vor fi găsit acolo motivul vătămării brațului până într-acolo încât să fie scos din acțiune; sau a șoldului, ca în legenda lui Iacov din Vechiul Testament, în care Iacov s-a luptat toată noaptea cu îngerul Domnului, iar îngerul i-a dislocat șoldul.[5] Aceasta reprezintă distrugerea puterii egoiste a omului și este inevitabilă.

Funcția diferențiată este aproape întotdeauna folosită în mod greșit, pentru propria putere egoistă. La început este neprețuită ca armă, dar de obicei omul o folosește în scopuri prea egoiste și atunci apare compensarea din partea inconștientului. Atunci apare ceva care îți ia arma din mâini. Prin urmare, în mitul eroului, în lupta supremă, eroul trebuie să se lupte cu mâinile goale, nici măcar arma sa obișnuită nu-l ajută; eroul care a biruit monstrul prin viclenie se alege cu brațul scrântit. El este privat de funcția sa superioară de dragul următoarei funcții care așteaptă să fie diferențiată, deoarece se pare că natura este constantă în dorința sa de a desprinde omul din starea sa inconștientă originală. Cum natura a forțat una din funcții să devină conștientă, ea pare să oblige omul să devină conștient de o a doua și, în acest scop — pentru că a doua trebuie să se dezvolte —, funcția diferențiată devine brusc inutilă.

Cred că va fi util dacă voi trasa din nou o diagramă, permite o înțelegere mai clară. Noi reprezentăm întotdeauna cele patru funcții sub forma unei cruci și, dacă pun gândirea (G) în dreapta, simțirea (F) va fi în stânga, deoarece simțirea este opusă gândirii. Trebuie să omiți cu mare atenție punctul de vedere al gândirii pentru a da glas simțirii tale și vice versa. Apoi, jos va fi senzația (S) și sus va fi intuiția (I). Să presupunem acum că funcția diferențiată ar fi intuiția și funcția

---

5 Geneza, 32:24–25 („i-a vătămat lui Iacov încheietura coapsei, pe când se lupta cu el").
Vezi *Simboluri ale transformării*, O.C. 5, par. 524.

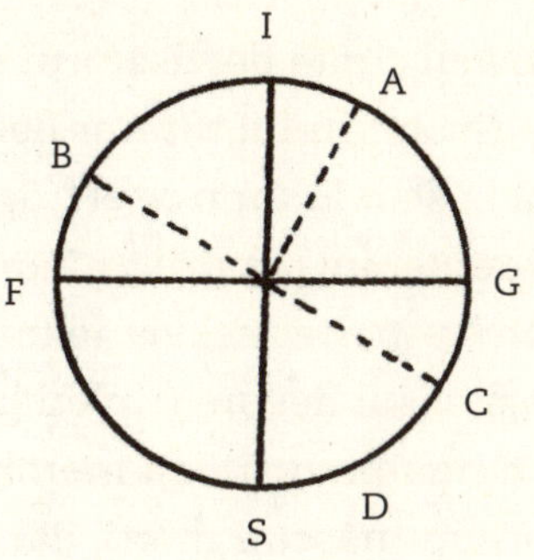

auxiliară gândirea; atunci, diviziunea va fi făcută în punctul A. Aceasta înseamnă că omul este foarte conștient de intuiție, iar linia despărțitoare dintre conștient și inconștient (BC) la tipul pur intuitiv va fi ca aceea din imagine. Dacă ajunge într-o situație în care intuiția sa nu îl ajută — să spunem, de exemplu, când ar trebui să gândească — atunci intuiția îi este inutilă, este absurditatea absolută. Când apare necesitatea de a înțelege care este situația, în loc de a o lua mereu înainte căutând noi posibilități, el trebuie să-și suprime intuiția într-o anumită măsură; deoarece intuiția îi va supraaglomera conștiința cu noi conținuturi și ori de câte ori începe ceva nou, trebuie să fugă după acel lucru. Prin urmare, el trebuie să disloce brațul intuiție și să dea toată acea putere gândirii sale, iar aceasta se face de obicei printr-un act de concentrare, care este în general o chestiune de voință. Sau dacă un om este incapabil să se concentreze, atunci i se va întâmpla ceva care să-l oblige. Foarte des tipurile intuitive se îmbolnăvesc fizic, alegându-se cu tuberculoză sau ulcer la stomac și în principal alte probleme abdominale; de asemenea, ciudate tulburări isterice, care pot produce tot felul de simptome ce-i imobilizează, îi țintuiesc la pat și îi obligă să excludă posibilitățile. Atunci ei sunt nevoiți să stea nemișcați și nu pot fugi după diverse lucruri; sunt puși în situații care-i obligă să gândească, în care singurul lucru pe care îl pot face este să gândească cu frenezie. Iată cum o funcție este paralizată sau ucisă de dragul unei alte funcții.

În acest caz, individul se mută în punctul D, unde se apropie de sfera inconștientului. Aici pericolul este imens, aici se află funcția inferioară opusă celei superioare; aici este însuși diavolul. Acea vecinătate devine extraordinar de stranie, iar individul o evită din toate puterile, se teme de tot ceea ce se poate afla dincolo de zidul inconștientului. Prin urmare facem o mișcare diferită, mergem spre pericolul mai mic, în cazul acesta simțirea (F) și numai atunci când cele trei sunt de o singură parte îndrăznim să atacăm acel lucru. Trebuie să fie trei contra unu, trebuie dobândit triunghiul care să lupte cu unul. Dacă vă mai amintiți acele versuri de Lowell citate de visătorul nostru (de ce râdeți?), veți vedea că se potrivesc cel puțin spiritului tuturor deliberărilor noastre. Este ca și cum asociațiile sale s-ar fi născut în timp ce el trăgea cu urechea la discuțiile noastre, așa că ne aflăm în domeniul simțirii visătorului.

Cred că putem să lăsăm deoparte acel vis acum și să trecem la următorul, pe care l-am menționat deja, visul despre tripleți [26].[6] A fost citit în ultimul seminar, dar îl voi reda din nou pentru noii membri. El spune că soția lui a născut tripleți, doi dintre ei sunt născuți morți, dar al treilea rămâne în viață. Acesta este întregul vis, iar el spune că s-a repetat, în ciuda faptului că nu-și putea aminti nimic altceva legat de el. Își amintește numai că a fost prezent la naștere, unde se afla și moașa, care a luat cu sine copiii morți.

În asociațiile sale, spune că gemenii sau tripleții i se par o binecuvântare prea mare. I se pare suficient dacă numai al treilea copil rămâne în viață. El s-a gândit mult la semnificația lor și a ajuns la concluzia că erau copii spirituali, de vreme ce evident nu aveau vreo legătură cu copiii săi reali. Nu poate asocia cu realitatea acel fapt ciudat al celor doi nou-născuți morți, așa că presupune că sunt încercări născute moarte, întrucât copiii ca simboluri psihologice au adesea acea semnificație, așa cum fiecare om este o încercare a naturii. Prin urmare, el crede că cei doi copii morți reprezintă studiile sale spiritualiste și de yoga, pe care astăzi le consideră avortoni spirituali complet superflui. Spune că eu sunt moașa care a luat copiii morți, deoarece după ce a venit la mine nu a mai văzut rostul celorlalte încercări, al preocupărilor teozofice. Eu nu am rostit vreodată un cuvânt împotriva lor, întrucât acele lucruri au ceva în mod categoric interesant. Știu că, dacă există în ele ceva interesant pentru el, se va agăța de ele și dacă nu, le va abandona. Spune că s-a jucat o vreme cu acele subiecte și a treia încercare, copilul viu, este dezvoltarea lentă a relației sale cu propriul suflet prin intermediul analizei. El folosește cuvântul german *Seele*, care poate însemna anima sau conceptul mai creștin de suflet. Evident, el se referă la relația sa cu lumea experienței interioare.

Visul pare a fi foarte simplu, dar există o hibă teoretică acolo. El este destul de satisfăcut de interpretarea pe care i-a dat-o: că tripleții sunt trei încercări de realizare a unei noi forme de viață, deoarece pentru el căutarea dezvoltării spirituale a reprezentat ceva complet nou. Fusese capul unei mari afaceri, iar când s-a retras s-a confruntat cu întrebarea: „Și acum?“ Avea patruzeci și cinci de ani și ce să faci devine o problemă foarte serioasă când te confrunți cu

---

[6] Vezi, mai sus, p. 534.

problema de a nu avea nimic de făcut, trebuind totuși să găsești undeva o cale de manifestare. El a început cu lucrurile așa-zis spirituale, deoarece oamenii lipsiți de cunoștințe psihologice sunt cu ușurință atrași de ședințe de spiritism, telepatie și ocultism în general. Deci era ceva normal și, aparent, este satisfăcător ce spune el despre scurtul vis și cu toate acestea e o hibă acolo. Dacă urmați cu rigurozitate principiile interpretării viselor, veți ști despre ce este vorba.

Dna Sigg: Se pare că acești copii s-au născut în același timp, dar el nu și-a început studiile în același timp.

Dr. Jung: Da, este oarecum ciudat și el nu acordă nicio atenție acestui fapt, însă aceea e o hibă minoră — o găurică de șoarece în comparație cu o trapă. Unde este adevăratul tunel?

Dna Nordfeldt: Soția sa a avut copiii.

Dr. Jung: Da și ce v-am spus în legătură cu aceasta? Voi repeta acea faimoasă regulă de aur care a trezit animusul. Dacă visătorul își visează soția, atunci este soția lui. Dacă visezi o persoană aflată într-o relație vitală cu tine, fie printr-o relație de sânge, fie prin orice altă legătură vitală — oricine are vreo influență în structura ta psihică —, trebuie să privești persoana din vis, cel puțin pentru un timp, ca și cum ar fi într-adevăr persoana însăși și nu un simbol pentru ceva aflat în tine însuți. De exemplu, între pacient și analist este o relație destul de importantă și atunci când pacientul îl visează, putem presupune că e vorba chiar de analist; dacă este ceva nefavorabil, analistul se confruntă cu observații critice, probabil cu o nouă descoperire despre el însuși, posibil adevărată; în orice caz, trebuie să ia în serios acea posibilitate și numai atunci când a fost adecvat cercetată și nu s-a găsit nimic, și cu mare prudență, îi este permis să se gândească la faptul că ar putea semnifica un aspect subiectiv al pacientului. De asemenea, uneori analistul își visează pacientul cu care are o relație mai mult sau mai puțin esențială. Aceasta, întrucât relația dintre analist și pacient este esențială; dacă nu, este moartă. Nu toate sunt în aceeași măsură esențiale — extrem de important este atunci când el nu înțelege, când a descoperit cumva o asperitate. Atunci l-ar putea visa pe pacient și cea mai bună atitudine este aceea de a-l informa imediat, deoarece se poate afla ceva acolo pe care pacientul să-l vadă imediat. Evident, numai cazurile relativ avansate te pun în astfel de situații. Altfel, nu le visezi deloc. Vă spun acestea pentru a vă arăta cât de important este ca astfel de figuri să fie considerate reale.

Prin urmare, atunci când pacientul visează că soția sa a adus pe lume tripleți, mă aflu în situația dezagreabilă de a trebui să explic de ce a fost nevoie ca soția sa să nască tripleți. Dacă nu am fi avut o astfel de regulă de aur, aș fi fost foarte satisfăcut de explicația dată de el visului; el era gata să se mulțumească cu ea, să o lase așa. Avem totuși aceea condiție — el își visează soția, care trebuie să fie soția lui, mă confrunt cu acel fapt. Apoi doamna Sigg a sesizat că nașterea copiilor săi spirituali, yoga, teozofia și analiza nu s-a petrecut în același timp și nu pot fi numiți tripleți când unul a fost născut în 1927, unul în 1928 și altul în 1929. Ideea de tripleți presupune ca ei să fi fost născuți, practic, în același timp, din aceeași sarcină. Este foarte dificil — unde este rolul soției sale? Evident, trebuie să luăm în serios asociațiile sale potrivit cărora acești copii sunt încercări, aceasta este explicația cea mai rezonabilă. Vedeți, este o diferență enormă atunci când spunem că soția sa este aceea care naște. Puteți explica această enigmă? Vă amintiți că ne-am referit la ea în ultimul seminar.[7]

Dna Crowley: Era un fel de reacție psihică.

Dna Baynes: Referindu-vă la acest caz și la această etapă a visului ați spus că era ca și cum s-ar fi aflat într-o *participation mystique* atât de strânsă cu soția lui, încât ar fi putut s-o ia drept el însuși la nivel subiectiv și că, de asemenea, era adevărat că și ea era pe cale de a deveni productivă.

Dr. Jung: Așa este. După cum știți, acest om nu are practic nicio relație cu soția sa, nu poate vorbi cu ea deoarece ea preferă să rămână atașată de tradițional, să se păzească de probabilitățile haotice ale minții, așa cum mulți bărbați se agață de un mariaj sigur, apărându-se de probabilitățile erotice. Această absență a relației este compensată în inconștient. Vedeți, atunci când trăiești cu cineva cu care nu ai o relație reală, ești inconștient conectat cu el. Și acea relație inconștientă bizară produce o stare psihologică, un fel de continuum în care funcționează amândoi, ca și cum s-ar afla amândoi în același acvariu, sub apă. Sunt sub același acoperământ, în aceeași barcă, de unde acest tip aparte de relație imediată. Această relație inconștientă produce fenomenele cele mai ciudate, precum vise care, categoric, nu aparțin individului. Deci, atunci când se pune problema de soț și soție, soțul poate visa visele soției sau invers; sau unul dintre ei poate fi obligat să facă un anumit lucru care provine nu din psihologia sa, ci din psihologia celuilalt. Acestea sunt simptomele unei astfel de *participation mystique*.

Evident, relația conștientă a acelui bărbat cu soția sa lasă de dorit, așa că aici putem presupune o contaminare inconștientă în care funcționează atât el, cât și soția sa. Vedeți, soția sa are o rezistență semnificativă față de orice fel de gândire, precum el are o rezistență față de latura sa ce ține de Eros. Ea nu își va folosi mintea. Un lucru trebuie să fie gata fabricat și sigur, garantat pentru cel puțin 2000 de ani, recomandat de cea mai înaltă autoritate, înainte ca ea

---

[7] Vezi mai sus, p. 534.

să-l accepte. Trebuie să fie absolut impermeabil și etanș și nimic să nu trebuiască schimbat. Evident, este complet nefiresc; este anormal și aidoma unei mașini; ceva a fost ucis și, prin urmare, a fost compensat în inconștientul ei, în care produce lucruri extraordinare, despre care noi nu știm. Acolo ea gândește frenetic, acolo ea se ocupă de tot felul de lucruri radicale, probabil de religie. Dacă am fi avut acces la visele ei, am fi văzut toate acestea. Inconștientul ei este într-un real tumult și este refulat și nu se poate revărsa în conștient, dar noaptea se strecoară prin canalele deschise ale creierului soțului său. Mintea sa este deschisă, el vorbește cu glas tare și o înspăimântă, deoarece vorbește despre propriul ei material, materialul pe care ea îl deapănă noaptea cu diavolii. Și de asemenea, pe de altă parte, ce spune ea conștient provine în mare măsură din sentimentele inconștiente ale animei lui.

Când pacientul a avut acest vis, eu nu i-am spus toate acestea, deoarece în acel stadiu ar fi fost greșit să-i servesc prea multă înțelepciune. Era mult mai important ca el să învețe să-și croiască propriul drum în analiză, să capete sentimentul că poate gestiona lucrurile. La început totul era foarte ciudat pentru el, dar acum vom vedea cum se conturează încercările sale de a interpreta visele și nu am vrut să le împiedic. În cazul unui astfel de bărbat, este foarte important să ai o relație amiabilă cu funcția sa superioară, așa cum nu este bine să te opui Erosului unei femei. Altfel te pui cu o mare putere, ceea ce înseamnă prea multă risipă de energie.

Toate acestea explică acel vis și, de asemenea, într-o anumită măsură, acel fapt bizar că tripleții, eforturile, s-au născut toți odată. Se presupune că atunci când un lucru se întâmplă în timp devine istorie, dar în inconștient nu există timp, el este etern. Inconștientul poate reda împreună lucruri care sunt complet separate de lungi intervale de timp; pentru noi par separate, dar nu și pentru inconștient. Sunt aidoma perechilor de opuse, ca negrul și albul, lumina și întunericul, viitorul și trecutul — în inconștient nu există nicio diferență. Deși acești tripleți s-au născut toți odată, sunt ani buni între ei. Cele trei încercări sunt de fapt una singură; a fost un singur stimul care probabil că a venit din partea soției sale. A fost momentul în care a simțit că a ajuns la capăt cu atitudinea sa intelectuală rațională și când Erosul început să se dezvolte în el. A fost un moment absolut inconștient. Cred că anumiți oameni foarte intuitivi pot fi capabili să înțeleagă un astfel de moment, dar de obicei se întâmplă complet în inconștient.

Când analizezi visele într-un astfel de moment, te confrunți cu probleme dintre cele mai dezagreabile. S-a întâmplat ceva înfiorător, iar pacientul spune că nu știe nimic despre asta, că este o prostie fără seamăn. Analistul știe că s-a întâmplat ceva, dar nu este încă vizibil; s-a întâmplat în pleroma și nu a apărut în timp. Trebuie că momentul în care visătorul nostru a simțit inconștient că acel lucru a luat sfârșit a fost unul foarte clar iar acel moment a fost perceput și de soția lui, numai că, în mod firesc, invers. Și atunci s-au născut tripleții. Este ca un copil care își visează viitorul. Am văzut cazuri în care copiii au anticipat principalele aspecte ale vieții pe care urmau s-o trăiască, în termeni foarte simpli; erau anticipări ale unei întregi vieți, luate toate împreună, și care s-au întâmplat în realitate treizeci, patruzeci sau cincizeci de ani mai târziu. Chiar și cele mai extraordinare probleme pot fi visate de copii, când ți-e imposibil să înțelegi cum poate un copil să conceapă astfel de lucruri. Le preiau oare prin intermediul părinților lor? Încă nu știm. Cred că are legătură cu inconștientul colectiv, dar aceasta este o altă problemă, pe care nu o vom discuta acum.

Dr. Baynes: Pare să fie o anumită legătură între depotențarea Trinității și nașterea tripleților.

Dr. Jung: Da, aceasta este adevărata interpretare a visului, faptul că există o continuitate. Coborârea aeroplanului semnifică depotențarea, dizolvarea Trinității și aici reapare; acum s-a născut din om. Trinitatea, care a fost înainte într-o stare inconștientă, a renăscut acum în conștiință.

Dra Wolff: În acest caz, aș spune că e important faptul că tripleții s-au născut dintr-o femeie, întrucât religia creștină lasă la o parte femeia, cu excepția Fecioarei.

Dr. Jung: Este salutară susținerea femeii. Vedeți, atunci când buna bătrână Sofia a devenit membră a Trinității ca soție a Domnului Dumnezeu, vechii Părinți nu au fost de acord și s-a renunțat la ea, mai puțin în Biserica Coptă; ei au rămas numai cu Fecioara Maria, ca un fel de moașă spirituală a cartierului. De atunci, elementul feminin a fost absent din Trinitate, dar acum ea revine. Este remarcabil faptul că acum femeia trebuie să nască Trinitatea pierdută.

Dr. Draper: De ce să moară doi dintre ei?

Dr. Jung: Este o întrebare foarte serioasă. Trebuie să știm acum cine sunt copiii morți. Acest vis este plin de momeli. Nu uitați întrebarea.

Prelegerea a III-a. 21 mai 1930

Dr. Jung:

Vom continua discuția noastră despre vis. Vă amintiți unde am rămas, dr. Draper?

Dr. Draper: Vorbeam despre *participiation mystique*, acel transfer încrucișat.

Dr. Jung: Nu chiar. Ați pus o întrebare foarte dificilă — de ce acei copii erau morți.

Dr. Deady: Domnișoara Wolff a pus o întrebare referitoare la pătrunderea femeii în Trinitate.

Dra Wolff: Nu era o întrebare, doar o remarcă.

Dr. Jung: Doar o remarcă! Asta este ideea, trebuie să găsim legătura, altfel vorbim în van. Vedeți, avem un vis în care întreaga Trinitate a coborât pe pământ și în următorul s-a întâmplat nașterea tripleților, referindu-se evident la Trinitate, care a renăscut într-un mod foarte aparte. Am lansat ipoteza potrivit căreia cei trei aveau legătură cu funcțiile, ceea ce ar însemna că din cele trei funcții ale Trinității două sunt moarte și numai una este vie. Și apoi a venit întrebarea dumneavoastră, de ce ar fi două dintre ele moarte, dacă se presupune că sunt elemente vii ale Trinității. Mie mi se pare o întrebare foarte dificilă. Aveți vreun răspuns? Asociațiile sunt foarte importante, pentru visător, copiii reprezintă cele trei stadii ale dezvoltării sale mentale, două dintre ele născute moarte. Mai mult, importanța acestora este accentuată de faptul că moașa, pe care o asociază cu mine, pleacă împreună cu acei copii morți. Deci, întrebarea dr. Draper este într-adevăr foarte dificilă, căci cum se poate ca un lucru renăscut să fie mort și care-i motivul renașterii când se pierde sarcina?

Dna Crowley: Ideea era că soția lui a născut tripleții.

Dr. Jung: Dar nu s-a pus la îndoială paternitatea; trebuie să presupunem că visătorul are legătură cu propriii lui copii. N-am aflat de vreun amant secret.

Dra Sergeant: Dacă reprezentau teozofia sa și alte preocupări oculte, de ce nu ar muri odată cu nașterea analizei?

Dr. Jung: Da, de asta încearcă visătorul să se agațe și evident că aceasta ar fi portița de scăpare în cazul întrebării dr. Draper. Dar în interpretarea noastră am presupus că Trinitatea reprezenta cele trei funcții din inconștient. Aceea era o ipoteză, nu era garantată de vis; visul și materialul său asociativ nu vorbesc despre funcții. Am discutat despre Trinitate într-un mod foarte general și nu pe de-a-ntregul în legătură cu visul, unde aveam de-a face numai cu cele trei stadii menționate de visător. Dar am abandonat acel punct de vedere și am dezbătut straniul fapt al răspândirii acestor trinități de zei pe tot cuprinsul globului, putând presupune astfel că simbolul trebuie să se bazeze pe o condiție psihologică universală. Și referitor la o astfel de condiție psihologică, știm că a existat un timp în zorii oricărei evoluții istorice, la începutul civilizației, când omul a detașat pentru prima oară o funcție din inconștientul colectiv; adică, a reușit să pună la dispoziția propriului scop o parte din psihicul inconștient. Momentul în care omul a putut spune că are un scop sau că vrea să facă așa și așa a marcat nașterea acestei separări. În mod firesc, atunci când studiezi psihologia funcțiilor, descoperi că nu este pe deplin detașată, că, la un tip diferențiat, există încă o parte, o rădăcină a celei mai diferențiate funcții, încastrată și prinsă în inconștientul colectiv.

Acela este cel mai dificil lucru de realizat la tine însuți — lucrul pe care îl recunoști ultimul. Luați un tip gândire, de exemplu, care este complet identificat cu funcția sa conștientă. Dacă îi spuneți că o anumită parte a gândirii lui este absolut primitivă, vă sare la gât. Nu va recunoaște, el trebuie să se agațe de ideea că, undeva, este divin și liber. Îi puteți spune că viața sa afectivă este cu mult sub limită, că senzația lui nu îl ajută sau că intuiția îi este putredă și va recunoaște toate acestea. Dar nu-i spuneți niciodată că gândirea lui este impură. Totuși, chiar și gândirea lui este într-un anumit punct impură. Același lucru poate fi observat la un tip simțire. Aparent, el este destul de capabil să simtă ipotetic, așa cum un gânditor poate gândi ipotetic. Gândirea majorității oamenilor este concretă. Îmi amintesc c-am spus unei astfel de persoane: „Să presupunem că Sydney se află în Canada, și nu în Australia". La care ea a replicat imediat: „E imposibil, Sydney este în Australia". Nu este un tip gândire, deoarece un tip gândire poate gândi că Sydney este pe lună; el poate gândi orice. Așa cum un tip simțire este liber în funcția lui: el poate presupune că suntem cu toții absolut fericiți, el poate invoca fericirea pentru toată lumea pentru un timp, atmosfera cea mai frumoasă, considerată de toți minunată, dar apoi vine catastrofa. După scurt timp, totul se prăbușește. Aceasta, întrucât chiar și un tip simțire atât de bine dezvoltat, care pare să nu se lase influențat de stările interioare, are undeva în fundal anumite sentimente complet aservite, efectele unor cauze întunecate, și pare a nu depinde de ele numai pentru că dorește să creadă în divinitatea sa, în libertatea sa. Și este adevărat că, atâta timp cât ai reușit să separi o funcție, *ești* liber, eliberat de condiții, dincolo de cauze. Dar ca întreg nu ești niciodată destul de liber.

Prin urmare, când am spus că Trinitatea reprezintă cele trei funcții din inconștient, am făcut o aserțiune universală, nemenționată în vis. Și în astfel de cazuri, când oamenii pun întrebări dificile, este mai bine să te întorci la textul exact al visului, care spune că Trinitatea a coborât, trei copii s-au născut, iar visătorul asociază cu ei cele trei stadii ale evoluției sale mentale sau spirituale. Pentru a aprofunda explicația referitoare la copiii morți, trebuie să ne referim la asociațiile sale. Deci, în primul și în primul rând, chiar dacă îi asociem cu Trinitatea din visul anterior, înainte de a-i discuta ca pe reprezentări ale celor trei funcții, trebuie să-i privim într-un mod diferit, și anume ca pe trei etape succesive. Și descoperim că, în realitate, Trinitatea istorică este formată, de asemenea, din trei stadii: Tatăl, Creatorul; apoi Fiul; și apoi Sfântul Duh. Paracletul, Consolatorul, este lăsat de Fiu. Vedem, deci, cum până și în dogmă Trinitatea este o succesiune, și totuși este în eternitate. Ceea ce pentru noi este separat, în eternitate se află împreună, deoarece acolo nu există timp. Atunci, în lumina asociațiilor visătorului, Trinitatea trebuie înțeleasă în acest caz ca trei care nu există toți odată, ci succesiv. Cele trei stadii ale sale sunt reprezentări, ca să spunem așa, ale celor trei condiții succesive ale sale: spiritualismul, Tatăl; teozofia, Fiul; și psihologia, Sfântul Duh.

Acum, cei doi copii morți se referă la primele două. Tatăl este mort, Fiul este mort și Duhul Sfânt trăiește. Spiritualismul este mort, teozofia este moartă și psihologia trăiește. Aceasta ar fi paralela, iar în cazul lui ar fi adevărată la nivel subiectiv. Ați auzit suficient despre atitudinea sa față de Biserică pentru a ști că are convingeri foarte categorice în această privință; el nu mai poate crede în Biserica Tradițională, creștinismul este mort pentru el. De asemenea, probabil că este conștient, datorită studiilor sale de teozofie, de credința larg răspândită în zilele noastre, potrivit căreia există trei etape ale dezvoltării spirituale, și anume: Vechiul Testament, Tatăl; Noul Testament, Fiul; și timpul prezent, Duhul Sfânt, care este noul ce va să vină. Acea idee vine probabil din Orient și își are originea în ideea încarnărilor succesive ale lui Buddha.

Dna Fierz: Călugării cistercieni din secolul al doisprezecelea sau al treisprezecelea au fost primii care au pomenit-o.[1]

Dl Schmitz: Cred că era în secolul al XI-lea sau al XII-lea. Dacă nu mă înșel, era o credință obișnuită pe timpul lui Frederick al II-lea.[2]

---

1 Ordinul cistercienilor a fost întemeiat în anul 1098 şi a cunoscut maximul de activitate în Europa Occidentală pe parcursul secolului al doisprezecelea. Vezi interesul lui Jung pentru secolul al XIV-lea. Călugărul cistercian Guillaume de Digulleville şi viziunile sale în trei stadii: *Psychologie und Alchemie*, Partea a II-a (orig. 1935), par. 315–322.

2 Sfântul Împărat Roman Frederick al II-lea (1194–1250) „se considera intim legat" de cistercieni şi a fost primit într-o comunitate de rugăciuni a Ordinului. Vezi Ernst Kantorowicz, *Frederick the Second 1194–1250*, tr. de E. O. Lorimer (New York, 1931), p. 85.

Dr. Jung: Cred că aveți dreptate și este absolut remarcabil că a apărut atât de devreme.

Întrebare: Care era ideea?

Dr. Jung: Ideea era aceea a celor trei stări succesive din evoluția adevărului: Vechiul Testament era Regatul Tatălui; Noul Testament era Regatul Fiului și, în general, al creștinătății; iar al treilea ar fi Imperiul sau Regatul Duhului Sfânt, care va să vină.[3] Această idee a revelațiilor succesive sau a manifestărilor periodice are un caracter răsăritean și este știut faptul că Biserica timpurie a cunoscut influențe răsăritene. În al doilea secol înainte de Hristos existau deja mânăstiri budiste în Persia; e destul de sigur că în creștinătatea timpurie au existat influențe persane și, probabil, budiste. În orice caz, Biserica Catolică a fost influențată de Răsărit. Rozariul este o yantră răsăriteană, de exemplu. Este posibil, astfel, ca ideea manifestărilor succesive ale lui Bodhisattva să fi pătruns în creștinismul timpuriu.

Dl Schmitz: Biserica Rusă a acceptat ideea celor trei elemente.

Dr. Jung: Da, este o idee generală. Aceste trei stadii au fost discutate pe larg și în cercurile teozofice.[4] Și acum oamenii cred că venirea noii ere — Vărsătorul — va reprezenta a treia stare, noua revelație a Trinității. Nu știu în ce măsură a fost influențat visătorul meu de astfel de idei, dar am aflat că știa despre cele trei stadii succesive ale dezvoltării umane, care coincid cu sau sunt simbolizate de stadiile succesive ale Trinității. Vedeți, această idee ar confirma mai degrabă ce am discutat în ultimul seminar, și anume încarnările succesive, aproape că am putea spune așa, ale celor trei funcții diferite, Tatăl, Fiul și Sfântul Duh, și odată cu realizarea acestora am avea individul complet. În orice caz, atunci când Trinitatea coboară pe pământ ne putem aștepta la o schimbare de proporții, transformări nu numai în propria noastră psihologie, ci și în conceptul nostru psihologic de divin. Din punct de vedere psihologic, diferența va fi uriașă, deoarece nu vom mai deține stările inconștiente necesare pentru conceperea factorului divin. Materialul necesar erau cele trei funcții inconștiente care formau o masă de o considerabilă

---

3 Ideea apare în scrierile lui Joachim din Fiore (c. 1135–1202), care a fost inițial cistercian, apoi s-a desprins de Ordin, înființându-și propriul Ordin al lui Fiore. El și-a dezvoltat concepția trinitară despre istorie, în care aceasta traversează trei mari perioade sau *status*-uri, la mult timp după ce a părăsit ordinul cistercian. Vezi Marjorie Reeves, *The Influence of Prophecy in the Later Middle Ages: A Study in Joachism* (Oxford, 1969), pp. 16–27. Jung a discutat pe larg ideile lui Joachim în *Aion* (1951), O.C. 9/2, par. 137–144.

4 În H.P. Blavatsky, *The Voice of the Silence* (1889; ed. din 1971), p. 6ff, evoluția sufletului este simbolizată prin traversarea a trei săli, a Ignoranței, a Învățării și a Înțelepciunii, dincolo de care se află Valea Fericirii. Biblioteca lui Jung conține *The Secret Doctrine* a lui Blavatsky (1893, 1897) și glosarul ei teozofic. Referirile lui ocazionale la teozofie în Operele Complete și în Scrisori sunt de regulă defăimătoare. Într-o scrisoare din 12 februarie 1959 (*Letters*, vol. 2, p. 186), l-a numit „regresiv-ism."

energie, care constituia baza concepției despre Trinitatea atotputernică. Acum, dacă acel factor este dizolvat printr-o realizare conștientă sau prin diferențierea acestor funcții, ar însemna că nu mai putem clădi conceptul de divin decât pe materialul psihic aflat deja în inconștientul nostru. Deci, modalitatea ar fi complet alta. Pentru a termina această discuție, aveți idee care ar fi materialul psihic din inconștient? Dacă cele trei funcții ale Trinității ar fi asimilate, ce ar mai rămâne? Aceasta ar arunca iarăși o lumină interesantă asupra visului.

Vedeți, atâta timp cât omul are o singură funcție, el este doar conștient că poate face ceva, dar se lovește de o situație psihică de-a dreptul copleșitoare, cei trei din inconștient, majoritatea, aflați deasupra lui. Apoi, dobândește o a doua funcție și devine mai complet. Devine mai echilibrat și capătă un fel de conștiință filosofică. Poate fi conștient de sine însuși ca de o astfel de ființă psihică. El poate spune: vreau să fac asta sau cealaltă și, de asemenea, mai poate spune: înțeleg cât de absurd este lucrul acesta. Dar dacă ai o singură funcție, toate acestea sunt imposibile, nu există reflecție; numai odată cu achiziția celor două funcții el a căpătat o oglindă. Atunci mâna stângă poate judeca mâna dreaptă și el a dobândit, prin urmare, un fel de divinitate, un punct de vedere superior. A treia funcție este a doua oglindă. El poate spune: îl văd pe omul acesta, care-l urmărește pe celălalt și înțeleg cum gândește și că trage o concluzie greșită. A patra funcție ar spori și mai mult gradul de conștiință. Evident, capacitatea de autodepășire, capacitatea de a fi mereu propriu-ți spectator și de a te oglindi pe tine reprezintă un lucru formidabil în creșterea conștiinței. Probabil că se poate face numai până la un punct, probabil că sunt anumite restricții pentru conștiința noastră, dar se poate întrevedea posibilitatea unei oglindiri infinite și a unei judecăți infinite. În acel caz s-ar ajunge în mod firesc la o ființă într-o asemenea măsură superioară condițiilor, încât ar avea o libertate aproape nelimitată, precum libertatea absolută a lui Dumnezeu, care nu trebuie să se supună condițiilor, deoarece ea este singura condiție care există. Prin urmare, cu cât dobândești mai multe funcții, cu atât mai mult văduvești divinitatea sau factorul magic, factorul mana sau eficiența sa. Este ca și cum ai submina-o sau ai scobi-o, întrucât, cu fiecare nou punct de vedere, iei din ea și îți adaugi ție însuți. Deci, te ridici deasupra condițiilor. Aceasta este calea mântuirii în Răsărit, obținerea unor stări succesive de conștiință, care eliberează treptat omul de perechile de opuse, de calități, de *concupiscentia*, de roata morții și a renașterii, așa cum o înfățișează ei. S-ar crede astfel că prin separarea funcțiilor s-ar ajunge la o asimilare completă a Trinității, cu alte cuvinte o asimilare completă a factorului divin din noi înșine. Dar atunci, aparent nu ar mai rămâne nimic. Sau este aceasta o concluzie greșită?

Dna Fierz: Diavolul.

Dr. Jung: Nu, am asimila diavolul. I-am putea da șah chiar și lui Dumnezeu. Am putea spune: Văd că acesta e Dumnezeu și el crede așa și așa, dar eu îi voi juca o festă, eu sunt diavolul. Sau invers: văd diavolul și *lui* îi voi juca o festă. Întrebarea noastră este: să presupunem că se ajunge la asimilarea completă a Trinității, individul ar mai rămâne doar o ființă inferioară? În mod normal suntem de partea diavolului, încă de la început inimile ne-au fost negre, ne-am ridicat din mâl și am fi absolut convinși că aducem ceva inferior Trinității. Dar, odată cu dobândirea Trinității, este clar că ne ridicăm la un nivel superior, la o eliberare completă de condiții și dacă așa stau lucrurile vom presupune că Dumnezeu nu mai este obiectiv, deoarece el este categoric una cu noi. Vom fi într-un fel divini, ceea ce este, desigur, ideea răsăriteană. Credeți că un astfel de lucru este posibil din punct de vedere psihologic? — că obiectul divin poate dispărea din conștiința omului?

Sugestie: Cred că ar fi un fel de entropie.

Dr. Jung: Atunci ar fi un fel de *désintéressement*, așa cum vezi în Est. Chietismul răsăritean este un fel de *désintéressement*, astfel încât oamenii se volatilizează, practic. Dar nu putem spune ce este acea condiție în interior, întrucât nimeni nu se află în interiorul unei astfel de condiții, doar dacă este mort. Este ca și cum te-ai aștepta ca un om mort să spună cum se simte.

Dl Schmitz: Tensiunea polarităților ar înceta și, prin urmare, ar fi la fel ca moartea. În momentul în care și-a atins scopul nu ar mai fi viu.

Dr. Jung: Da, se poate presupune că, atunci când va fi reușit asimilarea completă a tuturor proiecțiilor, va fi atins stadiul divinității și apoi va fi cu necesitate mort, deoarece orice formă de energie la care ne putem gândi a fost întoarsă spre înăuntru, adunată în câmpul de-un stânjen sau în casa de un cot, așa cum spune yoga chinezească[5], și este ținută acolo într-o formă de durată unde nu se întâmplă absolut nimic. Dar atâta timp cât trăim suntem în mod evident incapabili de a extrage toată energia din lume, de a retrage toate proiecțiile. Continuăm să mâncăm diverse, să mirosim diverse, să ne mișcăm și toate acestea sunt psihologie proiectată. Este proiecție, este scoatere în afară, ceva din noi ne părăsește constant — atâta timp cât trăim, proiectăm. Noi suntem energie încarnată și astfel energia nu este complet retrasă, nu este pe de-a-ntregul în noi înșine, ceea ce înseamnă că o condiție ideală de conștientizare deplină nu poate fi atinsă pe parcursul vieții. Dar putem spune că suntem capabili să o atingem cu aproximație

---

[5] Vezi, mai sus, 13 februarie 1929, n. 3.

și, prin urmare, să ne imaginăm cum ar fi. Ne putem gândi la o astfel de stare, în care cineva a retras proiecțiile la maximum. Presupunem că energia maximă este acum în interior, adunată în așa-numitul corp de diamant. Și atunci cum rămâne cu obiectul divin? Mai este el divin? — sau este depotențat? Ce formă ar lua dacă ar exista? Sau este o întrebare complet lipsită de sens? Nu aș fi întrebat dacă nu aș fi avut o îndoială în această privință. În mod normal, în analiză am observat pacienții și am văzut aceste lucruri atât de des, încât mi-am format anumite idei.

Acum, mai este un aspect important al acelui vis pe care trebuie să-l clarificăm, și anume de ce naște soția lui — de ce, când Trinitatea coboară pe pământ, nu intră în el? Și totuși, visul spune că soția lui este aceea care naște — ca și cum soția lui ar fi un fel de Marie modernă, Sfântul Duh coborând în zbor și fertilizând-o.

Dr. Draper: Este posibil ca, în ciuda asimilării complete a proiecțiilor, el să atingă acel stadiu în care este încă vie originea sa amfibiană. Aceea formează un fel de matrice din care nu are cum să scape. El are încă înlăuntrul lui ceva de amibă.

Dr. Jung: Sunteți pe drumul cel bun. Într-adevăr, dacă reușim să asimilăm celelalte funcții sau să ne retragem proiecțiile, căpătăm un fel de divinitate, iar aceasta are un efect ciudat asupra psihicului nostru, ne îndepărtează de omul inferior. Oamenii devin adesea destul de inflaționați și cred că dobândesc o minunată superioritate dacă se identifică cu proxima oglindă. Cu cât mai multe oglinzi dobândești, cu atât mai divin devii și cu atât mai inflaționat — identic cu proxima oglindă, adică și mai departe de pitecantrop, de tot ceea ce este inferior și slab, probabil chiar murdar, încă ud de apele originale, acoperit de mâlul instinctual. Cu cât căpătăm mai multă conștiință, cu atât mai departe în urmă lăsăm toate acestea, dar atunci are loc un fapt bizar. Care ar fi acela?

Prof. Hooke: Asimilarea și detașarea sunt același lucru?

Dr. Jung: Consecința psihologică a asimilării ar fi detașarea, deoarece numai atunci când capeți un punct de vedere superior spui „sunt așa și pe dincolo". Nu te identifici cu faptul de a fi incapabil sau de a te înșela ci, normal, cu punctul de vedere superior. Cu toții ne identificăm cu funcția noastră diferențiată — eu sunt eu însumi și atunci mă regăsesc în gândirea mea. Este clar că un mare muzician se va considera un mare muzician. Credeți că Wagner se credea altceva? Nu s-a gândit niciodată că ar fi — nu vă spun ce, las asta în seama imaginației dumneavoastră.

Dna Baynes: Înțelesesem că toate cele patru funcții sunt luate împreună și atunci nu poate fi uitat acel mâl primordial.

Dr. Jung: Poți să nu uiți, dar cu fiecare oglindă obții o perspectivă superioară și, firesc, te identifici cu ea. De fapt te îndepărtezi, nu rămâi la nivelul amibei.

Dl Schmitz: Și atunci vine răzbunarea omului inferior?

Dr. Jung: Exact. Cu cât ne îndepărtăm mai mult de rădăcinile noastre, cu cât mai mult ne identificăm cu oglinzile, cu atât mai ineficienți devenim, întrucât oglinda nu are picioare, nu are mâini. Conștientizarea este completă, probabil, și totuși nu are nicio eficiență, cu excepția aceleia pe care i-o dăm noi. Ceea ce este înăuntru înseamnă extrem de puțin. Pot spune unei persoane că lucrurile stau într-un anumit fel, dar ea nu le poate da viață, întrucât insight-ul nu este atât de important dacă nu primește mâini și picioare. Cu cât mergem mai departe, cu atât mai puțin eficienți suntem.

Prof. Hooke: Și totuși suntem cu atât mai divini!

Dr. Jung: Da, acesta este un paradox teribil, dar nu trebuie să-l amestecați cu filosofia. Vorbim de psihic, unde mișcările noastre sunt cu adevărat paradoxale. Cu cât ești mai divin, cu atât mai departe ești de pământ — vorbind psihologic — și de aici puteți conchide că Dumnezeu este ființa cel mai puțin eficientă. Dar, desigur, e ceva metafizic. Poate fi și nu poate fi adevărat.

Dl Schmitz: Acesta este motivul pentru care Dumnezeu s-a încarnat în Fiu. Din punct de vedere empiric, el nu este, e incapabil și de aceea a creat această lume teribilă. El nu trebuie să fie numai *in potentia*, ci *in actu*.

Dr. Jung: Da, iată de ce omul îi este indispensabil lui Dumnezeu. Fără om, Dumnezeu nu ar putea face nimic. Nu este nimic metafizic. Eu nu cred în metafizică. Eu recunosc numai psihicul — și în psihicul nostru cu siguranță este așa — Dumnezeu se află într-o condiție foarte neajutorată. Găsim acea idee în vechile legende, de exemplu în acea legendă cabalistă pe care v-am povestit-o, potrivit căreia la început Dumnezeu era complet singur, nu era nimic în afară de el însuși, iar singurătatea sa a devenit atât de copleșitoare, încât l-a cuprins o teribilă durere de cap și și-a dat seama că ar trebui să fie ceva care nu este el însuși. La început totul era sub forma unui nor vaporos iar el l-a adunat, condensându-l din ce în ce mai mult și dintr-odată a izbucnit o lumină și acesta a fost Fiul, prima rază de Lumină. (Vezi Evanghelia după Ioan.)[6]

Dr. Baynes: Este la fel ca Prajapati.[7]

Dr. Jung: Exact aceeași idee — extraordinara singurătate a lui Dumnezeu și neajutorarea sa în acea stare.

Deci, cu cât mai mult conștientizăm, cu cât mai mult ne retragem proiecțiile și adunăm energiile în noi înșine, cu atât mai departe suntem de o reală eficiență.

---

6 Ioan: 1:9: „... Lumina cea adevărată, care luminează pe tot omul, care vine în lume."

7 Zeul creator hindus, „o personificare a materiei vii şi a forţei vitale atotconţinătoare.... Se simţea singur,... şi aşa a dat naştere universului, pentru a avea companie" (Zimmer, *Philosophies of India*, 1951, p. 300).

Ideea că Dumnezeu era complet neajutorat și pierdut în singurătatea sa și a trebuit să creeze omul pentru a deveni sau a fi este exprimată în multe mituri sau *parabole*[8] filosofice și se explică astfel cum omul este într-un fel metoda indispensabilă a devenirii lui Dumnezeu. Meister Eckhart[9] explică limpede acest lucru, când spune că Dumnezeu în însăși divinitatea sa nu este Dumnezeu, ci trebuie să se nască mereu prin sufletul unui om. „Fără mine, Dumnezeu nu poate trăi."[10] Deci, condiția conștientizării divine este de fapt o condiție a infinitei oglindiri și cu cât individul trăiește mai mult în oglindire, cu atât este mai departe de substanță, oricare ar fi aceea. Nu te poți abține de la avea un punct de vedere superior. Să presupunem că reușești să vezi toate lucrurile extraordinar de clar. Ridici din umeri și spui: mai bine să nu știu nimic, deoarece atunci aș putea acționa într-un fel. Când știi atât de multe, te afli în afara existenței, nu știi dacă ești viu sau mort, ești pur și simplu universal. Deci, *prin* acea conștientizare devii conștient de funcții, dar interesant este că atunci când oglindești un lucru, nu-l deții. Este ca un fel de veche idee magică, potrivit căreia a oglindi un lucru înseamnă a-l poseda. Nu este adevărat. Ai iluzia că îl posezi pe celălalt atunci când îl poți oglindi, făcându-ți o părere despre el. Dar el nu este posedat, el își păstrează substanța originală. El este acolo și nu îl poți absorbi. Poți absorbi numai imaginile lucrurilor, dar lucrurile rămân și tu ești scos din ele. Nu ții lumea în tine când îți retragi energia; lumea rămâne acolo, tu te îndepărtezi numai pe tine însuți; astfel, printr-o conștientizare superioară, ești în mod bizar separat de substanță.

Apoi ceva se întâmplă. Și aici ajungem la ideea de unde am pornit, și anume care sunt consecințele asimilării Trinității. Evident, obținem o conștientizare aproape universală sau completă, oglinzi după oglinzi și aparent dobândim divinitatea. Ei bine, ceva din noi, o perspectivă îndepărtată, este divină, o rază de lumină este divină, dar noi nu ne-am anulat realitatea, lumea aceasta. Noi ne-am îndepărtat doar de lume prin acea conștientizare și aparent am pierdut obiectul divin, obiectul divin din regiunile luminii, unde se afla înainte. Întreaga iluminare ne-a venit de sus și lumina este aceea care ni s-a revelat pe sine ca adevăr. Dar atunci când ne identificăm cu oglindirea, factorul divin își schimbă complet forma. În ce formă va reapărea?

8 Cuvântul provine din latina târzie ecleziastică.

9 Mistic german dominican (cca. 1260–1327); Jung a discutat acest concept al său în *Tipuri psihologice*, par. 452ff.

10 În *ibid.*, par. 477, Jung a citat un alt mistic german, Angelus Silesius (1624–1667): „Eu ştiu că fără mine Dumnezeu nu poate nicio clipă să trăiască,/Dacă eu pier, e nevoit şi El să piară."

Dl Schmitz: În primul rând, inconștientul colectiv își va lua revanșa. Cu cât mai sus se cațără un om și cu cât mai mult se identifică cu acele înălțimi, cu atât mai mult se va încurca într-o plasă de cauzalități ridicole și infantile.

Dr. Jung: Conștiința universală te face să cunoști totul, dar asta nu împiedică materia să acționeze. Nu influențează câtuși de puțin substanța.

Dl Schmitz: Dar nu este posibil, dacă funcția senzație, de exemplu, își face treaba, dacă este bine diferențiată și liberă, să ai o anumită legătură cu materia în acea situație de solitudine divină?

Dr. Jung: Este mai mult decât posibil, este inevitabil. Percepi realitatea, dar insight-ul superior te îndepărtează și devii singur.

Dl Schmitz: Insight-ul prin cele patru funcții?

Dr. Jung: Da, întrucât ceea ce reflectă oglinzile nu este substanță, este numai imagine. De asemenea, senzația nu este ceea ce se înțelege în mod obișnuit — senzația de atingere, lumină etc. — este pur și simplu o conștientizare a lucrurilor așa cum sunt, ceea ce psihologul francez Janet numește „la fonction du réel“[11], o perspectivă psihologică, o atitudine.

Dl Schmitz: Este posibil ca o persoană cu această „fonction du réel“ să fie atât de îndepărtată de materie?

Dr. Jung: O, da, poți vedea lucrurile așa cum sunt prin propria-ți conștientizare și totuși să fii complet îndepărtat de ele. Aceasta este marea tragedie. Cu cât ești mai conștient, cu atât ești mai îndepărtat.

Dl Schmitz: Atunci, concluzia ar fi să nu conștientizezi atât de mult!

Dr. Jung: Dacă îți poți permite. Dar noi nu ne putem permite să nu conștientizăm. În noi totul ne împinge spre o conștiință superioară. Trebuie să urmăm acel drum, dar pe acel drum pierdem legătura.

Dl Schmitz: Finalul fericit este moartea!

Dr. Jung: Aceasta este ideea răsăriteană, Nirvana. Cu cât ești mai îndepărtat — nu că ai fi purtat în realitate pe distanțe cosmice, este vorba de situația psihologică — cu atât îți spui, la ce bun. În doi ani sau în cincizeci de ani vei fi mort și atunci vei dispărea oricum. Alți oameni vor veni, alte iluzii vor veni, nu contează. Aceea este conștiință universală și te dă la o parte. Este o stare psihologică. Te afli aici, vezi, dai mâna cu oamenii, le dai bună ziua și totuși te afli la zeci de mii de kilometri depărtare, oriunde în cosmos, dar nu aici. Acum,

---

11 Vezi, mai sus, 23 octombrie 1929, n. 4. Pentru „la fonction du réel“ vezi Janet, *Obsessions et la psychasthénie* (1903), vol. 1, p. 433. Jung a dat diverse explicații termenului, precum „reacție la realitate“ (1907; O.C. 2, par. 1066), „adaptare psihologică la mediu“ (1907, O.C. 3, par. 19, n. 36) și „relație corectă cu lumea înconjurătoare“ (1948, GW 18/2, par. 1232).

dacă așa se întâmplă — și se va întâmpla pe măsură ce conștientizarea va deveni mai completă — va intra în joc compensarea. Atunci, după cum spun chinezii, plumbul domeniului de apă va reacționa.[12] Te revolți împotriva acestei îndepărtări și atunci Dumnezeu, factorul divin, copleșitor, apare în lucruri. Înțelegeți?

Este foarte interesant de urmărit dintr-un punct de vedere psihologic evoluția gândirii în secolul al XIX-lea, după Revoluția Franceză, după era rațională a științelor naturale. Atunci oamenii au început să creadă în fantome, în mese mișcătoare, materializări etc. Acestea sunt idei din cele mai primitive și totuși în acea perioadă au avut efectul unor revelații aproape divine. Și, luați aminte, nu erau o grămadă de idioți și chiar astăzi mulți oameni cred în realitatea unor astfel de lucruri. Era momentul în care apărea faimoasa carte *Kraft und Stoff* (*Forță și materie*) de Büchner[13], care a fost primită cu un entuziasm extraordinar. Desemnează apogeul materialismului, tocmai prin faptul că în ea materia devine spirit. Uitați-vă la cele mai moderne descoperiri ale științei, ce este materia, până la urmă? Gândul este materie și materia este gând; nu mai este nicio diferență. Aceasta este teoria lui Einstein. Știm acum că materia este aidoma gândului, că se comportă chiar ca un element psihic, că este un fenomen psihic. Întregul concept de materie se dizolvă în aceste abstracțiuni. Se schimbă complet, fapt legat de o perspectivă complet diferită, o uriașă revoluție a felului în care vedem lucrurile.

Dl Holdsworth: Când ați spus că Dumnezeu este incapabil să fie în absența omului, ați făcut deosebirea dintre om și celelalte animale?

Dr. Jung: Aș include întregul trib de animale. Aceea nu este o idee originală. Poate că ați auzit de Jaworski[14], care e de părere că toate părțile corpului uman provin din animale. El spune că fiecare organ al corpului uman este, de fapt, un fel de conglomerat al tuturor diferitelor principii animale. Într-una din cărțile sale are o ilustrație care arată ce parte a animalului este asociată cu diversele părți ale omului. Ideea este, în mare, că toate animalele sunt conținute în om. Mai este o carte germană de Dacqué[15], care spune că toate animalele provin din acel bloc care a fost tăiat pentru a crea omul, că animalele sunt particule rupte

---

[12] Wilhelm, *The Secret of the Golden Flower*, tr. C.F. Baynes (ed. 1962), p. 21, şi comentariul lui Jung (1929), O.C. 13, par. 35.

[13] Ludwig Büchner (1824–1899), filosof materialist german. Jung a caracterizat cartea sa *Kraft und Stoff* (1855; tr. în engl. *Force and Matter*, 1864) drept „extraordinar de proastă" (1945; GW 18/2, par. 1383).

[14] Hélan Jaworski (1880–19??), eseist francez, a scris despre filosofie şi ştiinţă. Jung a avut câteva dintre cărţile sale, printre care *Pourquoi la mort?* (1926).

[15] Edgar Dacqué (1878–1945), paleontolog german care a inversat teoria darwiniană a originii speciilor, pierzându-şi astfel reputaţia ştiinţifică. E posibil ca referinţa să fie făcută la cartea sa *Urwelt, Sage und Menschheit* (1926), aflată în biblioteca lui Jung.

din om. Nu noi provenim din pitecantrop, ci pitecantropul provine din noi — și el a continuat să producă maimuțe. Poate fi un sâmbure de adevăr acolo. Ideea noastră despre căderea omului este foarte stranie. La fel de bine se poate ca o anumită gorilă străveche să fi fost produsul auxiliar al omului; din punct de vedere biologic, este cât se poate de fezabil. Se vehiculează astfel de idei în zilele noastre, *eu* nu pot decide! Vă amintiți ce spune Eckhart: „Rațiunea de a fi a tuturor semințelor este grâul, a tuturor metalelor este aurul și a întregii naturi este omul."

Deci, atunci când vorbesc despre om mă refer la creație, deoarece într-un fel omul este creație, numai el fiind conștient de creație. Dacă nimeni nu o conștientizează, este ca și cum nu ar fi. Aceasta este ideea lui Schopenhauer[16] — potrivit căreia lumea nu există dacă omul nu este conștient de ea și, prin urmare, omul trebuie să se autoelimine pentru a pune capăt suferinței. Este, de asemenea, punctul de vedere răsăritean. Și lunaticii au aceeași idee, că lumea este în principal o proiecție, că există numai atunci când o crează ei. Ei spun: eu produc acei oameni; dacă eu nu mă uit acolo, nu e nimic acolo. O exagerare de asemenea proporții se datorează, desigur, faptului că legătura lor cu realitatea a fost întreruptă, ceea ce se întâmplă și în cea mai înaltă stare yoga, în care omul simte întreaga lume ca pe o enormă iluzie, ca pe o halucinație. El se adresează unei persoane ca și cum nu s-ar afla nimeni acolo, ca și cum ar fi numai o voce pe care o aude și așa simte. Acestea sunt ciudățenii ale oamenilor care și-au concentrat gândirea în interior. V-am spus acea anecdotă despre bătrânul Schopenhauer care stătea în răsadul de flori. Când te afli la un nivel superior al conștiinței, realitatea îți apare ca un fel de iluzie.

Acum trebuie să revenim la problema originală — ce se întâmplă în Trinitate când coboară pe pământ? Visul ne dă răspunsul simplu că este renăscută sub formă de tripleți, doi morți și unul viu. Aceasta este o renaștere foarte tristă, aș spune, incompletă. Singurul lucru care rămâne din întregul proces de transformare este un bebeluș, probabil unul divin dar foarte uman, căruia trebuie să i se poarte de grijă.

Dl Crowley: Într-un fel este același lucru, întrucât conține toate posibilitățile.

Dr. Jung: Da, însă din punctul de vedere al posibilităților creștine, nu este nici măcar un Salvator modest.

Dr. Baynes: Depotențarea Trinității nu aduce relația din sfera abstractă spre sfera normală a relației, întruparea umană?

---

16 Tema principală din *Lumea ca voință și idee* a lui Schopenhauer.

Dr. Jung: Da. Când ne întoarcem la asociațiile de fapt ale visătorului, lucru pe care trebuie să-l faceți întotdeauna, fiți atenți, ajungem la acea concluzie teoretică. Pentru el, acești trei copii reprezintă eforturi spirituale și preocuparea sa cea mai recentă, psihologia, este singurul copil rămas din Trinitate. Deci, acela ar fi copilul divin. Și ce este copilul divin? *Sincera încercare a omului*. Ultima rămășiță a ceva divin este încercarea sinceră a omului, realizată prin acea deviere spre un fel de Dumnezeu. Vă veți amuza că aduc vorba despre H.G. Wells, dar în cartea sa *God the Invisible King*[17], Dumnezeu este un *tânăr* și știu acea figură din nenumărate vise. Am vorbit adesea despre el, Puer Aeternus care reprezintă încercarea mai mult sau mai puțin eroică a omului, care devine sau într-un fel ia locul unei zeități. O zeitate ciudată, întrucât ce este mai slab decât o încercare umană? Ce este mai demn de milă, mai neajutorat? La început este o sământă minusculă. Trebuie să crească și e nevoie să ai grijă de ea pentru a-i permite să crească și aceasta nu este, desigur, ideea omului despre divinitate — un lucru atât de neajutorat și de slab. Dar dacă este adevărat, după cum spune Eckhart, că Dumnezeu trebuie să se nască în suflet mereu și mereu, atunci Dumnezeu este născut cu necesitate ca — ei bine, un embrion, un bebeluș, complet ineficient, care trebuie să devină. Deci sentimentele noastre religioase nu ar trebui să fie prea zdruncinate de atribuirea unei esențe divine încercării umane. Dar se pare că perspectiva noastră raționalistă sau intelectualistă este aceea zdruncinată. De ce ar fi de esență divină? Omul nu poate vedea aceasta și nu știu de ce ar trebui s-o vadă. Eu vă sfătuiesc serios să nu o faceți. A presupune că încercarea ta este cu necesitate divină ar fi o presupunere teribilă.

Eu spun că încercarea dumneavoastră este de esență divină deoarece, dacă studiați aceste încercări ale omului, veți descoperi că nu sunt într-o atât de mare măsură decizii conștiente, liber-arbitru, ele fiindu-i impuse. El e obligat să facă acea încercare, nu poate scăpa. Poate să fie lucrul de care se teme cel mai mult, acela despre care a gândit întotdeauna: pentru Dumnezeu, sper să nu am parte de așa ceva! — și după aceea spune: mi-l doream, de fapt! Dar timp de ani de zile a dat înapoi. S-a gândit poate că era cea mai mare prostie pe care o putea face, cea mai lamentabilă stupizenie și că este al naibii de prost dacă încearcă. De ce să se expună unei astfel de situații? Pentru că trebuie s-o facă, nu se poate abține. Un factor superior în sine, *Deus ex machina*, divinul din el, acea putere uriașă, îi forțează mâna și el este victima propriei încercări — deși el *spune* că încercarea sa a fost numai scopul său. Câtuși de puțin! Prin urmare, când vorbiți cu oameni ca

---

[17] Vezi, mai sus, 27 martie 1929, n. 5; de asemenea, 30 ianuarie 1929, n. 1.

Goethe sau Napoleon, vă vor spune cinstit că nu a prea fost alegerea lor, că au avut sentimentul sorții, că urmau un fel de instrucțiuni. Și toți oamenii care au realizat cu adevărat ceva în lume au avut acel sentiment că motivația reală a alegerii lor și a acțiunii lor nu este vizibilă. Căci dacă i se spune să facă un lucru important, omului îi este teribil de frică și ar da orice pe lume pentru a nu trebui s-o facă.

Acum, visul îi spune acestui om: tu nu ai Dumnezeu, tu ai căzut din Biserică și acolo nu mai e niciun Dumnezeu; singurul lucru divin este încercarea ta sinceră în acest domeniu psihologic. Nu intenționez să afirm că psihologia analitică ar fi în vreun fel divină, dar este singura cale pe care el poate reuși; este barca, apa, pânza lui, totul, și este rezultatul nevrednicei munci umane. Nu există nicio revelație divină în ea, dar nu o poate abandona. Cândva i-am spus: „Nu ești obligat să faci acest tip de analiză, poți proceda cum dorești. Pentru tine este un joc intelectual interesant și sunt de acord că nu trebuie să fie nimic altceva. Și acum, dacă dorești să știi cât de valoros este acest lucru pentru tine, abandonează-l". Eu întotdeauna le spun asta pacienților mei, ca și cum ar fi o chestiune de credință. Dacă nu ai nevoie de haine, renunță la ele, mergi gol și, dacă te simți bine, cu atât mai bine. Dar el nu poate renunța la analiză. Mai târziu va spune că s-a agățat de ea cu o energie ieșită din comun, că și-a inclus-o în programul zilnic; deci, în realitate, nu putea renunța. Acolo este puterea, acolo este mana și e înțelept să o vezi. De aceea visul vorbește astfel. Este extraordinar că aceste vise par atât de simple și totuși trebuie să vorbim ore întregi pentru a afla ce înseamnă de fapt. Este atât de simplu să spui că Trinitatea coboară și un copil se naște, și totuși aceasta declanșează o schimbare de proporții în întregul său sistem, pe care el o transformă neintenționat într-o prezență divină. El este brusc confruntat cu acel factor gigantic și sub ce formă îi apare? Sub forma unui bebeluș.

Aceia dintre dumneavoastră care au participat la un seminar anterior își vor aminti frumoasa poveste a lui Meister Eckhart despre visul Fratelui Eustachio, un călugăr dintr-un ordin parizian, despre băiețelul gol pe care trebuia să-l hrănească cu pâine și nicio pâine nu era suficient de bună și numai după aceea a descoperit că acest băiat care stătuse cu el era însuși Dumnezeu.[18] Deci visătorul meu nu avea nici cea mai vagă idee că încercarea sa sinceră, acel băiețel, era Dumnezeul care va să vină.

Dl Schmitz: Vreți să spuneți că în analiză divinul ar putea fi metoda de îndepărtare a rezistențelor împotriva acestei încercări sincere?

---

[18] Vezi, mai sus, 20 martie 1929, p. 191.

Dr. Jung: Da, s-ar putea spune așa. Aceasta, deoarece încercarea majorității oamenilor nu este sinceră, este o iluzie. Ei fac încercări eroice de a scăpa de cea adevărată, pentru că de aceea oamenii se tem cel mai mult. Încercarea sinceră este cel mai mare pericol.

Dl Schmitz: De ce este periculoasă?

Dr. Jung: Este periculoasă deoarece omul se teme de ea. Este un risc, omul moare trăind. Era un soldat francez, un tip de foarte mare calitate, un om adevărat, iar principiul lui era să-și urmeze întotdeauna frica; ori de câte ori se temea acolo se ducea, întrucât simțea că aceea era datoria lui. Nu teribilistic, ca atunci când te cațeri prin coșul unei case; asta nu se face — e prea nesăbuit. El era ofițer într-o garnizoană din Franța, unde a cunoscut un bărbat care fusese în Legiunea Străină la granița dintre Algeria și Maroc, care i-a spus tot felul de lucruri înfiorătoare despre acel loc, detalii groaznice, iar acest ofițer își spuse: „Ți-e frică!" — și se duse în acea armată africană. Mai târziu, fiind în permisie și călătorind prin sudul Franței, găsi o mânăstire trapistă. Nu știa nimic despre acel ordin, nimic despe regulile călugărilor, el știa numai că nu vorbesc și că trăiesc pentru a muri. Dintr-odată i se păru a fi lucrul cel mai de temut, îl captivă și își spuse: „Oamenii aceștia pot, du-te și fii trapist". Așa că se duse; și, ca trapist, avu din nou o experiență. Auzise că anumiți călugări trapiști plecaseră singuri în Maroc pentru a face misionariat în rândul acelor triburi și că unii dintre ei fuseseră uciși cu cruzime. Din nou îi fu teamă, așa că se făcu misionar, se duse în Maroc și fu ucis. Acela a fost sfârșitul. Omul acela descoperise, în mod evident, că a-și urma frica era pentru el încercarea sinceră. Eu nu știu cum să prețuiesc o astfel de viață, nu am nicio metodă prin care să știu dacă a fost minunată sau frumoasă. Eu vă spun numai povestea, pentru a vă arăta cum a urmat acel om lucrul de care se temea cel mai tare. Dacă a fost îndreptățit să procedeze așa, nu suntem noi în măsură să judecăm. Presupun că dacă l-aș fi văzut, dacă ar fi venit la analiză, poate că aceea s-ar fi dovedit a fi viața lui. Am întâlnit multe cazuri în care oamenii spuneau: „Sunteți convins că trebuie să trec prin asta sau cealaltă?" Eu le răspundeam: „Nu știu, trebuie să aflăm".

Dl Schmitz: În visul unei femei simbolul ar fi o fată sau tot un băiat? Femeile visează adesea fetițe.

Dr. Jung: Aceasta este o problemă specifică, iar aici avem o problemă universală, întrucât acest om are într-adevăr o minte filosofică. Am explicat mai devreme că soția lui nu gândește deloc; prin urmare, s-ar putea spune că mintea ei se află în profunzimile cosmosului, iar el se molipsește de la ea. Interesant este că soția sa este aceea care produce încercarea lui sinceră, tripleții.

Prelegerea a IV-a.
28 mai 1930

Dr. Jung:

Am o întrebare din partea doamnei Crowley, despre reducerea eficienței prin procesul de oglindire. Vă amintiți discuția noastră despre efectul psihologic a ceea ce am numit proces de oglindire, și anume descoperirea unei noi perspective de unde te poți judeca prin intermediul unei funcții nou dobândite — adică, funcția pe care tocmai ai desprins-o din inconștient. Am mai discutat un aspect interesant, și anume că, pe măsură ce suntem mai capabili de a ne oglindi pe noi înșine, devenim mai detașați și insightul nostru devine mai general. Acest insight relativ universal duce cu necesitate la un fel de chietism, așa cum se întâmplă în Orient. Principiul filosofiei răsăritene asociat acestui proces este *wu wei*[1] — a nu face nimic sau a nu face. Aceasta este formula principiului chietistic, care este legat de insight-ul suprem. Odinioară cuprindea nu numai acest principiu etic, ci și principiile politice și strategice ale Estului, dar acest lucru nu mai este valabil de când Estul a devenit atât de europenizat. Acum, această „inacțiune" sau lipsă de eficiență nu este în mod necesar distructivă. Evident, zădărnicește eficiența așa cum o înțelegem noi; de exemplu, conceptul american de eficiență ar suferi cu siguranță de pe urma principiului *wu wei*. Cu greu vă puteți imagina un contrast mai mare decât între acestea două, însă eficiența americană este mult mai distructivă decât absența sa răsăriteană.

Dna Crowley: Distruge individul?

Dr. Jung: Da, dar nu numai din punct de vedere psihic, ci și fiziologic. Uitați-vă la bărbații de pe Wall Street! La patruzeci și cinci de ani sunt complet epuizați. Viața modernă din America este mai eficientă decât în oricare alt colț al pământului, dar distruge complet omul. De asemenea, are un efect neobișnuit asupra inconștientului femeii americane; îi stimulează animusul, așa cum stimulează și anima bărbatului. Când aceste figuri predomină, înseamnă distrugere. Deci, probabil că ar fi util dacă am adăuga puțin *wu wei* răsăritean ideii noastre occidentale de eficiență. Evident, eficiența noastră ar avea de suferit, dar este

---

1 Vezi *Tipuri psihologice*, par. 419: „El înseamnă «a nu face nimic», de fapt cu sensul de «a nu acționa», și nu cu acela de «a nu face nimic»".

un monstru, un balaur, care se hrănește cu vieți umane. *Wu wei* înseamnă o anumită reducere a eficienței, dar nu este chiar atât de distructivă pentru viață. Până la un anumit punct, ar fi un medicament excelent pentru existența noastră psihică și fiziologică.

Dna Crowley: Din ce ați spus am înțeles că, pe măsură ce ești mai îndepărtat, funcționezi mai puțin.

Dr. Jung: Da, conform înțelegerii lumii noastre apusene. Dar Răsăritul nu este ineficient; bătrânul împărat care își conducea imperiul prin *wu wei* nu era deloc ineficient în felul său, deși, judecând după ideile noastre, era foarte slab.

Dna Baynes: Ați putea spune că situația actuală din China[2], unde trebuie să moară milioane de oameni, se datorează acestei idei de *wu wei*?

Dr. Jung: S-ar putea, întrucât este clar că principiul nu este ideal. Cu siguranță Orientul are nevoie de tehnica noastră și noi criticăm Orientul pentru chietismul său, deoarece este un punct de vedere unilateral. Nu spun că ar trebui să acceptăm o filosofie răsăriteană. Mulți oameni sunt atrași de teozofia indiană și de chestiunile acestea, dar eu sunt împotrivă, deoarece știu că pentru noi nu sunt sănătoase. E clar că acest visător evoluează într-o direcție care arată în cele din urmă spre Răsărit, dar dacă adaugi Răsăritul Apusului nu suprimi Apusul. Rezultatul comun va fi ceva complet diferit. Va fi un efect al acestui amestec.

Întrebare: După mine, a considera, așa cum ați spus, că existența celor patru funcții se desfășoară atât în interior, cât și în exterior, sugerează necesitatea introducerii unui factor dinamic, iar acesta [principiul non-acțiunii — *n.t.*] nu ar duce la introversie? Mă refer la un caz teoretic.

Dr. Jung: Putem spune că psihologia răsăriteană suferă de o nevroză de introversie. Toate acele epidemii înfiorătoare sau foametea îngrozitoare de acolo, plus faptul că Apusul este capabil să-i cucerească pe acei oameni, toate acestea reprezintă un fel de revoltă a obiectelor împotriva introversiei lor. Noi avem o nevroză occidentală bazată pe extraversie. Vorbesc despre Răsărit ca despre un fel de simbol compensatoriu, dar nu aș identifica încercarea noastră de compensare cu psihologia răsăriteană așa cum este ea în realitate, deoarece resping condițiile politice și sociale din China sau India și nu mi-ar plăcea nici măcar să am același tip de minte. Lăudăm filosofia chineză, dar uităm cât de cruzi sunt chinezii. Mă bucur că nu ni se întâmplă așa ceva, deși, după Marele Război, nu mai putem spune nimic. Cruzimea noastră este organizată; a lor se manifestă într-un mod mai diletant.

---

[2] Se face aluzie la lungul război civil dintre comuniştii chinezi şi Kuomintang.

Dl Schmitz: Eu cred că trebuie să avansăm o idee referitoare la aplicarea conștientă și aplicarea inconștientă a *wu wei*. În perioada de înflorire a filosofiei chineze, *wu wei* era un scop conștient, dar dacă *wu wei* funcționează inconștient, nu este nimic altceva decât un *laisser aller* indiferent și leneș, acea atitudine care se manifestă în China în ultimii cincizeci de ani. Dar și în Europa a fost practicat întotdeauna un anumit tip de *wu wei*. Desigur, guvernarea adevărată nu este posibilă altfel. Ce altceva reprezintă vorbele lui Talleyrand, *pas trop de zèle*,[3] sau în limba engleză „Wait and see!" („Așteaptă și vezi") sau „Niciodată să nu te plângi, niciodată să nu explici"? Cu precădere eficiența politicilor engleze — subliniez eficiența — vine adesea dintr-o aplicare foarte înțeleaptă a principiului non-acțiunii. De exemplu, se spune că în Marele Război, sora[4] împăratului german i-a spus acestuia în ce date e favorabil, din punct de vedere astrologic, să-și înceapă atacurile și se presupune că englezii știau, dar nu au putut face nimic. Așa că au așteptat răbdători sfârșitul seriei de date favorabile Germaniei și au pierdut bătăliile, și au câștigat războiul. Psihologia s-a dovedit mai puternică decât eficiența militară. Credem sau nu în psihologie, putem recunoaște acest lucru.

Dr. Jung: Este foarte interesant. Ei bine, acum cred că vom trece la următorul vis. Vă amintiți, din visul cu care tocmai am lucrat, că am ajuns la concluzia potrivit căreia copilul rămas în viață reprezenta de fapt ideea încercării sincere — încercarea sinceră a acestui bărbat de a face ceva cu psihologia, așa că ne-am putea aștepta ca în visul următor să apară ceva de acest gen. Aceasta, deoarece întrebarea rămasă fără răspuns este care va fi încercarea sa, cum o va aborda, cum va fi introdus acest copil în lume. Când visul vorbește despre un copil, întotdeauna este vorba de o nouă încercare, o manifestare pozitivă a vieții sau o idee nouă. De exemplu, când cineva scrie o carte nouă, se referă adesea la ea, metaforic, ca la un copil. Putem presupune, deci, că următorul vis se va ocupa de realitatea acelei încercări. Vom vedea acum dacă această ipoteză este bună sau nu.

---

3 Conform lui Ste-Beuve, se dusese vestea că omul de stat Charles Maurice de Talleyrand-Périgord (1754–1838) își sfătuise subordonații: „Et surtout, pas de zèle" („Și, în primul rând, fără zel"), pentru a evita indiscrețiile.

4 Acest zvon nu a putut fi susținut de cercetările istorice. Un singur specialist a bănuit-o pe sora Kaiserului, Victoria, prințesa Schaumburg-Lippe, cunoscută pentru excentricitatea sa.

Vis [27]

Visătorul spune că firma sa are o nouă ramură și că acum se va ocupa cu exportul de cafea. Sediul firmei în realitate se află în colonii, așa că ar putea face o astfel de afacere. S-a decis, de asemenea, ca această nouă ramură să funcționeze ca o așa-numită *compte-joint*, o corporație sau o firmă cooperativă, împreună cu o firmă franțuzească numită Michel & Jalaubout. Visătorul este responsabil de această nouă societate și a trebuit să explice mai multor angajați cum va fi organizată și pusă pe picioare această *compte-joint*. Apoi, se gândi că noua ramură ar trebui să dețină o încăpere separată în casa în care se află firma lui și simți că această cameră ar fi tocmai aceea pe care o ocupă el. Deci, pentru a o pregăti, adună diverse sticle și cutii din sertare, le puse pe canapea și apoi le luă și le duse în altă cameră. El goli acea cameră ca s-o pregătească pentru angajații noii branșe. Apoi întrebă un angajat care intră, dacă totul este clar și omul îi confirmă, dar voi să știe dacă branșa cea veche va funcționa în continuare sau dacă se va renunța la ea acum pentru cea nouă. Visătorul spuse că fără îndoială vechea afacere va trebui continuată și că această nouă ramură este una auxiliară. Întreaga conversație, remarcă el, se purta în limba franceză.

Asociații: El spune că nordul Africii importă multă cafea din America, dar că nu se exportă aproape deloc, deoarece acolo nu există, practic, producție de cafea, deși se consumă atât de multă. Deci, exportul de cafea dintr-un oraș nord-african ar fi de-a dreptul imposibil; se poate numai importa.

Referitor la numele firmei, *Michel & Jalaubout*, el spune că numele Michel îi amintește de Michelin[5], constructorul anvelopelor franțuzești pentru automobile, și că a avut niște legături de afaceri destul de importante cu acea firmă.

În legătură cu *numele Jalaubout*, el spune că i se pare ireal, nu cunoaște pe nimeni cu acel nume, dar îi amintește de cuvântul franțuzesc *jalon*, care înseamnă un semn sau un fel de simbol. De exemplu, un stâlp care este pus în pământ pentru a marca un anumit loc este numit *jalon*, iar când măsori un teren poți pune aceste *jalons* pentru a marca spațiul. Apoi, spune că prima literă este J sau I, ceea ce pentru el reprezintă un caracter extrem de masculin, deci aproape că-l identifică cu un simbol falic. Își amintește apoi de bine-cunoscutul scriitor Schuré[6] (a cărui scriere e destul de fantastică, influențat puternic de

5 André Michelin (1853–1931), fondatorul, în 1895, al companiei anvelopelor de cauciuc.
6 Edouard Schuré (1841–1929), scriitor alsacian; a scris cărți de misticism și ocultism; prieten bun cu Rudolf Steiner și Richard Wagner.

teozofie, dar a cărui imaginație este uneori chiar interesantă, deși pe alocuri prea debordantă) și de faptul că a citit în una dintre cărțile sale despre numele *Jahve* (Iehova) și că acest nume provine din eternul feminin *Ehwe*, căruia i-a fost adăugat „I"-ul masculin sau falic. Aceasta ar indica amestecul masculinului și femininului într-o singură figură, așa că vedem aici relația cu hermafroditul. Atunci, el separă astfel cuvântul: *Jalon au bout*, acel *jalon* aflat la capăt. *Jalon* reprezintă principiul falic, care se referă în mod clar la nepieritoarea sa problemă sexuală, așa că ar însemna falusul de la capăt.

Dr. Baynes: Ce este acel cuvânt, *Ehwe*?

Dr. Jung: Ar însemna probabil ceva ebraic, dar nu ne putem baza pe Schuré. Ne puteți spune dumneavoastră, profesore Hooke?[7]

Prof. Hooke: Termenul ebraic pentru existență, *hawah*, din care provine cuvântul *Jahve*, nu are legătură filologică cu cuvântul a trăi, *haweh*, cu care visătorul și-l asociază pe *Jahve* al său.

Dr. Jung: Foarte probabil, Schuré a dat dovadă de o imaginație debordantă aici, el nu este prea atent. Este un poet. Poate că ați citit cartea sa, *Les Grands Initiés*.[8] El are unele idei psihologice foarte bune, dar nu îi aparțin, nu se poate abține să nu le producă involuntar. Pentru analist e un material psihic valoros, dar nu dovedește nimic despre celelalte merite ale sale. Acesta este doar materialul asociativ al visătorului nostru și el însuși nu prea are încredere în Schuré. Ar fi mai probabil o reminiscență a studiilor sale de teozofie.

Următoarea asociație se referă la îndepărtarea acelor *sticle și cutii*, ce îi amintesc de un fel de farmacie de casă. Vă amintiți de tendințele sale igienice, așa cum au adesea astfel de oameni, iar pe lângă acestea mai este interesat și de tot felul de medicamente accesibile. Se observă mai ales la oamenii de afaceri identificați cu profesia lor; când ceva merge rău, ei sunt întotdeauna înclinați să devină ipohondri. Probabil că devin vegetarieni, renunță la alcool și înghit o grămadă de medicamente aflate la îndemână; citesc cărți de medicină pentru propria educație, ca un fel de substitut al dezvoltării spirituale. Spiritul lor poate fi cumpărat la farmacie. Este cu adevărat uimitor cât de des devin ipohondri astfel de oameni de afaceri care sunt identificați cu profesia lor. Nu știu în ce măsură este adevărat lucrul acesta pentru visătorul meu, dar bănuiesc că are o înclinație secretă față de aceste sticle și cutii și alte rețete. Acum, el asociază

---

7 Samuel Henry Hooke (1874–1968), profesor de arheologie şi religie, Universitatea din Londra; ulterior, el a publicat lucrări ştiinţifice despre mitologia Orientului Apropiat.

8 *Marii inițiați: schiță asupra istoriei secrete a religiilor*, Aldo Press, Bucureşti, 2004.

faptul că mută toate acele lucruri din camera pe care o ocupase anterior în alta, cu schimbarea de atitudine din el; situația, în măsura în care se datorează unei atitudini, este schimbată.

În legătură cu *angajatul* care l-a întrebat dacă noua branșă va fi acum pionul numărul unu al afacerii el asociază mai întâi că acest angajat îi este complet necunoscut, iar apoi spune că, în mod evident, întrebarea lui dacă ramura existentă înainte va fi neglijată sau chiar închisă se referă la funcțiile psihice, iar din rezultatul discuției din vis se pare că nu este în plan schimbarea funcțiilor principale, ci ar trebui ca el să-și schimbe atitudinea față de ele, concomitent cu dezvoltarea altor funcții. Apoi, destul de curios, el scoate în evidență funcția care pare ilogică. Și se referă la exportul de cafea, afacere practic lipsită de sens în Nordul Africii. Desigur, el știa că aceste interese colaterale, semnificând funcții inferioare, trebuiau să devină conștiente. Ele urmau să ocupe acea nouă cameră pe care o folosise el însuși până atunci și care fusese pregătită pentru ele. Apoi, în încercarea sa de a pune pe picioare noua structură, a beneficiat de ajutorul unui om bine-cunoscut, foarte influent, pe nume Michelin, care se întâmplă să reprezinte una dintre cele mai mari firme franceze, dublat de susținerea propriei sale masculinități.

Deci, este viabilă ipoteza noastră potrivit căreia acest vis ulterior se va ocupa de viața celui de-al treilea copil, încercarea sinceră. Visătorul reprezintă acea nouă încercare ca pe o nouă afacere, care, în calitatea lui de om de afaceri, i s-ar părea în mod firesc fezabilă și legitimă. În prima parte a visului se spune că această nouă ramură a firmei se va ocupa de exportul cafelei dintr-un port nord-african; și ați auzit asociațiile lui, i se pare complet ilogic așa ceva, de vreme ce este un lucru imposibil. În țară se consumă multă cafea dar nu se produce acolo, deci nu ar fi nicio afacere. Ce părere aveți?

Dr. Deady: Ar trebui să producă el însuși cafeaua înainte de a o putea exporta.

Dr. Jung: Da, dar țara este aridă, nu se poate produce cafea în nordul Africii.

Dl Schmitz: Ar putea să existe o legătură între import și export și introversie și extraversie.

Dr. Jung: Mă îndoiesc. Este mai degrabă o problemă de producție, de creație.

Dl Schmitz: Până acum solul lui a fost arid, iar acum este obligat să producă ceva. El a importat teozofia și acum ar trebui să exporte un nou produs.

Dr. Jung: Da, am putea presupune că solul arid s-ar putea transforma într-unul fertil, deși nu se spune nimic despre această versiune. Dar, desigur, este un motiv foarte important. Mântuitorul vine dintr-un loc la care nimeni nu s-ar fi așteptat.

Dna Baynes: Nu a spus chiar el că a fost nevoit să se întoarcă de la logic spre ilogic?

Dr. Jung: Ba da. Ideea subiacentă a visului anterior era: ce-ai zice de acea încercare sinceră? Iar acest vis spune că acolo este o afacere complet ilogică, nu este nicidecum o propunere de afaceri. Când te gândești la o nouă încercare cauți, în mod normal, posibilul printre condițiile rezonabile, pe căile fezabile. Un om de afaceri nu ar investi niciodată într-un loc unde este convins că nimic nu se poate întâmpla. El presupune că va exista progres și că acel ceva rezonabil se va întâmpla. Este ceea ce-și doresc în mod firesc toți oamenii. Dar visul îl pregătește pentru un șoc, și anume faptul că noua lui încercare va fi una absolut ilogică. Trebuie să înțelegeți că el este om de afaceri până și în visele sale, așa că ideea de a deschide o ramură care să exporte cafea din nordul Africii este șocantă pentru el, e ca un fel de obscenitate. Cu toate acestea, visul său îl forțează să recunoască posibilitatea irațională. El se află acum într-o poziție în care metodele raționale sunt epuizate, totul este blocat, nu vede nicio cale de ieșire, așa că ajutorul poate sosi numai din cel mai improbabil loc la care s-ar fi putut aștepta; visul îi spune să se pregătească pentru o excepție, ceva complet ilogic, la care în realitate nici nu s-ar gândi.

Dl Schmitz: Este un motiv mitologic, potrivit căruia nu poți avea un lucru dacă nu îi este atașată o situație imposibilă, ca venirea pădurii în *Macbeth*[9]; sau, în altă legendă, florile care răsar din pietre. Și apoi, într-un anumit sens simbolic, o floare va răsări într-adevăr dintr-o piatră.

Dr. Jung: Mă bucur că ați făcut această remarcă. O astfel de situație inițială se găsește adesea în profeții sau în basme, precum pădurea venind la Dunsinane în *Macbeth*; sau apariția unui om nenăscut din femeie; sau apa care curge la deal — situații absolut imposibile, aidoma aceleia din visul nostru. Vedeți, în astfel de cazuri chiar este nevoie de un șoc, deoarece oamenii de tipul acela sunt păcătoși cu state vechi. Ei cred în lucrurile raționale pentru că viața le-a arătat valoarea lor; ei fac o grămadă de bani prin metode raționale și, normal, cred în ele; și mai cred că totul poate fi cumpărat. Prin urmare, sunt în mare măsură ipohondri. Am văzut un astfel de caz nu de mult, un mare om de afaceri care a clacat, avea idei ipohondre și călătorea prin toată lumea în căutarea unui medic care să-l poată vindeca. Spunea că trebuie să existe un leac pentru boala lui, deoarece totul se poate cumpăra, iar acel doctor nemaipomenit trebuie să existe undeva. M-a asigurat că-mi plătește oricât dacă îl tratez. Îi puteam cere orice.

---

9 *Macbeth* IV, II.

Banii puteau rezolva orice și, dacă nu o făcuseră, însemna că nu fuseseră oferiți suficienți bani. Îmi mai amintesc de o altă persoană bogată, care nu credea în moarte. Și aceasta credea că viața poate fi cumpărată și că o rudă care suferea de o boală incurabilă nu trebuia să moară, că dacă plătești cei mai buni medici și cele mai bune spitale nimeni nu moare, pentru că își permite să trăiască. Un om poate fi împușcat în creier, dar dacă plătește suficient este imposibil ca minunata noastră știință să nu-i poate vindeca boala. Și așa, astfel de oameni construiesc o nevroză.

Desigur, mentalitatea pacientului nostru nu este atât de nesănătoasă, dar este ceva asemănător în el. El se încrede exclusiv în căile raționale, așa cum le este dat unor astfel de oameni, doar datorită succesului lor. Când reușești să faci bani din ceva, trebuie să fie un lucru bun, întrucât îl vezi în contul din bancă, trăiești de pe urma lui, te bucuri de el. Prin urmare, el a mers mai departe cu acea metodă rațională și, firesc, a epuizat-o. Ceea ce spune visul acum, că drumul spre noua încercare va fi complet ilogic, îi depășește toate așteptările. Până acum, speranța sa secretă a fost: „vom analiza acest material, vom extrage lucruri pe ici, pe colo, vom îndepărta chestiile complicate și, chiar dacă eu nu înțeleg logica procesului, doctorul știe; el este un om de știință, îl plătesc să-și facă treaba și, într-un oarecare mod ciudat, lucrurile ies așa cum trebuie". El crede că-i o afacere foarte bună, care poate fi cumpărată. Prin urmare, astfel de oameni trebuie să plătească autorități, experți, care să facă treaba în locul lor. Acum, acest vis pătrunde în acea pânză de păianjen a presupunerilor și îi spune că e ca și cum ar trebui să deschidă o astfel de branșă lipsită de sens, iar în vis el ia lucrurile în serios.

Ajungem acum la a doua afirmație, potrivit căreia noua ramură va fi condusă în cooperare, în *compte-joint* cu firma franceză Michel & Jalaubout. Vă amintiți asociațiile. Haideți să luăm ideea relației de cooperare în acea firmă. Vreau să insist asupra problemei ridicate de *compte-joint* acum, în această nouă afacere, exportul cafelei, în care, după cum știți, pierderile și câștigurile sunt împărțite. Evident, dacă lucrurile iau o întorsătură nefavorabilă, firma franceză va fi tot atât de afectată ca și propria lui firmă. Ce părere aveți despre această propunere de colaborare? Este o întrebare foarte importantă. Această observație din visul său vă va oferi ocazia să priviți în interiorul analizei practice.

Întrebare: Nu este o uniune între funcțiile sale raționale și cele iraționale?

Dr. Jung: Da, dacă ați putea dovedi că Michel & Jalaubout sunt funcțiile iraționale, dar nu puteți.

Dr. Baynes: Pare a fi un element franțuzesc. Asocierea referitoare la Franța este importantă.

Dr. Jung: Da, dar aparține mai degrabă firmei și deocamdată insist asupra relației de cooperare pentru a o clarifica.

Dna Baynes: Spuneați că în afacerea sa a folosit mereu limba franceză.

Dr. Jung: Perfect adevărat, dar nu are nicio legătură cu relația de *compte-joint*. Are legătură cu întregul, dar de dragul clarității trebuie să vorbim mai întâi despre acea relație.

Remarcă: Înseamnă că visătorul nu este singurul implicat.

Dr. Jung: Da, este important. Încercarea sa nu-l privește numai pe el, ci și pe alte persoane — acea firmă franțuzească despre care nu vorbim deocamdată. Deci, încercarea sa nu este una individualistă. Poate fi individuală, totuși nu este egoistă, nu este numai pentru el. Riscurile sale sunt împărțite cu alți oameni.

Dr. Baynes: Are legătură cu exportul, care înseamnă, de asemenea, a da.

Dr. Jung: Da, se referă în mare măsură la relația dintre el și lumea exterioară. Și ideea divizării responsabilității este un aspect foarte important, căci atunci când progresul său depinde în întregime de el și el purcede la o activitate lipsită de sens, se gândește, în mod firesc, că lipsa de sens este toată a sa și atunci se simte izolat. Dar visul spune că este o colaborare. Riscurile sunt divizate între propria-i firmă, personalitatea sa totală, și o altă firmă.

Dl Schmitz: Această chestiune ilogică, dacă se realizează în cooperare, nu este numai treaba lui, este recunoscută de lumea colectivă.

Dr. Jung: Evident, deoarece firma Michelin este unul dintre cei mai importanți fabricanți de cauciucuri din Franța, ceea ce este foarte important pentru el. El are deja relații de afaceri foarte serioase cu firma, iar visul indică, desigur, că el nu este deloc lipsit de temei într-o întreprindere atât de lipsită de sens, când chiar și firma cea mai mare, presupusă a fi foarte eficientă, își împarte riscurile cu el. Această discuție ne-a adus, deci, la concluzia că o astfel de întreprindere ilogică, prin care un individ ar putea fi izolat și măcinat de sentimente de inferioritate, este contrabalansată de afirmația visului că o firmă a cărei autoritate este indiscutabilă își asumă aceleași riscuri, fapt extrem de important pentru el ca om de afaceri. Desigur, se presupune că firma lui este una bună, deoarece Michelin nu are relații cu orice *arriviste*, orice naiv pus pe speculații. Deci, acel aspect este cu siguranță o compensare a unui sentiment de inferioritate ce ar apărea neapărat dacă ar fi pus în situația inevitabilă de a întreprinde ceva absolut prostesc, ilogic. Dar aceasta nu este totul, trebuie să pătrundem puțin mai în profunzime. Vom discuta despre firmă. Haideți să-l luăm pe Michel.

Dra Wolff: Știa că Michelin a fost inventatorul anvelopelor? Roțile marchează un element creativ.

Dr. Jung: E adevărat.

Dl Schmitz: Dar există în realitate o firmă numită Michel & Jalaubout?

Dr. Jung: Nu, acolo singura lui asociație este Michelin.

Dl Schmitz: Este o colaborare ciudată, Michel et Jal-au-bout. Chiar și o astfel de firmă ca Michelin are o colaborare secretă cu elementul falic al lumii!

Dr. Jung: Nu este o colaborare secretă. Firma Michelin este unul dintre cei mai importanți fabricanți de anvelope pentru automobile. Dar este un amestec bizar!

Dl Schmitz: Un automobil are foarte des un simbolism sexual.

Dr. Jung: Da, e valabil pentru orice — scaunul pe care stați. Poți avea act sexual cu aproape orice; depinde de visător. Ce spuneți despre Michelin? Vedeți că numele este modificat, nu mai apare „in". Când apare așa ceva într-un vis este un indiciu că nu e tocmai Michelin. De exemplu, dacă vă visați tatăl și îl vedeți în împrejurări sau în condiții în care nu ar fi putut fi niciodată, înseamnă tatăl dumneavoastră, dar nu tocmai, poate că poartă altfel de haine și este oarecum altcineva. Deci, când el visează despre Michel — dacă nu cunoaște pe nimeni cu numele Michel — următoarea sa asociație va fi cu siguranță Michelin. Numele acela este notat cu litere roșii în registrul său ca unul dintre cei mai importanți parteneri de afaceri, deci am putea spune că, așa cum în realitate el împarte riscurile cu firma Michelin, și într-o întreprindere psihică ar împarte riscurile cu o firmă numită Michelin, dar aceea nu e tocmai Michelin, ci doar aproximativ.

Dna Sawyer: Nu are nicio legătură cu funcțiile auxiliare?

Dr. Jung: Ba da, dar este puțin prea îndepărtată. Ne preocupă aici ceva care ține de experiența lui imediată. Numele Michelin înseamnă atât de multe numere, cu atât de multe cifre, zerouri fără sfârșit, sute de mii — bani și tensiuni uriașe, speranțe și temeri. Probabil că are o comandă importantă în fiecare an și întrebarea este dacă vine acea comandă sau dacă o primește o altă firmă. Însăși existența lui depinde de astfel de combinații, ele creează întreaga tensiune a vieții sale. Nimeni nu poate fi atât de unilateral ca om de finanțe. Deci, nu putem scăpa de acel factor personal esențial, Michelin, care înseamnă perspectiva unei afaceri foarte importante. Desigur, ca om de afaceri el ar lua-o drept în sus ca o rachetă, deoarece aceasta e întreaga pasiune a vieții speculative și de afaceri. Apoi, următoarea noastră concluzie de bun-simț ar fi aceea că, în măsura în care visul se referă la firma Michelin, el simbolizează probabil o colaborare tot atât de importantă în viața sa psihică. Și aceea este colaborarea cu analistul, desigur. Eu sunt al său Michelin și prin urmare „in" este lăsat deoparte întrucât nu este tocmai Michelin.

Acum, Michelin este inventatorul anvelopelor și aici putem face speculații despre simbolul anvelopelor, automobilelor etc. El mă consideră o mare autoritate în domeniul psihologiei, dar de vreme ce domeniul psihologic probabil că nu este atât de important pentru el, inconștientul insistă asupra importanței sale, tot atât de important ca asocierea sa cu Michelin. Desigur, conștient el nu ar crede acest lucru. Evident că el mă respectă, dar nu se gândește că aș putea avea o valoare atât de mare pentru el. Nu vreau să credeți că l-am obligat să-mi recunoască importanța. Am prezentat lucrurile exact cum am făcut-o aici. Am spus că parteneriatul lui de afaceri cu Michelin este simbolul unui important parteneriat pe care-l are cu mine; deocamdată, acea asociere este tot atât de importantă pentru binele său psihic, pe cât este relația cu Michelin pentru afacerea lui. Am aflat ce înseamnă Michel, dar ce credeți despre Jalaubout? Mă plasează în aceeași firmă cu Jalaubout.

Dna Baynes: O combinație foarte periculoasă!

Dr. Jung: Este periculos pentru mine sau pentru el? Vedeți, riscurile sunt împărțite.

Dl Schmitz: Michel este ucigașul balaurului, iar dumneavoastră sunteți ucigașul balaurului în analiză; iar Jalaubout are, de asemenea, o anumită legătură cu balaurul.

Dr. Jung: Trebuie acum să înțelegem asociațiile sale la cuvântul Jalaubout. Vă amintiți că l-a împărțit în trei cuvinte. Mai întâi „Jal", din care lipsește „on" deoarece *jalon* ar fi prea asemănător cu un stâlp falic. Una dintre cele mai primitive forme ale simbolului falic este stâlpul, dar deoarece nu este tocmai un falus, „on" este lăsat deoparte. Simbolul falic este un indiciu important, dar totuși într-un astfel de caz, în care o parte dintr-un nume este modificată sau tăiată, trebuie să ne așteptăm ca un alt factor determinant să fi provocat această știrbire. Altă asociație tot atât de importantă este Jahve, J-ul de la *jalon* fiind considerat aici un simbol masculin în sine, prin forma lui verticală, și mai este fantasma preluată de la Schuré, despre *Eweh* ca simbol al femininului. Atunci, cele două luate împreună formează hermafroditul. Și din această asociație obținem o lume întreagă de idei și posibilități — vă amintiți vechea noastră discuție despre hermafrodit[10] — asociat într-un mod curios simbolismului falic. Este ca o șaradă, întregul este o formă unitară, în mod evident două laturi ale unuia și aceluiași lucru. Pe una din laturi ar fi relația lui psihologică cu mine, simbolizată de Michelin ucigașul balaurului sau inventatorul anvelopelor; iar pe latura cealaltă, hermafroditul divin și simbolul falic. Ce părere aveți?

Dr. Schlegel: „Au bout" înseamnă că în final el trebuie să acționeze singur, ajutat de puterea hermafrodită.

---

[10] Vezi, mai sus, 19 și 26 februarie 1930.

Dr. Jung: Ei bine, literal avem Jal și hermafroditul divin și stâlpul falic și ambele împreună în final și acestea sugerează o semificație ciudată.

Dna Crowley: Evident, individuație.

Dr. Jung: Da, dar acum este prea abstract. Trebuie să elucidăm acel bizar fapt al simbolului falic cu hermafroditul divin, ceea ce este o problemă dificilă. Întrucât „Michelin" sugerează că asocierea lui psihologică cu mine este o parte a acelei firme, înseamnă că relația lui cu mine împarte deopotrivă riscurile afacerii. Afacerea este încercarea lui psihică de a se supune analizei, jumătate riscul meu și jumătate riscul lui, ca și cum aș fi fost direct conectat cu încercarea sa așa că, dacă el eșuează, eșuez și eu, dacă el câștigă, câștig și eu. Ce părere aveți? Eu aș putea spune: afacerea este a mea și, fie că el reușește sau nu, mi-a plătit onorariul, am făcut o grămadă de bani; și dacă el eșuează, îmi pare rău.

Dr. Baynes: El recunoaște sau proiectează în dumneavoastră omul superior și în felul acesta își atinge scopul — prin relația cu omul superior.

Dr. Jung: Desigur, Michelin este firma cea mare, așa că am putea vorbi de o anumită superioritate, dar eu aș spune că acest simbolism tinde mai degrabă să ne pună pe picior de egalitate. Vedeți, noi participăm în mod egal la profit și la pierdere. Visul transformă în mod cert întreprinderea psihologică într-o afacere în parteneriat. Pentru mine aceasta este o perspectivă foarte importantă, întrucât de obicei se presupune că pacientul apelează la doctor, care șade pe un tron și oferă pastile negre de înțelepciune, iar bietul pacient mic le înghite cât de bine poate și analistul nu este implicat — poate doar ca vânzător de medicamente sau ceva de genul acesta. Vedeți, aceasta ar fi atitudinea lui. Plătești suma, și ei marfa. Dar visul se opune acelei presupuneri și spune: nu, este o afacere în parteneriat, câștigurile și pierderile sunt împărțite, iar dr. Jung este tot atât de implicat ca și tine, încercarea este în aceeași măsură a lui ca și a ta. Înțelegeți ce sugerează un astfel de simbolism? Schimbă complet atmosfera. El nu mai este măruntul pacient care se târăște pe burtă până la marea autoritate pentru a-și lua pastilele. El este acum un coechipier și eu sunt un coechipier și împărțim toate riscurile situației. Visul îl ridică brusc din atmosfera lui de iepure de laborator și îi arată că afacerea pe care o avem în comun îl privește. Și el nu este partener numai cu mine, ci și cu Jalaubout.

Dl Schmitz: Mi se pare mai clar, deoarece un *jalon* este folosit ca un semn acolo unde se va construi un drum nou. Analiza este noul drum și dacă afacerea e de durată, prima mișcare va fi să încerci exportul, calea greșită. Și totuși trebuie să mergi acolo mai întâi. *Jalonul* marchează locul.

Dr. Jung: Ați putea spune că un *jalon* este un semn. Ați putea pune undeva un stâlp care să indice direcția spre un scop îndepărtat sau să desemnați traseul pe care doriți să-l urmeze drumul pe care-l construiți. Este un simbolism frumos pentru crearea propriului drum psihic, a traseului propriei vieți. Mai este un aspect al termenului *jalon — jusqu'au bout —* și anume marcarea scopului. Dar asociațiile sale merg mai în profunzime, la simbolul falic pe de o parte și hermafroditul divin de cealaltă.

Dna Sigg: Când visătorul a venit pentru prima dată la analiză, el credea că sexualitatea nu are absolut nicio legătură cu religia, deci nu includea niciun element divin, dar acum visul spune că, dacă lucrează cot la cot cu dr. Jung, va exista o combinație cu divinul.

Dr. Jung: Este perfect adevărat. Pentru acest om neașteptată este legătura bizară dintre religie și sexualitate, iar al doilea nume conține religie și sexualitate. În mintea sa rațională el le-ar diviza complet. Închiderea sexualității într-un compartiment ermetic a fost marea problemă a vieții sale. Știm cum a încercat să scape de toate acestea prin teozofie, dar zadarnic. A venit apoi un vis în care a făcut cunoștință cu diferitele compartimente ale minții sale și brusc a avut loc o ciocnire, când lucruri care păreau străine s-au unit. Deci, acel al doilea nume conține ideea lui despre sexualitate și ideile lui religioase și se poate spune că falusul ca simbol și hermafroditul divin, zeitatea, înseamnă unul și același lucru; și în același timp în el se află elementul „căii", așa cum un *jalon* este folosit în realitate pentru a indica o anumită direcție, pentru a marca o anumită cale. Această idee a „căii" este una foarte importantă în Orient. Unde se întâlnește?

Dr. Shaw: Nu apare în teologia protestantă: „Eu sunt calea"?[11]

Dr. Jung: Da, în formă dogmatică, dar acolo nu se aplică regula.

Dr. Baynes: Calea este simbolul lui Tao.

Dr. Jung: Da, ideea taoistă a căii apare în unirea opuselor, și anume sexualitatea, stâlpul, și hermafroditul divin; încrucișarea celor două formează calea. Sexul dedesubt, religia deasupra și între ele, calea. Întrucât ori de câte ori perechile de opuse se unesc, când două condiții opuse se întâlnesc, între ele se va întâmpla ceva care este egal cu energia. Apa care curge dintr-un punct mai înalt într-un punct mai jos reprezintă un proces energetic rezultat din ciocnirea opuselor; de sus, jos, de la tensiune la relaxare. Procesul energetic merge doar într-o singură direcție. Simbolurile lui Tao sunt simboluri ale energiei sau reconcilieri ale perechilor de opuse. Între cele două vine întotdeauna aceea care deschide calea, creează calea. Deci, acel *jalon*, acel *jal-au-bout*, dă ideea căii dintre perechile de opuse, falusul și ființa divină.

---

11 Ioan, 14:6.

Aceea este o firmă ciudată, Michel și Jalaubout. Și domnul Jalaubout participă la riscuri. Dacă încercarea noastră sinceră de a-l duce pe omul acela undeva eșuează, atunci nici eu nu mai ajung undeva. Eu îmi creez calea numai atunci când creez calea pacientului meu. Aceasta este legătura și asta-i spune visul — întrucât afacerea aceasta mai este asociată cu ceva, cu zeii pământului și cu zeii luminii. Pe de o parte sexualitatea și pe de altă parte zeitatea, forțele creatoare ale universului combinate într-o singură figură; falusul jos, Dumnezeul radiant sus. Acestea două sunt una și aceeași, iar acea persoană sau ce o fi participă și ea la riscuri. Dacă tu reușești, acel mare mister al vieții reușește. Dacă tu eșuezi, și Dumnezeu eșuează. Este un limbaj destul de dur, dar chiar aceasta este semnificația acelui simbolism. Este din nou compensatoriu. Așa cum am subliniat deja, numele Jalaubout este în sine o compensație a separării sale raționale dintre falusul de jos și cerul de deasupra. Aceasta este separarea pe care oricine ar face-o în mod natural, deoarece noi nu mai suntem obișnuiți cu ideea că forța creatoare universală de deasupra este conectată cu falusul. Prin urmare, falusul a simbolizat dintotdeauna o putere creatoare enormă. Deci cel mai urât lucru din lume, fiind creator, înglobează cel mai mare obiect creator din lume. După cum este formulat în Upanișade: „mai mic decât mic, mai mare decât mare“[12] sau „nu mai mare decât policarul, [...] înconjurând din toate părțile pământul și depășindu-l cu două laturi de palmă.“[13] Acela este Atman-ul personal și suprapersonal. În India, oamenii erau capabili să gândească aceste paradoxuri. Noi nu suntem suficient de avansați, astfel încât acest concept al uniunii opuselor este deosebit de tulburător pentru noi. Pentru mintea răsăriteană este prea puțin tulburător; ei ar trebui să fie mai tulburați.

Prin urmare, acest simbolism mai degrabă ascuns al lui Michel și Jalaubout relevă nu numai întregul proces al analizei, ci și implicațiile sale divine, am putea spune că are aproape o semnificație cosmică. Arată ce am spus mai devreme, și anume că încercarea sinceră este ceea ce s-ar numi Dumnezeu. Acest vis o confirmă. Pe de o parte este încercarea umană și pe de altă parte, o întrebare foarte arzătoare și pentru zei — dacă omul reușește sau nu reușește, dacă zeii reușesc sau nu reușesc. Ei bine, aceasta a fost aproape tot ce am avut de spus despre Jalaubout.

Dra Wolff: Celălalt vis în care a apărut hermafroditul a fost o încercare eșuată?

Dr. Jung: Da, acesta este un răspuns în întregime pozitiv la o intuiție negativă din visul anterior.

---

12 Așa este caracterizat Brahman în *Katha Upanișad* 2.20021, citată în *Tipuri psihologice*, par. 342.
13 La fel *purusha*, în *Șvetașvatara Upanișad* 12.15, citată în O.C. 5, par. 178.

Prelegerea a V-a.
4 iunie 1930

Dr. Jung:
Am ajuns cu visul nostru până la semnificația numelor Michel și Jalaubout, iar acum trecem mai departe, la organizarea acestei noi afaceri, a acestei noi branșe. Vă amintiți ce a spus visătorul, îi explica unui angajat că firma va fi organizată ca un *compte-joint*. O asociere este, așa cum îi spune și numele, o relație foarte apropiată. Noua ramură este aproape integrată în afacerea sa anterioară; cu alte cuvinte, cele două firme sunt parțial încorporate una în alta. Aceasta ne dă un anumit indiciu. Poate că vă amintiți un vis anterior în care se sugera că psihologia lui este împărțită în ceea ce am numit compartimente. Aici, el se asociază unei alte firme și încorporează o nouă ramură în afacerea sa anterioară, într-un mod foarte personal, și puteți fi siguri că această nouă afacere se află de mult timp în el, dar într-un fel de compartiment închis etanș, căruia i-a venit momentul să fie deschis. Cele două tendințe diferite se unesc; aici avem primul semn al amestecării lor. El este genul de om căruia îi place să-și separe în compartimente diversele părți ale psihologiei sale; el pune anumite lucruri într-un sertar și altele în altul, în speranța că nu se vor atinge niciodată. Dar într-un vis anterior începuse deja să arate aceste diferite compartimente soției sale, cu alte cuvinte, să o familiarizeze cu diferitele părți ale personalității lui. Iar aici el face o încercare nouă și foarte serioasă de a organiza acele părți diferite într-o manieră potrivită unei afaceri.

Visătorul spune apoi că le explică angajaților planurile sale — ce are de gând să facă în această privință. Adesea apar în vise oameni mediocri sau șterși și când pacienților li se cer asociații referitoare la ei, răspunsul e că nu știu, sunt doar niște oameni aflați acolo, lipsiți de importanță. Dar, în mod evident, ei se află pe scenă, joacă un rol și, prin urmare, trebuie să știm ce sunt. Aveți vreo idee ce angajați ar fi în acest caz? Nu e niciun teozof printre noi, să ne lămurească? Teozofii știu totul! Ei bine, când nu știi semnificația unui simbol este mai bine să îl abordezi în mod naiv și să spui că trebuie să fie cam ce sunt angajații într-o firmă, adică forțe subordonate, un fel de puteri delegate, factori fizici care pot fi personificați. Vedeți, mintea noastră deține particularitatea, pe care o vedem în întreaga structură a sistemului nervos, că anumite moduri de funcționare devin reflexe. De exemplu, când înveți să mergi pe bicicletă, te chinui îngrozitor să-ți păstrezi echilibrul, până când, dintr-odată, înveți; ți-a intrat în sistem, ai delegat-o unuia dintre angajații care este acum instruit să facă acea treabă în locul tău, îți menține echilibrul fără ca tu să știi. Desigur, tu îl vei simți ca pe un factor subconștient, totuși fiecare parte a psihicului uman are un catacter personal.

Acest lucru poate fi observat cu ușurință în experimente precum bătăile în masă sau întoarcerea mesei în ședințele de spiritism. Aceste conținuturi subconștiente ies atunci la suprafață și sunt produse de lucruri care seamănă cu niște persoane. Când întrebi cine scrie sau se manifestă prin intermediul mesei răspunsul este, invariabil, „*eu* fac asta". Și cine ești tu? Și apoi spune: mătușa Mary sau unchiul Cutare — cineva care a murit. Acum, nu putem presupune că întotdeauna sunt numai fantome. Așa cum există oameni proști, pot exista și fantome proaste și nu știu dacă devin mai inteligente. Dar, oricum, există un caz foarte important publicat în rapoartele Societății de Cercetare a Fenomenelor Paranormale, despre un om care a depus eforturi considerabile pentru a afla cine vorbea, iar finalul a fost destul de penibil, căci răspunsul a fost următorul: „Eu sunt tu, nu mai întreba, eu sunt tu însuți." Și este foarte probabil. Este un delegat inconștient care spune ocazional lucruri pe care conștientul nu le-ar spune, uneori într-un mod banal, alteori într-o formă simbolică, precum visele obișnuite. Acestea sunt persoanele care produc vise. De asemenea, visăm mai mult sau mai puțin pe parcursul zilei și ori de câte ori reducem pentru o clipă strălucirea orbitoare, intensitatea atinsă de conștiința noastră, ies la suprafață acele lucruri și auzim voci. Desigur, nu le auzim exact ca pe niște voci — nu suntem nebuni — și când studiezi halucinațiile oamenilor nebuni poți observa mult mai bine cum funcționează acele miniaparate telefonice. Dar ele ne creează tot felul de necazuri.

De exemplu, dacă trebuie să traversezi o sală unde sunt mulți oameni, devii în mod natural conștient de persoana ta și auzi voci: „Iată-l! — este teribil de timid și probabil că se va împiedica de picioarele cuiva. Oamenii îl consideră ridicol!" Asta simți, deși nu vei auzi cuvintele. Un nebun ar auzi o voce de stentor urlând: „Iată-l pe prostul ăla, care sigur se va da în vileag!" Și probabil că vei păți practic la fel când vei analiza sentimentele pe care le ai într-un astfel de moment. Sau la o înmormântare, în timp ce-ți exprimi sentimentele într-o manieră potrivită, vocile s-ar putea să spună că nu-ți pare atât de rău, mai curând ești bucuros că bătrânul a murit, și te lași într-o asemenea măsură pătruns de această senzație, încât te poți trezi felicitând persoanele îndoliate. Poate că te afli într-un cortegiu mortuar, știind că trebuie să afișezi o față tristă, și totuși nu te poți abține să nu zâmbești, îți trec prin minte tot felul de glume pe care ai vrea să le împărtășești vecinului tău și o vei face dacă vei avea ocazia. Preotul spune că bătrânul stă acum la dreapta

Domnului, dar știi că e vorbărie goală — el arde în Iad. Toate aceste fenomene se datorează acelor angajați care sunt absolut conștienți de situația reală. Sunt o mulțime — nu știm câți — probabil un număr nelimitat, care ne reprezintă gândurile și sentimentele. Ei sunt echivalenți cu reflexele și, dacă separi orice parte a unei funcții psihice și îi dai ocazia să trăiască pe cont propriu, va adopta caracterul unei persoane. Va fi o mică personalitate, dar limitată, realizând doar parțial propria-i existență; cu cât mai mică personalitatea, cu atât mai puțin va conștientiza.

Obții foarte puține din astfel de lucruri. Dacă întrebi fantomele care acționează asupra mesei despre situația lor, nu pot spune foarte multe, în general platitudini, par să nu aibă habar de mediul înconjurător. Probabil că unii dintre dumneavoastră ați citit cartea lui Sir Oliver Lodge despre fiul său care a murit, *Raymond.*[1] El i-a pus tot felul de întrebări, iar răspunsurile au fost deosebit de zgârcite. Băiatul fusese foarte inteligent și te așteptai la niște răspunsuri mult mai bune din partea lui. Tatăl l-a întrebat: „Locuiți în case?", iar el a răspuns vag: „Da, avem case", ca și cum nu ar fi realizat că le locuiesc. Răspundea ca într-un vis. Aceasta este psihologia unei persoane foarte incomplete și s-ar putea datora faptului că este doar un fenomen psihic; sau, dacă este o fantomă — ceea ce nu știu, dovezile fiind imposibile —, atunci fantomele trebuie că trăiesc în forme foarte incomplete. Același lucru se observă la nebuni. Îmi amintesc de o bătrână care fusese croitoreasă și când cineva îi spunea „Bună dimineața" și o întreba ce mai face, ea răspundea: „Tocmai am primit un telefon." — „Dar nu văd niciun telefon." La care ea răspundea că era montat prin perete, nu știa cum, dar aproape în fiecare zi Dumnezeu îi trimitea mesaje speciale. Ea mai spunea că este împărăteasa întregii lumi sau că deținea o insulă numai din argint — lucruri fără sens.[2] Ei nu realizează ce este în jurul lor.

Așa sunt aceste figuri minore din visul pacientului nostru. Ele sunt forțe creatoare inconștiente și sunt absolut normale, deoarece în vis suntem oricum disociați. Dar dacă vezi astfel de figuri în viața conștientă obișnuită a persoanei este o problemă, deoarece acela este un simptom indubitabil al disocierii. Oamenii aflați în acea stare ies din case ca și cum totul ar fi deja tipărit în biografia lor. Este

---

1 *Raymond, or Life and Death, with Examples of the Evidence for Survival of Memory and Affection after Death* (New York, 1916) (*Raymond, sau viață și moarte, cu dovezi ale supraviețuirii memoriei și afectului după moarte*). Lodge (1851–1940), fizician englez, era preocupat de reconcilierea științei, religiei și spiritualismului. Era o figură de seamă în Societatea pentru Cercetarea Fenomenelor Paranormale, în fața căreia Jung a citit o lucrare, „Bazele psihologice ale credinței în spirite", O.C. 8, par. 570ff.

2 Acesta este cazul lui „B.St.", o pacientă de la Burghölzli, care este principala paradigmă a cărții „Despre psihologia Dementiei praecox: o încercare" (1907), O.C. 3, par. 198–314. Exemplul cu telefonul se află în par. 309–313.

ca și cum o voce ar repeta ce fac, fie apreciindu-i, fie criticându-i. De exemplu, o voce le transmite că a fost minunat ceea ce tocmai au spus, apoi vezi pe fața lor o bizară reacție emoțională. Și apoi, natural, apare cealaltă voce, întrucât aceste voci se echilibrează întotdeauna una pe alta. În cazurile de nebunie descoperi că există întotdeauna voci favorabile și voci nefavorabile — angajați care lucrează pentru tine și angajați care lucrează împotriva ta, perechi de opuse.

Următorul pas în vis este pregătirea unei camere pentru noua ramură. El scoate din sertare tot felul de sticle și de cutii și le pune laolaltă pentru a le duce în altă cameră; asociația sa a fost că îi amintesc de propria sa provizie de medicamente de acasă. Am vorbit deja de preocupările lui igienice. Deși pare un detaliu ridicol și ai crede că acele sticle și cutii erau teribil de neinteresante și nu însemnau nimic, totuși este tipic pentru psihologia acestui om. Ce vi se pare tipic la acel simbol? Fiți naivi, vă rog, atunci ajungeți la adevăr. Încercați să vi-l imaginați mânuindu-și cutiile și sticluțele.

Dr. Deady: Viața lui depinde de ele și el este pe cale să le sacrifice.

Dr. Jung: O, nu, de ce ar scăpa de ele?

Dra Hannah: Îi pace să țină lucrurile în cutii.

Dna Deady: Este un psihic compartimentată.

Dr. Jung: Exact. El are totul ordonat în sticle și cutii și sertare. Oamenii cu un astfel de psihic au întotdeauna mici farmacii și întotdeauna fac caz de ele. La fel ca oamenii cu amintiri tandre, care prețuiesc anumite rămășițe sacre — flori presate sau dinții bunicii sau tot felul de cărticele și de resturi depozitate în sertare și cufere, întrucât exprimă psihicul lor compartimentat. Așa este acest bărbat, fiecare conținut despărțit de celălalt și fiecare etichetat cu grijă; acum folosești acest medicament, mai târziu acea pilulă. Într-un fel, este o minte bine ordonată, semnifică o ordonare a întregului sistem al simțirii sau al Erosului. Dacă ar elibera toate conținuturile, s-ar produce un potop în care nu s-ar putea distinge nimic și tocmai de aceea le ține închise. Problema este că potopul ar fi prea interesant. Golirea acestor sertare și sortarea conținuturilor lor sugerează faptul că el curăță și împachetează, ca să pregătească o cameră pentru noua afacere. Acesta este cu siguranță un pas important înainte. Acum el se comportă foarte profesional. Dar evident, când se apucă de așa ceva, va auzi voci și aici vine angajatul care spune: Dar ce se întâmplă cu restul afacerii tale? Vedeți, îndoiala îl cuprinde aproape inevitabil, deoarece noua afacere pare a fi una foarte interesantă, pe care o evita de ceva vreme. Vă amintiți că, ori de câte ori o atingea se îndepărta din nou, dar aici pare a fi un lucru foarte real și serios. Este pusă întrebarea fatală. Într-un astfel de moment, este inevitabil să nu apară o anumită reacție, așa că aici apare angajatul care întreabă despre afacerea principală. Care este afacerea lui principală?

Dr. Deady: Intelectualismul său, întreaga lui atitudine, un sistem de viață regulat, spre deosebire de aspectul irațional pe care este gata să-l abordeze.

Dr. Jung: Da, ar fi totalitatea situației sale psihologice, viața sa completă și acolo s-ar afla teama lui firească. Dacă începe o nouă afacere, aceasta ar putea interfera cu vechea sa afacere sau cu funcționarea întregii sale vieți. Deci, teama că ar putea exista anumite tulburări nu este nerezonabilă și el se grăbește să-i explice angajatului său că nu va afecta principala afacere, că nu este decât o branșă. El folosește acel termen, doar o branșă; nu afectează întregul. Aici, el face în vis ceva ce poți observa în viața de zi cu zi când îți este ridicată o astfel de obiecție. Vorbești chiar cu tine însuți și spui: nu te ambala acum. Oamenii vorbesc cu ei înșiși ca și cum ar vorbi cu un cal nărăvaș sau altcineva trebuie s-o facă în locul lor. Este un fel de conștiință parțială.

Acesta este tot visul și înainte de a trece la următorul trebuie să înțelegem situația exactă. Șoarecele a fugit, ceea ce înseamnă că se va întâmpla ceva, iar rezistența lui religioasă a fost zdrobită. El a parcurs un *raisonnement* inconștient foarte complicat referitor la filosofia lui religioasă și a ajuns la concluzia că întreprinderea sa psihologică este lucrul cu adevărat vital pentru el. Este întreprinderea la care va adera pentru totdeauna și, după cum vă amintiți, este al treilea copil, copilul viu. Acel copil trebuie să devină cumva o realitate și acum, în acest vis, el este gata să-l creeze în realitate, într-o manieră foarte serioasă. Prin urmare, inconștientul lui alege metodele propriei sale vieți profesionale, pentru a sublinia realitatea absolută a întreprinderii sale. Deci, în situația în care ne aflăm acum cu visătorul, ne-am putea aștepta la o continuare — începutul acelei afaceri. Ramura cea nouă a activității nu este încă în întregime organizată; acest vis conține numai pregătirile. Următorul vis a venit cinci zile mai târziu.

Vis [28]

A fost chemat de vocea unui copil să meargă la o piscină. Copilul a spus că în apă este un animal mare. El merse împreună cu copilul, dar în loc de piscină ajunse la un pat mare. Copilul trase la o parte cuvertura de pe pat și sub ea era o broască țestoasă enormă. El descoperi că ține în mână o unealtă din fier, o daltă cu mâner de lemn, pe care o apucă de partea metalică. Lovi capul broaștei țestoase cu mânerul de lemn — nu cu partea metalică, fiți atenți — iar drept răspuns animalul deschise gura și scuipă afară un copil viu.

Asociații: Visătorul spune că omul nu se află în elementul lui obișnuit când este într-o *piscină* — adică în apă. El crede că înotul are o oarecare legătură cu viața în inconștient, este ceva asemănător visului. El se miră că piscina nu este un loc unde să faci baie, ci un pat, de fapt locul unde oamenii visează.

Broasca țestoasă, consideră el, este ca un crocodil, o relicvă a animalelor preistorice și i se pare că nu ar fi intenționat să o ucidă (nu avea un astfel de sentiment), ci dorea doar să o învingă, deoarece i-a lovit capul nu cu partea metalică a dălții, ci cu mânerul de lemn. Referitor la copilul care a ieșit din țestoasă, el spune că arăta ca un embrion într-un pântece, adică a ieșit cu brațele și picioarele adunate, în poziția embrionului. Mai spune că aceasta este categoric o naștere, dar nu știe ce să creadă despre ea.

Acest vis nu este simplu. Cred că vom începe cu prima propoziție. El aude vocea unui copil chemându-l în inconștient, piscina. Ce ar însemna acest lucru? Vedeți, nu este copilul lui, nu îl cunoaște.

Dl Schmitz: Încercarea lui sinceră.

Dr. Jung: Da, îți vine firesc în minte acel al treilea copil, încercarea sinceră, noua lui afacere, care este și ea un fel de copil. Și noua încercare, noua viață, îl cheamă într-un anumit loc. Simbolismul copilului a apărut în al doilea vis anterior acestuia[3], iar întrebarea rămasă fără răspuns din ultimul vis a fost cum va continua noua afacere, deci este clar că aceasta e noua încercare. Apoi, asociațiile sale arată că a găsit analogia, relația imediată dintre pat și piscină. Este o mișcare în inconștient. Apa înseamnă în general inconștientul și mișcarea individului în apă nu este mișcarea obișnuită, ca atunci când mergi prin atmosferă, ci un nou fel de locomoție, așa cum viața conștientă este în mod firesc diferită de viața psihică a inconștientului. Visele au o mișcare diferită și, în asociațiile sale, visătorul insistă să compare patul și piscina — înotatul în piscină este aidoma visatului în pat. Cred că nu mai avem ce să adăugăm asociațiilor sale. Este absolut clar.

Acum, ceva este ascuns în acel pat — în inconștient — pe care-l descoperă urmându-și noua încercare. Evident, noua încercare nu ar avea temei dacă nu ai fi pe cale să descoperi ceva nou — să ai o aventură. O astfel de întreprindere înseamnă întotdeauna o dorință de noi descoperiri și primul lucru pe care el îl descoperă este o țestoasă. Nu știm de ce ar găsi un astfel de animal preistoric pe drumul său spre noua întreprindere, este absolut irațional, trebuie să acceptăm

---

3 Vezi mai sus, p. 534.

pur și simplu că așa este. Acum, el asociază țestoasa cu crocodilul. Vă amintiți de crocodilul dintr-un vis anterior?[4]

Dna Sigg: Crocodilul era un animal sfânt în nordul Egiptului.

Dr. Deady: Saurianul aduce libidoul din niște profunzimi iraționale inimaginabile.

Dr. Jung: Mai țineți minte, atunci când apare vreun crocodil sau vreun saurian, te poți aștepta să se întâmple ceva cu totul neobișnuit. Acum avem din nou de-a face cu așa ceva. Așa cum am explicat mai demult, crocodilul, la fel ca țestoasa și ca orice alt animal cu sânge rece, reprezintă psihologia extrem de arhaică a acelui element cu sânge rece din noi. Schopenhauer spunea: „Grăsimea fratelui nostru este suficient de bună pentru a ne unge cizmele."[5] Este lucrul pe care nu-l vom putea înțelege niciodată — că, undeva, avem un extraordinar sânge rece. Sunt oameni care, în anumite circumstanțe, ar putea fi capabili de fapte pe care le consideră pur și simplur inacceptabile. Este înspăimântător, suntem terifiați și nu putem accepta. V-am dat exemple despre mintea firească a femeii; acolo vezi animalul cu sânge rece. Și, normal, același lucru este în bărbatul cu sânge rece; ei și-l vor împărtăși unul altuia, dar niciodată unei femei, întrucât este prea tulburător. Este aidoma unui pericol îngrozitor foarte îndepărtat. Înainte era în Balcani, dar acum este mult mai departe — pe lună. Ar reprezenta o catastrofă morală, dar, de vreme ce suntem atât de departe, putem face haz pe seama lui. Dar când ne atinge pe noi nu râdem, oamenii aproape că înnebunesc. Cândva eram cu siguranță animale cu sânge rece și purtăm urma acelui animal în anatomia noastră, în structura sistemului nervos. Saurianul funcționează încă în noi și n-ai nevoie să iei cu tine decât atâta creier cât îți trebuie pentru a funcțional la lumina zilei. Dacă un om este foarte grav rănit la cap sau suferă de o boală care îi distruge creierul, devine ceva vegetativ, cu sânge rece, exact ca o șopârlă, ca un crocodil sau ca o țestoasă.

V-am spus că Hagenbeck, faimosul expert în animale, spunea că poți stabili un raport psihic cu practic orice animal, până când se ajunge la șerpi, aligatori și astfel de creaturi, unde nu mai există raport. El povestea despre un om care a crescut un piton, un animal complet nepericulos și inofensiv în aparență, pe care obișnuia să-l hrănească din mână, mare fiind, și toată lumea credea că șarpele îl cunoaște și știe că el îi poartă de grijă; dar odată, animalul s-a înfășurat ca fulgerul în jurul corpului omului și aproape că l-a ucis. A fost nevoie ca

---

4 Vezi mai sus, pp. 315, 320.

5 Pasajul nu a fost găsit.

altcineva să-l taie bucăți cu securea pentru a salva viața omului. Acesta este un exemplu tipic al caracterului înșelător al unor astfel de creaturi. Animalele cu sânge cald au o idee despre om; fie sunt prietenoase, fie îl evită, pe el și așezările lui, deoarece le displace sau se tem de el. Dar șerpii sunt compet nechibzuiți. Deci, trebuie să presupunem că animalele cu sânge rece au o psihologie absolut diferită — unii ar spune că nu au deloc, dar este puțin arbitrar. Aceste relicve cu sânge rece sunt într-un fel puteri neobișnuite, deoarece simbolizează factorii fundamentali ai vieții noastre instinctuale, datând din paleozoic. Dacă este constelat de circumstanțe, apare saurianul. De exemplu, o spaimă teribilă sau o amenințare organică din partea unei boli este adesea exprimată în vise printr-un șarpe. Prin urmare, oameni care nu înțeleg nimic din interpretarea viselor vă vor spune că, ori de câte ori visează un șarpe, se vor îmbolnăvi.

În timpul războiului, când mă ocupam de prizonierii britanici, am cunoscut-o pe soția unuia dintre ofițeri, o persoană cu o clarviziune deosebită, iar ea mi-a spus că de fiecare dată când visa șerpi, însemna boală. În timp ce mă aflam acolo, ea a visat un șarpe enorm care a ucis mulți oameni, și a spus: „Veți vedea că va fi o catastrofă". Câteva zile mai târziu a izbucnit al doilea val al acelei mari epidemii a așa-numitei gripe spaniole și a ucis nenumărați oameni, ea însăși fiind foarte aproape de moarte. Șarpele apare în astfel de cazuri deoarece este o amenințare organică, solicitând toate reacțiile instinctuale ale persoanei. Deci, ori de câte ori viața nu se joacă, aunci când lucrurile devin serioase, e posibil să dai peste un saurian. Sau atunci când conținuturi vitale sunt pe cale să apară din inconștient, gânduri sau impulsuri vitale, vei visa astfel de animale. Poate fi obstacolul care apare și îți blochează calea, chiar dacă ție ți se pare extraordinar de simplă. Se conturează brusc un obstacol invizibil și nu știi ce este de fapt, pentru că nu-l poți vedea, nici măcar simboliza, și totuși te poate bloca. Acolo este ceva ascuns. Probabil că libidoul ți se reduce, apare de obicei sub această formă bine-cunoscută; pierzi brusc interesul, iar visul exprimă acest lucru printr-un balaur sau un monstru care îți iese în cale și, pur și simplu, ți-o blochează. În alte cazuri, un astfel de monstru este de ajutor: forța uriașă a instinctului organizat se ridică și te împinge peste un obstacol pe care nu l-ai credea abordabil prin puterea voinței sau prin decizie conștientă. Acolo, animalul se dovedește a fi util.

Acum, nu știm cât de importantă va fi afacerea cu cafea pentru pacientul nostru, dacă este cu adevărat importantă sau periculoasă pentru el, dar acest vis îi spune: Ai grijă! E saurianul — e ceva serios! În orice caz, decizia pe care în mod evident a luat-o înseamnă că va fi o situație care-i va atinge instinctele, însuși fundamentul ființei sale. Deci, apariția unei țestoase este mai degrabă o descoperire uiluitoare în acest caz. Și pare a avea o funcție foarte importantă aici, deoarece aduce pe lume un copil, ceea ce demonstrează categoric că este de fapt o țestoasă doctor, nu una obișnuită, o ființă umană anonimă. Singura asociație pe care o dă visătorul este aceea legată de crocodil. Ce părere aveți despre țestoasă?

D Schmitz: Țestoasei îi este asociat un simbolism mitic important. Este chiar și un mit, nu știu unde, potrivit căruia țestoasa este mama întregii lumi și tot ce trăiește s-a născut din țestoasă.

Dr. Jung: Apare cu precădere în miturile hinduse. Lumea este purtată pe spinarea unui elefant care stă pe o țestoasă.[6] O țestoasă este ființa fundamentală — instinctul bazal care poartă întreaga noastră lume psihică. Aceasta, întrucât lumea este psihicul nostru, punctul nostru de vedere. Și, așa cum punctul nostru de vedere este purtat de instinctele noastre, lumea este purtată de țestoasă. Ce spuneți despre aspectul simbolic al acestui animal?

Dna Deady: Este, de asemenea, foarte fertil.

Dr. Jung: Adevărat, dar toate animalele inferioare sunt fertile.

Dna Wolff: Țestoasa a fost un simbol matern.

Dr. Jung: Da, țestoasa are un caracter feminin în mitologie — matern, subpământean. Dar aceste analogii sexuale sunt peste tot, iar țestoasa are ceva foarte specific.

Dna Crowley: Longevitatea.

Dr. Jung: Are o viață extraordinar de lungă.

Dra Sergeant: Se mișcă încet.

Dr. Jung: Nu este foarte temperamentală!

Prof. Hooke: Capătă glas numai în momentul coitului.

Dr. Jung: Aceasta este, de asemenea, o particularitate, dar nu atât de accesibilă experienței umane. Mai este o caracteristică foarte izbitoare.

Dr. Howells: Latura amfibiană a animalului.

Dr. Jung: Latura amfibiană este extrem de importantă, deoarece se referă la partea inconștientă; are un aspect simbolic. Dar este altceva.

Dr. Baynes: Este caracterul crustaceului.

Dr. Jung: Da, se poate retrage în propria-i casă. Dar țestoasa este un simbol foarte impersonal. Trăsătura evidentă este aceea că animalul are o casă ca

---

6 Par să fie îmbinate două teme mitologice. Șaisprezece elefanți divini susțin universul, conform *Matangalila* (citată în Zimmer, *Mituri și simboluri în arta și civilizația indiană*, 1994, p. 102ff). Vishnu a luat forma unei țestoase pentru a susține Muntele Mandara când a bătut oceanul [pentru a obține nectarul nemuririi — *n.t.*], în *Bhagavata Purana* și pentru susținerea continentului indian în *Markandeya Purana* (A. Daniélou, *Hindu Polytheism*, 1964, p. 167).

o armură, în care se poate retrage și unde nu poate fi atacat. Apoi este amfibian, este apatic, trăiește foarte mult timp și este foarte prezent în mitologie și misterios. Amintiți-vă că *I Ching* a fost adus pe pământ pe cochiliile a o sută de țestoase.[7] Toate acestea sunt calitățile unui factor psihologic particular al omului — vechi de când lumea, foarte înțelept și manifestat atât în conștient, cât și în inconștient. Țestoasa devine astfel foarte importantă. Ce ar portretiza dacă ați traduce-o într-un fel de funcție conștientă?

Răspuns: Introversia.

Dr. Jung: Da, dar numai pentru un tip extravert.

Dr. Baynes: Senzația?

Dr. Jung: Numai pentru un tip intuitiv.

Dna Fierz: Simțirea?

Dr. Jung: Numai pentru un tip intelectual. Dacă acel lucru ar fi pe deplin dezvoltat, pe deplin integrat în om, ce s-ar întâmpla? Vedeți, dacă traduceți simbolismul țestoasei în cea mai diferențiată poziție pe care o poate atinge omul, ea conține întotdeauna începutul și sfârșitul.

Dr. Baynes: Este o funcție irațională.

Dr. Jung: Numai pentru un tip rațional.

Dr. Schlegel: Are abilitatea introversiei și extraversiei, de a intra și a ieși.

Dr. Jung: Da, dar e mai mult decât atât. Este funcția transcendentă. Asta simbolizează țestoasa și de aceea este atât de importantă.

Dna Baynes: Eu nu văd asta.

Dr. Jung: Caracteristicile țestoasei sunt caracteristicile funcției transcendente, aceea care unește perechile de opuse.

Dna Baynes: Credeam că funcția transcendentă este creată de fiecare dată când se unesc perechile de opuse.

Dr. Jung: Perpetua unire *este* funcția transcendentă. Termenul de funcție transcendentă este folosit în matematicile superioare, unde este funcția numerelor raționale și iraționale. Eu nu am preluat acel termen din matematicile superioare, am aflat de abia mai târziu că același termen era folosit acolo, cu același sens, și anume funcția datelor raționale și iraționale în funcționarea comună a conștientului și inconștientului, a funcției diferențiate și a funcției inferioare. Este reconcilierea perechilor de opuse. Din această reconciliere este mereu creat un lucru nou, este realizat un lucru nou. Acela este funcția transcendentă și acela este țestoasa. Și noul este întotdeauna ciudat pentru vechi. O plantă, de exemplu,

---

7 Sursa nu poate fi găsită.

poate avea fructe care nu seamănă deloc unul cu altul, ca sporii algei acvatice. Mama este o plantă, dar copilul este un animăluț cu căpșor și codiță care înoată încolo și încoace, după care se așază și redevine o plantă.[8] Deci, rezultatul funcției transcendente este tot atât de ciudat pentru noi ca o țestoasă.

Dr. Schlegel: Este vorba numai de țestoasă sau de orice animal cu sânge rece?

Dr. Jung: Țestoasa este deosebită, datorită vârstei sale venerabile și calității sale amfibiene. Șarpele are o semnificație oarecum diferită, el se poate reînnoi prin lepădarea pielii, ceea ce-i conferă calitatea eternității. Dar șarpele este mai apropiat de țestoasă decât crocodilul, în ciuda faptului că există crocodili extrem de bătrâni. Era unul pe malul vestic al Lacului Victoria[9], pe care negrii îl hrăneau deoarece spuneau că el proteja întreaga coastă, gonindu-i pe ceilalți. Era foarte mare și gras — îl hrăneau cu pește și el nu mânca niciodată ființe umane. Era prietenul omului, un animal doctor. De obicei, crocodilul simbolizează aspectul vorace al inconștientului, pericolul din adâncuri care iese brusc la suprafață și trage oamenii în jos. Și aceasta este o funcție a inconștientului, una foarte periculoasă.

Ajungem acum la comportamentul foarte ciudat al visătorului, acela de a lovi țestoasa în cap cu mânerul de lemn al daltei. El spune că în mod evident dorește să biruie animalul, dar nu intenționa să-l ucidă, altfel ar fi folosit partea metalică. Ce spuneți despre daltă? Un instrument este un motiv important. În vise, instrumentele se dovedesc a avea întotdeauna aceeași semnificație ca în mitologie.

Dr. Deady: Parcă spunea că era o unealtă de deschis cutii.

Dr. Jung: Da, ca și cum s-ar fi făcut brusc o aluzie la o cutie încuiată, care ar fi trebuit deschisă cu forța, dar nu asta era semnificația.

Dr. Deady: Atunci, lovirea capului ar însemna producerea conștiinței.

Dr. Jung: A lovi pe cineva în cap? Mai degrabă inconștiență! Deși în această țară avem o poveste drăguță despre niște hoți care pătrund într-o casă și încearcă să spargă capul unui om cu un ciocan. Dar omul spuse: „Intră!" — ca și cum cineva ar fi bătut la ușă. În cazul acesta, probabil că este ceva asemănător. Țestoasa nu este ucisă, este doar amețită și naște copilul. Dar de ce un astfel de instrument?

Dna Deady: Îl va ajuta să-și deschidă toate sertarele și cutiile, compartimentele sale.

---

8 Conform biologului John Bonner, anumite alge (planta „părinte" poate fi mascul, femelă sau asexuată) produc zoospori asexuați (unicelulari, cu doi flageli sau două „cozi"), care pot înota spre un nou loc, unde se aşază şi produc o plantă fixă nouă (comunicare personală).

9 Jung a fost la Jinja (Uganda), pe țărmul nordic al Lacului Victoria, în ianuarie 1926, înainte de a coborî pe Nil.

Dr. Jung: E foarte posibil să aibă nevoie de el pentru deschiderea cutiilor, dar ce înseamnă acel instrument?

Dna Crowley: În mitologie este un simbol falic, deci ar putea însemna penetrare.

Dr. Jung: Da, iar în *I Ching* a penetra înseamnă a înțelege un lucru[10]; prin urmare, vorbim despre o minte penetrantă. Și, în mod natural, când vorbești despre un lucru capabil de penetrare, te gândești la un obiect lunguieț și ascuțit. Deci, acolo este o analogie evident falică, dar simbolizează și exprimă, de asemenea, voința penetrantă a omului. În psihologie, acțiunea minții este simbolizată de penetrare. Iar în alte limbi, în franceză și în germană, avem figuri de stil în care acțiunea minții este simbolizată prin ideea de penetrare — o rază de lumină ca o suliță, de exemplu. Mai târziu, acest om a avut un vis în care ajungea la un perete iluminat și știa că în spatele lui se află adevărul, iar el avea o suliță cu care încerca să penetreze zidul.[11] Acela este actul penetrării. În acest caz el folosește un instrument care penetrează, dar nu destinat penetrării. El lovește animalul în cap doar pentru a-l învinge, fără a-i zdrobi capul. Ce înseamnă asta?

Dna Nordfeldt: Îl biruie.

Dr. Jung: Da, și unde întâlnim acest lucru în folclor?

Dna Baynes: Există o similitudine cu deschiderea balaurului.

Dr. Jung: Desigur. Este lupta cu balaurul care păzește comoara și, când eroul reușește să biruie balaurul, din acesta ies tatăl sau mama sau eroul ajunge la comoara ascunsă. În acest caz, balaurul sau țestoasa naște un copil. Asta este semnificația exactă a visului — biruirea inconștientului. El trebuie să-l transforme în conștient, să-l smulgă din inconștiența originală, să desprindă acea bucată de conștiință sau acel conținut din inconștient și să și-l însușească. Acum, ce este acela pe care el trebuie să-l aducă în conștiință, învingând instinctul care ține totul în inconștient?

Dna Nordfeldt: Încercarea sinceră.

Dr. Jung: Da, copilul. Și ce copil?

Întrebare: Funcția inferioară?

Dr. Jung: Evident, are legătură cu funcția inferioară, cu tot ce este inferior în el, care încă nu a apărut, încă nu s-a dezvoltat. Dar nu este suficient de specific. N-ar fi posibil să fie același copil? Vedeți, în visul anterior am avut o nouă întreprindere, dar suntem siguri că el era cu adevărat conștient de semnificația

---

10 Yi *King*, hexagrama 57.

11 Visul nu este discutat în acest seminar.

acelei noi afaceri? Dacă ar fi fost pe de-a-ntregul conștient de noua încercare, de semnificația și de implicațiile ei, nu ar fi avut un astfel de vis. Conștientul lui nu o cunoaște, este prea obscură și, prin urmare, el îi explică angajatului său că noua întreprindere este doar o afacere auxiliară și că, desigur, principala afacere va rămâne neschimbată. Apoi, următorul său vis vorbește despre nașterea unui copil, nașterea încercării sincere, pe care trebuie să o separe de inconștient de parcă ar fi un nou Sf. Gheorghe care ar trebui mai întâi să ucidă balaurul pentru a merge mai departe. Pentru a-și urma în continuare scopul, el trebuie ca mai întâi să-și biruie inconștiența.

Dumneavoastră vă pare ciudat, dar nu unui analist. Îi arăți ceva unui pacient iar el spune: „Da, înțeleg perfect, nu-i așa că-i minunat?" Trei sau patru săptămâni mai târziu este ca și cum nu ar fi înțeles nimic și trebuie să apară o nouă recunoaștere a aceluiași lucru. Vedeți, o recunoaștere reală, o conștientizare completă a acestor conținuturi inconștiente nu apare dintr-odată. Întotdeauna vine în valuri, val după val, cu o pauză între ele, înainte de a înțelege din nou și mai intens ce este acel lucru. Sunt cazuri în care un vis de la începutul analizei conține întreaga procedură analitică. Dacă realizezi asta, ai tot ceea ce este necesar — să-l obții, dacă poți. La început îl zărești doar vag, este ca și cum nu l-ai fi văzut niciodată. Apoi vine din nou și te gândești că ai pus mâna pe el, apoi iar dispare. Și apoi vine un al treilea val și te gândești: nu-i așa că-i minunat? — o revelație perfectă. Apoi descrește și vin un al patrulea și al cincilea val și multe valuri trebuie să vină până când vom realiza că ceea ce numim progres este de fapt întotdeauna unul și același lucru, ceea ce suntem practic incapabili să realizăm și ceea ce ne pătrunde în minte foarte încet. Este ca și cum soarele, pentru a deveni vizibil pentru noi, trebuie să răsară și să apună iar și iar până când realizăm că este soarele și că este zi. Vom avea alte vise în care această problemă va reveni. Această primă încercare a lui de conștientizare nu a fost suficientă, el se luptă încă cu bătrânul balaur, cu bătrânul inconștient. Prin urmare trebuie mai întâi să biruie balaurul pentru a desprinde copilul din abisul matern în care fusese ascuns.

Dna Baynes: Dar nu am spus că acel copil care l-a dus spre pat și a ridicat cuvertura era noua încercare?

Dr. Jung: Desigur că este.

Dna Baynes: Este acest nou copil același?

Dr. Jung: Unul și același! Prima încercare a reprezentat efortul de a realiza, dar nu a fost suficient. El nu este pe deplin conștient, lucru demonstrat de apariția unui astfel de vis. Vă pot oferi un exemplu practic: am tratat cândva un om care era medic, nicidecum vreun prost. Era și el psihiatru — ceea ce, desigur, nu dovedește că nu era prost. Avea un complex matern; locuia în casa mamei lui și ea avea grijă de el. El era un mic soț. De la bun început avusese vis după vis despre complexul matern și fiecare îi spunea că pur și simplu nu merge, că nu poate trăi așa. După aproximativ șase săptămâni — vedeți că sunt un analist slab — am realizat că trebuie să existe o legătură specială între acel bărbat și mama lui și am descoperit că îi scria zilnic scrisori în care-i explica întreaga procedură analitică, în detaliu. Deci, el a rămas tot timpul în cea mai strânsă legătură cu ea. Și aceasta se întâmpla după șase săptămâni în care vorbiserăm zi de zi despre acel complex matern. Au trecut șase luni până când a venit cu o față lungă, spunând: „Doctore, chiar ești de părere că ar trebui să mă *desprind* de mama? Chiar crezi că nu ar mai trebui să locuim împreună?“ Eu i-am spus: „Exact! Asta aștept de la dumneata, de câte ori nu ți-am spus?“ Iar el a răspuns: „Dar credeam că nu vorbești serios. Doar nu crezi că ar trebui să trăiesc singur într-un apartament! Cum rămâne cu mama?“ „Ei bine, i-am spus, ai reușit! Asta e problema ta. Chiar asta vreau să spun și este extraordinar că ți-a luat atât de mult timp să realizezi ce ți-am spus din prima oră.“

Este ca și cum cineva ar spune: „Repede, arde casa!“, iar răspunsul ar fi: „Ești convins că o casă din Zürich poate lua foc?“ Absolut incapabil de a auzi ce se spune. Și fenomenul este foarte des întâlnit. Este uimitor cât timp le ia oamenilor să audă și să vadă. Ei nu pot pricepe cel mai simplu lucru, oricât de des li l-ai repeta. Când omul acela a realizat că trebuie într-adevăr să se desprindă de mama sa, a avut un vis îngrozitor. A visat că se cățăra pe un deal abrupt și foarte alunecos. Tocmai reușise să ajungă în vârf când, privind în jos, și-a văzut mama. El a strigat: „Pentru numele lui Dumnezeu, nu încerca să urci!“ Dar mama sa a pornit la drum și apoi a alunecat și și-a rupt piciorul. A doua zi, în realitate, a primit o telegramă: „Mama ta și-a rupt piciorul“. Iată explicația stupidității sale, a faptului pentru care fusese atât de surd. Inconștientul lui știa că asta i-ar putea ucide mama. Acele vechi legături, cazuri de *participation mystique*, sunt extrem de periculoase. Nu trebuie să devii nerăbdător. Repetă. Deci, anumite vise sunt explicate prin această dificultate de realizare.

Vedeți cât de multe încercări a făcut deja visătorul nostru pentru a aborda problema și singura dificultate este realizarea. El nu se poate hotărî să vadă situația exact așa cum este și să-i acorde valoarea corectă. Pare a fi o dificultate imensă și eu nu l-am grăbit niciodată, deoarece știu bine că nu merge așa. Este vital, acolo se află un saurian și lucrurile nu trebuie accelerate. E nevoie de o maturizare treptată. Dacă le accelerezi, s-ar putea să vatămi instincte vitale. Eu nu am pus niciodată nicio condiție — dacă nu faci așa și chestii de genul acesta.

Nu are niciun efect. Într-un asemenea caz trebuie să ai mare răbdare. Dar vom întâlni destule vise în care valul vine din nou și din nou și unde el are o nouă șansă de a-l apuca. Adesea găsești acel motiv, comoara ascunsă, sau înflorirea comorii sau a florii în mitologie și folclor. Se presupune că înflorește după o anumită perioadă, să spunem nouă ani, nouă luni, nouă zile. În a noua noapte comoara iese din nou la suprafață și oricine se nimerește a fi acolo în acea noapte o poate lua, dar în noaptea următoare se scufundă din nou în adâncuri și va înflori peste alți nouă ani, nouă luni și nouă zile.[12] Așa ilustrează folclorul dificultatea realizărilor psihice.

Dra Howells: Cât timp a trecut de când a început analiza și până când a avut acest vis?

Dr. Jung: A început în mai, iar acest vis l-a avut la mijlocul lui octombrie.

---

12 Vezi *Psihologie și alchimie*, O.C. 12, par. 111.

Prelegerea a VI-a.
11 iunie 1930

Dr. Jung:

Doamna Crowley are o întrebare referitoare la figurile autonome despre care am discutat data trecută. Ar dori să știe cum să deosebească astfel de figuri autonome de instincte sau de impulsuri foarte puternice. Mi-e teamă că nu le pot deosebi. Instinctele care apar în psihicul nostru sunt personificate în principal ca figuri autonome, desigur, în măsura în care instinctele nu sunt bine integrate în întregul personalității. Imediat ce ești în contradicție cu ele, manifestă o tendință categorică de a se obiectiva cumva și atunci ni se opun. Este ca și cum ar fi altă persoană, cu o voință opusă alei noastre.

Vom trece acum la următorul vis. Visul de dinainte a fost mitologic, Sf. Gheorghe și balaurul, iar în acest caz, balaurul era o țestoasă care dădea naștere unui copil. Acum, după acel vis mitologic, urmând legea enantiodromiei, inconștientul revine la o propunere foarte serioasă.

Vis [29]

Visătorul spune că dorește să-și examineze afacerea din străinătate. Cumnatul său, director în firmă, se plânge că agenții de achiziție din interior cumpără o grămadă de bumbac de calitate superioară la prețuri ridicate și că în prezent tocmai acel bumbac de calitate superioară nu se mai vinde. Visătorul îi spune că dată fiind situația trebuie acționat imediat pentru a reduce foarte mult puterea de cumpărare a acelor agenți, altfel se va pierde o sumă uriașă de bani. Evident, atunci când sunt cumpărate cantități mari la prețuri ridicate se investesc sume imense de bani.

Asociații: El spune că visul său poate fi interpretat în plan obiectiv, deoarece cumnatul său, directorul, i se pare în realitate prea încet în decizii, putând pierde controlul asupra agenților de achiziție sau anumite oportunități. Dar pe de altă parte, din punct de vedere subiectiv, este la fel de posibil ca inconștientul său să se plângă că el achiziționează prea multă marfă de calitate superioară, ceea ce ar putea duce la pierderi serioase, întrucât acest tip de marfă nu este căutat acum.

Ei bine, înțelegeți ceva din asociațiile sau din interpretările sale? Înțelegeți visul?

Dr. Baynes: Înseamnă că el este nesigur, deoarece investește mai mult capital decât își poate permite într-un lucru de o calitate foarte rară, care nu are prea mare căutare?

Dr. Jung: Da, dar cum se aplică aceasta?

Dl Richmond: Noua sa valoare pătrunde în cea veche, în curentul principal al vieții sale, iar el se teme de supraevaluarea acestui material de înaltă clasă.

Dr. Jung: Dar ce valoare ar reprezenta acest material de înaltă clasă?

Dl Richmond: Noua valoare pe care a găsit-o. Aceasta devine cafea de calitate superioară.

Dr. Jung: Cafeaua este doar o ramură auxiliară. Aici este principala afacere. Spuneți că se teme să acorde o valoare prea mare noii sale întreprinderi sau să investească prea mult în ea?

Dl Richmond: Ele nu sunt unite acum?

Dr. Jung: Rămâne de văzut. Nu sunt sigur. Cred că ar fi mai bine să parcurgem visul în detaliu pentru a putea fi siguri de semnificația lui. În primul rând, e important că visul se prezintă sub forma unei situații dintre cele mai obiective și mai practice. Este exact ca afacerea lui, unde fusese înainte șef, deși acum cumnatul său ocupă funcția de director. Este totul foarte clar, situația din vis este absolut reală, așa cum o știe el. Desigur, pentru un om de afaceri, afacerea lui este tot atât de reală ca, să zicem, soția lui; este uneori mult mai reală decât familia lui, deci nu putem spune că este în întregime simbolic. În toate asociațiile sale, este scos în evidență caracterul real, ca în teama lui că achizițiile făcute de cumnat ar putea fi puțin imprudente. Așadar, suntem determinați să credem că inconștientul dorește să accentueze în mod expres perspectiva realității. Cu siguranță, între viața sa profesională și ceea ce face el de fapt aici, în analiză, există cel mai puternic contrast. Practic, toate aceste considerații din visul său indică spre un mod obișnuit de viață anterior. Deci, s-ar putea spune că este subliniată cu precădere diferența dintre realitatea sa zilnică, obișnuită, și noua lui întreprindere, iar acolo în mod evident sunt probleme, altfel inconștientul nu ar insista asupra ei. Prin urmare, trebuie să presupunem că există un anumit conflict în el, referitor la relația dintre analiză și realitate, exprimat prin bani gheață.

Acum nu credeți, domnule Richmond, că achiziția bumbacului ar putea fi acea nouă întreprindere? Nu văd nicio dovadă în visul său, care să contrazică acea presupunere. Este ca și cum visul ar fi uitat totul despre cafea, deoarece este evident că vede problema dintr-o perspectivă complet diferită, adică noua întreprindere nu mai e tratată ca o ramură sau ca un fel de aspect colateral. Acum este exprimată în termenii afacerii principale; se pare că a devenit chiar aspectul principal. Mi se pare interesant de menționat în acest punct că Goethe, ori de câte ori nota în jurnalul său despre a doua parte din Faust, la care a lucrat atâta vreme, scria: „Am lucrat la afacerea principală", *das Hauptgeschäft*. Așadar, dacă e să ne luăm după acest vis, nu avem de ce să credem că întreprinderea analitică a rămas doar o ramură a afacerii. A devenit aidoma afacerii principale și, prin urmare, poate fi exprimată ca afacere principală. Dar în mintea visătorului există o teamă că agenții de achiziție ar putea investi prea mulți bani în acea marfă de calitate indubitabil superioară.

Dl Schmitz: Angajații din ultimul vis pun prea mult libido în această nouă întreprindere și el se teme că nu va fi profitabilă.

Dr. Jung: În vis el recunoaște că marfa aceasta este de calitate superioară, un material excelent, dar totuși ce poate face cu ea? Aceasta este întrebarea. În analiză el dobândește o mulțime de idei foarte bune și interesante, noi preocupări și așa mai departe, și cu toate acestea nu există vânzare; cu alte cuvinte, nu pot fi aplicate. De ce?

Dl Schmitz: Întrucât umbra sa, cumnatul său, nu este destul de eficientă.

Dr. Jung: Cumnatul nu este responsabil pentru reducerea vânzărilor. Este o condiție generală a pieții.

Dr. Baynes: Nu există cerere.

Dr. Jung: Da. Și cine refuză să cumpere marfa valoroasă?

Dna Baynes: Soția lui.

Dr. Jung: Exact. Nu există piață pentru materialul lui bun deoarece ea nu cumpără iar el, ca un bun om de afaceri, se gândește, evident: de ce naiba aș investi atâția bani în acea marfă de calitate superioară, când nu pot s-o vând, când nu funcționează? Este o întrebare absolut justificată. Situația pieței este un fel de stare atmosferică și, evident, o condiție exterioară. Soția sa este condiția lui exterioară, iar ea nu este deloc dornică să achiziționeze acea marfă de calitate superioară. El nu poate discuta cu ea despre aceasta, deoarece subiectul ar răni-o cumva, iar ea nu vrea să fie rănită. Evident, dacă s-ar mărgini doar la această explicație, ar însemna să pună prea multă responsabilitate pe umerii bietei sale soții. Soția sa este mai mult sau mai puțin un exponent aici. Desigur, ea are propria ei demnitate. Ea joacă un rol important, dar nu aș insista prea mult asupra ei; este un exponent în propriul lui psihic, probabil anima lui, trăsătura feminină din el, trăsătura Yin[1] a lui. Și trăsătura care-l împiedică să cumpere bumbac bun și dorește material mai ieftin și probabil mai prost poate fi una foarte aspră și încăpățânată. Așa cum știți, publicul nu cumpără întotdeauna marfă de calitate superioară, oamenii doresc lucruri ieftine; deci este destul de posibil și chiar foarte probabil ca noile sale puteri de înțelegere să refuze mai mult sau mai puțin să achiziționeze acea marfă de calitate superioră. Ce ar putea însemna aceasta? Ei bine, iată un fragment prețios de psihologie masculină. Am vorbit atât de des în mod critic despre femei și acum ajungem la bărbați. Nu voi fi blând cu ei.

Dl Schmitz: El nu realizează suficient. Este inconștient.

Dr. Jung: Este corect și ați punctat un lucru foarte important despre bărbați. Vedeți, un bărbat știe exact când un lucru e greșit sau cum ar fi fost dacă era corect și este înclinat să presupună că, atunci când se gândește la un lucru, acela este făcut, deoarece în mintea sa este convins de el. Totuși, nu este deloc făcut. Un bărbat poate scrie o carte sau poate ține o predică minunată despre cum ar trebui oamenii să se comporte, fără a respecta deloc același principiu în viața sa particulară. El nu îl trăiește. Aceea e cu totul altă poveste. Spiritul este puternic, dar carnea este îngrozitor de slabă. Puterea Yin, puterea de realizare, este foarte slabă, inferioară, ea nu respectă regulile jocului, nu acceptă gândul minunat și nu-l pune la treabă; rămâne inertă și pasivă și nu se mai mișcă deloc. Gândul se bucură de sine în el însuși, se învârte în el însuși și continuă să se învârtă și nu se întâmplă nimic. Realitatea merge înainte la fel ca întotdeauna și nu se schimbă nimic, totuși bărbatul care se identifică cu acel minunat gând care plutește în aer crede că s-a schimbat mult. El gândește: am o viziune complet diferită asupra lucrurilor și a lumii și prin urmare totul este diferit. Totuși, când vine vorba de fapte concrete nimic nu este diferit, totul este așa cum a fost dintotdeauna. Dacă un astfel de bărbat ar avea o bună putere Yin, o bună putere de realizare în locul uneia inferioare, ar simți imediat că a gândit dar nu a realizat și, prin urmare, nu avea niciun drept să gândească astfel — că nu ar fi trebuit să gândească acele lucruri. Dacă le gândește, trebuie să realizeze că a făcut un legământ. Dar acel absolutism al gândirii și al convingerii se găsește arareori, deoarece este în întregime o calitate religioasă. Numai o persoană religioasă are acea calitate, acea putere Yin, care-i pune gândurile în aplicare. Simplul intelectual nu are nimic de acest gen, el nu are absolut nicio putere de realizare; este aer. Astfel, cel mai important

---

[1] În taoism, „*tao* este împărțit într-o pereche fundamentală de opuse, *yang* și *yin*. *Yang* reprezintă căldura, lumina, masculinitatea; *yin* este recele, întunericul, feminitatea." — *Tipuri psihologice*, par. 417, parafrazând *Tao Te Ching*.

lucru pe care și-l poate imagina se dovedește a fi vorbărie goală; a spune că sunt cuvinte în vânt nu e departe de adevăr. Iar fenomenul este atât de comun, încât aproape toți bărbații *cred* că e vorba de cuvinte, și nu de realitate. Când aud pe cineva vorbind, aș spune că nouăzeci și nouă la sută dintre bărbați consideră că sunt doar cuvinte, nu realitate, deoarece e valabil în nouăzeci și nouă din cazuri.

Prin urmare, publicul care este cumva reticent să cumpere acea marfă de calitate superioară reprezintă foarte probabil inerția acestui bărbat, propria sa putere redusă de realizare care, din nefericire, este susținută de atitudinea reticentă a soției sale. După cum îmi amintesc, i-am spus de fapt că acest vis ar trebui interpretat subiectiv, în ciuda faptului că soția lui este cu adevărat rezistentă. Chiar și într-un astfel de caz, nu ar trebui să-l utilizeze ca pe o scuză, nu ar trebui s-o facă pe ea responsabilă; ar trebui să spună, în schimb: până la urmă, este soția mea. Ea este exponentul psihicului lui și, dacă el o consideră așa, își face dreptate și lui și ei. Deoarece dacă el realizează, dacă el începe să pună lucrurile în practică, situația se va schimba complet, așa cum vom vedea. De fapt, chiar așa s-a întâmplat. În momentul în care și-a dezvoltat puterea Yin, până atunci neputincioasă, lucrurile s-au schimbat. El a devenit brusc foarte diferit. Apoi chiar și soția lui s-a schimbat, ceea ce dovedește faptul că ea era în primul rând blocată de inerția, de pasivitatea lui. Acest lucru reiese cu precădere din faptul că odată ce relația lor s-a schimbat, ea și-a menținut rezistența față de preocupările sale. Și în ciuda acestei rezistențe, situația a devenit normală.

Dl Schmitz: Ați spus că puterea de realizare este principiul Yin. Este realizarea caracterizată de funcția senzație?

Dr. Jung: O, nu în mod necesar, deoarece un tip senzație are același tip de psihologie. Este o problemă de Logos și Eros, care nu are nimic de-a face cu funcțiile.

Dl Schmitz: Atunci, senzația nu ar fi *la fonction du réel*?

Dr. Jung: Nu, întrucât în senzația ta poți fi absolut rupt de realizare. Ideea e că psihicul unui bărbat este în principal caracterizat de ceea ce numesc Logos sau principiul gândirii. Nu contează cărui tip aparține, principala lui caracteristică este Logosul, așa cum a femeii este Erosul, indiferent de tipul ei.

Dl Schmitz: Dar adesea același lucru li se întâmplă și femeilor. Ele nu își dau seama ce simt. Se simt foarte bine dar nu își dau seama.

Dr. Jung: Aceasta este o problemă complet diferită. În germană verbul „a realiza"[2] se folosește în principal cu conotația de a concretiza lucrurile și eu l-am

---

[2] *Verwirklichen.*

folosit în acest sens. În engleză se folosește într-un sens mult mai abstract. Are mai mult înțelesul de „a vedea“, „a înțelege“. Ar fi trebuit să spun *concretizează*.

Dl Schmitz: Femeile au aceeași dificultate?

Dr. Jung: Normal, numai procesul este inversat. La ele nu se pune problema unui Yin slab, ci a unui Yang slab. Femeile cu o putere de realizare foarte bună nu-și pot pune mintea în acțiune. Ele pot fi convinse că știu un anumit lucru de foarte mult timp, dar totuși nu îl știu, pentru că mintea nu are putere; în timp ce un bărbat se poate hotărî în fiecare zi să facă un anumit lucru și totuși să nu-l facă niciodată.

Dr. Baynes: Spuneți că un bărbat se poate gândi la un lucru fără să-l ofere, iar o femeie poate oferi fără să gândească, dar să ofere constructiv atunci când gândește?

Dr. Jung: Absolut. Este caracteristic pentru psihicul unei femei să poată face o mulțime de lucruri fără a se gândi la ele.

Dl Baumann: Tocmai am văzut un exemplu elocvent de nerealizare a lucrurilor, întâmplat unui renumit psiholog. Mi-am petrecut o zi cu domnul Forel, care a scris o carte despre problema sexuală.[3] A vorbit aproape o jumătate de oră la micul dejun despre dreptul de vot al femeilor și drepturile femeilor și a spus că bărbații ar trebui să le lase pe femei să acționeze. O oră mai târziu s-a dus la bucătărie, unde soția sa făcea marmeladă de piersici, propunându-i să pună o măsură de zahăr la una de piersici, deși doamna Forel spunea că se pune jumătate de măsură de zahăr. Marmelada a ieșit prea dulce, iar domnul Forel s-a enervat foarte tare și a dat cu toate borcanele de podea.

Dr. Jung: Nu se dezice! Acum, următorul vis.

Vis [30]

Pacientul nostru spune: „Merg pe stradă și trece un camion, un fel de furgonetă mare, de mobilă, plină de lucruri, și văd că șoferul, un bărbat înalt, zvelt, face acrobații pe acoperișul furgonetei. Apoi, furgoneta se transformă dintr-odată într-o căsuță în care mă pomenesc împreună cu șoferul, care a devenit acum un tip bădăran și teribil de vulgar, continuându-și gimnastica pe un fel de cornișă

---

3 Auguste Henri Forel, M.D. (1848–1931), neurolog și entomolog elvețian, director al Spitalului Burghölzli în perioada 1879–1898 (înaintea lui Eugen Bleuler). Cartea sa *Die Sexuelle Frage* a fost publicată în 1905 (tr. [în limba engleză] cu titlul *The Sexual Question*, 1925).

fixată de-a lungul tavanului pe unul dintre pereți. El este complet dezbrăcat. Mai sunt câțiva oameni în cameră, printre care și un băiat. Atmosfera devine foarte ciudată, asemănătoare unei ședințe de spiritism, iar unul dintre oameni îi spune băiatului că ar trebui să cheme pe cineva, să facă un fel de invocare, iar o altă persoană, alăturându-se conversației, spune: „Da, o vom chema pe străbunica lui și o vom viola". Băiatul devine acum foarte rigid, ca într-o transă, și dintr-odată apare o bătrână cu părul sur, dar cu o figură foarte tânără și distinsă. Bădăranul, tipul vulgar, care fusese agățat de tavan până atunci, sare brusc pe pământ și o ia în brațe. Ea se apără și reușește să sară pe fereastră unde, ținută de brațe, strigă după ajutor. Vin oameni, iar tipul îi dă drumul și o înjură pentru că a spart geamul. Acum, doamna pleacă împreună cu oamenii adunați în stradă; este clar că se duce la poliție. Unul dintre bărbații prezenți în cameră spune că a reușit să imortalizeze întreaga situație cu aparatul său cinematografic, a filmat scena și se grăbește să pună rolele la loc sigur înainte de venirea poliției. Apoi privesc pe geam și văd că ne aflăm lângă un râu și, spre uimirea mea, observ artileria îndreptându-se spre noi pe partea cealaltă a râului. Ei încarcă tunurile pentru a trage și țintesc spre casa noastră, eu atrag atenția celorlalți oameni prezenți și propun să mergem în pivniță sau într-o casă vecină, bombardamentul părând a fi iminent. Unul dintre ei răspunde că vecinii nu ne-ar primi, dar putem merge în pivniță, iar fotograful spune că lui îi este indiferent, atâta timp cât filmele sunt în siguranță și că este sigur că vor avea un succes uriaș, ce-i va atrage un mare profit."

Asociații: El asociază camionul sau mașina cu una din acele mari *furgonete de mobilă* pe care le vezi de obicei pe stradă atunci când oamenii se mută, primăvara sau toamna.

Șoferul îi amintește de o fotografie a unui țăran pe care-o văzuse într-un ziar ilustrat, un bărbat deosebit de puternic. Îmi amintesc că am văzut și eu acea imagine. Era un pădurar din zona viticolă din apropierea Lacului Geneva și era foarte frumos, masculin. Visătorul spune că s-a gândit atunci când i-a văzut fața, fără inhibiții! — un adevărat *coq du village*! Știți, aproape în fiecare sat se află unul sau doi idioți și, de obicei, un personaj tipic numit întotdeauna *coq du village*, iar acel om era în mod evident o astfel de frumusețe masculină. Dar imediat după aceea șoferul se transformă într-un bădăran, un om vulgar, iar visătorul îl numește animal uman, *pitecantrop*, ceea ce-i explică acrobațiile — el se comportă exact cum s-ar comporta o maimuță într-o cameră.

Băiatul, spune el, este în mod evident un medium, o verigă dintr-un lanț, și datorită lui sufletul inconștient sau anima, străbunica, apare din profunzimile trecutului.

În *scena tentativei de viol*, visătorul înțelege că străbunica este în mod evident anima sau sufletul lui, iar pitecantropul instinctual sare asupra ei pentru a o distruge, e un fel de viol. Așadar, conflictul nu este rezolvat prin ocultarea laturii animale a omului sau prin supunerea sufletului alb, ci numai prin fuga sufletului, prin evadarea ei, realizată din propria ei voință și cu ajutorul celor din jur.

Referitor la ciudatul intermezzo al *fotografului*, el spune că imortalizarea întregii scene semnifică faptul că nu trebuie uitată.

Următorul element din vis este descoperirea *râului care curge pe lângă casă*, iar el spune că fuga animei în lumea exterioară a atras separarea lui de acea lume, care acum are o atitudine ostilă față de Eul conștient — Eul care, pe de o parte, nu a putut fi supus (se identifică aici cu pitecantropul), iar pe de altă parte nu a fost sufient de puternic pentru a-și subjuga anima.

El sugerează că *a merge în pivniță* înseamnă a se retrage în sine însuși.

Referitor la ultima *remarcă a fotografului*, mai degrabă cinică, potrivit căreia totul îi este indiferent atâtat timp cât fotografiile sale sunt în siguranță, el spune că această dovadă, fotografiile, păreau să aibă o foarte mare importanță, dar nu știe de ce.

Acum îi vom interpreta visul. Este foarte dificil de înțeles ca un întreg; este atât de lung și are atâtea detalii, încât nu poate fi privit în ansamblu. Prin urmare, tehnica obișnuită într-un astfel de caz este să împarți visul în scene sau părți și să analizezi fiecare parte separat. Doar la sfârșit vom încerca să îmbinăm totul.

Prima imagine din vis este acea furgonetă de mobilă, cu șoferul care-și face acrobațiile cocoțat pe ea. Șoferul pare a fi identic cu acel *coq du village* pe care el l-a văzut în ziarul ilustrat. El nu spune nimic despre acrobații. De fapt, nu a adus această asociație deoarece îi amintește prea mult de visul său recent în care el făcea acrobații și în care șoarecele a fugit de sub pat.[4] De vreme ce acea amintire indică spre momentul foarte important al fugii șoarecelui, putem presupune că el este din nou preocupat de o problemă similară, probabil la fel de importantă. Apoi, ultimul personaj din acest vis este fotograful, care spune că totul îi este indiferent dacă filmele sale se află în siguranță, iar pacientul nostru observă că lucrul respectiv are cumva o foarte mare importanță. Astfel, putem conchide că a atribuit o anumită importanță acesui vis. Nu contează dacă înțelegem de ce — știm că este important și începe cu o reminescență a unui vis anterior, de asemenea foarte important. Acrobațiile din acel vis erau asociate cu analiza, erau acrobații mentale. Normal, pentru el nu era tocmai ușor să-mi urmeze argumentele psihologice, avea nevoie de

4 Vezi, mai sus, visul 24, p. 510.

multă răbdare pentru a se obișnui cu acel mod ciudat de gândire care pare uneori atât de ilogic și de irațional. Acum iarăși cineva face acrobații, dar nu mai este el; este șoferul, care după aceea se transformă într-un pitecantrop. Aveți vreo idee?

Dr. Baynes: Nu a fost un vis în care o maimuță făcea acrobații prin copaci?[5]

Dr. Jung: Ba da, acela a fost mai demult. Nu era o maimuță, ci visătorul care făcea acrobații ca o maimuță de la o creangă la alta a copacilor, pe un fel de alee care ducea la o casă cu o curte pătrată, unde locuia dr. Faustus.

Dr. Baynes: Acolo era și motivul mutării mobilei.

Dr. Jung: Da, mobila fusese lăsată lângă casă și crăpa la soare, sugerând că ar fi trebuit mutată.

Dna Crowley: Aici s-ar putea să semnifice umbra lui.

Dr. Jung: Da, șoferul este ceea ce s-ar numi o figură tipică a umbrei. El este tot ceea ce nu e visătorul — un *coq du village*. Aceasta exprimă întreaga semnificație. Visătorul este mai degrabă inhibat și foarte corect, prin urmare el admiră acea lipsă de inhibiție morală și invidiază abilitatea de a juca acel rol. Este umbra tipică, omul inferior, iar de data aceasta omul inferior face gimnastică, în timp ce în visul anterior visătorul însuși, Eul conștient, făcea gimnastică. De asemenea, în visul în care se amuza prin copacii de pe alee era Eul său conștient. Aceasta trebuie să indice o schimbare importantă. Vedeți, el a visat de două ori că făcea acrobații, ceea ce este, evident, un fel de realizare în vis a dificultății de a-și obișnui mintea cu un mod de gândire mai psihologic. Pentru mintea sa rațională, modul de gândire intuitiv, analogiile fantastice erau complet necunoscute și i s-a părut foarte dificil să lucreze cu aceste idei evazive, care ar fi cu siguranță considerate doar niște elucubrații fanteziste de aproape oricine. Oamenii se întreabă întotdeauna cum de le pot trata ca pe niște lucruri concrete. Când întrevăd anima, de exemplu, acea prezență intangibilă, se întreabă cum poți vorbi despre ea ca și cum ar fi o figură concretă. Iar pentru mulți oameni este extraordinar de greu să mânuiască concepte ilogice, care sunt mult prea abstracte, și se simt complet pierduți în acea întreprindere. Ei bine, după ce motivul acrobațiilor a apărut în visul său deja de două ori, acum umbra este preocupată de aceste exerciții, nu mai este visătorul. Ce înseamnă aceasta?

Dl Schmitz: Conștientul său este interesat, dar nu și inconștientul său.

Dr. Jung: Da, conștientul a învățat lucrul acela. L-a deprins mai mult sau mai puțin, e adevărat. Din punct de vedere conștient s-a obișnuit cu el, dar acum vine persoana inferioară care are aceeași dificultate. Este ca și cum lupta ar continua într-un strat inferior; nu conștientul său suferă acum, ci inconștientul. Pentru

---

5 Vezi, mai sus, visul 17, p. 275.

dumneavoastră, acesta poate fi un gând ciudat. Probabil că sunteți înclinați să credeți că, atunci când conștientul stăpânește un lucru, dificultatea este biruită, dar, de regulă, nu este așa. În conștient poți stăpâni un lucru destul de ușor, totuși omului inferior i se pare extrem de dificil și pentru el e o cauză de suferință. De exemplu, gândiți-vă la orice fel de relație umană din viața dumneavoastră sau la orice fel de îndatorire anevoioasă. Conștientul dumneavoastră știe că e necesar, trebuie să vă adaptați și chiar o puteți face; dar dacă obosiți puțin sau nu vă simțiți prea bine, apare vechiul resentiment și, brusc, nu mai puteți face față. Este ca și cum nu ați fi învățat niciodată să-i faceți față. Omul slab, inferior, iese la suprafață imediat ce conștiința dumneavoastră se înmoaie puțin. Nu e nevoie decât de puțină oboseală și toate calitățile dumneavoastră frumoase sunt complet dispărute — orice ați fi învățat a dispărut. Chiar se poate întâmpla. Îmi amintesc de o ocazie în care mi s-a întâmplat mie. Făceam experimente în laboratorul de fizică și eram preocupat de un caz destul de complicat. Mă pregăteam să le explic elevilor mei cum funcționează lucrurile. Mie îmi era absolut clar cum se desfășura fenomenul, îl cunoșteam destul de bine și am spus că le voi explica după prânz. Dar după prânz nu-l puteam înțelege, doar din cauza faptului că nu aveam suficient sânge în creier. Acea lentoare postprandială a fost suficientă pentru a mă scoate din funcțiune, nu aveam aceeași claritate a gândirii ca înainte de a mânca. Adesea nu este nevoie de altceva — ca filosoful care spunea că înainte de cină era un kantian și după cină, un nietzschean.

Prin urmare, această primă declarație a visului înseamnă că dificultatea este resimțită acum în principal de omul inferior din el. Conștientul a luat mai mult sau mai puțin în stăpânire acea parte a problemei. Numai omul inferior provoacă necazuri; a început și el să facă exerciții, ceea ce înseamnă că e pe cale să ajungă la nivelul conștiinței. Evident, nu te poți aștepta ca umbra să ajungă chiar până la acel nivel, dar te poți aștepta din partea ei să fie mai mult sau mai puțin adaptată, să se armonizeze, pentru ca cele două să funcționeze împreună. Acel stadiu nu este încă atins, încă se pregătește, dar pare a fi aproape. Omul inferior își manifestă talentele cocoțat pe o furgonetă pentru cărat mobilă, care după aceea devine o căsuță. Aici avem un indiciu. Vedeți, furgoneta cu bagaje semnifică întotdeauna o schimbare, părăsești un loc pentru un altul, o stare de tranziție. Visele de dinainte au vorbit despre noi întreprinderi. În mod evident el este pe cale de a găsi un nou loc, de a crea o nouă condiție. Chiar și în visul în care apăruseră pentru prima oară acrobațiile, așa cum tocmai a amintit dr. Baynes, exista deja motivul mutării și al mobilei, iar aici schimbarea este realizată efectiv. Ce sugerează furgoneta cu bagaje, dincolo de ideea mutării? Este un lucru mare și greoi.

Dr. Baynes: Nu este un conținător temporar al efectelor sale, al bunurilor sale?

Dr. Jung: Dar care ar fi acele bunuri?

Dr. Baynes: Efectele sau valorile sale psihice, pe care le schimbă.

Dr. Jung: Da, dar nu sunteți impresionat de ce subliniază visătorul în mod deosebit, de dimensiunile greoaie ale acelei mașini pline de mobilă?

Dl Schmitz: Impedimente!

Dr. Jung: Așa e. Vedeți că aceste *impedimenta* (acel frumos cuvânt latin care înseamnă de fapt obstacole, blocaje) sunt un simbol foarte tipic al unui anumit fapt psihologic. De exemplu, cunoașteți acele momente în care vă grăbiți spre gară și aveți trei bagaje într-o mână și unul în spate și, normal, pierdeți un pachet și trebuie să vă întoarceți după el și apoi vă amintiți că mai sunt douăzeci de cufere care trebuie încărcate în compartimentul dumneavoastră și care nu au ajuns încă la gară și de-abia în ultima clipă însoțitorul de vagon vine în fugă cu ele. Acel vis tipic! Acelea sunt lucrurile moarte pe care trebuie să le cărăm, lucruri care nu mai au viață, lucruri care ne incomodează, dar pe care trebuie să le purtăm cu noi. Ele aparțin existenței noastre carnale, deoarece nu putem călători fără niciun bagaj și nu putem trăi pe acest pământ fără nicio mobilă. Și nimic nu vrea să se piardă, totul se acumulează; pantofi și pantaloni vechi nu te părăsesc niciodată, sunt întotdeauna acolo așteptându-te, sunt geloși pe cei noi. Nu poți scăpa de nimic. Și aceste impedimente, care se agață de noi și pe care trebuie să le cărăm cu noi, sunt pur și simplu o expoziție a psihicului nostru.

Psihicul nostru constă nu numai dintr-un ochi capabil să acopere spații vaste, să călătorească pe o distanță de mai bine de 100 de kilometri într-o fracțiune de secundă și așa mai departe. Ea constă, de asemenea, din funcții care se mișcă mult mai puțin firesc. De exemplu, poți să înțelegi un lucru, să-i cunoști fiecare colțișor și totuși simțirea ta să nu-l fi realizat; știi totul despre el, dar nu este încă proprietatea ta și de-abia cu timpul începe să fie acceptat. Tu te afli în avangarda minții tale, iar armata, cea mai mare parte din tine, este încă în urmă cu kilometri și kilometri, nu este încă aici. Observ acest lucru foarte des la pacienții mei americani. Ei sunt prezenți fizic aici, dar rareori visează despre Europa, ei visează întotdeauna despre America. Deci ei nu sunt cu adevărat aici. Totul este privit prin ochelarii New Yorkului sau ai Bostonului, doar o jumătate sau o treime de realitate. Și numai după ceva timp începe să vină o valiză după alta din America; nu știu cât de mult timp le ia. Uneori nu ajung niciodată, o parte din ei rămâne întotdeauna unde fuseseră mai înainte, ceea ce este destul de justificat; cu siguranță, dacă noi, europenii, ar fi să mergem în America, ne-ar lua mult mai mult timp să trecem dincolo, deoarece noi ne agățăm de pământ și mai mult decât americanii. Aceasta este, pur și simplu, o lege psihică naturală.

Și astfel poți găsi un prieten bun, dar după un timp descoperi că are un fel de suită în spatele lui și apar o mulțime de lucruri dezagreabile. Sau te căsătorești și crezi că iei în căsătorie numai pe acea femeie sau numai pe acel bărbat, dar nu este deloc așa. Toți strămoșii lor, până la pitecantrop, se îmbulzesc în căsnicia ta și, normal, în relația ta psihică. Este nevoie de timp, deoarece trebuie să vină tocmai din trecutul îndepărtat, și așa o bună perioadă, să spunem jumătate de secol, ești mereu uimit și, ai grijă, încă nu s-a terminat. Așadar, atunci când te muți, nu poți pur și simplu să-ți iei umbrela și să intri în următoarea casă, e nevoie de mai mult decât de o periuță de dinți. Tu duci o geantă, iar în urma ta vine cineva cu o valiză, apoi vine un automobil, apoi un camion și încă nu ai teminat, întrucât tot felul de amintiri vor fi încă agățate de locurile prin care ai fost. Așadar, o adevărată schimbare nu este mai puțin dramatică decât un cutremur. Poți schimba conștientul cu un simplu gând. În cinci minute pot rezolva o dificultate. Eu spun: ei bine, iată cum stau lucrurile, iar cel cu care vorbesc, dacă este din întâmplare un intuitiv, spune: e mirific, acum înțeleg. Și pleacă umflându-se în pene. Dar nu s-a întâmplat nimic, el nu a auzit nimic. După următorul colț se prăbușește. Există astfel de oameni care se nasc săptămânal, ca Buddha, care a trecut prin 570 de renașteri. Și acela este un adevăr psihic.

Prin urmare, aici omul inferior se află deasupra unor bunuri care nu vor face niciodată acrobații; singurele acrobații de care vor avea parte sunt acrobațiile pe care trebuie să le faci pentru a te descurca cu toate acele valize. Este un exercițiu bun pentru cineva, iar ele nu îl vor face pentru că sunt conținuturi moarte care nu se mișcă, decât dacă le mișcă o persoană. Ele sunt formate din toată pasivitatea moartă și toată inerția celor mai profunde straturi ale inconștientului. De obicei nu ne gândim la acest lucru, dar orice avem de cărat, ei bine, trebuie să fie cărat. Nu le poți schimba niciodată, trebuie să te hotărăști să călătorești cu toată acea încărcătură în spate. Dedesubtul omului inferior se află încărcătura de lucruri moarte; ele reprezintă o povară, dar trebuie să le cari ca un melc care își duce casa în spate.

Dl Holdsworth: Ce se întâmplă cu europenii care merg în America?

Dr. Jung: Tocmai am spus că acela va fi probabil mai puțin în America decât este un american în Europa, eu cred că americanii sunt mult mai capabili să se mute, decât europenii, dar normal că o parte din american este atât de profund înrădăcinată în solul indian, încât nu va părăsi niciodată America, așa cum nici noi nu vom părăsi vreodată Europa — sau numai în câteva generații. Atunci apare clivarea colonială.

Prin urmare, camionul de mobilă exprimă ideea de mutare și acela este probabil motivul pentru care în următoare imagine camionul se transformă într-o căsuță, iar visătorul se găsește împreună cu șoferul în casă. Ce înseamnă acest lucru în termeni psihici?

Dl Schmitz: El a găsit un loc nou pentru toate lucrurile lui.

Dr. Jung: Da, ei bine, a ajuns aici, în noul loc unde ar trebui să se mute. S-a atins o nouă situație.

Dna Deady: Nu ar trebui să renunțe la unele din impedimentele sale? Visul spune că este vorba de o căsuță.

Dr. Jung: E mai modestă decât este el obișnuit, dar îl cunosc și sunt sigur că ar lua cu el toate acele lucruri dacă s-ar muta într-o casă nouă. Este clar că el ajunge într-o situație nouă, o casă care nu poate fi mutată, o situație fixă. El ajunge la o anumită concluzie, un punct de vedere categoric am putea spune, un cămin unde se pare că va sta un timp. Aceasta înseamnă o nouă reușită psihologică, un evident pas înainte. Și apoi se întâmplă ceva foarte ciudat — transformarea acelui bărbat frumos, șoferul, într-un bădăran perfect, un pitecantrop primitiv. Cum apare o astfel de schimbare? Trebuie să vedem undeva un motiv.

Dr. Deady: Camionul conținea cele mai profunde straturi ale inconștientului.

Dr. Jung: Da, dar de ce l-ar afecta pe șofer?

Dr. Deady: Ce este adecvat pentru camionul de mobilă devine inadecvat într-o casă. Sinele animalic nomad este inadecvat atunci când se așază.

Dr. Jung: Vreți să spuneți că așezarea este mai mult sau mai puțin respingătoare pentru omul inferior, iar el arată dintr-odată defecte și mai mari? Este un punct de vedere foarte pertinent, deoarece este susținut de fapte. Vezi oameni care, atâta timp cât sunt în mișcare, atâta timp cât pot fi nomazi, sunt maleabili, dar imediat ce se așază, dezvoltă tot felul de aspecte dezagreabile. Nu suportă să stea pe loc. De ce se întâmplă asta?

Dna Crowley: O rezistență față de responsabilitate.

Dl Schmitz: Sunt foarte refulați într-o casă. A avea o casă determină refularea multor instincte, care într-o viață nomadă ar putea fi realizate.

Dr. Jung: Dar acela este singurul motiv?

Dna Sigg: Ei trebuie să facă un mare efort de adaptare, iar aceasta vine cu încetul.

Dr. Jung: Corect. Vă amintiți acel vis cu coliba în care el a găsit crocodilul, saurianul?[6] Aceea era o situație similară. Coliba era un fel de casă, având sem-

---

6 Vezi, mai sus, visul 20, p. 315.

nificația unei situații sigure. Vedeți, este foarte tipic pentru ființele umane ca, atâta timp cât lucrurile sunt suspendate și au șansa de a se muta de colo-colo, să spere întotdeauna că vor găsi ce e bun după următorul colț, așa că nu insistă niciodată să fie fericiți acolo unde se află. Dar atunci când te așezi și presupui că drumul s-a sfârșit, te lovești de un zid de cărămidă. Fericirea nu coboară asupra ta, este chiar un efort considerabil să-ți păstrezi calmul. Și atunci te gândești cu regret la timpurile de demult, când puteai fugi, dispărând undeva în norii orizontului. Astfel, îți promiți tot timpul noi țări, noi ocazii, lucruri minunate și ești tot timpul amăgit, trăind o viață provizorie.

Acest lucru este foarte tipic pentru psihicul nevroticului; o parte din nevroză constă în acea viață suspendată sau mai degrabă viață provizorie. Am învățat acel termen de la un pacient care avea o nevroză compulsivă. El spunea: „Problema este că duc o viață provizorie, iar numele ei este Insula Nevrozei Fericite, unde nimic nu s-a întâmplat încă. Acum am patruzeci și cinci de ani și știu că mi-am început viața provizorie — am ajuns pe Insula Nevrozei Fericite — când aveam șaptesprezece. Și nu pot fi vindecat deoarece, dacă mi-aș reaminti, m-aș trezi din nou un băiat de șaptesprezece ani și ar trebui să realizez că am irosit atât de mulți ani. Acum am speranță și pot trăi." I-am spus la început că nu va pune lucrurile în practică, deoarece nu poate sacrifica treizeci de ani; a-ți tăia treizeci de ani din viață reprezintă un sacrificiu de sânge. Dacă ar fi dorit să fie vindecat, ar fi făcut-o, dar nu a dorit. Un astfel de caz arareori își dorește asta. Aceasta este o formulare excelentă a ciudatei psihologii a nevroticului. El trăiește de parcă nu ar exista timp, de parcă nimic nu s-a întâmplat încă și totul e pe cale să vină. Nu există aici și acum, ci o eternitate de zece milioane de posibilități și pentru că el este amăgit de un fel de imaginație sau de un sentiment slab, orice acțiune care poate duce la un deznodământ clar este pe loc verificată și făcută cumva ineficientă. Nevroticul nu poate sau nu dorește să ocupe noul loc pentru care trebuie să se declare absolut responsabil, la bine sau la rău.

Acum vedem cu ce dificultate de proporții se confruntă pacientul meu. El se poate declara responsabil pentru situația sa, dar să rămână pe poziție înseamnă cu totul altceva. Nu mă supăr deloc când oamenii spun că acest lucru e imposibil, că nu o pot face. Eu le răspund așa: Desigur că este dificil să-ți pui lațul de gât, este ca și cum te-ai spânzura; dar altfel ești suspendat de o posibilitate care devine tot mai slabă și îți irosește timpul și viața. Dacă trebuie să alegi între diavol și fundul mării, este mai bine uneori să alegi într-un fel sau altul decât să stai între, unde nimic nu se întâmplă. Prin urmare, este un mare pas înainte pentru visător când poate spune: aceasta este casa mea, sunt aici. Nu pare cine știe ce, totuși este a lui și se hotărăște să rămână. Te-ai aștepta ca după un asemenea mare sacrificiu lucrurile să decurgă lin, dar atunci începe nebunia. Fantome. Casa este bântuită de pitecantrop, iar inconștientul recurge la toate matrapazlâcurile posibile. În inconștient are loc o enormă revoluție. El devine dintr-odată un animal sălbatic și începe să ridice iadul odată cu el. O ușă se închide. Nimic altceva, există hrană și apă, dar este o ușă închisă, iar acela este momentul tipic. Acum se află în casă și, pe toți dracii, devine mai mult maimuță, decât om, și începe să se cațere. Această cățărare se aseamănă foarte mult cu acrobațiile anterioare ale visătorului. Nu este foarte amenințător, este ca un babuin sau ceva pe acolo.

M-am aflat odată în aceeași încăpere cu un babuin. Eu stăteam foarte liniștit într-un colț, în timp ce el răsturna mobilele. Însoțitorul meu — un cunoscut dresor de maimuțe — spunea că este mai bine să nu-i acorzi nicio atenție. Apoi a sărit pe capul și pe umerii mei și mi-era cam teamă, deoarece babuinii pot mușca foarte rău. Nu îndrăzneam să mă mișc, stăteam fără să scot un sunet și el a început să mă caute de păduchi. Dresorul a spus că am avut comportamentul potrivit pentru interacțiunea cu o maimuță. Vedeți, acel comportament potrivit pentru o maimuță chiar funcționează cu maimuțele și copiii și la fel trebuie să te porți și cu acele aspecte de maimuță ale inconștientului tău. Ignoră-le un timp și stai nemișcat, ca și cum nu ai exista, chiar dacă ți se așază pe umeri. Apoi te vor plăcea și îți vor căuta prietenia, natura va veni la tine. Greșeala pe care o fac oamenii este să fie uimiți sau înspăimântați de apariția primului animal, astfel încât conștientul lor le caută prietenia — cotcodăcești la ele — și, evident, animalul nu înțelege acel gângurit, iar oamenii se aleg cu un dușman în plus. La fel este în cazul copiilor. Îi urăsc pe oamenii care le vorbesc ca unor bebeluși și îi disprețuiesc pentru că doresc să se împrietenească. Nu adulții se împrietenesc cu copiii, ci copiii cu adulții; când dai semne că îi placi, devin uneori destul de încăpățânați.

Așa e și cu inconștientul, nu trebuie să intri în panică. În mod normal, maimuța trezește iadul. Trebuie să-ți păstrezi calmul și să nu o iei razna, căci altfel maimuța o ia razna; dacă *tu* iți păstrezi calmul, după un timp pacea va invada camera; va înțelege că nu are de ce să se agite, dacă tipul ăla cu blană ciudată nu se agită. La fel și șoferul, pitecantropul, nu este amenințător. El doar își face acrobațiile ca și mai înainte, nu foarte agresiv, deși, desigur, persoana sa miroase a menajerie, miros care nu este prea agreabil pentru oamenii cultivați. Dar iată că acum se întâmplă ceva teribil, cineva face o sugestie — străbunica! Asta cu siguranță înseamnă necazuri. Un nou element intră în situație. Până acum, această căsuță fusese a unui bărbat, erau acolo numai bărbați și totul decurgea nemaipomenit. Un bărbat poate coopera cu omul său inferior atâta timp cât nu este nicio străbunică prin preajmă, dar dacă aceasta apare cele mai simple lucruri devin de nesuportat.

Dna Baynes: Normal, străbunica nu va tolera babuinul.

Dr. Jung: Babuinul este umbra, l-am descoperit. Dar această străbunică nu este o figură care să poată fi explicată personal. Străbunica acestui bărbat a dispărut în negura timpului. Iar această nouă figură, pe de-a-ntregul impersonală, mitologică, cine ar putea fi?

Dl Schmitz: Anima.

Dr. Jung: Da, dar ați spune pur și simplu anima? Este un termen prea general, trebuie să-l facem mai specific; trebuie să acordăm atenție cuvântului în sine. Vedeți, cuvântul „străbunică"[7], identic în limba germană, înseamnă o mamă foarte mare sau marea bunică, așa cum ar spune primitivii, ceea ce se traduce printr-o intensitate deosebită, cea mai mare mamă. Acesta este un titlu de onoare foarte important. Ea trebuie să fie o ființă extraordinară. Vedeți, ideea primitivă este că, atunci când un om moare, dacă lasă în urma sa un fiu, el intră pe tărâmul fantomelor ca tată și i se sacrifică numai o găină. Apoi fiul său devine tată, iar tatăl din lumea fantomelor devine bunic și dintr-odată capătă un rang superior; este atunci un fel de duce, iar fiul trebuie să sacrifice nu o găină, ci un taur. Așadar importanța bunicului este mult mai mare decât aceea a tatălui. Noi nu ne dăm seama că aceasta este originea cuvântului. Înseamnă că, cu cât o duci pe mamă mai înapoi în trecut, cu atât mai mult îi crește importanța. Ea devine din ce în ce mai princiară, din ce în ce mai mult un exponent al originilor umanității. Am putea spune că, așa cum tatăl se apropie de animalul totemic, cu cât mai multe generații există între mamă și actuala generație, cu atât crește puterea ei, deoarece ea reprezintă atunci întreaga putere a trecutului uman.

Prof. Hooke: De ce are un chip tânăr?

Dr. Jung: Acela este aspectul străbunicii în calitate de anima. Este foarte bătrână și în același timp foarte tânără.

---

7 *Great-grandmother* în orig., care tradus literal ar însemna marea bunică sau marea mamă mare. (N.t.)

Prelegerea a VII-a. 18 iunie 1930

Dr. Jung:

Am discutat despre pitecantropul din visul de săptămâna trecută, iar acum ajungem la următorul element, băiatul. Vă amintiți că am mai dat ocazional peste băiat în visele anterioare.[1] Desigur, acel simbol nu înseamnă întotdeauna același lucru. Uneori este repetat cu exact același sens ca și înainte, iar alteori, nu. Depinde întotdeauna de contextul visului însuși și de atitudinea conștientă a visătorului. Prin urmare, cea mai bună tehnică este să iei fiecare vis ca pe o propoziție complet nouă, fiecare situație ca pe una complet nouă, ca și cum nu am mai fi auzit niciodată de semnificația simbolurilor. Recomand acea tehnică în cazul de față. Până acum, *dramatis personae* sunt visătorul însuși, șoferul care a devenit pitecantrop și câțiva oameni necunoscuți la care se face doar aluzie, printre care un băiat, evident în primul rând nu foarte vizibill. Aveți vreo idee referitoare la acești oameni?

Dl Schmitz: Sunt acele forțe minore — un fel de cabiri.[2] Ei erau angajații din visul anterior.

Dr. Jung: Ar fi aceiași, dar în acest caz fără conotația aparte, de angajați. Vedeți, un angajat semnifică o persoană aflată într-o anumită poziție de subordonare sau de cooperare, dar aici ei sunt simple prezențe și nu este sigur că se află în vreo relație de cooperare cu visătorul. Ei sunt acolo și nu putem spune nici măcar dacă sunt ostili sau prietenoși. Adică reprezintă figuri inconștiente încă neclare, încă nedecise, dar printre ei apare această figură recognoscibilă, băiatul. Normal, într-un astfel de caz avem nevoie de asociațiile visătorului, deoarece nu ne putem permite să presupunem că băiatul este exact ce era în visele anterioare. Vă amintiți, de exemplu, un vis în care avea evidente calități divine, ca un zeu grec, Eros, cum a spus visătorul. Aici băiatul funcționează în mod evident ca un fel de medium, visătorul spunând că el intră într-un fel de transă, după care apare acea străbunică. Aceasta este prima dată în care am avut o astfel de figură într-un vis. Acum, acela este în sine un simbol, deoarece nu există în realitate; el

---

1 Vezi, mai sus, visul 12 și visul 18.
2 Vezi, mai sus, 22 mai 1929, n. 3 și 10.

nu cunoaște niciun băiat care să fie medium în realitate și, prin urmare, aceasta este o creație simbolică absolut fantastică. Cum ați traduce-o în limbaj psihic?

Dna Sigg: Băiatul este tânăr, așa că sugerează un început, o nouă atitudine.

Dr. Jung: Și mai ce?

Dna Fierz: Poate mintea tuturor celorlalte figuri inconștiente.

Dr. Jung: Dacă visătorul era femeie, am fi putut spune că el reprezintă un nou gând în interiorul ei, întrucât mintea unei femei este de obicei reprezentată de o figură masculină, dar de vreme ce visătorul este bărbat, înseamnă altceva.

Dl Schmitz: Un mesaj pentru conștient, din partea inconștientului.

Dr. Jung: Da, dar aceasta este o interpretare foarte pozitivă. Îl puteți interpreta, de asemenea, și puțin mai reductiv.

Dna Sigg: Un băiat apărea și în acel vis mai vechi, în care el făcea acrobații prin copaci și băiatul a încercat să-l bată cu o nuia.

Dna Sawyer: Visătorul a tras nuiaua din gura băiatului, astfel că el a început să sângereze.

Dr. Jung: Așa e. Băiatul ținea în gură nuiaua cu care încercase să-l bată pe visător, iar când visătorul i-a scos-o din gură, gura băiatului a sângerat. Iată că avem aici, așa cum se întâmplă adesea, două motive care au mai apărut împreună într-un vis anterior, în acest caz pitecantropul și băiatul. Așadar apare imediat întrebarea ce legătură există între ei, ceea ce ne duce la interpretarea reductivă a băiatului. Ce este băiatul?

Dna Crowley: Opusul bărbatului, compensarea pitecantropului.

Dr. Jung: Aceasta este, din nou, o idee pozitivă despre băiat, dar am putea avea și o idee negativă despre el. Am putea spune, de exemplu, că era aspectul infantil al visătorului, visătorul însuși, ca băiat. Știți că băieții adevărați au un comportament foarte asemănător maimuțelor, se cațără unde nu ar trebui și se maimuțăresc în toate felurile; se știe că băieții se poartă adesea ca niște maimuțe. Nu avem absolut niciun motiv să ne gândim că băiețeii sunt niște îngeri. Deci bărbații, care mai au încă băiatul în ei, nu sunt deloc niște ființe umane fermecătoare, ei pot fi animale. Vedeți, atunci când apare asociat pitecantropului, trebuie să ne uităm la celălalt aspect; băiatul este un simbol foarte ambiguu. Sper că vă amintiți de cartea germană pe care am citat-o când am vorbit despre acest motiv, *Das Reich ohne Raum* (*Regatul fără spațiu*), de Goetz.[3] Acolo apare latura negativă a lui Puer Aeternus, povestea băieților cu bonete de piele care le jucau oamenilor feste dintre cele mai ciudate, nicidecum drăguțe. Apoi, într-un vis anterior, avem motivul

---

[3] Vezi, mai sus, 27 martie 1929, n. 4.

maimuței, cățăratul în copaci și băiatul, iar aici apare din nou acest pitecantrop și imediat după el vine băiatul. Prin urmare, trebuie să acordăm atenție legăturii.

De fapt, elementul copilăresc dintr-un bărbat duce în mod natural la figuri ancestrale, la viața ancestrală. De aceea primitivii au idei atât de ciudate despre educație. Ei consideră că spiritele ancestrale sunt încarnate în copii și, prin urmare, nu prea le vine să-i pedepsească; copiii nu trebuie bătuți, deoarece, dacă jignești copiii, jignești strămoșii. Dar atunci când copiii ajung la pubertate, aceste spirite pleacă și intervine violența. Spiritul tânărului este înfrânt așa cum este înfrânt spiritul unui cal. Înainte de aceasta nu există educație, din cauza fricii lor de spiritele străbunilor, care s-ar putea întoarce împotriva lor, provocând moartea copilului sau abătând alt rău asupra familiei. Acum, acea idee potrivit căreia copilul este posedat de un spirit sau că însăși esența copilului este un spirit ancestral corespunde faptului că psihologia copiilor este reprezentată cu adevărat de spirite ancestrale sau de inconștientul colectiv. Trece mult timp până ce copilul să-și dezvolte o psihologie proprie și toate încercările noastre de a crea o psihologie a copilului vor fi absolut eronate, atâta timp cât trecem cu vederea faptul că este o psihologie colectivă. Dacă gândim altfel, este imposibil să înțelegem visele copiilor.[4] Ei au vise absolut mature, și mai mult decât atât, și care vin direct din inconștientul colectiv. Desigur, este foarte ușor de înțeles acest lucru, deoarece copilul este complet inconștient la început. Este psihologia inconștientului colectiv, care include strămoșii din cele mai îndepărtate ere — până la omul cavernelor sau pitecantrop. Prin urmare, în visele lor întâlnești cele mai uimitoare simboluri, iar în comportamentele lor reînvie vechile rituri. Și fiecare cunoaște înțelepciunea copiilor mici; dacă ești atent, ei spun cele mai extraordinare lucruri. Este un proverb german care spune că nebunii și copiii rostesc adevărul. Aceasta, deoarece vorbesc din inconștientul colectiv și, prin urmare, dezvăluie lucruri pe care omul obișnuit nu s-ar gândi să le dezvăluie.

Așa că băiatul sau elementul copilăresc dintr-un bărbat adult ar semnifica o parte a psihicului său care se întoarce în trecutul îndepărtat și care se leagă de viața sa instinctuală prin inconștientul colectiv. Și în măsura în care viitorul nostru ia naștere prin intermediul inconștientului colectiv, băiatul arată și spre viitor. Aceasta, întrucât tot ce vom fi în viitor este pregătit în inconștientul colectiv, așa că el este într-un fel și mama viitorului. Prin urmare, pe de o parte,

---

4 Jung a ținut seminarii sau prelegeri (în limba germană) despre visele copiilor la E.T.H. Zürich, în semestrele de iarnă ale anilor universitari 1936–1937, 1938–1939, 1939–1940 și 1940–1941. Transcrierile au circulat în particular; în limba engleză au fost traduse numai prelegerile din 1938–1939. Vezi O.C. 17, par. 106, și *Samtregister*, GW 19, pp. 214–215.

băiatul înseamnă ceva extrem de copilăros, mergând înapoi până la maimuțe, și, pe de altă parte, ceva care țintește spre viitorul îndepărtat. Adesea vezi cum, prin jocurile sale, un băiețel tinde să anticipeze viitorul, ca de exemplu când se joacă cu soldați și organizează bătălii — probabil că va face acest lucru în realitate. Băiatul este într-un fel o punte între trecutul îndepărtat și viitorul îndepărtat. În cazul acesta el este un medium, iar mediumul este un pod între conștient și inconștient sau între realitatea sa și tărâmul fantomelor. Toate acestea sunt teorie, dar aș dori să știu ce înseamnă din punct de vedere practic, cum se simte în realitate. Cum să i-l înapoiez visătorului astfel încât să-l simtă el însuși? — întrucât acesta-i principalul obiectiv al interpretării visului, să i-l înapoiezi visătorului pentru ca el să simtă: acum rezonează! Cum ați proceda în această privință? Unde-l simte în el însuși?

Dna Sigg: L-ar putea simți în natura sa fizică. Se pare că visătorul are uneori o înclinație către lucrurile prea artificiale.

Dr. Jung: În mod normal, pe măsură ce va deveni copil, el va deveni mai puțin sofisticat, dar va mai fi un efect. Vedeți, băiatul este împins în prim-planul viselor sale, ceea ce este pur și simplu o reprezentare colorată a realității prin care trece visătorul. Cum ar simți el asta în propriu-i psihic?

Dl Schmitz: Înainte de a-l preocupa psihologia, el a fost interesat de spiritism și, având în vedere că acest băiat este un medium, este ca și cum s-ar fi întors la lucrurile oculte.

Dr. Jung: Da, este un indiciu important. Evident, această parte a visului are de-a face cu preocupările sale spiritiste. Băiatul este un medium și, astfel, avem de-a face cu o regresie la o preocupare anterioară; el face un pas în afara psihicului, pătrunzând în spiritism. Mai mult, nu e o întreprindere foarte intelectuală, ci o manifestare a psihicului infantil — el devine parțial infantil. Dar aș dori să știu dacă aveți vreo idee în această privință, dacă înțelegeți ce înseamnă. Vi se spune că băiatul intră într-o stare de transă rigidă, iar aceasta ar descrie ce ar simți visătorul, dacă ar putea conștientiza băiatul.

Dr. Schlegel: Nu s-ar simți cumva separat de realitate?

Dr. Jung: E adevărat. Transa în sine este în mod evident un mijloc folosit de mediumul profesionist pentru a desprinde individul de realitate, astfel încât procesul mental să fie complet izolat de influențele externe. Este un fel de somn, dar nu un somn obișnuit; este o parte desprinsă de conștiință, izolată de mediul înconjurător. Acesta este un pas, dar noi trebuie să mergem puțin mai departe. De ce s-ar izola de ceea ce-l înconjoară? Care este condiția transei?

Dl Schmitz: Este o regresie la magie — un instrument minor?

Dr. Jung: Da, evident, regresia sa este la o mentalitate magică, așadar, trebuie să încercăm să ne găsim drumul prin complicațiile minții primitive. Acesta este un element de viață primitivă. Situația imediat următoare, în vis, este foarte complicată și ar putea foarte ușor să devină periculoasă; șoferul a fost transformat într-un pitecantrop dezbrăcat și face acrobații. Întregul vis este marcat de un sentiment al pericolului, care este confirmat de evoluția sa ulterioară. Desigur, nu este deloc obișnuit pentru visător ca un aspect exprimat de un pitecantrop dezbrăcat să își facă de cap prin intermediul lui; individul acela poate să facă Dumnezeu știe ce, iar imediat după aceea vine tentativa sa de violență împotriva străbunicii, ceea ce este o infracțiune. Se manifestă o putere copleșitoare, incontrolabilă, un fel de gorilă, iar el ce poate face împotriva acelui sentiment? Și când începe să se tragă, ce poate face el împotriva tunurilor? Deci, este pe punctul de a intra în panică, iar în momentele de panică oamenii dezvoltă o psihologie primitivă. Aceasta este o panică interioară pe care omul o realizează în starea sa onirică. Vedeți, a început cu șoarecele fugar[5], iar acum se transformă tot mai mult într-o avalanșă, îl copleșește, el este deja confruntat cu pitecantropul. În astfel de condiții, omul regresează întotdeauna la mentalitatea magică. Când te confrunți cu o situație periculoasă pe care nu știi cum să o tratezi, ce faci? V-ați observat vreodată în asemenea momente?

Dr. Howells: Oamenii recurg la cele mai absurde gesturi.

Dr. Jung: Ce ați numi absurd? Aceea este o judecată care vine din perspectiva noastră conștientă, când spunem după ce evenimentul s-a consumat: Doamne, cât de absurd am putut fi! — sau când vedem întâmplându-se ceva într-un acces de panică și din afară ni se pare prostesc.

Dra Sergeant: Uneori, oamenii se roagă.

Dr. Jung: Da, uneori oamenii care nu recurg niciodată la așa ceva încep dintr-odată să se roage sau fac gesturi sugestive în acest sens. Sau fac gesturi complet diferite — vă voi relata un eveniment la care am asistat cândva. Un hambar din apropierea casei mele luase foc. Era noapte, oamenii veniseră direct din pat, erau țărănci îmbrăcate foarte sumar și, evident, într-o stare de totală panică. Eu am ajuns printre primii și am deschis grajdurile pentru a lăsa vitele să iasă. Apoi a venit o femeie în fugă. Mergea pur și simplu pe șosea, în bătaia lunii, implorând zeii cu gesturi tragice și intonând un fel de „Oh-h-h-!" Eu am fugit după ea și am întrebat-o: „Ce naiba faci aici?" La care ea mi-a sărit de gât și s-a lipit de mine, îmbrățișându-mă foarte tandru. Ca psiholog, îmi dădeam seama că apropierea

---

5 Vezi, mai sus, visul 24.

sexuală era nimerită într-un astfel de moment, întrucât asistam la o mare tragedie, lumea se sfărâma în bucăți și, prin urmare, femeia trebuia să se înmulțească pe loc. Nu era glumă, era o treabă foarte serioasă. La fel s-a întâmplat pe străzile din Messina în timpul cutremurului[6], au fost observate numeroase cupluri. Aproape invariabil, în cazurile de crime familiale, bărbatul se culcă cu soția sa înainte de a o împușca; este un lucru obișnuit, un fapt bine-cunoscut, așa reacționează natura umană. Atenție, în seara despre care vă povestesc nu a fost singurul caz; a mai fost o femeie, o servitoare, care s-a trezit brusc și și-a pierdut capul.

Dl Schmitz: Dar este valabil și contrariul. Dacă actul sexual este așteptat dar nu e consumat, în vis are loc o conflagrație.

Dr. Jung: Da, sau o halucinație corespunzătoare în care ia foc casa. Și într-un astfel de moment apar acțiuni apotropaice, vechi ritualuri magice. Așadar, visătorul nostru este în mod evident enervat de prezența pitecantropului, deoarece nu trebuie să ne gândim la un astfel de vis ca la un fel de tablou pe un perete; este o dramă care se joacă în el. El este în toiul dramei, iar aceasta a pus stăpânire pe el, e un fel de delir, o furtună emoțională, iar acum, în teama sa, el recurge la un instrument cu totul aparte, la ritualul magic: băiatul intră în transă pentru a aduce străbunica din Hades. În urmă cu o mie sau două mii de ani, când se aflau într-un mare necaz sau când se îndoiau asupra unei decizii importante, oamenii ar fi procedat la fel. Știm asta din Biblie: se duceau la omul mort sau la un vrăjitor. Acum merg la doctor, ceea ce este același lucru, iar el le analizează visele, invocă morții, invocă inconștientul, toate ritualuri magice de la un capăt la altul. Aici, băiatul este folosit pentru trezirea morților. Băieții sunt foarte des utilizați pentru materializări sau pentru alte acțiuni magice.

De exemplu, îmi amintesc povestea unui îmblânzitor de șerpi (o poveste adevărată pe care o știu de la un inginer elvețian angajat în Egipt), care, de fiecare dată când prindea șerpi, lua cu el un băiețel pe care îl ținea de braț. Nu era un profesionist, ca omul acela faimos din Cairo[7], era un beduin care era solicitat atunci când șerpii deveneau o adevărată pacoste. Țara era împânzită de vipere de nisip cu corn; sunt foarte otrăvitoare și trăiesc îngropate în nisip în așteptarea victimelor, numai vârful capului ieșindu-le afară. Printre muncitorii din zonă fuseseră câteva victime. Ei nu le puteau prinde, așa că, oarecum reticenți, au apelat la acest îmblânzitor

---

6 În data de 18 decembrie 1908, un cutremur violent a distrus 90% din orașul Messina, Sicilia. Vezi comentariul lui Jung într-o scrisoare adresată lui Freud în data de 19 ianuarie 1909 (*Corespondența Freud–Jung*, p. 291).

7 Interesul lui Jung față de un îmblânzitor de şerpi în timpul călătoriei sale de-a lungul Nilului, în primăvara lui 1926, a fost menționat într-un film realizat de H.G. Baynes.

de șerpi, care apărea fluierând, însoțit de acel băiețel. Spunea că are neapărată nevoie de copil pentru a-l proteja. El mergea de la un pâlc de arbuști la altul, băga mâna și trăgea șerpii de acolo într-o stare de transă absolută. Probabil că ați citit astfel de povești, în care se vorbește despre băieței sau fetițe care funcționează ca mediumuri într-o stare de somnambulism. În Antichitate, era un fel de profesie.

Un exemplu foarte interesant a fost găsit la locul unei excavații din Egipt. S-a descoperit o listă cu numele servitorilor din casa unui demnitar roman, iar printre ele era unul scris în greacă. Walburga Sibylla.[8] Walburga este un nume german, iar femeile din Germania aveau calități de medium; se știe că multe sclave germane erau vândute pentru a fi folosite ca mediumuri și somnambule. Deci, acela era numele mediumului familiei, o fată din Germania care fusese vândută ca sclavă pe malul Nilului. Ea făcea parte din casa unui nobil distins și în caz de urgență îi putea fi medium; el putea apela la profețiile acestei Sibylla pentru a ști ce să facă. Și acum avem clarvăzători pe care îi consultăm atunci când suntem în dubii. Acela este un expedient care era folosit în civilizațiile timpurii ca și printre primitivi și în vis are acea semnificație. Situația devine dificilă, iar în panica sa, acest om se agață de vechea metodă pentru a fi sfătuit sau ajutat. Deoarece din partea oamenilor nu vine niciun ajutor, este invocat inconștientul, în acest caz, străbunica.

Încă nu am ajuns la aspectul concret al modului în care acest simbolism al băiatului ar funcționa în pacientul nostru. Este evident elementul copilăros; adultul din el nu știe cum să rezolve problema, iar eu am fost incapabil să-i spun. I-am spus că trebuie să fie o soluție misterioasă despre care eu nu am habar. Deci, el este aruncat înapoi în el însuși, ajungând, este clar, la capătul tuturor resurselor sale mentale. Simte că ceva se apropie pe nesimțite de el, ceva devine tot mai puternic și mai periculos, iar acum este pitecantropul, iar în aceste condiții oamenii devin copilăroși. Mulți nevrotici te impresionează prin această copilărie, dar dacă le-ai cunoaște problema, ai înțelege. Când totul este complet întunecat, singura soluție este să devii isteric sau copilăros. Uneori este nevoie de foarte puțin pentru a reduce un om, indiferent cât de adult, la stadiul de copil smiorcăit care clachează pur și simplu și scâncește după mama sa și chiar asta se întâmplă acestui bărbat. El nu găsește altă soluție, așa că devine un băiețel, iar deocamdată acesta se dovedește a fi drumul de urmat. Apucând-o pe acel drum, pe care nu-l poate găsi prin mijloace intelectuale, lăsându-se pradă regresiei, el cade în arhetipul băiatului, așa cum au făcut milioane și milioane de oameni în nu se știe câte mii de ani. Când erau într-o situație dificilă deveneau

8 Grecescul *sibylla* = „prezicătoare".

copilăroși, de un absurd dus la extrem. Ei se lăsau, pur și simplu, în seama fundamentului instinctual.

Astfel este format tiparul băiatului care nu știe ce să facă și, în disperarea sa, ajunge la o stare de *ekstasis*. Acesta este termenul, deoarece atunci când panica sau durerea teribilă atinge un punct culminant, încetează, iar oamenii devin extatici. Durerea de o intensitate crescândă nu poate fi îndurată dincolo de un anumit punct. Atunci se transformă și devine *ekstasis*. Acest simptom este menționat în faimoasa carte *Malleus Maleficarum*[9] ca unul dintre simptomele vrăjitoriei; era numit somnul vrăjitoarelor. Când starea de spirit a cuiva atinge cel mai profund întuneric, atunci apare lumina. Acela este mitul soarelui. Cazi pur și simplu în tiparul mitic, arhetipul; este modul natural în care funcționează lucrurile. Sunt nenumărate cazuri în Biblie; când disperarea a ajuns la punctul culminant, se arată Dumnezeu, iar acesta este pur și simplu un adevăr psihologic. Așadar, atunci când acest bărbat este redus la acel băiețaș total neajutorat și înlemnit de frică, după o stare de amorțeală și epuizare uriașă, vine *ekstasis*-ul și apare mama. Desigur, nu apare vreo mamă reală, ci străbunica, termen care reprezintă, după cum am spus, un mare titlu de onoare. Nu este ca atunci când mama obișnuită iese în calea băiețelului; când bărbatul adult devine ca un copil, extrem de disperat, atunci apare mama divină, care este foarte bătrână și totuși foarte tânără, așa cum este descrisă în visul lui. Ea are un chip extrem de tânăr.

Înainte de a trece mai departe, sper că sunteți suficient de familiarizați cu dispoziția interioară a visătorului. El este mai degrabă deznădăjduit din cauza apariției pitecantropului. Trebuie să înțelegeți ce înseamnă pentru o persoană respectabilă și foarte rațională să fie dintr-odată confruntată cu o astfel de realitate. Noi suntem în mod natural tentați să gândim: „ei, visele nu sunt atât de reale". Dar noaptea aceste lucruri sunt teribil de reale. Poți uita de tine pentru un timp, apoi problema apare din nou. El nu poate scăpa de ea. Mărturisește că nu are habar ce să facă și pur și simplu renunță, iar acela este cel mai favorabil moment pentru manifestarea inconștientului. Când am epuizat toate resursele noastre intelectuale, arhetipul începe să funcționeze. Aceasta, deoarece de când e lumea, omul a trecut prin situații cărora nu le-a putut face față, pentru rezolvarea cărora a fost nevoie de intervenția instinctelor care au acționat fie prin istețime, fie printr-un *coup de force*, și tot la fel este și acum. Ne-am aștepta ca, într-o astfel

[9] Doi inchizitori dominicani, Jakob Sprenger și Heinrich Krämer, au publicat (1489) *Malleus Maleficarum* sau *Hexenhammer*, *Ciocanul vrăjitoarelor*, un manual de reguli pentru descoperirea și pedepsirea vrăjitoarelor.

de situație, inconștientul să producă imaginea care poate fi cel mai probabil de ajutor, iar când un bărbat este redus la un băiețel, este normal să plângă după mama sa. Dacă un bărbat adult ajunge în acea postură inferioară, nu este vorba de mama obișnuită, deoarece știe prea bine că propria-i mamă nu-i va fi de ajutor, doar dacă nu este clarvăzătoare sau nu are o personalitate ieșită din comun. Mamele obișnuite nu sunt personalități ieșite din comun. Deci, apare străbunica, o mamă mitică ancestrală, mama unui imens trecut.

Dl Schmitz: Eu cred că un bărbat nu ar face acest lucru conștient. Cunosc un caz în care un bărbat a întâlnit într-un vis un om sălbatic și și-a spus: desigur, nu mă pot pune cu acel om folosind forța, dar există șiretlicuri; oamenii au fost întotdeauna capabili să ucidă astfel animale mult mai puternice decât ei înșiși. Prin urmare, el recurge la un truc în vis și ucide pitecantropul. Ce ați spune despre asta?

Dr. Jung: Aceea era prezență de spirit. Și deznădejdea nu era completă. Omul și-a păstrat mintea rațională și a aplicat tehnica jiu-jitsu. Era evident că puteai rezolva astfel cu pitecantropul. Dar, în acest caz, visătorului nostru nu-i este de folos să ucidă pitecantropul.

Dl Schmitz: Persoana despre care vorbesc a fost satisfăcută de vis, dar două ore mai târziu i s-a făcut rău.

Dr. Jung: Este un caz foarte neclar. Vedeți, în mitologie, eroul trebuie să ucidă o serie de monștri și nu se întâmplă nimic anume, dar dintr-odată chiar se întâmplă ceva cu un anumit monstru. De obicei au loc o serie de victorii asupra pitecantropului, până când viața devine atât de purificată, încât nu se mai întâmplă nimic. Dar atunci, pitecantropul revine și nu îl mai poți ucide. Problema e că nu poate fi dată o rețetă generală. În anumite cazuri trebuie spus: ucide-l acum, elimină-l. În alt caz, este exact contrariul. Prin urmare, nu dau niciun sfat.

Dl Schmitz: Acea stare de rău poate să însemne că în cazul lui ar fi fost mai bine să fie puțin mai masculin; în loc să îl ucidă, să meargă la bunica.

Dr. Jung: Ei bine, el nu a avut de *ales*, a fost necesar să acționeze în felul acela, la fel cum a fost și pentru visătorul nostru. El a încercat, practic, toate mijloacele de a-și rezolva problema, iar în acest caz singura soluție este să se îndrepte spre mamă. La fel ca Faust — el nu îl putea ucide pe Mefistofel și a trebuit să meargă la Mume în căutarea renașterii.[10]

Dl Schmitz: Poate că ar fi greșit dacă ar fi încercat să-l omoare?

---

10 Tema Mumelor din Faust, Partea a II-a, este tratată în *Simboluri ale transformării*, O.C. 5, par. 180ff şi 299.

Dr. Jung: Dacă ar fi fost domnul Smith sau domnul Jones, poate că i-ar fi fost permis să ucidă diavolul. Dar nu lui Faust. Sunt mulți oameni nesemnificativi care sunt obligați să ucidă diavolul, dar în asemenea cazuri poate că nu ar avea nicio valoare. În acest caz, visătorul nostru a trebuit să se confrunte cu problema pitecantropului. Nu-l putea ucide, iar situația era de așa natură, că a trebuit să apară străbunica. Acum, ce este acea străbunică?

Dr. Schlegel: Întregul trecut al umanității.

Dr. Jung: Da, într-un fel. Dar de ce nu străbunicul? — el nu reprezintă întregul trecut?

Dra Bianchi: Ea este Mama Natură.

Dr. Jung: Dar de ce Mama Natură?

Dr. Schlegel: Deoarece omul trebuie să i se supună. Dacă ar fi fost tatăl, nu s-ar fi supus.

Dr. Jung: De ce nu? Dacă aș fi într-o asemenea situație, nu aș alerga la mama, dar dacă ar existat un bătrân tată simpatic, probabil că m-aș duce la el.

Dl Schmitz: El este legat de principiul patern, iar acesta este un moment în care principiul masculin nu mai este folositor; el trebuie să se îndrepte spre principiul feminin. Cred că acesta este motivul pentru care omului despre care am vorbit i se făcuse rău. El nu ar fi trebuit să ucidă omul sălbatic, ar fi trebuit să se îndrepte spre principiul feminin.

Dr. Jung: Este absolut adevărat. Și acesta este cazul unui bărbat care a folosit toate mijloacele masculine pe care le avea la dispoziție. Adesea întâlnești așa ceva în mitologie. Dacă un bărbat nu știe cum să-și rezolve problema se duce la vrăjitoare, așa cum Saul din Vechiul Testament s-a dus la vrăjitoarea din Endor.[11] În legenda wagneriană, erau Wotan și Erda.[12] Sunt multe alte exemple în mitologie când bărbații trebuie să ceară sfatul femeilor. Un exemplu foarte bun este în *Insula pinguinilor*, pe care am citat-o de câteva ori[13], în care toți marii părinți din Ceruri nu se puteau decide asupra botezului pinguinilor, iar în cele din urmă au fost nevoiți să o cheme pe Sf. Ecaterina și să-i ceară părerea, iar ea a luat o hotărâre foarte judicioasă. Prin urmare, aici este evident un caz care nu poate fi decis de mintea masculină și astfel, în ultimă instanță, trebuie chemată Mama Natură, străbunica, drept o ultimă salvare, iar ea este foarte bătrână și foarte tânără, aidoma naturii eterne. Ea vine ca o revelație mistică, din transa

---

11 I Samuel 28:7.

12 În tetralogia lui Richard Wagner *Inelul Nibelungilor*, zeul războiului, Wotan (sau Woden) se bazează pe sfatul soției sale, zeița Erda.

13 Vezi, mai sus, 23 ianuarie 1929, n. 2.

băiatului. Când apare copilăria și începe *ekstasis*-ul, natura vine pentru a spune ultimul cuvânt. Dar acum se întâmplă ceva extraordinar de important, pitecantropul se repede asupra ei pentru a o viola. Ce înseamnă asta?

Dna Baynes: El nu o va lăsa să-i înfrunte autoritatea. Sunt în mod natural două forțe opuse și, dacă îi stă în putere, el o va subjuga.

Dr. Jung: Dar pitecantropul — natura și străbunica nu sunt opuse.

Dna Baynes: Dar mă gândeam, având în vedere poziția în care se afla acest om, că străbunica ar fi trebuit să-i facă față pitecantropului. Vreau să spun, ea nu a putut să coopereze cu el.

Dr. Jung: E adevărat, inconștientul aduce acum străbunica în ideea de a realiza ceva util, dar nu este deloc sigur că și conștientul va simți la fel. Uneori, soluția unei probleme e posibil să nu fie considerată deloc utilă de persoana în cauză. Prin urmare, întreb: de ce nu ar sări pitecantropul asupra Mamei Natură? Este neapărat greșit?

Dna Baynes: În acest caz particular, aș considera că e foarte greșit.

Dl Schmitz: El o face, desigur, într-un mod foarte primitiv și violent, dar în mod simbolic el trebuie să ia în posesie Natura.

Dna Baynes: Dar străbunica refuză, ceea ce arată că nu i se pare a fi o idee bună.

Dr. Jung: Susțineți puncte de vedere opuse. Cum rezolvați disputa?

Dna Baynes: Domnul Schmitz se sprijină numai pe teorie, dar eu am de partea mea străbunica sărind pe fereastră!

Dr. Draper: Să fie aici o sugerare a mitului lui Osiris, figura străbunicii reprezentând-o pe Isis?

Dr. Jung: Aveți perfectă dreptate, este o analogie completă. Pitecantropul ar juca rolul lui Set. Spre deosebire de toți ceilalți zei egipteni, Osiris era un zeu-om, se spunea că trăise pe pământ sub formă de om, iar soarta sa era soarta tipică zeului sacrificat, la fel ca a lui Hristos, Attis etc. El a fost dezmembrat de Set, diavolul egiptean, care apărea de obicei sub forma unui porc negru, extrem de josnic și rău, un porc care trăia în noroi. Ochiul stâng al lui Osiris fusese orbit deoarece îl văzuse pe Set — ceea ce era suficient să provoace orbirea. Aici apare renumitul motiv al ochiului lui Horus, care este un simbol foarte important în Egipt; Horus și-a sacrificat unul dintre ochi pentru tatăl său, Osiris. Din nefericire, nu avem prea multe cunoștințe despre tradiția respectivă, nu cunoaștem mitul complet.[14]

---

14 Pentru un rezumat al mitului lui Osiris, vezi O.C. 5, par. 349–357. Gemenii Isis și Osiris erau soț și soție; Set, cel rău, era fratele lor.

Biserica Catolică a decis că acel ciclu de mituri este un precursor dogmatic al mitului creștin, întrucât nu a putut nega extraordinara analogie. Este problema eternă a omului, situația tipică în care omul s-a găsit de milioane de ori și, astfel, a fost exprimată printr-un mit prevalent. Iar în acele zile mitul era considerat un fel de rețetă, o prescripție medicală care te învăța ce să faci când dai de necaz. În vechiul Egipt, când cineva se afla într-o stare atât de tipică, vraciul, preotul, citea capitolul corespunzător din colecția de mituri pentru a efectua un tratament, așa că avea o valoare terapeutică foarte practică. De exemplu, dacă un om era mușcat de un șarpe, se citea legenda lui Isis, în care ea prepara un vierme otrăvitor și îl punea în calea lui Ra — sau a lui Osiris-pentru a-l înțepa, astfel încât puterile lui să slăbească și să se îmbolnăvească. Apoi era nevoie să o cheme din nou pe Mama Isis pentru a-l vindeca, deoarece alte mijloace nu aveau; pentru că ea pregătise otrava, tot ea știa cum să-l vindece; Mama Isis a rostit cuvântul potrivit și zeul a fost vindecat.[15] Cu toate acestea, el nu a mai fost la fel de puternic ca înainte, așa cum și oamenii se pot simți slăbiți după o mușcătură de șarpe.

Aceea era medicina egipteană și noi recurgem încă la ceva asemănător. Oamenii merg la medic doar pentru a căpăta o opinie. E foarte caracteristic pentru americani; trebuie doar să-ți dai cu părerea și ei cred. Un medic spune: „Suferi de o formă de schizofrenie catatonică“, iar americanii cred că s-a întâmplat ceva — el a spus! Pacientul își prezintă toate simptomele, iar medicul spune: „Da, așa este“ și dă un nume problemei sale, pe care o asimilează astfel conștiinței pacientului; el o ridică din sfera durerii și a angoasei și a incertitudinii în sfera contemplării. Citește un anumit capitol din legendă sau din imn sau face alte incantații. Astfel, el aduce la suprafață o imagine arhetipală a adevărului etern și universal, iar acea evocare are o influență deosebită asupra inconștientului. Este aidoma efectului muzicii asupra unei companii de soldați după un lung marș; ei pot fi obosiți și demoralizați, nedorindu-și să meargă mai departe, dar apoi începe muzica și totul se repune în mișcare. Visătorul nostru este lipsit de speranță acum, la fel ca primitivii când sunt bolnavi; dacă nu primesc un impuls moral, ei se lasă să cadă și să se stingă treptat, iar un astfel de impuls îl primesc de la anumite incantații, deoarece acestea mobilizează forțele inconștientului colectiv. Prin urmare, exact ca în legenda lui Osiris, când soarele zeu a fost otrăvit și marea mamă Isis vine să-l vindece, aici își face apariția o străbunică. Și aceea este pur și simplu Natura — Natura ca atare, fără niciun fel de considerente morale.

---

15 Vezi relatarea lui Jung dintr-un imn egiptean, *ibid.*, par. 451–453.

Vedeți, aceasta este poziția psihologiei masculine. Nu știu dacă femeile îmi vor da dreptate, dar un bărbat este convins că adevăratul punct de vedere al femeii este amoral. El este fundamental convins de acest lucru, indiferent unde au ajuns femeile sau la ce aspiră ele. Eu, personal, aud multe din partea lor referitoare la considerentele morale, vorbesc despre ele pentru că nu cred în ele! Deci, atunci când un bărbat ajunge la capătul puterilor, apelează la acel principiu feminin amoral. Neavând nicio moralitate, ea este în cârdășie cu diavolul și știe ce să facă într-un astfel de caz. Îmi amintesc de o doctoriță dintre cele mai respectabile care avea un caz tipic, dar pe care nu știa cum să-l trateze. Un domn foarte distins, destul de bine cunoscut, a înființat în timpul războiului o lăptărie pentru oamenii săraci. A angajat două tinere pentru a o conduce și a început să se simtă atras de una dintre ele, chiar îndrăgostindu-se de ea. El era un om însurat, foarte respectabil și înțelegea că trăiește un conflict, dar nu știa ce să facă în situația respectivă. Așa că s-a dus la doctoriță și i-a cerut sfatul, dar nici ea nu știa ce să facă într-un caz atât de delicat, așa că m-a întrebat pe mine. I-am spus: „Nu ar putea domnia sa să-și informeze soția?“ „Desigur, a spus ea, dar cum v-a venit această idee? Trebuie că sunteți un om foarte rău!“ Imediat, aprecierea morală! Dar exact așa gândește un bărbat; când Isis — Mama Natură — își face apariția, el se teme de o capcană, de ceva malefic și dubios.

Acum, aceasta este situația mitologică. Un bărbat s-ar simți exact ca Ra atunci când a apărut Isis, căci desigur Ra știa cine făcuse viermele otrăvitor și, evident, nu se încredea într-un astfel de doctor. Așadar, ne-am putea aștepta la o astfel de reacție aici. Este evident că pitecantropul nu are intenții întru totul prietenoase. Dacă ea ar fi luat gestul lui drept un comportament foarte amabil, nu ar fi sărit pe fereastră, deci trebuie să presupunem că nu este prea încântată; probabil că gestul i se pare prea îndrăzneț și preferă să se retragă. Prin urmare, trebuie să conchidem că pitecantropul nu se comportă prea isteț. E clar că o sperie foarte rău pe Mama Natură, astfel încât ea nu-și poate duce la îndeplinire rolul util. Chiar dacă Natura a fost cea de la care au pornit aceste necazuri ale visătorului, ea trebuie să știe ceva, un antidot pentru a ajuta bărbatul, dar după această intervenție a pitecantropului ea nu poate face nimic, ajutorul pe care l-ar fi putut da nu se poate materializa. Acum, ar trebui să înțelegem de ce sare pitecantropul asupra ei. În vis este cât se poate de evident că devine excitat sexual, iar acest lucru îi explică acțiunea. Dar ce semnificație îi dați? — ceva care dejoacă scopurile inconștientului atunci când acesta vine să ofere ajutorul, proprietățile vindecătoare ale arhetipului. Și dacă Set s-ar fi simțit dintr-odată atras de mama Isis și ar fi sărit asupra ei, de exemplu? În *Faust*, diavolul este atras de drăguții băieței îngerași.

Dl Holdsworth: Ați spus puțin mai devreme că, atunci când un bărbat își ucide soția, mai întâi se culcă cu ea. Credeți că în acest vis bărbatul se simte rușinat de atractivitatea inconștientă a străbunicii și astfel dorește să o ucidă?

Dr. Jung: Era corect dacă am fi fost siguri că pitecantropul încerca s-o omoare, dar nu este cazul. El este evident atras sexual de ea, iar furia nu este menționată, deci nu avem nicio dovadă care să susțină această situație.

Prof. Eaton: Nu pitecantropul însuși trebuie să fie regenerat prin intermediul lui Isis? — Și normal că se va simți atras de ea, deoarece chiar el este acela care va fi transformat.

Dr. Jung: Da, pitecantropul a fost creat tocmai de acest vierme otrăvitor și, când o vede pe Mama Isis, el dorește să pătrundă din nou în ea. Este un fel de incest. Este ca și cum viermele făcut de Isis ar fi dorit să se întoarcă în ea. Este precum magia primitivă: primitivii cred că, atunci când o persoană cu puteri magice dorește să comită o crimă, de exemplu, trimite un fel de proiectil magic care ucide victima; dar apoi acela se întoarce și dacă vrăjitorul nu e foarte atent, îl va ucide și pe el. După gândirea primitivă, efectul magic se întoarce întotdeauna. Și acesta este un fapt psihic; fascinația sau efectul magic are loc numai dacă persoana care îl provoacă este ea însăși victimă. Dacă ești doar oarecum furios, dacă îi spui celuilalt ceva destul de urât într-un mod controlat, atunci efectul obținut este numai de suprafață. Dar dacă ești copleșit de propria-ți furie, îmbolnăvit de ea, atunci prin *contagion mentale* trezești în el aceeași stare. Lucrul de care primitivii se tem cel mai tare este să stârnească furia vraciului, întrucât, prin contagiune inconștientă, se obține efectul cel mai dezastruos asupra a tot ce este viu; dar se întâmplă numai dacă magicianul însuși este atins de acel efect. Există un caz de influență magică într-o carte a unui englez, Powys, intitulată *Black Laughter*[16], despre un vrăjitor căruia îi fusese arsă coliba. Se bazează pe faptul că, atâta timp cât simți că adversarul își controlează emoțiile, nu este periculos, dar dacă lucrurile scapă cu adevărat de sub control, orice se poate întâmpla și te temi. Atunci efectul resimțit este incomparabil; nimic nu este atât de contagios ca emoția necontrolată; este aproape de nedepășit, pur și simplu pune stăpânire pe tine. De exemplu, dacă toată lumea se prăpădește de râs, într-un mod necontrolat, ești aproape obligat să participi la veselia generală. Se observă foarte ușor această reacție la copii și la primitivi.

---

16 Llewelyn Powys, *Black Laughter* (*Râsetul negru*), Londra, 1924, schițe despre viața în estul Africii, unde autorul a locuit între 1914 și 1920.

Aici, efectul magic joacă un rol deosebit. Mama Isis a generat pitecantropul și a produs acel întreg conflict, iar acum turbulența atinge un anumit punct culminant, iar mama se întoarce pentru a trata problema. Ea a trimis proiectilul și proiectilul se întoarce asupra ei, iar pericolul este major, întrucât o poate ucide. În consecință, sare pe fereastră. Ea trebuie să procedeze la fel ca vrăjitorul primitiv — să se ferească atunci când proiectilul se întoarce. El se teme tot timpul de fantome, de farmece și de factori magici, iar Mama Natură folosește tocmai aceste mijloace extreme; și ea este victima proiectilelor care se întorc. Desigur, aceasta este psihologie primitivă, mitologie, dar ce ecou are ea în visător? Vedeți, el este într-un fel omul primitiv, dar când îi spui unei astfel de persoane că există o soluție foarte simplă, ea îți răspunde: dar nu îți poți permite să te comporți așa. Visătorul încearcă să fie foarte respectabil și refulează întreaga problemă, dar natura lucrează și lucrează pentru ca el să nu o mai poată nega. Apoi, pitecantropul o ia razna și apare Mama Natură și iadul se dezlănțuie. Dacă el spune: „Aceea este natura *mea*! — eu sunt omul–maimuță!“, atunci natura scapă sau natura este distrusă; se întâmplă ceva din ce nu ar trebui să se întâmple. Acum, care ar fi rezultatul dacă visătorul s-ar identifica cu pitecantropul? Vedeți, visul arată cât de mult se teme de acest lucru, dar și cât de mare este tentația de a o face.

Dl Schmitz: Viața i-ar fi distrusă.

Dr. Jung: Da, și-ar pierde toate valorile civilizate, valorile sale morale și filosofice. El nu ar mai fi un om conștient rațional, ar cădea în noroi și s-ar pierde complet. Este exact ce a produs natura modernă, este paradoxul etern. Este clar că natura nu are numai două, ci multe laturi și este foarte posibil ca o latură să o distrugă pe alta. Am putea spune că ea este o combinație echilibrată de construcție și deconstrucție; ea nu este numai o mamă blândă și generoasă, este și o fiară sălbatică. Produce nu numai plante, flori și animale încântătoare, ci și paraziți scârboși, care se hrănesc cu ele. Iată deci latura binevoitoare a naturii, care ar fi distrusă dacă celeilalte laturi i s-ar permite să sară asupra ei și este clar că pentru salvarea situației este nevoie de un ajutor exterior. Visul dă vreun indiciu care să arate cum poate fi rezolvată această problemă? Străbunica cheamă poliția și apare pericolul artileriei, apoi vine fotograful, care salvează întreaga colecție de fotografii făcute scenei respective. Aceasta pare a fi soluția.

Dar principalul aspect pe care-l avem de clarificat astăzi este atacul asupra străbunicii. Nu este în niciun caz ușor de formulat, deoarece conceptul psihologic de natură este tot atât de paradoxal ca și Mama Isis în mit — aproape revoltător de paradoxal. Imaginați-v-o pe Mama Isis, acea femeie dată naibii, perfidă, care așază în calea soțului său viermele otrăvit, iar apoi vine ca salvator, în timp ce el este cel păcălit în tot acest joc. Este revoltător, dar așa este natura. Natura a produs problema visătorului nostru și natura trebuie să o vindece. Dar dacă intervine natura, el o va înțelege greșit, așa cum pitecantropul o înțelege greșit și va gândi: pitecantropul poate să facă orice dorește. Aceea este perpetua eroare.

Ați auzit de greșeala celor unsprezece mii de virgine. Este ceva refulat acolo, probabil; normal, natura are ceva de spus, așa că ele devin nevrotice și se duc la medic. Iar el le spune: Ar trebui să vă trăiți viața, nu e decât sexualitate refulată, ar trebui să vă găsiți un prieten sau să vă căsătoriți. Deci, dacă fata are niște părinți normali, ei vor lua problema în mâini și vor plasa fata în boxa căsniciei. Dar atunci este al naibii de greu și nu funcționează deloc. Oamenii spun că este natură refulată și o rezolvă la nivelul de vacă–taur, uitând că au de-a face cu o ființă umană. Cealaltă se rezolvă în grajduri. Un bărbat aflat la nivelul acela va gândi: orice femeie e bună. După care va fi surprins, deoarece se confruntă cu toate valorile civilizate pe care le-a dobândit și își pierde complet stima de sine. Cu condiția să fi înțeles, visătorul nostru va reflecta la comportamentul său. El nu poate să trăiască pur și simplu, a încercat și a observat că nu merge.

Prelegerea a VIII-a.
25 iunie 1930

Dr. Jung:
Iată o întrebare din partea dr. Howells: „A avut visătorul vreun sentiment de dezintegrare odată cu visul în care a fugit anima?"

Te-ai gândi că un astfel de vis agitat i-a stârnit un anumit sentiment, cu reverberații chiar și în timpul zilei, dar a visa un asemenea vis nu aduce în mod necesar cu sine vreo frământare sau teamă conștiente, sau ceva de genul acesta. Noi știm că visele sunt foarte des compensatorii, așa că sentimentul conștient poate să fie tăcut. Dacă posibilele implicații nu sunt realizate corect, nu apare nicio emoție anume. Mai degrabă, visul aduce un fel de informație despre o furtună pe cale de a se stârni în inconștient. Deci, bărbatul acesta nu era deosebit de neliniștit sau înfricoșat. În această fază a analizei sale, visele erau mai mult sau mai puțin în afara lui. Noaptea avea vise ciudate, iar ziua lucrurile decurgeau ca de obicei. Se întâmplau evenimentele obișnuite, de zi cu zi, iar el nu era câtuși de puțin afectat și nu simțea nici cea mai vagă legătură cu visele sale. În ultima parte a visului său există un indiciu că, pentru prima oară, el întrezărește relația profundă pe care o are cu ele. Până acum au fost destul de interesante pentru el și, normal, a înțeles multe din interpretări, dar a fost ca și cum nu i-ar fi intrat pe sub piele. Mult timp m-am întrebat ce va face cu ele, dacă lucrurile se vor lipi de el cu adevărat sau nu. Întreaga sa atitudine era una extraordinar de obiectivă și de științifică și simțeam că asta era singura relație pe care o puteai avea cu el sau pe care visătorul o avea cu inconștientul său; numai ocazional se întrezărea sclipirea a ceva mai mult. Dacă ar fi fost profund agitat în viața sa conștientă, cel mai probabil visele ar fi îmblânzit situația, așa cum se întâmplă adesea.

Săptămâna trecută am vorbit despre atacul pitecantropului asupra animei și cum a reușit ea să iasă pe fereastră și să pătrundă în lume. Și, când a strigat după ajutor, oamenii au venit în grabă, iar pitecantropul a renunțat. Apoi a avut loc ceva tipic, întâmplat deja în Biblie, chiar la început. Se pare că este o problemă fundamentală a omenirii sau, am putea spune, a bărbaților. Ce a spus Adam când lucrurile au luat o turnură urâtă?

Dna Baynes: A spus că Eva l-a ademenit.[1]

Dr. Jung: Da, așa e. Femeia a făcut-o. Deci, pitecantropul i-a spus: ce ți-a venit să spargi geamul? Ea a fost nevoită să-și apere viața, iar el se plângea că a spart geamul. Este caracteristic pitecantropului mai mult sau mai puțin civilizat. Mai întâi stârnește demonii, apoi se plânge că trebuie să-și scuture haina, probabil. Aceasta dovedește natura omului primitiv: este teribil de impulsiv, încearcă să o violeze și când nu-i merge, spune: „Scuză-mă, voiam doar să te întreb cât e ceasul". Este un laș. Dacă reușește, este bine, dar când observă că a eșuat, el schimbă brusc macazul și se plânge că ea a deranjat nobilele gazde, spărgând acele geamuri.

Mai departe, anima pleacă împreună cu oamenii de afară, evident să cheme poliția. Acum, ce legătură are poliția cu această situație? Visul ia o turnură foarte gravă.

Dna Deady: Ei sunt gardienii situației colective.

Dr. Jung: Da, dar care este situația colectivă?

Dl Schmitz: Situația morală. Poliția apără moralitatea.

Dr. Jung: Nu este tocmai moralitate, dar are legătură cu ea. V-am povestit ce i-a spus tatăl fiului când a împlinit douăzeci și unu de ani, dar voi repeta: „Ai ajuns la vârsta la care trebuie să-ți spun ceva foarte important pentru viitorul tău: pentru oamenii proști există Biblia, dar pentru oamenii mai inteligenți există Codul penal". Aceasta era ideea lui despre moralitate. Aici, poliția înseamnă o nuanță foarte aparte de moralitate. Visătorul nostru nu s-a preocupat prea mult de problema morală, dar aici ea apare sub forma poliției.

Dna Crowley: Nu este perspectiva individuală, ci perspectiva colectivă convențională.

Dr. Jung: Este cea mai brutală formă a perspectivei colective. Când polițistul pune mâna pe tine, nimic nu poate fi mai convingător, mai imediat. Este o piatră care ți-a fost aruncată în geam. Conflict și probleme. Și ce îl face să se lovească de puterile colective?

Dl Schmitz: Dacă nu asimilezi singur pitecantropul, trebuie să intervină poliția, deoarece intri în conflict cu lumea civilizată.

Dr. Jung: Dar presupuneți că rolul lui este jucat de pitecantrop?

Dl Schmitz: Dacă este unul și același cu pitecantropul, atunci e în conflict cu poliția.

Dr. Jung: Avem vreo dovadă? Pitecantropul este autorul atacului.

Dl Schmitz: El îi permite pitecantropului să atace în inconștient.

---

1 Geneza, 3:12: „... ea mi-a dat din pom şi am mâncat."

Dr. Jung: Dar nu-i permite el, pur și simplu se întâmplă. Este o poveste despre trei veterani și un ofițer care apărau o fortăreață. Inamicul atacă și, dintr-odată, unul dintre veterani strigă: „Am luat un prizonier!“ Colonelul spune: „Adu-l aici!“, iar veteranul îi răspunde: „Nu mă lasă!“ Aceea este povestea pitecantropului. Complicația constă în faptul că pitecantropul pare a fi ceva cu totul diferit, în realitate visătorul nefiind nicidecum un pitecantrop, ci un gentleman foarte corect. Dar adesea se întâmplă ca un gentleman foarte corect să aibă o anumită legătură cu pitecantropul, deși extrem de îndepărtată. Și acum acest pitecantrop s-a dezlănțuit și nu știm până unde va merge. În acel vis anterior, șoarecele a fugit iar acum este deja de dimensiunile unui gorile, iar anima sare pe geam și strigă după ajutor. Nimeni nu știe că pitecantropul se află înăuntru, dar anima a ieșit în afara conflictului interior. Acesta este un caz foarte deosebit și nu este simplu. Trebuie să știm ce înseamnă pentru a înțelege de ce intervine poliția. Ea este motivul pentru care apare poliția, întrucât simpla prezență a pitecantropului nu alertează poliția.

Dra Sergeant: Dorește protecție.

Dr. Jung: Acesta este limbaj mitologic și trebuie să știm cum se aplică psihologiei practice, întrucât trebuie să-i clarific visătorului semnificația. El va urmări în mod evident argumentele interlocutorului și va da din cap în semn că a înțeles, dar, dacă nu i se aprinde vreun beculeț în drum spre casă, pleacă total amețit. Deci, noi trebuie să știm ce se va întâmpla.

Prof. Eaton: Anima nu este interesată de pitecantrop. Ea dorește celălalt aspect al bărbatului.

Dr. Jung: Da. Altfel ar fi rămas, s-ar fi simțit bine. Dacă el s-ar fi arătat câtuși de puțin interesat de ea, probabil că ea nu ar fi fugit, dar el a fost indiferent și s-a manifestat doar ca un pitecantrop.

Prof. Eaton: Ea cheamă acum poliția întrucât cealaltă latură, moralitatea colectivă, dorește celălalt aspect al personalității lui.

Dr. Jung: Este absolut adevărat, dar cum se exprimă aceasta în viața umană? Trebuie să știu, pentru a-i arăta omului cum se vede acest lucru la suprafața lumii. Ce înseamnă fuga animei în realitate? Este ca și cum ar fi undeva, în lumea largă.

Dr. Draper: Acesta poate fi momentul în care o întâlnește ca femeie în carne și oase.

Dr. Jung: Asta e. Când anima este afară, ea e proiectată asupra unei femei reale. Când anima nu este decât un spectru psihic, nu înseamnă absolut nimic pentru un bărbat prozaic, este un conflict teoretic. Dar când anima este proiectată, când apare ca femeie reală, lucrurile devin cu adevărat dificile. Acum înțelege că, imediat ce fuge din casa lui, ea se încarnează într-o femeie, iar el o poate întâlni în orice clipă. Apoi instantaneu el va fi fascinat, prins în mreje, întrucât ea e susținută de întregul inconștient colectiv. Și apoi lucrurile se vor deteriora, deoarece el se va opune moralității convenționale. Asta doream să vă fac să înțelegeți atunci când vorbeam despre șoarece. Desigur că acolo era de nerecunoscut, dar cea mai mare parte a libidoului și a personalității sale au fugit acolo unde nu puteau fi ajunse și probabil că aceasta se va întoarce asupra lui. Toate părțile noastre clivate revin, toți oamenii pe care îi cunoaștem și care au o influență fascinantă asupra noastră sunt de fapt părți clivate ale noastre, lucruri pe care le-am refulat și care sunt aduse înapoi de alți oameni, iar aceasta e marea valoare și marele pericol și marea dificultate a relațiilor umane. În acest caz este o problemă foarte serioasă, deoarece atunci când anima fuge, întreaga latură feminină a acestui bărbat poate apărea oriunde, el nu știe când sau unde. Probabil că mâine, când va ieși în stradă, va trece o femeie care e anima. Nu poate scăpa de ea. O poate refula, dar ea va stârni niște fantasme sexuale puternice; el va deveni nevrotic și nu le va putea face față într-un mod corect, deoarece modul de a face față unei astfel de probleme e în general necunoscut. El prevede această situație complicată, care explică și conflictul cu poliția, moralitatea colectivă.

Acum, în acest mare moment, momentul apariției insight-ului, un alt bărbat intră în scenă, fotograful, iar el pare a fi un individ extrem de indiferent, detașat, întrucât îi asigură că lucrurile sunt în regulă din punctul lui de vedere, pentru că a filmat totul și toată povestea va fi foarte interesantă. Cine este el?

Dra Sergeant: Oglinda lui.

Dr. Jung: Da, dar ce ar însemna la propriu, în limbajul concret?

Dl Schmitz: Este un conflict al minții. El a înțeles totul și acum poate pleca acasă, dar nu se schimbă nimic.

Dr. Jung: Da, acela e observatorul din el, probabil funcția lui diferențiată. Mintea sa urmărește spectacolul într-un mod mai mult sau mai puțin detașat, îl privește de sus, ca și cum ar urmări mai degrabă o scenă interesantă într-un film; mintea sa înregistrează, filmează întregul spectacol. De fapt, visătorul asociază această întreagă serie de vise, toate imaginile pe care le-a văzut în visele sale, cu filmul acelui fotograf. El are o relație foarte personală cu visele sale; le acordă o valoare foarte mare și le-a notat pe toate și le-a legat într-o carte. El mi-a dat acest exemplar. Este o colecție unică, foarte atent realizată, cu asociații și presărată cu desene și fotografii. Este foarte mândru că are întreaga colecție și îi acordă mare preț; simte că, dacă totul se prăbușește, și-a salvat pentru orice eventualitate materialul prețios, aceste gânduri prețioase. Pentru el este o imensă consolare, este ceva pe care să se bazeze. Poate deschide o afacere, poate vinde acel film! Mintea sa a obținut ceva foarte concret, capabil să stabilească o continuitate a experienței.

Desigur, funcția nediferențiată din el are un caracter primitiv. Primitivii nu-și înregistrează niciodată experiențele și în mintea lor nu există continuitate, totul este aidoma unor vise întrerupte de impulsuri antagoniste; la fel ca animalele și copiii, ei nu se pot concentra. Un animal care a fost pe punctul de a muri, în clipa următoare începe din nou să se joace. Aceea este funcția inferioară. Nu creează istorie, deoarece trăiește permanent în prezent, adică în eternitate. Dar funcția diferențiată are rolul istoricului, înregistrează lucruri, conferă continuitate și întotdeauna poți profita mai mult sau mai puțin de pe urma acelei continuități, a acelei conștiințe istorice; pentru mulți oameni ea a fost cu adevărat un refugiu, baza unei insule. Aceasta, pentru că uneori lucrurile se mișcă cu o asemenea rapiditate, cu asemenea agitație și haos, încât nimeni nu le poate ține socoteala, iar verticalitatea și calmul acestor oameni pot fi menținute numai de continuitatea înregistrărilor lor. Presupun că ați văzut acel film despre *Titanic*.[2] Este un bărbat, un jurnalist, care continuă să-și ia notițe pe parcursul debandadei generale, când toată lumea își pierde capul și e complet dezorientată. El este singurul care se scufundă complet, liniștit, deoarece a reușit să se retragă pe poziția observatorului atemporal. Viața i se desfășoară înaintea ochilor, se îndepărtează, și totuși el este senin. Aceasta este superioritatea funcției diferențiate.

Prof. Eaton: Dacă simțirea, în loc de gândire, ar fi fost funcția superioară, ar fi fost la fel?

Dr. Jung: Da, deoarece simțirea este doar calitativ diferită de gândire, ea are același principiu general. Deci, adevăratul principiu religios, ideea de Dumnezeu, de religiozitate interioară, are o valoare în aceeași măsură intelectuală, ca și sentimentală și emoțională. Tipul simțire este absolut capabil să-și desprindă simțirea din tumultul general și să o opună circumstanțelor exterioare; este uimitor ce poate face, el își poate menține simțirea la nivel de prezumție, doar prin capacitatea sa de a se agăța, de a persevera. Anticii nu puteau face acest lucru. De exemplu, aveau toate cunoștințele referitoare la procesele mecanice necesare pentru a le permite să inventeze mașini funcționale, dar nu le inventau. Ei doar puneau laolaltă câteva elemente și rezulta o jucărie drăguță. În loc de

---

2 Filmul, intitulat *Atlantic*, a fost o producție britanică bazată pe povestea vasului *Titanic*, care, la călătoria sa inaugurală din aprilie 1912, s-a ciocnit de un aisberg și s-a scufundat, cu mari pierderi de vieți omenești. Versiuni sonore ale filmului au fost pregătite în Anglia, Germania și Franța; premiera a avut loc la Berlin în noiembrie 1929. (Criticul *New York Times* a numit filmul „pueril".)

a duce mai departe ce se manifestase în acel aranjament experimental, ei începeau să se joace cu el și devenea o simplă curiozitate. Se observă încă această trăsătură ludică la mașinile timpurii: erau întotdeauna decorate cu picioare de capră și coloane corintiene și cu tot felul de figuri care nu au nicio legătură cu menirea mașinii. Adevărata mașină este doar o descoperire foarte recentă și și-a creat propriul stil, dar vechile mașini erau acoperite cu flori și cu părți de ființe umane și cu Dumnezeu știe ce, probabil îngerași șezând pe roți, ceea ce arată pur și simplu că artistul sau inventatorul nu era întru totul capabil să fie prozaic.

Ludicitatea este motivul pentru care copiii nu pot gândi ca adulții; ei nu pot fi în întregime concreți și prozaici. Și acesta este motivul pentru care, chiar și în Evul Mediu, oamenii nu erau capabili să folosească toate cunoștințele pe care le dețineau; și, desigur, acesta era un lucru și mai evident în antichitate, ca să nu mai vorbim de omul primitiv care, timp de o sută de mii de ani, nu a ajuns absolut nicăieri deoarece nu se putea concentra. Acesta nu e doar un punct de vedere, un *aperçu*; este de fapt deosebit de impresionant să vezi cum mintea omului primitiv obosește ușor — bărbați foarte puternici, pure figuri masculine de sălbatici. Stând de povești[3], de pildă, când le pui întrebări foarte simple, dacă, de exemplu, cred în fantome, după două ore toată lumea adoarme. Îți spun: suntem atât de obosiți, nu puteți încheia discuția? — deoarece nu-și permit să plece până când cel mai în vârstă nu spune cuvântul magic, cuvântul însemnând: acum, treaba este terminată. Dar, pe de altă parte, aceiași bărbați pot să vâneze timp de 48 de ore fără să mănânce sau să doarmă. Când duc scrisori sunt capabili să meargă 120 de kilometri fără oprire, deoarece astfel instinctul le este trezit și pot să facă lucruri de care noi nu suntem în stare. Ei pot parcurge pe o căldură teribilă 62 de kilometri, cu greutăți de 30 de kilograme pe cap. Mie mi-a fost extraordinar de greu să țin pasul cu ei fără să am o astfel de greutate — aproape că alergau. Ei mor de tineri — în jur de 50 de ani — de prea multă muncă. Se epuizează complet, în timp ce noi suntem prea rezonabili pentru a o face; noi am deveni nesiguri, dar ei se epuizează până la ultima suflare dacă își folosesc instinctul. Când merg împotriva instinctului, obosesc foarte ușor.

Și la fel se întâmplă cu primitivul din noi: funcțiile primitive nediferențiate nu sunt concentrate, ele sunt vagi, ușor de întrerupt, nu au continuitate. Aceste trăsături sunt virtuțile funcției diferențiate, oricare ar fi ea. Nu contează ce funcție e diferențiată, principala sa caracteristică este aceea că poate rezista

---

3 Jung se referă la experiențele pe care le-a avut în timpul călătoriei sale în estul Africii, în iarna 1925–1926. Vezi *AVR*, pp. 281–319.

împotriva naturii de-a pururi schimbătoare. Este la fel ca structura umană care rezistă oricărei schimbări din mediu; sau o casă, ce este un adăpost care nu se prăbușește; sau o șosea care nu se întrerupe, care are poduri, de exemplu. Dacă o iei pe urmele unui elefant, pentru un timp drumul este probabil destul de ușor, poți merge cu bicicleta pe el, dar apoi, brusc, se pierde într-o mlaștină și gata, nu mai e. Civilizația se caracterizează prin faptul că rezistă, împotriva schimbărilor din natură; iar aceasta este virtutea funcției superioare.

Dl Schmitz: Cum s-ar comporta un tip simțire, dacă ne gândim la jurnalistul de pe *Titanic*?

Dr. Jung: O femeie care iubește poate menține o situație împotriva a orice, împotriva morții și a diavolului, poate crea continuitate în haos, cu o convingere nestrămutată. Folosindu-și gândirea, Galileo a putut rezista la tortură — s-a dezis, e adevărat, dar imediat după aceea s-a ridicat și a spus: „E pur si muove".[4] Aceasta înseamnă a rezista împotriva puterilor dezintegratoare ale naturii și la fel este și în cazul simțirii. Simțirea este o funcție dintre cele mai puternice.

Dl Schmitz: Cunoaștem comportamentul jurnalistului de pe *Titanic*. Cum s-ar comporta un tip simțire în cazul acesta?

Dr. Jung: Un tip simțire s-ar comporta ca soția lui, de exemplu. Ea îl iubea pur și simplu și a înfruntat moartea și panica împreună cu el. A fost interpretat foarte frumos. El se identifica cu observarea situației în modul său filosofic și era destul de departe. Se afla deja într-un tărâm atemporal. Și ea la fel, prin iubire. Aceea este simțirea.

Dl Schmitz: Dar iubirea nu este exclusiv capacitatea tipului simțire.

Dr. Jung: Normal, pentru că simțirea unei femei, chiar gândirea unei femei, poate fi detașată numai cu ajutorul Erosului, în timp ce gândirea unui bărbat poate fi detașată numai cu ajutorul Logosului. Prin urmare, cele mai înalte forme ale marilor puteri salutare ale inconștientului corespund acelor principii. La un bărbat, cea mai înaltă formă a gândirii coincide cu Logosul, așa cum cea mai înaltă formă de simțire la o femeie coincide cu Erosul. Numai cu ajutorul zeilor omul s-a putut detașa de lipsa de sens a naturii. Astfel, cel mai mare mântuitor din câți cunoaștem, Iisus Hristos, a fost numit Logos. El a fost lumina care ne-a salvat din acel întuneric.

---

4 Astronomul Galileo Galilei (1564–1642), când a fost judecat de Inchiziție la Roma pentru susținerea teoriei coperniciene a sistemului solar — şi anume, ideea că pământul se învârte în jurul soarelui — s-a dezis de credința sa, dar, conform tradiției, a murmurat „E pur si muove" („Şi totuşi se mişcă").

Dl Schmitz: Dar am impresia că, la un timp simțire, capacitatea de a iubi este mai mare.

Dr. Jung: Nu, iubirea este un sentiment, însă principiul Erosului nu este în mod necesar iubirea, poate fi și ura. Erosul este principiul relației, iar acesta este cu siguranță principalul element în psihologia femeii, așa cum Logosul este principalul element în psihologia bărbatului. Dar, normal, Logosul este în relație și cu simțirea, și cu gândirea. Senzația și intuiția unei persoane se pot afla mai mult sub influența Logosului sau mai mult sub influența Erosului. Funcțiile sunt interrelaționate și totodată impregnate de cele două principii fundamentale.

Dl Schmitz: Dacă ești un tip simțire, nu ai o mai mare capacitate de a iubi?

Dr. Jung: Nu, nu are nimic de-a face cu iubirea. Un tip simțire poate fi la fel de rece ca gheața, dacă nu există Eros. El poate întreține un sentiment infinit de ură, poate muri cuprins de ură sau poate avea un sentiment de indiferență, rezistând la orice.

Dl Schmitz: Dar și o femeie, un tip simțire, poate fi incapabilă de iubire?

Dr. Jung: Absolut. Sunt femei de tip simțire care sunt totuși complet reci și lipsite de sexualitate. Tipul simțire nu este niciodată deosebit de cald, deoarece funcția diferențiată este adesea privată de calități umane. Nu trebuie să confundați niciodată simțirea cu iubirea. Aceasta se datorează unei nefericite imperfecțiuni a limbajului. De exemplu, în război, ministerul de afaceri a emis declarații care începeau astfel: „Președintele simte că..." Este complet ridicol. Ar fi trebuit să fie: el are o *părere* despre cutare și cutare lucru. Aceasta sugerează din nou o aplicare complet diferită a cuvântului „simțire". Mai sunt apoi sentimente de datorie, de admirație, zece mii de feluri în care poate fi folosit cuvântul. În limba germană este și mai rău; chiar și Goethe confundă senzația cu sentimentul.[5] Francezii nu ar putea face niciodată acest lucru. Limba germană nu este încă suficient dezvoltată pentru a face diferența între cea mai ordinară senzație și cele mai delicate sentimente de iubire. Este pur și simplu o lipsă de diferențiere, deoarece diferențierea are loc în principal la nivel intuitiv și intelectual și, astfel, simțirea și senzația se confundă complet. Senzația diferențiată este *fonction du réel*, percepția realității, și nu are nimic de-a face cu funcțiile corpului. Oamenii cred că își dezvoltă funcția senzație atunci când au experiențe sexuale sau când mănâncă și beau bine sau când fac o baie fierbinte.

---

[5] Conform lui K.R. Eissler (autor al *Goethe: A Psychoanalytic Study 1775–1786*, Detroit, 1963), termenii *Gefühl* (simțire) şi *Empfindung* (senzație) erau similari în secolele al XVIII-lea şi al XIX-lea (comunicare personală).

Dl Schmitz: Și totuși, ele sunt senzații.

Dr. Jung: Dar în sens psihologic nu au nimic de-a face cu senzația. Funcția psihologică a senzației este perceperea realității, iar perspectiva tipului senzație este pur și simplu aceea a faptelor. Când o persoană practică recunoașterea faptelor, ea întreprinde ceva pentru senzația sa; dar a face o baie fierbinte sau a se picta cu tinctură de iod nu are nicio legătură cu asta. Aceasta este o greșeală de interpretare ce ține de intuiție, ea încurcă senzațiile corpului cu principiul senzației, care este de fapt principiul faptelor. În limbajul popoarelor latine se exprimă recunoașterea senzației, a realității, iar sentimentul și senzația nu se pot amesteca niciodată. Însă în limba germană se face o gravă confuzie între ele.

Dr. Schlegel: Așa-numitul sentiment de iubire nu este un element emoțional care nu intră în cadrul funcțiilor, așa cum îl înțelegeți dumneavoastră?

Dr. Jung: Funcția simțire are de-a face cu simțirea valorilor, ceea ce nu are neapărat vreo legătură cu iubirea. Iubirea este conexiune. Poți simți fără să existe relație. Când admiri o femeie frumoasă, nu înseamnă neapărat că ai o relație cu ea sau că o iubești. Iubirea ține de Eros. Dacă iubirea ar fi asociată numai simțirii, un tip gândire nu ar putea iubi. Trebuie să folosim aceste concepte intuitive, dar sunt două principii care se află dincolo de funcții.

Dl Schmitz: Un timp gândire nu este neapărat asociat Logosului? Poate fi un cap sec?

Dna Baynes: Cu siguranță un tip gândire nu poate fi un cap sec, întrucât funcțiile cele mai diferențiate sunt în stare de *ceva*!

Dr. Jung: Numai în măsura în care tipul este influențat de alte funcții.

Dna Baynes: El a spus că tipul gândire poate fi un cap sec, iar mie mi se pare o contradicție. Dacă este un cap sec, devine alt tip.

Dr. Jung: Aveți dreptate, pentru cazul unui tip gândire într-adevăr diferențiat.

Prof. Eaton: Logosul înseamnă planificare constructivă?

Dr. Jung: Poate fi planificare constructivă. Logosul este principiul discriminării, spre deosebire de Eros, care este principiul relației. Erosul aduce lucrurile împreună, stabilește relații dinamice între lucruri, în timp ce relațiile realizate de Logos sunt probabil analogii sau construcții logice. Este tipic pentru relațiile Logosului să fie lipsite de dinamică emoțională.

Prof. Eaton: Mai mult abstracte decât concrete?

Dr. Jung: Aceste trăsături pot fi cel mai bine observate folosind exemple practice. De exemplu, elementul Logosului, fiind un principiu al discriminării, nu numai că-i permite individului, ci îl forțează să acorde o importanță egală oricărui obiect al gândirii sau al observației. Îi permite unui bărbat să se dedice cu o concentrare aproape religioasă clasificării păduchilor sau aspectelor diferite ale fecalelor, pentru a spune lucrurile pe șleau[6], ca și numărării stelelor. Pentru a vă face o imagine, gândiți-vă la o serie de laboratoare. În nr. 1 se află observatorul unui om care și-a dedicat ani întregi din viață cercetărilor astronomice. În următorul laborator este omul care clasifică păduchi, 60 000 de specimene diferite, o întreprindere dintre cele mai interesante. Iar în al treilea este un om foarte interesat de diferitele calități ale fecalelor, o întreprindere destul de dezgustătoare. Și totuși, fiecare om lucrează la fel de concentrat, cu aceeași atitudine. Acum, ce face Erosul, reprezentat de o femeie, în acea situație? Să spunem că ea este directorul. Pe astronom îl consideră un om teribil de dezagreabil, dur și rece; el nu-i dezvăluie niciodată nimic și, normal, este burlac. Domnul Profesor Preocupat-de-purici ar fi un om destul de drăguț, dacă nu ar fi tot timpul preocupat de chestiile alea urâte; el i se mai confesează din când în când, este însurat și are copii foarte drăguți, este cât se poate de respectabil și are pe undeva un unchi bătrân. Ea știe toate aceste lucruri. Aceasta este relație, vedeți. Este un aspect complet diferit al lumii. Bărbatul devotat stelelor, care stă acolo pasionat văzându-și de munca sa, nu se gândește absolut deloc că se poate îndrăgosti de o femeie. El consideră că îndrăgostirea este un fel de boală, care apare la tinerețe și care se vindecă prin însurătoare — după cum mi-a spus un bărbat: „Numai pentru a scăpa de blestemăția asta". Acela este Logosul.

Nu intenționam să mă pierd într-o discuție despre aceste principii, dar se pare că ele dau încă naștere la tot felul de confuzii. Observ pe catedră o întrebare care se pare că tocmai a picat din cer, dar mi-e teamă că nu putem discuta acum fiecare element al teoriei funcțiilor psihologice. Întrebarea este despre perceperea realității interioare, comparativ cu funcția senzației introverte. Este o întrebare complicată, la care nu pot răspunde acum; ne-ar duce mult prea departe de visul nostru, obligându-ne să pătrundem în teoria funcțiilor. Probabil că deocamdată ne putem limita la afirmația că funcțiile sunt vehicule ale forțelor sau influențelor sau activităților care emană din acele două principii, din acei doi zei, Logos și Eros. Și probabil puteți înțelege, de asemenea, că, dacă nu ar fi existat principii în afara funcțiilor, nu am fi putut spera niciodată să desprindem ceva din inconștient. Trebuie să fie ceva care să te ajute să desprinzi o funcție, un principiu exterior care să-ți permită să o scoți din amalgamul original al inconștienței.

S-ar putea spune că ambele principii joacă un rol enorm în istoria gândului mântuirii, care este, de fapt, o chestiune psihologică. De exemplu, în creștinism,

6 *Sems*: „plastic".

nu numai Logosul joacă rolul Mântuitorului, este și Erosul, sub forma principiului iubirii. Acolo se observă din nou concretizarea celor două principii. Pot adăuga aici că Logosul ideal poate exista numai atunci când *conține* Erosul; altfel, Logosul nu este deloc dinamic. Un bărbat care are numai Logos poate avea un intelect foarte ascuțit, dar acela nu e nimic decât raționalism sec. Iar Erosul fără Logos nu înțelege niciodată, nu este decât conexiune oarbă. Astfel de oameni pot fi atașați de Dumnezeu știe ce — precum anumite femei care sunt complet dizolvate în mici familii fericite — veri, rude — și nu este absolut nimic acolo, totul e vid. La fel sunt oamenii pentru care Logosul este inferior, cei care clasifică totul fără să înțeleagă nimic.

Dl Schmitz: Dar este o anumită afinitate între Logos și gândire și între Eros și simțire?

Dr. Jung: La fel ca între toate celelalte funcții. Nu confundați cuvântul „simțire" cu iubirea ca relație. După cum am spus, simțirea este funcția valorilor. Vă garantez că, în realitate, nimic nu este separat, totul curge în același spațiu, așa că o discuție prea îndelungată despre psihologie te duce la furie și dezorientare. După cum spune Goethe: numele, concepte ale oamenilor, sunt sunet și fum, simțirea este totul.[7] Totul poate funcționa în Eros și totul poate funcționa în Logos.

Dr. Draper: Încă nu înțeleg ce reacție a avut visătorul față de acea anima rătăcitoare. Care a fost răspunsul său când a aflat-o afară?

Dr. Jung: O, se temea de poliție, apoi vine descoperirea despre care discutăm acum. Întrucât el este un om cu o gândire și o senzație diferențiate, are o percepție foarte fină asupra realității, exprimată de fotograf. Iar funcția superioară, după cum am explicat, este deosebit de valoroasă, îi oferă visătorului un refugiu în acea mare agitație, un refugiu la care se poate întoarce. Îi dă un sentiment de continuitate și siguranță pe care nu l-ar avea în funcțiile sale inferioare. Acolo intervine pitecantropul și nu mai există discriminare, nu mai există siguranță; totul este amestecat, nu există conexiune. Dar în acest moment suprem, când pericolul apare sub toate formele, el își amintește că se poate retrage, recunoscând: dacă totul se prăbușește, îmi rămâne cel puțin continuitatea mea interioară, cu înregistrările mele, aceste imagini. Și când vă amintiți ce a primit în aceste vise, care este viziunea lui, înțelegeți că are o comoară, ceva nemaipomenit de valoros. Oamenii care nu au nicio funcție diferențiată au, într-adevăr, prea puține șanse în acest tumult, ei nu sunt nimic altceva decât panică și dezorientare;

[7] „Simțământ e totul:/Numele-i fum și zvon/Încețoșând un jar ceresc." *Faust*, p. 73, Partea I: „Grădina Martei".

dar un astfel de om are cel puțin șansa de a nu intra în panică, deoarece are pământul sub picioare.

În multe cazuri de nevroză este foarte important să construiești mai întâi o astfel de funcție diferențiată, unde să te poți retrage și care să îți dea o șansă. Când un pacient nu are o astfel de bază, cum îi poți vorbi? Nu poți comunica cu el, scena se tot schimbă, iar doctorul nu știe niciodată cu cine discută. În timp ce, în cazul unei persoane care are o funcție diferențiată, poți reveni întotdeauna la un fel de afirmație inițială. Întotdeauna poți spune: acum ne întoarcem la înțelegerea noastră; sau acum revenim la rațiune; sau la adevărul științific; sau la siguranța unei legături personale; ne întoarcem la faptul că tu recunoști în mine o persoană serioasă, și nu un impostor, iar în tine, o ființă umană, și nu un infractor.

Acum, fotograful spune doar că se află în posesia acelor filme și că le va duce într-un loc sigur și, după aceea, la final, se schimbă din nou și spune că întreaga situație îi este indiferentă, deoarece înregistrările sale sunt în siguranță și că vor avea un mare succes. Dar chiar înaintea acesteia se desfășoară o nouă scenă, unde începe cu adevărat pericolul. De cealaltă parte a râului apar soldații și chiar artileria, iar visătorul se gândește că vor fi bombardați, că se va trage asupra casei. Este o situație foarte periculoasă, iar simbolismul este foarte clar. El face aici o remarcă foarte complicată în asociațiile sale, despre lumea exterioară care este ostilă eului, dar nu o voi traduce din nou, deoarece nu e foarte importantă. Ce este important aici este faptul că el înțelege acest atac asupra casei sale ca pe un atac al lumii exterioare asupra propriei sale siguranțe, iar aceasta datorită evadării animei în lumea exterioară. Am văzut deja că posibila încarnare a animei într-o femeie reală ar reprezenta un pericol tipic, care ar declanșa un conflict între el și moralitatea convențională, iar implicarea poliției devine o concluzie logică. Dar aici lucrurile merg mult mai departe. Vedeți, ar fi suficient dacă ar veni doi, trei polițiști. Visătorul însuși nu ar opune niciun fel de rezistență. Nici fotograful, atâta timp cât și-a salvat filmele; lui, situația îi e absolut indiferentă. Rămâne deci numai pitecantropul și probabil că trei sau patru polițiști ar fi suficienți pentru a-l imobiliza. Pare exagerat să se aducă artileria, dar inconștientul are probabil anumite motive pentru a o implica. Cum ați explica asta?

Dl Baumann: Fotograful și-a făcut treaba și dorește să ducă filmele într-un loc sigur.

Dr. Jung: Visul nu ne spune de ce ar fi o nelegiuire ca fotograful să plece cu filmele sale. Nu este niciun motiv pentru apariția artileriei și nici măcar prezența poliției nu s-ar explica, deoarece pe ei îi interesează numai moralitatea publică.

Putem accepta poliția, dar soldații și artileria — o asemenea agitație împotriva unui singur pitecantrop este prea de tot.

Dr. Schlegel: Înseamnă că fapta trebuie să fie foarte serioasă.

Dr. Jung: Da, este foarte serioasă. Dacă un infractor foarte hotărât se apără cu o armă, este nevoie de poliție. Și dacă este o bandă de infractori, trebuie chemați soldații; împotriva unei astfel de mafii ar pregăti unul, două tunuri. Deci, aici trebuie că avem de-a face cu așa ceva, ceva foarte serios, care depășește cazul lui individual.

Dna Jagger: În vis, el a remarcat că există un râu care îi desparte. Poate că era nevoie de artilerie pentru a trage peste râu.

Dr. Jung: Ar putea trage cu puștile, nu ar avea nevoie de artilerie. Mai mult, dacă anima a fugit, putem presupune că există un pod. Prin urmare, putem presupune că prezența râului semnifică doar o separare, dar nu este cu adevărat un obstacol. Încercați să vă faceți o imagine în minte, o casă, un râu și artileria pe partea cealaltă. Vedeți, este din nou în mod clar povestea unei perechi de opuse. Un râu simbolizează întotdeauna râul vieții, râul energiei, energia vie care-și extrage dinamismul din opoziție. Fără opoziție, nu există energie. Acolo unde există opoziție, acolo unde opusele se ciocnesc, va rezulta energie. Râul este o imagine eternă și a traversa un râu[8] și a face un pod peste el sunt simboluri importante pentru intrarea în contact a opuselor care generează energie. Din vis reiese clar că aici avem de-a face cu un astfel de caz. Pe de o parte pitecantropul, un element impulsiv, lipsit de considerații morale, și pe de altă parte, revolta perspectivei morale colective. Iată ciocnirea pe care o revelează acest tablou.

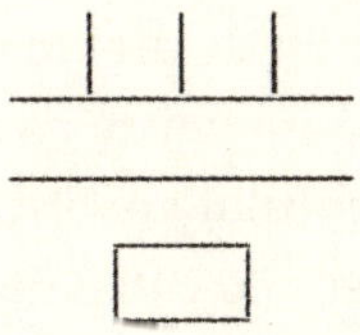

Vedeți, aparent nu este un conflict foarte individual, deoarece într-un astfel de caz nu ai pune în acțiune arme de mare calibru. Ar fi o exagerare teribilă să îndrepți o baterie de tunuri asupra acelui unic pitecantrop — ca şi cum ai trage cu tunul în vrăbii. Prin urmare, presupunem că pitecantropul reprezintă

8 În *Psihologia inconştientului* (1943; orig. 1917), O.C. 7, par. 123–130, 160, 163, Jung a analizat un vis în care un râu şi un vad erau simboluri-cheie. Pentru versiunea mai veche, vezi *Collected Papers on Analytical Psychology* (ed. a doua, 1917), p. 418f. Jung a discutat valoarea arhetipală a vadului în „The Houston Films" (1957), interviu cu Richard I. Evans, *C.G. Jung Speaking*, pp. 293f.

ceva mai mult decât inconştientul personal, el trebuie să reprezinte colectivul, întreaga mulţime. Numai dacă o întreagă turmă de pitecantropi ar fi atacat anima s-ar fi justificat aducerea artileriei. Prin urmare, emoţia uriaşă declanşată de vis sugerează că această problemă a pitecantropului nu este nicidecum una personală. În mod normal, visătorul ar fi fost înclinat să presupună că întreaga vină îi aparţine şi că nu există salvare. Oamenii îşi văd conflictele doar ca pe ceva subiectiv şi astfel sunt izolaţi; ei cred că sunt singurii care întâmpină asemenea probleme, atitudinea lor ajungând grotescă.

Îmi amintesc de un tânăr de 18 ani care a venit la mine spunându-mi că are să-mi facă o mărturisire teribilă şi mi-a cerut să închid uşa spre bibliotecă, pe care o las întotdeauna deschisă. L-am întrebat dacă a comis o crimă, iar el mi-a răspuns: „Dacă numai asta ar fi problema!" Eu am în birou o fotografie acoperită de o draperie[9], iar el a dorit să ştie dacă nu cumva e un geam acolo, în spatele căruia o secretară ar putea sta să asculte — aceasta e presupunerea obişnuită. Apoi, după ce s-a asigurat că este în siguranţă, a spus: „Trebuie să fac o mărturisire îngrozitoare; dacă s-ar afla, lumea ar pieri." El descoperise masturbarea şi se gândea că, dacă acest lucru s-ar face cunoscut, nimeni nu s-ar mai înmulţi şi rasa noastră s-ar stinge. Oamenii care au un conflict nevrotic iau mereu fiecare detaliu al lui în mod subiectiv, închipuindu-şi că e pentru prima oară în istorie când se întâmplă; ei acceptă că alţii suferă de dificultăţi similare, dar nu este acelaşi lucru. Când o persoană este îndrăgostită, se pare că nu există dragoste pe lume, care să fie atât de frumoasă. În pasiunea supremă, ai întotdeauna sentimentul că eşti izolat şi este adevărat că în orice tip de emoţie extremă eşti izolat; pierzi contactul cu alţi oameni, devii complet autoerotic. Deci, în acest conflict, visătorul este chinuit de prejudecata că ar fi singurul aflat într-o astfel de situaţie, mai ales, desigur, pentru că nu poate vorbi cu soţia sa. Unul din motivele succesului tratamentului analitic este acela că oamenii îşi pot cel puţin mărturisi secretele, deoarece cu cât ai mai multe secrete, cu atât eşti mai izolat. Sentimentul său este că pitecantropul e *al lui*, dar inconştientul spune nu, el este pitecantropul *în genere*, pitecantropul care se află în fiecare din noi şi datorită faptului că este un pericol public e adusă artileria.

Aceasta i-a amintit, natural, de război, despre care apoi am discutat, el spunându-mi că a văzut în război cum se dezlănţuie pitecantropul, cum oamenii

---

9 Jung avea în biroul său, în spatele unei draperii, o fotografie a chipului lui Iisus pe Sfântul Giulgiu din Torino. Vezi scrisoarea adresată de el lui Upton Sinclair, 24 noiembrie 1952, în *Letters*, vol. 2, p. 94 (însoţită de ilustraţie).

îşi ucideau unul altuia pitecantropul. Întrucât, ori de câte ori apare pitecantropul, există distrugere. Normal, visătorul nu poate realiza imediat că nu este conflictul lui personal, că este al întregii lumi şi că apariţia omului primitiv în lumea reală are un efect distrugător.[10] Prin urmare, scoatem artileria şi purtăm războaie, vedem duşmanul în vecinii noştri deoarece nu suntem capabili să-l vedem în noi înşine. Apariţia pitecantropului reprezintă o eliberare a naturii instinctuale a omului, aşa că avem tot felul de probleme; sentimentele noastre filosofice şi religioase se duc naibii şi noi suntem mai mult sau mai puţin neajutoraţi. Înainte aveam sentimente religioase, dar acum suntem dezorientaţi şi nimeni nu ştie cu adevărat ce ar trebui să credem. Şi neliniştea noastră se exprimă sub alte forme. În artă, de exemplu, negrul, pe care l-am considerat întotdeauna un sclav înnăscut, este acum cel mai admirat artist. Îi admirăm dansul; actorii negri joacă un mare rol; cântecele religioase ale negrilor le găsim extrem de frumoase.[11] Nu am mai fi în stare să tolerăm ipocrizia unor întruniri evangheliste, dar în aceste cântece religioase ale negrilor este credinţă vie, este ceva nemijlocit şi emoţionant. Nu uitaţi că Mântuitorul Romei a venit de la evrei, cel mai dispreţuit popor al Antichităţii, trăind în cel mai respingător colţ al Palestinei sau al Galileei. De ce Mântuitorul nostru nu ar fi un negru? Ar fi logic şi just din punct de vedere psihologic.

---

10 Vezi remarcile lui Jung despre elementul primitiv al europenilor, în „Despre inconştient" (1918), O.C. 10. par. 16ff.

11 Vezi elogiul adus de Jung filmului negru *The Green Pastures*, în „O abordare psihologică a dogmei Trinităţii" (1940, 1948), O.C. 11, par. 266.

Index

C

D

R

S, Ş

C.G. Jung – Opere complete

Volumul 1
Studii de psihiatrie
(Apărut în limba română sub titlul „Psihologia fenomenelor oculte“, Opere complete, vol. 2, 2004)

Despre psihologia și patologia așa-numitelor fenomene oculte. 1902
Despre citirea greșită isterică. 1904
Criptomnezia. 1905
Despre indispoziția maniacală. 1903
Un caz de stupor isteric la o deținută preventiv. 1902
Despre simularea tulburării psihice. 1903
Expertiza medicală a unui caz de simulare a tulburării psihice. 1904
Examinarea a două expertize psihiatrice contradictorii. 1906
Diagnosticul psihologic al stării de fapt. 1905

Volumul 2
Cercetări experimentale

Studii despre asocierile de cuvinte:
Cercetări experimentale despre asocierile oamenilor sănătoși (Jung și Riklin). 1904/1906
Observații experimentale despre capacitatea mnezică. 1905
Diagnosticul psihologic al stării de fapt. 1906/1941
Analiza asocierilor unui epileptic. 1905/1906
Metoda asociativă. 1910
Constelația familială. 1901
Despre comportamentul timpului de reacție la experimentul asociativ. 1905/1906
Despre tulburările de reproducere la experimentul asociativ. 1907/1909
Importanța psihopatologică a experimentului asociativ. 1906
Psihanaliza și experimentul asociativ. 1905/1906
Asociere, vis și simptom isteric. 1906/1909
Cercetări psihofizice:
Despre fenomenele psihofizice secundare în experimentul asociativ. 1907
Cercetări psihofizice cu galvanometrul și pneumograful la oamenii normali și la cei bolnavi mintal (Jung și Peterson). 1907
Alte cercetări despre fenomenul galvanic și respirația la oamenii normali și la cei bolnavi mintal (Jung și Ricksher). 1907

Volumul 3

Psihogeneza bolilor spiritului

(Opere complete, vol. 3, 2005)

Despre psihologia Dementiei praecox: o încercare. 1907
Conţinutul psihozei. 1908/1914
Abordare critică a lui E. Bleuler: Despre teoria negativismului schizofrenic. 1911
Despre semnificaţia inconştientului în psihopatologie. 1914
Despre problema psihogenezei la bolile mentale. 1919
Boala psihică şi sufletul. 1928
Despre psihogeneza schizofreniei. 1939
Consideraţii recente privind schizofrenia. 1956/1959
Schizofrenia. 1958

Volumul 4

Freud şi psihanaliza

(Opere complete, vol. 4, 2008)

Teoria lui Freud despre isterie. O replică la critica lui Aschaffenburg. 1906
Teoria freudiană asupra isteriei. 1908
Analiza viselor. 1909
O contribuţie la psihologia zvonului. 1910/1911
O contribuţie la cunoaşterea visului despre numere. 1910/1911
Morton Prince M.D. „The Mechanism and Interpretation of Dreams". O dezbatere critică. 1911
Despre critica adusă psihanalizei. 1910
Despre psihanaliză. 1912
Încercarea unei prezentări a teoriei psihanalitice. 1913/1955
Aspecte generale ale psihanalizei. 1913
Despre psihanaliză. 1916
Probleme psihoterapeutice de actualitate. O corespondenţă între C.G. Jung şi R. Loÿ. 1914
Cuvânt înainte la „Collected Papers on Analytical Psychology". 1916/1917/1920
Importanţa tatălui pentru destinul individului. 1909/1962
Introducere la „Psihanaliza" de W.M. Kranefeldt. 1930
Opoziţia dintre Freud şi Jung. 1929/1969

Volumul 5

Simboluri ale transformării

Partea I:
Introducere
Despre cele două tipuri de gândire
Istoria preliminară
Imnul creatorului

Cântecul despre fluturele de noapte
Partea a II-a:
Introducere
Despre conceptul de libido
Transformarea libidoului
Geneza eroului
Simboluri ale mamei și ale renașterii
Lupta pentru eliberarea de mamă
Sacrificiul
Cuvânt de încheiere
Anexă: Fantasmele domnișoarei Miller

Volumul 6

Tipuri psihologice

(Opere complete, vol. 6, 2004)

Introducere
Problema tipurilor în istoria de idei a Antichității și a Evului Mediu
Despre ideile lui Schiller în problema tipurilor
Apolinicul și dionisiacul
Problema tipurilor în studiul omului
Problema tipurilor în literatură
Problema tipurilor în psihopatologie
Problema atitudinilor tipice în estetică
Problema tipurilor în filosofia modernă
Problema tipurilor în biografie
Descriere generală a tipurilor
Definiții
Cuvânt de încheiere
Anexă: patru lucrări despre tipologia psihologică (1913, 1925, 1928, 1936):
Despre problema tipurilor psihologice
Tipurile psihologice
Tipologie psihologică

Volumul 7

Două scrieri despre psihologia analitică

(Opere complete, vol. 7, 2007)

Despre psihologia inconștientului. 1943/1966
Relațiile dintre Eu și inconștient. 1928/1966
Apendice:
Căi noi în psihologie. 1912
Structura inconștientului. 1916

Volumul 8

Dinamica inconștientului
(Opere complete, vol. 8, 2013)

Despre energetica sufletului. 1928/1971
Funcția transcendentă. 1916/1958
Generalități privind teoria complexelor. 1934/1971
Importanța constituției și a eredității în psihologie. 1929
Determinante psihologice ale comportamentului uman. 1936/1942
Instinct și inconștient. 1928/1971
Structura sufletului. 1928/1969
Reflecții teoretice despre esența psihicului. 1947/1954
Puncte de vedere generale despre psihologia visului. 1928/1971
Despre esența viselor. 1945/1971
Bazele psihologice ale credinței în spirite. 1928/1971
Spirit și viață. 1926/1969
Problema fundamentală a psihologiei actuale. 1931/1969
Psihologie analitică și concepție despre lume. 1931/1969
Realitate și suprarealitate. 1933
Răscrucea vieții. 1931/1969
Suflet și moarte. 1934/1969
Sincronicitatea ca principiu al corelațiilor acauzale. 1952
Despre sincronicitate. 1952

Volumul 9/1

Arhetipurile și inconștientul colectiv
(Opere complete, vol. 9/1, 2014)

Despre arhetipurile inconștientului colectiv. 1935/1954
Conceptul de inconștient colectiv. 1936
Despre arhetip cu o specială considerare a conceptului de anima. 1936/1954
Aspectele psihologice ale arhetipului mamei. 1939/1954
Despre renaștere. 1940/1950
Despre psihologia arhetipului infans. 1940/1951
Despre aspectul psihologic al figurii zeiței Kore. 1941/1951
Contribuții la fenomenologia spiritului în basm. 1946/1948
Despre psihologia figurii trickster-ului. 1954
Conștiință, inconștient și individuație. 1939
Contribuții la empirismul procesului de individuație. 1934/1950
Despre simbolistica mandalei. 1938/1950
Mandale. 1955

Volumul 9/2

Aion. Contribuții la simbolistica Sinelui

(Opere complete, vol. 9/2, 2014)

Volumul 10

Civilizația în tranziție

(Opere complete, vol. 10, 2011)

O nouă carte de H. Keyserling: „La Révolution mondiale et la responsabilité de l'esprit". 1934
Complicațiile psihologiei americane. 1930
Lumea visătoare a Indiei. 1939
Ce ne poate învăța India. 1939
Diverse (1933–1938):
Cuvânt introductiv. 1933
Aspecte contemporane. 1934
O completare. 1934
Circulară. 1934
Cuvânt introductiv. 1935
Observația preliminară a editorului. 1935
Cuvânt de deschidere la cel de-al optulea congres medical general de la Bad Nauheim. 1935
Votumul lui C.G. Jung. 1935
Cuvânt de deschidere la cel de-al nouălea congres medical internațional de psihoterapie de la Copenhaga. 1937
Cuvânt de deschidere la cel de-al zecelea congres medical internațional de psihoterapie de la Oxford. 1938

Volumul 11

Psihologia religiei vestice și estice
(Opere complete, vol. 11, 2010)

Religia occidentală:
Psihologie și religie. 1940/1962
Încercare de interpretare psihologică a dogmei Trinității. 1942/1948
Simbolul transsubstanțierii în liturghie. 1942/1954
Cuvânt introductiv la Victor White, *Dumnezeu și inconștientul.* 1952
Prefață la Zwi Werblowski, *Lucifer și Prometeu.* 1952
Fratele Klaus. 1933
Despre relația dintre psihoterapie și asistența spirituală. 1932/1948
Psihanaliza și asistența spirituală. 1928
Răspuns lui Iov. 1952/1967
Religia orientală:
Comentariu psihologic la Cartea tibetană a Marii Eliberări. 1955
Comentariu psihologic la Bardo Thödol (Cartea tibetană a morților). 1935/1960
Yoga și Occidentul. 1936
Cuvânt introductiv la Deisetz Teitaro Suzuki, *Marea eliberare.* 1939/1958
Despre psihologia meditației orientale. 1943/1948
Despre sfântul indian. Introducere la Heinrich Zimmer, *Drumul spre Sine.* 1944
Prefață la *I Ching.* 1950

Volumul 12

Psihologie și alchimie

Cuvânt înainte [nedatat] la ediția a doua în limba engleză din 1967
Introducere în problematica psihologico-religioasă a alchimiei. 1943
Simboluri onirice ale procesului de individuație. 1936
Reprezentările mântuirii în alchimie. 1937
Epilog

Volumul 13

Studii despre reprezentările alchimice

Comentariu la „Secretul florii de aur". 1929/1965
Spiritul Mercur. 1943/1948
Viziunea lui Zosimos. 1938/1954
Paracelsus ca fenomen spiritual. 1942
Arborele filosofic. 1945/1954

Volumul 14/1

Mysterium Coniunctionis.
Cercetări asupra separării și unirii contrastelor sufletești în alchimie 1
(Opere complete, vol. 14/1, 2005)

Componentele coniunctio
Paradoxurile
Personificările contrariilor

Volumul 14/2

Mysterium Coniunctionis.
Cercetări asupra separării și unirii contrastelor sufletești în alchimie 2
(Opere complete, vol. 14/2, 2006)

Rex și Regina
Adam și Eva
Coniuncția
Cuvânt de încheiere

Volumul 14/3

Mysterium Coniunctionis. Cercetări asupra separării și unirii contrastelor sufletești în alchimie 3. Volum suplimentar. „Aurora consurgens“ (Un document atribuit lui Toma d'Aquino despre problematica alchimică a contrariilor, de dr. M.-L. von Franz)
(Opere complete, vol. 14/3, 2006)

Ordonarea textului
Aurora Consurgens
Comentariu
Este Toma d'Aquino autorul *Aurorei Consurgens?*

Volumul 15

Despre fenomenul spiritului în artă și știință
(Opere complete, vol. 15, 2007)

Paracelsus. 1929/1969
Paracelsus ca medic. 1941/1942
Sigmund Freud ca fenomen de istorie a culturii. 1932/1969
Sigmund Freud. Un necrolog. 1939
Întru memoria lui Richard Wilhelm. 1930/1965
Despre legăturile psihologiei analitice cu opera literară. 1922/1969
Psihologie și literatură. 1930/1950
Ulise. Un monolog. 1932/1969
Picasso. 1932/1969

Volumul 16

Practica psihoterapiei
(Opere complete, vol. 16, 2013)

Probleme generale ale psihoterapiei:
Principii ale psihoterapiei practice. 1935
Ce este psihoterapia? 1935
Câteva aspecte ale psihoterapiei moderne. 1930
Țelurile psihoterapiei. 1929/1969
Problemele psihoterapiei moderne. 1929/1969
Psihoterapia și concepția despre lume și viață. 1943/1946
Medicină și psihoterapie. 1945
Psihoterapia în prezent. 1945/1946
Probleme fundamentale ale psihoterapiei. 1951
Probleme speciale ale psihoterapiei:
Valoarea terapeutică a abreacției. 1921
Aplicabilitatea practică a analizei viselor. 1934/1969
Psihologia transferului. 1946

Volumul 17
Dezvoltarea personalității
(Opere complete, vol. 17, 2006)

Despre conflictele sufletului infantil. 1910/1969
Introducere la Frances G. Wickes: Analiza sufletului infantil. 1931/1969
Importanța psihologiei analitice pentru educație. 1923
Psihologia analitică și educația. 1926/1969
Copilul dotat. 1943/1969
Importanța inconștientului pentru educația individuală. 1928
Privitor la devenirea personalității. 1934/1969
Căsnicia ca relație psihologică. 1925/1969

Volumul 18/1
Viața simbolică / 1: Diferite scrieri
(Opere complete, vol. 18/1, 2014)

Despre bazele psihologiei analitice (Tavistock Lectures). 1935
Simbolurile și interpretarea viselor. (Contribuția lui Jung la Man and His Symbols). 1961
Viața simbolică. (Seminar, Guild of Pastoral Psychology). 1939
Despre ocultism (la volumul I al Operelor complete)
Psihogeneza bolilor mintale (la volumul III al Operelor complete)
Freud și psihanaliza (la volumul IV al Operelor complete)

Volumul 18/2
Viața simbolică / 2: Diferite scrieri

Despre simbolistică (la volumul V al Operelor complete)
Două scrieri despre psihologia analitică (la volumul VII al Operelor complete)
Dinamica inconștientului (la volumul VIII al Operelor complete)
Arhetipurile și inconștientul colectiv (la volumul IX al Operelor complete)
Civilizația în tranziție (la volumul X al Operelor complete)
Psihologie și religie (la volumul XI al Operelor complete)
Studii de alchimie (la volumele XII, XIII, XIV ale Operelor complete)
Despre fenomenul spiritului în artă și știință (la volumul XV al Operelor complete)
Practica psihoterapiei (la volumul XVI al Operelor complete)
Despre dezvoltarea personalității (la volumul XVII al Operelor complete)
Addenda
Anexă

Volumul 19
Bibliografie

Volumul 20
Indice general